FORUM HISTORISCHES LERNEN

Handbuch Methoden im Geschichtsunterricht

hrsg. von Ulrich Mayer, Hans-Jürgen Pandel, und Gerhard Schneider

D1994493

FORUM HISTORISCHES LERNEN

Ulrich Mayer, Hans-Jürgen Pandel, Gerhard Schneider (Hrsg.)

Handbuch Methoden im Geschichtsunterricht

Klaus Bergmann zum Gedächtnis

mit Beiträgen von
Peter Adamski, Michele Barricelli, Klaus Bergmann, Markus Bernhardt, Christina Böttcher, Bodo von Borries, Franziska Conrad, Gerhard Henke-Bockschatz, Wolfgang Emer, Peter Gautschi, Waldemar Grosch, Thomas Lange, Ulrich Mayer, Klaus-Ulrich Meier, Bernhard Müller, Elisabeth Ott, Hans-Jürgen Pandel, Michael Riekenberg, Michael Sauer, Gerhard Schneider, Renate Teepe, Andreas Urban, Bärbel Völkel, Hartmut Voit, Birgit Wenzel, Hartmann Wunderer

WOCHEN SCHAU GESCHICHTE

Bibliografische Information der Deutschen Nationalbibliothek
Die Deutsche Nationalbibliothek verzeichnet diese Publikation in der Deutschen Nationalbibliografie; detaillierte bibliografische Daten sind im Internet über http://dnb.d-nb.de abrufbar.

© by WOCHENSCHAU Verlag,
Schwalbach/Ts., 3. Auflage 2011

www.wochenschau-verlag.de

Alle Rechte vorbehalten. Kein Teil dieses Buches darf in irgendeiner Form (Druck, Fotokopie oder einem anderen Verfahren) ohne schriftliche Genehmigung des Verlages reproduziert oder unter Verwendung elektronischer Systeme verarbeitet werden.

Die Reihe „Forum Historisches Lernen“
wird herausgegeben von
Michele Barricelli
Peter Gautschi
Ulrich Mayer
Hans-Jürgen Pandel
Gerhard Schneider
Bernd Schönemann

Umschlaggestaltung: Klaus Ohl
Gedruckt auf chlorfrei gebleichtem Papier
Gesamtherstellung: Wochenschau Verlag
ISBN 978-3-89974342-5

Inhalt

3. Kommunikationsformen

4. Kooperationsformen

5. Unterrichtsplanung

Einführung

Zum ersten Mal liegt jetzt ein Handbuch vor, das die Methoden des Geschichtsunterrichts zusammenfasst. Es ist die notwendige Ergänzung zum Handbuch Medien.[1] Diese beiden Bände sollen das für die Praxis umsetzen, was im Handbuch der Geschichtsdidaktik[2] an grundlegenden theoretischen Konzepten beschrieben ist. Das ist in mehrfacher Hinsicht eine schwierige Aufgabe gewesen. Die Herausgeber betrachten dieses neue Handbuch als ersten Schritt, die Methodik des historischen Lernens zusammenfassend darzustellen. Es stellt in den einzelnen Artikeln keine methodischen Innovationen vor, sondern greift auf, was zur Zeit gängige Praxis im Geschichtsunterricht ist. Es will aber nicht nur Hilfe für den Unterricht sein, sondern auch eine grundsätzliche Debatte über Prinzipien und Verfahrensweisen historischen Lernens anregen.

- Methoden des Lehrens und Methoden des Lernens müssen aufeinander bezogen werden. Scheinbar innovativ daherkommende Formeln wie „vom Instruktivismus zum Konstruktivismus"[3] verdecken gravierende Probleme. Sie suggerieren, dass wir vom Lehren Abschied nehmen oder bereits genommen haben und nun den Schülerinnen und den Schülern das Lernen allein überlassen würden. Unstrittig ist, dass Lehrerinnen und Lehrer bisher im Unterricht zu viel selbst gemacht und Schülerinnen und Schüler zu wenig überlassen haben.[4] Aber es gilt grundsätzlich, dass schulisches Lernen ohne Lehren nicht möglich ist. Unterricht als Institution ist nun einmal eine Veranstaltung, die durch Intentionalität und Planbarkeit gekennzeichnet ist. Viele Lernprozesse fallen den Lernenden leichter und sind weniger risikobehaftet, wenn sie angeleitet geschehen. Insofern muss eine zukünftige Didaktik historischen Lernens die rechte Balance zwischen Lehren und Lernen finden.
- Ein besonderes Problem stellt die Terminologie dar. In der Literatur der letzten Jahre, in den inzwischen überholten Gesamtdarstellungen, in methodischen Artikeln und in Unterrichtsbeispielen finden wir für den gleichen Sachverhalt die unterschiedlichsten Bezeichnungen, die aus verschiedenen didaktischen Traditionen resultieren und fast schon je nach Universität wechseln. Wer in Hamburg Geschichte studiert hat, benutzt andere Begriffe als ein Student aus Gießen. Wer sein Referendariat im Studienseminar in Halle ableistete, hat sich eine andere Terminologie angewöhnt als in Paderborn. In diesem Handbuch musste entschieden werden, ob etwas eine Kooperations- oder eine Sozialform ist. Die Herausgeber haben sich für eine bestimmte Terminologie entschieden, da sie vermeiden wollten, dass im gleichen Handbuch die Begrifflichkeit von Artikel zu Artikel wechselt.

- Die weitere Diskussion muss ergeben, ob die hier in den einzelnen Artikeln vorgeschlagenen Methoden auch wirklich zum Bestand der Geschichtsdidaktik gehören und welche Reichweite sie haben. Vor einigen Jahren war der methodische Anarchismus in den Sozialwissenschaften Mode: *anything goes.*[5] Wir glauben, dass auch die Geschichtsdidaktik diese Phase noch nicht überwunden hat. Ein Blick in die unterrichtspraktischen Zeitschriften für den Geschichtsunterricht zeigt ein buntes Potpourri methodischer Akte. Eine ganze Reihe dieser Vorschläge bringt sich aber in Widerspruch zu jenen Zielen, um derentwillen das Fach Geschichte in der Schule erteilt wird. Es geht eben doch nicht alles.[6]
- Überprüft werden muss auch, ob der Theorieimport aus anderen Disziplinen zur Lösung methodischer Probleme taugt. Einzelne Geschichtsdidaktiker und Geschichtslehrer sind oft so begeistert von irgendwelchen Lesefrüchten oder modischen Debatten, dass sie am liebsten ihren ganzen Unterricht oder ihr didaktisches Konzept auf diese Importe umstellen würden. Häufig wird nicht die Praxis verändert, sondern altbekannte Maßnahmen werden neu benannt. Kolleginnen und Kollegen, die sich vor einiger Zeit von der Gestalttheorie oder heute von der Gehirnforschung die Lösung methodischer Probleme historischen Lernens erwartetet haben bzw. erhoffen, haben bis heute wenig schlüssige Beweise erbracht, dass es sich dabei um theoretisch und praktisch weiterführende Konzepte handelt
- Mit diesem Handbuch ist der Wunsch verbunden, Anregung für methodische Forschung zu geben. Wenn wir auch manchmal – aber nicht immer – wissen, was wir tun, so wissen wir häufig nicht, was wir bewirken. Ein methodisches Arrangement, das Schülerbeteiligung ermöglicht oder Unterricht störungsfrei ablaufen lässt, ist längst kein Beweis für einen gelungenen Lernprozess. Über eine eigene Forschungskultur verfügen wir nicht, wie man an den Dissertationen der letzten Jahre sehen kann. Häufig findet man unter „geschichtsdidaktischen" Dissertationen bildungshistorische oder gar fachhistorische Arbeiten, denen fachdidaktische Relevanz zugeschrieben wird. Diese Arbeiten bringen aber die fachdidaktische Unterrichtsforschung zu wenig voran und tragen nicht viel dazu bei, die Erkenntnislücke zwischen guter Lehrabsicht und schlechtem Lernergebnis zu schließen. Es wäre erfreulich, wenn der eine oder andere Artikel dieses Handbuchs Fachkollegen an den Universitäten als Betreuer und jüngere Wissenschaftler als potenzielle Doktoranden zu geschichtsmethodischen Promotionen anregen könnte.
- Zur Unsicherheit trägt auch der unterschiedliche Gebrauch des Methodenbegriffs bei. „Methode" wird in der Geschichtsdidaktik auf völlig unterschiedliche Sachverhalte angewandt, ohne dass diese Unterschiedlichkeit bewusst wird. Wir haben es in der Geschichtsdidaktik mit einem dreifachen Methodenbegriff zu tun. Da ist zunächst einmal der Begriff der Unterrichtsmethode, dann die Methode in der Geschichtswissenschaft, die als Forschungsmethode gilt. Schließlich haben wir es mit der Erkenntnismethode zu tun.

Methode	***Erläuterung***	***Beispiele***
Unterrichtsmethode	Vom Lernziel zum Lernergebnis: Maßnahmen, die den Weg vom Ziel zum Ergebnis sicherstellen	Kommunikationsformen, Kooperationsformen, Artikulationsformen
Forschungsmethode	Von der historischen Frage zur Darstellung: Maßnahmen, die den Weg von einer historischen Frage zu einer Geschichtsdarstellung sicherstellen	Heuristik, Kritik, Hermeneutik, Analytik
Erkenntnismethode	Vom Medium zum historischen Wissen: Maßnahmen, die Wissensentnahme aus den verschiedenen Medien (Bild- und Schriftquellen, Statistiken etc.) sicherstellen	Hermeneutisches Verstehen, sinnbildendes Narrativieren, analytisches Erklären, Mengen und Häufigkeiten quantifizieren etc.

- Während der Vorbereitungen zu diesem Buch ist Klaus Bergmann Ende 2002 verstorben. Seit der Gründung der geschichtsdidaktischen Reihen im Wochenschau Verlag gehörte er zum Herausgeberkollegium. Er war an der Konzeption dieses Buches von Anfang an beteiligt. Und in den letzten Jahren hat er uns immer mehr beschämt mit seiner Produktivität, seiner Weiterarbeit an zentralen Kategorien der Geschichtsdidaktik wie Multiperspektivität und Gegenwartsbezug, und er hat gezeigt, dass deren praktische Relevanz noch immer nicht genügend erschlossen ist. Seine eigenen Artikel an diesem Band hat Klaus Bergmann noch fertiggestellt. Die Druckfassung wurde von den Herausgebern vorgenommen. Sicher hätte der Stilist Bergmann den einen oder anderen Sachverhalt noch geschliffener formuliert. In der sachlichen Aussage stammt aber jeder Satz von ihm. Verlag, Herausgeber und Autoren widmen ihm, der seit den 70er-Jahren für Geschichtsdidaktik und Geschichtsunterricht Wichtiges und noch immer Gültiges geleistet hat, diesen Band.

Ulrich Mayer (Kassel)
Hans-Jürgen Pandel (Halle)
Gerhard Schneider (Freiburg)

Anmerkungen

1 Pandel, Hans-Jürgen; Schneider, Gerhard (Hrsg.), Handbuch Medien im Geschichtsunterricht, 2. Aufl., Schwalbach/Ts. 2000.
2 Bergmann, Klaus u.a. (Hrsg.), Handbuch der Geschichtsdidaktik, 5. Aufl., Seelze-Velber 1997.
3 Ärgerlich ist, dass sozialwissenschaftlich eindeutig besetzte Begriffe („Konstruktivismus", „Dekonstruktion") für völlig triviale Sachverhalte in Anspruch genommen werden. Kredit verschafft das der Geschichtsdidaktik bei den Sozialwissenschaften keineswegs.
4 Henke-Bockschatz, Gerhard, Von den Lehrmethoden zu den Lernmethoden. Konsequenzen für die geschichtsdidaktische Forschung, in: Zeitschrift für Geschichtsdidaktik 1 (2002), S. 87-99.
5 Feyerabend, Paul K., Wider den Methodenzwang, Frankfurt/M. 1976.
6 Pandel, Hans-Jürgen, Auf der Suche nach der Eigenart historischer Erkenntnis, in: Geschichtsdidaktik 1 (1976), H. 2, S. 1-13.

1.

PRINZIPIEN

Gerhard Henke-Bockschatz

Forschend-entdeckendes Lernen

Zum Begriff des entdeckenden Lernens

Entdeckendes Lernen (im Englischen als self-discovery-learning, exploratory-learning oder problem solving bezeichnet) wird in der Kognitions- und Lernpsychologie als eine komplexere Form des Lernens verstanden, bei der die Lernenden selbständig zu einem Phänomen Fragen und Probleme formulieren, Wege und Mittel der Beantwortung bzw. Problemlösung suchen, Erkenntnisse gewinnen und darstellen und ihre Vorgehensweise kritisch reflektieren (vgl. Filser 1985, 432). Von dem weitergehenden Begriff des forschenden Lernens unterscheidet sich das entdeckende Lernen dadurch, dass es sich auf schon gewonnene Erkenntnisse und Wissensbestände bezieht, die die Lernenden aber selbständig aus ausgewählten, vorbereiteten und arrangierten Mitteln erschließen sollen. Während also das entdeckende Lernen in der Regel auf ein Nachentdecken ausgerichtet ist, kommt es beim forschenden Lernen zu Einsichten und Kenntnissen, die bis dahin noch nicht bekannt waren.

Entdeckendes Lernen ist somit am Verlauf wissenschaftlicher Forschungsprozesse orientiert (➤ Wissenschaftsorientierung [siehe gleichlautendes Kapitel in diesem Band]). Es will bei den Lernenden Neugier und Interesse wecken und erhofft sich hiervon eine stärkere intrinsische Motivation. Es geht zudem davon aus, dass sich die Menschen Wissen und Fähigkeiten einsichtsvoller und nachhaltiger aneignen, wenn sie den Weg zu diesem Wissen selber gefunden haben und gegangen sind. Ferner will es die allgemeine Problemlösungsfähigkeit der Lernenden verbessern, indem es ihnen metakognitives Wissen über die eigene Person, über die Bewältigung einer umfassenderen Aufgabe und über die damit verbundenen Methoden zugänglich macht.

Die Idee des entdeckenden Lernens ist erheblich älter als der seit ca. 40 Jahren eingebürgerte Begriff. Beispielsweise hat John Dewey (1859-1952), einer der Urväter der Reformpädagogik, insbesondere des Projektunterrichts, die Idee schon 1916 beschrieben:

> „Da die Sachlage, aus der das Denken geboren wird, zweifelhaft ist, ist der Vorgang des Denkens ein Befragen, ein forschendes Betrachten, ein Erkunden der Dinge. Die Aneignung von Gedachtem und Erdachtem kommt erst in zweiter Linie, ist ein Hilfsmittel für das Befragen und Erforschen der Dinge. Denken heißt nach etwas fragen, etwas suchen, was noch nicht zur Hand ist. Wir drücken uns oft so aus, als ob ‚eigenes Forschen' ein besonderes Vorrecht der Forscher oder wenigstens der fortgeschrittenen Studierenden wäre. Alles Denken ist jedoch Forschung, alle Forschung ist eigene Leistung dessen, der sie durchführt, selbst wenn das, wonach er sucht, bereits der ganzen übrigen Welt restlos und zweifelsfrei bekannt ist."(Dewey 1986, 150)

Das Zitat lässt einerseits als Ausgangspunkt des Konzeptes „Entdeckendes Lernen" die Überzeugung erkennen, dass sich wissenschaftliches Nachdenken qualitativ nicht grundsätzlich vom alltäglichen Nachdenken unterscheidet, weshalb im Prinzip auch jeder

Mensch jeden Alters in der Lage ist, sich wissenschaftlich mit einem Sachverhalt auseinander zu setzen. Andererseits legt das Zitat aber auch die fragwürdige Auffassung nahe, Denken sei allein oder weitgehend mit Forschen zu identifizieren. Hierdurch wird der Nachvollzug eines von anderen vorgetragenen Gedankens zu einer bloß passiven Tätigkeit des Bewusstseins herabgestuft. Die unterrichtspraktische Konsequenz einer solchen Auffassung kann in einer einseitigen Beschränkung auf forschend-entdeckende Methoden und in dem Verzicht auf den sinnvollen Einsatz instruktiver und darbietender Methoden bestehen. Offene Lernformen wie das entdeckende Lernen sollten aber ihrerseits nicht wieder verabsolutiert werden. Es kann nicht darum gehen, reproduktive und passive Lernformen wie das einfache Zuhören und Mitschreiben, das Üben, das Nachahmen etc. generell zu diskreditieren. Letztendlich kommt es vielmehr auf eine der Lerngruppe und dem Gegenstand adäquate Methodenvielfalt an.

Das Prinzip des entdeckenden Lernens knüpft an ältere erziehungswissenschaftliche Vorstellungen an und überschneidet sich teilweise mit anderen pädagogischen Begriffen. Es enthält Anklänge an das, was Heinrich Roth emphatisch die „originale Begegnung“ mit dem Gegenstand genannt hat. Demnach besteht die Aufgabe der Organisation schulischen Lernens darin, „Erkanntes, Erforschtes, Geschaffenes wieder in Schaffen aufzulösen, nicht wie der Forscher und Schöpfer selbst, sondern wie ein wahrhaft Verstehenwollender, Nachdenkender und Nachschaffender es tut“ (Roth 1962, 116 ff.). Ähnliches ist gemeint, wenn vom Auffinden der „fruchtbaren Momente im Bildungsprozeß“ (Copei 1963) oder vom „genetischen Lernen“ (Wagenschein 1970) gesprochen wird.

Das Konzept des entdeckenden Lernens ist im allgemeinen mit einer Kritik an der Dominanz solcher Lernformen verbunden, die die Schüler auf die passive Rolle beschränken, gesichertes Wissen lediglich zu rezipieren und zu reproduzieren. Solche Kritik beruft sich seit jeher auf das aufklärerische „sapere aude“. Sie intendiert, die Menschen zu autonomem und verantwortungsbewusstem Handeln zu befähigen – nicht nur in dem Sinne, dass auf diese Art gesellschaftlich notwendige Wissenselemente und Fähigkeiten effektiv und nachhaltig erworben werden können, sondern auch und gerade in dem Sinne, dass die Menschen ein Selbstvertrauen hinsichtlich ihrer eigenen geistigen Potenzen aufbauen, dass sie wissenschaftliches Denken nicht als Monopol einer eigenen Kaste und Sphäre begreifen, sondern als einen Fortschritt ihres eigenen Denkens, den sie zumindest punktuell und partiell je schon praktizieren (Rumpf 1995).

Die Liste der Argumente für entdeckendes Lernen ist damit noch nicht erschöpft. Mindestens drei weitere Argumentationskomplexe sind noch hervorzuheben. Erstens haben kognitionspsychologisch orientierte Lerntheoretiker wie Jean Piaget, Hans Aebli oder Jerome Bruner ausführlich nachgewiesen, welch wesentliche Bedeutung der aktiven Selbsttätigkeit der Subjekte beim Lernen zukommt. Auch von Seiten der konstruktivistischen biologischen Erkenntnistheorie ist die aktive Rolle des Subjekts beim Erkenntnisakt hervorgehoben worden (Seiler 1994, Maturana/Varela 1987, Wittmann 1991). Zweitens zählt die Forderung, in modernen Gesellschaften mit ihren ständig wachsenden Wissensbeständen und den sich immer schneller verändernden Wissensanforderungen werde das Lernen des Lernens immer wichtiger, zu den bildungspolitischen Grundeinsichten der

Gegenwart. Schließlich ist drittens zu bedenken, dass die Lebensphasen der Kindheit und Jugend sich wesentlich verändert haben: Die heutigen Schülerinnen und Schüler wachsen in einer unübersichtlichen, individualisierten und pluralisierten Gesellschaft auf, in der traditionale Rollen und Bindungen ihre dominierende Kraft weitgehend eingebüßt haben. Die Heterogenität der Lebensstile, Erfahrungen, Ziele und Werte, welche die Lernenden bereits mitbringen und auf die hin sie sich entwickeln, erfordert Lernformen, die das Finden und Begehen individueller Zugänge zu den Unterrichtsthemen ermöglichen und zulassen.

Bei allen Argumenten, die für das entdeckende Lernen angeführt werden können, sollten jedoch auch einige Einwände und kritische Hinweise berücksichtigt werden. Dabei lässt sich der Vorwurf, es handele sich um eine aufgesetzte „Ostereier-Didaktik", bei der die Lernziele wegen eines Überraschungseffektes zunächst mehr oder weniger geschickt verpackt werden, noch relativ leicht entkräften. Er trifft allenfalls auf vorbereitende und hinführende Formen des entdeckenden Lernens zu und übersieht ansonsten, dass die Organisation entdeckenden Lernens durch eine Lehrperson zwar zielgerichtet ist, jedoch immer auch beabsichtigt, den Lernenden eigene Erfahrungen und Entdeckungen zu ermöglichen. Ernster muss der Hinweis genommen werden, dass nicht wenige Schüler mit Lernformen überfordert sind, die von ihnen ein hohes Maß an Selbstständigkeit verlangen. Sie vermissen die Sicherheit und Eindeutigkeit der vom Lehrer vorgegebenen Methoden und Ergebnisse. Dies betrifft oftmals gerade solche Schüler, die ohnehin schon Lernschwierigkeiten haben. Entdeckendes Lernen ist ferner sehr zeitaufwendig. Dies gilt sowohl für die Vorbereitung des Unterrichts durch den Lehrer als auch für den Lernprozess selber, für den Umwege und Irrwege geradezu konstitutiv sind. Schließlich setzt erfolgreiches entdeckendes Lernen Lehrer mit besonderen didaktischen Kompetenzen voraus. Sie müssen nicht nur in der Lage sein, einen Inhalt sachkundig und adressatenorientiert zum Unterrichtsthema zu machen. Darüber hinaus müssen sie Lernumgebungen und Materialien so gestalten können, dass die Lernenden selbstständig ihre Entdeckungen machen können. Und sie müssen die individuellen Lernwege der Schüler einschätzen und gegebenenfalls korrigieren können.

Entdeckendes Lernen kann also nicht von heute auf morgen praktiziert werden. Die methodischen Kompetenzen, die zur Ausführung der verschiedenen Schritte des entdeckenden Lernens erforderlich sind, müssen von Lehrern und Schülern allmählich erworben werden. Auf dem Weg dahin bildet das „demonstrierende entdeckende Lernen" eine erste Vorstufe. Hierbei führen die Lehrenden an Beispielen laut denkend vor, was alles in Betracht zu ziehen ist, um von der Wahrnehmung eines Phänomens zu seiner Problematisierung und schließlich zur Erkenntnisgewinnung zu gelangen. Dieses Vorgehen erinnert phasenweise an den sokratischen Dialog, also an die geistige „Hebammen"-Kunst, mittels derer ein Vordenker seine Eleven Schritt für Schritt an Erkenntnisse heranführt, bis sie ihnen schließlich von selbst wie reife Früchte in den Gedankenschoß fallen. Eine weitergehende zweite Vorstufe stellt das „gelenkte entdeckende Lernen" dar, bei dem die Schüler zur Übernahme und selbstständigen Durchführung einzelner Schritte des Arbeitsprozesses angehalten werden und dabei indirekt durch eine Vorauswahl der Materialien und Methoden gelenkt werden.

Schwerpunkte entdeckenden Lernens im heutigen Schulwesen

Betrachtet man das heutige Schulwesen daraufhin, wo und wann entdeckendes Lernen nicht nur propagiert und als Ideal hochgehalten, sondern wirklich praktiziert wird, so stößt man auf einige bezeichnende Besonderheiten. Zwar sind fachübergreifende Projekttage (→ Projektarbeit) an den meisten Schulen inzwischen fest verankert. Oft erschöpfen sie sich aber darin, Schülern und Lehrern ein wenig Abwechslung vom grauen Schulalltag zu verschaffen, werden also den theoretisch mit ihnen verknüpften Ansprüchen an das Lernen nicht gerecht. In die alltägliche Schulorganisation haben offene Lernformen wie das entdeckende Lernen jedoch noch immer relativ wenig Eingang gefunden. Die große Ausnahme bildet allerdings der Grundschulbereich, der sich diesbezüglich in den letzten Jahren als sehr innovativ erwiesen hat. Was dort an offenen Unterichtsformen, z.B. in Gestalt von Lernwerkstätten, Wochenplanarbeit und Projektarbeit erfolgreich erprobt und entwickelt wurde, dürfte der didaktischen und methodischen Arbeit für die Sekundarstufen in vieler Hinsicht den Weg weisen (Faust-Siehl 1996). Zumal der Bruch zwischen den neuen Arbeitsformen in der Primarstufe und den eher traditionellen Lernformen in den Sekundarstufen immer spürbarer wird.

Sowohl für den Grundschulbereich als auch für die Sekundarstufen lässt sich ferner feststellen, dass es oftmals weniger die sozial- und geisteswissenschaftlichen Fächer sind, für die ausgefeilte Konzepte entdeckenden Lernens entwickelt werden, sondern eher die naturwissenschaftlichen und technischen Fächer. Dabei treten zuweilen bezeichnende Differenzen auf. Lehramtsstudierende, die sich in ihrem zweiten Fach mit einer Naturwissenschaft befassen, bekommen nicht selten mit der Planung entdeckender Lernformen im Geschichtsunterricht erhebliche Probleme. Dies lässt sich oft darauf zurückführen, dass sie in ihrem zweiten Fach sehr ausgeklügelte und durchdachte Formen des gelenkten entdeckenden Lernens kennen lernen. In den Didaktiken der Naturwissenschaften lernen sie, wie Schüler aller Altersstufen dazu gebracht werden können, hochmotiviert und aufmerksam Gegenstände und Erscheinungen der Natur genau zu beobachten, zu messen, in Komponenten zu zerlegen, die Wirkung der Veränderung einzelner Komponenten festzustellen usw. Die Faszination, die ein solches Vorgehen ausüben kann, ist vielleicht am besten bei dem Physikdidaktiker Martin Wagenschein nachzuvollziehen. Wer als Didaktiker eines geistes- und sozialwissenschaftlichen Faches nachvollzogen hat, wie Wagenschein an das Verständnis der Erdrotation oder des Pythagoras-Gesetzes heranführt, wird sicherlich fasziniert sein von der Stringenz, mit der auf die fundamentalen Strukturen der Phänomene hingeführt wird (Wagenschein 1991).

Entdeckendes Lernen im Geschichtsunterricht

Auch im Fach Geschichte findet sich gegenwärtig kaum ein Lehrplan oder Schulbuch, in dem entdeckendes Lernen nicht zumindest ansatzweise propagiert wird. Trotz allen Festhaltens an der Chronologie als leitendem Prinzip des Unterrichtsaufbaus und trotz der immer noch immensen Stoff-Fülle fordern inzwischen doch viele Lehrpläne zu einem solchen Lernen auf und stellen in den Stundentafeln dementsprechend Zeit zur Verfügung. Der schulische Rahmen könnte sicherlich auch im Fach Geschichte durch relativ einfache organisatorische Veränderungen so gestaltet werden, dass er entdeckendes Lernen stärker als bisher begünstigt, etwa durch Stundenaustausch mit Nachbarfächern, durch Stundenzusammenlegungen und natürlich durch fachübergreifenden, kooperierenden Unterricht, z.B. in der Form des Epochenunterrichts.

In Schulbüchern ist die Konzeption des entdeckenden Lernens am konsequentesten und umfassendsten und sicherlich mit einer Reihe von Geburtsfehlern in Heinz Dieter Schmids „Fragen an die Geschichte" umgesetzt worden. Insbesondere in den Lehrerbegleitbänden finden sich einige vorzügliche, ausführlich kommentierte Planungsbeispiele für „gelenktes" und „freies" Entdecken im alltäglichen Geschichtsunterricht (z.B. Schmid 1977, 13 ff.).

Heutzutage werden die „Fragen an die Geschichte" allerdings nur noch relativ selten und meistens lediglich als Ergänzung zu Büchern verwendet, die traditioneller und „gemäßigter" aufgebaut sind. Insgesamt scheinen die Ideen des entdeckenden Lernens nur oberflächlich und punktuell in die alltägliche Praxis des Geschichtsunterrichts vorgedrungen zu sein, zuweilen sind sie vielleicht auch wieder zurückgedrängt oder verwässert worden. Dieser Zustand wird oft überstrahlt von dem Glanz des Paradepferdes forschend-entdeckenden Lernens im Geschichtsunterricht, dem Schülerwettbewerb um den Preis des Bundespräsidenten. Immerhin ist man sich dort der Gefahr bewusst, dass die hochgelobte Einrichtung leicht zu einem Tummelplatz von Schüler-Geschichtsexperten werden kann, das Gros der Schüler aber nicht erreicht.

Obwohl die äußeren Bedingungen für entdeckendes Lernen im Geschichtsunterricht also gar nicht so ungünstig sind, wird es doch verhältnismäßig selten wirklich ernsthaft praktiziert. Die Freiräume, die die Lehrpläne gewähren, werden oft eher als Chance aufgefasst, das ohnehin immense Stoffpensum doch noch halbwegs „zu schaffen". Dabei wird im allgemeinen an der fragwürdigen Vorstellung festgehalten, in erster Linie müsse eben ein historischer Überblick, ein chronologisches Gerüst oder ein Kanon unverzichtbarer Inhalte vermittelt werden. Entdeckendes Lernen fordert aber, sich viel stärker als bisher auf Schwerpunktsetzungen einzulassen und der intensiven Durchdringung eines eingegrenzten Phänomens den Vorzug zu geben vor einem Überblickswissen, das einerseits doch weitgehend vergessen wird, andererseits aber die Illusion eines allgemeingültigen und gesicherten Geschichtsbildes vortäuscht. Überblicks- und Orientierungswissen wird damit nicht überflüssig. Vielmehr wird seine Notwendigkeit als Hintergrund für das Verständnis des jeweiligen Phänomens überhaupt erst einsichtig.

Entdeckendes Lernen kann zwar im Prinzip an jedem historischen Phänomen praktiziert werden, jedoch sind manche Zeiten und manche Lebensbereiche besser geeignet als andere. Aus der Affinität zum Leben der Schüler und Schülerinnen bietet sich als ein Schwerpunkt die Kultur- und Alltagsgeschichte an. Aus heuristischen und pragmatischen Gründen werden zudem oft lokal- und regionalgeschichtliche Themen bevorzugt, ermöglichen sie es doch, von dem Bekannt-Geläufigen auszugehen, außerschulische Lernorte wie Museen, Gedenkstätten (➤ Geschichtsvermittlung im Museum, Historische Orte als

Lernorte) etc. zu benutzen, Quellen über Zeitungs-, Gemeinde- und Stadtarchive zu erschließen oder auch Zeitzeugen zu befragen. Aus ähnlichen Gründen konzentriert sich entdeckendes Lernen hinsichtlich der Epochen gern auf die Neuere Geschichte und die Zeitgeschichte. Jedoch liegt absolut kein Grund vor, weiter zurückliegende Epochen oder den Schülern fremde Handlungs- und Lebensbereiche als für entdeckendes Lernen weniger tauglich einzustufen. Jüngere Schüler brennen oft geradezu darauf, Phänomene wie das Leben in der Steinzeit, die Pyramiden und Mumien, die Burgen und Ritter etc. selbständig zu erkunden. Und Jugendliche in der 9. oder 10. Klasse haben häufig ein ausgeprägtes Faible für historische Personen, die sich nicht angepasst haben und ihren Prinzipien und Ideen treu geblieben sind (➤ Alters- und Schulstufendifferenzierung). Das einzige objektive Problem hinsichtlich der Praktizierung entdeckenden Lernens zu weiter zurückliegenden oder weniger gängigen Themen besteht darin, dass es größerer Vorbereitungen bedarf. Schließlich legt das entdeckende Lernen auch methodisch gewisse Verfahren nahe, insbesondere verweist es auf regressive Vorgehensweisen.

Was kann und soll im Fach Geschichte eigentlich entdeckt werden?

Die allgemeinpädagogische Begründung der Notwendigkeit und des Nutzens des entdeckenden Lernens muss vor dem Hintergrund des jeweiligen Gegenstandes bzw. Schulfaches durchdacht werden. Es ist der Gegenstand „Geschichte", der beim entdeckenden Lernen im Fall des Geschichtsunterrichts zu einigen Schwierigkeiten und Modifikationen führt.

Eine erste Besonderheit des historischen Lernens besteht darin, dass sich die historischen Phänomene längst nicht so anschaulich und konkret studieren lassen, wie dies beim Wachsen einer Pflanze oder beim Schwingen eines Pendels geschehen kann. Der banale Ausgangspunkt jeglichen Nachdenkens über vergangene Zeiten besteht nun mal darin, dass sie vergangen und damit ein für alle Mal der unmittelbaren sinnlichen Wahrnehmung entzogen sind. Die Ereignisse der Vergangenheit sind somit einerseits nur in Form von „Spuren" gegenwärtig, von Überresten verschiedenster Art, die der Betrachter ein Stück weit zurückverfolgen kann. Andererseits ist die Vergangenheit in der Form mehr oder weniger dauerhafter Strukturen in der Gegenwart präsent. Von Strukturen, deren Erscheinung permanent wechselt und die im Laufe der Zeit an Bedeutung gewinnen oder verlieren.

„Geschichte" ist die Konstruktion bzw. Rekonstruktion einer bis auf einige Überreste vergangenen Realität in unserer Vorstellung. Man ist geneigt, hierfür das Bild eines Puzzles zu verwenden. Jedoch ist dies eine schiefe Metapher, weil sie die Vorstellung nahe legt, jedes Relikt habe eine und nur eine Stelle in einem feststehenden Gesamtbild inne, und weil sie das Zusammenfügen der Teile zu einem Bild ausschließlich davon abhängig macht, dass sie „zusammenpassen" müssen. Das (Re-)Konstruieren vergangener Verhältnisse und Ereignisse geschieht jedoch sowohl im alltäglichen als auch im wissenschaftlichen Geschichtsbewußtsein unter gleichzeitiger Verwendung empirisch abgesicherter Fakten, durch Zusammenhänge, die aus den Erklärungs- und Verstehensbemühungen erwachsen, sowie durch Beurteilungen, die den freien Willen und das freie Denken der Subjekte in Rechnung stellen.

Eine zweite Besonderheit des historischen Lernens besteht darin, dass es ihm nicht primär auf die Vermittlung von Fähigkeiten und Kenntnissen ankommt, sondern auf die Vermittlung von Erkenntnissen und auf die Erzeugung einer geistigen Haltung, die willens ist, nach Erkenntnissen zu fragen und die um die dafür notwendigen Mittel und Wege weiß. Nun lassen sich aber in der Geschichte in der Regel nicht so eindeutig und stringent Gesetzmäßigkeiten und Strukturen feststellen, wie dies in den Naturwissenschaften der Fall ist. Diese Besonderheit teilt das Fach Geschichte mit anderen sozial- und geisteswissenschaftlichen Fächern, sie wird allenfalls noch durch den Vergangenheitscharakter der historischen Gegenstände gesteigert. Dies ist kein Manko dieser Fächer gegenüber den Naturwissenschaften, sondern der Tatsache geschuldet, dass menschliches Handeln nicht nur vorgegebenen Bedingungen unterworfen ist, sondern sich theoretisch und praktisch frei zu ihnen verhalten kann.

Was folgt aus den zwei Besonderheiten für das entdeckende Lernen im Geschichtsunterricht?

Zunächst ist der Vorstellung entgegen zu treten, beim historischen Lernen bestünde das „Entdecken" nur im Auffinden von Gründen und Ursachen, Motiven und Strukturen, die hinter den Erscheinungen der Vergangenheit wirkten. Beim „Entdecken" im Geschichtsunterricht geht es immer auch darum, dass die Lernenden überhaupt erst andere Zeiten und andere Verhältnisse für sich entdecken. Je reichhaltiger und unterschiedlicher diese Erfahrungen sind, um so eher werden die Schüler andererseits von sich aus auf tiefergehende Fragen stoßen. Wird dies nicht beachtet, so besteht die Gefahr, dass der Geschichtslehrer glaubt, die Erkenntnisse oder Einsichten, die für ihn auf seinem Verständnisniveau eindeutige „Entdeckungen" sind, müssten dies auch für die Schüler sein. Den Schülern muss also erst einmal ausreichend Zeit und Möglichkeit gegeben werden, den Gegenstand, den Ausschnitt aus der historischen Welt für sich zu entdecken, bevor sie dann nach Antworten auf speziellere, bohrendere Fragen zu den Phänomenen suchen. Dies ist nicht in dem Sinne gemeint, dass die Lernenden erst die harten Fakten kennen lernen müssten, sondern in dem Sinne, dass sie in die Vielfalt vergangener Zeiten eintauchen, überhaupt die Gelegenheit bekommen, in ihnen etwas für sie Faszinierendes und Interessantes zu entdecken.

„Entdecken" bezieht sich also sowohl darauf, eine Zeit für sich zu entdecken, als auch darauf, Antworten auf Fragen zu Phänomenen der Zeit zu finden. Eine dritte Sorte von Entdeckungen ergibt sich, wenn den Lernenden selbstreflexiv einsichtig wird, warum eine entdeckte Erkenntnis nicht offen zu Tage lag – sei es wegen des „objektiven Scheins", der das Vordringen zum „Wesen" der Sache erschwert, sei es wegen eigener einschränkender oder verfälschender Perspektiven. Entdeckendes Lernen erschöpft sich nicht im Entdecken bisher unbekannter Zusammenhänge der vergangenen Geschehnisse. Es ist immer auch ein Entdecken der eigenen Klischees, Vorurteile und vorschnellen Verallgemeinerungen. Dabei handelt es sich meistens auch nicht um zufällige Irrtümer oder Fehler, sondern um tiefverankerte Anschauungs- und Denkweisen, die sowohl aus dem objektiven Schein der Gegenstände als auch aus subjektiven Bedürfnissen als auch aus dem resultieren können, was Howard Gardner die „Kompromisse der korrekten Antwort" genannt hat (Gardner

1993). In dieser Hinsicht kommt der „Entdeckung", dass man selber ständig sehr viele abstrakt-rudimentäre und zudem ahistorische Alltagstheorien und -begriffe zum menschlichen Handeln und Verhalten benutzt hat, immense Bedeutung zu. Die von den Schülern oft nur im praktischen Gefühl gehegten Erwartungen, Hypothesen und Idealtypen sollten beim entdeckenden Lernen explizit und bewusst gemacht werden. Damit wird dann auch offenbar, inwiefern ein Phänomen lediglich vordergründig sprachlich oder aber wirklich begrifflich verstanden wurde. Wird doch gerade im Geschichtsunterricht oft von der ersten Stunde an mit Begriffen operiert, die den Schülern zwar aus der Welt der Erwachsenen geläufig sein mögen, die sie aber für sich selber überhaupt noch nicht als Begriffe ihres aktiven Erkenntnisrepertoires ausgebildet haben, z.B. Arbeit, Herrschaft, Schicht oder Klasse etc. (Seiler 1994, 80 ff.).

Wenn entdeckendes Lernen im Geschichtsunterricht sich dem Ziel verpflichtet weiß, Schüler zu Einsichten und Erkenntnissen zu bringen, die die Entwicklung ihrer historischen Identität in Richtung auf größere Reflexivität fördern, so bedeutet dies, dass man ihnen ausreichend Gelegenheit geben muss, anhand der Begegnung mit historischen Relikten und Quellen eigene Erklärungs- und Verstehensbedürfnisse überhaupt erst zu entwickeln. Nicht zufällig fällt es Schülern häufig schwer von sich aus Fragen an die Geschichte zu formulieren, die über den Wunsch hinausgehen, überhaupt Vorstellungen von ihr vermittelt zu bekommen. Bei ihnen ist die berühmte Frage danach, wie es damals „eigentlich" gewesen sei, zunächst meistens naiv-realistisch, nicht aber begrifflich-explikatorisch gemeint.

Entdeckendes Lernen im Geschichtsunterricht muss also berücksichtigen, dass das Entdecken in diesem Gegenstandsbereich auf drei Ebenen passiert: Es kann nicht nur um das Entdecken von konkreten Antworten auf konkrete Fragen an die Geschichte gehen. Es geht auch um die Suche und das Entdecken der „verlorenen Zeit" an sich. Und es geht schließlich um die Entdeckung der eigenen Wahrnehmungs-, Erklärungs- und Beurteilungsmuster (vgl. Schema S. 27).

Ansatzpunkte entdeckenden Lernens im alltäglichen Geschichtsunterricht

Aus dem Begriff des entdeckenden Lernens folgt, dass sich ein entsprechender Unterricht im Prinzip am Vorgehen der Wissenschaft orientiert. Und zwar so, dass die Beteiligten in kooperativen Sozialformen (➤ Partnerarbeit; Gruppenarbeit) die erforderlichen Arbeitsschritte diskutieren und durchführen: Problemwahrnehmung – Formulierung von Leitfragen und Explikation von Hypothesen – Ermittlung von Materialien und Strategien zur Problemlösung (Heuristik) – Analyse und Interpretation – Zusammenfassung und Darstellung der Ergebnisse – Reflexion des Erkenntnis- und Arbeitsprozesses.

Entdeckendes Lernen verlangt und fördert die Beherrschung der Arbeitstechniken, die für diesen Prozess erforderlich sind. Im Idealfall versetzt das entdeckende Lernen den Lehrer aus der Rolle eines Informators und Instruktors in die Rolle eines Moderators und Beraters, der dafür sorgt, dass die Schüler einen solchen Lern- und Arbeitsprozess selbständig durchführen können. Wie kann man im Geschichtsunterricht dahin kommen?

Dies kann zunächst dadurch geschehen, dass Lehrer immer wieder ausführlich demonstrieren, mit welcher Bandbreite die einzelnen Schritte jeweils vollzogen werden können. Beispielsweise kann vom Lehrer die Vielfalt und Stufung potenzieller Fragestellungen zu einem Phänomen dargelegt werden. Bezogen auf das Beispiel „Beginn des 1. Weltkrieges“: Wer stand hinter dem Attentat von Sarajewo (Frage auf der Ebene des Anlasses)? Warum gab Berlin Wien die berühmte „Blankovollmacht“ (Frage auf der Ebene der politischen Verantwortung)? Warum standen sich die europäischen Staaten damals überhaupt in Beistandsbündnissen gegenüber, so dass „Sarajewo“ überhaupt zu einem Kriegsanlass werden konnte (Frage auf der Ebene der Struktur internationalen Politik)?

Demonstrierend-entdeckendes Lernen kann aber auch so aussehen, dass der Lehrer vorführt, wie sehr Fragen an die Geschichte nicht nur auf Quellen und Relikte als Indizien und Beweise angewiesen sind, sondern umgekehrt auch durch sie konstituiert werden; dass meistens nur nach den Gesellschaften, Ereignissen und Personen gefragt wird, von denen mehr oder weniger deutliche Spuren überliefert sind. Gibt es doch gerade für die Geschehnisse weiter zurückliegender Epochen oft nur eine einzige schriftliche Quelle, die zufälligerweise erhalten wurde. Und wie viele Personen und Ereignisse aus der Vergangenheit dürften auf immer dem Vergessen anheim gefallen sein, weil sich von ihnen keine Spuren erhalten haben?

Zum demonstrierend-entdeckenden Lernen gehört auch, dass den Schülern ausführlich und wiederholt an Beispielen gezeigt wird, was alles aus Quellen und Relikten, aus Texten, Bildern, Monumenten etc. über die Vergangenheit erschlossen werden kann, aber auch, wie vorsichtig man sein muss, wie wenig man sich darauf verlassen kann, dass die Quellen „stimmen“ (➤ Quelleninterpretation). Und schließlich dürfte die demonstrative Verflüssigung scheinbar objektiv-neutraler Begriffe und Aussagen in historischen Darstellungen die Fähigkeit zum entdeckenden Lernen fördern. Worin besteht zum Beispiel der Unterschied, wenn zum 31. Juli 1914 der Satz „Deutschland verkündet den Zustand drohender Kriegsgefahr‘“ (dtv-Atlas zur Weltgeschichte I, 14. Aufl. 1979, 122) oder den Satz: „Mittags erklärt die deutsche Regierung den ‚Zustand drohender Kriegsgefahr‘“ (Der farbige Ploetz, 1973, 406) formuliert wird?

Bei all dem sollte jedoch der Eindruck vermieden werden, das Nachdenken über Geschichte sei eine äußerst komplizierte Angelegenheit. Es sollte vielmehr nach Möglichkeit dargelegt werden, dass es sich um Zweifel, Fragen und Bedenken handelt, die ihrer Form nach Schülern durchaus vertraut sind, jedoch aus falsch verstandenem Respekt oder auch aus Gleichgültigkeit unterbleiben. Das Ziel besteht darin, den Schülern die Notwendigkeit und die spezifischen Operationen der jeweiligen Arbeitsphasen bewusst zu machen. Es sollte den Schülern zur Gewohnheit werden, sich darüber Rechenschaft abzulegen, in welcher Phase sie sich gerade befinden und welche Funktion die Phase innerhalb des gesamten Prozesses hat.

Wird dazu übergegangen, die Schüler einzelne Schritte des Arbeitsprozesses allmählich selbstständig durchführen zu lassen, wird also ein gelenktes entdeckendes Lernen praktiziert, so erhalten damit Planung und Vorbereitung im Vergleich zu den „normalen“ Lernformen eine um so größere Wichtigkeit. Der Lehrer muss sich intensiv damit auseinandersetzen, welche Probleme, Fragen und Überlegungen bei den Schülern während der selbstständig vollzogenen Arbeitsschritte auftreten sollen und können. Um sich auf diese Aufgabe konzentrieren zu können, empfiehlt es sich, erste Schritte zum entdeckenden Lernen anhand solcher Themen in die Wege zu leiten, hinsichtlich derer sich der Lehrer besonders sicher und kundig fühlt.

Ein entscheidender und zugleich sehr schwieriger Schritt auf dem Weg zum entdeckenden Lernen im Geschichtsunterricht besteht darin, sich als Lehrer wirklich zurücknehmen zu können, es hinzunehmen, dass die Schüler vielleicht gar nicht die Fragen stellen, die Wege gehen und zu den Antworten gelangen, die man selber für wichtig und interessant erachtet. Eine solche Differenz der Erkenntnisrichtungen zwischen Schülern und Lehrer ist alles andere als ein Malheur. Vielmehr sollte sie vom Lehrer als Chance begriffen werden, den Fragehorizont und den Bezugsrahmen seiner Schüler besser kennen zu lernen. Es ist gerade einer der Vorteile des entdeckenden Lernens, dass es dem Lehrer ermöglicht, das historische Lernen der Schüler zu beobachten und zu studieren.

Es kann z.B. durchaus passieren, dass Schüler von sich aus nur oberflächliche, punktuelle und faktenorientierte oder gar gänzlich abwegige Fragen stellen. Der Lehrer, der vielleicht der Ansicht war, sie würden mittels der Materialien zu den Fragen kommen, die er für tragfähig hält, steht dann vor der Entscheidung, ob er die Schülerfragen korrigieren oder ergänzen soll, damit sie zu dem Unterrichtsverlauf passen, den er vorgesehen hat. Oder ob er seine Erwartungen zurückschraubt bzw. modifiziert und noch einmal nach solchen Materialien Ausschau hält, die den Schülern eine Antwort auf ihre abweichenden Fragen ermöglichen. Dieses Problem spiegelt sich auch in vielen Schulgeschichtsbüchern wider, die sich dem entdeckenden Lernen annähern wollen. Sie sind in den letzten Jahren dazu übergegangen, Auftaktseiten zu den Kapiteln so zu gestalten, dass sich mittels ihrer Leitfragen entwickeln lassen. Es ist allerdings bezeichnend, dass sehr oft auf derselben Seite vermerkt ist, welche Fragen im Folgenden behandelt werden sollen. Wenn dies wenigstens erst auf den nächsten Seiten oder im Lehrerbegleittext stehen würde, so bestünde noch die Möglichkeit, mit den Schülern darüber zu sprechen, warum ihre Fragen eventuell anders ausfallen als die der Lehrbuchautoren.

Entdeckendes Lernen hängt weitgehend vom Einsatz Neugier weckender, provozierender und erstaunender Medien ab (➛ Einstiege). Ausgangspunkt sollte eine möglichst deutliche Disparatheit und Widersprüchlichkeit sein. Nur wo Dinge vorgefunden werden, die nicht zusammenpassen, regt sich das Bedürfnis, die Ungewissheit zu überwinden und einen inneren Zusammenhang zu finden. Am Anfang eines entdeckenden Lernprozesses sollte das stehen, was die Lernpsychologie „kognitive Dissonanzen“ und „epistemische Konflikte“ (Berlyne) nennt. Die Konflikte können sich subjektiv in unterschiedlichen emotional-kognitiven Reaktionen ausdrücken (vgl. Knoch 1991, 523; Knoch 1977, 87): Als „Überraschung“ (z.B. wenn eine positive Leitfigur wie Martin Luther zur Gewalt gegen aufständische Bauern aufruft), als „Zweifel“ (z.B. wenn Gregor von Tours Grund und Verlauf der Taufe Chlodwigs beschreibt, vgl. Spurensuche I, 90 f.), als „Rätsel“ (z.B. wenn die Bedeutung der verschiedenen Beigaben zu dem Grab eines keltischen Fürsten geklärt werden soll, vgl. Spurensuche I, 34), aber auch als „Verwirrung“ und „Verblüffung“, als „Widerspruch“ und als „Unvereinbarkeit“.

Ist die Neugier geweckt, sind Problemstellungen und Fragen gefunden worden, so kommt es darauf an, dass sich den weiteren Arbeitsmaterialien und Medien befriedigende Problemlösungen und Antworten entnehmen lassen (➛ Erarbeitung). Davon, dass die Schüler zufriedenstellende Antworten auf ihre Fragen finden, hängt immerhin die weitere Motivation für diese Lernform ab. Schüler haben, wenn sie selbständig arbeiten, ein Recht darauf, dass der Lehrer sich eines Ertrages gewiss ist – auch und gerade dann, wenn er seine Schüler selber entdecken lässt, was lernenswert ist. Dem Lehrer, der im Geschichtsunterricht einen Lernprozess initiiert, der zumindest streckenweise entdeckenden Charakter haben soll, muss allerdings gleichzeitig bewusst sein, dass sein Unterricht immer auch auf Annahmen über die Gedankengänge der Schüler basiert, die sich ihrerseits durchaus als irrig erweisen können. Dies diskreditiert allerdings keineswegs die Lernform insgesamt. Der fehlgeschlagene Versuch sollte dem Lehrer in erster Linie dazu dienen, seine Annahmen über die Schüler oder über das historische Phänomen oder über das Verhältnis beider zueinander zu überdenken. Lehrer und Schüler müssen wissen, dass das entdeckende Lernen immer ein Restrisiko birgt und damit auch den „Mut zum Fehler" erfordert.

Die bisherigen Ausführungen haben gezeigt, wie wichtig es ist, den Schülern einerseits Materialien an die Hand zu geben, die sie verwirren, provozieren oder erstaunen. Andererseits sollten die Materialien reich an Details sein, an denen es viel zu entdecken gibt. Die Quellensplitter, mit denen viele Schulgeschichtsbücher den Schein erzeugen, sie lieferten die Möglichkeit, Fragen an die Geschichte durch Rekurs auf Quellen zu beantworten, sind für ein entdeckendes Lernen jedenfalls ein Gräuel. Dies gilt ebenfalls für Abbildungen, die so klein sind, dass die Einzelheiten mit der Lupe gesucht werden müssen. Aus dem Interesse, dem Erkenntnisdrang der Schüler einen ertragreichen Weg zu weisen, sollte auch auf Medien zurückgegriffen werden, die den strengen Quellenbegriff der Historiker vielleicht nicht standhalten, z.B. auf speziell für Kinder und Jugendliche verfasste historische Romane, auf historische Sachbücher oder auf künstlerisch-ästhetische Verarbeitungen historischer Veränderungsprozesse.

So wie er bisher beschrieben wurde, ist der Prozess des entdeckenden Lernens sehr stark kognitiv ausgerichtet. Diese Einseitigkeit kann und muss durch den Einbezug sinnlicher Erfahrungen und durch eine Einbindung des entdeckenden Lernens in handlungsorientierte Aktivitäten überwunden werden (➛ Handlungsorientierung). Kognitive Konflikte stellen sich viel leichter ein, wenn den Kindern unmittelbare sinnliche Erfahrungen mit historischen Gegenständen ermöglicht werden. Bestes Beispiel hierfür sind die Themenkisten, die von manchen Museen an Schulen ausgeliehen werden. Das unmittelbare Betrachten und In-die-Hand-nehmen einiger Schabsteine, Pfeilspitzen und Faustkeile, die man im Koffer eines Museums für Vor- und Frühgeschichte findet, führt zu sehr viel konkreteren Fragen als die Arbeit mit den besten Lehrbüchern. Die Ausstattung der Schulen mit entsprechenden Materialkisten oder ähnlichen Materialien zu anderen Epochen wäre eine wesentliche Bedingung dafür, entdeckendes Lernen im Schulalltag stärker zu verankern (➛ Sachüberreste und gegenständliche Unterrichtsmedien).

Schließlich kann sowohl die Reflexivität als auch die Motivation beim entdeckenden Lernen wesentlich gesteigert werden, wenn es von Beginn an mit dem Ziel verbunden wird, die selbst gemachten Erfahrungen und Erkenntnisse mit dem historischen Phänomen nicht nur einfach per Bericht und Zusammenfassung in den Unterricht einzubringen, sondern sie in ein auf Kommunikation hin angelegtes Produkt münden zu lassen (➤ Verarbeitung, Dokumentation und Präsentation von Lernergebnissen). Wenn die selbstständige Auseinandersetzung mit dem historischen Phänomen darauf ausgerichtet ist, in einer kleinen Ausstellung oder in einer szenischen Darstellung, in einer Wandzeitung oder – moderner – in der Gestaltung einer Website die Ergebnisse zu präsentieren, so werden hierdurch nicht nur weitere Sinne und Handlungsschemata aktiviert. Darüber hinaus werden die Schüler auf die Überlegung gestoßen, was von dem, was sie entdeckt haben, denn wirklich interessant und berichtenswert ist (Mayer 1995).

Einen Aufschwung dürfte das entdeckende Lernen durch die neuen elektronischen Medien erfahren. Internet, CD, DVD etc. eröffnen der Verwendung von Materialien im Unterricht quantitativ und qualitativ neue Dimensionen. Über die neuen Medien besteht auch für das Fach Geschichte Zugriff auf eine unbegrenzte Zahl von Materialien der verschiedensten Art (Texte, Ton- und Filmdokumente, Bilder etc.). Wird mittels der neuen Medien entdeckend gelernt, so reicht das Spektrum von den Zufälligkeiten und Unzulänglichkeiten einer einfachen Internetrecherche über die Stichwortsuche einer Suchmaschine bis hin zu der Entwicklung differenzierter virtueller Lernumgebungen, die den Lernenden in eine Situation versetzen, die dem eines Entdeckers oder Forschers ähnlich ist. Beispielsweise können Schüler in der virtuellen Dachkammer eine Hauses stöbern und mittels der gefundenen Dinge das Leben einer Familie oder einer Person rekonstruieren (Grabe/Tyree 1997). Die Verwendung sogenannter Editoren ermöglicht es den Schülern, die für sie interessanten Elemente selbständig zu verarbeiten. Über interaktive Programme können sie außerdem direkte Rückmeldungen über den richtigen oder falschen Einsatz von Arbeitstechniken und Methoden erhalten.

Zusammenfassung

Entdeckendes Lernen sollte im alltäglichen Geschichtsunterricht dadurch angebahnt werden, dass die speziellen Gedankenoperationen und Techniken, die jeweils für einzelne Schritte des Erkundungsprozesses der Vergangenheit erforderlich sind, den Schülern zunächst an Beispielen ausgiebig vorgeführt, dann allmählich-zunehmend von ihnen selbstständig angewendet werden. Entdeckendes Lernen fordert von den Lehrenden, dass sie dafür sorgen, dass die selbstständig Lernenden auf anregende und gehaltvolle Materialien und Methoden stoßen und zu zufriedenstellenden Ergebnisse gelangen, die die geweckte Neugier befriedigen. Entdeckendes Lernen sollte ferner möglichst viele sinnliche Erfahrungen einbeziehen und insgesamt handlungsorientiert angelegt sein. Die conditio sine qua non des entdeckenden Lernens im Geschichtsunterricht ist allerdings ein Lehrer, der sich seine Neugier bewahrt hat und sich zudem daran erinnert, worauf er früher neugierig war. Eine Geschichtslehrerausbildung, die es den Studierenden ermöglicht, selber forschend zu lernen, wäre in dieser Hinsicht mehr als wünschenswert.

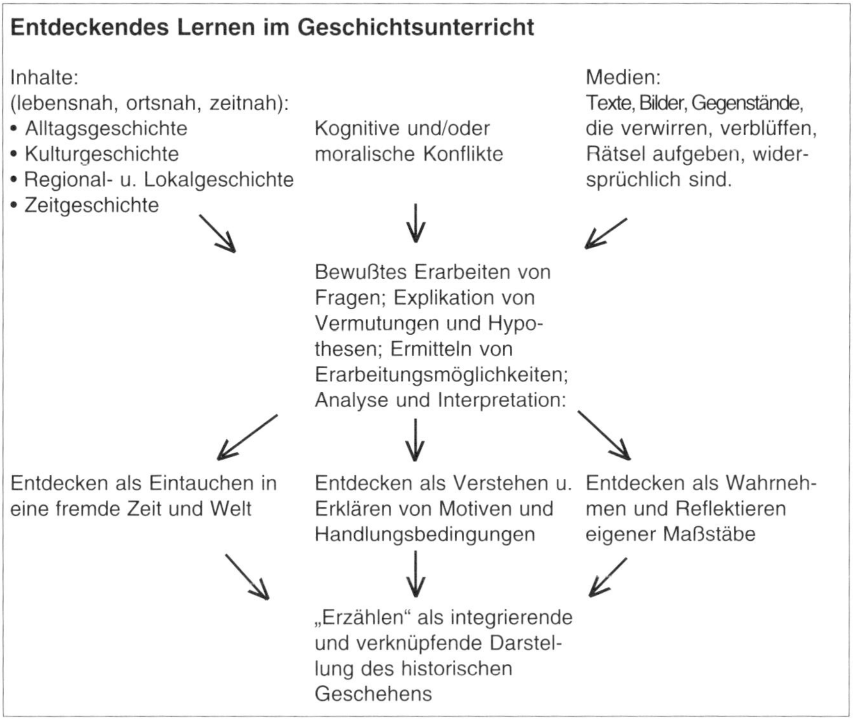

Literatur

Aebli, Hans, Zwölf Grundformen des Lehrens. Eine Allgemeine Didaktik auf psychologischer Grundlage, 3. Aufl., Stuttgart 1987

Aebli, Hans, Grundlagen des Lehrens. Eine Allgemeine Didaktik auf psychologischer Grundlage, Stuttgart 1987

Bastian, Johannes, Schüler als Forscher, in: Pädagogik 43 (1991), H. 2, S. 6-11

Berlyne, Daniel E., Konflikt, Erregung, Neugier. Zur Psychologie der kognitiven Motivation, Stuttgart 1974 (Original New York 1960)

Bolliger, Markus, Werkstattunterricht in Geschichte: Von der Theorie zur Praxis, in: Gymnasium Helveticum 50 (1996), H. 6, S. 302-315

Borries, Bodo von, Forschendes Lernen und „oral history“ am Beispiel „Schülerwettbewerb Deutsche Geschichte um den Preis des Bundespräsidenten“, in: Niemetz, Gerold (Hrsg.), Aktuelle Probleme der Geschichtsdidaktik, Stuttgart 1990, S. 111-136

Brandes, Helga, Entdeckendes Lernen im Unterricht, Oldenburg 1981

Brown, Richard H., Learning how to learn: The Amherst Project and history education in the schools, in: The Social Studies 87 (1996), H. 6, S. 267-274

Brügelmann, Hans, Entdeckendes Lernen, in: Die Grundschulzeitschrift 15 (2001), H. 147, S. 54-56

Bruner, Jerome S., Der Prozeß der Erziehung, 3. Aufl., Düsseldorf 1970

Bruner, Jerome S., Entdeckendes Lernen, in: Holtmann, Antonius (Hrsg.), Das sozialwissenschaftliche Curriculum in der Schule, Opladen 1972, S. 87-101
Bruner, Jerome S., Der Akt der Entdeckung, in: Neber (1981), S. 15-29 (Zuerst: Harvard Educational Review, 1961, 31, S. 21-32)
Copei, Friedrich Otto, Der fruchtbare Moment im Bildungsprozeß, 7. Aufl., Heidelberg 1963
Dewey, John; Kilpatrick, William H., Der Projekt-Plan. Grundlegung und Praxis, Weimar 1935 (Pädagogik des Auslandes, Bd. VI)
Dewey, John; Kilpatrick, William H., Erziehung durch und für Erfahrung. Eingeleitet, ausgewählt und kommentiert von Helmut Schreier, Stuttgart 1986 (aus ders., Demokratie und Erziehung; Original 1916)
Die Grundschule 6 (1974), H. 7, Entdeckendes Lernen – aber wann und wie?
Faust-Siehl, Gabriele u.a., Die Zukunft beginnt in der Grundschule. Empfehlungen zur Neugestaltung der Primarstufe, Reinbek 1996
Filser, Karl, Entdeckendes Lernen im Geschichtsunterricht, in: Pädagogische Welt 27 (1973), S. 642-656
Filser, Karl, Entdeckendes Lernen, in: Bergmann, Klaus u.a. (Hrsg.), Handbuch der Geschichtsdidaktik, 3. Aufl., Düsseldorf 1985, S. 432-436
Forster, John, Entdeckendes Lernen in der Grundschule, hrsg. von Günter Neff, 2. veränd. und aktualisierte Aufl., München 1993. (Zuerst: Discovery Learning in the Primary School, 1972)
Gardner, Howard, Der ungeschulte Kopf. Wie Kinder denken, Stuttgart 1993 (Originalausgabe New York 1991)
Grabe, Mark; Tyree, Alex, Functioning as Historians: Involving Students in Exploratory Hypermedia Learning Environments, in: Computer in the Social Studies, vol. 5, nr. 2 (March, April 1997) (http://www.webcom.com/journal/grabe.html)
Hameyer, Uwe, Entdeckendes Lernen, in: Wiechmann, Jürgen, Zwölf Unterrichtsmethoden. Vielfalt für die Praxis, 2. Aufl., Weinheim u. Basel 2000, S. 114-129
Henke-Bockschatz, Gerhard, Entdeckendes Lernen, in: Bergmann, Klaus u.a. (Hrsg.), Handbuch der Geschichtsdidaktik, 5. Aufl., Seelze-Velber 1997, S. 406-411
Hug, Wolfgang, Forschendes Lernen und Schulgeschichtsbuch, in: Schülerwettbewerb 1992, S. 59-66
Klewitz, Elard, Entdeckendes Lernen und offener Unterricht, Braunschweig 1977
Klewitz, Elard; Mitzkat, Horst, Entdeckendes Lernen, in: Barnitzky, Horst (Hrsg.), Handbuch der Grundschulpraxis und Grundschuldidaktik, Stuttgart 1981, S. 44-53
Knoch, Peter, Entdeckendes Lernen im geschichtlichen Unterricht, in: Neff 1977, S. 82-116
Knoch, Peter, Entdeckendes Lernen, in: Praxis Geschichte, (1988) H. 3, S. 6-13
Knoch, Peter, Entdeckendes Lernen im Geschichtsunterricht, in: GEP, Heft 6/1991, S. 518-528
Kozdon, Baldur, Grundzüge entdeckenden Lernens, München 1977
Lange, Thomas, Geschichte selber erforschen. Schülerarbeit im Archiv, Weinheim und Basel 1993
Lindqvist, Sven, Grabe wo du stehst. Handbuch zur Erforschung der eigenen Geschichte, Bonn 1989 (schwedische Originalausgabe 1978)
Maturana, Humberto; Varela, Francisco, Der Baum der Erkenntnis – Die biologischen Wurzeln des menschlichen Erkennens, Bern/München 1987
Mayer, Ulrich, Handlungsorientierung als Prinzip und Methode historischen Lernens, in: Gerhard Henke-Bockschatz (Hrsg.), Geschichte und historisches Lernen. Jochen Huhn zum 65. Geburtstag, Kassel 1995, S. 117-129
Mütter, Bernd, Entdeckendes Lernen im Geschichtsunterricht – Das Fallbeispiel „Geschichtsbuch" Bd. 4, in: Historica Didactica. Geschichtsdidaktik heute, hrsg. v. Herbert Raisch und Armin Reese, Idstein 1997, S. 139-149
Neber, Heinz (Hrsg.), Entdeckendes Lernen. 3. Aufl., Weinheim/Basel 1981
Neber, Heinz, Förderung der Wissensgenerierung in Geschichte: Ein Beitrag zum entdeckenden Lernen durch epistemisches Fragen, in: Zeitschrift für Pädagogische Psychologie 10 (1996), H. 1, S. 27-38

Neber, Heinz, Entdeckendes Lernen, in: Handwörterbuch der Pädagogischen Psychologie, Weinheim 1998, S. 86-90
Neff, Günter (Hrsg.), Praxis des entdeckenden Lernens in der Grundschule, Kronberg/Ts. 1977
Radkau, Joachim, Die „Rätsel" der Geschichte als Denkmotivation, in: GWU 23 (1972), S. 385-405
Radkau, Joachim, Bedingungen und Tragweite experimentellen und entdeckenden Lernens im Geschichtsunterricht. 30 Thesen, in: Fürnrohr, Walter (Hrsg.), Geschichtsdidaktik und Curriculumentwicklung, Bd. 1, München 1974, S. 115-134
Reusser, Kurt; Reusser-Weyeneth, Margarete (Hrsg.), Verstehen. Psychologischer Prozeß und didaktische Aufgabe, Bern u.a. 1994
Riedel, Klaus, Lehrhilfen zum entdeckenden Lernen. Ein experimenteller Beitrag zur Denkerziehung, Hannover 1973
Roth, Heinrich, Pädagogische Psychologie des Lehrens und Lernens, 6. Aufl., Berlin u.a. 1962 (v.a. S. 116-S. 126: Die „originale Begegnung" als methodisches Prinzip)
Rumpf, Horst, Kreatives Denken im Geschichtsunterricht, in: ders., Scheinklarheiten, Braunschweig 1971
Rumpf, Horst, Gegen den Strom der Lehrstoff-Beherrschung. Umrisse einer anderen Lernkultur. Vortrag anläßlich der Neugründung des Instituts für Erziehungswissenschaften der Friedrich-Schiller-Universität Jena am 8. November 1993, in: Neue Sammlung, 35 (1995), S. 3-17
Schmid, Heinz Dieter, Fragen an die Geschichte. Geschichtliches Arbeitsbuch für die Sekundarstufe I, Bd. 2, Lehrerbegleitband, Frankfurt/M. 1977 (S. 13-16: „Das entdeckende Lernverfahren in Anlehnung an Bruner")
Schmid, Heinz Dieter; Vorbach, Klaus, Entdeckendes Lernen im Geschichtsunterricht der Sekundarstufe I, in: Geschichtsdidaktik 2 (1978), S. 127-135
Schmid, Heinz Dieter, Entdeckendes Lernen im Geschichtsunterricht, in: Süssmuth, Hans (Hrsg.), Geschichtsdidaktische Positionen, Paderborn u.a. 1980, S. 283-314
Schönemann, Bernd, Forschendes Lernen und Lehrpläne im Fach Geschichte. Eine synthetische Betrachtungsweise, in: Schülerwettbewerb 1992, S. 51-58
Schülerwettbewerb Deutsche Geschichte um den Preis des Bundespräsidenten/Ernst Klett Schulbuchverlag (Hrsg.), Forschendes Lernen im Geschichtsunterricht, Stuttgart 1992
Schwalm, Eberhardt, Entdeckendes Lernen durch Arbeit an Historienbildern und politischen Graphiken, in: Wilms, Eberhard (Hrsg.), Geschichte. Denk- und Arbeitsfach. Heinz Dieter Schmid zum 65. Geburtstag, Frankfurt/M. 1986, S. 78-98
Seiler, Thomas Bernard, Zur Entwicklung des Verstehens – oder wie lernen Kinder und Jugendliche verstehen?, in: Reusser, Kurt; Reusser-Weyeneth, Margarete (Hrsg.), Verstehen. Psychologischer Prozeß und didaktische Aufgabe, Bern u.a. 1994, S. 69-88
Soostmeyer, Michael, Problemorientiertes Lernen im Sachunterricht. Entdeckendes und forschendes Lernen im naturwissenschaftlich-technischen Sachunterricht, Paderborn 1978
Unckel, Bernhard, Geschichtsunterricht auf den Spuren Martin Wagenscheins. Bericht über Unterrichtsreihen über die Russische Revolution von 1917, in: Neue Sammlung 33 (1993), S. 661-676
Wagenschein, Martin, Zum Problem des Genetischen Lehrens, in: ders.: Verstehen lehren, 2./3. Aufl., Weinheim u. Berlin u. Basel 1970, S. 55 ff.
Wagenschein, Martin, Verstehen lernen. Genetisch – Sokratisch – Exemplarisch, 9. Aufl., Weinheim und Basel 1991
Wehr, Helmut, Entdeckendes Lernen – eine kreative Möglichkeit für die Schule, in: Pädagogische Rundschau 46 (1992), S. 19-33
Wettstädt, Günter, Geschichtserzählungen und entdeckendes Lernen, in: GEP 7 (1996), H. 11, S. 614-616
Wilde, Günter (Hrsg.), Entdeckendes Lernen im Unterricht, 2. erw. Aufl., Oldenburg 1984
Wilimzig, Götz, Lernen und Selbsttätigkeit. Entdeckendes und exemplarisches Lernen in der Arbeitsschulkonzeption Kerschensteiners, Frankfurt/M. 1984

Bodo von Borries

Wissenschaftsorientierung

Geschichtslernen in der „Wissensgesellschaft“

1. Wissenschaftsorientierung als Kind der „Bildungsreform um 1970“

Nichts scheint selbstverständlicher als die Wissenschaftsorientierung von Geschichtslernen, Geschichtsunterricht und Geschichtsdidaktik. Seit die Bildungskommission des Bildungsrates 1970 ihre Empfehlung „Strukturplan für das Bildungswesen“ erstellt hat, ist eigentlich die Wissenschaftsorientierung allen schulischen Handelns – begründet mit der Verwissenschaftlichung der Welt und mit den Zukunftschancen der Gesellschaft – nicht mehr bezweifelt worden. Wer daran heute rütteln würde, hätte nach wie vor schlechte Karten. So gesehen ist nur noch zu fragen: Was hat Wissenschaftsorientierung für das Fach Geschichte praktisch bedeutet? Wo lagen – und liegen – die Gewinne, wo die Defizite?

Es lohnt sich, in den – sehr knappen – Text des „Strukturplanes“ hinein zu sehen, der übrigens unter dem Vorsitz des (konservativen) Historikers Karl Dietrich Erdmann beschlossen wurde. Er empfahl u.a. – man wagt kaum noch, daran zu erinnern – eben jene „Vereinigung bisher getrennt auftretender Disziplinen, z.B. Geschichte, Sozialkunde, Erdkunde in ‚Politik‘“ („Strukturplan“ 1970, 155), deren Umsetzung in den Hessischen „Rahmenrichtlinien Gesellschaftslehre“ (1972) kurz darauf den größten geistigen „Bürgerkrieg“ der deutschen Nachkriegs-Bildungspolitik auslöste. Wichtig ist dieser Hinweis auch, weil er beweist, dass „Wissenschaftsorientierung“ gerade nicht das Festhalten starrer und historischer Disziplinstrukturen meinen sollte, auch keine Bestandsgarantie für das Fach (die Wissenschaftsdisziplin) „Geschichte“ bedeutete. Doch zunächst ist die knappe Darstellung des Prinzips „Wissenschaftsorientierung“ zu zitieren:

> „Die Bedingungen des Lebens in der modernen Gesellschaft erfordern, dass die Lehr- und Lernprozesse wissenschaftsorientiert sind. Das bedeutet nicht, dass der Unterricht auf wissenschaftliche Tätigkeit oder gar auf Forschung abzielen sollte; es bedeutet auch nicht, dass die Schule unmittelbar die Wissenschaften vermitteln sollte. (...) Wissenschaftsorientierung der Bildung bedeutet, dass die Bildungsgegenstände, gleich ob sie dem Bereich der Natur, der Technik, der Sprache, der Politik, der Religion, der Kunst oder der Wirtschaft angehören, in ihrer Bedingtheit und Bestimmtheit durch die Wissenschaften erkannt und entsprechend vermittelt werden. Der Lernende soll in abgestuften Graden in die Lage versetzt werden, sich eben diese Wissenschaftsbestimmtheit bewußt zu machen und sie kritisch in den eigenen Lebensvollzug aufzunehmen. Die Wissenschaftsorientiertheit von Lerngegenstand und Lernmethode gilt für den Unterricht auf jeder Altersstufe. (...)“ („Strukturplan“ 1970, 33)

Man sieht, dass die – ebenso triviale wie revolutionäre – Feststellung der „Wissenschaftsbestimmtheit“ und „Wissenschaftsorientierung“ (beide Termini werden identisch gebraucht) allen Lernens offenbar 1970 keiner detaillierten Begründung bedarf, sondern für die so genannte „Wissensgesellschaft" selbstevident wird. Andererseits wird dem Missverständnis, das neue Konzept mit „Wissenschaftspropädeutik" oder „Wissenschaftsvorwegnahme" zu verwechseln, ausdrücklich vorgebaut. Die „Wissenschaftsorientierung" in allen Fächern (auch „Kunst"!), allen Altersstufen (auch Grundschule!) und allen Schulformen (auch Hauptschule und Berufsschule) begrenzt zugleich den Anspruch: Es kommt auf Einsicht in die Bedeutung von Wissenschaft für die „Wissensgesellschaft" an. Das ist eine eher bescheidene Anforderung.

Bei „Wissenschaftsorientierung" war also noch keineswegs an die – gleichzeitig erhobene (vgl. BAK 1970) – Forderung „Forschenden Lernens" oder „Entdeckungs- und Forschungsorientierung" gedacht. Allerdings musste die pointierte Entscheidung, alles schulisch-fachliche Lernen für jedermann unter das Prinzip „Lernen des Lernens", „ständiges Weiterlernen" und „lebenslanges Lernen" als Ausgleich von „während seiner Lebenszeit (...) überholt(em)" Kenntnisstand zu stellen („Strukturplan" 1970, 33 f.), rasch in diese Richtung weiterdrängen. Dagegen hatte der Gesichtspunkt der Eigenaktivität und Kreativität beim Lernen noch in den Gutachten des Deutschen Bildungsrates „Begabung und Lernen" (Roth 1968) nur eine absolut untergeordnete Rolle gespielt.

Dieser Strang wurde eigentlich erst einige Jahre später aus lernpsychologischen Erwägungen stark gemacht. Gerade für die Theorie des Geschichtslernens wurde er geradezu dominant, als einerseits das „Einsichts- und Entdeckungslernen" zur Grundform allen Geschichtslernens aufstieg (vgl. z.B. Schmid/Vorbach 1978), andererseits die „Quellenarbeit" zum Kern des Geschäftes aufrückte (vgl. Schneider 1975). Schmids wichtiger „Entwurf einer Geschichtsdidaktik der Mittelstufe" (1972) ist freilich erstmals schon im Schlüsseljahr 1970 erschienen und fordert – allerdings nur als einen von neun Zugriffen – das eigene Fragen und Forschen:

> „*Der induktive, fragend-forschende Ansatz* ist die didaktisch vereinfachte Übernahme der historischen Methode in den Unterricht mit dem Ziel, die wissenschaftliche Fragehaltung als Prinzip des Unterrichts im Zeitalter einer technisch-wissenschaftlichen Zivilisation für den Unterricht in der Schule fruchtbar zu machen, ein Ansatz, mit dem die Naturwissenschaften längst vorangegangen sind." (Schmid 1972, 225)

Hier sind wir schon ganz nahe beim „Forschenden Lernen" des „Schülerwettbewerbs Deutsche Geschichte" (vgl. „Forschendes Lernen" 1992, Dittmer/Siegfried 1997, Dittmer 1999), der 1973 begann und bis heute fortgeführt wird. Das ist ein deutlich zugespitztes Verständnis von „Wissenschaftsorientierung", freilich nur ein Minderheitsprogramm – wenn nicht eine Überforderung.

Was übrigens wäre die Alternative zur „Wissenschaftsorientierung" des Geschichtslernens? Einerseits kann – in langer Tradition – an eine „Moralvermittlung" („Charakterbildung"), „Identifikation" („Loyalitätserzeugung") und „Gemeinschaftsbindung" („Politische Erziehung") durch Historie gedacht werden, d.h. die – von Weymar (1961) und Weniger (1926) für die ältere Zeit belegte – Indienstnahme des Faches Geschichte durch geistliche und weltliche Obrigkeit. Andererseits kann – in der neueren Entwicklung – „Erlebnisorientierung", „Lebensweltorientierung", „Handlungsorientierung" oder „Subjektorientierung" verlangt werden, indem das „Schüler(innen)interesse" ganz in den Vordergrund gestellt wird. Ebenso ist es allerdings auch möglich, einen Übergang – oder eine Rückkehr – zur „Werteorientierung" zu fordern (vgl. „Mut zur Erziehung" 1978, „Entgegnungen" 1978), die im herkömmlichen Verständnis mit „Wissenschaftsorientierung" in starker Spannung steht. Ob – seit 1970 – dabei aber jemals an eine Rücknahme der „Wissenschaftsorientierung" gedacht worden ist (oder nicht vielmehr an deren Ergänzung), mag dahingestellt bleiben.

Zuvor freilich sah die Sache anders aus. Die „volkstümliche Bildung" fand bis 1968 durchaus ihre Befürworter. Noch 1973 ließ Hans Ebeling eine unveränderte Neuauflage seiner „Methodik und Didaktik eines kind-, sach- und zeitgemäßen Geschichtsunterrichts" (von 1965) erscheinen. Der Titel ist ebenso bezeichnend wie ambivalent. Die Doppelformel „Didaktik und Methodik" steht natürlich in der Tradition der älteren bildungstheoretischen Didaktik („im engeren Sinne") und ist auch in der (begrifflichen, nicht sachlichen) Abtrennung beider Teile rückwärtsgewandt. Dafür löst Ebeling aber – als letzter für mehrere Jahrzehnte – die für Schulpraktiker schlechterdings entscheidende Behandlung der Methoden wirklich ein. Zuvor hatte er ja ohnehin schon 1964 – zusammen mit Elisabeth Ebeling und Hanns Kühl – zwei Bände „Praxis des Geschichtsunterrichts" vorgelegt (Ebeling/Kühl 1966/73).

2. Sinn und Unsinn von „Wissenschaftsorientierung"

In der Geschichtsdidaktik hat die – damals neue – Wissenschaftsorientierung 1976 in den Vorträgen von Jeismann („Geschichtsdidaktik"), Rüsen („Geschichtstheorie"/„Historik") und Vierhaus (empirische „Geschichtswissenschaft"/„Geschichtsforschung"/„Historiografie") ihre klassische Formulierung gefunden (herausgegeben als Kosthorst 1977). Damit aber war zugleich die Positionierung im System der Wissenschaften einseitig und einlinig festgelegt. Geschichtsdidaktik und Geschichtslernen waren ausschließlich im Schubfach „Historie" untergebracht. „Lern- und Entwicklungspsychologie", „Erziehungswissenschaft" und „soziologische Sozialisationsforschung" waren, wenn sie überhaupt wahrgenommen wurden, zu bloßen Zubringern (oder „Hilfswissenschaften") geworden.

Damit war genau die Engführung angelegt, die Ebeling – bei allem Konservativismus seiner Position – zu recht befürchtet und bekämpft hatte. Die hochschulorganisatorische Folgerung tat ein Übriges. Meist wurde die – ausgebaute – Geschichtsdidaktik bei der Geschichtswissenschaft angesiedelt und tendenziell in ihrer Umarmung erdrückt. Geschichtsdidaktiker(innen) hatten folglich nur dann große Berufungschancen, wenn sie aus der Sozialisation als Fachwissenschaftler(innen) stammten und genug „Stallgeruch" besaßen. Kontakte zur Erziehungswissenschaft – von Psychologie oder empirischer Unterrichtsforschung zu schweigen – blieben eher vereinzelt. Auch die zweiphasige Lehrerausbildung trug in ärgerlicher Weise dazu bei, dass die Theoretiker(innen) beruhigt unter sich bleiben und Schulpraxis wie „Methodenfragen" ausklammern konnten – allerdings mit hohen Kosten! Wer nämlich „Wissenschaftsorientierung" gegen Praxisnähe und/oder Lebensweltbezug ausspielt, hat die eigene Relevanz für Geschichtslernen in der Gesellschaft teils stillgestellt, teils aufgegeben.

Die Gefahr von Geschichtsunterricht als bloßer Propädeutik für Geschichtswissenschaft – sei es bewusst angestrebt, sei es unbewusst hingenommen – zog damit deutlich herauf, und das keineswegs nur für die gymnasiale Oberstufe. Komplizierte Quellenarbeit wurde sogar für die Grundschule vorgeschlagen. Hatte die Bildungstheorie gerade von einer bloßen *Abbild- oder Containerdidaktik* wegführen wollen, so drohte diese nun – unter dem Stichwort „Verwissenschaftlichung" – erneut. Nicht selten sah es aus, als sollten „kleine Geschichtsprofessoren" ausgebildet werden; die positive und durchaus nachvollziehbare Variante lautete natürlich: *„Jeder sein eigener Historiker"* (vgl. Heer/Ullrich 1985, Paul/Schoßig 1986). Soweit die Geschichtswissenschaft selbst ausgesprochen eng gesellschafts- und gegenwartsbezogen verstanden wurde und auch mit ideologiekritischen Mitteln arbeitete (mit welchen Risiken der „Einseitigkeit"/„Parteilichkeit" und der „Steinbruchbenutzung" immer das auch sonst verbunden gewesen sein mag), blieb wenigstens die Gefahr des „wissenschaftlichen Elfenbeinturmes" gebannt.

In der Praxis allerdings wurde bald die – nur selten von Orientierungsproblemen der Lernenden, sondern regelhaft von Traditionsbeständen und Überlieferungswünschen der Gesellschaft und der Historie ausgehende – „Quellenarbeit" zur Grundfigur des Geschichtslernens. Das bedeutete vielfach – unbeschadet der positiven Züge des Reformimpulses – eine nicht genügend beachtete Verkürzung der damit imitierten Geschichtswissenschaft wie der Identitätsbildung durch Historie. Die Geschichtswissenschaft wurde oft auf „Quellenfindung, -kritik und -auswertung" zu Lasten (ja unter Unsichtbarmachung) der zweiten (denklogisch sogar ersten) Hauptaufgabe von Geschichtswissenschaft, nämlich „Kontextualisierung, Synthesenerstellung und Sinnbildung", reduziert. Gerade Hauptbefürworter der „Quellenarbeit" haben – wenn auch spät – auf diese gravierende Fehlentwicklung, die „Wissenschaftsorientierung" zu „Informationsentnahme" verkommen ließ, aufmerksam gemacht (vgl. Schneider 1994; Pandel 1995).

Übrigens hat es seit 1968 keineswegs an einer Kritik der „falsch verstandenen Verwissenschaftlichung" (so v. Borries 1992, 90, 92) gefehlt, und das keineswegs nur von konservativer Seite (vgl. z.B. Schoebe 1983; dagegen Dörr 1983). Besonders Hering (1985) und Knigge (1988) haben ziemlich schonungslos mit den ihrer Meinung nach verfehlten Entwicklungen der Geschichtsdidaktik abgerechnet. Ihnen ging es vor allem um die Lebenswelt und die Motivation der Schüler(innen), um die Dienlichkeit des Geschichtslernens für deren Orientierung in der Gegenwart und für die Verarbeitung ihrer Triebdynamik. In ähnlichem Sinne hat Knoch ein ganzes „kindheits- und jugendzentriertes" Curriculum aufgestellt (Knoch/Pöschko 1983) und Schulz-Hageleit für (tiefenpsychologische) „Geschichtsanalyse" und gegen die Beschränkung auf (bloß kognitiv verstandenes) „Geschichtsbewußtsein" argumentiert (Schulz-Hageleit 1989, 2002). Das kann man als Kritik an und Überwindung von Wissenschaftsorientierung verstehen, statt dessen sollte es aber eher als deren komplexere und perfektere Einlösung betrachtet werden. Herings „erzählender Geschichtsunterricht" mag von ihm selbst also als „Wiederentdeckung" gefeiert worden sein, sollte aber vorsichtiger als Annahme und Verwirklichung von adressatennaher „Narrativität" und „Sinnbildung" anerkannt werden.

Die großen geschichtsdidaktischen Schulen nach 1968 verstehen nämlich selbst den Wissenschaftscharakter von Geschichtsdidaktik und die Wissenschaftsorientierung von Geschichtslernen und Geschichtsbewusstsein durchaus verschieden. Das wird selbst in einer ziemlich groben Unterscheidung von vier Hauptrichtungen rasch deutlich. Da weichen nicht nur die zentralen Begriffe und Ziele, sondern auch die Bezugstheorien – und damit die Einwände und Vorwürfe aus der Richtung anderer Modelle – deutlich ab.

Vier Schulen der Geschichtsdidaktik

Zentralbegriff	Charakterisierung des Theorie-hintergrunds	Schwächen bzw. Vorwürfe	Hauptvertreter
„Sach- und Erkenntnisstruktur der Geschichte"	„Eklektisch-historistisch": Fachwissenschaft und Bildungstheorie, Einsicht in Gewordenheit und Zugehörigkeit	Konventionalität, „juste milieu", „Affirmation" des Bestehenden	Rohlfes, Hug, Schmid
„Emanzipation"	„Kritisch-kommunikativ": „Kritische Theorie" der Frankfurter Schule, Ideologiekritik, Systemüberwindung („Aufhebung überflüssiger Herrschaft"), „Schüler(innen)-interesse"	Konsens-Unfähigkeit, „Indoktrination", „Steinbruch", „Revolutionsromantik"	Kuhn, Rothe
„Geschichtsbewußtsein"	„Gemäßigt-konstruktivistisch": narrativistische Geschichtstheorie, Pluralismus, narrative Kompetenz, „Identitätsreflexion u. -erweiterung" und elaborierter Umgang mit Geschichte und Geschichtskultur, „Urteilskompetenz"	Kognitivistische Einseitigkeit, „Überforderung" der Lernenden, „Illusionismus" (Praxisferne)	Jeismann, Rüsen
„Geschichtsanalyse"	„Psychoanalytisch-tiefenpsychologisch": „Durcharbeitung", Befreiung von unbewussten Projektionen und Wiederholungszwängen, Ernstnehmen des Individuums, seiner Lebenswelt und Bedürfnisse	Subjektivismus, Entfernung und Entfremdung zur Fachwissenschaft, „Therapie statt Unterricht"	Schulz-Hageleit, Knoch, Knigge

Es ist nötig, diese – von führenden Fachvertreter(inne)n entwickelten – Positionen als Varianten von Wissenschaft anzusehen und nicht in wissenschaftliche und unwissenschaftliche (oder antiwissenschaftliche) einzuteilen. Nimmt man „Pluralismus" als unhintergehbaren Anspruch – und auch als partielle Leistung – unserer Gesellschaft ernst, dann muss er sich vor allem auch in Kommunikation und Toleranz zwischen verschiedenen Wissenschaftsauslegungen und -theorien äußern. Es gibt guten Grund, heute die „narrativistische" und „konstruktivistische" Geschichtsdidaktik (Jeismann/Rüsen) – in Verbindung mit der Berücksichtigung der unbewussten Triebdynamik (Schulz-Hageleit/Knoch) – für die elaborierteste Theorie zu halten. Einen Monopolanspruch auf „Wissenschaftlichkeit" aber kann es deshalb noch lange nicht geben.

Die narrativistisch-konstruktivistische Variante der „Sinnbildung über Zeiterfahrung" ist geschichtsdidaktisch besonders relevant, weil sie tendenziell das Schwergewicht von der „Feststellung vergangener Tatbestände und Wirklichkeitspartikel" auf die „Synthesenbildung und Geschichtsdeutung" und – noch wichtiger – auf die „mentale Geschichtsverarbeitung" verschiebt. An die Stelle der Produktion von „historischem Wissen" und „Geschichtsschreibung" tritt die Analyse und Förderung des „öffentlichen und informellen Umgangs mit Geschichte", schließlich die Teilhabe an der „Geschichtskultur". Das ist für die „empirisch forschende Historie" gewiss ein wichtiges, ja notwendiges Korrektiv (vgl. François/Schulze 2002), bleibt für sie aber weithin nur eine irritierende Provokation (und drohende Konkurrenz!).

Für die Geschichtsdidaktik dagegen, die sich um das „Geschichtslernen" – und seine private wie kollektive Relevanz – zu kümmern hat, sind diese Fragen schlechterdings zentral. Sie bedeuten, dass – neben einer soziologisch-politologischen Funktionsanalyse von „Historie" – die „Psychologie", d.h. die Erforschung der mentalen Prozesse bei Geschichtsbeschäftigungen aller Art vergleichbar wichtig wird wie die Geschichtswissenschaft selbst. Das fordert einen Paradigmenwechsel von „Quellenarbeit" zu „narrativer – und reflexiver – Kompetenz". Es geht heute um das nur interdisziplinär bearbeitbare Dreieck „Geschichtslernen", „Geschichtskultur" und „Geschichtswissenschaft", das sich als „Geschichtsumgang und Geschichtsverarbeitung" kennzeichnen läßt. „Geschichtswissenschaft" ist – wir wissen das seit Halbwachs (1985a/b), erst recht seit J. Assmann (1997) und A. Assmann (1999) – nicht mit „kollektivem Gedächtnis" identisch, sondern steht zu diesem eher in einem Spannungsverhältnis.

Natürlich ist Geschichtswissenschaft selbst weder monolithisch noch überzeitlich; auch heute besteht – wie erwähnt – eine ganze Reihe von wissenschaftstheoretischen und forschungspraktischen Schulen der Historiografie nebeneinander. Das Paradigma der allgemeinen Historie, die bis etwa 1969 durchaus noch als „Gleichgewicht der großen Mächte und europäischen Nationalstaaten (mit ideengeschichtlichen Zusätzen)" im Sinne Rankes verstanden wurde (vgl. dazu Dehio 1997), ist zunächst durch „Sozial- und Wirtschaftsgeschichte" (besser als „Struktur- und Gesellschaftsgeschichte" bezeichnet) gesprengt worden. Dann folgten – in nur einer Generation – „Mentalitäts- und Alltagsgeschichte" (auch „Historische Anthropologie" genannt), „Geschlechtergeschichte", „Umweltgeschichte", „Kindheits- und Altersgeschichte", „Mikro- oder Erfahrungsgeschichte", „‚außereuropäische' (kein glücklicher Begriff!) und universale Geschichte". Dabei ist nicht näher zu erörtern, inwieweit sich diese Richtungen gegenseitig überschneiden und dass sie sich in höchst unterschiedlichem Maße nur als Spezialdisziplinen in Nischen durchgesetzt bzw. als Hauptstränge in die sogenannte „allgemeine" Geschichte integriert haben.

Die öffentlichen Kontroversen unter Fachwissenschaftlern (z.B. „Historikerstreit", „Wehrmachtsausstellung", „Goldhagendebatte") scheinen allerdings stärker von moralischen und politischen Standpunkt-Unterschieden determiniert als von wissenschaftslogischen und erkenntnistheoretischen Gegensätzen. Geschichte ist eben stets auch eine „richtungs-politische" und „moralische" Frage, zudem von ästhetischen Gesichtspunkten abhängig. Tatsächlich verstehen wir – in theoretischer Betrachtung – inzwischen (seit White 1986, 1994) Historiografie auch wieder als „Literatur", mindestens aber – mit Rüsen (1989, 15 ff., 24 ff.) – als „Rhetorik" und „Topik". Auf die Schule scheint das allerdings noch keine große Auswirkung zu haben.

Wenn also eine „Wissenschaftsorientierung" des Geschichtslernens und der Geschichtsdidaktik gefordert und anerkannt wird, kommt es ausschließlich darauf an, in welchem Sinne „Wissenschaftsorientierung" gemeint ist:

- Besteht „Wissenschaftsorientierung" in „Wissenschaftsimitation" (oder gar „Wissenschaftsvorwegnahme") oder in „Hinführung zur Wissenschaft" oder in „Kontrolle durch Wissenschaft" oder in „Problematisierung der Wissenschaftsgläubigkeit des Publikums"?
- Bezieht „Wissenschaftsorientierung" von Geschichtslernen und Geschichtsdidaktik sich nur auf „Geschichtswissenschaft" oder auch auf Entwicklungs-, Lern- und Sozialpsychologie, Erziehungswissenschaft, Politologie oder zudem auf allgemeine Kulturwissenschaft, Ethnologie, Archäologie, Kunstwissenschaft?
- Wie wird „Geschichtswissenschaft" verstanden: als „hermeneutische Geisteswissenschaft zwecks Verstehen von Individuen" (idiografisch) oder als „historische Sozialwissenschaft in emanzipatorischer Absicht" (nomothetisch) oder als „narrativ-retrospektive Sinnbildung über Zeiterfahrung" (gemäßigt konstruktivistisch) oder wie sonst? (vgl. Raphael 2003)
- Schließt „Wissenschaftsorientierung" ein, dass fiktionale (literarische, künstlerische) Präsentationen, imaginative (fantastische, abenteuerliche) Formen und triebdynamische (projektive, identifikatorische) Grundlagen von Historie im Unterricht nicht vorkommen dürfen, ja bekämpft werden müssen oder dass sie stillschweigend übergangen, d.h. nicht explizit analysiert werden sollen oder dass sie gerade erst recht offensiv und aktiv zu thematisieren sind?
- Heißt „Wissenschaftsorientierung" umstandslosen Anschluss an den Mainstream der Geschichtswissenschaft (damit auch den Alltag der oft ziemlich provinziell ausgerichteten „geschichtswissenschaftlichen" Lehrerausbildung) oder „Fundierung" auch in innerwissenschaftlichen Minderheitsströmungen („lebendiges Funktionsgedächtnis" statt „träges Speicherwissen") unter Anerkennung eines „Vetorechtes" von Quellen und Experten?
- Bedeutet „Wissenschaftsorientierung" die Beschränkung auf die kognitive Dimension und damit eine Ausklammerung der politischen Funktionen/Nutzungen und ästhetischen Formen/Wirkungen von Historie (auch „Geschichtskultur") oder gerade deren verantwortliche und rationale Aufarbeitung (mit Mitteln der Wissenschaft oder besser verschiedener Wissenschaften)?

3. Bedingungen und Grenzen „wissenschaftsorientierten" Geschichtslernens

Die Formel „Wissenschaftsorientierung" ist also gewiss nicht falsch, aber auch nicht eindeutig genug. In der Geschichtsdidaktik ist sie faktisch durch „Wissenschaft vom Geschichtsbewußtsein" (Jeismann 1977, 1985, 2000) ersetzt oder wenigstens ergänzt worden. Aber: Wer *will eigentlich* dieses (reflektierte und selbstreflexive) „Geschichtsbewußtsein"? Seitens der Politik wird „Multiperspektivität", „Kontroversität" und „Pluralität" mehr in Programmen (auch Präambeln von Richtlinien/Lehrplänen) gefordert als in Detailvorgaben (d.h. Stoffkatalogen und Bildungsstandards) eingelöst.

Für die Fachwissenschaft kann man natürlich keineswegs rund heraus sagen, dass sie „Multiperspektivität", „Kontroversität" und „Pluralität" zurückweise. Aber man darf auch nicht einfach behaupten, dass sie sie intensiv anstrebe. Denn dann müsste sich diese Absicht stärker in der Struktur geschichtswissenschaftlicher Debatten und Publikationen spiegeln. Zu erwarten wäre z.B., dass es mehr als eine knappe Übersicht über den Forschungsstand und einen kurzen Ausblick auf offene Fragen – oder gar zukunftsbezogene Folgerungen – gäbe. Die drei Fokusse „Vergangenheitspartikel", „Geschichtserzählung" und „Gegenwartsbezug" müßten jeweils ausdrücklich, ausführlich und unter Berücksichtigung verschiedener (auch widersprüchlicher) Positionen ausgebreitet werden.

Mit anderen Worten: Erst die „Multiperspektivität" bei der historischen Wahrnehmung, die „Kontroversität" bei der historischen Deutung und die „Pluralität" bei der historischen Orientierung (vgl. Rüsen 1994b; v. Borries 2004, 245 ff.) würden eine historische Erarbeitung als vollständig entwickelt und damit auch als „wissenschaftsorientiert" ausweisen. Es kann leider keine Rede davon sein, dass solche Anforderungen in wissenschaftlichen Büchern und Artikeln regelhaft erfüllt würden. Ausgerechnet bei fachdidaktischen Materialien sieht es teilweise etwas günstiger aus; die drei Ebenen oder Teiloperationen werden zwar auch in Schulbüchern meist nicht konsequent unterschieden – und dann wieder aufeinander bezogen –, aber doch in manchen Unterrichtseinheiten sorgfältig und ausdrücklich kombiniert (vgl. v. Borries 1986, 2001/02, um nur eigene Beispiele zu nennen).

Die Möglichkeit der Wissenschaftsorientierung hängt – in erheblichem Maße – daran, ob die Grundwissenschaften selbst sich auch „didaktisch" zu verstehen in der Lage sind. Entscheidend ist die Hentigsche Idee einer „Wissenschaftsdidaktik" (v. Hentig 1970). Demnach gehört es konstitutiv zu jeder Wissenschaft (kann aber grob vernachlässigt werden!), dass sie sich auch mit ihrer Strukturierung, ihrer Kommunizierbarkeit und ihrer gesellschaftlichen Verwendung befaßt. „Wissenschaftsfolgenabschätzung" ist also nicht nur bei Weltraumtechnik, Atomphysik und Biotechnologie nötig, sondern auch bei Geschichtswissenschaft und Geschichtsdidaktik. Das wird nach den neueren Balkankriegen niemand mehr ernsthaft bezweifeln wollen: *Denn Historie kann hoch brisant, ja destruktiv sein.* Die geforderte Selbstreflexivität bezeichnet v. Hentig 1970 als „Wissenschaftsdidaktik", was natürlich keinerlei monopolistische Zuweisung dieser Funktion nur an die Fachdidaktiken oder gar eine Zuerkennung eines Kontroll- und Überwachungsrechtes bedeutet.

Die Gegenseite (bzw. Begrenzung der Möglichkeiten) hat Seidenfuß (2002) schonungslos aufgedeckt. In der Hauptschule ist die Wissenschaftsorientierung schon seit den achtziger Jahren weitgehend passé. Die Lehrenden haben meist nicht Geschichte studiert („fachfremder Unterricht"), das Fach wird unter wechselnden Namen (vielfach) mit anderen integriert unterrichtet (so inzwischen auch in Bayern und Baden-Württemberg). Abstraktes Denken und ein voller chronologischer Durchgang (gar noch ganz überwiegend „national deutscher" Art) überfordert die – sprachlich oft recht schwachen und großenteils nicht aus deutschen Traditionen stammenden – Lernenden tatsächlich vielfach. Tendenzen der Rückkehr zur „volkstümlichen Bildung" und des Übergangs zur „Geschichtskunde" sind offensichtlich. Statt dessen – oder dabei? – läßt sich an den neuerdings viel diskutierten Gedanken der „Geschichtskultur" anknüpfen (vgl. auch Schneider 2000), zumal diese sich regionsspezifisch, aktuell und lebensweltnah abspielt, eben nicht eine minder wirkliche (abstrakte) Vergangenheit darstellt, sondern zur anschaulichen (ja: marktkonformen) Gegenwart gehört.

Wenn das richtig ist, lässt sich dann trotzdem noch etwas von „Wissenschaftsorientierung" festhalten? Der wohl wichtigste Punkt liegt darin, nicht das eigene Interesse, die eigene Position, die eigene Wahrnehmung zu verabsolutieren, sondern – bei aller Berechtigung, sich selbst ins Spiel zu bringen und durchzuhalten, – auch ‚den anderen' ein gleiches Recht auf soziale und mentale Entfaltung zuzugestehen. Das hat – je nach Verständnis – mit „Wissenschaftsorientierung" überhaupt nichts oder sehr viel zu tun. Geht man auf eine herkömmliche Historie hermeneutisch-historistischer wie neopositivistisch-antiquarischer Art zurück, dann hat „Wissenschaft" in der Hauptschule rein gar nichts zu suchen. Sie ist auch angesichts der begrenzten Lesefähigkeit und Lesewilligkeit großer Teile der Jugend (vgl. Artelt 2001) schlicht nicht praktikabel. Fordert man aber die Anspannung aller – vorhandenen, begrenzten – Kräfte auf ein besseres Verstehen der komplexen und konflikthaften Verhältnisse zwischen ‚Eigenem' und ‚Fremdem', dann kann das durchaus als eine – wenn auch nicht perfekte – Einlösung von Wissenschaftsbezug auch in der Hauptschule angesehen werden.

4. Curriculumerstellung – ein „wissenschaftliches" Geschäft?

Die Wissenschaftsorientierung erschien um 1970 nicht als Diktatur der Fachwissenschaft, sondern als Wende zur „Curriculumtheorie". 1971 hat Robinsohn aus dem gleichen Max-Planck-Institut, das heute TIMSS und PISA veranstaltet, einen Versuch der Verwissenschaftlichung gestartet. Nicht mehr der Staat und seine Kommissionen, sondern die Wissenschaft (Sozialwissenschaft, Erziehungswissenschaft und Fachwissenschaften) sollten nach festem Verfahren die Vorgaben für das individuelle und gesellschaftliche Lernen erstellen. Dabei sollte die Unverbindlichkeit bisheriger bloßer Stoffkataloge und Lernziellisten, die untereinander auch noch in keinem klaren und überzeugenden Verhältnis standen, beseitigt werden. Dazu sollten Lehr- und Lernverfahren sowie Lern-Materialien, Randbedingungen und Diagnoseinstrumente mit aufgestellt werden. Drei Hauptkriterien (als „Such- und Kontrollinstrument") sollten die Auswahl und Strukturierung von Bildungsinhalten ermöglichen (Robinsohn 1972, 47), die man unmittelbar auf die Historie anwenden kann (so Schörken 1975, 286):

- „die Bedeutung eines Gegenstandes im Gefüge der Wissenschaft", d.h. im Fall der Historie: „Wie wird Geschichtsunterricht wissenschaftstheoretisch aus dem Gefüge der Wissenschaft begründet?",
- „die Leistung eines Gegenstandes für Weltverstehen, d.h. für die Orientierung innerhalb einer Kultur und für die Interpretation ihrer Phänomene", also bei der historischen Unterweisung: „Was leistet der Geschichtsunterricht (oder allgemein die Beschäftigung mit Geschichte) für Weltverstehen?",

- „die Funktion eines Gegenstandes in spezifischen Verwendungssituationen des privaten und öffentlichen Lebens", bezogen auf das Beispiel: „Welches ist die Bedeutung des Geschichtsunterrichts (oder geschichtlichen Lernens) in spezifischen Verwendungssituationen?"

Die wirkliche Neuheit der „Curriculumtheorie" lag im Anspruch, nicht nur grob die Themen aufzulisten (Stoffkatalog), sondern gleichzeitig die Feinziele, die Lernstrukturen, die Arbeitsformen und die Unterrichtsmaterialien (einschließlich Leistungstests) festzulegen, auszuprobieren und zu optimieren. Im Prinzip konnte dadurch der Lernprozess praktisch vom Lehrenden unabhängig werden („teacher-proof"). Es entstanden umfangreiche Entwürfe, die zu einer wesentlich genaueren Analyse der Lernziellisten, Detailschwierigkeiten und Auflockerungsmöglichkeiten beitrugen. Dennoch wurden die wesentlichen Ansprüche der Curriculumtheorie nicht eingelöst.

Zum einen stellten sich die optimistischen und ambitionierten Überzeugungen in einer Wissenschaftsgesellschaft zu leben, als weit überzogen heraus. Sie waren – die Linke entdeckte das bald und rückte dadurch die Curriculumtheorie vom eher „linken" zum eher „rechten" Rand des Spektrums der Gesellschaft – ohnehin in der Gefahr, Konflikte („Klassengesellschaft") und Machtverhältnisse („Herrschaftscharakter") zu übersehen oder zu verharmlosen. Der wissenschaftliche Experte als „Sozialingenieur" und „Vertreter des Sachzwangs" verlor an Glaubwürdigkeit, weil seine Funktion als Beauftragter der Mächtigen durchschimmerte. Die Debatte über „Technokratie" und den „militärisch-industriellen Komplex", d.h. das unwiderstehliche Zusammenwachsen von Kartellen aus „Big Business", „Big Politics", „Big Military" und „Big Science", machte das ganz klar. Die Wissenschaft ist nicht eine objektive und neutrale Instanz jenseits der Gesellschaft.

Zum anderen überzeugten die Ergebnisse des Aufschreibens von Curricula keineswegs. Es wurde nicht nur permanent und peinlich deutlich, dass Legitimationslücken und Kenntnisdefizite auftraten und niedrigere Ebenen nicht einfach von höheren „abzuleiten" waren („Dezisionismus"), d.h. dass die „Normfrage" sich nicht hatte ausklammern und nicht wissenschaftlich in den Griff bringen lassen. Schlimmer noch: die Detailinhaltsaufstellungen und Feinlernziellisten wurden immer umfangreicher, die Methodenvorgaben und Medienangebote immer genauer. Geschichts-Lehrpläne oder -richtlinien, die vorher dünne Heftchen gewesen waren, wurden dicke Bücher – und sind es vielfach bis heute geblieben. Schließlich fühlten alle – da waren „Rechte" und „Linke" sich merkwürdig einig – Lehrer und Schüler unerträglich „gegängelt". „Lehrersicherheit" („teacher proofness") erwies sich als Utopie und Illusion; sie führte zudem vor allem dazu, dass die konkreten Schüler(innen) kaum noch vorkamen. Wer aber einen Lernprozeß „schülersicher" gestalten will und das „pädagogische Verhältnis" (die „Beziehungsarbeit") ausklammert, der macht das Lernangebot zum „Lernprogramm" und verhindert (oder wenigstens: erschwert) Lernen, statt es zu ermöglichen oder zu fördern. Das höchst nötige genauere Hinsehen und Analysieren verkam zur Entfremdung.

In diesem Zusammenhang ist das Fach Geschichte besonders betroffen, denn es ist einerseits das spezielle Fach der Bildungsmacht Staat (Weniger 1926) und es ist andererseits der Ort der individuellen „Sinnbildung" und „Identitätsentwicklung" (eben nicht „Sinnstiftung" und „Identitätsvermittlung"). Beides steht – und zwar nicht einfach als Konflikt zwischen „rechten" und „linken" Positionen – in scharfem Kontrast zueinander. Weniger hatte schon 1926 in seiner Habilitationsschrift erkannt, dass das Fach Geschichte nicht aus der Geschichtswissenschaft abgeleitet wird und sich auf die Vergangenheit beschränkt. Sondern es geht aus dem Willen der Herrschenden hervor, ihr Verständnis der Zukunftsaufgaben – eingekleidet in eine Erzählung über vergangene Prozesse – der jungen Generation (genauer: den künftig politisch Verantwortlichen innerhalb der jungen Generation) verpflichtend zu übertragen.

Geschichte erweist sich (schon) hier als „Konstruktion" unter einer bestimmten Perspektive und Intention, die sich auf Konsequenzen und Handlungen richtet; sie ist damit bereits als Verbindung von Vergangenheitsdeutung, Gegenwartswahrnehmung und Zukunftserwartung erkannt. Freilich wird diese analytische Einsicht weder demokratietheoretisch entfaltet noch ideologiekritisch gewendet. Weniger ist – die besondere Lage der Weimarer Republik macht das verständlich – nicht entsetzt und besorgt, dass „Geschichte" (in der Schule) gar nicht wissenschaftsbestimmt, -kontrolliert und -förmig auftritt, sondern findet das durchaus in Ordnung, gewissermaßen legitim und unvermeidlich. Scharf gesagt: Statt der Karte der „Ideologiekritik" spielt er – 1949 wie 1926 – eher die der (zynischen?) „Legitimation".

Nach 1970 sollte das natürlich durchaus anders werden. Den Befürwortern von (reflektiertem und selbstreflexivem) „Geschichtsbewusstsein" als Ziel des Geschichtsunterrichts war die Notwendigkeit und Wünschbarkeit eines demokratisch-pluralistischen Geschichtsdenkens bereits so selbstverständlich, dass der Macht- und Konfliktcharakter – und der Bestimmungsanspruch der Kultusminister – nicht selten unterschätzt wurde. Weniger wurde kaum noch zitiert. An die Stelle der gesellschaftlich fundierten – und als wissenschaftlich verstandenen – „Curriculumtheorie" sowie der Einsicht in die „Wissenschaftsbestimmtheit" trat jetzt die „Fachwissenschaftsorientierung" (schlichter: eine Art „Wissenschaftspropädeutik" im engeren Sinne). Und der normative Anteil wurde teils verschwiegen, teils – im Gefolge der „Frankfurter Schule" – als wissenschaftsförmig angesehen (bes. bei Kuhn 1974).

Stoffverteilungslisten, Lehrpläne und Richtlinien des Faches Geschichte haben seit 1970 immer wieder ganz ähnliche – keineswegs zufällige – Tücken entfaltet:

- eine tiefe Kluft zwischen Präambeln mit großen Versprechungen („Pluralität", „Schülerorientierung") und hehren Zielen („Geschichtsbewusstsein", „Wissenschaftsorientierung") einerseits und schlichten, aber umfangreichen „kanonischen" Stoffkatalogen andererseits (die Inhaltslisten setzen sich dann in der Praxis durch und blamieren die großartigen Absichten),
- ein Miß-Verhältnis von Pflichtthemen (oft mit Mindest- oder Durchschnitts-Mengenangaben zu verwendender Unterrichtsstunden), Wahlpflichtthemen und Freiräumen (die meist nicht genutzt, sondern zusätzlich für den Pflichtstoff verbraucht werden),
- ein nach Ländern recht verschiedener Grad der Kontrolle und Grob- oder Feinsteuerung der Unterrichtsverläufe durch Schulaufsicht, Zentralprüfungen und Schulbuch-

zulassungen (die Test- und Notengebungsverfahren, z.B. das Zentralabitur, bestimmen weitgehend die Unterrichtspraxis),

- die Ausklammerung von Lerndiagnose, Leistungsmessung und Notengebung als „unanständigen" Themen in Geschichtsdidaktik und Lehrerausbildung (darin liegt ein – nur ein – Grund für das geringe Ansehen der Fachdidaktik bei den Praktiker[inne]n: Sie weicht vor entscheidenden Fragen aus und erweist sich insoweit als nutzlos).

Spätestens bei der Unterrichtsplanung im Alltag schlägt nämlich eine „Falle der Allgemeindidaktik" zu. Die Geschichtsdidaktik ist sehr darauf aus, sich nicht „allgemeindidaktisch" (eben erziehungswissenschaftlich), sondern „fachspezifisch" (eben geschichtswissenschaftlich) zu profilieren (das gilt – wie erwähnt – auch für die Wissenschaftsorganisation). Während man aber die „Didaktik" im engeren Sinne (also die Bestimmung der Absichten und Themen) ganz vorwiegend fachdidaktisch halten kann (sagen wir 80% zu 20%), geht das bei der „Methodik", also Lernverfahren und Materialwahl, d.h. unmittelbarer Unterrichtsplanung und -durchführung, nicht mehr. Hier kehrt sich – zugespitzt gesagt – das Verhältnis um: Plötzlich erscheinen 80% als allgemeindidaktische Anforderungen (z.B. Motivationsbeitrag, Medientechnik, Zeitökonomie, Disziplinwahrung, Gesprächsmoderation, Differenzierung, Sozialformen, Leistungsdiagnose) und nur 20% als fachdidaktische (z.B. Multiperspektivität, Gleichgewicht zwischen Affirmation und Kritik bei der Thematisierung von historischen Identitäten). Fachspezifische Publikationen zur Unterrichtsvorbereitung sind ausgesprochen selten, jedenfalls in den letzten Jahrzehnten (vgl. aber Dörr 1991; Zwölfer 2003). Auch die Handbücher halten sich bedeckt: Rohlfes (1986, 248-264) geht bezeichnenderweise überwiegend von allgemeindidaktischen Modellen aus; Kuhn (in Bergmann u.a. 5. Aufl. 1997, 457-463) erläutert ihren eigenen Grundansatz.

5. Gegenwartsdiagnostische Gesellschaftsanalyse und historische Orientierungsleistung

Bisher war mindestens so viel von Methoden und Zugriffen die Rede wie von Inhalten und Themen. Das scheint prinzipiell auch in Ordnung, wenn man anerkennt, dass es im Fach Geschichte nicht auf Stoffe und Fakten, sondern auf Kategorien und Operationen ankommt („Methodenorientierung", „Lernen des Lernens"). Dennoch sollte das Problem der Inhaltsauswahl nicht unterschätzt werden. Dazu einige Beispiele: Was bedeutet Geschichte in einer Krise der menschlichen Gattungsgeschichte, in der die Selbstvernichtung wie die Selbstüberwindung erstmals möglich scheinen (vgl. Anders 1985/84)? „Fortschritt" und „Selbstzerstörungs-Drohung" werden gewissermaßen gleichzeitig möglich, ja gleichbedeutend. Sie lassen sich als eine doppelte Treppe nach oben und unten darstellen: *„Fortschritt und Katastrophe"*, *„Fortschritt als Niedergang"*, *„Fortschritt in die Sackgasse"*.

Beschleunigung und Entwertung von Tradition (Verlust von „Erfahrung" als Wert und Verlust des Buches als „Leitmedium") sind wichtige Grunderscheinungen der Gegenwart. Die Großeltern bringen den Enkeln nicht mehr Berufserfahrungen bei, sondern lernen von ihnen Kommunikationstechniken. Das entwertet und entmächtigt Historie vordergründig, wenn es sie auch strukturell umso wichtiger macht, um irgendwelche Kontinuität zu wahren. Die „genetische Figur" der historischen Sinnbildung (jenseits ihrer schlichten Form als „Fortschritt") erweist sich aber für Anfänger bereits als zu kompliziert – vom Bedarf an „genesekritischer" und „post-genetischer" Sinnbildung (man kann sie „evolutionär" nennen, vgl. v. Borries 1990, 67-110) ganz abgesehen. Warum wird dann eigentlich noch Geschichte betrieben?

Wie soll sich der Fokus der Historie eigentlich ändern? Was ist die „angemessene" Historie für heute? Geschichte ist immer eine Antwort auf Orientierungs-Fragen der Gesellschaft gewesen! Das war zu Zeiten der einfachen Gartenbauer nicht anders als in Dynastien, Universalreichen, Weltreligionen und Nationalstaaten. Was also sind *unsere* „Fragen an die Geschichte"? Im Hinblick auf die Tatsache, dass etwa 30% der heute Lernenden ganz oder teilweise aus einem Migrationshintergrund kommen, lassen sich – für die deutsche Debatte und die zweifellos nötige Transformation des nationalstaatlichen Geschichtsunterrichts – vier verschiedene Strategien zur Auswahl beschreiben – aber auch jeweils ihre Grenzen kennzeichnen. Eine offene politische Debatte scheint noch immer zu fehlen.

Vier Konzepte der Inhaltsauswahl für Geschichtslernen in der „Einwanderungsgesellschaft"

Auswahlkriterium	Leistung/Chance	Defizit/Risiko
„Nationalgeschichte als Eintrittsbillet"	Neues „nation building", Einbürgerungs- und Integrationsbeitrag (ohne Homogenisierung), Identifikationsangebot	Soziozentrismus (wenn nicht Ethnozentrismus), Ab- statt Ausgrenzung, Desinteresse und Assimilationssorge der Betroffenen
„Menschenrechtsgeschichte als Zivilreligion"	Orientierung auf „Verfassungspatriotismus", Universalismus, Demokratie- und Humanitätsbeitrag	Normativität, Abstraktheit/Blutleere (Lebensweltferne), Versuch der Identitätsstiftung
„Nahweltgeschichte als Orientierungshilfe"	Lebenswelt- und Adressatennähe, manifeste „Betroffenheit", Verwendbarkeit für Lernende	Ferne von den „sekundären Systemen", Zersplitterung, Auslieferung an Partikulares, Desinteresse bloß zukunftsbezogener Lernender
„Mentalitätsgeschichte als Identitätserweiterung"	„Fremdverstehen" („Empathie") und Selbstreflexion, Angebot/Beitrag zur Identitätsbildung, Erfahrung radikaler „Alterität"	Kognitive u. emotionale Überforderung, Schwierigkeit von Mentalitätsgeschichte, Verunsicherung/Entfremdung statt Hilfe zur Selbstdefinition

(nach v. Borries 2001, 307-314)

Das Entscheidungsproblem hat zentral mit „Wissenschaftsorientierung" zu tun, wenn denn „Wissenschaft" nicht nur als Set objektiver Methoden, sondern als systematische Anstrengung zur optimalen Lösung (welt)-gesellschaftlicher Probleme begriffen wird und dazu „historische Orientierung" nötig ist. Und es ist ganz und gar keine abstrakte Frage, wie wenigstens an vier Beispielen gezeigt werden soll.

- Beziehen wir eigentlich eine ausführliche Unterrichtseinheit über einen außereuropäischen Kulturerdteil (*„andere Hochkultur"*) aus eigenem Recht (um ihrer selbst willen) und in der eigenen langfristigen Entwicklung in unseren Geschichtsunterricht ein? Oder glauben unsere Schüler(innen) weiterhin – durch den Geschichtsunterricht angeleitet – die 10% Europäer seien allein auf der Welt oder jedenfalls allen anderen an Wert („lange und reiche Geschichte") bei weitem überlegen? Wann wird mit diesem offenen – wenn auch unabsichtlichen – „kulturellen Rassismus" Schluß gemacht und „China" oder „Indien", „Japan" oder „Schwarzafrika" usw. ausführlich historisch behandelt?

- Kommen eigentlich *Wanderungsbewegungen* – und zwar auch aus erfahrungsgeschichtlicher Innensicht/Froschperspektive, nicht nur aus strukturgeschichtlicher Fernperspektive/Vogelschau überhaupt vor? Wann werden Abgrenzung und Gettoisierung, gegenseitige Assimilation und bleibende Heterogenität, als Grundmerkmale menschlicher Gesellschaften erkannt und erörtert? Wann lernen wir – als Einwanderungsgesellschaft – endlich aus dem Schatz der guten und schlechten Erfahrungen anderer, sei es Nordamerikas und Russlands im 18./19. Jahrhundert, sei es der ostmitteleuropäischen und südosteuropäischen Länder? Gilt Ähnliches für die Stichworte *„Interkulturalität"*, „multikulturelle Gesellschaft" und „Kulturbegegnung"?
- Ist die *„Frauengeschichte"* bloß eine kurzfristige Mode der siebziger Jahre gewesen, bei deren Erwähnung heute bereits die meisten Schülerinnen und Studentinnen lächeln oder gähnen? Oder sind die *„Geschlechterverhältnisse"* zu einer Grundkategorie aller ernsthaften historischen Analysen aufgestiegen, auf deren Berücksichtigung man nur um den Preis verzichten kann, seine fachliche und didaktische Seriosität aufgegeben zu haben? Kann es Studentinnen wirklich gleichgültig sein, dass – vor hundert Jahren – ihre Urgroßmütter noch nicht hätten studieren können? Und wie steht es – bei krisenhaftem Bevölkerungsaufbau und gestiegener Lebenserwartung – mit der *„Historie von Altersklassen und Generationenverhältnis"*?
- Schließlich: Brauchen wir in der galoppierenden Umweltkrise, im (gelingenden oder scheiternden) ökologischen Umbau der Wirtschaft und in der biotechnischen Transformation des Menschen keine *„Umweltgeschichte"*? Verdrängen wir mit der Gefahr der Vernichtung unseres Habitats (z.B. Abholzung, Vergetreidung, Desertifikation durch Versalzung, Wind- und Wassererosion, Überfischung, Klimawandel, Überschwemmungen) auch die Reflexionsfolie „Geschichte"? Oder sind die Öko-Probleme ohnehin so unvergleichlich neu („global", „vernetzt", „unsichtbar" und „irreversibel"), dass uns Historie überhaupt nichts nützen würde? Das wäre ein neues Beispiel für die „Entmächtigung" der Geschichte durch die gestiegene Innovationsrate. Wäre dann nicht auch eben dieser Prozess, z.B. am Verbrauch von Energie *(„Jeder beschäftigt 80 Energiesklaven")*, am Ausmaß von meist elektrischen Hilfsmaschinen in Beruf und Haushalt und an den Kommunikationsmedien, unbedingt zu behandeln?

Diese Überlegungen sollen verdeutlichen, dass sich unter dem Gesichtspunkt der „Wissenschaftsorientierung" die schlichte Frage nach den inhaltlichen Schwerpunkten von Geschichtslernen keineswegs erledigt hat und dass – unbeschadet der besonderen Schwere und Verarbeitungsbedürftigkeit deutscher Erfahrungen (und Untaten) im 20. Jahrhundert – eine reine Rückkehr zu traditioneller oder transformierter „Nationalgeschichte" keine Lösung des Problems darstellen kann. Dabei müssen wir mehrere Probleme gleichzeitig angehen. Auch wenn man nicht modischen Trends folgt: Seit dem 11. September 2001 ist manches anders. Die Interkulturalität nach außen (Nord-Süd-Konflikt) und innen (Einwanderungsgesellschaft) hat uns in völlig neuer Radikalität eingeholt. Trägt unser Geschichtsunterricht dem eigentlich Rechnung?

Theoretisch ist schon lange klar: Geschichtsunterricht hat *„Fragen an die Geschichte“* zu stellen und abzuarbeiten (die Antworten sind dann alles andere als vorhersehbar und eindeutig). Historie dient der *„Sinnbildung über Zeiterfahrung“*, also der *„Orientierung in krisenhaften Situationen des Wandels“*. Das zumindest sagen die großen Analytiker: Bloße Traditionsweitergabe an Kenntnissen und Werten ist dann eine – diskussionsbedürftige und diskussionswürdige – Möglichkeit, aber nicht die stillschweigend vorausgesetzte Hauptaufgabe. Wo also stehen wir mit unserer Gegenwartswahrnehmung?

Was können wir in dieser Lage aus Geschichte lernen? Droht ein *„Missbrauch als Aktualitäten-Steinbruch“* oder besteht endlich die Chance zum *„Ernstnehmen der Orientierungsfragen und Zukunftsbezüge“*? Der *Steinbruch-Verweis* ist immer möglich und schwankt zwischen polemischem Killerargument und berechtigter Reflexionsmahnung. Um perspektivische, interessengesteuerte Auswahl führt – seit der älteren Steinzeit – niemals ein Weg herum. Das galt auch zu Zeiten der nationalstaatlichen Meistererzählungen. Freilich kommt es darauf an, ob die Vergangenheit zur bloßen Projektionswand gemacht wird oder ob – nach expliziter Formulierung der Fragen – ihre Fremdheit erkannt und intellektuell und moralisch redlich verarbeitet wird.

Sieht man die Aufgabe der Geschichte so, dann ist klar, dass sie – bei allen „Prognose-Chancen“ – auch „Zukunfts-Offenheit“ einschließt. Historische Analyse kann nämlich *„self-fulfilling“* und *„self-destroying“* prophecies hervorbringen, d.h. zur Verwirklichung wie zur Vermeidung ihrer Zukunftshypothesen beitragen. Wenn man nicht mehr nur mit einer „traditionalen“ und „exemplarischen“ Nutzung von Geschichte rechnet, sondern auch mit einer „kritischen“ und „genetischen“ (vgl. Rüsen 1994b), ist das umso deutlicher.

Der Lernbericht des Club of Rome (*„No limits to learning“*) forderte schon 1979 „antizipatorisches“ und „partizipatorisches“ Lernen statt „traditionalem“ und „katastrophischem“ Lernen (Botkin u.a. 1979). Bloße Übernahme herkömmlichen Herrschaftswissens ist angesichts der heutigen Innovationsrate genauso unzureichend wie Panikreaktionen nach Schockerfahrungen (wie „Rinderwahnsinn als Menschenwahnsinn“ und „Selbstmordattentate mit Flugzeugbomben“). Die Ziele heißen natürlich Autonomie und Integration zwecks Bewältigung der Komplexität. Im Fach Geschichte taucht das als nüchterne „Methodenorientierung“ auf, als Kompetenz zur produktiven Verarbeitung von Vergangenheitsdeutungen in sich wandelnden krisenhaften Gegenwartserfahrungen.

6. Was soll „Wissenschaftsorientierung“ heute heißen?

In erster Linie ist eine „historische Kompetenz“, eine „Grammatik des historischen Denkens“, anzubahnen. Für diese können wichtige Strukturmerkmale angegeben werden. Es lassen sich sinnvollerweise analytisch drei – in der Praxis interdependente, aber nicht einfach zu verwechselnde – Ebenen oder Teiloperationen angeben. Wichtig ist, dass auf allen drei Ebenen auf Widersprüche und Meinungsverschiedenheiten einzugehen ist, aber auch Qualitätsmaßstäbe bestehen (also gerade nicht Unverbindlichkeit oder Voluntarismus herrscht). Die Grafik verdeutlicht den Zusammenhang.

Teiloperationen des historischen Erkennens

Wertung	Plurale Folgerungen	Narrative Triftigkeit	Historische Orientierung
Sachurteil	Kontroverse Darstellungen	Normative Triftigkeit	Historische Deutung
Sach(verhalts)-analyse	Multiperspektivische Quellen	Empirische Triftigkeit	Historische Wahrnehmung

(nach Jeismann 1985, 62 ff., v. Borries 2000, 15 ff. u. Rüsen 1983, 85 ff., 1989, 93 ff., 1994b, 64 ff., 164 ff.)

Die zugrunde liegende, zunächst von Jeismann (1985, 2000) und Rüsen (1983/86/89, 1994a/b) entfaltete Theorie ist neuerdings reformuliert worden, wobei besonders die Notwendigkeit betont wurde, neben der „(Re)-Konstruktion“ ebenso die „(De)-Konstruktion“ zu berücksichtigen und einzuüben, da Historie im Leben eben meist nicht in Form von Relikten und Vergangenheitspartikeln, sondern in Form fertiger Narrationen und Verbindlichkeit fordernder Deutungsangebote auftritt. Die Strukturgrafik sieht dann ungefähr so aus (vgl. Schreiber 2002, 2003; Hasberg/Körber 2003).

Teiloperationen des historischen Erkennnens

	Fokus Vergangenes „olim“, „tunc“ Vergangenheitspartikel feststellen	**Fokus Geschichte** „ex post“, „retro spectans“ Vergangenes in Geschichte verwandeln und als Geschichte erzählen	**Fokus Gegenwart** „ex nunc“, „pro nunc“ Geschichte auf Gegenwart/Zukunft beziehen
(Re)-Konstruktion	„Gegebenheiten“ und „Begebenheiten“ aus Quellen (re)-konstruieren	Synchrone und diachrone Kontextualisierung Zusammenhänge und Zeitverläufe (re)-konstruieren	Von gegenwärtigen „Gegebenheiten“ und „Begebenheiten“ her Ursachen- und Sinnzusammenhänge (re)-konstruieren
	OPERATIONEN DES GESCHICHTSBEWUSSTSEINS		
(De)-Konstruktion	Aus fertigen Narrationen Vergangenheitspartikel (de)-konstruieren	In einer fertigen Narration enthaltene (synchrone und diachrone) Bedeutungszumessungen (de)-konstruieren	In einer Narration enthaltene Schlussfolgerungen und Orientierungsangebote (de)-konstruieren

Motivation – Interesse

(Leicht vereinfachende Abwandlung der Grafik in Schreiber 2002, 27)

Für die Unterrichtspraxis werden nicht alle solche Anforderungen gleichzeitig zu bewältigen sein; die Lehrenden werden sich – mehr als bisher – jeweils für Schwerpunkte entscheiden müssen. Jedenfalls sollte nicht jede Einheit (oder jedes Schulbuchkapitel) ziemlich gleich strukturiert sein und eine Rekonstruktion ganz begrenzter Partikel aus Quellenzeugnissen beinhalten. In anderen Kapiteln sollte z.B. eine öffentliche Kontroverse („Orientierungskonflikt“) im Zentrum stehen oder ein „geschichtskulturelles Marktprodukt“ (z.B. ein

Spielfilm) auseinandergenommen und wieder zusammengesetzt (nicht aber zerstört!) werden. Dabei lohnt es sich, einige Strukturmerkmale historischen Denkens auf eine Checkliste zu setzen und wiederholt abzuarbeiten.

Neun Strukturmerkmale historischen Erkennens

Narrativität/ Erzählcharakter	Sinnbildung/ Verbindlichkeitsanspruch	Identitätsbeitrag/ Personbezug
Konstruktion/ Synthesenerstellung	Hypothesencharakter/ Theoriebedarf	Fremdverstehen/ Alteritätserfahrung
Selektivität/ Ausschnitthaftigkeit	Perspektivität/ Standpunktbezogenheit	Retrospektivität/ Zeitrücksprung

Leider geht aus empirischen Studien (vgl. v. Borries u.a. 1995, 2003) eindeutig hervor, dass – unbeschadet des Neuansatzes nach 1970 – eine „Wissenschaftsorientierung" in diesem Sinne selbst in der Oberstufe des Gymnasiums nicht durchgehend, sondern nur in glücklichen Minderheitsfällen zustande kommt.

Erwähnte Literatur

Anders, Günther, Die Antiquiertheit des Menschen, 2 Bde., 7. Aufl., München, 1985 bzw. 3. Aufl. 1984

Artelt, Cordula u.a., Lesekompetenz: Testkonstruktion und Ergebnisse, in: PISA 2000. Basiskompetenzen von Schülerinnen und Schülern im internationalen Vergleich, Opladen 2001, S. 69-137

Assmann, Aleida, Erinnerungsräume. Formen und Wandlungen des kulturellen Gedächtnisses, München 1999

Assmann, Jan, Das kulturelle Gedächtnis. Schrift, Erinnerung und politische Identität in frühen Hochkulturen, 2. Aufl., München 1997

BAK, Forschendes Lernen – Wissenschaftliches Prüfen, 2. Aufl., Bonn 1970 (= Schriften der Bundesassistentenkonferenz 5)

Bergmann, Klaus u.a. (Hrsg.), Handbuch der Geschichtsdidaktik, Düsseldorf 1979 (2 Bde.), 5. Aufl., Seelze 1997 (1 Bd.)

Borries, Bodo v., Kolonialgeschichte und Weltwirtschaftssystem. Europa und Übersee zwischen Entdeckungs- und Industriezeitalter 1492-1830, Düsseldorf 1986, 2. Aufl., Münster/Hamburg 1992

Borries, Bodo v., Geschichtsbewußtsein als Identitätsgewinn? Fachdidaktische Programmatik und Tatsachenforschung, Hagen 1990

Borries, Bodo v., „Forschendes Lernen" in geschichtsdidaktischer Perspektive, in: Schülerwettbewerb Deutsche Geschichte (Hrsg.), Forschendes Lernen im Geschichtsunterricht, Stuttgart 1992, S. 67-101

Borries, Bodo v. (unter Mitarbeit von Weidemann, Sigrid; Baeck, Oliver; Grzeskowiak, Sylwia; Körber, Andreas), Das Geschichtsbewußtsein Jugendlicher. Erste repräsentative Untersuchung über Vergangenheitsdeutungen, Gegenwartswahrnehmungen und Zukunftserwartungen in Ost- und Westdeutschland, Weinheim/München 1995

Borries, Bodo v., Interkulturalität beim historisch-politischen Lernen – Ja sicher, aber wie?, in: GWU 52 (2001), S. 305-324

Borries, Bodo v., Wendepunkte der Frauengeschichte, 2 Bde., 2. Aufl., Herbolzheim 2001/2002

Borries, Bodo v. (unter Mitarbeit von Körber, Andreas; Meyer-Hamme, Johannes), Reflexiver Umgang mit Geschichts-Schulbüchern? Befunde einer Befragung von Lehrern, Schülern und Studierenden 2002, in: Zeitschrift für Geschichtsdidaktik 2 (2003) (Jahresband), S. 114-136

Borries, Bodo v., Lebendiges Geschichtslernen, Schwalbach/Ts. 2004
Botkin, James W. u.a., Das menschliche Dilemma. Zukunft und Lernen, Wien 1979
Danto, Arthur C., Analytische Philosophie der Geschichte, Frankfurt/M. 1974
Dehio, Ludwig, Gleichgewicht oder Hegemonie. Betrachtungen über ein Grundproblem der neueren Staatengeschichte, Zürich 1997
Deutscher Bildungsrat. Empfehlungen der Bildungskommission, Strukturplan für das Bildungswesen. Verabschiedet auf der 27. Sitzung der Bildungskommission am 13. Februar 1970, Bonn 1970
Dittmer, Lothar (Hrsg.), Historische Projektarbeit im Schülerwettbewerb Deutsche Geschichte. Eine Bestandsaufnahme, Hamburg 1999
Dittmer, Lothar; Siegfried, Detlef (Hrsg.), Spurensucher. Ein Praxisbuch für historische Projektarbeit, Weinheim 1997
Dörr, Margarete, Quellen, Quellen, Quellen – und die Alternative?, in: GWU 34 (1983), S. 318-329
Dörr, Margarete, Unterrichtsplanung: Ziele, Inhalte, Methoden, Medien, in: Süssmuth, Hans (Hrsg.), Geschichtsunterricht im vereinten Deutschland. Auf der Suche nach Neuorientierung, Teil II, Baden-Baden 1991, S. 38-66
Ebeling, Hans, Zur Didaktik und Methodik eines kind-, zeit- und sachgemäßen Geschichtsunterrichts, 5. Aufl., Hannover 1973
Ebeling, Hans; Ebeling, Elisabeth; Kühl, Hanns, Praxis des Geschichtsunterrichts, 2 Bde., 2. Aufl., Hannover 1966, bzw. 3. Aufl. 1973
Entgegnungen zum Bonner Forum „Mut zur Erziehung", München u.a. 1978
Forschendes Lernen im Geschichtsunterricht, hrsg. vom Schülerwettbewerb Deutsche Geschichte, Stuttgart 1992
François, Etienne; Schulze, Hagen (Hrsg.), Deutsche Erinnerungsorte, 3 Bde., München 2001
Halbwachs, Maurice, Das kollektive Gedächtnis, Frankfurt/M. 1985 (a)
Halbwachs, Maurice, Das Gedächtnis und seine sozialen Bedingungen, Frankfurt/M. 1985 (b)
Hasberg, Wolfgang; Körber, Andreas, Geschichtsbewusstsein dynamisch, in: Körber, Andreas (Hrsg.), Geschichte – Leben – Lernen. Bodo von Borries zum 60. Geburtstag, Schwalbach/Ts. 2003, S. 177-200
Heer, Hannes; Ullrich, Volker (Hrsg.), Geschichte entdecken. Erfahrungen und Projekte der neuen Geschichtsbewegung, Reinbek 1985
Hentig, Hartmut v., Wissenschaftsdidaktik, in: Wissenschaftsdidaktik, Göttingen 1970, 13-40 (= Fünftes Sonderheft der Neuen Sammlung)
Hering, Jochen, Geschichte erfahrbar. Zur Wiederentdeckung des erzählenden Geschichtsunterrichts, Dortmund 1985
Hug, Wolfgang, Geschichtsunterricht in der Praxis der Sekundarstufe I, Frankfurt/M. 1977 (2. Aufl. 1980)
Jeismann, Karl-Ernst, Geschichte als Horizont der Gegenwart, Paderborn 1985
Jeismann, Karl-Ernst, Geschichte und Bildung. Beiträge zur Geschichtsdidaktik und zur Historischen Bildungsforschung, Paderborn 2000
Kleinknecht, Wolfgang u.a. (Hrsg.), Aufgabe und Gestaltung des Geschichtsunterrichts, Frankfurt/M. 5. Aufl. o.J. (1. Aufl. 1956)
Knigge, Volkhard, „Triviales" Geschichtsbewußtsein und verstehender Geschichtsunterricht, Pfaffenweiler 1988
Knoch, Peter; Pöschko, Hans H., Lernfeld Geschichte. Materialien zum Zusammenhang von Identität und Geschichte, Weinheim 1983 [Dazu vier Schülerhefte, Weinheim 1984]
Kosthorst, Erich (Hrsg.), Geschichtswissenschaft. Didaktik – Forschung – Theorie, Göttingen 1977
Kuhn, Annette, Einführung in die Didaktik der Geschichte, München 1974
Kuhn, Annette; Rothe, Valentine, Geschichtsdidaktisches Grundwissen, München 1980
Mut zur Erziehung. Beiträge zu einem Form am 9./10. Januar 1978, Stuttgart 1978
Pandel, Hans-Jürgen, Textquellen im Unterricht. Zwischen Ärgernis und Erfordernis, in: Geschichte lernen 8 (1995), H. 46, S. 14-21

Paul, Gerhard; Schoßig, Bernhard (Hrsg.), Die andere Geschichte. Geschichte von unten, Spurensicherung, ökologische Geschichte, Geschichtswerkstätten, Köln 1986
Raphael, Lutz, Geschichtswissenschaft im Zeitalter der Extreme, München 2003
Robinsohn, Saul B., Bildungsreform als Revision des Curriculum und ein Strukturkonzept für Curriculumentwicklung, 4. Aufl., Darmstadt 1972
Rohlfes, Joachim, Umrisse einer Didaktik der Geschichte, Göttingen 1971 (3. Aufl. 1974)
Rohlfes, Joachim, Geschichte und ihre Didaktik, Göttingen 1986
Roth, Heinrich (Hrsg.), Begabung und Lernen. Ergebnisse und Folgerungen neuer Forschungen, Stuttgart 1968, 6. Aufl. 1971
Rüsen, Jörn, Historische Vernunft. Grundzüge einer Historik I, Göttingen 1983
Rüsen, Jörn, Rekonstruktion der Vergangenheit. Grundzüge einer Historik II, Göttingen 1986
Rüsen, Jörn, Lebendige Geschichte. Grundzüge einer Historik III, Göttingen 1989
Rüsen, Jörn, Historische Orientierung. Über die Arbeit des Geschichtsbewußtseins, sich in der Zeit zurechtzufinden, Köln 1994 (a)
Rüsen, Jörn, Historisches Lernen. Grundlagen und Paradigmen, Köln 1994 (b)
Schmid, Heinz Dieter, Entwurf einer Didaktik der Mittelstufe, in: Süssmuth, Hans (Hrsg.), Geschichtsunterricht ohne Zukunft?, Bd. 1, Stuttgart 1972, S. 208-246
Schmid, Heinz Dieter; Vorbach, Klaus, Entdeckendes Lernen im Geschichtsunterricht der Sekundarstufe I, in: Geschichtsdidaktik 3 (1978), S. 129-135
Schneider, Gerhard (Hrsg.), Die Quelle im Geschichtsunterricht, Donauwörth 1975
Schneider, Gerhard, Über den Umgang mit Quellen im Geschichtsunterricht, in: GWU 45 (1994), S. 73-90
Schneider, Gerhard, Ein alternatives Curriculum für den Geschichtsunterricht in der Hauptschule, in: Gesch. in Wiss. und Unterr. 51. Jg. 2000, S. 406-417
Schoebe, Gerhard, Quellen, Quellen, Quellen ... Polemik gegen ein verbreitetes Unterrichtskonzept, in: GWU 34 (1983), S. 298-317
Schreiber, Waltraud, Reflektiertes und (selbst-)reflexives Geschichtsbewußtsein durch Geschichtsunterricht fördern – ein vielschichtiges Forschungsfeld der Geschichtsdidaktik, in: Zeitschrift für Geschichtsdidaktik 1 (2002) (Jahresband), S. 18-43
Schreiber, Waltraud (Moderat.), FUER Geschichtsbewusstsein. Ein internationales geschichtsdidaktisches Forschungsprojekt zum Geschichtsunterricht (= Zeitschrift für Geschichtsdidaktik 2 (2003) (Jahresband))
Schulz-Hageleit, Peter, Was lehrt uns die Geschichte?, Pfaffenweiler 1989
Schulz-Hageleit, Peter, Grundzüge geschichtlichen und geschichtsdidaktischen Denkens, Frankfurt/M. 2002
Seidenfuß, Manfred, Geschichtsunterricht in der Hauptschule. Auf dem Weg in die Geschichtskunde, in: Schönemann, Bernd; Voit, Hartmut (Hrsg.), Von der Einschulung bis zum Abitur. Prinzipien und Praxis des historischen Lernens in den Schulstufen, Idstein 2002, S. 201-214
Weniger, Erich, Die Grundlagen des Geschichtsunterrichts. Untersuchungen zur geisteswissenschaftlichen Didaktik, Leipzig 1926
Weniger, Erich, Neue Wege im Geschichtsunterricht, 4. Aufl., Frankfurt/M. 1969
Weymar, Ernst, Das Selbstverständnis der Deutschen. Ein Bericht über den Geist des Geschichtsunterrichts der höheren Schulen im 19. Jahrhundert, Stuttgart 1961
White, Hayden, Auch Klio dichtet oder Die Fiktion des Faktischen, Stuttgart 1986
White, Hayden, Metahistory. Die historische Einbildungskraft im 19. Jahrhundert in Europa, Frankfurt/M. 1994
Zwölfer, Norbert, Die Vorbereitung einer Geschichtsstunde, in: Günther-Arndt, Hilke (Hrsg.), Geschichtsdidaktik. Praxishandbuch für die Sekundarstufe I und II, Berlin 2003, S. 197-205

Bärbel Völkel

Handlungsorientierung

1. Handlungsorientierung – zum Stand der Diskussion

Neben einer Reihe anderer methodischer Konzeptionen (z.B. Gruppenarbeit, Einstieg, Gesprächsformen) gehört Handlungsorientierung zu den theoretischen Ideen und unterrichtspraktischen Anregungen, die als allgemeindidaktische Konzepte sehr sinnvoll und mit praktischem Gewinn in das Methodenrepertoire des historischen Lernens Aufnahme gefunden haben. Aufgrund der Erfahrung, dass wir das, was wir handelnd entwickeln leichter verstehen und besser behalten, konnte sich die Handlungsorientierung im Geschichtsunterricht, wie übrigens auch in anderen den Gesellschaftswissenschaften zugeordneten Fächern (Breit/Schiele 1998; Grammes 1999; Reinhardt 1999; Lenz 2003) als ein konsensfähiges Prinzip historischen Lernens etablieren. Das Lernen von Geschichte soll für die Lernenden mehr sein als eine ausschließlich intellektuelle Auseinandersetzung mit Fach- und Sachinhalten. Handeln und Denken werden als einander ergänzende Lernleistungen verstanden.

Das Ziel des Geschichtsunterrichts, Sinnbildung über Zeiterfahrung zu ermöglichen, stellt einen hohen Anspruch an Lehrerinnen und Lehrer. Der genervte Ausruf eines Schülers während einer Unterrichtsstunde „Warum muss ich mich eigentlich ständig mit einem Haufen Toter beschäftigen?!" macht deutlich, dass die Brücke zwischen Gegenwart und Vergangenheit nicht immer leicht zu finden ist. Häufig hat dies damit zu tun, dass in den Schülerköpfen keine geeigneten Vorstellungsbilder entstehen, die das Geschehen der Vergangenheit interessant und spannend werden lassen. Ein Grund mag darin liegen, dass das Lernangebot erfahrungsarm ist. Der behandelte Stoff steht isoliert im Raum und kann von den Lernenden nicht mit ihrer Erfahrungswirklichkeit in Bezug gebracht werden – der Inhalt „trifft" sie nicht. In der Konsequenz resignieren Schülerinnen und Schüler, sind sie nur noch mit Mühe zur Mitarbeit zu bewegen.

Der Frage, der im Folgenden näher nachgegangen werden soll, ist: Welchen Beitrag kann die Handlungsorientierung im Geschichtsunterricht leisten, um historisches Lernen zu unterstützen? Oder anders gefragt: Kann Handlungsorientierung als „Brücke" zwischen Gegenwart und Vergangenheit Erfahrungen ermöglichen, die im Sinne historischen Lernens fruchtbar gemacht werden können? Dazu erscheint es sinnvoll, sich erst einmal mit unterschiedlichen Begründungszusammenhängen handlungsorientierten Lernens auseinander zu setzen.

1.1 Handlungsorientierung – Begründungszusammenhänge eines Unterrichtsprinzips

Handlungsorientierter Unterricht ist ein Unterricht, der sich durch Eigenaktivität und Selbsttätigkeit der Schülerinnen und Schüler auszeichnet, indem diese Kopf- und Handarbeit in einem ausgewogenen Verhältnis zueinander zum Erreichen eines Zieles einsetzen.

Handlungsorientierung im Unterricht gilt als innovativer Ansatz gegenüber einem eher traditionellen Lehr-Lernverständnis. Er steht derzeit in der pädagogischen Praxis hoch im Kurs und scheint als eines der Qualitätsmerkmale „guten Unterrichts" zu gelten. Mit der Handlungsorientierung verbindet sich die Hoffnung, den Schulalltag für Schülerinnen und Schüler lebenswirklicher und praxisnäher zu gestalten, um damit u.a der vielfach beobachteten Motivationslosigkeit der Lernenden begegnen zu können. Handlungsorientierter Unterricht stellt eine Ergänzung zu einem eher wissenschafts- und lernzielzentrierten Unterricht dar, da er durch Erfahrungsbezug und Selbstorganisation im Lernprozess gekennzeichnet ist (Terhart 2000, 174). Damit erhebt die Handlungsorientierung im Unterricht den Anspruch, über die rein intellektuelle Arbeit am Lerngegenstand hinaus den Entwicklungsprozess der Lernenden auch auf der sozial-kommunikativen Ebene zu fördern (Grammes 1997, Wöll 1998). Aus dieser Verknüpfung der unterschiedlichen Ebenen des Lernens wird abgeleitet, dass Handlungsorientierung ein ganzheitlicher Unterricht ist, da die Lernenden nicht nur über ihre kognitiven Strukturen angesprochen werden. Es bleibt jedoch festzustellen, dass auch der handlungsorientierte Unterricht nicht auf lehrgangsorientiert aufgebaute Phasen verzichten kann. Beide Unterrichtskonzepte bringen erst in einer ausgewogenen und reflektierten Verknüpfung ihre jeweiligen Stärken zum Tragen.

Die Erfahrungswirklichkeit von Kindern und Jugendlichen hat sich verändert. Neben den primären sinnlichen Erfahrungen werden virtuelle Erfahrungen für viele Kinder und Jugendliche zunehmend wichtig. Dies hat allerdings zur Konsequenz, dass die primären Erfahrungen an Relevanz im Leben der Heranwachsenden verlieren. Erfahrungen, die durch Unmittelbarkeit, Lebensweltbezug und Eigenaktivität geprägt sind, geraten für viele Heranwachsende an den Rand der Marginalität. Handlungsorientierter Unterricht kann an dieser Stelle ansetzen. Allerdings erhalten in einem handlungsorientierten Unterricht die Handlungssituationen eher den Charakter des Probehandelns. Ausnahmen sind solche Aktivitäten, die „Ernstfallcharakter" haben, z.B. wenn innerhalb des Schulbetriebs von Schülerinnen und Schülern ein nach marktwirtschaftlichen Prinzipien arbeitendes Unternehmen aufgebaut wird oder wenn demokratische Strukturen innerhalb eines Klassenverbandes praktiziert werden, indem ein gewählter Klassenrat sich für die Belange der Mitschülerinnen und Mitschüler einsetzt.

Der Begriff der Handlungsorientierung weist vor dem beschriebenen Hintergrund unterschiedliche Dimensionen auf:

- Zum einen geht es darum, dass Schülerinnen und Schüler das, was sich im handelnden Umgang in der Schule als tragfähig erwiesen hat, in die gesellschaftliche Wirklichkeit hineinzutragen bereit sind, um ihre Bürgerrolle wahrzunehmen (Kuhn 1974; Breit/ Schiele 1998; Mayer in Demantowsky/Schönemann 2002).
- Zum anderen bezieht sich Handlungsorientierung auf Aktivitäten, die Schülerinnen und Schüler im Verlauf des Unterrichts ausführen, um daraus bestimmte Erkenntnisse zu gewinnen.

Der Zusammenhang historisch-praktisch begründeter Einflussnahme auf die gesellschaftliche Praxis wird an dieser Stelle nicht weiter diskutiert. Im Mittelpunkt der folgenden Ausführungen steht das Prinzip der Handlungsorientierung im schulisch-unterrichtlichen

Kontext. Soll Handlungsorientierung im Unterricht dauerhaft legitimierbar und konsensfähig bleiben, gilt es, das Bedingungsgefüge und die Realisierungschancen dieses Unterrichtsprinzips (immer wieder) kritisch zu reflektieren.

Handlungsorientierter Unterricht leitet seine Begründung aus unterschiedlichen Zusammenhängen ab. Diese sind vor allem im Bereich der allgemeinen Pädagogik, der Lernpsychologie sowie der Kognitionspsychologie zu finden.

1.1.1 Allgemeinpädagogische Begründungen

Anliegen des handlungsorientierten Unterrichts ist es, die primäre sinnliche Erfahrung zurück in die Schule zu holen.

Diese an die Reformpädagogik (Gaudig, Kerschensteiner, Reichwein) anknüpfende Forderung, die sich auch in der von Dewey entwickelten Projektidee sowie der materialistischen Aneignungstheorie der sowjetischen kulturhistorischen Schule (Wygotsky, Leontjew, Galperin) wiederfindet, fußt auf der von Pestalozzi aufgeworfenen Forderung nach Lernen mit „Kopf, Herz und Hand".

Wesentliches Anliegen eines solchen Unterrichts ist es, den Dualismus von Denken und Handeln aufzuheben zugunsten einer permanenten Verschränkung beider Aktionsformen. Indem Schülerinnen und Schüler Situationen be*greifen*, Informationen auf*nehmen*, Informationen ver*arbeiten* und Dinge er*stellen*, können sich Denkstrukturen aus Handlungsstrukturen entwickeln. Denken und Tun liegen im Rahmen eines solchen Lernverständnisses auf einer Ebene, erwachsen auseinander und wirken aufeinander zurück. Verbindendes Element zwischen beiden Aspekten ist das Nachdenken über das Tun, die Reflexion, in deren Folge Handlungsvorstellungen verinnerlicht und u.U. auf andere Situationen übertragen werden können (Gudjons 1997, 44-48).

1.1.2 Lernpsychologische Begründungen

Die Bedeutung der Verknüpfung von Denken und Tun für den Lern- und Behaltenswert einer Aneignungsleistung begründet sich vor allem aus der populären Behauptung, der Mensch behalte vorrangig das, was er selbst habe tun sowie selbst habe formulieren und wiedergeben können. Sehen und Hören bewirkten als eher rezeptive Aneignungsleistungen dem gegenüber einen recht geringen Behalteneffekt. Einen wissenschaftlichen Beleg für den so plausibel erscheinenden Befund scheint es allerdings nicht zu geben (Weidenmann in Issing/Klimsa 2002, 48). Nach Weidenmann beruht diese Sichtweise zudem auf einer naiven Summierungstheorie. Der Einbezug unterschiedlicher Sinneskanäle wird in einem additiven Sinne als aufeinander aufbauend wahrgenommen. Sinnesmodalitäten (Sehen und Hören) und Codierungen (Lesen und Nacherzählen) stellen jedoch voneinander verschiedene Bezugssysteme dar, deren Addierung von daher nicht möglich ist. Allerdings kann gesagt werden, dass das gleichzeitige Ansprechen unterschiedlicher Bezugssysteme ein breiteres Spektrum im Lernenden stimuliert, z.B. ist Sprache in der Lage, Bilder zu evozieren, während wiederum Bilder Gedanken hervorrufen können. Vor diesem Hintergrund ergänzen sich die beiden Bezugssysteme. Dies führt zu einer besseren Verfügbarkeit des Wissens.

Weiterhin relativiert Weidenmann die Annahme, dass das Ansprechen unterschiedlicher

Sinneskanäle bereits durch seine Vielfalt per se motivierender für die Lernenden ist. Ein zu vielfältig angelegtes Angebot kann zu einer Überlastung der Lernenden und damit zu einer Schmälerung des Lernerfolgs führen. Hier gilt es, die Bedingungen der einzelnen Schülerinnen und Schüler sensibel wahrzunehmen.

Wesentlicher für die Motivation ist vielmehr, dass die Lernenden sich unter einem für sie herausfordernden und darum erfolgversprechenden Aspekt mit dem Lerngegenstand auseinander setzen können. Gelingt es, eine enge Beziehung zwischen Person und Lerngegenstand zu entwickeln, kann eine differenzierte Wissensstruktur herausgebildet werden (vgl. die Forschungen zum Flow-Erleben, Csikszentmihalyi 1995 und 1996). Es kommt also darauf an, dass es gelingt, die Aufmerksamkeit der Lernenden auf das Lernmaterial zu richten. Um diese Aufmerksamkeit zu wecken, scheinen Bilder eher geeignet zu sein als Texte (Weidenmann in Issing/Klimsa 2002, 58). Der Einbezug unterschiedlicher Sinneskanäle ist von daher besonders gut geeignet, komplexe Situationen realitätsnah zu präsentieren, um unterschiedliche Perspektiven, verschiedene Kontexte und unterschiedliche Abstraktionsniveaus anzusprechen. Eine solche Bandbreite an Angeboten fördert das Interesse am Gegenstand, flexibles Denken, die Entwicklung adäquater mentaler Modelle sowie das anwendbare Wissen. Lernenden wird eine Vielfalt von Aktivitäten ermöglicht, die einerseits an unterschiedliche Fähigkeiten und Fertigkeiten anknüpfen lassen und andererseits das Spektrum ihrer Lernstrategien und Lernerfahrungen erweitern (Weidenmann in Issing/Klimsa, 61).

Hier erweist sich, so Weidenmann, vor allem eine konstruktivistische Orientierung als hilfreich, die in besonderer Weise auf das Arrangieren von Lernumgebungen aufbaut (ebd. 59-60; Völkel 2002).

1.1.3 Kognitionspsychologische Begründungen

Weidenmann entwickelt drei Strukturprinzipien, die für erfolgreiche Lernprozesse entscheidend sind:

- *Erfahrungs- und Lebensweltbezug:* Dieses Strukturmerkmal entspricht der Forderung nach erfahrungsbezogenem Lernen. Gelingt es, die Lerninhalte in anregenden Episoden sowie realistischen und komplexen Situationen zu verankern, die einen Bezug zu den Alltagserfahrungen der Lernenden aufweisen, kann damit die Basis für das notwendige Anschlusslernen als Voraussetzung für individuell-biographisches Lernen gelegt werden.
  Handlungserfahrungen lassen sich insbesondere im Hinblick auf
  - im lebensweltlichen Bereich der Lernenden wahrgenommene Erfahrungsdefizite,
  - subjektiv-biographisch relevante Fragen sowie
  - zentrale gesellschaftliche und globale Probleme (Wöll 1998, 13) eröffnen.
- *Kontexte und Perspektiven:* Je vielfältiger ein Lerngegenstand vom Lernenden kognitiv gespeichert und repräsentiert wird, desto flexibler kann er in unterschiedlichen Kontexten genutzt werden. Außerdem können auf diese Weise schneller und besser Querverbindungen und Abgrenzungen zu ähnlichen Wissensinhalten hergestellt werden.
- *Lernen im sozialen Kontext:* Dieses Strukturprinzip relativiert die Bedeutung medialer Hilfsmittel zugunsten der Zusammenarbeit und Verständigung mit anderen Lernenden oder Experten. Lernen wird zu einem interaktiven Vorgang, im Rahmen dessen auf

unterschiedlichen Ebenen (Subjekt, Lernorte, Partizipation) gehandelt und verhandelt wird (Reinhardt in Sander 1999, 105-114). Gerade um dieses Strukturmerkmal zu gewährleisten ist es wichtig, entsprechende Lernumgebungen zu schaffen und Lernformen zu ermöglichen, die den sozialen Austausch erlauben. Handlungsorientierter Unterricht in gesellschaftswissenschaftlichen Fächern legt gerade auf den Bereich des kommunikativen Handelns einen besonderen Schwerpunkt (Wöll 1998).

2. Handlungsorientierung als geschichtsdidaktisches Prinzip

Das Prinzip der Handlungsorientierung im Geschichtsunterricht ist noch ausgesprochen jung. Dabei kann durchaus an ältere fachdidaktische Traditionen angeknüpft werden, so z.B. an Hans Ebeling (Ebeling 1966), der die Bedeutung von Schüleraktivität, Selbsttätigkeit und praktischem Tun in seinen Überlegungen hervorgehoben hat. Allerdings wurden diese Prinzipien stärker der Hauptschule zugeordnet, während Realschulen und Gymnasien ihren Geschichtsunterricht mehr an wissenschaftlichen Prinzipien ausrichteten. Angesichts der Untersuchungen v. Borries' zu Motivation und Lernerfolg im Geschichtsunterricht (v. Borries in Pandel/Schneider 2001, 8-14) erscheint es jedoch geboten, über eine fachdidaktisch legitimierbare Verschränkung von Wissenschaftsorientierung und Handlungsorientierung über alle Schulformen hinweg nachzudenken und ein tragfähiges Konzept zu entwickeln.

Handlungsorientierung als Unterrichtsprinzip wird erst seit Ende der 80er-Jahre intensiver im geschichtsdidaktischen Raum diskutiert (Schulz-Hageleit/Dehne 1989; Mayer 1995, 1997, 2002) und als geschichtsdidaktisches Prinzip akzeptiert.

Vor allem die zunehmende Bedeutung des Subjekts als Bezugspunkt geschichtsdidaktischen Interesses, die in der Alltagsgeschichte eine Artikulationsform gefunden hat, stellt die Bedeutung der lebensweltlich und regional angebundenen Geschichte ins Blickfeld auch fachwissenschaftlichen Interesses.

Besondere Impulse gehen ebenfalls von dem „Schülerwettbewerb Deutsche Geschichte um den Preis des Bundespräsidenten" aus. Handlungsorientierung und entdeckendes Lernen werden hier als zwei kompatible Prinzipien historischen Lernens immer wieder fruchtbar miteinander in Beziehung gesetzt. In der Verknüpfung beider Elemente zeigt sich Geschichte in besonderer Weise als Denk- und Arbeitsfach, indem es gilt, das beabsichtigte Handlungsprodukt auf der Basis fachspezifischer Arbeitsweisen einerseits fachlich begründbar zu entwickeln und es andererseits in eine „Form" zu bringen, die Möglichkeiten zur reflexiven Auseinandersetzung eröffnet.

Worin liegt jedoch das spezifische Potenzial zur Unterstützung des historischen Lernens im handlungsorientierten Geschichtsunterricht? Die Aktivitäten als solche bergen diesen Anspruch erst einmal nicht in sich. Schulz-Hageleit hat sich ausgesprochen kritisch mit dem inflationären Gebrauch der Handlungsorientierung im Geschichtsunterricht auseinandergesetzt und vor einem unreflektierten Umgang mit historischen Erfahrungen im Geschichtsunterricht gewarnt (Schulz-Hageleit 2000, 640 ff.).

Handlungsorientierung erhebt den Anspruch, ganzheitliches Lernen zu ermöglichen. Der Aspekt des ganzheitlichen Lernens wird allerdings häufig auf die Aktivitäten von

Schülerinnen und Schülern beschränkt (Grammes 1997, 11). Lehrerinnen und Lehrer betonen immer wieder, dass Schülerinnen und Schüler in einem Unterricht, in dem sie etwas tun können, weniger stören und insgesamt motivierter erscheinen. Dies verführt jedoch leicht zu einer Verkürzung im didaktischen Denken. Heraus kommt dann ein Unterricht, in dem zwar viel Aktivität zu sehen war – wird jedoch kritisch reflektiert, was denn nun gelernt worden ist, zu welchen Erkenntnissen die Schülerinnen und Schüler gekommen sind, dann erscheint das Ergebnis oft recht fragwürdig.

Ein für die Geschichtsdidaktik hilfreiches Kriterium, welches zu einem reflektierten Umgang mit historischen Erfahrungen im Geschichtsunterricht anhalten kann, liegt in der von Schulz-Hageleit entwickelten Unterscheidung zwischen Subjektebene (eigene Erfahrungen in der Gegenwart) und Objektebene (Erfahrungen anderer Menschen in der Vergangenheit) des historischen Lernens. Erfahrungen erhalten im Geschichtsunterricht ihre zukunftsträchtige Bedeutung, indem sie nicht nur auf den Objektbereich des sogenannten Historisch-Faktischen angewandt, sondern gleichermaßen in einen Bezug zum Subjektbereich des historischen Lernens gebracht werden. Damit ist gemeint, dass nach den Bedeutungen gefragt wird, die Themen der Geschichte für mich und für uns haben. Indem sich die Lernenden reflexiv mit den beiden Bereichen historischer Erfahrungen auseinander setzen, erhalten sie die Möglichkeit, ihre persönlichen Erfahrungen in die Rekonstruktion und Deutung der Vergangenheit einzubringen und kritisch zu hinterfragen. Die gewonnenen Erkenntnisse können dann auf die eigene Person und Gegenwart bezogen werden. Dies bedeutet, dass der Unterricht einerseits offen sein muss für das, was das Subjekt an persönlichen Fragehaltungen in den jeweiligen Lerngegenstand hineinlegt und dass er andererseits offen sein muss für das, was die Auseinandersetzung mit dem Lerngegenstand in den Lernenden auszulösen vermag. Gelingt dies, werden Sachlogik und Lernlogik in einen wechselseitigen Zusammenhang gestellt, der historisches Lernen als deutende Erweiterung der eigenen Lebenswirklichkeit ermöglicht (Sinnbildung über Zeiterfahrung). Kann das sich mit der Geschichte beschäftigende Subjekt in diesem Zusammenhang eindeutig „Ich" sagen („Ich denke, die haben das damals deswegen so gemacht..."), handelt es sich um authentische Reflexivität, d.h. der Lernende hat einen persönlichen Bezug zwischen dem „Objektiven" der Geschichte und seiner subjektiven Erfahrungswelt hergestellt. Vergangene Sachverhalte werden auf diese Weise lebendig und erhalten eine individuell-biographische Anbindung, in deren Verlauf der Lernende Verstehenszusammenhänge herstellen kann, die für ihn einen historischen Sinn ergeben. Handlungsorientierung eröffnet in besonderer Weise die Möglichkeit, Lernlogik und Sachlogik aufeinander zu beziehen – die Handlung bildet durch eine „Erfahrungsverschränkung" die „Brücke" zwischen vergangenem Sachverhalt und subjektivem Zugang.

Dazu ist es wichtig, Ganzheitlichkeit nicht nur auf der Subjektebene, sondern auch auf der Sachebene herzustellen (Grammes 1997) und beide Bereiche schlüssig aufeinander zu beziehen. Damit ein historischer Inhalt für Schülerinnen und Schüler interessant und motivierend werden kann, geht es zuerst einmal darum, sich seines „Wesens" (Ebeling 1966, 264 ff.) bewusst zu werden. Was ist darunter zu verstehen? Das Leben als solches stellt, heute wie früher, einen sehr komplexen Sachverhalt dar. Richtet ein Beobachter seine Aufmerksamkeit auf diese Komplexität, so nimmt er die Situation zuerst einmal in ihrer Oberflächenstruktur wahr, d.h. er betrachtet das, was offensichtlich zu sehen, was „geschehen ist". Möchte er allerdings verstehen, muss er nach dem suchen, was unter der Oberfläche verborgen ist. Hierzu ist es notwendig, dass der Beobachter versucht, das Typische oder Charakteristische der Situation zu erfassen. Fragen, die hier z.B. hilfreich sein können sind:

- Welche Grundstimmung drückt sich in der beobachteten Situation aus?
- Welche Absichten, welche Motive bestimmen das Handeln der Menschen?
- Wie wirkt sich dieses Handeln auf das Beziehungsgefüge untereinander aus?
- Welche Handlungsspielräume standen den Menschen offen? Welche waren ihnen verschlossen?
- Waren sie in der Lage, diese Handlungsspielräume zu sehen und zu nutzen? Wer „sah", wer „sah" nicht? Warum konnten manche „sehen" und manche nicht?
- Lässt sich diese Grundstimmung, das Typische, das Charakteristische aus dem zur Verfügung stehenden Material erschließen?
- Welche Handlungen der Menschen damals entsprachen wohl dieser Grundstimmung?
- Lässt sich diese Handlung aufgreifen und didaktisch fruchtbar machen?

Ganzheitlichkeit auf der Sachebene meint, dass Inhalt, Medien und Methode in ein schlüssiges Verhältnis zueinander gebracht werden müssen. Soll der Inhalt die Dramatik einer vergangenen Situation wieder aufleben lassen, dann muss diese Dramatik aus den zur Verfügung gestellten Materialien und Quellen zu rekonstruieren sein. Dies ist auf der Basis einer reinen Textarbeit nicht ohne Weiteres möglich, wie die Erfahrung zeigt. Hier gilt es, das Anliegen durch eine geeignete Handlung zu unterstützen. Soll die Dramatik der vergangenen Zeit zum Ausdruck kommen, muss diese auch im Unterricht „auftauchen".

Um historisches Lernen zu ermöglichen, ist es wichtig, den Lern- und Arbeitsprozess, der auf der Objektebene stattgefunden hat, in einen Erkenntnisprozess umzuwandeln, der auf der Subjektebene bedeutsam werden kann. An dieser Stelle sei auf den Stellenwert der Handlungen hingewiesen: Handlungsprodukte im Geschichtsunterricht können immer nur „Zwischenprodukte" sein. Blieben die Schülerinnen und Schüler in der empathischen Verhaftung „stecken", wäre eine unhistorische Identifikation die Folge. Daher kommt es wesentlich darauf an, in eine kritisch – reflexive Distanz zu den im Unterricht „aufgetauchten" Erfahrungen zu treten, indem diese in Bezug auf Kohärenzen und Differenzen hinterfragt werden. Dabei verweisen Kohärenzen auf Gemeinsamkeiten zwischen einer vergangenen und einer gegenwärtigen Lage. In der Reflexion von Differenzen zur gegenwärtigen Situation („Alterität") liegt allerdings der eigentliche Erkenntnisgewinn. Erfahrung von Alterität (Erfahrung von Andersartigkeit) meint, dass kritisch beleuchtet wird, wie die Menschen früher gedacht und gehandelt haben, in welche Rahmenbedingungen ihr Denken und Handeln eingebunden war, zu welchen Entscheidungen und Handlungen sie vor dem Hintergrund ihrer Rahmenbedingungen gegriffen haben und welche Konsequenzen ihre Entscheidungen hatten. Die Frage, wie der zeitgenössische „main-stream" aussah, was die Mehrzahl der Menschen damals „sehen" konnte und „für Wahr nahm", gibt Aufschluss darüber, was damals anders war und differenziert die Wahrnehmung. Besonderes Interesse verdienen dabei auch die „zeitgenössischen Alternativen" (Sauer 2001, 64). Gab es Abweichungen vom „main-stream"? Wer dachte anders und warum war es gerade diesen Personen möglich, anders zu denken? Wie wurde mit dieser Abweichung umgegangen? Hatten ihre Initiativen (kurzfristigen – mittelfristigen – langfristigen) Erfolg? Worin begründet sich ihr Erfolg oder ihr Scheitern? Diese Form der Auseinandersetzung kann einerseits dazu anregen, Fremdes zu verstehen ohne neutral bleiben zu müssen („damals zwar – heute aber ...“) um andererseits auch in der Gegenwart nach unerledigten Aufgaben zu suchen, sich der eigenen Rahmenbedingungen bewusst zu werden, nach Entscheidungs- und Handlungsspielräumen zu suchen und schließlich aktiv zu werden (Bergmann 2002, 143). So werden bislang lebenspraktisch wirksame Deutungsmuster in einen überzeitlichen Zusammenhang gestellt und Handlungsbereitschaft und Veränderungsfähigkeit zu wesentlichen Aspekten gesellschaftlichen Wandels.

Die reflexiven Auseinandersetzungen im Anschluss an die unterrichtlichen Handlungselemente sind vor diesem Hintergrund sorgfältig zu durchdenken:

- Wie kann ich die Schülerinnen und Schüler aus der Identifikation „herausholen“? Ist vielleicht noch ein Hilfsangebot sinnvoll?
- Welche Aspekte von Kohärenz und Differenz können oder sollen thematisiert werden? Sind den Lernenden Aspekte wichtig geworden, die mir noch verschlossen geblieben sind?
- Wie kann eine abschließende Erkenntnis oder Transferleistung aussehen? Sind die eingebrachten Erfahrungsbezüge der Lernenden hier mitberücksichtigt? Ergeben sich daraus Konsequenzen für den weiteren Unterricht?

Handlungsorientierung kann demnach als eine „Übersetzungsleistung“ (Grammes 1997, 15) verstanden werden, durch die die Vorstellungskraft der Schülerinnen und Schüler aktiviert wird. Dies bewirkt, dass die Inhalte an vorhandene Erfahrungsmuster angebunden werden können und dadurch einen Sinn erhalten. Ein historischer Sachverhalt wird in eine fachdidaktische Vermittlungsstruktur gebracht, durch die „tote Menschen“ in ihren Handlungen, Motiven und Absichten wieder lebendig werden können. Allerdings gilt es zu bedenken, dass nicht die Handlungen an sich den historischen Erkenntniswert garantieren, sondern dass erst in der Verknüpfung von Handlung und Reflexivität ein Bewusstsein dafür entstehen kann, dass Menschen nutzbare Handlungsspielräume zur Verfügung stehen.

In einem sorgfältig geplanten handlungsorientierten Unterricht kann die resignierte Feststellung „Was geht mich das an? Die sind doch längst alle tot!“ ungewandelt werden in die Aussage „Mensch, war das damals spannend!“.

Aufbauend auf die o.g. Ausführungen lässt sich ein Schaubild für einen handlungsorientierten Geschichtsunterricht entwickeln (s. S. 57).

3. Handlungsorientiert lernen im Geschichtsunterricht

Handlungsorientierung als ein allgemeindidaktisches Unterrichtsprinzip ist an bestimmte Strukturmerkmale gebunden, die in einem Unterrichtsvorhaben erkennbar sein müssen, damit von Handlungsorientierung gesprochen werden kann (Gudjons 1997; Meyer 1994, Bönsch 1997; Wöll 1998).

Fachdidaktiken, wie z.B. die Politikdidaktik und auch die Geschichtsdidaktik favorisieren darüber hinaus einen weiteren Begriff von Handlungsorientierung:

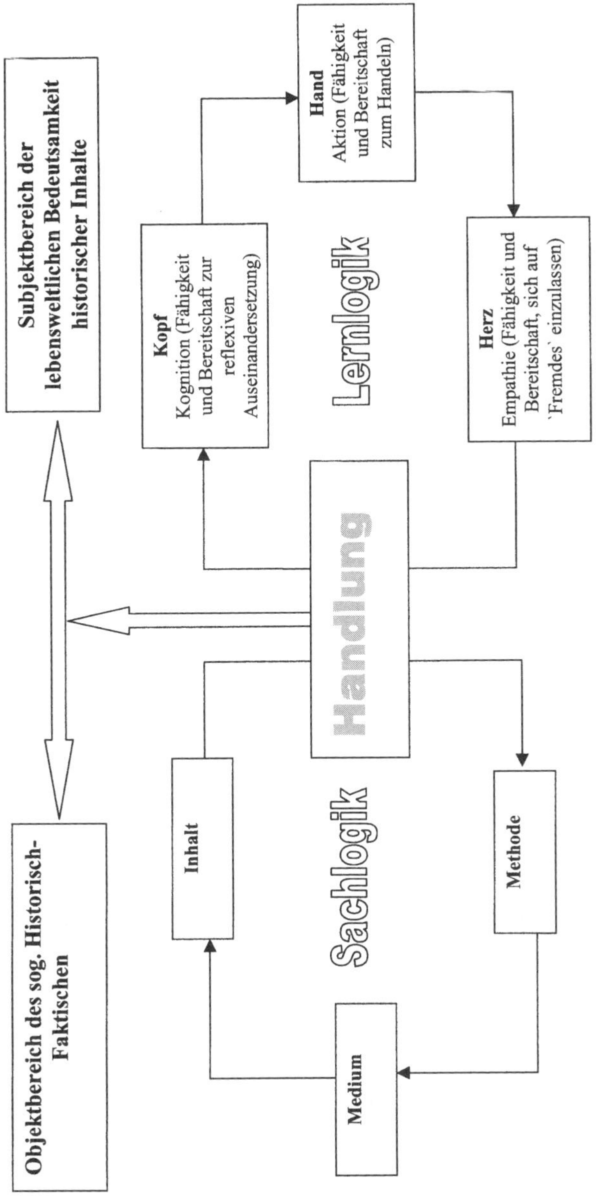

Die Handlung greift das Wesentliche, das Charakteristische, das Typische des Inhalts auf (Sachlogik) und verschränkt dieses mit der Lernlogik von Schülerinnen und Schülern. Objektbereich und Subjektbereich des historischen Lernens werden so aufeinander bezogen und miteinander verknüpft.

Wenn Schülerinnen und Schüler z.B. Ausschneidepuppen „anziehen", um unterschiedliche Kleiderordnungen zu hinterfragen, wenn Ereignisspiele gespielt werden, die Einblicke geben in den Alltag bestimmter Personengruppen, wenn Puzzles zusammengesetzt werden, um aus dem entstehenden Bild Frageanlässe für das weitere Arbeiten abzuleiten, dann werden Schülerinnen und Schüler in bestimmten Unterrichtsphasen aktiv und handeln im Sinne einer durch die Lehrperson intendierten Zielsetzung. Da unterschiedliche Sinne angesprochen werden (im Gegensatz z.B. zu analytischer Quellenarbeit, bei der es letztlich allenfalls um Sprachhandlung geht), wird diese Art von Auseinandersetzung mit Materialien im Zusammenhang historischen Erkenntnisgewinns innerhalb der Fachdidaktik Geschichte ebenfalls als Handlungsorientierung bezeichnet. Wesentlich im Rahmen eines solchen Unterrichts ist allerdings, soll er nicht bloßem Aktionismus verfallen, dass die vom Lehrer initiierten Handlungen ihren didaktischen Wert im Sinne der Zielsetzung des geplanten Vorhabens zeigen. Hier muss sich die geplante Aktivität an den Regulativen der didaktischen Schwerpunktsetzung messen lassen:

- Welche Handlung entspricht dem Inhalt? Unterstützen die zur Verfügung stehenden Medien meine Intention?
- Welcher Art soll die Aktivität sein? Die für den Politikunterricht entwickelten drei Handlungsformen lassen sich auf den Geschichtsunterricht übertragen (vgl. Klippert in Breit/Schiele 1998, 106).

Geht es um

reales Handeln:

- Erkundung, Expertenbefragung, Interview, Klassenrat, Projektinitiativen, Schülerzeitung, Ausstellung, Demonstration, Wettbewerb etc.;

simulatives Handeln:

- Rollenspiel, Planspiel, Debatte, Streitgespräch, Podiumsdiskussion, Pro-Contra Diskussion, Talkshow, Frühschoppen, etc. oder um

produktives Gestalten:

- Lernspiel, Puppenspiel, Theater, Schattenspiel, Wandzeitung, Litfasssäule, (Foto-) Reportage, Videofilm, Collage, Modellbau, Diorama, Comic, Plakat, Bilderbuch, Hörspiel, Rätsel, Quiz, etc.?

- Wieviel Zeit benötigt die Aktivität? Ist sie im Rahmen einer Unterrichtsphase oder einer Unterrichtsstunde zu leisten oder muss ich einen größeren Zeitraum (Doppelstunde) einplanen?
- Ist die geplante Aktivität geeignet, einen Erkenntnisgewinn im Sinne der Zielsetzung zu gewährleisten? Werden Straßennamen des jeweiligen Wohnortes oder der nächsten Stadt zusammengestellt, um daraus abzuleiten, wie Menschen früherer Zeiten Siedlungspolitik betrieben, lässt sich daraus sicherlich absichtsvolles Verhalten Menschen früherer Zeiten erkennen und reflektieren. Das Basteln unterschiedlich großer Pyramiden, die schließlich auf eine mit Vogelsand bestäubte Pappfläche geklebt werden, bedarf allerdings intensiverer Überlegungen und Anbindungen, um als Handlung im Geschichtsunterricht legitimiert werden zu können. Vorstellbar wäre in diesem Zusammenhang z.B., ein solches Modell für eine Ausstellung zu nutzen und in einen

größeren thematischen Zusammenhang zu stellen. Erklärungskarten, von den Schülerinnen und Schülern entwickelt, lassen erkennen, mit welchen Inhalten sich die Lernenden auseinander gesetzt und welche Erklärungen sie für bestimmte Phänomene gefunden haben. Die Qualität einer Stunde bemisst sich nicht aus der Aktivität der Lernenden, sondern in dem Lernzuwachs, der durch diese Aktivität initiiert werden konnte.

- Wie muss die Aktivität in den allgemeinen Unterrichtsverlauf eingebunden werden, damit die Sinnhaftigkeit des Vorhabens für die Schülerinnen und Schüler transparent werden kann?

  Soll z.B. eine Fragehaltung geweckt werden?

> In einem Unterrichtsbesuch zeigte ein Lehramtsanwärter das Gemälde „Der Streik“ von Robert Koehler, 1886, in welches unbeschriftete Streiktransparente eingemalt waren. Im Vergleich zu dem Ausgangsbild stellten die Schülerinnen und Schüler zwar fest, dass die Streikenden ursprünglich keine Transparente dabei gehabt hatten. Wenn sie aber welche gehabt hätten, was hätte dann wohl darauf gestanden? Die Schülerinnen und Schüler entwickeln Streiktransparente, auf denen sie die Forderungen der Streikenden zum Ausdruck bringen.
>
> *Wesentliches, Charakteristisches, Typisches:* Soziale Missstände, Unruhe, Protest, Streik > Forderungen.

Soll eine Problematisierung erreicht werden?

> Die Schülerinnen und Schüler hören das Lied „O König von Preußen“. Sie singen es vielleicht auch (leise und verhalten) und setzen sich dann mit dem Text und der Tatsache auseinander, dass das Lied nur heimlich gesungen werden konnte, dass es aber eine wichtige Bedeutung für die Soldaten hatte.
>
> Der Text des Liedes wird auf eine große Tapetenrolle geklebt. Im Verlauf der inhaltlichen Auseinandersetzung entsteht nach und nach ein Gesamteindruck über das Leben der preußischen Soldaten, indem alle wichtigen Informationen und Überlegungen um das Lied herum geordnet werden.
>
> Abschließend wird die Bedeutung des gemeinschaftlichen heimlichen Singens für die Soldaten reflektiert.
>
> *Wesentliches, Charakteristisches, Typisches:* Angst, Heimlichkeit, aber auch Protest, Lied als gemeinschaftsstiftendes Element > Suche nach Ursachen und Gründen.

Soll eine Lösung gefunden werden?

> Ein freier fränkischer Bauer erfährt, dass er schon wieder zum Kriegsdienst eingezogen werden soll. Seine Ausrüstung muss dringend ausgebessert und erneuert werden. Dafür fehlt ihm aber das Geld. Welche Möglichkeiten stehen ihm offen? Die Schülerinnen und Schüler entwickeln Ideen, wie dem Bauern geholfen werden kann. Diese Ideen überprüfen sie an entsprechendem Material und gestalten daraus ein kleines Rollenspiel, wie der Bauer sein „Problem“ löst.
>
> Abschließend wird reflektiert, worin die „Vorteile“ und worin die „Nachteile“ für den Bauern lagen. Außerdem kann versucht werden zu hinterfragen, wie sich die Veränderungen im Leben des Bauern wohl auf sein Selbstverständnis und Selbstwertgefühl ausgewirkt haben.

Wesentliches, Charakteristisches, Typisches: Innerer Konflikt, „Bruch" in der Identität, Suche nach neuer Identität > Rollenspiel „Gang in die Abhängigkeit" (eine neue „Rolle" muss entwickelt werden).

Es wird deutlich, dass es darauf ankommt, die Aktivität und das didaktische Anliegen sinnvoll miteinander zu verknüpfen.

- Welche Reflexionsebenen bietet die gewählte Aktivität? Wichtig für jegliche Handlung im Unterricht ist, dass sie Sprachanlässe liefert, die im Sinne der Zielsetzung genutzt werden können. Dafür ist es unbedingt notwendig, dass die geplante Aktivität bereits im Vorfeld auf ihre potenziellen Möglichkeiten (und Schwierigkeiten) so vielschichtig wie möglich vom Lehrenden reflektiert wird.
- Wie können diese Reflexionsebenen in den Unterricht „eingebaut" werden? Sollen sich die Schülerinnen und Schüler erst einmal untereinander über den Gegenstand austauschen? Soll im gemeinsamen Gespräch das Wesentliche erarbeitet werden? Gibt es visualisierbare Möglichkeiten der Reflexion (mind map, Organigramm, Plakat etc.)?
- Steht der Aufwand, den die Aktivität verlangt, in einem ausgewogenen Verhältnis zu dem Erkenntnisgewinn, den sie zu initiieren in der Lage ist? Erweist sich der Aufwand als zu groß gegenüber dem Nutzen, stellt sich die Frage, ob der gewünschte Erkenntnisgewinn nicht auf andere Weise, mit alternativen Materialien oder Medien, effektiver erreicht werden kann. Auch wenn die Aktivität noch so attraktiv sein sollte, sie steht immer im Dienste des Erkenntnisgewinns und findet nur in diesem Zusammenhang ihre Legitimation. Wird der Unterricht von der Methode her geplant, besteht die Gefahr, dass die Inhalte der Methode angepasst werden. In diesem Fall passt dann der Inhalt zur Handlungsorientierung, es geht aber nicht mehr unbedingt um Geschichte und historisches Lernen.

Wesentlich für einen reflektierten Umgang mit handlungsorientierten Momenten im Unterricht ist demnach, dass die Entscheidungsgrößen „Inhalte, Ziele, Methoden und Medien" in einem interdependenten Verhältnis zueinander stehen. Sachlogik und Lernlogik müssen sich treffen, damit ein nachhaltiger Erkenntnisgewinn entstehen kann. Handlungsorientierung kann eine Brücke zwischen beiden Aspekten herstellen.

Im Rahmen eines erweiterten Verständnisses von Handlungsorientierung geht die Initiierung der Aktivität von den Lehrenden aus und wird von diesem im Hinblick auf eine bestimmte Zielsetzung bewusst eingesetzt. Deutlich wird, dass sich unter dieser Prämisse handlungsorientierte Phasen gut in die einzelne Unterrichtsstunde integrieren lassen.

4. Ideenbörse zur Handlungsorientierung

Einbezug außerschulischer Lernorte

- Erkundung durchführen (Frühere Funktionen von Gebäuden; welche Menschen lebten dort?)
- Recherche im Archiv
- Spurensuche im Museum, in einer Ausstellung, in einer Gedenkstätte
- Rekonstruktion am historischen Ort (Wie mag sich die Situation hier „damals" dargestellt haben?)

Umgang mit Bildern
- Malbuchbilder einsetzen (Szenen in einen größeren Zusammenhang stellen lassen)
- Bilder verfremden (In ein exemplarisches Bild für den Inhalt werden „Deutungselemente" eingearbeitet.)
- Bilder zum Reden bringen (Sprech- und Denkblasen einfügen)
- Bilder rekonstruieren (Bildelemente wegnehmen und ergänzen lassen)
- Fehlerbilder entwickeln (Schüler/innen malen für ihre Mitschüler/innen Bilder zum erarbeiteten Inhalt, in die sie Fehler einarbeiten)
- einen Fotoroman oder Comic erstellen (Verläufe darstellen mit den Motiven und Absichten der Menschen)
- ein Wahlplakat entwickeln
- eine Fotomontage machen (Besonderes akzentuieren, karikieren)
- einen Gegenentwurf erstellen (z.B. zu einem Denkmal)
- Standbilder entwickeln (z.B. zu Gesellschaftsordnungen)

Umgang mit Sprache
- Quellen in die heutige Sprache „übersetzen"
- Schnippeltexte (zwei unterschiedliche Inhalte werden in einem Text verarbeitet)
- Textpuzzle
- Gegentexte erstellen (genau das Gegenteil von dem sagen, was in der Quelle steht)
- Fehlertexte
- Debatte, Streitgespräch führen (Positionen werden vertreten)
- Hearing veranstalten (Unterschiedliche Meinungen werden vorgetragen)
- Podiumsdiskussion entwickeln (Expertenrunde)
- Interview durchführen (Kann man auch mit historischen Personen auf der Basis von Quellen, Texten und Bildern)
- Protestaktion vorbereiten und durchführen (Frauen kämpfen um den § 218)
- Litfasssäule gestalten (Das bewegt die Menschen ...)
- Briefe schreiben (Den Menschen, mit deren Geschichte man sich beschäftigt hat, werden Briefe geschrieben, in denen man ihnen eine Meinung sagt, Ratschläge gibt, Verständnis zeigt etc.)

Basteln
- Anziehpuppen anziehen (Kleiderordnungen hinterfragen)
- Stehpuppen selber machen (und damit „Geschichte spielen")
- Puzzle (Z.B. aus dem Bild von Breughel Kinderspiele isolieren und zu Puzzlen verarbeiten – anschließend Bildabschnitte zusammensetzen lassen)
- Modelle aus Bastelbögen bauen (und damit eine Ausstellung entwickeln)

Modellbau
- Modell zum Erklären und Ausstellen bauen (Holz, Ytong, Styropor)
- Diorama (dreidimensionales Modell, z.B. ein ägyptisches Grab mit seinen Wandmalereien und Grabbeigaben „Gräber erzählen Geschichten")

Spiele
- Rollenspiel/Simulationsspiel
- Planspiel/Entscheidungsspiel

- Memory (Wiederholung, Einprägen wesentlicher Sachverhalte, Zahlen, Begriffe)
- Ereignisspiele entwickeln
- Scrabble (Wesentliche Begriffe der Einheit wiederholen)
- Ampelspiel (Eine Meinung vertreten)
- Streitlinie (Eine Meinung vertreten)

Rätsel

- Leute erraten (Meine Person ist...)
- Berufe erraten
- Tabu (Begriffsumschreibungen)
- Ich sehe was, was du nicht siehst... (Bildbetrachtung)
- Der große Preis (Überblickswissen, Hintergrundwissen)
- Gesucht wird... (Steckbrief erstellen)
- Silbenrätsel
- Kreuzworträtsel
- Spiel des Wissens (Wiederholung)

Musik

- Tänze nachtanzen (und daraus etwas über den Umgang miteinander erfahren)
- Lieder
    - singen
    - eigene Strophen entwickeln
    - in Bewegung umsetzen, inszenieren

Computer

- Recherche im Internet
- Geschichte in Computerspielen (Wie wird die Zeit hier dargestellt? Wie erlebt sich der Spieler? Vergleich mit historischem Material > Gibt es Handlungen im Spiel, die sich belegen lassen? Können wir „Dichtungen" ermitteln?)

5. Zusammenfassung

Handlungsorientierter Unterricht steht bereits als bloßer Begriff für einen schülernahen, abwechslungsreichen und anschaulichen Unterricht mit hohem Lern- und Behaltenswert.

Lehrerinnen und Lehrer verbinden mit der Anwendung dieses Prinzips die Hoffnung, Motivationsproblemen von Schülerinnen und Schülern adäquat begegnen zu können – und werden in dieser Hoffnung tatsächlich vielfach bestätigt. Auch die Schulbuchverlage bieten mittlerweile eine Vielzahl von Unterrichtsmaterialien an, die einen handlungsorientierten Unterricht ermöglichen sollen. Gleichzeitig fordern die Richtlinien für Geschichte z.B. des Landes NRW Handlungsorientierung als ein leitendes Prinzip im Geschichtsunterricht. Über Konkretheit und Anschaulichkeit, Erfahrungsorientierung und die Verknüpfung von Denken und Handeln sollen Schülerinnen und Schüler die Möglichkeit erhalten, durch sinnvoll erfahrene aktive Auseinandersetzung mit Lerngegenständen die Bereitschaft zu entwickeln, auch aktiv an der Lösung gesellschaftlicher Probleme mitzuarbeiten. Hier wird deutlich, dass der Handlungsorientierung eine genuine geschichtsdidaktische Funktion zuerkannt wird.

Dennoch bleibt zu betonen, dass der Begriff der Handlungsorientierung einen reflektierten

Umgang voraussetzt, um nicht in bloßen Aktionismus oder geschichtsdidaktisch fragwürdige Handlungsmuster zu verfallen. Das heißt auch, die vielfältigen Unterrichtsmaterialien, die für einen handlungsorientierten Geschichtsunterricht angeboten werden, kritisch auf deren didaktischen Wert bezogen auf die Ermöglichung historischen Lernens zu hinterfragen. Im Mittelpunkt eines handlungsorientierten Geschichtsunterrichts haben nicht die Aktionen, sondern reflektierte Denkprozesse über Geschichte zu stehen. Gelingt es, diese geschichtsdidaktisch reflektierten Aktivitäten in den Unterricht einzubinden, bietet der handlungsorientierte Geschichtsunterricht eine sinnvolle Ergänzung zu den traditionellen Lehrmethoden.

Literatur

Borries, Bodo v., Geschichtsdidaktik am Ende des 20. Jahrhunderts. Eine Bestandsaufnahme zum Spannungsfeld zwischen Geschichtsunterricht und Geschichtspolitik, in: Pandel, H.-J.; Schneider, G. (Hrsg.), Wie weiter? Zur Zukunft des Geschichtsunterrichts, Schwalbach/Ts. 2001, S. 7-32

Becker, Georg E., Unterricht auswerten und beurteilen, Handlungsorientierte Didaktik Teil III, 7. Aufl., Weinheim, Basel 2002

Bergmann, Klaus, Geschichte als Steinbruch? Anmerkungen zum Gegenwartsbezug im Geschichtsunterricht, in: Zeitschrift für Geschichtsdidaktik, 2002, S. 138-150

Bernhardt, Markus, Das Spiel im Geschichtsunterricht, Schwalbach/Ts. 2003

Breit, Gotthard; Schiele, Sigfried (Hrsg.), Handlungsorientierung im Politikunterricht, Schwalbach/Ts. 1998

Bohl, Thorsten, Prüfen und Bewerten im Offenen Unterricht, Neuwied/Kriftel 2001

Breuer, Bernhard u.a., Leistungsbeurteilung in offenen Unterrichtsphasen, Essen 2000

Csikszentmihalyi, Mihaly, Das Flow-Erlebnis, 6. Aufl., Stuttgart 1996

Ciompi, Luc, Affektlogik, affektive Kommunikation und Pädagogik. Eine wissenschaftliche Neuorientierung, in: System Schule 5 (2001), H. 3, S. 79-88

Deichmann Carl, Leistungsbeurteilung im Politikunterricht, Schwalbach/Ts. 2001

Dehne, Brigitte; Schulz-Hageleit, P., „Handeln ist keine Einbahnstraße". Anregungen zur Belebung des Geschichtsunterrichts im Alltag, in: Geschichte lernen 2 (1998), H. 9, S. 6-14

Dehne, Brigitte, Schülerfragen als Leitfragen der Unterrichtsgestaltung, in: GEP, 8 (1997) H. 2, S. 108-116

Gramatzki, Hildegard, Unterrichtsideen. Spiele im Geschichtsunterricht der Sekundarstufe I, 2. Aufl., Stuttgart 1995 (Materialien und Lehrerband)

Grammes, Tilman, Handlungsorientierung im Politikunterricht, 2. Aufl., Hannover 1997

Grammes, Tilman, Handlungsorientiertes Lernen, in: Mickel, Wolfgang W. (Hrsg.), Handbuch zur politischen Bildung, Grundlagen, Methoden, Aktionsformen, Schwalbach/Ts. 1999, S. 212-217

Grosch, Waldemar, Computerspiele im Geschichtsunterricht, Geschichte am Computer, Bd. 2, Schwalbach/Ts. 2002

Grosch, Waldemar, Geschichte im Internet, Tipps, Tricks und Adressen, Schwalbach/Ts. 2002

Gugel, Günther, Methoden Manual I: „Neues Lernen". Tausend Praxisvorschläge für Schule und Lehrerbildung, 2. Aufl., Weinheim 1999

Gugel, Günther, Methoden Manual II: „Neues Lernen". Tausend Praxisvorschläge für Schule und Lehrerbildung, Weinheim 1998

Gudjons, Herbert, Handlungsorientiert lehren und lernen. Schüleraktivierung. Selbsttätigkeit. Projektarbeit, 5. Aufl., Bad Heilbrunn/Obb. 1997

Gudjons, Herbert, Handlungsorientierter Unterricht – Begriffskürzel mit Theoriedefizit? in: Pädagogik 1 (1997), S. 6-10

Gudjons, Herbert, Didaktik zum Anfassen: Lehrer/in – Persönlichkeit und lebendiger Unterricht, Bad Heilbrunn 1997

Heimbrock, Cornelia; Wegmann, Adalbert (Hrsg.), 100 Methoden, Kopiervorlagen für einen handlungsorientierten Geschichtsunterricht, Berlin 2002

Henke-Bockschatz, Gerhard, Entdeckendes Lernen in: Bergmann, Klaus u.a. (Hrsg.), Handbuch der Geschichtsdidaktik, 5. Aufl., Seelze-Velber 1997, S. 406-411

Issing, Ludwig J.; Klimsa, P. (Hrsg.), Information und Lernen mit Multimedia und Internet, 3. Aufl., Weinheim 2002

Jank, Werner; Meyer, H., Didaktische Modelle, Frankfurt/M. 1991

Konrad, Klaus; Traub, S., Kooperatives Lernen, Theorie und Praxis in Schule, Hochschule und Weiterbildung, Hohengehren 2001

Kuhn, Annette, Einführung in die Didaktik der Geschichte, München 1974

Lenz, Thomas, Handlungsorientierung im Geographieunterricht, in: geographie heute, Handlungsorientierung, 24 (2003), H. 210, S. 2-7

Mattes, Wolfgang, Methoden für den Unterricht, 75 kompakte Übersichten für Lehrende und Lernende, Paderborn 2002

Mayer, Ulrich, Handlungsorientierung als Prinzip und Methode historischen Lernens in: Henke-Bockschatz, G. (Hrsg.), Geschichte und historisches Lernen. Jochen Huhn zum 65. Geburtstag, Kassel 1995

Mayer, Ulrich, Handlungsorientierung in: Bergmann, K. u.a. (Hrsg.), Handbuch der Geschichtsdidaktik, 5. Aufl., Seelze-Velber 1997, S. 411-416

Mayer, Ulrich, Handlungsorientierter Geschichtsunterricht, in: Demantowsky, Marko; Schönemann, B. (Hrsg.), Neue geschichtsdidaktische Positionen, Bochum 2002, S. 27-37

Meyer, Hilbert, UnterrichtsMethoden II: Praxisband, 3. Aufl., Frankfurt/M. 1990

Mickel, Wolfgang, Handbuch zur politischen Bildung. Grundlagen, Methoden, Arbeitsformen, Schwalbach/Ts. 1999

Reinhardt, Sibylle, Handlungsorientierung, in: Sander, Wolfgang (Hrsg.), Handbuch politische Bildung, 2. Aufl., Schwalbach/Ts. 1999, S. 105-114

Oswalt, Vadim, Multimediale Programme im Geschichtsunterricht, Bd. 1, Schwalbach/Ts. 2002

Richtlinien und Lehrpläne für die Hauptschule in NRW, Geschichte/Politik. Lernbereich Gesellschaftslehre, hrsg. v. Kultusministerium des Landes NRW 1989, H. 3202/1

Richtlinien und Lehrpläne für die Realschule in NRW, Geschichte, hrsg. v. Ministerium für Schule und Weiterbildung des Landes NRW 1994

Sacher, Werner, Leistungen entwickeln, überprüfen und beurteilen, Grundlagen, Hilfen und Denkanstöße für alle Schularten, 3. Aufl., Bad Heilbrunn 2001

Sauer, Michael, Geschichte unterrichten. Eine Einführung in die Didaktik und Methodik, Seelze-Velber 2001

Schreiber, Waltraud, Geschichte vor Ort; Versuch einer Typologie für historische Exkursionen, in: Schönemann; Uffelmann; Voit (Hrsg.), Geschichtsbewusstsein und Methoden historischen Lernens, Weinheim 1998, S. 213-226

Schulz-Hageleit, Peter, Erfahrungen in Geschichte und Geschichtsunterricht, RAAbits Geschichte, Dezember 1998, S. 3-10

Schulz-Hageleit, Peter, Plädoyer für mehr Reflexivität in der historisch-politischen Bildung, in: GEP 9 (1998) H. 3, S. 130-137

Schulz-Hageleit, Peter, Geschichte erfahren, in: GWU 51 (2000), H. 11, S. 640 ff.

Terhart, Ewald, Lehr-Lern-Methoden. Eine Einführung in Probleme der methodischen Organisation von Lehren und Lernen, 3. Aufl., Weinheim/München 2000

Völkel, Bärbel, Wie kann man Geschichte lehren? Die Bedeutung des Konstruktivismus für die Geschichtsdidaktik, Schwalbach/Ts. 2002

Wöll, Gerhard, Handeln: Lernen durch Erfahrung. Handlungsorientierung und Projektunterricht, Hohengehren 1998

Zocher, Ute, Entdeckendes Lernen lernen. Zur praktischen Umsetzung eines pädagogischen Konzepts in Unterricht und Lehrerfortbildung, Donauwörth 2000

Klaus Bergmann

Multiperspektivität

1. Theoretische Grundlage – Perspektivität

Perspektivität ist ein Grundsachverhalt menschlicher Wahrnehmung und Deutung der Wirklichkeit – bei der Orientierung in der Wirklichkeit und bei den Handlungsabsichten gegenüber der Wirklichkeit. Unterschiedliche Sichtweisen beruhen auf der Stellung in der Gesellschaft, auf der Sozialisation oder auf der Geschlechtszugehörigkeit.

Multiperspektivität ist ein Prinzip historischen Lernens, bei dem historische Sachverhalte aus den Perspektiven verschiedener beteiligter und betroffener Menschen dargestellt und betrachtet werden (Bergmann 2002, mit zahlreichen Beispielen). Die in einer historischen Konstellation handelnden und leidenden Menschen haben ihre Situation unterschiedlich wahrgenommen und mit unterschiedlichen Absichten auf diese Situation einzuwirken versucht. Ihre Unterschiedlichkeit bestand u.a. in ihrer Stellung im Herrschaftszusammenhang, in ihrer Zugehörigkeit zum männlichen oder weiblichen Geschlecht, in ihren Interessen oder in ihren religiösen oder sonstigen Überzeugungen. Schülerinnen und Schüler werden mit diesen unterschiedlichen Perspektiven konfrontiert, um sich mit ihnen in Akten historischen Denkens auseinander zu setzen. Sie lernen dabei mindestens fünf wesentliche Operationen historischen Denkens und historischer Erkenntnis:

1. Sie üben sich in „Verstehen“ und Empathie: Durch eine zeitweilige Perspektivenübernahme müssen sie sich in die „Menschen in ihrer Zeit“ hineindenken und ihr Handeln aus ihren – oft schwer nachvollziehbaren – Wertvorstellungen „verstehen“.
2. Sie üben sich im „Erklären“ der Rahmenbedingungen vergangenen menschlichen Handelns und Leidens. Sie lernen, dass die Stellung im Herrschaftszusammenhang zur Erklärung von Wertvorstellungen herangezogen werden muss und über Erfolg oder Scheitern von Wertvorstellungen entscheiden kann.
3. Sie lernen, dass die Rekonstruktion vergangenen menschlichen Handelns und Leidens ein Akt der Deutung ist und zu unterschiedlichen Ansichten – hier: innerhalb der Lerngruppe – führen kann: Sie lernen damit, dass es die eine Geschichte nicht gibt.
4. Sie lernen – selbstreflexiv –, dass sie selber in der deutenden Rekonstruktion eines historischen Sachverhalts aus einer Perspektive heraus denken, die sich von den Perspektiven von Mitschülerinnen und Mitschülern unterscheidet.
5. Sie lernen eine Schrittfolge von Urteilen, die eine Balance von Affektivität und Rationalität verbürgen soll. Häufig neigen Schülerinnen und Schüler dazu, die oft so andersartigen Denk- und Verhaltensweisen von „Menschen in ihrer Zeit“ abzuwerten. Die Schrittfolge sieht so aus:
   5.0 (Ab-)Wertendes Urteil
   5.1 Konstatierendes Urteil: Das und das war offensichtlich „der Fall“

5.2 Deutendes Urteil: Deuten, Verstehen und Erklären aus der historischen Situation heraus

5.3 Wertendes Urteil in Bezug auf unsere Zeit und ihre Normen

Perspektivität zeigt sich nicht nur in den Zeugnissen, die die beteiligten und betroffenen Menschen absichtlich oder unabsichtlich hinterlassen haben. Sie zeigt sich auch in den Darstellungen, die Historikerinnen und Historiker über vergangene Zeiten vorlegen. Diese auf unterschiedlichen Perspektiven beruhenden Deutungen historischer Sachverhalte führen innerhalb der Geschichtswissenschaft zu Kontroversen. Solche Kontroversen sind zwischen Historikerinnen und Historikern üblich und gehören zur Normalität der Historie als Wissenschaft. Sie berühren nicht den Anspruch der Geschichtswissenschaft auf Objektivität der Forschung. Kontroversität ist ein Wesensmerkmal der Geschichtswissenschaft als einer deutenden Wissenschaft. Diese Kontroversität muss Schülerinnen und Schülern gelegentlich an einfachen Beispielen gezeigt werden, um sie vor dem obsoleten Gedanken zu bewahren, die Geschichtswissenschaft könne und solle zeigen, „wie es eigentlich gewesen ist".

Perspektivität liegt auch vor, wenn die Schülerinnen und Schüler im Geschichtsunterricht zu eigenen, begründeten und begründbaren Ansichten historischer Sachverhalte kommen, die zu einer Pluralität von unterschiedlichen Erzählungen über den gleichen historischen Sachverhalt führen können. An ihnen erfahren die Schülerinnen und Schüler ihre eigene Perspektivität bei der Betrachtung historischer Sachverhalte.

So sind denn drei Ausdrucksformen von Perspektivität terminologisch zu unterscheiden:

1. *Multiperspektivität* der aus der Vergangenheit erhaltenen Quellen der Menschen, die in einen historischen Sachverhalt denkend, handelnd und leidend verstrickt waren.
2. *Kontroversität* der von späteren Betrachtern und Forschern vorgelegten Darstellungen über einen historischen Sachverhalt.
3. *Pluralität* der Ansichten und Urteile über einen historischen Sachverhalt, die sich in der Auseinandersetzung von Schülerinnen und Schülern mit multiperspektivischen Zeugnissen und kontroversen Darstellungen bilden.

Multiperspektivität liegt vor allem in der Form schriftlicher und bildlicher Zeugnisse aus der Vergangenheit vor, während andere Überreste der Vergangenheit wie insbesondere noch erhaltene Gegenstände aus den Bereichen von Kleidung, Wohnung und Lebensweise Rückschlüsse auf soziale Unterschiede im Herrschaftszusammenhang und Vermutungen über unterschiedliche Wahrnehmungsperspektiven der von ihnen berührten Menschen ermöglichen.

Kontroversität liegt vor allem in den schriftlichen Darstellungen der Forscherinnen und Forscher vor, die sich mit einem historischen Sachverhalt befasst haben. Andere Formen sind etwa schematische Darstellungen von Herrschaftsverhältnissen, Geschichtskarten, Statistiken in verschiedenen grafischen Umsetzungen, die zeitfern vom historischen Sachverhalt entstanden sind. Kontroversität findet sich auch in Bereichen der außerschulischen „Geschichtskultur".

Pluralität liegt in mündlichen und schriftlichen Äußerungen sowie in anderen Produkten von Schülerinnen und Schülern vor.

2. Multiperspektivität

Grundsätzlich gilt, dass Quellen, die unterschiedliche Wahrnehmungen und Absichten ausdrücken, sich nur vor dem Hintergrund von zweifelsfreien Angaben über zugrunde liegende Herrschaftsverhältnisse und allgemeine Strukturen erschließen lassen („Hintergrundnarratio"). Damit ist beileibe nicht gesagt – das wäre ein fatales Missverständnis –, dass die Schülerinnen und Schüler zunächst ein umfangreiches „Basiswissen" erwerben müssen, bevor sie sich mit den Zeugnissen auseinandersetzen können. Im Gegenteil: Die unvermittelte Begegnung und die Auseinandersetzung mit zunächst rätselhaften, nicht übereinstimmenden, ja sich widersprechenden Zeugnissen sollen Fragen nach den Hintergründen und Zusammenhängen auslösen, die die Schülerinnen und Schüler selber haben und darum auch selber beantworten wollen.

2.1 Der Ausgangspunkt: Offene Fragen

Ergiebiges historisches Lernen hängt davon ab, ob es gelingt, aus unserer Zeit heraus Fragen zu formulieren, die bei Schülerinnen und Schülern Neugier und die Bereitschaft auslösen können, sie für sich zu beantworten und dabei keine Mühe zu scheuen. Im Idealfall kommt die Frage von Schülerinnen und Schülern selber, wenn ihnen etwas „auf den Nägeln brennt". Im Normalfall formulieren Lehrerinnen und Lehrer für eine Unterrichtsstunde oder eine Unterrichtseinheit eine offene „geschichtsdidaktische Frage", die verschiedene Antworten zulässt – und den Schülerinnen und Schülern von vornherein zeigt, dass sie sie unterschiedlich beantworten können oder dass es unterschiedliche Ansichten über die Frage gibt.

Beispiel

Die Erfindung der Eisenbahn hat im 19. Jahrhundert höchst unterschiedliche Reaktionen ausgelöst, die je nach sozialem Standort und Interessen von Euphorie bis hin zu tiefstem Pessimismus reichten. Eisenbahnen konnten zu friedlichen oder kriegerischen Zwecken oder zum Transport in Vernichtungslager eingesetzt werden. Die geschichtsdidaktische Frage könnte lauten „Die Eisenbahn – eine Lokomotive des Fortschritts?"(Vgl. Bergmann/Thurn und das entsprechende Beispiel bei Pandel 2003, 105 ff.)

Weitere Beispiele für geschichtsdidaktische Fragen, die in der Form von stummen Tafelimpulsen, Überschriften über Quellensammlungen oder als mündlich vorgetragene Fragen erscheinen können und die Richtung des Suchens, Sammelns, Findens bestimmen:

Beispiele

Die Demokratie der Athener – Volksherrschaft oder ...?
Menschen oder Werkzeuge? Sklaven in der Antike
Alexander – der Große? (Analog Karl, Otto, Friedrich)
Eine multikulturelle Gesellschaft? Das Römische Reich
Finster oder spannend anders? – Das Mittelalter

„Gott will es?" – Die Kreuzzüge
Martin Luther – Reformator oder Herrenknecht?
„Der Staat bin ich" – mit welchen Folgen?
Hugenotten in Deutschland – Die Geschichte einer gelungenen Integration?
Menschenrechte oder Männerrechte?
Die Befreiungskriege – Kriege für die Freiheit?
Polnische Arbeiter im Ruhrgebiet – Die ersten „Gastarbeiter"?
Republik ohne Republikaner? Die Weimarer Republik
Das „Amerikanische System" – ein System des Fortschritts?
Machtergreifung oder Machtübertragung?
Das Dritte Reich – „Ein Reich der Ordnung und Sauberkeit"?
„Niederlage" oder „Befreiung vom Faschismus"

2.2 Präsentation von Zeugnissen aus der Vergangenheit

Multiperspektivität kann „als ‚Sicht-Wechsel' nur *schrittweise eingeübt* werden" (Pandel 2003, 104). Bereits in der Grundschule können Kinder Perspektiven erkennen und Perspektiven übernehmen (Beispiele bei Bergmann/Rohrbach 2001, 123 ff.).

2.2.1 Eine Perspektive und das Umschreiben von Quellen

Es beginnt damit, eine einzige schriftliche oder bildliche Quelle, die sich durch eine provozierend einseitige Sicht auszeichnet, in Frage zu stellen. Dabei wird Perspektivität erkennbar.

Beispiel *(Schleissing-Niggemann 1995, 28)*

Ein Bericht über die Hunnen: „Niemand bestellt bei ihnen das Feld oder rührt je einen Pflugsterz an. Alle schweifen ohne feste Wohnsitze, ohne Heim oder unwandelbares Gesetz oder Brauch, Flüchtlingen gleich, mit ihren Wagen umher, in denen sie wohnen: in diesen weben die Weiber ihre hässlichen Gewänder und gebären ihre Kinder und nähren sie bis zur Reife. Und niemand kann bei ihnen die Frage beantworten, woher er stammt, da er an einem Ort erzeugt, fern davon geboren und weitab aufgezogen wurde.

Bei einem Waffenstillstand sind sie treulos und unzuverlässig, bei jedem neuen Hoffnungsstrahl, der leuchtet, zum Wechsel ihrer Haltung geneigt, völlig untertan ihren leidenschaftlichen Trieben." (Ammianus Marcellinus)

Arbeitsaufträge zu dieser Quelle:

1. Fasst das Thema des Textes knapp (möglichst in einem Satz) zusammen.
2. Unterstreicht die Aussagen, die der Verfasser über die Hunnen macht! Was sagt er über ihre
   - Lebensweise
   - Arbeit
   - Kleidung
   - Charaktereigenschaften?
3. Was kannst Du über den Verfasser dieses Berichts sagen? Ist er selbst Hunne, ein Freund oder ein Gegner der Hunnen? Begründe Deine Antwort mit Textstellen.

Die Perspektivität kann auch durch das Umschreiben einer Quelle erkennbar werden. Zunächst können Lehrerin oder Lehrer selber einen Gegentext entwerfen, bis sich in einer späteren Phase Schülerinnen und Schüler selber daran wagen, einen Text zu verfassen, der nur durch den Austausch von wenigen Wörtern zu einer anderen Aussage kommt.

Beispiel *(Schleissing-Niggemann 1995, 28)*

Der Gegentext zum Bericht des Ammianus Marcellinus könnte lauten:
„Lästige Feldarbeit, vor allem das schwere Pflügen, müssen sie nicht verrichten; denn sie leben ohne festen Wohnsitz, sind frei und ungebunden und ziehen immer lustig in ihren Wagen umher, in denen sie auch wohnen. In diesen Wagen findet das gesamte Leben statt: Die Frauen weben ihre wunderbaren Gewänder, dort kommen die Kinder zur Welt und bleiben bei den Müttern, bis sie groß genug sind. Einen Geburtsort und Sterbeort kennen sie nicht, sie kennen nur die große und freie Welt.
Einen eben abgeschlossenen Waffenstillstand verstehen sie geschickt auszulegen. Jede neue Möglichkeit, die sich ihnen bietet, nutzen sie klug aus, ergreifen die Initiative und suchen ihren Vorteil in einem neuen Kampf."

Der Vergleich führt zur Verdeutlichung der negativen Bewertung in der Originalquelle und lässt die Schüler nach den Gründen für diese negative Bewertung fragen:

- Wer ist der Verfasser?
- Weshalb beschreibt er sie in dieser Weise?
- Welche Erfahrungen hat er mit den Hunnen gemacht?

(Aus der Perspektive als Opfer der Überfälle dieses kriegerischen Volkes ist diese Wertung dann verständlich.)

2.2.2 Doppelperspektive

Der nächste Schritt der Einübung in die Multiperspektivität erfolgt durch eine Doppelperspektive: Zwei Quellen zum gleichen historischen Sachverhalt, die unterschiedliche Wahrnehmungen und Absichten beteiligter Personen ausdrücken, werden gegenübergestellt.

Beispiel

Der Chef des Generalstabes der Armee, Hellmuth Graf von Moltke, im Jahre 1880 (Bergmann/Schneider 1982, 29):
„Der ewige Friede ist ein Traum, und nicht einmal ein schöner, und der Krieg ein Glied in Gottes Weltordnung. In ihm entfalten sich die edelsten Tugenden des Menschen, Muth und Entsagung, Pflichttreue und Opferwilligkeit mit Einsetzung des Lebens. Ohne den Krieg würde die Welt in Materialismus versumpfen".
Die aus heutiger Sicht provozierende These wird ohne Autoren- und Quellenangabe eingegeben. Sie löst Fragen nach dem Autor und Widerspruch aus, der zur (mündlichen oder schriftlichen) Formulierung einer Gegenposition führen kann, die auf einer anderen Perspektive beruht. Es sollte auch besprochen werden, dass Perspektivität unvermeidbar und in den historischen Lebensumständen von Menschen begründet ist.

Die schriftliche Quelle von Moltke wird mit der bildlichen Quelle (Gerd Arntz, Für's Vaterland, 1938) konfrontiert, in der eine ganz andere Ansicht vom Krieg enthalten ist (s. S. 70).

Beispiel

Luther über die Bauern, Mai 1525:
„Im vorigen Büchlein durfte ich die Bauern nicht verurteilen, weil sie sich zu recht und besserem Unrecht erboten ... . Aber ehe denn ich mich umsehe, fahren sie fort und greifen mit der Faust drein, ... rauben und toben und tun wie die rasenden Hunde. Dabei man nun wohl siehet, was sie in ihrem falschen Sinn gehabt haben, und daß eitel erlogen Ding sei gewesen, was sie unter dem Namen des Evangelii und den zwölf Artikeln haben vorgewendet ... Dreierlei greuliche Sünden wider Gott und Menschen laden diese Bauern auf sich, daran sie den Tod verdienet haben an Leib und Seele mannigfältiglich.
Zum ersten, daß sie ihrer Obrigkeit Treu und Huld geschworen haben, untertänig und gehorsam zu sein. ... Weil sie aber diesen gehorsam brechen, mutwilliglich und mit Frevel, und dazu sich wider ihre Herren setzen, haben sie damit verwirkt Leib und Seel ... .
Zum anderen, daß sie Aufruhr anrichten, rauben und plündern mit Frevel Klöster und Schlösser, die nicht ihr sind, womit sie, als die öffentlichen Straßenräuber und Mörder, alleine wohl zwiefältig den Tod an Leib und Seele verschulden. ... Drum soll hie zuschmeißen, würgen und stechen, heimlich oder öffentlich, wer da kann, und gedenken, daß nichts Giftigeres, Schädlicheres, Teuflischeres sein kann, denn ein aufrührerischer Mensch. Gleich als wenn man einen tollen Hund totschlagen muß; schlägst du nicht, so schlägt er dich, und ein ganz Land mit dir.
Zum dritten, daß sie solche schreckliche, greuliche Sünde mit dem Evangelio decken, nennen sich christliche Brüder, nehmen Eid und Huld und zwingen die Leute, zu solchen Greueln mit ihnen zu halten. Womit sie die allergrößten Gotteslästerer und Schänder seines heiligen Namens werden und ehren und dienen also dem Teufel unter dem Schein des Evangelii, daran sie wohl zehnmal den Tod verdienen an Leib und Seele, daß ich häßlichere Sünde nie gehört habe ...
Drum, liebe Herren, löset hie, rettet hie, helft hie, erbarmet euch der armen Leute, steche, schlage würge hie, wer da kann. Bleibst du drüber tot, wohl dir, seliglicheren Tod kannst du nimmermehr überkommen."
Martin Luther, Wider die räuberischer und mörderischen Rotten der Bauern (Ende Mai 1525); in: Luther, Werke (Münchener Ausgabe), Bd. 4, 148 ff.; zit. nach: Lautemann, Wolfgang; Schlenke, Manfred (Hrsg.), Geschichte in Quellen. Renaissance, Glaubenskämpfe, Absolutismus. München, 3. Aufl., 1982, 154 f.

Der Pfarrer Kaspar Christian aus Rothenburg o. T. über die Bauern, Juni 1525:
„Man sollte die Bauern in diesem Aufruhr und ihrer Verfolgung ... trösten und Mitleid mit ihnen haben. Denn sie sind nicht die Ursache, daß die Bauern erschlagen, verbrannt und verheeret werden, sondern die Obrigkeit hat das alles durch ihre beschwerlichen Auflagen und ihr Vorgehen verursacht. Wer sagt, daß die armen Leute es selbst verschuldet hätten, wenn sie nun erschlagen ... würden, hat Unrecht."
Thomas Zweifel, Rothenburg im Bauernkrieg, o.O., o.J., 459; zit. nach: Schmid, Heinz Dieter (Hrsg.), Fragen an die Geschichte, Bd. 2. Frankfurt/M. 1981, 219

2.2.3 Mehrere Perspektiven

Nach der Einübung der Doppelperspektive kann der Schritt getan werden, einen Sachverhalt in mehreren Perspektiven erscheinen und an ihnen erarbeiten zu lassen.[1]

2.3 Suche nach Zeugnissen aus der Vergangenheit

Natürlich können Schülerinnen und Schüler auch selber nach Zeugnissen aus der Vergangenheit suchen, wenn sie durch eine gute geschichtsdidaktische Frage wissbegierig geworden sind. Lehrerin oder Lehrer können einen *Thementisch* (Rohrbach 2001, 80 f.) aufbauen, wo die Schülerinnen und Schüler viele sich widersprechende Zeugnisse zum Thema finden können. Sie machen dabei direkt die Erfahrung, dass Menschen der Vergangenheit ihre Gegenwart in sehr unterschiedlicher Weise wahrgenommen und auf sie denkend und handelnd reagiert haben. Gleiches gilt für das *Stationenlernen* in einer *Lernwerkstatt* (s. das Beispiel bei Blöing 2001, 198 ff.), bei dem die Schülerinnen und Schüler multiperspektivische bildliche und schriftliche Quellen finden und aus ihnen ihre „Geschichte machen" können. Ferner sind einfache Formen der *Archivarbeit* – etwa an verschiedenen Zeitungen – zu nennen. Bei *oral history-Projekten* stehen Schülerinnen und Schüler immer vor der Frage, wie sie die unterschiedlichen Wahrnehmungen von Zeitzeugen deuten und zu einer Geschichte verarbeiten können.

2.4 Erschließung multiperspektivischer Zeugnisse

Die Erschließung multiperspektivischer Zeugnisse – gemeint sind vor allem schriftliche und bildliche Quellen – ist durch verschiedene methodische Verfahren möglich, die abwechslungsreich im Unterricht eingesetzt werden können.

- Sie erfolgt in einfacher und schematischer Form zunächst durch die bekannten W-Fragen – wer hat was warum und in welcher Absicht und aus welchem Interesse wann und an wen gerichtet gesagt?
- Ideologiekritische Verfahren (➛ Ideologiekritik) schließen sich an.
- Eine weitere Möglichkeit besteht darin, Gegenpositionen zu einer vorliegenden Sichtweise zu verfassen oder eine Quelle umzuschreiben.
- Handlungsorientierte Formen eignen sich in besonderer Weise:
  Rollenspiele in Form von
  - Gerichtsverhandlungen,
  - Tribunalen,
  - Parlamentsdebatten,
  - Streitgesprächen,
  - Podiumsdiskussionen,
  - Expertenrunden;

  Gegenpositionen in Form von
  - fiktiven Briefen,
  - Tagebucheintragungen,
  - Leserbriefen oder Zeitungskommentaren.

Immer üben die Schülerinnen und Schüler sich dabei im „Fremdverstehen", indem sie versuchen, die Sichtweise eines anderen Menschen mit oft ganz anderen Einstellungen zum Leben zu erkunden und zeitweilig zu übernehmen.

2.5 Die Herstellung von Zeugnissen stummer Gruppen

Vergangenes ist uns präsent in der Form von Monumenten und Dokumenten oder: Quellen. Im historischen Prozess haben aber nur sehr wenige, erst später immer mehr Menschen die Fähigkeit und die Möglichkeit gehabt, ihre Gedanken, Vorstellungen, Absichten, Wahrnehmungen schriftlich oder bildlich auszudrücken. Über Jahrtausende hinweg haben wir es mit historisch stummen Gruppen zu tun; nur sprachgewandte und schriftkundige, vereinzelt auch bildnerisch begabte Menschen haben Zeugnisse aus ihrer Sicht hinterlassen. Wir haben Zeugnisse *über* Sklaven, Frauen oder Hörige, aber über Jahrtausende hinweg keine Zeugnisse von Sklaven, Frauen oder Hörigen. Es ist ein gewagter Balance-Akt zwischen Fiktionalität und Realität, wenn wir Schülerinnen und Schüler auffordern, selber aus der Sicht von stumm gebliebenen Sklaven, Frauen oder Hörigen zu schreiben, zu sprechen, sich bildnerisch auszudrücken oder zu handeln – möglichst in der Ich-Form. Aber es ist durchaus eine legitime Methode, die didaktisch ertragreich ist. Nicht nur, dass die Lernenden auch hier Fremdverstehen üben. Sie erfahren auch durch die Kontrollinstanz der Lehrenden die irritierende Andersartigkeit der Vergangenheit, wenn sie vorschnell Wertvorstellungen und Normen der Gegenwart auf die Vergangenheit übertragen.

3. Kontroversität

3.1 Kontroversität in der Geschichtswissenschaft

Bei der *Multiperspektivität* lernen Schülerinnen und Schüler, dass man den Quellen nicht aufs Wort glauben darf. In den Quellen steckt nicht die historische Wahrheit. Sie enthalten Sichtweisen, die in der sozialen Stellung und den Lebensumständen der Beteiligten und Betroffenen begründet und auch nur von daher erschließbar sind. Schülerinnen und Schüler müssen im Geschichtsunterricht aber auch lernen, dass es „die Geschichte“ als ein überzeitlich gültiges System narrativer Aussagen über Vergangenes nicht gibt: Historikerinnen und Historiker legen unterschiedliche Darstellungen über gleiche historische Sachverhalte vor, weil sie die Quellen und früheren Darstellungen aus unterschiedlichen Sichtweisen betrachten (Kontroversität). Ihre unterschiedlichen Perspektiven gründen allgemein in ihrer Zeitgenossenschaft und den unterschiedlichen Einflüssen und Prägungen, die sie in ihrer Lebensgeschichte in ihrer Gesellschaft erfahren. Schülerinnen und Schüler tun sich schwer mit der Erkenntnis, dass auch die „Wissenschaft Geschichte“ nur Deutungen, aber keine Widerspiegelung der Vergangenheit hervorbringen kann. *Kontroversität* sollte nicht erst in der Oberstufe kennengelernt werden. Ausgehend von kontroversen Urteilen in der Lerngruppe können einfache und leicht verständliche unterschiedliche Deutungen von Historikerinnen und Historikern eingefügt werden: Auch die Profis kommen zu unterschiedlichen Ergebnissen – wie kommt das?

Beispiel: Kontroverse über die Schuld am Ersten Weltkrieg

Fritz Fischer
„Bei der angespannten Weltlage des Jahres 1914 ... musste jeder lokale Krieg in Europa ... die Gefahr eines allgemeinen Krieges unvermeidbar nahe heranrücken. ... Da Deutschland den österreichisch-serbischen gewollt und gedeckt hat und im Vertrauen auf die deutsche militärische Überlegenheit es im Juli 1914 bewusst auf einen Konflikt mit Russland und Frankreich ankommen ließ, trägt die deutsche Reichsführung den entscheidenden Teil der historischen Verantwortung für den Ausbruch des allgemeinen Krieges." (Fritz Fischer, Der Griff nach der Weltmacht, Düsseldorf 1964, 82)

Gerhard Ritter
„Außenpolitisch geriet (die deutsche Nation) in jene Einkreisung durch ... Militärbündnisse, die jeder politisch Denkende seit spätestens 1911 als schwere Bedrückung empfand. Nur eine Regierung von Abenteurern hätte in einer solchen Lage daran denken können, einen Krieg zu provozieren, um ‚nach der Weltmacht zu greifen' ... Das Abenteuer wäre umso größer gewesen, als gerade in diesem Jahren die Unzulänglichkeit der deutschen Landrüstung ... und die Aussichtslosigkeit einer ‚Entscheidungsschlacht' unserer Panzerflotte gegen England den obersten Militärführern klar bewusst wurde." (Gerhard Ritter, Staatskunst und Kriegshandwerk. Das Problem des Militarismus in Deutschland, Bd. 3, München 1964, 15 f.)

Fritz Klein
„In knapp zwei Jahrzehnten des Imperialismus war ein Weltkrieg zweier Gruppen miteinander verbündeter imperialistischer Mächte herangereift, die sich um Deutschland und England als die beiden Hauptgegner gruppierten. Der deutsche Imperialismus, der im ersten Jahrzehnt dieses Jahrhunderts seine größte Machtentfaltung erlebte, d.h. in einer Zeit, in der die Welt schon weitgehend verteilt war, hatte eben deshalb das größte Interesse an einer Neuaufteilung der Welt." (Fritz Klein, Deutsche Geschichte, Bd. 2, Berlin [DDR] 1967, 767)

Thomas Nipperdey
„Alle glaubten sich in der Defensive, und alle waren kriegsbereit. Alle überschätzten die eigene existentielle Bedrohung, alle unterschätzten den kommenden Krieg ... Und wenn man ... die Entscheidungsfreiheit der Handelnden bedenkt, so haben alle Anteil an der Zuspitzung der Krise, wenn auch unterschiedlich." (Thomas Nipperdey, Deutsche Geschichte 1866-1918, Bd. 2, München 1993, 696 f.)

Bei der Besprechung der vier unterschiedlichen Deutungen sollte in jedem Falle auch darauf geachtet werden, dass die Perspektive von Gerhard Ritter sich bereits durch die Formulierung „unserer Panzerflotte" deutlich erkennen lässt.

Weitere Beispiele dieser Art finden sich mittlerweile in vielen Schulbüchern, in vielen Dokumentationen zu besonders umstrittenen Deutungen (etwa „Historikerstreit", Goldhagen-Kontroverse, Kontroverse über die Ausstellung „Verbrechen der Wehrmacht"), in vielen Unterrichtseinheiten, in den geschichtsdidaktischen Zeitschriften und in geschichtsdidaktischen Büchern (vgl. Beispiele bei Bergmann 2000, 195 ff.).

3.2 Kontroversität in der außerwissenschaftlichen Geschichtskultur

Unterschiedlicher Umgang mit Vergangenheit und Geschichte, unterschiedliche Aussagen über Vergangenes finden sich in der außerwissenschaftlichen Geschichtskultur. Erinnerungs- und Geschichtspolitik durch Gedenktage und Museen, mediale Inszenierungen zu

Unterhaltungszwecken oder die Instrumentalisierung von Geschichte für ökonomische Zwecke werden in den späteren Lebenszusammenhängen der Schülerinnen und Schüler eine große Rolle spielen. Sie werden vielfach die einzigen Erscheinungsformen sein, in denen ihnen Geschichte begegnen wird. Um so wichtiger ist es, sie in ihrer Widersprüchlichkeit im Unterricht ausdrücklich zu thematisieren und ideologiekritisch zu untersuchen. Das ideologiekritische Verfahren bietet sich hier in besonderer Weise an: In diesen Fälle zeigen sich in besonders eindeutiger Weise Interessen, die den Aussagen zugrunde liegen – politische und ökonomische Interessen.

Beispiele

Folgende Beispiele bieten sich etwa an: Reden und Kommentare an politischen Gedenktagen, Verwendung von Geschichte als politischem Argument in Parlamentsdebatten, öffentliche Kontroversen über die Benennung oder Umbenennung von Straßennamen, die Errichtung von Denkmälern und Gedenktafeln, unterschiedliche Aussagen über Geschichte in der Werbung („Die gute alte Zeit" vs. „Von wegen gute alte Zeit").

3.3 Suchen und Herstellen von kontroversen Darstellungen

Auch die Schulbücher der Schülerinnen und Schüler gehören zur Geschichtskultur. Sie enthalten im Verfassertext und in anderen Medien der Darstellung (Rekonstruktionszeichnungen, schematischen Darstellungen, Diagramme, Karten usw.) Deutungen der Schulbuchautoren. Schulbuchvergleiche führen oft zur Entdeckung bemerkenswerter Unterschiede in Fragestellungen und Akzentsetzungen, die dann als kontroverse Darstellungen erkannt werden können.

Schülerinnen und Schüler selber zu einfachen Formen der Schulbuchkritik zu führen, kann vor allem durch die Besprechung von Bertolt Brechts „Fragen eines lesenden Arbeiters" gelingen. In diesem Lehrgedicht wird der „Sicht-Wechsel" zum Grundsatz.

Fragen eines lesenden Arbeiters

Wer baute das siebentorige Theben?
In den Büchern stehen die Namen von Königen.
Haben die Könige die Felsbrocken herbeigeschleppt?
Und das mehrmals zerstörte Babylon –Wer baute es so viele Male auf? In welchen Häusern
Des goldstrahlenden Lima wohnten die Bauleute?
Wohin gingen an dem Abend, wo die Chinesische Mauer fertig war
Die Maurer? Das große Rom
Ist voll von Triumphbögen. Wer errichtete sie? Über wen
Triumphierten die Cäsaren? Hatte das vielbesungene Byzanz
Nur Paläste für seine Bewohner? Selbst in dem sagenhaften Atlantis
Brüllten in der Nacht, wo das Meer es verschlang
Die Ersaufenden nach ihren Sklaven.

Der junge Alexander eroberte Indien.
Er allein?
Caesar schlug die Gallier.
Hatte er nicht wenigstens einen Koch bei sich?

> Philipp von Spanien weinte, als seine Flotte
> Untergegangen war. Weinte sonst niemand?
> Friedrich der Zweite siegte im Siebenjährigen Krieg. Wer
> Siegte außer ihm?
>
> Jede Seite ein Sieg.
> Wer kochte den Siegesschmaus?
>
> Alle zehn Jahre ein großer Mann.
> Wer bezahlte die Spesen?
>
> So viele Berichte.
> So viele Fragen.

Mit den Fragestellungen dieses Gedichtes können Schülerinnen und Schüler der Aufforderung des gelernten Volksschullehrers Erich Kästner folgen: „Misstraut gelegentlich euren Schulbüchern. Sie sind nicht auf dem Berge Sinai entstanden ..." Im übrigen kann Brechts Lehrgedicht um weitere Fragen ergänzt werden, wenn nach „Fragen einer lesenden Frau" oder „Fragen eines lesenden Moslems" verfahren wird.

4. Pluralität

4.1 Pluralität und Selbstreflexion

In einem Geschichtsunterricht, in dem die der *Multiperspektivität* und *Kontroversität* zugrunde liegenden Perspektiven gezielt angesprochen und ermittelt werden, ergeben sich immer wieder auch Möglichkeiten, die *Pluralität* der Deutungen und Urteile zu reflektieren, die in Äußerungen von Schülerinnen und Schülern zum Ausdruck kommen. Die Schülerinnen und Schüler haben selbstverständlich das Recht auf ihre eigene Sichtweise, die ihre Grenze nur findet in den Regeln der „Historischen Methode", d.h. des disziplinierten und nicht willkürlichen Umgangs mit den Quellen. Die von Lehrerin oder Lehrer angeleitete Selbstreflexion der Schülerinnen und Schüler („Warum komme ich zu einer anderen Auffassung über den historischen Vorgang als du? Wie kommst du zu einer Ansicht, die ich nicht teilen kann, obwohl ich einsehe, dass sie möglich ist?") kann einmal mehr die Perspektivität von Wahrnehmungen, Deutungen und Absichten offenkundig machen und als nicht hintergehbar erkennen lassen.

Anlässe für die Selbstreflexion ergeben sich bei jeder kontroversen Diskussion im Unterricht, bei schriftlichen Quellenuntersuchungen, bei unterschiedlichen Deutungen von Bildern oder bei unterschiedlichen Darstellungen in Produkten der Schülerinnen und Schüler. Man kann dann innehalten und zur Selbstreflexion anregen. Man kann aber auch lange nach einer sehr einprägsamen Diskussion noch einmal zur Selbstreflexion anhalten und die Schülerinnen und Schüler anregen, über sich selber und die Gründe ihrer jeweiligen Sichtweise nachzudenken. Dass auch Lehrerin oder Lehrer die Perspektivität ihrer Ansichten betonen und sich selber guten Argumenten nicht verschließen, gehört unabdingbar dazu. Andernfalls gelänge das Ziel der Selbstreflexion nicht – die *Perspektiverweiterung*.

4.2 Perspektivenerweiterung

Wesentliches Ziel des multiperspektivischen Geschichtsunterrichts besteht in der Erkenntnis der nicht hintergehbaren Perspektivität allen Wahrnehmens und Deutens. Vor allem auf der Ebene der Pluralität im Geschichtsunterricht gehört dazu aber auch, dass Reflektion und Selbstreflexion zur Erweiterung der je eigenen Perspektive führen können. Die Schülerinnen und Schüler lernen in der Auseinandersetzung mit Quellen Wertorientierungen kennen, die sie distanzieren, aber auch partiell oder ganz übernehmen oder an denen sie einfach nachdenklich werden. Und Gleiches gilt für die Selbstreflexion, bei der sie ihre Sichtweise ergründen und sich gegebenenfalls anderen Sichtweisen öffnen. Methodisch kann es hier nur darauf ankommen, eine Lernatmosphäre gelingen zu lassen, die die Bereitschaft zur Nachdenklichkeit auf allen Seiten stärkt.

4.3 Perspektivenerweiterung durch Schritte des Urteilens

Schülerinnen und Schüler neigen gegenüber Wertorientierungen der Vergangenheit häufig zu einem zunächst abwertenden Werturteil. Sie messen Menschen der Vergangenheit an Normen der Gegenwart und erkennen häufig nur scheinbare Rückständigkeit. Die Abfertigung der Menschen der Vergangenheit verhindert Nachdenklichkeit und das Sich-Einlassen auf das Denken, Handeln und Leiden in der Vergangenheit. Im Unterricht müssen daher Schrittfolgen des Urteilens gelernt werden, die vom abwertenden Werturteil ausgehen.

- Es beginnt mit einer Infragestellung des abwertenden Urteils, gleichsam einem Innehalten und Neuanfangen.
- Die wichtige erste Frage zielt auf ein *konstatierendes Urteil:* Schülerinnen und Schüler sollen zunächst einmal aus den Quellen herausarbeiten, was tatsächlich „der Fall gewesen ist“: Was haben die Menschen gedacht, getan, erlitten?
- Es folgt als nächster Schritt die Frage, die auf ein *deutendes Urteil* führt: Warum haben die Menschen gedacht, gehandelt und gelitten, wie sie gedacht, gehandelt und gelitten haben? Bei dieser Frage muss man sich einlassen auf die Lebensumstände der historischen Personen, muss man versuchen, sie aus ihrer Zeit heraus zu „verstehen“, ihre Wertvorstellungen nachzuvollziehen und ihnen so Gerechtigkeit widerfahren lassen.
- Und erst dann kann ein gleichsam geläutertes *wertendes Urteil* erfolgen, dem die Frage zugrunde liegt, ob die in der Vergangenheit vorgefundenen Vorstellungen und Handlungsweisen heute überwunden oder noch immer bedenkenswert sind.

Anmerkung

1 Aus Platzgründen wird hier verwiesen auf die zahlreichen Beispiele in Bergmann, Multiperspektivität, und Pandel, Quellenarbeit, sowie in den Zeitschriften „Geschichte lernen“ und „Praxis Geschichte“.

Weiterführende Literatur

Bergmann, Klaus, Multiperspektivität. Geschichte selber denken, Schwalbach/Ts. 2000

Bergmann, Klaus; Rohrbach, Rita, Perspektivisches Denken und Schreiben – Kinder denken, wie Menschen früher gedacht haben, in: Kinder entdecken Geschichte, hrsg. v. Klaus Bergmann und Rita Rohrbach, Schwalbach/Ts. 2001, S. 123-134

Bergmann, Klaus; Schneider, Gerhard, Gegen den Krieg, Bd. 1, Düsseldorf 1982

Blöing, Peter, Antikes Griechenland – ein wenig gegen den Strich gebürstet: Bericht aus einer Lernwerkstatt, in: Bergmann, Klaus; Rohrbach, Rita (Hrsg.), a.a.O., S. 198-222

Huhn, Jochen, Geschichtsdidaktik, Köln 1994, S. 48-67

Koselleck, Reinhart, Standortbindung und Zeitlichkeit. Ein Beitrag zur historiographischen Erschließung der geschichtlichen Welt (1977), in: ders., Vergangene Zukunft, 4. Aufl., Frankfurt/M. 1985, S. 176-207

Mommsen, Wolfgang J., Der perspektivische Charakter historischer Aussagen und das Problem von Parteilichkeit und Objektivität historischer Erkenntnis, in: Koselleck, Reinhart u.a. (Hrsg.), Objektivität und Parteilichkeit, München 1977, S. 441-468

Pandel, Hans-Jürgen, „Wer die Geschichte liest, der sieht den Himmel offen". Das historische Denken und die Erkenntnis von Perspektivität seit dem 17. Jahrhundert, in: Raisch, Herbert; Reese, Armin (Hrsg.), Historica Didaktica. Geschichtsdidaktik heute, Idstein 1997, S. 151-170

Pandel, Hans-Jürgen, Quelleninterpretation. Die schriftliche Quelle im Geschichtsunterricht, Schwalbach/Ts. 2. Aufl., 2003

Rohrbach, Rita, Lernen im Geschichtsraum – ein Überblick über Lehr- und Lernwege zu Beginn des Historischen Lernens, in: Bergmann, Klaus; Rohrbach, Rita (Hrsg.), a.a.O., S. 71-116

Rüsen, Jörn, Historisches Lernen, Köln 1994, S. 57-63

Schleissing-Niggemann, Thomas, „Karl war klein und drall..." Das Erkennen von Wertung und Perspektive, in: Geschichte lernen, Heft 46 (1995), S. 26-28

Michele Barricelli

Problemorientierung

1. Einleitung

Wie so manche zentralen methodischen Begriffe des Geschichtsunterricht stammt auch der Ausdruck „Problemorientierung" ursprünglich nicht aus dem fachdidaktischen Diskurs – vielmehr wurde er aus einer viel allgemeineren psychologischen Tradition adaptiert und seit den 1970er Jahren zum festen Bestandteil geschichtsdidaktischer Rhetorik ausgebaut. Problemorientierung als didaktisches Prinzip oder „unterrichtsmethodisches Strukturierungskonzept" (Günther-Arndt 2003, S. 169) besagt nichts weiter, als dass in möglichst vielen Geschichtsstunden bzw. Unterrichtseinheiten (einem Kurs, einem Projekt) die Bearbeitung („Lösung") eines *historischen Problems* den Verlauf des Unterrichts bestimmen solle. Nachzuvollziehen ist diese recht eigentlich banale Forderung nur vor dem bildungshistorischen Hintergrund, dass „Problemorientierung" einmal als Antithese zu einem noch dominant chronologisch-epochal aufgebauten, faktenorientierten, darbietenden Unterrichtsstil gedacht war. Um das Verständnis des Wesens, der Ziele und der genuinen Bildungsleistung des problemorientierten Geschichtsunterrichts (im Folgenden PGU) zu erleichtern, ist also zunächst der umgreifende pädagogische und psychologische Diskurs zu skizzieren, in den die Geschichtsdidaktik ihre oft euphorische Argumentation bettete um so den Geschichtsunterricht – den man in eine Grundlagenkrise geraten glaubte – zu modernisieren bzw. überhaupt erst wieder zu legitimieren.

2. Probleme und problemlösendes Denken

Jahrzehnte älter als alle didaktischen Überlegungen zum PGU ist die „Psychologie des Problemlösens", die mit der Gestaltpsychologie z.B. Karl Dunckers und Max Wertheimers eine starke deutsche Tradition besitzt (vgl. Arbinger 1997, S. 2 f.). Dort wurde „Problem" als ein Ziel definiert, das sich ein Lebewesen setzt, das es jedoch durch bloßes Ausführen von Handlungsroutinen nicht erreichen kann. Es war dies der Versuch, den immer schon recht konturlosen, zu inflationärem Gebrauch einladenden Problembegriff überhaupt für eine (gesellschafts-)wissenschaftliche Auseinandersetzung verfügbar zu machen – eine Eigenschaft, die ihm etwa bei Max Weber noch abging: In dessen berühmtem „Objektivitätsaufsatz" (1904) ist ein Problem jedweder, sei es auch historischer Sachverhalt, der, gesteuert durch subjektives Werturteil und Erkenntnisinteresse, aus der Mannigfaltigkeit unserer menschlichen Erfahrungsmöglichkeiten zur Betrachtung herausgegriffen wird (Weber 1988, S. 148 f.). Nach dem Exodus der vornehmlich jüdischen Gestaltpsychologen infolge des NS-Terrors setzte im Nachkriegseuropa mit der Dissertation des Schweizer Kognitionspsychologen Hans Aebli die Beschäftigung mit dem problemlösenden Denken wieder ein (Aebli 1951/1970). In seinem späteren Meisterwerk „Denken. Das Ordnen des Tuns" definiert Aebli das wesentliche gedankliche Konstrukt folgendermaßen: „Ein Problem ist ein Handlungs- oder Operationsplan oder eine vorläufige Wahrnehmung oder Deutung einer Gegebenheit, die bezüglich der Handlungs-, Operations- oder Verstehensabsicht des Problemlösens eine unbefriedigende Struktur hat" (Aebli 1981, S. 17). Aeblis berühmtes Diktum vom „Ungenügen der Struktur" fiel bereits in eine Zeit, da die nunmehr angelsächsisch dominierte Psychologie ihre „kognitive Wende" vollzogen hatte um sich fortan vorzugsweise empirisch mit der Erkundung der Prozesse und Mechanismen menschlichen Problemlöseverhaltens zu beschäftigen. Gemäß der 1972 von Alan Newell und Herbert Simon entwickelten, bis heute ausschlaggebenden Konzeption des „*Human Problem Solving*" entsteht ein Problem aus dem Missverhältnis zwischen einem subjektiv wahrgenommenen Ist-Zustand (Sachverhalt) und dem davon abweichenden erwarteten oder gewünschten Soll-Zustand. Die als Herausforderung empfundene Diskrepanz veranlasst das erkennende Subjekt, nach Erklärung, Verstehen oder Veränderung zu streben ohne dass dafür probate Denk- oder Handlungsroutinen zur Verfügung stünden. Ein Problem ist mithin kein objektiv-erkenntnistheoretischer, sondern ein vorzüglich erfahrungsverbundener Begriff, ein Bewusstseinsphänomen (oder ganz einfach ausgedrückt: Wo der eine ein Problem „sieht", damit „hat" ein zweiter durchaus keines).

Wohl nicht zufällig wurde dieses viel versprechende neue Paradigma – das im Übrigen ausdrücklich auch an die Hochschuldidaktik adressiert war – noch vor der Schulpädagogik von der Erwachsenenaus- und -weiterbildung in einer sich rasant wandelnden Berufswelt aufgegriffen und in eine Systematik eben dort unabdingbarer „Schlüsselqualifikationen", d.h. elementarer Problemlösefähigkeiten im Wirtschaftsprozess, überführt (vgl. Mertens 1974). Erst in diesen mittlerweile durchaus reifen Theorie- und Forschungszusammenhang begann sich in den 1970er Jahren auch die erneuerte deutsche Geschichtsdidaktik einzuschreiben. Dass Geschichtsunterricht an der „inneren Problematik" seiner Gegenstände, den „neuen wissenschaftlichen Fragestellungen" wie den „inneren Fragen des Schülers" auszurichten sei, war zwar auch in den ersten Jahren des bundesrepublikanischen Geschichtsunterrichts gefordert worden (vgl. Körner 1957), doch wurde die damit aufgebaute theoretische Spannung erst in den bildungspolitischen Aufbruchjahren nach 1968 in vollem Umfang deutlich und diskutabel: Einerseits steht der problemorientierte Zugriff auf die Unterrichtsinhalte in der Tradition des forschend-entdeckenden „Arbeitsunterrichts" der Weimarer Zeit (➤ Forschend-entdeckendes Lernen); andererseits soll Problemorientierung immer zugleich das Postulat der „Wissenschaftsorientierung" (➤ Wissenschaftsorientierung) erfüllen. Beide Bewegungen, synthetisiert in der von den Arbeiten des US-amerikanischen Entwicklungspsychologen Jerome S. Bruner (1960/70) inspirierten neuen Grundform des „Einsichts- und Entdeckungslernens", sollten damals nicht zuletzt zu einer Demokratisierung (gerade auch) des Geschichtsunterrichts führen. Spätestens mit dem von Heinz Dieter Schmid herausgegeben Lehrwerk wurden die nunmehr von den Schülern unentwegt zu stellenden „Fragen an die Geschichte" geradezu sprichwörtlich. Schmid, Verfechter einer umfassenden Lernzielorientierung und dabei ganz Anhänger der Berliner didaktischen Schule und ihres Interdependenzkonzepts, bestimmte (1979, S. 59): „Der Begriff Problemziel soll den früheren Terminus Bildungsziel ersetzen. Das Problem meint verstehendes Verarbeiten, die Gewinnung von geschichtlichen Einsichten und zielt über die Vermittlung reiner Fakten hinaus." Zu diesem Zweck konzipierte er ein dreiphasiges Schema für „Problemzielgespräche", in dem die „vorläufige Gefühlsauswertung", die „Aufklärung über das Urphänomen" und die „vertiefte Wertung aufgrund einer neu erworbenen Einsicht in tiefere Zusammenhänge" einander ablösten, wobei gelten sollte (S. 60): „Probleme werden häufig durch Schülerfragen aufgeworfen".

In den Folgejahren dachte eine nicht geringe Zahl von Geschichtsdidaktikern über die Verlockungen eines von Schülerfragen bestimmten Unterrichts methodisch nach. So stellte etwa Kurt Fina (1978, S. 75) fest: „Erst das vom Schüler Gefragte ist interessant, nur das Erfragte hilft ihm weiter". Schülerfrage und Problem schienen wie siamesische Zwillinge miteinander verwachsen. In seiner Gesamtdarstellung über den „Geschichtsunterricht in der Sekundarstufe I", die im Hinblick auf die theoretische Durchdringung der didaktischen Gegenstände lange Zeit vorbildlich blieb, unterschied Wolfgang Hug (1977, S. 34 ff.) erstmals vier „Ziel-Inhalts-Profile des Geschichtsunterrichts", neben dem „kenntnisorientierten", „verfahrensorientierten" und „projektorientierten" eben auch den „problemorientierten Unterricht". Hypostasiert heißt es dort (S. 36): „Während kenntnisorientierter Unterricht die Gegenstände als gegeben voraussetzt und ihre Vermittlung zum Ziel hat, stellt problemorientierter Unterricht Fragen an die Geschichte oder macht die Fragen selbst zum Thema des Unterrichts." Und sodann apodiktisch: „Moderner Geschichtsunterricht gilt weithin als ‚problemorientiert'".[15] Hug warnt indessen vor dem Irrglauben, ein stoffzentrierter Unterricht würde allein durch bloße Überführung des Themas in eine Frageform in problemorientierten Unterricht verwandelt – dadurch entstünden lediglich „Scheinprobleme". Ebenso wenig seien die Sachprobleme der Geschichtswissenschaft vom Schüler aufzuklären. Stattdessen habe PGU „primär zum Ziel, daß die Gegenstände und Inhalte dem Schüler selbst zum Problem werden, d.h. daß der einzelne Schüler in ein je eigenes Verhältnis zur Geschichte tritt. (...) Im Unterricht soll reflektiert werden, was die jeweiligen Lerninhalte uns heute angehen und was aus ihnen denn zu lernen ist" (S. 36 f.).

Wenn der Terminus technicus „Problemorientierter Geschichtsunterricht" heute besonders mit dem Namen des Heidelberger Geschichtsdidaktikers Uwe Uffelmann verbunden wird, so deshalb, weil er den Begriff über eine Reihe von Jahren bis in die heutige Zeit hinein entfaltete, an Beispielen konkretisierte und zunehmend zu einem fest umrissenen didaktischen wie unterrichtsmethodischen Programm ausbaute.[1] Was Hug lediglich lose umschrieb, strebte Uffelmann in fassbare Kategorien und Strukturbilder zu gießen, wenn auch vom ersten Tage an von vielfältiger Kritik begleitet. In mehreren begriffspositionierenden Beiträgen definierte er Problemorientierung als Trinität aus a) *Unterrichtsstrategie*, bei der es um eine bestimmte Weise geht, die Strukturelemente von Unterricht planerisch zu verknüpfen, b) *Erkenntnisweise*, die ihren Erkenntniswillen primär auf den Prozess des Lernens und erst dann auf die Ergebnisse richtet, sowie c) *Arbeitsform*, die die inhaltliche Seite von Unterricht mit einer stringenten methodischen Vorgehensweise verknüpft (Uffelmann 1999c u.ö.). Die existenzielle und emotionale „Betroffenheit" der Schülerinnen und Schüler durch (die) Geschichte, die von ihnen verspürten „Bedürfnisse" im Vollzug des historischen Lernens, die „Bedeutsamkeit", die die Lernenden daher als der Einsicht fähige Wesen einzelnen historischen Phänomenen zubilligen, erhob er in den Rang geschichtsdidaktischer Kategorien. Im Übrigen war Uffelmann um eine schärfere Abgrenzung von der nun also schon überwundenen reinen Fragenorientierung bemüht (1999b, S. 36). „Das Fragliche durch Erkenntnisarbeit selber beantworten zu müssen, markiert den Übergang vom Fragen zum Problembewusstsein." Eher nebenbei schlich sich auch ein konstruktivistisch-subjektivistischer Zug in Uffelmanns Gedanken, wenn er festhält, ein Problem entstehe „durch die Verbindung verschiedener *dem Fragenden verknüpfbar erscheinender* Sachverhalte und *ihrer Benennung* eben als Problem" (Uffelmann 1997, S. 283; Hervorhebung M.B.).

Die außerordentliche Offenheit der ursprünglichen Konzeption des PGU für die jeweils aktuellen didaktischen Strömungen mag der Klarheit und Durchsetzungskraft der Idee innerhalb der geschichtsdidaktischen Zunft am Ende abträglich gewesen sein. Als diskursfähiger Begriff half „Problemorientierung" jedenfalls dabei, die Anschlussfähigkeit einer kulturwissenschaftlich grundierten Fachdidaktik an die Erforschung von Lehren und Lernen in der Pädagogik des 21. Jahrhunderts zu sichern (vgl. Reinmann-Rothmeier/Mandl 2001, S. 627).

3. Lernschritte im problemorientierten Geschichtsunterricht

Die Realisierung der Problemorientierung in der Unterrichtspraxis erweist sich als ambitiöses Projekt. Mit der erklärten Absicht, die noch zu abstrakten Vorgaben Uffelmanns zu konkretisieren und zu operationalisieren, hat Clemens Dahl (1990) die praktische Schrittfolge des PGU in einem neunstufigen Raster („Grundmodell" und „Erweiterungsmodell") genauer beschrieben. Den Kern bildet dort der *Dreischritt von Problemfindung, Problemlösung und Reflexion.* Im Folgenden wird das „Verlaufsschema" diskutiert und eine teilweise abweichende Terminologie vorgeschlagen.

3.1 Problemstellung

Hauptaufgabe und zugleich -schwierigkeit einer Theorie der Problemorientierung im Geschichtsunterricht ist noch immer, eine Definition für das Phänomen des *historischen Problems* bereit zu stellen, insofern „Problem" ja auch in der Geschichtsdidaktik ein psychologischer Begriff bleibt, der wenig bis nichts mit den Forschungs- und Darstellungsfragen der Geschichtswissenschaft zu tun hat. Indessen ist die psychologische Konzeptualisierung der „authentischen Probleme", anhand deren erfolgreiches Lernen in situierten Umgebungen stattfindet, mindestens ebenso diffus und willkürlich wie die entsprechende Begriffsbestimmung in der Geschichtsdidaktik. Daher ist es wenig aussichtsreich, Probleme in einer psychologischen Fachsprache klassifizieren zu wollen – etwa nach der Art der zu überwindenden Barrieren: z.B. Interpolations-, Transformations-, Dialektikprobleme (Dörner 1979) –, denn dann müssten auch die Operationen des *problem solving* psychologisch fundiert sein. Da es ein Problem *an sich* nicht gibt, ist zumindest der Operator „Problemfindung“ bei Uffelmann/Dahl verfehlt. Es ist die Lehrperson, nicht die „Sache“, die unterschiedliche, differierende, gar kontroverse Kontexte, Perspektiven, Deutungsmaßstäbe von den Lernenden einfordert.[2] Dessen eingedenk erweist sich „Problemstellung“ als der treffendere Begriff. „*Look ahead!* lautet (...) die Botschaft des ersten Schrittes.“[3]

Problemtypen im Sinne und zur Verfügung des PGU könnten folgendermaßen sortiert werden:

1. *Forschungsprobleme*
   Selbstverständlich gibt es in der Geschichtswissenschaft offene Fragen, zweideutige Aussagen oder Fachkontroversen. In diesem *Cognitive Apprenticeship-Ansatz* werden die Schülerinnen und Schüler quasi als Handwerkslehrlinge zwar an die „Expertenkultur“ herangeführt. Doch bereits Hug (1977, S. 36 f.) – und mit ihm fast alle späteren Theoretiker – urteilte, diese Art Forschungsprobleme im Unterricht lösen zu wollen stelle einen zu großen Ehrgeiz dar, ja grenze an „Selbstbetrug“ („Eine Schulklasse kann nicht selbst das Problem lösen, wie Hitler an die Macht kam“). Zudem wird man feststellen müssen, dass tatsächliche Forschungslücken häufig entweder irrelevant mikrohistorischer Art sind (Bsp.: „Auf welcher Insel ging Christoph Columbus am 12.10.1492 tatsächlich an Land?“, „Wie viel Fiktion steckt in der Gestalt des Klaus Störtebeker?“), dass sich Streitfragen bevorzugt um Dokumentenechtheit drehen (im Hinblick auf Urkunden, Briefe) oder aber in der Tat die gesuchten Antworten in mythischem Dunkel liegen („Was bewirkte den Untergang der mykenischen Kultur? Und wann geschah das?“). Nicht zu übersehen ist, dass viele vermeintliche historische Forschungsfragen in Wirklichkeit ideologischer Natur sind bzw. waren (z.B. Karl d. Große als „Vater Europas“? Wer war Schuld am Reichstagsbrand? War die DDR eine „Diktatur von Anfang an?“ Die Stalin-Note 1952 – nur ein „taktisches Manöver“?).
2. *Probleme der Vergangenheit*
   Hier geht es um die Thematisierung von Situationen und Ereignislagen, die von den Zeitgenossen bereits ausdrücklich als Probleme wahrgenommen wurden, was in der Regel impliziert, dass man bereits damals erkennbar nach Lösungen suchte, unterschiedliche Positionen einnahm und um Entscheidungen rang. Beispiele (aus Pandel 2006, S. 144 f.) wären „1517: Kann die katholische Kirche sich aus eigener Kraft reformieren?“, „1914: Ist der Ausbruch des Krieges zu verhindern?“, „Bartolomé de Las Casas 1514: Wie kann man dem grausamen, unchristlichen Wüten der Spanier in der Neuen Welt Einhalt gebieten?“, „1848: Groß- oder kleindeutsche Lösung?“ Vorzug einer solchen Beschäftigung mit empirisch auffindbaren historischen Problemstellungen ist die unbestreitbare Relevanz, die sie einmal besaßen. Allerdings bleiben die Handlungs- und Denkspielräume der Schülerinnen und Schüler hierbei gering bzw. ambivalent; sie beschränken sich auf den Nachvollzug der obsiegenden Ereignisse oder aber müssen ausschweifen in kontrafaktische Gedankenspiele.
3. *Probleme der Historizität*
   Dahls Verlaufsschema akzentuiert zu Beginn deutlicher, als Uffelmann es tut, die Benennung des „historischen Sachverhalts“ und dessen anschließende „Problematisierung“ durch die Verwicklung in Widersprüche (vgl. auch Huckenbeck 1975). Joachim Rohlfes

hat eine einleuchtende Explikation dieser abstrakten Vorgabe geliefert, bei der ihm womöglich noch einmal Max Webers allgemeinste Formulierung als Bezugspunkt diente (1986, S. 221): „Einen geschichtlichen Sachverhalt als Problem sehen, heißt: begreifen, daß man ihn von mehreren Seiten betrachten, ihm seine Bedeutung noch abgewinnen muß. Man sieht sich aufgefordert, das Gegebene seiner Selbstverständlichkeit zu entkleiden (...). Im Geschichtsunterricht soll der Lehrer (...) den advocatus diaboli spielen, die vermeintlichen Gewißheiten in Frage stellen, den Widerspruch provozieren." Damit ist ein kritischer Punkt getroffen: Historizitätsbewusstsein, also das Wissen um die grundsätzliche Gewordenheit aller Dinge und den Nicht-Stillstand der Geschichte, gehört nach Hans-Jürgen Pandel zu den wahrscheinlich am wenigsten ausgeprägten Dimensionen des Geschichtsbewusstseins Jugendlicher und der meisten Mitglieder unserer Gesellschaft überhaupt. Dieses Defizit besteht selbst in einem Geschichtsunterricht fort, der weitgehend eigenständig hervorgebrachte Schülerfragen als konstitutives Element nutzt, wie Brigitte Dehne (2000, S. 679) beobachtete: Selbst nämlich wenn sie großes Interesse für Einzelheiten vergangener Lebensumstände mitbringen sowie Einfühlung in die historisch Aktiven und Passiven anstreben, bleibt der „für das historische Lernen so wesentliche Aspekt der Veränderung in der Zeit (...) für die Schülerinnen und Schüler nachrangig."

Historizitätsprobleme, die geschichtliches Lernen anleiten können, werden didaktisch dadurch konstruiert, dass die Lehrkraft in der Einstiegsphase des Unterrichts mithilfe geeigneter Materialien zeitliche Differenz symbolhaft verdeutlicht und die denkbar allgemeinste Frage „Wie und unter welchen Umständen war diese Entwicklung möglich?" zur Beantwortung vorlegt („initial challenge"). Häufig geschieht dies unter Zuhilfenahme von Bildern eines Ortes zu unterschiedlichen Zeitpunkten (etwa einer Stadt vor und nach den Jahrzehnten ihrer Industrialisierung) oder von entsprechenden Geschichtskarten (z.B. Afrika vor und nach seiner kolonialen Aufteilung sowie nach Abschluss der Dekolonialisierung), durch die Präsentation rätselhafter (Karikaturen) oder erstaunlicher Bildmaterialien (➛ Einstiege). Denkbar ist auch die Präsentation einer provozierenden oder skandalösen Situation, die nach „Erklärung" verlangt, so dass eine Unterrichtseinheit zeitlich mit ihrem augenscheinlichen Ende begonnen wird (z.B. die „Weimarer Republik" mit den chaotischen Zuständen des Jahres 1932) um dann von dieser Warte aus die geschichtlichen Verläufe zurückzuverfolgen. Oder man steigt auf dem dramatischen Höhepunkt eines historischen Geschehens in den Erkenntnisprozess ein und wendet sich sowohl der Vorgeschichte wie dem weiteren Ablauf der Ereignisse zu (z.B. Heinrichs IV. Gang nach Canossa; Guillotinierung Ludwigs XVI., vgl. Gies 2004, S. 144 f.). Alles zusammengenommen zielt prinzipiell auf nichts anderes, als was Bruner (1961), in Anlehnung an John Dewey, als lehrerunterstütztes, entdeckendes Lernen („guided discovery learning") vorschlug: Das Erzeugen einer offenen, kognitiven Spannung, die zur Beschäftigung und Auseinandersetzung mit dem (hier historischen) Lerngegenstand anregt. Dass bei solchen Arrangements in der Regel eine Mischung aus „Einsichts- und Entdeckungslernen" an präparierten Problemen mit halbwegs klarem Ausgang" abläuft, hat Bodo

v. Borries (1992, S. 73) sicher zutreffend angemerkt. Die Grenze zur traditionellem Mäeutik bleibt also bei vielen Spielarten des PGU fließend.

4. *Orientierungsprobleme der Gegenwart*
In diese Kategorie fallen die eigentlichen Probleme im Sinne Uffelmanns, insofern er sagt (1999b, S. 35): „Die Probleme des problemorientierten Geschichtsunterrichts sind in Gegenwartserfahrungen entstandene historische Fragen, welche die Lernenden selber stellen." Auch Hug (1977, S. 37) sprach ja davon, dass „Menschen grundsätzlich mit Problemen konfrontiert sind", nämlich von den „Existenzfragen des Zusammenlebens, wie sich Macht von Stärkeren über Schwächere kontrollieren und domestizieren lasse", und wollte untersucht wissen, wie „diese Probleme anhand von historischem Material thematisiert werden und zu reflektieren sind". Die Schülerinnen und Schüler spüren, unter Umständen sogar am eigenen Leib, dass unhintergehbare Ansprüche der natürlichen und gesellschaftlichen Umwelt an den einzelnen Menschen und sie selbst bestehen, z.B. die Sorge um Nahrung, Wohnung, Kleidung und die Beschaffung der dafür nötigen Geldmittel (i.d.R. durch Erwerbsarbeit), das Streben nach Glücksgütern[4], Wohlstand und Distinktion, der Wille zur Durchsetzung des eigenen Willens. Da sie einen Informationsmangel wahrnehmen darüber, wie diese Ziele zu erreichen sind, entwickeln die Jugendlichen – was wahrlich nicht erst seit den 1970er Jahren so gesehen werden konnte[5] – das „Bedürfnis", ähnliche Problemlagen in der Vergangenheit (zu bestimmten Zeitpunkten, an bestimmten Orten) kennen zu lernen. Konkret können dann – vorzugsweise in diachronischen Längsschnitten – z.B. Armenfürsorge, Bürgerstolz, Arbeitslosigkeit, Migration, Frauenemanzipation zum Gegenstand einer Unterrichtssequenz (eines Kurses, eines Projekts) werden.

Unverkennbar ist die nahe Verwandtschaft dieses Problembegriffs und seiner unterrichtstechnischen Funktionalisierung zu den von dem Bildungstheoretiker Wolfgang Klafki (1985/1995 u.ö.) auf der Suche nach einem zeitgemäßen Allgemeinbildungskonzept vorgelegten „epochaltypischen Schlüsselproblemen" (die wiederum nicht nur terminologisch Mertens' beruflichen „Schlüsselqualifikationen" nahe stehen). Daher ist nicht verwunderlich, dass die Fundamentalkritik an Uffelmann und Klafki ganz ähnlich lautet(e): Das wissenschaftliche Fach Geschichte werde einer, noch dazu konkreteindeutigen gesellschaftspolitischen Konzeption oder politisch eingeengten Weltsicht unterworfen, die ihre Themen einem sehr zeitgeistigen Diskurs entnehme (z.B. ökologisches Bewusstsein, Gender, Recht auf Arbeit) (vgl. zusf. von Reeken 1999, S. 295 f.); heute Aktuelles könne morgen seine Relevanz eingebüßt haben; „modische", medial hergestellte „Dauerbetroffenheit" habe Problemorientierung als didaktisches Prinzip vielfach vernutzt, und überhaupt sei emotionale Betroffenheit kein Lernziel (Heyl 1995). Allerdings besteht de facto wenig Grund zu Argwohn: Die nicht sehr zahlreichen, oft mit Mittelalterthemen arbeitenden praktischen Unterrichtsbeispiele halten sich nie sehr lang mit der spontanen Äußerung oder pädagogisch entlockten Artikulation subjektiver Interessen auf, sondern es wird eher überlegt, wie der Lehrer ein von ihm bestimmtes Problem „den Schülern als von ihnen selbst erkanntes und akzeptiertes vermitteln kann" (Uffelmann 1990b, S. 47). Bedürfnisse und Betroffenheiten treten auch bei Uffelmann recht eigentlich nur in transzendierter Form auf.

5. Probleme der Urteilsbildung
   Bereits Schmid (1979, S. 59 f.) war überzeugt, die Arbeit an historischen Problemen vermittele „in der Reflexion über geschichtliche Sachverhalte (...) Kategorien des Urteilens, indem sie in Grundkategorien historisch-politisch Daseins" einführe. Die Gegenüberstellung einander widersprechender oder nicht passgenauer Quellen oder auch Autorentexte zum selben historischen Ereignis, wie sie in neueren Schulgeschichtsbüchern häufig anzutreffen ist, öffnet jedenfalls Problemhorizonte, erzeugt „kognitive Dissonanz" und enthält durchaus motivationales Potential. Allerdings, so erinnert Hug (1992, S. 64), entspricht „diese Kunstform des Quellenarrangements nur selten der realen Forschungssituation (...). Denn meist muß man kontroverse Quellen erst sytematisch suchen, wobei sie selten gleichgewichtig vorkommen." Mithin haben wir hier die weiteste Entfernung von den am Beginn dieser Auflistung stehenden „echten Forschungsproblemen" erreicht. Problemstellungen, die auf Urteilsbildung im Geschichtsunterricht mittels Perspektivenvermehrung und -management, auf die Scheidung des Wesentlichen vom Beiläufigen, auf Diskursanalyse und die Einnahme begründeter Haltungen abheben, besitzen darüber hinaus regelmäßig und nicht grundlos eine besondere Nähe zu den Begrifflichkeiten und Denkakten der politischen Bildung (vgl. jetzt Kayser/Hagemann 2005).

3.2 *Problembearbeitung*

Gewiss ist Geschichtsunterricht um so produktiver, je stärker die Schülerinnen und Schüler von Beginn jeder Erarbeitung an, da nun einmal das Thema nach Modellierung der historischen Frage „feststeht", in das heuristische Problem der Bestimmung von Untersuchungswegen, des Aufsuchens von Quellen bzw. Darstellungen und der Skizzierung von z.T. sogar spontanen Lösungsansätzen einbezogen werden („generating ideas"). Was jedoch die konkrete Ausformulierung der arbeitsfähigen Hypothese betrifft, die im Sinne der in der Lernpsychologie diskutierten „epistemischen Fragen" sowohl „Wissen generiert" als auch „Erwerbsprozesse kontrolliert" (Neber 1999, S. 213), gelangt das Verfahren des PGU in dieser Phase schnell an einen kritischen Punkt: Gesucht wird ja idealerweise eine komplexe kausalgenetische Proposition, die, immer unter strikter Bezugnahme auf das in der vorangegangenen Problemkonstruktion diskutierte Material, sowohl die systemartigen Zusammenhänge, Strukturen und immanenten Regelhaftigkeiten geschichtlicher Abläufe einerseits, die Freiräume menschlichen Entscheidens und Handelns und mithin die Singularität von autonomer Aktion und Reaktion andererseits sowie schließlich die Kontingenz aller historischen Phänomene mit einbezieht. Dies soll empathisch für die Alterität vergangener Zeiten, aber bereits im Bewusstsein der eigenen Gebundenheit an die Bewertungsmaßstäbe der Gegenwart geschehen. Mit ein wenig Geschick lässt sich wohl eine stark reduzierte hypothetische Problemfrage in die von Dahl (1990, S. 193) vorgeschlagenen Formeln des widerspruchshaltigen „Warum ..., obwohl ...?" bzw. Warum ..., während ...?" oder des dissonanten „Einerseits ..., andererseits ..." pressen. Je vager, entspezifizierter und offener die Arbeitshypothese jedoch ausfällt, um so ungerichteter wird das spätere Suchen sein. An diesem Scheidepunkt sollte man sich auf Uffelmanns Prämisse besinnen, dass die Beobachtung des (eigenen) Lernprozesses im PGU Priorität genießt, also im Zweifelsfall die Förderung des methodischen Bewusstseins über der Erlangung eines auch nur halbwegs gesicherten Wissens einzuordnen ist: Die Methodenreflexion hat die Aufgabe „einmal zu lernen, wie man Hypothesen aufstellt, zum anderen über Lösungsstrategien und dazu geeignete fachliche Mittel wie Analyseverfahren zu beraten und zu entscheiden" (Uffelmann 1999c, S. 16). Mit den Worten der modernen Erkenntnispsychologie: Prozedurales bzw. metakognitives Wissen schiebt sich vor deklaratives Wissen (vgl. Arbinger 1997, S. 17 ff.).

Nach Ermittlung der Vorkenntnisse, Vorstellungen und Einstellungen der Schülerinnen und Schüler – Konstruktivisten sprächen hier von der Bewusstmachung der subjektiven (Alltags-)Theorien bzw. des *subject-matter knowledge* – erfolgt eine Beratschlagung über mögliche und günstige Fundorte von aussagekräftigem Material („Informationsbeschaffung" durch Quellen/Medien in Bibliotheken, Sammlungen, Archiven; Experten oder Zeitzeugen, die für Befragungen zur Verfügung stehen). Im Übrigen ist die frühere Ausschließlichkeit der Quellenorientierung zugunsten eines Einbezugs etwa auch von historischen Darstellungen (also Verfassertexte/Sekundärliteratur) aufzugeben (vgl. Hasberg 1999). Letztlich wird es jedoch oft, wie bereits von Bruner beschrieben, nötig sein, dass die Lehrkraft inhalts-, prozess- und ergebnisorientierte Lernhilfen beisteuert, um den Schüler „problemsichtig" (Klafki 1995, S. 62) zu machen und ihm auch das Feld der möglichen Problemlösungen aufzuzeigen (vgl. von Reeken 1999, S. 299 f.).

Das Pendeln zwischen den Ausgangsdaten und der Zielsetzung sowie die allfällige Variation der Fragestellungen fordern „geistige Beweglichkeit". „Schließlich ist antizipierendes Denken verlangt: sich mögliche Lösungen vorstellen, dem aktuellen Kenntnisstand vorgreifen; das geht nicht ohne Phantasie" (Rohlfes 1986, S. 148, zit. auch bei Uffelmann 1999b, S. 39). Dieses schöpferisch-phantasieverbundene Tun korrespondiert ganz offensichtlich mit handlungs- und produktionsorientierten Ansätzen (z.B. Rollenspiel, Streitgespräch, Zeitreise, Wandzeitungen, Verfassen eines inneren Monologs in Form eines Briefes oder einer Tagebuchaufzeichnung). Fruchtbar wird die Arbeit zudem nur im Team unter dialogischen Bedingungen, d.h., dass verschiedene am Problem Interessierte mit ihrer jeweiligen Kompetenz kooperieren, denn nur so können ja provisorische Erkenntnisstände zur Diskussion gestellt und die geforderte „permanente Reflexion des methodischen Vorgehens im Unterricht" (Uffelmann 1999c, S. 15) geleistet werden.

Es entspricht einer inneren Logik, dass das *problem solving* im Fach Geschichte – einer Wissensdomäne, die relativ unstrukturiert ist – selbst nur relativ unstrukturiert vonstatten gehen kann. Aus der Not, dass historische Wissensbestände ohnehin immer nur vorläufig, unabgeschlossen und differenzierungsbedürftig sind, möchte der PGU mithin eine Tugend machen. Seine Erfindung ist das tastende, methodenreflexive Planungshandeln freilich nicht, wie Unterrichtsprotokolle sogar aus der Volksschule der 1960er Jahre belegen (vgl. Christmann 1967, S. 234).

3.3 *Reflexion der Erträge*

Die lerntheoretische Maxime, dass man etwas erst dann verstanden hat, wenn man sich über den Erkenntnisweg Rechenschaft ablegen kann, gilt für den Geschichtsunterricht in ganz besonderem Maße, da „Geschichte" als standortgebundenes, interessegeleitetes und retrospektives mentales Konstrukt nach jeder Unterrichtsstunde und in jeder Schülerin und jedem Schüler eine andere Gestalt besitzt. Bereits Aebli erinnerte daran, dass mit der Formulierung einer Problemlösung der Lernprozess noch keineswegs zum Abschluss gebracht ist. Das Handeln muss einer Probe standhalten („test your mettle")! Erst die gemeinsame Diskussion der Ergebnisse, die Rekonstruktion unterschiedlicher Lösungswege, die Nennung der Bedingungen, die der Erkenntnis zu Grunde lagen (Materiallage, Fremdheitserfahrung, Perspektivenübernahme, eigene Interessen), das Aufeinandertreffen divergierender Meinungen, schließlich die kritische Würdigung der für diesmal verbindlich gemachten Normen können zu einer Begründung von Handlungskonsequenzen („Welche Handlungsmöglichkeiten gibt es heute für mich?") oder gar praktischen Folgen („Was folgt aufgrund der Behandlung der historischen Problematik für mein eigenes Verhalten heute?") führen (vgl. Dahl 1990, S. 191 f.). Die (Selbst-)Evaluation aus der gesicherten Position der Gegenwart, mit welcher der Lernzyklus endet (konstruktivistisch bereits wieder „Dekonstruktion"), ist jedoch nicht nur eine elementare Methodenkompetenz, sondern erleichtert die geschichtstheoretische Anerkenntnis, dass die uns zur Verfügung stehenden Mittel und damit die wissenschaftliche Erkenntnisfähigkeit überhaupt beschränkt sind.

4. Fazit und Perspektiven

Gewiss besteht Grund zu der Annahme, dass PGU positive Auswirkungen auf Behaltensraten und die Motivation zu historischem Lernen überhaupt besitzt. Empirisch nachgewiesen ist dies jedoch nicht. Angemessene Skepsis empfiehlt v. Borries (2002, S. 115), dessen Feldforschungen auch den Befund liefern, dass Schülerinnen und Schüler keineswegs allzeit problemorientiert-schüler(mit)bestimmtes Arbeiten der stoffzentriert-lehrerdominierten Grundform des Geschichtsunterrichts vorziehen. Es ist dies auch gar nicht wünschenswert: So wie sich jeder Dogmatismus in pädagogischen Zusammenhängen verbietet, dürfen situierte Konstruktion und evidente Instruktion im Geschichtsunterricht nicht gegeneinander ausgespielt werden.

Einen Geschichtsunterricht, der nicht „irgendwie" problemorientiert ist, sollte es gleichwohl nicht geben, hat es wahrscheinlich nie gegeben und kann es lernpsychologisch gar nicht geben. Geschichtsunterricht von den „Kernideen des Faches"[6] her zu entwickeln kann jedenfalls nur bedeuten, dass Problemorientierung das zentrale, nämlich narrativistische Paradigma historischen Lernens lediglich erweitert und dessen eigentümliche Denkoperationen in Form narrativer Kompetenz weiterentwickelt. Folglich müssen gehaltvolle, relevante, wissenschaftsnahe, adressatengerechte, motivierende Problemstellungen konstruiert werden, die gemäß Jörn Rüsen Sinnbildung über Zeiterfahrung ermöglichen und die so vehement eingeforderte Orientierungsfunktion von Geschichte in unserer pluralistischen Gesellschaft verbürgen können. Das heißt: Am Ende läuft der Unterricht immer darauf hinaus, dass – typologisch unterschiedliche – *Geschichten erzählt* werden (➤ Erzählen): Bereits die Arbeitshypothese ist ja nichts anderes als ein Hilfstext, der durch auf ihn bezogenes Material in vielfacher Weise kontextualisiert wird. Antworten auf Schlüsselproblemlagen sind eher exemplarischer Natur; multiperspektivische und multidirektionale Problembewältigungsstrategien verhalten sich zueinander oft kritisch; über die Komplexität der Lebenswelt aufklärende, sinnbildende Narrationen sollten genetisch sein. Problemorientiertes Arbeiten an Quellen und Darstellungen, das nichts anderes will als das kriteriengemäße Erschließen von Texten und Ausprobieren divergierender Lesarten, führt zum Nacherzählen oder perspektivischen Umerzählen; Kompositionen von Bild- und Textmedien laden zur narrativen Konstruktion unerhörter Geschichten ein. Die kritische Urteilsbildung und Reflexion der Triftigkeiten, Sinnbildungsleistungen und Geltungsansprüche der Narrationen findet in einer rezensierenden Erzählung („Metanarration" nach Pandel 2001, S. 26) statt. Immer geht es um die Prüfung alternativer Interpretationsmöglichkeiten und die optimierte Gestaltung von Texten. Von der Wahl der richtigen Metapher und des passenden „Erzählplots" (Hayden White) wird es abhängen, ob die formulierte „Lösung" kommunikativ überzeugen kann. So bleibt auch der PGU – wie alles historische Lernen – in der Hauptsache eine Arbeit an und das Erlernen von Sprache – einer Sprache, die freilich der eigenen „Grammatik des historischen Denkens" (von Borries 2002, S. 124) folgt.

Die umfassende Neuausrichtung unseres Bildungsverständnisses nach PISA zielt auf die in einem Schulfach jeweils zu erwerbende spezifische „literacy". „Literacy" in dem hier empfohlenen Verständnis meint einerseits die individuelle Fähigkeit, Probleme konzeptuell zu begreifen und zu analysieren, daneben aber auch, in einer lebensweltlichen Dimension, die persönliche Befähigung zu einer aktiven, befriedigenden, gesellschaftlich verantwortlichen Lebensführung (weswegen dieser Kernbegriff anstatt mit „Grundbildung" viel treffender mit „Problemlösefähigkeit" zu übersetzen wäre). Nur indem die Schülerinnen und Schüler ihre eigene Verwicklung in die große Erzählung namens Geschichte in Worte fassen können, bringen sie *fortdauernde Betroffenheit* zum Ausdruck. So wird man schließlich vielleicht sagen können, dass Problemorientierung weniger eine Arbeitsform, Erkenntnisweise oder ein Prinzip der Inhaltsauswahl ist, um eine so künstliche und bisweilen weltfremde Veranstaltung wie schulischen Geschichtsunterricht gefälliger und effizienter „an den Mann zu bringen", sondern eine *Haltung* („attitude"), die den ganzen Menschen ausmacht.

Anmerkungen

1 Erstmals Uffelmann 1975; Sammlung von relevanten Aufsätzen bis Ende der 1980er Jahre: Uffelmann 1990a; Sammlung neuerer Aufsätze: Uffelmann 1999a. Vgl. auch das entsprechende Schwerpunktheft von Praxis Geschichte H. 11/1998. Wohl auch um die Diskurshoheit anzuzeigen und sein Konzept als Marke zu etablieren, führte Uffelmann das Kürzel „POGU" ein und kreierte sogar ein „Logo". Eine Zählung erbringt deutlich über 20 thematisch einschlägige Einzelbeiträge in Sammelbänden, Zeitschriften, Handbüchern, Lexika.

2 In diesem Sinn gilt der oft gehörte Schülerstoßseufzer: „In der Schule müssen wir den ganzen Tag Probleme lösen, die wir ohne die Lehrer gar nicht hätten."

3 Dieser und die folgenden englischen Slogans aus: Reinmann-Rothmeier/Mandl 2001, S. 630 ff.
4 Womit die bekannte Wendung „pursuit of happiness" in der US-amerikanischen Verfassung korrekter übersetzt ist als „Streben nach Glück".
5 Vgl. etwa Wilmanns 1949, S. 159, der es für aussichtslos hielt, dem Schüler der Mittelstufe geschichtliche Stoffe zuzumuten, nach denen er selber nicht verlangt. Komme aber etwas dem Verlangen des Jugendlichen entgegen, dann „regen sich alle seine Kräfte, er tritt aktiv, voll Lebendigkeit, tatenfroh aus seiner inneren Verhaltenheit heraus".
6 So die Forderung im Gutachten von Klieme 2003, S. 19.

Erwähnte Literatur

Aebli, Hans, Psychologische Didaktik. Didaktische Auswertung der Psychologie von Jean Piaget, 4. Aufl. Stuttgart 1970 (frz. Orig. 1951)

Aebli, Hans, Denken. Das Ordnen des Tuns. Bd. 2: Denkprozesse, Stuttgart 1981

Arbinger, Roland, Psychologie des Problemlösens. Eine anwendungsorientierte Einführung, Darmstadt 1997

Borries, Bodo von, „Forschendes Lernen" in geschichtsdidaktischer Perspektive, in: Forschendes Lernen im Geschichtsunterricht, hrsgg. v. Schülerwettbewerb Deutsche Geschichte um den Preis des Bundespräsidenten, Stuttgart 1992, S. 67-101

Borries, Bodo von, Zur Entwicklung historischer Kompetenzen bis zur Sekundarstufe II, in: Bernd Schönemann/Hartmut Voit (Hrsg.): Von der Einschulung bis zum Abitur. Prinzipien und Praxis des historischen Lernens in den Schulstufen, Idstein 2002, S. 112-127

Bruner, Jerome S. , The act of discovery, in: Harvard Educational Review, 31 (1961), 21-32

Bruner, Jerome S. , Der Prozeß der Erziehung, Berlin 1970 (Orig.: The Process of Education. Cambridge MA 1960)

Christmann, Helmut, Geschichtsunterricht in der Hauptschule. Didaktisch-methodischer Grundriß mit Unterrichtsbeispielen und Unterrichtshilfen. Bonn 1967

Dahl, Clemens, Aus der Praxis des problemorientierten Geschichtsunterrichts in der Sekundarstufe I, in: Uffelmann, Uwe, Problemorientierter Geschichtsunterricht. Grundlegung und Konkretion, Villingen-Schwenningen 1990, S. 188-204

Dehne, Brigitte, Schülerfragen als konstitutives Element des Geschichtsunterrichts, in: GWU 51 (2000), S. 661-680

Dörner, Dietrich, Problemlösen als Informationsverarbeitung, 2. Aufl. Stuttgart 1979

Fina, Kurt, Das Gespräch im historisch-politischen Unterricht, München 1978

Gies, Horst (in Zusammenarbeit mit Michele Barricelli und Michael Toepfer), Geschichtsunterricht. Ein Handbuch zur Unterrichtsplanung, Köln u.a. 2004

Giesecke, Hermann, Was ist ein „Schlüsselproblem"? Anmerkungen zu Wolfgang Klafkis „neuem Allgemeinbildungskonzept", in: Neue Sammlung 37 (1997), S. 563-583

Günther-Arndt, Hilke, Methodik des Geschichtsunterrichts, in: dies. (Hrsg.): Geschichtsdidaktik. Praxishandbuch für die Sekundarstufe I und II, Berlin 2003, S. 151-196

Hasberg, Wolfgang, Problemorientiertes Erzählen im Geschichtsunterricht, in: Uwe Uffelmann, Neue Beiträge zum Problemorientierten Geschichtsunterricht, Idstein 1999, S. 183-203

Heyl, Matthias, Betroffenheit ist kein Lernziel, in: Erziehung und Wissenschaft, 4/1995, S. 14-16

Huckenbeck, Ernst, Zur Problematisierung des Stoffes im Geschichtsunterricht, in: GWU 26 (1975), S. 676-686

Hug, Wolfgang, Geschichtsunterricht in der Praxis der Sekundarstufe I. Befragungen, Analysen und Perspektiven, Frankfurt/M. 1977

Hug, Wolfgang, Forschendes Lernen und Schulgeschichtsbuch, in: Forschendes Lernen im Geschichtsunterricht, hrsgg. v. Schülerwettbewerb Deutsche Geschichte um den Preis des Bundespräsidenten, Stuttgart 1992, S. 59-66

Kayser, Jörg/Hagemann, Ulrich, Urteilsbildung im Geschichts- und Politikunterricht, Bonn 2005

Klafki, Wolfgang, Neue Studien zur Bildungstheorie und Didaktik. Zeitgemäße Allgemeinbildung und kritisch-konstruktive Didaktik, 4. Aufl. Weinheim/Basel 1995 [erstm. 1985]
Klieme, Eckhard u.a., Zur Entwicklung nationaler Bildungsstandards. Eine Expertise. Berlin 2003
Körner, Hermann, Literaturbericht Unterrichtsmittel, in: GWU 8 (1957), S. 569-572
Mertens, Dieter, Schlüsselqualifikationen, in: Günther Faltin/Otto Herz (Hrsg.): Berufsforschung und Hochschuldidaktik, Hamburg 1974, S. 204-230
Neber, Heinz: Aktives Lernen durch epistemisches Fragen: Generieren versus Kontrollieren im Kontext des Geschichtsunterrichts, in: Zeitschrift für Pädagogische Psychologie 13 (1999), S. 212-222
Newell, Alan/Simon, Herbert A., Human problem solving, Englewood Cliffs NJ 1972
Pandel, Hans-Jürgen, Wer erzählt wie für wen Geschichte? Geschichten von Sklaven und Sklavenhändlern, in: Ulrich Baumgärtner/Waltraud Schreiber (Hrsg.): Geschichts-Erzählung und Geschichts-Kultur. Zwei geschichtsdidaktische Leitbegriffe in der Diskussion, München 2001, S. 11-28
Pandel, Hans-Jürgen, Art. Problemorientierung, in: Ulrich Mayer u.a. (Hrsg.): Wörterbuch Geschichtsdidaktik, Schwalbach/Ts. 2006, S. 144-145
Praxis Geschichte H. 11/1998 (Themenheft „Problemorientierter Geschichtsunterricht")
Reeken, Dietmar von, Wer hat Angst vor Wolfgang Klafki? Der Geschichtsunterricht und die „Schlüsselprobleme", in: GWU 50 (1999), S. 292-304
Reinmann-Rothmeier, Gabi/Mandl, Heinz, Unterrichten und Lernumgebungen gestalten, in: Andreas Krapp/Bernd Weidenmann (Hrsg.): Pädagogische Psychologie. Ein Lehrbuch, 4. Aufl. Weinheim 2001, S. 601-646
Rohlfes, Joachim, Geschichte und ihre Didaktik, Göttingen 1986
Schmid, Heinz Dieter, Entwurf einer Geschichtsdidaktik der Mittelstufe, in: GWU 21 (1970), S. 340-363, teilw. Wiederabdr. u.d.T.: Ziel des Geschichtsunterrichts: Die Fähigkeit fragen zu können, in: Eberhardt Schwalm (Hrsg.): Texte zur Didaktik der Geschichte, Braunschweig 1979, S. 57-65
Schwalm, Eberhardt (Hrsg.): Texte zur Didaktik der Geschichte, Braunschweig 1979
Shemilt, Denis J., The Caliph's Coin. The Currency of Narrative Frameworks in History Teaching, in: Peter N. Stearns u.a. (Hrsg.): Knowing, Teaching and Learning History. National and international Perspectives, New York 2000, S. 83-101
Uffelmann, Uwe, Vorüberlegungen zu einem Problemorientierten Geschichtsunterricht im sozialwissenschaftlichen Lernbereich, in: Aus Politik und Zeitgeschichte B 33/1975, S. 3-23
Uffelmann, Uwe (in Verbindung mit Sabine Andresen u.a.), Problemorientierter Geschichtsunterricht. Grundlegung und Konkretion, Villingen-Schwenningen 1990a
Uffelmann, Uwe, Die Stedinger Bauern. Ein Unterrichtsbeispiel im Rahmen der Thematik „Bäuerliche Freiheitsbewegungen", in: ders., Problemorientierter Geschichtsunterricht. Grundlegung und Konkretion, Villingen-Schwenningen 1990b, S. 46-84
Uffelmann, Uwe, Problemorientierter Geschichtsunterricht, in: Klaus Bergmann u.a. (Hrsg.): Handbuch der Geschichtsdidaktik, 5. Aufl. Seelze-Velber 1997, S. 282-287
Uffelmann, Uwe (in Verbindung mit Margit Buttig u.a.), Neue Beiträge zum Problemorientierten Geschichtsunterricht, Idstein 1999a
Uffelmann, Uwe, Problemorientierter Geschichtsunterricht, in: ders., Neue Beiträge zum Problemorientierten Geschichtsunterricht, Idstein 1999b, S. 35-40
Uffelmann, Uwe, Was ist eigentlich Problemorientierter Geschichtsunterricht?, in: ders., Neue Beiträge zum Problemorientierten Geschichtsunterricht, Idstein 1999c, S. 9-20
Weber, Max: Die „Objektivität" sozialwissenschaftlicher und sozialpolitischer Erkenntnis, in: Gesammelte Aufsätze zur Wissenschaftslehre, hg. v. Johannes Winckelmann, 7. Aufl. Tübingen 1988 [erstm. 1904], S. 146-214
Wilmanns, Ernst, Geschichtsunterricht. Grundlegung seiner Methodik, Stuttgart 1949.

Klaus Bergmann

Gegenwarts- und Zukunftsbezug

1. Theoretische Grundlage

Geschichte ist eine Erinnerung an Vergangenes, das im wesentlichen vor unserer Lebensgeschichte geschehen ist. Die Erinnerung wird ausgelöst durch Orientierungsbedürfnisse, die wir in unserer Gegenwart und angesichts einer erhofften Zukunft haben. Da unsere Orientierungsbedürfnisse sich mit der Zeit ändern, ändern sich auch die Gegenstände der Erinnerung und die Erinnerungen selber: Immer neue, zuvor kaum oder nicht beachtete Aspekte werden je nach Orientierungsbedürfnis freigelegt, neu geordnet und zu einer Vorstellung von Vergangenem – zu Geschichte – zusammengefügt.

Geschichte ist also eine Denkweise, die wie andere Denkweisen – etwa Soziologie oder Politologie oder Theologie – auf eine bestimmte Weise mögliche Auskünfte erbringt, die wir für unsere Orientierung in der Gegenwart und vor der Zukunft als bedeutsam ansehen. „Denken ist etwas, was auf Schwierigkeiten folgt und dem Handeln vorausgeht" (Brecht). Fast jedem Handeln geht auch Erinnerung voraus. Lebensgeschichtliche und historische Erinnerungen werden ausgelöst durch Schwierigkeiten, sich in einer Gegenwart und vor einer erwarteten Zukunft zurechtzufinden. Erinnert werden Sachverhalte und Entwicklungen, die im persönlichen oder kollektiven Gedächtnis abgelagert sind, in der schwierigen Entscheidungssituation hervorgeholt und auf ihren möglichen Bedeutungs- und Erfahrungsgehalt für diese Situation befragt werden. Mit fortschreitender Zeit, mit wachsenden Lebenserfahrungen und neuen Herausforderungen ändern sich die Gegenstände der Erinnerung und die Erinnerungen selber. Die Erinnerungen werden auf die Situation hin entworfen, in der der Erinnernde sich befindet. Geschichte wird dadurch zu einem Schatzhaus menschlicher Erfahrungen. So wurde denn auch „die Historie von alters her als Kunde von fremder Erfahrung begriffen" (Koselleck, 355), die beim praktischen Handeln zu berücksichtigen war. Man nennt diesen Zusammenhang auch die „Gegenwarts- und Zukunftsbezogenheit von Geschichte". Diese Gegenwarts- und Zukunftsbezogenheit ist eine grundlegende, nicht hintergehbare Voraussetzung allen historischen Denkens. Geschichte ist immer ein Nachdenken über Vergangenheit, das in einer Gegenwart stattfindet und von Zukunftserwartungen beeinflusst wird.

Historikerinnen und Historiker können Vergangenes erforschen, ohne sich darüber Gedanken zu machen, dass und wie ihre Fragen an und ihre Perspektiven auf die Vergangenheit notwendigerweise aus den Zusammenhängen ihrer Lebensgeschichte und ihrer Gegenwart stammen und durch Zukunftsvorstellungen und -erwartungen mitbestimmt werden. Geschichtslehrerinnen und Geschichtslehrer sind in einer anderen Situation: Sie muten ihren Schülerinnen und Schülern zu, sich mit Vergangenem zu beschäftigen. Da macht es nicht nur Sinn, sondern ist es geboten, das Nachdenken über Vergangenes so anzulegen, dass den Schülerinnen und Schüler erkennbar und nachvollziehbar ist, was dieses Nachdenken über Vergangenes mit ihrer Gegenwart und Zukunft zu tun hat.

Es macht aber einen Unterschied, ob ein Gegenwarts- und Zukunftsbezug sich unbewusst, unreflektiert und gleichsam hinterrücks einstellt oder ob er sehr bewusst, die Kriterien ausweisend, hergestellt wird. Die bewusste Konstruktion von vernünftig begründbaren Gegenwarts- und Zukunftsbezügen ist das verantwortungsvolle Geschäft von Geschichtslehrerinnen und -lehrern. Sie befragen das narrative Wissenschaftswissen daraufhin, ob es zur Orientierung in den Krisen und Problemen der Gegenwart und Zukunft hilfreich sein kann. Sie tun dies in der Verantwortung vor der Zukunft der Lernenden. Wenn kein Bezug zu den Lebensperspektiven von Schülerinnen und Schülern erkennbar wird, werden im Geschichtsunterricht Fragen gestellt, die die Lernenden gar nicht haben. „Historische Inhalte ohne (!) Gegenwartsbezug sind für die Schülerinnen und Schüler irrelevant und nicht vermittelbar.“ (Karsten 1992)

Gegenwarts- und Zukunftsbezug ist die Konkretisierung der grundsätzlichen Gegenwarts- und Zukunftsbezogenheit historischen Denkens an einem historischen „Fall“. Er wird deutlich an allen Ausdrucksformen einer geradezu massenhaften Gegenwärtigkeit von Relikten der Vergangenheit und von Geschichte in den gesellschaftlichen Zusammenhängen des Lebens (Abschnitt 2). Er wird hergestellt bei der Planung von Unterricht (Abschnitt 3), reflektiert bei der gemeinsamen Verabredung von Lehrenden und Lernenden über die Beschäftigung mit einem historischen Sachverhalt (Abschnitt 4); er taucht im Unterrichtsverlauf bei verschiedenen Gelegenheiten auf (Abschnitt 5); er geht ein in die Geschichtsprodukte, die die Lernenden herstellen (Abschnitt 6); er zeigt sich in den Urteilen von Schülerinnen und Schülern über vergangenes menschliches Denken, Handeln und Leiden (Abschnitt 7). Zu bedenken ist schließlich, wie Gegenwarts- und Zukunftsbezogenheit von Geschichte im Unterricht selber als Kategorie behandelt werden kann (Abschnitt 8).

2. Gegenwärtigkeit von Vergangenheit und Geschichte in der Geschichtskultur

Die unmittelbare Gegenwärtigkeit von Relikten der Vergangenheit und von Geschichte ist der einfachste Ausgangspunkt, um Schülerinnen und Schüler auf die Beziehungen zwischen Gegenwart, Vergangenheit und Zukunft aufmerksam zu machen. Sie ermöglicht unterschiedliche Formen von Unterricht an unterschiedlichen Lernorten.

Es gibt Vergangenheit, die Menschen in der Gegenwart reizt, sich mit ihr aus kognitiven, politischen, ästhetischen oder ökonomischen Gründen zu befassen. Sie zeigt sich in der sogenannten „Geschichtskultur“ – in Veröffentlichungen und Kontroversen der Geschichtsforschung, in Formen der Erinnerungspolitik, in künstlerischen Formen der Auseinandersetzung oder in der für ökonomische Zwecke nutzbar gemachten Sicht auf die Vergangenheit. Da den Schülerinnen und Schülern Geschichte in ihren späteren Lebenszusammenhängen ausschließlich in den außerschulischen Formen der Geschichtskultur begegnen wird, ist es ratsam, verschiedene Formen der Geschichtskultur im Unterricht in eigenen Unterrichtseinheiten ausdrücklich zu thematisieren.

Beispiele: Kontroversen der Geschichtsforschung, Gedenktage mit nicht unproblematischen Inhalten und Formen der Erinnerungspolitik, Comics als neue Form ästhetischer Darstellung von Vergangenem, Geschichte in der Werbung als ökonomische Nutzbarmachung der Geschichte

Die Erkenntnis dieser Gegenwärtigkeit von Geschichte kann und sollte zu einem wachsamen Umgang mit den Erscheinungsformen der Geschichtskultur führen.

Vergangenheitsbezüge in der Gegenwart der Schülerinnen und Schüler

Gegenwart	Sachverhalte und Begriffe des Alltags	Materielle Überbleibsel der Vergangenheit	Errungenschaften der Vergangenheit	Hypotheken der Vergangenheit	Geschichtskultur
Beispiele	„Rechts-Links", Blue Jeans, Boykott	Bauwerke, Denkmäler, Friedhöfe	Menschenrechte, Rechtliche Gleichstellung von Frauen	Palästina-Konflikt, Diskriminierung von Frauen	Gedenktage Werbung mit Geschichte, Comics
Didaktisches Ziel: Erkenntnis von:	Geschichtlichkeit der Gegenwart	Gegenwärtigkeit von Vergangenheit	Gegenwärtigkeit von verpflichtender Vergangenheit	Gegenwärtigkeit von belastender Vergangenheit	Gegenwärtigkeit von Geschichte, Probleme d. Geschichtskultur
Verfahren Möglichkeiten im Unterricht	Ermittlung von Herkunftsgeschichten Einstiege und Ausweitung zu U-Einheit	Situative historische Aufklärung Einstiege und Ausweitung zu U-Einheit	Ermittlung von Ursachenzusammenhängen Einstiege und Ausweitung zu U-Einheit	Ermittlung von Ursachenzusammenhängen Einstiege und Ausweitung zu U-Einheit	Kritische Auseinandersetzung Einstiege u. Ausweitung zu U-Einheit 1. Historischer Fall als Thema 2. Geschichtskultur als Thema

2.1 Allseitige Geschichtlichkeit

Jedes Ding, jeder Sachverhalt, jede Norm, jede Institution der Gegenwart hat seine oder ihre Geschichte, ist in einem mehr oder weniger langen Prozess entstanden und so geworden wie gegenwärtig präsent. Alles kann in seiner Komplexität nur voll erfasst werden, wenn man dieses Gewordenheit erkennt. „Historische Gegenwartskunde" nennt Peter Schulz-Hageleit diesen Ansatz eines gegenwartsbezogenen Geschichtsunterrichts (Schulz-Hageleit 1976, 62). Jeder historische Sachverhalt, jede Norm, jede Institution der Gegenwart kann so Ausgangspunkt eines gegenwartsbezogenen Unterrichts werden – die eigene Schule oder Schule allgemein, die Arbeitslosenversicherung oder das Finanzamt, der Computer oder das Fernsehen, die Zeitung oder das Radio, der Bundestag oder die Verfassung. Es geht um die „historische Dimension" gegenwärtiger Selbstverständlichkeiten, die in einer Unterrichtseinheit erschlossen wird. Gemeinhin handelt es sich dabei um die sogenannten „Längsschnitte". Die Erschließung bedeutet zugleich immer, dass dabei ein historischer Kontext und Wandlungen, Veränderungen, Andersartigkeiten zwischen Vergangenheit und Gegenwart erarbeitet werden müssen. Didaktisch wichtig ist die Erkenntnis der Geschichtlichkeit der Dinge, Sachverhalte, Institutionen und Normen. Zu vermeiden ist die Darstellung scheinbarer schierer „Fortschrittlichkeit", die Längsschnitten eigentümlich zu sein scheint und bei der die historischen Menschen als „Provinzler der Zeit" (Günter Anders) erscheinen, die Leiden und Dummheiten, die Barbarismen und Unterdrückungen der Vergangenheit angehören.

2.2 Geschichtlichkeit von Begriffen

Ob es sich um Demokratie oder Parlament, Politik oder Pazifismus, Universität oder Schule, Theater oder Kino handelt – jeder Begriff hat seine Geschichte und möglicherweise unterschiedliche Gehalte in Vergangenheit und Gegenwart. „Demokratie" z.B. bedeutet in der Antike etwas anderes als in der Gegenwart: In der Antike waren Frauen, Sklaven und die Metöken von der Mitbestimmung in politischen Angelegenheiten ausgeschlossen, während heute nur die modernen Metöken, die in Deutschland lebenden Ausländer, ausgeschlossen sind; Parlamentarismus z.B. bedeutet im 19. Jahrhundert und bis ins 20. Jahrhundert hinein etwas anderes als heute: Das Dreiklassenwahlrecht oder der Ausschluss von Frauen oder die eingeschränkten Rechte des Parlaments belegen den anderen Gehalt. An jedem Begriff können Wandlungen, Veränderungen und jeweilige historische Kontexte erschlossen werden. Und auch hier kann die Geschichtlichkeit der Gegenwart erschlossen werden: Der heutige Zustand ist in langen Prozessen erstritten worden und kann nicht als Endzustand verstanden werden.

2.3 Geschichte als politisches Argument

Geschichte als politisches Argument in der Debatte ist eine bekannte Verwendungsform von Geschichte in der Gegenwart. Sie soll dabei „als Beweismittel zur Begründung von Aussagen oder Behauptungen in der politischen Auseinandersetzung" dienen (Calließ 1997, 72) und taucht entsprechend in vielen politischen Zusammenhängen auf: Im Parlament, bei politischen Stammtischgesprächen und alltäglichen Unterhaltungen, in Kommentaren und Leitartikeln, in Festreden, in programmatischen Erklärungen von Gruppen, Parteien, Verbänden. Beispiele sind etwa Verweise auf „Weimarer Verhältnisse" oder „Erfahrungen aus dem Nationalsozialismus" oder Erinnerungen an die Gründerzeit einer Partei oder ihre historischen Wurzeln. Erscheinungsformen sind Sätze wie „Die Geschichte lehrt/zeigt, dass ..." oder „schon in der Weimarer Demokratie hat sich gezeigt, dass ..." In der Regel geht es dabei um fragwürdige Analogiebildungen und eine Instrumentalisierung von Geschichte zu Zwecken der Identität und Machtbehauptung oder um Versuche, in einer Diskussion durch die Einführung eines historischen, scheinbar unwiderlegbaren Arguments zu obsiegen. Solche häufig zu beobachtenden Verwendungen von Geschichte bedürfen im Geschichtsunterricht einer vertieften Aufklärung: Sie werden zum Anlass genommen, die behaupteten Lehren oder Analogiebildungen kritisch zu überprüfen, um sie gleichsam ein für allemal als fragwürdig zu erkennen. Ausgangspunkt des Unterrichts sind entsprechende Presseberichte, Auszüge aus Parlamentsdebatten in Protokollen, Tonband- oder Fernsehaufnahmen. Vor allem für die gymnasiale Oberstufe sind in diesem Bereich Unterrichtseinheiten erforderlich, aber auch schon am Ende der Sekundarstufe I sind solche Unterrichtseinheiten praktizierbar.

2.4 Kalender-Geschichte(n)

An Gedenktagen und in Gedenkjahren werden, wenn der Kalender runde Jahreszahlen hergibt, historische Ereignisse oder Persönlichkeiten in Erinnerung gerufen und mit häufig sehr hohem Aufwand in den Medien, in Festreden, Ausstellungen sehr gezielt auf die Gegenwart und Zukunft bezogen. Dabei werden zum Teil formal und inhaltlich sehr unterschiedliche Produkte angeboten, die Ausgangspunkt von Unterricht sein können. Unterschiedliche Deutungen etwa eignen sich gut dazu, eine historische Frage zu formulieren, der dann eine historische Selbstaufklärung folgen kann. Sie ist notwendig, weil – wie beim Fall „Geschichte als politisches Argument" – platte Instrumentalisierungen neben bedenkenswerten Gegenwarts- und Zukunftsbezügen stehen können. Und auch hier geht es bei entsprechenden Unterrichtseinheiten darum, eine historische Wachsamkeit anzulernen, um einer politisch oder ökonomisch begründeten Erinnerungspolitik oder Geschichtspolitik nicht unbeholfen gegenüberzustehen.

2.5 Geschichte in der Werbung

Marketingstrategen und Werbemanager werben für Produkte auch mit Bezügen zwischen Vergangenheit, Gegenwart und Zukunft (zuerst Schneider 1982; Seidensticker 1997). Dabei verwenden sie Deutungsmuster von Geschichte, die sie als besonders ergiebig vermuten oder aber durch empirische Forschung als verbreitet ermittelt haben. Darunter fallen vor allem Deutungsmuster wie „Die gute alte Zeit" oder als Gegenteil „Von wegen gute alte Zeit". Mit dem Verweis auf das Alter eines Produktes wird die Gediegenheit einer Ware und die Verlässlichkeit ihrer Qualität begründet („Seit ..." oder „Since ..."). Die Macher rufen per Bild und Schrift historische Grundkenntnisse ab, die einen hohen Erkennungswert haben („Metaxa – die klassische Traube aus Griechenland" oder „Römerpils"). Solche Werbung mit Geschichte sollte aus zwei Gründen im Geschichtsunterricht eingesetzt werden: Erstens kann diese Werbung Material zum Einstieg in eine Unterrichtseinheit zu einem der klassischen Themen des Geschichtsunterrichts sein. Zweitens – und erheblich wichtiger – kann an dieser Werbung die Einsicht in die Beliebigkeit der Instrumentalisierung gewonnen werden.

2.6 Straßennamen

Geschichte ist in Straßennamen einer jeden Stadt (wie übrigens auch in Flurbezeichnungen) gegenwärtig. Dass Straßen nach Persönlichkeiten („Adenauer-Allee"), lokalen historischen Entwicklungen („Leineweberstraße") oder historischen Ereignissen („Straße des 17. Juni") benannt sind, ist Teil einer gezielten Erinnerungspolitik, die auf Geschichtsbewusstsein zielt. Straßennamen, in denen wirtschaftliche Tätigkeiten angesprochen werden („Schustergasse", „Braugasse", „Schneiderstraße") sind in der Regel als Zentren verschiedener Zünfte historisch überkommen. In manchen Städten gibt es sog. Kolonialviertel (wie etwa in München-Trudering) und Fliegerviertel (z.B. in Landau/Pfalz) wo Straßennamen an heute nicht mehr unumstrittene Kolonialpioniere und -politiker (Adolf Lüderitz, Carl Peters, Theodor Leutwein, Lothar von Trotha) oder an „Fliegerhelden" des Ersten Weltkriegs (Richthofen, Boelcke, Immelmann) erinnern. In den 1950er Jahren wurden die Straßen in zahlreichen westdeutschen Neubauvierteln nach Städten in den ehemaligen deutschen Ostgebieten benannt.

Straßennamen können zum Ausgangspunkt verschiedener Unterrichtseinheiten werden: Sie können als Einstieg benutzt und/oder historisch geklärt werden („Wer war Adenauer, und warum ist die Straße nach ihm benannt?", „Was war am 17. Juni?", „Was sagen uns heutige Straßennamen über die mittelalterliche Stadt?"). Sie können auch als Gesamtkomplex daraufhin untersucht werden, woran und an wen in einer Stadt historisch erinnert wird (dabei kommt in aller Regel heraus, dass es sich um „historische Persönlichkeiten", selten um „einfache Menschen", um Männer und nur in verschwindend geringer Zahl um Frauen handelt). In einem besonderen Projekt können auch historische Umbenennungen von Straßennamen besprochen (Von der „Kaiser-Wilhelm-Straße" zur „Hindenburgstraße", zur „Adolf-Hitler-Straße", zur „Kurt-Schumacher-Straße" oder „Jacob-Kaiser-Straße" oder zur „Kennedy-Allee") und dabei zeitgeschichtliche Einsichten gewonnen werden. Im Gebiet der ehemaligen DDR hat es nach 1990 solche Umbenennungen in großem Maßstab gegeben: Sie sind Zeugnisse einer gezielten Erinnerungspolitik, die Züge einer gezielten Vergessenspolitik angenommen hat: Die Tilgung von Straßennamen, die an die DDR hätten erinnern können, war ein Akt des gewollten Vergessens – ein problematischer Vorgang der Steuerung von Geschichtsbewusstsein, über den man trefflich streiten kann.

Bei gelegentlich vorgenommenen gegenwärtigen Straßenumbenennungen – so etwas kommt ja nicht alle Tage vor – können die Schülerinnen und Schüler darauf vorbereitet werden, sich in die öffentliche Debatte durch Leserbriefe oder Briefe an Behörden und Lokalpolitiker einzumischen.

2.7 Denkmäler und Erinnerungstafeln

Auch Denkmäler und Erinnerungstafeln sind Medien einer vergangenen oder gegenwärtigen Erinnerungspolitik und können im Unterricht entsprechend thematisiert und für kleinere oder weitgespannte Unterrichtsvorhaben genutzt werden. Bei aufwendigeren Unterrichtsvorhaben kann im örtlichen Archiv und in Pressearchiven nach den Begleitumständen der Errichtung und dabei aufgetretenen Kontroversen gesucht werden.

Auch hier gilt für das Gebiet der ehemaligen DDR, dass dort Denkmäler und Erinnerungstafeln „geschleift" worden sind. Auch diese Akte eines gewollten Vergessens, einer damnatio memoriae, und einer ausgelöschten Erinnerung können im Unterricht gezielt besprochen werden: Daran können sowohl Informationen über historische Persönlichkeiten als auch Erkenntnisse über den politisch motivierten Umgang mit Geschichte gewonnen werden.

2.8 Bauliche Überreste und Museen

In jeder Stadt gibt es bauliche Überreste aus der Vergangenheit und Museen als öffentliche Erinnerungsstätten, an denen Kinder und Jugendliche die Gegenwärtigkeit von Relikten der Vergangenheit und auch den gegenwärtigen Umgang mit Geschichte erfahren können. Eine jede Stadtrallye eignet sich dazu, Typisches aus Mittelalter, Neuzeit oder Zeitgeschichte zu entdecken, Fragen entstehen zu lassen und ein vertiefendes Einarbeiten in einen historischen Sachverhalt zu motivieren. So ist es beispielsweise auffällig, dass es in nahezu jeder Stadt Hinweise auf große Brandkatastrophen, auf die Pest, auf die Reformation, den 30-jährigen Krieg gibt, die durch Eigenarbeit der Schülerinnen und Schüler vertieft werden können: Die große historische Welt zeigt sich im Kleinen in der Stadt, in der man lebt.

2.9 Oral history

Zeitzeugen, geprägt oder beeinflusst von der Zeitgeschichte, dokumentieren durch ihr Auftreten und ihre Berichte die Gegenwärtigkeit von Geschehenem, das für Kinder und Jugendliche schon unendlich lange vergangen scheint. Zeitzeugen in den Unterricht zu holen oder sie außerhalb des Unterrichts zu befragen, setzt wichtige Vorarbeiten voraus und muss gemeinsam mit den Kindern oder Jugendlichen geplant werden. Wenn die Befragung gut geplant ist und die Gefahren dabei bewusst werden, kann die eigentliche Befragung und ihre spätere Aufarbeitung ungemein fruchtbar sein: Die Schülerinnen und Schüler lernen, dass die große Politik in jedes Leben einwirkt. Sie lernen aber auch, dass die Erinnerungen von Zeitzeugen nicht schon dadurch „wahr" sind, dass sie als Betroffene dabei waren. Diese Erkenntnis kann auch dadurch erreicht werden, dass man mehrere Zeitzeugen befragt und in der Aufarbeitung auf historiographisches Material (in der Regel: Schulbücher) zurückgreift, um die Aussagen von Zeitzeugen mit Forschungsergebnissen zu konfrontieren.

Eine besondere, didaktische Form der oral history besteht darin, dass Schülerinnen und Schüler Erwachsene und/oder ältere Jugendliche befragen, was sie über ein historisches Thema wissen oder was ihnen dazu einfällt – antikes Griechenland oder Rom, Mittelalterliches, Reformation usw. –, ob sie dieses Thema für wichtig halten oder was sie daran noch interessieren würde. Die Ergebnisse der Befragung können in der Klasse besprochen werden und Fragen ergeben, mit denen man sich in den folgenden Stunden beschäftigen möchte.

2.10 Comics und Jugendbücher

Jugendliche seien desinteressiert an Geschichte? Der Verkauf von Comics über Geschichte und Jugendbüchern über Geschichte – Sachbücher („Was ist was?" u.a.) und Belletristik – lässt anderes vermuten, belegt vielmehr ein gegenwärtiges Interesse an Geschichte. Während Jugendbücher zum traditionellen Bestand gehören, sind Comics in der Schule relativ neue Medien, die – obwohl mittlerweile anerkannte Kunstgattung – noch immer mit Vorbehalten von Lehrenden rechnen müssen. Geschichtscomics sind Geschichtsdarstellungen in der Form „gezeichneter Narrativität" (Pandel 1999), die – wie etwa der Holocaust-Comic „Maus" von Art Spiegelman oder der Comic „Hitler" – durchaus als seriöse und häufig didaktisch inspirierte Geschichtsschreibung gelten können. Die verschiedenen Formen von Jugendliteratur eignen sich methodisch für den Einsatz im Unterricht, weil sie offensichtlich für Jugendliche reizvoll sind und in ihren außerschulischen Lebenszusammenhängen eine Rolle spielen. Sie sind auch didaktisch ertragreich: Sie können „historische Imagination" beflügeln, und an ihnen kann man den Unterschied zwischen historischer Realität und der – abgestuft vorhandenen – Fiktionalität der Darstellung erkennen lernen. Sie sollten vor allem zu Beginn einer Unterrichtseinheit eingeführt werden, um den Schülerinnen und Schülern den Eindruck zu vermitteln, dass das Thema der Unterrichtseinheit in ihrer eigenen außerschulischen Lebenswelt präsent ist.

2.11 Die neuen Medien – Internet und CD-ROM

Einen für die Lernenden erkennbaren Bezug zur Gegenwart kann man auch durch Verweis und Einsatz der neuen Medien herstellen. Wenn die Schülerinnen und Schüler erkennen, dass das Unterrichtsthema auch in den neuen Medien auftaucht – und zwar gerade nicht als ausgesprochene Lernsoftware – sind sie möglicherweise eher geneigt, dem historischen Thema eine Bedeutung für Gegenwart und Zukunft zuzumessen. Dass der Einsatz auch wichtige didaktische und methodische Probleme aufwirft, sollte dabei nicht verkannt werden: Im Internet finden sich eben auch Geschichtsklitterungen – etwa von Alt- und Neonazis – und abstruser Geschichtsmüll, und die Geschichtsdarstellungen auf CD-ROM sind unter fachdidaktischen Gesichtspunkten zumeist noch sehr unzulänglich konzipiert. Gelegentlich bietet es sich eher an, die Darstellungen in den neuen Medien weniger als Medium denn als Gegenstand des Unterrichts zu nutzen, um etwa Geschichtsmüll in einer eigenen Unterrichtseinheit als Müll erkennen zu lassen – etwa durch den Vergleich mit Schulbuchdarstellungen und anderen Formen seriöser Geschichtsschreibung.

Diese Hinweise auf die Gegenwärtigkeit von Vergangenheit und Geschichte – eine Systematik ist schwer, Überschneidungen sind unvermeidbar – lassen sich ergänzen durch Verweise auf Filme, Radio- und Fernsehsendungen oder durch den Einsatz von Prospekten aus der Tourismuswerbung, die im Unterricht nach verschiedenen Seiten hin durchgesprochen werden können. Immer geht es um die Gegenwärtigkeit von Vergangenheit und Geschichte in den alltäglichsten Lebenszusammenhängen. Immer geht es um die Erkenntnis, dass Geschichte gegenwärtiges Nachdenken über Vergangenes ist.

3. Planung von Unterricht

Bei jeder Planung von Geschichtsunterricht geht es um einen bewusst hergestellten Gegenwarts- und Zukunftsbezug. Es gibt keinen guten Geschichtsunterricht ohne Vorüberlegungen, was „meine Kinder" an einem historischen Sachverhalt für sich lernen können und wie ihnen auch vermittelt werden kann, was das Nachdenken über bestimmtes

Vergangenes mit ihnen zu tun hat. Unterricht soll, „indem er den jungen Menschen in seiner gegenwärtigen Lebensphase Verstehens-, Urteils- und Handlungsmöglichkeiten eröffnet, ihm zugleich zu entsprechenden Entwicklungsmöglichkeiten auf seine Zukunft hin verhelfen. Deshalb müssen für den Unterricht vorgesehene Themen und die sie konstituierenden Ziele durch ihre Gegenwarts- und Zukunftsbedeutung für den jungen Menschen und zunehmend mit ihnen zusammen, begründet werden" (Klafki 1987, 15). Gegenwartsbedeutung und Zukunftsbedeutung werden ergänzt durch die exemplarische Bedeutung: „Am potentiellen Thema müssen sich allgemeinere Zusammenhänge, Beziehungen, Gesetzmäßigkeiten, Strukturen, Widersprüche, Handlungsmöglichkeiten erarbeiten lassen" (Klafki 1987, 17).

Was für eine Herausforderung für einen Geschichtsunterricht, der durch die geschichtstheoretische Einsicht fundiert ist, dass Geschichte immer und unvermeidbar ein gegenwärtiges Nachdenken über die erkennbare Vergangenheit ist! Gemeinhin nennt man solche Vorüberlegungen „didaktische Analyse" oder hier fachdidaktisch: „geschichtsdidaktische Analyse". Zu unterscheiden sind zwei mögliche Ausgangspunkte: Erstens ein Geschichtsunterricht, der sich seine „Stoffe" nicht von der Chronologie vorgeben lässt, sondern seine Themen aus einer Gegenwartsanalyse gewinnt. Zweitens ein Geschichtsunterricht, der – wie herkömmlich – seine „Stoffe" aus chronologisch sortierten Vorgaben ministerieller Curricula bezieht. Diese „Stoffe" werden dann dadurch zu „Themen", dass sie daraufhin geprüft werden, was an ihnen lernbar und lernwürdig ist.

3.1 Der nicht-chronologische Geschichtsunterricht

Der einfachste und logische Weg wäre natürlich, von einer Problemlage auszugehen, die in unserer Gegenwart und in der voraussehbaren Zukunft besteht und auch das Leben der Lernenden berührt. Von dieser Problemlage her könnte nach historischen Ursachen und/oder historischen Erfahrungen in bedingt vergleichbaren Problemlagen gefragt werden, um damit ein historisches Thema überhaupt erst zu gewinnen. Dieses Auswahlverfahren hat zudem den Vorteil, dass es zwanglos einen fächerverbindenden Unterricht ermöglicht. Die Themen Migration, Arbeitslosigkeit oder Frauen-Gleichstellung lassen sich auf diese Weise mit den Fragestellungen, Kategorien und Methoden unterschiedlicher Fächer bearbeiten, und der Geschichtsunterricht könnte ohne Schwierigkeiten an der Geschichte historischer Fälle von Migration, Arbeitslosigkeit oder Frauen-Gleichstellung bzw. -Benachteiligung seine Perspektive auf diese gegenwärtigen Probleme einbringen. Ein solcher Unterricht ließe sich die Inhalte nicht von der Chronologie vorgeben, trüge vielmehr der Erkenntnis Rechnung, dass Geschichte aus Deutungsversuchen besteht, bei denen Vergangenes erinnernd auf gegenwärtige Problemlagen bezogen wird (hierzu ausführlicher: Bergmann 2001).

Es steht zu erwarten, dass ein nicht-chronologischer Geschichtsunterricht in Zukunft an Bedeutung gewinnen wird. Jedenfalls ist Lehrerinnen und Lehrern anzuraten, in verstärktem Maße einen solchen Unterricht zu versuchen und dabei von den in Kapitel 3.3 genannten Schlüsselproblemen oder „Großen Fragen" auszugehen.

Beispiel: Wir kennen „Arbeit" als einen wesentlichen Problembereich unserer Zeit und der absehbaren Zukunft. Von da her befragen wir das Wissenschaftswissen, das die Geschichtsforschung in unserer Zeit bereitstellt, ob Kinder und Jugendliche aus der Beschäftigung mit historischen Vorstellungen und Erfahrungen zu „Arbeit" etwas lernen können. Wir haben die Wahl zwischen verschiedenen und epochentypischen Ansichten über den Wert menschlicher Arbeit. Wir entscheiden uns für eine Unterrichtseinheit über „Einstellungen zu körperlicher Arbeit in der Antike". Wir begründen die Auswahl, die wir getroffen haben: Die antike Vorstellung, Freiheit und körperliche Arbeit seien nicht zu vereinbaren und Freiheit und Fähigkeit zur Muße gehörten zusammen, ist eine bedenkenswert andere Ansicht über Arbeit als die in der Gegenwart verbreitete ...

Viele Lehrerinnen und Lehrer scheuen noch immer vor einem solchen „Hineinspringen" in eine unbekannte Zeit zurück. Das dagegen vorgebrachte Argument, beim nicht-chronologischen Unterricht – bei thematischen Längsschnitten, vor allem aber bei Fallstudien – fehle den Lernenden jedes notwendige Vorwissen und darüber hinaus kämen sie bei diesem Unterricht nie zu einem verlässlichen „Überblickswissen", ist nicht schlüssig: „Die Vorstellung, Schülern müssten zuerst Fakten ‚serviert' werden und dann, etwas später in der Zukunft, ‚würden sie darüber nachdenken', wie ein nachdenklicher Beobachter formulierte, ‚heißt sowohl der Pädagogik aus dem Wege gehen als auch sie pervertieren'. Die ganze Theorie ... war eine Perversion des Verhältnisses von Fakten und Denken. ‚Man sammelt nicht Fakten, die man nicht braucht, um dann an ihnen kleben zu bleiben und zufällig auf einen günstigen Augenblick zu stoßen, um sie anzuwenden', wie ein Lehrer es ausdrückte. ‚Zuerst ist man von einem Problem beunruhigt und gepackt, und dann macht man sich die Fakten zunutze, um es zu lösen'" (Sellers 1978, 55). Wenn Schülerinnen und Schüler von einem gegenwärtigen Problem so gepackt und beunruhigt sind, dass sie es auch historisch vertiefen wollen, werden sie das nötige Vorwissen auch selber ermitteln. Jedes Wissen, das selber ermittelt wird, ist dauerhafter als ein Wissen, das vermittelt wird.

Das Planungsschema für einen nicht chronologisch voranschreitenden Geschichtsunterricht sieht so aus wie im nachstehenden Schema:

Herstellen von Bezügen zwischen Gegenwart und Geschichte im nicht-chronologischen Unterricht

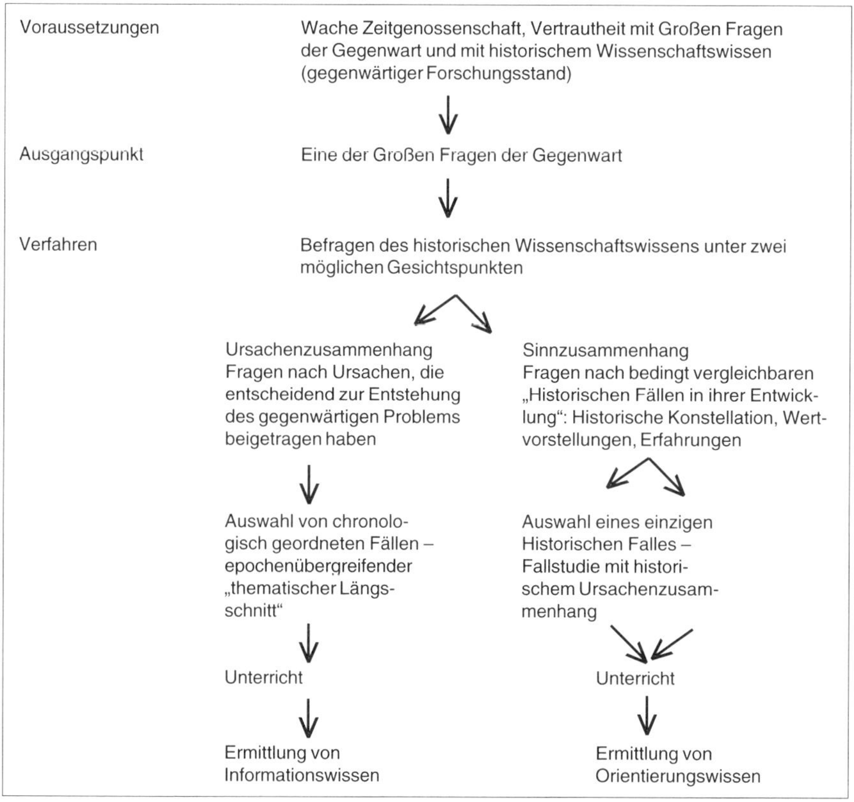

3.2 Der chronologisch gebundene Geschichtsunterricht

Die Regel ist immer noch der chronologisch gebundene Geschichtsunterricht: Staatliche Curricula fordern nach wie vor den chronologisch orientierten „Durchgang“ durch „die Geschichte“. Die absolute Chronologie bestimmt, welcher Stoff auf welcher Jahrgangsstufe „dran“ ist und „durchgenommen“ werden muss. Dieses Vorgehen ist nur traditionell bedingt, theoretisch aber durchaus nicht zwingend. Dennoch ist mit den Vorgaben die Auswahlfrage nur scheinbar gelöst: Eine ministerielle Bestimmung, dass das deutsche Kaiserreich im Unterricht im 9. Schuljahr zu behandeln ist, sagt noch nichts darüber, welche Aspekte, Bereiche, Strukturen oder Ereigniszusammenhänge des Kaiserreichs im Unterricht besprochen werden sollen oder können. Hier setzt die eigentliche „geschichtsdidaktische Analyse“ ein, die zu klären versucht, was an der Geschichte des deutschen Kaiserreichs lernwürdig ist für Schülerinnen und Schüler, die im Zeitalter der Globalisierung und der weltweiten digitalen Revolution leben und leben werden.

Die geschichtsdidaktische Analyse setzt mindestens zwei wesentliche Kompetenzen voraus: Erstens ein *historisches Fachwissen* und zweitens ein *Gegenwartswissen* als Wissen von gegenwärtig und voraussichtlich künftig existenten gesellschaftlichen Problemlagen, die auch mit dem Leben der Schülerinnen und Schüler zu tun haben. In der Literatur wird von „Schlüsselproblemen“ der Gegenwart und voraussehbaren Zukunft gesprochen, die wesentlich für die Themenfindung sind. Man könnte auch – mit Neil Postman – von den „Großen Fragen“ unserer Zeit sprechen, derer sich Lehrerinnen und Lehrer bewusst sein müssen, wenn sie vorgegebene Stoffe in wesentliche Themen des Lernens verwandeln. Diese wache Zeitgenossenschaft befähigt die Lehrenden, in der vorgegebenen historischen Epoche Aspekte, Bereiche, Entwicklungen zu entdecken, die für heute und morgen unsere Aufmerksamkeit auf sich ziehen können.

Herstellen von Bezügen zwischen Geschichte und Gegenwart im chronologischen Geschichtsunterricht

Voraussetzungen	Wache Zeitgenossenschaft, Vertrautheit mit Großen Fragen der Gegenwart und mit historischem Wissenschaftswissen (gegenwärtiger Forschungsstand)
Ausgangspunkt	Lehrplanvorgaben: Chronologisch gereihte historische „Stoffe“, im 19. Jahrhundert z.B. „Das Deutsche Kaiserreich“
Verfahren	1. „Sachanalyse“ – Vertrautmachen mit gegenwärtigem Forschungsstand der Geschichtswissenschaft und gegenwärtig besonders betonten Aspekten und Momenten 2. „Geschichtsdidaktische Analyse“ Befragen des „Stoffes“ („Bildungs-Gegenstand“) auf Aspekte und Momente, die zu einer der Großen Fragen der Gegenwart und der erwartbaren Zukunft in Beziehung gesetzt werden können (Ermittlung des möglichen „Bildungs-Gehalts“ und Herstellung eines „Sinnzusammenhangs“, seltener und in der Regel nur bei zeitgeschichtlichen Themen eines „Ursachenzusammenhangs“) Formulierung der „geschichtsdidaktischen Frage“ und damit Umwandlung des „Stoffes“ in ein Unterrichts-„Thema“ Festlegung der „Bildungs-Inhalte“ der kommenden Stunden Überlegungen zu Unterrichtsverfahren und Abschluss der U-Einheit

3.3 „Schlüsselprobleme“ und „Große Fragen“

Es sind keine bloß aktuellen, letztlich randständigen Fragen, die bei der Planung von Unterricht das entscheidende Kriterium für die Auswahl und die Akzentsetzungen maßgeblich sind. Es sind die „Großen Fragen“ unserer Zeit – der jüngsten Vergangenheit, der Gegenwart und der näheren Zukunft –, die den didaktisch ertragreichen Zugriff auf die Vergangenheit bestimmen. Diese Großen Fragen sind relativ dauerhaft: Sie sind existenzielle Fragen, die die vitalen Grundbedürfnisse von Menschen und die Aufgaben betreffen, die gesellschaftlichen Kollektiven oder gar der Menschheit in unserer Epoche gestellt sind. Solche Großen Fragen sind etwa – ohne dass sie mit dieser Aufzählung erschöpft sind: Globalisierung und ihre Folgen, Gleichberechtigung der Geschlechter, Migrationen, Selbst- und Mitbestimmung, Befriedigung der Grundbedürfnisse, Beschleunigung aller Lebensverhältnisse, Medienrevolution, veränderte Kindheiten, Krieg und Frieden, Ökologie. Man sieht, dass diese Großen Fragen in einem inneren Zusammenhang stehen, ohne auf einen Begriff gebracht werden zu können. Es sind Momente der Gegenwart, ohne dass man im Einzelnen sagen könnte, A sei eine Voraussetzung von B und C sei eine Folge von B. Sie werden nicht erst dadurch zu Großen Fragen geadelt, dass Regierungskonferenzen auf höchster Ebene sich mit ihnen befassen. Sie bestimmen als wesentliche Probleme der Gegenwart die Lebenszusammenhänge der Menschen unserer Zeit bis ins tägliche Leben hinein. Sie zeigen sich täglich in Pressemeldungen, die nicht einmal schlagzeilenträchtig sind – in kurzen Notizen, Meldungen und Berichten. Und sie sind als allseits besprochene, in den Medien immer wieder aufgegriffene, in den politischen Auseinandersetzungen diskutierte und als selber erfahrene Probleme im Bewusstsein der Zeitgenossinnen und Zeitgenossen – auch schon der Schülerinnen und Schüler – mehr oder weniger bewusst präsent. Die Zeitgenossen stimmen darin überein, dass es sich um Probleme handelt; sie stimmen nicht darin überein, wie die Probleme gelöst werden können – und genau das ist der Ausgangspunkt, der historisches Fragen und Denken trägt.

Sie sind die leitenden Gesichtspunkte, wenn wir Themen finden wollen oder in vorgegebenen Stoffen eine Gegenwartsbedeutung entdecken wollen, um sie dadurch in den Rang von Themen für den Unterricht zu erheben. Oft wird es so sein, dass wir im Einzelfall das Allgemeine suchen und finden müssen – etwa in der beiläufigen Zeitungsmeldung. (Im übrigen: Im Besonderen das Allgemeine zu finden, ist eine Fähigkeit, die erlernt und angelernt werden sollte, weil sie scheinbar Banales, Besonderes in einen allgemeinen Zusammenhang einordnet und als Teil eines großen Komplexes erkennen lässt.) Ist der Einzelfall als Bestandteil einer Großen Frage erkannt und den Schülerinnen und Schülern vermittelt, ergibt sich zwanglos eine historische Frage und setzt das historische Denken an. Dabei sind vor allem zwei mögliche Fragestellungen zu unterscheiden:

> Wo liegen die Ursachen? Wie ist das entstanden und geworden?

Oder:

> Hat es früher vergleichbare Probleme gegeben? Wie sind sie entstanden? Wie haben sie sich entwickelt? Sind sie gelöst worden? Wie sind sie früher gelöst worden bzw. welche Versuche sind früher gemacht worden, sie zu lösen?

4. Geschichtsdidaktische Fragen an die Geschichte

Im Zusammenhang von Geschichtsdidaktik und Geschichtsunterricht ist es sinnvoller, die gegenwärtigen Fragen an die Vergangenheit und Geschichte als „geschichtsdidaktische Fragen“ statt als „Historische Fragen“ zu bezeichnen. Die Frage, die von den Lehrenden für den Unterricht gestellt wird, ist keine Forschungsfrage, sie ist vielmehr eine geschichtsdidaktische Frage, die sich der Vermutung und Hoffnung verdankt, Kinder und Jugendliche könnten aus der Geschichte etwas für ihre Gegenwart und Zukunft lernen – inhaltlich: „nutzbares“, zum Weiterdenken anregendes Wissen, methodisch: Verfahren historischen Denkens und Sich-Erinnerns. Für die Schülerinnen und Schüler, die sich in Prozessen forschenden Lernens mit historischen Vorgängen beschäftigen, wird die „geschichtsdidaktische Frage“ wieder zu einer „Historischen Frage“, die ihre Forschungen begründet und anleitet.

Mit einer geschichtsdidaktischen Frage durchsuchen Lehrerinnen und Lehrer die Lagerbestände des historischen Wissenschaftswissens, ob sich in ihnen etwas findet, was bei der Betrachtung der gegenwärtigen Großen Frage hilfreich sein könnte, um differenzierter und vielseitiger sehen und denken zu können. Aus dem ihnen dabei unterkommenden Sortiment treffen sie dann eine Auswahl, die sie geschichtsdidaktisch begründen müssen. In dieser Begründung heben sie darauf ab, was an dem von ihnen ausgewählten historischen „Fall“ so gegenwartsbedeutsam ist, dass er aus dem Kreis anderer in Frage kommender historischer Fälle ausgewählt worden ist. Die geschichtsdidaktische Frage kann, ausgehend vom Schlüsselproblem, in zwei Richtungen gehen: Sie kann so gestellt werden, dass mit ihrer Hilfe ein Ursachenzusammenhang oder ein Sinnzusammenhang hergestellt werden kann.

5. Gegenwartsbezug als Ursachenzusammenhang

Um einen Ursachenzusammenhang herzustellen, richtet sich die Frage darauf, welche Ursachen entscheidend zum Zustandekommen des bestimmten gegenwärtigen Problems beigetragen haben. Dabei sollen die Schülerinnen und Schüler lernen, ein Informationswissen zu ermitteln, das für eine kluge Einschätzung eines gegenwärtigen Problems unabdingbar ist. Sie sollen im übrigen über den Fall hinaus lernen, Wissen selber zu ermitteln. In aller Regel geht es bei der Herstellung eines Ursachenzusammenhanges um eine Naherinnerung, die sich vor allem in den Epochen der neuesten Geschichte und der Zeitgeschichte umtut.

> Beispiel: Die Arbeitsmigration von Millionen Türken, die in der Bundesrepublik leben und arbeiten, wird auf historische Ursachen untersucht: Seit wann gibt es türkische Arbeitskräfte in der BRD? Wer hat sie wann und warum nach Deutschland geholt? Warum haben sie ihre Heimat verlassen, um in Deutschland zu arbeiten? …

Eine besondere Form des Ursachenzusammenhanges ist der historische Ursachenzusammenhang, bei dem danach gefragt wird, welche Ursachen entscheidend zu einer Konstellation der Vergangenheit beigetragen haben.

Beispiel: Im Rahmen des Problembereichs „Migration" werden Flucht und Auswanderung von Hugenotten nach Deutschland („primäre historische Tatsache") als Thema ausgewählt. Das vorrangige didaktische Interesse gilt dabei der Frage, wie die Hugenotten in den deutschen Ländern aufgenommen worden sind, welche Probleme des Zusammenlebens mit der einheimischen Bevölkerung entstanden, ob, wann und wie diese Probleme gelöst werden konnten usw. Um diesen Fragen nachzugehen, ist es notwendig, die Vorgeschichte von Flucht und Auswanderung zu kennen, also einen historischen Ursachenzusammenhang („sekundäre historische Tatsachen") zu ermitteln: Wer waren die Hugenotten? Warum flüchteten sie aus Frankreich? Wie war es zum Edikt von Nantes gekommen, wie zu seiner Aufhebung? Welche Folgen ergaben sich daraus?

6. Gegenwartsbezug als Sinnzusammenhang

Um einen Sinnzusammenhang herzustellen, richtet sich die Frage darauf, ob es in der Vergangenheit Situationen und Entwicklungen gegeben hat, die mit der gegenwärtigen Situation bedingt vergleichbar ist. Danach differenziert sich die Frage in Unterfragen: Wie ist die damalige Situation entstanden (historischer Ursachenzusammenhang)? Welche Vorstellungen und Absichten haben die beteiligten und betroffenen Menschen in der damaligen Situation entwickelt? Unter welchen Bedingungen von Macht und Herrschaft haben sie versucht, ihre Absichten zu verwirklichen? Warum ist es ihnen gelungen oder misslungen, ihre Absichten zu verwirklichen? Welche Erfahrungen haben sie gemacht oder machen müssen? Bei Sinnzusammenhängen geht es auch um „Fernerinnerung", wenn etwa danach gefragt wird, was und wie die Menschen im klassischen Athen gedacht, getan und erfahren haben.

Im Wesentlichen lassen sich beim Sinnzusammenhang zwei Verfahren unterscheiden – der „thematische Längsschnitt" und die „Fallstudie". Beim thematischen Längsschnitt wird ein gegenwärtig wesentliches Problem historisch vertieft, indem es epochenübergreifend und chronologisch voranschreitend durchgesprochen wird – beim Thema „Armut" etwa: Armut in der Antike, im frühen Mittelalter, im hohen Mittelalter, in der frühen Neuzeit, im 19. Jahrhundert ... Bei einer „Fallstudie" geht es um einen „historischen Fall in seiner Entwicklung", beschränkt auf eine Epoche – beim Thema „Armut" etwa „Armut im Klassischen Athen des 5. Jh. v. Chr.". Vor allem bei der Fallstudie geht es um ein unvermitteltes „Hineinspringen" in eine historische Epoche, bei dem das Hintergrundwissen von den Schülerinnen und Schülern ermittelt werden muss.

Beispiel: Im Problembereich „Migration" lauten die Fragen, die auf einen Sinnzusammenhang gerichtet sind, etwa: Hat es in der Vergangenheit ähnlich gelagerte Probleme gegeben? Wie sind sie entstanden? Wie haben sie sich dargestellt? Welche Schwierigkeiten des Zusammenlebens gab es? Welche Ressentiments und Ängste hat es gegeben? Wie sind die Probleme angegangen worden? Sind sie gelöst worden? Wie lange hat es gedauert? In einem „thematischen Längsschnitt" können etwa Wanderungesbewegungen seit der frühen Neuzeit thematisiert werden – Hugenotten und andere Glaubensflüchtlinge, unterschiedlich motivierte Auswanderungen von Deutschen nach Südosteuropa, vor allem aber in die USA, Emigration als Flucht vor dem Nationalsozialismus ... Als Beispiel für eine „Fallstudie" kann etwa die Zuwanderung von polnischsprachigen Arbeitern ins Ruhrgebiet während des Kaiserreichs in Ursachen, Begleiterscheinungen und Folgen im Geschichtsunterricht genannt werden (oder aber ein Fall aus dem thematischen Längsschnitt).

Sinn macht der Sinnzusammenhang nur, wenn er auf Kohärenz und Differenz zugleich abstellt. Kohärenz verweist auf eine allgemeine Gemeinsamkeit zwischen einer gegenwärtigen und einer vergangenen Lage: Armut als gegenwärtiges Problem etwa lenkt geschichtsdidaktische Fragen und Blicke auf Armut in der Vergangenheit – auf Ursachen und Erscheinungsformen von Armut etwa im Mittelalter, auf den Umgang mit Armut, auf Begleiterscheinungen, auf Folgen von Armut, auf Ansätze zur Lösung oder zur Linderung von Armut. Aber in der Kohärenz stößt man immer zugleich auf die Differenz: Gerade die historische Differenz („Alterität") ist eine Quelle wichtiger Erkenntnis: Dass und wie Menschen früher anders gedacht und sich verhalten haben, ist ein wesentlicher Gesichtspunkt des Sinnzusammenhanges. Alternativen des Denkens und Handelns kann nur entdecken, wer sich auf die Eigenart der historischen Lage und der in ihr denkenden, handelnden und leidenden Menschen einlässt. Bei Sinnzusammenhängen geht es im wesentlichen um ein Orientierungswissen – ein im Schatzhaus menschlicher Erfahrungen angereichertes Wissen über die Erfahrungen und die Möglichkeiten menschlichen Denkens und Handelns in konkreten historischen Lagen.

7. Beispiel einer geschichtsdidaktischen Analyse

Bleiben wir beim Deutschen Kaiserreich. Die geschichtsdidaktische Ausgangsfrage lautet: Gibt es Sachverhalte des Deutschen Kaiserreichs, deren Betrachtung für Schülerinnen und Schüler in ihren gegenwärtigen und künftigen Lebenszusammenhängen bedeutsam sein kann? Kann man an ihnen zugleich allgemeinere Zusammenhänge aufzeigen?

Unser *Gegenwartswissen* steuert schon unser historisches Fachwissen. Unser bereits erworbenes oder zu erwerbendes *historisches Fachwissen* mag darin bestehen, dass wir wissen, dass es im Deutschen Kaiserreich grundlegende wirtschaftliche und gesellschaftliche Veränderungen gegeben hat (auf die Historikerinnen und Historiker unserer Zeit aus ihren Lebenszusammenhängen heraus aufmerksam geworden sind). Wir werden darauf stoßen, dass es im Deutschen Kaiserreich starke Wanderungsbewegungen gegeben hat –

Binnenwanderungen vom Land zur Stadt und in die wachsenden Großstädte und Einwanderungen beträchtlicher Ausmaße, dazu Auswanderungen vor allem in die Neue Welt. So gab es eine starke Wanderungsbewegung von polnischsprachigen Arbeitern ins Ruhrgebiet und eine Einwanderung etwa italienischer Straßenbauer. Insbesondere der Arbeitskräftebedarf im Ruhrgebiet sorgte für die Zuwanderung vorwiegend polnischsprachiger Arbeiter, die im Ruhrrevier zu Hunderttausenden im Bergbau, in der Eisen- und Stahlindustrie Arbeit fanden. Die Polen im Ruhrgebiet bildeten eine starke Minderheit mit eigenen „Kolonien", mit eigenen Zeitungen, Organisationen und Vereinen, mit eigenen Gottesdiensten – und mit eigenen Ansprüchen und Forderungen. Sie waren das, was man heute „Gastarbeiter" nennt, und ihre Existenz warf ähnliche Probleme auf, wie sie heute und morgen durch die Zuwanderung fremdsprachiger Arbeitskräfte gegeben sind: Es gab Schwierigkeiten im Zusammenleben, beiderseitige Vorbehalte und Vorurteile, Abschottungen und Anpassungsschwierigkeiten. Es ist unsere wache Zeitgenossenschaft, die uns im historischen Fachwissen Aspekte wahrnehmen lässt, die einen Sinnzusammenhang zwischen Gegenwart und Vergangenheit begründen: Migrationen sind ein großes Thema unserer Zeit und der voraussehbaren Zukunft. Die Festplatte des kollektiven Gedächtnisses, auf der von Historikern in Jahrzehnten und Jahrhunderten Fakten auf Fakten, Deutungen auf Deutungen abgelegt worden sind, wird durch uns nach Brauchbarem, Einschlägigem durchsucht – und wir werden immer fündig.

Unser *Gegenwartsverständnis* lässt uns aufmerksam werden auf die Tatsache, dass die als Arbeitskräfte geholten Polen und ihre Familien gleichsam als „Gastarbeiter" der ersten Stunde gesehen werden können. (Sie riefen Arbeitskräfte – und es kamen Menschen).

Das historische Fachwissen und die wache Zeitgenossenschaft können bewirken, das Thema „Polen im Ruhrgebiet in der Zeit des Deutschen Kaiserreichs" als ein Thema zu bestimmen, dessen Besprechung im Geschichtsunterricht für die politische Bildung wichtig sein kann. Der Gegenwarts- und Zukunftsbezug ist damit hergestellt. Es geht im folgenden darum, das Thema „Polen im Ruhrgebiet" unter Fragestellungen zu betrachten, die auch für die Betrachtung der gegenwärtigen Problemlage wesentlich sind, etwa unter folgenden Fragen:

- Was waren die Ursachen der Zuwanderung polnischer Arbeiter?
- Warum entstand im Ruhrgebiet ein so großer Bedarf an Arbeitskräften?
- Welche Probleme ergaben sich aus der Zuwanderung einer fremdsprachigen starken Minderheit mit eigenen Sitten, Gebräuchen, Mentalitäten?
- Wie wurden die Probleme angegangen und welche Lösungsansätze gab es?
- Gelang es, die fremdsprachigen Arbeiter und ihre Familien zu integrieren?
- Konnten Probleme des Zusammenlebens gelöst werden?

Es geht dabei nicht darum, Identisches zu entdecken; wesentlich ist eher, die Besonderheiten der Hintergründe, der Strukturen, der Entwicklungen und des Verlaufs herauszuarbeiten, zu bemerken, wahrzunehmen – kurz, die Andersartigkeit (Alterität) historischer Strukturen, Wertvorstellungen und Erfahrungen zur Kenntnis zu nehmen und zu fragen und zu überlegen, ob und was man an dem historischen „Fall" lernen kann und bedenkenswert findet.

Es ist sinnvoll, die geschichtsdidaktische Analyse in eine Frage münden zu lassen, in der die Gegenwarts- und Zukunftsbedeutung erkennbar ist. Am Beispiel könnte die Frage lauten:

- „Polen im Ruhrgebiet – ‚Gastarbeiter' schon im Kaiserreich?"

oder

- „Polnische ‚Gastarbeiter' – Abschottung oder Integration?"

Es hat sich als praktikabel herausgestellt, die Frage so zu formulieren, dass zunächst das historische Thema genannt wird und dann, durch einen Gedankenstrich abgesetzt, die Frage zu formulieren (die dann auch gelegentlich als Tafeltext erscheinen kann) oder aber den umgekehrten Weg zu wählen:

- „‚Gastarbeiter' schon im Kaiserreich? Polen im Ruhrgebiet"

Weitere Beispiele dieser Art wären etwa, auch wenn nicht die direkte Frageform gewählt wird:

- „Asylsuchende in Deutschland – Die Hugenotten"
- „Die griechische Demokratie – Demokratie oder ‚Demokratie'?"
- „‚Ein Reich der Ordnung und Sauberkeit'? – Das nationalsozialistische Deutschland"

Solche geschichtsdidaktisch aufgeladene Fragen führen zu einer geschichtsdidaktischen Strukturierung des Themas: Die Antwort auf die Frage erfordert einzelne Unterrichtsabschnitte – in der Regel: Stunden, in denen das Thema von verschiedenen Seiten her angegangen wird. Am Beispiel könnte die geschichtsdidaktische Strukturierung etwa so aussehen:

1. Erste Stunde(n): Brainstorming „Gastarbeiter" (Vorstellungen, Probleme, Perspektiven) und Überleitung: Am Ende des 19./Anfang des 20. Jahrhunderts hat es ein ähnliches Problem im Kaiserreich gegeben. Wir werden uns in den nächsten Stunden damit beschäftigen, wie es dazu kam, welche Probleme damit entstanden und ob und wie die Probleme gelöst wurden.
2. Zweite Stunde und folgende Stunden: Arbeit an einem Thementisch, der von Lehrerin oder Lehrer vorbereitet wurde. „Stöbern", Wahrnehmen und Erkennen von Problemen, z.B. gruppenweises Vertiefen in Aspekte wie „Woher und warum kamen die ‚Gastarbeiter'?", „Wie wurden sie aufgenommen?", „Wie lebten sie in der fremden, neuen Umgebung?", „Welche Bemühungen um Integration gab es, etwa über Parteien, Gewerkschaften und Kirche?", „Welche Ergebnisse hatten die Integrationsbemühungen?". Zwischenzeitlich werden Verabredungen über Gruppenthemen und über die Vorstellung der Arbeitsergebnisse getroffen.
3. Letzte Stunde(n): Präsentation der Gruppenergebnisse

Es versteht sich übrigens von selbst, dass bei der Erarbeitung eines solchen scheinbar ausgefallenenThemas auch grundlegende ökonomische, gesellschaftliche und politische Strukturen des Kaiserreichs als notwendige Hintergrundinformationen erarbeitet werden müssen, so dass keine Gefahr besteht, dass nur Kenntnisse über dieses Spezialproblem erworben werden. (Wichtiger – über den „Fall" hinaus – ist freilich, dass die Schülerinnen und Schüler dabei die grundlegende Fähigkeit erwerben, sich einen historischen Sachverhalt zu erarbeiten, der zum Verständnis des gegenwärtigen Problems einen bedeutsamen Beitrag leisten kann und vielleicht gar Zukunftsperspektiven eröffnet.) Bei diesem Unterricht entstehen die benötigten Fakten in der Arbeit am Material, und historisches Wissen wird nicht vermittelt, sondern von den Schülerinnen und Schülern selber ermittelt.

8. Die Zeitgenossenschaft der Lernenden

Moderner Geschichtsunterricht bindet die Schülerinnen und Schüler in die Planung und Durchführung von Unterricht ein. Sie sollen „ihre Einstellungen und Vorurteile zu einem Thema artikulieren, schon vorhandene Kenntnisse, Erfahrungen und Wünsche bezüglich des anstehenden Themas äußern, Verfahren vorschlagen, wie der Unterricht ablaufen sollte usw." (Schneider 2004, 11).

Damit ist gleichsam automatisch ein Gegenwarts- und Zukunftsbezug gegeben. In den Wünschen und Erwartungen, den Fragen und Akzentsetzungen der Schülerinnen und Schüler drücken sich ja nicht abseitige, abstruse, „typisch kindliche" Richtungen aus, sondern zeigt sich eine wache Zeitgenossenschaft. Sie greifen auf, was sie in der außerschulischen „Geschichtskultur" gehört, gelesen, erfahren, was sie auf der Straße aufgeschnappt oder im Fernsehen gesehen haben; sie artikulieren in aller – meinetwegen auch utilitaristischen – Schärfe die Frage „Und was hat das mit mir zu tun?" – eine Frage, die früher unvorstellbar war, weil die Lehrenden präzeptoral und ohne Recht auf Widerrede durch die Formel „Tua res agitur!" bestimmten, was nutzte und frommte.

Verabredungen oder Absprachen zwischen Lernenden und Lehrenden über Inhalte, Durchführung, Lernverfahren und Ergebnispräsentation sind per se gegenwartsbezogen und zukunftsorientiert: Die Schülerinnen und Schüler lassen sich ihre Fragen, ihre Wünsche und Erwartungen schon nicht austreiben – und das sind gegenwärtige Fragen, Wünsche und Erwartungen, in denen sich auch ihre Hoffnungen und Ängste gegenüber ihrer Lebensperspektive ausdrücken.

9. Phasen des Unterrichts

In der Phase des Einstiegs in eine Unterrichtseinheit oder in eine Unterrichtsstunde ist es für die Lehrenden am einfachsten, einen für die Lernenden erkennbaren Gegenwarts- und Zukunftsbezug herzustellen, der in der Einheit oder Stunde präsent bleibt.

Sie können von der massenhaften Gegenwärtigkeit von Vergangenem und Geschichte in den alltäglichen Lebenszusammenhängen ausgehen, dabei unterschiedliche und vielfältigste Bezüge herstellen und sehr unterschiedliche Unterrichtsvorhaben mit den Schülerinnen und Schülern verabreden.

Bei einem Brainstorming oder einem Mindmapping sprechen die Lernenden ihre gegenwärtigen Kenntnisse, Fragen, Erwartungen aus – und die Lehrenden sollten sie ernst nehmen als Zeugnisse der Zeitgenossenschaft. So verworren, klischeehaft, unrichtig, fragmentarisch die Kenntnisse und Urteile auch sein mögen, so spiegeln sie doch Wahrnehmungen, die gerade wegen ihrer Unzulänglichkeit aufgegriffen werden müssen. Gelegentlich können Lehrende auch direkt, engagiert und pädagogisch widersprechen, um den

Widerspruch und die konträren Auffassungen zur Leitfrage des Unterrichts zu machen.

In der Einstiegsphase können Schülerinnen und Schüler auch aufgefordert werden, zu einem Thema Materialien mitzubringen, die sie sich rasch beschaffen können: Reiseprospekte, Imagewerbung von Städten oder Werbeanzeigen; Schülerinnen und Schüler können außerhalb der Schule x-beliebige Passanten zu einem Thema befragen, etwa: was sie darüber in der Schule gehört haben, ob sie das Thema für wichtig halten und warum sie es als wichtig oder unwichtig einschätzen. Die Lehrenden können Pressenotizen und Presseberichte in den Unterricht eingeben, die von der Gegenwärtigkeit des Themas zeugen. Das bietet sich nicht nur bei zeitgeschichtlichen Themen an, sondern auch bei Gedenktagen und Gedenkjahren. (Jede Lehrerin und jeder Lehrer sollten solche und andere Presseveröffentlichungen – z.B. auch Werbeanzeigen mit geschichtlichen Bezügen – ständig sammeln, in Mappen o.ä. chronologisch oder auf andere sinnvolle Weise sortieren, um sie bei Gelegenheit im Unterricht als Ausgangsmaterial präsentieren zu können.) Öffentliche Debatten über unterschiedliche Deutungen historischer Sachverhalte (Goldhagen-Kontroverse, Bubis-Walser-Kontroverse, lokaler Streit um Denkmäler, Straßennamen, Errichtung von Gedenktafeln usw.) eignen sich, um die Gegenwärtigkeit des Themas aufzuzeigen, sich mit dem Thema zu beschäftigen und mit Sachkenntnis in die Debatte – etwa durch Leserbriefe – einzumischen. Aktuelle Konflikte lassen sich als Ausdrucksformen Großer Fragen thematisieren: Der Bürgerkrieg im ehemaligen Jugoslawien kann die Frage nach historischen Hintergründen aufwerfen. Der gleiche Bürgerkrieg, der durch Macht, Nationalismus und Religion bestimmt wird, kann zu Rückfragen an die Geschichte führen und z.B. den Dreißigjährigen Krieg als Unterrichtsthema begründen. In der Regel reichen solche Materialien, um das Bedürfnis nach gegenwärtiger und künftiger Bedeutsamkeit des Themas zu befriedigen.

In der Phase, in der Schülerinnen und Schüler sich einen Sachverhalt erarbeiten – in welcher Form auch immer, ob in Gruppen oder im Klassenverband, selbständig oder unter Führung durch Lehrerin oder Lehrer – können die Lehrenden die Versuche von Schülerinnen und Schüler, einen Sachverhalt zur Gegenwart oder Zukunft in Verbindung zu setzen, an sprachlichen Merkmalen beobachten. Ulrich Mayer und Hans-Jürgen Pandel haben auf solche sprachlichen Indices hingewiesen, in denen sich Gegenwarts- und Zukunftsbezug ausdrücken. Wenn Schülerinnen oder Schüler sprachliche Wendungen benutzen wie „heute aber ...", „das ist heute ähnlich", „das ist heute anders", „jetzt", „in unserer Zeit", „das ist immer noch so", „das ist noch nicht ...", sind Gegenwarts- und Zukunftsbezüge im Spiel, die von einem fachdidaktisch kompetenten Lehrer vertieft werden können. Jedes Aufmerksamwerden auf Andersartigkeiten in der Vergangenheit, das sich in sprachlichen Wendungen wie „damals...", „früher..." usw. äußert, zeigt einen Bezug, den die Schülerinnen und Schüler herstellen. Selbstverständlich können die Fragen nach der Gegenwärtigkeit oder Zukunftsbedeutung eines historischen Sachverhalts auch direkt von den Lehrenden angesprochen werden – und zwar in jeder Phase einer Stunde oder Einheit.

Für die Präsentation der Arbeitsergebnisse können und sollten die Schülerinnen und Schüler angehalten werden, die Gegenwarts- und Zukunftsbedeutung des Themas in jedem Fall ausdrücklich herauszustellen.

9.1 Geschichtsprodukte

Im modernen Geschichtsunterricht endet eine Unterrichtseinheit häufig mit einer Präsentation der Lernergebnisse für eine schulinterne oder darüber hinausgehende Öffentlichkeit – etwa in der Form von selber hergestellten „Büchern“, Collagen, Plakaten, Revuen, selber verfassten Hörspielen usw. Bei den Verabredungen über solche Präsentationen können und sollten die Schülerinnen und Schüler darauf aufmerksam gemacht werden, nach direkten oder indirekten Bezügen zu Gegenwart und Zukunft zu suchen und diese Bezüge in die Präsentation deutlich einzubauen.

9.2 Urteilsbildung

Bei vielen historischen Themen bringen Schülerinnen und Schüler einen Gegenwartsbezug ganz eigener Art ein: Sie urteilen über die Menschen der Vergangenheit, indem sie von gegenwärtigen Normen und Normalitäten ausgehen. Sie beurteilen die historischen Menschen als „Provinzler der Zeit“ (Günter Anders), die sich ziemlich dumm verhalten haben. Aber gerade diese Neigung ermöglicht den „fruchtbaren Moment im Bildungsprozess“. Sie nötigt zum Innehalten und erfordert einen didaktisch ertragreichen Vorgang, den man bezeichnen kann als „Übergang vom Reflex zur Reflexion“. Der Weg geht vom Reflex über das konstatierende Urteil („Das und das war der Fall“) zum deutenden Urteil („Die beteiligten Menschen haben in ihrer Situation sich so verhalten, weil ...“) und von da zum wertenden Urteil („Was für damals verstehbar und nachvollziehbar ist, ist in unserer Zeit verwerflich“). Das wertende Urteil, das am Ende des Denkvorgangs steht, ist dabei das Herstellen eines Gegenwartsbezuges. Dieser Denkvorgang ist in sich „bildend“, und er zeigt darüber hinaus, dass (und möglichst auch: warum) die Diskrepanz zwischen Gegenwart und Vergangenheit nicht nur das Vergangene in Frage stellt, sondern das Gegenwärtige auch relativiert.

Es spräche nicht für die Modernität eines Geschichtsunterrichts, wenn die Schülerinnen und Schüler in ihm nicht immer wieder lernten, dass es „die“ Geschichte, die eine Geschichte nicht gibt. Sie müssen vielmehr lernen, dass Geschichte immer gegenwarts- und zukunftsbezogene, zeitabhängige deutende Rekonstruktion vergangenen menschlichen Handelns, Denkens und Leidens ist. Jede Erinnerung ist geprägt durch die Zeit, in der sie stattfindet, auch die historische Erinnerung.

10. Resümee

Am wichtigsten ist aus didaktischer Sicht, dass die Kinder und Jugendlichen in einem bewusst gegenwartsbezogenen Geschichtsunterricht lernen:

- In der Gegenwart gibt es viele materielle und viele mentale Überbleibsel der Vergangenheit in der Form von Errungenschaften und Hypotheken.
- In der Gegenwart wird an vielen Orten und bei vielen Gelegenheiten Bezug auf Geschichte genommen, und man kann im Geschichtsunterricht lernen, damit umzugehen.

- Nichts in der Gegenwart ist voll begreifbar, wenn man nicht die historischen Ursachen und damit die Vorgeschichte kennt.
- Es ist sinnvoll, sich die Ideen und Erfahrungen früherer Menschen zu vergegenwärtigen, um daran mögliche Orientierungen für Entscheidungen in der Gegenwart und näheren Zukunft zu entwickeln.
- Es ist ratsam, immer wieder „historische Fragen“ nach Ursachen, früheren Ideen und Erfahrungen zu stellen.
- Es ist sinnvoll, Verfahren historischer Erinnerung zu beherrschen, wenn man eine gegenwärtige und künftige Frage klären und vielseitig beantworten will.
- Es ist ratsam, gegenüber dem öffentlichen Gebrauch von Geschichte wachsam zu sein, weil mit Geschichte auch viel Schindluder getrieben wird.
- „Geschichte“ ist keine Widerspiegelung der Vergangenheit, sondern immer neu versuchte Deutung von Vergangenem unter dem Einfluss von Problemen der Gegenwart und der erwarteten Zukunft.

Weiterführende Literatur

Bergmann, Klaus, Versuch über die Fragwürdigkeit des chronologischen Geschichtsunterrichts, in: Pandel, Hans-Jürgen; Schneider, Gerhard (Hrsg.), Wie weiter? Zur Zukunft des Geschichtsunterrichts, Schwalbach/Ts. 2001, S. 33-55

Calließ, Jörg, Geschichte als Argument, in: Handbuch der Geschichtsdidaktik, hrsg. v. Klaus Bergmann u.a., 5., überarbeitete Aufl., Seelze-Velber 1997, S. 72-76

Klafki, Wolfgang, Die bildungstheoretische Didaktik im Rahmen kritisch-konstruktiver Erziehungswissenschaft – Oder: Zur Neufassung der Didaktischen Analyse, in: Gudjons, Herbert; Teske, Rita; Winkel, Rainer (Hrsg.), Didaktische Theorien, 4. Aufl., Hamburg 1987

Mayer, Ulrich; Pandel, Hans-Jürgen, Kategorien der Geschichtsdidaktik und Praxis der Unterrichtsanalyse, Stuttgart 1976

Pandel, Hans-Jürgen, Comics. Gezeichnete Narrativität und gedeutete Geschichte, in: Pandel, Hans-Jürgen; Schneider, Gerhard (Hrsg.), Handbuch Medien im Geschichtsunterricht, Schwalbach/Ts. 1999, S. 339-364

Schneider, Gerhard, Geschichte in der Werbung. Überlegungen und Materialien, in: Bergmann, Klaus; Schörken, Rolf, Geschichte im Alltag – Alltag in der Geschichte, Düsseldorf 1982, S. 144-181

Schneider, Gerhard, Gelungene Einstiege. Voraussetzung für erfolgreiche Geschichtsstunden, 4., ergänzte Aufl., Schwalbach/Ts. 2004

Schulz-Hageleit, Peter, „Gegenwartsbezüge„ als Problem und Aufgabe des Geschichtsunterrichts (1), in: Geschichtsdidaktik 1 (1976), H. 1, S. 59-72

Seidensticker, Mike, Geschichte in der Werbung, in: Bergmann, Klaus u.a. (Hrsg.)Handbuch der Geschichtsdidaktik., 5., überarbeitete Aufl., Seelze-Velber 1997, S. 648-655

Bodo von Borries

Alters- und Schulstufendifferenzierung („Lernprogression")

Besonderheiten der Schulstufen und Lebensalter beim Geschichtslernen haben jahrzehntelang nicht im Vordergrund der geschichtsdidaktischen Forschung gestanden (vgl. v. Borries 1987); das gilt sogar für die – erst in den letzten Jahren plötzlich erneuerte – Diskussion über historisches Lernen in der Grundschule (vgl. u.a. v. Reeken 1999; Schreiber 1999; Bergmann/Rohrbach 2001; Schreiber 2003; Michalik 2004) und in der Oberstufe (vgl. Wunderer 2000). Neuerdings beginnt sich die Lage zu bessern (vgl. Schönemann/Voit 2002). Wenn man genauer hinsieht, geht es um mehrere – eng miteinander verknüpfte – Fragen, die nur scheinbar simpel – in Wahrheit weitgehend unbeantwortet – sind:

- „*Reifung*", „*Sozialisation*" oder „*Selbstbildung*": Worin unterscheiden sich die Geschichtsverständnisse verschiedener Altersstufen? Inwieweit gibt es eine endogen wirkende „natürliche" und „normale" Abfolge (gar mit theoretisch beschreibbaren „Stufen" und „Plateaus"), inwieweit nur recht verschiedene exogen erzeugte – und jeweils durch familiäre, schulische und mediale Einflüssen durchaus erklärbare – Verläufe, inwieweit individuell gewollte und persönlich verantwortete Erarbeitungs-Prozesse?
- „*Schwierigkeitsgrade*" und „*Qualitätsstandards*": Worin bestehen im Fach „Geschichte" eigentlich grundlegende, worin weiterführende, worin elaborierte Fähigkeiten? Was ist als „einfach", was als „mittlere Anforderung", was als „schwierig" anzusehen? Wodurch wird eine „schwache" Leistung gekennzeichnet, wodurch eine „durchschnittliche", wodurch eine „hervorragende"?
- „*Lernstruktur*" und „*Grammatik historischen Denkens*": Was sind eigentlich die methodischen Grundqualifikationen und inhaltlichen Haupteinsichten des Faches Geschichte und wie können sie sinnvoll angeordnet (hierarchisiert und sequenziert) werden? Wie schließen sich „Zentralbegriffe" und „Konzepte mittlerer Reichweite" zu einer „Struktur der Disziplin" zusammen?
- „*Entwicklungslogik*", „*Lernprogression*" und „*Spiralaufbau*": Wie lässt sich das Fach Geschichte im Sinne eines systematisch überlegten Aufbaus vom Einfachen zum Schwierigen lehren oder wenigstens für Lernende als überzeugende Abfolge von konkreten und lösbaren „Entwicklungsaufgaben" auf verschiedenen Anspruchsniveaus („Spiralabfolge") – zwecks elbstverantworteten Aufbaus einer sinnhaften Welt – anbieten?

Es geht keineswegs darum, „Entwicklungspsychologie" – schon gar eine völlig überholte „reifungstheoretische" Variante davon – zur Keule gegen frühes Geschichtslernen als „Überforderung" zu machen, wie es Krieger (2001) befürchtet. Ernsthafte Entwicklungspsychologie stellt heute Lernen und Wissensausweitung – übrigens sehr domänenspezifisch und kaum stufenspezifisch – ins Zentrum und betont die Eigenleistung der Sich-Entwickelnden. Untergrenzen des Lebensalters spielen eine äußerst geringe Rolle. Aber damit sind die Probleme keineswegs vom Tisch.

Die Klagen über „Versagen" oder jedenfalls „Defizite" des Geschichtsunterrichts reißen ja nicht ab; sie sind so alt wie das Fach selbst (vgl. Wineburg 2000, 306 f.); leider gelten sie nicht nur für das – schon immer, d.h. auch zu Zeiten des doppelten Durchgangs im Gymnasium den wenigen Abiturienten fehlende (vgl. Oehler 1969; Mielitz 1969) – chronologisch-stoffliche Überblickswissen, sondern auch für einen kategorialen und reflexiven Umgang mit Geschichte („Geschichtsbewußtsein"). Es gibt nach empirischen Studien keinen Zweifel, dass – auch nach dreißig Jahren – die Versprechungen und Ansprüche der Post-'68-Geschichtsdidaktik in der Praxis meist nicht gegriffen haben und dass, wie auch PISA 2000 gezeigt hat, weithin nicht einmal die Schulbuchtexte verstanden werden (vgl. v. Borries u.a. 1995, 2003; Langer-Plän 2003; Beilner 2002). Narrative Kompetenz und historische Sinnbildungsfähigkeit sind – selbst nach Abschluss der Schulzeit – ziemlich kümmerlich ausgeprägt. Zu stellen ist ganz einfach die Frage: „Warum ist Geschichtslernen so schwierig? Warum sind die Erfolge des Geschichtsunterrichts so bescheiden?"

Die zu bekämpfenden Gegner sind nicht entwicklungspsychologische Stufenlehren und Verfrühungswarnungen, obwohl sie teils „Hilfestellungen" bieten, teils auf „Irrwege" locken. Ihre erneute Zurückweisung ist wie eine Attacke Don Quichottes auf Windmühlenflügel. Nur wenn man glaubt, gegenwärtig stünde mit dem Geschichtslernen alles zum Besten, muss man in der Frage einer geordneten „Lernprogression" für Schulstufen und Schulformen die Hände in den Schoß legen. Wer aber begriffen hat, daß z.B. historische „Alteritätserfahrung" („Fremdverstehen"), „Empathiefähigkeit", „Sinnbildung" und „Syntheseleistung" erheblich zu wünschen übrig lassen, muss ein Problem lösen, nämlich Desinteresse und Hilflosigkeit im Fach Geschichte und den fehlenden systematischen Aufbau sinnvoll gestufter (nicht mehr primär chronologischer) Lernangebote und Lernanforderungen überwinden. Nur wer für das Fach Geschichte eine Spiralstruktur mit steigenden Schwierigkeitsgraden aufstellen kann, macht es lernbar.

Dafür allerdings sind unbedingt empirische Forschungen anzustellen oder zu rezipieren (vgl. v. Borries 2002a/b/c). Denn man muss – diagnostisch – wissen, was Kinder und Jugendliche „normalerweise" kennen/können und was nicht, um sie da abzuholen, wo sie stehen (vgl. v. Borries 1987, weiterführend Klose 2004; Kölbl 2004). Damit kann und soll nicht behauptet werden, was von Kindern bisher faktisch meist nicht geleistet werde, könne auch theoretisch von ihnen nicht gelernt werden. Im Gegenteil: Erst von kulturvergleichenden und experimentellen Studien ist auch zu erhoffen, dass die Möglichkeiten unter günstigen – und nicht nur einfach unter den bestehenden – Bedingungen abgeschätzt werden können. Aber es ist zynisch, die Frage der Lernprogression einfach den überforderten Praktiker(inne)n und Lernenden zuzuschieben, ohne vorhandene Empirie und Theorie auszubreiten.

1. Lebensaltersspezifisches Geschichtsverständnis als Erfahrungstatsache

Es ist eine elementare Erfahrungstatsache, dass Kinder, Jugendliche und Erwachsene – im Mittel – Geschichte recht verschieden aufsuchen, wahrnehmen, verarbeiten und abspeichern; Beispiele aus Lebenspraxis sowie qualitativen und quantitativen Studien lassen sich leicht auflisten (vgl. z.B. v. Borries 2002d/e). Schon um 1986 wurden Intensiv-Interviews erhoben und vergleichend ausgewertet; an vier Personen wurden u.a. vier Entwicklungsstände beschrieben: „ein Elfjähriger mit konkretistischen Mißverständnissen", „ein Dreizehnjähriger mit motivationalen Blockierungen", „ein Fünfzehnjähriger mit gebrochenen Identifikationen" und „eine Achtzehnjährige mit reflektierten Identitäten" (v. Borries 1988, 151-168). Eine besondere Pointe liegt in der partiellen Umkehrung des erwartbaren Verlaufes: Der Dreizehnjährige steht eher auf der ersten, der Elfjährige schon auf der zweiten Stufe des bei der Interpretation herangezogenen Modells (vgl. v. Borries 1988, 12). *Einen mechanischen Zusammenhang mit biologischem Alter gibt es nicht.*

Eine andere Frage ist, wie die Entwicklung des Geschichtsbewusstseins im Detail zu beschreiben und theoretisch zu analysieren ist. Die Meinungen darüber haben sich in den letzten Jahrzehnten fundamental geändert. In älterer Zeit gab es eine ziemlich ausgefeilte „Reifungstheorie" als eine Art *communis opinio* mit kanonischer Geltung:

Reifungsmodell der älteren Entwicklungspsychologie

1./2. Schuljahr	*Märchenalter*	„magischer Bezug", „Gegenwartsverhaftung", „unreflektiertes Zeiterleben"
3./4. Schuljahr	*Sagenalter*	„Festhalten am Mythischen", „Urerlebnis", „Ansteckung"
5./6. Schuljahr	*Abenteuergeschichtenalter*	„Tatsachenhunger", „Sammeltrieb", „Entwicklungsreihen"
7./8. Schuljahr	*Geschichtserzählungsalter*	„Sichbeteiligtfühlen", „Beispielsammlung", „Psychisches"
9./10. Schuljahr	*Geschichtsreflexionsalter*	„Wertfragen", „Gesetzmäßigkeit", „Politik"

(Nach Küppers 1966, Roth 1968, Ebeling 1973)

Dagegen wurde um 1970 zu recht geltend gemacht, dass – rein methodisch – hier als „Bedingung" ausgegeben wird, was schon „Erzeugnis" – u.a. eines von dieser Entwicklungspsychologie bestimmten Unterrichts – sei. Später wurde statt der Reifung die Auseinandersetzung mit den Sozialisationseinflüssen betont, aber meist unterstellt, dass das Wünschenswerte auch möglich sei (vgl. v. Borries 1987). Das bedeutete zugleich, dass das Interesse an der Fragestellung „Entwicklungslogik" überhaupt erlahmte und nur noch ganz vereinzelt irgendwelche Stufungs- und Strukturierungsmodelle vorgeschlagen wurden:

Stufen des Geschichtsbewusstseins (nach Noack, angelehnt an Fowler)

St.	Alter	Beschreibung	Benennung
1	2-6 Jahre	Märchen, Egozentrismus, emotionale Bindung	„Intuitiv-projektiv"
2	6-12 Jahre (11-13 Jahre ev. Übergang zu St. 3)	Geschichtenbewusstsein, Leistungen von Persönlichkeiten, Faszination durch Superlative	„Konkret-narrativ"
3	14-16 Jahre (17-19 Jahre allenfalls langsamer Übergang zu St. 4)	Identifikation mit Herkunftsgruppen, Lernen aus der Geschichte als Geschichtenpool Ereignisgeschichten, Personalisierung	„Konventionell-narrativ" „Exemplarisch" „Synthetisch-interpersonal"
4	Meist erst nach dem Abitur	Kritik am Geschichtsbild der Wirgruppe, Historische Erklärung eigener Identität, Wahrnehmung von anderen Strukturen, Entwicklungsmodelle	„Kritisch-reflektierend" „Historistisch-individualisierend" „Genetisch-systemisch"
5	Nach abgeschlossenem Studium bzw. längerer Berufstätigkeit mit intensiven Bildungsprozessen	Modellcharakter aller Wirklichkeitswahrnehmung, Pluralität von Geschichtstheorien Einzigartigkeit und Gattungsgeschichte Aufmerksamkeit für Evolution und Identitätswandel	„Selbstreflektiv-verbindend" „Historistisch-universal" „Genetisch-prozessual"

(nach Noack 1994, 12-31)

Bezeichnenderweise ist dieses Modell kaum rezipiert worden, obwohl Noack durchaus fachdidaktische Konsequenzen andeutet (Noack 1994, 31 ff.), insbesondere auf die Sorge vor Verfrühung und Überforderung zurückkommt. Vor allem stellt er die Frage, wie denn in der Demokratie – didaktisch, politisch und moralisch – mit der Geschichtsbeschäftigung all derer (vermutlich der Mehrheit) umzugehen sei, die – wie wir sehr genau wissen können – lebenslang nicht die höchsten Stufen des Geschichtsbewusstseins erreichen.

2. Extrem-gestreutes Geschichtsverständnis als Erfahrungstatsache

Wie also sollen Leistungsniveaus beschrieben und abgegrenzt werden? Im folgenden Beispiel (vgl. Nakou 2001) geht es um eine bestimmte methodische Operation, nämlich die Auswertung von Objekten im Museum (d.h. „nichtschriftlicher Quellen"), was – gerade angesichts der deutschen Fixierung auf „Texte" als „Quellen" – besonders interessant sein dürfte. Dafür wird eine Stufung mit sieben Niveaus vorgelegt, die offenkundig allgemeiner anwendbar ist.

Alle sieben Stufen des Verständnisses werden von Kindern/ Jugendlichen der gleichen Klassenstufe (gar Einzelklasse) erreicht. Die individuellen Differenzen sind – damit wird man sich abfinden müssen – im Fach Geschichte eher größer als die altersspezifischen. Es wird geradezu von einem „*seven-year-gap*" gesprochen. Ab diesem Alter gibt es einige herausragende Kinder, die offenkundig das Niveau der meisten älteren Jugendlichen (von ca. 14 Jahren) erreichen (vgl. Lee e.a. 2001, 113 f.). Das setzt sich bei Jugendlichen – im Vergleich zu Erwachsenen oder Experten – fort: „*It is clear that some fourteen-year-olds have a better grasp of the nature of historical accounts than some politicians and journalists.*" (Lee/ Ashby 2000, 215) Wer also von der Notwendigkeit einer „Lernprogression" spricht, sollte

Kategoriensystem für eine „Methodologie" der Geschichte

	Bezeichnung und Beschreibung	Beispielsäußerung
1	A-historisches Denken: Beschreibung des Überrests als eines Objektes der Gegenwart	„Es ist eine Statue." (Junge 13/14)
4	Pseudo-historisches Denken (ohne jedes Bedürfnis nach Demonstration in historischen Begriffen): Unbegründete Schlüsse direkt aus dem Objekt	„Es muß eine Mykenische Vase sein." (Mädchen 13/14)
7	Entwickeltes historisches Denken: Fortgeschrittene historische Schlüsse aufgrund historischer (Denk)-Prozesse	„Diese Waagen wurden in königlichen Mykenischen Gräbern gefunden. Das bedeutet, sie waren *kterismata*. Sie sind aus Gold, das belegt, dass die Mykener Gold benutzten und dass die Zivilisation entwickelt war. Die Tatsache, dass sie so dünn, graviert und kunstvoll sind, zeigt uns, dass die Leute damals nicht nur auf die praktische Seite eines Objekts achteten, sondern ebenso auf die ästhetische. Das wirft für uns einige Fragen auf, ob sie im alltäglichen Leben benutzt wurden oder symbolisch oder schmückend gebraucht wurden. Es ist gut möglich, dass Zeus sie benutzte, um die Seelen der Menschen zu wägen (deshalb waren sie in einem Grab). [Usw. in großer Länge, B.v.B.] So sehen wir die Mentalität der Mykener, ihren großen religiösen Glauben und ihre künstlerische Feinheit." (Mädchen 13/14)

(Nach Nakou 2001, 81 f., übers. B.v.B.)

nicht des Rückfalles in die „Reifungstheorie" der fünfziger Jahre (wie bei Roth 1968 und Küppers 1966) geziehen werden.

Dennoch – oder gerade deshalb – ist die Differenzierung von Lern- und Fähigkeitsniveaus und von individuellen Lernaufgaben für die Unterrichtspraxis unbedingt nötig. Wir müssen jeweils wissen und analysieren können, wo die einzelnen Schüler(innen) stehen, welche nächsten „Lernschritte" und „Entwicklungsaufgaben" sie sich vornehmen sollten. Unterricht ist die Aushandlung von Bedeutsamkeit für den individuellen und subjektiven Aufbau (die Konstruktion) sinnhafter Welt. Lehren ist nicht „lernen machen", sondern „lernen anregen". Gerade wenn die Hauptverantwortung auf die Lernenden selbst übergehen soll, gerade wenn die Lehrenden sich aus Unterrichtsbeamten und Fachverwaltern in Lernmoderatoren und Lernberater verwandeln sollen (die deutsche Lehrerschaft ist davon wohl noch ziemlich weit entfernt), müssen die diagnostischen Fähigkeiten – und die Qualifikationen zu zuverlässiger Leistungsbewertung nach anerkannten Standards – massiv gestärkt werden.

3. „Grammatik historischen Denkens" als (unerreichtes) Ziel

Seit etwa 1970 ist „Geschichtsbewusstsein" bzw. „reflektiertes Geschichtsbewusstsein" zum Ziel des Geschichtslernens erklärt worden (vgl. Jeismann 1985, 2000, Rüsen 1994a/b); schrittweise wurde näher geklärt, was darunter zu verstehen sei (➛ Wissenschaftsorientierung). So ergibt sich die Notwendigkeit eines Grundkurses zur „*Grammatik des historischen*

Denkens", der die Forderung nach „Methodenorientierung" und „Lernen des Lernens" einlösen kann. In deutschen Schulen geschieht es nachweislich oft, dass – auch in der gymnasialen Oberstufe – elementare methodische Einsichten fehlen. Die Liste soll hier bewusst auf ein absolutes Minimum beschränkt bleiben:

- Der Quellenbegriff bleibt vielfach unklar (unterstellte „Objektivität", „Sekundärquellen") (vgl. v. Borries u.a. 2003), Quellen werden weitgehend auf Textquellen reduziert und selten als *„zu knackende Nüsse*" (vgl. Pandel 1995) betrachtet.
- Geschichte wird nicht als strittiges Deutungsgeschäft beigebracht, mit Interpretation, Darstellung, Synthesenbildung als methodischer Hauptaufgabe (vgl. Jeismanns [1990] *„Auslegung von Auslegungen*").
- Multiperspektivität, Kontroversität und Pluralität fallen – nach Ausweis von Schulbüchern wie von Schüleräußerungen – in der Praxis ganz oder weitgehend weg (da sie angeblich zu umfangreiches Material voraussetzen, zu komplizierte Denkschritte verlangen und im Unterricht zu viel Lernzeit kosten).
- Eurozentrismus, Ethnozentrismus und Soziozentrismus treten verstärkt auf, statt dass Fremdverstehen eingeübt wird (vgl. die seit 1989 wieder gepflegte breitere Darstellung Deutschlands im 20. Jahrhundert, geradezu seine Dominanz).
- Die „Gesamtgeschichte" („Menschheitsgeschichte") wird nicht gelehrt (schon wegen des Wegfalls der gesamten „Vorgeschichte", d.h. „schriftlosen Zeit" im Umgang von etwa 95% bis 99% des Zeitraumes der Menschen).
- Die unbewusst-projektiven Antriebe und ästhetisch-abenteuerlichen Bedürfnisse der Kinder und Jugendlichen werden nicht artikuliert, kultiviert und zivilisiert, sondern verleugnet, unterdrückt und abgespalten (vgl. v. Borries 1996a, 1998).

4. „Identitätsentwicklung" in psychologischen Modellen

Wenn man die „Lernprogression" im Fach Geschichte untersuchen will, muss man – wenigstens umrisshaft – die psychologische Standard-Literatur zur menschlichen „Entwicklung" durchmustern. Was sagt die allgemeine Entwicklungspsychologie, die kaum noch zu übersehen und anzueignen ist (vgl. Oerter/Montada 1998; Keller 1998; Fend 2001, Flammer 1999; Mietzel 1997), zu unserer Frage – oder lässt es wenigstens erschließen? Zu den „endogenistischen" Positionen („Natur", „Anlage", „Reifung") und den „exogenistischen" Theorien („Gesellschaft", „Milieu", „Sozialisation"), deren krude Kontroverse wegen „Interaktion" beider unsinnig ist, treten inzwischen dominant Ansätze, nach denen die Jugendlichen sich vor allem selbst schaffen: „Handlungstheorie", „Entwicklungsaufgaben" (Fend 2001, 205-416; Oerter/Montada 1998, 120 ff.; Flammer 1999, 235 ff., 245 ff., 276 ff.). Dabei ist die allgemeine Jugendforschung („Jugendsoziologie", z.B. in den Shell-Studien) von der Entwicklungspsychologie praktisch nicht mehr zu trennen.

Einen zentralen Stellenwert gewinnt dabei der Begriff „Identität", wobei auf „Politik" häufig (Fend 2001, 387 ff.), auf „Kultur" gelegentlich (Fend 2001, 380 ff.), auf „Geschichte" leider praktisch nie eingegangen wird. Das ist zwar auch bei anderen Schulfächern so, bleibt aber für die „Historie" auffällig, weil es hier eben nicht bloß um eine enge Disziplin, sondern um eine eigene, anthropologisch höchst bedeutsame Denkform mit (angeblich) hoher Identitätsrelevanz geht. Umgekehrt bringt die Lektüre der psychologischen Erörterungen zu „Identitätsbildung", „Identitätsentwicklung" und „Identitätswandel" eine Fülle von äußerst wichtigen Gesichtspunkten für schulisches und außerschulisches Geschichtslernen. Insbesondere zeigt sie, wie stark in der Psychologie tatsächlich die Erkenntnis eingelöst wird, dass „Identitätsbildung" eben die eigengesteuerte Erarbeitung und Herstellung des „Selbst", also den „Kern der Persönlichkeit", ausmacht. Demgegenüber bleiben die Zugänge in der Geschichtsdidaktik meist rein kognitiv und zugleich distanziert. Im Geschichtsunterricht wird das „Identitäts"-Thema schlicht vernachlässigt; Lehrende nennen das Lernziel „historische Identität" an letzter Stelle unter elf Begriffen (vgl. v. Borries u.a. 1995, 281 f.).

Wenn die Geschichtsdidaktik ihren Anspruch auf „Identitätsbildung und Identitätserweiterung durch Geschichtslernen" ernst nimmt – alles andere wäre Selbstaufgabe –, dann muss sie sich mit den Modellen des Entwicklungsprozesses intensiv auseinandersetzen. Er bringt Historisches eher unerwartet-situationsspezifisch und selten systematisch, aber viel existentieller und weniger distanziert ins Spiel, wie sich an den – allerdings nicht altersspezifisch aufgeschlüsselten – Untersuchungen zur Familientradition (Beschweigen und Überliefern) des Holocaust deutlich zeigt (vgl. Welzer u.a. 1997, 2002, Faulenbach u.a. 2000).

Eriksons Modell des „vollständigen Lebenslaufes" (vgl. 1977, 1988) und das in ihm beschriebene Gleichgewicht zwischen Krisen und Krisenbewältigung müsste für die Lernprogression im Fach Geschichte fruchtbar gemacht werden, dazu fehlt es hier an Platz. Stattdessen soll direkt auf spezifische Geschichtszugänge besonders in Vorpubertät und Pubertät hingewiesen werden. Viele – keineswegs alle – Kinder sind schon frühzeitig von „Historie" (genauer „Geschichtsgeschichten") zutiefst fasziniert, suchen sie lebhaft auf und verarbeiten sie offenkundig mental produktiv. Gerade bei ihnen kann also durchaus nicht nur das Problem der „Verfrühung" und „Überforderung", sondern auch das der „Verspätung" oder „Fixierung" auftreten.

Gerade bei diesen geschichts-faszinierten Kindern ist oft unverkennbar, d.h. durch Analysen von Autobiografien und Interviews eindeutig erweisbar (vgl. v. Borries 1988, 1996; Schulz-Hageleit 1989), dass die Auseinandersetzung nicht primär kognitiv erfolgt, sondern identifikatorisch, fiktional und projektiv. Mit anderen Worten: Hier werden nicht Vergangenheitspartikel festgestellt, synchron und retrospektiv zu Kontexten verarbeitet und auf bleibende Relevanz überprüft, sondern hier werden umstandslos Modelle von Leben vorgeprobt und nachvollzogen, sei es als „Lebensersatz" und „Handlungsvermeidung", sei es als „Lebensentwurf" und „Handlungsplanung" (vgl. v. Borries 1996). Historie ist dabei zugleich zwanghaftes „Bedürfnis" und lustvolles „Freizeithobby", nicht aber ein emotional stillgestellter Belehrungswunsch (eine lästige Pflichtübung wird erst später daraus).

Man kann mithin fragen, wo bei dieser Minderheit stark (aber nicht ausschließlich kognitiv) motivierter und hoch (aber ebenfalls nicht rein intellektuell) leistungsfähiger Schüler(innen) eigentlich die Zuwendungs- und Verstehensleistung herkommt. Wie wird die deutlich abenteuerliche, ästhetische, fiktionale und imaginative Geschichte, die – besonders bei Jüngeren – *einen* (wenn nicht *den*) Kern von Geschichtsbeschäftigung ausmacht, tatsächlich verarbeitet und integriert? Nach Freud (1953, 1969) geht es um die Abarbeitung unbewusster Triebstrebungen, die als Ersatzbefriedigung und bestenfalls als Sublimation bezeichnet werden kann. Konsequenterweise ist Freud gegenüber solchen Liebesfantasien und Allmachtsträumen, die er aus seiner Kindheit ganz gut kannte (vgl. z.B. v. Borries 1996, 57 f.), recht skeptisch bis feindlich.

Bei C. G. Jung sieht die Sache ganz anders aus: Für ihn gewinnt man in Märchen und Mythen, aber eben auch in (sagenhaft angereicherten) „Geschichtsgeschichten" Anteil an den Archetypen des kollektiven Unbewussten. Diese muss man produktiv durcharbeiten, weil erst ihre Erledigung im Verlauf der Biografie zur Reife und zur Übernahme der eigenen Lebensaufgabe führt (Jung u.a. 1979, 110 ff.). Den „jugendlichen Helden" sollte man einmal identifikatorisch-projektiv „mitgemacht" und „überwunden" haben, um – den „umgebrachten" Helden „überlebend" – seinen eigenen Weg zu finden. Das kann (nicht muss) die Form einer probehalben Identifikation mit „Alexander dem Großen" oder „Napoleon" annehmen (bei Freud persönlich waren es Hannibal, Judas Makkabäus und Massená). Wenn man die Sache so sieht, ist weder eine – zeitweilig – stark affektive Zuwendung zur Geschichte noch die therapeutisch-ersatzweise Abfuhr massiv gewaltsamer, erotischer und ethnozentrischer Fantasien zu bemängeln (vgl. v. Borries 1996), auch nicht ein später auftretendes Desinteresse an Geschichte. Es wäre allerdings sinnvoll, mehr Hilfestellung bei der Durcharbeitung zu geben und weniger zur Abspaltung und Verleugnung entsprechender Strebungen beizutragen.

5. Geschichtsdidaktische Bedeutsamkeit von Piaget, Selman und Kohlberg

Von Piaget (z.B. 1976, Piaget/Inhelder 1977) ist – trotz mittlerweile verbreiteter Kritik und Differenzierung für verschiedene Domänen (vgl. Krieger 2001; Flammer 1999) – prinzipiell weiterhin auszugehen; die Unterscheidung „konkreter" und „formaler" Operationen bleibt unbestritten äußerst wichtig, wenn auch spezifikationsbedürftig. Wenn Denken verinnerlichtes Tun/Handeln ist, dann kommt es entscheidend darauf an, ob man eine Denkoperation auch – zwecks Kontrolle – in der äußeren Wirklichkeit mit seinen eigenen Händen vollziehen kann (wie das Hin und Hergießen von Flüssigkeiten in verschiedene Gefäßformen oder das Herumgehen um das Modell einer Berglandschaft zwecks „Pespektivenwechsels"). Genau das macht die „konkreten" Operationen aus, während die „formalen" eben Denken des Denkens, also Operationen zweiter Ordnung, sind.

Die Erkenntnismethoden der Historie sind demnach *per se* „formal". Zwar wird stets von konkret vorhandenen Schriften, Abbildungen, Objekten oder Zuständen ausgegangen (das verlangt der Quellenbegriff), aber die „(Re)-Konstruktion", der Schluss vom Erhaltenen auf die vergangenen Verhältnisse und Geschehnisse sowie deren damalige und heutige Bedeutung ist logisch prinzipiell nicht mit den eigenen Händen nachvollziehbar, ist unhintergehbar hypothetisch. Natürlich gibt es viele – und lernpsychologisch durchaus wertvolle –

Hilfen, z.B. „experimentelle Archäologie", „Fantasiebenutzung", „Modellbau", „Rollenspiel", „Experiment" (vgl. Dehne/Schulz-Hageleit 1989), aber das ändert nichts an der Logik: Entweder die Verfahren sind „quasi-konkret" – und die Erkenntnis ist „vollhistorisch", weil es wirklich zu Vermutungen über Vergangenes, seine Zusammenhänge und seine bleibende Relevanz kommt; oder die Verfahren sind „voll-konkret" – und die Erkenntnis ist „quasi-historisch", weil der Kreis von Gegenwartserlebnissen letzlich nicht in Richtung von Alteritätserfahrungen überschritten wird.

Nun könnte man vermuten, dass Piagets Schema – angesichts des späten Beginns von Geschichtslernen und des frühen Übergangs zur höchsten Denkform im Alter von etwa 11 Jahren – für die Geschichtsdidaktik irrelevant sei. Das ist keineswegs der Fall, da es einerseits auch um die Grundschule geht und andererseits Piaget auch viele Fünfzehnjährige ohne „formale" (oder „formallogische") Operationen fand (Flammer 1999, 134 f.). Auch unter texanischen Collegestudenten bleiben angeblich 40% auf der „konkret-operationalen" Stufe und man rechnet mit 25% Erwachsenen, die eine geläufige Benutzung formaler Kategorien im Alltag niemals erreichen (vgl. Fend 2001, 123). Zudem dürfte auch hier das Sparsamkeitsprinzip gelten. Solange man ganz gut mit „konkreten Operationen" und ohne „historisches Denken" auskommt, wird genauso verfahren. Gerade hier kann Piagets Modell der „Assimilation" (von außen nach innen) und „Akkomodation" (von innen nach außen), also der gegenseitigen Anpassung von Welterfahrung und Denkstruktur helfen (vgl. Pulaski 1978, 179). Solange das Gleichgewicht nicht durch wirklich radikale Erfahrungen der Inkonsistenz gestört wird, braucht man keine „historische Analyse". Für viele dürfte das zeitlebens gelten.

Piaget selbst hat sein Modell bekanntlich kaum didaktisch verwendet, kaum Lernen, d.h. den Übergang auf eine neue Ebene zu fördern versucht. Entsprechende Ansätze sind aber von Piaget-Schülern – besonders Aebli (1970, 1976) – frühzeitig vorgelegt worden. Tatsächlich können – und das ist für das Fach Geschichte wichtig – „formale Operationen" sehr wohl durch Herausforderung und Einübung vorgezogen werden, allerdings mit eher geringer Transferweite und Stabilität. Man darf sich also nicht vor dem historischen Lernen in der Grundschule und Orientierungsstufe fürchten oder drücken, aber man muss es so gestalten, daß der Denkvorgang „Historie" selbst konkret gezeigt und wiederholt eingeübt wird.

Wenn man sich von Piaget stärker entfernt und allgemeiner fragt, was den Übergang von der Kindheit zur Jugend ausmacht (vgl. Fend 2001, 125 ff.), ist vor allem die Einbeziehung von „Möglichkeitsräumen" („hypothetisches Denken" statt bloßer „Fantasien") und von „Abstraktionen" zu nennen. In diesem Zusammenhang wird auch auf die verstärkte Einbeziehung von Geschichte („vergangene Möglichkeiten") und Zukunftsvisionen aufmerksam gemacht (Beliebtheit von „historischen Romanen" und „Science-fiction"). Das erlaubt zugleich „Dezentrierung" (Denken vom anderen aus) und „Reflexivität" (Denken über sich selbst) und kann insgesamt zu „mündigem Denken" führen. Doch man darf sich nicht täuschen lassen: Die manifesten Geschichts-Interessen bzw. -Vorlieben der Lernenden bleiben nämlich auch im Jugendalter durchaus konkret und abenteuerlich („Entdeckungsreisen", „Ausgrabungen", vgl. v. Borries u.a. 1995, 97 ff.); einzelne lebende Menschen müssen sichtbar und als Identifikationsfiguren nutzbar bleiben (wie das ja auch in Romanen der Fall ist). Dazu sind als Quellen – neben Bildern – vor allem Lebenserinnerungen, Sozialbiografien und Reportagen geeignet, jedenfalls nicht theoretische und programmatische Texte.

Noch einschneidender allerdings ist die soziale Kognition. Wer historisch erkennen will, wie Staaten miteinander umgegangen sind, muss erst wissen (und überhaupt wissen können), was ein Staat ist (vgl. Berti 1994). Peinlicherweise kommt dann später noch die Tatsache der geschichtlichen Entwicklung aller Begriffe und Begrifflichkeiten (besonders beim „Staat") hinzu. Wenn man überhaupt anfängt nachzudenken, stürzt einen das Ineinanderhängen von zwischendurch eingetretenen Änderungen und anhaltenden Gemeinsamkeiten, das im historischen Erkennen immer schon vorausgesetzt wird und im Detail aufgedröselt werden muss, von einer Verlegenheit in die nächste. Man muß daher einfach vereinfachen, und zwar am Anfang ziemlich grob.

Nun ist es keineswegs so, daß Kinder bereits die soziale Welt differenziert und vollständig wahrnehmen. Zum Perspektivenwechsel sind sie durchaus nicht vorweg fähig („Egozentrismus" und Prozess der „Dezentrierung"), wie auch Piaget – allerdings anhand eines geografisch-naturwissenschaftlichen Beispiels von „konkret-operationalem" Charakter (vgl. Oerter/Montada 2001, 524 f.) – nachgewiesen hat. Die wichtigsten Studien zur Entwicklungslogik der sozialen Wahrnehmung und Kognition stammen von Selman (1984):

Selmans Stufen des sozialen Verstehens

Niveaus	Bereich „Individuum": „Selbstbewusstsein"	Bereich „Freundschaft": „Konfliktlösung"	Bereich „Gleichaltrigengruppe": „Gruppenführung"	Bereich „Eltern-Kind-Beziehung": „Bestrafung"	Altersspanne in Jahren
0	Physisches Selbstbewusstsein	Augenblicksfreundschaften und physische Konfliktlösungen	Physische Gruppenbindungen und physische Macht des Führers	Bestrafung als automatische Reaktion	2:4 – 5:11
1	Unterscheidung zwischen Handlungen und Intentionen	Einseitige Freundschaften und isolierte Konfliktlösungen	Einseitige Gruppenbindungen und autoritäre Führung	Autoritäre Erziehung und Bestrafung als von „oben" erteilte Lektion	4:6 – 12:4
2	Introspektives Selbst und Zweite-Person-Perspektive	Zweiseitige Freundschaften und kooperative Konfliktlösungen	Zweiseitige Partnerschaften und Führung als Vermittlung	Reziproke emotionale Bindung u. Bestrafung als eine Form d. Kommunikation	6:9 – 15:10
3	Selbst als Beobachtetes und Beachter – Dritte-Person-Perspektive	Freundschaft als autonome Interdependenz und symbolisches Handeln als Konfliktlösung	Gruppen als homogene Gemeinschaften und Führung als Integration	Eltern und Kinder als eigenständige Persönlichkeiten und Bestrafung als Kontrollbedürfnis	11:3 – >20
4	Entdeckung wirklicher Selbsttäuschung und Unbewusstes als natürliche Erklärungskategorie	Dauerhafte Freundschaften und auf Gegenseitigkeit beruhende Konfliktlösungen	Pluralistische Gruppenorganisation und differenzierte Führungsrollen	(Dauerhaftes, veränderliches System, Autonomie und Interdependenz)	17:8 – >32

(Nach Selman 1984, 101-146, 188, vgl. 147-178)

Das Modell von Selman ist geschichtsdidaktisch ausgesprochen relevant, weil es – wie viele andere entwicklungspsychologische Positionen – das allmähliche und mühsame Heraufkommen der Abstraktion und der Reflexivität verdeutlicht. Das soziale Verstehen wird zunächst durchaus auf face-to-face-Beziehungen eingeschränkt. Selbstwahrnehmung, Freundschaft, Gleichaltrigengruppe und Elternbeziehung sind ja die elementarsten Erfahrungen überhaupt. Selbst in diesen – also weit vor allem Verstehen von „Staat", „Wirtschaft", „Außenpolitik" und anderen „sekundären Systemen" – wird die höchste Stufe keineswegs früh und selbstverständlich erreicht.

Selman scheut sich – angesichts der hohen Variabilität – ein wenig vor exakten Angaben, stellt dann aber doch fest: „Wie unsere Daten anzeigen, ist das durchschnittliche amerikanische Kind im Alter von 6 Jahren in der Lage, interpersonale Konzepte der Stufe 1 zu artikulieren, mit 11 Jahren solche der Stufe 2 und mit 15 Jahren solche der Stufe 3." (Selman 1984, 199) Das heißt zugleich: Viele haben gegen Ende der Sekundarstufe I Stufe 3 *noch nicht gemeistert* – und Stufe 4 darf man auch bei der Mehrheit *keineswegs* voraussetzen. Ebenso wichtig ist die Tatsache, dass sich die – empirisch belegte – Verteilung von Probanden auf die Stufen tatsächlich altersspezifisch organisiert, und zwar mit steigender Bandbreite („Streuung") bei höherem Alter (Selman 1984, 182-198).

Wie hoch wäre – gegen Ende der Sekundarstufe I – ungefähr das Niveau eines Verstehens von Politik und Gesellschaft, die ja nicht *face-to-face* erfahrbar sind? Rund heraus: Nach Selman können wir auch am Ende der 10. Klasse – selbst bei den kognitiv besser entwickelten Jugendlichen – nicht ohne weiteres erwarten, dass sie – *auch nur bei sich selbst* – „Selbsttäuschungen" und „unbewusste Motive" entdecken und Gruppen sowie Führungsrollen als „pluralistisch" – statt „homogen" – wahrnehmen. Es kann gar nicht oft genug gesagt werden, dass in der Historie alles noch schwieriger ist, weil alle Teile und Beteiligten ja nur vorgestellt, also *mentale Konstrukte* und *experimentelle Hypothesen* sind. Eine Gegenkontrolle in der Wirklichkeit (ähnlich Piagets „konkreten Operationen") ist prinzipiell unmöglich.

In ähnlicher Weise sollte Kohlberg sorgfältig rezipiert werden. Trotz der extremen Kompliziertheit der Messmethode – das Handbuch zur Auswertung der Dilemma-Interviews ist recht umfangreich, die Rater müssen sorgfältig geschult werden – ist der Grundgedanke der Stufen einigermaßen schlicht und nachvollziehbar. Es geht um Grade der Internalisierung (d.h. den Übergang von Außenkontrolle zu Innenkontrolle) und um Schritte der Universalisierung (d.h. die Einschränkung des Egozentrismus durch Gegenseitigkeit und schließlich Allgemeingültigkeit). Empirisch lässt sich zeigen, daß in höherem Alter der Anteil der Probanden auf niedrigeren Stufen schrumpft und der auf höheren Stufen steigt. Auch im Erwachsenenalter erreichte die übergroße Mehrheit (rund 75%) in einer „globalen" Untersuchung offenbar keineswegs Stufe 5 oder 6 (Kohlberg 1996, 62; Flammer 1999, 151).

Kohlbergs Stufen der Moralentwicklung

Stufe	Prinzipien der Moral	Motivation zur Regelbefolgung	Wert des menschlichen Lebens
Niveau I: Prämoralisch			
1	Orientierung an Strafe und Gehorsam	Befolge Regeln, um Strafe zu vermeiden.	Verwechslung mit dem Wert materieller Objekte
2	Naiver instrumenteller Hedonismus	Verhalte dich konform, um Belohnungen zu bekommen, erwidere Gefälligkeiten usw.	Instrumentelle Bedeutung für Bedürfnisbefriedigung des Trägers oder anderer Personen
Niveau II: Moral der konventionellen Rollenkonformität			
3	Moral des guten Kindes, das gute Beziehungen aufrechterhält und die Anerkennung der anderen sucht	Verhalte dich konform, um die Missbilligung und die Abneigung der anderen zu vermeiden.	Empathie oder Zuneigung der Familienmitglieder und anderer Personen
4	Moral der Aufrechterhaltung von Autorität	Verhalte dich konform, um die Kritik durch legitime Autoritäten und daraus folgende Schuldgefühle zu vermeiden.	Heilig wegen der Stellung in kategorischen moralischen und religiösen Ordnungen
Niveau III: Moral der selbst-akzeptierten moralischen Prinzipien			
5	Moral des Vertrages, der individuellen Rechte und des demokratisch anerkannten Gesetzes/Rechtssystems	Entspreche den Regeln (Prinzipien), um die Achtung des unvoreingenommenen Zuschauers zu bewahren, der im Sinne des allgemeinen Wohlergehens urteilt.	Beziehung zum Wohlergehen der Allgemeinheit und universelles Menschenrecht
6	Moral der individuellen Gewissensprinzipien	Entspreche den Regeln (Prinzipien), um Selbstverurteilung zu vermeiden.	Heilig als Ausdruck eines universellen menschlichen Wertes: Achtung für das Individuum

(Nach Kohlberg 1996, 26-28, vgl. 128-132)

Die gemessenen Moralurteile sind praktisch relevant: Mit Demonstrationsverhalten für Bürgerrechte, mit Verweigerung des Mitmachens beim Milgramexperiment, mit Unterlassen von „Mogeln“ usw. lässt sich empirisch ein hoher Zusammenhang nachweisen (Kohlberg 1996, 436-455). Vielleicht noch interessanter ist die konsistente Übereinstimmung mit historisch-politischen Urteilen, nämlich zum Watergate-Skandal und zum My-Lai-Prozess (Kohlberg 1996, 418ff., 478-487); damit wird in der Tat sichtbar, inwieweit erst auf einer höheren Moralstufe historisch reflektiert werden kann, wobei die Frage des Moralwandels als erkenntnislogisches Problem historischer Erkenntnis und persönlicher Identitätsbalance noch offen bleibt.

Wer – wie die Mehrheit der Schüler(innen) – nicht die höheren Niveaus (mindestens Stufe 5) kennt und ausübt, kann den historischen Prozess der letzten Jahrhunderte (z.B. „Demokratie“, „Menschenrechte“, „Gleichberechtigung“) nicht voll begreifen. Wer umgekehrt nicht empathiefähig in ganz andere Moral-Vorstellungen und Höchstwerte (z.B. „Askese“, „mystische Erleuchtung“, „Standesehre“, „Auserwähltheit“, „Expansionsauftrag“) ist, was sicherlich eine gewisse historische Relativierung der „konventionellen Moral“ (Stufe 3/4) verlangt, leistet kein Fremdverstehen, macht keine „Alteritätserfahrung“, hat also kein elaboriertes Geschichtsbewusstsein. Damit gilt von beiden Seiten: Die einigermaßen bekannte Entwicklung des moralischen Urteils schließt auf der Sekundarstufe I – wenn nicht auch auf der Sekundarstufe II – für die Mehrheit ein „reflektiertes und selbstreflexives Geschichtsbewußtsein“ im vollen Sinne aus; Noack (1994, 32) hat also mit seiner skeptischen Einschätzung vermutlich recht.

Außerdem muß man festhalten, daß auf den Stufen 1 und 2 eine sinnvolle historische Erkenntnis und Einsicht überhaupt kaum möglich erscheint. Es ist auch daran zu erinnern, dass die Stufen insofern hierarchisch geordnet sind, als Menschen auf den höheren Stufen die „Logik“ der tieferen Stufen verstehen, nicht aber umgekehrt, wo höchstens eine Analyse der jeweils nächsten Stufe möglich ist (Kohlberg 1996, 94). Gerade diese Annahme ist inzwischen eher noch verschärft worden; es hat sich z.B. gezeigt, daß im Rollenspiel egoistische Personen universalistische Positionen nicht gut präsentieren konnten, wohl aber umgekehrt (Lind 2000, 121-134). Das bedeutet erneut eine (entwicklungspsychologisch gesicherte) Einschränkung für das historische Erkennen als rein hypothetische Konstruktion von plausiblen Möglichkeiten der Vergangenheit.

6. „Lernprogression“ in Teilbereichen historischen Lernens

Im englischsprachigen Bereich werden Konzepte mittlerer Reichweite theoretisch und empirisch benutzt, die nicht die gesamte „historische Kompetenz“ umfassen, sondern sich z.B. auf „Kausalität“ („Erklärung“) (vgl. v. Borries 2002a, 32 ff., 2002c, 20 ff.) oder „Evidenz“ („Darstellungs-Triftigkeit“) (vgl. v. Borries 2002a, 30 ff., 2002c, 23 ff.) beschränken. Da die beiden Gesichtspunkte der „Kausalitätszuschreibung“ und der „Evidenzprüfung“ – sowie weitere, z.B. „Perspektivität“ und „Narrativität“ – kombiniert werden müssen, ergibt sich ein kompliziertes Geflecht, das einen systematischen Aufbau fordert. Ein zusätzliches und umfassenderes *Modell des rationalen Verstehens* haben Lee u.a. in mehreren Versuchs-Fassungen vorgelegt, wobei Verstehen durch immer perfekteres „Hineinversetzen“ erzeugt wird.

Modell der Progression des rationalen Verstehens von Geschichte

1	„Verblüffende“ Vergangenheit: Es gibt keinen Weg, einigen vergangenen Taten, Institutionen oder Praktiken Sinn zuzusprechen.
2	*Die „dümmliche“ („divi“) Vergangenheit* (Erklärung durch Mangel): Vergangenes Handeln ist uneinsichtig, weil frühere Menschen „divi“ – töricht waren, nicht so klug wie wir, ungeschickt, moralisch minderwertig oder „es nicht besser wussten“.
3	Erklärung in Ausdrücken persönlicher Wünsche und Absichten, aber keine Verurteilung der Vergangenheit
4	*Generalisierte Stereotype*: Vergangenes Handeln wird in Ausdrücken konventioneller Stereotype von Rollen, Institutionen usw. erklärt. Zuschreibung von sehr allgemeinen Dispositionen: „*Sie würden das tun, bestimmt.*“
5	*Alltags-Empathie*: Vergangenes Handeln wird in Ausdrücken der besonderen Situation erklärt, in der die Akteure sich befanden (deren Logik Möglichkeiten bot oder Grenzen setzte). Aber das wird in modernen Wendungen (Alltagssprache) beschrieben. Keine konsistente Unterscheidung zwischen dem, was ein Akteur wissen konnte, und dem, was wir heute wissen, oder zwischen vergangenen Überzeugungen und Werten und unseren.

6	*Beschränkte historische Empathie*: Anerkennung, dass Wissen, Glaube und Werte des Akteurs sich von unseren unterschieden haben können und dass Intentionen und Absichten komplex, berechtigt und verästelt sein können. Erklärung durch die Art, in der die Menschen damals die fragliche Handlung oder Institution sahen.
7	*Kontextuelle (eingeordnete) historische Empathie*: [Vergangenes] Handeln wird in einen weiteren Kontext von Überzeugungen und Werten gestellt (und in solchen Ausdrücken erklärt); Anerkennung, dass zu seinem Verständnis zwingend implizite Ziele mit Bezug zu Angelegenheiten außerhalb seines offenen Anliegens anzunehmen sind.

(Lee e.a. 1997, 242, Lee e.a. 2001, 113, übers. B.v.B.)

Diese Abfolge ist für uns möglicherweise zu stark „historistisch" und „antiquarisch" zugespitzt, d.h. klammert die Gegenwartsbedeutung aus. Dennoch ist das Schema sehr nützlich, weil es zeigt, wie weit der Weg von der ersten Begegnung bis zu einem einigermaßen „elaborierten" Verstehen eigentlich ist. Das heißt natürlich nicht, höhere Stufen seien jüngeren Lernenden prinzipiell unzugänglich, wohl aber, dass ein großer Anteil sie in den unteren Klassenstufen nicht erreicht. Die von Lee u.a. berichteten Zuwachsleistungen in den wiederholt beobachteten – und „methodenorientiert" unterrichteten – Klassen waren bedeutsam, aber begrenzt – und zudem höchst unterschiedlich, d.h. in einigen Fällen auch nicht vorhanden (Lee e.a. 2001, 112 ff.).

7. Gesamtmodelle einer „Lernprogression"

Das englische Beispiel dürfte am geeignetsten sein, um in das Problem und die Lösungsmöglichkeiten von „Lernprogression" einzudringen (vgl. ausführlich v. Borries 2004a, 138-168, 288-317, 2004b). Das „National Curriculum" (Fassung von 1995) geht von vier Erschließungs-Stufen („key stages") aus, die bestimmten Schulstufen und Lebensaltern zugeordnet werden. Von einer Privilegierung chronologischer Gesichtspunkte, wie sie bei Lehrplanarbeit in Deutschland noch (fast?) überall erfolgt, kann keine Rede sein. Interessanter ist eine andere Dimension der Richtlinien, in der Schlüsselbereiche („key elements") des Zugriffs thematisiert und gestuft werden. Es handelt sich um fünf Felder: „Chronologie", „Reichweite und Tiefe historischen Wissens und Verstehens", „Interpretation („Deutung", „Sinnbildung") von Geschichte", „Historische Untersuchung und Erforschung" und „Organisation und Kommunikation" („History in the National Curriculum" 1995, 5). Bereits die Gewichtung sollte aufhorchen lassen. Nur die beiden ersten Punkte lassen sich ansatzweise einem „stofforientierten" Verständnis zuordnen; der dritte bis fünfte kennzeichnen das Konzept eindeutig als „methodenorientiert". Dabei kommt – und zwar schon bis zur 8. Klasse – der Selbständigkeit eine entscheidende Bedeutung zu. Die Lernenden sollen selber Interpretationen prüfen, Gegenstände untersuchen und Ergebnisse kommunizieren. Da aber nicht „Quellen" („primary sources") und „Quellenarbeit" im Vordergrund stehen, sondern alle möglichen Informationsgrundlagen und -formen („sources of information"), wird es erleichtert, abweichende Deutungen („interpretations") überhaupt zu thematisieren.

Das letzte Element des „National Curriculum" besteht in einem Messinstrument von neun Niveaus („levels"), mit denen die Schülerleistungen verglichen und eingeschätzt werden können, freilich nicht im Sinne einer detaillierten Operationalisierung. Dieses System trägt auch der Tatsache Rechnung, dass Kinder beim Lernen wesentlich unterschiedliche Tempi an den Tag legen und am Ende ganz verschiedene Lernstände erreichen. Nach der ersten Stufe sollen die Kinder Niveau 1 bis Niveau 3 erreicht haben, nach der zweiten Niveau 2 bis Niveau 5, nach der dritten Niveau 3 bis Niveau 7. *Es wird durchaus damit gerechnet, dass die stärkste Gruppe von Schülern bereits mit sieben Jahren dieselbe Leistung („Level 3") erreicht, die die schwächste Gruppe erst mit sechzehn Jahren meistert.*

In der US-amerikanischen Elite-Universität Harvard wurde im Projekt „Learning for Understanding" bereits versucht, ein umfassendes Modell zu erstellen, das übrigens (ebenfalls) nicht nur für das Fach Geschichte gelten soll. Der Grundgedanke ist schlicht, dass nicht Wissen, sondern Verstehensfähigkeit gelehrt werden soll und dass diese zwar durch Nähe zu lebensweltlichen Zugängen der Kinder gefördert wird, aber nur „beigebracht" werden kann, wenn sie immer wieder ausdrücklich thematisiert und eingeübt sowie vernünftig gestuft und portioniert wird. Zunächst geht es um Dimensionen des Verständnisses, d.h. eine Grunddifferenzierung nach Inhalten, Verfahren, Zielen und Gestaltungen (im Hintergrund werden die aristotelischen Kategorien sichtbar). Vor allem aber werden eine Reihe elementarer Haltungen aufgezählt, die die Lernenden erwerben sollen, z.B. „kohärente und reiche Konzeptnetze", „gesunde Skepsis", „Bewusstsein der Zwecke von Wissen" und „effektiver Gebrauch von Symbolsystemen" (Wiske etal. 1998, 184 f., 198).

Das klingt ziemlich formal, daher nicht recht befriedigend. Der Grund liegt natürlich darin, dass „Quellenarbeit" oder „synthetische Erzählung" als Methoden nicht aufgeführt werden können, weil das Modell auch für die Physik mit „Experiment" und „Theoriemodell" gelten soll. Es drängt einen geradezu, die einzelnen Zellen fachspezifisch auszufüllen. Dass die „Zwecke" und „Formen" ausdrücklich mit aufgeführt sind, ist fruchtbar und führt weiter. Sind doch deutsche Debatten über das Fach Geschichte allzu oft auf eine bloße Zweiteilung zwischen „Inhalt" und „Form" oder „Stoff" und „Methode", „materialem" und „formalem" Bildungsbegriff verengt worden.

Die Berücksichtigung der „Zwecke" von Wissenschaft und Wissen erlaubt (ja: gebietet) es, *von Anfang an und nicht nur anhanghaft oder abschließend auf höchstem Niveau* über „historische Identitäten", über „Standpunkte und Interessen", über „den Sitz im Leben" und die politische Funktion von Historie zwischen „Affirmation", „Kritik", „Mündigkeit" und „Verarbeitung" nachzudenken. Mit den „Formen" wird die „Historiografie", die „Narrativität", die „rhetorische Gestaltung", die Rolle der „Fiktionalität", die „Ästhetik" des Historischen und vieles andere diskutier- und thematisierbar, und das erneut als konstitutiver, nicht bloß als additiver Anteil. „Learning for Understanding" unterscheidet – neuerer psychologischer Expertise-Forschung folgend – vier Stufen vom „Naiven" bis zum „Meister". Dabei können – in ihrer Art und für ihr Alter – „meisterhafte" Leistungen durchaus schon von Schüler(inne)n der Mittelstufe erreicht werden.

Geschichtsverständnis („Teaching for Understanding")

Stufe	Kenntnis	Methode	Lebensbezug	Form
Meister	Reiche Karte der Vergangenheit, gut verbundenes Netz von Details	Ausführliche Diskussion der Bedeutung von Tendenz und Gesichtspunkt, Notwendigkeit der Einnahme verschiedener Perspektiven	Wichtigkeit für die eigene Identität, Entwicklung eines persönlichen Standpunktes, Bedeutung für Sinnbildung im Leben	Tiefes Verständnis der Gattungen, bewusste Wahl von Symbolen, Sprache und Bildern
Geselle	Schwierigkeiten der Verbindung von Ereignissen/ Personen zu disziplinären Themen/Konzepten	Vielzahl von Quellen ohne Diskussion unterschiedlicher Qualität und Gültigkeit von Positionen	Bedeutung im eigenen Leben (ohne Rückbezug auf Schule u. Disziplin), Wichtigkeit für Sinnbildung ohne Folgen für das Lernen	Gutes Verständnis der Genres (mit geringerer Intentionalität und Zweckhaftigkeit der Produktionen)
Lehrling	Keine Verbindung der Information mit geschichtlichen Vorstellungen	Notwendigkeit verschiedener Quellen (ohne methodische Begründung)	Identifikation der großen Fragen des Curriculums, Erwägung d. Bedeutung dieser übergreifenden Fragen außerhalb des Klassenraums	Mechanische Regelanwendung, simple oder banale Darstellungen, Fehldarstellungen
Naiver	Unverbundene und unorganisierte Information; Fehlkonzeptionen und Stereotype über die Vergangenheit	Anführung nur eines Buches oder des Lehrers (eine Fundstelle als genügend)	Keine Äußerung zu bzw. Identifikation von Zielen des Geschichtslernens	Darstellungen ohne intendierte Symbole

(Nach Wiske e.a. 1998, 235-239, übers. B.v.B.)

Bei den Methoden stehen – wie stets im angelsächsischen Raum – nicht die „Quellen" („primary sources"), sondern alle Informations-„Grundlagen" („sources of information") im Vordergrund. Das ist – abgesehen von der unglücklichen Terminologie – vielleicht eine weise Entscheidung. Müssen wir Deutschen doch gerade erst mühsam erkennen, dass unsere Quellenorientierung oft verkürzt angekommen ist (vgl. Schneider 1994; Pandel 1995) und dass sie dem kritischen Nachdenken über Synthesen und Bedeutungen eher im Wege stehen kann: Am Ende kommt dann die völlige Verkennung heraus, daß Abiturienten Quellen für „objektiv" bzw. „vollständig" und Darstellungen für „tendenziös" sowie „beliebig" halten (vgl. v. Borries u.a. 1995, 2003). In Deutschland muss – z.B. durch das Projekt „Entwicklung und Förderung von ‚reflektiertem und selbstreflexivem Geschichtsbewußtsein' durch Geschichtsunterricht" (vgl. Schreiber 2002, 2003) – noch viel deutlicher gemacht werden, dass die „(De)-Konstruktion" von historischen Darstellungen für das Geschichtslernen eine ebenso so große Bedeutung hat wie die „(Re-)Konstruktion" aus Quellen.

8. Geschichtsdidaktische Vorschläge zur Lernprogression

Wie bereits erwähnt, sind kaum – aus der geschichtsdidaktischen Theoriebildung abgeleitete – Curriculumentwürfe steigender Komplexität vorgelegt worden. Rüsen (1994b, 95 ff.) hat zwar vermutet, dass die vier geschichtslogischen Deutungsmuster der „traditionalen",

„exemplarischen", „kritischen" und „genetischen" Sinnbildung nicht nur historisch nacheinander entstanden sind, sondern auch beim Lernen des einzelnen Kindes in gleicher Reihenfolge aufeinander folgen. Daraus wird aber keineswegs abgeleitet, sie auch entsprechend gestuft einzuführen, etwa schon der 3./4. Klasse die „Traditionalität", der 5./6. die „Exemplarität", der 7./8. die „Kritik" und erst der 9./10. die „Genese" vorzubehalten. Im Gegensatz: Rüsen empfiehlt – nach sehr kleinen, aber ermutigenden Versuchen (vgl. „Historisches Lernen I" 1985, 272-300; Schmidt 1987; I. Rüsen 1994) – die Sinnbildungsfiguren – und damit die konstitutive Gegenwartsbezogenheit – gleich an den Beginn des Geschichtslernens zu stellen.

Dennoch bedeutet die Hypothese einer verkürzten Wiederaufnahme der gattungsgeschichtlichen Entwicklung im Geschichtslernen jedes einzelnen Individuums eine interessante und faszinierende Variante einer älteren Konzeption, an die man heute ausdrücklich erinnern muss. Das „biogenetische" Grundgesetz Heckels behauptete ja die abgekürzte Wiederholung des gesamten evolutionären Prozesses in der pränatalen Entwicklung des Menschen; es ist von vielen Großen der Geistesgeschichte (wie Freud und Piaget) durch eine Art „psychogenetisches" Grundgesetz ergänzt worden, das die beschleunigte Rekapitulation kollektiver Erarbeitungsprozesse der Gattungsgeschichte durch jedes einzelne Kind vorsieht.

Das ließe sich natürlich zu einer allgemein- und geschichtsdidaktischen „Lernprogression" wenden und ist – zuerst wohl von Ziller – auch oft so gebraucht worden (vgl. z.B. Döhn 1967, 84 f.; Freyh 1972). Dabei wird der chronologische Durchgang – ohne Wiederholung oder zweiten Durchgang – legitimiert, weil alles Spätere – nicht nur historisch, sondern auch psychologisch – immer alles Frühere voraussetze und aus ihm hervorgehe. So wird Chronologie umstandslos zu „Lernprogression" und „Lernstruktur". Man könnte dann – heute, d.h. in modernisierter Version – in einer Art „Indianer- und Eskimoalter" mit den „Sammlerinnen und Jägern" beginnen und über die Grundeinsichten von „Macht und Hierarchie" in den „Alten Hochkulturen" und vom „Rationalitätsschub" der „klassischen Antike" (bzw. der „Achsenzeit") für die Vorpubertät und über die „Naturbeherrschung durch Industrialisierung" in der Adoleszenz bei der „postmodernen Identitätsbalance" für heutige junge Erwachsene landen.

Inzwischen allerdings hat dieses Modell jegliche lernpsychologische Überzeugungskraft verloren – und wird wohl auch von niemandem mehr vertreten. Es sei denn, man rechnete das Teil-Curriculum von Knoch/Pöschko (1983) in diese Linie, das – jeweils auch anhand von „Kindheitsgeschichte" – „Menschen in einer Welt der Magie", „Menschen in einer Welt der Religion", „Menschen in einer Welt der Vernunft" und „Menschen in einer Welt der Technik" aufeinander folgen läßt (Pöschko 1984). Gerade diese vier (sinnvollen) Einheiten werden aber unmittelbar nacheinander gestellt, geben also eher einen kurzfristigen vergleichenden (und idealtypischen) Überblick als einen langfristigen Erarbeitungsweg (während der gesamten Sozialisation). Wir glauben eben nicht mehr, dass – selbst in einer grob vereinfachten Erstbegegnung – für Kinder „griechische Polis" leichter als „englische Industrialisierung" und „Kaisertum und Papsttum" leichter als „Weltmächte und Weltkriege" ist. Auch ist Früheres keineswegs zur Erklärung von Späterem notwendig oder hinreichend.

Nimmt man die bisherigen Forschungen – besonders die außerhalb des deutschen Sprachraumes – zusammen, dann ist für Dimensionierung, Strukturierung und Abfolge des Geschichtslernens doch schon ziemlich viel an – allerdings kaum rezipierten – Vorarbeiten geleistet. Auch wo wir noch keine konstruktiven Modelle besitzen, die uns eine schrittweise Stufung des Lehrens erlauben, liegen inzwischen – auch dank empirischer Studien – analytische Modelle vor, die eine wesentlich genauere Diagnose zu erwartender oder schon eingetretener Lernschwierigkeiten für konkrete Lerngruppen gestatten. Geschichte ist – so scheint es – ein schwieriges Fach, jedenfalls wenn man weitgehend auf Techniken der Suggestion und Imagination, Fantasie und Projektion verzichtet.

Das gilt umso mehr, als ja die „Methodenorientierung“ mit Kants „Habe Mut, dich deines eigenen Verstandes zu bedienen“ Autonomie und Widerständigkeit fordert, während Jugendliche sich nachweislich zunächst an gesellschaftlichen Konventionen (besonders der Elternhäuser) und dann an protestierenden Anti-Konventionen der gleichaltrigen Freundescliquen orientieren. Das Durchhalten eigener, individuell verantworteter Einsichten gegen die Kollektive Massenmedien, Familie, Schule und Peergroup ist eher unplausibel. Auch dazu ließe sich eine Fülle empirischer Belege – und sozialpsychologischer Forschungen – beibringen.

Sehr gute Lehrer(innen) – andernfalls wären sie keine – legen ihren Angeboten im Fach Geschichte eine kluge „Lernprogression“ zu Grunde; selbst sie haben aber größte Mühe, ihr Expertenwissen zu formulieren, ihre bei der Unterrichtsplanung stillschweigend benutzten – wahrscheinlich triftigen – Alltagstheorien auf den Begriff zu bringen. Die geschichtsdidaktische Forschung hat sich offenbar nicht genügend mit Lernprogression beschäftigt. Mit der Polemik gegen Roth, Küppers und Ebeling und deren konservative „Reifungstheorie“ ist es zweifellos nicht getan, aber auch nicht mit einer umstandslosen Rückkehr zu ihnen. Immerhin: sie waren insofern auf dem richtigen Weg, als sie verschieden anspruchsvolle und verschieden reflektierte Zugänge zur Geschichte anerkannten.

Was heißt das alles, solange noch kein theoretisch fundiertes und empirisch erprobtes Spiralmodell im Sinne einer „Grammatik historischen Denkens“ vorgelegt ist, für die Unterrichtspraxis? Vor allem kommt es darauf an, sich – im Sinne der berühmten Formel „x+1“ (Leontjew) – jeweils bewußt methodisch auf einen (den nächsten) Schritt und eine (etwas schwierigere) Teil-Fähigkeit zu konzentrieren. Natürlich ist stets ein Gegenstand (z.B. Altägypten oder Kreuzzüge, Kolonialgeschichte oder Industrialisierung) zu verhandeln; denn „Trockenrudern“ an einer inhaltsfreien Verfahrensweise wäre langweilig. Aber neben der jeweiligen Thematisierung ist eine Methodenzuspitzung dringend nötig. Also steht nicht immer „Quellenarbeit“ im Zentrum, sondern einmal „Quellenabhängigkeit“ (zugleich Rekonstruktion), einmal „Standpunktbezogenheit“ (auch Multi-Perspektivität), einmal „Produktion einer eigenen sinnvollen Erzählung“ (Narrativität und Selektivität), einmal „Darstellungsvergleich“ (also Kontroverse), einmal „Folgerungsangebote“ (damit Gegenwartsbezug), einmal „Umgang mit Geschichtsfiktion“ (z.B. Geschichtskultur im Spielfilm) usw. (die neuesten Schulbücher machen zu einer solchen Methodenprogression übrigens ernsthafte Anstalten).

Jede solche Erarbeitung gilt auf Dauer, bis sie wieder aufgenommen, vertieft und verknüpft wird; denn auch innerhalb eines solchen Sets von interdependenten Teilmethoden gibt es natürlich jeweils Stufen. Die „Rekonstruktion" muß nicht gleich an weltenfernen altägyptischen Inschriften erlernt werden; wie wäre es statt dessen mit einer Erzählung über den Englischunterricht des letzten Schuljahres (nach Klassenbuch und Hausheften) oder der Klassenreise (nach Briefen und Erinnerungen)? Die „Monoperspektive" muß nicht gleich durch eine verwirrende Vielzahl von Standpunkten abgelöst werden; zunächst genügt die Automatisierung der Suche nach einem zweiten, dann einem dritten. Die Forschungsergebnisse zum „seven-year-gap" (vgl. Lee e.a. 2001, 113 f.) erfordern, dass Lehrer(innen) sich durch das Vorpreschen ziemlich weniger Kinder nicht täuschen lassen und den Unterricht nicht – über die Köpfe der anderen hinweg – nur noch für diese Minderheit gestalten könnten. Lebensweltlicher Zugriff – und innere Differenzierung – sind also wichtig. Die Beispiele ließen sich häufen: Auch alle Hilfsmittel „handlungsorientierter" Arbeitsformen (vgl. Dehne/ Schulz-Hageleit 1989) sind erwünscht, soweit sie wirklich zur „historischen Einsicht" beitragen und nicht zu Banalisierung und Trivialisierung führen (vgl. Pandel 1999). Selbstverständlich gelten die Regeln, die Hug (1991, 195) entwickelt hat:

„Vom Nahen	zum Fernen	zum Nahen
Vom Konkreten	zum Abstrakten	zum Konkreten
Von der Anschauung	zum Begriff	zur Anschauung
Vom Einfachen	zum Komplexen	zum Einfachen
Vom Privaten	zum Öffentlichen	zum Privaten
Vom Individuum	zum Kollektiv	zum Individuum
Vom Fall	zur Regel	zum Fall
Vom Detail	zur Struktur	zum Detail
Vom Einzelnen	zum Zusammenhang	zum Einzelnen"

Erwähnte Literatur

Aebli, Hans, Psychologische Didaktik. Didaktische Auswertung der Psychologie von Jean Piaget, 4. Aufl., Stuttgart 1970

Aebli, Hans, Grundformen des Lehrens. Eine allgemeine Didaktik auf kognitionspsychologischer Grundlage, 9., stark erw. und umgearb. Aufl., Stuttgart 1976

Beilner, Helmut, Empirische Zugänge zur Arbeit mit Textquellen in der Sekundarstufe I, in: Schönemann, Bernd und Voit, Hartmut (Hrsg.), Von der Einschulung bis zum Abitur. Prinzipien und Praxis des historischen Lernens in den Schulstufen, Idstein 2002, S. 84-96

Bergmann, Klaus; Rohrbach, Rita, Kinder entdecken Geschichte. Theorie und Praxis historischen Lernens in der Grundschule und im frühen Geschichtsunterricht, Schwalbach/Ts. 2001

Berti, Anna Emilia, Children's Understanding of the Concept of the State, in: Carretero, Mario; Voss, James F. (Eds.), Cognitive and Instructional Processes in History and the Social Sciences, Hillsdale N.J. 1994, S. 49-75

Borries, Bodo v., „Reifung" oder „Sozialisation" des Geschichtsbewußtseins? Zur Rekonstruktion einer vorschnell verschütteten Kontroverse, in: Geschichtsdidaktik 12 (1987), S. 143-159

Borries, Bodo v., Geschichtslernen und Geschichtsbewußtsein. Empirische Erkundungen zu Erwerb und Gebrauch von Historie, Stuttgart 1988

Borries, Bodo v. (unter Mitarbeit von Weidemann, Sigrid; Baeck, Oliver; Grzeskowiak, Sylwia; Körber, Andreas), Das Geschichtsbewußtsein Jugendlicher. Erste repräsentative Untersuchung über Vergangenheitsdeutungen, Gegenwartswahrnehmungen und Zukunftserwartungen in Ost- und Westdeutschland, Weinheim/München 1995

Borries, Bodo v., Imaginierte Geschichte. Die biografische Bedeutung historischer Fiktionen und Phantasien, Köln 1996

Borries, Bodo v., Erlebnis, Identifikation und Aneignung beim Geschichtslernen, in: Neue Sammlung 38 (1998), S. 171-202

Borries, Bodo, Historische Sinnbildung, geschichtliches Denken und Orientierung im historischen Kontinuum unserer Gesellschaft. Wie müssen die Ziele des Geschichtsunterrichts in der Sekundarstufe I konkretisiert werden, sodass Kinder und Jugendliche diese erreichen?, in: Geschichte: Ein Fach in der Entwicklung, Hamburg (Behörde für Bildung und Sport) 2002, S. 22-46 (a)

Borries, Bodo v., Angloamerikanische Lehr-/Lernforschung – ein Stimulus für die deutsche Geschichtsdidaktik?, in: Demantowski, Marko; Schönemann, Bernd (Hrsg.), Neuere geschichtsdidaktische Positionen, Bochum 2002, S. 65-91 (b)

Borries, Bodo v., Lehr-/Lernforschung in europäischen Nachbarländern – ein Stimulus für die deutschsprachige Geschichtsdidaktik?, in: Handro, Saskia; Schönemann, Bernd (Hrsg.), Methoden geschichtsdidaktischer Forschung, Münster u.a. 2002, S. 13-49 (c)

Borries, Bodo v., Genese und Entwicklung von Geschichtsbewußtsein. Lern- und Lebensalter als Forschungsproblem der Geschichtsdidaktik, in: Zeitschrift für Geschichtsdidaktik, 1 (200) (Jahresband), S. 44-58 (d)

Borries, Bodo v., Zur Entwicklung historischer Kompetenzen bis zur Sekundarstufe II, in: Schönemann, Bernd; Voit, Hartmut (Hrsg.), Von der Einschulung bis zum Abitur. Prinzipien und Praxis des historischen Lernens in den Schulstufen, Idstein 2002, S. 112-127 (e)

Borries, Bodo v. (unter Mitarbeit von Körber, Andreas; Meyer-Hamme, Johannes), Reflexiver Umgang mit Geschichts-Schulbüchern? Befunde einer Befragung von Lehrern, Schülern und Studierenden 2002, in: Zeitschrift für Geschichtsdidaktik, 2 (2003) (Jahresband), S. 114-136 (f)

Borries, Bodo v., Lebendiges Geschichtslernen, Schwalbach/Ts. 2004 (a)

Borries, Bodo v., Warum ist Geschichtslernen so schwierig? Neue Problemfelder der Geschichtsdidaktik, in: Behrens, Heidi; Wagner, Andreas (Hrsg.), Deutsche Teilung, Repression und Alltagsleben. Erinnerungsorte der DDR-Geschichte, Leipzig 2004, S. 69 96, 284-288 (b)

Dehne, Brigitte; Schulz-Hageleit, Peter, „Handeln ist keine Einbahnstraße". Anregungen zur Belebung des Geschichtsunterrichts im Alltag, in: Geschichte lernen 2 (1989), H. 9, S. 6-14

Döhn, Hans, Der Geschichtsunterricht in Volks- und Realschulen, Hannover 1967

Ebeling, Hans, Zur Didaktik und Methodik eines kind–, zeit- und sachgemäßen Geschichtsunterrichts, 5. Aufl., Hannover 1973

Erikson, Erik H., Identität und Lebenszyklus, 4. Aufl., Frankfurt/M. 1977

Erikson, Erik H., Der vollständige Lebenszyklus, Frankfurt/M. 1988

Faulenbach, Bernd u.a., Zweierlei Geschichte. Lebensgeschichte und Geschichtsbewußtsein von Arbeitnehmern in West- und Ostdeutschland, Essen 2000

Fend, Hemut, Entwicklungspsychologie des Jugendalters, Opladen 2. Aufl. 2001

Flammer, August, Entwicklungstheorien. Psychologische Theorien der menschlichen Entwicklung, 2. Aufl., 1. Nachdr., Bern u.a. 1999

Freud, Sigmund, Abriß der Psychoanalyse. Das Unbehagen in der Kultur, Frankfurt/M. 1953

Freud, Sigmund, Darstellungen der Psychoanalyse, Frankfurt/M. 1969

Freyh, Richard, Das Problem der Entwicklungsphasen im Geschichtsunterricht, in: Süssmuth, Hans (Hrsg.), Geschichtsunterricht ohne Zukunft?, Bd. 1, Stuttgart 1972, S. 51-64

„Historisches Lernen I", Düsseldorf 1985 (= Geschichtsdidaktik 10. Jg. Heft 3)

History in the National Curriculum. England, London (HMSO) 1995

Hug, Wolfgang, Das Einzelne in seinen Zusammenhängen. Zur Dialektik historischen Lernens, in: Süssmuth, Hans (Hrsg.): Geschichtsunterricht im vereinten Deutschland, Teil 1, Baden-Baden 1991, S. 181-195

Jeismann, Karl-Ernst, Geschichte als Horizont der Gegenwart, Paderborn 1985

Jeismann, Karl-Ernst, „Geschichtsbewußtsein“ als zentrale Kategorie des Geschichtsunterrichts, in: Niemetz, Gerold (Hrsg.), Aktuelle Probleme der Geschichtsdidaktik, Stuttgart 1990, S. 44-78
Jeismann, Karl-Ernst, Geschichte und Bildung. Beiträge zur Geschichtsdidaktik und zur Historischen Bildungsforschung, Paderborn 2000
Jung, Carl Gustav u.a., Der Mensch und seine Symbole, Olten u. Freiburg/Br. Sonderausgabe 1979
Keller, Heidi (Hrsg.), Lehrbuch Entwicklungspsychologie, Bern u.a. 1998
Klose, Dagmar, Klios Kinder und Geschichtslernen heute. Eine entwicklungspsychologisch orientierte konstruktivistische Didaktik der Geschichte, Hamburg 2004
Knoch, Peter; Pöschko, Hans H., Lernfeld Geschichte. Materialien zum Zusammenhang von Identität und Geschichte, Weinheim 1983
Kohlberg, Lawrence, Die Psychologie der Moralentwicklung, Frankfurt/M. 1996
Kölbl, Carlos, Geschichtsbewußtsein Jugendlicher, Bielefeld 2004
Krieger, Rainer, Mehr Möglichkeiten als Grenzen – Anmerkungen eines Psychologen, in: Bergmann, Klaus; Rohrbach, Rita, Kinder entdecken Geschichte. Theorie und Praxis historischen Lernens in der Grundschule und im frühen Geschichtsunterricht, Schwalbach/Ts. 2001, S. 32-50
Küppers, Waltraud, Zur Psychologie des Geschichtsunterrichts. Eine Untersuchung über Geschichtswissen und Geschichtsverständnis bei Schülern, 2. erg. Aufl., Bern/Stuttgart 1966
Langer-Plän, Martina, Problem Quellenarbeit, in: GWU, 54 (2003), S. 319-336
Lee, Peter e.a., „Just Another Emperor“: Understanding Action in the Past, in: Voss, James F. (Guest Ed.), Explanation and Understanding in Learning History, Exeter 1997, S. 233-244 (= International Journal of Educational Research Vol. 27, 1997)
Lee, Peter e.a., Children's Ideas about Historical Explanation, in: Dickinson, Alaric e.a. (Eds.), Raising Standards in History Education, London 2001, 97-115 (= International Review of History Education 3)
Lee, Peter; Ashby, Rosalyn, Progression in Historical Understanding among Students Ages 7-14, in: Stearns, Peter N.; Seixas, Peter; Wineburg, Sam (Eds.), Knowing, Teaching, and Learning History, New York & London 2000, S. 199-222
Michalik, Kerstin (Hrsg.), Geschichtsbezogenes Lernen im Sachunterricht, Braunschweig 2004
Mielitz, Reinhard, Das Faktenwissen der Studienanfänger. Ergebnisse eines Tests, in: Mielitz, Reinhard (Hrsg.), Das Lehren der Geschichte, Göttingen 1969, S. 90-102
Mietzel, Gerd, Wege in die Entwicklungspsychologie, Bd. 1: Kindheit und Jugend, 3. Aufl., Weinheim 1997
Nakou, Irene, Children's Historical Thinking within a Museum Environment: An Overall Picture of a Longitudinal Study, in: Dickinson, Alaric e.a. (Eds.), Raising Standards in History Education, London 2001, S. 73-96 (= International Review of History Education 3)
Noack, Christian, Stufen der Ich-Entwicklung und Geschichtsbewußtsein, in: Borries, Bodo v.; Pandel, Hans-Jürgen (Hrsg.), Zur Genese historischer Denkformen. Qualitative und quantitative empirische Zugänge, Pfaffenweiler 1994, S. 9-46
Oehler, Hans, Geschichtswissen und Geschichtsbild der Abiturienten, in: Mielitz, Reinhard (Hrsg.), Das Lehren der Geschichte, Göttingen 1969, S. 46-55
Oerter, Rolf; Montada, Leo (Hrsg.), Entwicklungspsychologie, 4. Aufl., Weinheim 1998
Pandel, Hans-Jürgen, Postmoderne Beliebigkeit? Über den sorglosen Umgang mit Inhalten und Methoden, in: GWU, 50 (1999), S. 282-291
Pandel, Hans-Jürgen, Textquellen im Unterricht. Zwischen Ärgernis und Erfordernis, in: Geschichte lernen 8 (1995), H. 46, S. 14-21
Piaget, Jean, Psychologie der Intelligenz, München 1976
Piaget, Jean; Inhelder, Bärbel, Psychologie des Kindes, Frankfurt/M. 1977
Pöschko, Hans H., Weltbilder und Lebenswelt, Weinheim 1984
Pulaski, Mary Ann S. , Piaget. Eine Einführung in seine Theorien und sein Werk, Frankfurt/M. 1978
Reeken, Dietmar von, Historisches Lernen im Sachunterricht. Didaktische Grundlegungen und unterrichtspraktische Hinweise, Seelze 1999

Roth, Heinrich, Kind und Geschichte. Psychologische Voraussetzungen des Geschichtsunterrichts in der Volksschule, 5. erg. Aufl., München 1968
Rüsen, Ingetraud, „Das Gute bleibt – wie schön!" – Historische Deutungsmuster im Anfangsunterricht, in: Rüsen, Jörn, Historisches Lernen. Grundlagen und Paradigmen, Köln 1994, S. 141-155
Rüsen, Jörn, Historisches Lernen. Grundlagen und Paradigmen, Köln 1994 (a)
Rüsen, Jörn, Historische Orientierung. Über die Arbeit des Geschichtsbewußtseins, sich in der Zeit zurechtzufinden, Köln 1994
Schmidt, Hans-Günther, „Eine Geschichte zum Nachdenken" Bericht über einen Versuch der empirischen Erforschung des Geschichtsbewußtseins von Schülern der Sekundarstufe I (Unter- und Mittelstufe), in: Geschichtsdidaktik 12 (1987), S. 28-35
Schneider, Gerhard, Über den Umgang mit Quellen im Geschichtsunterricht, in: GWU, 45 (1994), S. 73-90
Schönemann, Bernd; Voit, Hartmut (Hrsg.), Von der Einschulung bis zum Abitur. Prinzipien und Praxis des historischen Lernens in den Schulstufen, Idstein 2002
Schreiber, Waltraud (Hrsg.), Erste Begegnungen mit Geschichte. Grundlagen historischen Lernens, 2 Bde., Neuried 1999
Schreiber, Waltraud, Reflektiertes und (selbst-)reflexives Geschichtsbewußtsein durch Geschichtsunterricht fördern – ein vielschichtiges Forschungsfeld der Geschichtsdidaktik, in: Zeitschrift für Geschichtsdidaktik, 1 (2002) (Jahresband), S. 18-43
Schreiber, Waltraud, Elementarisierungs-Zumutung? – Elementarisierungs-Zumutung! Ein Baustein zur Entwicklung einer Theorie der Lernprogression im Geschichtsunterricht. Die Perspektive „historisches Lernen mit Grundschülern", in: Körber, Andreas (Hrsg.), Geschichte – Leben – Lernen, Schwalbach/Ts. 2003, S. 147-176 (a)
Schreiber, Waltraud (Moderat.), FUER Geschichtsbewusstsein. Ein internationales geschichtsdidaktisches Forschungsprojekt zum Geschichtsunterricht (= Zeitschrift für Geschichtsdidaktik, 2 [2003], [Jahresband]) (b)
Schulz-Hageleit, Peter, Was lehrt uns die Geschichte? Pfaffenweiler 1989
Selman, Robert L., Die Entwicklung des sozialen Verstehens, Frankfurt/M. 1984
Welzer, Harald u.a., „Was wir für böse Menschen sind!" Der Nationalsozialismus im Gespräch zwischen den Generationen, Tübingen 1997
Welzer, Harald u.a., „Opa war kein Nazi". Nationalsozialismus und Holocaust im Familiengedächtnis, 3. Aufl., Frankfurt/M. 2002
Wineburg, Sam, Making Historical Sense, in: Stearns, Peter N.; Seixas, Peter; Wineburg, Sam (Eds.), Knowing, Teaching, and Learning History, New York & London 2000, S. 306-325
Wiske, Martha Stone (Ed.), Teaching for Understanding. Linking Research with Practice, San Francisco 1997
Wunderer, Hartmut, Geschichtsunterricht in der Sekundarstufe II, Schwalbach/Ts. 2000

2. Methoden historischen Denkens

Klaus Bergmann

Ideologiekritik

1. Ideologie und Ideologiekritik

Im 23. Kapitel seines Romans „Der Stechlin" lässt Theodor Fontane den Pastor Lorenzen über die Engländer sagen: „Lauter Jobber, und die vornehme Welt obenan. Und dabei so heuchlerisch; sie sagen Christus und meinen Kattun". „Sie sagen Christus und meinen Kattun" (oder in einer abgewandelten Form „Sie reden von Gott und meinen Kattun") wurde zu einem geflügelten Wort. Es handelt sich um einen ideologiekritischen Satz, der in deutender Übersetzung lautet: Sie schieben für ihr Tun eine Begründung vor, die objektiv nicht stimmt; sie behaupten, es ginge ihnen in ihrem Imperialismus um die christliche Missionierung der Welt, während sie in Wahrheit nur den Handel mit Leinen im Kopf haben. Es wird unterstellt, dass die Rede von Christus eine *Täuschung* darstellt.

Karl Marx hat behauptet: „Die Religion ist der Seufzer der bedrängten Kreatur, das Gemüt einer herzlosen Welt, wie sie der Geist geistloser Zustände ist. Sie ist das Opium des Volks".

„Sie ist das Opium des Volks": Auch hier handelt es sich um einen ideologiekritischen Satz. Der religiös Gläubige hält für wahr, was doch nur *Selbsttäuschung* ist. In der Trostlosigkeit der Wirklichkeit sucht er einen Trost in der Religion, die ein besseres Jenseits verspricht. Noch der von Marx nie ausgesprochene, ihm aber immer wieder unterstellte Satz „Religion ist Opium fürs Volk" kann so gedeutet werden, wenn man das Volk als Subjekt annimmt: Das Volk sucht sich in der Religion Opium, um sich in der trostlosen Wirklichkeit zu betäuben. Der Satz gewinnt eine andere Qualität, wenn man das Volk als Objekt annimmt: Es gibt Menschen, die das Volk mit der Religion wie mit Opium betäuben, damit es die wahren Verhältnisse nicht durchschauen kann. Dann handelt es sich nicht um *Selbsttäuschung*, sondern um *Täuschung*.

1.1 Ideologie

Täuschungen und Selbsttäuschungen spielen in den Theorien über Ideologie eine wichtige Rolle. Sie können jeweils Bestandteile von Ideologien sein. Die Rechtfertigung von Zielen durch das Verbergen eigentlicher Beweggründe gehört ebenso dazu wie die Selbsttäuschung durch ein gesellschaftlich „falsches Bewusstsein" oder durch das Verbergen vor sich selber. Was kann der Begriff „Ideologie" heute meinen? Alfons Grieder nennt den Begriff „Ideologie" einen „abgegriffenen Begriff", der „sich einen Kometenschweif von Bedeutungen zugezogen hat" (Grieder 1992, 18). Für didaktische Zwecke ist die folgende Definition brauchbar:

> „Unter ‚Ideologien' verstehe ich Gedankengebilde, die ... gesellschaftlichen Gruppen als allgemeine Orientierungsrahmen bei der Interpretation gesellschaftlicher Wirklichkeit dienen, die Machtansprüche dieser Gruppen im politischen Leben legitimieren und neben echten wissenschaftlichen Einsichten und neben offenen Wertungen, Normen und Handlungsappellen viele kryptonormative und falsche Vorstellungen enthalten, deren ungerechtfertigte Wahrheitsansprüche oder Unwahrheiten auf eine interessenbedingte Befangenheit ihrer Produzenten zurückzuführen ist" (Salamun 1992, 45).

Eine Ideologie ist demnach ein System von Vorstellungen und Deutungen der Welt, das ein politisches Handlungsziel begründet und übergreifende Geltungsansprüche erhebt, ohne zugleich Ansprüche auf Wahrheit einlösen zu können. In diesem Sinne beruhen etwa die großen politischen Strömungen des 19. und 20. Jahrhunderts wie Liberalismus, Sozialismus, Konservativismus, Faschismus auf in sich mehr oder weniger geschlossenen Grundannahmen und handlungsleitenden Vorstellungen einer künftigen Wirklichkeit, die nicht als wahr und allgemein zustimmungsfähig gelten können, aber in der Regel als wahr und allgemein zustimmungsfähig ausgegeben werden. Ob diese künftige Wirklichkeit nur eine Fortschreibung gegenwärtiger Verhältnisse sein soll, ob sie als Restauration überwundener oder obsoleter Verhältnisse vorgestellt wird, ob sie in der Form einer Utopie und grundstürzend veränderter Verhältnisse gedacht wird, ist bei diesem Begriff von Ideologie nicht entscheidend. Wichtig ist hier nur, dass Ideologie in einem weiten Sinne politisch ist und damit auf gesellschaftliche, politische und ökonomische Zusammenhänge bezogen ist, der sie auch ihre Entstehung verdankt: Sie betrifft keine Maximen einer Gestaltung des privaten Lebens. Wichtig ist, dass ihre Grundannahmen wissenschaftlich nicht als wahr begründet werden können, sondern politische Willensbekundungen sind, die auf Streben nach Macht – Anteil an Macht oder Beeinflussung der Machtverteilung (Salamun 1992, 45) – zurückgehen. Sie sollen für eine möglichst große Zahl von Anhängern attraktiv sein.

Ideologien gibt es vor allem in den Phasen der Geschichte, in denen eine öffentliche Meinung einen Begründungsdruck ausübte und die Zustimmung großer Teile der Bevölkerung zu einem wichtigen Faktor wurde – nicht nur, aber vor allem in der Neuzeit und der Zeitgeschichte. Dieser Druck bewirkte in der Regel eine bewusste oder unbewusste Verbergung von Aussagen, die nicht in das Ideensystem passen oder dem angesprochenen Personenkreis keine Zustimmung hätte entlocken können. Er bewirkte auch die innere Notwendigkeit, die Ideensysteme von Gruppen – also von *Teilen* der Gesellschaft – durch den Bezug auf allgemein zustimmungsfähige Normen auch als allgemein zustimmungsfähig erscheinen zu lassen: *Christus* ist zustimmungsfähiger als *Kattun*, *Gemeinschaft* zustimmungsfähiger als *Gesellschaft*. Unerheblich ist dabei, inwieweit die Ideologieträger auch selber an die edlen Motive glaubten, einer Selbsttäuschung unterlagen oder bewusst täuschen wollten.

Ideologien haben offen oder versteckt ein narratives Element: Entstanden aus historisch-sozialen Zusammenhängen und in ihnen wirkend, enthalten sie Vorstellungen über eine wünschenswerte Zukunft, von denen her sie auch rechtfertigende Bezüge zur Vergangenheit herstellen. Bloße Berichte oder Beschreibungen von historischen Vorgängen sind in aller Regel nicht ideologisch – auch wenn sie Auskunft über den ideologischen Standort der Verfasser zulassen.

Die Ausdrucksformen von Ideologie können sehr verschiedenartig sein. Ideologie zeigt sich vor allem, aber nicht nur in sprachlichen Aussagen, zeigt sich auch in Bildern, Statuen, Architektur, Musik, graphischen Darstellungen, die durch Ideologiekritik sprachlich entschlüsselt werden sollen.

1.2 Ideologiekritik

Unter Ideologiekritik sind Verfahren zu verstehen, die geeignet sind, Ideen gesellschaftlicher Gruppen zur Gestaltung des in einem weiten Sinn Politischen als nicht allgemein zustimmungsfähig zu erkennen, weil sie nicht als „wahr“ gelten können. Sie können nicht als „wahr“ und damit allgemein zustimmungsfähig gelten, weil sie immer auch verborgene, unausgesprochene, bewusst oder unbewusst verhüllte Bestandteile oder Konsequenzen in sich bergen, die durch Ideologiekritik enthüllt und durchschaut werden sollen. Wahrheit ist Unverborgenheit (Grieder 1992, 25). Ideologien aber zeichnen sich immer auch durch Verborgenes aus. Das in den Ideologien Verborgene, Verhüllte, Unausgesprochene ist immer nur auf den zweiten Blick durchschaubar. Gelernt werden muss also der „zweite Blick“. Ideologiekritik ist dabei grundsätzlich nur durch eine Verbindung „verstehender“ und „erklärender“ Verfahren möglich. Ideologien können nur aus den historischen Bedingungen heraus begriffen und kritisiert werden, in denen sie entstanden sind und auf die sie sich beziehen. Ideologiekritik ist nicht möglich ohne „eine systematische Analyse jener gesellschaftlichen Prozesse, die für das Zustandekommen der ideologischen Gebilde von Bedeutung sind“ (Lieber 1985, 44). Sie ist immer verküpft mit einer historischen Befragung der „gesellschaftlichen Bedingungen der Entstehung und Ausbreitung bestimmter Weltanschauungen und Theorien“ (Lieber 1985, 52). In didaktischer Hinsicht kommt es darauf an, Schülerinnen und Schüler zu befähigen, ideologische Äußerungen als politische Zielvorstellungen begreifen und einordnen zu können und ihrem Anspruch auf Wahrheit und Gültigkeit grundsätzlich zu misstrauen.

2. Erkennen von Ideologie im Unterricht

Vor aller Ideologiekritik steht das Erkennen von Ideologie. Woran erkennt man „Ideologien“ und ideologische Äußerungen, ohne sie schon kritisch betrachten zu können?

2.1 Ideologische Sprachlandschaften

Jede Ideologie hat ihre eigene Sprache, Stilmittel und Argumentationsfiguren, die sie für den Wissenden unverwechselbar machen. „Auf der Sprachebene manifestieren sich solche Deutungsraster in emotional aufgeladenen Polarisierungskategorien und Schwarz-Weiß-Zeichnungen des politischen Geschehens“ (Salamun 1992, 47). Gegensatzpaare dieser Art sind etwa in der nationalsozialistischen Ideologie „arisch – jüdisch“, im Marxismus-Leninismus „sozialistisch – kapitalistisch“, in neoliberalistischen und konservativen Ideologien „demokratisch – sozialistisch“ oder „freiheitlich – sozialistisch“ (Salamun 1992, 47): Die Welt wird in Schafe und Böcke, in „Wir“ und „die Anderen“ geschieden, wobei die Schafe und „Wir“ prinzipiell das „Gute“ und allen allein Zuträgliche vertreten. Ideologien können schon von Schülerinnen und Schülern an solchen simplen Einteilungen erkannt und wiedererkannt werden, durch die die Wirklichkeit und Wahrheit verfehlt wird.

Alle Ideologien haben ihre je eigene Sprachlandschaft. „Klasse“ und „Ausbeutung“ oder „Bourgeoisie“ und „Proletariat“ etwa stehen für die Ideologie des Sozialismus; „Freiheit“ und „Selbstverantwortung“ oder „freier Wettbewerb“ stehen für Liberalismus; „Führer“, „Blut und Boden“ oder „Ausrottung“ für Faschismus. Sie machen es dem Wissenden leicht, Äußerungen als Bestandteile einer bestimmten Ideologie zu identifizieren – und damit zu kritisieren oder zu relativieren. Schülerinnen und Schüler aber sind noch keine Wissenden. Sie müssen erst lernen, sprachliche Äußerungen einer bestimmten Ideologie zuzuordnen.

2.2 Ästhetisch-ideologische Handschriften

Unter ästhetisch-ideologischen Handschriften sind Eigentümlichkeiten von Bildern, Denkmälern, Statuen oder Bauwerken gemeint, die einer nichtsprachlichen Verbreitung einer Ideologie dienen. Besonders häufig geht es dabei um „Monumente“ wie Plakate, Propagandabilder, Historienmalerei, Denkmäler oder Monumentalbauten. Sie ermöglichen dem Kundigen eine sofortige Zuordnung zu einer historischen Epoche und/oder einer historischen (und vielleicht noch existenten) Ideologie. Schülerinnen und Schüler sollten erste Schritte gehen, solche Handschriften zu entziffern und zu lesen. Auch hier bietet sich an, Formen und Inhalte nach einer genauen Beschreibung in eine Sprachlandschaft zu übersetzen.

Beispiel eines nationalsozialistischen Gemäldes einer deutschen Familie[1].

Solche Bilder sollten ohne jede Legende im Unterricht besprochen werden. Erst nach einer Beschreibung, deren Einzelheiten an der Tafel festgehalten werden können, wird das Bild durch die Schülerinnen und Schüler mit einer Überschrift oder einer Legende versehen und in einen Zusammenhang eingeordnet. Typische Bildinhalte werden sprachlich festgehalten, so dass aus Bildern eine Sprache von Signalen entsteht, die in diesem Fall die nationalsozialistische Familienideologie spiegelt.

3. Lernformen von Ideologiekritik

In Veröffentlichungen aus den Bereichen der Geschichtsdidaktik und der Politischen Bildung wird allenthalben die Notwendigkeit von Ideologiekritik stark betont. Ideologiekritische Verfahren seien ein unerlässlicher Bestandteil des Unterrichts. Sucht man aber nach konkreten Vorschlägen, wie Ideologiekritik im Unterricht gelernt werden kann und welche Verfahren dafür geeignet sein könnten, wird man jenseits der Absichtserklärungen nicht fündig. Im Folgenden werden einige mögliche Lernformen vorgestellt. In der Praxis werden sie weniger als einzelne, streng voneinander geschiedene Verfahren ihren Wert haben, sondern vor allem als sich ergänzende Verfahren. Letztlich geht es dabei immer um Verfahren, die ein „Hinterfragen" ermöglichen – Text- und andere Quellen daraufhin zu befragen, ob sich hinter ihnen mehr verbirgt, als es zunächst den Anschein hat. Immer geht es um das Erlernen des „zweiten Blicks" und der genauen, kritischen Hinsicht.

3.1 Das Verfahren der Signalwörter

Schülerinnen und Schüler können keine „Sprachlandschaften" erkennen, wenn sie nur einen Text einer Ideologie vor sich haben. In Verbindung mit einem zweiten oder dritten Text gleicher Herkunft können sie aber wiederkehrende Begriffe und Argumentationsmuster markieren und auf die eigene Sprache von Ideologie stoßen. Mit Hilfe eines Konversationslexikons können sie gegebenenfalls bereits tiefer in das Gedankensystem einer Ideologie eindringen

Direkte Aufgabenstellung: Finden sich in den Texten identische oder fast identische Begriffe oder Gegensatzpaare? Kann man aus ihnen eine bestimmte Sicht und Deutung der Wirklichkeit rekonstruieren?

3.2 Das Verfahren der Sprachkritik

Einzelne Wörter werden auf ihren eigentlichen Bedeutungsgehalt überprüft. Das Verfahren dient dazu, beschönigende und irreführende Begriffe auf ihnen zugrunde liegende Sachverhalte oder Vorgänge zu beziehen und als irreführend zu erkennen. (Beispiele: „Freisetzen"statt „Entlassen", „Volksgemeinschaft" statt (Klassen-)„Gesellschaft", „Asylant" statt „Asylbewerber"). Weiterhin können Aussagen daraufhin überprüft werden, ob sie fragwürdige Verallgemeinerungen enthalten, die nur auf den ersten Blick plausibel sind: Weder gibt es „den" Menschen noch „den" Russen oder „den" Deutschen, noch „das" Böse oder „das" Gute schlechthin (auch nicht „die Achse des Bösen"). Schließlich sind „plakative Stereotype" (Lucas 1985, 137 ff.) zu nennen, die in Ideologien verwendet werden. Sie sind in historischen Zusammenhängen bei großen Teilen der angesprochenen Bevölkerung mit Wertungen aufgeladen und lösen verlässliche Reaktionen der Zustimmung oder Ablehnung aus: Positiv aufgeladen waren etwa „Vaterland" („Mit Gott für König und Vaterland") oder „Volksgemeinschaft", negativ aufgeladen waren etwa „Bolschewisten" oder „marxistische Zersetzung". Eine Wahlparole wie „Freiheit statt Sozialismus" setzte auf abrufbare Wertungen.

3.3 Das Verfahren des Umschreibens

Eine Quelle wird durch die Verwendung sinnverwandter Wörter (Substantive, Adjektive, Verben, Verwandlungen von Passiva in Aktiva) probeweise umgeschrieben und dabei möglicherweise bis zur Kenntlichkeit verändert. Voraussetzung dafür ist in der Regel das Vorhandensein eines Synonym-Wörterbuches. Das Verfahren ist etwa in dem Satz Brechts festgehalten „Wer in unserer Zeit *statt Volk Bevölkerung und statt Boden Landbesitz* sagt, unterstützt schon viele Lügen nicht. Er nimmt den Wörtern ihre faule Mystik" (Brecht 1993, Schriften 2, 81). In den „Fünf Schwierigkeiten beim Schreiben der Wahrheit" ist es beschrieben worden: „Konfutse fälschte einen alten, patriotischen Geschichtskalender. Er veränderte nur gewisse Wörter. Wenn es hieß, ‚Der Herrscher von Kun ließ den Philosophen Wan töten, weil er das und das gesagt hatte', setzte Konfutse statt töten ‚ermorden'. Hieß es, der Tyrann soundso sei durch ein Attentat umgekommen, setzte er ‚hingerichtet worden'. Dadurch brach Konfutse einer neuen Beurteilung der Geschichte Bahn" (Brecht 1993, Schriften 2, 81).

3.4 Das Verfahren der Vorenthaltung und Ergänzung

Ideologien entstehen immer in bestimmbaren historischen Prozessen, in denen sie ihre Funktion haben und ihre Wirkung entfalten. Bei diesem Verfahren wird der Text zunächst ohne nähere Angaben über Ort, Autor, Zeit usw. in den Unterricht eingegeben und besprochen. Dann werden nähere Informationen gesucht oder nachgereicht, an die sich Überlegungen anschließen, ob sich der Text im Licht dieser Informationen anders als bislang besprochen ausnimmt. Die Zusatzinformationen umfassen vor allem Angaben über historische Zusammenhänge – die soziale Stellung, Geschlechtszugehörigkeit, Position der Macht oder Ohnmacht. Dieses Verfahren leitet über zum Verfahren der Nachfrage.

3.5 Das Verfahren der Nachfrage

Bei diesem Verfahren wird gelernt, aus Erfahrung stets nach zusätzlichen Informationen über historische Voraussetzungen, Handlungsbedingungen und Zusammenhänge zu fragen, die es ermöglichen, genauere Vermutungen oder Hypothesen oder Aussagen gegenüber dem Text zu äußern. Die Schülerinnen und Schüler merken, dass sie ohne Zusatzinformationen den Text nicht verstehen können, stellen Fragen und bekommen oder besser: suchen nach Informationen, die ihnen den „zweiten Blick" ermöglichen.

3.6 Das Verfahren der Zuordnung zu Geschlecht und sozialer Stellung

Die Schülerinnen und Schüler erhalten einen Text mit genauen Angaben über die Stellung des Autors oder der Autorin in den historischen Zusammenhängen von Politik, Gesellschaft oder Wirtschaft.

Direkte Aufgabenstellung: Versucht, die Aussagen auf die gesellschaftliche Stellung bzw. die Geschlechtszugehörigkeit des Autors oder der Autorin zu beziehen. Wie sind Behauptungen und Absichten danach zu beurteilen?

3.7 Das Verfahren der Unterstellung

Schülerinnen und Schüler unterstellen bei diesem Verfahren, dass der Autor nicht alles sagt, was er denkt und beabsichtigt, dass er Unpassendes verbirgt oder verhüllt oder übergeht.

Direkte Aufgabenstellung: Wir unterstellen mal, dass der Autor nicht alles sagt, was er denkt und beabsichtigt: Könnten wir Gründe finden, um unsere Unterstellung zu rechtfertigen? Wie würde der Text aussehen, wenn der Autor alles sagte, was er beabsichtigt?

3.8 Das Verfahren des Verdachts

Ideologien sollen allgemein zustimmungsfähig werden, indem die Ideologieträger sich auf Absichten und Motive beziehen, die allgemein als edel, hilfreich und gut gelten. Hier wird der Verdacht geäußert, dass die vorgetragenen edlen Absichten und idealen Normen eigensüchtige Ziele unerkennbar machen (sollen).

Direkte Aufgabenstellung: Wir haben den Verdacht, dass der Autor edle Absichten vortäuscht, um eigensüchtige Ziele so zu begründen, dass alle oder viele zustimmen können. Können wir Textstellen finden, die den Verdacht erhärten?

3.9 Das Verfahren des Widerspruchs

Bei diesem Verfahren wird die Aufgabe gestellt, eine Gegenposition zum ideologischen Text auszudenken und zu formulieren, diese Position in einem Streitgespräch vorzutragen und wiederum der Gegenposition des Streitgegners auszusetzen.

Direkte Aufgabenstellung: Wir denken uns in einen Gegner hinein und entwerfen dessen Gegenposition.

3.10 Das Verfahren der Opferperspektive

Bei diesem Verfahren wird danach gefragt, wie Menschen über die ideologische Aussage denken könnten, die möglicherweise Opfer der geäußerten Absicht werden oder sind. Dies ist ein Verfahren, bei dem auch bedacht werden muss, dass sich die möglichen Opfer von Ideologien durchaus mit der Ideologie identifizieren konnten. Das beste Beispiel sind die Deutschen, die der Ideologie der „Volksgemeinschaft“ anhingen und einer Selbsttäuschung unterlagen.

Direkte Aufgabenstellung: Wie wird ein X oder Y über die Aussage gedacht und was von ihr für sich erwartet haben? Formuliert eine Stellungnahme aus dieser Perspektive. Aber auch: Warum hingen so viele Menschen in Selbsttäuschung der Ideologie X an?

3.11 Das Verfahren des Weiterdenkens und des „Was wäre wenn?"

Bei diesem Verfahren wird der Versuch gemacht, sich auszudenken, was geschehen würde, wenn die Absichten verwirklicht werden. Wer würde durch die Ergebnisse verlieren, wer gewinnen, obwohl doch nach der Begründung alle gewinnen und profitieren sollen? Theoretisch gesprochen handelt es sich um eine fiktionale Narrativierung, die gerade im Geschichtsunterricht durch das Erkennen der tatsächlichen Folgen ideologiekritische Einsichten ermöglicht.

3.12 Das Verfahren der Entgegensetzung

Es ist das Verfahren der multiperspektivischen Lernens: Zwei unterschiedliche Ansichten und Absichten zum gleichen Sachverhalt werden gegenübergestellt. Dass die historische Wahrheit nicht in den Quellen steckt, sondern ihnen in einem kritischen Verfahren entnommen werden muss, ist die Grundlage von Ideologiekritik. Es erleichtert das Verfahren, wenn man einer ideologischen Aussage eine andere Aussage zum gleichen Vorgang oder Sachverhalt gegenüberstellt (➤ Multiperspektivität). Eine multiperspektivische Präsentation von Quellen setzt alle Quellen der „Hermeneutik des Verdachts" aus. Alle sind dann vor einander und durch einander fragwürdig und können kritische Überlegungen auslösen.

3.13 Das Verfahren der historischen Kritik

Historische (und gegenwartige) Ideologien verwenden immer auch Geschichte als politisches Argument. Der öffentliche Rechtfertigungsdruck zwingt dazu, Ideologien auch historisch zu unterfüttern. „Die Geschichte lehrt, dass ..." die Ideologie auch historisch begründet ist und in ihr die „richtigen" Schlüsse aus einer „richtigen" Befragung der Erfahrungen der Vergangenheit gezogen worden sind. Zukunftsvorstellungen führen zu einer Sicht auf die Vergangenheit, die möglicherweise empirisch widerlegt werden kann. Beispiel:

> Der französische Außenminister Gabriel Hanotaux (1853-1944) begründet die imperialistische Politik Frankreichs Ende des 19. Jahrhunderts: „Bei der Ausdehnung Frankreichs handelt es sich nicht um Eroberungs- oder Machtpolitik, sondern darum, jenseits der Meere in Landstrichen, die gestern barbarisch waren, die Prinzipien einer Zivilisation zu verbreiten, deren sich zu rühmen eine der ältesten Nationen des Globus wohl das Recht besitzt. Die französische Ausdehnung hatte zu allen Zeiten zivilisatorischen und religionsmissionarischen Charakter."

1. Diese Aussage rechtfertigt eine bestimmte Politik, die Politik der Ausdehnung Frankreichs. Sie begründet diese Politik als zivilisatorische und religionsmissionarische Politik und verwirft ausdrücklich die Auffassung, es handele sich um Eroberungs- oder Machtpolitik. Sie nimmt hohe Ziele in Anspruch und verwahrt sich gegen die Unterstellung, sie beruhe auf problematischen Grundsätzen. Sie thematisiert selber mögliche Einwände.

2. Sie ist in Teilen erweislich unzutreffend: a. Die Kriege Ludwigs XIV. um die Vorherrschaft in Europa waren nicht auf barbarische Landstriche gerichtet. b. Frankreich gewann durch die Expansion Rohstoffe und billige Arbeitskräfte. Frankreich? Eher die Franzosen, die diese Rohstoffe und Waren einführten und verkauften.
3. Von der so begründeten Ausdehnung profitierten die Weltmacht Frankreich als Weltmacht und die französischen Wirtschaftsunternehmen, die beteiligt waren.
4. Die Aussage stammt von einem Regierungsmitglied, einem Angehörigen der Oberschicht.
5. Die Aussage entspricht den wohlverstandenen Interessen der Weltmacht Frankreich und der wirtschaftlichen Unternehmen an der Aufrechterhaltung oder Steigerung ihrer Macht und ihres Einflusses in der Welt. Die Gegenprobe: Entspricht sie den Interessen anderer Staaten, anderer gesellschaftlicher Gruppen einschließlich der Gruppen der betroffenen Bewohner der „barbarischen Landstriche"?
6. Es ist nicht erkennbar, ob es sich um eine bewusste Täuschung handelt oder um eine Selbsttäuschung. Vermutungen sind möglich.

Machen wir an einem anderen Text eine Gegenprobe:

> Der Arzt Rudolf Virchow (1821-1902) schrieb nach dem „Scheitern" der Revolution von 1848 an seinen Vater
>
> „...Zwei große Revolutionen, eine des Volks und eine der Aristokratie, das wird nicht so leicht wieder zusammenfallen. ... Ich kann wohl sagen: Solche Jahre wünsche ich weder Dir noch mir noch sonst wem wieder; so etwas einmal erfahren zu haben, genügt vollkommen.
> Aber ich befürchte, dass es nicht das letzte Mal gewesen ist. Der Boden für die Revolution ist geschaffen; jetzt wird er von der Reaktion geackert, und über kurz oder lang wird ihn wieder das Volk bestellen ... die alte Ruhe wirst Du, glaube ich, nicht wieder einkehren sehen. Auch glaube ich nicht, dass Du das wünschen kannst. Die Geschichte will vorwärts, ihre Aufgabe ist die geistige und leibliche Befreiung des Menschengeschlechts, und ich bin noch jetzt überzeugt wie vor etlichen Monaten, dass es dazu zunächst der Republik bedarf. Es ist freilich in diesem Augenblick schwer zu sagen, was die nächste Zeit bringen wird. In Frankreich, in Italien, in Österreich, bei uns hat die Konterrevolution gesiegt und sie fängt an, überall ihren Sieg schamlos zu benutzen".[2]

Es handelt sich – im unterlegten Sinne – nicht um eine ideologische Aussage, denn:

1. Die Aussage will bestehende Verhältnisse nicht rechtfertigen; in ihr geht es um eine Veränderung bestehender Verhältnisse.
2. Die Aussage kann nicht als erweislich unzutreffend angesehen werden, da sie lediglich eine Hoffnung und damit eine Zukunftsvorstellung ausdrückt.
3. Es heften sich gesellschaftliche, ja sogar Menschheits-Interessen an diese Äußerung, aber diese Interessen sind eben nicht auf Bewahrung gesellschaftlicher oder politischer Verhältnisse gerichtet.
4. Der Verfasser spricht als Vertreter eines liberalen Bürgertums, der den Status quo überwinden möchte und daher unzufrieden ist mit dem zeitweiligen Sieg der beharrenden Kräfte.
5. In der Aussage sind keine „eigenen wohlverstandenen Interessen" auszumachen.
6. Der Verfasser will weder täuschen noch unterliegt er einer Selbsttäuschung. Er äußert eine Erwartung und Hoffnung.

3.14 Das Verfahren der Enthüllung

Schülerinnen und Schüler versuchen, an geeigneten Texten Widersprüche, bloße Behauptungen oder erweislich Unrichtiges in der Aussage zu finden.

Ein Sonderfall ist das Beispiel der Ideologie des „American way of life" im untenstehenden Foto von 1937, in dem die ideologische Behauptung auf einem Plakat als zumindest fragwürdig erscheint.

„American way of life"?
Das Foto zeigt Opfer einer Flutkatastrophe in Louisville 1937 – und es zeigt mehr: Es zeigt Menschen, die in einer Schlange stehen, um frisches Wasser zu bekommen. Und es zeigt ein Plakat im Foto. Auf ihm sind ganz andere Menschen zu sehen als in der Schlange. Das Foto ist berühmt geworden. Es ist nicht schwer herauszufinden, warum es berühmt geworden ist.

3.15 Das Verfahren der Ideologisierung

Schülerinnen und Schüler (re)konstruieren aus einem ideologiekritischen Text einen vorgängigen ideologischen Text, auf den sich die Kritik bezieht.

„Was treiben die Deutschen in Afrika?

Hört, hört!
Die Sklaverei wird von uns allda zerstört.
Und wenn so ein Kaffer von uns nichts will,
Den machen wir flugs auf ewig still.
Refrain: Piff paff, piff paff, hurrah!
O glückliches Afrika!

Wir pred'gen den Heiden das Christentum.
Wie brav!
Und wer's nicht will glauben, den bringen wir um.
Piff paff!
O selig die ‚Wilden', die also man lehrt
Die ‚christliche Liebe' mit Feuer und Schwert.
Refrain

Wir haben gar ‚schneidige' Missionär.

Juchhei!
Den Branntwein, den Krupp und das
Mausergewehr,
Die drei.
So tragen ‚Kultur' wir nach Afrika.
Geladen! Gebt Feuer! Hallelujah!
Refrain"

(Demokratisches Liederbuch zum Gebrauch der Volksvereine, hrsg. Von einer Kommission des Demokratischen Vereins in München, 2. Auflage, Stuttgart 1898, S. 45)

Von dem Liedtext kann auf folgende ideologische Begründung der deutschen Kolonialpolitik in Afrika rückgeschlossen werden: „Die deutsche Politik dient der Abschaffung der Sklaverei in Afrika. Sie bringt den Heiden das Christentum und christliche Nächstenliebe und trägt allgemein Kultur nach Afrika."

3.16 Das Verfahren eines lesenden Arbeiters oder einer lesenden Frau

„Philipp von Spanien weinte, als seine Flotte/Untergegangen war. Weinte sonst niemand?" Das erhellende Lehrgedicht von Bert Brecht „Fragen eines lesenden Arbeiters" sollte in jedem Geschichtsunterricht gründlich besprochen werden und zum Ausgangspunkt eines gewohnheitsmäßigen Sicht-Wechsels werden. Schülerinnen und Schüler können selber das Gedicht in „Fragen einer lesenden Frau" oder andere Variationen umbilden.

4. Von Lernverfahren zu Fragenkatalogen

Aus den Lernverfahren können sich im Laufe der Zeit Fragenkataloge ergeben, die bei allem Schematismus doch geeignet sein können, um scheinbar wahrheitsfähige Aussagen ideologiekritisch „hinterfragen" zu können.

Ein vereinfachter Fragenkatalog könnte so aussehen:

1. Wer sagt in welchen historischen Zusammenhängen was aus? Welcher sozialen Schicht gehört er oder sie an? Gehört er oder sie zu einer wichtigen gesellschaftlichen Gruppe? An wen ist die Aussage gerichtet? Welches Verhältnis besteht zwischen Aussagendem und Angesprochenem?
2. Welche Vorstellungen über die Zukunft lassen sich erkennen? Vertritt der oder die Aussagende Vorstellungen und Begründungen, die auf eine Erhaltung und bewahrende Fortführung oder auf eine Veränderung politischer, gesellschaftlicher oder ökonomischer Gegebenheiten gerichtet sind?
3. Worin drückt sich das aus? Welche allgemein zustimmungsfähigen Ideen verwendet er oder sie, um seine oder ihre Absicht zu begründen und zustimmungsfähig zu machen?

Ein erweiterter Fragenkatalog könnte so aussehen:

1. Was ist den Aussagen zu entnehmen, was wirklich oder höchstwahrscheinlich „der Fall ist"?
2. Was ist demgegenüber zukunftsgerichtete Absicht, Behauptung und Begründung?
3. Welche Interessen wird der Aussagende nach seiner sozialen und wirtschaftlichen Stellung vermutlich vor allem verfolgen?
4. Was ist nicht sicher „der Fall", sondern der Nachfrage wert und frag-würdig?
5. Was ergibt die genaue Überprüfung der Behauptung und Begründung?
6. Haben die Behauptungen eher bestandswahrenden oder bestandskritischen Charakter?
7. Wie könnte eine gegenteilige Aussage formuliert werden?

Anwendung auf ein Beispiel:

> Eine deutsche Firma zum Bau einer Eisenbahnlinie in der Kolonie Togo im Jahre 1896:
>
> „So wird auch die Bahn in Togo die eingeborenen Stämme in nähere Beziehung zu einander führen. Durch die Händler und auch durch das zahlreiche, geschulte und hoffentlich bald zum Christentum bekehrte Fahrer-Personal der Bahn selber werden andere Anschauungen verbreitet; auch wird unser Geld in das Land kommen, die Verbindung mit der Küste, zum Sitz europäischer Kultur, wird günstiger, und durch alles dieses werden in dem Neger geistige und körperliche Fähigkeiten und Kräfte, andererseits aber auch Bedürfnisse geweckt werden, die bisher unbewusst und unbekannt in ihm schlummerten.
>
> Er wird anfangen, es den Händlern an Geschicklichkeit nachtun zu wollen, er wird Wert auf Kleidung und Häuslichkeit legen; europäische Hausgeräte und Werkzeuge werden noch mehr als bisher die primitiven Neger-Gerätschaften verdrängen, und so wird die Bahn unter anderem besonders den civilisatorischen, erzieherischen Erfolg haben, den Eingeborenen ‚im Busch' aus seiner grenzenlosen Bedürfnislosigkeit herauszureißen. Und gerade diese Bedürfnislosigkeit ist ja ein Hauptgrund für viele seiner Fehler, z.B. Faulheit, Trunksucht usw.
>
> Ein Eingeborener, der des Verdienstes halber die Arbeit liebt, steht schon auf einer viel höheren kulturellen Stufe als heute noch eine Menge der Bewohner Togos. Bei solchen arbeitenden und den Bedürfnissen der Kulturmenschen nicht mehr fremd gegenüber stehenden Stämmen wird auch die Mission, die im Kampf für Gesittung stets in erster Reihe steht, leichte Arbeit finden und neue, schöne Erfolge ihrer bisherigen gesegneten Tätigkeit hinzufügen können – umso mehr das Umsichgreifen des Islams es dem Christentum zur Pflicht macht, immer größere Gebiete zu missionieren."[3]

1. Eine deutsche Firma will eine Eisenbahnlinie in Togo/Afrika bauen; die Eingeborenen werden als „Neger" bezeichnet (wie in der Zeit üblich); sie verfügen nur über primitive Gerätschaften und sind von einer grenzenlosen Bedürfnislosigkeit; viele von ihnen sind faul und trunksüchtig; in Togo greift der Islam um sich.
2. Es wird behauptet, dass der Bau der Zivilisierung und kulturellen Hebung der „Neger" diente und schließlich die christliche Missionierung förderte.
3. Die Firma ist daran interessiert, durch den Bau einer Bahnlinie Geld zu verdienen.
4. Ist die Hebung des kulturellen Niveaus und die Verbreitung des christlichen Glaubens das vorrangige Ziel?
5. Die Überprüfung ergibt erhebliche Zweifel an der Vorrangigkeit der hohen Ziele.

6. Togo soll als Kolonie weiter erschlossen werden, aber im Koloniestatus bleiben.
7. Ein sozialdemokratischer Reichstagsabgeordneter etwa könnte sich so äußern: „Der Bau einer Bahnlinie in Togo ist von den Profitinteressen der Firma bestimmt und soll die Kolonie besser als bisher erschließen, um Rohstoffe leichter ausführen zu können. Er soll zugleich dazu beitragen, die Ausbeutung der einheimischen Bevölkerung zu erleichtern und Hemmnisse der Ausbeutung zu beseitigen."

5. Ideologisierung von Geschichte in der gegenwärtigen Geschichtskultur

„Die Geschichte" selber wird in der Geschichtskultur zum ideologischen Topos. Ideologien enthalten immer auch rechtfertigende Bezüge auf „die Geschichte". Dann belegt „die Geschichte" scheinbar unwiderlegbar, dass man sich auf dem richtigen Weg befinde und die richtigen Schlüsse aus „der Geschichte" gezogen habe. Ideologien kommen ohne solche Berufungen auf die Instanz „Geschichte" offenkundig nicht aus. Das narrative Element, das allen Ideologien eigen ist, schlägt sich in solchen Berufungen nieder. Im Folgenden werden beispielhaft einige ideologisierende Formen des Umgangs mit Geschichte genannt, die im Unterricht ideologiekritisch untersucht werden sollten.

5.1 Geschichtsunterricht aus ideologiekritischer Sicht – Vorläufigkeit und politische Funktion

Der Geschichtsunterricht selber ist in seiner Geschichte ideologisch bestimmt gewesen. Die Absicht Wilhelms II., „die Schule in ihren einzelnen Abstufungen nutzbar zu machen, um der Ausbreitung sozialistischer und kommunistischer Ideen entgegenzuwirken", [4] ist nur das klassische Beispiel für eine immer wieder beobachtbare „Nutzbarmachung". Sie lief darauf hinaus, ausgerechnet durch das Fach, das es mit Veränderungen zu tun hat, den Status quo zu legitimieren und zu bewahren. Besonders deutlich zeigt sich das an historischen Lehrplänen und Schulbüchern. Früheren Geschichtsunterricht zum Thema des Geschichtsunterrichts zu machen, ist ein ebenso sinnvolles Verfahren wie gegenwärtige Schulbuchdarstellungen auf ihre unterschiedlichen Schwerpunktsetzungen zu befragen. Geschichtsunterricht – das kann man daraus lernen – ist immer in der Gefahr, ideologisch bestimmt zu sein – und wir haben wenig Grund, uns über die Früheren zu erheben, aber viel Grund, uns eigener Anfälligkeiten bewusst zu sein und die Vorläufigkeit von Deutungen zu erkennen. In der Regel geht es um das Verfahren der Entgegensetzung, bei dem mindestens zwei Texte verglichen und in ihren historischen Kontext gestellt werden.

5.2 Erinnerungs- und Geschichtspolitik

Geschichte als politisches Argument ist eine beliebte Verwendungsform von Geschichte in der Öffentlichkeit. Geschichte wird vor allem herangezogen, um Gegenwärtiges zu legitimieren und auf die Zukunft hin gleichsam historisch zu adeln. Schülerinnen und Schüler sollten im Geschichtsunterricht solche Verarbeitungsformen von Geschichte kennen und kritisieren lernen. Geeignet sind in erster Linie Aussagen zu Gedenktagen und Gedenkjahren oder in parlamentarischen Debatten. Sie können ideologiekritisch untersucht werden mit den Verfahren der historischen Kritik und der Zuordnung zu sozialer Stellung und Geschlecht.

5.3 Ästhetische Verarbeitungsformen

In der Öffentlichkeit kann Geschichte etwa in Museen und Ausstellungen, Prospekten oder Inszenierungen aller Art, in den Bildmedien durch die Suggestivwirkung von Design und medialer Kunstfertigkeit so dargestellt werden, dass Beschönigungen und Einseitigkeiten kaum auffallen. Hilfreich sind auch hier für ideologiekritisches Nachfragen die „Fragen eines lesenden Arbeiters" oder die „Fragen einer lesenden Frau".

5.4 Geschichte in der Werbung

Besonders bei der Verwendung von Geschichte in der Werbung liegen die wirklichen Beweggründe der Berufung auf Geschichte, wie immer sie unkenntlich gemacht werden sollen, offen zutage – wirtschaftliche Interessen am Absatz einer Ware. „Man merkt die Absicht und man ist verstimmt", zumindest hellhörig und klarsichtig, wenn man es einmal im Unterricht durchgespielt hat.

6. Ideologiekritik als Selbstkritik und Perspektivenerweiterung

Schülerinnen und Schüler sind durch ihre bisherige Lebensgeschichte und das gesellschaftliche Umfeld, in dem sie aufwachsen, geprägt. Sie haben ihre je eigenen Voreinstellungen, Deutungsmuster und Vorurteile, kurz: ihre Sichtweisen auf Vergangenes und ihre Handlungsabsichten gegenüber der Zukunft. Ideologiekritisch angelegter Unterricht ist auch darauf gerichtet, solche Sichtweisen bewusst zu machen, um von bloßen Reflexen zu Reflexion und Perspektivenerweiterung vorzustoßen. Schülerinnen und Schüler sollten lernen, auch sich selber zu „hinterfragen", ideologische Deutungsmuster bei sich selber zu erkennen und mit ihnen umzugehen: Warum denke ich so, wie ich denke? Kann ich meine Position gegenüber der Kritik von Anderen durchhalten? Was bedeutet meine Position für Andere? (vgl. die Ausführungen über Urteilsbildung und Perspektivenerweiterung im Art. ➤ Multiperspektivität).

Anmerkungen

1 Aus: Expedition Geschichte 3, Frankfurt/M. 1999, S. 107.
2 Aus: erinnern und urteilen. Unterrichtseinheiten Geschichte, Band 3, Stuttgart 1981, S. 133.
3 Zitiert aus: Geschichte mit Pfiff 4/1983: Imperialismus 1880-1914. Weltmächte, Weltmärkte, S. 12.
4 Ordre Wilhelms II. an das preußische Staatsministerium vom 1. Mai 1889, in: Verhandlungen über Fragen des höheren Unterrichts, Berlin, 4. bis 17. Dezember 1890, hrsg. im Auftrag des Ministers der geistlichen, Unterrichts- und Medizinal-Angelegenheiten, Berlin 1891, S. 3.

Weiterführende Literatur

Apel, Karl-Otto u.a., Hermeneutik und Ideologiekritik, Frankfurt/M. 1971

Brecht, Bertolt, Schriften 2, Teil 1 (Große kommentierte Berliner + Frankfurter Ausgabe, Bd. 22), Berlin, Weimar, Frankfurt/M. 1993

Grieder, Alfons, „Ideologie" – Unbegriffenes an einem abgegriffenen Begriff?, in: Salamun, Kurt, Ideologien und Ideologiekritik. Ideologietheoretische Reflexionen, Darmstadt 1992, S. 17-30

Groh, Dieter, Kritische Geschichtswissenschaft in emanzipatorischer Absicht. Überlegungen zur Geschichtswissenschaft als Sozialwissenschaft, Stuttgart 1973

Herkommer, Sebastian, Einführung Ideologie, Hamburg 1985

Heuß, Alfred, „Ideologiekritik". Ihre theoretischen und praktischen Aspekte, Berlin 1975

Lichtheim, George, Das Konzept der Ideologie, Frankfurt/M. 1973

Lieber, Hans-Joachim, Ideologie. Eine historisch-systematische Einführung. Paderborn u.a. 1985

Lucas, Freidrich J., Geschichte als engagierte Wissenschaft, hrsg. v. Becher, Ursula A. J. , u.a., Stuttgart 1985

Mannheim, Karl, Ideologie und Utopie, 3. Aufl., Frankfurt/M. 1952

Salamun, Kurt, Ist mit dem Verfall der Großideologien auch die Ideologiekritik zu Ende?, in: ders. (Hrsg.), Ideologien und Ideologiekritik. Ideologietheoretische Reflexionen, Darmstadt 1992, S. 31-49

Salamun, Kurt, Ideologien und Ideologiekritik. Ideologietheoretische Reflexionen, Darmstadt 1992

Schieder, Theodor, Die Fragestellung der Geschichte, in: ders., Geschichte als Wissenschaft, München 1965, S. 33-60

Simpson, Paul, Language, Ideologie and Point of View, London 1983

Hans-Jürgen Pandel

Quelleninterpretation

Obwohl der Begriff Quellen sowohl schriftliche, bildliche und gegenständliche Zeugnisse beinhaltet, wird er in Geschichtswissenschaft und Geschichtsunterricht vor allem auf Texte bezogen. Insofern ist Quelleninterpretation ein Verfahren für schriftliche Quellen, das aus Zeichen Sinn entnimmt. Ziel von Quelleninterpretation ist, zeitgebundenen Sinn, die Authentizität von vergangenen Sinndeutungen im Lichte unseres heutigen Wissens zu erfahren. Quelleninterpretation ist Teil einer umfassenderen Interpretationskompetenz historischen Denkens, denn weder im Geschichtsunterricht noch in der Lebenswelt erfolgt Interpretation ausschließlich an Quellen. Es ist hier nicht der Ort, Interpretationskompetenz als eine von vier Kompetenzen darzustellen. Einschränkend meint der Begriff Interpretation im Folgenden nur Quelleninterpretation.

- Es gibt viele Vorschläge, welche Schritte bei einer Interpretation eingehalten werden sollen. Eine Zusammenstellung hat Schneider vorgenommen (Schneider 1999, 23 ff.). Diese Vorschläge leiden alle unter dem Problem, mit dem die Geschichtsdidaktik in den letzten 30 Jahren immer noch zu kämpfen hat. Diese Modelle sind unspezifisch für historisches Denken, da sich ihre Interpretationsschritte auf jeden Text anwenden lassen, gleich ob es eine mittelalterliche Vita oder die gegenwärtige Tageszeitung ist. Sie arbeiten nicht die spezifische Eigenart historischen Denkens und die besonderen Erkenntnisinteressen einer historischen Quelle heraus. Einer solchen Kritik an den verbreiteten Interpretationsmodellen begegnen Praktiker oft mit Unverständnis. Denn auch die simpelsten Systeme (... wer schreibt, wann, wo, an wen ...) vermögen es, den Schülerinnen und Schüler Antworten abzunötigen. Dass sie auf einfache Stimuli Wörter oder gar ganze Sätze produzieren, ist noch kein Beweis, dass es sich um Interpretation handelt. Sie verfehlen aber stets das wichtigste Ziel, um dessentwillen Geschichtsunterricht erteilt wird: Historisch denken zu lernen.
- Der Begriff „Quelle" stand meist für Fremdtext, für Textpassagen, die weder vom Schulbuchautor noch von Geschichtslehrerinnen und Geschichtslehrer stammt. In den 80er Jahren wurden Fachtexte und Quellentexte bunt gemischt und mit dem Begriff T für Text überschrieben. Bis heute verstecken die Abteilungen der Kultusministerien, die für Abituraufgaben zuständig sind, hinter dem Kürzel „M" für „Material" Quellen und Historikertexte. Langsam setzt sich aber ein fachspezifischer Quellenbegriff und die Erkenntnis durch, dass „Quelle" eine hochabstrakte Verallgemeinerung ist. Für die Interpretation ist aber die Feststellung der Quellengattung folgenreich, da sich aus ihr Interpretationsgesichtspunkte ergeben.
- Die in der Geschichtsdidaktik vorliegenden Modelle haben fast immer die Mittelstufe vor Augen, weder den Anfangsunterricht der 5., 6. oder 7. Klasse noch die gymnasiale Oberstufe. Deshalb sind diese Modelle fast ausschließlich Modelle für „Quellenarbeit"

statt für „Quelleninterpretation". Sie sagen vor allem, wie der Lehrer mit Quellen im Unterricht umgehen soll, anstatt den Schülerinnen und Schüler zu zeigen, wie sie selbst interpretieren, Sinn entnehmen können. Das hatte Folgen. Die Anfangsjahrgänge werden überfordert, die gymnasiale Oberstufe wird unterfordert, für sie gibt es kein anspruchvolles Modell. Da inzwischen 38 Prozent eines Schülerjahrgangs die gymnasiale Oberstufe besuchen, ist das eine sträfliche Vernachlässigung. Einen Ausnahme bildet Hug (Hug 1977). Dessen Modell hätte eine Überarbeitung verdient gehabt.

1. Quellengattungen

Die Interpretation von Quellen hängt von ihrer Gattung ab. Insofern ist ein erster Schritt der Interpretation die Feststellung der Quellengattung. Zu lange hat die Geschichtsdidaktik an dem generalisierten Begriff Quelle festgehalten. Das hat etwas mit den unterschiedlichen Traditionen des quellenorientierten Geschichtsunterricht zu tun: Aus der Geschichtsmethodik der Volkschule kam die Forderung nach Anschaulichkeit, und die Philologen des Gymnasialunterrichts bestanden auf antiken und mittelalterlichen Schriftstellern. Die neue Geschichtsdidaktik tat ein Übriges, indem sie mit der Forderung nach Quellenorientierung die Differenz im Quellenbegriff zudeckte. Eine zusammenfassende Quellenkunde ist in der Geschichtswissenschaft schon lange ein Desiderat. In Ermangelung von Alternativen sei hier auf Maurer (Maurer 2002) verwiesen und für den Geschichtsunterricht auf Pandel (Pandel 2003). Die Übersicht auf S. 154 ist eine erweiterte und überarbeitete Tabelle aus Pandel (Pandel 2003).

2. Interpretation

Spezielle Modelle der Quelleninterpretation haben wir in der Geschichtsdidaktik kaum. Das Schwergewicht liegt auf der unterrichtlichen Nutzung. Quellen zu lesen, zu deuten und zu verstehen ist die Aufgabe der Interpretation. Es ist ein Verfahren, das Verstehenshemmungen – Schwierigkeiten – ausräumt und zum Verstehen führt. Eine Interpretationstheorie zeigt auf, welche *Fragen* ein Interpret stellen und welche *Kategorien* er anwenden soll.

2.1 Interpretation im weiteren Sinne

Interpretation ist zunächst einmal ein Verfahren im weiteren Sinne. Es meint die Auseinandersetzung mit den Zeugnissen der Vergangenheit. Da uns die Vergangenheit nirgends gegeben ist, wir uns nirgends mit ihr beschäftigen können, sind wir auf das angewiesen, was von ihr übrig geblieben ist. Irritierend ist, dass neuerdings wieder einige Didaktikerinnen und Didaktiker wie in den 50 Jahren suggerieren, dass wir in die Vergangenheit reisen oder uns mit ihr beschäftigen können („Vergangenheitspartikel"!). Auch mit „den" Zeugnissen der Vergangenheit können wir uns in der Regel nicht beschäftigen, sondern lediglich mit denen, auf die sich unsere fragende Aufmerksamkeit richtet. Im Schulunterricht ist das meist schon vorentschieden, Schülerinnen und Schüler kennen den Kontext in dem die zu interpretierende Quelle steht.

Didaktischer Wert der einzelnen Quellengattungen und die leitenden Hinsichten zur ihrer Interpretation

Gattung	Eigenart	Intention	Verhältnis von Ereigniszeit und Abfassungszeit
Urkunden	zeigen die Formgebundenheit von Schriftstücken. Die Gültigkeit dieser Schriftstücke hängt von ihrer korrekten Form ab	Bei dieser Quellengattung steht die Frage nach der *Form* im Vordergrund	Entstehung der Quelle und die von ihr berichteten Ereignissen sind *zeitgleich*
Akten	zeigen einen Vorgang, einen Verlaufsprozess, an dessen Ende meist eine Entscheidung steht; typisch für amtliche Institutionen	Frage nach dem *Verlauf*, einem Entscheidungsprozess, der Differenz von Antrag und Entscheidung	Entstehung der Quelle und die von ihr berichteten Ereignissen sind *zeitgleich* bzw. zeitnah
Briefe	ermöglichen Einblicke in die Subjektivität anderer Menschen. Sie formulieren Gefühle, Stimmungen und definieren Beziehungen zu anderen Menschen	Frage nach der *Individualität* der Briefschreiberin bzw. des Briefschreibers	Entstehung der Quelle und die von ihr berichteten Ereignissen sind *zeitgleich*
Zeitungen	zeigen politisch-weltanschauliche Vorstellungen und Mentalitäten sozialer Schichten und politischer Gruppen. Zeitungen ermöglichen ideologiekritische Analysen.	Frage nach der Denkweise der *sozialen Gruppe*, die hinter dieser Quelle steht und deren Stellung in der Gesellschaft	Entstehung der Quelle und die von ihr berichteten Ereignissen sind *zeitgleich*
Reden	sind auf rhetorische Wirksamkeit bei einem Publikum angelegt	Frage nach den auf *Wirksamkeit* zielenden sprachlichen und sprecherischen Mitteln	Entstehung der Quelle und die von ihr berichteten Ereignissen sind *zeitgleich*
Autobiographien	zeigen die Konstruktion von Lebensgeschichten und die Präsentation von Identität der Schreiber	Frage nach der Identitätspräsentation, dem *Selbstkonzept* des Autobiographen.	Entstehung der Quelle und die von ihr berichteten Ereignissen sind *zeitfern*
Annalen, Chroniken, Historien	zeigen Sinndeutungen historischer Ereignisse in Bezug auf spätere, beinhalten Botschaften, die einer Nachwelt überliefert werden sollen; besitzen narrative Struktur. Historiographie der Vergangenheit, die zur Quelle geworden ist	Frage nach der *Zeitdeutung*, die der Schreiber vornimmt, Frage nach Sinnbildungsmustern und Erzählplänen	Entstehung der Quelle und die von ihr berichteten Ereignissen sind *zeitfern*; in Ermangelung zeitgleicher Quellen werden sie als Quellen eingesetzt

Interpretationsregeln

1. Die historische Frage • Leseabsicht festlegen: Was wollen wir wissen: autorenzentrierte, textzentrierte oder wirkungszentrierte Leseabsicht? • Für welchen Zusammenhang suchen wir eine Antwort?
2. Heuristik • Quellen suchen (z.B. bei Projektarbeit) • Quellengattung feststellen und bewusst machen, welche Art von Aussagen zu erwarten sind • Verstehenshilfen bereitstellen und nutzen (editorische Aufbereitung zur Kenntnis nehmen, Register des Buches; Wörterbücher, Historische Lexika etc.) • Untersuchungseinheiten festlegen (auf was im Text zu achten ist: Begriffe, Emotionswörter, Wertungen, Topoi etc.)
3. Kritik • Handelt es sich um eine authentische Quelle? • Überlieferungsweise feststellen (Manuskript, Druckfassung, Übersetzung, Zitat) • Abfassungszeit mit der Zeit der berichteten Ereignissen vergleichen (was ist dazwischen geschehen?) • Bestimmung des historischen Erfahrungs- und Handlungszusammenhangs
4. Interpretation im engeren Sinne • Den eigenen Standort und die eigene Perspektive beschreiben (zeitlich, räumlich, sozial etc.) • Berücksichtigung des Wirkungszusammenhangs: a) Beim ersten Durchgang ist Wissen aus späterer Zeit, Kenntnisse des Fortganges sind nicht zugelassen b) Beim zweiten Durchgang späteres Wissen einbeziehen • übersetzende, analysierende, ideologiekritische Interpretation • Handlungszusammenhänge herstellen • Bedingungen für das Handeln benennen • Motivationszusammenhänge des Schreibers ausfindig machen • sein Weltbild rekonstruieren • Ideologietopographien (= ideologisch besetzte Begriffe) zu Rate ziehen • Unverzichtbar: eine kleine Geschichte aus Anfang, Mittelteil und Schluss erzählen (narrativieren)

(Aus: Pandel, Hans-Jürgen, Quelleninterpretation. Die schriftliche Quelle im Geschichtsunterricht, 2. Aufl., Schwalbach/Ts. 2003, S. 180)

2.2 Interpretation im engeren Sinne

Insbesondere Heuristik und Kritik und teilweise auch die historische Frage sind im Geschichtsunterricht durch die Institution Unterricht schon vorentschieden. Quellen werden nicht mehr zur Fragestellung gesucht, die Kritik ist ihnen schon abgenommen und die Fragestellung durch das jeweilige Stundenziel schon entschieden. Was übrig bleibt, ist meist nur die Interpretation im engeren Sinne mit jener Textpassage, die den Schülerinnen und Schülern vorliegt und von der Lehrerinnen und Lehrer drohend ankündigen, man wolle wieder eine Quelle durchnehmen. Hospitationen wie Praktikumsstunden zeigen, dass das Realität und nicht Ironie ist.

Die Interpretation kann in vier verschiedene Richtungen gehen. Man kann die Person des Autors, den Text selbst, die Wirkung des Textes und die historische Wirklichkeit, die sich im Text (gebrochen) spiegelt, in den Mittelpunkt stellen (siehe Abb. 1, S. 156).

(1) Da jede Quelle eine menschliche Hervorbringung ist, ist es nur zu natürlich, nach ihrem Urheber zu fragen. Wer ist der *Autor* bzw. die *Autorin* der Quelle? Die hier zugrundeliegende

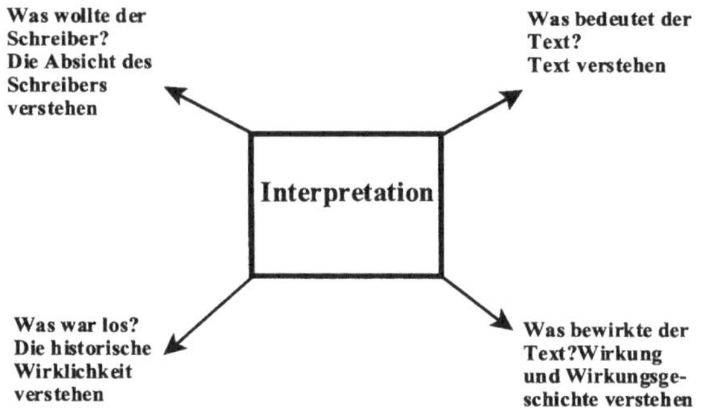

Abb. 1: *Interpretationsrichtungen*

Annahme ist, dass die Kenntnis des Autors, seiner Lebensgeschichte, seines Weltbildes einen Schlüssel für diesen Text darstellt. Die Kenntnis des Autors erschließt seinen gesellschaftlichen Standort, der Auskunft über die Perspektive gibt, unter der er die Ereignisse betrachtet und beschreibt. Die aus der ersten folgende Annahme ist, dass man aus der bisherigen Lebensgeschichte, dem Handeln des Autors in der Vergangenheit auch auf die Absichten dieser vorliegenden Quelle schließen können. Wir wollen erkennen, was er sagen wollte, also seine Intention verstehen. Er hat nämlich einen bestimmten zeitlichen, räumlichen und sozialen Standort inne, der ihm eine ganz bestimmte Perspektive auf die Welt eröffnet. Ein Sonderfall liegt dann vor, wenn er unbekannt oder nur als Mitglied einer sozialen oder politischen Gruppe identifizierbar (ein Adliger, ein Konservativer, ein konservativer Adliger) ist. Auch wenn der empirische Autor unbekannt ist, stellen wir uns einen „Modellautor" (Eco) vor, indem wir ihm die idealtypischen Eigenschaften seiner Gruppe zuschreiben.

Genauso wichtig ist es zu wissen, in welchem Verhältnis der Autor zu den von ihm berichteten Ereignissen stand. Ein Augenzeuge ist jemand, der an dem Ereignis handelnd, leidend oder zuschauend beteiligt war. Davon unterscheidet er sich vom Zeitzeugen. Er entstammt zwar der gleichen Zeit, er lebte zeitgleich zu dem Ereignis, war aber nicht anwesend. Er hat seine Kenntnis von dem Ereignis nicht „aus erster Hand", sondern sie ist ihm medial vermittelt. So sind wir alle Zeitzeugen des 11. Septembers, aber keine Augenzeugen. Die grundlegende Frage ist, was konnte er wissen, was nur vermuten, was kannte er allein vom Hörensagen? Zwischen Quellenautor und Ereignis kann ein mehr oder minder großer Zeitabstand bestehen, aber mangels Augen- und Zeitzeugen benutzen wird diese Berichte als Quellen. Plutarch und Einhard sind historische Historiographen.

(2) Die zweite Interpretationsrichtung bildet der *Text* der Quelle. Hier geht es um deren sprachliche Gestalt. Eine Verstehenshemmung kann die Sprache selbst sein, wenn es sich um eine Fremdsprache handelt, die der Interpret nicht beherrscht; es kann aber auch die eigene Sprache sein, die sich in einer historisch früheren Form präsentiert. So haben wir es oft mit frühneuhochdeutschen Sprachformen zu tun. Weiterhin können grammatische Strukturen und Wortbildungen unbekannt sein. Zudem haben wir es auch mit Begriffen

zu tun, deren Wortkörper gleichgeblieben ist, deren Semantik sich aber erheblich gewandelt hat. So hat der Begriff „Bürger“ vom mittelalterlichen Stadtbürger bis zum modernen Staatsbürger unterschiedliche Gehalte.

Um den Text zu interpretieren, muss man buchstäbliche jedes Wort, jede Wendung, jede Anspielung, jeden Satz auf seinen Sinn überprüfen. Der folgende (gekürzte) Brief zeigt ein solches Beispiel.

> Liebe **Malle**!
>
> Während ich genöthigt bin, in der Sitzung einen ganz unglaublich langweiligen Vortrag meines mit Erlaubnis zu sagen **Darmstädtischen Collegen** über die anarchischen Zustände in **Ober-Lippe** anzuhören, dachte ich darüber nach, wie ich diesen Moment **utilisieren** könnte und als hervorragendstes Bedürfniß meines Herzens stellte sich ein Erguß brüderlicher Gefühle heraus. Es ist eine sehr achtungswerthe, aber wenig unterhaltende **Tafelrunde**, die mich hier an einen grünbehangenen, etwa **20 Fuß** im Durchmesser haltenden, kreisrunden Tische, im Parterre des **Taxischen Palais**, mit Aussicht auf Garten umgibt. Der durchschnittliche Schlag ist etwa der wie **Malzen** und **Linden** in Berlin, die haben einen ganz bundestäglichen **pli**! ... Außer den Sitzungen geht es mir übrigens gut; ... Ich jage ziemlich fleißig ... Die Zeit habe ich dadurch gewonnen, daß ich sehr viel fauler bin, als im vorigen Jahre, weil mein Fleiß in Berlin kein Echo oder Resultat findet. Auch sozial bin ich hier sehr viel zurückhaltender geworden, nachdem man mir diverse allen meinen Vorgängern gewährte **Kanzleimolumente** entzogen und mich genöthigt hat, etwa 1000 Thlr. auf meine Tasche zu übernehmen, die früher der Staat trug. Sogar die Pensionirung eines entbehrlichen Kanzleigreises hat mir Fra Diavolo abgeschlagen, so daß ich täglich mit mir kämpfe, ob ich diesen hier seit einem Menschenalter als preußischen Kanzleidiener bekannten Ehrenmann hülflos an den Bettel schicken und ferner auf eigene Kosten unterstützen soll.
>
> **Manteuffel** ist überhaupt nicht mehr so liebenswürdig für mich wie früher, er hört auf alle möglichen verlogenen Klatschereien und läßt sich immer einreden, ich strebte **nach seiner Erbschaft**, während ich froh bin, wenn man mich dort läßt wo ich bin. Ich gewöhne mich daran, im Gefühle gähnender Unschuld alle Symptome von Kälte zu ertragen und die Stimme gänzlicher Wurschtigkeit in mir vorherrschend werden zu lassen, nachdem ich den Bund allmählich mit Erfolg zum **Bewusstsein des durchbohrenden Gefühls seines Nichts** zu bringen nicht unerheblich beigetragen zu haben mir schmeicheln darf. Das bekannte **Lied von Heine**: „O Bund, du Hund, du bist nicht gesund“ u.s.w., wird bald durch einstimmigen Beschluss zum Nationalliede der Deutschen erhoben werden ...
>
> Endlich hat Darmstadt zu lesen aufgehört, und ich stürze gerührt in Deine Arme und wünsche Dir ein frohes Fest. Viele Grüße an **Oskar**.
>
> Dein treuer Bruder
> v. B.
> Fr. Donnerstag 22 12 1853

Alle markiertenTextelemente müssen entziffert gedeutet werden: 1. Wer ist die Empfängerin des Briefes? 2. Um welche Sitzung handelt es sich? 3. Wer ist der Darmstädtische Kollege? 4. Wieso ist es ein Kollege des Schreibers? 5. Utilitieren? 6. Wer ist mit Tafelrunde gemeint? 7. Was ist Ober-Lippe? 8. Wie groß ist der Durchmesser des Tisches? 9. Was ist das Taxische Palais? 10. Wo steht es? 11. Was bedeutet „pli“? 12. Wer sind Malzen und Linden? 13. Warum wurden die beiden angeführt? 14. Was sind Kanzleimolumente? 15. Wer ist Fra Diavolo? 16. Was ist und was bedeutet „Bewußtsein des durchbohrenden Gefühls seines Nichts“? 17. Wer ist mit Heine gemeint und wie geht das Lied weiter?[1]

Nicht jede Wendung des Textes, nicht jeder Name muss im Unterricht aufgegriffen werden. Da die schulische Interpretation von der vorausgehenden Frage abhängt, kann manches übergangen werden. Oft wird auch den Schülerinnen und Schülern ein Teil dieser Interpretationsarbeit durch erklärende Fußnoten oder Klammerzusätze abgenommen. Es bleibt aber unumgänglich, dass sich die Unterrichtenden (Lehrer, Referendare, Studenten im Praktikum) diese Interpretation als Kern der Unterrichtsvorbereitung vornehmen, ehe sie den Text ihren Schülerinnen und Schüler zumuten, die sogar ab und ab Fragen stellen. Die Forderung, jede Quellenwendung aufzuschließen, steht im Widerspruch zum schulischen Umgang mit Quellen, besser gesagt mit schulischen Unsitten. Es wird alles weggekürzt, was nicht zum Lernziel passt. Die Komplexität der Quellen wird so reduziert, dass eine Interpretation gar nicht mehr möglich ist, weil alle Schwierigkeiten, die zum Nachdenken anregen, weggekürzt sind. Es werden auch alle Passagen getilgt, die nicht direkt mit dem Thema zu tun haben: Zeitkolorit, Situationskomik, Gefühlregungen. Anschaulichkeit geht verloren und die Imaginationsfähigkeit der Schülerinnen und Schüler wird unterdrückt.

(3) Eine weitere Interpretationsrichtung bezieht sich auf die historische *Wirklichkeit.* Jede Quelle ist in einer historischen Situation entstanden und gibt einen Blick auf diese Situation frei. In ihr ist nicht nur der Text entstanden, sondern er spiegelt sie auch in einer perspektivischen Weise wider. Dieser perspektivische Blick mag getrübt, gefärbt oder verzerrt sein, es ist dennoch ein Blick auf Wirklichkeit, wenn wir die Perspektivität der Quelle in Rechnung stellen. Durch den Text hindurch können wir rekonstruieren, was damals „los war". Die historische Situation kann als Hintergrundnarration bezeichnet werden. Das wird oft ungenau als historischer Kontext bezeichnet. Interpretationstheorien machen aber einen Unterschied zwischen Situation und Kontext. Folgende Information über vergangene Wirklichkeit lassen sich beispielweise aus dieser Quelle entnehmen:

- Man erfährt, dass an einem kreisrunden Tisch getagt wurde, der im diplomatischen Protokoll keine Hierarchie zulässt,
- dass der Sitzungssaal zum Park hinaus geht,
- dass subalterne Staatsangestellte keinen Anspruch auf Pension bzw. Renten hatten.

Der Kontext, der in einer Interpretation erhoben wird, ist nicht die Realität selbst, sondern sie erscheint nur als Text. Die „Wirklichkeit" ist bei jeder Interpretation textualisiert. Kurz: Der Kontext ist ein Text oder eine Fülle von Texten, die ebenfalls interpretiert werden müssen. Die Überprüfung, ob ein Text mit der Realität übereinstimmt, in welcher Weise er von ihr abweicht, heißt, den Quellentext mit anderen Texten zu vergleichen. „Allgemein formuliert, dient der Begriff Textualität dazu, das Realitätskonzept aus seiner dogmatischen Starre zu befreien" (LaCapra 1988, 48). Die historische Situation, auf die ein Text vom Interpreten bezogen wird, ist nicht starr und unproblematisch, sondern fließend, je nachdem, mit welchen Texten (Quellen und historiographischen Darstellungen) man sich auf die Realität bezieht.

Der Kontext kann zudem veralten. Die Quellen verändern sich in der Zeit nicht, sondern bleiben mit sich selbst identisch. Ihre Deutung hängt aber vom Kontext des Interpretierenden ab. Dieser Kontext wird aber durch den Stand der geschichtswissenschaftlichen Diskussion gebildet. Folglich ergeben sich stets neue kontextuale Sinndeutungen. Quelleninterpretation ohne Rückbezug auf den Diskussionskontext kann veralten. Die übliche Frage nach Kontextualisierung („Stellen Sie die Quelle in den historischen Zusammenhang") ist völlig unzulänglich, da sie davon ausgeht, dass es sich bei dem sog. historischen Kontext um ein stabiles Gebilde aus Daten und Fakten handelt, das historisch unvariabel ist.

Ein Beispiel ist jene Novemberpetition „der deutschen Industriellen", die empfehlen, Hitler zum Reichkanzler zu ernennen, ohne ihn in ihrem Brief mit Namen zu nennen.

Ew. Exzellenz, November 1932
Hochzuverehrender Herr Reichspräsident!

(...) Es ist klar, daß eine des öfteren wiederholte Reichstagsauflösung mit sich häufenden, den Parteikampf immer mehr zuspitzenden Neuwahlen nicht nur einer politischen, sondern auch jeder wirtschaftlichen Beruhigung und Festigung entgegenwirken muß. Es ist aber auch klar, daß jede Verfassungsänderung, die nicht von breitester Volksströmung getragen ist, noch schlimmere wirtschaftliche, politische und seelische Wirkungen auslösen wird.

Wir erachten es deshalb für unsere Gewissenspflicht, Eure Exzellenz ehrerbietigst zu bitten, daß zur Erreichung des von uns allen unterstützten Zieles Eurer Exzellenz die Umgestaltung des Reichskabinetts in einer Weise erfolgen möge, die die größtmögliche Volkskraft hinter das Kabinett bringt.

Wir bekennen uns frei von jeder engen parteipolitischen Einstellung. Wir erkennen in der nationalen Bewegung, die durch unser Volk geht, den verheißungsvollen Beginn einer Zeit, die durch Überwindung des Klassengegensatzes die unerläßliche Grundlage für einen Wiederaufstieg der deutschen Wirtschaft erst schafft. Wir wissen, daß dieser Aufstieg noch viele Opfer erfordert. Wir glauben, daß diese Opfer nur dann willig gebracht werden können, wenn die größte Gruppe dieser nationalen Bewegung führend an der Regierung beteiligt wird.

Die Übertragung der verantwortlichen Leitung eines mit den besten sachlichen und persönlichen Kräften ausgestatteten Präsidialkabinetts an den Führer der größten nationalen Gruppe wird die Schwächen und Fehler, die jeder Massenbewegung notgedrungen anhaften, ausmerzen und Millionen Menschen, die heute abseits stehen, zu bejahender Kraft mitreißen.(...)

mit größter Ehrerbietung
Dr. Hjalmar Schacht, Berlin (ehem. Reichsbankpräsident)
Kurt Freiherr von Schröder, Köln (Bankier)
Fritz Thyssen, Mülheim (Konzernführer, Schwerindustrie)
Eberhard Graf von Kalckreuth, Berlin (Präs. d. Reichslandbundes)
Friedrich Reinhart, Berlin (Bankier)
Kurt Woermann, Hamburg (Großreeder u. Großkaufmann)
Fritz Beindorff, Hamburg (Großreeder)
Kurt von Eichhorn, Breslau (Bankier)
Emil Helfferich, Breslau (Großreeder, Hapag)
Ewald Hecker, Hannover (Schwerindustrie)
Carl Vincent Krogmann (Finanzkapital)
Dr. Erich Lübbert, Berlin (Stahlhelmwirtschaftsrat)
Erwin Merck, Hamburg (Handelskapital)
Joachim von Oppen (Großgrundbesitzer)
Rudolf Ventzki, Eßlingen/Württ. (Maschinenbau)
Franz Heinrich Witthoefft (Großkaufmann)
August Rosterg, Berlin (Chemische Industrie)
Robert Graf von Keyserlingk, Cammerau (Großgrundbesitzer)
Kurt Gustav Ernst von Rohr-Manze (Großgrundbesitzer)
Engelbert Beckmann, Hengstey (Vors. d. Rhein. Landesbank)

(Kühnl, Reinhard, Der deutsche Faschismus in Quellen und Dokumenten, 2., erw. Aufl., Köln 1977, S. 160 ff.)

Dieser Brief ist in den 70er-Jahren des 20. Jahrhunderts als Drängen der Spitzen der deutschen Wirtschaft gedeutet worden, Hitler zum Reichskanzler zu ernennen. Die Reihe der Unternehmen scheint beeindruckend. Kühnl nahm in seiner Edition bei dieser Quelle eine Vorinterpretation vor, indem er hinter die Namen der Unterzeichner ihre Funktionen einfügte. Damit wollte er unterstreichen, dass die wichtigsten Männer der Wirtschaft Hitler als Kanzler wünschten und der 30. Januar 1933 schien den Erfolg zu belegen. Der Kontext ist aber nach dem neuen Forschungsstand ein anderer. Die führenden Industriellen wie Paul Reusch unterschrieben nicht und stellten auch ihre Unterschrift nicht in Aussicht wie fälschlich behauptet wurde. Unterzeichner waren „mittelständische Unternehmer und Grundbesitzer"[2] Es war die zweite Garnitur der Wirtschaft, und Hindenburg hat sich gar nicht beeindrucken lassen. Die Spitzen der Industrie setzten weiterhin auf Papen.

Hier zeigt sich ein Problem des quellenorientierten Geschichtsunterrichts. Er präsentiert ständig, die einen bestimmten Sachverhalt belegen sollen. Da diese Quelle nach dem neueren Stand der Geschichtswissenschaft nicht mehr zeigt, dass die Großindustriellen Hitler wollten, wird diese Quelle nun auch nicht mehr in Quellensammlungen für den Unterricht aufgenommen, obwohl sie gerade geeignet wäre, Schülerinnen und Schülern Skepsis zu vermitteln.

(4) Mit seinem Text greift der Autor in den Kommunikationszusammenhang seiner Zeit ein. Der Text entfaltet mehr oder minder große *Wirksamkeit* in der Gegenwart, in der er entstand. Er kann aber auch eine sehr lange *Wirkungsgeschichte* entfalten. Kaum ein Quellenautor schreibt für sich allein, sondern setzt immer einen Leser voraus mit dem er in eine Beziehung tritt. Selbst privateste Aufzeichnungen beginnen oft mit „Mein liebes Tagebuch". Der Adressat kann aber auch eine politische, soziale oder religiöse Gruppe sein: Parteigenossen, Leserschaft einer bestimmten Zeitung, die gesamte Christenheit oder die Nachwelt. Bei einer Urkunde ist dieser Zusammenhang einfach zu durchschauen. Hier wird dem Adressaten etwas vermacht oder er wird zu etwas ernannt. Durch den Empfang der Urkunde erhält er Sicherheit, dass er Land oder Titel zu Recht besitzt. Zudem wird an einen Leser gedacht, der über die Rechtsverhältnisse, die in dieser Urkunde verbrieft sind, nicht mehr genau Bescheid weiß und sich erinnern oder vergewissern will. Der Zeitungsschreiber denkt an seine Leserschaft, die sich aus einer ganz bestimmten sozialen und politischen Gruppe zusammensetzt. Der Memoirenschreiber wiederum will sein Ansehen in den zukünftigen Generationen gewahrt wissen. Insofern haben wir in einer Quelle immer den Autor und den Adressaten mit zu denken. Da meist zusätzliche Informationen (aus anderen Quellen) nicht zur Verfügung stehen, müssen diese Angaben aus ein und demselben Quellentext erschlossen werden. So hat der Brief der Industriellen, Kaufleute und Banker an Hindenburg dessen Entscheidung keineswegs beeinflusst, er war wirkungslos.

Dass ein Schreiber an seinen Adressaten denkt, ist eigentlich eine simple Sache. Interessanter ist allerdings die soziale Beziehung, die zwischen beiden hergestellt wird. Das drückt sich dem *pragmatischen Sinn* eines Textes aus, der von dem semantischen Sinn, der in den einzelnen Textpassagen zum Ausdruck kommt, zu unterscheiden ist. Nur in den seltensten Fällen kennzeichnet ihn der Verfasser mit einem entsprechenden Wort (ich vermache, ich verspreche, ich befehle, ich entschuldige mich, ich empfehle ...). Diese pragmatische Dimension muss interpretativ erschlossen werden. Unterhalb der Quellengattungen gibt es folglich eine weiter Einteilung der Quellen, die von der jeweiligen Situation und Intention abhängt. Die Quelle kann verschiedenes sein: Empfehlung, Ernennung, Aufforderung, Beleidigung, Drohung, Forderung, Liebeserklärung etc. Allerdings gibt es sowohl sensible als auch dickfellige Adressaten. Die einen verstehen die Pragmatik aus den subtilsten Andeutungen, die anderen überhören auch die manifestesten Hinweise. Für die pragmatische Dimension gibt es zudem in den verschiedenen Sozialschichten und Berufsgruppen unterschiedliche Sensibilitäten. Unter Diplomaten ist sie anders entwickelt als beim Militär, in der Oberschicht anders als in unterbürgerlichen Schichten. So kann kaum noch ein heutiger Schüler die pragmatische Ebene der „Emser Depesche" nachvollziehen.

Die vier Interpretationsrichtungen

Ebene des Verstehens	Sinn	hilfreiche Disziplinen und Theorien
Autor verstehen Was wollte der Schreiber? Die Intention des Autors verstehen	*Hier geht es um Motive, Einstellungen, Werthaltungen, Absichten von Personen (subjektiv gemeinter Sinn):* psychologischer Sinn: Was hat der Autor gemeint, beabsichtigt, (unbewusst) gewollt?	Empathie, Psychologie, Psychoanalyse, Hineinversetzen, Hineinfühlen
Was bedeutet der Text? Text verstehen	*Hier geht es um die Bedeutung von Sprache (semantischer Sinn):* Was ist mit einzelnen Begriffen, Wendungen, Metaphern, Argumentationsketten gemeint (*nicht:* Was hat der Autor damit gemeint); grammatikalisches Verstehen?	Philologie, Begriffsgeschichte, historische Semantik, Textpragmatik; Rezeptionsgeschichte des Textes
Was war los? Historische Wirklichkeit verstehen	*Hier geht es um die Informationen, die wir über die vergangene Wirklichkeit erhalten (Spürsinn):* Was lässt sich mit Hilfe der Quelle von der damaligen Wirklichkeit rekonstruieren? Von Textindizien auf Wirklichkeit schließen; Spurensuche; Historischer Kontext, in dem der Text entstanden ist und den er wiedergibt; szenisches, Handlungsverstehen, Welche Handlungen nimmt der Autor vor (als Handelnder, behandelter oder Zuschauer): propositional oder objektivierend?	Soziologie, Geschichte, Ökonomie
Wirkung und Wirkungsgeschichte verstehen	*Hier geht es um die Handlungen, die mit diesem Text ausgeführt werden (pragmatischer Sinn):* Welche Sprechakte werden mit diesem Text ausgeführt: etwas vermacht, empfohlen, gedroht, erklärt, auffordern, Ultimatum stellen?	Linguistik, Kommunikationstheorie; Pragmatik beinhaltet die Kommunikationsprozesse zwischen Autor und Leser

(5) Differenz: Alle vier Interpretationsrichtungen bilden kein geschlossenes Ganzes und keinen auseinander ableitbaren Zusammenhang. Darauf hat nachdrücklich der philosophische Dekonstruktivismus hingewiesen. Danach ist es eine falsche Vorstellung anzunehmen, dass der vom Autor gemeinte Sinn sich objektiv im Text wiederfindet und dieser Text die vergangene Wirklichkeit sichtbar macht und zudem noch die vom Autor intendierte soziale Wirkung erzielt. Dieses intentionalistisch-objektivistische Modell von Interpretation liegt den meisten geschichtsdidaktischen Interpretationsvorschlägen zugrunde: Was der Autor meint, sagt er auch und was er sagt muss auch so verstanden werden, wie er es sagt. Das ist ein Missverständnis. Der Normalzustand ist vielmehr der, dass sich zwischen den Interpretationsebenen Bruchlinien, Zweideutigkeiten, Sinnbrüche befinden. Meist ist es mehr Trennendes als Verbindendes. Es gibt mehrere Differenzmomente. Auf einige soll hier hingewiesen werden:

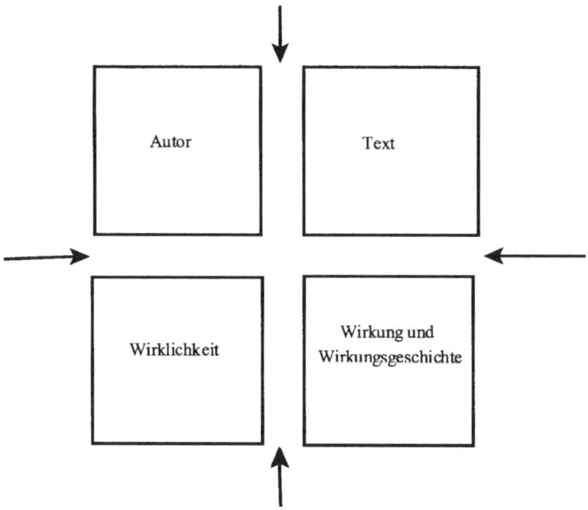

Abb. 2: *Differenzen zwischen den Interpretationsrichtungen*

Bruchlinie 1: Differenz von Meinen und Sagen

Der vom Autor gemeinte Sinn muss nicht mit dem im Text objektivierten Sinn übereinstimmen. Es ist deshalb unzulässig, den Sinn einer Quelle allein aus der Absicht (Lebensgeschichte, soziale Lage etc.) des Autors abzuleiten. Autorsinn und Textsinn müssen nicht übereinstimmen. Der Autor kann sich täuschen. Der Autor meint, einen zündenden Aufruf geschriebenen zu haben, der Text ist aber schwach, er motiviert niemanden. Der Autor hat etwas in den Text hineingelegt, was ihm selbst gar nicht bewusst war. Das hat uns die Psychoanalyse gelehrt (Gay1994). Gerade weil zwischen Sagen und Meinen eine Differenz besteht, ist Interpretation nötig. Das gilt sowohl für Defizit wie Überschuss. Der Autor meint etwas, was er aber nicht im Text zum Ausdruck bringt, und er bringt etwas zum Ausdruck, was er gar nicht wollte.

Bruchlinie 2: Differenz von Sein und Erkennen
Eine Quelle kann beispielsweise trotz aller Bemühungen und ehrlicher Absichten des Autors eine Realität nur unvollkommen wiedergeben. Er kann aber auch die Realität verschleiern, das zeigt die Ideologiekritik auf (➤ Idelogiekritik).

Bruchlinie 3: Differenz von Text und Wirkung
Nicht jeder Empfehlung folgt der Adressat. So wie die sog. Novemberpetition bei dem Zeitgenossen Hindenburg keine Wirkung zeigte, so schrieben manche Interpreten diesem Brief vierzig Jahre späte einen durchschlagenden Erfolg zu. 30 Jahre später bestreiten wiederum Historiker diese Wirkung.

Nicht jede Quelle enthält alle Differenzen. Mal gibt es Bruchlinien zwischen Meinen und Sagen, mal zwischen Sein und Erkenntnis, mal zwischen Absicht und Wirkung zwischen Beschreibung und Wirklichkeit, zwischen Pragmatik und Semantik. Man muss aber alle Differenzmöglichkeiten zwischen den einzelnen Sinnebenen abklopfen. Der Dekonstruktivismus lehrt uns darüber hinaus die Differenz von Zentrum und Peripherie. Das ist ein Frontalangriff auf die unterrichtliche Praxis der Schlüsselwörter und Kernstellen. Das Konzept der Differenz fordert uns auf, in manchen Fällen eher die Rand- statt Hauptbedeutungen wahrzunehmen. Es ist das zu beachten, was ein Autor uns eigentlich nebenbei, unbeabsichtigt mitteilt. Historiker nennen das Überreste in Traditionsquellen. Die vom Autor intendierten Kernstellen dürfen nicht verdecken, was er uns unbeabsichtigt (z.B. über Geschlechterverhältnisse oder Umweltfragen) mitteilt.

3. Praxis der Interpretation

Interpretationskompetenz ist nicht identisch mit Methodenorientierung. Methodenorientierung zeigt die Techniken des Umgangs mit dem Material, um historisches Wissen zu gewinnen. Was eine Quelle ist, wie mit ihr umgegangen wird, steht hier im Mittelpunkt. Um es als Vergleich zu sagen: Methodenorientierung zeigt auf, was Leinwand, Keilrahmen, Ölfarbe ist, wie man Terpentin und Palette benutzt, wie man den Pinsel hält etc. Wie in der Anwendung dieser Utensilien eine kreative Leistung entsteht, das ist damit noch nicht gegeben. Methodenorientierungen zeigen die Techniken des Umgangs mit dem Marerial, Kompetenzen bringen dagegen kreative Leistungen hervor. Keine Gruppe von Interpretationsregeln kann die Einsicht in das vom Autor Intendierte oder das vom Text Ausgesagte erzwingen. Man kann noch so akribisch Interpretationsregeln befolgen und doch den vom Autor intendierten oder im Text beschlossenen Sinn verfehlen. Deshalb ist die Interpretation auch eine Kompetenz, eine kreative Leistung. Bei Schleiermacher wurde diese Eigenschaft als „divinatorische Methode" bezeichnet. Heute würden wir es eher produktive Vermutung oder fruchtbare Hypothese nennen. Für beides gibt es keine Regeln. Wie eingangs erwähnt hängt Interpretation von den Fragen ab, die man stellt und den Kategorien, die man benutzt. Man kann die Fragen und Kategorien aus den unterschiedlichsten Theorien (Psychoanalyse) oder Weltanschauungen (Christentum) stellen. Einen endgültigen und verbindlichen Fragekatalog gibt es nicht. Es hängt einzig und allein von dem Ergebnis ab, ob die Interpretationsgemeinschaft (über die Anhängerschaft des Interpreten hinaus) zustimmt. Auch wenn der Interpret von bestimmten Werturteilen ausgeht, muss seine Interpretation zustimmungsfähig bleiben. Für didaktisch angeleitete Interpretationen stellt sich das auf besondere Weise. Jeder Interpret legt ein Frageraster zugrunde, das sich in den letzten 200 Jahren herausgebildet hat. Er geht die Fragen mehr oder minder intensiv durch. Wir müssen Schülerinnen und Schüler einen Einstieg in die interpretierenden Fragen und Kategorien liefern. Diese Funktion kann vermutlich folgendes Schema übernehmen:

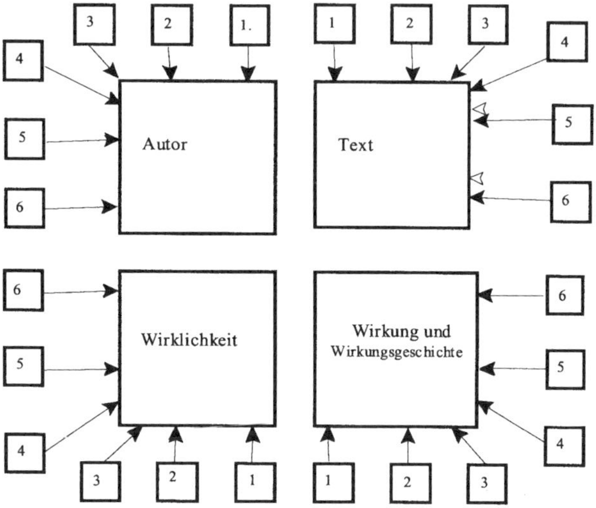

Abb. 3: *Interpretationsfragen*

Autor

1 Wer ist der Autor, die Autorin? Was ist über seine/ihre Lebensgeschichte, sein/ihr Weltbild (etc.) bekannt?

2 Ist der Autor eine individuelle Person oder Vertreter einer Gruppe (ein Offizier, ein Bauer etc.)?

3 Ist der Autor Augenzeuge, Zeitzeuge oder hat er seine Kenntnis vom Hörensagen *(historischer Historiker)?*

4 Wie ist seine Sicht auf Wirklichkeit, seine Darstellung von Wirklichkeit perspektivisch beeinflusst: ethnisch, parteipolitisch, religiös/konfessionell, sozial, geschlechtsspezifisch etc. (Perspektive und Standortgebundenheit)?

5 Wann wurde der Text geschrieben und wann spielten sich die Ereignisse ab, auf die er sich bezieht (Abfassungszeit vs. Ereigniszeit)?

6 Ist seine Absicht für das Abfassen des Textes erkennbar? In den seltensten Fällen drückt das der Autor in der Quelle selbst aus.

Text

1 Zu welcher Gattung gehört die Quelle?
2 Welche Sprachgestalt hat der Text (Originalsprache, Übersetzung aus Fremdsprache, Übertragung aus historischer Sprachgestalt)?
3 Auflösung von Topoi, Eigennamen, Wendungen, Zitaten Anspielungen
4 Begriffe (ideologische etc.)
5 Welche besondere Bedeutung haben bestimmte Begriffe in den verschiedenen historischen Epochen, Gesellschaften und sozialen Gruppen (Begriffsgeschichte)?
6 Begriffe haben unterschiedliche Valenzen: z.B. sterben, töten, ermorden, umkommen, verrecken (Semantik)

Wirkung

1 Wem kam der Text in seiner Zeit zur Kenntnis (Zeitungsartikel, „Geheimes Zusatzabkommen" etc.)?
2 Bewirkt die Quelle die Abfassung von anderen zustimmenden oder widersprechenden Quellen (Multiperspektivität)?
3 Ist es ein individueller oder ein kollektiver Adressat? Was erwartet, wie reagiert er?
4 Wirkungsgeschichte. Was bewirkte der Text in der Wirklichkeit? Verändert er Meinungen, Einstellungen, Verhalten? Was bewirkte Luthers Aufruf wider die Bauern etc.?
5 Wie wirkt der Text in die Zukunft? Entfaltete er eine Wirkungsgeschichte? In welche Zeiträume hinaus?
6 Welche Handlung führt der Text aus? Beleidigt, verspricht, fordert, beansprucht er jemanden oder etwas (Pragmatik)?

Wirklichkeit

1 Welche Ereignisse lassen sich aus dem Text erkennen? Was war los?
2 Sind Personen, Ereignisse etc. perspektivisch verzerrt?
3 Wie lässt sich der historische Kontext aufgrund von Vorwissen, d.h. anderen Wissensquellen beschreiben?
4 Wie wird Ursache und Wirkung verteilt? Welche Ereignisse werden als Ursache, welche als Folge bezeichnet (Narratio)?
5 Wer wird als Akteur benannt?
6 Was ist manifest ausgesagt, was muss gefolgert werden?

4. Besondere Interpretationsverfahren

Es gibt verschiedene unterschiedliche Formen der Interpretation. Das bisher vorgestellte Modell der Quelleninterpretation ist ein Ergebnis der *Hermeneutik*. Er hat wenig zu tun mit dem empathischen Einfühlen, wenn es zwischen Autor und Text, zwischen Text und Kontext Sinnbrüche gibt. Erweitert wird dieser hermeneutische Zugang durch die *Ideologiekritik*, die ihr besonderes Augenmerk auf den Zusammenhang von sozialer Lage und Aussage legt (➤ Idelogiekritik). Ob *Dekonstruktion* (Daniel 1997; Daniel 2001, 139 ff.) sich tatsächlich als geeignetes Verfahren der Quelleinterpretation für Historiker herausstellen sollte, ist noch völlig offen. Ob es dann auch für den Geschichtsunterricht angebracht ist, ist mehr als fraglich.[3] Sie eignet sich zur Analyse philosophischer Texte; ob mit ihr ein Brief eines Unternehmers an einen Politiker zu deuten ist, ist zweifelhaft. Allerdings verdanken wir der philosophischen Dekonstruktion einige wertvolle Hinweise (vgl. oben „Differenz").

Ein wichtiges Interpretationsverfahren, um unser Repertoire zu erweitern, ist die *Inhaltsanalyse:* Sie ist als Verfahren der Quelleninterpretation im Geschichtsunterricht nicht akzeptiert, obwohl sie viele geschichtsdidaktische Vorteile besitzt. Die Zurückhaltung liegt weniger daran, dass das Verfahren zu schwierig ist als vielmehr daran, dass sie mehrere gleichartige Quellen voraussetzt. Geschichtsunterricht hat es stets mit Einzel- und nicht mit Massenquellen zu tun. Oder anders: Einzelquellen aus dem Bestand von Massenquellen werden wie Unikate behandelt. Stimmung und Mentalität der Frontsoldaten im Ersten Weltkrieg, der Alltag der Kriegerwitwen kann man besser aus mehreren Feldpostbriefen oder Tagesabläufen erkennen als aus Einzelquellen. Inhaltsanalyse ist ein Verfahren, das sich für die Untersuchung von Massenquellen besonders eignet. Sie rekonstruiert soziale Prozesse, die sich in Sprache niedergeschlagen haben. Es ist ein Verfahren, das sich für die Arbeit in Gruppen eignet.

In der Inhaltsanalyse haben wir es mit mehreren bzw. vielen gleichartigen Quellen und vielen Autoren zu tun. Es handelt sich um Männer oder Frauen, die in bestimmten Merkmalen übereinstimmen und sich in der gleichen Situation befinden. Das sind z.B. Infanteristen an der Westfront im Ersten Weltkrieg oder Kriegerwitwen, die nach Kriegsende eine neue Form der Lebensführung in ärmlichen Verhältnissen finden mussten. Es kommt nicht auf einen bestimmten Soldaten oder eine bestimmte Witwe an, sondern das Gemeinsame dieser Gruppe. Bei einer Einzelquelle wird der stets riskante Schluss gezogen, dass es allen wie dieser Person ergangen ist.

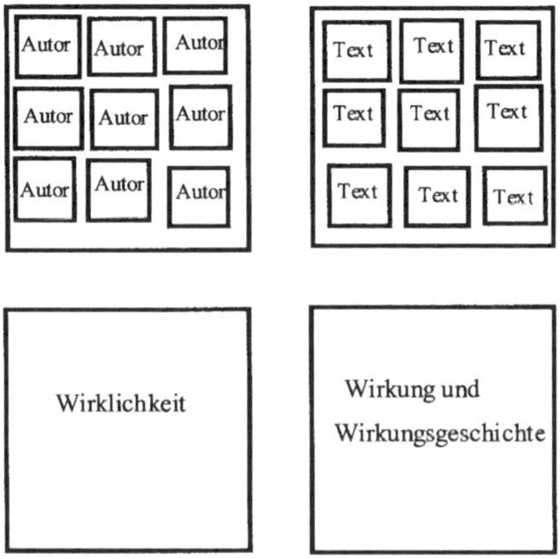

Abb. 4: *Inhaltsanalyse Viele Autoren – eine Wirklichkeit*

Praxisvorschläge
Feldpostbriefe sind nonreaktiv angefallene Quellen. Die Kriegerwitwen wurden befragt und haben daraufhin ihr Leben beschrieben. Es handelt sich also um reaktiv angefallene Quellen.

Folgende unterrichtgebundene sowie projektorientierte Inhaltsanalysen sind möglich:

1. Kriegsbriefe gefallener Studenten im Ersten Weltkrieg;
2. Feldpostbriefe aus dem Zweiten Weltkrieg;
3. Alltag von Kriegerwitwen nach dem Ersten Weltkrieg;
4. Textilarbeiterinnen in der Weimarer Zeit;
5. Vergleich von Schulbuchtexten zum Ersten Weltkrieg;
6. Leitartikel der örtlichen Presse während der NS-Zeit.

Quellenliteratur
Bähr, Walter, Kriegsbriefe gefallener Studenten. 1939-1945, Tübingen 1952
Witkop, Philipp, Kriegsbriefe gefallener Studenten, München 1928 u. ö. [Erster Weltkrieg]
Hurwitz-Stranz, Helene (Hrsg.), Kriegerwitwen gestalten ihr Schicksal: Lebenskämpfe deutscher Kriegerwitwen nach eigenen Darstellungen, Berlin 1931
Mein Arbeitstag – mein Wochenende. 150 Berichte von Textilarbeiterinnen, Berlin 1930 [Neu herausgegeben von Alf Lüdtke, Hamburg 1991]
Welter, Ursula (Red.), Feldpostbriefe. 1914-1918. Tondokumente, Berlin: Audio-Verlag 1999 [2 Cds mit Booklet]

5. Interpretation als Verfahren wie als Produkt

Interpretation wird nicht nur das Schwierigkeiten ausräumende Verfahren der Sinnentnahme genannt, sondern auch dessen Ergebnis. Eine Interpretation ist das Ergebnis einer Interpretation. Es handelt sich dann um einen Text, der seinerseits wieder Gegenstand einer Interpretation werden kann. In schriftlichen Abituraufgaben, die von den Schülerinnen und Schülern eine Quelleninterpretation verlangen, wird der korrigierende Lehrer unweigerlich zum Interpreten. Er muss deuten, was der Schüler gesagt und gemeint hat. Ob der Schüler den Erwartungen entsprochen hat oder nicht ist wiederum eine Interpretationsleistung des Lehrers.

Was sind die Kriterien einer „guten“ Interpretation? Eine Interpretation kann nicht eine zusammenhanglose Addition von Anmerkungen zum Text sein, sondern es wird eine bestimmte Kohärenz verlangt. Es sollte in der Didaktik einmal darüber diskutiert werden, wie denn eine Interpretation (als Text) aussehen sollte, die wir den Schülerinnen und Schüler in Klausur und Abitur abverlangen.

(1) Erwartungshorizont: Was der beurteilende Lehrer erwartet, legt er meist in seinem explizit ausgewiesenen oder stillschweigend vorausgesetzten Erwartungshorizont fest. Das ist ein notwendiger, aber kein zufriedenstellender Sachverhalt, denn er tötet Kreativität, hintertreibt die sinnbildende Potenzen der Schülerinnen und Schüler. Die Annahme eines Erwartungshorizontes geht davon aus, dass es die „richtige“ Interpretation gebe. Wenn der

Schüler davon abweicht hat er schon verloren. Falls nicht bereits durch die Unterrichtsfragen das Projektthema vorgegeben ist, muss jede Interpretation die Frage formulieren, mit der sie an die Quelle herangeht. Dann sind heuristische Angaben von Nöten. Auch sollten Bedeutungsvarianten angegeben und begründet werden, warum sich der Interpret für diese oder jene Antwort entscheidet. Es sollten auch die Schwierigkeiten benannt werden, denen sich der Interpret gegenübersah.

Wie dringend eine geschichtsdidaktische Grundsatzdiskussion über Quelleninterpretation ist, wird weniger im Alltag des Geschichtsunterrichts deutlich, als vielmehr in den Erwartungsbildern der schriftlichen Abituraufgaben. Zwei konträre Richtungen der heute üblichen Interpretationserwartungen sollen das am Beispiel zeigen.

- Die eine Variante eines Erwartungsbildes/Erwartungshorizonts besteht aus sieben Seiten kompakten fachhistorischen Aussagen, die mit „Lösungen" überschrieben sind.[4] Auf ihnen kommt weder der Begriff „Quelle" noch der Begriff „Interpretation" vor, obwohl das Ausgangsmaterial die von Friedrich List entworfene Bittschrift von „Kaufleuten" an die Bundesversammlung vom 14. April 1819 ist. Es gibt keine Andeutung in Richtung Interpretationskompetenz oder wenigstens Methodenorientierung. Noch nicht einmal der übliche „historische Kontext" wird verlangt. Zur Quelle werden fünf Wissensfragen gestellt. Die erste Frage lautet: „Erarbeiten Sie aus der folgenden Bittschrift von 1819 welche Forderungen erhobene werden, und überprüfen Sie, inwiefern sich darin liberales Gedankengut findet." Das ist die einzige Frage zur Quelle. Es folgen vier weitere: Die zweite verlangt die „wichtigsten Stationen zur Überwindung der Zollschranken bis 1866" darzustellen. Die dritte erwartet als Antwort „Gründe und Motive" zur Änderung der deutschen Zollpolitik 1878/79. Dann folgt eine Frage zum Eingriff der nationalsozialistischen Wirtschaftspolitik zwischen 1933 bis 1939 und die fünfte verlangt die soziale Marktwirtschaft der Bundesrepublik nach liberalen Elementen zu durchsuchen. Das ist pure Wissensabfragerei. Ehrlicher und platzsparender wäre eine einzige Frage ohne Quelle: „Untersuchen sie 200 Jahr deutsche Wirtschaftspolitik nach liberalen Einsprengseln". Hier haben wir das PISA-Desaster im Textverstehen der deutschen Schülerinnen und Schüler. Dieses Erwartungsbild verlangt ganz bestimmte Daten und Fakten ohne jede Beziehung zur Quelle.[5]
- Die zweite Variante eines Erwartungsbildes geht auf Quelle und Interpretation ein und gibt „Hinweise zur Bewertung und zu Lösungserwartungen". Grundlage ist eine Stellungnahme des Medizinalrates Beyer für den Regierungsbezirk Düsseldorf von 1876 zum Umweltbewusstsein im Zeitalter der Industrialisierung. Das Erwartungsbild wird überschrieben „Methodischer Anspruch an die Quelleninterpretation als dem fachspezifischen Zugang zur Problemlösung"[7]. Es folgen dann fünf Anstriche.
  „– Die Prüflinge erarbeiten auf der Grundlage ihres historischen Fachwissens bezüglich der Industrialisierung in Deutschland in der 2. Hälfte des 19. Jahrhunderts aus den Quellen Aussagen zum Umweltbewusstsein im Zeitalter der Industrialisierung und deuten sie problembewusst unter dem in der generellen Fragestellung geforderten Interpretationsaspekt.

- Dabei wenden sie ein aus dem Unterricht bekanntes Verfahren der Quellenanalyse und -kritik nachvollziehbar an.
- Sie nehmen begründet zu den in den Quellen enthaltenen Lösungsansätzen für die genannten Umweltprobleme Stellung.
- Sie berücksichtigen die Quellengattung (Redebeitrag, Fachzeitschriftenartikel) und schätzen den Erkenntniswert ein.
- Sie rekonstruieren mit Hilfe der aus den Quellen herausgearbeiteten Informationen einen historischen Zusammenhang, indem sie die in den Teilaufgaben formulierten Erkenntnisse schlüssig miteinander verknüpfen."

In die Bewertung der Klausur gehen diese Erwartungen zu 30% ein. Eine sehr gute Note ist ohne entsprechenden methodenbewussten Umgang mit der Quelle nicht möglich. Die Erwartungen geben darüber hinaus genügend Raum für Interpretationsspielräume und es wird nicht eine bestimmte Sichtweise verlangt.

(2) Sozialer Kontext: Da bei der Quelleninterpretation nicht jede Schülerin und jeder Schüler für sich allein, sondern meist im sozialen Zusammenhang von Klasse und Lehrer deutet, kann es zu merkwürdigen Ergebnissen kommen. Ganze Sinnschichten von Quellen werden nicht erfasst. Es sollte Lehrerinnen und Lehrern bewusst sein, dass es einen Widerspruch zwischen kognitiver Autonomie und sozialer Regulation gibt. Die Interpretation einer Quelle ist abhängig von den Erfahrungen, die die Schülerinnen und Schüler mit ihrem Lehrer bei vorhergehenden Interpretationen gemacht haben. So kann es vorkommen, dass weniger der Quellentext als vielmehr die erfahrenen Interpretationsmuster der Lehrer die Deutung leiten. Die Vorliebe der Lehrer für Politik- oder Gesellschaftsgeschichte spiegelt sich dann in den Interpretationsleistungen wider. Es bilden sich klassenspezifische Konventionen der Interpretation heraus, in denen sowohl bestimmte Muster als auch eine bestimmte Terminologie dominiert. Das mag bei der Leistungsbeurteilung sowohl für Lehrer wie Schüler ganz befriedigend sein. Eine kreative Leistung ist es dann doch nicht, auch kein Ausweis für Kompetenz.

(3) Kriterien: Ausweis von Fragestellung und Angaben zur Vorgehensweise gehören zu jeder Interpretation. Als formales Kriterium sind *Schlüssigkeit* und *Nachvollziehbarkeit* Voraussetzung. Bei einer guten Interpretation sollten *Ambivalenzen* deutlich werden. Der Interpret sollte den eigenen Interpretationen gegenüber skeptisch sein. Er sollte sie zwar als Deutung anbieten, von der er überzeugt ist, aber doch die Möglichkeiten einer anderen Auslegung andeuten. Für jede Deutung sollte er Alternativen angeben und dann sagen, warum er sich für diese eine entschieden hat. Darüber hinaus ist jede einlineare Deutung unzureichend: Der Text sei so zu verstehen, weil der Autor Katholik (Protestant, Adliger etc.) sei. Das kann von Bedeutung sein, muss es aber nicht. Jeder Schreiber kann seine naturgegebene (Geschlecht) oder erworbene Perspektive (politische Einstellung) denkend verändern. Sie setzt sich nicht mechanisch in den Text hinein durch. Wenn dem so wäre, brauchten wir keine Interpretation.

Eine gute Interpretation sollte auch die *Prämissen offenlegen,* von denen her sie denkt (Psychoanalyse, bekannte Deutungen etc.). Auch sollte ein Mindestmaß an *reflektierender*

Begrifflichkeit auftauchen, indem auf Begriffsgeschichte, Psychologie, Ideologiekritik zurückgegriffen wird („... unter *psychologischem* Gesichtspunkt kann man bei diesem Autor sagen ...“; „... *begriffsgeschichtlich* unterscheidet sich der hier gebrauchte Nationsbegriff ...“; „... bei einer *ideologiekritischen* Betrachtung erscheint ...“).

(4) Nicht richtig, aber plausibel: Es gibt gute und schlechte, plausible und unplausible Interpretationen. Aber es gibt keine richtigen und keine falschen. Das Kriterium für eine gelungene Interpretation ist die Zustimmungsfähigkeit der Zeitgenossen des Interpreten. Das bedeutet aber nicht, dass jeder Unsinn erlaubt ist. Da ist zuerst einmal der Stand der geschichtswissenschaftlichen Forschung, über den sich der Interpret nicht hinwegsetzen darf. Das bedeutet keinesfalls, dass der Interpret dogmatisch der Forschung (die zudem auch nicht mit einer Stimme spricht) folgen muss. Wenn der Forschungsstand korrekt erwähnt und dann der Interpret seine eigene Deutung dagegengestellt, ist das eine anerkennenswerte Leistung und jene Fähigkeit erreicht, die wir mit historischem Denken oder Interpretationskompetenz bezeichnen.

Anmerkungen

1 Der Schreiber des Briefes ist der preußische Bundestagsgesandte Otto von Bismarck, der sich im Frankfurter Bundestag schrecklich langweilt und während des Vortrages an seine Schwester Malvine von Arnim schreibt. Die Gesandten des Bundestages tagten an einem Tisch mit sechs Meter Durchmesser im Turn-und-Taxischen Palais in der Großen Eschenheimer Gasse in Frankfurt/Main. Der Langweiler ist der Großherzoglich-hessische Bundestagsgesandte Freiherr von Münch-Bellinghausen. „Fra Diavolo“ (= Bruder Teufel) ist die 1830 aufgeführte Oper von Auber und der Spitzname des preußischen Ministerpräsidenten Otto Theodor Freiherr von Manteuffel. Freiherr von Linden war württembergischer Gesandter in Berlin. Das „durchbohrende Gefühl seines Nichts“ stammt aus Schillers Don Carlos (Zweiter Aufzug, erster Auftritt). [Die Quelle und ihre Interpretation verdanke ich meiner Studentin Heide Herzog.]

2 Kershaw, Ian, Hitler 1889-1936, Stuttgart 1998, S. 488 f.; ebenso Turner, Henry A., Die Großunternehmer und der Aufstieg Hitlers, Berlin 1985 f.

3 Mit Dekonstruktion ist das strukturalistische Verfahren gemeint, nicht das, was gegenwärtig propagiert wird.

4 Abitur. Prüfungsaufgaben und Lösungen. Geschichte. Leistungskurs Gymnasien Bayern 1992-1998, 19. erg. Aufl., Freising 1998, S. 94. Die Edition der Quelle in der Abituraufgabe ist äußerst schlampig. Der Name List taucht nicht auf, obwohl die Quelle folgende Unterschrift trägt: „Professor List als Bevollmächtigter des allgemeinen Deutschen Handels- und Gewerbevereins zu Frankfurt a.M.“

5 Diese „Lösungen“ tun so, als sprächen alle Historiker mit einer Stimme. Als Antwort zu Frage 5 wird ein völlig unhistorisches, ideologisch gefärbtes Ideal der sozialen Markwirtschaft erwartet.

6 Kultusministerium des Landes Sachsen-Anhalt. Abitur 2003. (Geschichte Grundkurs) Hinweise zur Bewertung und zu Lösungserwartungen. [Vervielfältigtes Manuskript].

Weiterführende Literatur

Angehrn, Emil, Dekonstruktion und Hermeneutik, in: Kern, Andrea; Menke, Christoph (Hrsg.), Philosophie der Dekonstruktion, Frankfurt/M. 2002, S. 177-199

Arbeit mit Textquellen. Schwerpunktheft der Zeitschrift „Geschichte lernen“ 46 (1998)

Ardelt, Rudolf G., „Inhaltsanalyse" von Texten und Dokumenten im Unterricht, in: Zeitgeschichte 22 (1974), S. 41-48

Beilner, Helmut, Zum Umgang mit Textquellen, in: Pädagogische Welt 51 (1997), S. 11-15

Borries, Bodo von, Quellenarbeit, in: Enzyklopädie Erziehungswissenschaft, Bd. 4: Methoden und Medien der Erziehung und des Unterrichts, hrsg. v. Gunter Otto u. Wolfgang Schulz, Stuttgart 1985, S. 555-564

Daniel, Ute, Kompendium Kulturgeschichte, Frankfurt/M. 2001

Daniel, Ute, Clio unter Kulturschock. Zu den aktuellen Debatten der Geschichtswissenschaft, in: GWU 48 (1997), S. 195-219 und 259-278

Eco, Umberto, Die Grenzen der Interpretation, München 1992

Franze, Manfred, Quellen- und Textarbeit im Geschichtsunterricht der Kollegstufe, in: Atzerodt, A.; Franze, M.; Neher, M., Quelle und Statistik im Kollegstufenunterricht (Arbeitsmaterialien für den Geschichtsunterricht in der Kollegstufe, Sonderheft), München 1977, S. 18-39

Heitzer, Horst W., Mut zur Quellenarbeit im Geschichtsunterricht, in: Pädagogische Welt 51 (1997, S. 2-10

Hirsch, Erich D., Prinzipien der Interpretation, München 1972

Hug, Wolfgang, Geschichtsunterricht in der Praxis der Sekundarstufe I, Frankfurt/M. 1977

LaCapra, Dominick; Kaplan, Steven (Hrsg.), Geschichte denken. Neubestimmungen und Perspektiven moderner europäischer Geistesgeschichte, Frankfurt/M. 1988, S. 45-86

Maurer, Michael (Hrsg.), Aufriß der historischen Wissenschaften. Band 7: NeueThemen und Methoden der Geschichtswissenschaft, Stuttgart 2003

Maurer, Michael (Hrsg.), Aufriß der hist orischen Wissenschaften. Band 4: Quellen, Stuttgart 2002

Merten, Klaus, Inhaltsanalyse. Einführung in Theorie, Methode und Praxis, 2. verb. Aufl., Opladen 1995

Pandel, Hans-Jürgen, Quelleninterpretation. Die schriftliche Quelle im Geschichtsunterricht, 2. Aufl., Schwalbach/Ts. 2003

Pandel, Hans-Jürgen, Erzählen und Erzählakte. Neuere Entwicklungen in der didaktischen Erzähltheorie, in. Demantowsky, Marko; Schönemann, Bernd (Hrsg.), Neue Geschichtsdidaktiktische Positionen, Bochum 2002, S. 39-55

Renz, Rudolf, Prinzipien wissenschaftlicher Quellenanalyse und ihre Verwertbarkeit im Geschichtsunterricht, in: GWU 22 (1971), S. 536-551

Rohlfes, Joachim, Arbeit mit Textquellen, in: GWU 46 (1995), S. 583-590

Rusinek, Bernd A.; Ackermann, Volker; Engelbracht, Jürgen (Hrsg.), Einführung in die Interpretation historischer Quellen. Schwerpunkt: Neuzeit, Paderborn 1992

Schneider, Gerhard, Die Arbeit mit Quellen, in: Pandel, Hans-Jürgen; Schneider, Gerhard (Hrsg.), Handbuch Medien im Geschichtsunterricht, Schwalbach/Ts. 1999, S. 15-44

Theuerkauf, Gerhard, Einführung in die Interpretation historischer Quellen. Schwerpunkt: Mittelalter, Paderborn 1991

Voit, Hartmut, Vorüberlegungen beim Einsatz von schriftlichen Quellen im Geschichtsunterricht, in: Blätter für Lehrerfortbildung 32 (1980), S. 182-186

Würfel, Maria, Choc par les documents – Archivalische Menschenrechte, in: GWU 34 (1983), S. 271-297

Hans-Jürgen Pandel

Bildinterpretation

Interpretation ist ein Verfahren, das aus (bildlichen oder schriftlichen) Zeichen Sinn entnimmt. Dabei müssen Schwierigkeiten ausgeräumt werden, da der Sinn nicht offensichtlich ist, sondern nur durch (interpretatorische) Anstrengung erschlossenen werden kann. In Alltagssituationen können wir aus Sprache und Bild Sinn entnehmen, weil uns die Situation, in die der Interpret und das/die zu interpretierende Bild/Schrift gehört, vertraut ist. Bei (schriftlichen oder bildlichen) Quellen sind Interpret und Quelle durch eine mehr oder minder große zeitliche und kulturelle Differenz getrennt. Wir haben es deshalb stets mit gebrochenen Zusammenhängen, gerissenen bzw. noch nicht geknüpften Traditionssträngen zu tun.

1. Bildbegriff und Bildinterpretation

Der hier verwendete Bildbegriff wird durch drei Kriterien bestimmt. (1) Ein Bild ist eine bemalte (bzw. gezeichnete, belichtete, gestochene) Fläche. Diese Definition schließt dreidimensionale Plastiken bzw. Reliefs aus, auch wenn sie als Fotografie präsentiert werden. (2) Zum zweiten meint der hier gebrauchte Begriff Bildquellen, also Bilder, die in der Vergangenheit entstanden sind und uns heute vorliegen. Das schließt Rekonstruktionsbilder (z.B. Querschnitt durch eine Hansekogge) – so sinnvoll sie auch sein mögen – aus. Sie müssen nicht interpretiert werden, da sie keinem vergangenen oder fremden Kulturzusammenhang entstammen. Ihr Charakteristikum ist es ja gerade, dass sie ohne Interpretation verstehbar sind. Sind sie gut, dann sind sie sofort verständlich, sind sie schlecht, so hilft auch kein Interpretieren. (3) Das dritte Kriterium ist: Bildquellen sind ungeachtet ihres Bildinhalts nur für den Zeitpunkt ihrer Herstellung eine Quelle. Ein Bild Anton von Werners (1843-1915) von Luthers Auftritt in Worms (1521) ist nur für die Lebenszeit Werners und die wilhelminische Epoche eine Quelle. Diese Definition ist in der Kunstgeschichte völlig selbstverständlich, in der Didaktik wird häufig noch alles zum Bild erklärt, was man zweidimensional mit den Augen wahrnehmen kann. Dieser Medienbegriff, der entlang der menschlichen Wahrnehmungskanälen konzipiert wurde, ist geschichtsdidaktisch längst überholt, da er zu allgemein – zu trivial – ist und sich nicht auf *historisches* Denken bezieht.

Die Geschichtsdidaktik besitzt kein Modell – bestenfalls Ansätze – zur Bildinterpretation. Die konventionellen zwei- oder dreistufigen Schemata sind keine Interpretationsmodelle für das Bild, sondern pädagogische Vorgehensweisen. Sie geben an, was man mit den Schülerinnen und Schüler und nicht mit den Bildern machen soll: stummes Betrachten, besprechen, was man sieht etc. Besonders ärgerlich ist, dass das renommierte kunstgeschichtliche Interpretationsmodell von Erwin Panofski und seine geschichtswissenschaftliche Erweiterung durch Rainer Wohlfeil zur Begründung trivialer Vermittlungsschritte herangezogen wurde. Die Frage ist doch, welche Strategien entwickelt werden müssen, um ein Bild zu interpretieren und nicht um ein Bild im Unterricht „einzusetzen". Entgegen der – besonders bei Pädagogen – weit verbreiteten Meinung handelt es sich bei der Arbeit mit Bildern um eine schwierigere Arbeit als mit Texten. Bilder sind keine Abbilder, sondern nach kulturellen Konventionen vergangener Epochen und fremder Kulturen entstandene Deutungen von Wirklichkeit. Sie haben allerdings den Vorteil, dass sie nicht wie Texte aus Fremdsprachen übersetzt werden müssen. Die visuellen Elemente von Mann, Frau, Haus, Himmel, Baum sind transkulturell erkennbar. Was aber diese Bildzeichen bedeuten, ist kulturell konnotiert.

2. Bildkompetenz

Bildinterpretation ist eine Kompetenz, die gesondert eingeübt und schrittweise aufgebaut werden muss. Sie kann als ikonographisches Sehen bezeichnet werden. Diejenige Bildkompetenz, die hier gemeint ist, ist eine *kulturelle* Kompetenz und darf nicht mit dem alltagsweltlichen Bildersehen und -verstehen verwechselt werden. Es ist vor allem im Bereich der historischen Erkenntnis eine sehr voraussetzungsvolle Operation. Ein Kind kann, wenn es in die Schule kommt, Gegenstände auf Bildern erkennen und weiß um die Differenz zwischen Bild und Bildgegenstand. Es kann Farben sehen und kennt auch die Farbbezeichnungen. Diese Fähigkeit, die der Untersuchungsgegenstand von Entwicklungspsychologen ist, reicht bei weitem nicht aus, zeitgenössische Malerei oder gar historische Bildwerke zu interpretieren und zu verstehen.[1] Für historisches Lernen ist darum eine historisch-kulturelle Bildkompetenz nötig, die in den Umgang mit historischen Bildquellen einführt.

Bilder beruhen auf einer „pikturalen Differenz" (Böhm): Sie sind nicht Repräsentanten der Wirklichkeit und dürfen deshalb nicht zur „Anschauung" der „Wirklichkeit" missbraucht werden. Im Schulbuch ist nicht Luther zu sehen, sondern ein Bild von Luther; diese Differenz ist für den Erkenntnisprozess grundlegend, denn sie verweist darauf, dass die Darstellung Luthers in einem sinnbildenden, absichtsvollen Prozess hergestellt wurde. Ikonographie bezieht sich auf den kulturellen Vorrat an Bildsymbolen. Didaktisch-methodisch gesehen bedeutet Bildinterpretation für die Schülerinnen und Schüler, ihr Bild-, Farben- und Posengedächtnis heranzuziehen, das sich erst im Aufbau befindet. Das bedeutet: Wissen um Motive, Farbsymboliken und Symbolisierungen; Allegorien auflösen können; emotionale Eindrücke verbalisieren; natürliche Metaphern verstehen, Zeitbezüge herstellen. Wenn wir von Schülerinnen und Schüler die Interpretation eines Bildes verlangen, so fordern wir von ihnen die Aktualisierung ihres ikonographischen Gedächtnisses. Bildinterpretation ist deshalb kein sensualistisches Programm. Es bedeutet nicht – oder nur zum kleinen Teil – etwas, was den Sinnen (den Augen) zugänglich ist, zu erkennen. Die Interpretation ist mehr als ein Lernvorgang, der etwas, was optisch gegeben ist, erinnerungsfähig speichert. Bildinterpretation kann und muss man vielmehr als symbolische Vergesellschaftung, als Konstruktion kultureller Diskurse bezeichnen.

3. Interpretationshinsichten

Die Versuche zum Aufbau einer historischen Bildkompetenz stecken erst in den Anfängen. Ein erster Versuch soll im Folgenden unternommen werden. Es lassen sich vier Gruppen von Bildelementen unterscheiden. Zuerst einmal geht es um die Wahrnehmung von Menschen, dann um Formelemente und schließlich um Symbole. Beziehungen zwischen den Bildelementen machen eine weitere Gruppe aus. Insbesondere seit der Frühen Neuzeit hat die Ikonologie versucht, diese Elemente zu klassifizieren.

Immer wieder wird der Versuch gemacht, Bildinterpretation wie Textinterpretation zu begreifen. Der metaphorische Gebrauch von „Bilderlesen" ist oft versucht worden und findet sich bisweilen auch in der Didaktik: Bildgrammatik, Bildsyntax und Bilderalphabet werden gebraucht. Der Grundgedanke dieser Versuche liegt in der Frage, ob es ein Inventar von Grundelementen (Bildalphabet) gibt, das mit Hilfe kombinatorischer Regeln (Bildgrammatik) in der Lage wäre, den Aufbau eines Bildes, seinen Sinn zu entschlüsseln. Die vielen Implikationen dieser Debatte lassen sich hier nicht aufzeigen. Voraussetzung ist, dass eine gewisse Dichte an Bildzeichen analog zu den Buchstaben vorhanden ist. Der Begriff Bildgrammatik bezeichnet das Bemühen, bestimmte visuelle Elemente („Wortformen") nach („grammatikalischen") Regeln zu sinnvollen Aussagen zu formen. Die Analogie zur Sprache[2] ist nur bedingt brauchbar, weil Bilder nicht gemäß der Sprache konstruiert werden können. Ihnen fehlt die allen Sprachen gemeinsame Möglichkeit, Verneinungen zu formulieren. Dass etwas nicht der Fall ist, vermag ein Bild nicht auszudrücken. Was dargestellt wird, sind Symbolisierungen, die zudem epochen- und kulturspezifisch sind. Wir können vier Grundelemente unterscheiden.

3.1 Personendarstellung

(1) Das erste dieser Elemente ist die *Mimik* von Personen, sie bringt innere Zustände, Emotionen zum Ausdruck. Hier handelt es sich nicht um ein anthropologisches System, das allgemein Menschliches kulturübergreifend darstellt. Die Gesichtsmuskeln des Menschen sind zwar in allen Kulturen die gleichen, von ihnen wird aber unterschiedlich Gebrauch gemacht. Weil sich Mimik meist unwillkürlich einstellt, wird in manchen Kulturen versucht, sie zu kontrollieren („Gesicht wahren") oder ihnen expressiven Ausdruck zu verleihen („Mama mia") (Abb. 1 links).

(2) Besonders an der *Gestik* wird die kulturelle Formung deutlich. Handhaltungen, von denen die Gegenwart – außer obszönen Gesten – nur die des Drohens und Schwörens beibehalten hat, waren im Mittelalter äußerst variantenreich. Die Bilder des Sachsenspiegels zeigen rund ein Dutzend „sprechender Gesten". Diese Bedeutungen weichen von den der anderen Kulturen ab. In Indien zeigt eine flache Hand, in der sich Zeigefinger und Daumen berühren, die Tätigkeiten des Lehrens bzw. Meditierens an. Das Zeitalter der Bürgerkriege des 20. Jahrhunderts ist ohne die entsprechenden Gesten kaum vorstellbar (Hitlergruß und Thälmannfaust) (Abb. 1 Mitte).

(3) Die *Körperhaltung* drückt ebenfalls wie die Gebärdensprache Sinngehalte aus, die nur in Lernprozessen erworben werden können. Aby Warburg[3] hat die menschlichen Posen

unter dem Begriff der Pathosformeln beschrieben. Solche Posen sind dann zu stehenden sprachlichen Wendungen geworden: hoch erhobenen Hauptes, mit gesenktem Kopf, niedergeschlagen, aufrecht etc. (Abb. 1 rechts).

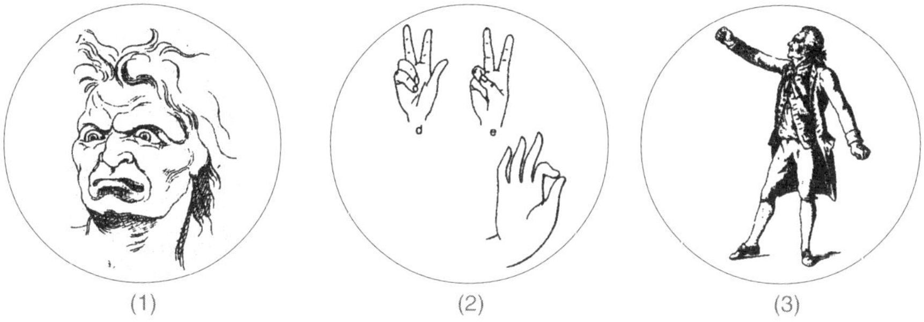

Abb. 1: *Interpretationshinsichten: Mimik, Gestik, Körperhaltung (aus: Bormann 1994)*

Diese drei Elemente werden traditionell unter dem Begriff „Kinesik“ zusammengefasst. Sie lassen sich aus den verschiedenen Symbollexika erheben.[4] Die zweite Gruppe der Bildelemente machen Formen aus, die sich nach Paul Klee als Elemente „bildnerischen Denkens“ beschreiben lassen.[5]

3.2 Formenelemente

(1) Klee beginnt seine Zusammenstellung mit dem *Punkt*: Der Punkt, der sich in Bewegung setzt, wird zur *Linie* (Klee 1990, 19). Linien als Ursprung der Malerei begrenzen die belebte und unbelebte Wirklichkeit, obwohl sie kein sichtbares Merkmal von Wirklichkeit sind. So zeichnen kleine Kinder Personen und Gegenstände ihrer Umwelt mit Linien, obwohl sie in der Realität nicht vorhanden sind (Abb. 2 links).

(2) Ein weiteres Bildelement sind die *Formen*, gleich ob sie geometrischer oder organischer Art sind. Eine Form ist eine begrenzte Fläche, die den Bildraum gliedert. Die Räumlichkeit der Fläche ist imaginär (Abb. 2 Mitte).

(3) Für den menschlichen Sehvorgang gibt es 160 *Farben*, wenn man die durch verschiedene Anteile von Schwarz und Weiß entstehenden Modulationsreihen einmal außer Acht lässt[6]. Farben haben keineswegs eine ausschließlich ästhetische Funktion, sondern sind Träger vielfältiger Symbol-Bedeutungen, wenn man die reale Farben des Gegenstandes (Gegenstandsfarbe) und die Symbolfarbe auseinander hält. Ein ganzes Feld von Farbsymbolik tut sich auf. So bezeichnet im abendländischen Kulturkreis die Farbe „gelb“ randständige Gruppen der Gesellschaft (= schwefelgelb als Teufelsfarbe). Sie ist die Schandfarbe von Juden, Ketzern und Dirnen. In Indien und China ist „gelb“ dagegen die Fürstenfarbe. Die Unfarbe Schwarz bedeutet bei uns Trauer, in Nordafrika ist es Weiß. Rot ist dagegen die Farbe der Herrscher und Richter („rote Roben“) oder die Bannerfarbe der Revolution. Die Plakatkunst der 20er Jahre des 19. Jahrhunderts ist ohne Kenntnis der Farbsymbolik gar nicht verständlich. Zum

ikonographischen Sehen gehört auch die Kenntnis, welchen liturgischen bzw. politischen Symbolwert eine bestimmte Farbe hat. „Die Symbolik der Farbe Rot ist geprägt von zwei elementaren Erfahrungen: Rot ist das Blut, Rot ist das Feuer. Darüber hinaus gibt es noch ein männliches (hellrot) und ein weibliches Rot (dunkelrot) (Abb. 2 rechts).

(1) (2) (3)

Abb. 2: *Interpretationshinsichten: Linie, Form und Farbe (aus: Klee 1990; s. Anm. 5)*

3.3. Symbole

Die dritte Gruppe machen *Symbole* aus. Es handelt sich hier um Superzeichen, hoch konventionalisierte Bildzeichen, die nicht durch Nachdenken oder Alltagserfahrung entschlüsselt werden können. Symbole werden hier als „Sinn-Bilder" verstanden. Bei ihnen handelt es sich um „ein Zusammentreffen von Konkretheit des Bildes und Abstraktion der Idee".[7] Die Frage, was das Symbol bedeutet, ist zu eng für eine Interpretation. Es muss vielmehr gefragt werden, wer symbolisiert mit welchen Mitteln, aus welchen Gründen mit welchen Zielen. Besonders abstrakte Begriffe werden durch Symbole dargestellt. So ist z.B. die Darstellung einer Frau mit Binde vor den Augen und einer Waage in der Hand keineswegs eine blinde Marktfrau, sondern die personifizierte Gerechtigkeit. Das hier abgebildete Symbol zeigt einen Adlerkopf auf einem Menschenkörper. Er ist durch Heiligenschein und die Geste des Segnens gekennzeichnet (Abb. 3). Dass dieses Bildzeichen das Emblem für den Apostel Johannes ist, kann nur aufgrund eines kulturellen Lernprozesses erkannt werden.

Abb. 3: *Symbol des Apostel Johannes (aus: Dolch, Josef, Lehrplan des Abendlandes, 3. Aufl., Ratingen u.a. 1971*

3.4. Relationen

Eine weitere Gruppe bilden die *Relationen.* Sie stellen Beziehungen zwischen den Bildelementen her. Sie unterscheiden sich von den anderen Elementen dadurch, dass sie nicht allein auf dem Bild erscheinen können wie Form, Farbe und Linie, sondern erst sichtbar werden, wenn zwei Elemente auf der Bildfläche vorhanden sind. Besonders Beziehungen zwischen Formen (Personen, Gegenständen etc.) sind wichtig. Wie sie sich zueinander verhalten: zugewandt, abgewandt, oberhalb, unterhalb, links, rechts, nah, fern etc. Im Gegensatz zu den anderen Bildelementen sind sie kaum kulturell konnotiert, sondern werden schon mit der Sprache gelernt. Sie haben bereits im Alltagswissen der Schülerinnen und Schüler ihren Platz. Eine der bekanntesten Relationen von Bildelementen auf der Fläche ergibt sich aus der Perspektive. Dieser Begriff meint allerdings nicht ausschließlich die europäische Zentralperspektive. Perspektiven richten Bildelemente in Beziehung zueinander und lassen dadurch Bedeutungen entstehen. Das lässt sich daran zeigen, in welcher Weise ein Bildelement zu einem anderen in Beziehung gesetzt wird. Wenn man beispielsweise ein Bildzeichen in seiner Lage zu anderen Zeichen etwas neigt („Lateralflektion"), ändert sich sein Ausdruck und damit ergibt sich auch eine andere Interpretation. Botticellis Madonna verändert ihren Ausdruck „von der demütigen, bescheidenen Frau zur selbstbewussten Herrin" (Frey 1999, 139), wenn man allein die Längsachse ihres Gesichts im Verhältnis zu anderen Bildelementen verändert (Abb. 4).

Abb. 4: *Sandro Botticelli, Madonna del Magnificat (1483/85) (aus: Frey, Siegfried, Die Macht des Bildes, Bern u.a. 1999, S. 139)*

Mit der Aufzählung dieser Bildelemente sind nicht alle Elemente eines Bildes dargestellt worden. Künstlerische Gestaltungsmittel wie Lichteinfall sind hier noch nicht mit erfasst. Hierbei handelt es sich um den Bereich des Ästhetischen, der hier nicht einbezogen wird.

Diese Bildelemente sind jeweils Gesichtspunkte des Fragens und müssen in das Fragerepertoire der Schülerinnen und Schüler eingehen. Es ist nicht damit getan, dass Schülerinnen und Schüler auch einmal – wenn etwas besonders befremdlich wirkt – nach

Gestik oder Mimik fragen, sondern diese Fragen müssen fester Bestandteil ihres Fragewissens werden. Die in der Geschichtsdidaktik vorherrschende Frageweise „Was seht ihr?" ist völlig unzureichend, wenn Schülerinnen und Schülern nicht gesagt wird bzw. sie nicht gelernt haben, wonach sie sehen sollen. Bildinterpretation erfordert eine besondere Sprache.

Diese acht Elemente, wie sie in den Kapiteln 3.1 bis 3.4 entwickelt wurden, sind bei der Bildinterpretation Hinsichten, leitende Ideen für die Interpretation. Es reicht aber nicht aus, sie ausschließlich visuell wahrzunehmen. Es geht vielmehr darum, sie in Sprache zu übersetzten. Schülerinnen und Schüler müssen für Gesichtsausdrücke Begriffe finden, die Bedeutung von Handgesten nennen, die Körpersprache in Umgangssprache übersetzen. Linienführung als aufsteigend oder absteigend beschreiben, Farben benennen etc. Das verweist darauf, dass Bildinterpretation bedeutet, Bildzeichen in Sprache zu übersetzen, um sie in den kulturellen Kommunikationsprozess einzubeziehen.

4. Bildinterpretation

Eine Bildinterpretation vollzieht sich in vier Schritten und hat dabei vier Ebenen zu durchschreiten, auf denen verschiedene Sinnschichten erschlossen werden müssen: Erscheinungssinn, Bedeutungssinn, Dokumentensinn und Erzählsinn. Es gibt nicht nur einen Sinn, sondern jedes Bild enthält ein ganzes Sinngeflecht.

(1) Der erste Schritt einer Bildinterpretation ist die sprachliche Benennung der Bildelemente, um den *Erscheinungssinn* zu erschließen. Das ist nicht das, was die alte Volksschulpädagogik getan hat. Auch ist damit nicht das gemeint, was gegenwärtig von einigen Autorinnen und Autoren aus dem Panofski-Wohlfeil-Modell in der Geschichtsdidaktik gemacht wird. Interpretation arbeitet sich zwar an den visuellen Elementen des Bildes ab, der Interpretationsvorgang vollzieht sich aber im Medium der Sprache. Die Bildelemente von Mimik, Gestik, Posen, Linien, Farben und Formen sowie Relationen müssen benannt werden. Dabei ist zunächst nur alltagsweltliches Wissen zugelassen. Alles was auf Spezialkenntnissen und besonderen Lernprozessen beruht, darf auf dieser Interpretationsstufe noch nicht verwandt werden. So ist der Ausdruck „ein Kreuz" erlaubt, aber nicht „Andreaskreuz" oder „Malteserkreuz". Ein besonderes Problem ist dabei die richtige Anwendung von Begriffen und Spezialbezeichnungen. So ist beispielsweise „Vater" eine Sonderform von „Mann". Ein Mann mit zwei Kindern an der Hand muss als solcher benannt werden. Aus dem Bild lassen sich Aussagen wie „Vater mit seinen kleinen Kindern" nicht ablesen. Es könnte sich ja auch um den Waisenhausgründer August Hermann Francke mit zwei seiner Zöglinge handeln. Die schwierige Aufgabe ist es, diejenige sprachliche Bezeichnung zu finden, die den Schlüssel zur späteren Interpretation bildet. Ein nicht benannter Gegenstand oder eine nicht entsprechend gezeichnete Miene kann nicht in den Interpretationsprozess eingehen. Es kommt auch auf die richtige Sprachebene der Bezeichnung an. So lässt sich die folgende Szene aus einer Miniatur nicht interpretieren, wenn der Vogel am Ohr des Schreibers lediglich als „schwarzer Vogel" bezeichnet wird (Abb. 5).

Abb. 5: *Ausschnitt aus einer Buchmalerei aus dem Hortus Deliciarum der Herrad von Landsberg*

(2) Im zweiten Schritt wird der *Bedeutungssinn* der einzelnen Bildelemente, der einzelnen Motive sowie des gesamten Bildes erschlossen. Auf dieser Ebene liegen die besonderen Schwierigkeiten jener Schülerinnen und Schüler, deren Kulturkompetenz noch sehr eingeschränkt ist. Besonders die Bedeutung der Bildelemente vergangener Zeiten sowie solcher aus fremden Kulturen machen ihnen Schwierigkeiten. Um den Bedeutungssinn herauszufinden, muss das gesamte kulturelle Gedächtnis einer Gesellschaft durchsucht werden. Jede Bildquelle steht in langen formalen und inhaltlichen Traditionsketten und fügt allerdings auch Innovationen hinzu. Bildinterpretation kommt nicht ohne Vergleich, Nachschlagen oder Lesen aus. Auch Erwachsenen ist das kulturelle Gedächtnis ihres Kulturkreises nicht völlig präsent, andernfalls wären Kunsthistoriker überflüssig. Dieses kulturelle Gedächtnis hat sich schriftlich niedergeschlagen. Diese Art Literatur ist geschichtsdidaktisch kaum erschlossen. Es gibt zwar eine Unzahl von Schülerlexika und Schülernachschlagwerken wie „Wissen kompakt“ oder „Pocket Geschichte“. Aus ihnen können die Schülerinnen und Schüler Daten und Fakten entnehmen. Es gibt aber keine kleinen Nachschlagwerke, die ihnen sagen, warum die Amsel ein Teufelsvogel oder die Liebe rot ist.

Der Bedeutungssinn der Miniatur in Abb. 5 kann nur entschlüsselt werden, wenn der schwarze Vogel als „Amsel“ bezeichnet wird. Erst jetzt kann das kollektive kulturelle Gedächtnis der Gesellschaft nach der Bedeutung von „Amsel“ durchsucht werden. Die Amsel ist zwar als schwarzer Vogel Tier des Bösen, sie kann aber im Gegensatz zum krächzenden Raben verführerisch singen und dem Dichter – aber auch dem Historiker – Falschheiten einsagen. Es ist folglich nicht die weiße Taube des Heiligen Geistes, die göttliche Eingaben vermittelt. Allein an der konkreten Benennung hängt der Schlüssel der Interpretation. Für die Amsel kann man deswegen in Symbollexika nachschlagen und findet dann: „*Amsel*, ähnl. wie der ↑ Rabe, aber hier zusätzl. mit der Gabe des verführerischen

Gesangs, Symbol der Versuchungen des Teufels" (Borrmann 1994, 19). Bevor der Interpret nicht alle Benennungen durchprobiert hat, weiß er nicht, welches der passende Ausdruck ist, welcher Begriff „Sinn macht". Der Zusammenhang von Erscheinungs- und Bedeutungssinn ist keineswegs eine Eigenschaft der mittelalterlichen Malerei und ihrer besonderen Bildsprache. Auch bei modernen Fotografien findet sie statt, wie die Debatte um die sog. Wehrmachtsausstellung gezeigt hat. Die Beschreibung „Männer in Uniform" wird ihren Bedeutungssinn nur freigeben, wenn die Uniformierten als SS, Wehrmacht oder ukrainische Hilfstruppen identifiziert werden.

(3) Der dritte Schritt der Interpretation ist die Suche nach dem *Dokumentensinn.* In der Einfügung dieser Sinnebene besteht die beachtliche Umformung des Panofskischen Systems durch Rainer Wohlfeil. Historiker betrachten Bilder nicht als singuläre Kunstwerke wie die Kunsthistoriker, sondern als Quellen von etwas, als Dokumente für etwas. Dadurch wird das ursprünglich kunsthistorische Modell zu einem Werkzeug für Historiker. Die Leitfrage ist hier: Wofür steht die Miniatur, wofür ist sie ein Dokument, welchen historischen Zusammenhang vermag diese Miniatur zu erschließen? Bei dieser Miniatur handelt es sich um einen Ausschnitt aus einem größeren Blatt, das die Septem Artes zeigt. Innerhalb eines Kreises (griechisch: Kyklos) werden die sieben freien Künste dargestellt. Die Dichter/Historiker, denen der Teufel einflüstert, stehen außerhalb des Kreises (außerhalb der Enzyklopädie) und sind keineswegs Teil der Wissenschaft.

In den meisten Interpretationsmodellen der Kunstgeschichte spielten Maler und Auftraggeber eine wichtige Rolle. Diese Frage muss etwas modifiziert werden. Ihre große Bedeutung haben sie in der Kunstgeschichte, wenn es sich um künstlerische Unikate handelt. Im größten Teil der uns bekannten Geschichte kennen wir den Namen nicht (ägyptische Wandmalerei, griechische Vasenmalerei, mittelalterliche Buchminiaturen). Oft steht an Stelle eines individuellen Malers eine Hilfskonstruktion (Maler der Leningrader Kanne; Meister des xy-Altars). Die Chance, aus der Biographie Interpretationshinweise zu gewinnen, ist für den Geschichtsunterricht sehr gering. So ist aus Anton von Werners Lebensgeschichte wenig für die Interpretation seiner „Kaiserproklamationen" zu entnehmen. Anders verhält es sich schon mit der Zugehörigkeit zu bestimmten sozialen Schichten und Gruppen. So ist es nicht unwichtig, ob ein Soldat der deutschen Wehrmacht oder ein Angehöriger einer Widerstandsgruppe Verbrechen fotografiert. Besonders strittig sind Fotografien von Propagandakompanien. Hier wird gestritten, ob es sich um Fotos von Propagandisten oder Dokumentaristen handelt. Genauso wichtig wie der Maler ist die Kenntnis des Präsentationsortes (Kirche, Villa, Museum, Zeitung etc.); aus ihm erschließt sich, wer als Betrachter infrage kommt.

Der Dokumentensinn zeigt die Grenzen des in der didaktischen Literatur häufigen Hinweises auf die sogenannten illustrativen und heuristischen Verwendungsweisen von Bildern. Er verlangt eine exakte Rekonstruktion des „historischen Kontextes", wie es im didaktischen Jargon heißt. Damit ist keine allgemeine Epochenkennzeichnung gemeint, sondern der spezifische Kontext des jeweiligen Bildes. So ist beispielsweise Nasmyth' „Eisenhammer" weniger ein Dokument für die Industrielle Revolution als vielmehr ein Werbebild für den Erfinder-Industriellen James Nasmyth. Er malte seine eigene Erfindung.

Eine neue Dimension des Dokumentensinns hat Cornelia Brink mit ihrer Untersuchung über „Ikonen der Vernichtung“ eröffnet. Sie zeigt auf, dass Bildern ein Dokumentensinn auch durch die Verwendung zuwächst. So werden bestimmte Bilder, wie die Leichenberge aus Buchenwald oder die Bilder von der Räumung des Warschauer Ghettos aus dem Stroop-Bericht, durch den wiederholten Abdruck erst zu Ikonen.

Der Dokumentensinn zeigt auf, wofür das Bild ein Dokument ist. Das ist gar nicht offensichtlich und schon gar nicht identisch mit dem Bildinhalt. So ist das bekannte Bild von Anton Werner von der Kaiserproklamation keineswegs ein Dokument für dieses Ereignis am 18. Januar 1871. Der Vergleich mit der Schloss- und der Friedrichsruher Fassung zeigt, dass auf dem späteren Bild die preußischen Offiziere die süddeutschen verdrängen. Roon tritt an die Stelle des bayerischen Generals von Hartmann. Der Dokumentensinn liegt in der Prussifizierung der Reichseinigung. Während in der ersten Fassung noch die bayerisch-preußische Waffenbrüderschaft zum Ausdruck kam, erscheint jetzt die Reichseinigung als das Werk Preußens. Wenn man die These von der Prussifizierung in von Werners Kaiserproklamationsbildern schon kennt, ist der Einsatz im Unterricht lediglich eine kleine bildliche Anekdote, die in fünf Minuten abgehandelt ist. Die heuristische Verwendung erfordert sehr viel historisches Wissen, um den Dokumentensinn zu finden.

(4) Jede Szene, die ein Bild darstellt, ist auf den Bruchteil einer Sekunde eingefroren. Es zeigt nur die Bildgegenwart. Es gilt aber auch, den *Zeitsinn* zu entschlüsseln. Das Panofski-Wohlfeilsche Modell ist zu eng auf Forschung ausgerichtet und muss deshalb um einen Zeitsinn erweitert werden. Um es im Geschichtsunterricht einzusetzen, ist es in die einzelnen Zeitdimensionen aufzulösen. Dazu gehört, dass die Bildvergangenheit und die Bildzukunft mit einbezogen werden muss. „Was geschah vorher?“ und „Was geschah nachher?“ sind die wesentlichen Fragen. Erst dadurch gewinnt Bildinterpretation jene narrative Qualität, die für Geschichte typisch ist. Eine Bildinterpretation wäre unvollständig, wenn sie nicht auf Vergangenheit und Zukunft verweisen würde. Jedes Bild beinhaltet einen *Zeitsinn*. Es besitzt eine Bildvergangenheit und eine Bildzukunft. Die Miniatur des Schreibers verweist auf eine Zukunft in der Reformation, in der dieser „Kreis“ (diese Enzyklopädie) gesprengt wird und die Dichtung und Historie von Melanchthon und Luther unter die Wissenschaften aufgenommen wird.

Nimmt man einmal das bekannte Bild aus Saigon zur Zeit der Tet-Offensive (1968), so erlaubt es ohne Bezug zur Bildzukunft keine zureichende Interpretation. Die Frage, ob der Polizeipräsident Nguyen Ngoc Loam nur droht oder tatsächlich schießt, ist aus dem Bild nicht zu beantworten (Abb. 6). Es handelt sich um eine gravierende Interpretationsfrage, ob ein Polizeipräsident auf offener Straße ohne Gerichtsverhandlung einen Verdächtigen erschießt oder lediglich bedroht. Aber auch wenn man nicht wie in diesem Beispiel die Vergangenheit und Zukunft dieser Szene durch andere Bilder kennt (er erschießt ihn tatsächlich), helfen die Fragen nach Bildvergangenheit und Bildzukunft als leitende Gesichtspunkte einer weitergehenden Interpretation, auch wenn empirische Evidenz – wie bei jedem Interpretationsakt – nicht besteht.

Abb.6: *Fotografie von Edward T. Adams 1968*

Dieses Schema ist zwar auf alle Bilder als Frageraster anzuwenden, das heißt aber nicht, dass diese Fragen bei allen Bildern auf allen Bedeutungsebenen zu gleich ergiebigen und fündigen Antworten führen.

5. Kontext

Bilder sind in Geschichtsunterricht und Geschichtskultur entkontextualisiert, entzeitlicht und enträumlicht. Eine mittelalterliche Miniatur erscheint nicht in einem kostbaren Kodex oder ein Altarbild nicht in der Kathedrale, sondern in einem profanen Schulbuch, das nach wenigen Jahren zu Altpapier wird.

(1) Den größten Teil der Bildquellen können wir nicht individuellen Malern (Zeichnern, Stechern, Fotografen etc.) zuschreiben. Auch die Auftraggeber lassen sich nicht identifizieren. Meist lässt sich lediglich der Sozialtyp Mönch, Landser etc. feststellen. Aber auch wenn wir die konkreten Maler kennen, hilft uns deren Lebensgeschichte bei der Interpretation nicht sehr weit.

(2) Weiter hilft uns dagegen der Verwendungszweck bzw. der *Präsentationsraum*, in dem die Bilder zu sehen waren.

Bilder standen und stehen in einem gesellschaftlichen Funktionszusammenhang (Abb. 7). Sie müssen auch daraufhin untersucht werden, welches Publikum sie sehen konnte. Mit dem Begriff *Präsentationsräume* sind zunächst einmal konkrete Räume gemeint, in denen

Bilder ausgestellt wurden: Grabkammern, Paläste, Kirchen, Museen und Industriellenvillen. Im 20. Jahrhundert kommt noch die Straße (Plakat) hinzu. Als Repräsentationsräume sind darüber hinaus auch Bücher zu verstehen, die zuerst als rare illuminierte Handschrift und erst später – nach Gutenberg – als Drucke auftauchen. In den 20er-Jahren des 20. Jahrhunderts kommen die „Illustrierte" und später die Boulevardzeitungen für Pressefotos hinzu. Die Bildhersteller haben bei der Produktion schon an die tatsächlichen oder virtuellen Räume gedacht, in denen ihr Produkt zu sehen sein sollte. Der zukünftige Publikations- bzw. Präsentationsraum geht gewissermaßen schon vorher in das Bild ein. Ein Kriegsberichterstatter, der für eine Illustrierte fotografiert, stellt andere Bilder her als der Landser, der für sein Fotoalbum knipst. Es sind daher jeweils andere Bilder mit anderen Botschaften, die in das visuelle Gedächtnis unterschiedlicher sozialer Schichten eingingen. So ist Anton von Werners „Kaiserproklamation" in seiner Zeit der Öffentlichkeit unbekannt geblieben. Erst in umgestochener Form wurde es langsam bekannt, allerdings als Schwarz-Weiß-Ikone. Erst im Zeitalter der „technischen Reproduzierbarkeit" haben wir es mit einem virtuellen globalen Museum zu tun, das auch Länder- und Kulturgrenzen überspringt. Welche Sehgewohnheiten in den konkreten Fällen vorkommen, ist eine andere Sache. Die aktuellen Sehgewohnheiten sind restringierter als die Chance, alles zu sehen.

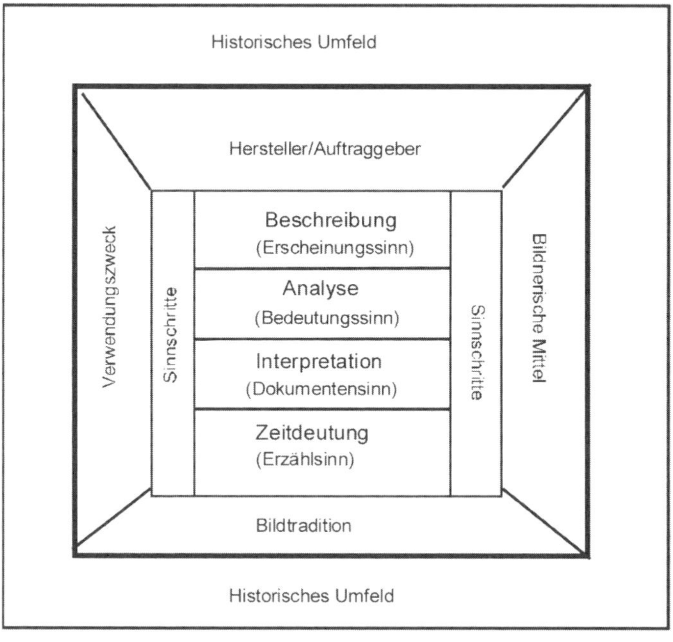

Abb. 7: *Sinnebenen und Kontexte*

Bildinterpretation wird in der Schule – manchmal noch in Abiturarbeiten – dazu verwandt, Fakten festzustellen. Damit wird unterstellt, dass es eine „richtige" Interpretation gibt. Keine Interpretation ist lediglich ein technisches Verfahren, das im Sinne einer Checkliste abgearbeitet werden kann. Eine Checkliste ergibt immer eindeutige Ergebnisse. Sie kann meist in binärem Code von ja und nein beantwortet werden. Die Regeln der Interpretation sind vor allem Fragen, Hinweise, leitende Hinsichten. Interpretationsregeln garantieren dem Interpreten nicht, auch die richtigen Antworten zu erhalten. Die Gewissheit, ob die Interpretation gelungen ist, ergibt sich erst, wenn andere ihr zustimmen. Interpretatorische Sinndeutungen sind immer auf eine Interpretationsgemeinschaft bezogen.

Insofern trägt ein Interpretationsvorgang nicht den Charakter einer richtigen oder falschen Interpretation an sich. Interpretationen können nie nach dem Muster von richtig oder falsch beurteilt werden. Man kann geradezu sagen, dass es keine richtige oder falsche Interpretation gibt. Interpretationen können lediglich plausibel oder unplausibel sein. Eine gelungene Interpretation ist eine solche, der andere zustimmen können. Sie ist somit kommunikativ ausgerichtet und zustimmungsorientiert.

6. Bildarbeit oder Bildinterpretation

Ein Rückblick auf die Diskussion der Geschichtsdidaktik bzw. –methodik in den letzen 50 Jahren zeigt, dass das eigentliche Verfahren der Interpretation von Bildquellen gar nicht als Aufgabe oder Problem erkannt worden ist. Zwei Trends sind seit Ebeling durch die ganze Zeit hindurch erstaunlich konstant geblieben. Beide standen und stehen einer intensiveren Beschäftigung mit Interpretation im Wege.

(1) Der erste Trend wird durch einen unzureichenden Bildbegriff gebildet. Alles Zweidimensionale, was nicht Text ist, aber mit den Augen wahrgenommen wird, galt als Bild. Zeichnungen von Gebäuden, ob Film oder Gemälde, „abbildende Strichzeichnungen", „Strukturschaubilder", „zeitgenössische Bilder", „künstlerische Bilder" aus heutiger Zeit – alles galt als Bild. Ein Begriff von Bildquelle war selten zu finden. Selbst in den neuesten didaktischen Arbeiten wird an Fotografien von Statuen und Reliefs gearbeitet und diese als Bilder aufgefasst. Zwar handelt es sich technisch gesehen tatsächlich um Bilder, aber nicht im Sinne historischer Erkenntnis. Da es sich dabei nicht um Bildquellen handelt, doppeln sich die Interpretationsfragen in verwirrender Weise. Alles wird zum „Bild", weil zwischen Bildquelle und Abbildung nicht unterschieden wird. Wer ist der Autor des Bildes? Der Künstler, der die Statue hergestellt hat oder der Fotograf, der sie fotografiert hat? Was ist Perspektive? Die der Plastik oder die der Fotografie? In den 70er Jahren wird eine vorsichtige Trennung von Bildquelle und sonstigen Bildern gemacht. Besonders die „Lehrbuchautorenzeichnungen" werden verworfen (Lampe 1971, 194), die heute wieder verstärkt im Schulbuch erscheinen als sei nichts gewesen. Es ist schon deprimierend, dass selbst allerneueste Veröffentlichungen so tun, als ob es zwischen Ebeling und heute keine Diskussion gegeben hätte (Grafe/Hinrichs in Günther-Arndt 2002). Eine den Bildquellen angemessene Interpretationskompetenz konnte so nicht entstehen.

(2) Der zweite Trend ersetzt den Begriff „Bildinterpretation" durch „Bildarbeit". Es geht dabei nicht um Interpretation, sondern um ein unterrichtsmethodisches Verfahren. „Erst spricht das Bild ... dann der Schüler ... dann der Lehrer" (Glöckel 1979, 207). Bezeichnenderweise heißt das entsprechende Kapitel bei Ebeling „Arbeit am Bild" (158 f.) und heute „Mit Bildern arbeiten" (Henke-Bockschatz u.a. 2001). Was damals in der Volksschulpädagogik kindgerechtes Arbeiten hieß, wird heute ➤ Handlungsorientierung genannt. Ein Qualitätszuwachs in der Interpretationskompetenz wird dadurch aber nicht erreicht. Die Tätigkeiten Sprech- und Denkblasen ausschneiden und auf das Bild legen, Bildszenen mit den eigenen Körpern als stilles Bild nachstellen, einen Brief an den Maler schreiben etc. erbringen keinen Zuwachs an Interpretationskompetenz. Die Fixierung auf solche Aufgaben ist wenig hilfreich bei der Entwicklung einer Bildkompetenz. Es soll nicht bestritten werden, dass in bestimmten Fällen solche aktivierenden Arbeitsaufträge sinnvoll sind. Sie verdrängen aber die eigentliche Bildinterpretation als besondere kulturelle Kompetenz. Diese methodischen Arrangements suggerieren, dass man auf diese Weise mit allen Bildern umgehen könne. Dabei lassen sie sich nur auf einen kleinen Anteil aus dem gesamten Arsenal der Bildquellen anwenden. Kreuzigungsgemälde oder Holocaustdarstellungen mit Sprechblasen versehen und Leichenberge mit eigenen Körpern nachstellen? Wohl kaum. Wenn Schülerinnen und Schüler mit solchen Arbeitsaufträgen beschäftigt worden sind, werden sie sicher nicht in einer Wehrmachtsausstellung oder einem historischen Museum mit ihrer Fertigkeit im Sprechblasen-Herstellen und Posieren die ausgestellten Bilder erschließen können.

Anmerkungen

1 Gross, Rudolf, Warum die Liebe rot ist. Farbsymbolik im Wandel der Jahrtausende, Düsseldorf 1981.
2 Barthes, Roland, Ist die Malerei eine Sprache?, in: ders., Der entgegenkommende und der stumpfe Sinn, Frankfurt/M. 1990, S. 157-160.
3 Warburg, Aby, Dürer und die italienische Antike (1906), in: dies., Ausgewählte Schriften und Würdigungen, Baden-Baden 1992, S. 12-135; Saxl, Fritz, Die Ausdrucksgebärden der bildenden Kunst, in: Warburg, Aby, Ausgewählte Schriften und Würdigungen, Baden-Baden 1992, S. 419-431.
4 Borrmann, Norbert, Kunst und Physiognomik. Menschendeutung und Menschendarstellung im Abendland, Köln 1994.
5 Klee, Paul, Das bildnerische Denken. Form- und Gestaltslehre, Bd. 1. Hrsg. und bearb. von Jürg Spiller, 5. Aufl., Basel 1990.
6 Gekeler, Hans, Taschenbuch der Farbe, Köln 1991, S. 50 ff.; Pawlik, Johannes, Theorie der Farbe, Köln 1969.
7 Villhauer, Bernd, Aby Warburgs Theorie der Kultur, Berlin 2002, S. 61.

Weiterführende Literatur

Aagard, Herbert, Zu Qualität und Aussagekraft von bildlichen Darstellungen in französischen und deutschen technologischen Werken des 18. und 19. Jahrhunderts, in: Technikgeschichte 49 (1982), Nr. 4, S. 290-305

Appuhn, Horst, Einführung in die Ikonographie der mittelalterlichen Kunst in Deutschland, Darmstadt 1985

Bergmann, Klaus; Schneider, Gerhard, Das Bild, in: Pandel, Hans-Jürgen; Schneider, Gerhard (Hrsg.), Handbuch Medien im Geschichtsunterricht, Schwalbach/Ts. 1999, S. 211-254

Boehm, Gottfried (Hrsg.), Was ist ein Bild, 2. Aufl., München 1995
Boockmann, Hartmut, Über den Aussagewert von Bildquellen zur Geschichte des Mittelalters, in: Mannegold, Karl-Heinz (Hrsg.), Wissenschaft, Wirtschaft und Technik. Studien zur Geschichte. Wilhelm Treue zum 60. Geburtstag, München 1969, S. 28-37
Borries, Bodo von, Historisches Lernen an Bildern. Über die Wirkung von „Dokumentarfotos" zum Nationalsozialismus, in: ders.: Geschichtslernen und Geschichtsbewusstsein. Empirische Erkundungen zu Erwerb und Gebrauch von Historie, Stuttgart 1988, S. 99-135
Borrmann, Norbert, Kunst und Physiognomik. Menschendeutung und Menschendarstellung im Abendland, Köln 1994
Buntz, Herwig; Popp, Harald, Das Bild als Quelle. Historienbilder als Quellen im Geschichtsunterricht, in: Altrichter, Helmut (Hrsg.), Bilder erzählen Geschichte, Freiburg 1995
Busse, Klaus-Peter, Lernbox Kunst – Das Methodenbuch, Seelze 2002
Christmann, Helmut, Film, Bild, Ton im Geschichtsunterricht und in der Gemeinschaftskunde, in: Zeitnahe Schularbeit (1967), H. 1, S. 20-32
Döhn, Hans, Das Bild im Geschichtsunterricht, in: Bertlein, Hermann (Hrsg.), Das Bild als Unterrichtsmittel, München 1971, S. 74-90
Doelker, Christian, Ein Bild ist mehr als ein Bild. Visuelle Kompetenz in der Multimedia-Gesellschaft, 2. Aufl., Stuttgart 1999
Ebeling, Hans, Anschauen – behandeln – begreifen. Zur Arbeit mit Bildern im Unterricht, Hannover 1957
Eberhard, Wolfram, Lexikon chinesischer Symbole. Die Bildsprache der Chinesen, 2. Aufl., Köln 1989
Glöckel, Hans, Geschichtsunterricht, 2. Aufl., Bad Heilbrunn 1979
Gross, Rudolf, Warum die Liebe rot ist. Farbsymbolik im Wandel der Jahrtausende, Düsseldorf 1981
Günther-Arndt, Hilke (Hrsg.), Geschichtsdidaktik. Praxishandbuch für die Sekundarstufe I und II, Berlin 2003
Hamann, Christoph, Bilderwelten und Weltbilder. Fotos, die Geschichte(n) mach(t)en, Teetz 2001
Heller, Eva, Wie Farben wirken, Frankfurt/M. 1993, S. 51
Henke-Bockschatz, Gerhard u.a., Geschichte. Das Methodenbuch, Seelze 2001
Hey, Bernd u.a., Umgang mit Geschichte. Geschichte erforschen und darstellen – Geschichte erarbeiten und begreifen, Stuttgart 1992
Jäger, Jens, Photographie: Bilder der Neuzeit. Einführung in die historische Bildforschung, Tübingen 2000
Kaemmerling, Ekkehart (Hrsg.), Ikonographie und Ikonologie, 3. Aufl., Köln 1984
Knauer, Martin, „Dokumentensinn" – „historischer Dokumentensinn". Überlegungen zu einer historischen Ikonologie, in: Tolkemitt, Brigitte; Wohlfeil, Rainer (Hrsg.), Historische Bildkunde, Berlin 1991, S. 37-47
Krimm, Konrad; John, Herwig (Hrsg.), Bild und Geschichte. Studien zur politischen Ikonographie, Sigmaringen 1995
Lampe, Klaus, Das Bild im Geschichtsunterricht. Zur Methodik, zu kognitiven und affektiven Lernzielen, in: Süssmuth, Hans (Hrsg.), Historisch-politischer Unterricht. Medien, Stuttgart 1973, S. 185-209
Maurer, Michael (Hrsg.), Abriß der Historischen Wissenschaften. Band 4: Quellen, Stuttgart 2002
Messelken, Hans, Die Signifikanz von Rabe und Taube in der mittelalterlichen deutschen Literatur, Diss. phil., Köln 1965
Pandel, Hans-Jürgen, Visuelles Erzählen, in: ders.; Schneider, Gerhard (Hrsg.), Handbuch Medien im Geschichtsunterricht, Düsseldorf 1985, S. 389-408
Pandel, Hans-Jürgen, Bildlichkeit und Geschichte, in: Geschichte lernen 1 (1988), H. 5, S. 10-17
Pandel, Hans-Jürgen, Bildinterpretation. Die Bildquelle im Geschichtsunterricht, Schwalbach/Ts. 2004
Riedel, Ingrid, Farbe in Religion, Gesellschaft, Kunst und Psychotherapie, Stuttgart 1999
Sauer, Michael, Bilder im Geschichtsunterricht. Typen, Interpretationsmethoden, Unterrichtsverfahren, Seelze 2000
Schnackertz, Hermann Josef, Form und Funktion medialen Erzählens. Narrativität in Bildsequenz und Comicstrip, München 1980

Schneider, Gerhard (Hrsg.), Die visuelle Dimension des Historischen, Schwalbach/Ts. 2002

Schönemann, Bernd; Uffelmann, Uwe; Voit, Hartmut (Hrsg.), Geschichtsbewußtsein und Methoden historischen Lernens, Weinheim 1998

Tolkemitt, Brigitte; Wohlfeil, Rainer (Hrsg.), Historische Bildkunde. Probleme – Wege – Beispiele (= Zeitschrift für Historische Forschung, Beiheft 12), Berlin 1991

Unger, Helga, Text und Bild im Mittelalter (= Katalog zur gleichnamigen Ausstellung der Universitätsbibliothek Bamberg 1986); Graz 1986

Unwin, Robert, The Visual Dimension in the Study and Teaching of History (Teaching of History Series. The Historical Association. Number 49), London 1981

Urech, Edouard, Lexikon christlicher Symbole, Konstanz 1976

Wilharm, Irmgard (Hrsg.), Geschichte in Bildern. Von der Miniatur bis zum Film als historische Quelle, Pfaffenweiler 1995

Wohlfeil, Rainer; Wohlfeil, Trudl, Landsknechte im Bild. Überlegungen zur „Historischen Bildkunde", in: Blickle, Peter (Hrsg.), Bauer, Reich und Reformation, Stuttgart 1982, S. 104-119

Wohlfeil, Rainer; Wohlfeil, Trudl, Das Landsknechtsbild als geschichtliche Quelle. Überlegungen zur „Historischen Bildkunde", in: Messerschmidt, Manfred (Hrsg.), Militärgeschichte, Stuttgart 1982, S. 81-99

Wohlfeil, Rainer, Das Bild als Geschichtsquelle, in: HZ Bd. 243, 1986, S. 91-100

Wohlfeil, Rainer, Methodische Reflexionen zur Historischen Bildkunde, in: Tolkemitt, Brigitte; Wohlfeil, Rainer (Hrsg.), Historische Bildkunde, Berlin 1991, S. 17-35

Würfel, Maria, Interpretation von Bildern als Quellen, in: Hey, Bernd u.a., Umgang mit Geschichte, Stuttgart 1992, S. 169-202

Gerhard Schneider

Sachüberreste und gegenständliche Unterrichtsmedien[1]

Ein Beispiel: Gegenstände als Bedeutungsträger

Das Thema der Geschichtsstunde lautet: Die Wiedervereinigung Deutschlands 1989/90. Der Unterrichtende – es handelt sich hier um die Beschreibung eines tatsächlich durchgeführten Unterrichtsversuchs in einer 9. Hauptschulklasse – betritt die Klasse und legt vor sich einen nicht sehr sorgfältig in Zeitungspapier eingepackten, gut handflächengroßen Gegenstand auf den Tisch. Das Zeitungspapier wird von einigen Gummiringen zusammengehalten. Nachdem Ruhe eingekehrt ist, nimmt der Lehrer den Gegenstand auf und gibt ihn der ihm am nächsten sitzenden Schülerin mit der Bemerkung, sie solle etwas über die Beschaffenheit des Gegenstandes sagen und Vermutungen anstellen, um was es sich wohl handeln könne. „O, das Ding ist aber schwer." Der Gegenstand wandert durch die Klasse. Ein Schüler schlägt den Gegenstand hart auf die Bank, nachdem der Lehrer ihm versichert hat, dass nichts kaputt gehen könne. Nach drei, vier weiteren Stationen fordert der Lehrer den nächsten Schüler auf, seine Finger zwischen das Zeitungspapier zu stecken und etwas über die Oberfläche des Gegenstandes zu sagen. „Das Ding ist rauh", und „Die Kanten sind zackig, vielleicht abgebrochen", sind die nächsten Bemerkungen. Schließlich wird der Gegenstand ganz enthüllt. Zum Vorschein kommt – man vermutet es längst – ein Stück der Berliner Mauer.

Doch was geschieht? Allenthalben macht sich Enttäuschung in der Klasse breit, wo noch kurz zuvor während der Rate- und Vermutungsphase gespannte Aufmerksamkeit herrschte. Zu sehen ist ein grauer Betonbrocken, nichts weiter. Erst als der Lehrer den Brocken umdreht, löst er damit, wenngleich nur für kurze Zeit, etwas Erstaunen aus: Diese Seite des Steinbrockens ist bemalt, das Objekt selbst also das Bruchstück eines Graffitos. Nur eine Schülerin reagiert und weiß mit dem Gegenstand etwas anzufangen. Sie erkennt den Gegenstand und rettet damit den Einstieg.

Für uns Erwachsene, die wir den Fall der Mauer am Fernseher miterlebt haben, handelt es sich bei dem Steinbrocken um ein hochgradig aufgeladenes Symbol; die 15jährigen Schülerinnen und Schüler haben die Erfahrung des Miterlebens nicht gemacht; für sie hat der Steinbrocken bei weitem nicht jene Wirkung, die er für uns hat. Mit dem bloßen Stück Beton aus der Berliner Mauer assoziieren wir das Hochgefühl vom November/Dezember 1989; vor unserem geistigen Auge entstehen wieder die Bilder von der Silversternacht 1989/90, als die Menschen auf der Mauer und unterm Brandenburger Tor das neue Jahr begrüßten; wir erinnern uns an die mit Ausreisenden aus der DDR überfüllten Züge, wie sie im Bahnhof Helmstedt ankamen, und vielleicht ist uns noch gegenwärtig, welchen

Schauer all dies in uns auslöste. Bei den Schülern stellen sich derartige Emotionen nicht ein. Ein wenig vom Gefühlsleben der damaligen Zeitgenossen und von dem, was die meisten Menschen in Deutschland damals bewegte, erahnten die Schüler, als der Lehrer ein großes Poster aufhängte, das Hunderte von Menschen lachend auf der Mauer zeigt[2]. Dieser Eindruck lässt sich bei den Schülerinnen und Schülern noch dadurch verstärken, dass man ihnen Dokumentarfilme von den Ereignissen im Herbst 1989 zeigt.

Der Steinbrocken ist für uns „Semiophor"[3], Sinnträger und Mittler zwischen Vergangenheit und Gegenwart. In dieser Eigenschaft ist er trotz seiner Fragmentarik aufgeladen mit Bedeutungen, die über seine reine Konsistenz als Betonstück weit hinausgehen. Erkennen wir den Gegenstand als Teil der Berliner Mauer, löst er bei uns Vorstellungen von jenen dramatischen Ereignissen im Herbst 1989 aus.

Der amerikanische Autor Arthur Miller hat in einer autobiographischen Notiz beschrieben, wie historische Erinnerungsstücke als Bedeutungsträger wirken können:

> „Ich kann mich erinnern, als Kind von sechs oder sieben Jahren vor einem offenen Schrank in der Wohnung meiner Großmutter in Harlem gestanden und meinem Onkel zugesehen zu haben, während er im obersten Fach nach einer deutschen Pickelhaube tastete, die er 1919 aus Frankreich mitgebracht, aber mir bis dahin absichtlich noch nicht gezeigt hatte. Sie rutschte plötzlich herunter, klirrte dumpf vor meinen Füßen, sprang hoch, streifte mein Bein und machte mir bei dem Gedanken an den toten Soldaten, dem sie gehört hatte, eine Gänsehaut. Aber als ich sie dann in den Händen hielt, herumdrehte und mit den Fingern über den rauhen Stahl glitt, schien mir ihre martialische Form von furchteinflößender Schönheit, und ich hoffte, eines Tages auch in einen Krieg ziehen zu können. Mein Onkel, der eine Gasvergiftung gehabt hatte und ein paar Jahre danach sein Leben aushusten sollte, saß auf dem viktorianischen Sofa und erzählte mir, dass der Krieg das schrecklichste ist, was Menschen anrichten können. Ich teilte seine Traurigkeit und ging neben ihm voll Entsetzen durch Kugelhagel und Granatregen, aber bis ich zwölf wurde, träumte ich davon, in die Akademie von West Point einzutreten."[4]

Nun wird man nicht wünschen, dass Semiophoren dieser Art, also Kriegserinnerungsstücke wie die Pickelhaube, so wirken, dass Schüler sich nichts mehr wünschten, als an einem Krieg teilnehmen zu können. Gleichwohl macht dieser Text deutlich, welch starke Wirkung von derartigen Sachüberresten ausgehen kann. Wir sollten dies im Geschichtsunterricht, wo immer möglich, nutzen!

Warum Sachzeugnisse und Gegenstände im Geschichtsunterricht so selten verwendet werden

Sachzeugnisse (Artefakte), also Objekte der materiellen Kultur[5], werden im Geschichtsunterricht nur sehr selten verwendet. Hierfür gibt es viele Gründe. Während sich jede Geschichtslehrerin und jeder Geschichtslehrer mit der Zeit einen mehr oder weniger großen Fundus an schriftlichen und bildlichen Quellen zulegt, dessen sie sich umstandslos bedienen können, weil sie über ihn an ihrem Arbeitsplatz zu Hause oder in der Schule jederzeit verfügen, gilt dies nicht in gleichem Maße für gegenständliche Quellen.

- Wer besitzt schon originale Sachüberreste, er sei denn Sammler von Antiquitäten?! Und wenn er über solche Gegenstände verfügt, dann sind derartige Sammelobjekte meist sehr alt/sehr wertvoll, jedenfalls kaum geeignet, um im Klassenzimmer Schülern vorgeführt und in die Hand gegeben zu werden, ganz abgesehen davon, dass derartige Sammlerstücke oft der Hochkultur entstammen und daher meist nur in sehr eingeschränktem Maße verwendet werden können. Handelt es sich um Objekte der Alltagskultur, sind sie oft „liebevoll" gepflegt, jeder Gebrauchsspuren beraubt und so schön hergerichtet, dass sie mit dem ursprünglichen Gebrauchsgegenstand kaum noch etwas zu tun haben. Der triviale Gegenstand wird für Unterrichtszwecke meist unbrauchbar, wenn er zur Antiquität, zu „Kunst" geworden ist. Daher ist den Schülern zu verdeutlichen, dass die Sachüberreste und Gegenstände, wenn wir sie zum Unterrichtsmedium machen, aus ihrem ursprünglichen Sach-, Bedeutungs- und Nutzungskontext herausgerissen werden. Es wird folglich in vielen Fällen nötig sein, die ursprünglichen historischen, kulturellen, sozialen, möglicherweise auch regionalen Kontexte, denen die Objekte entstammen, im Unterricht wiederherzustellen oder doch zumindest in Erinnerung zu rufen. Das kann etwa durch Text- oder Bildquellen geschehen, die den betreffenden Gegenstand im Kontext seiner Zeit zeigen. Dies sollte vor allem dann geschehen, wenn die Funktion eines Sachüberrestes den Schülern unbekannt ist und auch deren Mutmaßungen in die Irre führen. So kann eine Abbildung Aufschluss darüber geben, wie sich die Menschen des betreffenden Gegenstandes einst bedienten. Zum Beispiel: Der Gebrauch einer Sichel, in früheren Jahrhunderten ein wichtiges Gerät bei der Getreideernte, mag Schülern heute unbekannt sein; eine Abbildung aus dem Stundenbuch des Herzogs von Berry zeigt, wie Bauern früher (in diesem Fall im 15. Jahrhundert) mit einer Sichel gearbeitet haben[6].

- Dass historische Sachzeugnisse im Geschichtsunterricht eine nur untergeordnete Rolle spielen, hängt auch damit zusammen, dass in der Geschichtslehrerausbildung an der Universität und im Referendariat dieser Quellengattung nur sehr geringe Bedeutung beigemessen wird.[7] Auch die Geschichtsdidaktik hat dieses Medium bislang stark vernachlässigt. Dies hat zur Folge, dass bei Lehrern nicht immer hinreichende Kenntnisse vorhanden sind, um die Herkunft, das Alter, die ursprüngliche Funktionsweise, den Nutzen und Wert und den „didaktischen Ort" eines solchen Objekts eindeutig erklären zu können.
- Die offensichtliche Vernachlässigung derartiger Medien in Ausbildung und Unterricht dürfte auch der Grund dafür sein, dass es meines Wissens in Deutschland keinen Spezialverlag gibt, der derartige Objekte als Replikate für Schulzwecke anbietet. Scheinbar nicht vorhandener Bedarf und nicht vorhandenes Angebot bedingen sich offensichtlich wechselseitig. Natürlich würde es die Lehrer sehr entlasten und dazu führen, dass mit solchen Medien häufiger gearbeitet würde, wenn in jeder Schule eine Sammlung historischer Gegenstände, Sachüberreste und Replikate existierte. Die ständige Verfügbarkeit der Objekte würde deren Verwendung im Unterricht zweifellos förderlich sein. Es bedarf allerdings der Initiative der (Geschichts-)Lehrer, um eine solche Sammlung in der Schule aufzubauen. In der Folgezeit wären Kollegen und Schüler dazu aufgerufen, diese Sammlung immer weiter auszubauen. Es müsste dabei auf genaue Bezeichnung (Herkunft, Alter, Fundort, Beschreibung seiner Funktions-

weise usw.) und eine gewisse thematische oder chronologische Ordnung der Objekte geachtet werden; geschieht dies nicht, würde die Sammlung schnell zum unbrauchbaren Sammelsurium oder Raritätenkabinett verkommen. Die in vielen Schulen vorhandenen Schaukästen, in denen gelegentlich auch historische Gegenstände zu finden sind (meist Versteinerungen wie Ammoniten oder Ausgrabungsfunde bzw. Replikate davon wie Steinbeile oder Faustkeile), können eine Sammlung von unterrichtsverwertbaren Sachüberresten nicht ersetzen.

- Der oft umständliche Transport solcher Objekte und ihre nicht immer einfache Aufbewahrung tragen ein Übriges dazu bei, dass dieses Medium im Geschichtsunterricht fast gar keine Rolle spielt. Als Ort der Begegnung mit gegenständlichen Quellen der Vergangenheit gilt daher gemeinhin das Museum, nicht die Schule. Überall dort, wo in Museen ein museumspädagogischer Dienst existiert, werden in den letzten Jahren immer häufiger auch Replikate verwendet, während die in den sechziger und siebziger Jahren ins Gespräch gebrachten Museumskoffer[8] mit einem Set thematisch geordneter Originale oder originalgetreue Nachbildungen heute kaum noch eine Rolle spielen. Zwar dürfen die Gegenstände in den Museen nur in den seltensten Fällen angefasst oder gar benutzt werden; aber man kann als Lehrer doch einigermaßen sicher sein, dass dort ihr Alter, ihre Funktionsweise, ihr ursprünglicher Gebrauchswert und ihre Verwendung im Herstellungsprozess bestimmter Produkte einigermaßen zutreffend beschrieben sind.

Welche Gegenstände und Sachzeugnisse sind gemeint?

Was ist gemeint, wenn man von Gegenständen und Sachüberresten als Medien des Geschichtsunterrichts spricht?[9] Die von Krzysztof Pomian getroffene Unterscheidung nach Gegenständen mit alltäglichem Gebrauchswert („Dinge“) und solchen, die eine zeichen- oder symbolische Bedeutungsfunktion haben oder hatten, denen aber kein Gebrauchswert eigen ist[10], hilft nicht wirklich weiter, da bei einer Verwendung solcher Quellen und Medien im Geschichtsunterricht alle Objekte „Semiophoren“ sind. Um dies zu verdeutlichen: Ein „Ding“ mit alltäglichem Gebrauchswert wie eine alte Schulbank, mit der eine Vorstellung vom Schulehalten in der Vergangenheit vermittelt werden soll, steht im Geschichtsunterricht für weit mehr als für eine bloße Sitz- und Schreibgelegenheit der Schüler: In der engen Bank, die eine allzu starke Motorik der Schüler absichtsvoll unterbinden soll, auf der überdies Schülerreime und Lateinvokabeln (oder was auch immer) zu lesen sind, sehen wir natürlich immer auch ein Disziplinierungsinstrument für Schüler. Ich schlage daher eine Systematik vor, die ganz pragmatisch mobile und immobile Objekte unterscheidet, also solche Objekte, die sich meist ohne größere Umstände mit in die Schule nehmen lassen, und solche, die man nur „in situ“, d.h. an Ort und Stelle, aufsuchen kann, dort also, wo sie sich schon immer befunden haben oder wo sie absichtlich aufgestellt oder hingebracht wurden. Dabei verdeutlichen die Heterogenität der Gegenstände und die tendenzielle Willkür der hier vorgenommenen Einteilung, dass eine klare Systematik der Sachüberreste und gegenständlichen Medien, wie sie im Geschichtsunterricht Verwendung finden können, kaum möglich ist.

- Zur ersten Gruppe zählen: alte Gebrauchsgegenstände, d.h. (meist vorindustrielle) Werkzeuge, Maschinen, Handwerks- und Küchengeräte, Mobiliar aller Art wie z.B. Rüböl- oder Petroleumlampen, Porzellan-, Steingut- oder Glasgeschirr, Wand- und Ofenkacheln sowie Ofenplatten mit bildhaften Darstellungen; aber auch das Inventar alter Schulen: Bänke, alter Wandschmuck, Klassenbücher, Schülerlisten, Landkarten, Schaubilder für den Unterricht (z.B. „Der praktische Schulmann"), alte Schreibgeräte usw.; Schmuckstücke, Erinnerungsstücke, Abzeichen, Symbole, Kleidungsstücke, auch Uniformen, Waffen, Münzen und Medaillen, Orden, Fahnen, Kult- und Sakralgegenstände, Siegel, Petschaften, Spielzeug und Puppenstuben, Verpackungsmaterial (ggf. mit Inhalt) von Lebens- und Genussmittel (Schachteln, Dosen, Schatullen), Musik- und andere Instrumente (z.B. Photoapparate, Phonographen, auch alte Schallplatten, ferner Radios, optische Geräte), Fahrzeuge usw. Diese Gegenstände sind in Familien einfach vorhanden, d.h. zufällig oder mit Bedacht aufbewahrt worden, oder sie sind als Fund- bzw. Ausgrabungsobjekte (z.B. Faustkeil, Steinbeil) auf uns gekommen. Entstammen diese Gegenstände unserem Kulturkreis, so kann es sinnvoll sein, bei der Ausweitung der Unterrichtsgegenstände auf außereuropäische Themen auch, sofern verfügbar, Artefakte anderer Völker in den Geschichtsunterricht mit einzubeziehen; z.B. Kalebassen, Grabstöcke, orientalischer Schmuck, kleinere Holzskulpturen usw.
- Die immobilen Objekte müssen außerhalb der Schule an ihrem jeweiligen Standort aufgesucht werden. Hierzu zählen: bauliche Überreste und Ruinen von weltlichen und kirchlichen Gebäuden aller Art, Denkmäler für Herrscher, Feldherren, Dichter, Kriegerdenkmäler[11], Denkmäler für Opfer der NS-Gewaltherrschaft, zur Erinnerung an außergewöhnliche Ereignisse, Ensembles wie etwa Konzentrationslager, Friedhöfe, Grabsteine, Bildstöcke, Grenzsteine, Parkanlagen, Bodendenkmäler wie z.B. urgeschichtliche Grabhügel, Schanzen oder Wälle, sog. Thingstätten aus der NS-Zeit, signifikante Stadtquartiere (z.B. Berliner Hinterhöfe, Gängeviertel in Lübeck, Judengassen mit möglicherweise noch vorhandenen Judenbädern), erhalten gebliebene Werkstätten, Industrie-, Hof- und Dorfanlagen (einschließlich des noch vorhandenen Inventars), Wiesenwässerungssysteme, Bergwerke, Wind- und Wassermühlen, Ausgrabungsstätten mit den zugehörigen Grundmauern und anderen baulichen Relikten, Flurformen (z.B. mittelalterliche Wölbäcker), Wüstungen, aber auch Großobjekte wie alte Dampfmaschinen, ganze Maschinenhallen, Eisenbahnen, Schiffe, Flugzeuge und andere Verkehrsmittel.
- Das Museum ist der Ort, an dem sowohl manche der hier genannten mobilen wie auch der immobilen Objekte ausgestellt werden. Letztere finden sich vor allem in Spezialmuseen wie etwa dem Deutschen Museum in München mit seinen Großobjekten der Technikgeschichte, verschiedenen Krimininalmuseen (Rothenburg o. d. T., Freiburg i.Br.) mit ihren Objekten der Rechtsgeschichte wie Pranger, Halsgeigen, Kerbhölzer und Foltergeräte, dem Deutschen Apothekenmuseum in Heidelberg, dem Bahlsen-Museum in Hannover, einem Dorado der Verpackungskunst, dem Deutschen Hygienemuseum in Dresden („Das Museum vom Menschen"), dem Militärhistorischen Museum der Bundeswehr ebenfalls in Dresden[12] oder dem Deutschen Schiffahrtsmuseum in Bremerhaven mit seinen Schiffen der Handels- und Kriegsmarine, oder die ursprünglichen

baulichen Überreste sind heute selbst ein Museum (z.B. industriearchäologische Relikte wie die Bergwerksmuseen in Bochum und in St. Andreasberg, die Völklinger Hütte, die Ravensberger Spinnerei in Bielefeld, Ferropolis in Sachsen-Anhalt bei Gräfenhainichen, Vockerode bei Dessau). In manchen (auch kleinere) Museen sind Kolonialwarenläden (z.B. im Heimatmuseum Adelsheim), Apotheken, Bauernstuben (z.B. im Historischen Museum Hannover), wie sie noch vor kurzem benutzt und bewohnt wurden, fest integriert worden. Eine Mischform stellen die Freilichtmuseen dar, in denen man Gebäude, die dort an Ort und Stelle schon immer standen, mit solchen, die dorthin transferiert wurden, zu einem Ensemble zusammengefügt hat. In diesen Kontext gehören auch die als Museum begehbaren baulichen Rekonstruktionen, wie sie etwa auf der Basis siedlungsarchäologischer Forschungen entstanden sind (Beispiele: Federseeried, Unteruhldingen, Waldschmiede und Verhüttungsstelle für Raseneisenstein in Wiekenberg bei Celle mit Resten von sog. Rennöfen usw.). Auch Abgusssammlungen, wie sie an verschiedenen Universitäten (z.B. Heidelberg) und auch andernorts (z.B. Berlin-Charlottenburg) bestehen, gehören in diesen Kontext. Sie beherbergen Replikate antiker Statuen, Vasen, Grabmäler, Tempelfriese u.ä., die in ihrem Aussehen und in der Größe, meist aber nicht im Material dem Original genau entsprechen.[13]

Die Überschrift dieses Artikels deutet bereits an, dass es hier nicht allein um historische Gegenstände geht, die aufgrund ihrer Authentizität als Sachüberrest oder Sachzeugnis, also als historische Quellen gelten, sondern um alle Arten von Gegenständen, die als Medien im Geschichtsunterricht verwendet werden können. Nicht jeder Gegenstand, der im Geschichtsunterricht zur Illustration eines Ereignisses der Vergangenheit oder auch als Medium zur Erarbeitung eines historischen Sachverhalts eingesetzt wird, ist ein historischer Sachüberrest. Eine moderne Spielzeugdampfmaschine, die am Modell eine epochemachende Erfindung veranschaulicht, die am Beginn der Industriellen Revolution stand, ist kein historisches Sachzeugnis, gleichwohl ein Unterrichtsmedium; eine Papyruspflanze, die der Lehrer/die Lehrerin im Blumenladen mit der Absicht gekauft hat, sie im Rahmen einer Unterrichtsstunde über das alte Ägypten zu verwenden, um den Schülern nach dem Zerteilen und Aufschneiden der Triebe das Mark als das Ausgangsmaterial für den Beschreibstoff Papyrus zu zeigen[14], ist ebenfalls ein Gegenstand, gleichwohl kein historisches Sachzeugnis und keine historische Quelle. Verschiedene Gewürze wie Pfeffer, Nelken, Muskat, Safran, Ingwer usw., mit denen die Schüler zu Beginn einer Stunde über den spätmittelalterlichen Fernhandel konfrontiert werden und die sie mit verbundenen Augen am Geruch, Geschmack bzw. an der Konsistenz erraten sollen, sind ebenfalls „Sachen", ohne zugleich auch schon Quellen zu sein.

Andere Gegenstände, die in den Geschichtsunterricht eingeführt werden, sind zwar alt, entstammen aber nicht jener Zeit und haben nichts mit jenen Ereignissen zu tun, zu deren Veranschaulichung sie im Unterricht verwendet werden. Ein Dreschflegel ist zweifellos ein historisches Relikt, denn er wird heute nicht mehr verwendet; er ist somit eine Quelle für die vergangene bäuerliche Lebenswelt. Wird der Dreschflegel aber herangezogen, um den Schülern die Bewaffnung der Bauern im Bauernkrieg zu veranschaulichen, dann steht das vielleicht 80 Jahr alte Arbeitsgerät für ein fast identisch aussehendes Gerät, das vor knapp

500 Jahren zum Dreschen von Getreide, aber auch als Waffe der aufständischen Bauern diente. Es ist auch kein Replikat, so sehr es den Dreschflegeln des 16. Jahrhunderts auch ähneln mag. Es ist ein Medium der Veranschaulichung, aber in diesem Verwendungszusammenhang kein historisches Sachzeugnis. Im Rahmen eines Unterrichts über die vorindustrielle bäuerliche Lebenswelt eingesetzt, wird derselbe Dreschflegel zum Sachüberrest, also zu einer historischen Quelle.

Zu den gegenständlichen Medien, die im Geschichtsunterricht verwendet werden, können auch Modelle[15] und Replikate gezählt werden. Erstere sind verkleinerte und vereinfachte Nachbildungen von historischen Bauten; sie können von Schülern selbst angefertigt werden, so etwa wenn bei der Behandlung des Themas „Römer und Germanen“ das Modell eines römischen Kastells oder des Limes, bei der Behandlung des Themas „Ritter und Burgen“ die zu einer Burg gehörenden Gebäude hergestellt werden, oder beim Unterricht über „Bauern im Mittelalter“ oder „Mittelalterliche Grundherrschaft“ das Modell eines Gehöfts gestaltet wird, das die Ständerbauweise solcher Gebäude, die Art der Bedachung und die Herstellung der Seitenwände mit Flechtwerk und Lehmbewurf erkennen lässt. Auch Wind- und Wassermühlen, ferner Belagerungsmaschinen der Antike und des Mittelalters lassen sich als Modell herstellen und dadurch in ihrer Funktionsweise besser verstehen, als dies auf der Basis einer Beschreibung oder Abbildung möglich ist. Auch der Globus, der bei der Behandlung der spätmittelalterlichen und frühneuzeitlichen Entdeckungsreisen herangezogen wird, ist ein Modell. Es gibt uns Aufschluss über die Gestalt der Erde, die Beziehungen der Kontinente zueinander, über topographische Gegebenheiten usw.

Als Modelle von früher wirklich existierenden Haus- und Wohnsituationen können die in privater Hand und in Museen in beträchtlicher Zahl vorhandenen Puppenhäuser gelten. Älteste Beispiele stammen aus dem 17. Jahrhundert. Allerdings sind sie „nicht einfach Miniaturbilder der Wirklichkeit, sondern Auslegungen von Wirklichkeit, und zwar solche, die nach den Regeln der Erwachsenenwelt erfolgen.“[16] Das bedeutet, dass Puppenstuben zwar modellhaft die zur ihrer Entstehungszeit vorherrschende sozio-kulturelle Ordnung im Haus ziemlich genau widerspiegeln, dass sie darüber hinaus aber auch eine didaktische Absicht verfolgen: Die dargestellte Haus- und Wohnrealität gibt den spielenden Kindern (vor allem den Mädchen) jene Ordnung vor, nach der sie sich später zu richten haben werden, leben und arbeiten sollen. Und genau diese doppelte Konnotation der Puppenstuben – Modell der Wohnwirklichkeit und implizites Erziehungs- und Belehrungsinstrument – erschwert deren unterrichtliche Verwendung. Ein Sachüberrest für den umstandslosen Gebrauch in der Grundschule ist die Puppenstube jedenfalls nicht.

In manchen Museen finden sich oft kunstvoll gefertigte Stadtmodelle, die über das Aussehen der jeweiligen Stadt zu einem bestimmten Zeitpunkt der Vergangenheit Auskunft geben. In vielen Museen werden überdies originalgetreue Nachbildungen (Replikate) von besonders bedeutsamen Ausstellungsstücken verkauft. Derartige Modelle und Replikate können dort gute Dienste leisten, wo originale Sachquellen nicht verfügbar sind oder, weil zu wertvoll oder zu fragil, für Unterrichtszwecke nicht zur Verfügung gestellt werden. Wo immer eine Zusammenarbeit von Geschichtsunterricht und Werkunterricht möglich ist, können Schüler Replikate selbst herstellen. So kann etwa ein hölzerner Grabstock, wie er auf zeitgenössischen Darstellungen des Felipe Huamán Poma de Ayala zu sehen ist[17], von Schülern unter Anleitung eines Lehrers ohne größere Schwierigkeiten angefertigt und dann auch ausprobiert werden.

Manche Sachüberreste, die heute als Kunstwerke in Museen ausgestellt werden, waren ehemals Gegenstände des täglichen Gebrauchs. In aller Regel werden wir sie nicht im Unterricht als Objekt zur Verfügung haben, sondern nur Abbildungen davon. In einigen Museen hat man aber mittlerweile die Möglichkeit geschaffen, solche Objekte zu unterrichtlichen Zwecken aus der Schausammlung herauszunehmen, um sie den Schülern direkt vor Augen zu stellen. Dabei ist den Schülern die Einsicht zu vermitteln, dass derartige Alltagsobjekte durch die Art und Weise ihrer Präsentation im Museum eine andere Qualität erhalten haben: Sie sind zum Kunstobjekt geworden. Oft befinden sich auf solchen antiken Vasen, Tellern und Schalen, Öllämpchen, mittelalterlichen und frühneuzeitlichen Krügen und Zunftkannen künstlerische (bildliche) Darstellungen, die uns vielfältige Informationen über das Alltagsleben in fernen Zeiten, gelegentlich auch über Kulthandlungen liefern. Wie bei vielen künstlerischen Darstellungen, die aus der Vergangenheit auf uns gekommen sind, fällt es uns meist nicht leicht, diese bildlichen Darstellungen zu entschlüsseln. Auch wissen wir nicht, welche Bedeutung diese Kunstproduktionen auf Alltagsobjekten für die Zeitgenossen hatten und ob sie von den Zeitgenossen überhaupt als Kunst betrachtet wurden, wie sie auf sie wirkten, was der Hersteller der Verzierungen mit seiner Darstellung zum Ausdruck bringen wollte und welche Absicht er damit verfolgte. So bedauerlich es ist, dass wir als Unterrichtende gelegentlich nicht in der Lage sind, den Schülerinnen und Schülern präzise Auskunft über ein Objekt zu geben, so sollten wir doch nicht darauf verzichten, die „richtigen" Fragen an die Objekte zu richten.

Bei der Veranschaulichung historischer Begebenheiten spielten in der Vergangenheit sog. Dioramen eine große Rolle. Kaum ein historisches Museum ließ es sich entgehen, von einer Schlacht, die in der Nähe stattgefunden hatte, vom Betrieb eines Bergwerks oder einer Fabrik in der unmittelbaren Nachbarschaft ein solches Diorama zu präsentieren. In Hannover verfügte man bis zu seiner Zerstörung im Zweiten Weltkrieg über ein äußerst kunstvoll gestaltetes Diorama vom verbissenen Kampf hannoverscher Truppen mit napoleonischen Truppen um die Ferme La Haye Sainte im Rahmen der Schlacht bei Waterloo 1815. In Leipzig existiert ein präzises Abbild der sog. Völkerschlacht von 1813. Das Diorama hält eine bestimmte historische Situation detailgetreu fest: Da sieht man die Reiterei auf dem einen Flügel kämpfen, während aus dem Wald im Hintergrund Ersatzregimenter herbeigeführt werden. Bei einer kleinen Ortschaft ist ein Gefecht im Gange. Auf dem Schlachtfeld liegen „Tote" und „Verwundete". Die Zinnsoldaten tragen Uniformen in den „richtigen" Farben. In Woerth im Elsass wird die Schlacht vom August 1870 nachgestellt; man kann ein Tonband abrufen und erhält Informationen, die dazu verhelfen, sich auf dem „Schlachtfeld" besser orientieren zu können. Im Deutschen Museum in München zeigt ein Diorama, wie früher in einer Saline gearbeitet wurde. Ich erinnere mich an meine Schulzeit: Da stand im Lichthof unseres Gymnasiums auf etwa ein Meter hohen Böcken ein quadratischer Sandkasten in der Größe von etwa drei mal drei Meter. Dargestellt war die Schlacht von Cannae (216 v. Chr.), und zweimal während meiner Schulzeit – im

Lateinunterricht bei der Lektüre der entsprechenden Stelle im Livius und im Geschichtsunterricht bei der Behandlung des Zweiten Punischen Krieges – zog unsere Klasse zu diesem Sandkasten, um die Schlachtordnung der Römer und der Karthager zu bestaunen. Dass bei dieser Darstellung, die in grauer Vorzeit irgend ein Lehrer (vielleicht ein Reserveoffizier, dem die Schlacht bei Cannae in seiner Offiziersausbildung am Sandkasten nahe gebracht worden war) angefertigt hatte, kaum noch etwas gestimmt haben dürfte, weil nicht wenige Schüler sich einen Spaß daraus machten, Figuren umzustellen, steht auf einem anderen Blatt ... Irgendwann, noch zu meiner Schulzeit, die 1962 endete, verschwand der Sandkasten ohne Diskussion, wohl weil mittlerweile bessere Medien zur Veranschaulichung historischer Begebenheiten (und seien es Kriege) zur Verfügung standen.

Gegenstand ist also nicht gleich Gegenstand, und immer wird es nötig sein, dass sich die Schüler über den besonderen Charakter des Objekts im Klaren sind.

Welchen besonderen Zweck können Gegenstände und Sachüberreste im Geschichtsunterricht erfüllen?

Jedes im Geschichtsunterricht verwendete Medium hat seine spezifisch eigene, besondere Qualität. So wird man Texte bzw. schriftliche Quellen immer dann heranziehen, wenn es wie etwa bei Urkunden aller Art (Schenkungen, Verfassungstexten, Denkschriften, Testamenten oder Verträgen) um den genauen Wortlaut einer Verabredung, Festlegung, Verpflichtung oder Vereinbarung geht. Über Stimmungen und Gefühle von Personen, die an einem historischen Ereignis beteiligt gewesen sind oder dieses sogar in besonderem Maße bestimmt oder beeinflusst haben, wird man nirgends Genaueres erfahren als in einer autobiographischen Schrift, also etwa in einem Tagebuch, einem „Journal intime", in dem sich ein(e) Beteiligte(r) Rechenschaft über sein Tun und seine Intentionen ablegt, seine Skrupel kund tut und uns Einblicke in sein tiefstes Inneres gewährt. Derartiges ist durch kein Bild, geschweige denn durch einen Sachüberrest zu ersetzen. Bildquellen vermitteln uns einen visuellen Eindruck von Ereignissen und Zuständen und zeigen uns, wie Menschen und Dinge ausgesehen haben. Sie können überdies oft das, was aus einer schriftlichen Quelle an Informationen bezogen wurde, veranschaulichen. Gelegentlich lassen sie auch auf die Stimmungen desjenigen schließen, der das Bild geschaffen hat oder der auf dem Bild dargestellt ist, ohne indes in dieser Hinsicht von ähnlicher Klarheit zu sein wie etwa ein Tagebucheintrag oder ein Brief.

Was für diese Medien gilt, dass nämlich jedes Medium seine ganz bestimmte, von keinem anderen Medium in ähnlicher Form erreichte Qualität besitzt, gilt natürlich auch für historische Sachzeugnisse und Gegenstände: Sie sind in der Lage, Schülerinnen und Schülern Informationen zu liefern bzw. ihnen zu Erfahrungen zu verhelfen, die andere Medien/Quellen nicht in gleicher Weise zu leisten imstande sind. So macht es sicherlich einen Unterschied, ob dem Schüler eine Dampfmaschine mit Hilfe einer Beschreibung näher gebracht wird oder ob er sie in natura sieht. Die noch so detaillierte Beschreibung einer Dampfmaschine wird unsere Schüler kaum in die Lage versetzen, deren Funktionsweise ganz zu begreifen. Andererseits verhilft auch das unmittelbare Betrachten, Besteigen, Anfassen usw. einer Dampfmaschine etwa in einer industriearchäologischen Werkhalle oder in einem

Industriemuseum noch nicht zu jenen sinnlichen Erfahrungen, die Arbeiter vor ca. 150 Jahren gemacht haben, wenn sie in der unmittelbaren Nachbarschaft einer Dampfmaschine arbeiten mussten. Da Tondokumente aus dieser Zeit fehlen, wird man auf zeitgenössische Beschreibungen solcher Erfahrungen, vielleicht in Verbindung mit einem entsprechenden Bild von Adolf Menzel, rekurrieren müssen, um eine Vorstellung davon zu gewinnen, welche Wirkung ein solches Ungetüm auf die Zeitgenossen gehabt hat.

So anschaulich die Sachüberreste auch sein mögen, sie erzählen uns von sich aus keine Geschichte. Erst wenn wir die „richtigen" Fragen stellen und ggf. weitere Informationen einholen, bekommen wir auch Antworten. Der uns oft fremd anmutende Gegenstand, der auf den ersten Blick möglicherweise nichts „sagt", außer dass er alt zu sein scheint, fordert solche Schüler, die sich durch derartige Objekte überhaupt noch ansprechen lassen, auf, sich mit ihm zu beschäftigen, herauszufinden, was er bedeuten könnte, wofür er einst verwendet wurde, wer sich seiner bediente, welchen Wert er hatte usw. Nur wer Neugier entwickelt, wer bereit ist, sich durch etwas zunächst Fremdartiges verblüffen zu lassen, für den wird der Sachüberrest ein attraktives Unterrichtsmedium sein.

Der besondere Vorteil der Sachüberreste und Gegenstände liegt darin, dass wir sie in ihrer tatsächlichen Größe, Beschaffenheit und ihren Ausmaßen vor uns sehen. Konkretheit, Anschaulichkeit und Authentizität werden daher zurecht als die besondere Qualität dieses Unterrichtsmediums bezeichnet.[18] Das im Klassenzimmer verfügbare oder in situ aufgesuchte Objekt bietet darüber hinaus die Möglichkeit, dass die Betrachter es im allgemeinen ohne zeitliche Beschränkung zur Verfügung haben und die Beschäftigung mit ihm jederzeit wieder aufgenommen werden kann. Man kann den Gegenstand betrachten, anfassen, riechen, zerlegen und untersuchen, vermessen, wiegen, beobachten, zeichnen, photographieren, ggf. auch in Gang setzen und damit experimentieren, d.h. seine Funktionsweise studieren. Bei baulichen Überresten, Monumenten, Fundobjekten, Werkzeugen und ähnlichen Objekten können das Material, der Werkstoff, der Erhaltungszustand, die Funktion, die Bedeutung der Objekte zur Zeit ihrer Erschaffung und heute festgestellt werden. Der Sachüberrest spricht also viele Sinne an. Dazu kommt, dass originale Gegenstände – selbst solche der Massenkultur – eine besondere Aura haben[19], die (vor allem jüngere) Schüler auf eigenartige Weise fasziniert und bei ihnen einen Schauer auslöst, den noch so „starke" Texte kaum auszulösen imstande sind: Ein Amulett oder ein Zigarettenetui, das den Aufprall eines Geschosses erkennen lässt und das Leben desjenigen gerettet hat, der einen solchen Gegenstand einst bei sich trug; ein Seitengewehr, das im Krieg im Nahkampf benutzt wurde; ein Schachspiel, das der Großvater in der Kriegsgefangenschaft geschnitzt hat; die Puppenstube, die seit Generationen an die Kinder der Familie weitergegeben wird, – all diese Objekte sagen und bedeuten mehr, als sich beschreibend ausdrücken lässt. Materielle Zeugnisse der Vergangenheit haben oft eine „sinnlich-ästhetische Anmutungsqualität, die in ihrer Authentizität begründet ist."[20] An sie knüpfen sich – vor allem, wenn es sich um Objekte aus familiärer Überlieferung handelt – Erinnerungen und Emotionen („Das ist das erste Weihnachtsgeschenk, an das ich mich erinnere"; „Das ist der einzige Gegenstand, den wir von der Großmutter noch haben"). Dass es sich bei diesen Gegenständen oft um solche Sachzeugnisse handelt, die irgendwie mit Tod oder Lebensgefahr in Verbindung stehen oder in Extremsituationen entstanden sind oder gerettet wurden, mag zu der beschriebenen Wirkung beitragen, und nicht in jedem Fall leitet sich diese aus der Objekthaftigkeit des Gegenstandes ab, sondern aus den außergewöhnlichen Umständen, in denen diesem seine schicksalhafte Bedeutung zukam. Welcher Text, welche Geschichtsquelle provoziert bei Schülern eine ähnliche Gefühlsaufwallung?! Auch dreidimensionale Objekte, wie sie in Museen zu sehen sind, haben derartige Qualitäten meist nicht, auch wenn – um ein Beispiel zu nennen – Schüler dort oft mit einem gewissen Schauer vor einem ausgestellten Richtschwert stehen, mit dem der Scharfrichter einst die verurteilten Delinquenten vom Leben zum Tod beförderte. „Ist das echt?" und „Wurde damit wirklich einem der Kopf abgeschlagen?", sind Fragen, die erkennen lassen, dass Schüler ein ausgeprägtes Interesse an Authentischem und Originalem haben.

Es würde die Bedeutung und Wirkungskraft historischer Sachzeugnisse verkleinern, würde man sie als bloße historische Quellen betrachten, sie also nur als eine andere Quellengattung bzw. als auf andere Weise „gefundene" Quellen nehmen. Nur wenn ihre Objekthaftigkeit und Konkretheit, ihre Erscheinungsform als Gegenstand, aber auch ihre emotionale Bedeutung für jene Menschen, die solche Gegenstände teilweise über viele Jahre aufbewahrt haben, besonders gewürdigt werden, entfalten historische Sachzeugnisse ihre besondere Aussagekraft, ihre Sinnlichkeit und Faszination.

Natürlich ist es oft so, dass die auratische Wirkung eines Objekts nur von jenen Schülern auch empfunden wird, die das betreffende Objekt in die Klasse mitgebracht haben, denn nur sie kennen seine Geschichte und wissen, welche Bedeutung es für die eigene Familie hat(te).[21] Die zu vermutende Nähe der Objekte zu denjenigen Menschen, die sie aufbewahrt haben bzw. zur Region, aus der sie hervorgegangen sind, ermöglicht darüber hinaus Einblicke in schichtenspezifische oder regionale Gegeben- und Besonderheiten, auch in regionales Brauchtum, Einblicke also, die Quellen, wie sie das Schulbuch bereithält, nur in den seltensten Fällen ermöglichen.

Es kommt nicht selten vor, dass von Schülern beschaffte Gegenstände weder in ihrer Funktionsweise noch hinsichtlich ihrer einstigen Bedeutung, ihres Wertes oder ihres Alters erklärt oder gedeutet werden können. Wer kann schon, um ein Beispiel zu nennen, die Funktion einer Flachsbreche erläutern, oder wer kann noch vormachen, wie man mit einem Dreschflegel arbeitete? Hier befindet man sich in den Museen meist auf sichererem Terrain. Denn die dort ausgestellten Objekte sind meist sinnvoll beschriftet, so dass ihre Datierung und ihre Herkunft als gesichert gelten können; ihre Funktion bzw. ihre Mechanik und die Art und Weise ihrer Betätigung kann daher nachvollzogen werden. In vielen Fällen sind in den Museen die einzelnen Sachzeugnisse zudem in ein Ensemble weiterer Objekte eingebettet, so dass ihr Verständnis im Kontext der Zeitumstände erleichtert wird; bei der Selbstbeschaffung historischer Sachzeugnisse muss dies von den Schülern mit Hilfe der Lehrer meist erst noch geleistet werden. Dennoch sollten die Vorzüge der von Schülern selbstbeschafften Gegenstände nicht geringgeschätzt werden.

Darüber hinaus kann der aus der Vergangenheit auf uns gekommene Gegenstand in seiner Beschaffenheit, Konsistenz, ggf. auch in seiner Raumwirkung besser begriffen werden als jeder museale Sachzeuge. Es ist meist uneingeschränkt verfügbar und kann nach Bedarf jederzeit wieder beschafft oder aufgesucht werden. Die Dauer der Beschäftigung mit den Sachzeugnissen ist also nicht von der Öffnungszeit eines Museums abhängig. Von der Unmittelbarkeit der Begegnung, von der ungeordneten Vielfalt ganz unterschiedlicher Objekte geht eine Faszination aus, die von der Systematik und Ordnung musealer Präsentation, ganz zu schweigen von den intentionalen Lernvorgängen in den Klassenzimmern, oft verstellt wird. Die Beschaffung solcher Objekte löst bei Schülern oft eine Such- und Sammelleidenschaft aus, die Motivation fördert und sich positiv auf das Durchhalten der Schüler bei der Beschäftigung mit dem Thema auswirkt. Die Neuartigkeit der Beschäftigung mit Geschichte, bei der die Schüler ein Stück weit Forschungsarbeit leisten und sich scheinbar weit vom traditionellen Geschichtsunterricht mit seinen vorgegebenen Quellen entfernen, dürfte eine ähnliche Wirkung haben. Hinzu kommt, dass die Zufälligkeit der von Schülern zusammengetragenen Gegenstände das Ergebnis des Lernens nicht von vornherein festlegt, wie dies etwa durch die Kapitelzusammenfassungen in den Geschichtslehrbüchern oder durch die dort vorgenommene Anordnung des Stoffes der Fall ist. Die offene Lernsituation ermöglicht den Schülern Kompetenzgewinn aus eigenem Antrieb und aufgrund einer weitgehend selbstbestimmten Lernstrategie.

Anders verhält es sich aber mit den Großobjekten, also etwa mit baulichen Überresten. Ihre Einbeziehung ist dadurch erschwert, dass sie außerhalb des Klassenzimmers aufgesucht werden müssen. Dies lässt unser aus dem Kaiserreich datierender und seitdem nie mehr ernstlich diskutierter Stunden- bzw. Dreiviertelstundenrhythmus des Unterrichts aber nur selten zu, weil dadurch der ganze Stundenplan eines Tages durcheinandergebracht wird. Die Erkundung einer Burg durch Schülerinnen und Schüler, die Zusammenstellung einer lokalen Denkmalskartei, die Erforschung ländlich-bäuerlicher Bauformen in einem Freilichtmuseum, das Erstellen einer Bach- oder Fluss„biographie“ mit der Entnahme von Boden- und Wasserproben[22], also „originale Begegnung“ (Heinrich Roth) oder „unmittelbare konkrete Sachbegegnung“ (Hans Ebeling), die vor allem von Reformpädagogen gefordert wurden, bleiben daher seltene Höhepunkte des Schulalltags, obwohl jede(r) weiß, dass die an außerschulischen Lernorten gewonnenen Lernergebnisse sich durchaus sehen lassen können.

In welcher Unterrichtsphase sind Sachzeugnisse zu verwenden und wie geht man damit um?[23]

Sachzeugnisse und Gegenstände sind, wenn sie im Unterricht im Klassenzimmer verwendet werden, nur in den seltensten Fällen zentrales Unterrichtsmedium einer *Arbeitsphase*; auch lässt sich nur in ganz wenigen Fällen eine Unterrichtseinheit auf Sachüberresten aufbauen. Dies ist allerdings dann die Regel, wenn bauliche Überreste in situ aufgesucht werden, wenn also ein „Lokaltermin“ anberaumt wird und die Klasse oder der Geschichtskurs sich zu außerschulischen Lernorten begibt, um sich auf dem Weg des forschenden oder entdeckenden Lernens oder im Rahmen eines Projekts historische Kenntnisse zu erarbeiten. Hierfür bieten sich Burgen/Burgruinen, Denkmäler aller Art, Wüstungen, (industrie-)archäologische Ensembles, aber auch Freilichtmuseen an, wenn garantiert ist, dass die Schülerinnen und Schüler dort tatsächlich „arbeiten" können und sich nicht ausschließlich mit Führungen und mit der Betreuung durch Museumsangestellte zufrieden geben müssen. In den meisten Fällen wird es notwendig sein, die an den Objekten gewonnenen Einsichten durch ergänzende Nachforschungen in Bibliotheken, Archiven, Museen und ggf. auch Behörden abzusichern und zu vertiefen, den Unterricht am außerschulischen Lernort also im Klassenzimmer fortzusetzen. Da nicht jedes Sachzeugnis ohne Detail- und Spezialkenntnisse von den Schülern verstanden werden wird, dürfte es zum Normalfall gehören, sich bei der Interpretation einzelner Objekte ggf. der Kompetenz von Experten (Kunsthistoriker, Archäologen, Boden-, Heimat-, Volkskundler, Siedlungsgeographen, Denkmalpfleger, Pfarrer, Mitarbeiter von Museen und Behörden usw.) zu versichern.

Im Allgemeinen wird man mit diesen Sachüberresten und Denkmälern so verfahren, wie dies Wolfgang Hug bereits vor mehr als zwanzig Jahren im Zusammenhang mit der Interpretation materieller Zeugnisse im Rahmen von Museumsbesuchen oder Besichtigungen vorgeschlagen hat. Seine hierzu entwickelten „Leitfragen zur systematischen Erschließung"[24] lassen sich auch auf Sachüberreste und Gegenstände anwenden. Im allgemeinen zielen derartige Fragenkataloge zur Interpretation von Sachüberresten und Gegenstände auf drei Aspekte:

1. Wie sieht der Gegenstand aus? Hierbei sollen die Schüler das wiedergeben, was sie beim Betrachten des Objekts wahrnehmen können.
2. Wozu dient(e) der Gegenstand? Hier sollen die Schüler den Verwendungszweck des Gegenstandes, ggf. auch seine Funktion beschreiben können und sich Gedanken über die Herstellung und das Alter des Objekts machen.
3. Welche Bedeutung hat(te) der Gegenstand? Auf dieser Ebene sollen die Schüler herausfinden, welchen (gesellschaftlichen) Wert der Gegenstand hatte, welche Erleichterung die Benutzung des Gegenstandes seinem Besitzer/Nutzer verschaffte und wie der Gegenstand Arbeitsabläufe beschleunigte und verbesserte. Weitere Fragen könnten sein: Wann und warum wurde der Gegenstand abgeschafft oder außer Betrieb genommen und wodurch wurde er ersetzt? Wer oder was hat dies veranlasst?

Besondere Begebenheiten oder Anlässe im lokalen Umfeld der Schule und der Schüler können *Ausgangspunkt bzw. Anstoß* für die Verwendung von gegenständlichen Medien sein. So können zufällige Funde, die bei Bauarbeiten oder bei der Renovierung von alten Gebäuden zutage gefördert werden, in den Geschichtsunterricht mit einbezogen werden. Im Zusammenhang mit Stadt- und Vereinsjubiläen werden gelegentlich Ausstellungen organisiert, in denen die Bevölkerung oft zum erstenmal Sachüberreste aus Privatbesitz zu sehen bekommt. Auf sie kann im Geschichtsunterricht Bezug genommen werden, wenn es darum geht, den Schülern die Geschichte ihrer Gemeinde, eines besonders bemerkenswerten Gebäudes oder eines lokalen Vereins plastisch vor Augen zu führen. Bestimmte, vom Lehrplan vorgeschriebene Unterrichtsthemen – wie etwa „Die vorindustrielle Lebenswelt" – lassen sich ohne Einbeziehung historischer Sachzeugnisse kaum sinnvoll behandeln. Gerade bei solchen Themen bietet es sich an, Schülerinnen und Schüler aufzufordern, im Familienbesitz befindliche Sachzeugnisse zu diesem Thema mit in den Unterricht zu bringen.

Gelegentlich kann es sinnvoll erscheinen, eine besondere Gelegenheit zum Anlass zu nehmen, Sachüberreste, solange sie noch verfügbar sind, in den Geschichtsunterricht einzubeziehen: Beim Abriss eines alten Fachwerkhauses wird die Konstruktion und die Raumaufteilung des Gebäudes sichtbar; zugleich kann man erkennen, wie die Balkenzwischenräume (die Gefache) mit einem Holzgeflecht versehen sind. Auch der Bewurf mit Lehm ist vielfach erhalten geblieben. – Ein Denkmal soll beseitigt bzw. Teile davon aus politischen Gründen demontiert werden. Bevor dies geschieht, soll die Gelegenheit noch genutzt werden, die Ikonographie des Denkmals an Ort und Stelle zu besichtigen und gegebenenfalls bildlich festzuhalten. Der drohende Verlust solcher Objekte könnte bei Schülern das Interesse wecken, sich mit der Geschichte dieser Objekte intensiv zu beschäftigen.

Meist werden Gegenstände und Sachüberreste – wie das eingangs beschriebene Beispiel zeigt – als Medium in der *Einstiegsphase* eingesetzt, wenn es darum geht, die Schülerinnen und Schüler mit einem anregenden Gegenstand, möglichst einem Original, für ein Thema zu gewinnen, zur Motivation der Schüler beizutragen, also das Interesse der Schüler zu wecken, Neugier auszulösen, sie zu verblüffen, gegebenenfalls ihre Fragen zu provozieren und Erinnerungen auszulösen. Ein alter Gebrauchsgegenstand oder ein altes Werkzeug, dessen ursprüngliche Funktion die Schüler noch wissen oder doch erkennen können, löst Erstaunen aus („dass man damit früher wirklich arbeiten konnte?!") und lässt die Schüler schon beim Betrachten des Gegenstandes in Gedanken den Weg der Fortentwicklung dieses Gegenstandes bis zum heutigen Tag gedanklich „abschreiten". Zugleich kommen ihnen die sozialen und wirtschaftlichen Auswirkungen einer solchen Weiterentwicklung in den Sinn: Wieviel leichter und schneller ist mit dem heutigen Werkzeug zu arbeiten; um wieviel handlicher wurde das Werkzeug im Prozess seiner Weiterentwicklung; wahrscheinlich kann das mit diesem Werkzeug hergestellte Produkt daher auch preisgünstiger verkauft werden – alles Assoziationen, die im Fortgang des Unterrichts wieder aufgegriffen werden können.

Am *Schluss einer Stunde* eingesetzt, ist der (originale) Gegenstand ein geeignetes Medium, an dem die Schüler beweisen können, dass bzw. bis zu welchem Grad sie das Lernziel des Unterrichts erreicht haben. Hier wie beim Einstieg steht das Sachzeugnis im Zentrum der Unterrichtsphase. Es ist Demonstrationsobjekt, an dem die Schüler beweisen können, was sie gelernt haben.

Darüber hinaus können Sachzeugnisse in allen Phasen der Geschichtsstunde als Mittel der Veranschaulichung dienen, vor allem etwa um einen Sachverhalt, der bereits mit Hilfe anderer Medien erarbeitet wurde, konkreter werden zu lassen. So lässt sich, um dies an einem Beispiel zu verdeutlichen, mit Hilfe des entsprechenden Gesetzes vom 10. März 1813 die Stiftung des Eisernen Kreuzes und das in der Stiftungsurkunde beschriebene Aussehen dieses vaterländischen Verdienstordens nachlesen, und wahrscheinlich werden sich die Schülerinnen und Schüler aus dem Wortlaut der Urkunde ein ziemlich zutreffendes Bild von diesem Orden machen können: „Beide Klassen [des Eisernen Kreuzes, G.S.] haben ein ganz gleiches in Silber gefasstes schwarzes Kreuz von Gusseisen, die Vorderseite ohne Inschrift, die Kehrseite zu oberst Unsern Namenszug F.W. mit der Krone, in der Mitte drei Eichenblätter und unten die Jahreszahl 1813, und beide Klassen werden an einem schwarzen Bande mit weißer Einfassung wenn das Verdienst im Kampf mit dem Feinde erworben ist, und an einem weißen Bande mit schwarzer Einfassung wenn dies nicht der Fall ist, im Knopfloch getragen."[25] Diesen Orden oder ein Exemplar aus späteren Kriegen, in denen die Stiftung dieses Orden in fast unveränderter Form (nur mit anderen Initialen und Jahreszahlen) erneuert wurde, in der Klasse vorgezeigt und den Schülern in die Hand gegeben, vermittelt eine präzisere Vorstellung von dem Orden und macht wesentlich mehr Eindruck, vor allem dann, wenn noch etwas über denjenigen, der den Orden verliehen bekam und seine ordenswürdige Tat berichtet werden kann.

Zu den verbreitetsten Sachüberresten zählen Münzen. Dennoch wird man sie (oder Replikate davon) im allgemeinen nicht ins Zentrum des Unterrichtsgeschehens rücken. In aller Regel begnügen wir uns damit, sie zu zeigen, um den Schülern die Einsicht von den Zahlungsmitteln in früheren Zeiten oder in anderen Kulturen zu vermitteln, oder es geht uns darum, die Schüler auf Schmuckelemente oder auf die Symbolik der Münzen hinzuweisen. Zum Zeitpunkt, da ich dies schreibe, werden unsere vertrauten Pfennigmünzen gerade aus dem Verkehr gezogen und durch die neuen Centmünzen ersetzt. Beim täglichen Gebrauch der Münzen, also etwa beim Kauf von Waren, schenken wir den Symbolen auf unseren Münzen kaum Beachtung; zu unscheinbar sind sie. Dennoch darf unterstellt werden, dass sie nie ohne Bedacht ausgewählt wurden. Jetzt, mit der Einführung der Centmünzen, stellen wir fest, dass auf der Vorderseite aller Münzen der Centwert eingeprägt ist, während die Rückseiten der in Deutschland in Umlauf gebrachten Münzen das Brandenburger Tor als Symbol der deutschen Einheit, der Bundesadler als vertrautes Hoheitszeichen und ein Zweig mit Eichenblättern, ähnlich dem auf unseren bisherigen 1-, 2-, 5- und 10-Pfennigmünzen, schmücken. Die Centmünzen der anderen Länder, die den Euro eingeführt haben, tragen auf der Reversseite ebenfalls nationale Symbole oder zeigen – wie in den Monarchien Luxemburg, Spanien, Belgien und Niederlande – das Konterfei des Monarchen. Mit dieser Einführung wird eine Tradition fortgesetzt, die im 7. Jahrhundert v. Chr. in Lydien (Kleinasien) begann: „An der kleinasiatischen Küste gab es die ersten, primitiven ‚Münzen' aus Elektron, einer Mischung aus Gold und Silber, dem sogenannten Blassgold. Sie tragen den Namen des Königs Alyattes in lydischer Schrift, des vorletzten Königs von Lydien (ca. 650-560 v. Chr.) und somit des ersten Menschen, dessen Name auf einer Münze steht."[26] Benutzen wir Münzen (oder auch alte Geldscheine) als geschichtliche Quellen[27], dann müssen wir zunächst wissen, dass der Gebrauch von Münzen und deren Akzeptanz eine gewissermaßen auf Vertrauen basierende Übereinkunft zur Voraussetzung hat: Derjenige, der die Münzen oder das Papiergeld in Umlauf gebracht hat, garantiert, dass man dafür einen bestimmten Gegenwert bekommt, sei es eine Ware oder eine Dienstleistung. Hier handelt es sich um Kreditgeld, d.h. das Material, aus dem das Zahlungsmittel hergestellt wurde (Metall, Papier), ist sehr viel weniger wert als das, was ich mit diesem Geld kaufen kann. Daneben gibt es auch sog. Wertgeld, bei dem der der Münze aufgeprägte Wert durch den Materialwert der Münze garantiert ist. Der Wert des Metalls und der Wert der Münze sollen gleich sein. Bei Silber- und Goldmünzen konnte es aber vorkommen, dass die aufgeprägte Wertangabe niedriger ist als der Silber- oder Goldwert der Münze. Im übrigen unterscheiden wir Avers- und Reversseite (Vor- und Rückseite) der Münze, die jeweils unterschiedliche Angaben enthalten. Da ist zunächst als wichtigste Information die Wertangabe. Daneben enthalten Münzen Angaben über den Prägeort und das Prägedatum. Umschriften sagen etwas über die nationale Provenienz der Münzen, also ihren Gültigkeitsbereich aus. Die Symbolik (s.o.) transportiert Informationen, die mit dem eigentlichen Zweck der Münzen nichts zu tun haben. Im Unterricht über Kaiser Augustus ist es denkbar, eine oder mehrere Münzen aus dieser Zeit zu zeigen. Es könnten sich folgende Fragen ergeben: Wie ist Kaiser Augustus auf der Münze dargestellt? Welche Zeichen seiner kaiserlichen Würde sind auf der Münze zu sehen? Welche Symbole sind noch erkennbar? Was sagt die Inschrift aus? In einer Einführungsstunde in die historische Chronologie (etwa zu Beginn des 11. Jahrgangs) kann man eine arabische Münze zeigen, um mit einem Verweis auf die eingeprägte Jahreszahl deutlich zu machen, dass nicht alle Staaten sich des christlichen Kalenders bedienen.

In solchen Fällen beschränkt sich der Einsatz des Gegenstandes also auf einen kurzen Augenblick des Zeigens oder Vorführens. Gelegentlich wird man den Gegenstand auch schnell durch die Klasse reichen, um den Schülern das genauere Betrachten und gegebenenfalls die Prüfung der Beschaffenheit des Objekts zu ermöglichen. Wenn man im Rahmen eines Unterrichts über die Reformation auf Luthers Bibelübersetzung zu sprechen kommt, kann man eine alte Bibel, wie sie in vielen (vor allem protestantischen) Familien vorhanden ist, vorzeigen und auf die Bemerkung auf dem Titel „nach der Teutschen Übersetzung D. Martin Luthers" hinweisen. Beim Unterricht über das alte Ägypten kann ein Siegelring mit Hieroglyphen, wie er im Israel-Museum zu Jerusalem als Replikat verkauft wird, gute Dienste leisten, um den Schülern eine genauere Vorstellung vom Aussehen dieser Schrift zu vermitteln. Im Unterricht über den Bauernkrieg werden nicht selten Bildquellen verwendet, auf denen Bauern mit Dreschflegeln in der Hand zu sehen sind[28]. Hier mag es der Veranschaulichung und Auflockerung dienen, wenn man einen Dreschflegel als eine der gewöhnlichen „Waffen" der aufständischen Bauern zeigen und den Schülern einmal in die Hand geben kann. Eine Allongeperücke wird man bei der Behandlung des Absolutismus nicht nur vorzeigen, sondern den Schülern auch die Möglichkeit geben, diese einmal aufzusetzen. Mit einer Pickelhaube aus dem deutschen Kaiserreich, für viele Zeitgenossen wie auch für die späteren Zeiten Signet eines ganzen Zeitalters und Symbol des preußisch-deutschen Militarismus, wird man ebenso verfahren. Die Medaille, die aus Anlass des Sieges über Napoleon bei Waterloo 1815 geschlagen und den Veteranen dieser Schlacht nachträglich verliehen wurde, kann als Hinweis dafür dienen, auf welche Weise nunmehr auch die Bürger für ihre patriotische Tat geehrt wurden. Die Gedenkmünze aus Gusseisen mit der Inschrift „Gold gab ich für Eisen", die denjenigen Bürgern verliehen wurden, die sich im Ersten Weltkrieg von ihrem Goldschmuck getrennt haben, um dem Vaterland in Not bei der Überwindung des Edelmetallmangels zu helfen, kann im Unterricht gezeigt werden, wenn bei der Behandlung des Ersten Weltkriegs auf die vielen Sammelaktionen eingegangen werden soll.

In all den genannten Fällen ist die Verweildauer beim Objekt verhältnismäßig kurz. Dennoch sollte man den sinnlichen Eindruck, den eine solche Konfrontation mit einem Sachüberrest darstellt, nicht unterschätzen. Ein dreidimensionales Objekt wirkt allemal kräftiger und wohl auch nachhaltiger als eine Abbildung oder eine Beschreibung desselben Gegenstandes! Für Unterrichtende ist es eine Binsenweisheit, dass Motivation und Handlungsaufforderung, die von originalen Gegenständen und Sachüberresten ausgehen, im

Sachunterricht der Grundschule und in der Sekundarstufe I stärker sind als in den höheren Klassen.[29] Worauf diese Wirkung gründet, ist bislang noch nicht erforscht. Möglicherweise rührt sie zunächst daher, dass hier ein Medium zum Einsatz kommt, das im Geschichtsunterricht noch als neu und dadurch als überraschend gilt und jedenfalls noch nicht so „verbraucht" ist wie Bild- und vor allem Textquellen. Zudem hat jeder alte, originale Gegenstand, der in den Unterricht mitgebracht wird, und sei er noch so trivial, eine sinnliche Qualität und Beweiskraft, die vor allem auf jüngere Schülerinnen und Schüler wirkt, während ältere Schülerjahrgänge auch aus Textaussagen „Beweise" für vergangene Realität herausarbeiten und Zeitkolorit entnehmen können. Geschichte kann man nicht anfassen; mit den Sachüberresten verfügen wir aber über ein Medium, das „von früher" stammt und damit von Schülern als etwas Authentisches, jedenfalls Echteres angesehen wird als viele Schriftquellen, die im wahrsten Sinne des Wortes nur als Papier wahrgenommen werden. Mit der „Anmutungsqualität" der historischen Sachzeugnisse und mit ihrer Wirkung auf Schüler kann im Geschichtsunterricht sicher gerechnet werden; die historischen Gegenstände verleihen dem Unterrichtsgeschehen vielfach einen neuen Impuls und führen zu erhöhter Aufmerksamkeit.

Wenn zuvor gesagt wurde, (historische) Gegenstände würden vor allem zu Beginn und am Schluss des Unterrichts eingesetzt, so heisst dies nicht, dass sie für die Arbeitsphase gänzlich ungeeignet wären. Natürlich können Sachüberreste, Modelle, Replikate (meist in Verbindung mit weiteren Medien) auch im Zentrum des Unterrichtsgeschehens stehen. Während zu Beginn und am Schluss des Unterrichts an und mit den gegenständlichen Medien etwas gezeigt werden soll, sollen sie in der Arbeitsphase untersucht, benutzt und ggf. ausprobiert werden. Diese Tätigkeiten sind zeitaufwendiger und können nur in einer Arbeitsphase vorgenommen werden. Soll etwa beim Thema „Klöster im Mittelalter" ausführlicher deren Bedeutung als Schreib-, Abschreib- und Illustrationswerkstätten (Skriptorien) behandelt werden, so können Schüler (in der Sekundarstufe I) Schreibversuche mit eigens für diesen Zweck hergestellten Gänsekielen und Eisengallustinte machen, wie dies auch vom museumspädagogischen Dienst einiger Museen angeboten wird. Zeitgenössische Abbildungen von Schreibwerkstätten und von dort hergestellten Texten, dazu vielleicht das ABC in karolingischer Minuskelschrift, ferner schriftliche Quellen, die etwas über das Vorhandensein solcher Skriptorien aussagen, können ergänzend mit herangezogen werden. – Sollen im Geschichtsunterricht ausführlicher die Hieroglyphen behandelt werden, so können Schüler versuchen, mit Hilfe von Erläuterungen, wie sie heute in jedem Geschichtsbuch zu finden sind, ihren eigenen Namen in dieser Schrift zu schreiben. Bemalte Papyri, wie sie heute überall in Ägypten den Touristen angeboten werden, können als zusätzliches Medium genutzt werden. Im Klassenzimmer könnte überdies eine möglichst große Abbildung des Steins von Rosette aufgehängt werden, der dem Franzosen Jean-Francois Champollion zu Beginn des 19. Jahrhunderts die Entzifferung der Hieroglyphenschrift ermöglichte.

Ebenfalls in der Arbeitsphase kann den Schülern einen Aufgabe gestellt werden, wie sie für all jene zum Alltagsgeschäft gehört, die im Museum für die Inventarisierung oder für die Präsentation von Objekten zuständig sind, nämlich ein Objekt so zu beschreiben, dass es eindeutig identifizierbar ist und für einen Betrachter verständlich wird. Der Arbeitsauftrag für die Schüler könnte lauten, einen ihnen vorgestellten Sachüberrest so knapp wie möglich, doch so ausführlich wie nötig zu beschreiben, dass ein mit diesem Gegenstand nicht vertrauter Betrachter alles Wichtige über ihn erfährt: sein Alter, seine Herkunft, seine Beschaffenheit, seine Funktion(sweise), seine Bedeutung in seiner Zeit und seine Überlieferung.

Die Praxishinweise in diesem Beitrag sollen Lehrerinnen und Lehrer dazu anregen, Sachüberreste und gegenständliche Medien, mehr als dies in der Vergangenheit geschehen ist, in den Geschichtsunterricht mit einzubeziehen.

Anmerkungen

1 Eine Kurzfassung dieses Beitrags erschien unter dem Titel „Gegenstände und Sachüberreste als Unterrichtsmedien", in: GWU 53 (2002), S. 361-371.

2 S. auch die Photos in Praxis Geschichte 2/1990, S. 47 und 48. Es wäre allerdings sinnvoller gewesen, an dieser Stelle eine Photographie von den sog. Mauerspechten zu verwenden, wie sie mit meist unzureichendem Werkzeug Steinbrocken wie den im Unterricht verwendeten aus der Mauer zu brechen versuchen.

3 Diesen Begriff benutzt Gottfried Korff im Anschluss an Krzysztof Pomian in der Einleitung zu: Korff, Gottfried; Roth, Martin (Hrsg.), Das historische Museum. Labor, Schaubühne, Identitätsfabrik. Frankfurt/M., New York, Paris 1990, S. 20.

4 Miller, Arthur: Das Jahr, in dem alles zerbrach. In: L 76 Nr. 1, 1976, S. 31 (frdl. Hinweis von Hans-Jürgen Pandel).

5 Hans-Jürgen Pandels allgemeine Quellendefinition trifft auch für Sachüberreste zu; er definiert Quellen als „Objektivationen und Materialisierungen vergangenen menschlichen Handelns und Leidens"; s. seinen Aufsatz „Quellenarbeit, Quelleninterpretation", in: Handbuch der Geschichtsdidaktik, hrsg. v. Bergmann, Klaus, u.a., 5. Aufl., Seelze-Velber 1997, S. 430; s. jetzt auch: Pandel, Hans-Jürgen, Quelleninterpretation. Die schriftliche Quelle im Geschichtsunterricht, 2. Aufl., Schwalbach/Ts. 2003, S. 11.

6 Das Stundenbuch des Herzogs von Berry. Ausgemalte Handschrift des 15. Jahrhunderts; Text von Edmonde Pognon, Fribourg, Genève 1979, S. 29.

7 In den älteren Methodiken wird die Sachquelle oft nur beiläufig erwähnt, ohne dass nähere Angaben zur unterrichtlichen Arbeit mit ihnen gemacht würden; Hans Ebeling geht zwar auf Modelle ein, erwähnt Sachzeugnisse aber nur im Zusammenhang mit dem „heimatlichen Symbol", worunter er so unterschiedliche Dinge wie Denkmäler, Bauten, Urkunden, Wappen, Geräte, Waffen, Straßen- und Flurnamen, Werkstätten, Autobahnen, Grenzpfähle, Ruinen u.ä. versteht (Zur Didaktik und Methodik eines kind-, sach- und zeitgemäßen Geschichtsunterrichts. 3. Aufl., Hannover usw. 1968, S. 136 ff., 153 f.); Fina, Kurt, Geschichtsmethodik. Die Praxis des Lehrens und Lernens. München 1973, S. 222; etwas ausführlicher (auch zu Modellen): Glöckel, Hans , Geschichtsunterricht. 2. Aufl., Bad Heilbrunn 1979, S. 199-202; ferner: Schneider, Gerhard, Sachzeugnisse. Steine zum Reden bringen, in: Spurensucher. Ein Praxisbuch für historische Projektarbeit, hrsg. v. Lothar Dittmer und Detlef Siegfried, Weinheim/Basel 1997, S. 92-109: ders.: Gegenständliche Quellen, in: Handbuch Medien im Geschichtsunterricht, hrsg. v. Hans-Jürgen Pandel und Gerhard Schneider, 2. Aufl., Schwalbach 2001, S. 509-524; Stadtmüller, Winfried , Sachquellen, in: Grundlagen historischen Lernens, hrsg. v. Waltraud Schreiber, 1. Teilband, Neuried 1999, S. 391-404.

8 Auch andere Institutionen bieten derartige Koffer an; so z.B. das Seminar für Vor- und Frühgeschichte der Universität Marburg (Steinzeit-, Bronzezeit-, Eisenzeit- und Römerkoffer; weitere sind in Vorbereitung); vgl. hierzu den Bericht in Geschichte lernen, (1996), H. 53, S. 11.

9 Vgl. auch die Zusammenstellung bei Stadtmüller (wie Anm. 7), S. 392.

10 Pomian, Krzysztof, Der Ursprung des Museums: Vom Sammeln, Berlin 1998, S. 49 f. (zuerst: Berlin 1988 und 1993).

11 S. hierzu Schneider, Gerhard, Kriegerdenkmäler als Unterrichtsquellen. In: Handbuch Medien im Geschichtsunterricht, hrsg. v. Hans-Jürgen Pandel und Gerhard Schneider, 2. Aufl., Schwalbach 2001, S. 525-579; jetzt auch: Hoderlein-Rein, Michael, Denkmäler II, in: Grundlagen historischen

Lernens, hrsg. v. Waltraud Schreiber in: 1. Teilband, Neuried 1999, 413-418 (mit methodischen Hinweisen zur Einbeziehung von Denkmälern in den Heimat- und Sachunterricht der Grundschule); nichts Neues hingegen enthält der Aufsatz von Weigand, Katharina, Denkmäler I, in: Ebd., S. 405-411; vgl. auch Walter, Uwe, Die Bronzekrieger von Riace. Historisches Zeugnis-Dokument zeitloser Schönheit-äthetische Herausforderung, in: GWU 50 (1999), 30-42; in diesem Beitrag für die Jahrgangsstufe 11 geht es um zwei im Jahr 1972 von einem Taucher gefundene griechische Bronzestatuen, eine – wie der Autor sagt – „gegenständliche, sofort und sinnlich erfassbare Quelle".

12 Ein von einem privaten Trägerverein gegründetes, in seiner inhaltlichen und didaktischen Ausrichtung nicht unproblematisches Museum zur und in der ehemaligen KdF-Anlage Prora auf Rügen präsentiert auch zahlreiche Objekte zur Geschichte der Nationalen Volksarmee der DDR.

13 Für Stadtmüller (wie Anm. 7), S. 392 f., gelten diese Objekte „nur bedingt" als Sachquellen; es fehle ihnen „das Moment der Authentizität". Allerdings komme „solchen Replikaten große unterrichtspraktische Bedeutung zu: sie ersetzen das meist nicht verfügbare, oft einmalige Original; mit ihnen kann überdies handelnd umgegangen werden, ohne dass die Gefahr einer Beschädigung an einem unersetzlichen Unikat besteht."

14 Aus des Plinius d. Ä. „Naturalis historia„ 13, 11-13 erfahren wir etwas über die Herstellung dieses Beschreibstoffes: Das entrindete Mark der Papyrusstaude wurde in sehr dünne Streifen geschnitten, zu zwei Schichten so übereinandergepresst und mit Holzhämmern so lange geschlagen, bis die stärkehaltigen Zellsäfte, die wie Leim wirkten, die Doppelschichten zusammenklebten. Dann wurden diese getrocknet, poliert und zu langen Rollen zusammengefügt. Das Geschichtslehrbuch „Wir machen Geschichte", Bd. 1, Frankfurt/M.: Diesterweg 1996, zeigt auf einer Abbildung (S. 48), wie der Beschreibstoff Papyrus wahrscheinlich hergestellt wurde.

15 Den Informationen für den Geschichts- und Gemeinschaftskundelehrer, (2000), H. 60, S. 80 f., entnehme ich, dass eine Gesellschaft für Arbeitsförderung mbH (GfA, Herzberger Str. 55, 10365 Berlin) Modelle für Themen vom Paläolithikum bis zur Neuzeit herstellt und vertreibt. Die Mitarbeiter dieser Gesellschaft bieten an (vermutlich jedoch nur für Berlin), mit Schülern in der Schule oder in den Werkstätten der GfA Modelle zu basteln. – In der Abteilung Agrar- und Lebensmitteltechnik des Deutschen Museums München findet man das Modell der Münchener Spatenbrauerei von 1812; s. die Abbildung in: Kultur & Technik (2002) H. 1, S. 31.

16 Korff, Gottfried, Puppenstuben als Spiegel bürgerlicher Wohnkultur, in: Wohnen im Wandel. Beiträge zur Geschichte des Alltags in der bürgerlichen Gesellschaft, hrsg. v. Lutz Niethammer, Wuppertal 1979, S. 28-43 (Zitat: S. 29).

17 Vgl. etwa von Hagen, Victor W., Das Reich der Inka. Hamburg, Wien 1958.

18 Stadtmüller (wie Anm. 7), S. 393.

19 Der Aura-Begriff stammt aus Walter Benjamins Aufsatz „Das Kunstwerk im Zeitalter seiner technischen Reproduzierbarkeit", in: ders.: Gesammelte Schriften, Bd. 1, Frankfurt/M. 1980, S. 471-508. Wenn es stimmt, dass die Aura eines Kunstwerkes sich verflüchtigt und verkümmert, sobald das Kunstwerk auf technische Art und Weise reproduziert, vervielfältigt werden kann, dann versteht es sich, dass ein Sachüberrest, auch wenn er kein Kunstwerk ist, schon allein aufgrund seiner Einmaligkeit und aufgrund der Art und Weise seiner Herstellung eine Aura hat. Im übrigen ist der Aura-Begriff bei Benjamin selbst nur sehr schwer zu greifen und noch schwerer zu verstehen; s. hierzu Fuld, Werner, Walter Benjamin. Eine Biographie, Reinbek 1990, S. 247 f.

20 Korff, Gottfried, Die Eigenart der Museums-Dinge. Zur Materialität und Medialität des Museums, in: Faust, Kirsten (Hrsg.), Handbuch der museumspädagogischen Ansätze (Berliner Schriften zur Museumskunde, 9), Opladen 1995, S. 19 f.; vgl. auch ebd., S. 22 und S. 24 f.

21 Dies geht auch aus dem oben zitierten Text von Arthur Miller hervor. Der Helm, der dem staunenden Jungen an das Bein sprang, löste nur deshalb bei ihm einen Schauer aus, weil der Junge aus der Erzählung des Onkels wusste, dieser Helm gehörte einmal einem deutschen Soldaten, der im Krieg den Tod gefunden hatte.

22 Dieser Vorschlag bedarf der Erläuterung: Im Rahmen des 10. Schülerwettbewerbs Deutsche Geschichte um den Preis des Bundespräsidenten, der dem Thema „Umwelt hat Geschichte" gewidmet war (1986/87), haben Schülerinnen und Schüler zahlreiche solche „Biographien" als Wettbewerbsbeiträge einge-

reicht. Eine der besten Arbeiten war der Kirdorfer Farbenfabrik in Bad Homburg gewidmet. Im Zusammenhang mit ihrer Recherche haben die Schüler auf dem Gelände dieser im Kaiserreich entstandenen Fabrik auch Bodenproben entnommen und analysiert und dabei gefährliche Farbreste entdeckt, die als Altlasten seit Jahrzehnten im Boden schlummern. Druckfassung des Wettbewerbsbeitrags: Deckert, Lars ; Dehn, Arne; Desch, Martin; Gallenbacher, Jens; Hartmann, Rolf: Auch Umwelt hat Geschichte. Eine Farbenfabrik von 1873 bis heute. Bad Homburg o.J. (ca. 1988).

23 Wie Sachüberreste und Gegenstände im Unterricht eingesetzt werden können und was dabei zu bedenken ist, habe ich an mehreren Beispielen zu zeigen versucht; s. meine Aufsätze: Gegenständliche Quellen, in: Handbuch Medien im Geschichtsunterricht (Anm. 7), S. 516-520 (Beispiel: Deutschland nach 1945); ferner: Sachzeugnisse. Steine zum Reden bringen (wie Anm. 7), S. 96-109 (Beispiele: Erster Weltkrieg und Besuch eines Friedhofs im Rahmen eines Unterrichtsganges).

24 Hug, Wolfgang, Geschichtsunterricht in der Praxis der Sekundarstufe I, Frankfurt/M. usw. 1977, S. 151.

25 Zitiert nach dem Faksimileabdruck der Stiftungsurkunde des preußischen Königs Friedrich Wilhelm III., in: Oertle, Vincenz, Das Eiserne Kreuz der Befreiungskriege 1813/15. Bischofszell/Schweiz 1987, S. 27.

26 Döbler, Hannsferdinand, Vom Muschelgeld zur Markenartikel. Handwerk-Handel-Industrie, München usw. 1974, S. 118.

27 Vgl. etwa „Provoco" – eine römische Münze wird entschlüsselt, in: Wir machen Geschichte, Gymnasien 1, Frankfurt/M. 1997, S. 125

28 Vgl. etwa den Holzschnitt des „Pawren tzu Werdt" von 1524 und den Bauer mit Dreschflegel auf dem Verzeichnis der geplünderten und zerstörten Klöster und Schlösser in Oberschwaben und Franken (Einblattholzschnitt), abgedruckt in: Praxis Geschichte 1/1991, S. 7, 10; s.a. die aufständischen Bauern auf dem Titelblatt der Memminger Bundesordnung von 1525, abgedruckt in: Geschichte lernen, (1997), H. 55, S. 27.

29 Dies hat man im übrigen auch für die Verwendung von Gegenständen und Originalen im Geographieunterricht festgestellt; vgl. Böhn, Dieter (Hrsg.), Didaktik der Geographie – Begriffe, Neubearbeitung. München 1999, S. 114; Köck, Helmuth (Hrsg.), Handbuch des Geographieunterrichts, Bd. 1. Köln 1986, S. 254.

Weiterführende Literatur

Ebeling, Hans, Zur Didaktik und Methodik eines kind-, sach- und zeitgemäßen Geschichtsunterrichts, 3. Aufl., Hannover usw. 1968, S. 136 ff., 153 f.

Jenisch, Achim, Geschichte zum Anfassen. Produktiver Umgang mit haptischen Quellen im problemorientierten Geschichtsunterricht, in: Neue Beiträge zum problemorientierten Geschichtsunterricht, hrsg. v. Uwe Uffelmann, Idstein 1999, S. 233-243

Knigge, Volkhard, Ein anderer Weg im Geschichtsunterricht – die (historische) Biographie des Dings, in: Geschichtsdidaktik 8 (1983), S. 53-63

Meyer, Angelika, Die Sachquelle, in: Handbuch Medien im Geschichtsunterricht, hrsg. v. Hans-Jürgen Pandel und Gerhard Schneider, 2. Aufl., Düsseldorf 1985, S. 269-291

Reeken, Dietmar von, Gegenständliche Quellen und museale Darstellungen, in: Geschichtsdidaktik. Praxishandbuch für Sekundarstufe I und II, hrsg. v. Hilke Günther-Arndt, Berlin 2003, S. 137-150

Schneider, Gerhard, Steine zum Reden bringen, in: Spurensucher. Ein Praxisbuch für historische Projektarbeit, hrsg. v. Lothar Dittmer und Detlef Siegfried, Weinheim/Basel 1997, S. 92-109

Schneider, Gerhard, Gegenständliche Quellen, in: Handbuch Medien im Geschichtsunterricht, hrsg. v. Hans-Jürgen Pandel und Gerhard Schneider, 2. Aufl., Schwalbach 2001, S. 509-524

Schneider, Gerhard, Gegenstände und Sachüberreste als Unterrichtsmedien, in: GWU 53 (2002), S. 361-371

Stadtmüller, Winfried, Sachquellen, in: Erste Begegnungen mit Geschichte, hrsg. v. Waltraud Schreiber, Neuried 1999, S. 391-404

Stang, Roman, Centurio Marcus Caelius oder: Wer waren die Römer in Xanten. Sachquelle und fragendforschendes Lernen, in: Geschichtsdidaktik 9 (1984), S. 373-382

Ulrich Mayer

Umgang mit Statistiken

Es gibt Formen der Kommunikation und des Denkens über Geschichte, die durch ihre besondere Weise des Umgangs mit Zeugnissen der Vergangenheit spezifische Methoden historischen Denkens und Lernens sind, wie z.B. ➛ Wissenschaftsorientierung oder ➛ Quelleninterpretation. Andere Formen begründen sich nicht über die besondere, eigenständige Denkweise, sondern über das zur Bearbeitung anstehende Medium. Hierzu gehört der Umgang mit Statistiken. Diese Methode historischen Denkens und historischen Lernens kann nur in enger Verbindung mit den Eigenarten des zugrunde liegenden Mediums, der Statistik in unterschiedlichen Erscheinungsformen, betrachtet werden. Deshalb ist es sinnvoll, zum vorliegenden Stichwort den Beitrag „Das Diagramm" im Handbuch „Medien im Geschichtsunterricht" heranzuziehen (Mayer 1999).

Obwohl bereits in der Frühen Neuzeit die Statistik als wissenschaftliche Disziplin im Umfeld von Staats- und Geschichtslehre entstand, haben statistische Erkenntnisse in der Geschichtswissenschaft erst in den letzten Jahrzehnten im Rahmen moderner Forschungsmethoden der Quantifizierung zunehmend an Bedeutung gewonnen (Best 1977; Ohler 1980; Rüsen/Jäger 1990, 16, 20 f.).

In der geschichtsdidaktischen Literatur wurden Statistiken lange Zeit nur sporadisch thematisiert (Schlott 1967; Neher 1977; Richter 1983). Sie gerieten erst stärker in den didaktischen Blick, als auch in der Lebenswelt der Schülerinnen und Schüler das Ausmaß quantifizierenden Materials zunahm (Mayer 1992; Mayer 1999). Die neuen Medien verwenden verstärkt Zahlen und deren grafische Darstellung. So erhält die Statistik in neueren Gesamtdarstellungen zur Methodik mehr Beachtung (Gautschi 2000, 150-153; Sauer 2004, 212-217; Grafe/Hinrichs 2003, 119-122).

Was leisten Statistiken?

Im umfassendsten Sinn ist eine Statistik die geordnete Menge empirischer Daten in Form von berechenbaren Zahlenwerten. Diese Quantitäten werden theoretisch fundiert, nach festgelegten Maßvorschriften, aus der Realität ermittelt, dargestellt, analysiert und für wissenschaftliche oder lebenspraktische Folgerungen verwendet. Die gewonnenen empirischen Daten werden in Zahlenwerten gruppiert, gegliedert oder zerlegt. Am häufigsten geschieht dies in Tabellenform. Die Daten werden durch mathematische Verfahren zu statistischen Maßzahlen aufbereitet oder in Form von Grafiken wie etwa Diagrammen, Piktogrammen oder Kartogrammen zur Verdeutlichung des Zahlenmaterials umgesetzt.

Im heutigen Medienalltag spielen Statistiken eine große Rolle. Kaum eine Nachrichtensendung, keine Zeitung kommt ohne Tabelle oder Diagramm aus. In Computerprogrammen und im Internet sind vor allem statistische Grafiken in Form von Diagrammen weit verbreitet. Mit Hilfe von Computersoftware lassen sich vom Benutzer selbst anhand von Zahlenmaterial sekundenschnell optisch gefällige, eindrucksvolle Datengrafiken erstellen.

Wegen der Fundierung auf Zahlen wird Statistiken ein besonders hohes Maß an Seriosität und Objektivität zugeschrieben, das es so eindeutig gar nicht gibt (Krämer 1995, 13 ff., 151 ff.). Statistische Angaben sind trotz ihrer vermeintlichen Eindeutigkeit oder grafischen Anschaulichkeit jedoch nicht unmittelbar, auf den ersten Blick sozusagen, zu verstehen und zu entschlüsseln. Der Umgang mit Statistiken ist eine anspruchsvolle Qualifikation. Alle quantifizierenden Aussagen müssen richtig gelesen, angemessen interpretiert und kritisch befragt werden. Deshalb ist es ein wichtiges Ziel auch des Geschichtsunterrichts, Methodenkompetenz im Sinne der Befähigung zum bewussten und kritischen und damit auch zum verantwortlichen und konstruktiven Umgang mit Statistiken zu vermitteln. Insofern trägt historisches Lernen auch wesentlich zur Medienerziehung bei (Gautschi 2000, 150 f.). Sachbezogene Beschäftigung und kritische Auseinandersetzung mit Statistiken hat Medien- und ➛ Ideologiekritik zur Bedingung und zum Ziel.

Im Rahmen dieses Bildungsauftrags lassen sich einige Intentionen unterscheiden, die freilich in der Praxis oft miteinander verschmelzen.

Information

Statistiken dienen der Information und Wissensvermittlung. Statistische Daten, wissenschaftlich redlich ermittelt und rechnerisch korrekt dargestellt, zeichnen sich gegenüber anderen Informationsträgern dadurch aus, dass sie knapp, exakt und vergleichbar sind. Es kommt hier nicht auf Individualität und Detailinformation an, sondern auf Mitteilung und Erkenntnis genereller und umfassender Sachverhalte. Statistiken lassen diese komplexen Sachverhalte klarer erkennen, als dies durch umfangreiche verbale Darstellungen erreicht werden kann. Freilich bemisst sich der Informationswert danach, inwieweit es gelingt, die Wahrnehmung über die Ebene des Registrierens oder des Illustrierens hinauszuführen. Dazu gehört, dass die Statistiken Teil eines sinnvollen Lern- und Anwendungszusammenhangs sind. So können die gewonnenen Erkenntnisse in das Ensemble der verschiedenen Faktoren eines Problemzusammenhangs eingebunden werden.

Interpretation und Problematisierung

Damit statistische Daten zu Quellen der Erkenntnis werden können, müssen sie interpretiert werden. Sinnvolle Statistiken ermöglichen nicht nur Datenvergleiche und die Feststellung von bestimmten Trends einer Entwicklung, sondern bewirken auch Interpretation und Problemorientierung, indem sie Interesse wecken und dazu motivieren, genauer den vermuteten Zusammenhängen nachzugehen. Die Qualität einer Statistik, des Lernens an der Statistik und ihrer Interpretation erweist sich daran, dass man neue sinnvolle Fragen aufwerfen kann.

Reduktion und Akzentuierung

Statistiken heben einzelne Aspekte aus komplizierten Zusammenhängen hervor. Man kann hier von Reduktion im Sinne einer inhaltlichen Vereinfachung sprechen, die zugleich

Verallgemeinerung und Akzentuierung bestimmter Sachaussagen bewirkt. Man hüte sich also davor zu glauben, man habe mit einer Statistik das gesamte Problemfeld abgehandelt. Besondere Aufmerksamkeit ist gefordert, weil die Statistik nur einen bestimmten Aspekt des dargestellten Problemzusammenhangs hervorhebt. Die statistische Pointierung kann auch zu Verkürzungen, Lenkungen und Pauschalisierungen führen oder gar bis zur Suggestion, Manipulation, Verzerrung oder Verfälschung ausarten (Krämer 1995).

So dient das Erlernen des Umgangs mit statistischem Material auch allgemein der politischen Bildung. Statistiken lesen und mit ihnen umgehen zu können, erleichtert das politische, gesellschaftliche und geografische Lernen und ermöglicht die Bewältigung komplexer Lernvorgänge.

Veranschaulichung

Statistische Informationen lassen sich meist leichter aufnehmen, verarbeiten und im Gedächtnis speichern, wenn sie veranschaulicht werden. Insbesondere bei umfangreichem Datenmaterial sind für alle Nutzer und Adressaten der Statistik, die nicht speziell mathematisch interessiert oder geschult sind, grafische Darstellungen besser geeignet als Tabellen. Weil Grafiken die Informationen noch stärker komprimieren als tabellarische Darstellungen, benötigen sie einen Bruchteil der Kapazität im Wahrnehmungsvermögen und im Gedächtnis. Psychologische Untersuchungen und empirische Erhebungen zur subjektiven Beurteilung von Vorzügen grafischer Darstellungen gegenüber Tabellen erfassen Vorteile der grafischen Datenwiedergabe im Vergleich zur tabellarischen Darstellung und bestätigen Alltagserfahrungen innerhalb und außerhalb der Schule: Grafiken haben für den Betrachter eine stimulierende Wirkung. Ihnen wird aus Erfahrung die Fähigkeit zugeschrieben, das Wesentliche kompakt zusammenfassen und schnell erfassen zu lassen. Grafiken vermitteln Informationen schneller als Tabellen und Texte, es können mehr Informationen aufgenommen und als komplexe Informationseinheiten leichter verarbeitet werden. Über das bildliche Gedächtnis sind Grafiken länger verfügbar und leichter abrufbar als Text- oder Zahlendarstellungen (Geßler 1993, 1 f., 17 ff.) Andererseits muss aber festgehalten werden, dass durch die Darstellung mittels elementarer grafischer Symbole die inhaltliche Vereinfachung noch verstärkt wird. Die häufigsten Formen grafischer Darstellung statistisch aufbereiteten Datenmaterials sind: Kurven- oder Liniendiagramm, Säulen- oder Stabdiagramm, Balkendiagramm, Kreisdiagramm, Flächendiagramm, Würfel- oder Volumendiagramm, Figurendiagramm oder Piktogramm. Nach der Systematik der Statistik handelt es sich hierbei um Beispiele der deskriptiven Statistik (Geßler 1993, 3 f.).

Statistik und quantitative Methoden in der Geschichtswissenschaft

Statistische Quellen als eine eigene Quellengattung und quantitative Methoden zur Bearbeitung und Integration dieser statistischen Informationen haben heute einen hohen Stellenwert in der historischen Forschung (generell Ohler 1980).

Wenn man die Verfahrensweisen historischer Forschung generalisiert, lassen sich zwei grundsätzliche Forschungsstrategien unterscheiden: Hermeneutik und Analytik. Die eher traditionelle hermeneutische Strategie greift bei der Erforschung der Vergangenheit auf Quellenbestände zurück, die Aussagen über die Sinnbestimmtheit, Absichten, Motive und das Selbstverständnis der Akteure ermöglichen wie etwa Urkunden und Akten, zeitgenössische Literatur und Selbstzeugnisse als Dokumente absichtsvollen Handelns, also die eher subjektiven, individuellen und sinnstiftenden Faktoren, in jeweils besonderen historischen Konstellationen und Situationen.

Dem gegenüber sieht die analytische Forschungsrichtung die entscheidende Qualität historischer Veränderung nicht in den Absichten und Selbstverständigungen der Menschen, sondern in den Umständen und Verhältnissen, die als eher objektive, überindividuelle und strukturdeterminierte Tatbestände das Leben der Individuen und der Gesellschaft insgesamt bedingen und sich der Einflussnahme sowie oft auch dem Verständnis der Betroffenen entziehen (Rüsen/Jäger 1990, 20 f.; Daniel 1994, 61). Solche Determinanten der Lebenschancen von Einzelnen, Gruppen und Gesellschaften sind etwa Klimaschwankungen, Geburten- und Sterblichkeitsraten, Beschäftigungs- und Einwohnerzahlen, Handelsbilanzen, Produktivitäts–, Preis und Lohnentwicklungen, Einkommensverhältnisse, Nahrungs- und Güterproduktion, Waren- und Energieverbrauch, Kriminalitätsraten, Wahlergebnisse, Heeresstärken, Anteile von Beschäftigten in Wirtschaftssektoren.

Die Historische Demografie, die klassische Wirtschafts- und Sozialgeschichte und die neuere Historische Sozialwissenschaft untersuchen die demografischen, wirtschaftlichen und sozialen Verhältnisse und Prozesse anhand großer Mengen von empirischen Zahlenwerten. Daraus ergeben sich weiterführende Fragen, zu denen es ohne die Basis der quantitativen Quellen und die Zuhilfenahme quantitativer Methoden gar nicht gekommen wäre. Im Endergebnis vermittelt die Aufarbeitung quantifizierbarer statistischer Daten ein Gesamtbild bestimmter Bedingungen und Prozesse, so etwa überregionale Entwicklungslinien, die das Schicksal von Millionen namenlos bleibender Menschen bestimmt haben (Ohler 1980, 7 ff.). Damit werden einerseits Aussagen von großer Allgemeinheit und Reichweite getroffen, andererseits wird die Vielfalt der Lebenswirklichkeiten unter dem jeweiligen theoretischen Aspekt ausschnitthaft reduziert (Sauer 2001, 212).

Statistik im historischen Lernen

Statistik und die geschichtsdidaktsiche Kategorie „Erklären“

Analog zu der prinzipiellen geschichtstheoretischen Unterscheidung zwischen hermeneutischer und analytischer Forschungsstrategie, zwischen eher „objektiven“ und stärker „subjektiven“ Faktoren in konkreten historischen Situationen gibt es auch in der geschichtsdidaktischen Theorie das Verhältnis der deutlich verschiedenen, aber sich nicht ausschließenden, sondern wechselseitig aufeinander bezogenen zentralen Denkregister bzw. geschichtsdidaktischen Kategorien des sozialwissenschaftlich-analytischen „Erklärens“ und des hermeneutischen „Verstehens“ (Mayer 2004). Hier bezieht sich das Erklären auf die das menschliche Handeln fördernden oder behindernden Umstände, auf die strukturellen Zusammenhänge und Verhältnisse. Diese schlagen sich gerade in der Fülle statistischen Datenmaterials nieder, das sich zur tabellarischen Auflistung oder als grafische Darstellung eignet. Deshalb haben diese Formen der statistischen Information auch große Bedeutung im historischen Lernen.

Statistik und die Darstellbarkeit von Zeit

Wenn wir mit Jörn Rüsen Geschichtsbewusstsein als „Sinnbildung über Zeiterfahrung" verstehen (Rüsen 1983, 50 f.), so ergeben sich grundsätzliche Anforderungen an Methoden und Medien des historischen Lernens. Im vorliegenden Fall eignen sich statistische Darstellungsmöglichkeiten für historisches Lernen nur dann, wenn es hierdurch gelingt, Zeitdifferenzen erkennen zu lassen, die für die Geschichte entscheidenden Aspekte wie Veränderung, zeitlichen Ablauf, Dynamik.

Es gibt zwei prinzipielle Möglichkeiten zur statistischen Beschreibung der zeitlichen Dimension: Erstens über den Vergleich der Zustände bzw. Quantitäten zu mindestens zwei verschiedenen Zeitpunkten, zweitens über die Darstellung von Zeitreihen bei Daten, die chronologisch geordnet sind. Die Daten von Zeitreihen sind also zweifach bestimmt: durch ihre Quantität und durch die Angabe, zu welchen Zeitpunkten oder in welchen Zeiträumen diese Quantität vorlag (Ohler 1980, 123). Für die gängigen Darstellungsweisen dieser Zeitreihen wie Kurven- bzw. Liniendiagramme oder Säulen- bzw. Stabdiagramme oder Flächendiagramme werden die Daten in ein rechtwinkliges Koordinationensystem eingetragen. Dabei werden generell auf der horizontalen Abszisse (x-Achse) die zeitlichen Abstände eingetragen, auf der vertikalen Ordinate (y-Achse) die quantitativen Werte.

Auch wenn die Werte auf beiden Achsen mathematisch richtig eingetragen werden, ergeben sich alle Probleme von Pointierung über Verkürzung und Verzerrung bis zur Indoktrination und Verfälschung über die Anordnung der Werte, die Wahl der Bezugsgrößen und der Vergleichsmaßstäbe innerhalb dieses Koordinatensystems.

Geschichtsdidaktische Absicht: Vergleich in der Zeit

Statistiken als geordnete Mengen empirischer Daten, seien sie nun in Form von Tabellen der Zahlenwerte oder als Grafiken dargestellt, sind prinzipiell auf Vergleich ausgerichtet. In der Literatur zur statistischen Grafik werden fünf Grundtypen des Vergleichs benannt: Struktur, Rangfolge, Häufigkeitsverteilung, Korrelation und Zeitreihe (Zelazny 1986, 10, 21 ff.; Geßler 1993). Die vier zuerst genannten Typen beziehen sich auf je punktuelle, für sich zeitunabhängige Zustandsbeschreibungen:

Beim *Struktur-Vergleich* geht es darum, welchen Anteil an einer Gesamtheit einzelne Elemente bzw. Quantitäten haben. Hierfür eignet sich das Kreisdiagramm besonders gut, weil sich über die Kreissegmente (Tortenstücke) die einzelnen Bestandteile als Prozentwerte des Ganzen prägnant und eindrucksvoll abbilden lassen. Zum Struktur-Vergleich mittels Prozentangaben eignen sich auch das Piktogramm (figürliches Diagramm) oder das Rechteck als Säule (senkrecht) oder als Balken (waagerecht).

Beim *Rangfolge-Vergleich* werden einzelne Quantitäten bewertend gegenüber gestellt. Zur Darstellung der unterschiedlichen Größen eignet sich das Balkendiagramm.

Häufigkeits-Vergleiche geben an, wie oft oder in welcher Menge ein bestimmtes Merkmal in einer Reihe aufeinander folgender Größenklassen auftritt. Ein bekanntes Beispiel ist die Notenverteilung anhand einer „Glockenkurve", z.B. der Gauß'schen Normalverteilung.

Im *Korrelations-Vergleich* wird untersucht, ob eine Beziehung zwischen mindestens zwei Variablen vorliegt. Hierzu dient vor allem das Punktdiagramm, aus dem sich ergibt, ob die eingetragenen Punkte sich einer gedachten Standardlinie nähern.

In den genannten statistischen Grundtypen geht es um den synchronen Vergleich unterschiedlicher quantitativer Zusammenhänge. Dagegen werden im statistischen Instrument des *Zeitreihen-Vergleichs* die für Geschichte kennzeichnenden Aspekte der Veränderung quantitativer Zusammenhänge in der Zeit deutlich, sprachlich erfassbar in Begriffen wie Abnahme, Zunahme, Wachstum, Rückgang, Steigerung, Sinken, Schwankung oder Stagnation als Ausdrucksformen unterschiedlicher Intensität von Wandel oder Kontinuität im historischen Geschehen.

Die Veränderungen in der Zeit lassen sich in drei unterschiedlichen Arten des quantitativen Vergleichs festmachen:

1. Bei der ersten Art geht es darum, die quantitativen Zusammenhänge, also die besonderen Ausprägungen eines Merkmals, an zwei unterschiedlichen Zeitpunkten zu untersuchen. Dabei wird hier stärker auf den Vergleich der Quantität als auf den zeitlichen Aspekt geachtet.
2. Bei der zweiten Art des Vergleichs geht es um die besonderen Ausprägungen des gewählten Merkmals an mehreren Zeitpunkten.
3. Schließlich betont die dritte Art des Vergleichs weniger die Besonderheiten der quantitativen Zusammenhänge bzw. der Merkmalsausprägungen zu den einzelnen Zeitpunkten, sondern stärker die zeitliche Entwicklung, den Gesamtverlauf des beobachteten Prozesses quantitativer Veränderung.

Begründete Wahl der Darstellungsformen, Chancen und Schwierigkeiten

Die folgenden Erörterungen der geschichtsdidaktisch begründeten Auswahl von grafischen Darstellungsmöglichkeiten sowie der in ihnen enthaltenen fachspezifischen Potenziale und Schwierigkeiten lassen sich sowohl auf die Erstellung eigener Diagramme aus dem tabellarischen statistischen Material als auch auf die Analyse und Bewertung des Angebots an grafischen Darstellungen in gedruckter und elektronisch verfügbarer Form anwenden. Aus praktischen Gründen werden Beispiele aus dem Artikel „Das Diagramm – am Beispiel von Wahlergebnissen der Weimarer Republik" im Handbuch „Medien im Geschichtsunterricht" übernommen (Mayer 1999).

1. Vergleich quantitativer Zusammenhänge zu zwei unterschiedlichen Zeitpunkten

Der einfachste Vergleich statistischer Daten ist der über den Wert von Quantitäten bzw. Ausprägungen eines gewählten quantitativen Merkmals zu zwei unterschiedlichen Zeitpunkten. Hierzu eignen sich durchaus Darstellungen, die für sich allein lediglich eine punktuelle Zustandsbeschreibung liefern wie zum Beispiel der prozentuale Struktur-Vergleich in Kreisdiagrammen und Rechteckgrafiken. Diese Darstellungen bilden keine absoluten Größen ab, sondern die prozentualen Anteile an einem Ganzen. Die absoluten Zahlen müssen in Prozentwerte übertragen werden, beim Kreisdiagramm zusätzlich in die Grad-Angaben der betreffenden Segmente (1 % = 3,6°). Um Übersichtlichkeit zu gewährleisten, sollte ein Kreisdiagramm möglichst nicht mehr als sechs Segmente aufweisen.

Eine besondere Schwierigkeit ergibt sich beim Vergleich von zwei Kreisdiagrammen durch die Eigenart der Segmentierung: Wenn die Relationen erfasst werden sollen, muss man ständig den Blick zwischen den beiden Kreisen wechseln lassen (vgl. Abb. 1). Der Vergleich ist leichter und geschieht schneller, wenn die Quantitäten als Anteile in zwei nebeneinander stehenden Säulen abgebildet werden.

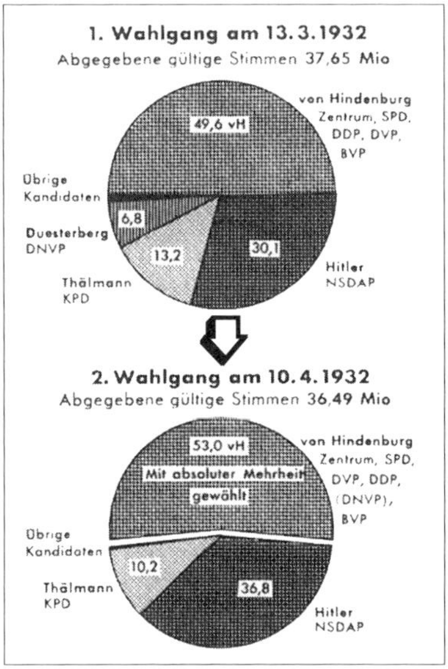

Abb. 1: *Die Reichspräsidentenwahl 1932. Aus: Drei Jahrzehnte deutscher Geschichte 1918-1948, Zahlenbild-Sonderheft, 10. Aufl., Berlin 1980, S. 27*

Ob Kreis oder Säule, beim derartigen Vergleich des Zustandes zu zwei verschiedenen Zeitpunkten werden die quantitativen Unterschiede deutlich; die zeitliche Komponente bleibt völlig im Hintergrund, weil chronologische Vergleichsmaßstäbe fehlen.

2. Vergleich quantitativer Zusammenhänge an mehreren Zeitpunkten

Im Unterschied zur eben dargestellten Konstruktion eines Vergleichs aus der Kombination zweier Strukturdiagramme zu einem je statisch gegebenen Zeitpunkt machen Zeitreihen-Vergleiche deutlich, wie sich Quantitäten über die Zeit verändern. Hierbei ist auf die Besonderheiten des Säulen- bzw. Stabdiagramms und des Linien- bzw. Kurvendiagramms zu achten.

Das Säulendiagramm eignet sich besonders dazu, anhand einer nicht zu großen Anzahl von Daten Quantitätsunterschiede bzw. Größenveränderungen im Zeitverlauf abzubilden. Säulen vermitteln von sich aus den Eindruck von Höhe oder Mächtigkeit eines abgeschlossenen Vorgangs. Die Höhe der Säule drückt in der Regel die Menge in absoluten Zahlen aus (vgl. Abb. 2), es sind aber auch 100-Prozent-Säulendiagramme möglich (vgl. Abb. 3).

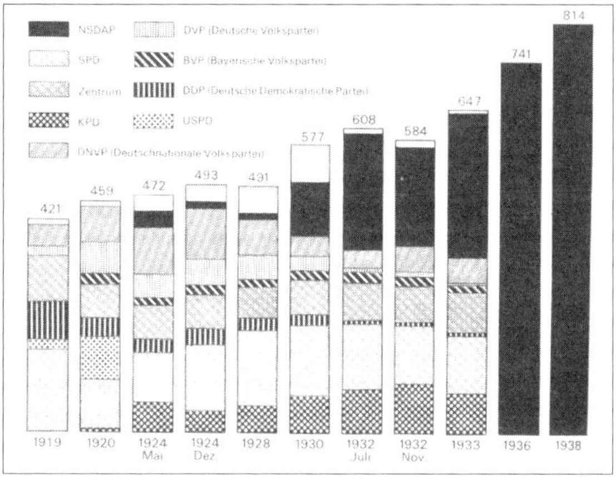

Abb. 2: *Parteienentwicklung in der Weimarer Republik; abgegebene Stimmen in %. Aus: Der Große Ploetz. Auszug aus der Geschichte, Freiburg, Würzburg 1986, S. 922*

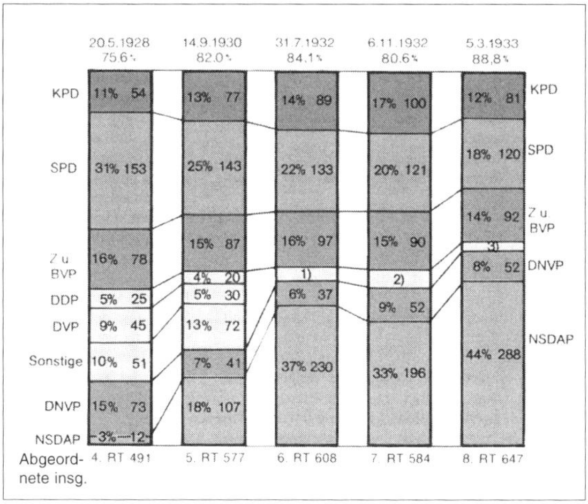

Abb. 3: *Die wechselnde Stärke der Parteien in den Reichtstagen. Aus: Entdecken und Verstehen, Bd. 3, 2. Aufl., Frankfurt/M. 1991, S. 79*

Bei der Darstellung der Säulen sollte darauf geachtet werden, dass der Abstand zwischen den Säulen kleiner ist als die Säulenbreite. Anderenfalls besteht die Gefahr, dass das Diagramm „auseinanderfällt". Es ist aber auch möglich, gar keine Zwischenräume zu lassen (vgl. Abb. 4). Auf diese Weise wird stärker auf den markanten Verlauf einer Entwicklung hingewiesen. Sonderformen sind das Gruppensäulendiagramm und das unterteilte Säulendiagramm. Beim ersten stehen jeweils zwei Säulen eng zusammen oder sozusagen schräg hintereinander. Diese Darstellung eignet sich, wenn die zwei Teile des Säulenpaars jeweils unterschiedliche Aspekte zu dem gegebenen Zeitpunkt darstellen. Die Veränderung der Verhältnisse zwischen beiden Aspekten über die Zeit hinweg wird deutlich. Beim unterteilten Säulendiagramm wird nicht nur die Veränderung der Gesamtmenge, sondern durch die Unterteilung in verschiedene Komponenten auch noch deren Beitrag zur Gesamtentwicklung verdeutlicht (vgl. Abb. 2).

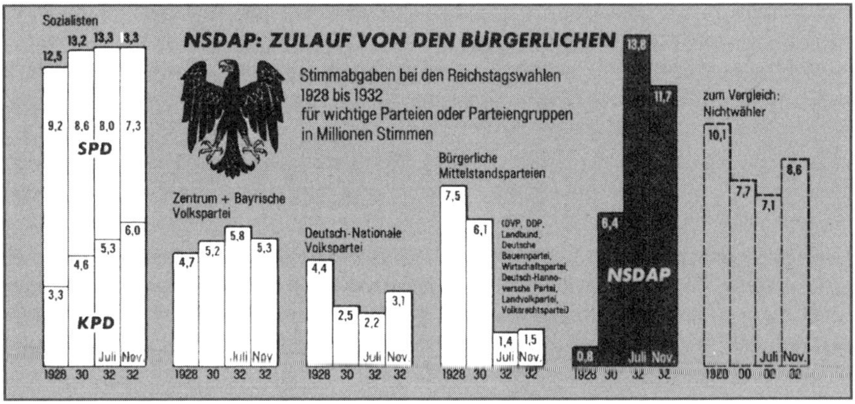

Abb. 4: *NSDAP: Zulauf von den Bürgerlichen. Aus: Der Spiegel, Nr. 44 vom 29.10.1979, S. 32*

3. Vergleich quantitativer Zusammenhänge im Zeitverlauf

Geht es bei der Darstellung von Zeitreihendaten weniger um die Ausprägung der Quantität zu einzelnen Zeitpunkten, sondern eher um die Entwicklung und den Verlauf in der Zeit, so empfiehlt sich die Arbeit mit und an Linien- oder Kurvendiagrammen. Das Liniendiagramm ist die am weitesten verbreitete Form der statistischen Grafik. Es ist leicht zu zeichnen. Die quantitativen Werte werden entlang der Zeitleiste (Abszisse) aufgetragen und die einzelnen Punkte durch kurze Geradenstücke miteinander verbunden. So wird der Eindruck von der zeitlichen Entwicklung der Daten vermittelt. Das Liniendiagramm vermittelt besonders deutlich Trends, Schwankungen oder Konstanz des dargestellten Sachverhalts im untersuchten Zeitraum. Um die Entwicklung des Kurvenverlaufs visuell zu stützen und auch quantitativ leichter einschätzen zu können, empfiehlt es sich, ein Netz aus horizontalen und vertikalen Referenzlinien zu unterlegen (vgl. Abb. 5). Für das Liniendiagramm gibt es zwei Variationsmöglichkeiten, die für die Darstellung komplexer historischer Entwicklungen Bedeutung haben:

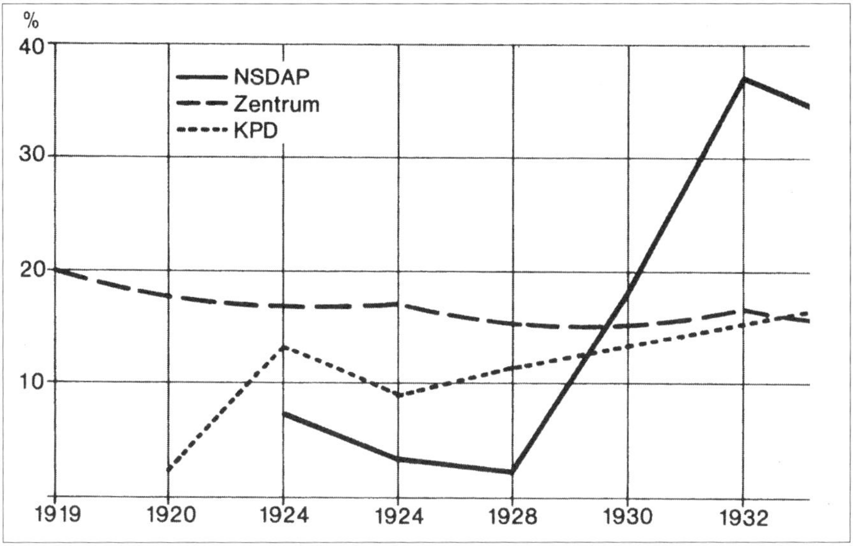

Abb. 5: *Übersicht über den prozentualen Stimmenanteil von KPD, Zentrum und NSDAP zwischen 1919 und 1932. Aus: Die Reise in die Vergangenheit, Bd. 4, Lehrerausgabe, Braunschweig 1975, S. 125*

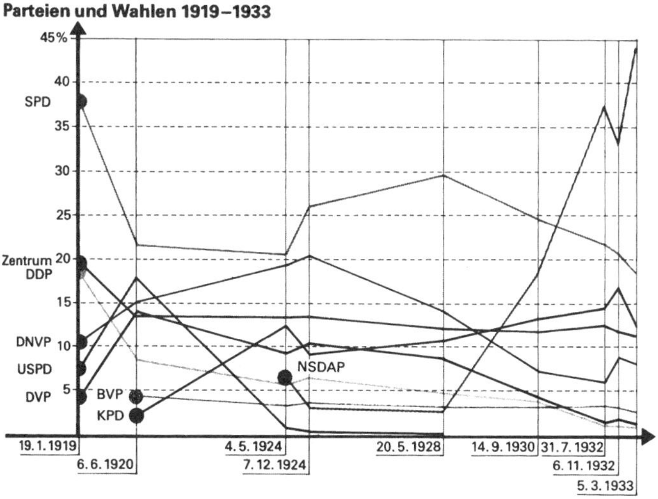

Abb. 6: *Parteien und Wahlen 1919-1933. Aus: bsv Geschichte 4G, München 1993, S. 61*

Das Mehrfach-Liniendiagramm stellt die Entwicklung von zwei oder mehreren Zeitreihen dar (vgl. Abb. 6). Hierdurch eignet es sich besonders gut für den horizontalen Vergleich der Daten in der Entwicklung und zugleich für den vertikalen Vergleich zwischen den Datenreihen. Für die Konstruktion gelten die gleichen Grundsätze wie für das einfache Liniendiagramm. Besondere Sorgfalt muss jedoch auf die Unterscheidbarkeit der Linien (durchgehend, gestrichelt, gepunktet oder verschieden farbig) und ihre Benennung gelegt werden. Dies kann durch die Erläuterung in einer Legende oder durch die direkte Beschriftung im Diagramm erreicht werden (vgl. Abb. 5 und Abb. 6). Es sollten nicht allzu viele Linien miteinander kombiniert werden, um den Eindruck eines Schnittmusterbogens oder einer Art „Spaghetti-Diagramm" zu vermeiden (Zelazny 1986, 39).

Ein Flächendiagramm entsteht, wenn die Fläche zwischen der Kurve und der Abszisse als Basislinie schraffiert oder eingefärbt wird. Es muss darauf geachtet werden, dass die Fläche proportional der gemeinten Quantität ist. Diese Art der grafischen Darstellung ist besonders eindrücklich, wenn man bedenkt, dass bei einem starken Anstieg der Kurve eine Fläche mit einer gewissen Mächtigkeit entsteht (vgl. Abb. 7).

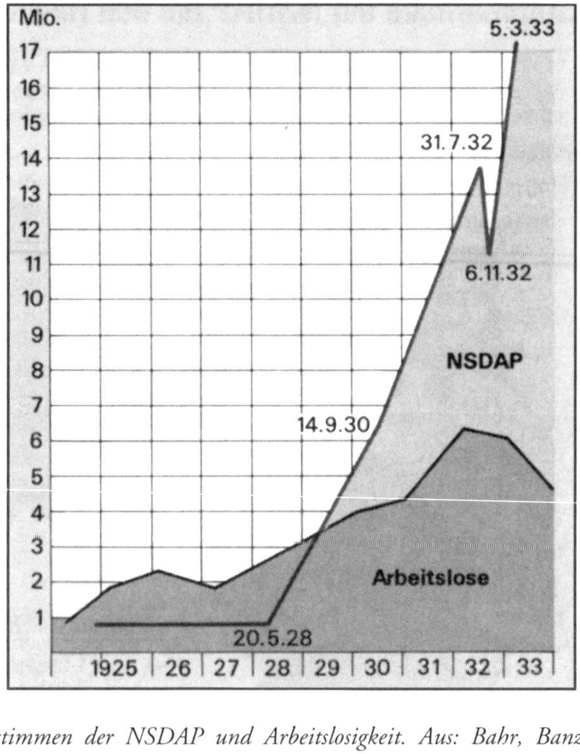

Abb. 7: *Wählerstimmen der NSDAP und Arbeitslosigkeit. Aus: Bahr, Banzhaf, Rumpf: Grundkurs Geschichte, 2. Aufl., Darmstadt 1994, S. 231*

Eine besondere Form von Diagramm entsteht, wenn die jeweiligen Ordinaten der Kurven eines Mehrfach-Liniendiagramms nicht jedes Mal auf die Zeitachse bezogen, sondern auf der vorherigen Kurve als Basis aufgetragen werden (vgl. Abb. 8). Die einzelnen Kurven erscheinen dann als unterschiedlich breite Flächenbänder (Zelazny 1986, 40). Auch hier sollte, um Verwirrung zu vermeiden, die Zahl dieser Flächenstränge gering gehalten werden.

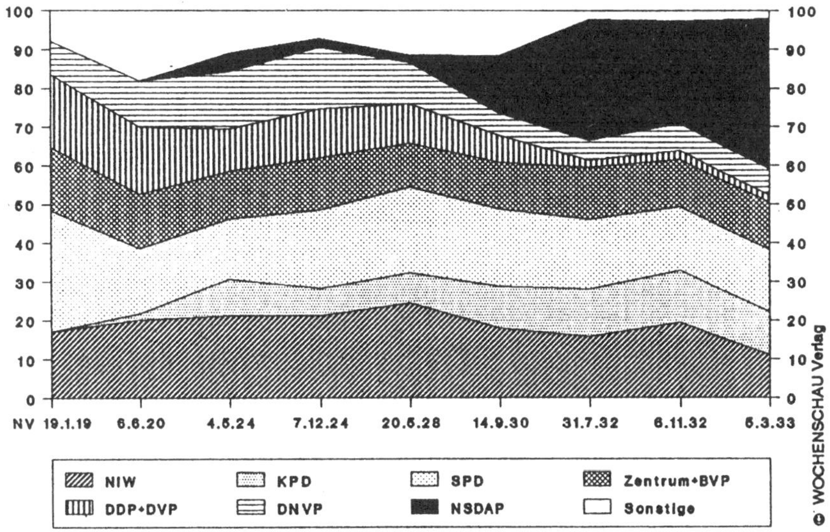

Abb. 8: *Stimmenanteile bei den Reichstagswahlen. Aus: Wochenschau, Nr. 1/1993 (Sek. II), S. 31, nach: Falter, Jürgen u.a.: Wahlen und Abstimmungen in der Weimarer Republik, München 1993, S. 61*

Im übrigen ist wegen der optischen Wirkung der Flächenschraffur oder -färbung bei dieser Art von Diagrammen Vorsicht geboten. Die Verzerrung der gemeinten Quantitäten durch die menschliche Wahrnehmung der grafischen Botschaft ist so groß, dass Flächendiagramme nur als ungeeignet zur Darstellung numerischer Daten bezeichnet werden können (Geßler 1993, 59).

Es ist eine Selbstverständlichkeit und in Hinsicht auf die korrekte Berücksichtigung des Faktors „Zeit“ unbedingt notwendig, auf der Abszisse chronologisch gleichmäßig Intervalle abzutragen. Es ist unzulässig, beim Fehlen von Daten für eine bestimmte Zeiteinheit die Darstellung gleichsam zu „stauchen“, weil hierdurch eine Verfälschung des Ablaufs der Gesamtentwicklung und eine falsche Vorstellung von zeitlicher Dauer vermittelt wird.

Es liegt auf der Hand, dass durch die Wahl der Skalen auf Abszisse und Koordinate, durch die Vergleichsmaßstäbe also, die quantitativen Veränderungen gedämpft oder pointiert dargestellt werden. Dies kann bis zu Verzerrungen, Verabsolutierungen und Verfälschungen führen. Es ist ein wichtiges Ziel des historischen Lernens, bei der Produktion eigener

Diagramme oder bei der Analyse vorliegender statistischer Grafiken zu erkennen, wie über die Akzentuierung hinaus die Lenkung auf eine bestimmte Perspektive oder gar eine Nutzung der statistischen Daten für Irreführung und Indoktrination möglich ist.

Die Gefahr der Verfälschung ist bei den populären Liniendiagrammen, die ja leicht erkennbare Aussagen über die Weiterentwicklung quantitativer Zusammenhänge, also über Wachstum, Stagnation oder Rückgang quantitativer Werte und den Grad ihrer Veränderung machen, besonders groß. Von Bedeutung ist hier die Wahrnehmung und Beurteilung der Schiefe bzw. der Steilheit der Verbindungslinien zwischen den eingezeichneten Punkten innerhalb des Koordinatensystems. Anhand dieser Linien werden Anstieg oder Rückgang eingeschätzt und beurteilt. Die optische Wahrnehmung verbindet die Teilstrecken zu einer Kurve und verursacht beim Betrachter einen Gesamteindruck. Alles kommt auf das Verhältnis der Skalen auf den beiden Achsen des Koordinatensystems an. „Die Skalierung der Graphik ist für diese Wahrnehmungsaufgabe von entscheidender Bedeutung. Je nachdem, welche Skaleneinteilung gewählt wird, ergibt sich ein völlig anderes Bild.“ (Geßner 1993, 12) Wenn man bei identischer Skalierung auf der Ordinate die Skalierung auf der Abszisse verkleinert, wird die Steigung der Geraden vergrößert. Andererseits wird die Steigung flacher, wenn man die Skalen auf der Abszisse vergrößert, also die Zeitangaben „streckt“. Der umgekehrt Effekt wird erreicht, wenn man die Skalierung auf der Ordinate verändert (vgl. Abb. 6 und Abb. 7). Es ist klar, dass durch solche an sich „einfachen“ Entscheidungen die Daten eines Diagramms zur Beschwichtigung oder auch zur Dramatisierung funktionalisiert werden können.

Wird eine Zeitreihe dargestellt, so hat insbesondere die Skalierung auf der Abszisse analog dem Zeitverlauf zu erfolgen. Es mag noch angehen, dass in einem Säulendiagramm fortlaufend Säulen in gleichen Abständen stehen, obwohl zwischen den einzelnen Daten, für die die Säulen stehen, in Wirklichkeit unterschiedliche Zeiträume liegen (vgl. Abb. 2 und Abb. 3). Dies ist möglich, weil es hier nicht auf den Verlauf, sondern auf die je spezifische Größe des Zeitreihenwertes ankommt. Dagegen ist jedes Liniendiagramm sachlich falsch, in geschichtsdidaktischer Hinsicht verfälschend und für historisches Lernen hinderlich, dessen Skalierung auf dem Zeitstrahl die Zeitabstände nicht chronologisch adäquat repräsentiert (vgl. Abb. 5 und Abb. 8). Der Zeitreihen-Darstellung durch Liniendiagramme geht es ja gerade um die Abbildung der Mengenvergleiche in ihrer zeitlichen Folge und hinsichtlich der unterschiedlichen Zeitdauer. Nur wenn dies berücksichtigt wird, können angemessene Vorstellungen zum Verständnis des Verhältnisses von Zeiten langer Dauer zu solchen stürmischer Veränderungen gefördert werden.

Weitere Schwierigkeiten und Störfaktoren

Weitere Aspekte, deren indoktrinierende Wirkung auf Produzenten und Beobachter von statistischen Grafiken bedacht werden müssen, sind Prägnanz der Legenden, Wahl von Säulenbreiten und Kurvenstärken, psychologische Wirkung unterschiedlicher Schraffierung oder Farbgebung (Mayer 1999, 161 f.) und der Versuch, klare zweidimensionale Diagramme dreidimensional zu gestalten.

Seit Jahren gibt es, insbesondere infolge der Möglichkeiten der Grafik-Programme für Computer, den Trend, zweidimensionale Sachverhalte durch dreidimensionale Grafiken abzubilden. Welchen Erkenntniswert hat es aber, wenn an sich klare Kreisdiagramme in Schrägsicht als dreidimensionale ovale Torten erscheinen, deren Segmente sich nicht mehr deutlich unterscheiden lassen, oder wenn Kurvendiagramme sich als flatternde Bänder in einem virtuellen dreidimensionalen Raum entfalten? Keinen! Vielmehr sind solche Grafiken zu Recht als „Chartjunk" zu bezeichnen, als Grafik-Müll, der das Lernen an und aus statistischem Material eher behindert als fördert. „In solchen Diagrammen entlarvt sich die dritte Dimension als das, was sie letzten Endes ist: der Heckspoiler der Datenkommunikation, nur gut zum Angeben ohne jeden echten Nutzeffekt." (Krämer 1994, 104)

Ein Beispiel: Lernchancen und Darstellungsprobleme

Abschließend sollen am Beispiel der Darstellung von zwei Datenreihen in einer Grafik Lernmöglichkeiten und Schwierigkeiten des Zeitreihen-Vergleichs demonstriert werden.

Ausgangspunkt sind zwei Tabellen zu Produktionsziffern und Beschäftigtenzahlen der Firma Opel in Rüsselsheim in den ersten drei Jahrzehnten des 20. Jahrhunderts (Abb. 9).

Für die Zeit von 1907 bis 1930 liegen die Zahlen der pro Jahr produzierten Automobile vor, für die Statistik der Belegschaftsstärke konnten nicht alle Daten ermittelt werden. Hier gibt es deutliche Lücken. Die grafische Darstellung muss auf diese „missing values" aufmerksam machen (Geßler 1993, 37). Bereits an den Tabellen lässt sich eine Reihe deutlicher Beobachtungen und daran anschließender Fragen treffen:

Anstieg der Jahresproduktion von 1901 bis 1914 auf das mehr als Hundertfache. Rasanter Abstieg ab 1915 mit Tiefpunkten 1919 und nach kurzer Erholung 1923. Auf der Basis eines plötzlich hohen Produktionsstandes 1924 innerhalb von vier Jahren Verzehnfachung der Produktion mit anschließendem stetigem Rückgang.

Weniger spektakulär erscheint die Entwicklung der Beschäftigtenzahlen. Aber hier dokumentieren die Zahlen immerhin von 1901 bis 1914 einen Anstieg auf das Fünffache. Auf eine Phase des Gleichstandes bis 1918 folgt von einem Tiefstand 1924 offensichtlich unter neuen Bedingungen innerhalb von vier Jahren eine Vervierfachung der Belegschaft auf über 9 000 Beschäftigte.

Folgende Fragen können sich schon aus den Tabellen ergeben: Gründe für den Rückgang der Produktion ab 1915 und für die Tiefststände 1919 und 1923. Gründe/ Bedingungen für den Aufschwung 1924 und für den folgenden Boom bis 1928 sowie den anschließenden Produktionsrückgang. Was wurde von der numerisch stabilen Belegschaft zwischen 1914 und 1918 produziert, wo doch die Autoproduktion stark zurück ging? Woher kamen die seit 1925 neu Beschäftigten?

Für die Darstellung der Datenreihen im Diagramm geht es wegen der extremen Zahlenwerte bis an die Grenzen der grafischen Machbarkeit. Für die Skalierung auf der Abszisse bietet sich bei der Gesamtdauer von 30 Jahren der Abtrag von ½ cm pro Jahr an. Wegen der Spanne zwischen den Zahlenwerten 30 und über 42000 bereitet die Skalierung der Ordinate besondere Schwierigkeiten. Wenn hier ein Millimeter die absolute Quantität von 500

Opel in Zahlen 1901-1930

Produzierte Automobile 1901-1930

1901	30
1907	478
1908	500
1909	845
1910	1 615
1911	2 251
1912	3 202
1913	3 081
1914	3 519
1915	1 908
1916	1 366
1917	1 908
1918	1 565
1919	975
1920	1 154
1921	1 630
1922	1 901
1923	910
1924	4 571
1925	16 466
1926	12 383
1927	39 046
1928	42 771
1929	34 578
1930	26 127

Beschäftigte 1901-1929

1901	1 000
1907	1 600
1909	2 750
1910	3 000
1911	3 350
1912	3 300
1914	4 850
1915	4 500 (1/3 Frauen)
1916	4 500 (plus 600 Kriegsgefangene)
1917	4 500
1918	4 500
1924	2 400 (bei Aufnahme der neuen Produktion)
1925	5 100 (Jahresdurchschnitt)
1928	9 400 (Jahresdurchschnitt)
1929	9 050 (Durchschnitt bis Juni)

(Pflügner, Klaus, Das Automobil auf dem Vormarsch. Eine Erfolgsgeschichte am Beispiel Opel; in: Geschichte lernen 17 (2004), H. 97, S. 29. Zahlen aus: Museum der Stadt Rüsselsheim [Hrsg.], Vom Beginn der Industrialisierung bis 1945, Katalog der Abteilung I, bearb. v. Peter Schirmbeck u.a. 2. Aufl., Rüsselsheim 1981, S. 72, sowie von Achim Dresler 1987)

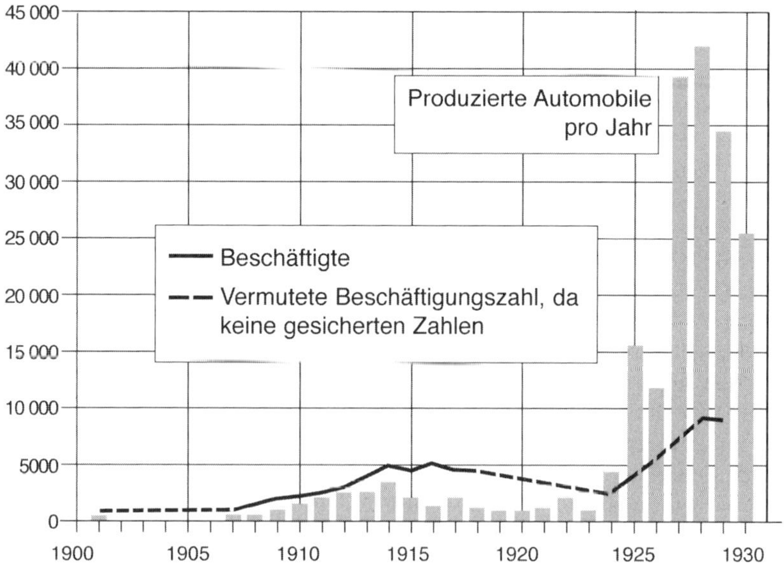

Abb. 9: *Opel in Zahlen 1901-1930, Diagramm (Grafik: Annette Pflügner)*

repräsentiert, lassen sich alle Daten ab 1907 noch darstellen und gerät die Säule von 85 mm Höhe für die absolute Zahl 42771 nicht in ein Missverhältnis zur Gesamtbreite des Diagramms. Zur späteren Diskussion des Verteilungsvergleichs von Produktion und Beschäftigtenzahl bietet es sich an, für beide Zeitreihen auch die gleiche vertikale Skala zu wählen. Dies erleichtert einen sowohl quantitativen als auch qualitativen Zeitreihenvergleich.

Weil es sich bei den Produktionszahlen um Daten handelt, deren Größen sozusagen von Jahr zu Jahr neu beginnen und abgeschlossen werden, bietet sich für die Darstellung der Produktionsdaten das Säulendiagramm an. Bei den Beschäftigtenzahlen handelt es sich dagegen um Veränderungen im Verlauf einer Fortentwicklung über einzelne Zeitperioden. Des-halb wird hierfür das grafisch adäquate Liniendiagramm gewählt. Aus erhebungstechnischen Gründen sind die Daten dieser Zeitreihe unvollständig. Dies ist bei der Darstellung zu berücksichtigen (Geßler 1993, 37). Es ist darauf zu achten, dass die Beschäftigtenkurve nicht ungebrochen über die zeitlichen Lücken der nicht vorliegenden Daten fortgeführt werden, da sonst ein falsches Bild entstehen würde. Es ist jedoch eine korrekte Behandlung der „missing values", wenn die vermutliche Weiterentwicklung durch eine gestrichelte Linie gekennzeichnet wird.

Zur klareren Auffassung der sehr stark auseinanderdriftenden Daten der Grafik ist es sinnvoll, ein Hintergrundnetz mit vertikalen und horizontalen Bezugslinien zu unterlegen. Zur deutlichen Unterscheidung der beiden Zeitreihen sollen sprachliche Label die beiden Diagramme identifizieren.

Mit der Darstellung der Zeitreihen ist die Arbeit nicht beendet. Durch die Visualisierung ergeben sich jetzt für alle Betrachter leichter weiterführende Fragen zu den bereits in den Datenreihen steckenden Korrelationen zwischen Produktion und Beschäftigtenzahlen: Was produzierte Opel mit so viel Leuten im Ersten Weltkrieg? Welche Bedingungen förderten den enormen Anstieg der Produktivität seit 1924? Auf diese Weise regen Diagramme zu weiteren Vergleichen, Interpretationen und Nachfragen an, dienen sie als Medium zu neuem Weiterdenken (Mayer 1999, 165 ff.)

Literatur

Best, Heinrich; Mann, Reinhard, Quantitative Methoden in der historisch-sozialwissenschaftlichen Forschung, Stuttgart 1977

Daniel, Ute, Quo vadis, Sozialgeschichte? Kleines Plädoyer für eine hermeneutische Wende, in: Schulze, Winfried (Hrsg.), Sozialgeschichte, Alltagsgeschichte, Mikro-Historie, Göttingen 1994, S. 54-64

Ebeling, Hans, Zur Didaktik und Methodik eines kind-, sach- und zeitgemäßen Geschichtsunterrichts, Hannover 1965

Gautschi, Peter, Geschichte lehren. Lernwege und Lernsituationen für Jugendliche, 2. erw. Aufl., Bern, Buchs 2000

Geßler, Jürgen R., Statistische Grafik, Basel 1993

Glöckel, Hans, Geschichtsunterricht, Bad Heilbrunn 1973

Grafe, Edda; Hinrichs, Carsten, Visuelle Quellen und Darstellungen, in: Günther-Arndt, Hilke (Hrsg.), Geschichtsdidaktik. Praxishandbuch für die Sekundarstufe I und II, Berlin 2003, S. 92-124

Krämer, Walter, So lügt man mit Statistik, 6., überarb. und erw. Aufl., Frankfurt/M. 1995

Krämer, Walter, So überzeugt man mit Statistik, Frankfurt/M. 1994

Krämer, Walter, Statistik verstehen. Eine Gebrauchsanweisung, 2. verbesserte Aufl., Frankfurt/M. 1994

Mayer, Ulrich, Umgang mit Statistiken und Diagrammen, in: Hey, Bernd u.a., Umgang mit Geschichte. Geschichte erforschen und darstellen – Geschichte erarbeiten und begreifen, Stuttgart 1992, S. 127-141

Mayer, Ulrich, Das Diagramm – am Beispiel von Wahlergebnissen der Weimarer Republik, in: Pandel, Hans-Jürgen; Schneider, Gerhard (Hrsg.), Handbuch Medien im Geschichtsunterricht, Schwalbach/ Ts. 1999, S. 146-169

Mayer, Ulrich, Qualitätsmerkmale historischer Bildung. Geschichtsdidaktische Kategorien als Kriterien zur Bestimmung und Sicherung der fachdidaktischen Qualität des historischen Lernens, in: Hansmann, Wilfried; Hoyer, Timo (Hrsg.), Zeitgeschichte und historische Bildung, Kassel 2004, i.Dr.

Mooser, Josef, Wirtschafts- und Sozialgeschichte, Historische Sozialwissenschaft, Gesellschaftsgeschichte, in: van Dülmen, Richard (Hrsg.), Geschichte. Das Fischer-Lexikon, Frankfurt a.M., 1990, S. 86-101

Neher, Michael, Zur Verwendung statistischen Materials im Geschichts- und Sozialkundeunterricht der Kollegstufe, in: Atzerodt, Albin u.a., Quelle und Statistik im Kollegstufenunterricht, München 1977, S. 40-90

Ohler, Norbert, Quantitative Methoden für Historiker. Eine Einführung, München 1980

Richter, Martin, Das Diagramm, in: Autorenkollektiv unter Leitung von Alfred Krause, Zur Arbeit mit Unterrichtsmitteln, Berlin 1983, S. 98-108

Riedwyl, Hans, Geographische Gestaltung von Zahlenmaterial, 2. überarb. Aufl., Bern, Stuttgart 1979

Rüsen, Jörn, Historische Vernunft. Grundzüge einer Historik I: Die Grundlagen der Geschichtswissenschaft, Göttingen 1983

Rüsen, Jörn; Jäger, Friedrich, Historische Methode, in: van Dülmen, Richard (Hrsg.), Geschichte. Das Fischer-Lexikon, Frankfurt/M. 1990, S. 13-32

Sauer, Michael, Geschichte unterrichten. Eine Einführung in die Didaktik und Methodik, 3. Aufl., Seelze-Velber 2001

Schlott, Gerhart, Lehrdiagramme im Geschichts- und Sozialkundeunterricht, in: GWU 18 (1967), S. 349 ff.

Zelazny, Gene, Wie aus Zahlen Bilder werden. Wirtschaftsdaten überzeugend präsentiert, Wiesbaden 1986

Christina Böttcher

Umgang mit Karten

Für die Geschichtswissenschaft stellt die räumliche Verortung des Historischen neben der Chronologie ein grundlegendes Kriterium dar (Osterhammel 1998). Darauf begründet sich als didaktische Konsequenz für geschichtliches Lernen der Anspruch, historische Sachverhalte in ihr jeweiliges Raumgefüge zu stellen und Rauminformationen konsequent zu visualisieren. Geschichtskarten, Historische Karten und kartenähnliche Darstellungen sind dafür die relevanten Medien. Sie gestatten es, neben der Lokalisation der Tatsachen auch deren Deutung, Erklärung und Beurteilung anzuregen. Zwar können Geschichtskarten aufgrund ihrer Abstraktheit kein Abbild des historischen Raumes liefern, sie vermögen jedoch Rauminformationen präziser, komplexer und komprimierter als jedes andere Medium zu vermitteln. Weiterhin leistet die Kartennutzung den entscheidenden Beitrag zur Ausprägung von Gedächtniskarten *(mental maps)*. Diese im Gedächtnis verankerten kartographischen Muster sind bei Bedarf abrufbar und bilden das visuelle Gedächtnis für raumbezogene Informationen. In der Unterrichtspraxis werden die Vorzüge der Kartennutzung noch zu wenig berücksichtigt. Werden Karten überhaupt herangezogen, dienen sie fast ausschließlich dem Auffinden oder der Lagevergewisserung historisch relevanter Sachverhalte. Der weit verbreitete Verzicht auf Kartennutzung im Geschichtsunterricht wird mit dem Argument begründet, Schülerinnen und Schüler könnten sich die einschlägigen Räume und Raumbezüge vorstellen (Hüttermann 1995). Untersuchungen zeigen hingegen erhebliche Defizite auf diesem Gebiet. Schülerinnen und Schüler kompilieren offensichtlich historische Sachverhalte und Handlungsbilder, die sie aufgrund fehlender Raumvorstellungen in fiktive, zum Teil groteske Raumkonturen einbinden (Schwalm 1960).

Für den Umgang mit Karten im Rahmen des geschichtlichen Lernens sollte eine Reihe von Problemen berücksichtigt werden. Zum einen sind es entwicklungsspezifische Besonderheiten der Raumerfahrung und daraus resultierende Chancen zur Abstraktion von Rauminformationen. Eine nicht unbedeutende Rolle spielt das Kennenlernen von naher und ferner Lebenswelt, also die individuellen Raumerfahrungen von Kindern und Jugendlichen. Wichtige Einflüsse bilden hier Faktoren wie Distanz, Reisezeit, Landschaftsprofil, Klima, Vegetation, Landeskultur, aber auch aufgefundene historische Zeugnisse. Nicht unterschätzt werden sollten dabei bereits erfahrene Praktiken im Umgang mit Karten wie Wanderkarten, Verkehrsatlanten oder Plänen. Zum anderen ist es der systematische Lernprozess zur Herausbildung von Kartenkompetenz, der im Sachunterricht beginnt und im Geografieunterricht weitergeführt wird. Die Ausprägung des Kartenverständnisses für geschichtliches Lernen erfährt ihre fachspezifische Prägung durch die Tatsache, dass historische Räume stets Resultate vergangener Geschichtslandschaften sind. Um aus Geschichtskarten zutreffende Informationen zu entnehmen und zutreffende Vorstellungsmuster entwickeln zu können, sind erhebliche Transferleistungen erforderlich. Bedenkt man, dass für den Anfängerunterricht so anspruchvolle, zeitlich und räumlich extensive Themen wie „Frühe Hochkulturen“ oder „Antike“ im Mittelpunkt stehen, wird deutlich, dass hier die Grenzbereiche der Zeit- und Raumvorstellungen der Lernenden erheblich überschritten werden, zumal nur auf sehr begrenztes Vor- und Erfahrungswissen der Schülerinnen und Schüler zurückgegriffen werden kann. Daher sollten Demonstration und handlungsorientierte Formen der Kartenarbeit einen hohen Stellenwert erhalten. Generell ist die Benutzung von Karten für geschichtliches Lernen als Gebot zu betrachten, da Kartenkompetenz nicht nur ein Fachspezifikum des Geschichtsunterrichts ist, sondern in unserer Zeit als unverzichtbare Grundkompetenz und Kulturtechnik gilt.

Ausgehend von den genannten didaktischen und medienspezifischen Aspekten, den Anforderungen neuerer Richtlinien für den Geschichtsunterricht (Rahmenrichtlinien 2003), den Angeboten aktueller Geschichtslehrbücher (Abb. 1) und Schulgeschichtsatlanten sollen nachfolgend knappe theoretische Prämissen mit Beispielen verknüpft werden, die zur Optimierung der Kartenarbeit anregen sollen.

Karteikarte – Vorderseite

Geschichtskarten – Orientierung im Raum

Geschichtskarten zeigen aus heutiger Sicht Sachverhalte der Vergangenheit aus Politik, Wirtschaft, Kultur, Verkehr und Gesellschaft in einem bestimmten Raum auf.

Wie wir Karten lesen:
1.) Welcher Raum und welche Zeit werden dargestellt?
2.) Welches Thema wird dargestellt?
3.) Welche Aspekte lassen sich aus dem komplexen Geschehen herauslösen?
4.) Welche Bedeutung haben die Zeichen und Symbole, die Farben in der Karte?
5.) Welche Informationen verrät die Karte, ohne im Buch nachzuschlagen?
6.) Welche neuen Fragen ergeben sich aus der Karte?

Hersteller von Karten sind Karthographen.

Wichtige Begriffe:
Kartieren – Ereignisse in eine Karte eintragen
Legende – Erklärung der Symbole der Karte
Maßstab – Angabe der Entfernungen

Karteikarte – Rückseite

Was wir mit Karten machen können:
- Eine stumme Karte herstellen, das ist eine Karte ohne Beschriftung, und die Nachbargruppe die Beschriftung zum Thema einzeichnen lassen.
- Einen Sachverhalt aus dem Buch in eine Karte übertragen (Reise eines Kaisers, Handelsbeziehungen eines Kaufmanns, ...).

Für eure eigenen Notizen (nur auf Kopie dieser Seite):

Abb. 1: *Methodenkartei aus: Geschichte konkret, Bd. 1, Hannover 2003, S. 191*

1. Zur Ausprägung von Kartenverständnis

1.1 Voraussetzungen und Vorwissen

Primäre Erfahrungen zu Kartenverständnis, Raumorientierung und Chronologie vermittelt bereits der Sachunterricht. Ausgewiesene kartographische Grundmethoden sind: Lokalisation geographischer Räume, Kennenlernen thematischer Karten, Erfahrungen im Kartenzeichnen und Einführung in die Chronologie mit der Option, die Zeitgebundenheit geographischer Räume erfassen zu können. Raumdimensionen für die Kartennutzung in den Klassen 3 und 4 sind Heimatort, Heimatkreis und das jeweilige Bundesland. Der Zugang zur Karte erfolgt schrittweise. Die Strukturen Landschaft, Wirtschaft, Geschichte und Kultur werden vorerst in ihren realen und danach in ihren bildhaften Erscheinung vorgestellt. Am Ende der didaktischen Reihung steht die analoge kartographische Ausdrucksform für die behandelten Objekte (Abb. 2). Ziel ist, dass die Schülerinnen und Schüler die Definition der Karte als maßstäblich verkleinerte, verebnete, vereinfachte, vorwiegend symbolhafte und erläuterte Grundrissabbildung der Erdoberfläche verstehen.

Abb. 2: *Vom Objekt zum Zeichen in: Kartenfibel, Gotha 2002*

Die genannten Grundkenntnisse erfahren ab Klasse 5 im Geografie- und Geschichtsunterricht ihre fachspezifische Erweiterung. Arbeitsgegenstände des Geografieunterrichts sind verschiedene thematische Karten, auch Geschichtskarten. Genutzt werden Karten mit unterschiedlichen Maßstäben, Kartenausschnitten und Raumstrukturen. Besonderer Wert wird auf Fertigkeiten im Kartenzeichnen gelegt (Breetz 2003). Für raumgebundene Themen des Geschichtsunterrichts ist die Geschichtskarte das relevante Medium. Gegenstände von Geschichtskarten sind vielfältige historische Sachverhalte aus den Strukturen Politik, Wirtschaft und Kultur. Sollen im Geschichtsunterricht Rauminformationen und Raumvorstellungen vergangener Zeiten erschlossen werden, können auch alte Karten, die die Kartenwissenschaft als Historische Karten bezeichnet, eingesetzt werden. Auch das Kartenzeichnen sollte im Geschichtsunterricht einen festen Platz einnehmen, da diese kreative Tätigkeit nicht nur die intensive kognitive und pragmatische Auseinandersetzung mit den jeweiligen Thema fördert, sondern gleichzeitig auch dessen effektives Einprägen.

2. Grundlegende Qualifikationen in Kartenverständnis und der Raumorientierung im Geografieunterricht ab Klasse 5

Abb. 3: *Arbeitsfelder und Qualifikationsbereiche der Kartennutzung*

Die systematische Ausbildung und Verinnerlichung der angesprochenen Kompetenzen erfolgt mit dem Ziel, angemessene Raumvorstellungen für historische Sachverhalte herauszubilden, die Komplexität der jeweiligen Phänomene deutlich zu machen und die Speicherung der Informationen als Gedächtniskarten anzubahnen (Breetz 2003b). Formal gesehen vollzieht sich die Kartenarbeit in einer ähnlichen Schrittfolge, mit der auch andere Medien erschlossen werden. Allerdings folgt die Praxis weniger stringent einem Phasenablauf, sondern es kommt zu ständigen, sich im individuellen Vorgehen unterscheidenden Vor- und Rückgriffen auf einzelne Komponenten (Abb. 3).

Handlungsfelder zur Ausbildung von Kartenkompetenz:

- *Orientierung am Kartenblatt:*
  Kartentitel, Aufbau und Inhalt der Zeichenerklärung (Legende), Gestalt und Bedeutung der Signaturen, Farben, abgebildetes Territorium, Anordnung der Kartenzeichen, Maßstabsinformationen erfassen
- *Kartenlesen:*
  Orientierung: Richtungs-, Entfernungs- und Lagebestimmung
  Zeichen erkennen, benennen und übersetzen, Bestandserfassung der Informationen
  Erfassen der topographischen Angaben (Höhenangaben, Gewässerlauf, Vegetation)
- *Kartenauswerten:*
  Lagebeschreibung, Merkmalsanalyse, Kausal- bzw. Funktionsanalyse, Gruppierung von Informationen, Herstellen von Objektbeziehungen im Raum

- *Kartenverstehen:*
  Ableiten von Bezügen, Einordnen in Zusammenhänge, Urteilen, Kritisieren
- *Kartenzeichnen:*
  Bezeichnen oder Einzeichnen von Objekten auf Umriss- bzw. Arbeitskarten, Ergänzen von Karteninformationen, Anfertigen von Kartenskizzen oder Kartenauszügen, Kolorieren
- *Kartenvergleich:*
  Vergleich von zwei oder mehreren Karten gleicher oder unterschiedlicher Thematik, gleicher oder verschiedener Räume, gleicher oder verschiedener Zeiten mit dem Ziel, genetische, strukturelle und kausale Zusammenhänge zu ermitteln und zu verstehen

3. Kartenkompetenz im Geschichtsunterricht

3.1 Ansprüche

Um mit Geschichtskarten effektiv zu lehren und zu lernen, sollte im Geschichtsunterricht systematisch an der Ausprägung theoretischer und methodischer Kartenkompetenz gearbeitet werden. In diesem Rahmen erwerben Schülerinnen und Schüler auch Einblicke in den Umgang mit Historischen Karten. Da die Auswertung dieser Kartenquellen normalerweise auch Spezialkenntnisse wie Informationen zur Geschichte der Kartografie erfordert, sind für den Geschichtsunterricht angemessene Abstriche zu akzeptieren. Grundsätzlich sollten alle didaktischen und methodischen Planungsüberlegungen nie auf eine formalisierte Kartenarbeit gerichtet werden, sondern sachgebunden unter interessanten Aufgabenstellungen an die Schülerinnen und Schüler herangetragen werden.

3.2 Kartennutzung im Geschichtsunterricht

Kartennutzung ist auf verschiedene Lernzielebenen zu beziehen, neben der kognitiven Kompetenz müssen gleichrangig pragmatische und affektive Bereiche angesprochen werden.

Kognitiver Bereich	Pragmatischer Bereich	Affektiver Bereich
– Geschichtskarte als abstraktes Modell und Informationsspeicher – Eigenarten von Geschichtskarten und Historischen Karten – Funktion von „Kartenbausteinen“, Titel, Zeichenerklärung, Maßstab – Zeitinformationen	Auswertungsverfahren: – Dekodierung der Zeichen – Informationserfassung – Analyse und Synthese der Informationen – Deutung, Bewertung und Kritik der Informationen – Kartenvergleiche – Erstellung thematischer Karten oder Kartenskizzen	– Erfahrung der Mündigkeit in der Kommunikation zu raumbezogenen historischen Prozessen – Wertschätzung der Verfügbarkeit kognitiver Karten

4. Methodische Aspekte zur Arbeit mit Schulgeschichtskarten

Schulgeschichtskarten werden in der Regel gemäß dem aktuellen Forschungsstand der Geschichtswissenschaft, der Schulkartografie und unter Berücksichtigung geltender Richtlinien konzipiert. Gegenstand sind historische Sachverhalte in maßstäblicher Verkleinerung, didaktischer Vereinfachung und altersrelevanter grafischer Gestaltung. Im kartografischen und informationstheoretischen Sinne sind Geschichtskarten redundanzarme Wissensspeicher. Im Bildsinne besitzen sie keine Anschaulichkeit, denn sie können die geschichtsräumliche Realität nicht analog abbilden. Konkrete Sachinformationen, aber auch in der Realität unsichtbare historische Phänomene können auf Geschichtskarten in kodierter Form visualisiert werden. Die Kodierung erfolgt durch Zeichen, Symbole, Farben oder Schrift, die in topographische Grundkarten platziert werden. Diese Platzierung bezeichnen Kartographen als Lokalisation. Durch entsprechende Kartengestaltung können sachlich, räumlich und zeitlich differente Phänomene zu einer graphischen Synopse gebündelt werden. Neben den kartentypischen Dimensionen Länge, Breite und Höhe verfügt die Geschichtskarte über die spezifische Dimension „Zeit" (Papay 1998). Mittlerweile steht für historisches Lernen eine Fülle kartographischer Medien zur Verfügung: Geschichtswandkarten, transparente Karten für Overheadprojektion, Textkarten, Karten in Schulgeschichtsatlanten, in Lernsoftware oder in einschlägigen als CD-ROM verfügbaren Kartenwerken.

Die im Geschichtsunterricht am häufigsten genutzten Kartenarten sind Textkarten, Atlaskarten und Geschichtswandkarten.

4.1 Textkarten sind im Gegensatz zu Atlaskarten vorwiegend kleinformatig, kleinräumig und einfach strukturiert (Abb. 6). Ihr Einsatz hängt wesentlich von der jeweils kartographisch konzipierten oder methodisch bestimmten Arbeitsteilung zwischen Karte, umgebenden Texten, Bildern oder Statistiken ab.

Funktionstypen von Textkarten:

- Die Karte dient der inhaltlichen und räumlichen Visualisierung der Textinformation.
- Die Karte erweitert oder ergänzt die inhaltlichen und territorialen Information des Textes.
- Textinformation und Karteninformation sind gleichrangig.
- Die thematischen Informationen erfolgen ausschließlich durch die Karte.

Je nach Statuszuweisung der Karte ergeben sich unterschiedliche Formen der Kartenarbeit, die von der visuellen Vergewisserung über die Aufnahmen von Informationsergänzungen bis zur intensiven Informationserfassung und Informationsverarbeitung führen können. Je eigenständiger der Status von Textkarten, desto intensiver sind Möglichkeiten der Informationserschließung und Informationsverarbeitung. Je enger Karten mit anderen Strukturelementen verknüpft sind, desto komplexer kann die Auswertung angelegt werden.

4.2 Karten in Geschichtsatlanten unterscheiden sich sowohl in ihrer Gestaltung als auch hinsichtlich ihrer Nutzung von Textkarten. Sie sind gemäß der Konzeption des jeweiligen Kartenwerkes Bestandteile eines Orientierungs- und Informationssystems (Abb. 4 und 5). Die von den Autoren, überwiegend Historikern, erstellten Karten und Kartenserien sind Geschichtsdarstellungen. Je nach didaktischer und methodischer Intention sind Geschichtsatlanten Wissensspeicher und Nachschlagewerke, bei denen sich ein aktueller Gestaltungstrend zur zusätzlichen Ausstattung mit Texten, Grafiken, chronologischen Übersichten und Bildern abzeichnet (Putzger 2001). Erfolgreiche Atlasnutzung bedarf der gründlichen Einführung in das Kartenwerk und solider Grundkenntnisse in der Kartenarbeit.

Grundkompetenzen in der Nutzung von Schulgeschichtsatlanten:

- Erfassen des Informationsapparates: Vorwort, didaktische Orientierungen, sachliche und chronologische Inhaltsstruktur, statistische Übersichten, Abkürzungen, Sammellegenden, Karten- und Sachregister
- Navigation: Inhaltsverzeichnis, Findkarten, Register, Leiteinrichtungen (Farben- oder Signetverweise)
- Kartenanalysen und Kartenvergleiche
- Koordination von relevanten Phänomenen auf Haupt- und Nebenkarten
- Koordinierung von kontinentalen und globalen Sachverhalten
- Erfassen genetisch oder kausal relevanter historischer Sachverhalte auf zeitdifferenten Karten
- Informationserweiterung und Verknüpfung von Karteninformationen und nicht-kartographischen Informationen

Abb. 4: *Beispiel für Informationserweiterung in Geschichtsatlanten, in: Putzger Historischer Weltatlas, 103. Auflage, Berlin 2001, S. 68/69*

EUROPA IM HOCHMITTELALTER – STÄDTEBILDUNG

Städtebildung im Mittelalter bis 1300

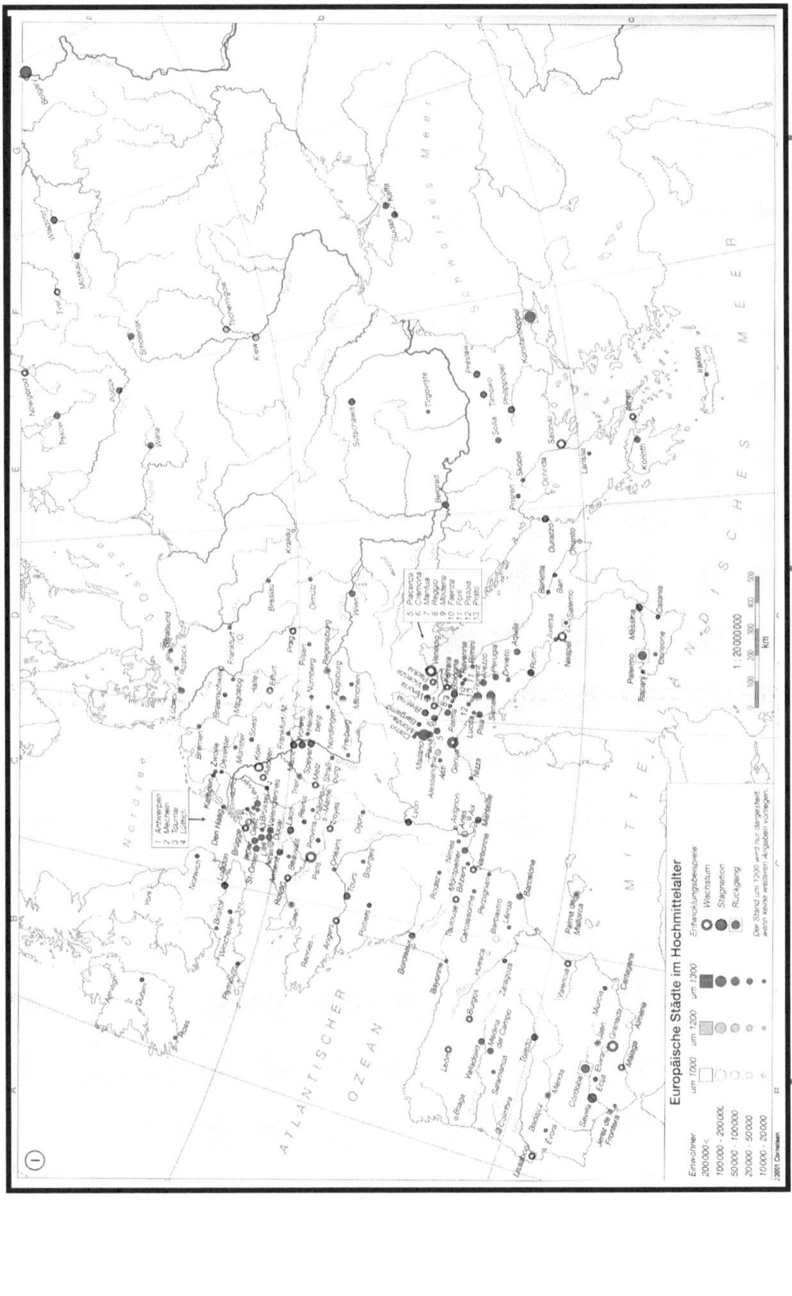

Inhaltsverzeichnis
- Europa im Hochmittelalter

Kartenregister
- Chronologische Informationen zur Stadtgeschichte

Pläne

Trier im 14. Jahrhundert

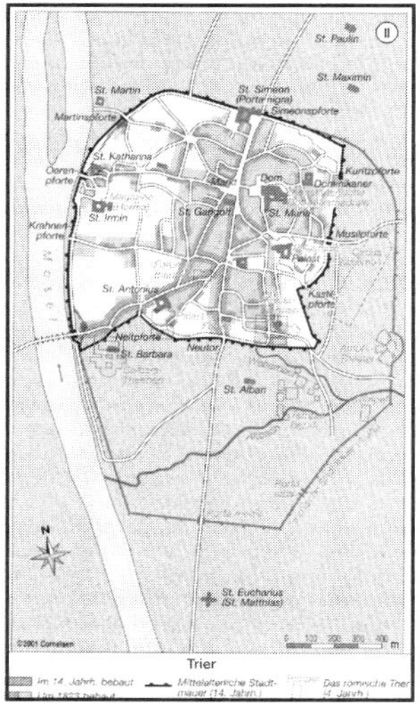

Statistik

Prozentanteil der städtischen Bevölkerung nach Länderbeispielen und Regionen 1500–1800	1500	1550	1600	1650	1700	1750	1800
Belgien	21,1	22,7	18,8	20,8	23,9	19,6	18,9
Deutschland	3,2	3,8	4,1	4,4	4,8	5,6	5,5
England und Wales	3,1	3,5	5,8	8,8	13,3	16,7	20,3
Frankreich	4,2	4,3	5,9	7,2	9,2	9,1	8,8
Holland	15,8	15,3	24,3	31,7	33,6	30,5	28,8
Italien	–	12,8	14,6	14,0	13,4	14,2	14,4
Österreich-Böhmen	1,7	1,9	2,1	2,4	3,9	5,2	5,2
Polen	0	0,3	0,4	0,7	0,5	1,0	2,5
Schweiz	1,5	1,5	2,5	2,2	3,3	4,6	3,7
Spanien	6,1	8,6	11,4	9,5	9,0	8,6	11,1
Mitteleuropa	3,7	4,0	5,0	6,0	7,1	7,5	7,1
Mittelmeerraum	9,5	11,4	13,7	12,5	11,7	11,8	12,9
Nordwesteuropa	6,6	7,2	8,2	10,9	13,1	13,6	14,9
Osteuropa	1,1	1,2	1,4	1,7	2,6	3,5	4,2
Europa	5,6	6,3	7,6	8,3	9,2	9,5	10,0

Diagramme

Stadtgründungen und Bevölkerungsentwicklung in Mitteleuropa 1150-1600

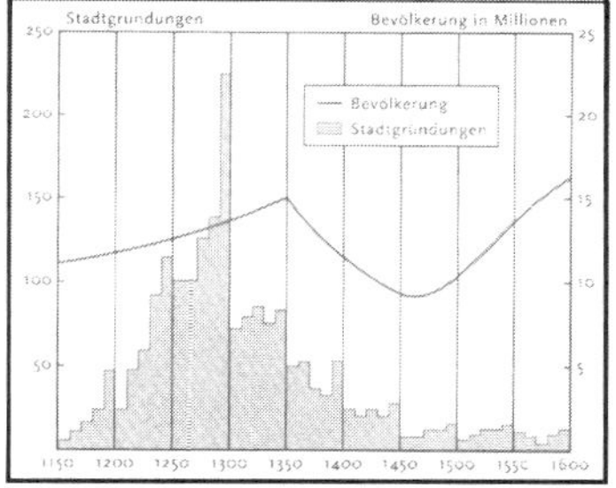

Schaubild

Die Entstehung der städtischen Selbstverwaltung

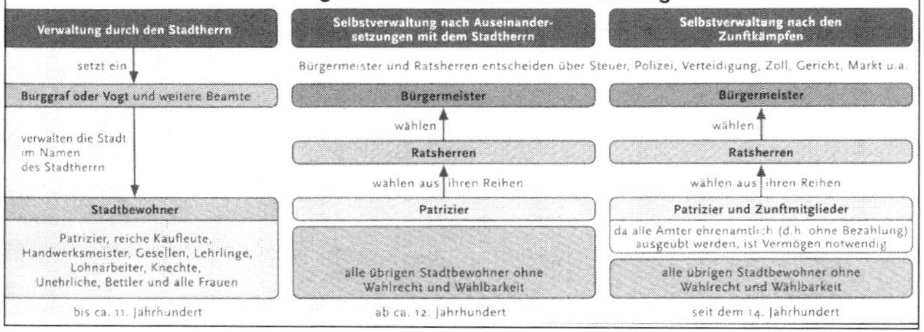

Abb. 5: *Auswahl von Karten zur thematischen Serie: Entdeckungen und Kolonisation Serie mit Kartentiteln in: Putzger Historischer Weltatlas, 103. Aufl., Berlin 2001, S. 104, 105, 108, 109, 114, 147.*

4.3 Geschichtswandkarten besaßen in den Zeiten des Frontalunterrichts den unangefochtenen Stellenwert eines Leitmediums für den Geschichtsunterricht. Durch die stärkere Hinwendung zu schülerorientiertem Unterricht ist dieser Status in einen weitgehenden Verzicht auf das „sperrige" Medium Wandkarte umgeschlagen. Diese methodisch nachteilige Tendenz deutet allerdings auf das mediale Missverständnis hin, Geschichtswandkarten seien für Schüler und Schülerinnen uneffektiv und führten hinsichtlich ihrer Benutzung sowohl bei Lehrenden als auch bei Lernenden oft zu Problemen bei der Lokalisierung von Orten und Ereignissen. Das Gegenteil ist der Fall. Der Wert der Arbeit mit Geschichtswandkarten liegt in der Möglichkeit, historische Lage- und Raumbezüge für alle Lernenden anschaulich zu demonstrieren, unterrichtsrelevante Sachverhalte in übergreifende Raumzusammenhänge zu setzen oder durch Applikationen thematische Fokussierungen, aber auch thematische Erweiterungen vorzunehmen. Die permanente Präsenz von Wandkarten bewirkt als Nebeneffekt direkte und indirekte kartenbezogene Aufmerksamkeit, aber auch Neugier, Phantasie und Interesse am Stoff. Häufig präsentierte Wandkarten beeinflussen daher die Ausprägung kognitiver Karten erheblich.

5. Geschichtskartografische Gestaltungsaspekte und Nutzungskonsequenzen

Ein gewisses Maß an Kenntnissen über Kartengestaltung begünstigt den Erwerb von Kartenkompetenz, also das Erschließen und Verarbeiten der Karteninhalte. Die nachfolgend behandelten theoretischen und praktischen Aspekte der Kartengestaltung und Kartennutzung sollen einen Beitrag zur Optimierung der methodischen Arbeit leisten.

5.1 Generalisierung

Der Begriff „Generalisierung" steht für Verallgemeinerung. Er beinhaltet Formen gedanklicher Abstraktion und Konstruktion von Wissens- und Begriffsstrukturen. Ausgehend von Kartenthema, Format und Maßstab trifft der Kartenautor Entscheidungen über Auswahl, Reduzierung und Systematisierung von historischen und topographischen Informationen. Er bündelt die Informationen, codiert sie durch Zeichen. Anschließend werden sie digitalisiert und druckgraphisch oder elektronisch präsentiert. Das Ergebnis dieses Tuns sind Kartenbilder aus Linien, Flächen, Reliefs, Siedlungsmarkierungen und Farben. Eine weitere Ergebnisebene sind ausgegliederte Aussagen, die als „leere Flächen" im Kartenbild erscheinen (Bollmann; Koch 2002). Als besonders schwierig, oft gewagt, erweist sich die Generalisierung von Sachverhalten, die in der Realität unsichtbar sind. Ein typisches Beispiele für Informationen, die in der Realität unsichtbar, auf Karten aber sichtbar sind, stellen Grenzen dar. Als Konsequenz daraus muss sich der Kartennutzer der Relativität jener Aussagen bewusst werden. Er sollte auch berücksichtigen, dass jene auf der Karte als „leer" präsentierte Räume in der Realität dennoch quantitative oder qualitative Eigenschaften besaßen, die aber nach dem Generalisierungsansatz des Kartenautors nicht kartierwürdig waren.

5.2 Kartenbausteine

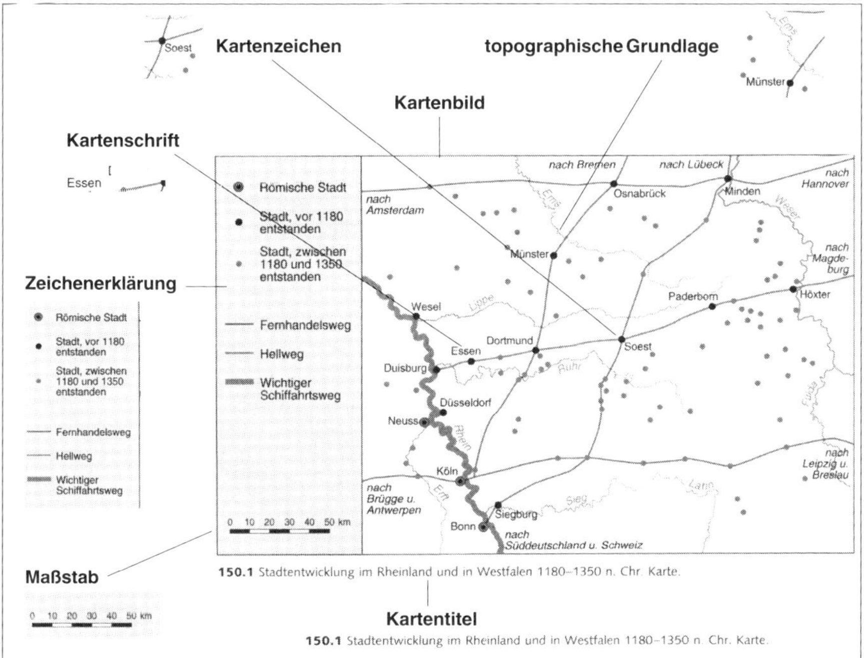

Kontext der Textkarte (Doppelseite)

- didaktisches Bild „An der Stadt wird gebaut"
- Textdarstellung „Neue Städte entstehen"
- Quellen: Q1 Der Geschichtsschreiber Lampert beschreibt 1077 die Stadt Worms; Q2 Der Geschichtsschreiber Otto von Freising beschreibt 1143 die Stadt Mainz
- 5 Aufgaben
- Marginalie: Stadtrechte

Abb. 6: *Bausteine der Karte. Beispiel: Stadtentwicklung im Rheinland und in Westfalen 1180-1350 n. Chr. in: Geschichte konkret Bd. 1, Hannover 1996, S. 150 f.*

5.2.1 Kartentitel

150.1 Stadtentwicklung im Rheinland und in Westfalen 1180–1350 n. Chr. Karte.

Abb. 6a: *Titel*

Der Kartentitel formuliert den inhaltlichen Anspruch einer Karte, zugleich ist er Generalwegweiser für die Kartenerschließung. In der Regel soll der Kartentitel von Geschichtskarten auf die drei Informationsebenen verweisen, auf den

- historischen Sachverhalt,
- historischen Raum,

- Zeitpunkt oder Zeitraum der behandelten Phänomene.

Kartenbeispiel: *Stadtentwicklung im Rheinland und in Westfalen 1180-1350 n. Chr.*
Sachverhalt: Stadtentwicklung
Ort /Raum: Rheinland- Westfalen
Zeit: 1180-1350

Mit dem Thema „Stadtentwicklung“ wird auf das siedlungsgeschichtliche Phänomen verwiesen. Der ausgewiesene Raum „Rheinland-Westfalen“ begrenzt das Phänomen räumlich, im gegebenen Falle auch auf den lebensweltlichen Bezug der Schülerinnen und Schüler, die mit dieser Regionalausgabe arbeiten. Die Zeitdimension umfasst 170 Jahre, das bedeutet, für die Kartenauswertung ist ein qualitativer und quantitativer Wandel angesprochen, der etwa sieben Generationen betraf, die den abgebildeten Stadtentwicklungsprozess als Zeitgenossen erlebten.

5.2.2 Zeichenerklärung

Abb. 6b: *Zeichenerklärung*

In der Zeichenerklärung, umgangssprachlich meist Legende genannt, wird das Zeichen- und Farbinventar der Karte gemäß seiner Bedeutungshierarchie aufgelistet und verbal übersetzt. Neben dem Titel stellt die Zeichenerklärung die grundlegende Erschließungshilfe für die Karte dar.

Kartenbeispiel: Zwei Signaturen werden dargestellt: Punkt und Linie, die quantitativ und qualitativ präzisiert werden:

Punkt:	Römische Stadt	●
	Stadt vor 1180 entstanden	●
	Stadt, zwischen 1180 und 1350 entstanden	•

In der Regel deutet die Größe von Siedlungssignaturen auf quantitative Phänomene wie Einwohnerzahl. Im vorliegenden Falle sind mit der Signaturgestaltung jedoch qualitative Aussagen angesprochen, die sich auf die Entstehungszeit oder entsprechende Zeiträume bezieht. Die ausgewiesene Angabe „Römerstadt“ impliziert also auch die Information Zeit. Für die Information „Köln“ wäre das die Gründungszeit etwa 50 n. Chr. Durch diese Angabe wird die Zeitinformation des Kartentitels erheblich erweitert, sie umfasst nunmehr 1300 Jahre! Das Thema Stadtentwicklung erhält so eine das Mittelalter überschreitende Dimension. Es erhebt sich die Frage, inwiefern Kontinuität bzw. Diskontinuität von Römerstädten für die Stadtentwicklung in ehemaligen römischen Provinzen bedeutsam sind.

5.2.3 Linie

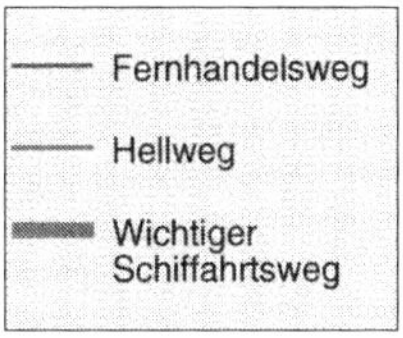

Abb. 6c: *Liniensignaturen*

Generell haben Liniensignaturen auf Karten eine erhebliche Bedeutung. Einen besonderen Status besitzen sie als Grenzsignaturen. Hier repräsentieren sie durch Zeichenstärke, Farbe, Gerissenheit oder Punktierung den jeweiligen Grenzstatus und den Status des von ihnen eingeschlossenen Territoriums.

Kartenbeispiel:
Da für die vorliegende Karte Grenzsituationen unberücksichtigt blieben, wurden Liniensignaturen nur für Flussläufe und Straßen verwendet. Qualitative Aussagen werden durch die verbale Übersetzung Schiffbarkeit differenziert. Für Städtegründungen hatte beispielsweise Schiffbarkeit ein hohe Bedeutung, aber auch nichtschiffbare Flüsse hatten durch Flößerei, Fischerei und als Wasserreservoir ihren Wert. Der Einfluss der genannten Faktoren kann aus der Karte nicht abgelesen werden, als indirekte Information ist er aber zu berücksichtigen. Interessant ist, dass die Ausweisung damaliger „Nichtschiffbarkeit" zu Vergleichen mit der gegenwärtigen Flusssituation anregt.

5.2.4 Kartenzeichen – Kartenschrift – Kartenbild

Abb. 6d: *Signaturen*

Die *Kartenzeichen* (Signaturen) können reale Objekte oder ideelle Sachverhalte symbolisieren. Man unterscheidet bildhafte (ikonische) und abstrakte (nichtikonische) Zeichen. Ikonische Zeichen auf Geschichtskarten sind beispielsweise gekreuzte Schwerter als Schlachtsymbol, Kreuze als Zeichen für Kirchen oder religiöse Stätten. Verwendet werden auch Bildvignetten, die konkrete Objekte in bildhafter Verkleinerung darstellen. Nichtikonische Zeichen sind: Punkte, Linien, Pfeile oder geometrische Figuren. Kartenzeichen, Kartenschrift (Schrift oder Zahlen) und Kartenfarben bilden in ihrem Zusammenspiel das Kartenbild. Größe, Dichte und Lagebezug aller Kartenzeichen und Darstellungselemente deuten auf das Vorhandensein und den Stellenwert eines Phänomens. Die Zeichenerklärung erfasst alle Zeichen der Karte und listet sie gemäß ihrer thematischen Wichtigkeit auf.

Buchstaben- und Ziffernsignaturen, Kartenschrift genannt, bezeichnen die Objekte. Schriftgröße, Schriftstärke und -anordnung vermitteln quantitative und qualitative Informationen zu den jeweiligen historischen Objekten und Erscheinungen. Nichtbeschriftete Objekte sind weniger bedeutsam.

Kartenbeispiel:
Auf der Karte sind nur Römerstädte und jene Städte namentlich bezeichnet, deren Gründung vor 1180 liegt. Da alle später entstandenen Städte unbezeichnet sind, ist deren Benennung unmöglich, und es entsteht der Eindruck von Zweitrangigkeit.

5.2.4 Kartenfarbe

Kartenfarbe ist ein wichtiges Mittel für die qualitative und quantitative Differenzierung von Karteninformationen. Farben markieren und gliedern Territorien, Farbabstufungen dokumentieren den Status- oder Hoheitswandel von Gebieten. Zeitschichten, aber auch Qualitätswandel können durch Farbgebung spezifiziert werden. Da Farben vor allem wahrnehmungspsychologische Funktionen erfüllen, ergeben sich hier weitere Aspekte, auf die hier nicht tiefer eingegangen werden soll (Schiede 1957).

Kartenbeispiel:
Die auf der Lehrbuchvorlage für die Beispielkarte (Abb. 6) enthaltenen Farben sind verhalten. Neben der traditionellen Farbe Blau für Gewässer, sind die nach 1180 gegründeten Städte rot markiert. Da aber auch Römerstädte diese Farbsignatur tragen, wird ein etwas irritierender Sinnzusammenhang simuliert. Die Kartengrundfarbe Hellocker, steht nach wahrnehmungspsychologischen Kriterien für bedeutungsarm. Offensichtlich drückt der Kartenautor mit seiner Farbwahl aus: Für die vorliegende Karte lege ich keinen Wert auf Informationen zur politischen territorialen Gliederung und zur Topografie, ich will nur das Thema Stadtentwicklung ausweisen.

5.2.6 Maßstab

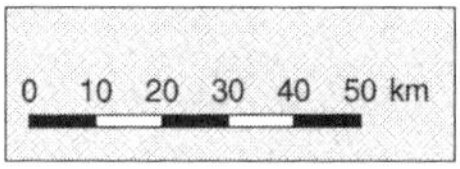

Abb. 6e: *Maßstab*

Kartenmaßstäbe sind keine formalen Attribute des Kartenautors, sondern sie ermöglichen durch die Ermittlung von Distanzen und Distanzbeziehungen eine intensivere Karteninterpretation und somit die Eröffnung neuer Denkhorizonte. Mit Bezug auf die Beispielkarte macht es Sinn, über den Stellenwert der zeitgemäßen Distanzbewältigung für Handel und Kommunikation nachzudenken. Weiterhin lassen sich aus Distanzen und Raumbezügen auch Schlüsse auf zeittypische Aktionsräume und vorherrschende Weltbilder ziehen.

Kartenbeispiel:
Auf der Karte ist der Hellweg auf der Distanz von Duisburg bis östlich von Höxter gemäß des Maßstabs 40km =1,8cm mit ca. 240 km Länge ausgewiesen. Bedenkt man die jahreszeitliche Beschaffenheit der Straßen und die mögliche Situation der nicht definierten

Flussübergänge, ergäbe sich für diese Distanz für ein Fuhrwerk eine Reisezeit von etwa 4-5 Tagen. Auf der heutigen Bundesstraße 1, deren Verlauf dem des Hellwegs weitgehend folgt, würde die Fahrzeit mit dem Auto nur noch etwa 2 Stunden dauern.

5.3 Strukturniveau von Karten

Die Struktur der Informationen, die Zeitebenen und die Korrespondenz aller Karteninformationen werden unter dem kartographischen Begriff „Strukturniveau" gefasst. Unterschieden werden: Analyse-, Synthese- und Komplexkarten. In methodischer Hinsicht ergeben sich Konsequenzen für den Erschließungsaufwand.

Analysekarten	Synthesekarten	Komplexkarten
– Inhalt überschaubar – oft nur 1 Zeitebene – Kartenbild schnell erfassbar	– Inhalte mäßig differenziert – mehrere Zeitebenen	– Inhalte strukturell vielschichtig – viele Zeitebenen oder lange Zeiträume
Vorzüge – Nachteile:	***Vorzüge – Nachteile:***	***Vorzüge – Nachteile:***
– geringer Erschließungsaufwand	– Zeit- und Sachebenen müssen arbeitsintensiver separiert werden	– arbeitsintensive Analyse- und Vergleichsarbeit
– Einprägsamkeit	– Einprägsamkeit eingeschränkt	– Einprägsamkeit nur partiell

Kartenbeispiel (Abb. 6):
Bei der vorliegenden Stadtentwicklungskarte handelt es sich um eine Synthesekarte. Die Struktur ihrer Informationen wird durch vier Themen bestimmt: Römerstädte, mittelalterliche Stadtgründungen, Handelswege, wichtige Schifffahrtswege. Die Zeitschnitte umfassen: 1. Jh. n. Chr., vor 1180 und zwischen 1180 und 1350. Das Kartenbild ist überschaubar.

Die Erschließung könnte sich an folgenden Aufgabenstellungen orientieren:

- Ermittelt mit Hilfe der Zeichenerklärung, welche Informationen die Karte zur Stadtentwicklung anbietet.
- Erstellt eine Zeitleiste und tragt Zeitpunkte oder Zeiträume der ausgewiesenen Stadtentstehungen ein.
- Erkundet in der Zeichenerklärung, welche weiteren Informationen die Karte enthält. Stellt mögliche Zusammenhänge zur Stadtentstehung her.
- Fertigt eine Übersicht zu Namen oder zur Anzahl der gegründeten Städte an. Zählt die Städte, die nur durch eine Punktsignatur ausgewiesen sind.
- Beschreibt und erörtert den Verlauf wichtiger Handelsstraßen und Schifffahrtswege und ermittelt mit Hilfe der Maßstabsleiste deren Länge.
- Zeichnet eine Strukturskizze oder Mind Map, in der ihr auch Fragen und Themen festhaltet, die euch bei der Auswertung der Karte eingefallen sind.
- Schreibt auf, was ihr bereits zu mittelalterlichen Städten in dem gezeigten Gebiet gesehen oder erfahren habt.

5.4 Zeit auf Karten

Alle historischen Phänomene sind an zeitliche Fixierungen gebunden. Für das Medium Geschichtskarte ist die Zeitdimension ein prägendes Spezifikum (Böttcher 1997). Als Abstraktum ist Zeit nicht analog darstellbar, daher hat sich die Geschichtskartografie ein umfangreiches Instrumentarium zur Visualisierung und Simulation von Zeit geschaffen (Abb. 7). Zeit visualisierende Hilfsmittel sind Elemente wie Punkte, Linien, Raster, Farbe, Zahlen, Pfeile, Bewegung simulierende Vignetten, Kartenfolgen oder Bewegung simulierende Animationen in Film- oder Computerkarten.

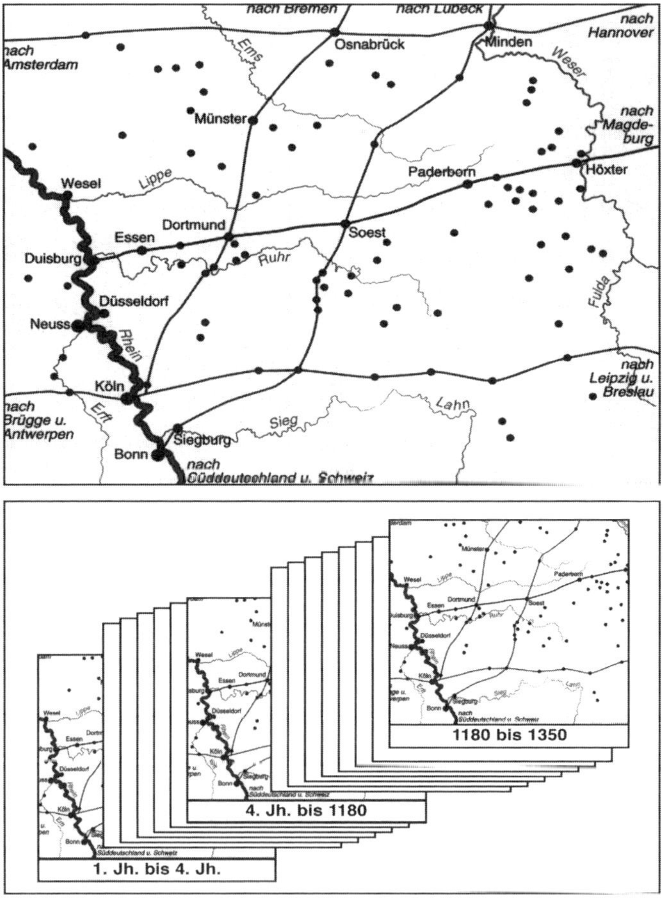

Abb. 7: *Zeitebenen auf Synthese- und Komplexkarten am Beispiel der Lehrbuchkarte „Städteentwicklung im Rheinland und Westfalen 1180-1350 n. Chr." Die fiktiv eingezeichneten Zwischenkarten sollen auf die Zeitdifferenz deuten.*

6. Kartennutzung

Die Planung und Realisierung der vielfältigen Möglichkeiten der Kartenauswertung (Abb. 8) sollte nach Möglichkeit in zwei Arbeitsphasen erfolgen. Im Mittelpunkt der ersten Phase stehen Wahrnehmung, Orientierung und Kartenlesen. Schwerpunkte der zweiten Phase sind die Kartenanalyse und Karteninterpretation, die auch die Bewertung der Karteninformationen einschließt. Grundvoraussetzungen der Kartennutzung sind die inhalts- und nutzerorientierte Kartenauswahl, die eindeutige Formulierung der Arbeitsaufgaben und angemessene Arbeitszeitvorgaben. Gelegentlich sollten Arbeitsverfahren und Erwartungshorizonte durch die Lehrenden antizipiert werden, um den Zeitaufwand und Darstellungsmöglichkeiten zu testen. Sind Textkarten Arbeitsgegenstand, müssen auch die Informationen aus Texten, Statistiken, Bildern einbezogen werden. Auf diese Weise kann Karteninterpretation optimiert werden.

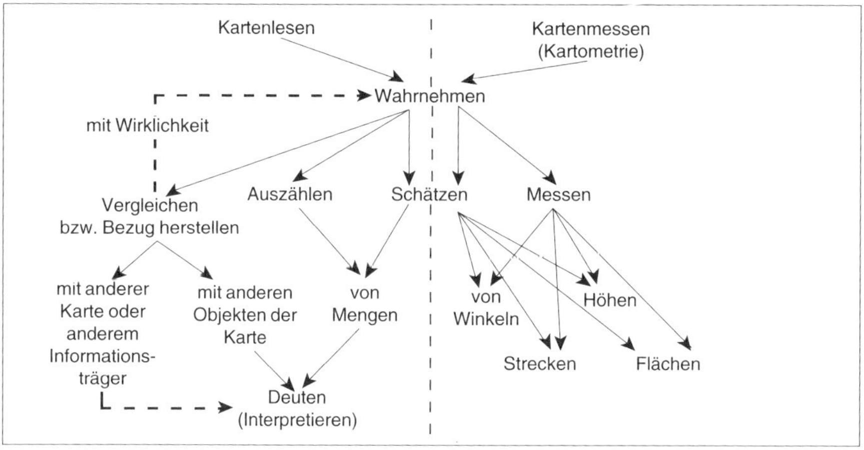

Abb. 8: *Arten der Kartenauswertung, aus: Lexikon der Kartografie, Bd. 2, Heidelberg- Berlin 2002, S. 211*

6.1 Wahrnehmung, Orientierung und Kartenlesen

In der Phase des Wahrnehmens und Orientierens handelt es sich um die Zuwendung und die Durchmusterung der Karte: allgemeines Erscheinungsbild der Karte, inhaltlich oder topographisch Bekanntes, Umfang und thematische Aussagen der Zeichenerklärung, Maßstab ... In dieser Initialarbeitsphase ergeben sich eine Reihe wichtiger Fragen und Positionierungen: „Wo bin Ich?“, „Wo kenne ich mich aus?“, „Wo liegt mein Interesse/ Desinteresse?“... Diese und weiterführende Fragen führen schon in der Phase der Erstbegegnung zu ästhetischem und inhaltlichem Konsens oder zu Befremden, zu Neugier auf Information, zu Hypothesen aber auch zu erster Kritik, falls erwartete Aussagen vermisst werden. In diesen „Stichproben“ erfolgen bereits unbewusste Gruppierungen (Clusterbil-

Abb. 9: *Arbeitsebenen der Kartenerschließung*

dungen), die ihrem Wesen nach Sinnbildungsversuche sind. Zeitliche Strukturen der Karte werden in dieser Übersicht nur ansatzweise untersucht.

Die im Schema (Abb. 9) dargestellten Arbeitsphasen verlaufen weniger nach chronologischen oder sachlogischen Abfolgen, sondern sie unterliegen in hohem Maße individuellen Erkenntnisprozessen und fachlichen sowie pragmatischen Dispositionen.

6.2 Kartenlesen – Informationserhebung

Karten sind Informationsspeicher mit einer hohen Informationsdichte und gestatten das Erheben einer Fülle direkter und indirekter Informationen. Die direkten Informationen können in der Phase des Kartenlesens erhoben werden. Die indirekten Informationen basieren hingegen auf Verknüpfungen mit Informationen im Gedächtnis des Kartennutzers, dessen Interpretationen, Schlussfolgerungen und Wertungen. Beim Kartenlesen werden quantitative und qualitative Informationen erhoben. Während die Quantität von Erscheinungen durch Auszählung problemlos ermittelt werden kann, erfordert die Ermittlung qualitativer Seiten von Sachverhalten eine höhere Aufmerksamkeit und oft spezifische Vorkenntnisse. Beispielsweise finden sich auf Karten zur mittelalterlichen Stadtentwicklung häufig auch Zusatzinformationen zur Stadtsignatur, die den Status der Stadt präzisieren, wie: Reichsstadt, Stadtrecht, Mitglied eines Städtebundes, ummauerte Stadt oder Stadt mit Bischofssitz. Beispielweise lassen sich Städte mit unterschiedlicher Einwohnerzahl durch größen- oder farbdifferente Signaturen symbolisieren. Falls die Fragestellung es rechtfertigt, können topographische Informationen wie Gewässer, Gebirge, Pässe oder Straßen für die qualitative Erfassung herangezogen werden. Zum Kartenlesen gehört auch das Separieren von Zeitebenen und ihren spezifischen Informationen.

Möglichkeiten der Informationserfassung aus Karten:

- Verbale sachlogische Benennung der Informationen
- Lokalisieren der ermittelten Informationen an der Geschichtswandkarte
- Markieren der Lage und Lagebeziehungen der Informationen mittels Applikationen an Wandkarten oder auf Folienkarten

- Sachlogische Auflistung der Informationen als Ergebnis von Sachanalysen: schriftlich oder graphisch als Tabelle, Schema, Schaubild, Strukturskizze, mind map
- Chronologische Anordnung der Informationen als Ergebnis von Zeitanalysen: Tabelle, Zeitgraphik
- Verbalisieren der Karteninformationen und/oder der Resultate der Karteninterpretation als Sachtext
- Frage- oder Problemkatalog als Kontext zu Karteninformationen
- Kartenauszug als Skizze

6.3 Beispiele für die Erfassung von Resultaten des Kartenlesens

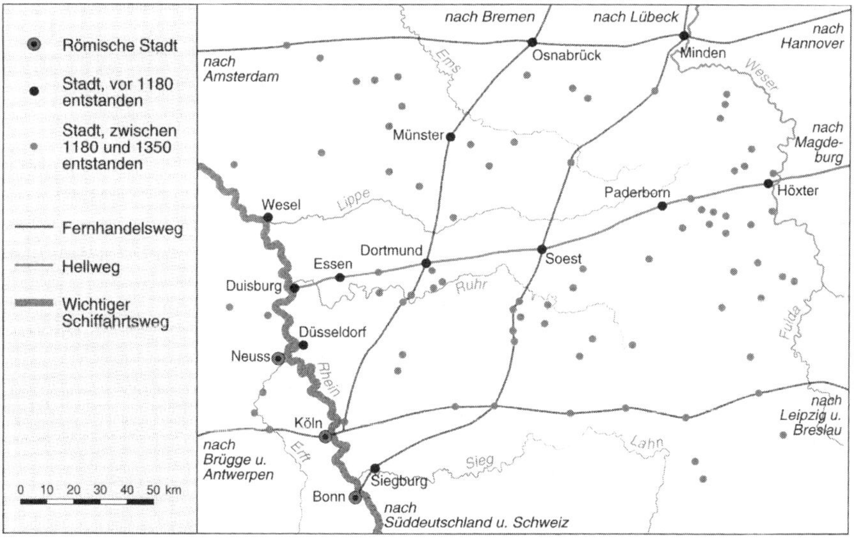

150.1 Stadtentwicklung im Rheinland und in Westfalen 1180–1350 n. Chr. Karte.

Abb. 10: *Beispielkarte: „Stadtentwicklung im Rheinland und in Westfalen 1180-1350 n. Chr." (Textkarte), in: Geschichte konkret, Bd. 2, Hannover 1996, S. 150/151*

6.3.1 Ergebnisform: Sachlogische und chronologische Tabelle zur Stadtentwicklung

	Römerstädte ●	Stadt, vor 1180 entstanden •	Stadt, zwischen 1180 und 1350 entstanden
	Bonn Köln Neuss	Siegburg Düsseldorf Duisburg Essen Wesel Dortmund Münster Soest Paderborn Osnabrück Höxter Minden	80 nicht namentlich ausgewiesene Städte
Gesamt:	**3**	**12**	**80**

Resümee: Die exemplarische Auflistung veranschaulicht, wie ein schlicht wirkendes Kartenbild durchaus eine Fülle direkter Informationen präsentieren kann. Beim Kartenlesen sollte daher allen Informationen Aufmerksamkeit gewidmet werden. So ist das Produkt des Kartenlesens in diesem Falle die Summe der jeweiligen Städtebestände. Ausgehend von einer optischen Rückversicherung über deren Verteilung (Cluster), ist ein erhebliches quantitatives Gefälle zugunsten der dritten Phase erkennbar. Schon an dieser Stelle könnte es zu einer kartenkritischen Replik kommen, da die 80 ermittelten Standorte durchgängig unbezeichnet und somit anonym sind. Da sich auch im Umfeld der Karte dazu keine einschlägigen Verweise finden, entzieht sich diese große Städtegruppe der weiteren Auswertung.

6.3.2 Zeitgraphik als Modell der Informationserfassung

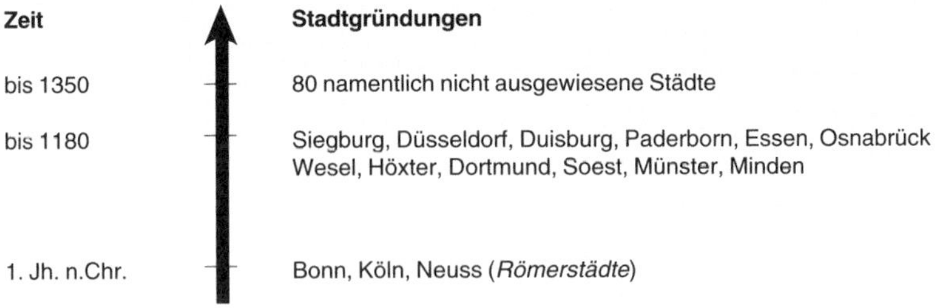

Abb. 11: *Zeitgraphik als Resultat der Kartenanalyse*

Resümee: Die zeitgraphische Informationserfassung erfordert das sorgfältige Abheben der zur jeweiligen Zeitschicht gehörenden Information. Durch eine zeitanaloge graphische Darstellung erscheinen Zeitpunkte und Zeitdifferenzen besonders anschaulich und eindrucksvoll. Möglicherweise stimulieren optische Eindrücke zur erheblichen Zeitspanne zwischen Römerstädten und späteren Städtegründungen oder die wachsende Dichte von Städten zwischen dem 9. und 14. Jh. spezifische Fragestellungen. Die Zeitunschärfe „bis 1180“ könnte dazu anregen, den Umständen früher Stadtgründungen intensiver nachzugehen oder kartenkritisch anzumahnen, den Zeitpunkt römischer Stadtgründungen exakter zu formulieren. Generell wird bereits in dieser Phase des Kartenlesens die unabdingbare Verknüpfung von Informationserhebung, Interpretation, Wertung und Kritik deutlich.

6.3.3 Erfassung topographischer und struktureller Informationen als Stichwortsammlung

Gewässer:
Rhein, Erft, Lippe, Ruhr, Sieg, Lahn, Ems, Weser, Fulda

Städte am Schifffahrtsweg Rhein:
Bonn, Köln, Neuss, Duisburg, Wesel

Andere Flüsse:
Erft, Lippe, Ruhr, Sieg, Lahn, Ems, Weser, Fulda

Straßen:
West-Ost: Köln nach Bremen, Bonn nach Lübeck, Brügge nach Breslau, Amsterdam nach Hannover, Duisburg nach Magdeburg (Hellweg), Köln nach Breslau
Süd-Nord: Köln nach Bremen, Bonn nach Lübeck

Fernhandelswege – Hauptrichtung West- Ost:
Hellweg: Duisburg > Essen > Dortmund > Soest > Paderborn > Höxter > Magdeburg
Brügge und Antwerpen > Köln > Leipzig und Breslau
Amsterdam > Osnabrück > Minden > nach Hannover

Kreuzungen von Fernhandelswegen/ Schifffahrtswegen (vor 1180):
Bonn, Köln, Soest, Dortmund, Osnabrück, Minden

6.3.4 Karteninformationen werden als Text reproduziert (ansatzweise ausgeführt)

„Gemäß der Zeichenerklärung zeigt die Karte drei Gruppen von Städten: Römische Städte, Städte die vor 1180 entstanden und Städte, die zwischen 1180 und 1350 entstanden sind. Weiterhin sind Fernhandelswege, der Hellweg und wichtige Schifffahrtswege ausgewiesen. Die Römerstädte Neuss, Köln und Bonn liegen am westlichen Rheinufer. Die vor 1180 gegründeten, östlich des Rheins gelegenen Städte wie Duisburg, Dortmund, Soest, Paderborn, Osnabrück, Minden wurden an wichtigen Handelsstraßen gegründet. Die zwischen 1180 und 1350 entstandenen Städte zeigen besonders in Westfalen eine hohe Konzentration. Auf Grund fehlender Namen kann auf diese Städte nicht näher eingegangen werden. Folgt man der Kartenaussage, war von den eingezeichneten 9 Flüssen nur der Rhein schiffbar. Die ausgewiesenen Handelswege verlaufen in West-Ost-Richtung und Nord-Süd-Richtung. Hier könnten nun alle Städte aufgelistet werden, die auf der Karte an den jeweiligen Handelswegen eingetragen sind. ...“

Resümee: Die textliche Darstellung ist aufwendig und hinsichtlich der Sach- und Zeitrubriken schwerer überschaubar und unpräziser. Die Verbalisierung veranlasst aber, stärker über

Zusammenhänge nachzudenken. Schwierigkeiten bereitet die Lagebestimmung, da weder administrative Territorien noch Landschaftsbezeichnungen ausgewiesen sind, zumal die im Kartentitel genannten Regionen „Rheinland und Westfalen“ in der Karte fehlen. Auch die fehlende Bezeichnung der dritten Städtekategorie erweist sich als hinderlich.

Die exemplarisch gewählten, beispielhaft vorgestellten Darstellungsformen sind arbeitsaufwendig aber die erhebliche Aufmerksamkeit und erforderliche Systematik der Informationserhebung zwingt zu intensivem Nachdenken, Kombinieren, Reflektieren und Kritisieren.

6.3.5 Fokussierung

Um begrenzte oder regionale Phänomene zu behandeln, kann man die sogenannte Fenstermethode anwenden (Abb. 12). Durch eine Schablone werden alle nicht interessierenden Territorien ausgeblendet und nur Phänome des „kleinen Raums“ untersucht. Diese Methode kann sowohl deduktiv vom Großraum zum Kleinraum, als auch induktiv, vom Kleinraum zum Großraum, umgesetzt werden. Durch die Einbeziehung einer physischen Regionalkarte ist es möglich, georäumliche Zusammenhänge präziser einzubeziehen.

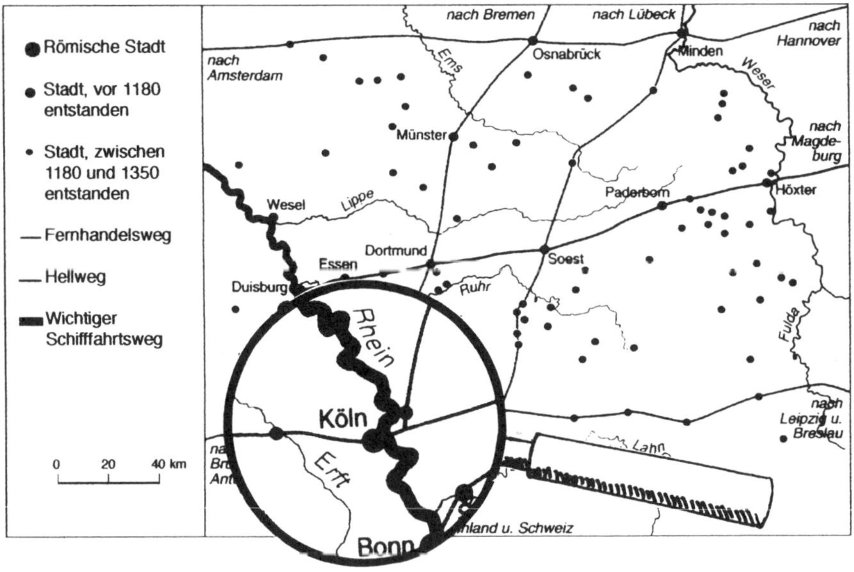

Abb. 12: *Fokussierung von Karteninhalten*

6.4 Karteninterpretation

Alle in der Karte enthaltenen Sachinformationen sind für den Kartennutzer vorerst deutungs- und wertfrei, aber bereits bei der ersten optischen Wahrnehmung kommt es zu einer flüchtigen Interpretation durch kognitive Clusterbildung (Böttcher 2003). Die Schritte der Karteninterpretation folgen der gesetzten Frage- oder Aufgabenstellung durch Ausgliedern,

Strukturieren, Hypothesenbildung, Deutung und Wertung, verbunden mit kartenkritischen Urteilen. Die Qualität der jeweiligen Resultate ist in erheblichem Maße von der methodischen Kompetenz, dem fachlichen Vorwissen, der geographischen Raumkenntnis, aber auch von der Imaginationsfähigkeit der Kartennutzer abhängig. Dass eine anspruchsvolle Formulierung von Arbeitsfragen zu einem breiten Spektrum von Denkimpulsen führen kann, soll mit Hilfe der nachfolgenden Skizze (Abb. 13) veranschaulicht werden.

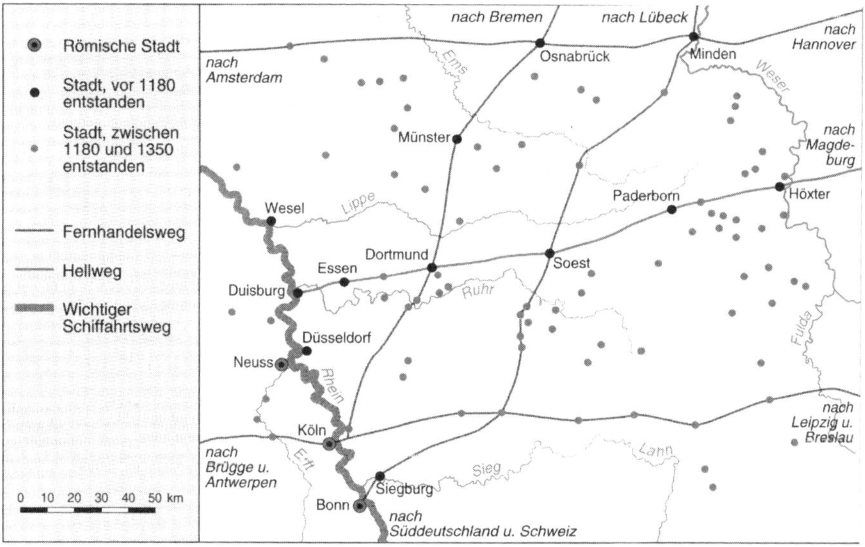

150.1 Stadtentwicklung im Rheinland und in Westfalen 1180–1350 n. Chr. Karte.

Die Karte lässt viele Fragen entstehen:

1. Zur Kartenunterschrift:
   - Wie heißen die Territorien genau?
   - Handelt es sich um politische Hoheitsgebiete?
   - Kritik: „Stadtentwicklung“ ist nicht dargestellt, sondern das Anwachsen der Städte.
2. Zur Kartenlegende:
   - Wann sind die Römerstädte gegründet worden?
   - Weitere Entwicklung?
3. Zur Karte selbst:
   - Landschaftsprofil? Wald, offene Landschaft ...?
   - Städte vor 1180: Ursache ihrer Gründung? Namen? Stellung? Straßenverbindungen?
   - Städte am Hellweg: Besonderheiten wegen der Lage?
   - Welche Flussübergänge gab es (Brücke, Furt, Fähre)?
   - Straßen: Wie war ihre Beschaffenheit? Wie hoch war die Reisegeschwindigkeit?
   - Flüsse: schiffbar, teilweise schiffbar, nicht schiffbar?

Abb. 13: *„Anfragen“ an die Karte*

Im Prozess der Karteninterpretation zeichnen sich immer neue Fragehorizonte ab, die die Mobilisierung und Bestätigung von Vorwissen anregen oder Impulse für weiterführende Recherchen setzen.

Beispiele für indirekte Informationen, die sich durch Deutungen und Hypothesenstellungen ergeben

Die Städte Köln, Bonn, Neuss, Minden, Siegburg und Höxter lagen an Fernhandelsstraßen bzw. am Rhein und an Flussübergängen. Geklärt werden müsste die Qualität der Flussüberquerungen (Brücken, Furten oder Fähren).

- Neben dem Rhein sind auch nicht schiffbare Flüsse ausgewiesen. Aus diesem Tatbestand lassen sich als indirekte Informationen Vermutungen über topographische und ökologische Besonderheiten jener Zeit ableiten: Untiefen, Stromschnellen, Mäander, Sandbänke, Felsen ... Anzunehmen ist, dass jene Flüsse für Fischfang, Flößerei und Wasserversorgung eine regionale Rolle hatten oder zumindest, wie Fulda und Werra, partiell schiffbar waren.
- Alle vor 1180 gegründeten Städte lagen an Handelsstraßen. Unklar ist, ob ähnliche Standortvorteile auch für jene nach 1180 gegründeten Städte bedeutsam waren.

Typisch für die Phase der Karteninterpretation ist die qualitative und strukturelle Prüfung der erhobenen empirischen Befunde. Sie werden gedeutet, erklärt, ergänzt, hinterfragt und bewertet. Zunehmend entsteht das Bedürfnis, auch andere Medien wie zusätzliche Karten, Texte, Bilder, Nachschlagewerke oder Internetinformationen zur Präzisierung und Informationserweiterung heranzuziehen. Einen wichtigen Stellenwert haben Geschichtsatlanten, da sie andere Raumperspektiven, Informationen über die Vor- und Nachgeschichte, aber auch nichtkartographische Informationen anbieten. Beispielsweise wäre es möglich das Thema „mittelalterliche Stadt" zu fokussieren.

Ausgehend von der genutzten Textkarte soll visualisiert werden, wie mittels einer Lehrbuch-Auftaktseite die schlichte Punktsignatur „Köln" quasi zum „Sprechen" gebracht werden kann (vgl. Abb. 14).

Resümierend kann festgestellt werden, dass die Abfolge der Schritte der Kartenauswertung und die Ausprägung des Kartenverständnisses systematisch von der empirischen zur abstrakten Ebene aufsteigt. Die Kartenpraxis zeigt jedoch, dass die Kartenauswertung durch ständige Rück-, aber auch Vorgriffe auf die Informations-, Deutungs- und Wertungsebene geprägt ist, da sich immer wieder neue Frage- oder Recherchefelder öffnen. Wichtig ist, dass Lehrende methodische Strategien vermitteln und diese gelegentlich auch demonstrieren. Das tatsächliche individuelle Vorgehen beim Orientieren, Informieren, der Clusterbildung oder dem Verknüpfen von Sachverhalten ist jedoch nicht einsehbar, allenfalls aus ermittelten Teil- oder Endergebnissen deutbar. Sicher ist, dass intensive Kartennutzung historisch-georäumliche Gedächtnisspuren anlegt, bestätigt, korrigiert oder erweitert und letztendlich zu korrigierten oder neuen kognitiven Karten führt. Diese individuell geprägten Denkmuster fungieren oft lebenslang als mobilisierbare und erweiterbare, aber auch als normierende Informationsspeicher.

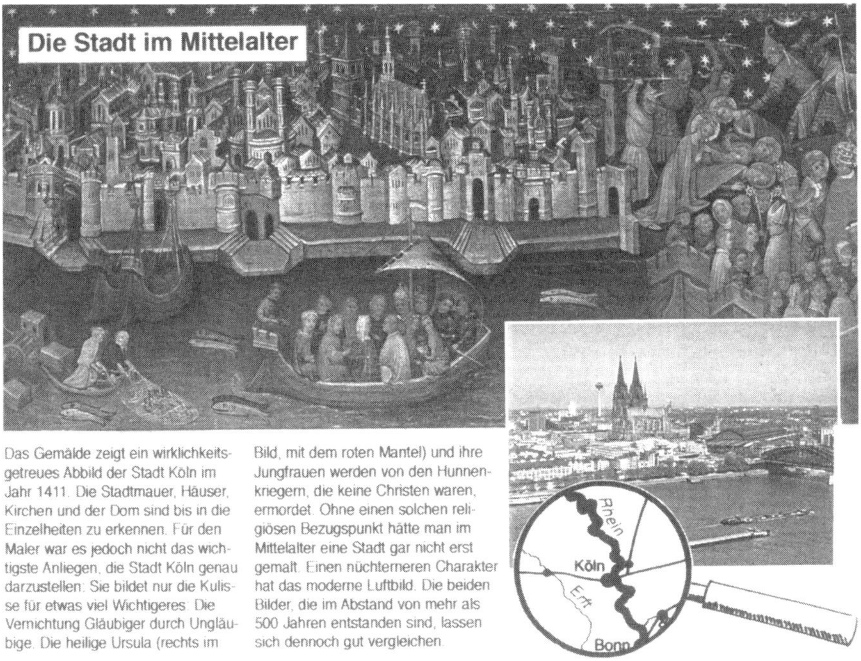

Abb. 14: *Ein Punkt wird zum Sprechen gebracht, in: Geschichte konkret, Bd. 1, Hannover 2003, S. 148-149, Reproduktion einer Auftaktseite*

7. Arbeit mit Historischen Karten

Historische Karten sind Quellen aus allen Bereichen der Gesellschaft: Karten von Herrschaftsgebieten, Eisenbahnkarten, Reisekarten, Bergbaukarten, aber auch Stadtpläne, Pläne von Gemarkungen oder Gewerbegebietspläne. Im Gegensatz zu Geschichtskarten dokumentieren Historische Karten vergangenes Raumwissen, die raumbezogene Interessen gesellschaftlicher Gruppen, Wahrnehmungsmuster, Deutungen und nicht zuletzt den jeweiligen technischen Stand der kartografischen und grafischen Darstellungs- und Reproduktionsmöglichkeiten. Historische Karten sind beredte Zeugnisse von Raumkenntnis und Weltverständnis vergangener Kulturen und verweisen auf die Intentionen von Kartenmachern und Kartennutzern. Sie eröffnen einen spannenden kulturgeschichtlichen Deutungs- und Imaginationsraum. Dass jene Karten darüber hinaus oft einen bemerkenswerten Sammlerwert besitzen, unterstreicht ihren Sonderstatus. Neben ihrem ästhetischen Reiz, der oft durch künstlerisch gestaltete Legenden und Kartuschen geprägt ist, besitzen diese kartografischen Quellen für historisches Lernen einen hohen Wert, auch wenn für geschichtliches Lernen nur Kopien verfügbar sind. Stammen diese Karten aus Zeiten vor der

Einführung der amtlichen Kartografie im 19. Jahrhundert, muss man mit zum Teil erheblichen Ungenauigkeiten in der Topografie und Bezeichnung der Objekte rechnen. Auffällig ist, dass großmaßstäbige Karten wie Pläne von Fluren oder Siedlungen stets über eine hohe Genauigkeit verfügen, da sie quasi Besitzstandsdokumente sind. Häufig finden sich im Kontext dieser Karten interessante Texte und Bilder, die ebenfalls quellenmäßig erschlossen werden sollten. Zur Auswertung Historischer Karten sollten nach Möglichkeit aktuelle Karten vergleichend herangezogen werden, um die Raumein- oder -zuordnung zu ermöglichen. Ein interessanter, nicht selten auch brisanter Aspekt ist das Namensgut auf Karten. So lassen sich aus den verwendeten Selbstbezeichnungen (Endonymen) und Fremdbezeichnungen (Exonymen) für Ortsnamen und Territorialbezeichnungen wichtige Erkenntnisse über zeittypische Identität, Machtverhältnisse und politische, kulturelle oder ethnische Perspektiven ableiten, insbesondere, wenn für Gebiete hoheitsrechtliche Statusänderungen erfolgten (Fertl 2001). Auch Orts-, Landschafts- und Flurnamen sowie andere topographische Bezeichnungen sollten auf ihren Quellenwert überprüft werden. Oft vermitteln sie aufschlussreiche siedlungs- oder ereignisgeschichtliche Informationen. Grundsätzlich folgt die Auswertung Historischer Karten den allgemeinen Verfahrensweisen der Quellenauswertung. Medienspezifisch sind Kriterien, die von der Kartenwissenschaft für den Umgang mit alten Karten festgelegt wurden (Neuheuser 1985).

Arbeitschritte zur Auswertung Historischer Karten:

- Zweckbestimmung
- Zeit und Ort der Kartenherausgabe; Stand der geographischen Raumkenntnis, der Geodäsie, Kartografie und Reproduktionstechnik
- Auftraggeber, Zeichner und andere beteiligte Personen wie Maler, Kolorateure
- Adressatenkreis und Zweckbestimmung der Karte
- Erfassen der Legende, Dekodierung historischer Symbole
- Zeitpunkt oder Zeitraum des Kartenbildes
- Provenienz und zeitgenössische „Aktualität“ abgebildeter Sach- und Rauminformationen
- Kritischer Vergleich mit Geschichtskarten, geographischen oder einschlägigen aktuellen thematischen Karten
- Formulierung der Aussage der Historischen Karte

Auswertung einer Historischen Karte:

Gewählt wurde ein Kartenblatt aus dem 16. Jh., das in der Legende folgende Titulierung trägt: „Geographische Vorstellung eines Globin, welchen Anno 1492 Herr Martin Boheme im Diameter Bey 20 Zollen zu Nürnberg exhibiere“ (Abb. 15). Bei der Darstellung handelt es sich um eine im 17. Jahrhundert erstellte Planzeichnung der Weltdarstellung, die sich auf dem Globus von Martin Behaim befand, ergänzt durch ein zeitgenössisches Porträt Behaims, dessen Wappen und weltbeschreibende Texte. Das Kartenbild, beigeordnete Texte und Bilddarstellungen verweisen auf den topographischen Stand der Weltkenntnis am Vorabend der Kolumbusreisen (Abb. 16). Die Texte deuten auf dem Informationsstand

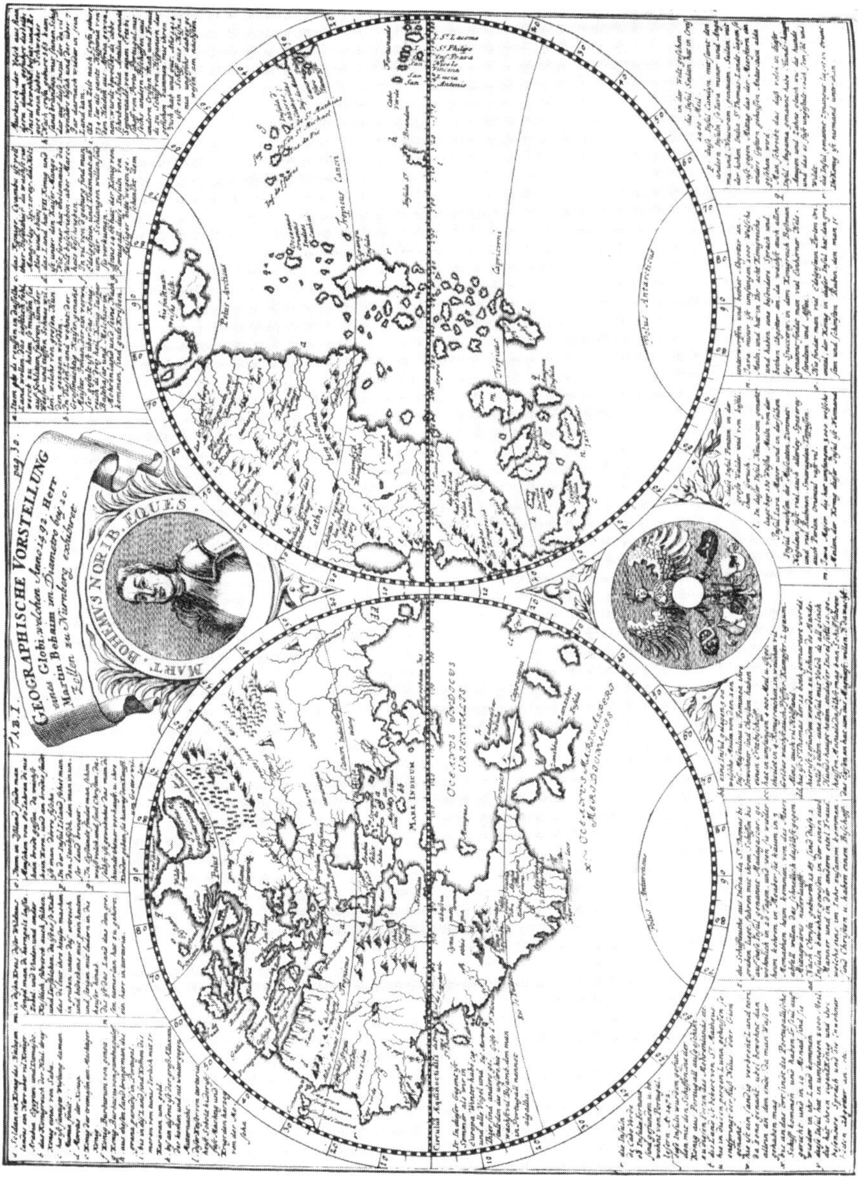

Abb. 15: *Umzeichnung der geographischen Vorstellungen auf dem Globus von Martin Behaim von 1492 (Quelle wie Abb. 16)*

Abb. 16: *Ausgewählte Segmente des historischen Kartenblattes (Bayerische Staatsbibliothek Müchen [Hrsg.], Philipp Apian und die Kartographie der Renaissance [Ausstellungskatalog], München 1989)*

des frühen 15. Jahrhunderts und stellen die Kompilationen des damaligen Weltwissens dar. Sie basieren auf antiken und mittelalterlichen Schriften, auf realen und legendären Informationen. Maßgeblich orientieren sich Karte und Texte an den immer wieder aufgelegten Weltchroniken, den sogenannten „Cosmographiae mundi".

Schwerpunkte der Orientierung, Informationserhebung und Kartenauswertung:

- Behaim: Bild/Wappen: Beschreiben, Deuten, Nachschlagen: Internet, Lexikon, Behaim – Legende und Wirklichkeit
- Karten: Beschreibung der dargestellten Weltteile, Vergleich mit geographischer Karte, Erfassen der Informationen zu ausgewählten Erdteilen: Küstenlinie, Meere, Gewässer, Orte, Bezeichnungen, Gebirge, Sonstiges
- Vergleich mit einschlägigen aktuellen geographischen Karten, Geschichtskarten und Globus
- Kolorieren mit der Absicht einer intensiveren Wahrnehmung des Kartenbildes
- Text: Lesen, Aufsuchen und Markieren der unter den Auflistungsbuchstaben genannten Territorien oder Orten in der Kartenkopie, Differenzierung von Informationen zu Geografie, Bewohnern, berühmten Personen, Flora, Fauna, Klima, Kultur; Aussagen zu den Entdeckungen, Vergleich der darstellten topographischen Aussagen mit der geografischen Realität und historisch relevanten Tatsachen
- Quellen und Intentionen des Kartenmachers, Informations- und Sachwert für Zeitgenossen, Nutzerklientel, Quellenwert
- Verschaffen eines Überblicks über die Geschichte der Europäischen Kolonisation vom 15. Jh. bis 20. Jh. mit Hilfe eines modernen Geschichtsatlasses *(vgl. Abb. 4)*

Die intensive Erschließung historischer Karten kann methodisch sehr vielseitig gestaltet werden, sie bedarf aber einer erheblichen Arbeitszeit. Als Auswertungs- und Präsentationsmöglichkeiten eignen sich: Kurzvorträge, Podiums- oder Rundgespräche Gespräche zu Teilaspekten, Vorstellen und Diskussion von Kurztexten, verbale und mediale Präsentation von Ergebnissen themenrelevanter Internet-Recherchen, Ausstellen und Besprechen der Erfahrungen beim Kolorieren von Karten, Erstellung von Strukturskizzen, Erarbeitung von Fragekatalogen, Poster-Präsentation zu Teilthemen.

Literatur

Arbeit mit Geschichtskarten. Themenheft der Zeitschrift Geschichte lernen 59 (1997)

Böttcher, Christina, Die Darstellung von Zeit in Geschichtskarten, in: Geschichte lernen, (1997), H. 59, S. 48-59

Böttcher, Christina, Die Karte, in: Pandel, Hans-Jürgen; Schneider, Gerhard (Hrsg.), Medien im Geschichtsunterricht, Schwalbach/Ts. 1999, S. 170-196

Böttcher, Christina, Theoretische und praktische Aspekte zur Schulgeschichtskartographie, in: Aspekte zur Gestaltung und Nutzung von Karten für den Schulunterricht, Kartographische Schriften Bd. 8, Bonn 2003, S. 67

Bollmann, Jürgen, Wolf Günther Koch (Hrsg.), Lexikon der Kartographie und Geomatik, Zweiter Band, Heidelberg, Berlin 2002, S. 21-23

Breetz, Egon, Fächerübergreifende Ausbildung der SchülerInnen in Kartenverständnis und Kartennutzung, in Kartographische Schriften, Bd. 8, Hrsg. Deutsche Gesellschaft für Kartographie e.V., Berlin 2003, S. 9

Downs, Roger; Stea, David, Kognitive Karten: Die Welt in unseren Köpfen, New York 1982

Fertl, Stani, Exonyme und Kartographie, Wien 2001

Fiala, Hans Joachim, Die Karte im Geschichtsunterricht, Berlin 1967

Hantsche, Irmgard, Karten im Geschichtslehrbuch, in: Internationale Schulbuchforschung 19 (1997), S. 383-398

Hüttermann, Armin, Kartenlesen (k)eine Kunst. Einführung in die Didaktik der Schulkartographie, München 1998

Hüttermann, Armin, Mehr Karten in die Schulen!, in: Ders. (Hrsg.), Beiträge zur Kartenutzung in der Schule, (Materialien zur Didaktik der Geographie. H. 17), Trier 1995, S. 7-12

Kartenarbeit. Themenheft der Zeitschrift Praxis Geschichte 4 (1999)

Lexikon der Geographie, Band 2, Heidelberg, Berlin 2002, S. 211 f.

Neuheuser, Hanns, Landkarten als Geschichtsquellen, Köln 1985

Osterhammel, Jürgen, Die Wiederkehr des Raumes. Geopolitik, Geohistorie und historische Geographie, in: Neue Politische Literatur 43 (1998), S. 374-397

Papay, Gyula, Zeitproblematik aus der Sicht raumbezogener historischer Informationssysteme und der Geschichtskartographie, in: Kartographische Nachrichten 48 (1998), H. 5, S. 177-186

Putzger Historischer Weltatlas, 103. Aufl., Berlin 2001

Rahmenrichtlinien für Gymnasien Sachsen-Anhalt, 2003, www. lisa sachsen-anhalt.de

Schwalm, Eberhard, Zur Verwendung der Geschichtskarte im Unterricht, in: GWU 11(1960), S. 340-357

Renate Teepe

Umgang mit dem Schulbuch

Warum überhaupt noch ein Schulbuch, wo doch neue Medien zahllose Informationen und Tipps bieten, um den Unterricht zu gestalten? Gerade darin ist aber auch ein Nachteil zu sehen. Ein Schulbuch hingegen hat viele Vorzüge. Es dient sowohl den Lernenden als auch den Lehrenden als Kompass in einer Flut geschichtlicher Ereignisse. Auch unterrichtspraktische Gründe sprechen für das Schulbuch als wichtigstes Medium im Unterricht. Es ist schülerzentriert und bietet gute Voraussetzungen für sinnvolle Kommunikations- und Kooperationsformen. Außerdem empfinden die Schülerinnen und Schüler es als Entlastung, wenn sie die Informationen nicht auf Kopien zusammen suchen müssen, wenn es beispielsweise gilt für einen Test zu lernen. Neu entwickelte Schulbücher machen es im Fach Geschichte möglich, den Unterricht so zu gestalten, dass weitere Materialsuche weitgehend überflüssig wird. Und wenn doch der Wunsch nach mehr Information besteht, so sollten die Schülerinnen und Schüler sich selbst auf die Suche machen. Das können sie lernen. Durch einen sinnvollen Einsatz des Geschichtsbuches erwerben sie Fach- sowie Methodenkompetenz, die Voraussetzung für eigenverantwortliches Arbeiten sind. Natürlich ist die Aufforderung „Holt euer Buch heraus" ein Motivationskiller erster Güte. Da muss man schon nach anderen Wegen suchen. Ein gutes Buch zeigt sie auf.

1. Merkmale eines guten Buches

Zu den wichtigsten Qualitätskriterien für gute Schulbücher gehört eine erkennbare Konzeption, die fachdidaktische Erkenntnisse und Ansprüche umsetzt. Moderne Bücher sind nicht mehr rezeptiv ausgerichtet, sondern verstehen sich als kombinierte Lern- und Arbeitsbücher. Neu erschienene Lehrwerke haben diese Kriterien folgendermaßen umgesetzt:

- Das Buch ist durchgängig nach einem einheitlichen Schema gegliedert.
- Eine großflächig gestaltete, motivierende Auftaktseite führt in ein Kapitel ein.
- Das Buch ist in kleine Einheiten gegliedert (oft nach dem Doppelseitenprinzip), die die Grundlage für Einzel- oder auch Doppelstunden darstellen.
- Der Autorentext und die Materialien lassen sich aufeinander beziehen. Sie sind gleichsam wie Puzzleteile, die zusammen eine Einheit bilden und den Schülern helfen, eine mögliche Antwort auf die am Anfang stehende Leitfrage zu finden.
- Verfasser- und Quellentexte sind drucktechnisch (andere Schriftart, unterschiedliche Fonts, Symbole) voneinander unterschieden.
- Text- und Bildquellen sind editorisch aufbereitet, indem sie Angaben zur Datierung, zum Verfasser und zur Quellen- bzw. Bildgattung machen. Zur Wissenschaftspropädeutik ist die Fundstelle unter der Quelle unerlässlich.

- In jedem Kapitel finden sich Rubriken, die zum methodischen Arbeiten mit Text- und Bildquellen anleiten.
- Sonder- oder Methodenseiten zur Erschließung unterschiedlicher Medien sind in das Kapitel integriert oder stehen am Ende des Kapitels.
- Die Aufgaben decken auf fast allen Themeneinheiten (bzw. Doppelseiten) die Bereiche Sinnerschließung, Problematisierung, Beurteilung und Handlungsorientierung ab.
- Zusammenfassungs- bzw. Wiederholungsseiten beschließen die einzelnen Kapitel.
- Im Anhang gibt es ein Lexikon sowie ein Schlagwortverzeichnis.

2. Der Einsatz von Schulbüchern in der Sekundarstufe I

2.2 Am Anfang ist das Buch

Ein übersichtlich gestaltetes Lehrwerk macht die Planung einer oder gleich mehrerer Unterrichtseinheiten leicht. Gerade fachfremd unterrichtenden Lehrerinnen und Lehrern kommt das Prinzip „1 Themeneinheit = 1 Unterrichtsstunde" sehr entgegen. An diese Zeitvorgabe muss man sich natürlich nicht halten. Es hilft aber den Überblick zu behalten, Schwerpunkte zu setzen oder auch Längsschnitte zu bilden. Wichtig ist, dass diese Gliederungseinheiten auch Sinneinheiten für die Schülerinnen und Schüler darstellen. Die erste Stunde sollte unbedingt dazu genutzt werden, die Schülerinnen und Schüler mit dem Buch vertraut zu machen. Nachdem sie ausgiebig im Buch geblättert haben, wird die Einführungsseite gelesen und besprochen. Sie ist oft schon ein erster Wegweiser durch das Buch und erklärt z.B. Symbole, die verwendet werden. Ist das nicht der Fall, machen die Schülerinnen und Schüler sich selbst auf die Suche. Was bedeutet Q? Welche anderen wiederkehrenden Elemente finden sich auf den Seiten? Wofür wird welche Farbe benutzt? Wie oft tauchen Überschriften in unterschiedlicher Schriftgröße auf usw. Um einen weiteren Bezug zum Buch herzustellen, können die Schülerinnen und Schüler ein Deckblatt für ihre Arbeitsmappe herstellen, das dem Cover des Buches sehr ähnelt. Die neueren Schulbücher eignen sich in der Regel für dieses Vorhaben besonders gut. Mit einem eigenen Foto und einem selbstausgewählten historischen Bild lässt sich das sehr gut machen. Wichtig für den weiteren Umgang ist folgender Hinweis: Da es sich um ein Arbeitsbuch handelt, braucht man auch „Handwerkszeug", das sie – eventuell in einer Box, in die auch das Buch passt – in jeder Geschichtsstunde dabei haben sollten. Dazu gehören: Schere, Kleber, Folien, farbige Folienstifte, dünnes Papier zum Durchzeichnen, weiße und linierte Blätter.

2.3 Die Auftaktseite

Die meist großformatig abgedruckten Bilder der Auftaktseiten laden zunächst zu einem „Spaziergang" mit den Augen ein (Abb. 1). Es empfiehlt sich dabei, den Text und andere Bildelemente zunächst möglichst abzudecken, um nur das Bild auf sich wirken zu lassen, ohne dass eine didaktische Intention genannt wird. Auf diese sehr schülerzentrierte Phase sollte nicht verzichtet werden, denn diese Seite stellt die erste Informationsquelle zum

Thema dar. Nach Beendigung des „Spazierganges“ und der Formulierung eigener Fragen an das Bild, kann der Autorentext mit einbezogen werden und eine bildkritische Analyse erfolgen. Die großformatigen Bilder sind meist so ausgewählt, dass sie handelnde Menschen zeigen. Die Schülerinnen und Schüler suchen sich eine Person aus, zeichnen sie ab oder kopieren sie und kleben sie dann auf Pappe. Die Figur dient für das Kapitel als Lesezeichen und kann auch die Funktion eines Fragenstellers oder vielleicht Anklägers usw. haben. Die Auftaktseite, die nun in ein neues Thema eingeführt hat, sollte auch dazu genutzt werden zu überlegen, in welchem Zusammenhang es mit dem vorhergehenden Kapitel steht. Am Ende eines Kapitels bieten die Auftaktseiten oft die Möglichkeit, eine Collage herzustellen, indem Bilder, Texte oder einzelne Personen sinnvoll in das Bild eingefügt werden.

Abb. 1: *Auftaktseite zum Kapitel „Das Leben auf dem Lande – die Grundherrschaft im Mittelalter“, Ausschnitt (Geschichte konkret, Bd. 1, Hannover 2003, S. 124/125)*

Beispiele

(1) *Geschichte konkret, Bd. 1:* Das Bild „Das Leben auf dem Lande – die Grundherrschaft im Mittelalter“ (S. 124/125) schneidet mehrere Aspekte der folgenden Themenseiten an, so dass sich ein Zurückblättern immer wieder lohnt. *Themenseite:* Das Leben auf dem Land ist schwer. Hier wird die Lebenserwartung der Menschen angesprochen. Diese Zahlen beziehen die Schülerinnen und Schüler nun auf die dargestellten Personen und geben begründete Vermutungen über ihren Lebensverlauf. *Themenseite:* Herren und Knechte (S. 132/133). Die Machtverhältnisse (oben – unten) sind deutlich erkennbar und lassen sich hier gut thematisieren. Themenseite: Technische Verbesserungen (S. 140/141). Hier kann die Vorlage als Suchbild genutzt werden.

(2) *Ansichten, Bd. 2, S. 8f.:* Manche Bücher bieten einen Gang durch die Zeiten, indem auf einem großen Hintergrundbild mehrere Stationen von dem historischem Ereignis bis zur Gegenwart gezeigt werden: von der Landung von Kolumbus auf Guanahani 1492 (Entdekkung Amerikas) bis zu den aufständischen Chiapas im mexikanischen San Christobal im Jahre 1994. Hier kommt es weniger auf exakte Kenntnisse an, sondern auf das Sammeln von Vorwissen und Einstellungen.

2.4 Arbeiten mit Themenseiten

Diese thematischen Gliederungseinheiten bieten vielfältige Planungs- und Gestaltungsmöglichkeiten, die den Schülerinnen und Schülern Gelegenheit geben, entdeckendes und eigenständiges Arbeiten zu erlernen.

2.4.1 Die Einstiegsphase

Dabei kommt einem gelungenen Einstieg immer eine besondere Bedeutung zu. Da die unterschiedlichen Elemente einer Seite aufeinander abgestimmt sind und alle zur Bearbeitung der Fragestellung beitragen, kann man mit jedem dieser „Bausteine“ den Unterricht beginnen.

Beispiele aus „Zeitlupe“ 2, S. 106/107

1. Vorschlag: Einstieg mit Bildern
Bild 1: Die Schülerinnen und Schüler decken die Doppelseite bis auf die Postkarte (S. 259 links) ab. Sie betrachten es intensiv. Nach ca. zwei Minuten liest die Lehrerin oder der Lehrer den dazugehörigen Text pathetisch vor. Rolle Junge – Mädchen wird thematisiert.

Bild 2: Anhand der Postkarte (S. 259 rechts) wird zunächst angesprochen, dass über Kleidung und Symbole Identitäten von Kind an gebildet werden. Die SchülerInnen haben Gelegenheit, von ihrer eigenen Lebenswelt zu berichten.

2. Vorschlag: Einstieg mit dem Autorentext „Uniformen, Uniformen“
Die Lehrerin oder der Lehrer betritt die Klasse, grüßt militärisch und spricht in einem scharfen Befehlston. Dann erfolgt ein kurzer Vortrag (Inhalt des Autorentextes). Anschließend gehen die Schülerinnen und Schüler selbst durch die Klasse und probieren sich „schneidig“ zu bewegen und zu verhalten.

Abb. 2: *Postkarten aus den Jahren 1890 (links) und 1902 (Bilder 1 und 2)*

3. Vorschlag: Einstieg mit dem Autorentext „Kinderspiele und Kinderspielzeug"
Die Klasse wird in zwei Hälften geteilt. Sie dürfen nicht sprechen. Sie bekommen nur die Aufgabe, Assoziationen zu dem Wort aufzuschreiben, das auf dem ausgeteilten Arbeitsblatt steht. Auf einem Blatt steht „Krieg", auf dem anderen „Spielzeug"

Nun werden die Assoziationen an der Tafel gesammelt. Die Schülerinnen und Schüler begreifen schnell, dass die beiden Begriffe nicht zueinander passen. Sie sind nun sensibilisiert für das Thema. Nun kann die Erziehungsabsicht, die dahinter steht, thematisiert und problematisiert werden.

4. Vorschlag: Einstieg mit der Quelle Q 2
Rede Kaiser Wilhelms II. bei der Rekrutenvereidigung am 23. November 1891 in Potsdam:
Rekruten! Ihr habt jetzt vor dem geweihten Diener Gottes und angesichts dieses Altars Mir Treue geschworen ..., ihr seid jetzt Meine Soldaten, ihr habt euch Mir mit Leib und Seele ergeben; es gibt für euch nur einen Feind, und das ist Mein Feind. Bei den jetzigen sozialistischen Umtrieben kann es vorkommen, dass ich euch befehle, eure eigenen Verwandten, Brüder, ja Eltern niederzuschießen – was ja Gott verhüten möge –, aber auch dann müsst ihr Meine Befehle ohne Murren befolgen.
In: Wilhelm II. Die Reden in den Jahren 1888-1905, Bd. 1, Leipzig o.J., S. 197.

Ein Schüler wird gebeten, auf den Flur zu gehen. Dort gibt ihm die Lehrerin oder der Lehrer die Anweisung, die Rede Kaiser Wilhelms einzuüben und dabei laut und pathetisch zu sprechen. Dabei sollte der Schüler die typische Haltung, die auf dem Foto zu erkennen ist, einnehmen. Die farbig markierten Wörter müssen besonders betont werden. Er hat ca. fünf Minuten Zeit. Währenddessen erhält die Klasse die Anweisung, Tische und Stühle beiseite zu stellen, da das Klassenzimmer jetzt eine Kasernenunterkunft ist und der Kaiser bald erwartet wird. Dann müssen die Schülerinnen und Schüler stramme Haltung annehmen. Während der Rede darf nicht gesprochen werden. Die Stimmung sollte auch danach nicht gestört werden. Die Rollenübernahme erfolgt auch noch in der Erarbeitungsphase statt.

2.4.2 Die Erarbeitungsphase

Auch in dieser Phase können wieder alle vorhandenen Materialien zur intensiven Auseinandersetzung genutzt werden.

a) Schriftliche Quellen

Quellenarbeit ist Kern und Bezugspunkt im historischen Lernprozess. Quellen sollten keineswegs wie die Verfassertexte zur Informationsentnahme genutzt werden. Sie sind etwas Besonderes. Daher kommt ihnen im Schulbuch eine besondere Bedeutung zu. Die Quellen heben sich sichtbar vom Autorentext ab. Sie sind meist farbig unterlegt und mit einem „Q" gekennzeichnet.

Anhand kleinschrittiger Einführungen in die Methoden der Quelleninterpretation entwickeln die Schülerinnen und Schüler Fragekompetenzen und lernen, die Quellen in historische Prozesse einzuordnen. Vor allem muss auch früh die Fähigkeit erlernt werden, historische Sachverhalte aus verschiedenen sozialen, politischen oder zeitlichen Perspektiven zu sehen.

Wenn die Methode der Quelleninterpretation eingeübt ist, kann sie an weitere – handlungsorientierte – Arbeitsaufträge gekoppelt werden. Dabei gibt es drei Grundmuster der Quellenarbeit im Schulbuch:

(1) Quellen befragen: Im Text sind Worte oder Satzteile markiert, zu denen die Schülerinnen und Schüler Fragen notieren und im Text nach der Antwort suchen. Hier lernen die Schülerinnen und Schüler, quellenkritische Fragen zu stellen (➤ Quelleninterpretation).

(2) Quelle weiterdenken: Schlüsselwörter und unbekannte Wörter sind markiert. Sie werden in einem zusammenhängenden Text erklärt. Anschließend überlegen sich die Schülerinnen, was nach bzw. vor dem beschriebenen Vorfall passiert sein könnte. Die dazu nötigen Hintergrundinformationen liefern die Bilder und der Autorentext (➤ Erzählen).

(3) Quellen kontrovers betrachten: Inhaltlich sich widersprechende Quellen werden gut sichtbar einander gegenübergestellt. Die Schülerinnen und Schüler müssen zunächst die unterschiedlichen Sichtweisen herausarbeiten, sie in den zeitlichen Kontext stellen und dann einen eigenen Standpunkt suchen. Bei Einzelquellen können die Schülerinnen und Schüler aufgrund des Verfassertextes Gegenquellen erstellen (➤ Multiperspektivität).

b) Bildquellen und Grafiken

Die Bilder in den neuen Geschichtsbüchern sind keine optische Ergänzung mehr, sondern sie erfordern eine systematische und intensive Beschäftigung. Aus der Lernpsychologie ist bekannt, wie prägend Bilder wirken. Da sie aber genauso wenig objektiv sind wie schriftliche

Quellen, müssen sie analysiert und interpretiert, oder anschaulich gesagt, zum Sprechen gebracht werden. Auch hier ist wieder ein Vorteil darin zu sehen, dass die Bilder nicht für sich stehen, sondern in Bezug zu den anderen Materialien gebracht werden können. Das gilt natürlich auch für Grafiken. Sie kommen dort zum Einsatz, wo es an Bildquellen fehlt. Auf jeden Fall müssen sie einer quellenkritischen Überprüfung standhalten (➤ Quelleninterpretation).

Bilder befragen: Dieses Verfahren wird dann angewendet, wenn das Bild fremd erscheint oder symbolhaft ist. Eine Umrisszeichnung lässt sich leicht mit einer Folie herstellen und die Bildelemente können mit Zahlen versehen werden. Schwer zu erkennende Gegenstände werden erklärt, die anderen werden von den Schülerinnen und Schülern benannt. Wenn ein solches Bild zum ersten Mal auftaucht, sollte ein intensives Methodentraining zunächst im Mittelpunkt der Erarbeitungsphase stehen. Möglich ist auch ein Zurückblättern im Buch, um die Methoden an anderen Bildern auszuprobieren. Im Anschluss an diese Lernphase bietet es sich wieder an, mit den Bildern weiter zu arbeiten und sie im Sinne der Handlungsorientierung zu nutzen.

Vorschläge zur Arbeit mit Bildern:

- Eine Schülerin oder ein Schüler beschreibt ein Bild. Die anderen lassen die Bücher zugeklappt. Anschließend wird dann verglichen: Was wurde ausgelassen? Was wurde hervorgehoben? Entspricht die Beschreibung dem Bild?
- Ein Vorher- und Nachherbild zeichnen (Bildvergangenheit und Bildzukunft), so dass die Prozesshaftigkeit des Geschehens deutlich wird.
- Bilder mit Sprechblasen belegen, um die Figuren zum Sprechen zu bringen.
- Fragmentarische Bilder ergänzen (dünnes Papier über das Bild legen, Umrisse zeichnen und das Bild dann vervollständigen).
- Bildszenen nachstellen in Standbildern.
- Bildinhalt in eine Spielszene umsetzen.
- Ein Bild lädt auch oft zu einer Phantasiereise ein. Sie regt die Vorstellungskraft an und gibt Impulse, die weiter entwickelt werden können.
- Zu den Abbildungen lassen sich verschiedene Längsschnittthemen bilden: Veränderungen in der Malerei, z.B.: Wie werden Herrscher dargestellt? Wo findet man Kinder auf Bildern? Welche Maltechniken gibt es?

c) Autorentext

Auch die Autorentexte erfüllen die Zielsetzung einer kritischen Wissensvermittlung. Statt der Rezeption eines fertigen Geschichtsbildes sollten sie dazu genutzt werden, aus Fakten Erkenntnisse zu ziehen und diese zu problematisieren. Dazu müssen im Geschichtsunterricht Arbeitstechniken eingeübt werden, die die Lesefertigkeit und die Sinnerfassung schulen. Die Texte sind „schülerfreundlich" geschrieben. Sie werden meist zweispaltig dargeboten und sind in Sinnabschnitte unterteilt. Sie enthalten aber sehr verdichtet Informationen, sodass ein systematisches Vorgehen erforderlich ist. Jeder Schüler/jede Schülerin sollte sich zunächst einmal mit dem Text vertraut machen und lesen. Ob er dann noch einmal laut vorgetragen wird, hängt vom Schwierigkeitsgrad ab. Möglich ist auch, den Text in Partnerarbeit zu erschließen. Dabei wird der Text wechselseitig vorgelesen, wobei erste Verständnisfragen notiert werden.

Nun muss der Text sinnvoll erschlossen werden. Die Schülerinnen und Schüler legen eine Folie über den Text und unterstreichen zentrale Begriffe mit einem Stift. Anschließend schreiben sie die unterstrichenen Wörter auf Kärtchen und sortieren sie nach bekannten und unbekannten Begriffen. Zur Klärung können sie das Glossar im Buch nutzen. Die Kärtchen werden nun in eine logische Struktur gelegt. Daraus kann ein Schaubild entstehen, das Zusammenhänge deutlich macht und gedanklich leichter abgerufen wird als ein Text.

Zwischenüberschriften erleichtern die Arbeit. Wenn sie fehlen, wird der Text sinnvoll gegliedert.

Die Methode des Strukturenlegens eignet sich sehr für Partnerarbeit. Am Anfang brauchen die Schülerinnen und Schüler Unterstützung, in der Regel erkennen sie aber schnell das Prinzip. Diese Anwendungsweise befähigt sie dann auch, die Aufgaben auf der kognitiven Ebene erfolgreich zu bearbeiten. Umgekehrt können die Schülerinnen und Schüler die im Buch vorhandenen Schaubilder versprachlichen. Manche Texte lassen sich auch tabellarisch gut erfassen. Die Arbeit mit Autorentexten kann auch als erster Schritt zum späteren Ausarbeiten von Referaten gesehen werden. Das Erkennen und Finden von Schlüsselbegriffen ist Basisarbeit sowohl für Recherchen als auch für eine Themengliederung.

Beim Thema Aufklärung („Die Menschen wollen selber denken") kann man in zwei Schritten vorgehen:

(1) Die neuen Begriffe werden unterstrichen: Neue Ideen, Naturereignisse, Aberglauben, Strafe Gottes, Erklärung, Beobachten, Vernunft befreien, Fortschritte, Medizin, Mensch vernunftbegabt, Freiheit, absolute Monarchie, gesetzgebende Gewalt ausführende Gewalt, richterliche Gewalt.

(2) Die neuen Begriffe werden auf Kärtchen geschrieben: Nach dem Aufschreiben werden die Kärtchen sortiert. Man kann auch Pfeile und Linien oder Symbole nutzen. Findet ein Begriff keinen Platz, kann er weggelassen werden. Man kann die Kärtchen auch selbst noch mit Wörtern ergänzen (Abb. 3).

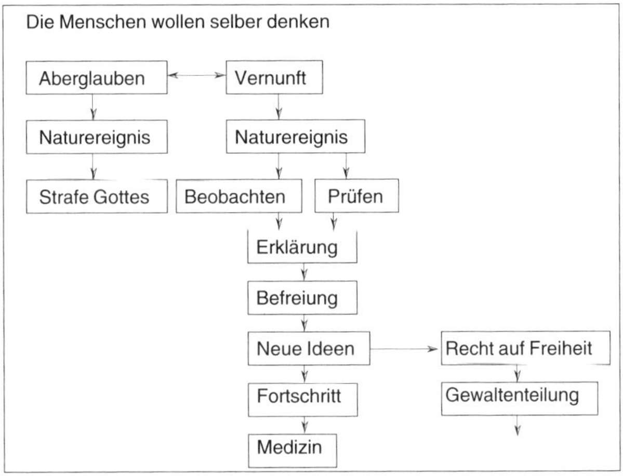

Abb. 3: *Strukturen legen*

d) Arbeitsaufträge

Ein sachgerechter Umgang mit den präsentierten Materialien kann letztendlich nur durch sinnvolle und didaktisch konzipierte Arbeitsaufträge erfolgen. Die neueren Bücher nehmen es den Lehrkräften ab, Fragen zu Verfassertext sowie zu Text- und Bildquellen selbst zu formulieren. Die Fragen befinden sich je nach Konzeption geblockt am Ende der thematischen Einheit oder – um kleinschrittiges Arbeiten zu ermöglichen – über die ganze Seite verteilt. Die Position am Ende bedeutet jedoch nicht, dass sie erst nach Sichtung des Materials oder am Ende der Stunde abgehandelt werden. Wann und an welcher Stelle sie im Unterricht Verwendung findet, liegt an der Durchführung der Stunde. Jede Themenseite bietet mehrere unterschiedliche Aufgabentypen an. Manche Aufträge sind sehr konkret auf einzelne Elemente der Seite bezogen, andere setzen voraus, dass bereits quellenkritische und texterschließende Vorarbeit geleistet wurde. Das gilt besonders für die sinnerschließenden Aufgaben (vergleicht, beschreibt, erklärt...) und die Handlungsorientierung.

Ein gutes Schulbuch sollte vier Aufgabentypen enthalten.

- Sinnerschließende Fragen, die die gewonnen Erkenntnisse sichern;
- problematisierende Fragen;
- bewertende Fragen;
- handlungsorientierende Aufträge.

Nicht jedes Schulbuch enthält einen solchen Aufbau der Arbeitsaufträge. Für ein erfolgreiches Arbeiten müssen sie dann allerdings ergänzt werden. Schülerinnen und Schüler können schlecht einen Sachverhalt bewerten oder problematisieren, wenn nicht sichergestellt ist, dass sie ihn auch verstanden haben.

Arbeitsaufträge und Kooperationsformen

Die Aufträge sind in den neueren Büchern meist im Plural formuliert. Damit weisen sie schon auf kooperative Arbeitsformen hin. Einige Aufgaben lassen nur ganze bestimmte Formen zu, andere sind variabel:

Beispiele

Aufgabe	Einzelarbeit/ Stillarbeit	Partnerarbeit	Gruppenarbeit	Klassenverband
Untersucht Rechte und Pflichten der verschiedenen Gruppen in Solons Verfassung.	Geeignet nur für leistungsstarke Schülerinnen und Schüler.	Arbeitsteilung möglich: Rechte, Pflichten.	Jede Gruppe untersucht eine Bevölkerungsgruppe.	Nicht sehr geeignet, zu lehrerzentriert, nur wenige Schülerinnen und Schüler beteiligen sich.
Betrachtet das Haus und rechnet aus, wieviel Hütten wohl in einem Dorf standen.	Gut geeignet.	Gut geeignet.	Nur geeignet, wenn weitere Aufgaben hinzukommen.	–
Entwerft einen Hilfsplan, wie der Landbevölkerung zu helfen wäre.	–	–	Da hier ein gemeinschaftliches Problem angesprochen wird, sollte die Aufgabe auch im Team bearbeitet werden.	–

Besprecht, welche Minderheiten bei uns heute leben. Welche Bilder habt ihr von ihnen? Wie entstanden sie? Wie können Vorurteile wieder aus den Köpfen verschwinden?	Nur als Vorarbeit, erste Gedanken zum Thema aufschreiben oder Informationsmaterial besorgen.	–	Eine Talkshow wird entwickelt. Die Schülerinnen und Schüler nehmen „Expertenrollen" ein. Sie tragen es anschließend der Klasse vor.	Möglich als Kreisgespräch.
Benennt die Arbeiten, die ihr auf dem Bild erkennen könnt.	Sehr geeignet, erfordert konzentriertes Arbeiten, am besten mit dem Buch vor sich möglich.	–	–	–

e) Fazit

Das Bausteinprinzip lässt offen, in welcher Reihenfolge und ob alle Materialien Verwendung finden. Es bietet Möglichkeiten einer Binnendifferenzierung und eignet sich in jedem Fall hervorragend für die Arbeitsform des „Stationenlernens" (➛ Lernen an Stationen). Hier erhalten die Schülerinnen und Schüler die Möglichkeit, selbstständig die erlernten Methoden anzuwenden und ihr Buch als Arbeitsbuch zu benutzen. Das kann auf unterschiedliche Weise organisiert und vorbereitet werden, z.B.:

- Jede Schülerin/jeder Schüler nimmt das eigene Buch mit zu den Stationen und bearbeitet die dort bereit liegenden Aufgaben.
- An den Stationen liegen aufgeschlagen mehrere Bücher. An jeder Station wird eine Aufgabe bearbeitet.

2.5 Sonderseiten

Die Empfehlung, das Schulbuch in den Mittelpunkt der Planung und der Arbeit zu stellen, schließt den Umgang mit anderen Medien nicht aus. Im Gegenteil, sie sind als wichtige und oft auch notwendige Ergänzung zu betrachten, die Geschichte für die Schülerinnen und Schüler auf unterschiedliche Art erfahrbar machen. Darauf weisen ausdrücklich die Sonderseiten hin, deren Funktion es ist, fachliche und fächerübergreifende Methoden zu vermitteln und praktische Anleitungen zum selbstständigen Arbeiten zu geben. Die Seiten geben Anregungen zum projektorientierten Lernen, können aber auch häufig auch in Einzelstunden mit wenig Zeitaufwand realisiert werden. Alle Seiten geben notwendige Hinweise zur Durchführung und Materialaufwand.

Dass sich im Geschichtsunterricht das Prinzip der Methodenorientierung noch nicht völlig durchgesetzt hat, zeigen die verschiedenen Konzeptionen dieser meist mit „Methode" überschriebenen Seiten. Es wird nicht genügend zwischen Erkenntnismethoden und Kulturtechniken unterschieden. Erschwerend kommt hinzu, dass handlungsorientierte Anweisungen auch als Methode bezeichnet werden. Darauf verweisen die Begriffe „Geschichtslabor" und „Werkstatt Geschichte". Bei „Methode: Referat" (Ansichten Bd. 2, S. 28 f.) handelt es um keine fachspezifische Methode, sondern um eine kulturelle Technik wie Lesen oder Recherchieren, die keinem besonderen Fach zugeordnet werden können.

Und die „Methodenseite: Arbeit mit Rollenspielen“ (Geschichte plus 8, S. 61) ist eine einfache handlungsorientierte Kooperationsform und keine Methode der historischen Erkenntnisgewinnung. Die gegenwärtige Schulbuchgeneration trägt viel zur Unsicherheit der Methodenorientierung bei, weil ein ausgewiesener Methodenbegriff fehlt. Nichts spricht dagegen, Kulturtechniken oder Handlungsorientierungen in das Schulbuch aufzunehmen. Im Sinne der Methodenorientierung handelt es sich dabei aber nicht um fachspezifische Erkenntnismethoden. Folgende „Sonderseiten“ findet man in den gegenwärtigen Schulbüchern und alle werden leider ohne Differenzierung als „Methoden“ gekennzeichnet.

Sonderseiten: Fachspezifische Erkenntnismethoden:

Arbeiten wie die Archäologen: Das Schulhofprojekt
Lieder in ihrer Zeit
Symbole verstehen
Geschichte im Roman
Methoden: Was sagen Kunstwerke aus?
Methoden: Die Arbeit mit einer Geschichtskarte
Methoden: Schriftliche Quellen entschlüsseln
Erfunden und doch wahr? Ein historisches Jugendbuch
Denkmäler als Erinnerungsorte
Im Westen nichts Neues – der Erste Weltkrieg im Film
Historiker bei der Arbeit: Ein Denkmal für die deutsche Einheit
Historiker bei der Arbeit: Zeitzeugeninterview
Historiker bei der Arbeit: Plakate
Geschichte im Museum

Sonderseite: Kulturelle Techniken:

Methode: Referat
Methoden: Informationen sammeln in einer Bibliothek
Internet und E-Mail
Werkstatt: Kleidung und Getränke
Versailles und Mannheim – früher baute man anders als heute

Sonderseite: Handlungsorientierende Anweisungen:

Werkstatt: Faustkeile selbst gemacht
Ein Hieroglyphenfries entsteht
Werkstatt: Schreiben auf Stein und Papier
Methodenseite: Arbeit mit Rollenspielen
Methodenseite: Arbeit mit Wandzeitungen
Exkursion nach Verdun
Auf Spurensuche. Tipps für die Teilnahme am Schülerwettbewerb

Beispiel: Fachmethodische Zugriffe

Arbeiten wie die Archäologen. Bevor die Schülerinnen und Schüler „arbeiten wie die Archäologen“ ist es ihre Aufgabe, die Arbeitsschritte zu planen und festzulegen. Das bedeutet, sie informieren sich zunächst im Schulbuch, was sie zu tun haben. Wie sie sich organisieren, müssen sie aber selbst festlegen. Die Einführung dieser Methode empfiehlt sich aus fachdidaktischen Überlegungen sehr als Einstieg in den Geschichtsunterricht, denn auf diese Weise bringen sie das neue Fach mit den Kriterien des Entdeckens und Forschens in Verbindung *(Zeitlupe 1, S. 20/21)*.

Beispiel: Handlungsorientierte Anweisung

Spiele haben im Geschichtsunterricht einen hohen Motivationswert und eignen sich sehr zur Ergebnissicherung sowie zur sinnvollen Beschäftigung in Vertretungsstunden. Hier sind alle Abbildungen im Kapitel verwendet und kategorisiert worden. Für das nächste Kapitel können die Schülerinnen und Schüler selbst ein Quartett zusammen stellen. Auch ein Memory-Spiel ist leicht herzustellen *(Forum Geschichte 1 S. 116/117).*

Beispiel: Kulturelle Techniken

Auf dieser Doppelseite wird den Schülerinnen und Schüler detailliert gezeigt, wie sie ein Referat zum Thema „Die spanische Herrschaft in Mexiko“ anfertigen können. Dabei werden die möglichen Schrittfolgen dargestellt (Materialsammeln, Gliedern, Textformulierung etc.) und Gliederungen und praktische Tipps gegeben, das Referat auf Karteikarten zu schreiben *(Ansichten 2, S. 28 f.).*

2.6. Mit dem Schulbuch unterwegs

Historisches Lernen findet nicht nur in der Schule statt, sondern auch an öffentlichen Orten. Worms, die Saalburg, das Hambacher Schloss – es gibt viele „Orte des Erinnerns“, die das Geschichtsbewusstsein prägen. Eine Rubrik wie „Schauplatz Geschichte“ in *Zeitlupe* weist explizit darauf hin. Hier finden sich kritische Anregungen zum Umgang mit Objekten und Orten, die oft legenden- und mythenbildend sind. „Was geschah wirklich?“ Dieser Frage nachzugehen kann spannend und herausfordernd sein. Daraus entwickeln sich dann vielleicht auch Pläne für Exkursionen. Ein bedeutsamer Schauplatz ist im Buch nicht immer mit einer Rubrik ausgewiesen. Es bietet sich an eine Suchaufgabe daraus zu machen und in den vorangegangenen Kapiteln nachzuschauen. Beispiele sind Luther in Worms, Luther auf der Wartburg, die „Weiße Rose“ in der Münchner Universität, die Römer auf der Saalburg (➛ Historische Orte als Lernorte).

2.7 Zusammenfassungen

Am Ende der einzelnen Kapitel steht bei vielen Schulbüchern eine „Zusammenfassung“. Ein zusammenfassender Text, der einen Überblick über das gesamte Kapitel geben soll, hat für sich genommen keinen Wert. Im Gegenteil, hier muss darauf geachtet werden, dass nach dem problemorientierten Lernen nicht doch am Ende wieder autoritativ gedeutete Geschichte steht. Sinnvoll erscheint er nur, wenn er Stichworte aus den vorangegangenen Seiten nennt, die dann noch einmal miteinbezogen werden. Kapitelübergreifende Aufgaben und Suchbilder dienen dazu, die Seiten in einem Gesamtzusammenhang zu sehen. Die Schülerinnen und Schüler können auf den Seiten noch einmal nach einem Symbol suchen, das für das ganze Kapitel Bedeutung hat. Z.B. kann man für das Thema Ägypten Hieroglyphen wählen, oder für die Geschichte des Judentums eine Menora. Damit markieren sie dann die zugehörigen Arbeitsblätter in ihrer Mappe.

2.8 Am Ende eines Schuljahres: Der Abschied

Der Abschied kann zelebriert werden wie ein letztes Treffen mit einem treuen Wegbegleiter. Zurück bleiben Erinnerungsstücke, die mit ins nächste Schuljahr genommen werden. Sie können in einem projektorientierten Unterricht entstehen. Falls soviel Zeit nicht zur Verfügung steht, kann man sich für einen der folgenden Vorschläge entscheiden.

Vorschläge für Gruppenarbeit:

- Ein eigenes Längsschnittkapitel herstellen, z.B. Mode oder Krieg und Frieden. Vielleicht haben die Schülerinnen und Schüler aber beim Durchblättern noch bessere Ideen.
- Ausführlich besprochene Bilder herauskopieren und mehrere Fehler einbauen.
- Unterwegs mit der Zeitmaschine durch die Jahrhunderte. Bericht über Begegnungen mit historischen Personen.
- Methodenkatalog auf Plakaten zusammen stellen.
- Das Buch wird noch einmal kritisch betrachtet. Was war gut? Welche Aufgaben waren nicht lösbar? Welche weiterführenden Ideen habt ihr selbst gefunden? Die Anmerkungen werden gesammelt und an den Verlag geschickt.
- Quizfragen vorbereiten.
- Planung einer Gesamtpräsentation der Ergebnisse in einer Geschichtsshow.
- Präsentation des neuen Buches für das kommende Schuljahr.

3. Der Einsatz von Schulbüchern in der Sekundarstufe II

In der Oberstufe begleitet und unterstützt das Schulbuch die Schülerinnen und Schüler in ihren Kursen. Es bietet auch den Lehrerinnen und Lehrern Tipps, wie man sich exemplarisch mit historischen Themen auseinandersetzt. Dabei sind zwei Gruppen von Büchern zu unterscheiden. Zur einen Gruppe gehören die meist zweibändigen Bücher wie „Geschichtsbuch. Oberstufe" (Cornelsen), „Geschichte und Geschehen" (Klett), und „Kursbuch Geschichte" (Cornelsen). Weniger weit verbreitet ist „Epochen und Strukturen" (Diesterweg). Es handelt sich dabei weniger um solche Bücher, die im Kursunterricht benutzt werden, sondern um Begleitbücher. Sie dienen dem Kursunterricht als Hintergrundbücher, um den Zusammenhang zwischen den Schwerpunktthemen der Kurse und ihren weitzurückreichenden Vorgeschichten nachlesen zu können. Die zweite Gruppe stellen die Kurshefte bzw. Kursbände dar. Sie sind die eigentlichen Bücher, die im Unterricht verwendet werden. Sie sind thematisch konzipiert und decken jeweils einen Halbjahreskurs ab. Diese Kursbände bilden zwar das Rückgrad des Kursunterrichts, ohne Zusatzmaterialien, besonders Auszüge aus der jeweils aktuellen geschichtswissenschaftlichen Fachliteratur, kommt kein Kursunterricht aus. Hier zeigen sich die Grenzen der Arbeit mit dem Schulbuch.

Literatur

Becher, Ursula A.J., Schulbuch, in: Handbuch Medien im Geschichtsunterricht, Schwalbach/Ts. 1999, S. 45-68
Becher, Ursula A.J., Themenheft: Schulbuchforschung, Internationale Schulbuchforschung, 17 (1995), S. 5-133
Bergmann, Klaus, Multiperspektivität, Schwalbach /Ts. 2000
Borries, Bodo von, Das Geschichts-Schulbuch in Schüler- und Lehrersicht. Einige empirische Befunde, in: Internationale Schulbuchforschung, 17 (1995), S. 45-60
Geschichte lernen, Geschichtsunterricht in der Sekundarstufe II, Heft 68, 1999
Geschichte lernen, Arbeit mit Textquellen, Heft 46, 1995
Lehrmethoden Lernmethoden – Wege zur Selbständigkeit. Friedrich Jahresheft XV, 1997
Pandel, Hans-Jürgen, Quellenarbeit und Quelleninterpretation, in: Handbuch der Geschichtsdidaktik, hrsg. v. Bergmann, Klaus, u.a., Seelze, 1997, S. 430-433
Rüsen, Jörn, Das ideale Schulbuch. Überlegungen zum Leitmedium des Geschichtsunterrichts, in: Internationale Schulbuchforschung, 14 (1992), S. 237-250

Zitierte Schulbücher

Anno, 4 Bde., Braunschweig: Westermann 2000 ff.
Ansichten. Arbeitsbuch für Geschichte – Politik an den Hauptschulen in Nordrhein-Westfalen, 3 Bde., Berlin: Cornelsen 1998 ff.
Forum Geschichte Band 1: Von der Urgeschichte bis zum Ende des Römischen Reiches, Berlin: Cornelsen 2000
Geschichtsbuch. Oberstufe, 2 Bde., Berlin: Cornelsen 1994 f.
Geschichte konkret. Ein Lern- und Arbeitsbuch 3 Bde., Hannover: Schroedel 1998
Geschichte & Geschehen, Geschichtliches Unterrichtswerk für die Sekundarstufe II, Leipzig: Klett 2001.
Geschichte plus, Berlin: Volk und Wissen 2000 ff.
Kursbuch Geschichte, Berlin: Cornelsen 2000
Zeitlupe, 3 Bde., Hannover: Schroedel 2001ff.

Michael Riekenberg

Der Vergleich

I. Die Ausgangslage

Im allgemeinsten Sinn kann der Vergleich als eine Denkfigur definiert werden, die dazu dient, die Erfahrung von Kontrasten zu ordnen.[1] Das Vergleichen dagegen ist eine kognitive Operation. Sie ist u.a. für die Begriffsbildung sowie bei der Übertragung von Gelerntem (➛ Transfer) von großer Bedeutung. Der Vergleich ist den Menschen vertraut. Auch im Geschichtsunterricht kommt er in vielerlei Variationen vor. Im Unterrichtsgespräch wird zwischen früher und heute, hier und anderswo verglichen. Aufgabenstellungen im Geschichtslehrbuch fordern dazu auf, Quellentexte einander gegenüberzustellen. Die Schülerinnen und Schüler bearbeiten Säulendiagramme über das Bevölkerungswachstum in Industriestädten im 19. Jahrhundert oder Statistiken über die Zahl der Todesopfer nach Weltkriegen und vergleichen die Zahlen, um daraus Schlussfolgerungen zu ziehen (➛ Umgang mit Statistiken). Oder sie sehen einen Film über ein historisches Ereignis und kontrastieren ihre Eindrücke mit zeitgenössischen Texten. Kurzum: Vergleiche sind im Geschichtsunterricht verbreitet, sei es als direkter Vergleich, als Analogie, als Querverweis[2] oder auch in Form einer Metapher, die Vergleichbarkeit erzeugt. Meist jedoch handelt es sich dabei um *implizite* Vergleiche, d.h. der Vergleich wird nicht *systematisch* als eine eigene Methode ausgeführt. Bei der überwiegenden Anzahl der Vergleiche im Geschichtsunterricht schenken die Lehrenden wie die Lernenden dem Umstand, dass sie gerade historisch vergleichen, vermutlich gar keine besondere Beachtung.

Weil in der Betrachtung der Geschichte immer wieder Vergleiche gezogen werden und weil überdies zentrale Aufgabenstellungen des Geschichtsunterrichts wie die Herstellung eines Gegenwartsbezugs beim historischen Lernen ohne den Vergleich gar nicht erreicht werden können[3], ist das Vergleichen ein wichtiges Thema für den Geschichtsunterricht. Dabei geht es nicht allein um die Anwendung des Vergleichs als Instrument zur Erschließung von Inhalten. Darüber hinaus ist der Vergleich selbst zum Gegenstand der Betrachtung zu machen, damit die Schülerinnen und Schüler erkennen, wie die Methode die Untersuchung und deren Ergebnisse prägt. Sie sollen lernen, wie ein systematischer Vergleich aufgebaut ist, welche Funktionen der Vergleich für das historische Lernen auszuüben vermag, welche Erkenntnisziele er zu erreichen vermag, welche nicht, und welche Vor- und Nachteile er als Verfahrensweise besitzt. Oder anders formuliert: Aus der Sicht eines methodenorientierten Geschichtsunterrichts ist das Ziel des Vergleichs das Vergleichen selbst.

Die Richtschnur für den systematischen Vergleich im Geschichtsunterricht ist die wissenschaftliche Vergleichsmethode. Im Gegensatz zum gewohnheitsmäßigen Vergleich in der Alltagswelt erhebt der wissenschaftliche Vergleich den Anspruch systematischer Analyse, begrifflicher Klarheit und theoretischer Grundlegung, auch in der Geschichtswissenschaft.[4] Dabei sind die Erwartungen allerdings nicht zu hoch zu schrauben. Der Vergleich ist keine exakte Methode, weil die Regeln darüber, wie er durchgeführt wird, nicht eindeutig sind. Einzelne historische Vergleiche zum gleichen Thema können ganz unterschiedlich angelegt sein, und entsprechend variieren auch die Ergebnisse, die sie erbringen. Trotz dieser Einschränkung stellt die wissenschaftliche Methode den maßgeblichen Orientierungspunkt für den Vergleich im Geschichtsunterricht dar. Natürlich bedeutet dies nicht, dass im Geschichtsunterricht der wissenschaftliche Methodengebrauch einfach kopiert würde. Dies ist nicht der Fall, weil der Vergleich im Schulunterricht ja andere Ziele verfolgt als in der Wissenschaft und weil er überdies in der Regel einfacher aufgebaut ist. Bei den historischen Vergleichen im Unterricht sind die Anforderungen, die an die begrifflichen Abstraktionsleistungen sowie die Fähigkeit zur Urteilsbildung und zum Perspektivenwechsel gestellt werden, an die Altersstufe der Kinder bzw. Jugendlichen sowie die allgemeinen Lernvoraussetzungen anzupassen.

II. Das Thema in Literatur und Empirie

In der Pädagogik führte der Vergleich zur Ausbildung ganzer Teildisziplinen wie der Vergleichenden Erziehungswissenschaft, die nationale Bildungssysteme untersucht. Auch ist in diesem Zusammenhang die internationale Schulbuchforschung zu nennen, die vergleichend arbeitet.[5] Jedoch gibt es nur wenig Literatur über die Theorie und Praxis des Vergleichs im Unterricht selbst. Allgemeine unterrichtspraktische Schriften zum Vergleich liegen kaum vor. Die umfassendste Arbeit dazu ist nach wie vor, wenn ich die Literatur recht übersehe, eine ältere Studie von Ekkehard Eichberg. Diese ist weiterhin lesenswert, jedoch in den historischen Unterrichtsbeispielen überholt.[6] In pädagogischen Modellen oder Lerntheorien wird der Vergleich nicht ausdrücklich erwähnt. Allein in der Pädagogik der Herbartianer kam dem Vergleich eine feste Funktion bei der Entwicklung formaler Stufen des Unterrichts im Rahmen einer Theorie der Lehre zu. Der Vergleich diente dazu, die Gedankenarbeit der Schüler anzuregen, wobei der Unterricht eine feste Verlaufsstruktur besaß. Nach der Darbietung des Neuen wurde dieses unter sich und mit Älterem verglichen und gedanklich verknüpft, um daraus die erwünschten begrifflichen Ergebnisse abzuleiten und in eine systematische Ordnung zu bringen.[7]

Auch in der Geschichtsdidaktik wird kaum auf den Vergleich eingegangen. Der maßgebliche Grund, so mein Eindruck, dafür ist, dass der historische Vergleich *unterschätzt* wird. Seltener wohl wird er überschätzt. Die Überschätzung des Vergleichs führt dazu, dass man die Schülerinnen und Schüler überhaupt nicht für fähig hält, historisch zu vergleichen. Der Vergleich in der Geschichte erscheint als zu abstrakt, zu komplex und zu schwierig, weshalb die Schülerinnen und Schüler daran scheitern „müssen". So heißt es z.B. beim Thema der attischen Demokratie und des Demokratiebegriffs, dass die darauf gemünzten Vergleiche eine „gehörige Abstraktion" verlangen würden und man dergleichen in der Schule „wohl kaum erörtern könne"[8]. Meist aber wird der Vergleich unterschätzt. Dies zeigt sich daran, dass er nicht als eine gesonderte Methode, die einer systematischen Anlage und Durchführung bedarf, wahrgenommen wird. Vergleiche werden einfach „gemacht", weshalb sie auch in der fachdidaktischen Literatur, etwa in älteren Methodiken des Geschichtsunterrichts, keinerlei besondere Aufmerksamkeit erfahren.

Kommt der Vergleich in der Geschichtsdidaktik in der theoretischen Literatur zur Sprache, so geschieht dies oftmals unter der Überschrift bzw. im Rahmen des Transferbegriffs.[9] Mitunter wird beides auch einfach gleichgesetzt, wenn dem Transfer (wie dem Vergleich) die Aufgabe gestellt wird, „Unterschiede und Gemeinsamkeiten" zu erkennen.[10] Transfer meint, dass Lernübertragungen stattfinden sollen, wobei die Existenz struktureller Ähnlichkeiten oder Beziehungen zwischen verschiedenen Bereichen, auf die der Lernvorgang sich bezieht, die Voraussetzung dafür bildet, dass die angestrebten Lernübertragungen auch tatsächlich gelingen (➤ Transfer). Transferlernen kann in verschiedener Form stattfinden. In der Literatur ist von Analogieschlüssen, der Übertragung von Strukturmustern bzw. dem „exemplarischen Lernen" die Rede[11], von Operationen also, die häufig Vergleichsverfahren beinhalten. Für das Transferlernen in der Geschichte wirft dies nun jedoch nicht allein die Frage auf, was genau „vergleichbar", was „spezifisch" ist.[12] Darüber hinaus stellen sich zwei weitere Probleme: Indem dem historischen Vergleich die Aufgabe gestellt wird, eine „Freilegung des Vergleichbaren" zu betreiben und dazu das „Gemeinsame" zwischen den verschiedenen Vergleichsgegenständen zu finden[13], wird die Vergleichsmethode reduziert. Denn der historische Vergleich zielt nicht unbedingt auf die Erfassung des Gleichen und Allgemeinen, sondern kann ebenso die Betrachtung der Differenz und des Singulären zum Ziel haben. Ferner stellt sich die Frage, ob denn der Vergleich, einmal in seinen Funktionen beschnitten und zum Dienstleister des Transfers gemacht, in der Unterrichtswirklichkeit überhaupt in diesem Sinn genutzt wird. Werden im Geschichtsunterricht historische Vergleiche tatsächlich systematisch eingesetzt, um angestrebte Lerntransfers gezielt anzubahnen oder zu belegen? Zweifel daran dürften angebracht sein. Anscheinend handelt es sich beim Verhältnis von Transfer und Vergleich (auch) um ein Missverständnis, und man sollte in der Geschichtsdidaktik deshalb wohl besser von Übertragbarkeit sprechen, wenn es um Transfers geht, nicht von Vergleichbarkeit.

Über die Empirie des Vergleichs im Geschichtsunterricht ist wenig bekannt. Unterrichtsmodelle, die den Vergleich zum Thema haben, sind selten.[14] Unterrichtspraktische Zeitschriften wie „Geschichte lernen" oder „Praxis Geschichte" haben dem Vergleich noch kein Heft gewidmet. Einen gewissen Aufschluss lassen die Schulbücher zu, aus denen hervorgeht, bei welchen Themen im Geschichtsunterricht welche Art von Vergleich vorgesehen ist. Soweit aus den Geschichtslehrbüchern ablesbar ist, können für die Praxis des Vergleichs im Geschichtsunterricht grob drei Typen unterschieden werden:

- Der erste Typ ist der Vergleich als Thema einer eigenen Unterrichtseinheit. Bevorzugte Themen sind Nationen und Nationenbildungen, Revolutionen, die Industrialisierung, der Imperialismus oder Systemvergleiche. Auch Vergleichsfragen, die die Schülerinnen und Schüler systematisch zum Vergleich anhalten, lassen sich unter diesem Typ fassen. So ist in „Geschichte und Gesellschaft. Klasse 8, Stuttgart 1996" (Ausgabe für Sachsen-

Anhalt) das Kapitel zur Industriellen Revolution überschrieben: „Warum im 18. Jahrhundert? Warum in England?" Diese Fragestellung kann nur durch einen gezielten Vergleich bearbeitet werden.

- Der zweite Typ: Hier werden Vergleichsaufgaben in die Unterrichtseinheit eingestreut, ohne dass sie deren Aufbau oder Charakter prägen würden. Die Vergleichsaufgaben stehen vereinzelt oder sind bloße Anhängsel. Ein systematischer Zusammenhang mit der Unterrichtseinheit besteht nicht. Dieser Vergleichstyp erscheint zwar als verhältnismäßig einfach und wenig anspruchsvoll, weil die Vergleichsaufgabe nur eine, zudem oftmals eine nur ergänzende Aufgabe ist. Gerade bei diesem Vergleichstyp ist die Gefahr einer Überforderung der Kinder und Jugendlichen jedoch groß, weil der Vergleich nicht systematisch vorbereitet und durchgeführt wird. Vereinzelte Vergleichsfragen, die nicht in einen Kontext des Vergleichens integriert und planmäßig vorbereitet und ausgewertet werden, laufen Gefahr, dass die Schülerinnen und Schüler nur bloße Mutmaßungen zum Thema anstellen können. Vorgefertigte Anschauungen werden dadurch einfach wiederholt und bekräftigt.
- Für untere Klassen bzw. für historische Lerninhalte im Sachkundeunterricht der Grundschule wird der Vergleich verwendet, um die Kinder allmählich mit Geschichte vertraut zu machen. Im Unterricht werden möglichst überschaubare bzw. den Kindern vertraute Gegenstände für den Vergleich gewählt. Typische Themen lauten „Unser Wohnen früher und heute" oder „Schule früher und heute". Im Grundschulalter sollen diachrone Vergleiche die Kinder dahin führen, ein historisches Zeitbewusstsein zu entwickeln (vgl. dazu auch den Abschnitt V). In diesem Fall bildet der Vergleich nur den Ausgangspunkt für die eigentliche Zielsetzung und ist in seiner Anlage von vornherein begrenzt.

III. Der Vergleich in der Geschichtswissenschaft

Wenn in einer heutzutage an den Universitäten weit verbreiteten Einführung in die Neuere Geschichte zu lesen ist, der „Historiker vergleicht, um Differenzen festzustellen, (...) der Soziologe vergleicht, um Gemeinsames herauszufinden"[15], so wird dadurch eine Unterteilung vorgenommen, die in dieser Form längst keine Gültigkeit mehr besitzt. Eher spiegelt sich darin die kontroverse Geschichte einer Methode wider, die insbesondere im deutschen Historismus nicht selten mit Misstrauen beäugt wurde. Der Historismus ging von der Einzigartigkeit historischer Ereignisse aus, während das Vergleichen etymologisch betrachtet im deutschen Sprachgebrauch wie auch im Lateinischen auf das Auffinden von Gleichem gerichtet ist.[16] Im 19. Jahrhundert, in der Begründung der kritischen historischen Methode, überwog deshalb das analogische Verfahren, soweit man Vergleiche zog.[17] Aufgabe des Vergleichs war es, mit Hilfe von Analogieschlüssen auch dann zu Aussagen über den Gegenstand zu gelangen, wenn nur spärliches Quellenmaterial vorlag. Die Grundannahme des analogischen Vergleichs war, dass aus der Übereinstimmung einer Reihe von Merkmalen eines Gegenstands auf die Identität anderer, nicht aus den Quellen erwiesener Merkmale geschlossen werden könne – eine problematische Annahme. Erst später fand man zu Formeln, die die Vergleichsmethode mit den Prämissen des Historismus versöhnte, auch weil die wachsende Stofffülle und die Notwendigkeit, diese begrifflich zu ordnen, dazu zwangen, den Vergleich in das Methodenrepertoire der Geschichtswissenschaft aufzunehmen. Ziel des historisierenden Vergleichs wurde die „Herausbildung von historischen Individualitäten durch Abgrenzung von anderen oder Konfrontation mit anderen; und dann die Erarbeitung allgemeiner Begriffe durch vergleichende Zusammenschau ihrer einzelnen historisch-individuellen Erscheinungsformen."[18]

Das Verdienst, den Vergleich als methodisches Verfahren für die Geistes- und Sozialwissenschaften entwickelt zu haben, gebührt Emile Durkheim. In seinen „Regeln der soziologischen Methode" (1895) stellte Durkheim den Vergleich als eine wissenschaftliche Methode vor, deren Zweck die Beweisführung einer Aussage sei. Der Vergleich erhielt dadurch die Funktion, die dem Experiment in den Naturwissenschaften zukommt. In der deutschen Geschichtswissenschaft boomte der Vergleich mit dem Aufkommen der Historischen Sozialwissenschaft, die sich der Strukturgeschichte zuwandte.[19] Die Strukturgeschichte ist für den Vergleich offener als die Ereignisgeschichte, weil mehr oder minder feste und scheinbar invariante Strukturen sich für Vergleiche besser eignen als singuläre Ereignisabläufe, die erzählt werden. Die Strukturgeschichte minderte die „methodische Distanz zwischen Geschichtsschreibung und komparativen Ansätzen"[20], die für den Historismus charakteristisch gewesen war. Typische Fragestellungen eines strukturgeschichtlich angelegten Vergleichs sind die nach strukturellen Parallelen und Unterschieden, nach Grundmustern oder nach Kräftefaktoren historischer Entwicklung. Ebenso wurde in der Strukturgeschichte der Theoriebezug des Vergleichs betont.

Eine Einführung in den strukturgeschichtlichen Vergleich gibt Hartmut Kaelble. Danach geht es beim historischen Vergleich um „die explizite und systematische Gegenüberstellung von zwei oder mehreren historischen Gesellschaften, um Gemeinsamkeiten und Unterschiede sowie Prozesse der Annäherungen und Auseinanderentwicklungen zu erforschen", während die Beziehungen, die zwischen den Gesellschaften existieren, im Vergleich nicht ausdrücklich behandelt werden. Dass der Vergleich zwei Gegenstände als zwei abgegrenzte, in sich geschlossene Objekte isolieren würde, ohne auf die Beziehungen zwischen beiden einzugehen, ist dem Vergleichsverfahren in methodischer Hinsicht verschiedentlich zum Vorwurf gemacht worden. Allerdings trifft diese Kritik nicht zu: Bei Vergleichen können ohne weiteres auch Einflüsse und Auswirkungen in die Betrachtung einbezogen werden. So ist in einem älteren Unterrichtsmodell über „Das Wesen der großen modernen Revolutionen" als Ziel des Vergleichs vorgegeben, dass die Schülerinnen und Schüler die „Strukturen" der Revolutionen erarbeiten sollen. Ausgangspunkt des Vergleichs ist die Französische Revolution von 1789, wobei auch die davon auf spätere Revolutionen wie etwa die russische von 1917 ausgehenden Einflüsse betrachtet werden können.[21] Insofern sind der Vergleich und der Transfer (hier: *nicht* der Lerntransfer, sondern der Transfer im Sinn einer Beziehungs- oder Wirkungsgeschichte) bei der Gegenstandsbetrachtung nicht zwangsläufig voneinander geschieden, wenngleich es zweckmäßig ist, in begrifflich-kategorialer Hinsicht beide Verfahren auseinander zu halten.[22]

IV. Funktionen und Typen des geschichtswissenschaftlichen Vergleichs

Als Methode steht der Vergleich neben dem Experiment, der Fallstudie (historische Narration) und dem statistisch-quantifizierenden Verfahren. Der historische Vergleich kann wie Vergleiche in den Sozialwissenschaften überhaupt verschiedene Funktionen besitzen:

- In heuristischer Absicht identifiziert er Probleme und Fragestellungen, die der Betrachter ohne die Anwendung des Vergleichs nicht erkennen würde.
- In deskriptiver Absicht dient er der „deutlichen Profilierung der einzelnen Fälle", d.h. im Kontrast werden die Besonderheiten eines Gegenstands deutlich.
- In analytischer Absicht trägt er zur Erklärung historischer Sachverhalte bei und kritisiert „Pseudoerklärungen", indem er zeigt, dass eine Erklärung, die für einen Fall gültig ist, am anderen Beispiel nicht zutrifft.
- In paradigmatischer Absicht hat er „verfremdende Wirkung", indem er den Blick für andere Konstellationen öffnet und das „Möglichkeitsbewusstsein des Historikers" schärft.
- In kritischer Absicht überprüft er Hypothesen.[23]

Ein Beispiel hierfür ist „(...) die These vom aristokratischen Modell des deutschen Bürgertums. Ausgangspunkt war die Hypothese, dass die Schwäche und der Verfall des Liberalismus im deutschen Bürgertum während des Kaiserreichs vor allem auf die Übernahme aristokratischer Lebensformen und Alltagswerte, aber auch der politischen Werte der Aristokratie durch das deutsche Bürgertum zurückzuführen war. Schon die Gegenüberstellung mit Großbritannien, dessen Bürgertum ebenfalls einem aristokratischen Modell folgte und stark mit der Aristokratie verflochten war, aber keine vergleichbare Krise des Liberalismus erlebte, ließen Zweifel an dieser Erklärung aufkommen." Vergleichende Untersuchungen zeigten, „(...) dass sich diese Erklärung nicht halten ließ", weil nur Teile des deutschen Bürgertums einem aristokratischen Modell folgten, der Großteil dieser Gruppe jedoch einen eigenen Lebensstil und eigene, „wenn auch nicht immer liberale Werte entwickelte".[24]

Historische Vergleiche sind nicht alle gleichartig, sondern es gibt verschiedene Typen sowie konzeptionelle Unterschiede. Grundsätzlich wird unterschieden, ob der Vergleich diachron oder synchron angelegt ist und ob er generalisiert, d.h. darauf abzielt, allgemeine Muster des Zusammenlebens in verschiedenen Gesellschaften zu finden, oder aber individualisiert, d.h. die Besonderheiten eines Gegenstands schärfer herausarbeitet. Dieses Grundmodell des Vergleichs ist in der sozialwissenschaftlichen Literatur verschiedentlich verfeinert worden, insbesondere in der historisch orientierten Soziologie. So unterschied der nordamerikanische Historiker Charles Tilly in seinem Buch „Big Structures, large processes, huge comparisons" (1984) vier Vergleichstypen: den „individualisierenden Vergleich", bei dem es um die Unterschiede zwischen den Vergleichsfällen geht; den „einschließenden Vergleich", der verschiedene Fälle untersucht, die einen gemeinsamen Bezugspunkt besitzen, jedoch in seiner Ausgestaltung variieren; den „Variationen suchenden Vergleich", der fragt, wie ein allgemeiner Prozess sich in verschiedenen Gesellschaften unterschiedlich ausformen kann; den „universalisierenden Vergleich", der „nach allgemeinen Regeln sucht".[25] Eine andere Unterscheidung ist, ob der Vergleich qualitativer oder quantifizierender Art ist. Die Quantifizierbarkeit der Untersuchungsdaten, wie es in der Wirtschafts- oder der Demographiegeschichte üblich ist, gilt als ein Vorteil für das Vergleichen. Zahlensamples und Statistiken können die Verlässlichkeit und Aussagekraft des Vergleichs stärken. Allerdings bleibt zu fragen, inwieweit die Daten für die verschiedenen Vergleichsgegenstände tatsächlich als Äquivalente betrachtet werden können, zumal die Verlässlichkeit der Datenerhebungen zwischen verschiedenen Ländern oder zu unterschiedlichen Zeiten stark voneinander differieren kann.

Im Vergleich mit anderen Sozial- oder Kulturwissenschaften weist das methodische Vergleichsverfahren in der Geschichte einige Besonderheiten auf. Zu nennen ist der Umgang mit der Zeit. Vergleiche zwischen statischen Größen sind einfacher durchzuführen, aber in der Geschichte, in der Wandel und Veränderung mitbedacht sein müssen, nicht praktikabel. Auch ist der „zeitversetzte Vergleich"[26] zu bedenken. Damit ist gemeint, dass Gesellschaften oder Teile davon sich zu unterschiedlichen Zeitpunkten in als gleich betrachteten Phasen oder Entwicklungszuständen befinden, die den Vergleich ermöglichen. In der Literatur ist diesbezüglich auch von den funktionalen Äquivalenten des Vergleichs die Rede. Ferner sind die Begriffsprobleme zu erwähnen. Begriffe verändern im Verlauf der Zeit ihre Bedeutung. Diese Schwierigkeit taucht aber nicht allein in diachroner Perspektive, sondern auch im synchronen Vergleich auf: „So ließ sich der Begriff der Familie, der sich in Deutschland am Ende des 19. Jahrhunderts bereits stark auf die Kernfamilie reduziert hatte, schon damals nicht einfach in das französische *famille* übertragen, bei dem noch sehr viel stärker die weiteren Verwandtschaftsnetze mitgedacht wurden."[27] Es ist deshalb darauf zu achten, dass beim Vergleich Übersetzungen zu leisten sind, in der es nicht allein darum geht, ein Wort aus einer Sprache in die andere zu bringen, sondern auch die unterschiedlichen historischen Erfahrungen und Hintergründe zu erläutern, die sich in vordergründig identischen Begriffen verbergen können.[28]

V. Wann können Kinder vergleichen?

Der Vergleich im Geschichtsunterricht berührt unterschiedliche Dimensionen des Lernens. Unverzichtbare Voraussetzung für den Vergleich ist, dass die Kinder und Jugendlichen ihre Umwelt nicht mehr fraglos erleben, sondern dass sie in der Lage sind, sich der Welt „gegenüber zu stellen" und sich damit als „Selbst" zu erleben. Erst dadurch kann sich das Einfühlungsvermögen bilden, das im historischen Lernen notwendig ist, um die „Andersärtigkeit von Mentalitäten und gesellschaftlichen Verhältnissen" zumindest ein wenig zu verstehen.[29] Ferner sind die kognitiven Verfahren der Analyse, der Bewertung, der Begriffsbildung und Typologisierung, die beim Vergleichen zur Anwendung kommen können, zu nennen. Zumindest einigermaßen komplexe historische Vergleiche sind abhängig vom vorgängigen Aufbau differenzierter kognitiver Strukturen, so wie das Vergleichen umgekehrt zu deren Entwicklung und Festigung beiträgt. Schließlich ist das moralische Urteilsvermögen der Kinder und Jugendlichen zu bedenken. Im historischen

Vergleich geht es auch darum, die Motive, Handlungen und Entscheidungen anderer Menschen zu verstehen und in ihrer Zeit bzw. in ihrem kulturellen Kontext zu deuten und zu bewerten.

All dies verdeutlicht, dass die Voraussetzungen für historische Vergleiche im Unterricht, die über den einfachen Kontrast oder die Anbahnung des historischen Zeitbewusstseins hinausgehende Ziele verfolgen, recht anspruchsvoll sind. Dies wirft die Frage auf, wann Kinder oder Jugendliche überhaupt „richtig" vergleichen können. Dabei soll es nicht darum gehen, starre Altersgrenzen für das historische Vergleichen ansetzen zu wollen, weil der Vergleich wie Anderes auch ja gelernt werden kann.[30] Überdies besteht in der Literatur ohnehin kein eindeutiger Konsens darüber, was Kinder im Grundschulalter bereits an historischen Inhalten lernen und verstehen können, was nicht. Ich teile jedoch die Skepsis gegenüber einem zu frühen historischen Lernen, zumal man Kindern nicht alles beibringen muss, was sie eventuell bereits erlernen könnten. Kinder im Grundschulalter haben die Schwierigkeit, den „historischen Charakter" geschichtlicher Stoffe zu verstehen, weil sie überwiegend noch einen übergreifenden, „neutralen" Zeitbegriff verwenden.[31] Auch ist fraglich, wann es zum einfühlenden Denken in fremde Menschen und deren Erfahrung kommt. Kinder lernen erst allmählich, die Welt aus einer anderen Perspektive als der des Selbst zu betrachten. Zwar vergleichen bereits Kleinkinder, indem sie Dinge unterscheiden lernen, weil diese schöner, bunter oder größer als andere sind. Aber dies ist kein Vergleich im Sinn der Erschließung von Zusammenhängen, sondern beruht zunächst einmal bloß auf der Wahrnehmung von Reizen. Ältere empirische Untersuchungen zeigen zudem, dass auch jüngere Schülerinnen und Schüler das Vergleichen einseitig verstehen, nämlich allein als das Herausfinden von Unterschieden, während ihnen noch nicht bewusst ist, dass der Vergleich auch die Entdeckung des Gemeinsamen zum Ziel haben kann.[32]

Der Eindruck, Kinder könnten ja vergleichen, weil sie es ohnehin andauernd tun, ist deshalb trügerisch. Betrachten wir das Anforderungsprofil des Vergleichs nach den Kriterien der kognitiven Entwicklung, des moralischen Urteilens sowie der Fähigkeit zur Perspektivenübernahme, so hat es den Anschein, dass historische Vergleiche, von ihren Frühformen des einfachen diachronen Vergleichs abgesehen, erst ab der Phase im Geschichtsunterricht einsetzen sollten, in der nach Piaget der Übergang vom konkretoperationalen zum formal-operationalen Denken stattfindet. Ungefähr in dieser Phase erreichen die Kinder und Jugendlichen u.a. ein höheres Niveau der Begriffsbildung und des Urteilvermögens, das für historische Vergleiche benötigt wird.[33] Im Unterricht ist dabei an ausgewählten Beispielen von einfachen Vergleichen zu schwierigeren fortzuschreiten. Einfache Vergleiche beschränken sich auf den Kontrast, die Wahrnehmung von Gemeinsamkeiten und Unterschieden. Die Frage, woher diese rühren bzw. wie sie zu erklären sind, führt bereits zu komplexeren Ausgestaltungen des Vergleichs. Voll ausgebildete historische Vergleiche, die Hypothesenbildungen, Begriffserörterungen und Transfers einschließen, sind der Sekundarstufe II vorbehalten.

VI. Zur Pragmatik des Vergleichs im Geschichtsunterricht

a) Didaktische Zielsetzungen des Vergleichs

Der Vergleich im Geschichtsunterricht ist Teil eines gerichteten, methodisch überprüften und kontrollierten Lernvorganges. Eine Reihe von geschichtsdidaktischen Prinzipien können im Unterricht ohne den Vergleich gar nicht realisiert werden. Dies gilt für den Gegenwartsbezug historischen Lernens wie für das Lernen von Multiperspektivität und Kontroversität (➛ Multiperspektivität).[34] Perspektivenwechsel erfordern den Gebrauch des Vergleichs, indem anhand von Quellentexten oder anderen Medien die verschiedenen Sichtweisen und Bewertungen einer Geschichte aus zeitgenössischer oder aus heutiger Sicht gegenübergestellt werden.

Für sich betrachtet birgt der historische Vergleich vor allem zwei didaktische Optionen. Zum einen sind lernpsychologische Überlegungen anzuführen. Für Lernprozesse bedeutsam sind Schlüsselerfahrungen, „(...) etwas Neues, das die Regeln des normalen Skripts“[35] durchbricht. In solchen Lernsituationen werden Denkvorgänge stimuliert und lässt sich das Gelernte besonders gut mit den vorhandenen Wissens- und Denkschemata verbinden. Didaktisch gefragt sind dafür Lernsituationen und Anreize, in denen Selbstverständliches in neuem Licht erscheint und so genannte Aha-Erlebnisse geweckt werden können. Hier vermag der Vergleich besonders zweckmäßig sein, weil er dazu geeignet ist, Bekanntes infrage zu stellen und den Blick auf Anderes oder nicht vertraute Entwicklungen zu lenken. Dieses Verfahren ist insbesondere in der Einstiegsphase des Unterrichts ertragreich. Allerdings können Vergleiche natürlich umgekehrt auch in der Absicht vorgenommen werden, das Eigene oder Bekannte zu bestätigen und zu bekräftigen.

Zum anderen ist die Methodenorientierung zu nennen. Zweck des Geschichtsunterrichts ist aus dieser Sicht weniger das Lernen von Inhalten als vielmehr das „Erlernen der logischen Figuren historischen Denkens“.[36] Der Vergleich ist ein besonders geeigneter Gegenstand, um Methodenlernen wie -reflexion im Geschichtsunterricht zu betreiben, weil er ein stark selektives Verfahren ist. Bei der Festlegung der Fragestellung, der Bestimmung der Vergleichsgegenstände und der Definition der Zielsetzung betreibt der Vergleich eine Auswahl, die zu begründen ist. Zudem ist es notwendig, den Vergleichsgegenstand einzugrenzen und nach Möglichkeit Teilbereiche für den Vergleich zu isolieren. Dabei ist in Kauf zu nehmen, dass historische Vergleiche gegenüber der historischen Narration (➛ Erzählen) den Stoff *vereinfachen.* Vergleiche streben nicht an, eine singuläre Geschichte möglichst vollständig zu erzählen. Dies vermögen sie nicht zu leisten. Vielmehr wählen sie einzelne Gesichtspunkte aus, isolieren diese nach Möglichkeit und beschränken sich bei der Behandlung des Stoffs auf einige wenige, allerdings präzise Fragestellungen. All diese Prozeduren, ohne die ein Vergleich gar nicht durchgeführt werden kann, vermögen den Schülerinnen und Schülern den Konstruktionscharakter von Geschichte klar vor Augen zu führen. Offenkundig ein Konstrukt, fordert der Vergleich geradezu zum Nachdenken über die methodische Vorgehensweise und die Frage, inwieweit die Methode die Ergebnisse der Untersuchung vorstrukturiert, heraus.

b) Inhaltsvergleiche

Bei der Durchführung des Vergleichs stellt sich die Frage, was verglichen werden soll und wie viele „Fälle" in den Vergleich einbezogen werden. Die Leistung, die ein Vergleich zu erbringen vermag, ist von der Anzahl der untersuchten Fälle abhängig. Typologisierungen oder Generalisierungen benötigen, sollen sie ein Ergebnis des Vergleichs sein, mehr Fälle, weil aus zwei Fällen allein noch nicht auf Allgemeines geschlossen werden kann. Die Gegenüberstellung von nur zwei Fällen ist wiederum besonders geeignet, um Schärfungen eines Einzelfalls vorzunehmen und seine spezifischen Konturen in ein klareres Licht zu rücken. Beschränkt sich der Vergleich auf zwei Fälle, so ist er auch leichter durchführbar. Ebenso kann der historische bzw. kulturelle Kontext der beiden Vergleichsgegenstände genauer aufgearbeitet werden, als wenn viele unterschiedliche Fälle betrachtet würden.

Bei der Frage, was verglichen wird, werden in der Literatur in erster Linie Strukturen, Verläufe („Revolutionen, Reichsbildungen"), Systeme und Ideologien sowie historische „Fundamentalprobleme" („Kriegsausbrüche und Minderheiten") genannt.[37] Noch heute ist der Bezugspunkt des Vergleichs im Geschichtsunterricht dabei meist die „Nation". In „Geschichte konkret 3. Ein Lern- und Arbeitsbuch" (Schroedel 1998) wird der Vergleich ausdrücklich für das Thema Nationen und Nationenbildungen im 19. Jahrhundert durchgeführt. In dem Kapitel „Nationen und Nationalstaaten bilden sich" werden drei Fallbeispiele vorgestellt, Frankreich, Italien und Deutschland. Die Arbeitsaufträge fordern die Schülerinnen und Schüler zum Vergleich auf. Die Arbeitsaufträge lauten: „Vergleicht, wie 1789 und wie 1871 ‚Nation' verstanden wurde"! „In welcher Weise hat sich das Nationsverständnis verändert? Vergleicht das amerikanische Nationalgefühl mit dem deutschen Nationalgefühl!". Das Kapitel 2.3 hat dann explizit „Nationen im Vergleich" zum Thema. Zu insgesamt fünf Ländern sollen die Schülerinnen und Schüler Merkmale zu der Frage „Was ist eine Nation?" in eine Tabelle eintragen. Die Vergleichsmerkmale lauten: Haben die Menschen eine gemeinsame Geschichte oder leben sie in getrennten Territorien? Haben sie eine gemeinsame Sprache und Kultur? Gehören alle einer Konfession an? Gehören sie dem gleichen Volk an? Gibt es eine zentralistische Gesetzgebung? Gibt es ein einheitliches Staatsgebiet? Gibt es unterdrückte Minderheiten? Schließlich wird in dem Buch der Vergleich auch für das Kontroversitätslernen genutzt, indem die Aussagen von drei Historikern zu der Frage, „Haben Nation und Nationalstaat heute noch eine Berechtigung?" nebeneinandergestellt werden.

Gegenwärtig wird in der Geschichtswissenschaft über neue Bezugsgrößen des Vergleichs nachgedacht. Statt von Gesellschaftsvergleichen, die zwar auf engere Teilausschnitte wie z.B. Regionen ausgerichtet sein mögen, deren Bezugspunkt jedoch letztendlich die Nation bleibt, ist heute von Zivilisationenvergleichen die Rede.[38] Als klassisches Beispiel eines Zivilisationenvergleichs gilt der Aufsatz über „Die Stadt" von Max Weber, der 1921 im „Archiv für Sozialwissenschaften und Sozialpolitik" erschien. Historische Zivilisationenvergleiche befassen sich mit einer begrenzten Zahl von Gesellschaften. „Unter Zivilisationen werden im allgemeinen gesellschaftliche Einheiten verstanden, die während ihrer Geschichte selten ein eigenes Machtzentrum besaßen, sondern polyzentral waren, aus mehreren

Nationalstaaten oder vornationalen politischen Einheiten bestanden, aber doch eine Einheit im Selbstverständnis und in den Erfahrungen ihrer Bewohner, in einer gemeinsamen Geschichte, in inneren Verflechtungen, in einer gewissen Ähnlichkeit, in kulturellen und gesellschaftlichen Besonderheiten im Vergleich mit anderen Zivilisationen und Großgesellschaften der Teilgesellschaften waren."[39] Der Zivilisationenvergleich verfolgt eine Reihe von typischen Fragestellungen. Es geht um die Gründe für die „welthistorische Pionierrolle Europas" sowie um die Beschreibung und Erklärung außereuropäischer „Modelle", um durch den Vergleich damit die eigene Zivilisation „klarer zu begreifen". Der Bezugspunkt des Zivilisationenvergleichs ist Europa. Er soll zeigen, dass „Europa als Ganzes eine Vergleichseinheit sein kann".[40] Somit richtet sich der Zivilisationenvergleich auch nach aktuellen politischen Vorgaben.

In Teilen der Geschichtswissenschaft wird erörtert, ob die Sozialgeschichte durch eine neue Kulturgeschichte abgelöst wird. Die neue Kulturgeschichte orientiert sich an der Anthropologie. Ihr Interesse gilt Differenz und Alterität, nicht den großen Strukturen oder der „Modernisierung". Der kulturgeschichtliche Vergleich zielt auf das Fremdverstehen. Ziel ist es, durch die geistige Auseinandersetzung mit anderen Gesellschaften und Kulturen ein besseres Verständnis für die Standortgebundenheit der eigenen Lebensweisen wie für andere kulturelle Daseinsweisen aufzubringen. Kultur wird dabei nicht, wie es in der Sozialgeschichte üblich ist, als eigener, abgegrenzter Objektbereich verstanden, der sich in den Museen, in den Lesegewohnheiten oder den Festen vergegenständlicht, sondern im Sinn des Kulturanthropologen Clifford Geertz als Gewebe aus Sinnsystemen und Bedeutungen. Kultur ist die Semantik einer Menschengruppe, der man durch hermeneutische Verfahren, die „dichte Beschreibung", beikommen will.

Der kulturgeschichtliche Vergleich hat ethnologische Verfahrensweisen zum Vorbild. Bevorzugte Themen sind nicht Nationen, Industrialisierungen oder Revolutionen, sondern Migrationen, Kulturkontakte oder Teile der außereuropäischen Geschichte.[41] Er ist nicht makrohistorisch oder strukturgeschichtlich angelegt, sondern er bevorzugt lokale Welten, kleine Vergleichsgegenstände oder auch „exotische Schaustücke"[42], die dem Bekannten in Bildern, konkreten Gegenständen oder musealen Repräsentationen gegenübergestellt werden. Der kulturgeschichtliche Vergleich ist bereits für untere Jahrgänge geeignet, während Zivilisationenvergleiche nur auf der Oberstufe erprobt werden können. Allerdings geht es auch in der Kulturgeschichte darum, den Stoff im historischen und kulturellen Kontext zu behandeln. Kulturgeschichtliche Vergleiche benötigen Veranschaulichungen. In Anlehnung an die Ethnologie kommen als Mittel dazu u.a. der „Rückgriff auf die persönlichen Erfahrungen" der Kinder und Jugendlichen, das „Anbieten einer Bezugsfigur aus der Fremdkultur", der Einsatz anschaulicher Medien sowie die Einbeziehung der „sinnlichen Erfahrungsebene" der Schülerinnen und Schüler durch praktische Übungen (Präsentationen; Gestaltung von Gegenständen) infrage.[43]

c) Medienvergleiche

Bislang war vom Vergleich der Inhalte die Rede. Jedoch bietet sich im Geschichtsunterricht auch die Möglichkeit anderer Gebrauchsformen des systematischen Vergleichs. Vor allem ist die Kontrastierung unterschiedlicher Medien zu nennen, hier wiederum in erster Linie die von Text- und von Bildmaterialien. Dem liegt die Überlegung zugrunde, dass Geschichte sich durch drei „Repräsentationsformen" darstellen lässt: „(...) als Handlung (aktiv: Rollenspiel), als Bild (ikonisch: Karikatur, Dokumentarfilm usw.) und durch die Verwendung von sprachlichen Zeichen (symbolisch: Schrift und gesprochene Sprache)."[44] (➤ Rollenspiel, Bildinterpretation, Gespräch) Die Schülerinnen und Schüler sollen diese Repräsentationsformen deuten und reflektieren lernen, wozu Vergleiche zwischen ihnen nützlich sein können.

Verschiedene Repräsentationsformen der Geschichte können im Vergleich betrachtet werden. Meist wird es sich dabei um schriftliche Texte und Bilder handeln. Bildmaterialien wie z.B. Fotos werden im Geschichtsunterricht häufig zur Illustration eines Textes eingesetzt. Dies ist aber insofern zu kurz gegriffen, als Geschichte nicht nur in Texten, sondern auch in anderen Quellenarten überliefert wird, Bilder besitzen einen eigenen „Aussagewert", und sie ergeben „eigenständige Aufschlüsse" über die Geschichte: „Als historische Quelle ergänzt ein Bild nicht nur den anderweitig erarbeiteten geschichtswissenschaftlichen Kenntnisstand, sondern kann über seinen historischen Dokumentensinn auch Erkenntnisse vermitteln, die aus anderen Quellen nicht zu erschließen sind."[45] Ein systematischer Vergleich von Text- und Bildmaterialien kann insofern nicht allein eigenständige Erkenntnisse über die Geschichte eröffnen, die sich aus Texten allein nicht erschließen oder gar in Gegensatz dazu stehen mögen. Der Vergleich kann auch zeigen, dass Bilder „zusätzliche Erkenntnischancen" wie umgekehrt auch Fehlerquellen bergen und dadurch zum Nachdenken über die scheinbare Authentizität des Bildes wie über das Verhältnis von Text und Bild anregen.[46] Dies zu analysieren, ist in der heutigen Mediengesellschaft ein wichtiges Anliegen des Unterrichts.

Der Medienvergleich kann für eine kritische Betrachtung der Quelle genutzt werden. Um einen kritischen Umgang mit Bildern zu üben, ist der Vergleich von „Doppelbildern" besonders geeignet. „Doppelbilder liegen vor, wenn ein historisches Ereignis bzw. ein historischer Sachverhalt von einem oder mehreren Künstlern auf ähnliche, aber nicht identische Weise in mindestens zwei Varianten dargestellt wird."[47] Dies gilt für Bilddokumente wie für schriftliche Quellen. Auch hier ist der Quellenvergleich ein praktikables Unternehmen, um die Schülerinnen und Schüler mit den unterschiedlichen Formen der Perspektivität in der Geschichte vertraut zu machen oder um Quellenkritik zu betreiben. Dabei muss nicht immer der Inhalt der Quellen verglichen werden. Mitunter kann es auch zweckmäßig sein, verschiedene Textfassungen ein und derselben Quelle zu kontrastieren und durch wortgenaues Lesen die Schülerinnen und Schüler zum sorgfältigen Umgang mit einem Text anzuhalten. Besonders die Übersetzungen fremdsprachiger Quellen sind hierfür geeignet. So wird z.B. eine Textstelle in einem Brief, den Simón Bolívar, ein Führer der lateinamerikanischen Unabhängigkeitsbewegung, 1815 schrieb, in deutschen Übersetzungen einmal als „gänzlich demokratische Regime", ein anderes Mal als „Systeme totaler Volksherrschaft" übersetzt.[48] Dieses Beispiel zeigt, wie die sprachliche Übersetzung die Aussage einer Quelle verändern kann. Abweichungen im Text, die die Schülerinnen und Schüler im Vergleich finden, bilden ein Mittel kritischer Quellenbetrachtung im Unterricht. Zu nennen sind in diesem Zusammenhang auch die gegenwärtigen Erörterungen über einen bilingualen Geschichtsunterricht. Dieser erweitert das Spektrum des historischen Vergleichs durch den Sprachvergleich, wofür es in den einzelnen Sprachwissenschaften viele Anregungen zur Verfahrensweise gibt. Allerdings muss der Sprachvergleich im Geschichtsunterricht dem Ziel des historischen Lernens untergeordnet bleiben.

VII. Handreichungen für den Vergleich

Im Geschichtsunterricht kann der systematische Vergleich als eigenständige Unterrichtseinheit angelegt sein oder aber nur in einzelnen Phasen einer Lerneinheit als Verfahren herangezogen werden. In beiden Fällen sind bei der Konzeption und Durchführung des Vergleichs verschiedene Schritte bzw. Gesichtspunkte zu beachten:

- Es gibt Missverständnisse über den Vergleich, die gegebenenfalls zu erörtern sind, weil sie den Vergleich in die Irre führen. Ein Missverständnis ist die Behauptung, die Vergleichsposition setze eine „Beobachterposition außerhalb der Beobachtungsgegenstände voraus", einen „Mindestabstand, der eine vergleichende Betrachtung erst ermöglicht".[49] Dies ist unzutreffend. Historische Vergleiche sind nicht neutrale Betrachtungen der Geschichte, sondern wie alle anderen Geschichtsdarbietungen auch eine konstruierte Geschichte. Ein anderes Missverständnis ist die Annahme, der Vergleich bezwecke, die verschiedenen Vergleichsgegenstände gleich gut kennen zu lernen. Das ist nicht der Fall. In der Regel bleibt eine, die „eigene" Geschichte Ausgangspunkt wie Zielpunkt des Vergleichs. Der zum Vergleich herangezogene Gegenstand dient als Kontrastfläche, ohne dass er in gleicher Ausführlichkeit und Tiefe in die Analyse einbezogen würde. So ist, um dies an einem Beispiel zu erläutern, für die nordamerikanische Geschichte im 19. Jahrhundert die These entwickelt worden, der typische Gewaltakteur in den USA sei der junge, ungebundene Heranwachsende männlichen Geschlechts gewesen. Diese These wurde nun benutzt, um die Gewalttat in Lateinamerika im 19. Jahrhundert zu analysieren.[50] Die Gewalttat in den USA wurde in diesem Fall also zur Betrachtung herangezogen, um eine Hypothese zu liefern, und die Auseinandersetzung mit dieser Hypothese diente wiederum dazu, die spezifischen Gegebenheiten in Lateinamerika genauer zu erfassen. Dieses Vergleichsverfahren, das nur ausschnittartig auf den Vergleichsgegenstand zurückgreift, ist in der Geschichtswissenschaft weit verbreitet und auch im Geschichtsunterricht praktikabel.
- Zu Beginn des Vergleichs sind seine Fragestellung und Zielsetzung eindeutig zu bestimmen. Ein Vergleich, der keine klare Fragestellung enthält und nicht genau weiß, was er „will", läuft zwangsläufig Gefahr, in „zusammenhanglose Fragen" zu zerfallen und unverbundene Ergebnisse zu liefern.[51] Grundlegend ist bei den Zielen zu entscheiden, ob der Vergleich Neues erkennen oder aber Bekanntes veranschaulichen und festigen soll; ob er ein Problem oder eine Fragestellung aufwerfen oder aber diese lösen bzw. beantworten soll; ob er die Besonderheit eines Gegenstands besonders deutlich herauszustellen oder aber allgemeine Muster oder Strukturen erkennen soll.
- Die Vergleichsgegenstände sind klar zu benennen und einzugrenzen. Auch ist die

Entscheidung zu treffen, ob ein oder mehrere Objekte zum Vergleich herangezogen werden. Ein Zwei-Objekte-Vergleich ist einfacher zu bewältigen als ein Mehr-Objekte-Vergleich. Die gewählten Vergleichsgegenstände müssen ein Mindestmaß an Vergleichbarkeit aufweisen, d.h. zumindest über einige ungefähr gemeinsame Merkmale verfügen, die für den Vergleich als wichtig angesehen werden und diesen *lohnenswert* erscheinen lassen. Dabei ist zu beachten, dass das Ergebnis des Vergleichs durch die Auswahl der Vergleichsgegenstände vorgeprägt wird. Ein Vergleich des Industrialisierungsprozesses in deutschen und französischen Revieren wird andere Ergebnisse erbringen als ein Vergleich zum gleichen Thema zwischen dem Ruhrgebiet und Katalonien. Ein Vergleich der physischen Gewaltanwendung in südafrikanischen Elendsvierteln mit der in brasilianischen Slums führt zu anderen Resultaten, als wenn eine dänische Kleinstadt das Vergleichsobjekt wäre.

- Für die Durchführung des Vergleichs ist die Fragestellung zu operationalisieren. Es müssen die Vergleichskategorien benannt werden, die angeben, was genau verglichen werden soll bzw. auf welche Merkmale des Gegenstands oder Daten sich der Vergleich bezieht. In sprachlich-begrifflicher Hinsicht sind eventuelle Bedeutungsverschiebungen mit zu berücksichtigen.
- Im Unterricht ist der Anstoß des Vergleichs zu überlegen. Im günstigsten Fall ergibt er sich aus der Schüleraktivität selbst, d.h. die Schülerinnen und Schüler stoßen auf ein Problem, eine offene Frage, einen Kontrast, der ihr Interesse weckt und zu einer vergleichenden Betrachtung eines Problems führt. Ebenso können die Lehrenden den Vergleich als Aufgabenstellung vorgeben. Die Lehrenden können sich dazu das Prinzip kognitiver Dissonanz zu Nutzen machen und auf diese Weise versuchen, schülerorientierte Lernprozesse anzustoßen.
- Grob gegliedert umfasst der Vergleich Operationen des Beobachtens und Fragens, des Analysierens, Deutens und Auswertens. Ein Vergleich, der von der Hypothesenbildung ausgeht, könnte folgenden Aufbau besitzen: Vergleichende Materialbetrachtung und Problemanalyse, Hypothesenbildung, Eingrenzung und Festlegung der für den Vergleich relevanten Daten, Wechsel von vergleichender Dateninterpretation und Hypothesenprüfung.[52] Vergleiche, die ihren Ausgang bei einem Begriff (Nation, Revolution, Kolonialisierung usw.) nehmen, könnten nach folgendem Fragemuster verlaufen: Wie ist der Begriff zu definieren? Wie stellt sich die durch den Begriff repräsentierte Struktur bzw. Entwicklung im einen, wie im anderen Fall dar? Welche Gemeinsamkeiten und welche Unterschiede gibt es? Wie sind die Differenzen zu erklären? Wie tauglich sind allgemeine Begriffe zur Beschreibung lokaler Geschichte?
- Im Unterricht kann der Vergleich in unterschiedlichen Phasen zur Anwendung kommen. Besonders geeignet ist der Vergleich für die Problemfindungsphase. Der Kontrast mit Bekanntem, die Gegenüberstellung von Materialien, der Hinweis auf Anderes oder Ausnahmen können dazu dienen, Fragestellungen aufzuwerfen und Problembereiche zu identifizieren, die genauer betrachtet werden sollen. Der Vergleich taugt insofern für das forschende und entdeckende Lernen. Der Vergleich benötigt auch eine systematische Zusammenfassung und Auswertung der Ergebnisse, die in unter-

schiedlichen Sozialformen (Unterrichtsgespräch; Schreiben eines Textes; Rollenspiel) stattfinden kann und entweder als eine eigene Phase im Unterrichtsprozess angelegt oder aber so gestaltet ist, dass die Schülerinnen und Schüler beständig zwischen der Fragestellung, der Bearbeitung des Themas und der Sichtung und Erörterung der Ergebnisse pendeln. Die Ergebnisse sind zu ordnen, gegeneinander abzuwägen und auf die Ausgangsfragestellung oder Eingangshypothese rückzubeziehen.

- Im methodenorientierten Geschichtsunterricht ist der Vergleich selbst Gegenstand der Betrachtung. Dies kann in einer abschließenden Analyse oder aber parallel zum Vergleichsvorgang selbst geschehen. Bereits einfache Fragen wie: Was haben wir für den Vergleich ausgewählt? Warum haben wir diese Auswahl getroffen? Wäre das Ergebnis ein Anderes, wenn andere Fälle miteinander verglichen würden? Vereinfacht der Vergleich Geschichte? sind geeignet, das erforderliche Nachdenken über den Vergleich anzuregen. Vor allem sollen die Schülerinnen und Schüler am ausgewählten Beispiel erörtern, welche Aspekte des Gegenstands ihnen durch den Vergleich vor Augen geführt werden, welche nicht. Wie alle methodischen Verfahren prägt auch der Vergleich seine Ergebnisse vor. Davon sollen sich die Schülerinnen und Schüler am konkreten Beispiel ein Bild machen. Am Schluss steht die Frage, ob der Vergleich sich *gelohnt* hat, besteht die wichtigste Legitimierung der Vergleichsmethode gegenüber anderen Verfahrensweisen doch darin, dass sie Erkenntnisse zu erbringen vermag, die *nur* durch den Vergleich sichtbar gemacht werden, andernfalls aber der Aufmerksamkeit des Betrachters entgingen.

VIII. Fazit

Der historische Vergleich ist geeignet, historisches „Möglichkeitsbewusstsein" zu schaffen. Er hat Anteil daran, Differenz und Alterität zu konstituieren. Ohne den Vergleich gäbe es keinen Gegenwartsbezug im historischen Lernen. All dies macht ihn didaktisch interessant. Weil er zudem ein Verfahren darstellt, das die Schülerinnen und Schülern einerseits automatisch praktizieren, das andererseits als wissenschaftliches Verfahren besondere Anforderungen stellt, eignet sich der Vergleich auch besonders gut als Gegenstand der Methodenbetrachtung im Geschichtsunterricht. Unter dem Strich sprechen somit einige Gründe dafür, den Vergleich systematischer als bisher als Chance historischen Lernens zu nutzen – ohne dass der Geschichtsunterricht deshalb zur Komparatistik werden soll.

Anmerkungen

1 Vgl. Bernsdorf, Wilhelm (Hrsg.), Wörterbuch der Soziologie, Stuttgart 1969, S. 493.
2 Schulz-Hageleit, Peter, Wie lehrt man Geschichte heute?, Heidelberg 1977, S. 140.
3 Ebd.
4 Haupt, Heinz-Gerhard; Kocka, Jürgen, Historischer Vergleich: Methoden, Aufgaben, Probleme. Eine Einleitung, in: Geschichte und Vergleich. Ansätze und Ergebnisse international vergleichender Geschichtsschreibung, hrsg. v. dies., Frankfurt, New York 1996, S. 9-45.
5 Vgl. Meyers, Peter, Methoden zur Analyse historisch-politischer Schulbücher, in: Studien zur

Methodenproblematik wissenschaftlicher Schulbucharbeit, hrsg. v. E. Horst Schallenberger, Kastellaun 1976, S. 44-73, S. 51.

6 Eichberg, Ekkehard, Über das Vergleichen im Unterricht, Hannover 1972. Einzelne Beispiele stammen aus der deutschkundlichen Literatur der 1920er Jahre.

7 Ballauf, Theodor; Schaller, Klaus, Pädagogik. Eine Geschichte der Bildung und Erziehung, Bd. III, Freiburg/München 1973, S. 198.

8 Rohlfes, Joachim, Geschichte und ihre Didaktik, 2. erw. Aufl., Göttingen 1997, S. 231.

9 Vgl. den Beitrag von Gerhard Schneider in diesem Band.

10 Lexikon für den Geschichtsunterricht, hrsg. v. Niemetz, Gerald, Freiburg/Würzburg 1984, S. 197.

11 Grammes, Tilman, Exemplarisches Lernen, in: Handbuch politische Bildung, hrsg. v. Sander, Wolfgang, Schwalbach 1997, S. 49-62, S. 58.

12 Krieger, Rainer, Transfer, in: Handbuch der Geschichtsdidaktik, hrsg. v. Bergmann, Klaus, u.a., 5. Aufl., Seelze 1997, S. 472-475, S. 473.

13 Fina, Kurt, Geschichtsmethodik. Die Praxis des Lehrens und Lernens, 2. Aufl., München 1973, S. 63.

14 Siehe z.B. Lampe, Klaus, Historisch-politischer Unterricht: zwei Beispiele, Kastellaun 1977. Die Beispiele sind der Kapp-Putsch bzw. Ruhraufstand 1920 und der Militärputsch in Chile 1973.

15 Schulze, Winfried, Einführung in die Neuere Geschichte, 2. Aufl., Stuttgart 1991, S. 275.

16 Mitter, Wolfgang, Vergleichende Methoden, in: Taschenbuch der Pädagogik, Bd. 2, hrsg. v. Hierdeis, Helmwart; Hug, Theo, 4. Aufl., Baltmannsweiler 1996, S. 641-65, S. 643.

17 Schieder, Theodor, Möglichkeit und Grenzen vergleichender Methoden in der Geschichtswissenschaft, in: ders.: Geschichte als Wissenschaft. Eine Einführung, München/Wien 1965, S. 195-219, S. 201 ff.

18 Ebd., S. 206 f.

19 Als Überblick siehe Kaelble, Hartmut, Vergleichende Sozialgeschichte des 19. und 20. Jahrhunderts. Forschungen europäischer Historiker, in: Jahrbuch f. Wirtschaftsgeschichte 1 (1993), S. 173-193.

20 Paulmann, Johannes, Internationaler Vergleich und interkultureller Transfer, in: Historische Zeitschrift 267 (1998), S. 649-685, S. 654.

21 Vgl. Aufgabe und Gestaltung des Geschichtsunterrichts, hrsg. v. Krieger, Herbert, 5. Aufl., Frankfurt/M. u.a. 1969, S. 316.

22 Kaelble, Hartmut, Der historische Vergleich – eine Einführung zum 19. und 20. Jahrhundert, Frankfurt/New York 1999, S. 19, S. 21.

23 Zit. nach Nohlen, Dieter, Lexikon der Politik, Band 2, München 1994, S. 508 f.

24 Zit. nach Kaelble (wie Anm. 22), S. 46.

25 Ebd., S. 31 f.

26 Ebd., S. 144.

27 Ebd., S. 105.

28 Siehe Haupt/Kocka (wie Anm. 4), S. 35.

29 Schmelzer, Albert, Entwicklungspsychologie und Kulturentwicklung im Anfangsunterricht, in: Praxis Geschichte 3 (2003), S. 6-11, S. 7.

30 Siehe dazu auch von Reeken, Dietmar, Historisches Lernen im Sachunterricht, Seelze 1999.

31 Pandel, Hans-Jürgen, Zur Genese narrativer Kompetenz, in: Zur Genese historischer Denkformen. Qualitative und quantitative empirische Zugänge, hrsg. Borries, Bodo von; Pandel, Hans-Jürgen, Pfaffenweiler 1994, S. 99-121, S. 119.

32 Eichberg (wie Anm. 6), S. 98.

33 Vgl. Schott, Franz, Aktuelle Stufentheorien der kognitiven Entwicklung, in: Angewandte Entwicklungspsychologie des Kindes- und Jugendalters, hrsg. v. Hetzer, Hildegard, u.a., 3. Aufl., Heidelberg,Wiesbaden 1995, S. 122-135.

34 Vgl. Bergmann, Klaus, Multiperspektivität. Geschichte selber denken, Schwalbach 2000; Niethammer, Lutz, Über Kontroversen in der Geschichtswissenschaft, in: Geschichtsbewusstsein und historisch-politisches Lernen, hrsg. v. Schneider, Gerhard, Pfaffenweiler 1988.

35 Kotre, John, Der Strom der Erinnerung. Wie das Gedächtnis Lebensgeschichten schreibt, München 1995, S. 133.
36 von Borries, Bodo, Notwendige Bestandsaufnahme nach 30 Jahren?, in: GWU 50 (1999), S. 268-281, S. 277.
37 Rohlfes (wie Anm. 8), S. 241.
38 Osterhammel, Jürgen, Sozialgeschichte im Zivilisationsvergleich. Zu künftigen Möglichkeiten komparativer Geschichtswissenschaft, in: Geschichte u. Gesellschaft 22 (1996), S. 143-164; Kaelble, Hartmut, Der historische Zivilisationsvergleich, in: Diskurse und Entwicklungspfade. Der Gesellschaftsvergleich in den Geschichts- und Sozialwissenschaften, hrsg. v. Kaelble, Hartmut; Schriewer, Jürgen, Frankfurt/M., New York 1999, S. 29-52.
39 Kaelble (wie Anm. 38), S. 33.
40 Ebenda, S. 39, S. 45.
41 Alavi, Bettina, Von der Theorie zur Praxis interkulturellen Geschichtslernens, in: GWU 52 (2001), S. 325-331, S. 325 f.
42 Wolff, Stephan, Die Anatomie der Dichten Beschreibung, in: Zwischen den Kulturen? Die Sozialwissenschaften vor dem Problem des Kulturvergleichs, hrsg. v. Matthes, Joachim, Göttingen 1992, S. 339-361, S. 354.
43 Zit. nach: Unger-Heitsch, Helger (Hrsg.), Ethnopädagogik als konkrete Hilfe in Schule und Gesellschaft, Münster 2001, S. 161.
44 Pandel, Hans-Jürgen, Schneider, Gerhard (Hrsg.), Medien im Geschichtsunterricht, Düsseldorf 1985, S. 16.
45 Wohlfeil, Rainer, Methodische Reflexionen zur Historischen Bildkunde, in: Historische Bildkunde. Probleme-Wege-Beispiele, hrsg. v. Tolkemitt, Brigitte; Wohlfeil, Rainer, Berlin 1991, S. 17-35, S. 18.
46 Vgl. Talkenberger, Heike, Von der Illustration zur Interpretation: das Bild als historische Quelle, in: Zeitschrift für Historische Forschung 3 (1994), S. 289-313; Wohlfeil, Rainer, Das Bild als Geschichtsquelle, in: Historische Zeitschrift 243 (1986), S. 91-100.
47 Kaufmann, Günter, Doppelbilder – Anregungen zum Umgang mit historischen Bildquellen, in: GWU 43 (1992), S. 659-680, S. 661.
48 Vgl. Quellen und Dokumente zur Geschichte Lateinamerikas, Stuttgart 1970, S. 55, bzw. Simón Bolívar. Reden und Schriften zu Politik, Wirtschaft und Gesellschaft, hrsg. v. König, Hans-Joachim, Hamburg 1984, S. 32.
49 Siehe Werner, Michael; Zimmermann, Bénédicte, Vergleich, Transfer, Verflechtung, in: Geschichte und Gesellschaft 28 (2002), S. 607-636, S. 610.
50 Keil, Hartmut; Riekenberg, Michael, Ein Vergleich der Gewalt in den USA und Lateinamerika im 19. Jahrhundert, in: Comparativ. Leipziger Beiträge zur Universalgeschichte und vergleichenden Gesellschaftsforschung,(2002), H. 2, S. 100-136.
51 Vgl. Eichberg (wie Anm. 6), S. 101.
52 Vgl. Mitter (wie Anm. 16), S. 644.

3. Kommunikationsformen

Birgit Wenzel

Gesprächsformen

1. Einleitung

Moderner Geschichtsunterricht lebt aus einer Fülle von Methoden, die sich in ihrer Vielfalt sinnvoll ergänzen. Unabhängig davon, welche Methode in einer einzelnen Lernsequenz dominiert, werden Gespräche zumindest begleitend oder als Teilelement eine wichtige Rolle spielen. Sie bilden den Ort, an dem Absprachen laufen, Ergebnisse zusammenfließen, neue Ziele vereinbart werden und vieles andere mehr.

Darüber hinaus kann das Gespräch auch als eigenständige Methode gelten, die sich in vielen Unterrichtszusammenhängen anbietet, um Geschichte zu lernen, zu vertiefen und zu verarbeiten. Das Gespräch ist sogar (in seinen verschiedensten Ausprägungen) die häufigste zur Anwendung kommende Methode, wie Unterrichtserfahrungen und Untersuchungen unter Beweis stellen (vgl. Hage u.a. 1985; Wiechmann 2000, 11). Dabei kommt jedoch überwiegend die fragend-entwickelnde Methode zum Tragen, bei der die Schülerinnen und Schüler auf viele, kurz aufeinanderfolgende Lehrerfragen die „richtigen„ Antworten zu geben versuchen.

Trotz der faktischen Dominanz der Methode „Unterrichtsgespräch„ gibt es in der fachdidaktischen Literatur eher wenig ergiebige oder gründliche Auseinandersetzungen. So findet sich auch im Handbuch der Geschichtsdidaktik von 1985 noch kein eigenständiger Beitrag zu diesem Thema. Das Unterrichtsgespräch wird lediglich knapp von Bernhard Unckel unter der Thematik der Arbeitsformen verhandelt (vgl. Unckel 1985, 424 f.). Ausführliche Beiträge sind bei Kurt Fina (1978) und Birgit Wenzel (1995) nachzulesen.

In diesem Aufsatz soll es, über die häufig noch dominante Unterrichtspraxis von „Frage-Antwort"-Ritualen hinaus, um die Potenziale des Gesprächs als Methode für den Geschichtsunterricht gehen sowie vor allem um vielfältige praxisrelevante Überlegungen und Anregungen.

Ein Gespräch ist immer ein Ort der Begegnung. Es kann ein Brennpunkt sein, in dem die Individualitäten einander begegnen, um in Beziehung miteinander zu treten. Im Gespräch kann sich das Individuum zur Geltung bringen, es muss sich aber auch mit anderen auseinander setzen, in einen Gedankenaustausch begeben. Im Gespräch wird gesammelt, verglichen, vermittelt, gestritten, nachvollzogen, verschmolzen, abgegrenzt. Nicht Harmonisierung um irgendeinen Preis gilt es anzustreben. Ob Konsens, Kompromiss oder Dissens erreicht wird, das bleibt dem Gesprächsprozess vorbehalten. Nach dem Motto „Der Weg ist das Ziel" können im Gespräch die Fäden der vorangegangenen individualisierenden Aneignungsformen wieder zusammenlaufen. Nicht Einzelkämpfertum, sondern Kommunikations- und Kooperationsfähigkeit werden gefördert, Klärungen finden statt, und ein gutes Gespräch ergibt durch den (Wissens-) Austausch und die gegenseitige

Befruchtung der Gedanken mehr als die Summe der Einzelüberlegungen oder -beiträge. Das, was heterogen, was multikulturell in einer Lerngruppe vorhanden ist, kann im Gespräch „ins Gespräch" kommen, muss nicht mehr zusammenhangslos nebeneinander bestehen bleiben.

Im Idealfall, in dem sich die Dialogteilnehmer gleichermaßen auf die Geschichte wie aufeinander einlassen, ermöglichen Gespräche also eine mehrdimensionale Beziehungsaufnahme und -vertiefung, nämlich die zwischen dem Schüler-Ich und seinen Gesprächspartnerinnen und -partnern auf der einen Seite und die zwischen dem Individuum und dem geschichtlichen Stoff auf der anderen Seite, wie es die folgenden Skizze veranschaulicht (vgl. Wenzel 1995, 61ff.).

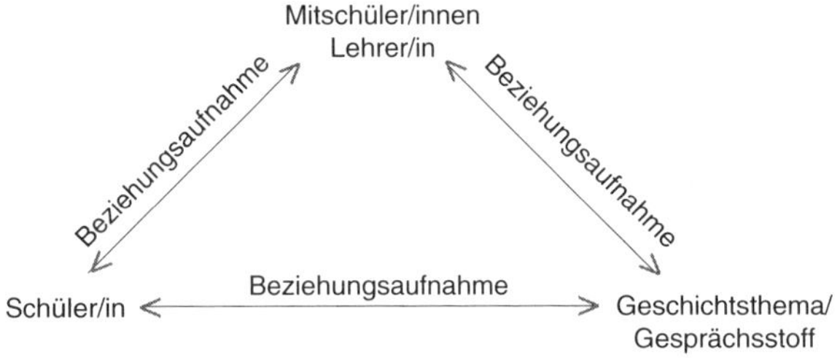

Nicht nur aus allgemeindidaktischen Überlegungen, sondern gerade auch in fachdidaktischer Hinsicht haben Gespräche eine besondere Bedeutung für das historische Lernen.

- Zunächst ist das Gespräch der zweckdienlichste Ort, an dem das Verständnis, das Schülerinnen und Schüler über Geschichte haben, sichtbar werden kann. Hier kann die Lehrerin oder der Lehrer durch Zuhören und Nachfragen feststellen, welches Wissen, aber auch welche Vorurteile, welche Unsicherheiten und Fragen die Lernenden im Blick auf das Geschichtsthema haben, über welche Urteile und Kategorien sie verfügen, mit welchen Begriffen und welcher Sprache sie umgehen. Gesprächsbeiträge sind so gesehen Offenbarungseide der Teilnehmenden und sie ermöglichen es, den weiteren Unterricht adressatenspezifisch zu planen und zu organisieren.
- Des Weiteren spielen aktuelle Probleme, Wünsche und Fragen von Kindern und Jugendlichen wie die nach Frieden, Stabilität, Wohlstand usw. auch in der Geschichte quer durch alle Epochen eine wesentliche Rolle. Im Gespräch können sich Gegenwart und Historie mit ihren verallgemeinerbaren wie mit ihren spezifischen Fragen, mit ihren Antworten, ihren Handlungskonzepten und ihrem Scheitern begegnen und „zur Sprache kommen", um sich gegenseitig kennen zu lernen und zu bereichern.
- Nicht zuletzt benötigen Kinder und Jugendliche aber auch die Fähigkeit, Orientierungen und Werte bzw. deren Mangel in unterschiedlichen Gesellschaftsordnungen in Vergangenheit und Gegenwart zu erkennen und sie zu bewerten, um für sich Rückschlüsse ziehen zu können. Hierfür bildet, auf solide erarbeiteten historischen Kenntnissen basierend, ein bewertendes, beurteilendes Gespräch die ideale Methode (➤ Gegenwarts- und Zukunftsbezug)

2. Unterrichtliche Kommunikationsstruktur

Geht man von Erfahrungen in Gesprächen außerhalb von Unterrichtssituationen aus, so kann man viele Variablen summieren, die zu gelingenden, konstruktiven Kommunikationssituation beitragen. Dazu gehören die Gleichberechtigung und die Mündigkeit der Kommunikationspartner, gleiches Frage- und Rederecht, die Fähigkeit zur wechselseitigen Perspektivübernahme und vieles andere mehr.

Die Rollenverteilung in Unterrichtssituationen ist jedoch in der Praxis nie so ideal anzutreffen, sie ist vielmehr komplementär angelegt. Ein in der Regel „überlegener" Gesprächspartner, die Lehrerin oder der Lehrer, vertritt zunächst eine Machtposition, die zur Benotung verpflichtet (institutionelle Ebene). Hinzu kommen ein umfangreiches Wissen im Blick auf die Gesprächsinhalte sowie ausgebildete und eingeübte Kompetenzen die Gesprächsführung, begründendes Argumentieren etc. betreffend (berufliche Ebene). Schließlich tragen auch das Lebensalter und die damit einhergehenden Lebenserfahrungen (personale Ebene) zum Ungleichgewicht bei. Diese Voraussetzungen führen zu einer asymmetrischen Kommunikationsstruktur, die durch einen hierarchisch organisierten Unterricht unterlegt ist. Sich dieser Gesprächsbedingungen und der einhergehenden Rollenbilder bewusst zu sein ist wichtig, um weder den Schülerinnen und Schülern noch sich selbst eine Scheingleichheit vorzumachen.

Im gemeinsamen Gespräch kann es dennoch zu fruchtbaren Begegnungen zwischen Schülerwelten und Lehrerwelt kommen, die zu gegenseitigem Verständnis und zur Erweiterung der eigenen Erfahrungswelt führen. Auch bleibt für die Lehrerrolle im Gespräch Spielraum, und auf der Metaebene können mit Lerngruppen Absprachen getroffen werden wie z.B. im Blick auf den Grad der Lehrerbeteiligung bzw. –zurückhaltung oder hinsichtlich der Gesprächsleitung, die auch durch eine Schülerin oder einen Schüler erfolgen kann. Der folgende Abschnitt gibt hierzu weitere Hinweise.

3. Zur Lehrerkompetenz und -haltung im Unterrichtsgespräch

Gerade im hierarchisch orientierten Unterricht ist der Erfolg oder Misserfolg von Gesprächen in hohem Maße abhängig von der Geschicklichkeit der Lehrenden. Von ihrer Steuerung, ihrer Geistesgegenwart, Beweglichkeit und Flexibilität, von ihren Vorgaben für Thema und Rahmen, von ihren Denkanstößen und nicht zuletzt von ihren Moderationsfähigkeiten hängt es ab, wie ergiebig, dynamisch oder „trocken" Unterrichtsgespräche verlaufen. Auf ihre Kompetenz der Gesprächsvorbereitung und –führung ist also zu achten.

Dabei sind die Begriffe der Gesprächsleitung und der Gesprächsmoderation deutlich voneinander zu unterscheiden. Schauen wir uns zunächst die Leiterin und den Leiter, also in der Regel die Geschichtslehrerin und den Geschichtslehrer an. Sie sind inhaltlich beteiligt, bewerten, verstärken, lassen ihre Priorität erkennen, lenken, blocken ab – kurz – sie lassen die Führung nicht aus der Hand. Dies ist für die meisten unterrichtlichen Zusammenhänge auch sinnvoll und entspricht der hierarchisch organisierten Struktur von Unterricht.

Anders verhält es sich bei einem Moderator bzw. einer Moderatorin von Gesprächen. Sie sind inhaltlich unparteiisch und fördern vor allem eine Gesprächsgruppe so, dass sie das für sich selbst erkannte Ziel effizient und unter Gleichberechtigung der Teilnehmenden erreichen kann. Moderation konzentriert sich auf die Prozesse, bringt sinnvolle Methoden, Verfahren und Visualisierungen ins Spiel. Geschickte Moderatoren begleiten ein Gespräch und dominieren es nicht, sie führen eher Hebammenkünste aus; die eigentliche Arbeit bleibt der Gesprächsgruppe vorbehalten.

Auch für den Geschichtsunterricht lässt sich der Idealfall denken, bei dem die Schülerinnen und Schüler bei erheblicher sachlicher und hoher kommunikativer Kompetenz ihre Inhalte und Gesprächsziele selbstständig herausfinden und die Lehrperson von der Leitung, der Lenkung eines Gesprächs immer stärker zur Moderation übergehen kann. Bestimmte Gesprächsformen, die besonderen Regeln folgen wie die Debatte (vgl. Anne Sliwka 2001) oder das Pro-und-Kontra-Gespräch, erfordern ohnehin einen besonderen, ritualisierten Ablauf.

Desgleichen lässt sich jedoch auch für eine große Spannweite „gewöhnlicher" Gespräche im Geschichtsunterricht von der Moderationstechnik viel Zweckdienliches übernehmen (vgl. Hartmann, Funk u. Arnold 2000, bes. S. 136).

Nützliche Hinweise aus der Moderationstechnik für die Lehrerin und den Lehrer als Leiter von Unterrichtsgesprächen:

- die Gruppe ermutigen, sich brauch- und umsetzbare Gesprächsregeln zu geben und sie einzuhalten,
- für die mögliche Teilnahme der gesamten Gruppe und auch die Motivation der „Stillen" Sorge tragen,
- alle Teilnehmerinnen und Teilnehmer gleich wertschätzen,
- die Gruppenziele (im Sinne der Themenstellung bzw. der Gesprächsform) im Auge behalten und daran erinnern, wenn die Gruppe hiervon abweicht,
- gewährleisten, dass sich die Gruppe die Gesprächsabläufe bewusst macht,
- auf die eigene Zurückhaltung und eine fragende (keine behauptende!) Haltung achten, so dass der Gesprächslauf aktiviert wird,
- Wiederholungen, also Spiegelungen der Äußerungen und Meinungen beisteuern, um den Gesprächsprozess transparent zu machen und voran zu bringen,
- eine Impulstechnik anwenden, die eher offen strukturiert ist und divergente Beiträge herausfordert,
- Visualisierungstechniken anwenden.

Eine weitere Regel der Moderation jedoch, eine sehr wesentliche dazu, soll hier kritisch beleuchtet werden. Sie lautet, dass die Moderation sich jeglicher eigener Ziele, Wertungen und Meinungen enthält, auf jede Bewertung verzichtet, über kein inhaltliches „Richtig" oder „Falsch" befindet und sich somit in der Sache raushält. Diese für Teamsitzungen sicher relevante Vorgabe stößt im unterrichtlichen Zusammenhang, zumal im Geschichtsunterricht, an seine Grenzen. Die Schülerinnen und Schüler haben das Recht und die Lehrenden die Pflicht, unkorrekte Behauptungen oder Zusammenhänge richtig zu stellen und z.B. Diffamierungen (wie antisemitische oder antirassistische Äußerungen) nicht unkommentiert stehen zu lassen.

Je nach Gesprächsform kann jedoch auch für Unterrichtsgespräche gelten, dass sich alle, folglich auch die Lehrerin und der Lehrer, in ein Gespräch einbringen; so, wenn es beispielsweise um persönliche Erfahrungen oder Bewertungen geht. In diesem Fall sollte die Lehrkraft als gleichberechtigtes Mitglied der Gesprächsgruppe gelten und agieren.

Zur angestrebten Offenheit und Transparenz jeder Gesprächssituation gehört es, dass die Lehrkraft deutlich macht, wann sie Fragen, wann sie Fakten oder wann sie ein persönliches Urteil zum Gespräch äußert. Steuerungs- und Bewertungsaussagen sollten als solche zu erkennen sein und Dominanz nicht im Sinne einer Überwältigung ausgenutzt werden.

Diese Bereiche der Gesprächsleitung (bis hin zur –moderation) erfordern, wie vor allem in der Praxis auszumachen ist, eine kompetente und sensible Lehrerpersönlichkeit.

Unabhängig davon, wie fachkundig und selbstständig eine Lerngruppe arbeiten kann, sollte es *Ziel der Lehreraktivität* sein, die Gruppe so anzuleiten und zu unterstützen, dass sie

- auf den historischen Inhalt konzentriert,
- zielgerichtet im Blick auf die leitende Themen- oder Fragestellung,
- im Umgang mit der Lehrperson und miteinander möglichst störungsfrei diskutieren und
- bei auftretenden Störungen (meist auf der Beziehungsebene) diese bearbeiten und beheben kann.

Für den Geschichtsunterricht ergeben sich weitere, spezifische Lehrerkompetenzen.

Checkliste für die Lehrerin und den Lehrer zur Vorbereitung, Durchführung und Auswertung eines Gesprächs:

- *Selbstbefragung*, in der die Lehrerin oder der Lehrer die persönliche Nähe, Betroffenheit etc. zum Gesprächsthema für sich klärt.
- *Einschätzen der Lerngruppe* und ihrer Kompetenzen im Blick auf ihre Vorkenntnisse, ihre Gesprächs- und allgemeinen Verhaltenskompetenzen; hierzu zählt auch das Einbeziehen der augenblicklichen Gruppensituation und daraus evtl. resultierender Streitigkeiten, die sich auf die Gesprächskultur auswirken werden.
- Festlegung der *Funktion des* geplanten *Gesprächs* und damit zusammenhängend die des Gesprächstyps (vgl. unten).
- Formulieren eines angemessenen *Themas* (vgl. unten).
- Wahl einer angemessenen *Sitzordnung* (vgl. unten).
- Entscheidung über einen geeigneten *Einstieg* oder eine passenden Einstimmung, die dem historischen Gegenstand und der Motivationslage der Schülerinnen und Schüler gerecht wird; dazu gehören auch aktivierende Maßnahmen zu Beginn (vgl. unten).
- Klären der *Gesprächsregeln* vor dem Gespräch und das Achten auf deren Einhaltung während des Verlaufs (vgl. unten).
- *Visualisieren* wichtiger Ergebnisse im Verlauf (vgl. unten).
- Initiierung einer *auswertenden Phase*, die drei Aspekte unterscheidet: Zum einen sollten die inhaltlichen Ergebnisse summiert, neu entstandene Fragen strukturiert

und die weitere inhaltliche Arbeit besprochen werden. Zum zweiten sollte auch die (inhaltliche) Effizienz des Gesprächs eine Bewertung durch die Gruppe erfahren. Zum dritten bedarf auch die Gesprächskultur, also der Grad der Beteiligung, die Art des Miteinander etc. der Auswertung.

4. Funktionen und Formen von Gesprächen im Geschichtsunterricht

Gespräche dienen in der Regel nicht vorrangig der Vermittlung neuer Unterrichtsinhalte, sondern gehören eher zu den Methoden, die der Verständigung, dem Verweilen bei einem Thema, auch dem Überprüfen, vor allem dem Vertiefen sowie dem Transfer dienen. Damit Gespräche keine „Laberveranstaltungen" werden, ist es notwendig, sich jeweils ihrer spezifischen Funktion und damit ihrer Zielsetzung im Gesamtgefüge des Unterrichts klar zu werden.

Die Anordnung in der folgenden Tabelle orientiert sich pragmatisch am Ablauf einer Unterrichtseinheit, bei der zu Beginn verstärkt ein Sich-Verständigen, Suchen und Planen stehen werden und bei der es erst zum Ende hin um ein Überprüfen, Debattieren, Werten und Beurteilen gehen wird.

FUNKTIONEN UND ZIELE VON GESPRÄCHEN	GESPRÄCHSFORMEN (-TYPEN) (BEISPIELE)
Suchen, **Sammeln** und **Festlegen** von Fragestellungen, Untersuchungsschwerpunkten, Detailthemen, Arbeitsweisen etc., gemeinsames **Planen**	Planungsgespräch
Verständigung und **Klärung** über und **Austausch** von Vorwissen, Meinungen, fehlenden Informationen, vorhandenen Vorurteilen, offenen Fragen etc.	Informationsgespräch, Sachklärungsgespräch
Vorgabe von Informationen als Grundlegung (mit eingestreuten Fragen von Schüler- und Lehrerseite)	Lehrgespräch
Integrieren von z.B. in Einzel- oder Partnerarbeit gewonnenen Informationen	Arbeitsgespräch
Vergewisserung über den erreichten (Wissens-)Stand, über Übereinstimmungen oder Differenzen zwischen den Teilnehmenden, über das weitere Vorgehen etc.	Reflexionsgespräch
Auswerten von (Zwischen-)Ergebnissen etc.	Auswertungsgespräch
Kontroversen austragen	Streitgespräch
Nachweisen bzw. **Überprüfen** von Gelerntem	Prüfungsgespräch, katechisierendes Gespräch
Positionen, die sich voneinander unterscheiden, vortragen, begründen, gegeneinander abgrenzen u. zu einer wertenden **Abstimmung** gelangen	Debatte, Pro-und-Kontra-Gespräch
Transfer bilden, Übertragen u. Vergleichen v. Erkenntnissen (verschiedene geschichtliche Epochen bzw. Geschichte u. Gegenwart betreffend)	Diskussion, sokratisches Gespräch
Einschätzung und **Beurteilung** von Vorgaben, Fakten, Ansichten, Ergebnissen, Werten, Normen etc., **Orientierungen** für persönliche Überzeugungen und Handlungen diskutieren und definieren	Problemlösungsgespräch, Beurteilungsgespräch, Bewertungsgespräch, Diskussion
Einschätzung der Lernleistungen, des Kommunikationsstils, der Gesprächserträge etc.	Metagespräch

Von der Funktion des Gesprächs wird es abhängen, wie das Gespräch gestaltet ist, an welcher Stelle des Unterrichts es erfolgt. Seine Dauer wird hierdurch bestimmt sein, die Impulsgebung wird darauf ausgelegt sein, die Art der Leitung wird sich hieraus ergeben, die Gruppengröße wird entsprechend angepasst sein usw.

Mit anderen Worten: Erst, wenn entschieden ist, *warum* ein Gespräch geführt wird und *wozu* es dienen soll, werden die anderen Entscheidungen, die hier angedeutet wurden, getroffen werden. Insofern ist es als wichtiger zu erachten, die Funktion(en) und damit die Zielsetzung(en) eines Gesprächs zu benennen, als dem Gespräch einen bestimmten „Namen" (wie Informationsgespräch) zu geben.

Unabhängig davon, welche Funktion(en) ein Gespräch im Einzelfall übernehmen soll, ist es sinnvoll, ja notwendig, dass hierüber zwischen Lehrenden und Lernenden eine Verständigung erfolgt. Es macht folglich wenig Sinn, Gesprächsphasen mit Frageimpulsen wie „Womit haben wir uns denn in der letzten Geschichtsstunde beschäftigt?" oder „Wer kann sich noch an die Auswirkungen der Revolution erinnern?" zu starten. Stattdessen sollte mit einem „Spiel mit offenen Karten" begonnen werden. So kann eine klare Orientierung zu Beginn die Funktion(en) von Gesprächsphasen nicht nur verdeutlichen, sondern auch ihre Erreichung entscheidend fördern. (Beispiel: „Wir nehmen uns jetzt ... Minuten Zeit, um ... zusammenzutragen. Das soll uns eine Grundlage für ... schaffen. Wir bilden hierfür eine Meldekette. Wer möchte beginnen?")

Die Schülerinnen und Schüler nicht nur zu informieren, sondern sie auch in die Überlegungen einzubeziehen, wozu eine Gesprächsphase dienen soll und wie sie gestaltet werden kann, stärkt deren Verantwortlichkeit und erhöht die Effektivität.

Jeder Versuch, Gespräche zu typisieren, sie mit Namen zu versehen, orientiert sich an bestimmten Variablen. Hierzu gehören u.a.

- die beschriebenen *Funktionen* für den Geschichtsunterricht, die mit entsprechenden Zielen verknüpft sind (von klärend und verabredend über kontrollierend bis zu problemlösend, beurteilend, sich authentisch einbringend);
- die Art der *Gesprächsleitung* bzw. der Moderation durch die Lehrkraft oder in Ausnahmefällen durch eine Schülerin oder einen Schüler (von einem engen, stark lehrergesteuerten und -gelenkten Gespräch bis zu einer „frei" sich entwickelnden Diskussion bei einem geringen Lehrerredeanteil);
- die *Gruppengröße*, in der das Gespräch stattfindet (vom Partner- bis zum Plenumsgespräch);
- die *Regelgebundenheit* des Gesprächs (von einem stärker ritualisierten Gespräch wie einer Pro-und-Kontra-Debatte oder einem Rundgespräch bis zu einer offenen Diskussion ohne Wortmeldung);
- die *Themenstellung* (von eng umrissen bis zu weit umspannend, frei assoziierend).

Die Zuordnung eines „Namens" für ein Unterrichtsgespräch, z.B. in einer schriftlichen Unterrichtsplanung oder in der Ankündigung für die Lerngruppe während des Unterrichts, deutet in der Regel die Schwerpunktsetzung an. Ein Rundgespräch legt z.B. das Gewicht auf die Teilnahme aller (nacheinander) an, um ein Spektrum von Beiträgen zu erhalten.

Bei der Planung und Durchführung eines Gesprächs im Geschichtsunterricht kommt es vor allem darauf an, die einzelnen Elemente sinnvoll aufeinander abzustimmen, in Abhängigkeit zur jeweiligen Lerngruppe. Dabei können die Lernenden insbesondere durch die Erprobung einer Vielfalt von Gesprächstypen kommunikative und argumentative Kompetenzen einüben und vertiefen.

5. Geeignete Themen

Besondere Sorgfalt verdient die Themenstellung, mit der eine Gesprächsphase im Geschichtsunterricht überschrieben wird. Das Thema sollte für die Gesprächsgruppe klar und verständlich formuliert sein und es sollte zur Orientierung während des Gesprächs sichtbar bleiben (etwa als Überschrift an der Tafel). Erfolg versprechend sind Gespräche vor allem dann, wenn die Schülerinnen und Schüler das Thema zu „ihrem" Thema machen, dazu motiviert sind oder sich motivieren lassen.

Kriterien für eine sachdienliche Themenwahl:

- Die Schülerinnen und Schüler verfügen über ein solides Vorwissen zum Thema und können es beisteuern, ohne das Gefühl haben zu müssen, sich bloßzustellen oder nur Mutmaßungen äußern zu können. So sollte beispielsweise ein Beurteilungsgespräch, das die Schülerinnen und Schüler auch zu bewertenden Aussagen herausfordert, erst nach einer gründlichen Informationsphase des Unterrichts stattfinden.
- Ein Problem steht im Mittelpunkt, zu dem sich die Schülerinnen und Schüler in Beziehung setzen und zu dem sie eigene Erfahrungen oder Meinungen beitragen können.
- Die Lebensbedingungen oder das Schicksal von Kindern und Jugendlichen in der Geschichte wird gesprächsweise erörtert.
- Der Gesprächsinhalt orientiert sich an tatsächlichen Menschen, an konkreten Vorkommnissen, Problemen etc., die rekonstruierbar und nachvollziehbar sind und die in die Vorstellungswelt der Lernenden hineingeholt werden können.
- Die Schülerinnen und Schüler sind an einem historischen Thema interessiert, weil es menschliche Grunderfahrungen (wie Familie, Freundschaft, Liebe, Tod, Gewalt, Verrat, Treue usw.) problematisiert.
- Das Thema, wenn es eher abstrakt ist oder übergreifende Ergebnisse erzielen soll, ist an einem exemplarischen Fall als Anknüpfungspunkt ausgerichtet.
- Das Thema enthält „Zündstoff", es regt zu Widerspruch, zu Vergleichen, zu lebhafter Diskussion an.
- Das Thema fordert eine Sach- oder Werturteilsfindung heraus, die die Schülerinnen und Schüler inhaltlich begründen können und die sie nicht überfordert.
- Das Thema knüpft an das spezielle Interesse einer Lerngruppe (wie Technik- oder Sportgeschichte) an; es könnte auch geschlechtsspezifisch für eine Mädchen- und eine Jungengruppe aufbereitet sein.

6. Aktivierende Methoden zur Anbahnung von Gesprächen

Gespräche dienen, grob gesagt, immer „dem Austausch von ...". Bei den Teilnehmenden muss folglich schon etwas vorhanden sein, damit sie nicht nur „sich", sondern auch „etwas" zum Thema des Gesprächs beitragen können. Im folgenden sollen Praxisvorschläge zur Geltung kommen, aktivierende Methoden, die sinnvolle Anregungen für die Gesprächsvorbereitung geben. Eine solche Vorbereitungsphase kann in Einzelarbeit oder in unterschiedlich großen Gruppen erfolgen. Sie beansprucht meist nur wenig Zeit, bringt indessen für das Gespräch ein ansehnliches Startkapital mit, denn jede/r hat sich mittels der Aktivierung vor Gesprächsbeginn mit dem Inhalt beschäftigt. Insofern sollen die vorbereitenden, aktivierenden Maßnahmen direkt zum Kern der gesprächsweisen Auseinandersetzung führen. Vier beispielhafte Methoden werden vorgestellt, indem jeweils der Ablauf erläutert wird, Beispiele folgen und der geeignete Ort im Unterricht angegeben wird.

a) Die Festlegung

Zum Ablauf:

Als Hinführung zu einem Gespräch kann eine „Festlegung" dienlich sein, die jede Schülerin und jeder Schüler als *einen* Satz notiert. Dieser eine Satz fasst die wichtigsten eigenen Gedanken pointiert zusammen. Ausgangspunkt für die Festlegung kann eine Frage, eine These oder auch ein Zitat bilden. Auch ein Medium wie eine Quelle oder ein Bild kann nützlich sein. Anschließend werden die Sätze, die notwendig Verkürzungen enthalten, verlesen oder ausgestellt.

Jetzt erfolgt eine Fragerunde, die ausschließlich zur Klärung dient. Jede/r kann gezielt nachfragen, um sich zu versichern, die Festlegungen der anderen verstanden zu haben. Die Sätze können noch gemeinsam nach gleichen oder vergleichbaren Aussagen geordnet werden. Diskussionsanlass können jetzt z.B. die Übereinstimmungen oder Differenzen der Satzaussagen sein; auch Streitgespräche sind bei widersprüchlichen Aussagen denkbar.

Beispiele:

- Wir werden ab jetzt im Geschichtsunterricht die sog. Epoche der „Entdecker und Erfinder" behandeln. Welche Fragen oder Interessen verknüpfst du spontan mit dieser Thematik?
- Die Überschrift in unserem Schulbuch zur Zeit der Aufklärung lautet: „ ...". Findest du sie treffend? Begründe deine Sichtweise!
- Wir haben im Unterricht verschiedene Meinungen zu ... durch Quellen und andere Texte kennen gelernt. Welchen Standpunkt findest du aus historischer Perspektive/aus deiner heutigen Perspektive am überzeugendsten und warum?

Ort im Unterricht:

Die Festlegung ist an allen Stellen denkbar, zu Beginn einer Einheit, um Voreinstellungen oder Vorwissen transparent zu machen; im Verlauf, um einen Zwischenstand zu erreichen, vor allem aber am Ende eines Vorhabens, um Ergebnisse zuzuspitzen.

b) Zehn Wörter *(vgl. Gugel 2000, 184-185)*

Zum Ablauf:

Zu einem Thema, einem Inhalt, werden die Schülerinnen und Schüler aufgefordert, zehn Wörter aufzuschreiben, die ihnen im Zusammenhang mit diesem Thema einfallen und am wichtigsten erscheinen. Nicht nur jeder einzelne kann sich dieser Aufgabe unterziehen, sondern auch Partner oder Kleingruppen können damit konfrontiert werden. Bei jeder Form der Zusammenarbeit beginnt eine Diskussion bereits in der Vorarbeit, da man sich zwangsläufig einigen muss.

Wie bei der „Festlegung" können die veröffentlichten Ergebnisse sortiert, kommentiert und erwogen werden.

Beispiele:

- Welche zehn Wörter fallen dir zu Ludwig XIV. ein?
- An welche zehn Wörter denkst du beim Thema „Reformation"?
- Mit welchen zehn Wörtern lässt sich für dich die Regierungszeit Konrad Adenauers charakterisieren?

Ort im Unterricht:

An allen Stellen denkbar, vgl. „Die Festlegung".

c) Punkte vergeben *(vgl. ebd., 163-167)*

Zum Ablauf:

Als Grundlage dient ein großes Blatt, auf dem verschiedene Aussagen zu einem Thema (in großer Schrift und gut lesbar) gebündelt sind. Die Schülerinnen und Schüler erhalten je vier bis sechs Klebepunkte. Jeder entscheidet sich für die wichtigsten oder die zutreffendsten Aussagen und vergibt entsprechend seine Klebepunkte. Sollen Unterschiede in der Vergabe deutlich werden, so können verschiedene Farben, z.B. für Jungen und Mädchen, vergeben werden. Die Anzahl der vorgegebenen Aussagen kann zwischen 10 und 20 variieren. Die Lerngruppe soll, ohne durch eine zu große Vielfalt überfordert zu werden, eine bewusste Auswahl treffen. Das schnell zu erreichende und für alle sichtbare Ergebnis der Vergabe kann unter verschiedensten Gesichtspunkten diskutiert werden. Hierzu kann auch das Aufzählen von Aussagen hinzukommen, die in der Auflistung nach Meinung der Lerngruppe fehlen.

Beispiele *(mögliche Themen, zu denen die Lehrkraft Aussagen summiert):*

- Wesentliche Merkmale eines absolutistischen Staates sind ...
- Zu den wichtigsten Aufgaben und Zielen eines „gerechten" Herrschers im aufgeklärten Absolutismus gehören ...
- Zu den Merkmalen der nationalsozialistischen Ideologie gehören vor allem ...

Ort im Unterricht:

Am sinnvollsten für ein auswertendes Gespräch. Am Ende einer Unterrichtseinheit.

d) Prioritäten setzen (vgl. ebd., 171-174)

Zum Ablauf:

Auch hier geht es um die Einschätzung von vorgegebenen Aussagen oder Argumenten. Diese können aus möglichst kurzen Sätzen oder aus einzelnen Begriffen bestehen. Sie werden Partnern oder Kleingruppen gegeben, die die Aufgabe haben, gemeinsam eine Rangliste zu erstellen, die von wichtig nach unwichtig erfolgen soll. Dabei kann es auch Aufgabe sein, eine bestimmte Anzahl von Aussagen zunächst zu streichen (z.B. 8 von 18) und die übrigen nach Relevanz zu sortieren. Die erarbeiteten Rangfolgen können verglichen, Mittelwerte errechnet und die Übereinstimmungen bzw. die Unterschiede untersucht werden. Auch der Prozess des Aussortierens und das Zustandekommen der Rangfolge (also der Diskussions- und Entscheidungsprozess der Kleingruppen) kann zum lohnenden Gesprächsthema gemacht werden. Hier ist, wie beim „Punkte vergeben", die Anzahl und der sprachliche Anspruch der vorgegebenen Aussagen an das Vermögen der Lerngruppe anzupassen.

Beispiele *(mögliche Themen, zu denen die Lehrkraft Aussagen summiert):*

- Die wichtigsten Erfindungen der Jungsteinzeit (für die Weiterentwicklung der Menschheit) waren ...
- Zu den Beweggründen für Luthers Auftreten auf dem Wormser Reichstag gehörten ...
- Die bedeutsamsten Merkmale der Weimarer Republik waren ...

Ort im Unterricht:

Am sinnvollsten für ein auswertendes Gespräch. Am Ende einer Unterrichtseinheit.

Die aufgezeigten methodischen Möglichkeiten, ein Gespräch sinnvoll vorzubereiten, haben den Vorteil, jeweils *sämtliche* Schülerinnen und Schüler zu aktivieren. Alle müssen sich Gedanken machen, Entscheidungen treffen und sich festlegen. Die Wahrscheinlichkeit einer breiten Beteiligung sowohl während der Maßnahme als auch bei der sich anschließenden Unterrichtsdiskussion fällt durch solche aktivierenden Vorbereitungen ungleich höher aus.

7. Visualisierungstechniken für Unterrichtsgespräche

Das Gespräch lebt vom gesprochenen Wort, gleichwohl auch von all dem, was durch Sprache (auch durch nonverbale Sprache) transportiert wird. (Im übrigen stellt auch Nichtausgesprochenes einen Bestandteil von Gesprächen dar und erhält eine eigene Dimension.) Das durch Sprache transportierte Wissen, die zur Sprache kommenden Fakten, die entstehenden Fragen und Thesen, Lösungsvorschläge, Konfliktpunkte, Ergebnisse, Überzeugungen und Wertungen, die damit einhergehenden Denkmodelle, Ideologien usw. bilden eine komplexe Gemengelage, die zu überschauen auch in einer einzelnen Gesprächsphase im Geschichtsunterricht schwierig werden kann. Visualisierung kann helfen, Wichtiges festzuhalten und zu strukturieren.

Für den Geschichtsunterricht erweisen sich zur Visualisierung vor allem die Tafel, aber auch Plakate, eine Pin-Wand, vielleicht die Flip-Chart, oder auch der Overheadprojektor als nützlich.

Auf jeden Fall gehören zur Visualisierung eine Überschrift, also das Gesprächsthema oder die leitende Fragestellung und eine große, lesbare Schrift, evtl. Farben (nicht zu viele), Klebepunkte, Karten, die beschriftet und umgruppiert werden können etc. (vgl. ebd., 75-88). Das Mind-Mapping kann z.B. ein Brainstorming zu einem Gespräch visualisieren und auch während des Gesprächs relevante Aspekte dokumentieren. Aber schon einfache Spiegelstriche, die unter der Überschrift wichtige Zwischenergebnisse summieren, können helfen, Essentielles kurz zu skizzieren. Hier gelten im Wesentlichen die Regeln für gute Tafelbilder (vgl. Osburg 1994 und Dörr 1999).

Auch im Bereich der Visualisierung können Methoden aus der Moderationstechnik hilfreich sein. Dazu gehört z.B. das Anlegen eines „Fragenspeichers" (vgl. Hartmann, Funk u. Arnold, 2000, S. 104 ff.). Im Gespräch entstehende Fragen, die nicht sofort sinnvoll geklärt werden können, werden dort „geparkt", um später an zweckdienlicher Stelle aufgegriffen und ggf. an die Schülerinnen und Schüler zur Suche nach geeigneten Antworten verteilt zu werden. So entstehen in Unterrichtsgesprächen über Geschichte häufig Fragen nach Hintergründen, nach Entstehungsprozessen, nach der Bedeutung von Namen und Begriffen, nach der Biographie bestimmter Personen usw. Mit Hilfe eines Fragenspeichers gehen sie nicht verloren, unterbrechen gleichwohl nicht den Gesprächsprozess.

8. Hinweise für produktive Gespräche im Überblick

Der Versuch, wesentliche Regeln und Bedingungen für produktive Gespräche zusammenzufassen, die für möglichst viele Formen, Ziele und Themen von Gesprächen im Geschichtsunterricht zutreffen, muss recht allgemein bleiben. Dennoch lässt sich vieles summieren, wofür insbesondere die Lehrperson Verantwortung übernehmen muss. Die Aufzählung ist nicht hierarchisiert (von wichtig bis weniger wichtig) zu verstehen; sie wiederholt einiges schon Aufgeführtes und ergänzt neue Gedanken bzw. Aspekte, die überwiegend in den Bereich pragmatischer Entscheidungen gehören.

Bedingungen, Entscheidungen und Maßnahmen für stimmige, produktive Gespräche:

- Die *Sitzordnung* ist der Gesprächsform und den Zielen angemessen. Eine intensive Problemdiskussion wird dann sinnvoll und möglich, wenn die Argumentierenden einander (akustisch) richtig verstehen und Blickkontakt halten können. Das wird am ehesten durch eine Kreissitzordnung ermöglicht, dagegen durch die übliche frontale Sitzordnung ungemein erschwert.
- Die Lerngruppe verfügt über ein gemeinsames, verabredetes und gültiges Repertoire an *Gesprächsregeln.* Hierzu gehören Grundregeln wie das Ausreden lassen, eine Absprache über die Gesprächsleitung und die Redefolge, das Akzeptieren und Geltenlassen anderer Meinungen, aber auch das Bemühen, sich aufeinander zu beziehen, evtl. Zeitabsprachen für einzelne Beiträge usw.

Abb. 1: *Die übliche frontale Sitzordnung verhindert einen sinnvollen kommunikativen Austausch. Der Blickkontakt untereinander fehlt, und es wird ungemein schwierig, sich gesprächsweise aufeinander zu beziehen.*

- Die Unterrichts- und damit die *Gesprächsatmosphäre* und *Gesprächskultur* sind von Vertrauen und gegenseitigem Respekt gekennzeichnet. Dies betrifft nicht nur das Lehrer-Schüler-Verhältnis, sondern auch das Schüler-Schüler-Verhältnis. Nur wenn Schülerinnen und Schüler die Erfahrung gemacht haben, nicht ausgelacht, nicht diffamiert, nicht in anderen Zusammenhängen für Gesprächsbeiträge denunziert zu werden, können sie offen und ehrlich argumentieren, können sie „Ich" formulieren, statt sich hinter Verallgemeinerungen zu verstecken. Zu einer guten Gesprächsatmosphäre gehört es ebenso, respektvoll hinterfragt zu werden, mit Kritik angemessen umzugehen und auch die Lehrperson nach ihrer Meinung oder ihren Erfahrungen fragen zu können. Erst mit dem Aufbau einer solchen Gesprächskultur wird der oben beschriebene Beziehungsaufbau sowohl zu den geschichtlichen Inhalten wie zu den anderen Teilnehmerinnen und Teilnehmern möglich.
- Die für ein Gespräch zur Verfügung stehende *Zeit* ist angemessen. Ein bewertendes Abschlussgespräch beispielsweise, wie es in manchen Unterrichtsplanungen für die letzten fünf Minuten vorgesehen ist, findet meist entweder gar nicht mehr oder nur ansatzweise statt, so dass es scheitern muss. Mit der Gesprächsphase oft einhergehende anspruchsvolle Zielsetzungen benötigen ein eher großzügiges Zeitpolster.
- Die Schülerinnen und Schüler haben sich ein *solides historisches Wissen* erarbeitet, auf das sie während eines Gesprächsprozesses zurückgreifen können. Ohne diese Voraussetzung kann zumindest kein vergleichendes, kein problemlösendes Gespräch über Historie stattfinden. Neben einem ich-orientierten Sprechen, das das eigene Ich ins Gespräch bringt (So denke ich darüber) und dem du-orientierten Sprechen, das auf die Partner ausgerichtet ist (Wie hast du das verstanden?), kommt hier das sachorientierte Sprechen zur Geltung. Es bezieht vorhandene Kenntnisse ein, bedient

sich einer angemessenen Begrifflichkeit und bringt die Sache, das historische Thema, voran.

- Es findet ein Klärungsprozess darüber statt, aus welchen *Perspektiven* im Gespräch argumentiert und beurteilt wird. Gerade bei Gesprächen über historische Inhalte ist es bedeutsam zu klären, welche Perspektiven zur Sprache kommen oder leitend sein sollen. Wird z.B. darüber diskutiert, ob Entscheidungsprozesse in der antiken Polis „demokratisch" verliefen, so werden Beiträge unterschiedlich ausfallen, je nach Bezugspunkt der Argumentation. Es ist also z.B. zu klären, ob ein Zusammenhang aus historischer oder gegenwärtiger Sicht betrachtet werden soll. Auch für die unterschiedlichen Zeitdimensionen können sich multiperspektivische und kontrastive Standpunkte ergeben. Eine Aufdeckung der zu verhandelnden Perspektiven soll diese nicht einengen, sondern verhindern, dass aneinander vorbeigeredet wird. Die Einbeziehung vielfältiger Perspektiven ist sinnvoll, kann die unterschiedlichen Sichtweisen verständlich machen, kann dem Vergleich und der Abgrenzung dienen (➤ Multiperspektivität).
- Für ein Gespräch, das ins Stocken gerät, sind *„aktivierende Muntermacher"* vorbereitet wie
  - gezielte, z.B. provozierende Impulse,
  - kurze Texte im Sinne von Zitaten, die im Gesprächsverlauf projiziert werden, um neue Impulse zu setzen,
  - Bildmedien (auch als stille Impulse), die neue Anregungen verschaffen,
  - Unterbrechungen des Großgruppengesprächs: Mit einer konkreten Aufgabe für ein Partner- oder Dreiergespräch wird das Plenum „eingefroren", um mit den Ergebnissen der Kleingruppengespräche fortgesetzt zu werden.
- Das Gespräch wird deutlich strukturiert und diese *Struktur* wird für die Lerngruppe transparent. Dazu gehören ein offensichtlicher Gesprächsbeginn, geklärte Ziele, eine offengelegte Funktion des Gesprächs, ein klar definiertes Thema und ein eindeutiger Endpunkt.
- Die wesentlichen *Gesprächsanteile* liegen bei den Schülerinnen und Schülern. Ein wesentlicher Lerneffekt, sowohl was die kommunikativen Kompetenzen, als auch was die Klärung der geschichtlichen Inhalte des Gesprächs angeht, liegt im selbstständigen Formulieren für die Lernenden. Erst was ich selbst ausspreche und argumentativ untermauern muss, wird mir wirklich klar und einprägsam. Dies erfordert eine große Selbstdisziplin der Lehrperson, die sich deutlich zurückhalten muss, um ihren Schülerinnen und Schülern den entsprechenden Freiraum zu öffnen.
- Das Gespräch findet seinen Abschluss in einer *ergebnisfixierenden Phase.* Sie ist darauf orientiert, die inhaltlichen und strukturellen Ergebnisse zusammenzufassen und auf einer Metaebene das Gesprächsverhalten zu reflektieren. Beide Aspekte sind wichtig, um den Lernenden zu verdeutlichen, welchen Nutzen Gespräche haben. Auch die Reflexion aufgetretener Probleme und ihrer möglichen Ursachen wird sich als hilfreich und effektiv erweisen. Sinnvoll sind hierfür Visualisierungstechniken, auf die im folgenden Unterricht zurückgegriffen werden kann.

9. Vermeidbare Fehler

Während im vorausgegangenen Abschnitt Hinweise zusammengetragen wurden, deren Einhaltung sich hilfreich für gelingende Gesprächsphasen erwiesen haben, sollen nunmehr einige „Gesprächskiller" benannt werden, zu denen vor allem die Lehrerin und der Lehrer neigen. Sie können erst dann vermieden werden, wenn man sich ihrer bewusst ist.

Vermeidbare „Gesprächskiller":

- Das *Monologisieren;* für notwendig erachtete Informationen werden in ein Gespräch eingebaut und geraten zu einem Vortrag. Die Folge ist eine deutlich abnehmende Gesprächsbereitschaft der zu Zuhörern gewordenen Gesprächsgruppe.
- Das *Dirigieren, Manipulieren, Überwältigen* oder *Dogmatisieren;* die Lehrerüberlegenheit und -autorität wird inhaltlich oder und kommunikativ ausgenutzt, um gewünschte Gesprächsergebnisse zu erlangen, die eben keinen Ertrag des Gesprächs darstellen. Die Schülerinnen und Schüler ziehen sich zurück.
- Das *Moralisieren;* es wird moralischer Druck auf die Schülerinnen und Schüler ausgeübt; bestimmte Meinungen oder Beiträge gelten als unerwünscht. Das führt zu einer gesprächsabträglichen Atmosphäre, zu abnehmender Offenheit sowie zu mangelnder Ehrlichkeit.
- Das *Festhalten von Gesprächsresultaten um jeden Preis;* jede erzwungene oder durch die Lehrkraft geschönte Zusammenfassung, die nicht den Ergebnissen des Gesprächs entspricht, nimmt weder die Schülerinnen und Schüler und ihre Beiträge noch die deutlich gewordenen Probleme oder Hindernisse ernst.

10. Kompetenzentwicklung und historisches Lernen durch die Methode des Gesprächs im Geschichtsunterricht

Abschließend soll zwei Kompetenzen nachgegangen werden, die durch die Methode des Gesprächs bei den Schülerinnen und Schülern besonders gefördert werden können und die geschichtliches Lernen ermöglichen und vertiefen. Im Zusammenhang damit wird über die Auswirkungen für die Schülerpersönlichkeit nachgedacht, deren Identität eine Erweiterung erfahren kann.

Kommunikative Kompetenz bedeutet mehr als ein in Mode gekommenes Schlagwort, sie gilt als Schlüsselqualifikation in der Demokratie (vgl. Massing 1999, 32). Hierzu gehören differenzierte Detailkompetenzen, die Kinder und Jugendliche oft langsam und mühsam einüben müssen. Hierfür benötigen sie Übung, die vor allem in vielen Möglichkeiten des eigenen Sprechens in kleinen und in größeren Gruppen bestehen muss.

Dazu zählen folgende Fähigkeiten:

- sich auf verabredete Gesprächsregeln einlassen und sie aktiv zur Anwendung bringen;
- aktiv zuhören, d.h. auch gezielt nachfragen, um Missverständnisse auszuschließen;
- anderen intensiv zuhören, um sich auf deren Beiträge einzulassen;
- sich sprachlich und rhetorisch angemessen ausdrücken;

- eigene Beiträge auch in größeren Gruppen verständlich und für andere nachvollziehbar einbringen und sich dabei im schlüssigen und rationalen Argumentieren üben, die freie Rede einüben;
- Unterschiede in Sachargumenten und in Meinungsäußerungen feststellen, sie benennen, sich abgrenzen und sich in akzeptierender Toleranz üben;
- in angemessener Weise sachorientiert Kritik üben;
- Kritik an eigenen Beiträgen „einstecken" und verarbeiten können;
- eine entstehende Vielfalt von Gedanken und Ansichten nicht nivellieren wollen, nicht nur ertragen können, sondern als Pluralität und gegenseitige Bereicherung erkennen und nutzen können;
- über metakommunikative Fähigkeiten verfügen, die Beziehungsfragen und den Ablauf des Gesprächs reflektieren.

Sachkompetenz kann zum einen als Voraussetzung betrachtet werden, um „sachgerecht" über einen geschichtlichen Inhalt mitreden zu können.

Sachkompetenz wird jedoch im besonderen durch ein Gespräch gefördert, und zwar durch

- ein gedankliches Sich Einlassen und Sich Auseinandersetzen mit einem Thema, einer Fragestellung;

Abb. 2: *Gesprächsgruppe, 6. Klasse. Jeder hat eine Karte mit Abbildungen zur ägyptischen Geschichte gezogen und erläutert der Gruppe, was die Abbildung zeigt und welche Bedeutung das Thema für die Ägypter hatte. Die Kleingruppe ermöglicht es jedem, zur Sprache zu kommen und sich gegenseitig Fragen zu stellen.*

- die Integration der Beiträge anderer in das eigene Denken; neues Wissen oder neue Aspekte werden zu einem Thema ergänzt und die subjektive Begrenztheit des einzelnen wird überwunden;
- den Zwang, die eigenen Gedanken zu ordnen und zu strukturieren, um einen Beitrag leisten zu können;
- die Notwendigkeit, im Redebeitrag dem historischen Zusammenhang gerecht zu werden und Begründungen für Argumente vorzutragen, um eine Problemlösung, einen Erkenntnisgewinn voranzutreiben;
- das wechselseitige Zuhören und Sprechen, das hinterfragt und das die Gedanken und die Beiträge inhaltlich schärft, das neues Wissen und Einsichten zu den vorhandenen kognitiven Strukturen hinzufügt;
- die Benutzung im Unterricht gelernter (historischer) Fachbegriffe und ihre kontextbezogene Anwendung;
- ein vertiefendes Gefühl für Sprache und das Wissen um ihre Wirkungen, das sich auf den eigenen Umgang mit Sprache auswirken wird und mit dem Schülerinnen und Schüler Sprache in der Geschichte, also in Quellen, untersuchen können.

Zusammengefasst können Unterrichtsgespräche über Geschichte zum vielfältigen Lernen und Anwenden beitragen, ja, sie können die *Erweiterung der Identität* für die Schülerinnen und Schüler ermöglichen, und zwar in zweifacher Weise:

Zum einen wird die individuelle Identität durch die Konfrontation mit den Gesprächspartnerinnen und -partnern erweitert. Alle teilnehmenden Individuen bringen ihre persönlichen Fragen, Ideen und Sichtweisen mit, die auf der Folie verschiedener Erfahrungen und Prägungen (Geschlecht, sozialer Hintergrund, Kultur, Muttersprache, Religion usw.) entstanden sind. Die vorhandene Vielfalt kann insbesondere im Gespräch zum Ausdruck kommen. Ist die Atmosphäre durch Toleranz, Offenheit und Neugierde geprägt, können die Individuen „ich" formulieren und nach dem „du" fragen. Aus dem Nebeneinander kann ein Miteinander entstehen, insbesondere, wenn das historische Thema eine Konfliktlösung oder eine Problemlösung anstrebt.

Zum anderen wird die gesprächsweise Auseinandersetzung mit den geschichtlichen Inhalten eine Erweiterung der eigenen Identität bedeuten. Im Gespräch wird Individuen, Ideen, Vorgängen, Problemen usw. aus der Historie Stimme verliehen. Hierzu tragen nicht nur in das Gespräch gebrachte Aussagen von Quellen, sondern auch die vermittelten Sichten von darstellenden Texten und die entsprechenden Interpretationen von Historikerinnen und Historikern und ihre Rezeptionsweisen bei. Lassen sich die Schülerinnen und Schüler auf das Fremde, das ihnen in der Geschichte und deren Aufbereitung begegnet, ein und können sie dies im Gespräch artikulieren, so wird sich die Schüleridentität erweitern, ergänzen. Dies kann durch eine Bejahung erfolgen, wenn beispielsweise das Handeln von Personen oder Gruppen als vorbildhaft erlebt und gewertet wird, wenn Parteinahme und Solidarität entstehen. Aber auch das Gegenteil, eine deutliche Ablehnung, kann zur Entfaltung beitragen, wenn dadurch eigene Werte und Urteile offensichtlich und bewusst werden. Alle diese Aspekte können zwar auch in der individuellen Beschäftigung mit der Historie eine Rolle spielen; sie kommen aber in der Regel erst durch ihre Versprachlichung im Gespräch, durch Nachfrage, durch Kritik und Präzisierung, durch ein Für und ein Wider in der Interaktion deutlich in das Bewusstsein und zum Ausdruck. Gespräche sind insofern gut geeignet, eine reflexive Haltung zur Geschichte aufzubauen (vgl. Wenzel 2000, 681 ff.), die sich durch die Interaktion mit anderen klärt und hier zugleich einer Überprüfung standhalten muss. Je stärker dabei der historische Gesprächsinhalt auf den Alltag, die konkrete Lebenswelt Bezug nimmt, desto intensiver, so die Erfahrung, kann die Beziehungsaufnahme der Lernenden zum geschichtlichen Stoff ausfallen.

Die methodischen Überlegungen und Anregungen insgesamt haben gezeigt, dass die Methode des Gesprächs eine sehr bewegliche Lehrperson erfordert, die viele und differenzierte Aspekte zu planen und zu durchdenken hat und die im Verlauf des Gesprächs vielschichtige Kompetenzen und Reaktionsweisen nachzuweisen hat. Man mag sich intensiv mit der Methode des Gesprächs beschäftigen, dennoch entzieht es sich der „sicheren" Planung (vgl. Massing 1999, 35) So ist es denn auch mehr der „Kunst" als dem „Handwerk" zuzuordnen (vgl. Reinhardt 2000, 200).

Um im Geschichtsunterricht der „Kunst" des Gesprächs näher zu kommen, wird zweierlei hilfreich und notwendig sein: Eine intensive Beschäftigung mit der Methode auf theoretischer und pragmatischer Ebene und dazu viele praktische, zu reflektierende Erfahrungen.

Literatur

Bastian, Johannes, Lehrerrolle in der Risikogesellschaft, in: Erziehung und Wissenschaft (1994), H. 4

Buber, Martin, Das dialogische Prinzip. Ich und Du. Zwiesprache. Die Frage an den Einzelnen. Elemente des Zwischenmenschlichen. Zur Geschichte des dialogischen Prinzips, 5., durchges. Aufl., Darmstadt 1984

Dörr, Margarete, Tafelarbeit, in: Handbuch Medien im Geschichtsunterricht, hrsg. von Pandel, Hans-Jürgen/Schneider, Gerhard, Schwalbach/Ts. 1999, S. 87-145

Fina, Kurt, Das Gespräch im historisch-politischen Unterricht. Ein Kurs für Studenten und Lehrer, München 1978

Gugel, Günther, Methoden-Manual I: „Neues Lernen". Tausend Praxisvorschläge für Schule und Lehrerfortbildung, 3. unveränd. Aufl., Weinheim/Basel 2000

Hage, Klaus u.a., Das Methoden-Repertoire von Lehrern. Eine Untersuchung zum Schulalltag der Sekundarstufe I, Opladen 1985

Hartmann, Martin; Funk, Rüdiger; Christian, Arnold, Gekonnt moderieren. Teamsitzung, Besprechung und Meeting: zielgerichtet und ergebnisorientiert, Weinheim/Basel 2000

Jugert, Gert, Sozialtraining in der Schule, in: Lernchancen 3 (2001), H. 20, S. 34-40

Massing, Peter, Reden – Formen des Gesprächs, in: kursiv, Journal für politische Bildung, 2/99, S. 30-35

Osburg, Florian, Tafelskizzen für den Geschichtsunterricht, Frankfurt/M. 1994

Pallasch, Waldemar, Pädagogische Gesprächsführung. Lern- und Trainingsprogramme zur Vermittlung pädagogischer Gesprächs- und Beratungskompetenz, Weinheim/München 1987

Peterßen, Wilhelm H., Kleines Methodenlexikon, München 1999

Popp, Susanne, Das sokratische Gespräch – eine Methode der diskursiven Begriffsklärung, sowi-online Originalbeitrag, 2001 (http://www.sowi-online.de/methoden/lexikon/sokratisches_gespraech_popp.htm)

Reinhardt, Sybille, Unterrichtsgespräch, in: Lexikon der politischen Bildung, Bd. 3, hrsg. von Hans-Werner Kuhn/Peter Massing, Schwalbach/Ts. 2000, S. 198-201

Ritz-Fröhlich, Gertrud, Das Gespräch im Unterricht. Anleitung – Phasen – Verlaufsformen. 2., neubearb. Aufl., Bad Heilbrunn/Obb. 1982

Schulz von Thun, Friedemann, Miteinander reden 1. Störungen und Klärungen. Allgemeine Psychologie der Kommunikation, Reinbek 1981

Sliwka, Anne, Civil Society. Ideen und Methoden aus dem anglo-amerikanischen Kulturraum, in: Lernchancen 3 (2001), H. 20, S. 41-45

Unckel, Bernhard, Arbeitsformen, in: Handbuch der Geschichtsdidaktik, 3. völlig überarb. u. bed. erw. Aufl., hrsg. v. Bergmann, Klaus u.a., Schwann 1985

Wenzel, Birgit, Gespräche über Geschichte. Bedingungen und Strukturen fruchtbarer Kommunikation im Unterricht, Rheinfelden/Berlin 1995

Wenzel, Birgit, Gesprächssituationen im Geschichtsunterricht, in: Geschichte lernen, (1992), H. 28, S. 32-37. Wiederabdruck in: Geschichte lernen, Sammelband: Geschichte lehren und lernen, Seelze 1997

Wenzel, Birgit, Reflexivität im Geschichtsunterricht, in: GWU, (2000), H. 11, November 2000, S. 681-693

Wiechmann, Jürgen, Unterrichtsmethoden – Vom Nutzen der Vielfalt, in: Zwölf Unterrichtsmethoden. Vielfalt für die Praxis, hrsg. v. Wiechmann, Jürgen, 2. Aufl., Weinheim/Basel 2000

Bernhard Müller

Wissenschaftspropädeutisches Arbeiten

1. Zum Begriff

Wissenschaftsorientierung und Wissenschaftspropädeutik sind Grundprinzipien des gymnasialen Unterrichts, sofern dieser zur allgemeinen Hochschulreife führen und zu einem wissenschaftlichen Studium befähigen soll (➛ Wissenschaftsorientierung). Dazu gehören u.a. die Fähigkeit zu analytischem Denken und selbstständigen Arbeiten, das Bemühen um Objektivität sowie Methodenkompetenz und -reflexion – also Qualifikationen, ohne die ein Studium gleich welcher Fachrichtung nicht denkbar ist.

Im einzelnen werden zu den wissenschaftspropädeutischen Formen die Kenntnis und Anwendung wissenschaftlicher Erkenntnismethoden gezählt (hermeneutische und empirische, deduktive und induktive, versifizierende und falsifizierende, Computersimulation u.a.), ferner die Fähigkeit, Hypothesen zu formulieren und zu operationalisieren, Buch- und Expertenwissen (auch aus dem Internet) kritisch zu nutzen sowie gesellschaftliche Zusammenhänge und erkenntnisleitende Interessen zu durchschauen.

„Verbindendes Merkmal des Unterrichts in der gymnasialen Oberstufe ist das wissenschaftspropädeutische Arbeiten, das exemplarisch in wissenschaftliche Fragestellungen, Kategorien und Methoden einführt. Dabei geht es um die Beherrschung eines fachlichen Grundlagenwissens als Voraussetzung für das Erschließen von Zusammenhängen zwischen Wissensbereichen, um Arbeitsweisen zur systematischen Beschaffung, Strukturierung und Nutzung von Informationen und Materialien, um Lernstrategien, die Selbständigkeit und Eigenverantwortlichkeit sowie Team- und Kooperationsfähigkeit unterstützen."

In dieser KMK-Vereinbarung vom 28.2.1997 werden Methodenschulung und Methodenbewusstsein mit dem Einüben und Anwenden von Arbeitstechniken zu der Makromethode „Wissenschaftspropädeutik" verbunden, welche als verbindliche Lernstrategie für die gymnasiale Oberstufe ausgewiesen wird.

Damit werden auch Forderungen aus dem Wirtschafts- und Berufsleben berücksichtigt, die unter dem Schlagwort „Schlüsselqualifikationen" Formen des Lernens erwarten, die persönliche Kompetenz, Fach-, Methoden- und Sozialkompetenz umfassen und zu eigenständigem Lernen führen sollen. Team- und Kooperationsfähigkeit, Präsentations- und Vortragsformen sowie der Umgang mit den neuen Medien werden als wichtige Voraussetzungen für Studium und Beruf angesehen, welche die Schule bereitstellen sollen.

Die Umsetzung in den einzelnen Bundesländern und den jeweiligen Fächern befindet sich noch in der Erprobungsphase. Inzwischen gibt es zahlreiche Verlagsangebote, welche den Schülern handfeste Tipps zur Abfassung von Referaten, Haus- und Seminararbeiten anbieten. Für eine vorläufige Zwischenbilanz ist es noch zu früh. Aber angesichts der Tatsache, dass eine KMK-Vereinbarung schon 1977 das wissenschaftspropädeutische Lernen zu einem Lernzielschwerpunkt der Oberstufe des Gymnasiums erklärte, wird man vor zu viel Optimismus warnen müssen. Damals hieß es:

„Auf der Grundlage selbständigen Lernens führt der Unterricht hin

- zur Kenntnis wesentlicher Strukturen und Methoden von Wissenschaften sowie zum Verständnis ihrer komplexen Denkformen,
- zum Erkennen von Grenzen wissenschaftlicher Aussagen und zur Einsicht in Zusammenhang und Zusammenwirken von Wissenschaften,
- zum Verstehen wissenschaftstheoretischer und philosophischer Fragestellungen, zur Fähigkeit, theoretische Erkenntnisse sprachlich zu verdeutlichen und anzuwenden."

2. Die besondere Nähe des Geschichtsunterrichts zum wissenschaftspropädeutischen Lernen

Die zitierten Definitionen bleiben, weil sie auf die Verfahrens- und Erkenntnisweisen aller Fächer bezogen sind, weitgehend formal und müssen in den einzelnen Fächern inhaltlich konkretisiert und methodisch umgesetzt werden. Schon in den „Richtlinien Geschichte" des Landes Nordrhein-Westfalen aus dem Jahr 1982 hieß es beispielsweise: „Der Schüler soll fähig sein, fachspezifische Methoden und instrumentale Fähigkeiten im Umgang mit geschichtlichen Zeugnissen und gegenwärtigen Aussagen und historischen Urteilen über Vergangenheit anzuwenden, Einsicht gewinnen in Leistungsfähigkeit und Grenzen von historischen Erkenntnisprozessen sowie in das Spannungsverhältnis von Objektivität und Parteilichkeit bei jeder Beschäftigung mit Geschichte."

Solche Formulierungen machen deutlich, was wissenschaftspropädeutisches Lernen im Geschichtsunterricht bedeutet – nämlich die Wissenschaft selbst, die Wege ihrer Erkenntnisgewinnung sowie die Grenzen ihrer Aussagekraft an ausgewählten Beispielen zu erfahren. Wissenschaftspropädeutisches Lernen darf also nicht bei der Vermittlung von Inhalten stehen bleiben, sondern muss die Schüler zur Selbsttätigkeit im Umgang mit dem historischen Material veranlassen und zur Reflexion über das eigene Tun und methodische Vorgehen führen. Den Schülern soll der Zusammenhang von Inhalten und Methoden bewusst werden; sie sollen im Laufe ihrer Schulzeit ein methodisches Instrumentarium erwerben, mit dem man „Geschichte" lernt.

Die besondere Nähe des Geschichtsunterrichts zum wissenschaftspropädeutischen Lernen hängt mit dem Konstruktcharakter des Fachs zusammen, der nur einen indirekten Zugang zu seinem Gegenstand zulässt und diesen im Unterricht in aller Regel erst herstellen muss. Weil alle Geschichte vermittelte Geschichte ist und ein naiver Zugriff auf die Geschichte nicht möglich ist, sind Fragen der Erkenntnisgewinnung sowie Methodenschulung integrative Bestandteile des Geschichtsunterrichts. Insofern ist er per se wissenschaftspropädeutisch – wenn darunter ein reflektierter Umgang mit Geschichte verstanden wird.

Fragen und Quellen sind bekanntlich die Grundlagen historischer Erkenntnis: wenn die Fragen fehlen, kann man nichts erkennen, wenn die Quellen fehlen, kann man nichts beweisen. In diesem Spannungsverhältnis bewegt sich der Geschichtsunterricht seit der didaktischen Wende in den siebziger Jahren in allen Klassenstufen. Äußeres Zeichen dafür war die neue Generation von Schulbüchern, angeführt von dem von Heinz Dieter Schmid herausgegebenen Werk mit dem programmatischen Titel „Fragen an die Geschichte".

Die wissenschaftspropädeutische Ausrichtung des Geschichtsunterrichts erfolgt sowohl auf der pragmatischen als auch der reflexiven Ebene. Die für den Geschichtsunterricht charakteristische Vorgehensweise (Fragestellung, Hypothesenbildung, Untersuchung von Aussagewert und Beweiskraft der Quellen, Verwertung wissenschaftlicher Darstellungen) muss den Schülern zunächst vorgemacht, allmählich aber von ihnen selbst durchgeführt werden. Jörn Rüsen hat mehrfach darauf hingewiesen,[1] dass die Schüler „wissenschaftliche Rationalität" als Grundprinzip historischen Denkens erfahren müssen – auch in lebensweltlicher Hinsicht als Beitrag des Geschichtsunterrichts zur politischen Bildung.

Es muss allerdings eingeräumt werden, dass die wissenschaftspropädeutische Ausrichtung des Geschichtsunterrichts von Anfang an von Kritik und Gegenentwürfen begleitet wurde. Diese wenden sich gegen die angebliche Verkopfung durch das wissenschaftspropädeutische Lernen und seine argumentative Grundrichtung, das zur abstrakten Generalisierung führe und zur gesellschaftlicher Isolierung und Vereinzelung in der Lerngruppe beitrage.

Demgegenüber werden ganzheitliche Lernprozesse angestrebt, die auch Emotionen und Affekte einbeziehen, den ganzen Menschen aktivieren und auf Interaktion angelegt sind. Einfühlen und Empfinden, Nachmachen und Ausprobieren seien so wichtig wie Analysieren, Erklären und Verstehen. Unter dem Schlagwort „Handlungsorientierung" (➛ Handlungsorientierung) finden solche Forderungen auch Eingang in die Geschichtsdidaktik und den Geschichtsunterricht. In der Tat muss man zugeben, dass die mit dem wissenschaftspropädeutischen Lernen verbundene denkende Durchdringung des Stoffs hohe Anforderungen an die Leistungsbereitschaft der Schüler und die Unterrichtsorganisation des Lehrers stellt. Es ist deshalb nicht verwunderlich, wenn Lehrer und Schüler wissenschaftspropädeutisches Lernen immer wieder als Überforderung ablehnen und lehrerzentrierte und rezeptive Unterrichtsformen sich behaupten.

3. Schülerreferate

Wie können die hohen Ansprüche, die mit dem wissenschaftspropädeutischen Lernen verbunden sind, im Geschichtsunterricht umgesetzt werden?

Seit der (Wieder-)Entdeckung des Methodenlernens und der selbstständigen Schülerleistungen stehen Referate hoch im Kurs, oft verbunden mit mediengestützter Präsentation und Gruppenarbeit (➛ Gruppenarbeit). Im Zusammenhang mit der erwähnten didaktischen Wende des Geschichtsunterrichts waren sie – parallel zum Lehrervortrag – zeitweise ins Abseits geraten, weil sie mit den Prinzipien des Arbeitsunterrichts nicht vereinbar schienen. Joachim Rohlfes stellt in seinem Standardwerk „Geschichte und ihre Didaktik"[2] fest:

„Trotz aller Anerkennung und weiter Verbreitung scheint das Schülerreferat, zumal in seiner praktischen Durchführung, mehr Verlegenheits- und Unlustgefühle als Erfolgs- und Zufriedenheitsgefühle zu erwecken."

Inzwischen werden Schülerreferate von den neuen Bildungsplänen und Richtlinien vieler Bundesländer für das Fach Geschichte als „besondere Schülerleistungen" nachdrücklich empfohlen – im Zusammenhang mit Techniken der Kommunikation und Ergebnispräsentation. Kein aktuelles Lehrbuch kann es sich leisten, auf ein entsprechendes Methodenkapitel zu verzichten, das „Tipps und Hinweise für die Erstellung eines Referats" enthält. Zahlreiche Verlage bieten mehr oder weniger ausführliche Ratgeber für Schülerreferate an. Die vorgeschlagenen Schritte lassen sich so zusammenfassen:

- Durchdenken des Themas sowie der Funktion des Referats im Unterrichtsprozess: auf welche Fragen soll das Referat eine Antwort geben? Welche Vorkenntnisse sind vorhanden, welche Erwartungen sollen befriedigt werden?
- Suchen und sichten des Materials im Blick auf Fragestellung, persönliche Betroffenheit und Akzentsetzung: Welche Informationen sind relevant? (Exzerpieren und Stichwortzettel anlegen.) Welche Wertungen, welche Widersprüche sind erkennbar? Worüber ist zusätzliches Material erforderlich? (Evtl. Rücksprache mit dem Fachlehrer.)
- Ordnen und gliedern des Materials, Arbeitsplan aufstellen; Gliederung entwerfen und prüfen, ob die Gliederungspunkte zur Themen- und Fragestellung passen. Ist ein „roter Faden" erkennbar?
- Ausarbeitung: Ausformulierung der Einleitung und der Ergebnisse, Stichwortzettel für den Hauptteil, falls gewünscht: Ausformulierung des gesamten Referats.
- Präsentation und Adressatenbezug: Welche Hilfen für die Zuhörer sind angebracht (Thesenpapier, Folien)? Ist das Referat verständlich formuliert (Fachsprache und Begrifflichkeit)? Sprechfähigkeit und Zeitrahmen testen, Medienunterstützung vorbereiten.

Bei allen gut gemeinten Ratschlägen bleiben allerdings wichtige Fragen offen: Wo und wie lernen die Schüler die notwendigen Vorstufen und langfristigen Qualifikationen, die für die Erstellung eines Referats unentbehrlich sind? Und: Welche Themen des Geschichtsunterrichts eignen sich überhaupt für Referate, welche Funktion haben diese im Unterricht?

Neuerdings gewinnt man den Eindruck, kein Thema sei zu schwer, kein Stoffgebiet zu umfangreich, um nicht von Schülern – einzeln oder in Gruppen – bearbeitet zu werden.

Informelle Umfragen unter Geschichtslehrern – genauere empirische Untersuchungen liegen nicht vor – ergeben ein sehr diffuses Bild, was Inhalt, Ziel und Einsatz von Schülerreferaten im Geschichtsunterricht betrifft. Die dafür vorgeschlagenen Themen („Deutscher Bund", „Die Sozialdemokratie unter Bismarck", „Die Machtergreifung oder die Verfolgung der Juden in der Stadt xy", „Die Rolle der USA im Ersten Weltkrieg", „Der Untergang der UdSSR", „Biographie von ...") sind zunächst unstrukturierte Inhaltsbereiche, bei denen die Schüler selbst Material suchen, lohnende Aspekte abgrenzen und unterrichtsrelevante Fragen finden müssen. Die meisten sind damit – zumal in einem zweistündigen Nebenfach – hoffnungslos überfordert. Solch offene Themen gehören eher ins Proseminar; in der Schule können sie höchstens Gegenstand von Fach- oder Seminararbeiten sein.[3]

Als Ziel solch informierender Sachreferate wird von Lehrerseite angegeben, dass die Referenten einen Überblick liefern und die Grundinformation für die gemeinsame Besprechung im Unterricht bereitstellen sollen. Gelegentlich werden auch die Verbesserung der Note und eine Entlastung des Unterrichts von der Stoffvermittlung als Rechtfertigung angeführt.

Die Schüler treten bei solchen Referaten gewissermaßen in Konkurrenz zu dem Schulbuch, das eigentlich für die Grundinformation zuständig ist. Deshalb kommen für solche Referate nur dort ausgesparte regionale Besonderheiten oder verkürzt dargestellte Sachverhalte der Ereignis- und Personengeschichte in Frage, deren Berücksichtigung im Unterricht unverzichtbar erscheint

Umstritten ist, ob Materialsuche und Operationalisierung der Referatsthemen den Schülern überlassen werden kann. Die Vertreter der neuen (offenen) Lernformen treten in dieser Frage für den größtmöglichen Freiraum der Schüler ein, weil sich wissenschaftspropädeutisches Lernen erst über eigene Versuche und fruchtbare Umwege bei der Themenfindung und -strukturierung entfalten könne. Das schließe auch das Scheitern und Misslingen ein. Im Blick auf das selbstbestimmte und selbstorganisierte Lernen werden detaillierte Lehrerhilfen abgelehnt.

Andererseits sind die Schüler durch die Arbeitsanweisungen der Schulbücher und die Fragestellung bei Klassenarbeiten und Klausuren an die gängigen Operatoren gewöhnt, die ihnen in Form einer verbalen Aufforderung signalisieren, was in welcher Form und auf welcher Lernzielebene von ihnen verlangt wird (➤ Tests und Klausuren). Entscheidend ist also die Fragestellung, unter der ein Sachverhalt untersucht und präsentiert wird.

„Der Referent soll nicht Massen von Orientierungswissen sammeln und ordnen, er soll nicht breite Überblicke geben, sondern begrenzte Fragestellungen herausarbeiten und zuspitzen, darauf bezogene Materialien beschaffen und auswerten, am Ende mit klaren Antworten aufwarten. Referate sollen Untersuchungen sein, die in punktuell-exemplarischer Weise in die Tiefe, nicht in die Breite führen.“[4]

Dieser Appell an die Bescheidenheit kann gerade im Zeitalter von Internet und Multimedia nicht nachdrücklich genug unterstützt werden.

Deshalb sollte der Lehrer im normalen Unterricht – eventuell in Absprache mit dem Schüler – das Material bereitstellen, das Thema eingrenzen und auf eine Untersuchungsfra ge zuspitzen. Also kein Referat zum Zweiten Weltkrieg, sondern: „Zeige die entscheidenden Wendepunkte des Kriegs und erläutere, ab wann der Krieg für Deutschland verloren war“. Oder: „Wie und warum wird Hindenburg 1925 Reichspräsident? – Analyse der Wahlergebnisse 1925“ – statt allgemein ein Referat zu Hindenburg.

Im Grunde geht es wie bei der Unterrichtsvorbereitung darum, aus dem Stoff ein Thema zu machen. Wer weiß, wie schwer sich Lehramtsanwärter und Berufsanfänger damit tun, wird von Schülern nicht allzu viel erwarten dürfen. Sie sind mit der Kompilation und Auswertung unterschiedlicher Materialien sowie der Beantwortung einer Leitfrage genug gefordert.

Eine Trennung zwischen informierenden Sachreferaten und argumentierenden Problemreferaten [5] ist im Geschichtsunterricht fragwürdig. Durch Schülerreferate sollten keine elementaren didaktischen Prinzipien des Geschichtsunterrichts aufgegeben werden. Ereignisse an sich gibt es im Geschichtsunterricht nicht, sie müssen stets eingeordnet und bewertet werden. Wissen und Erkennen, Informieren und Bewerten gehören zusammen. Die Fakten als Voraussetzung jeder Beurteilung liefert in der Regel das Geschichtsbuch oder ein Schülerlexikon besser als ein Schülerreferat, das immer Gefahr läuft, alle Nachteile des Lehrervortrags zu potenzieren[6]. Außerdem sind Überblick und Grundinformation didaktische Kategorien, die selbst Lehrer und Schulbuchautoren gelegentlich überfordern.

Auch lernpsychologische Gründe sprechen dafür, Schüler durch provozierende Fragen oder umstrittene Thesen zum Abfassen eines Referats zu ermuntern. Ein auf Kommunikation angelegter Unterricht verträgt keine isolierten Sachreferate oder einseitiges Spezialwissen, das für die Lerngruppe nur schwer fruchtbar gemacht werden kann. Das gilt nicht für Referate im klassischen Sinn, also Zusammenfassungen eines Artikels oder Wiedergabe der Hauptthesen eines Aufsatzes. Im Gegenteil – die bescheidene Aufgaben, einen Sachtext zu resümieren[7] und auf seine wichtigsten Informationen zu komprimieren, ist eine Form wissenschaftspropädeutischen Arbeitens, die eine wichtige Funktion im Unterricht erfüllt, weil zusätzliche Aspekte und Argumente eingebracht und der Beurteilungsrahmen für alle erweitert werden.

Die jüngsten Lehrplanentwürfe für die Sekundarstufe II unterscheiden wieder zwischen einem Pflichtbereich und Wahlmodulen; vielleicht eröffnet dies einen Ausweg aus dem Dilemma, welche Lernbereiche im Klassenverband, welche durch Schülerbeiträge behandelt werden sollen.

4. Vorstufen und Übungsformen

4.1 Materialgebundene Schülerbeiträge

Vom Beginn des Geschichtsunterrichts an können einzelne Schülerbeiträge nach einfachen oder komplexen Vorlagen in den Unterricht eingebracht werden, die als Vorstufe und Vorübung für das „große" Referat und die Ergebnispräsentation geeignet sind. Die meisten Schulbücher enthalten so reichhaltiges und anregendes Material, dass es im normalen Unterricht gar nicht ausgeschöpft, wohl aber an interessierte Schüler zur selbstständigen Bearbeitung ausgegeben werden kann. So können einzelne Schüler

- den Bau einer ägyptischen Pyramide mit Hilfe einer Schemazeichnung erläutern;
- die Entwicklung des Römischen Reichs anhand einer Karte demonstrieren;
- den Plan einer mittelalterlichen Klosteranlage und die darin enthaltene Lebenseinstellung vorstellen;
- den Fortschritt erklären, den die Dampfmaschine von James Watt darstellt;
- den Handlungsspielraum der verantwortlichen Politiker in der Novemberrevolution 1918 nach kontroversen Forschungsansätzen beurteilen.

Was zunächst (um beim ersten Beispiel zu bleiben) nach einfacher Verbalisierung aussieht, gewinnt durch die Fragen nach Herkunft und Stimmigkeit der Ausführungen fachspezifisches Gewicht. Wissenschaftspropädeutisch wird der Unterricht (oder der Schülerbeitrag) erst dann, wenn auch nach dem Sinn und Zweck der Pyramidenbauten gefragt und wenigstens ansatzweise die verschiedenen Erklärungsansätze eingebracht werden.

Ähnlich verhält es sich mit der Kartendemonstration: Die bloße Aufzählung der eroberten Gebiete (in zeitlicher Abfolge und richtiger geographischen Benennung) ist für einen Unterstufenschüler schon schwer genug. Die Äußerung eines Schülers „Und dann kamen die Römer zu uns..." zeigt an einem einfachen Beispiel, wie wissenschaftspropädeutisches Lernen und „Geschichtsbewusstsein" zusammenhängen. Der Schülerbeitrag wird erst durch die Klärung weiterer Fragen (Wer waren *die* Römer? Wer lebte damals in Südwestdeutschland?) fachlich relevant. Wissenschaftspropädeutisch wird er durch die Zuordnung der römischen Expansionspolitik zu den Rechtfertigungsversuchen der Römer selbst und zu den modernen Imperialismustheorien.

Wird wie im dritten Beispiel die Klosteranlage (Abb. 1) im Klassenverband nach Lehrbuch behandelt, kann man Schüler regionale oder lokale Besonderheiten vorstellen lassen. Zunächst müssen auffallende Besonderheiten dieser „verfremdeten" Abbildung erkannt und die Merkmale eines Zisterzienserklosters herausgestellt werden. Auch hier sollte man die Wiederholungs- und Transferleistung nicht gering schätzen, die der Referent

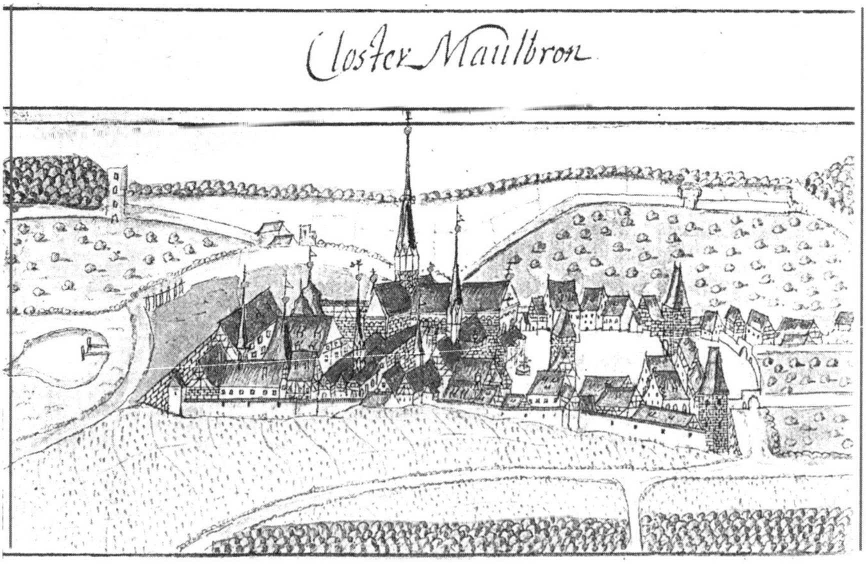

Abb. 1: *Kloster Maulbronn. Ansicht von Andreas Kieser 1684. Blick von Norden (Lagerbuch über den Stromberger Forst).*

zu erbringen hat. Durch die Einbeziehung der Geschichte des Zisterzienserordens und seiner Verbreitung sowie bei der Vorbereitung einer Erkundung vor Ort kann daraus ein kleines Projekt entstehen, das weiteren Schülern Mitwirkungsmöglichkeiten bis zur Präsentation im Schaukasten bietet.

Allgemein wird man sagen können, dass wissenschaftspropädeutisches Lernen nicht nur mit der denkenden Durchdringung der Inhalte beginnt, sondern mit Begriffen, Theorien und Strukturen zu tun hat. Immer dann, wenn die Lernzielebene „verstehen" und „erklären" angestrebt wird, gewinnt der Unterricht wissenschaftspropädeutischen Charakter. Umgekehrt zeichnen sich die Gegenentwürfe zum wissenschaftspropädeutischen Ansatz dadurch aus, dass sie die Anstrengung des Begriffs vermeiden wollen und einen unverbindlichen und unterhaltsamen Umgang mit Geschichte begünstigen.

Im Zusammenhang mit der Behandlung der DDR, ihrem Selbstverständnis und der Spannung zwischen ideologischem Anspruch und gesellschaftlicher Wirklichkeit kann (um ein weiteres Beispiel vorzuschlagen) das Kalenderblatt (Abb. 2) an einen Schüler oder eine Kleingruppe zur Bearbeitung ausgegeben werden.

Je nach Leistungsvermögen und Vorwissen der Schüler werden Erschließungsfragen oder Arbeitsvorschläge mitgegeben werden müssen. Naheliegend ist eine Vorstellung der Feier- und Gedenktage nach übergeordneten Gesichtspunkten, eine Auswertung nach dem Traditionsverständnis der DDR sowie ein Vergleich mit den Gedenktagen in der Bundesrepublik. Wenn über den Ablauf und die Ausgestaltung einzelner Gedenktage berichtet oder der historische und biographische Hintergrund erläutert werden soll, sind zusätzliche Informationen erforderlich, die entweder die Schüler beschaffen oder vom Lehrer bereitgestellt werden müssen.

Weil die Schüler bei diesen Vorschlägen[8] nicht alle Arbeitsschritte, die für ein „richtiges" Referat erforderlich sind, durchlaufen müssen und auch weitgehend von der Materialsuche entlastet werden, können solche Schülerbeiträge relativ kurzfristig in den Unterricht eingebracht werden. Mit Erläuterung und Gliederung sowie Einordnung in den historischen Zusammenhang und den Unterrichtsgang haben die Schüler noch genügend Gelegenheit zur selbstständigen Entfaltung. Auch die Vortragsform kann beibehalten werden, wenn sich auch in der Praxis pragmatische Zwischenformen herausgebildet haben. Auf eine vollständige Ausformulierung und die freie Vortragsform kann verzichtet werden zugunsten von Gesprächsformen, bei denen der Referent zwar eine zusammenhängende Vorgabe leisten muss, aber doch in die Lerngruppe integriert bleibt. Solche materialgebunden Schülerbeiträge (den anspruchsvollen Namen Referat sollte man vermeiden) sind unverzichtbare Vorstufen für das eigentliche Referat; sie bieten Schülern zusätzliche Beteiligungschancen und regen ihre Mitverantwortung für den Unterricht an. Auch die häufig genannten Vorteile von Schülerreferaten (Schulung des Sozialverhaltens beim Vortragenden und den Zuhörern, Überwindung lernpsychologischer Hemmnisse beim freien Sprechen vor der Gruppe, Reaktion auf Nachfragen u.a.) bleiben erhalten.

Feiertage und Gedenktage 1989 auf einen Blick

Januar

1 *Neujahr*
3 1876 Wilhelm Pieck geboren
8 1949 Gründungsbeschluß des RGW
15 1919 Karl Liebknecht und Rosa Luxemburg ermordet
21 1924 W. I. Lenin gestorben

ı ebruar

7 Fastnacht
11 Tag der Zivilverteidigung
12 Tag der Werktätigen des Post- und Fernmeldewesens
19 Tag der Mitarbeiter des Handels
22 1969 Johannes Dieckmann gestorben

März

1 Tag der Nationalen Volksarmee
2 1919 Gründung der Kımmunistischen ɔrnationale
31 M. S. Gorbatschow geboren
5 1871 Rosa Luxemburg geboren
8 Internationaler Frauentag
11 1894 Otto Grotewohl geboren
12 Beginn der Leipziger Frühjahrsmesse (mit internationaler Buchmesse)
14 1883 Karl Marx gestorben
20 Frühlingsanfang
21 Internationaler Tag für die Beseitigung der Rassendiskriminierung
23 Welttag der Meteorologie
24 *Karfreitag*
26 *Ostersonntag*
27 Ostermontag
Welttheatertag

April

7 Weltgesundheitstag
9 Tag des Metallarbeiters
12 1961 Erster bemannter Weltraumflug mit Juri Gagarin – Internationaler Tag der Luft- und Raumfahrt
16 1886 Ernst Thälmann geboren
18 Internationaler Denkmaltag
21 1946 Gründung der SED auf dem Vereinigungsparteitag von KPD und SPD 21.–22. 4.)
22 1870 W. I. Lenin geboren
24 Internationaler Tag der Jugend und Studenten gegen Kolonialismus und für friedliche Koexistenz
30 Welttag der Partnerstädte

Mai

1 *Internationaler Kampf- und Feiertag der Werktätigen*
4 Himmelfahrt
5 1818 Karl Marx geboren
8 1945 Tag der Befreiung vom Hitlerfaschismus
Welttag des Roten Kreuzes
10 Tag des freien Buches
12 Tag der Jugendbrigaden
14 *Pfingstsonntag*
15 *Pfingstmontag*
17 Weltfernmeldetag
18 Internationaler Museumstag
25 Fronleichnam

Juni

1 Internationaler Tag des Kindes
5 Weltumwelttag
11 Tag des Eisenbahners
Tag der Werktätigen des Verkehrswesens
12 Tag des Lehrers
16 Internationaler Tag der Solidarität mit dem Kampf des Volkes von Südafrika – Sowetotag
17 Tag der Werktätigen der Wasserwirtschaft
18 Tag der Genossenschaftsbauern und Arbeiter der sozialistischen Land- und Forstwirtschaft
21 Sommersanfang
25 Tag des Bauarbeiters

Juli

1 Tag der Deutschen Volkspolizei
2 Tag des Bergmanns und des Energiearbeiters
9 1914 Willi Stoph geboren
14 1789 Beginn der Französischen Revolution
1889 Gründung der II. Internationale

August

4 Mohammedanisches Neujahr 1410
5 1895 Friedrich Engels gestorben
13 1871 Karl Liebknecht geboren
1961 Sicherung der Staatsgrenze der DDR
18 1944 Ernst Thälmann im KZ Buchenwald ermordet
25 1912 Erich Honecker geboren

September

1 1939 Überfall des faschistischen Deutschlands auf Polen – Beginn des zweiten Weltkrieges
Weltfriedenstag
3 Beginn der Leipziger Herbstmesse
5 1915 Horst Sindermann geboren
7 1960 Wilhelm Pieck gestorben
8 Internationaler Tag der Alphabetisierung
10 Internationaler Gedenktag für die Opfer des faschistischen Terrors und Kampftag gegen Faschismus und imperialistischen Krieg
16 Tag der Werktätigen des Bereiches der haus- und kommunalwirtschaftlichen Dienstleistungen
21 1964 Otto Grotewohl gestorben
23 Herbstanfang
28 1864 Gründung der Internationalen Arbeiter-Assoziation (I. Internationale)
30 Jüdisches Neujahr 5750

Oktober

1 Weltmusiktag
7 *Nationalfeiertag der DDR*
9 Weltposttag
13 Tag der Seeverkehrswirtschaft – Weltschiffahrtsta
16 Welternährungst
21 Tag der Werktätigen der Leicht- Lebensmittel- un Nahrungsgüterindustrie
24 Tag der Vereinten Nationen
31 Reformationstag

November

7 1917 Große Sozialistische Oktoberrevolutio in Rußland
9 1918 Novemberrevolution in Deutschland
10 Weltjugendtag
12 Tag des Chemiearbeiters
17 Internationaler Studententag
19 Tag des Metallurgen
20 1959 Annahme d Deklaration der Rechte des Kindes durch die UN-Vollversammlung
22 Bußtag
26 Totensonntag
28 1820 Friedrich Engels geboren
29 Internationaler Ta der Solidarität mit dem Kampf des palästinensischen Volkes

Dezember

1 Tag der Grenztruppen der DDR
11 Tag des Gesundheitswesens
22 Wintersanfang
25 *1. Weihnachtstag*
26 *2. Weihnachtstag*
31 Silvester

Abb. 2: Feier- und Gedenktage auf einen Blick. Aus: Literaturkalender 1989 (DDR) (Aufbau-Verlag, Berlin/Ost).

4.2 Arbeitsanweisungen und Darstellungsaufgaben

Wissenschaftspropädeutisches Arbeiten kann im Geschichtsunterricht vor allem im sorgfältigen Umgang mit den Arbeitsanweisungen geübt werden, die in Schulbüchern, bei Klausuren und Referaten verwendet werden. Für die selbstständige Dokumentations- und Präsentiertechniken besonders wichtig sind die sog. Operatoren[9]

- erläutern/erklären;
- darstellen/einordnen;
- beurteilen/Stellung nehmen.

„Erläutern" bezieht sich auf eine Materialvorlage im Ganzen oder einige Textstellen, die durch zusätzliche Informationen verständlich gemacht und in den historischen Zusammenhang eingeordnet werden müssen. Materielle Überreste oder Ausstellungsstücke werden durch Hinweis auf ihren Verwendungszweck „erläutert". Wichtig ist, dass zusätzliche Informationen oder Verständnishilfen von außen hinzugefügt werden müssen, sie können nicht durch Paraphrase oder textimmanente Interpretation ersetzt werden. Deshalb ist die oft gewählte Arbeitsanweisung „Arbeiten Sie heraus..." unzureichend, weil bei vielen Quellen die Hauptsache nur durch Zusatzkenntnisse von außen erfasst werden kann.

„Erklären" meint vordergründig dasselbe wie erläutern, wird aber meist für Ursache-Folge-Beziehungen verwendet. Deshalb kann man historisch – politische Grundbegriffe erläutern lassen, Auswirkungen und Folgen der Weltwirtschaftskrise oder der Untergang der Sowjetunion müssen aber erklärt werden. Wissenschaftspropädeutisch sind solche Erklärungsversuche nicht nur, wenn sie in sich stimmig und überzeugend sind, sondern wenn deutlich wird, was historisches Erklären überhaupt leisten kann.

Ähnlich anspruchsvoll und für wissenschaftspropädeutisches Arbeiten unentbehrlich sind die Darstellungsaufgaben, die als schriftliche Zusammenfassung oder Hausaufgabe viel zu wenig geübt werden. Erst in der Zusammenfassung der Ergebnisse einer Analyse des historischen Rekonstruktionsmaterials bildet sich „narrative Kompetenz", worin manche Didaktiker das Hauptziel des Geschichtsunterrichts sehen (➛ Erzählen). Allerdings wird der Operator „Erzählen" im Geschichtsunterricht nicht verwendet. Das mag damit zusammenhängen, dass die Aufforderung „erzählen" durch die Konnotation „fabulieren" belastet ist. Außerdem hat die mit dem Fremdwort Narration bezeichnete geschichtstheoretische Kontroverse den Geschichtsunterricht noch kaum erreicht.[10] Die üblichen Darstellungsaufgaben folgen noch dem „historischen Realismus" und lassen die auf Droysen zurückgehende Unterscheidung der vier Darstellungsarten (erzählend, untersuchend, didaktisch, diskursiv) außer Acht.

Auch die Aufforderung beurteilen/Stellung nehmen wird in der Unterrichtspraxis nachlässig gehandhabt, persönliche Betroffenheitsäußerungen und moralisierende Wertungen ersetzen häufig eine rationale Beurteilung. Oft wird nicht einmal der Standort, von dem aus geurteilt wird (damals – heute; cui bono?) deutlich gemacht.

Die folgenden Arbeitsanweisungen aus einer Abiturklausur[11] sollen die korrekte Verwendung der Operatoren illustrieren:

Am 14. April 1939 warnt der amerikanische Präsident Roosevelt öffentlich vor einem großen Krieg und fordert zu einer friedlichen Konfliktlösung auf. Am 28. April 1939 antwortet Adolf Hitler vor dem eigens einberufenen Reichstag in einer zweieinhalbstündigen Rede dem amerikanischen Präsidenten. (Es folgt Redeauszug.)

1. Ordnen Sie die Rede in den außenpolitischen Zusammenhang der Jahre 1938/39 ein und zeigen Sie, welche Absicht Hitler mit dieser Rede verfolgt.
2. Nennen Sie die rhetorisch-propagandistischen Mittel, die Hitler in dieser Rede einsetzt. Belegen Sie diese aus dem Text.
3. Hitler spricht vor dem Reichstag. Erläutern Sie, wie sich die Bedeutung des Reichstags seit der Ernennung Hitlers zum Reichskanzler gewandelt hat.
4. a) Nehmen Sie zu den von Hitler behaupteten wirtschaftlichen Erfolgen Stellung.
   b) Zeigen Sie an zwei Beispielen, wie Hitler die Versailler Nachkriegsordnung „beseitigt" hat.
5. Erläutern Sie, was Hitler in dieser Rede unter „Lebensraum" versteht, und stellen Sie dar, welche Bedeutung dieser Begriff in Ideologie und Praxis des Nationalsozialismus zukommt.
6. Erklären Sie, warum das nationalsozialistische Regime in den Jahren nach 1933 bei der Mehrzahl der Deutschen auf Zustimmung stieß.

4.3 Lehreranteile

Welche Aufgaben hat der Unterrichtende beim wissenschaftspropädeutischen Unterricht? Wissenschaftsorientierung sowie die rechtzeitige Planung des Unterrichts, damit geeignete Materialien ausgespart und lohnende Schülerbeiträge eingeplant werden können, verstehen sich von selbst. Allerdings muss vor dem Missverständnis gewarnt werden, die Wissenschaftsorientierung des Lehrers oder die Berücksichtigung unterschiedlicher Forschungsansätze im Unterricht bedeute schon wissenschaftspropädeutisches Lernen. Das setzt nach wie vor die unmittelbare Auseinandersetzung der Schüler mit dem historischen Material voraus. Dabei muss vor allem auf die korrekte Verwendung der Sprache, besonders der Fachsprache und eine angemessene Ausdrucksweise geachtet werden. In der nachlässigen sprachlichen Verarbeitung der Ergebnisse der historischen Analyse liegt ein Hauptmangel des derzeitigen Geschichtsunterrichts. Weil die zusammenhängende sprachliche Darstellung durch die Schüler – aus Zeitmangel oder Bequemlichkeit – oft unterbleibt, bleiben auch Geschichtskenntnisse und Geschichtsbewusstsein hinter den Anforderungen zurück. Auf die Wichtigkeit der Sprache hat die Geschichtstheorie immer wieder mit Nachdruck verwiesen. Wissenschaftspropädeutisches Lernen und Schulung des sprachlichen Ausdrucksvermögens bedingen sich gegenseitig.

Für die schriftlichen Darstellungsversuche der Schüler – sei es als Vor- oder Nachbereitung des Unterrichts, sei es als Protokoll oder in „freier" Darstellung als narrative Rekonstruktion von Geschichte – liefern der Lehrervortrag bzw. das Schulbuch die „Hintergrundnarration"[12], an die sich die Schüler zunächst anlehnen müssen.

Deshalb ist der präzise und gut strukturierte Lehrervortrag nach wie vor unentbehrlich, der auch in seiner Kurzform (als Vorbereitung für die Beschäftigung mit dem vorgelegten Material oder als nachträgliche Zusammenfassung) dem Prinzip der progressiven Differenzierung folgen muss: Überblick und Hauptsache zuerst, dann weitere Einzelheiten je nach Erfordernis des Materials und Aufnahmefähigkeit der Zuhörer. Der Lehrervortrag ist also kein Selbstzweck, er dient auch der Vorbereitung für entsprechende Schülerdarstellungen, die sich aus der Nachschrift und dem Nachvollzug der Lehrervorgabe entwickeln.

Häufig wird der Vortrag durch vorstrukturierte Lernhilfen und Medieneinsatz ergänzt, sei es als Arbeitsblatt oder als Tafelanschrieb.

Wenn beim Thema „Nationalsozialismus" Schüler über verschiedene Widerstandsformen berichtet haben, hilft folgendes Rasterblatt zur Einordnung und Bewertung der vorgetragenen Einzelfälle und zur Klärung des vieldeutigen Begriffs Widerstand.

Herrschende Partei

Monopol der politischen Macht	**Monopol der gesellschaftlichen Organisation**	**Informationsmonopol**
↑	↑	↑
Bewusster politischer Kampf	**Gesellschaftliche Verweigerung**	**Weltanschauliche Dissidenz**
Widerstand im engeren Sinne, der stets illegal ist, konspirativ betrieben werden muss und auf den Sturz des Regimes ausgerichtet ist	Konkrete und relativ offene Proteste gegen Ein- und Übergriffe des Regimes in gesellschaftliche Teilbereiche u. deren Organisationen	Bewusste Ablehnung der herrschenden Weltanschauung, um andere Traditionen wach zu halten, ohne das Regime direkt zu behindern

Abb. 3: *Grundformen des Widerstands (Entwurf: Bernhard Müller. Nach: Löwenthal, Richard; zur Mühlen, Patrik von, Widerstand und Verweigerung in Deutschland 1933-1945. Bonn 1982, S. 14-24)*

Wissenschaftspropädeutische Qualität gewinnt der Unterricht nicht durch die Kenntnisnahme dieser „wissenschaftlichen" Definition, sondern durch ihre Anwendung und durch die Diskussion, ob sie auf andere totalitäre Systeme übertragbar ist. Gleichzeitig kann auch auf die Erkenntnisweise des Fachs verwiesen werden, welche die Einzelereignisse bündelt und begrifflich ordnet.

Wenn Komplexitätserziehung zu den Hauptaufgaben des Geschichtsunterrichts gehört, ist der Lehrer immer wieder gefordert, den allzu einfachen und flinken Erklärungsversuchen der Schüler sowohl im Unterrichtsgespräch als auch im Einzelbeitrag entgegenzutreten und die Grundlage für eine differenzierte Beschäftigung mit der Sache zu legen.

Wer beispielsweise den Schülern als Referat zumutet, die komplexen Ereignisse der Novemberrevolution 1918 vorzustellen und die Handlungsmöglichkeiten der damaligen

Politiker zu beurteilen, überfordert sie, selbst wenn eine Mindmap als Hilfe entwickelt wurde.

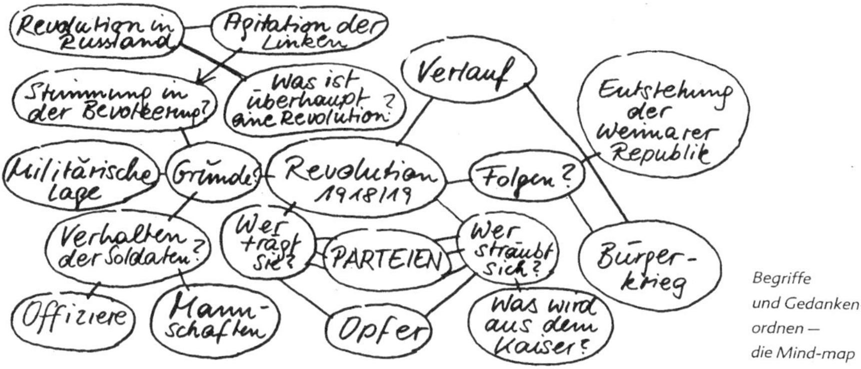

Abb. 4: *Mind Map aus: Lernbox Geschichte , S. 99.*

Ist die Bewältigung so komplexer Ereignisfolgen tatsächlich Schüleraufgabe – oder genügt es, wenn sie auf der Grundlage einer vorgegebenen und vereinfachten Strukturskizze über versäumte Chancen und verhinderte Katastrophen in der damaligen Situation berichten?

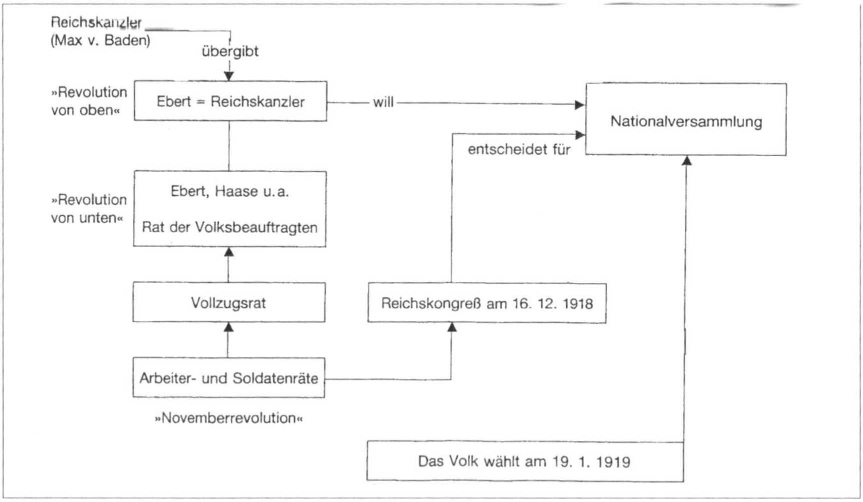

Abb. 5: *Novemberrevolution (Entwurf: Bernhard Müller)*

Wissenschaftspropädeutisches Lernen im Geschichtsunterricht hängt nicht von der Bewältigung großer Stoffmassen ab, sondern entfaltet sich eher in der Auseinandersetzung mit einer provozierenden Vorlage oder pointierten Fragestellung.

4.4 Protokoll und Geschichtsordner

Ein notwendiges Bindeglied zwischen Lehrer- und Schüleranteilen sowie eine Vorübung auf das selbssttändige wissenschaftspropädeutische Arbeiten stellt das Protokoll dar.
Ein Protokoll ist der sachlich richtige und übersichtlich angeordnete schriftliche Sachbericht über Verlauf und Ergebnis einer Unterrichtsstunde.[13] Es erfordert vom Schüler die Fähigkeit, disparate Lehrer- und Schüleräußerungen zusammenzufassen und in gedanklich geordneter und sprachlich korrekter Weise wiederzugeben. Das Erfassen des Gedankengangs einer Unterrichtsstunde und die Zuordnung einzelner Diskussionsbeiträge stellt eine Leistung dar, die im Blick auf die Arbeitsweise der Oberstufe und die allgemeine Studierfähigkeit nicht unterschätzt werden sollte.

Die Unterscheidung von Ergebnis- und Verlaufsprotokoll sowie die Einübung der Formalien (Kopfleiste, wörtliche Zitate und indirekte Rede, Zusammenfassung längerer Passagen, keine wertende Stellungnahme usw.) sind Aufgaben des Deutschunterrichts und müssen auch in anderen Fächern geübt werden.

Um Ermüdungserscheinungen und einer zu hohe Arbeitsbelastung vorzubeugen, sollte nicht jede Unterrichtsstunde protokolliert werden. Die ausgewählten Schwerpunktprotokolle zu wichtigen Themen werden nach der Korrektur und Besprechung in der Klasse in einem Ordner gesammelt und somit allen Schülern für die Vorbereitung auf Klausuren und zur Korrektur der eigenen Aufschriebe verfügbar gemacht. In der Entlastung der Lerngruppe vom Mitschreiben liegt ein zusätzlicher Gewinn der Protokolle.

Die übersichtliche Führung eines Geschichtsordners ist nicht nur im Blick auf die Unterrichtsvor- und Nachbereitung wichtig. Sie ermöglicht auch eine Beurteilung der passiven Mitarbeit im Unterricht durch die Lehrkraft und erzieht zur organisatorischen Disziplin, welche für Studium und Beruf unerlässlich ist.

5. Facharbeit und Projekte

Wer dem Vorwurf der Gänglung und des fremdbestimmten Lernen ausweichen und den Schülern mehr Selbstständigkeit bei der Bearbeitung eines Themas sowie größere Entfaltungsmöglichkeiten zuweisen möchte, sieht sich auf die Fach- oder Hausarbeit im Leistungs- oder Seminarkurs mit seinem inhaltlichen Freiraum verwiesen. Es gehört zu den Zielen dieser drei- bis vierstündigen Kurse, dass die Schüler „selbständig, wissenschaftlich und fächerverbindend arbeiten lernen". Besonderen Wert wird auf die Kommunika tions- und Präsentationsfähigkeit gelegt, die Arbeitsweisen sollen „fächerübergreifend, projektorientiert, hochschulnah und erwachsenengerecht"sein.[14] Das methodische Vorgehen und die Art der Präsentation sind so wichtig wie die inhaltlichen Ergebnisse. Da der Fach- und Unterrichtszusammenhang hierbei weitgehend aufgelöst wird und die Schüler Inhalte und Themen frei bestimmen können, können auch keine fachspezifischen

Hinweise gegeben werden. Statt dessen sei auf die allgemeine Ratgeberliteratur für Schüler verwiesen.

Eine frühe Vorform dieses Ansatzes stellt das „entdeckende Lernen“ dar, das im Geschichtsunterricht vor allem durch Heinz Dieter Schmid und sein schon erwähntes Lehrbuch „Fragen an die Geschichte“ angestoßen wurde (➤ Forschend-entdeckendes Lernen). Trotz des unbestreitbaren Erfolgs hat sich dieses Unterrichtsprinzip nicht durchsetzen können. In der Praxis haben sich vielerlei Mischformen herausgebildet[15], die sich auch an der aktuellen Schulbuchgeneration ablesen lassen. Gleichwohl muss festgestellt werden, dass Geschichte mit diesem Ansatz seit den siebziger Jahren zum didaktisch anspruchsvollsten und methodisch fortschrittlichsten Unterrichtsfach geworden ist – ohne dass dies die Vertreter der neuen Lernformen zur Kenntnis genommen hätten.

„Entdeckendes Lernen“ beschränkt sich in der Praxis auf angeleitete Projekte oder mikrohistorische Untersuchungen einmal im Schuljahr. Teilweise wird es ganz aus dem normalen Unterricht ausgelagert und den zahlreichen Wettbewerben zugewiesen, in denen einzelne Schülergruppen oft erstaunliche Leistungen erbringen, die dann als Beleg für erfolgreiches wissenschaftspropädeutisches Lernen herhalten müssen.[16]

6. Zusammenfassung und Ausblick

Über Erfolge und Misserfolge wissenschaftspropädeutischen Arbeitens in der Schule liegen zwar persönliche Erfahrungen vor, aber kaum empirische Untersuchungen. Bodo von Borries kommt zu wenig schmeichelhaften Ergebnissen: „Aus diesen Beobachtungen wird deutlich, dass auch in der Oberstufe der Gymnasien nicht kritisch abgewogene und selbständig verantwortete Urteile, wie es neuere Richtlinien und fachdidaktische Konzepte wünschen, sondern dominante Meinungen und verbreitete Einstellungen erworben werden. Die Jugendlichen ‚lernen', was man zu solchen Themen sagt. (...) Statt ‚Wissenschaftsorientierung‘ des gymnasialen Geschichtsunterrichts könnte man also eher von ‚Konventionsinternalisierung‘ sprechen ...“[17]

Andererseits hat die wissenschaftspropädeutische Ausrichtung den Stellenwert des Fachs Geschichte zumindest im Gymnasium zweifellos erhöht. Sein Beitrag zur Studierfähigkeit aufgrund der erwähnten wissenschaftspropädeutischen Arbeitsformen ist beträchtlich – wenn sich auch in der Praxis nicht alle Erwartungen erfüllt haben. Ob die Auslagerung des Methodenlernens in ein eigenständiges „Seminarfach“ mit geringer inhaltlicher Verbindlichkeit eine Verbesserung darstellt, muss abgewartet werden.

Langfristig sind für das wissenschaftspropädeutische Lernen die Museen und Ausstellungen bedeutsam, welche gezielt Erkenntnisgrundlagen und Erkenntniswege des Fachs Geschichte thematisieren. So werden im Museum und Park Kalkriese – um ein aktuelles Beispiel zu nennen – die Besucher eingeladen, sich an der Spurensuche und Beweisführung für den Ort der Varusschlacht zu beteiligen. Zahlreiche Museen und Erinnerungsstätten fordern gezielt zur Auseinandersetzung mit Geschichte auf und bieten Schülergruppen ausgewählte Archivalien zur Bearbeitung an.

Die weitere Entwicklung hängt davon ab, ob sich handlungs- und erlebnisorientierte

Ansätze in Verbindung mit einem vorwiegend subjektiven Verständnis von Geschichte durchsetzen – oder ob sich der Geschichtsunterricht weiterhin als „Denk- und Arbeitsfach“[18] versteht und dem rationalen Diskurs sowie seinem kritischen Wächteramt verpflichtet bleibt.

Die Frage ist, wie viel Begrifflichkeit und Aufklärung der Geschichtsunterricht verlangen kann und muss, um seinen Beitrag zur politischen Bildung zu erfüllen – in einer Zeit, die dem subjektiven Empfinden und gedankenlosen Erleben großen Raum gewährt.

Anmerkungen

1 Rüsen, Jörn, Wissenschaftspropädeutik im Geschichtsunterricht, in: Bergmann, Klaus u.a. Hrsg., Handbuch der Geschichtsdidaktik, Düsseldorf 1985, S. 248.
2 Rohlfes, Hans-Joachim, Geschichte und ihre Didaktik, Göttingen 1986, S. 296.
3 Vgl. Mieles,Bernhard, Wissenschaftspropädeutisches Arbeiten in der Sekundarstufe II, in: Geschichte lernen 68 (1999), S. 50-53.
4 A.a.O., S. 297.
5 So Joachim Detjen in: Handbuch zur politischen Bildung, Bonn 1989, S. 431.
6 Goette, Jürgen, Schülerreferate im Geschichtsunterricht, in: GWU 1984, S. 587.
7 Vgl. Stadter, Andrea, Der Abstract. Die multifunktionale Textzusammenfassung, in: Praxis Deutsch 168 (2002), S. 50-53.
8 Vgl. auch Müller, Friedrich B., in: GWU 1985, S. 440.
9 Eine umfassende Behandlung der sog. Operatoren mit Definitionen und Beispielen steht noch aus. Ersatzweise bieten einige Lehrbücher „Erläuterungen für die wichtigsten Arbeitsanweisungen“ an.
10 Vgl. Goertz, Hans-Jürgen, Unsichere Geschichte. Zur Theorie historischer Referentialität, Stuttgart 2001.
11 Es handelt sich um eine Abiturklausur des Landes Baden-Württemberg, an deren Erstellung der Verfasser dieses Beitrags mitgewirkt hat. Sie ist inzwischen von mehreren Verlagen veröffentlicht worden.
12 Vgl. Pandel, Hans-Jürgen, Entwicklung der didaktischen Darstellung, in: Jeismann; Quandt (Hrsg.), Geschichtsdarstellung, Göttingen 1982, S. 41.
13 Vgl. Detjen 1999, S. 429.
14 Vgl. Landesinstitut für Erziehung und Unterricht, Stuttgart 1998.
15 Vgl. Müller, Bernhard, „Zur Reform des Geschichtsunterrichts“. Anmerkungen nach 25 Jahren, in: Tradition und Innovation. Festschrift zum 25 jährigen Bestehen des Seminars Heilbronn. 1998, S. 107-118.
16 Vgl. „Spuren Suchen“ – Geschichtswettbewerb des Bundespräsidenten. Jugendliche forschen vor Ort, Hamburg 1984 f.
17 In: Zeitschrift für Pädagogik 42 (1996), S. 524.
18 So der Titel der von Eberhard Wilms herausgegebenen Festschrift für Heinz Dieter Schmid, Frankfurt/M. 1986.

Zitierte und weiterführende Literatur

Borries, Bodo von, Geschichtsunterricht in der gymnasialen Oberstufe, in: Zeitschrift für Pädagogik 42 (1996), S. 519-535

Borries, Bodo von, Notwendige Bestandsaufnahme nach 30 Jahren? Ein Versuch über Post-68 Geschichtsdidaktik und Post-89 Problemfelder, in: GWU 1999, S. 268-281

Detjen, Joachim, Protokoll, Bericht, Referat, in: Mickel, Wolfgang W. (Hrsg.), Handbuch zur politischen Bildung, Bonn 1999, S. 428-432

Fischer, Wolfgang, Wissenschaftspropädeutik, in: Enzyklopädie Erziehungswissenschaften Bd. 9/2, Stuttgart 1992, S. 703-706
Fölling, Werner, Wissenschaftspropädeutischer Unterricht, in: Enzyklopädie Erziehungswissenschaften Bd. 3, Stuttgart 1986, S. 649-655
Geschichtsunterricht in der Sekundarstufe II, in: Geschichte lernen 68 (1999)
Goette, Jürgen-Wolfgang (u.a), Schülerreferate im Geschichtsunterricht, in: GWU 1984, S. 586-600
Henke-Bockschatz, Gerhard, Entdeckendes Lernen, in: Bergmann, Klaus, u.a. (Hrsg.), Handbuch der Geschichtsdidaktik, Seelze 1997, S. 406-411
Hey, Bernd u.a., Umgang mit Geschichte, Stuttgart 1992
Jeismann, Karl-Ernst; Quandt, Siegfried, Geschichtsdarstellung. Determinanten und Prinzipien, Göttingen 1982
Klösel, Horst; Lüthen, Reinhold, Planen Schreiben Präsentieren. Facharbeit Deutsch, Leipzig 2000
Lautzas, Peter, Facharbeit, Referat, Protokoll in der Oberstufe des Gymnasiums (Mainzer Studienstufe), hrsg. vom Kultusministerium Rheinland-Pfalz, Worms 1982
Lautzas, Peter, Die Facharbeit in der neugestalteten gymnasialen Oberstufe, in: GWU 39 (1988), S. 674-690
Lernbox Geschichte. Das Methodenbuch. Seelze 2000
Mayer, Ulrich, Handlungsorientierung, in: Bergmann, Klaus, u.a. (Hrsg.), Handbuch der Geschichtsdidaktik, Seelze 1997, S. 411-416
Meyer, Meinert A. (Hrsg.), Lernmethoden Lehrmethoden, Wege zur Selbständigkeit. Friedrich Jahresheft XV (1997)
Mickel, Wolfgang, Methodische Großformen. Grundsätzliches zu den Methoden, in: Handbuch zur politischen Bildung, Bonn 1999, S. 332-342
Mieles, Bernhard, Wissenschaftspropädeutisches Arbeiten in der Sekundarstufe II, in: Geschichte lernen 68 (1999), S. 50-53
Müller, Bernhard, „Zur Reform des Geschichtsunterrichts" – Anmerkungen nach 25 Jahren, in: Tradition und Innovation. Festschrift zum 25-jährigen Jubiläum des Staatlichen Seminars für Schulpädagogik (Gymnasien), Heilbronn 1998, S. 107-118
Müller, Friedrich B., Das Schülerreferat im Geschichtsunterricht, in: GWU 36 (1985), S. 439-447
Pandel, Hans-Jürgen, Postmoderne Beliebigkeit? Über den sorglosen Umgang mit Inhalten und Methoden, in: GWU 1999, S. 282-291
Reinhardt, Sibylle, Was ist Handeln? „Handlungsorientierung" und/oder „Wissenschaftspropädeutik"? in: Breit, Gotthard; Schiele, Siegfried (Hrsg.), Handlungsorientierung im Politikunterricht, Schwalbach/Ts. 1998, S. 161-169
Rüsen, Jörn, Wissenschaftspropädeutik im Geschichtsunterricht, in: Bergmann, Klaus u.a. (Hrsg.), Handbuch der Geschichtsdidaktik, Seelze 1997, S. 340-342
Rüsen, Jörn, Historisches Lernen. Grundlagen und Paradigmen, Köln 1994
Schmidt, Siegbert, Schülerreferate im Geschichtsunterricht der Sekundarstufe I, in: GWU 25 (1994), S. 718-751
Seminarkurs auf der gymnasialen Oberstufe. Methoden und Beispiele, Landesinstitut für Erziehung und Unterricht, Stuttgart 1998
Steffen, Guido, Arbeitstechniken für Schüler, in: Geschichte lernen 28 (1992), S. 46-49
Wilms, Eberhard (Hrsg.), Geschichte – Denk- und Arbeitsfach, Frankfurt/M. 1986

Klaus-Ulrich Meier

Rollenspiel

1. Theoretisch-didaktischer Hintergrund

Folgt man den Aussagen einschlägiger fachdidaktischer Veröffentlichungen, scheinen Rollenspiele seit geraumer Zeit durchaus zum unterrichtlichen Standardrepertoire zu gehören. Eine grundsätzliche Infragestellung des Werts dieser methodischen Inszenierung erfolgt jedenfalls nicht. Statt dessen werden Spielen im Kontext handlungs- und erfahrungsorientierter Formen des Lernens hohe Bedeutung beigemessen. Danach sollen Rollenspiele nicht nur der „Abwechslung und Motivierung" dienen, sondern auch „viel zur Entwicklung von historischem Bewusstsein beitragen" (Geschichte lernen 1991, 3). Allerdings liegen bis heute kaum empirische Untersuchungen über die Erziehungsrelevanz von Rollenspielen vor. (Einer der wenigen Ansätze findet sich bei Uffelmann/Cser, Geschichtsdidaktik 1977, 1-12). Breit gefächert sind dagegen Erfahrungsberichte über die erfolgreiche Durchführung von Rollenspielen (Schulz-Hageleit 1991, 21). Spielvorlagen bzw. Spielideen finden sich zu fast jedem Thema des Geschichtsunterrichts. Unentwickelter sind dagegen geschichtsdidaktische und methodische Beiträge, bei denen nicht selten die Begeisterung für das kreative Arrangement besonnene Aufwand-Effekt-Überlegungen bzw. methodische Hinweise für den Unterrichtsalltag ersetzt. Übereinstimmend wird in der Literatur der potentielle didaktische Ertrag mit der Hoffnung auf eine Intensivierung des „einfühlenden Verstehens" angegeben. Spielen kann offenbar nur der, der eine auch emotionale Nähe zu den historischen Personen bzw. Ereignissen gefunden hat. Die Spielerinnen und Spieler „schlüpfen in die historische Haut" und erleben etwas von den Gefühlen, Ängsten, Hoffnungen der historischen Akteure. Eine Spielerin, die als nordenglische Mutter ihr Kind hinter den (vorgestellten) Fabriktoren verschwinden sieht, hat vielleicht etwas „verstanden", ein Spieler, der als Vater 1914 seinen Sohn als Möchtergernheld von seiner Begeisterung für den Heldentod abzubringen versucht, hat möglicherweise an Empathie gewonnen; eine Garantie dafür bieten auch Rollenspiele nicht, genauso wenig wie nachdenkliche Gespräche über die gleichen Zusammenhänge. Trotzdem: Beim Spiel und während einer gelungenen Rollenidentifikation, bei der spielerisch aggressiven Auseinandersetzung oder der spielerisch erlebten Niederlage sind andere, oft heftigere Gefühle wirksam, die – zumindest der Möglichkeit nach – historische Erkenntnis zur Person hin vertiefen können. Wenn das aber gelingen soll, müssen bei allen Beteiligten viele Vorleistungen erbracht worden sein und die reflektierende Nacharbeit ist unumgänglich. Rollenspiele können aber nicht nur zu einem vertieften Verständnis von Geschichte führen. Ihr besonderer Wert liegt sicher auch in der Möglichkeit, durch die Übernahme unterschiedlicher Perspektiven auf ein Ereignis einer anderen wichtigen Forderung der Geschichtsdidaktik zu genügen: der reflektierten Umsetzung von Multiperspektivität (➤ Multiperspektivität). Vielleicht wie keine andere Arbeitsform ist das Rollenspiel geeignet, eine Sache aus verschiedenen Blickwinkeln zu betrachten, Konsequenzen unterschiedlicher Perspektiven zu erleben und anschließend zu bewerten. Dies setzt natürlich den fachwissenschaftlich gut informierten Lehrer voraus, der Rollenbeschreibungen und Spielvorlagen historisch angemessen und mehrdimensional aufzubereiten in der Lage ist. Aber am Ende kann auf dieser Grundlage die Möglichkeit für die Lernenden geschaffen werden, zu einer wirklichen, erlebensnahen Reflexion der eigenen Standpunkte zu kommen und sich begründet für eine Geschichte über die Geschichte zu entscheiden.

2. Rollenspiele in der Praxis des Geschichtsunterrichts

Im Gegensatz etwa zur inhaltserschließenden Quellenarbeit oder zum problematisierenden Gespräch setzen die Schülerinnen und Schüler im Rollenspiel ein Stück Geschichte in Szene (➤ Quelleninterpretation, ➤ Gesprächsformen). Als Spieler übernehmen sie die Rolle einer fiktiven oder wirklichen Figur aus der Geschichte und drücken aus, was sie sich im Unterricht oder außerschulischen Lernprozessen über die Figur und ihre Zeit angeeignet haben. Sie spielen ihre Phantasien oder Wünsche an den historischen Prozess, sie untersuchen die historische Entwicklung nach möglichen Alternativen. Im Unterschied zum darstellenden Spiel werden bei Rollenspielen Text, Verhalten oder Spieldynamik nicht bis ins Einzelne festgelegt. Im Regelfall gibt es für den oder die Spieler eine Rollenvorgabe und die Beschreibung einer Problemsituation; auf dieser Grundlage entfaltet sich das Rollenspiel im Geschichtsunterricht häufig sehr frei. Je nach Spielfähigkeit, inhaltlicher und methodischer Kompetenz entwickeln sich auf ein und derselben Vorgabe ganz unterschiedliche Spiele, deren qualitative Entwicklung nicht unbedingt vorhersehbar ist. Eine historische Szene kann plötzlich in einen völlig unhistorischen Klamauk umkippen; in der Spieldynamik kann es passieren, dass die Rollenspieler zu unhistorischen Maßnahmen greifen, nur um sich durchzusetzen, auch wenn die Spielvorgabe vielleicht etwas ganz anderes fordert.

Allerdings lassen sicher nicht nur ganz zufällige Beobachtungen den Schluss zu, dass Rollenspiele trotz ihrer Bedeutung in der fachdidaktischen Diskussion nicht unbedingt zur Normalität des Schulalltags gehören. Vorurteile gegenüber Methoden, die sich nicht unmittelbar einer zweckrational optimierbaren Mittel-Ziel-Relation unterwerfen lassen, sind in der Kollegenschaft sehr beständig. Dies gilt im übrigen durchaus auch für Schüler, wenn es etwa darum geht, einem 8. Schuljahr die Bedeutung von Rollenspielen im Sinne methodisch-kontrollierter Aneignungsprozesse deutlich werden zu lassen. Auch unter Lehramtsreferendaren gelten szenische Arrangements als schwer kalkulierbare Prozesse; bei Unterrichtsbesuchen von Ausbildern werden sie eher selten eingesetzt, auch wenn Reflexion und Erprobung von Rollenspielen in der Ausbildung der zweiten Phase durchaus Bedeutung haben (Dehne 1991, 62). Gleichwohl berichten Lehrer, die sich mit der Methode längerfristig vertraut gemacht haben, von Erfolgen: Das Rollenspiel stellt danach eine besonders gute Möglichkeit dar, den Unterricht von der Realität einer eindimensionalen

„Transportdidaktik“ wegzuentwickeln. Das Spiel lasse offenere Formen von Unterricht möglich werden, die eine angemessene Partizipation der Schülerinnen und Schüler eröffnen. Intentionen und Interpretationen der Lernenden können in Spielarrangements eine deutlich höhere Anerkennung als im traditionell lehrerzentrierten Unterricht erhalten.

Rollenspiel heißt in diesem Sinne, dass die Schülerinnen und Schüler sich auf Grundlage einer Rollenbeschreibung um eine eigene Geschichte aus der Geschichte bemühen. Im Spiel verschmelzen Verständnishorizonte und genau an diesem Punkt müssen Lehrer und Schüler mit ihrer Interpretation des Geschehens einsetzen. Falsch wäre es, wenn die Spielsequenzen allein unter dem Gesichtspunkt gedeutet würden, ob sie eine angemessene Wiedergabe der historischen Realität darstellen. Vielmehr muss es darum gehen, im Sinne einer didaktischen Anamnese genau herauszubekommen, wo die Schülerinnen und Schüler stehen, wie sie in der Lage sind, Geschichte wahrzunehmen und zu verarbeiten und – ganz banal – wie der vorausgegangene Unterricht wirksam geworden ist. Der Lehrer erfährt durch das Spiel, ob sein Unterricht Vorstellungsrelevanz hatte und welche Geschichtsbilder sich im Bewusstsein der Schüler bilden konnten. Er erfährt aber auch, welche Formen des historischen Alltagsbewusstseins für seinen zukünftigen Unterricht von Bedeutung sind und wie sich reflektiertes Geschichtsbewusstsein im Prozess des historischen Lernens entwickeln konnte. Allerdings bekommt er nicht selten auch eine recht drastische Mitteilung darüber, wie sich die (historische) Spielfähigkeit seiner Schüler entwickelt hat und welche fehlenden methodischen Qualifikationen die Durchführung eines Rollenspiels im Geschichtsunterricht ganz grundsätzlich in Frage stellen. Fatal wäre es, wenn Rollenspiele nur aus der Sicht von Lehrerinnen und Lehrern, als Interpretationshintergrund für ihren eigenen Unterricht verstanden würden. Rollenspiele sind darüber hinaus wichtig für die Erweiterung der Methodenkompetenz der Schülerinnen und Schüler. Aus dem „Instrument“ des Lehrers kann perspektivisch ein zunehmend eigenständig genutztes Arbeitsmittel der Schülerinnen und Schüler werden, mit dessen Hilfe sie Geschichte erarbeiten und interpretieren können.

3. Welche Inhalte bzw. welche Aufbereitungsformen von Geschichte eignen sich für Rollenspiele?

Eine Antwort auf diese Fragen hängt in entscheidendem Maße von dem jeweils vertretenen Spielbegriff bzw. der Definition von Rollenspielen ab. Im folgenden werden Rollenspiele in ihrer entwickelten Form als eigenständige Ver- oder Bearbeitungsmöglichkeiten eines historischen Sachverhaltes angesehen und weniger als theaterhaftes Nachspielen festgelegter Textvorgaben. Im Rollenspiel eignen sich die Spieler in methodisch kontrollierter Form ein Stück Geschichte an und setzen ihre Interpretation in Szene. Langfristiges Ziel muss sein, die Schülerinnen und Schüler in die Lage zu versetzen, die Qualität ihres eigenen Aneignungsprozesses kritisch zu prüfen und das Spiel in verschiedenen Phasen des politisch-historischen Erkenntnisprozesses selbstbewusst als Methode zu nutzen. In diesem Sinne kann das Spiel dazu benutzt werden, Fragen an die Geschichte zu entwickeln, Hypothesen über historische Entwicklungen anzustellen, Alternativen auszuspielen bzw. angeeignetes Wissen zu überprüfen sowie schließlich Gegenwartsbezüge herzustellen bzw. zu untersuchen. In der Zielsetzung, das Rollenspiel im Geschichtsunterricht zur Methode zu entwickeln, sollte aber auf keinen Fall ausgeblendet werden, dass Spiel als eine sehr elementare menschliche Tätigkeit nur dann lebendiges Tun bleibt, wenn die pädagogischen Zielsetzungen dem Spielspaß nicht völlig die Luft abdrehen. Insofern ist das „Umkippen" des Spiels in Klamauk nicht unbedingt als Fehlschlag zu deuten. Es verrät eigentlich nur etwas darüber, dass wirkliches Spiel immer auch von einer Lust lebt, die durchaus quer zu den pädagogischen Absichten liegen kann. Auch und gerade „umgekippte" Rollenspiele bedürfen der geschichtsdidaktischen und methodischen Reflexion.

Das Rollenspiel unterscheidet sich vom historischen Theater, bei dem der Text dem Spieler vorgegeben ist. Im Rollenspiel entwickelt sich der Text auf einer Rollen- und Situationsvorgabe spontan. Aber was heißt genau „entwickelt"? Die Schüler haben ja im Grunde nur beschränkte Möglichkeiten: entweder hat sich bei ihnen im vorangegangenen Geschichtsunterricht eine spielbare Vorstellung über die jeweilige Geschichtsetappe herausgebildet; dann können sie (sofern sie mit dem Instrument Rollenspiel vertraut genug sind), das Bekannte nachspielen bzw. auf der bekannten Grundlage lebendige, aber im Regelfall nicht völlig unhistorische Spielstrecken einlegen, in denen ihre historische Phantasie Grundlage der Spielhandlung wird. Oder aber sie haben keine ausreichenden Kenntnisse bzw. Vorstellungen erworben und sind gezwungen, weite Strecken des Spiels wirklich frei zu phantasieren. Das kann gelegentlich gutgehen, besonders dann, wenn das historische Alltagsbewusstsein Vorlagen bereithält; im Regelfall geht es nicht gut und das Spiel entwickelt sich zum unhistorischen Klamauk. Diese Gefahr ist besonders dann gegeben, wenn Lehrer sich mit dem Rollenspiel auf sogenannte „Haupt- und Staatsaktionen" beziehen. Hier scheint der Erwartungsdruck an die historische Korrektheit sowohl auf Lehrer- bzw. auf Schülerseite sehr zu steigen (Schulz-Hageleit 1985, 562). Freier (und unterrichtlich fruchtbarer) kann sich die historische Phantasie an solchen historischen Inhalten entfalten, die etwa den Alltag der „kleinen Leute" in den Mittelpunkt stellen oder aber Haupt- und Staatsaktionen aus der Perspektive „von Unten" beobachten.

Schülerinnen und Schüler der Sekundarstufe verbinden mit dem Begriff Spiel normalerweise eine Konkurrenzsituation. Dies hat beträchtlich Auswirkungen auf das Rollenspiel im Geschichtsunterricht. Viele Erfahrungen deuten darauf hin, dass eher solche Spiele als ernsthaftes Medium akzeptiert werden, die im Grundmuster konflikthaft angelegt sind und in denen mindestens zwei Personen, Gruppen oder Parteien mit gegensätzlichen Interessen einander gegenüberstehen. Damit spielen nach meinen Erfahrungen spielerische Inszenierungen etwa einer Schwertleite im Mittelalter, eines Treueeides o.ä. in der Sekundarstufe nur eine untergeordnete Rolle. Ihre geschichtsdidaktische Bedeutung wird an anderer Stelle unter dem Begriff der „Simulation" dargestellt. Der Interessengegensatz bildet den entscheidenden Motor für das Rollenspiel. Gleichwohl kann gerade dies Mittel, das den dramatischen Effekt für die Spieldynamik nutzbar macht, das Gegenteil bewirken. Überspitzte Gegensätze im Spiel bei hoher Rollenidentifikation bringen nicht selten den Effekt mit sich, dass das Spiel den vorgegebenen Rahmen verlässt: Der Impuls, gewinnen zu wollen, dominiert die Rollenvorgabe; aus dem historischen Rollenspiel ist eine gruppendynamische Problemsituation geworden, die u.U. Interventionen erforderlich macht (vgl. hierzu auch die unterschiedlichen Positionen von Glöckel (1973, 231 ff. und Schulz-Hageleit (1982, 31 ff.). Hinsichtlich des Inhalts sind an Rollenspielvorlagen ähnliche Forderungen zu stellen wie an den Geschichtsunterricht überhaupt: Dass die Konzipierung von Spielen abhängig ist vom intellektuellen Niveau der Spieler bzw. vom Alter, erscheint dem erfahrenen Lehrer sicher als Banalität. Wichtiger dagegen ist die Orientierung der Spiele auf den Gesichtspunkt ihrer Spielbarkeit. An dieser Stelle kommen besonders Kriterien zum Zuge, die anscheinend für einen ganz anderen methodischen Bereich, nämlich für die Geschichtserzählung, entwickelt wurden (vgl. dazu Schneider 1985, 494). Besonders wichtig sind meiner Ansicht nach die Konstruktionsmerkmale des Dramatisierens („Einheit der Handlung, des Ortes, der Zeit, Peripetie, Verzicht auf den Theatercoup"), der Personifizierung („handelnde Personen stehen im Mittelpunkt") sowie der Lokalisierung („Schilderung konkreter Schauplätze"). Nicht ohne Bedeutung ist auch die Forderung nach Kostümierung („detaillierte Angaben über die äußere Erscheinung der Person"), auch wenn meine Erfahrungen mit tatsächlich verwendeten Kostümen durchaus zwiespältig sind, da der Ablenkungscharakter die mögliche historische Motivation deutlich überwog.

4. Welche methodischen Orte eignen sich für Rollenspiele?

Eine Antwort auf diese Frage hängt im wesentlichen davon ab, welcher methodische Zugriff auf historische Lern- und Erkenntnisprozesse gewählt wird. Verschiedene Zugriffe ergeben unterschiedlich artikulierte Stundenverläufe. Artikulationsschemata beschreiben dabei die Abfolge von Schritten, in denen sich Schülerinnen und Schüler eine Thematik erarbeiten (Pandel 1985) (➤ Artikulationsformen). Mit ihrer Hilfe werden Grundformen politisch-historischer Aneignungsprozesse ausgedrückt. Ob der Lehrer selbst die entscheidenden Auslösereize für das Lernen der Schüler setzt, ob die erarbeiteten Informationen von den Schülern als Antworten auf von ihnen selbst gestellte Fragen empfunden werden, ob der Ausgangspunkt des Lernens der Wunsch nach der Lösung einer Problemspannung darstellt oder an welcher Stelle des Lernprozesses das Rollenspiel einen sinnvollen Platz finden kann: Diese oder ähnliche Fragen müssen in der Artikulation des Lernprozesses geklärt werden. Dabei zeigt die Erfahrung, dass neben sachgerechter inhaltlicher Vorbereitung die Reflexion des methodischen Einsatzortes wesentlich über Erfolg oder Misserfolg eines Rollenspiels im Geschichtsunterricht entscheidet. Nur wenn vorher die Frage nach der methodischen Positionierung geklärt ist, sind realistische Effektivitätserwartungen möglich. Prinzipiell erscheinen drei methodische Orte für die Durchführung von Rollenspielen möglich: Zu Beginn, während und am Ende des Lernprozesses über einen politisch – historischen Sachverhalt.

4.1

Zu Beginn eines historischen Lernprozesses gibt es verschiedene Möglichkeiten, Rollenspiele sinnvoll einzusetzen. Entscheidend dabei ist die bewusste Handhabung der Tatsache, dass Rollenspiele an dieser Stelle in der Regel einen hohen Teil spekulativer

Spielstrecken haben müssen. Die Erarbeitung des historischen Sachverhaltes soll ja erst noch folgen. Zentrale Aufgabe einer problemorientierten Eröffnungsphase ist es, die Schüler mit einer politisch-historischen Problemsituation zu konfrontieren, in der eine motivierende Problemspannung entwickelt werden kann, die ihrerseits die Erarbeitungsphase begründet. Ein Rollenspiel kann in diesem Sinne zum Beispiel versuchen, eine bekannte historische Situation hypothetisch auf unbekanntes Terrain entwickeln, etwa indem ein frischgebackener Klosterschüler zum ersten Mal auf einen ihm vorgesetzten Mönch trifft, der ihn mit strengen Regeln konfrontiert. Zu erwarten ist, dass Spieler eines 6. Schuljahres durchaus sehr schnell mit Protest gegen solche „Zumutungen" reagieren, die dann in der folgenden Erarbeitung eine zielgerichtete Beschäftigung mit den benediktinischen Regeln motivieren könnte. Möglich wäre die Positionierung eines solchen Spiels auch direkter in der Phase der Hypothesenbildung. Wenn an diesen Stellen das Spiel genutzt werden soll, muss den Schülern zumindest langfristig möglich sein, spekulative von eher historischen Spielstrecken zu unterscheiden und diese Differenz im Sinne des Methodenlernens nutzbar werden zu lassen.

4.2

Auch während der Erarbeitungsphase können Rollenspiele sinnvoll eingesetzt werden (➛ Erarbeitung). Dabei werden wichtige Aneignungsprozesse unterstützt bzw. in besonderer Weise ermöglicht. In der problemorientierten Artikulation sollen die Schüler in dieser Unterrichtsphase befähigt werden, historisch angemessene Antworten auf die in der Problemorientierung aufgeworfenen Fragen zu formulieren bzw. Annahmen über den historischen Prozess zu bestätigen oder zu verwerfen. Nur sehr selten wird es dabei möglich sein, die Schüler unterschiedlich schwierige Quellen oder Sachtexte auf das Ausgangsproblem unmittelbar beziehen zu lassen. Im Regelfall wird der Aneignungsprozess durch Fragen, Aufgaben oder problemorientierende Impulse gestützt. In diesem Zusammenhang können Rollenspiele eine besondere Bedeutung erhalten. Sie stellen eine methodisch interessante Möglichkeit dar, historische Sachverhalte zu erarbeiten und Arbeitsergebnisse zu formulieren. Dabei kann das Spektrum unterschiedlicher Einsatzmöglichkeiten sehr weit gefasst werden. Es reicht von der qua Spiel unternommenen Inhaltsreproduktion über die problemorientierte Darstellung bis hin zur gegenwartsbezogenen Interpretation. Darüber hinaus gibt das Spiel aber auch die besondere Chance, Aufgaben, die auf das einfühlende Verstehen zielen, sinnvoll bearbeiten zu lassen. In allen Fällen ist aber unumgänglich, die besondere Form der Bearbeitung im Rollenspiel bereits bei der Aufbereitung der Arbeitsmaterialien zu berücksichtigen. Die genannten Kriterien für die Spielbarkeit bekommen dabei ein entscheidende Bedeutung. Je abstrakter etwa eine Quelle Aspekte des historischen Sachverhalts repräsentiert, desto ungeeigneter ist sie für diese Erarbeitungsform. Im Regelfall wird es sogar so sein, dass das Quellenmaterial für das Spiel gar nicht ausreicht. Es ist häufig unumgänglich, etwa durch fiktive Spielsituationen die Schüler zusätzlich zu unterstützen, damit sie in die Lage versetzt werden, ihr Arbeitsergebnis vor der Klasse zu präsentieren. Im Rahmen von Arbeitsaufgaben, die einfühlendes Verstehen anstreben, konkurriert das Rollenspiel mit sicher ähnlich gut geeigneten Arbeitsformen.

Hier muss durchaus pragmatisch abgewogen werden, ob etwa eine fiktive Tagebuchaufzeichnung des oben bereits angeführten Klosterschülers weiterhilft als eine strittige Auseinandersetzung über die Drangsale des Klosterlebens im Rahmen eines Rollenspiels. Immer nämlich ist zu berücksichtigen, dass Spiele die Grenzen pragmatischer Orientierungen schnell sprengen: Das Klingeln unterbricht das spannende Spiel, der Nachbarlehrer beschwert sich im dümmsten Moment über den Krach oder das Spiel endet im unhistorischen Klamauk.

4.3

Schließlich bekommt das Rollenspiel seine besondere Bedeutung im Rahmen der Sicherung des Unterrichtsergebnisses bzw. der Lernzielkontrolle (➤ Tests und Klausuren). Am Ende eines Lernprozesses ist es sinnvoll, den qualitativen Grad der Aneignung des historischen Sachverhalts zu überprüfen, um daran anschließend gegebenenfalls Ergänzungen vornehmen zu können. Üblicherweise wird von vielen Lehrern an dieser Stelle das Mittel des Tests gewählt. Eine Problematik solcher Tests ist es, dass besondere Zielkomplexe nicht oder nur sehr unzureichend abgeprüft werden können. Rollenspiele als komplexe Arrangements können helfen, begrenzte Überprüfungsmöglichkeiten zu überwinden. In Rollenspielen können die Schüler zeigen, was sie von einer historischen Situation wirklich begriffen haben oder ob sie in der Lage sind, sich in besonderen Konfliktlagen historischer Personen einzufühlen und hineinzudenken. Eine Schwierigkeit darf dabei allerdings in keiner Weise vernachlässigt werden: Spiele sind zwar von der Spielvorgabe, aber praktisch kaum vom Spielverlauf her standardisierbar. Die Ergebnisse bedürfen sorgfältiger Interpretation, und auch unter dem Gesichtspunkt der Vergleichbarkeit führen Überprüfungssituationen dieser Art immer wieder zu Problemen; den Schülern ist oft gar nicht zu vermitteln, warum ein Rollenspielverlauf besonders gut gelungen, ein anderer eher misslungen ist. Unabhängig von diesen Problemen gibt es gleichwohl einen wichtigen und in seiner Bedeutung sehr hoch einzuschätzenden Vorteil: Der Lehrer erhält zentrale Informationen darüber, in welcher Weise sein Unterricht vorstellungsrelevant geworden ist. Er weiß jetzt, ob sich die Schüler in den vorangegangenen Stunden lediglich „dürre Abstraktionen“ angeeignet haben oder ob sie wirklich in der Lage sind, eine eigene Geschichte über die Geschichte zu erzählen.

5. Qualifikationsansprüche und Voraussetzungen historischer Rollenspiele

Misslungene Rollenspiele stellen die Ausgangserfahrungen für die folgenden Überlegungen dar. Seltener in Grundschulklassen, wo oft spontane Spielfreude methodische Probleme überlagert, häufiger in Klassen der Sekundarstufe scheitern Rollenspiele. Ohne großen analytischen Aufwand stellen die Beteiligten fest, dass „irgend etwas“ nicht geklappt hat. Seien es massive Nutzungen unhistorischer Argumente, sei es die Entfernung der Spielerinnen und Spieler von der Spielausgangslage, sei es die Nutzung des Spiels zum klamaukhaften Spaß: Häufig bleiben ratlose Spieler, Lehrer und Beobachter zurück, die nicht recht verstehen, was gerade passiert ist. Aus den komplexen Versuchen, Erklärungen für das Scheitern zu finden, werden im Folgenden zunächst solche Überlegungen, die sich auf die unterrichtliche Vorbereitung von Rollenspielen im Sinne eines reflektierten methodischen Lernen beziehen, ausgewählt.

Rollenspiele sind höchst komplexe methodische Arrangements. Ihre Nutzung im Sinne der Förderung reflektierten Geschichtsbewusstseins konfrontiert die Schülerinnen und Schüler mit einer Vielzahl von Qualifikationsansprüchen (Himmerich 1976, 55 ff.), von denen wichtige vor dem Spiel erworben sein sollten (Meier-Schreiber 1986, 263) Diese Qualifikationen müssen bereits aufgebaut worden sein, damit die geforderten Teilleistungen für ein bestimmtes historisches Rollenspiel überhaupt zustande kommen können. An einem Beispiel soll dieser Zusammenhang verdeutlicht werden. Im Geschichtsunterricht eines 6. Schuljahres wird im Rahmen einer Unterrichtseinheit über Vor- und Frühgeschichte ein Rollenspiel durchgeführt, das ein zufälliges Zusammentreffen nomadisierender und bereits sesshafter Steinzeitmenschen zum Gegenstand hat. Ziel ist es, dass die beiden Gruppen, die sich getrennt auf das Spiel vorbereitet haben, sich gegenseitig die Vorteile ihrer jeweiligen Lebensform darstellen sollen. Die sinnvollerweise mehrdimensional formulierten Teilleistungen bestimmen den konkreten Verlauf des Spielablaufs: Gemäß der schriftlich (und evtl. visuell) formulierten Spielvorgabe wird die jeweils vorgegebene historische Situation nomadisch oder sesshaft lebender Steinzeitmenschen/ in einer konkreten Spielsituation kontrovers mit einer gegensätzlich argumentierenden Spielgruppe/unter den Bedingungen einer Kooperation erfordernden Gruppensituation/ausgespielt. Zur Erfüllung dieser operational formulierten Teilleistungen stellt das Rollenspiel aber eine Vielzahl von weiteren Qualifikationsansprüchen, die angemessen in der Spielgruppe verfügbar sein müssen. Dazu gehören im gegenständlichen Bereich: Die Schülerinnen und Schüler müssen die Spielvorgabe erfassen und die Rollenbeschreibung in ihrer Spielgruppe vergegenwärtigen; sie müssen die Spielentwicklung in einen kontinuierlich-konsistenten Zusammenhang zur Spiel- bzw. Rollenvorgabe bringen; sie sollten die Argumente ihrer Mitspieler (bzw. in diesem Arrangement auch der „Gegen“spieler) verstehen können und dabei gegenwärtige oder historische Einsichten, die zur Rollenspielvorlage passen, reaktivieren. Sinnvoll wäre es weiterhin, wenn die Spieler in der Lage wären, den Vorstellungsgehalt der vorangegangenen Unterrichtseinheit so extensiv wie möglich auf die Spielausgangslage zu beziehen bzw. auf Grundlage dieser Kenntnisse heraus Lösungsvorschläge zu machen oder Alternativen vorstellen zu können.

Auch im Bereich des unmittelbaren Spielhandelns stellt das Rollenspiel Qualifikationsansprüche: Die Schülerinnen und Schüler müssen in der Lage sein, Vorerfahrungen und Vorwissen mit der Spielausgangslage bzw. mit den sich neu entwickelnden Problemlagen in Beziehung zu bringen; sie müssen erkennen können, wann sich eine eigene Position im Spielverlauf angemessen durchsetzen lässt und dabei die Schwächen der gegnerischen Spielposition erkennen können; sie müssen in der Lage sein, abwegige Argumentationen der Gegenspieler zurückweisen zu können und eventuell bei ständiger Wiederholung der Argumente die Spielsituation durch Neudefinition zu entwickeln. Sie sollten fähig sein, unhistorische Gesprächsstrecken nicht fortzusetzen und schließlich über die Fähigkeit verfügen, nicht vorbereitete Gesprächsstrecken durch richtiges plausibles Argumentieren zu bewältigen.

Schließlich stellt das Rollenspiel Qualifikationsansprüche im sozial-situativen Bereich: Danach sollten die Schüler in der Lage sein, sich in eine Spielsituation einzufinden und im Spiel eine bestimmte Rolle einzunehmen bzw. durchzuhalten und die Spielausgangslage im Spielverlauf durchzusetzen bzw. historisch angemessen zu entwickeln. Die Spieler müssen fähig sein, aller Dynamik zum Trotz die Argumente der Gegenseite anzuhören und angemessen darauf zu reagieren. Bei unlösbar erscheinenden Spielentwickungen dürfen die Spieler nicht in eine durch gruppendynamischen Zwang geprägte Argumentation zurückfallen. Außerdem sollten sie bereit sein, inaktive Spielteilnehmer in das Spielgeschehen einzubeziehen und auch damit die eigene Position zum Vorteil wenden können. Schließlich dürfen sich die Spieler nicht durch störende Zwischenrufe aus dem beobachtenden Klassenverband aus dem Konzept bringen lassen.

Nach der hier vertretenen Auffassung kann das Misslingen historischer Rollenspiele viele Ursachen haben. Langjährige Unterrichtsbeobachtungen zeigen aber, dass die Nichtberücksichtigung von Qualifikationsvoraussetzungen zu den entscheidenden Ursachenkomplexen gehört. Daraus folgt, dass die systematische Anbahnung zentraler (Teil-)Fähigkeiten einen wichtigen Stellenwert im Geschichtsunterricht bekommen müssen, wenn Rollenspiele im Sinne reflektierten Methodenlernens einen sinnvollen Stellenwert erhalten sollen. Darüber hinaus erscheinen fächerübergreifende Absprachen bedeutsam.

6. Wie sollten Rollenspiele vorbereitet werden?

Im Regelfall ist das Rollenspiel im Geschichtsunterricht ein zunächst sehr lehrerzentriertes Verfahren. Der Lehrer wählt den methodischen Ort für das Spiel, er bestimmt die inhaltlichen Umrisse des Spiels und er ist es schließlich auch, der die Schüler inhaltlich und emotional auf das Spiel einstellt. Möglichkeiten der Nutzung von Rollenspielen im Zusammenhang mit dem Methodenlernen bzw. in offenen Lernkonzepten stecken noch in den Kinderschuhen; Praxisbeispiele sind selten (Vaupel 1997). Die konkret auf das einzelne Rollenspiel bezogene Vorbereitungsarbeit des Lehrers lässt sich in zwei Phasen gliedern: In die inhaltliche Planung des Spiels sowie die unmittelbare Vorbereitung der Spieler auf das Rollenspiel selbst. Beide Phasen sollen an einem Unterrichtsbeispiel verdeutlicht werden. (Zum Gesamtprozess der Planungsarbeit vgl. die Checkliste unter Punkt 9) Zunächst werden aber noch einige Aspekte der längerfristig angelegten Vorbereitungsarbeit angemerkt. Zum einen gilt: Rollenspielen lernen die Schülerinnen und Schüler durch das Rollenspiel und die nacharbeitende Reflexion über den Spielverlauf. Je früher damit begonnen wird, desto stabilere Grundlagen können für eine fruchtbare Spielkompetenz gelegt werden. Zu achten ist darauf, dass die Spielvorgaben sich in ihrer Komplexität allmählich steigern. Von Anfang an sollte der Gesichtspunkt präsent sein, dass die Schülerinnen und Schüler Rollenspiele als Arbeits- und Erkenntnismittel begreifen. Eine Hilfe kann dabei sein, wenn im Rahmen der Auswertung von Spielen gleichsam als „Ritual“ immer wieder die Frage gestellt wird: Was haben wir mit Hilfe des Spiels über die Geschichte/über Personen/über Situationen herausgefunden? Ein zweiter Schwerpunkt der langfristigen Vorbereitung liegt in der Nutzung verwandter Arbeitsformen. In Frage kommen dabei durchaus unterschiedliche Ansätze. Gute Erfahrungen gibt es mit allen Formen des kreativen, „einfühlenden" Schreibens, bei dem die Schülerinnen und Schüler allmählich die Übernahme von Rollen mit entsprechenden Identifikationsmöglichkeiten kennen lernen können. Andere Ansatzpunkte bieten die Methode des Standbilds oder der historischen Pantomime. Selbst wenn man nach einer historischen Spurensuche im Anfangsunterricht Kinder dazu anregt, aus der Perspektive eines gefundenen Gegenstandes etwas zu erzählen, kann damit ein weiterer Qualifikationsbaustein für die Rollenspielarbeit gelegt worden sein.

Zur konkreten Vorbereitungsarbeit: Gegenstand des beispielhaft vorgestellten Rollenspiels ist die durchaus mörderische Zeit der Hexenverfolgungen, die ihren schlimmen Höhepunkt in Mitteleuropa am Ende des 16. und in der ersten Hälfte des 17. Jahrhunderts erlebt. Im Schwerpunkt ist die Hexenverfolgung ausgeprägter in Gebieten jenseits großer Städte; auch scheint nachgewiesen, dass starke weltliche Regierungen exzessive Hexenverfolgungen eher unterbanden. Ausgeprägte Verfolgungen finden sich dagegen sehr häufig in geistlichen Territorien wie z.B. auch in Fulda unter dem damaligen Fürstabt. (Behringer 1998) Schätzungen sprechen von mehr als 20 000 Toten in Deutschland und etwa 100 000 in Europa, wovon rund 90% Frauen waren. Für Osthessen gibt es eine sehr gute Quellenlage; besonders interessant sind dabei die historischen Dokumente, die im Rahmen der Hexenprozesse Aussagen von Zeugen wiedergeben. Sehr anschaulich beschreiben Zeuginnen und Zeugen ihre Wahrnehmungen (auf dem Hintergrund ihres Hexenwahns); gleichzeitig gibt es in den Prozessen natürlich auch gegenläufig Aussagen, die zumindest ansatzweise ein rationaleres Verständnis der Angelegenheit ausdrücken

Im Unterricht selbst wurde die Geschichte der Hexenverfolgungen anhand eines gut dokumentierten Prozesses erarbeitet, wobei die Schülerinnen und Schüler schon vorher darüber Bescheid wussten, wie die rechtlichen Voraussetzungen für Anklage und Verurteilung von „Hexen" aussahen und welche unheilvolle Bedeutung beschuldigende Zeugenaussagen haben konnten. Auf diesem Hintergrund sollte das geplante Rollenspiel eine Diskussion zwischen Eheleuten einer dörflichen Gemeinde in der Nähe Fuldas erfassen, die vor dem Problem stehen, ob eine Wahrnehmung der Ehefrau, die gesehen haben wollte, dass die Nachbarin mit ihrem Besen in der Walpurgisnacht zum Blocksberg geflogen sei, dem Fuldaer Hexenjäger Balthasar Nuß zu hinterbringen sei. Aufgabe in dem gespielten Gespräch war die kontroverse Behandlung diese Frage durch die Eheleute und entsprechende Gesinnungsgenossen. Es sollte auf der einen Seite deutlich werden, dass gegen Wahnvorstellungen dieser Art praktisch kein Kraut gewachsen ist; dass aber auf der anderen Seite solche Vorstellungen überhaupt keine argumentative Basis haben und üble Nachrede, die, wie in diesem Fall, zu dem Tod der Beschuldigten führte, durchaus zu berechtigten Fragen zum Thema Schuld und Verantwortung aus heutiger Sicht führen kann. Gleichzeitig sollte den Kindern im Spiel deutlich werden, dass es auch im Alltag immer wieder die Möglichkeit gibt, gegen erkannte Barbarei seine Stimme im Sinne von Solidarität und Menschlichkeit zu erheben. Soweit die Erwartungen an das Rollenspiel.

An dem Spiel selbst nahmen nicht nur die Eheleute, sondern auch befreundete Nachbarn teil, um die Basis (und damit auch die Qualität) der Vorbereitung zu verbreitern. Alle Schüler erhielten zu Beginn eine historische Grundinformation über den bevorstehenden Prozess, den Ankläger, die Rechtsgrundlage der Anschuldigung sowie die zu erwartenden Strafen. Deutlich wurde am Ende der historischen Grundinformation, dass es im Fuldaer Raum durchaus kontroverse Positionen zu solchen Anschuldigungen gab. In einem zweiten Schritt wurden Rollenbeschreibungen der beteiligten Familien aus Neuhof ausgegeben. Die Schülerinnen und Schüler mussten sich in Gruppen entscheiden, mit welcher Position sie sich auseinandersetzen wollten. Es wurde vereinbart, dass die unterschiedlichen Gruppen keinen Kontakt miteinander haben sollten. Arbeitsaufgaben ermöglichten, dass sich die Gruppen mit Hilfe der in den Rollenbeschreibungen und Gruppenarbeitsblättern dargestellten Spielpositionen eigenständig auseinandersetzen. In der Gruppe dachten die Schüler über ihre Aufgabe im Spiel nach und konkretisierten ein Spielziel, das möglichst geschickt im Spiel durchgesetzt werden sollte. Allgemeines Spielziel bestand in der Antwort auf die Frage, ob die Familie die Nachbarin wirklich anschwärzen wollte oder nicht. Einschränkend war in der Positionsbeschreibung der Frau noch festgehalten, dass die Eheleute möglichst Einvernehmen über die Frage herstellen sollten, da andererseits sonst Gefahr für die ganze Familie drohte. Insgesamt arbeiteten sechs Gruppen, die für das Spiel jeweils einen Vertreter für das Rollenspiel bestimmten und entsprechend vorbereiteten. Mit der Bearbeitung der Spielausgangslage, der in unterschiedlichen Gruppen durchgeführten Bearbeitung der kontroversen Rollenbeschreibungen sowie der mit Hilfe von gezielten Arbeitsaufträgen vorgenommenen Entwicklung einer Spielstrategie endet die erste Phase der Vorbereitung des Rollenspiels.

Die zweite Phase ist demgegenüber sehr viel kürzer, hat aber meiner Erfahrung nach ebenfalls weitreichende Auswirkungen auf Erfolg oder Misserfolg des Spiels. Es handelt sich hierbei um den Vorbereitungsabschnitt, während dessen die Spieler inhaltlich und emotional auf ihre Rolle eingestimmt werden. (Meier-Schreiber 1987). Dass dies notwendig ist, kann sicher derjenige besser nachfühlen, dem der Übergang von einer noch so anschaulichen Spielvorlage zum wirklichen Spiel misslungen ist. „Das Lernen in unseren Schulen ist intellektualisiert, verbucht und entsinnlicht; die Affekte brauchen daher einige Zeit, wenn sie sich wirklich regen sollen“(Schulz-Hageleit 1985, 565). Allerdings: Nur Zeit allein macht aus Schülern keine Spieler. Es sollen deswegen einige gezielte Maßnahmen empfohlen werden, die Identifikationsprozesse stützen und das Spielverhalten deswegen stabilisieren können. Vielleicht noch etwas deutlicher wird das Problem, wenn man eine Bemerkung in der für das Rollenspiel zentralen Quelle anschaut. Danach werden die bezichtigenden Frauen als „heillose Weiber“ bezeichnet, die, um ihre eigene Haut zu retten, flugs mit den absurdesten Beschuldigungen aufwarten konnten. Wie wird man aber als Spielerin zu einem „heillosen Weib“? Zunächst ist ganz selbstverständlich, dass das zur Vorbereitung herangezogene Quellenmaterial so anschaulich sein muss, dass Alltagserfahrung und historischer Reflex sich miteinander verbinden. Jeder kennt gehässige Schwätzer aus der Nachbarschaft, besonders und gerade auch Achtklässlerinnen. Insofern kann sich die Vorstellung bereits lebendig im Vorfeld entfalten. Zur unmittelbaren Vorbereitung auf das Spiel ist es jetzt die

Aufgabe des Spielleiters, diese Vorstellung so weit zu entwickeln, dass die Erfahrung und Vergegenwärtigung lebendige Spielrelevanz erhält. Eine Möglichkeit besteht darin, dass der Spielleiter mit jeweils einer (maximal zwei) Spielerinnen ein Stück im Klassenraum herumgeht und dabei allmählich durch Fragen, Einstimmungen, Hinweise oder Ermunterungen zunächst die Situation oder den historischen Spielraum entstehen lässt. Dazu gehören Imaginationen zu Gerüchen und Geräuschen genauso wie zum Mobiliar des Zimmers, in dem die Klärung stattfinden soll. Genauso wichtig sind in der vorbereitenden Phantasiereise in die Geschichte Klärungen zur Person der Spielerin, die helfen sollen, für die Phase des Spiels so weit wie möglich die Rolle der historischen Person anzunehmen. Bei dieser Vorbereitung ist die Hauptaufgabe des Spielleiters, seine Impulse zur Identifikation immer weniger direktiv werden zu lassen, so dass er schließlich ganz zurücktreten kann und der Spieler allein agiert. Sind die entscheidenden Spieler auf diese Weise ins Spiel eingeführt, kann das eigentliche Rollenspiel beginnen.

Der Prozess der Vorbereitung historischer Rollenspiele scheint gelungen, wenn die Kinder beginnen (können), sich auf der Grundlage stattfindender Identifikationsprozesse als historische Rollenspieler angemessen zu verhalten. Die Spielausgangslage ist verstanden, die Rollenvorgaben sind altersangemessen und vorstellungsrelevant formuliert, die Spielerinnen und Spieler sind auf das Spiel entsprechend eingestimmt und es kann davon ausgegangen werden, dass die notwendigen Qualifikationen zur Bewältigung der Spielsituation durch den vorangegangenen Unterricht bereitgestellt worden sind: Trotzdem passiert es immer wieder, dass ein Rollenspiel „aus dem Ruder läuft" oder „entgleist", Spieler plötzlich aus der Rolle fallen oder eine Gruppe nicht mit dem Spiel aufhören kann, obwohl das Spielende vom Lehrer deutlich genug angeordnet wurde. Der sicher interessanteste Ansatz zur Erklärung solcher Vorgänge (Knigge 1987 und 1988) geht davon aus, dass historisches Lernen (und damit eingeschlossen natürlich auch historische Rollenspiele) immer als ein doppelter Produktionsprozess aufzufassen ist. „Einerseits *evoziert* der historische Gegenstand etwas am Subjekt, beispielsweise Assoziationen, Erinnerungen und Querverbindungen, Gefühle und Körperzustände." Zum anderen geht Knigge davon aus, dass sich die „Subjekte selbst in den Stoff *einbilden*, etwa mit Vorerfahrungen, affektiven Prägungen und (unbewussten) Wünschen" (Knigge 1987, 263, Hervorhebungen vom Autor). Diese beiden Bewegungen im historischen Lernen deutet Knigge durchaus positiv. Für ihn sind sie Hinweise darauf, dass Geschichte für das rezipierende Subjekt überhaupt erst eine Bedeutung bekommen hat. Auf dem Hintergrund einer unterstellten Verschmelzung von Rezeptionsbedingungen, die aus dem Subjekt stammen und dem historischem Material konstituieren sich für Knigge sogenannte „Geschichtsgeschichten", die vom Lehrer als wünschenswertes Signal für einen perspektivisch erfolgreichen Geschichtsunterricht gedeutet werden sollten. Auch wenn also die emotionale Berührtheit durch einen historischen Sachverhalt bzw. durch dessen Verarbeitung im Spiel ein im Grunde durchaus positiver Vorgang ist, können die konkreten Erscheinungsformen im Unterricht zu nicht ganz einfach zu bewältigenden Problemen führen. Ein Beispiel soll dies verdeutlichen. Im Rollenspiel sollen Schülerinnen und Schüler einer 9. Hauptschulklasse Diskussionen deutscher Matrosen Ende Oktober 1918 nachspielen. Inhaltlich geht es um die Frage, ob das sinnlos empfundene Auslaufen der Schiffe am nächsten Tag unterbunden werden soll oder ob die soldatische Pflicht zum Gehorsam höher zu bewerten ist. Die Szene spielt in einer Wilhelmshavener Kneipe und es ist für alle Rollenspieler zunächst offensichtlich sehr leicht, sich in die Situation der Soldaten einzufühlen und das Spiel angemessen zu gestalten. Schon schnell wird aber deutlich, dass ein Mädchen, das eine Rolle als weiblicher Kneipengast ausfüllen soll, ihren Spaß daran findet, immer offensiver die Betrunkene zu spielen. Bald schon fällt sie aus der Rolle, belästigt die Mitspieler, lallt und schreit herum, setzt sich den Jungens auf den Schoß und trägt wesentlich dazu bei, dass an ein sinnvolles Austauschen von Argumenten nicht mehr zu denken ist. Das Spiel muss abgebrochen werden, ist aber offenbar für die Spielerin noch lange nicht zu Ende. Noch längere Zeit fällt sie im Klassenraum allen anderen auf den Wecker und ist nicht zu bremsen. Später erweist sie sich in einem Gespräch völlig unzugänglich und sieht überhaupt nicht ein, dass sie die anderen Spieler absolut genervt hat. „Ich habe doch nur meine Rolle gespielt; ich sollte doch ein Kneipengast sein, und das war ich eben!" Erst einige Wochen später hörte ich eher beiläufig, dass der Vater dieses Mädchens ein rückfälliger Alkoholiker war; die Störung des Spiels war damit eine sich ans historische Material heftende Inszenierung ihrer familiären Problematik.

7. Wie kann auftretenden Problemen begegnet werden?

Knigge ist der Überzeugung, dass Probleme der beschriebenen Art im Rahmen des Konzepts eines verstehenden Geschichtsunterrichts zumindest im Prinzip bearbeitbar sind (Knigge 1987). Die von ihm dargestellten Beispiele deuten an, dass eine Entzifferung von subjektiv aufgeladenen Geschichtsgeschichten die Voraussetzung dafür ist, dass die Subjekte den historischen Aneignungsprozess an dieser Stelle überhaupt sinnvoll fortsetzen können. Insofern muss, so Knigge, im Geschichtsunterricht eine Haltung eingenommen werden, „die darauf ausgerichtet ist, selbst die abstruseste Geschichtsgeschichte zugleich als wahr und als verfehlt zu betrachten, (...) damit in der scheinbar bloßen Korrektur eines Fehlers ein sich so artikulierender Sinn des Subjekts nicht zum Verstummen gebracht und das Subjekt in noch tiefere Entfremdung gestürzt wird" (Knigge 1987, 265). Auch wenn dem Konzept grundsätzlich zugestimmt wird, rate ich doch zur Vorsicht: Unterricht mit Schülerinnen und Schülern in der Sekundarstufe darf nicht mit Selbsterfahrungssettings verwechselt werden. Das heißt jetzt aber nicht, dass das Konzept von Knigge völlig unbrauchbar wäre. In dem Fall der Schülerin, die das familiäre Alkoholproblem in Szene setzte, hatte es die positive Wirkung, dass die Forschung nach den Ursachen eines scheinbar misslungenen Rollenspiels eingegrenzt werden konnte. Der Lehrer hatte verstanden, dass die eigenwillige Ausdeutung der Rolle durch die Spielerin eher eine individuelle Problematik ausdrückte als einen didaktischen oder methodischen Konstruktionsmangel. Die etwas ratlose Position des Lehrers während des Spiels war sicher angesichts der individuellen Problematik der Schülerin sinnvoller als ein ärgerlicher Spielabbruch. Die Konsequenz, zukünftig Kneipenszenen o.ä. in Spielen mit dieser Spielgruppe zu vermeiden, mag im Rahmen des Kniggeschen Ansatzes etwas simpel sein. Im Schulalltag hilft sie sicherlich weiter. Damit wird aber auch deutlich, dass die Auswahl historischer Sachverhalte für Rollenspiele und ihr Zuschnitt im Sinne der Spielbarkeit immer auch die psychosoziale Situation der Spielerinnen und Spieler (und natürlich auch des Spielleiters) berücksichtigen muss; dass daneben auch die interne Gruppendynamik der jeweiligen Lerngruppe ein wichtiges Auswahlkriterium darstellt, versteht sich von selbst. Wie kann aber während des Spiels oder in der Auswertungsphase Problemen begegnet werden, die u.U. den Erfolg des Ganzen in Frage stellen?

Die wichtigste Fähigkeit von Spielleitern bei der Problemintervention besteht nach meiner Erfahrung darin, auftretende Probleme zunächst einmal auszuhalten. Fehlentwicklungen in Spielen können sich nämlich im nächsten Moment schon wieder ganz anders darstellen; die Spieler sind häufig selbst in der Lage, neue Situationen in ihr Kalkül mit einzubeziehen und nach einer Wiederanknüpfung an den Ausgangspunkt zu suchen. Dabei ergeben sich oft höchst spannende Such- und Interaktionsbewegungen. Zumindest sollte die Zurückhaltung soweit eingehalten werden, bis sich im beobachtenden Spielleiter eine einigermaßen stabile Überzeugung hinsichtlich der Ursachen des Problems ergeben hat. Anschließend hat er mehrere Möglichkeiten. Er kann, wie gesagt, auf das Spielvermögen seiner Spieler vertrauen und die weitere Entwicklung abwarten. Wichtig ist lediglich, dass für die Auswertungsphase die „Kippstellen" registriert werden, um hinterher mit den Spielern diese Phase noch einmal besprechen zu können. Die extreme Gegenposition besteht darin, das Spiel abzubrechen. Dies ist nach meiner Erfahrung nur in sehr seltenen Fällen sinnvoll: Wenn der Klamauk dauerhaft die Oberhand gewinnt, eine Wirtshausszene in eine Schlägerei ausartet, persönliche Beleidigungen überhand nehmen oder Kränkungen während des Spiels eine spürbare und erhebliche Resonanz bekommen haben. Erfolgt der Abbruch an diesen oder ähnlichen Stellen nicht, lernen die Kinder etwas Falsches: Nämlich dass Rollenspiele nicht eine Methode sind, um etwas über die Geschichte herauszubekommen, sondern ein Spielraum in der Spaßgesellschaft – und diese Gefahr sollte nicht unterschätzt werden!

Neben den geschilderten Interventionen gibt es zwei weitere Möglichkeiten, mit denen ich bei historischen Rollenspielen gute Erfahrungen gemacht habe, die aber einige Erfahrung beim Spielleiter und den Rollenspielern voraussetzen. Immer wieder kommt es vor, dass sich einzelne Spieler nicht im Sinne der Spielausgangslage positionieren oder ihre Rolle einfach etwas schwach ausgefüllt wird; im Spiel gewinnt dann eine Partei die Oberhand, ohne dass die Spielsituation dies eigentlich beabsichtigt hat. In solchen Fällen ist es möglich, dass der Spielleiter hinter den betreffenden Spieler tritt und für einen kleinen Augenblick dessen Rolle übernimmt, für ihn agiert und spricht. Damit kann die Rolle des Spielers verstärkt oder eine Fehlentwicklung umgedreht werden. Der Spielleiter sollte sich nach dem Impuls direkt wieder zurückziehen und dem Spieler das Feld allein überlassen. Wichtig ist dabei, dass der Spielleiter keine Metakommunikationsebene einführt, also mit den anderen Spielern etwa über die bisherige Rollenausfüllung debattiert. Es geht allein um das Spiel und den Versuch, mit diesem Impuls das Spiel für alle fruchtbarer werden zu lassen. In vergleichbaren Problemsituationen kann der Spielleiter auch bei erfahrenen Spielgruppen probieren, festgefahrene Spielphasen durch die Einführung einer neuen Rolle aufzulockern. Es kann etwa ein neuer Gast die Kneipe betreten oder ein Butler bringt Getränke und „gestattet sich eine Bemerkung", ehe er sich „dezent" zurückzieht. Ein solcher begrenzter Auftritt kann auch den Problemdruck für die Spieler erhöhen und eine neue Anspannung in das Spiel bringen. Alle diese Interventionen sollten mit den Spielern vorher (im Sinne einer prinzipiellen Möglichkeit) und nach dem Spiel besprochen werden.

Besonders die letztgenannten Möglichkeiten weisen auf elementare Qualifikationen von Rollenspielleitern hin. Die wichtigste Voraussetzung ist dabei die eigene Spielerfahrung. Es erscheint mir völlig aussichtslos, Rollenspiele als sinnvolles Mittel im Unterricht einzusetzen, wenn der anleitende Lehrer selbst keine oder wenig Erfahrung mit Rollenspielen hat. Er muss am eigenen Leib gespürt haben, was eine Spielsituation mit einem machen kann, welche Dynamik entsteht und wie plötzlich positive oder negative Gefühle eine Rolle spielen können, ohne dass ich mich als Spieler entscheidend dagegen wehren kann. Er muss auch wissen, dass die Aufforderung zum Spiel bei Schülerinnen und Schülern Ängste auslösen kann: Ängste, sich lächerlich zu machen, etwas von sich zu zeigen, von Gefühlen übermannt zu werden, plötzlich ganz dumm dazustehen oder ausgelacht zu werden. Hier hilft kein Buchwissen; nur die praktische Erfahrung und ihre Reflexion kann qualifizierend wirken. Insofern ist dringend anzuraten, dass Lehrerinnen oder Lehrer, die Interesse am Rollenspiel haben, in Weiterbildungslehrgängen sich die Voraussetzungen schaffen, angemessen Spiele im Unterricht zu planen, anzuleiten und auszuwerten.

8. Auswertung von Rollenspielen

Das Ende von Rollenspielen ist meist schwierig. Kann der Anfang eines Spiels noch im Sinne eines sanften Übergangs von der gegenwärtigen Realität in die Geschichte unter tatkräftiger Mithilfe des Lehrers gestaltet werden, erleben die Kinder endende Rollenspiele häufig als Abbruch. Für den Spielleiter bedeuten diese Gefühle zunächst sicher etwas Positives: Identifikationsprozesse mit der Rolle sind zustandegekommen und aller Abschied ist schwer. Noch etwas kommt hinzu. Von der Spielanlage her sind Rollenspiele sehr häufig Konkurrenzsituationen, in denen meist eine Partei die Unterlegene ist. Und wer möchte schon gerne verlieren? „Hätten Sie uns nur weiterspielen lassen, denen hätten wir es schon noch gezeigt!" Aber darum kann es nach dem Abruch des Spiels nicht mehr gehen. Vielmehr muss daran gearbeitet werden, dass die Rollenspieler wieder in der Lage sind, ein Stück weit neben sich zu treten und aus der Distanz über das Spiel zu sprechen. Die Lösung aus der Rollenidentifikation ist der erste Schritt der Auswertung. Sie kann in einem zweiten Schritt dazu führen, dass die Spieler über ihre Gefühle während des Spiels sprechen und beginnen, dem nachzuspüren, was der Sinn des Spiels ist: Historische Situationen aus der Perspektive handelnder Personen nachzuerleben und damit einen besseren Zugang zur Geschichte zu finden, als es eine rein intellektuelle Aneignung möglich machen würde. Das Sprechen über die Gefühle während des Rollenspiels ist häufig noch durchsetzt davon, dass einzelne wieder in die Spielerrolle zurückfallen und einen Spielstrang wiederaufnehmen. Das kann hilfreich sein und ist insbesondere ein Signal dafür, dass eine reflektierend-analytische Auswertung der Spielszene noch nicht sinnvoll ist. Nicht einfach ist diese Phase auch deswegen, weil die Zuschauer während des Spiels ja im Regelfall auch ein Stück weit emotional „mitgegangen" sind und jetzt ihre Eindrücke ebenfalls mitteilen möchten. Hilfreich erweist sich in diesen Fällen eine Absprache darüber, dass prinzipiell nach dem Spiel zuerst die Spieler selbst das Wort haben und erst anschließend die Zuschauer. Die dritte Phase der Auswertung sollte sich auf die inhaltliche Entfaltung des Spiels beziehen. Schwerpunkte beziehen sich dabei

Arbeit mit Rollenspielen: Checkliste

Phasen der Rollenspielarbeit	**Aufgabe**
Langfristige Vorbereitung	• Langfristig angelegte Aneignung wichtiger Teilqualifikationen • Training mit elementaren Spielformen • Nutzung verwandter Inszenierungen (Simulationen, Pantomimen, kreatives Schreiben etc.)
Konkrete Vorbereitung	• Erarbeitung von Spielausgangslagen und Rollenbeschreibungen • Aneignung der Spielvorgaben durch die Spielgruppen • Formulierung von Fragestellungen an die zu spielende Szene • Inhaltliche und emotionale Einstellung der Spielerinnen und Spieler • Einstimmung der Beobachtungsgruppe
Durchführung die	• Inszenierung des Spiels • Begleitung der Spielenden bei Spielstörungen • Interpretation des Spielverlaufs durch den Spielleiter und Beobachtungsgruppe • Beendigung des Spiels
Auswertung	• Hilfestellungen bei der Lösung aus der Rollenidentifikation • emotionale und inhaltliche Reflexion des Spielverlaufs Nutzung des Rollenspiels als Methode: • Was haben wir während des Spiels herausgefunden/ erkundet? • Was sagen uns die „Problemstellen"? • Wie müssen/können wir auf der Grundlage unserer Auswertungsergebnisse weiterarbeiten? • Welche Fragen ergeben sich für uns?
Weiterführende Arbeit	• Bearbeitung der offenen bzw. neuen Fragen • Fortsetzung des gezielten Spieltrainings (orientiert an den Problempunkten)

immer auf das Ziel des Spiels oder das Problem, was während des Spiels hypothetisch geklärt werden sollte. Von besonderer Bedeutung ist, dass die Schülerinnen und Schüler selbst lernen, das Spiel als Methode des historischen Lernens zu nutzen. Das setzt voraus, dass gerade in der Auswertungsphase der Lehrer zunehmend stärker zurücktritt und die Schüler (Spieler und Zuschauer) selbst in die Lage versetzt werden, die spielbezogene und inhaltliche Auswertung als zentralen Punkt des Rollenspiels als Methode zu nutzen (Auswertungsfragen vgl. Checkliste S. 340).

Literatur

Behringer, Wolfgang, Hexen, München 1998
Dehne, Brigitte, Wie komme ich zum Rollenspiel?, in: Geschichte lernen, (1991), H. 23, S. 62 ff.
Glöckel, H., Geschichtsunterricht, Bad Heilbrunn/Obb. 1973
Himmerich, Wilhelm u. Mitarbeiter, Unterrichtsplanung und Unterrichtsanalyse – ein didaktisches Modell, Bd. 1 Stuttgart 1976
Knigge, Volkhard, Triviales Geschichtsbewußtsein und verstehender Geschichtsunterricht, Pfaffenweiler 1988
Knigge, Volkhard, Zur Kritik kritischer Geschichtsdidaktik: Normative Ent„Stellung" des Subjekts und Verkennung „trivialen" Geschichtsbewußtseins, in: Bergmann, Klaus u.a. (Hrsg.), Geschichtsdidaktik, Düsseldorf, H. 3 1987, S. 253 ff.
Meier-Schreiber, Klaus-Ulrich, Das „Eindoppeln„ als Vorbereitung historischer Rollenspiele im Geschichtsunterricht der Hauptschule, in: Bergmann, Klaus, u.a. (Hrsg.), Geschichtsdidaktik, (1987), H. 3, S. 287 ff.
Meier-Schreiber, Klaus-Ulrich, Rollenspiel im Geschichtsunterricht der Hauptschule, in: Bergmann, Klaus, u.a. (Hrsg.), Geschichtsdidaktik, Düsseldorf (1986), H. 3, S. 257 ff.
Pandel, Hans-Jürgen, Methodik, in: Bergmann, Klaus, u.a. (Hrsg.), Handbuch der Geschichtsdidaktik, 3. Aufl. Düsseldorf 11985, S. 493 ff.
Schneider, Gerhard, Geschichtserzählung, in: Bergmann, Klaus, u.a. (Hrsg.), Handbuch der Geschichtsdidaktik, 3. Aufl., Düsseldorf 1985, S. 493 ff.
Schulz-Hageleit, Peter, Spielen im Geschichtsunterricht, in: Geschichte lernen, Seelze 1991, S. 11 ff.
Schulz-Hageleit, Peter, Geschichte: erfahren – gespielt – begriffen, Braunschweig 1982
Uffelmann, Uwe; Cser, Andreas, Aus der Praxis des problemorientierten Geschichtsunterrichts – Empirische Befunde auf der Basis der Auswertung von Video-Band-Aufzeichnungen, in: Bergmann, Klaus, u.a. (Hrsg.), Geschichtsdidaktik, (1977), H. 1., S. 1 ff.
Vaupel, Dieter, Handeln und Lernen in der Sekundarstufe, Weinheim/Basel 1997

Klaus-Ulrich Meier

Simulation

1. Einführung

Der Geschichtslehrer kündigt eine besondere Stunde an und bittet seine 6. Klasse, ihm in einen zunächst völlig verdunkelten Raum zu folgen. Er hat dabei – ungewöhnlicherweise – ein Jackett an und am Revers ein gedrucktes Namensschild. Auf dem Weg stellt er sich als Reiseführer vor, der die Besuchergruppe in die Höhlen von Lascaux führen soll, um Höhlenmalerei aus frühgeschichtlicher Zeit zu präsentieren. Im Raum angekommen, ist zunächst nichts zu sehen. Langsam wird es im hinteren Teil des Raumes etwas heller, und ein Bild erscheint an der Wand, eine mit Overheadprojektor projizierte großflächige farbige Wiedergabe einer frühgeschichtlichen Höhlenmalerei. Der Lehrer informiert als Reiseführer über die Bilder in dieser Höhle, wechselt dann aber ganz allmählich seine Rolle. Die Kinder setzen sich auf den Boden und der Lehrer fängt an zu erzählen: Von einer misslungenen Jagd, vom Hunger der Gruppe und von der bitteren Notwendigkeit, in nächster Zeit Wild zu erlegen, um das Überleben der Männer, Frauen und Kinder zu sichern. Magische Worte werden gemurmelt und Beschwörungsformeln. Das Wild muss gebannt werden, Malerei kann hier helfen, das Schicksal zu wenden. Kerzen werden entzündet und der Raum beginnt, Konturen zu bekommen, bleibt trotzdem aber sehr dunkel. Die Wände sind großflächig mit Papier ausgeschlagen, davor liegen Farben. Die Schülerinnen und Schüler verteilen sich vor den Wänden und beginnen in großer Anspannung, mit den bereitgestellten Fingerfarben große und ganz kleine Tiere zu malen, Jagdwaffen und Jäger, Fratzen und geheimnisvolle Zeichen. Die Arbeit dauert etwa 15 Minuten. Anschließend führt der Lehrer seine Erzählung an den Anfang zurück. Die Kinder verwandeln sich aus frühgeschichtlichen Höhlenmalern wieder in eine normale Reisegruppe in den Höhlen von Lascaux. Aus der entstandenen Distanz werden die Bilder betrachtet und begutachtet und, besonders wichtig, mit dem reproduzierten Original verglichen. Die Stunde ist zu Ende.

Höhlenmalereien aus dem Jungpaläolithikum gehören zum Standardrepertoire des Geschichtsunterrichts. Die dabei im Unterricht verwendeten Geschichtsbücher beziehen sich vorzugsweise auf Felsmalereien aus Südfrankreich und Spanien. Im Regelfall bemühen sich die Autorentexte um eine sachliche oder (etwa in Schulbüchern speziell für die Hauptschule) erlebnishaft angelegte Erklärung der Bilder und der verwendeten Materialien. Der lehrbuchgestützte Unterricht regt die Kinder zur Betrachtung der Bilder und zum Lesen der dazugehörigen Texte an. Im günstigsten Fall greifen die Lehrerinnen und Lehrer handlungsorientierte Anregungen auf: Die Kindern malen die Bilder im Heft nach oder schreiben eine fiktive Geschichte, in der sie sich in die historische Situation einfühlen. In der beschriebenen Unterrichtsstunde geht der Lehrer einen anderen Weg. Er spielt einen Reiseführer und beginnt, die Kinder mit Hilfe einer „sparsamen" Inszenierung zunächst ganz gegenwartsbezogenen, die Situation eines Besuchers der Höhlen von Lascaux nachempfinden zu lassen. Zu Beginn tritt der Lehrer durchaus im Stil eines Reiseleiters auf: ein bisschen gelangweilt, ansatzweise reißerisch; dann verändert sich sein Sprachstil: die Stimme wird verhaltener, ruhig und erzählend. Die ungewöhnlich leuchtenden Bilder, die starken Farben, der ansonsten aber total abgedunkelte Raum, alles trägt dazu bei, eine neue Identifikationsebene zu öffnen: Es entsteht eine simulative Inszenierung, in der die Kinder aus einem in Ansätzen erkennbaren einfühlenden Verstehen heraus die Situation frühgeschichtlicher Höhlenmaler nachempfinden. In diesem Sinne können Simulationen zu Rekonstruktionen eines historischen Prozesses werden, von dem heute nur noch die Bildspuren erhalten sind. Unterrichtliche Arrangements dieser Art zielen primär nicht auf Analyse, Erklärung oder Aneignung gegenständlichen Wissens. Sie sind vielmehr geeignet, Identifikationsprozesse und einfühlendes Verstehen zu stützen bzw. zu ermöglichen. Indem die Kinder die durch eine fiktive Erzählung angeregte Situation nacherleben, eröffnet sich für sie die Möglichkeit einer individuellen Veranschaulichung einer fremden, fernen historischen Welt, die gleichwohl im zweiten Schritt analytisch – reflektierend „gebrochen" werden kann.

Simulationen als „ähnliche" Rekonstruktionen von historischen Situationen oder Prozessen können aber nicht nur, wie in dem beschriebenen Beispiel, Resultat lehrerzentrierter Aktivität sein. Fachdidaktisch zunehmend größere Bedeutung bekommen unterrichtliche Arrangements, in denen die Schülerinnen und Schüler selbst historische Ausschnitte rekonstruieren und unter dem Gesichtspunkt ihrer Erforschung simulieren. Wenn etwa im Prozess einer historischen Spurensuche eine alte, mechanische Waschmaschine gefunden wurde, kann das Waschen ohne Strom im Rahmen eines Waschtags simuliert werden. Dabei treten Fragen auf und Probleme, die etwa im Rahmen von Interviews geklärt werden können. Simulation wird so zu einer wichtigen Phase in schülerorientierten Aneignungsprozessen, eine eigenständige Methode, die als Mittel zur Intensivierung von Einsichten und Erfahrungen über Geschichte zielgerichtet trainiert und von den Schülern eingesetzt werden kann.

2. Zum Begriff der Simulation

Zunächst ein Beispiel: Ein Rennstall bereitet sich mit einer Neukonstruktion eines Rennwagens auf die bevorstehende Formel 1 Saison vor. Ein Auto wird gebaut, erste Testfahrten werden unternommen. Die Probeläufe zeigen, dass erheblicher Verbesserungsbedarf am Strömungsverhalten der Karosserie besteht. Endlose Test wären erforderlich, um die angestrebte Optimierung zu erreichen. Die weitere Arbeit findet jetzt aber nicht mehr auf der werkseigenen Teststrecke statt, sondern im Windkanal. Ein Ausschnitt aus der Rennwirklichkeit wird dort simuliert, um die Fehleranalyse voranzutreiben. Eine entscheidende Rolle spielt dabei, dass die Arbeit im Simulator risikolos und, im Vergleich zu wirklichen Testfahrten, erheblich kostengünstiger ist. Dazu kommt, dass durch besondere technische Arrangements Vorgänge sichtbar gemacht werden können, die in der Realität nicht beobachtbar wären. Besonders günstig sind diese Prozesse unter dem Gesichtspunkt ihrer Wiederholbarkeit. Beliebig viele Testfahrten können simuliert werden, ohne dass das Grundarrangement geändert werden muss.(Raser 1976, 21) Simuliert werden können aber auch Prozesse, die noch nicht verfügbar sind. Computerprogramme machen es möglich, zukünftige Entwicklungen mit dem Ziel der Erarbeitung realistischer Prognosen durchzuspielen. Mit Hilfe solcher Programme können Hypothesen über die Entwicklung der Weltbevölkerung, die Klimaentwicklung oder die Auswirkungen der wirtschaftlichen Entwicklung auf die Sozialversicherungssysteme getestet werden. Durchaus vergleichbar damit sind historische Simulationen. Die Dynamik der deutschen Sozialversicherung im Jahre 2020 ist noch nicht, die frühgeschichtliche Welt der Höhlenmaler nicht mehr verfügbar: In beiden Fällen sind Simulationen modellhafte Konstruktionen, vorgestellte Ausschnitte aus einer noch nicht oder nicht mehr verfügbaren Welt, in denen die Schülerinnen und Schüler handelnd die Vergangenheit nacherleben können.

Am Beispiel der Unterrichtsstunde zur Höhlenmalerei ist deutlich geworden, dass die Herstellung einer „ähnlichen" Situation einiger „Kunstgriffe" bedarf, die für jede Simulation von entscheidender Bedeutung sind und angemessene geschichtsdidaktische Reflexionen erforderlich machen.

2.1

Zunächst ist eine simulierte Rekonstruktion einer historischen Situation immer eine Abstraktion. Aus der Vielzahl der frühgeschichtlichen Belege für Höhlenmalerei werden eine besondere Fundstelle und zwei besondere Malereien ausgewählt. Alles andere wird weggelassen. Simulationen sind in diesem Sinne immer reduzierte Abbildungen (Lehmann 1976) und keinesfalls „perfekte Nachbildungen". Der dabei zu fordernde Legitimationsaufwand unterscheidet sich prinzipiell nicht von jedem anderen Auswahlvorgang im Geschichtsunterricht: Gesichtspunkte der Exemplarität, der Gegenwarts- und Zukunftsbedeutung müssen hier genauso geprüft werden wie die Forderung nach historischer Angemessenheit. Diese Frage betrifft natürlich nicht nur das Problem der Bildauswahl, sondern auch die Abstraktion, die durch die einführende Erzählung geleistet wird. Die möglicherweise idealisierende Zuspitzung, die durch das Medium „Erzählung" noch gefördert wird, enthält ebenfalls zahllose Abstraktionen, die jenseits jeder scheinbaren Selbstverständlichkeit immer wieder neu geprüft werden müssen.

2.2

Neben den Gesichtspunkt der Abstraktion tritt der Aspekt der Vereinfachung. Im Klassenraum werden der Reisegruppe nur zwei Bilder gezeigt, nicht, wie in Lascaux, mehrere. Der technische Aufwand, gleichzeitig mit mehreren Projektoren arbeiten zu müssen, wäre zu groß gewesen. Weggelassen und vereinfacht werden eine Vielzahl weiterer Merkmale: der Höhlenboden aus Fels, das möglicherweise brennende Feuer, der Malhintergrund an der Felswand, die Tatsache, dass in Lascaux auch Gravierungen verwendet wurden, die Malfarben aus Eisenocker, Kohle oder Manganerde.

2.3

Immer dann, wenn man etwas vereinfachen möchte, ergibt sich gleichzeitig das Problem der Substitution des Originals. Es muss zur Realisierung der Simulation die Frage beantwortet werden, wie das hochkomplexe Merkmal der historischen Situation angemessen ersetzt werden kann. Am Beispiel der von den Schülerinnen und Schülern verwendeten Farbe kann das Problem verdeutlicht werden. Die Höhlenmaler von Lascaux benutzten unterschiedliche Eisenocker und waren damit in der Lage, verschiedenste Abstufungen innerhalb der Tönungen von Rot, Geld und Braun zu erzeugen. Kohle und Manganerde ergaben Schwarz. Die Farben wurden entweder aufgerieben, nachdem sie in Wasser oder Blut aufgelöst wurden oder in pulverisierter Form aufgestäubt. Im unterrichtlichen Arrangement würde die auch nur ansatzweise ähnliche Herstellung und Benutzung dieser Farben jede Aufwand-Nutzen-Kalkulation sprengen. Die Entscheidung, die Original-Farben und ihre besondere Aufbereitung durch Fingerfarben zu substituieren, begründet sich über das Ziel der Simulation: Die Kinder sollen die Bildsprache der frühgeschichtlichen Höhlenmalereien nachempfinden und mit dem Original vergleichen. Dazu reicht ein simpler Farbersatz allemal. Wenn im Gegensatz dazu etwa die Werkstatt eines solchen Höhlenmalers Gegenstand der Simulation wäre, würde der Gesichtspunkt der Farbherkunft und ihrer Anwendung eine viel wichtigere Rolle spielen. Im Unterrichtsbeispiel ist dabei natürlich entscheidend, inwieweit die Imagination durch die einführende Erzählung gelungen ist. Durch die dort erzeugte Spannung wird es den Kindern leichter gemacht, die Substitution selbst anzuerkennen und sich auf den Hauptaspekt der Simulation zu konzentrieren.

Simulationen sind demnach historisch verantwortbare Abstraktionen; sie stellen unter dem Gesichtspunkt der Sparsamkeit vorgenommene Vereinfachungen dar und ermöglichen durch nachvollziehbare Substitutionen einen sinnvollen Aktionszusammenhang für die Schülerinnen und Schüler, in dem historische Erfahrungen nacherlebt oder befragt werden können. Die in der Literatur genannten Beispiele und Anregungen beziehen sich vorwiegend auf die rekonstruktive Modellierung von Situationen. Simulationen, die historische Entwicklungen, Prozesse oder Veränderungen angemessen nachbilden, sind demgegenüber deutlich schwerer zu arrangieren. Im Regelfall wird dabei die Grenze zum Simulations- oder Planspiel überschritten. Natürlich lassen sich aber auch in der situativen Simulation Veränderungen und Entwicklungen erleben. Ein 6. Schuljahr nimmt sich beispielsweise vor, während einer Projektwoche das gefahrvolle und entbehrungsreiche Leben einer altsteinzeitlichen Horde zu simulieren. Ein großes Lavvu steht bereit, eine Feuerstelle wird eingerichtet, die Aufgaben werden verteilt. Aber schon das Feuermachen stellt die Gruppe vor unlösbare Probleme. War in der Klasse noch ausgiebig darüber geredet worden, wie in der Steinzeit Feuer gemacht wurde, welche Hilfsmittel verwendet wurden und welches Verfahren praktikabel sein könnte: In der simulierten Realität sieht doch alles ganz anders aus. Das Feuer will nicht in Gang kommen, die geschlagenen Funken werden vom Wind verweht und nach zwei Stunden stellt sich der große Hunger ein. Die immer noch tatkräftige Gruppe spaltet sich auf. Der größere Teil plädiert vehement für den Einsatz neuzeitlicher Methoden, eine andere Gruppe zieht sich genervt zurück und gründet eine Art

Erfinderwerkstatt. Systematisch werden dort dann Parameter verändert und so lange Schlagtechnik, Windschutz und Brennmaterial variiert, bis tatsächlich erste Rauchwölkchen aufsteigen. Im folgenden Gespräch am Feuer werden in etwas gereizter Gesprächssituation die Bedingungen für diesen Entwicklungsprozess diskutiert. Offensichtlich hat es etwas mit der Spezialisierung und dem zielgerichteten Einsatz von experimentellen Fähigkeiten zu tun, die hier eine Lösung des Problems gefördert hatten. Gleichwohl: Beim folgenden Regen stellen sich neue Probleme und Aufgaben für die gesamte Gruppe und der Bau eines sicheren Feuerschutzes fördert die Entwicklung eines neuen Gruppengleichgewichts.

An diesem Beispiel kann noch eine weitere Möglichkeit der Unterscheidung simulativer Prozesse verdeutlicht werden. Die Darstellung des Unterrichts zur Höhlenmalerei konnte zeigen, dass die inszenierte Simulation im wesentlichen nachvollziehend-reproduktiv angelegt war. Der Lehrer hatte das Arrangement gestaltet, er führte durch die Geschichte in die Simulation und die Kinder benutzen Materialien (oder besser Substitutionen), die vom Lehrer ausgedacht wurden. Das Beispiel des Feuermachens zeigt eine andere Entwicklungsmöglichkeit. Zwar stammt das Grundarrangement vom Lehrer, innerhalb der Simulation ergeben sich aber eine Vielzahl ganz offener Situationen, die ein breites Spektrum experimentellen Verhaltens in Gang setzen. Die Kinder erforschen die Situation und setzen sich mit Problemen auseinander, für die keine Lösungen vorgegeben sind. Ihr Verhalten ähnelt dem der experimentellen Archäologen. Es werden Hypothesen über mögliche Lösungswege entwickelt, die entsprechend in der simulierten Realität überprüft und gegebenenfalls auch wieder verworfen werden können. Damit bewegen sich methodische Prozesse dieser Art noch deutlicher in dem didaktischen Dreischritt, der die Teilnehmer an der Simulation vom Handeln über das Erleben zur Reflexion und Erkenntnis führen kann.

3. Simulation und Spiel

Verschiedentlich wurde schon angedeutet, dass die Grenzen zwischen Simulation und Spiel fließend sind (➤ Lernspiele). In der didaktischen Literatur findet sich häufig eine Vermengung von Spiel- und Simulationsbegriff, ohne dass von den Autoren geklärt wird, wo die Grenzen genau gezogen werden können. „Spiel" ist ein „Begriff mit verschwommenen Rändern" (Portele 1976, 115) und eine Abgrenzung ist vielleicht deswegen so schwierig, weil es überhaupt keine Grenzen gibt. Simulationen als die gezielte Nutzung von signifikanten Merkmalen einer historischen Situation im Sinne einer rekonstruktiven Modellierung zur Herstellung sinnvoller Aktionszusammenhänge eröffnet ein „Tun als ob". Wenn man die Kinder fragt, nennen sie das „Spiel": „Wir tun so, als ob wir altsteinzeitliche Jäger wären, wir spielen die Geschichte nach". Die Kinder verwenden damit einen „weiten" Spielbegriff etwa im Sinne des englischen „play", des freien Spiels. Im Gegensatz dazu steht im englischen Sprachraum „game", das Regelspiel. Mit Hilfe dieses Begriffspaars kann jetzt ein offenes Kontinuum gebildet werden, auf dessen einer Seite die „spielerische Simulation", auf dessen anderer Seite das „regelgeleitete Simulationsspiel" steht. Die Simulation der Lebenssituation einer frühgeschichtlichen Horde kennt zwar auch Regeln, diese umgrenzen aber eher (Erfahrungs-) Räume, innerhalb derer sich das spielerische Verhalten der Kinder sehr frei entfalten kann. In diesem Sinne handelt es sich um „weiche" Regeln. Im Gegensatz dazu fordert das Simulationsspiel „harte" Regeln, die das Spielverhalten im Einzelnen festlegen und eine Abweichung nicht gestatten (Lehmann 1976, 189). Häufig kennt das Simulationsspiel etwa „Spielrunden", in denen die Spieler klar definierte, enge historische Vorgaben „ausspielen" (Stelling 1991, 51-56). Der Sinn des Spiels wäre verfehlt, wenn die durch die Spielvorgaben und Verhaltensanweisungen vorgegebenen Regeln übertreten oder ignoriert würden. Dieses Risiko wäre bei der Simulation eher geringer, da innerhalb des vorgegebenen Raumes viele Verhaltensäußerungen möglich, vielleicht sogar erwünscht sind. In diesem Sinne verhält sich die Simulation zum Simulationsspiel wie etwa das Rollenspiel zum Planspiel. Den formalisierten und verregelten Endpunkt der Entwicklung des Simulationsspiel bilden die Spiele amerikanischer Herkunft, in denen z.B. der Wiener Kongress in der Weise nachgespielt wird (Lehmann 1976, 94), dass die Spieler versuchen müssen, die politische Landkarte Europas neu zu ordnen. Diese Entwicklung wird seit den 90er Jahren mit Hilfe „historischer" Computerspiele weitergetrieben, wo durch Knopfdruck Länder erobert oder vernichtet, Armeen aufgestellt und gegen den „Feind" geführt werden können.

4. Simulationen im Geschichtsunterricht

Es ist sinnvoll, methodisch zunächst zwischen zwei grundlegenden Formen der Simulation im Geschichtsunterricht zu unterscheiden: den eher geschlossenen und den offenen Formen. Geschlossene Formen sind im Regelfall nachvollziehende Inszenierungen, offene Simulationen binden die Vergegenwärtigung eines historischen Prozesses, eines Vorgangs oder einer Situation methodisch an das forschend-entdeckende Lernen der Schülerinnen und Schüler.

Zunächst ein Beispiel für eine geschlossene Form. Im Unterricht wird der Beginn der Metallzeit behandelt. Die Kinder erfahren, wie Kupfer, später durch Beimischung von Zinn Bronze hergestellt und verarbeitet wird. Die Darstellung im Schulbuch zeigt unterschiedliche Gußtechniken in schematisch-abstrahierender Form; eine vorstellungsrelevante Lebendigkeit entfalten diese Schemazeichnungen nicht. Nach einem Museumsbesuch, wo regionale Bronzefunde betrachtet werden konnten, entschließt sich der Lehrer, den Vorgang des „offenen Herdgusses" durch eine handlungsorientierte Simulation zu verdeutlichen. Er ersetzt die Feuerstelle durch einen kleinen Campinggas-Kocher, für jede Schülergruppe wird ein Zinnbarren angeschafft und alte Töpfe werden bereitgestellt. Jeder Schüler erhält ein vorbereitetes Gipsplättchen und wird aufgefordert, in dieses Plättchen eine Gussform einzukerben, die den im Museum erkundeten Exponaten ähnlich sehen soll. Die Schülerinnen und Schüler arbeiten mit Messern, Nägeln und Scheren entsprechende Vertiefungen für Schmuckteile, Pfeilspitzen, Messerklingen u.ä. in den Gips ein. Anschließend „kocht" der Lehrer das Zinn, und die schnell entstehende flüssige Masse wird vorsichtig in die Vertiefung eingegossen. Schon nach kurzer Zeit ist das Zinn erkaltet und das „Schmuckstück" kann aus der Form herausgeschlagen werden. Der folgende Vergleich mit einer frühgeschichtlichen Bronzeschmuckreplik zeigt die Meisterschaft der Handwerker vergangener Zeiten und eröffnet ein weites Feld für Fragen, die im folgenden Unterricht geklärt werden können.

Zentrales Merkmal dieser Simulation ist die Lehrerzentriertheit. Der Lehrer verantwortet die „Bausteine“ des Experiments und muss die vorgenommenen Abstraktionen, Vereinfachungen und Substitutionen nachvollziehbar für die Kinder begründen können Er leitet den Versuch und garantiert letztlich auch den Erfolg. Die Schülerinnen und Schüler sind von Anfang an in einer Objektsituation. Auch wenn sie handeln, bleiben sie doch eher passiv -rezeptiv. Erst die Schlussphase der Simulation eröffnet den Beteiligten die Möglichkeit, durch Reflexion des Prozesses und weiterführende oder vertiefende Fragen die rezeptive Lernsituation zu verlassen. Beispiele für solche „geschlossenen“ Formen der Simulation finden sich in der didaktischen Literatur recht häufig. Lehrerinnen und Lehrer berichten dabei oft sehr anschaulich von gelungenen Simulationen technischer Vorgänge oder sozialer Prozesse: Typische Waffen der römischen Legionäre (Pfeil und Bogen) werden anlässlich eines Saalburg-Besuchs ausprobiert; ein originaler alter Lederriemen dient zur demonstrierenden Simulation der Transmissionsanlagen in einer Wollwäscherei (Wolter 1989, 18); Schülerinnen und Schüler kommen als Mönche schweigend zum gemeinsamen Gebet oder eine Schwertleite wird nachgestellt. Die Unterrichtserfahrung zeigt, dass die Schülerinnen und Schüler diese Art von Unterricht deutlich lebendiger erleben als den normalen buchgestützten Alltag. Wenn die Simulation gelingt, also eine nachvollziehbare „Übersetzung“ des historischen Vorgangs in die Lernsituation erreicht wird, ist die Vorstellbarkeit für die Kinder deutlich verbessert. Ein Problem bleibt allerdings der häufig episodische Charakter. Der Vorteil, den diese Inszenierungen haben, kann sehr schnell in das Gegenteil umschlagen. Erfreut über die Veränderung des unterrichtlichen Einerleis sind die Kinder zwar lebendig, aber eher im kompensatorischen Sinne. Das Risiko, dass die Simulation eben nur als lustige Episode und nicht als ernsthafte Lernsituation gedeutet wird, ist groß. Eine positive Veränderung der „Schwäche“ dieser Art des Einsatzes von Simulationen kann nur darin gefunden werden, wenn es gelingt, Simulationen als Methode, die die Schülerinnen und Schüler selbstbewusst anwenden können, zu entwickeln. Die Chancen dafür stehen im Rahmen „offener“ Verfahren deutlich besser.

Offene Formen binden die Simulation teilweise oder ganz an forschend-entdeckendes Lernen. Die Simulation ist Resultat eigener Anstrengungen der Schülerinnen und Schüler und öffnet sich bewusst für weiterführende Fragen und Forschungsperspektiven. Zunächst wieder ein Beispiel. Im Rahmen einer Projektwoche berührte das Thema „Leben in der Jungsteinzeit“ die Frage nach Kleidungsstücken der Menschen in dieser Zeit. Insbesondere interessierte die Kinder, aus welchen Materialien die „Schuhe“ der Jungsteinzeitmenschen waren und wie sie gefertigt werden konnten. Im Rahmen einer breit angelegten archäologischen Werkstatt führten Materialüberlegung dazu, dass zwei Gruppen entstanden, die konkurrierend Testschuhe entwickelten. Beide Gruppen wollten gleichzeitig auch entsprechende Werkzeuge herstellen, mit denen die Schuhe dann genäht werden sollten. Es konkurrierte in der folgenden Simulation eine Leder- und eine Webgruppe, die allerdings zum Bearbeiten durchaus vergleichbare „Werkzeuge“ benutzte: Mühsam geschlagene simple Chopper und grobe Holznadeln. Die präsentierten „Schuhe“ wurden dann einer

„Testgruppe" übergeben, die unter mühsam ausgehandelten Bedingungen (jede Gruppe achtete eifersüchtig darauf, dass „ihr" Schuh nicht zu großen Belastungen ausgesetzt war) die Schuhe „testete" und das Ergebnis dann den Projektgruppen präsentierte. Im Anschluss daran wurde die „Werkstattarbeit" fortgesetzt und insbesondere die Materialfrage zum Ansatzpunkt weiterführender Überlegungen gemacht: Wo bekamen die Steinzeitmenschen regelmäßig das Material her? (Besonders die Ledergruppe versuchte, die Bedeutung dieser Frage abzuschwächen, da das offensichtliche Legitimationsdefizit ihren erreichten Spitzenplatz bei den Tests erheblich in Frage stellte. Das Leder war nämlich in einem Bastelshop gekauft worden!) Gab es überhaupt andere Materialien? (Die Schuhe hatten sich nämlich insgesamt als nicht sehr dauerhaft erwiesen und die Idee, Holzschuhe herzustellen, war für die Kinder plötzlich gar nicht mehr so abwegig). Insgesamt öffnete der Projekttag ein weites Feld von Fragen, das hochmotiviert von den Schülerinnen und Schülern angegangen wurde.

Während in diesem Fall die offene Simulation Motivation für weitere Erkundungen, Quellenarbeit oder Interviews (beim traditionell arbeitenden Schuhmacher) in Gang setzte, kann die Simulation andererseits aber auch Ergebnis forschend-entdeckenden Lernens sein. Der Projekttag „Waschen wie früher" ist hierfür ein Beispiel. Im Rahmen einer historischen Spurensuche hatten die Kinder alte Waschgerätschaften gefunden, unter anderem eine mechanische Waschmaschine, einen Wäschestampfer und ein Waschbrett. In den folgenden Interviews wurde zunächst geklärt, wie die Geräte früher eingesetzt wurden und wie überhaupt das Waschen funktionierte. Am Ende dieser Erkundung konnte jetzt die Simulation eines historischen Waschtags durchgeführt werden (Herber u.a. 1999, 20), der seinerseits wiederum eine Vielzahl von Fragen aufwarf, die in Interviews weiter geklärt wurden. In der Simulation war nämlich die überaus große körperliche Belastung deutlich geworden, Fragen nach der Arbeitsteilung in der Familie standen plötzlich im Raum, die Ungefährlichkeit des Waschmittels wurde problematisiert. Die offene Simulation löste also eine Vielzahl weiterer Fragen aus, die im folgenden Unterricht weiter untersucht werden konnten.

„Offene" Simulationen sind also entweder das Ergebnis historischer Spurensuchen, von Interviews mit Zeitzeugen oder auch von Quellenarbeit. U.U. können sie auch Überprüfungsvorgänge von „historical fiction" sein, wenn etwa im Anschluss an einen Spielfilm über das alte Ägypten der Transport von schweren Lasten im Rahmen eines experimentellen Labors überprüft wird. Die Schülerinnen und Schüler entwickeln im vorangegangenen Unterricht Fragen, die simulativ getestet werden oder sie bringen, wie im Beispiel der historischen Spurensuche, gefundene historische Gegenstände in einen sinnvollen Verwendungszusammenhang und erleben prüfend Geschichte nach. Auch wenn in der Mehrzahl der Fälle die offenen Simulationen sicher stark vom begleitenden Lehrer unterstützt werden müssen, gibt es doch einen zentralen Unterschied zu geschlossenen Formen: Nicht der Lehrer ist es mehr, der durch die Simulation etwas zeigen oder anschaulich verdeutlichen will, vielmehr sind es die Schülerinnen und Schüler selbst, die die Simulation methodisch nutzen, um Fragen oder Probleme zu klären. Ihre Fragen sind es, die im Rahmen der Inszenierung geklärt werden und sie selbst müssen während oder nach der Simulation beantworten können, was die Simulation ihnen über ihr Anliegen gesagt hat, welche weiteren Fragen aufgetaucht sind und was noch alles geklärt werden muss. In diesem Sinne sind offene Simulationen deutlich stärker schülerorientiert.

5. Welche Ausschnitte aus der Geschichte eignen sich für Simulationen?

Historische Prozesse sind komplex und vielschichtig. Je nach Erkenntnisinteresse lassen sich immer neue Bedeutungsebenen erschließen. Simulationen nehmen aber für sich in Anspruch, eine auf Ähnlichkeit zielende (Re-)konstruktion zu sein. Insofern sind natürlich solche Ausschnitte aus der historischen Wirklichkeit leichter zu simulieren, die elementare menschliche Prozesse kennzeichnen. Allerdings: Auch das sogenannten Elementare ist immer eine Abstraktion und die vermeintlich elementare menschliche Aktivität erweist bei näherem Hinschauen schnell auch wieder als höchst komplex. Aber dies Dilemma teilt die Simulation sicher mit jedem Schulgeschichtsbuch, häufig in besonderer Weise mit dem aus dem Anfangsunterricht. Elementare Prozesse sind eben immer auch Resultate von bewusster Elementarisierung in didaktisch-methodischer Perspektive. Dies berücksichtigend bleiben trotzdem solche menschlichen Handlungen oder Situationen ein bevorzugter Gegenstand von Simulationen, die sich nachbilden lassen, ohne sie grundlegend zu verfälschen. Das Beispiel des simulierten Bronzegusses mag einen Historiker stören, der intensiv über die Hintergründe dieses Prozesses geforscht hat. Aber wahrscheinlich würde auch er sich darüber freuen, wenn die Kinder nach der Simulation im Prinzip erzählen können, was mit dem „offenen Herdguss" gemeint ist. Insofern kommt es immer auch auf den Zweck an, den die Simulation verfolgt. Über das Lernziel legitimieren sich die vorgenommenen Vereinfachungen und Substitutionen. Trotzdem bleiben „elementare" historische Situationen und Prozesse das Hauptanwendungsgebiet für Simulationen: Die Höhlenmalerei oder der Bronzeguss, das Brotbacken oder die Anfertigung von Kleidung, das Waschen und der Bau einer kleinen Lehmhütte, das Feuermachen oder das Nacherleben von Kälte. (Schulz-Hageleit, 1982) Schwieriger wird es, wenn die gesellschaftlichen oder sozialen Bedingungen die elementare historische Situation so weitreichend überformen, dass ohne ihre Darstellung eigentlich kein historisches Lernen mehr stattfindet. Dann geht es allein um die Frage, ob im Rahmen der didaktischen Reduktion von der Signifikanz des Historischen überhaupt noch etwas übrig bleibt oder der Bereich des historischen Lernens verlassen wird.

In der didaktischen Literatur eher abgeraten wird von Simulationen, die versuchen, „Grenzsituationen und sensible persönliche Bereiche, KZ-Erfahrungen, Milgram-Experimente" abzubilden (Schulz-Hageleit 1991, 16).

Neben den Gesichtspunkt der altersangemessenen, historisch verantwortbaren didaktischen Reduzierbarkeit des historischen Ausschnittes treten Gesichtspunkte der Realisierbarkeit und Ungefährlichkeit. Dabei stehen Aufwand-Effekt-Überlegungen im Mittelpunkt. Schon am Beispiel des simulierten Bronzegusses wurde sicher deutlich, dass der betriebene Aufwand beträchtlich war, der für einen vergleichsweise schmalen Ausschnitt aus der Geschichte getrieben wurde. Ähnliches gilt sicher auch für den Waschtag. Entscheidendes Kriterium ist hier die Exemplarität, der übergreifende Erklärungswert, den diese Veranstaltung für die weiteren schulischen und außerschulischen Aneignungsprozesse gewinnen kann. Gleichwohl: Empirische Untersuchungen belehren uns immer wieder über die faktische Bedeutungsarmut unseres Alltagsunterrichts, und sei er noch so ambitioniert. An den Waschtag jedenfalls erinnern sich die Schülerinnen und Schüler auch noch Jahre später. (Aber auch daran, wenn sie als frühgeschichtliche Sammlerinnen auf ein Wespennest gestoßen sind.)

6. Simulationen in medienkritischer Perspektive

Im Zuge der Entwicklung immer schnellerer Mikroprozessoren und gigantisch gesteigerter Speicherkapazität sind in den letzten Jahren Möglichkeiten computergestützter Simulationen geschaffen worden, die bisher Bekanntes weit in den Schatten stellen. Das Fraunhofer Institut für Graphische Datenverarbeitung plant für das Jahr 2004 ein sogenanntes „Cybernarium", in dem der Besucher ein nur noch wenig identifizierbarer Teil einer von subtil programmierten Rechnern gesteuerten Welt sein wird. Im Zentrum der Ausstellung werden zahlreiche Simulationen stehen, die vom technischen Standard geeignet sein sollen, „die Grenzen zwischen virtueller und realer Welt" völlig zum Verschwinden zu bringen. Das Ziel dieser Veranstaltung scheint erreicht, wenn die Besucher nicht mehr zwischen Fiktion und Realität unterscheiden können, die Computersimulation also einen derartigen Grad von Ähnlichkeit mit der Realität erreicht hat, dass sie nicht mehr als Kunstwelt identifizierbar ist. Zwar betonen die Veranstalter den großen Nutzen, den diese Simulationen haben sollen: Wissenschaftler und interessierte Alltagsnutzer könnten in gleicher Weise profitieren. Gleichwohl: Der zugestandene Vorteil wird mit Problemen erkauft, die für Kinder und Jugendliche nicht ohne Bedeutung sind. Gerade für sie wird es immer schwerer, zwischen Fiktion und Realität zu unterscheiden. Einen wichtigen Beitrag zur weiteren Vernebelung dieser Fähigkeit leisten in letzter Zeit zunehmend hochkomplexere Computersimulationsspiele, wobei natürlich für die Geschichtsdidaktik die eigenwillige Vermischung historischer Ereignisse mit phantastischen Welten von Bedeutung ist. Etwa im Spiel „Civilization 3" können die Spieler historische Elemente aus der Antike, dem Mittelalter und der Neuzeit in der Position eines fiktiven „Herrschers" beliebig einsetzen. Historische Personen stehen zur Disposition und sollte sich ein Gegner als „gefährlich" erweisen, werden kurzerhand konkurrierende Zivilisationen umstandslos „vernichtet". Die Spieler wechseln dabei auch die „Regierungsform"; erweist sich etwa die „Monarchie" als dem Spielziel abträglich, wird kurzerhand ein „Umsturz" organisiert, der, sofern der Spieler den richtigen Zeitpunkt erwischt, bessere Gewinnchancen eröffnet. In Spielen dieser Art kommt es offenbar darauf an, die Erkennbarkeit der Grenze zwischen der geschickten Nutzung historischer Versatzstücke und phantastischer Fiktion völlig zu eliminieren. Praktische Unterrichtsversuche, die sich um eine historische Rekonstruktion solcher Spiele bemühen, sind äußerst mühsam. Zudem kommen Unterricht und Lehrer schnell in die Rolle des „Spaßkillers". Wenn aber Aufklärung an diesem Punkt schwierig ist, sollte zumindest Unterricht nicht selbst dazu beitragen, die Grenzen zwischen Geschichte und Fiktion weiter zu vermischen. Genau das kann aber der Fall sein, wenn Simulationen im Geschichtsunterricht nicht als ein auch von den Schülerinnen und Schülern mit verantwortetes und kontrolliertes Verfahren eingesetzt werden. Besonders problematisch erweisen sich unter diesem Aspekt „geschlossene" Formen der Simulation. Im Grunde geht es um eine Inszenierung, die die Schüler in eine andere Welt „abtauchen" lässt. Auch hier scheint die historische Simulation um so perfekter, je weniger die Teilnehmer sie noch als Konstrukt erkennen können. In medienkritischer Perspektive kann das aber nicht der Weg sein, an dessen Ende reflektiertes Geschichtsbewusstsein steht. Vielmehr muss es darum gehen, die Inszenierung, ihre notwendigen Substitutionen, ihren Zweck und ihr Resultat in den Rahmen eines von den Schülern mit verantworteten Prozesses zu stellen. Nur wenn die historische Simulation sich zur Methode entwickelt, kann sie ihr aufklärerisches Potential auch und gerade im Hinblick auf die dargestellte „historical fiction" entfalten. Insofern sind perspektivisch sicher „offene Simulationen" sinnvoller, auch wenn dabei Spaß und Faszination nicht immer und unbedingt im Vordergrund stehen.

7. Planungsraster für eine methodenorientierte, offene Simulation am Beispiel „Backen in der Jungsteinzeit"

Intention: Mit Hilfe einer Simulation untersuchen die Schülerinnen und Schüler frühgeschichtliches Brotbacken, verfolgen dabei gezielt eigene Fragestellungen und nutzen die Erfahrungen aus der Simulation zu weiteren, zielgerichteten historischen Aneignungsprozessen.

Phase	Inhalt
Entstehung der allgemeinen Simulationsidee	Im Rahmen des Unterrichts über die Jungsteinzeit, wird das Thema (angeregt durch einen Museumsbesuch) „Ernährung bei den Jungsteinzeitmenschen" behandelt und vom Lehrer ein Brotbacktag angeregt.
Konkretisierung der Simulationsidee	Ideen, Erwartungen und Vorschläge für eine mögliche Realisierung werden gesammelt. Ein „offenes Protokoll" wird über die formulierten Fragen geführt.
Planung der Simulation	Die Schülerinnen und Schüler stellen die „Bausteine" für die Simulation zusammen (Feuerstelle, Backmaterialien, Mahlstein, Brennmaterial), erarbeiten in den gebildeten Gruppen einen Arbeitsplan und verteilen die anstehenden Aufgaben. (Für den verabredeten Tag muss alles bereit stehen.)
Durchführung der Simulation	Im Rahmen eines Projekttages arbeiten die Gruppen an ihren Aufgaben zur Vorbereitung der Simulation und experimentieren mit verschiedenen Ansätzen (etwa bei der Herdfrage) Die folgende Simulation (als Zusamenführung der Arbeitsergebnisse der Einzelgruppen) sollte an diesem Tag so weit vorangetrieben werden, dass das angestrebte Backergebnis auch tatsächlich verzehrt werden kann.
Auswertung der Simulation	Evtl. noch während der Endphase der Simulation, sonst auf alle Fälle in den folgenden Unterrichtsstunden werden die Erfahrungen ausgewertet und auf die eingangs formulierten Fragen/Probleme bezogen.
Unterrichtliche oder projektorientierte Weiterführung	Offen geblieben Fragen werden im weiteren Unterricht geklärt (in diesem Fall durch einen nochmaligen Museumsbesuch und durch eine gezielte weitere Suche nach geeigneten Herdkonstruktionen).

Literatur

Herber, Thomas u.a. (Hrsg.), Mitmischen in Geschichte und Politik, Leipzig 1999, S. 20 f.
Portele, Gerhard, Arbeit, Spiel, Wettbewerb, in: Lehmann/Portele, a.a.O., S. 115-136
Raser, John R., Theorien, Modelle und Simulationen, in: Lehmann, Jürgen; Portele, Gerhard (Hrsg.), Simulationsspiele in der Erziehung, Weinheim/Basel 1976, S. 11-25
Schulz-Hageleit, Peter, Geschichte: erfahren – gespielt – begriffen, Braunschweig 1982
Schulz-Hageleit, Peter, Spielen im Geschichtsunterricht. Überlegungen zu einer umstrittenen Unterrichtsmethode., in: Geschichte lernen, (1991), H. 23, S. 11-21
Stelling, Rüdiger, Von der Februarrevolution zur Oktoberrevolution 1917. Ein Simulationsspiel, in: Geschichte lernen, (1991), H. 23, S. 51-56
Wolter, Margit, Handeln – Spielen – Aneignen. Adaptionsformen für geschichtliches Lernen, in: Geschichte lernen, H. 9 (1989), S. 15-24

Gerhard Henke-Bockschatz

Zeitzeugenbefragung

Das Befragen von Zeitzeugen ist heutzutage zu einer beliebten und weit verbreiteten Methode in verschiedensten Bereichen der Geschichtskultur geworden. Wo immer zeitgeschichtliche Themen für ein breiteres Publikum dargestellt werden, pflegen Zeitzeugen zu Wort zu kommen – im Fernsehen, im Radio, in Ausstellungen, in Büchern. Zu einigen historischen Bereichen liegen sehr umfangreiche Sammlungen von Zeitzeugenaussagen vor, die teils im Originalton, teils als Transkription zugänglich sind. Erwähnt seien nur das Jad Vashem Archiv, Steven Spielbergs Shoah-Projekt oder das vom Deutschen Historischen Museum in Berlin und dem Haus der Geschichte in Bonn betreute „Kollektive Gedächtnis“ zur deutschen Geschichte.

Auch für den Bereich des schulischen Geschichtsunterrichts ermuntern immer mehr Lehrpläne, Schulbücher und didaktische Handreichungen dazu, gemeinsam mit Schülern das Gespräch mit Zeitzeugen zu suchen. Hierdurch soll der Unterricht nicht nur abwechslungsreicher, offener gegenüber der Umwelt und kommunikativer gemacht werden. Meistens ist damit auch die Hoffnung verbunden, „Geschichte“ nicht nur aus Büchern und Lehrererzählungen zu vermitteln, sondern sie durch persönliche Erinnerungen lebendig und authentisch erfahrbar zu machen – so weit dies eben überhaupt möglich ist. Die in das Gespräch zwischen Schülern und Zeitzeugen gesetzten Erwartungen werden allerdings nicht selten enttäuscht. Auch bei noch so guter Vorbereitung fehlen den Schülern eben viele Kenntnisse und vor allem Erfahrungen, um sich halbwegs in die wesentlich älteren Zeitzeugen einfühlen zu können. Zudem wird durch die direkte Begegnung mit den Zeitzeugen oftmals die kritische Distanz erschwert. Insbesondere ist es für Schüler alles andere als einfach, zwischen den verschiedenen Zeitebenen zu differenzieren – zwischen dem damaligen Erleben der Zeitzeugen und seiner Darstellung in der gegenwärtigen Erinnerung. Diese und andere Schwierigkeiten lassen sich sicherlich nicht vollständig vermeiden, wie bei jeder anderen Methode wird auch hier Lehrgeld zu zahlen sein, wird gerade auch aus den Fehlern zu lernen sein. Jedoch sollte der Lehrkraft, die derartige Begegnungen anregt und organisiert, nicht nur die übliche Verantwortung für den Lernerfolg der Schüler bewusst sein; ihr sollte auch klar sein, dass aus der Bereitschaft des Zeitzeugen, sich in den Lernprozess einbeziehen zu lassen, die besondere Verantwortung erwächst, die Erinnerungen auch wirklich ernst zu nehmen und dementsprechend Vorbereitung, Durchführung und Nachbesprechung der Befragung möglichst gründlich zu planen.

Wissenschaftshistorischer Hintergrund

Dem Aufschwung der Zeitzeugenbefragung als Unterrichtsmethode ging der Aufschwung der Zeitzeugenbefragung als Methode historischer Forschung voraus. Die relativ junge geschichtswissenschaftliche Teildisziplin Oral History hat ihre Wurzeln in der älteren Zeitgeschichtsschreibung, v. a. in der amerikanischen Elitenbiographik, die schon früh Interviews mit Spitzenpolitikern und –beamten benutzte, um informelle Entscheidungsprozesse im Bereich der politischen Führung transparenter zu machen. Als eine Frühform von Oral History in Westdeutschland kann die Sammlung von Schilderungen betrachtet werden, die in der Nachkriegszeit zur Vertreibung bzw. Flucht der Deutschen aus den ehemaligen deutschen Ostgebieten und aus Polen und der Tschechoslowakei durchgeführt wurde. Einen enormen Schub erhielt die Oral History jedoch erst um 1970. Hierzu trug einerseits die Erfindung des tragbaren Cassetten-Recorders bei, wodurch Audioaufnahmen wesentlich vereinfacht und verbilligt wurden. Andererseits breitete sich in der Folge der Studentenbewegung ein wachsendes Interesse an einer politisch engagierten Geschichtsschreibung aus, die auch und gerade die „kleinen Leute" und diskriminierte Minderheiten zu ihrem historischen Recht kommen lassen wollte. Parallel zu dieser sozialen Orientierung richtete sich das historische Interesse verstärkt auf alltags- und mentalitätsgeschichtliche Phänomene – eine Blickrichtung, die anfangs mit erheblichen Widerständen aus den Reihen der etablierten Historiographie, v. a. der ihrerseits gerade erst arrivierten Sozial- und Wirtschaftsgeschichte zu kämpfen hatte. Die Vorwürfe reichten von der Bezweiflung der Relevanz der wissenschaftlichen Beschäftigung mit den Banalitäten des Alltagslebens bis zu tiefer Skepsis gegenüber dem Quellenstatus und der Repräsentativität der Ergebnisse von Zeitzeugeninterviews. In ihrer methodisch reflektiertesten Form entwickelte sich Oral History fort zu einer historischen Erfahrungswissenschaft, die die Erforschung des subjektiven Umgangs mit der eigenen Geschichte in den Mittelpunkt stellt. In dieser Form geht es ihr weniger um die Erhellung realen vergangenen Geschehens als vielmehr darum, wie persönliche Erfahrungen verarbeitet und weitergegeben werden. Die Aufmerksamkeit richtet sich auf das Verhältnis zwischen den früheren Erfahrungen und ihrer Integration in die Identität eines Individuums. Damit schloss sich die Oral History einer allgemeinen Tendenz in den Sozialwissenschaften an, verstärkt narrativ-qualitative Forschungsmethoden anzuwenden, um Muster und Mechanismen subjektiver Erfahrungsverarbeitung zu finden (vgl. zur Geschichte der Oral History Niethammer 1978; Niethammer 1980; v. Plato 1991).

Historisches Lernen durch Zeitzeugenbefragungen

Der Einbezug mündlich überlieferter Erinnerungen in den Lernprozess kann ohne Zweifel sehr viel dazu beitragen, historisches Lernen für Schüler interessanter und lebendiger zu gestalten. Wenn auch das Verfahren heutzutage vielerorts immer noch nicht zum Standardrepertoire alltäglichen Geschichtsunterrichts gehören mag und wenn auch eine didaktische Systematisierung und Elementarisierung der Benutzung von Erinnerungsinterviews im

Geschichtsunterricht noch aussteht, so hat es inzwischen als ein Medium und eine Methode historischen Lernens doch weitgehend Anerkennung gefunden. Insbesondere der Wettbewerb um den Preis des Bundespräsidenten hat seit nunmehr über 25 Jahren immer wieder gezeigt, welche nachhaltig motivierende Wirkung Zeitzeugenbefragungen auf Schüler haben können. Eine immer größere Zahl von schulischen Oral-History-Projekten wird auch im Internet präsentiert.

Zeitzeugenbefragungen stoßen in der Schule nicht nur deshalb auf positive Resonanz, weil sie eine willkommene Abwechslung im alltäglichen Schuleinerlei sein können. Es lassen sich mindestens vier weitere gute didaktisch-methodische Gründe nennen:

1. „Geschichte" scheint Schülern in solchen Gesprächssituationen unmittelbarer zu begegnen als im gewöhnlichen Geschichtsunterricht, in dem die Textarbeit mit Quellen und Darstellungen dominiert. Die direkte Begegnung mit jemandem, der selbst „dabei" war, der über das damalige Geschehen in seiner Bedeutung für das eigene Leben berichtet, besitzt demgegenüber im allgemeinen einen hohen Grad an Authentizität und Faszination. Die unmittelbare Schilderung der Erfahrungen und der Lebensgeschichte älterer Menschen vermag jugendliche Zuhörer besonders zu fesseln, weil ihnen reale persönliche Lebenswege und Lebensabschnitte in ihrer Irreversibilität gegenübertreten. Auf diese Art wird besonders augenfällig, was „Zeit" und „Zeiten" für den Menschen bedeuten (können).
2. Zeitzeugenbefragungen setzen im allgemeinen ein erhebliches Maß an Eigenaktivität der Lernenden voraus und sind damit prädestiniert für einen handlungsorientierten Unterricht (➤ Handlungsorientierung). Von den ersten Vorüberlegungen bis zur Auswertung und Präsentation der Ergebnisse können eine ganze Reihe von Arbeitsschritten zunehmend selbstständig vollzogen werden. Zu dem Thema müssen Informationen beschafft und aus ihnen Fragestellungen entwickelt werden. Kundige Zeitzeugen müssen gefunden werden. Die Befragung muss inhaltlich und methodisch vorbereitet, durchgeführt, dokumentiert und ausgewertet werden. Die Ergebnisse müssen in pointierter und interessanter Form zusammengefasst werden. Für diesen letzten Schritt liegt es nahe, von Beginn an aktive Medienarbeit einzuplanen, z.B. in Form von Audio- und/oder Videocollagen. Gleichzeitig macht die Gesprächssituation es für die Schüler leichter, spontan weiterführende Fragen zu stellen. Unklarheiten können gleich angesprochen werden, Zwischenschritte der Informationsbeschaffung entfallen bzw. abgekürzt werden.
3. Zeitzeugeninterviews tragen zur Öffnung der Schulen bei, indem das außerschulische Leben in den Geschichtsunterricht einbezogen wird: Verwandte, Bekannte, Nachbarn und andere Ortsangehörige fungieren als „Quellen...". So wird direkt erfahrbar, dass historisches Lernen dazu beitragen kann, Mitmenschen besser zu verstehen. Gespräche mit Zeitzeugen dokumentieren ein explizites Interesse der Jüngeren an den Erfahrungen der Älteren und fördern so die Kommunikation zwischen den Generationen. Vom Standpunkt der Schüler und Lehrer wird oft übersehen, dass ältere Menschen nicht nur als „Quelle" für Schule und Wissenschaft fungieren wollen, sondern dass sie auch von sich aus das Bedürfnis haben, anderen ihre Lebensgeschichte mitzuteilen. In

der Altenarbeit wird auf diesen Wunsch vielerorts mit der Einrichtung von Erzählcafes o.Ä. reagiert (z.B. in Göttingen mit dem Zeitzeugenprojekt „Goldgrabengeschichten").

4. Wie schon eingangs erwähnt wurde, werden Zeitzeugeninterviews heutzutage in zeitgeschichtlichen Sendungen in den Medien sehr gerne benutzt und beeinflussen in vielfältiger Kombination mit anderen Darstellungselementen und -methoden das Geschichtsbewusstsein der Zuschauer und Zuhörer beträchtlich. Um solche Sendungen kritisch rezipieren zu können, sind grundlegende Kenntnisse zur Entstehung und Aussagekraft von Zeitzeugenberichten unumgänglich. Jeder Dokumentarfilm aus der stilbildenden ZDF-Zeitgeschichtsredaktion unter Guido Knopp zeugt mit seinen oftmals als „Histotainment" inszenierten und suggestiv eingesetzten Zeitzeugenaufnahmen davon, wie sehr es solcher Fähigkeiten bedarf. Nicht zufällig hat die Oral History Association (OHA) in den USA Richtlinien formuliert, durch die sich ein verantwortungsbewusster Einsatz der Methode auszeichnen soll (vgl. http://omega.dickinson.edu/organizations/oha/evaluationguidelines.html).

Einwände

Den guten Gründen stehen einige durchaus ernstzunehmende Einwände gegenüber. Oral History ist alles andere als einfach. Soll sie nicht nur folgenlose Abwechslung und Unterhaltung sein, müssen von der Lerngruppe intensive Vor- und Nachbereitungen erbracht werden. Der hohe Grad an Eigenaktivität und Selbstständigkeit kann in schwachen Lerngruppen auch zu einem Problem und einer Schranke werden. Die Schülerinnen und Schüler müssen sich einerseits so weit wie möglich mit der früheren Lebenssituation der Interviewten vertraut machen. Andererseits muss ihnen das allgemeine historische Umfeld, in das diese Situation eingebettet war, bekannt sein. Das Interview sollte sorgfältig vorbereitet, dokumentiert und ausgewertet werden. Ein Zeitzeugeninterview, das wissenschaftliche Standards auch nur annähernd erfüllt, geht im allgemeinen schon wegen des Zeit- und Arbeitsaufwandes (Vorgespräch, zwei- bis dreistündiges Erstgespräch, eventuelles Folgegespräch, Transkription, Zusammenfassung und Analyse) über den schulischen Rahmen hinaus. Auch die Zahl der Interviews, die geführt werden müssten, um eine halbwegs verlässliche Grundlage für verallgemeinernde Aussagen zu erhalten, übersteigt die schulischen Möglichkeiten bei weitem. Noch gravierender dürfte allerdings sein, dass Schülern im allgemeinen die Lebenserfahrung, oft aber auch – selbst bei sehr guter Vorbereitung – die Sachkenntnis fehlt, um sowohl während des Interviews als auch in der Auswertungsphase angemessen weiterführende oder zu vertiefende Ansatzpunkte zu entdecken. Schließlich mangelt es nicht wenigen Geschichtslehrinnen und -lehrern an eigenen Erfahrungen mit Zeitzeugenbefragungen. Vorbereitung, Durchführung und Analyse solcher Gespräche gehören hierzulande nicht zu den Essentials der Lehrerausbildung.

Oral History verlangt ein Engagement, das über die gewöhnliche Bereitschaft zur Mitarbeit im Unterricht weit hinausgeht. Nicht zufällig werden Oral-History-Projekte in den Schulen meistens im Rahmen von Projekten oder Geschichtswerkstätten durchgeführt

(➤ Projektarbeit). Im Handbuch der Geschichtsdidaktik findet sich dazu der warnende Hinweis, dieses Verfahren mache den Schülern das forschend-entdeckende Lernen nicht leicht, weil es „hohe Ansprüche an das Einfühlungsvermögen und die Quellendistanz" stellt. Oral History im Geschichtsunterricht bedürfe deshalb der Begleitung und Betreuung durch entsprechend versierte Lehrer (Wierling 1997, 239). Als wichtiges Argument für einen relativ sparsamen, dafür aber reflektierten und intensiven Einsatz der Oral History in der Schule ist insbesondere darauf hingewiesen worden, dass Schüler dazu neigen, Aussagen der Zeitzeugen als durch Lebenserfahrung bezeugte Wahrheiten hinzunehmen (Schneider 1994, 74 f. und Kaminsky 1999, 463).

Historisches Lernen anhand mündlicher Überlieferungen

Allerdings dürfte es um die Kompetenz der Schüler hinsichtlich anderer Methoden und Medien kaum besser bestellt sein. Dass Schüler vieles nicht verstehen, dass ihnen viele Zusammenhänge und Erfahrungen nicht bekannt sind, führt ja auch nicht dazu, vor die Arbeit mit Texten oder Bildern ein großes Fragezeichen zu setzen. Oftmals scheinen sich Vorbehalte gegen den Einsatz von Zeitzeugeninterviews im Geschichtsunterricht der sehr starken Orientierung an den Verfahrensweisen und dem Gegenstandsbereich einer wissenschaftlich betriebenen Oral History zu verdanken, an deren Qualitätsstandards der Geschichtsunterricht direkt gemessen wird. Wird im Geschichtsunterricht mit mündlichen Überlieferungen gearbeitet, so kann hierfür das ausgefeilte Instrumentarium wissenschaftlich betriebener Oral History nicht maßgebend sein. Der didaktische Ausgangspunkt liegt vielmehr darin, dass persönliche Erinnerungen nun mal die verbreitetste und wirksamste Form sind, in der vergangene Erfahrungen verarbeitet und überliefert werden. Obwohl die Schrift- und Lesekultur seit Jahrhunderten scheinbar über das gesprochene Wort dominiert und obwohl die modernen Medien vom Fernsehen bis zum Internet eine immer größere Rolle spielen, stoßen Kinder in der Regel immer noch in den von Eltern und Großeltern erzählten „Familiengeschichten" erstmals in ihrer Lebenswelt auf tradierte Geschichte. Vor allem erfahren sie so praktisch, wie die Zumessung von Bedeutung Erinnerung bestimmt und strukturiert. Über die „Schlüsselgeschichten" der Älteren erfahren die Jüngeren, was für deren Leben – und das ist für sie zunächst *das* Leben – wichtig war, welche Ereignisse, Menschen und Verhältnisse sie zu dem gemacht haben, was sie sind. Geschichtsbewusstsein tritt Kindern so in seiner lebenspraktischen Grundform entgegen und prägt ihr eigenes Geschichtsbewusstsein erheblich nachhaltiger als die schulische Geschichtssozialisation.

Aus diesen Überlegungen ergibt sich für den Einsatz von Oral History in der Schule eine Relativierung und Reduzierung der strengen Maßstäbe, an denen sich wissenschaftliche Oral-History-Untersuchungen messen lassen müssen und die in nicht wenigen Projektarbeiten engagierter Schüler durchaus auch erreicht werden. Oral History in der Schule sollte eingebettet sein in eine umfassendere Didaktik und Methodik der mündlichen Überlieferung als eines Elements des historischen Lernens von der Primarstufe bis hin zum Abitur. Den durchaus berechtigten Warnungen und Ratschlägen ist nachhaltig die

Aufforderung voranzustellen, Geschichte so oft wie möglich und in den verschiedensten Formen unter Einbezug der Erinnerungen der lebenden Menschen zu vermitteln.

Formen mündlicher Überlieferung im Geschichtsunterricht

Mündliche Überlieferungen können im Geschichtsunterricht auf vielfältige Weise zum Gegenstand werden, und man muss als Lehrer kein schlechtes Gewissen haben, wenn eben keineswegs immer alle methodischen Schritte der Oral History vollständig vollzogen werden. Schon die scheinbar einfache Hausaufgabe, Verwandte und Bekannte zu ihrem Erleben vergangener Zeiten und Geschehnisse zu befragen, stellt einen ersten Schritt dar. Hierzu muss nicht gleich ein Cassetten-Recorder mitgenommen werden. Oft reicht es für die schulischen Zwecke bereits aus, wenn die Schüler das Erzählte in Stichworten festhalten und davon im Unterricht berichten. Bereits diese Art des Nachfragens und Notierens will allerdings geübt sein. Mündliche Überlieferungen lassen sich natürlich auch durch die Verwendung bereits aufgezeichneter Zeitzeugeninterviews in den Unterricht einbringen. Was dadurch an Spontanität und Authentizität verloren geht, wird zumindest teilweise durch die größere Planungs- und Vorbereitungssicherheit aufgewogen. Bei vielen Landesbildstellen können Aufzeichnungen ausgeliehen werden, die sich bereits vielfach im Unterricht bewährt haben. Auch auf dem Medienmarkt sind inzwischen immer mehr Audio-Publikationen mit erzählten Lebensgeschichten erhältlich. Schließlich wird in Zukunft die Zahl der Zeitzeugen, die über Internet gehört und gesehen werden können, rapide zunehmen. Seitens orthodoxer Oral Historians dürften sich auch Bedenken einstellen, wenn ein Zeitzeuge durch eine ganze Klasse interviewt werden soll. Wird doch jemand, der einer solch großen Gruppe gegenübersitzt, sicherlich nicht so frei sprechen, wie wenn er daheim in vertrauter Umgebung von ein oder zwei Personen befragt wird. Solche Gesprächsformen mit größeren Gruppen können jedoch unter dem Aspekt unmittelbarer gemeinsamer Erfahrung als Grundlage eines intensiveren Diskussionsprozesses in der Lerngruppe durchaus notwendig und vertretbar sein.

Aufbau von Fähigkeiten im Umgang mit mündlichen Überlieferungen

Schülerinnen und Schüler sollten von der Grundschule bis zum Abitur Schritt für Schritt in die Lage gebracht werden, die methodischen Elemente der Zeitzeugenbefragung zunehmend bewusst und differenziert zu handhaben. Dabei ist es sicherlich hilfreich, dass heranwachsende Schüler die älteren Erwachsenen allmählich allemal „besser" zu verstehen lernen. Je mehr sie selbst mit dem „Ernst des Lebens" in Berührung kommen, um so mehr vermögen sie auf eine naturwüchsige Art zu erfassen, was eine Lebensbiographie, was gelebte Erinnerung ist und sein kann. Die Befragung von Zeitzeugen kann dazu beitragen, diesen Prozess der zunehmenden Wahrnehmung anderer Menschen in ihrer historischen Gewordenheit zu forcieren und zu vertiefen. Die Fähigkeiten, die auf diesem Weg erworben werden, beziehen sich auf verschiedene Ebenen und lassen sich wie folgt zusammenfassen (➛ Wissenschaftsorientierung):

- Gemäß einer historischen Frage adäquate Kriterien für die Suche und Auswahl von Zeitzeugen aufstellen: Von der grundsätzlichen Frage „Wer kann überhaupt etwas darüber wissen?" zu reflektierteren, theoriegeleiteten Fragen „Welchen sozialen oder sonstigen Gruppen sollten die Zeitzeugen angehören (Alter, Geschlecht, soziale Herkunft, ethnische Zugehörigkeit etc.)?"
- Eine historische Frage in sachgemäße und personenbezogene Unterfragen aufgliedern und einen entsprechenden Interview-Leitfaden aufstellen.
- Erzähltes dokumentieren (z.B. durch stichwortartiges Mitschreiben, Ton- und Bildaufzeichnung, Transkribieren);
- Erzähltes ordnen, zusammenfassen, systematisieren (z.B. durch das Visualisieren von Schwerpunkten und Teilgeschichten oder durch das Erstellen einer Zeitleiste zu dem Leben des Interviewten);
- Erzähltes auf seine Triftigkeit, Schlüssigkeit und Wahrscheinlichkeit überprüfen (z.B. durch Überprüfen der Erzählelemente mittels Vergleich mit anderen Interviews, anderen Quellen und Darstellungen);
- Erzähltes auf seine Perspektiven untersuchen (z.B. durch Erkennen von Werten, Normen und Ideologien als Faktoren des persönlichen Bezugsrahmens);
- Verstehen der lebenspraktischen Bedeutung und Einordnung der erinnerten Erfahrungen;
- Vergleich der Erzählungen verschiedener Zeitzeugen: Vom Feststellen der (Nicht-) Übereinstimmung bezüglich konkreter Sachinformationen zum Vergleich ganzer Lebensläufe, Lebensentwürfe und Lebensinterpretationen.

Im Zuge ihrer schulischen Laufbahn sollten die Kinder und Jugendlichen aber nicht nur die Methoden der Zeitzeugenbefragung zunehmend beherrschen. Es sollte ihnen auch bewusst gemacht werden, dass nicht nur das, was die Zeitzeugen zur Aufhellung vergangenen Geschehens beitragen können, interessant ist, sondern auch die Art, wie sie sich daran erinnern. Liegt doch der Zweck der Befragung von Zeitzeugen im allgemeinen zwischen zwei Polen. Zum einen kann es in traditioneller Weise darum gehen, Erfahrungen der Menschen zu einem zeitlich und/oder räumlich begrenzten Geschehen der Vergangenheit zu ermitteln (z.B. zum Nationalsozialismus, der Nachkriegszeit, den Fünfziger- oder Sechziger-Jahren usw.). Der Zeitzeuge wird dann meistens anhand von detaillierten Leitfragen danach befragt, was damals an einem Ort passierte und wie er sich verhielt und fühlte. Dabei stehen Alltags- und Mentalitätsgeschichte im allgemeinen im Vordergrund: Wie die Menschen zu bestimmten Zeiten arbeiteten, wohnten, liebten, litten, sich vergnügten etc.

Zum anderen kann die gesamte Lebensgeschichte des Interviewten selbst im Mittelpunkt stehen. Er legt dann eigentlich nicht mehr von einem vergangenen Geschehen ein „Zeugnis" ab, das seinerseits irgendwie zu überprüfen wäre. Vielmehr schildert er, welche Ereignisse, Verhältnisse und Entwicklungen für sein Leben von besonderer Bedeutung waren. Dieser biographiegeschichtlichen Blickrichtung kommt es primär darauf an, Lebensläufe auf ihre subjektiven und objektiven Determinanten hin zu untersuchen und miteinander zu vergleichen. In diesem Fall werden erzählgenerierende Interviews, v. a. narrative Interviews, verwendet.

Im Geschichtsunterricht werden geschehens- und sachorientierte Befragungen dominieren. Das Interesse, eine Erzählung zu initiieren, die über die Antworten auf konkrete Fragen hinausgeht, ist Schülern zunächst nicht geläufig. Allerdings treten mit zunehmenden Alter auch vermehrt Fragen nach der Bedeutung und Sinnhaftigkeit historischer Erfahrungen für den weiteren Lebenslauf der Befragten auf. Schüler wollen aber zunächst konkrete Dinge wissen und lassen sich leicht durch Einzelheiten beeindrucken. Der Jugendliche, der einen Erwachsenen nach dessen Lebenserfahrungen fragt, wird sich nach einer Reihe wichtiger Lebensbereiche nicht oder nur oberflächlich erkunden. Die Fragen der Schüler erwachsen oft aus ihrer jeweiligen Lebenssituation, aus dem, was sie in Freizeit, Elternhaus und Schule gerade erleben und erleiden. Die Fähigkeit, neugierig zu sein, ohne das Gespräch zu sehr in eine Richtung zu lenken, also die Kunst des abwartenden Zuhörens und unterstützenden Fragens, muss ihnen erst nahegebracht werden. Es ist davon auszugehen, dass Schüler mit zunehmenden Alter eher willens und fähig sind, das Erzählte nicht nur als Bericht über vergangenes Geschehen, sondern auch als subjektive Verarbeitung der Erfahrung des Geschehens zu verstehen.

Interview-Checkliste

Ein Zeitzeugeninterview ist kein unverbindliches Geplauder, sondern ein geplantes Zusammentreffen mit der Absicht, einen Menschen zum freimütigen Erzählen seiner Lebensgeschichte(n) zu bewegen. Wer kurz vor einem Zeitzeugeninterview steht, sollte sich deshalb die folgenden Fragen noch einmal durch den Kopf gehen lassen.

A) Bin ich inhaltlich gut vorbereitet?

- Kenne ich mich so gut wie möglich mit dem *Thema* und dem *historischen Hintergrund* aus?
- Habe ich mich ausreichend über den *Zeitzeugen* informiert?
- Ist mir bewusst, worüber ich mehr erfahren möchte? Habe ich meine *Leitfragen* nicht nur schriftlich dabei, sondern auch im Kopf?

B) Bin ich technisch-organisatorisch gut vorbereitet?

- Habe ich das *Aufnahmegerät* überprüft? Habe ich *Ersatzbatterien* und/oder einen *Netzadapter* eingesteckt?
- Habe ich *Audiocassetten* in ausreichender Menge dabei?
- Sollte ich nicht zur Begrüßung einen *Blumenstrauß* mitbringen?
- Habe ich *Notizblock*, *Stift* und *Fotoapparat* dabei?
- Habe ich die schriftlichen *Quellen, Fotos, Gegenstände* etc. mitgenommen, die ich dem Zeitzeugen vorlegen könnte, um seine Erinnerung anzuregen?
- Habe ich als eigene Erinnerungsstütze die *Leitfragenliste* und die *Liste mit den Angaben zur Person des Zeitzeugen* dabei?
- Habe ich wirklich genügend *Zeit*, um das Gespräch eventuell auch länger als geplant führen und um mir hinterher über die ersten Eindrücke noch Notizen machen zu können?

C) Sind der Zeitzeuge und ich selber so gut wie möglich auf das Gespräch eingestellt?

- Habe ich den *Zeitzeugen gut informiert*? Ist ihm der Zweck und die Durchführung des Interviews klar? Weiß er, worauf er sich einlässt?
- Bin ich in einer *neugierigen und konzentrierten Stimmung*? Bin ich wirklich offen für die Geschichte des Zeitzeugen – auch und gerade dann, wenn er sachlich oder moralisch Fragwürdiges erzählt?
- Bin ich auf ein zurückhaltendes, eindeutiges und einfühlendes *Frageverhalten* vorbereitet?
- Habe ich mir eine *weite Einstiegsfrage* überlegt, mit der ich das Interview beginnen möchte?

Faktoren der Perspektivität

Eine Art Übergang von dem objekt- zu dem subjektorientierten Fragehorizont stellt die zunehmende Erkenntnis der Muster und Prinzipien dar, mittels derer persönliche Erinnerungen überformt und gebildet werden. Mit fortschreitendem Alter sind Jugendliche zunehmend in der Lage, subjektive Einfärbungen oder Verfälschungen zu erkennen. In einem nächsten Schritt stellen sie fest, dass es sich dabei meistens nicht um einfache Irrtümer und beliebige Beigaben handelt. Die Art, wie sich die Subjektivität der Erzählenden (gewollt oder ungewollt, bewusst oder unbewusst) in ihren Erzählungen geltend macht, ist ja keineswegs absolut willkürlich und zufällig. Zur Beantwortung der ihnen gestellten Fragen greifen die Zeitzeugen im allgemeinen nicht einfach spontan auf eine ungeordnete Erinnerung zurück. Die Geschichten, die sie erzählen, haben sie meistens schon öfter vorgetragen. Es handelt sich um relativ stabile Erinnerungsmodule. So manche Geschichte, die den Interviewer, der sie zum ersten Mal hört, fasziniert, mag für die Kinder und Enkelkinder des Erzählenden ein langweiliger „alter Hut" sein, dessen sie inzwischen überdrüssig sind. Die Zeitzeugen sind nun mal Menschen, die ihre Erfahrungen unter dem Druck und den Zwängen der alltäglichen Lebensführung im Rahmen einer bestimmten Gesellschaft so verarbeitet haben, dass sie in und für diese Verhältnisse handlungsfähig bleiben konnten. Die subjektive Brille, durch die die Befragten ihre vergangenen Erfahrungen, Handlungen und Gedanken betrachten, hat somit ihre objektiven Seiten, die selbst historisch geworden sind und ihrerseits wieder historisch wirksam werden (➛ Multiperspektivität). Es verwundert wenig, dass hinsichtlich dieses Beitrags der Oral History zu einer historischen Erfahrungswissenschaft häufig Begriffe wie „Ideologie", „kulturelle Hegemonie", „Habitus" etc. ins Spiel gebracht werden, Begriffe also, die auf die Vermittlungsprozesse und -schritte zwischen objektiver Lage und subjektiver Interpretation der Lage abzielen (➛ Ideologiekritik). Oral History bringt nicht nur solche Aspekte vergangenen Geschehens ans Licht, die in den schriftlichen Quellen umgangen oder verschwiegen werden, sondern sie hat auch immer damit zu tun, wie Menschen als Mitglieder bestimmter Gesellschaften ihre Vergangenheit mit „Nutzen und Nachteil" für das Leben in dieser Gesellschaft verarbeiten. Ihre Erinnerungen sind keiner wissenschaftlichen Objektivität verpflichtet, sondern dem Leben und Überleben in Gegenwart und Zukunft.

Hinsichtlich der subjektiven Einfärbung ist Schülern zweitens allmählich bewusst zu machen, dass Oral History immer eine kommunikative Erzählung ist (➛ Erzählung). Der Erzählende berichtet nicht von sich aus, es handelt sich von der Entstehungsgeschichte her um kein autobiographisches Vorhaben. Der Erzähler wird vielmehr gefragt; er erzählt seine Geschichte in Hinsicht auf den Frager. Er will dessen Fragen beantworten, betrachtet ihn dabei als Inhaber bestimmter Rollen (als Wissenschaftler, als durchschnittliches Gesellschaftsmitglied, als Mann oder Frau, als Jugendlichen oder Erwachsenen etc.), der von ihm bestimmte Antworten auf die Fragen erwartet oder auch nur zu einem beschränkten Verständnis fähig ist. Befragte Erwachsene orientieren ihre Antworten oftmals an dem, was sie für „kindgerecht" halten, was ihrer Ansicht nach Kinder verstehen und verkraften können. In anderen Fällen meinen sie, sie müssten den Jugendlichen eine Art Nachhilfe in den Lektionen erteilen, die angeblich aus der Geschichte gewonnen werden können. Dementsprechend wirkt ihre Erzählung dann moralisierend und wird für die Zuhörer schnell langweilig.

Professionelle Oral History bemüht sich darum, solche asymetrischen Kommunikationsstrukturen im Gespräch zumindest teilweise zu überwinden. Sie versucht, den Interviewten dahin zu bringen, aus seinem Erinnerungsstrom nicht nur das herauszufiltern, was als Antwort auf die expliziten oder impliziten Frageintentionen dienen könnte. Die Fragen sollen vielmehr als Anlass und Angebot aufgefasst werden, das, wonach gefragt wurde, so zu erzählen, dass auch seine Bedeutung innerhalb der eigenen Erfahrungsgeschichte deutlich wird. Dem Erzählenden soll auch die Möglichkeit eingeräumt werden, Antworten auf Fragen zu geben, die gar nicht gestellt wurden, die ihn aber im Moment des Rückschauens bewegen. Die interviewtechnische Konsequenz hieraus besteht in einem grundsätzlich sehr zurückhaltenden Agieren des Interviewers. Ist der Erinnerungsfluss erst einmal in Gang gekommen, wird er ihn möglichst nicht unterbrechen und Nachfragen ans Gesprächsende oder auf ein zweites Gespräch verschieben. Das besonders fruchtbare Moment der Oral History wird oftmals gerade in der Erfahrung gesehen, wie sehr sich das Erzählte von dem unterscheidet, was man aufgrund der Vorinformationen und vielleicht auch der Vorurteile von dem Zeitzeugen erwartet hatte („Enttypisierungsschock“).

Quellen nach Belieben?

Oral History hat zunächst einmal ein Ziel, das den Schülern aus dem alltäglichen Geschichtsunterricht nicht geläufig ist: Ihr geht es um das Auffinden und Dokumentieren bisher nicht bekannter „Quellen“, sie macht erst aus Erinnerungen Quellen. In diesem Sinne ist ihr ein „mäeutischer“ Charakter attestiert worden (Vorländer 1990, 7 ff.). Was als Grundlage der Beantwortung von „Fragen an die Geschichte“ dienen soll, die Tonband- oder Cassettenaufnahme, entsteht im Erkundungsprozess selbst, wird nicht als schriftliche Quelle im Archiv oder als archäologisches Relikt im Erdreich vorgefunden – und steht schon gar nicht im Arbeitsteil des Geschichtsbuches. Die Besonderheit, dass die „Quelle“, die später analysiert werden soll, auf Anregung des Fragenden und unter seiner Mitwirkung entsteht, dass der Forschende also auf diese Art seinen materiellen Untersuchungsgegenstand schafft, ist immer wieder einer der Anlässe für den Vorwurf gewesen, Oral History verfahre unwissenschaftlich. Um sich dieser Kritik stellen zu können, ist eine möglichst genaue und umfassende Dokumentation des Interviews durch Ton-, am besten sogar durch Videoaufzeichnung unumgänglich. Schülern muss die Notwendigkeit des Sicherns und Speicherns als Belegsicherungsverfahren bewusst gemacht werden. Gleichzeitig ist ihnen zu vermitteln, dass bei der unumgänglichen Transkription nicht nur die Aura des gesprochenen Wortes verloren geht, sondern auch schon Interpretationen einfließen (z.B. durch die Interpunktion). Es handelt sich keineswegs um eine einfache Formveränderung. Für Informations- und Analysezwecke kann auf die Transkription aber nicht verzichtet werden. Dabei sollte das der Oral History anhaftende Moment der Spontanität des gesprochenen Wortes möglichst weitgehend erhalten bleiben. Auch wenn das Erzählte aufgenommen, transkribiert und damit reproduzierbar wird – es wird nicht überarbeitet, wird nicht geglättet oder korrigiert. Es darf seinen Charakter als Stegreiferzählung nicht verlieren. Die Verschriftlichung sollte deshalb auch jene Momente des Gesprächs bzw. der Erzählung wiedergeben, die unwichtig erscheinen oder nicht verbalisiert wurden: Dialekte, Pausen, stockendes Sprechen, gestische und mimische Besonderheiten etc.

Idealtypisch lassen sich drei Schritte der Wiedergabe eines Interviews unterscheiden:

1. Die genaue Transkription:

Sie gibt nicht nur wieder, *was* der Befragte erzählt hat, sondern enthält auch Hinweise darauf, *wie* er es erzählt hat. Hierzu können spezielle Transskriptionszeichen verwendet werden, z.B. (vgl. Breckner 1994, 218):

‘	kurzes Absetzen
.	längeres Absetzen
(2)	Pause, Dauer in Sekunden
ja=ja	schneller Anschluss
viell-	Abbruch
ja:	Dehnung
nein	betont
NEIN	laut
‘nein’	leise
(sagte er)	unsichere Transkription
((lachend))	Kommentar des Transkribierenden
( )	unverständlich; Länge der Klammer entspricht etwa der Dauer der Äußerung

Beispiel:
„Ich habe schon damals die Bücher sehr geliebt, und meine Mutter hat mir auch sehr, sehr viel vorgelesen, ich hatte vor allem einen TOLLEN Großvater, der HERRLICH erzählen konnte. ((Zeigt auf ein Bild an der Wand)) Der ist noch als Wander-, als Schreinergeselle durch Deutschland bis nach Frankreich gelaufen‘ auf der Walz, von Kassel bis nach (Nantes). Und dann hat er mir die ganzen Lieder und Geschichten erzählt. Und das fand ich immer, also das war einfach‘ TOLL! ((Lacht)) Und, ähm, (3) meine Mutter, die hat dann folgendes gemacht: Die hat dann die ganzen Nachbarskinder zusammengeholt, und dann haben wir Schule gespielt.“

2. Die sequenzielle Gliederung des Textes nach Sinneinheiten, z.B.:

1. – 4. Min.:	Herkunft und berufliche Tätigkeit der Eltern
5. – 7. Min.:	Schilderung der Wohnsituation
8. – 10. Min.:	Einschulung und erste Schuljahre
11. – 13. Min.:	Kinderlandverschickung

3. Zusammenfassende Analyse und Bewertung, z.B.:

„Herr B. war am Kriegsende 16 Jahre alt und lebte in der Stadt F. Sein Vater war in russischer Gefangenschaft. Weil die Wohnung nach einem Bombenangriff zerstört war, war seine Mutter mit ihm und den drei Geschwistern in ein Zimmer bei Fremden einquartiert worden. Herr B. traute sich nicht auf den Schwarzmarkt, machte aber weite Hamsterfahrten ..."

Auswertung und Analyse

Sind Gespräche mit Zeitzeugen transkribiert und sequentiell gegliedert worden, beginnt mit der Auswertung die schwierigste Arbeitsphase. Soziologen, Ethnologen, Linguisten, Psychologen u.a. haben ausgeklügelte Verfahren entwickelt, um Interviews zu analysieren und zu interpretieren (z.B. Schütze 1976; Geertz 1988; Straub 1988). Solche Vorgehensweisen können und sollen Schülerinnen und Schülern allenfalls ansatzweise und tendenziell nahe gebracht werden. Für den Unterricht ist es aber sinnvoll, einige klar voneinander abgrenzbare Untersuchungsebenen im Auge zu behalten.

Zunächst sollte man auf der Grundlage des Erzählten einen tabellarischen Überblick über das Leben bzw. den betreffenden Lebensabschnitt des Interviewten erstellen. Indem in eine zweite Spalte dieser Tabelle Ereignisse aus dem öffentlichen Leben aufgenommen werden, kann die Parallelität von Privatleben und gesellschaftlichem Leben sinnfällig gemacht werden. In einem weiteren Schritt sollte die Validität und die Reliabilität der Erzählung d.h. ihre Übereinstimmung mit Angaben aus anderen Quellen und ihre immanente Stringenz und Vollständigkeit überprüft werden. Man muss sich darüber klar werden, wie der Befragte von welchen Teilen des Erzählten Kenntnis bekommen hat und inwiefern andere Erzählungen das Erzählte bestätigen oder in Frage stellen. In dieser Arbeitsphase spielt deshalb der Vergleich mit anderen Formen der Überlieferung eine zentrale Rolle.

Schließlich sollten in einem dritten Schritt unterschiedliche Perspektiven erarbeitet werden: die der damals handelnden Person, die ihrer Schilderung des damaligen Handelns vom heutigen Standpunkt aus und die der heutigen Zuhörer. Zwei gedankliche Operationen sind hierfür besonders geeignet. Zum einen können wichtige Entscheidungen und Weichenstellungen im Leben der Zeitzeugen gezielt daraufhin durchdacht werden, welche alternativen Verhaltensweisen möglich gewesen sein könnten. Indem man sich bewusst darum bemüht, von dem weiteren Lebenslauf zu abstrahieren, wird der früheren Situation ein Stück weit die Offenheit zurückgegeben, die im Rückblick oftmals verschwindet. Zum anderen sollte man sich als Zuhörer genau Rechenschaft darüber ablegen, von welchen Passagen der Erzählung man irritiert, überrascht oder enttäuscht war, wo sich also die Erwartungen, die man an das Gespräch mit dem Zeitzeugen hatte, auf positive oder negative Art nicht erfüllten. Diese Momente eignen sich besonders als Ansatzpunkte dafür, unterschiedlichen Sach- und Werturteilen auf die Spur zu kommen.

Hinweise für die Interviewführung

- Ein Interview ist kein Dialog! Es kommt hauptsächlich darauf an, den Befragten zur Erzählung *seiner* Geschichte(n) zu bringen. Um ein solches Gespräch in Gang zu bringen, solltest Du Dich zunächst auf einige höfliche und freundliche Bemerkungen beschränken. Es nützt wenig, den Zeitzeugen gleich zu Beginn mit anderen Erzählungen zu dem früheren Geschehen zu konfrontieren. Man vermeide also Einstiege wie diesen: „Meine Großmutter hat erzählt, im Dritten Reich hätten junge Menschen sehr intensive Gemeinschaftserlebnisse gehabt. Wie war das eigentlich in Ihrer Jugend?"
- Achte darauf, ob Deine Frage eine Wertung enthält, die den Befragten in eine bestimmte Richtung drängen könnte. Statt „War Herr Meyer ein netter Chef?" sollte man eher fragen „Was dachten die Beschäftigten der Firma über Herrn Meyer als Chef?" In Frageform vorgebrachte problematisierende Wertungen können hingegen anregend wirken, weil sie dem Befragten signalisieren, dass auch und gerade die Schwierigkeiten, die er früher vielleicht hatte, für den Interviewer von Interesse sind. (Zum Beispiel: „Ihre Erzählung klingt so, als sei Herr Meyer ein sehr unbeliebter Mensch gewesen.")
- Stelle jeweils nur eine Frage. Vermeide die Aneinanderreihung verschiedener Fragen, von denen der Interviewte wahrscheinlich sowieso nur die erste oder die letzte beantworten würde.
- Rede nicht lange um die Dinge herum, sondern stelle kurze und eindeutige Fragen. Vermeide es, Deine Fragen zu erläutern. Stelle keine Suggestivfragen. Beispiel: „Finden Sie nicht auch, dass die Menschen damals trotz aller Probleme solidarischer miteinander umgingen?"
- Beginne mit Fragen zu solchen Aspekten, die nicht oder wenig umstritten sind. Stelle solche Fragen zurück, die „wunde Punkte" berühren.
- Gib dem Zeitzeugen durch Blickkontakt, Nicken und eventuell durch mitfühlende Äußerungen zu verstehen, dass du seiner Erzählung aufmerksam folgst. Beispiel: „Das war für Sie damals sicher eine schwierige Situation ..."
- Lass Dich nicht durch Gesprächspausen und Schweigen nervös machen. Gehe in solchen Fällen nicht gleich zu der nächsten Frage über, sondern gib dem Interviewten eine Chance, über das nachzudenken, was er erzählen möchte. Entspann Dich in einer solchen Situation, z.B. indem Du Dir ein paar kurze Notizen machst. Auf einer Audioaufzeichnung erkennt man einen Interviewanfänger gerade daran, dass jede Pause eine neue Frage ankündigt.
- Unterbreche keine fließende Erzählung. Notiere Dir Deine Fragen für später. Vermeide aber ausführliche Mitschriften, weil sie den Befragten irritieren, seinen Redefluss hemmen können. Konzentriere dich bei Nachfragen zunächst auf Ergänzungen und Präzisierungen des Erzählten. Beispiel: „Sie haben erzählt, Sie hätten damals sehr viel gelesen. Können Sie sagen, um welche Bücher es sich gehandelt hat?"
- Wenn der Zeitzeuge zu Themen abschweift, die eindeutig nicht sachdienlich sind (sich z.B. in der Schilderung der Krankheiten oder Schicksale entfernterer Familienmitglieder verliert), so sollte man versuchen, ihn so schnell wie möglich zum roten Faden des Gesprächs zurückzubringen: „Sie haben eben erzählt, die Fabrik, in der sie arbeiteten, sei 1967 geschlossen worden. Welche Auswirkungen hatte das auf ihr Familieneinkommen?"
- Vielen Menschen fällt es schwer, andere Menschen im Rückblick genauer zu charakterisieren. Man kann ihnen dies manchmal dadurch erleichtern, dass man zunächst nach dem Aussehen der Personen fragt, von denen erzählt wird.
- Bei jedem wichtigen Erzählabschnitt sollte man darauf achten, dass der damalige Aufenthaltsort und die damalige Rolle des Erzählers möglichst klar werden. So kann man später nachvollziehen, inwieweit er wirklich Augenzeuge war oder aber etwas „aus zweiter Hand" wiedergibt. Bei solchen Nachfragen muss man aber behutsam vorgehen. Der Zeitzeuge darf nicht das Gefühl bekommen, es bestünden generelle Zweifel an der Richtigkeit und Authentizität seiner Erzählung. Am besten stellt man diesbezügliche Nachfragen an das Ende des Interviews.
- Stelle solche Berichte, die Du für ungenau oder falsch hältst, nicht direkt in Frage. Versuche vielmehr, den Zeitzeugen zu möglichst vielen konkreten Erinnerungen anzuregen. Setze den Zeitzeugen nicht unter Druck, widerspruchslos und ohne Brüche zu erzählen oder präzise Angaben zu dem Geschilderten zu machen. Vermeide also Nachfragen wie: „Sie haben vorhin jenes erzählt und nun dieses. Wie passt denn das zusammen?"
- Weise den Zeitzeugen erst gegen Ende des Interviews taktvoll darauf hin, dass es vielleicht Berichte über das vergangene Geschehen gibt, die von seiner Erzählung abweichen, z.B. indem Du sagst: „Ich

habe gelesen..." oder „Ich habe gehört...". Auf diese Art wird der Zeitzeuge dazu aufgefordert, seine abweichende Erinnerung bzw. die Differenz zu anderen Erzählungen zu begründen.

- Vermeide es, das Aufnahmegerät während des Gespräches ab- und anzustellen. Wenn der Zeitzeuge darum bittet, eine Passage nicht aufzunehmen, so mache ihm zunächst den Gegenvorschlag, am Ende des Gesprächs die Aufnahme noch einmal abzuhören und Unerwünschtes dann zu löschen.
- Beende das Interview nach einer angemessenen Zeit. Eineinhalb Stunden ist bereits ein langer Zeitraum, nach dem sowohl der Erzähler als auch der Interviewer ermüden.
- Benutze das Interview nicht dazu, eigenes Wissen, die eigene Person, die eigene Gewandtheit zu demonstrieren. Gute Interviewers erkennt man daran, dass sie nicht sich selbst, sondern ihre Zeitzeugen durch das Gespräch profilieren.

Literatur

Theorie und Methode der Oral History

Alheit, Peter; Fischer-Rosenthal, Wolfram; Hoerning, Erika, Biographieforschung. Eine Zwischenbilanz in der deutschen Soziologie, Bremen 1990

Breckner, Roswitha, Von den Zeitzeugen zu den Biographen, in: Berliner Geschichtswerkstatt (Hrsg.), Alltagskultur, Subjektivität und Geschichte. Zur Theorie und Praxis der Alltagsgeschichte, Münster 1994, S. 199-222

Brüggemeier, Franz-Josef; Wierling, Dorothee, Einführung in die Oral History (Studienmaterial der Fernuniversität Hagen), Hagen 1986

Friebertshäuser, Barbara, Interviewtechniken – ein Überblick, in: dies.; Prengel, Annedore (Hrsg.), Handbuch qualitative Forschungsmethoden in der Erziehungswissenschaft, Weinheim/München 1997, S. 371-395

Fuchs, Werner, Biographische Forschung. Eine Einführung in Praxis und Methoden, Opladen 1984

Geppert, Alexander C. T., Forschungstechnik oder historische Disziplin? Methodische Probleme der Oral History, in: GWU 46 (1995), S. 303-323

Göpfert, Rebecca, Oral History – Über die Zusammensetzung individueller Erinnerung im Interview, in: Wischermann, Clemens (Hrsg.), Die Legitimität der Erinnerung und die Geschichtswissenschaft, Stuttgart 1996, S. 101-111

Herbert, Ulrich, Oral History, in: Pandel, Hans-Jürgen; Schneider, Gerhard (Hrsg.), Handbuch Medien im Geschichtsunterricht, 2. Aufl., Düsseldorf 1986, S. 333-345

Kaminsky, Uwe, Oral History, in: Pandel, Hans-Jürgen; Schneider, Gerhard (Hrsg.), Medien im Geschichtsunterricht. Schwalbach/Ts. 1999, S. 451-468

Kinter, Jürgen; Koek, Manfred; Thiele, Dieter, Spuren suchen. Leitfaden zur Erkundung der eigenen Geschichte, Hamburg 1985

Kohli, Martin, „Offenes" und „geschlossenes" Interview: Neue Argumente zu einer alten Kontroverse, in: Soziale Welt 29 (1978), H. 1, S. 1-25

Kohli, Martin, Wie es zur „biographischen Methode„ kam und was daraus geworden ist. Ein Kapitel aus der Geschichte der Sozialforschung, in: Zeitschrift für Soziologie 10 (1981), H. 3, S. 273-293

Kühn, Barbara; Syska, Joachim, Oral History praktisch, Mülheim 1986

Lamnek, Siegfried, Qualitative Sozialforschung. Bd. 1: Methodologie, München 1988. Bd. 2: Methoden und Techniken, München 1989

Lehmann, Albert, Erzählstruktur und Lebenslauf. Autobiographische Untersuchungen, Frankfurt/M./New York 1983

Niethammer, Lutz, Oral History in USA. Zur Entwicklung und Problematik diachroner Befragungen, in: Archiv für Sozialgeschichte 18 (1978), S. 475-501

Niethammer, Lutz (Hrsg.), Lebenserfahrung und kollektives Gedächtnis. Die Praxis der Oral History, Frankfurt/M. 1980

Oral History – Kommunikative Geschichte – „Geschichte von unten", in: Geschichtsdidaktik 9 (1984), H. 3

The Oral History Reader, ed. by Robert Perks and Alistair Thomson, London, New York 1998
Plato, Alexander von, Oral History als Erfahrungswissenschaft. Zum Stand der „mündlichen Geschichte" in Deutschland, in: Bios, 4 (1991), H. 1, S. 97-119
Sieder, Reinhard, Geschichten erzählen und Wissenschaft treiben, in: Botz, Gerhard/Weidenholzer, Josef (Hrsg.), Mündliche Geschichte und Arbeiterbewegung, Wien 1994
Steinbach, Lothar, Sozialgeschichte, Arbeitergeschichte, erinnerte Geschichte. Anmerkungen zu Erträgen der neueren Oral-History-Forschungen in der deutschsprachigen Historiographie, in: Archiv für Sozialgeschichte, Bd. 28 (1988), S. 541-600
Steinbach, Lothar, Der Einzelne und das Allgemeine. Überlegungen zu unserem Umgang mit der Geschichte aus historischer und sozialpsychologischer Sicht, in: Klose, Dagmar; Uffelmann, Uwe (Hrsg.), Vergangenheit, Geschichte, Psyche, Idstein 1993, S. 35-57
Steinbach, Lothar, Bewußtseinsgeschichte und Geschichtsbewußtsein. Reflexionen über das Verhältnis von autobiographischer Geschichtserfahrung und Oral History, in: Bios, 8 (1995), H. 1, S. 89-106
Ungern-Sternberg, Jürgen (Hrsg.), Vergangenheit in mündlicher Überlieferung, Stuttgart 1988
Vorländer, Herwart (Hrsg.), Oral History. Mündlich erfragte Geschichte, Göttingen 1990
Wierling, Dorothee, Oral History, in: Handbuch der Geschichtsdidaktik, 5. Aufl., Seelze-Velber 1997, S. 236-239

Praxis der Oral History

Bauer, Ingrid (Berab.), Welcome Ami go home: die amerikanische Besatzung in Salzburg 1945-1955. Erinnerungen aus einem Oral-History-Projekt, Salzburg 1998
Boll, Friedhelm (Hrsg.), Gedenkstättenarbeit und Oral History: Lebensgeschichtliche Beiträge zur Verfolgung in zwei Diktaturen, Berlin 1999
Bollig, Michael (Hrsg.), „When war came the cattle slept..." Himba oral traditions, coll. and transl. by Michael Bollig in collab. with Tjakazapi Janson Mbunguha (History, cultural traditions and innovations in Southern Africa, vol. 1), Köln 1997
Franca, Roland, Blood of Spain. An Oral History of the Spanish Civil War, New York 1979
Hofscheu, Heinz-Gerd; Schwend, Almut (Hrsg.), Zeitzeugen berichten: Die Bremer Arbeiterbewegung in den fünfziger Jahren, Marburg 1989
Johnsen, Hartmut (Hrsg.), Der Startbahn-West-Konflikt: Ein politisches Lehrstück? Zeitzeugen ziehen Zwischenbilanz, Frankfurt/M. 1996
Kaulinge, Vilho; Hayes, Patricia (Bearb.), „Healing the land": Kaulinge's history of Kwanyama. Oral tradition and history by the late Reverend Vilho Kaulinge of Ondobe as told to Patricia Hayes and Natange Shapange. Transcribed and transl. by Dan Haipinge (History, cultural traditions and innovations in Southern Africa, vol. 3), Köln 1997
Kearns, Kevin C., Dublin tenent life. An oral history, Dublin 1994
Kock, Lisa, „Man war bestätigt und man konnte was!" Der Bund Deutscher Mädel im Spiegel der Erinnerungen ehemaliger Mädelführerinnen, Diss., Münster 1994
Kukutz, Irene; Havemann, Katja, Geschützte Quelle. Gespräche mit Monika H. alias Karin Lenz, Berlin 1990
Lewin, Rhoda G. (Ed.), Witnesses to the Holocaust. An oral history, Boston 1990
Meynert, Joachim; Mitschke, Gudrun, Die letzten Augenzeugen zu hören. Interviews mit antisemitisch Verfolgten aus Ostwestfalen, Bielefeld 1998
Niethammer, Lutz (Hrsg.), „Die Jahre weiß man nicht, wo man die heute hinsetzen soll." Faschismuserfahrungen im Ruhrgebiet (Lebensgeschichte und Sozialkultur im Ruhrgebiet 1930 bis 1960, Bd. 1), Berlin/Bonn 1983
Niethammer, Lutz (Hrsg.), „Hinterher merkt man, daß es richtig war, daß es schiefgegangen ist." Nachkriegserfahrungen im Ruhrgebiet (Lebensgeschichte und Sozialkultur im Ruhrgebiet 1930 bis 1960, Bd. 2), Berlin, Bonn 1983

Niethammer, Lutz; Plato, Alexander von (Hrsg.), „Wir kriegen jetzt andere Zeiten." Auf der Suche nach der Erfahrung des Volkes in nachfaschistischen Ländern (Lebensgeschichte und Sozialkultur im Ruhrgebiet 1930 bis 1960, Bd. 3), Bonn, Berlin 1984

Niethammer, Lutz; Plato, Alexander von; Wierling, Dorothee, Die volkseigene Erfahrung. Eine Archäologie des Lebens in der Industrieprovinz der DDR. 30 biographische Eröffnungen, Berlin 1991

Plato, Alexander von; Meinicke, Wolfgang, Alte Heimat – neue Zeit. Flüchtlinge, Umgesiedelte, Vertriebene in der Sowjetischen Besatzungszone und in der DDR, Berlin 1991

Plato, Alexander von; Leh, Almut, „Ein unglaublicher Frühling". Erfahrene Geschichte im Nachkriegsdeutschland, 1945-1948, Bonn 1997

Roberts, Elisabeth, Women and Families. An Oral History, 1940-1970, Oxford 1995

Roberts, Elisabeth, A woman's place. An Oral History of Working-Class Women, 1890-1940, Oxford 1995

Schieder, Theodor (Hrsg.), Dokumentation der Vertreibung der Deutschen aus Ost-Mitteleuropa, Reprint, München 1984

Steinbach, Lothar, Ein Volk, ein Reich, ein Glaube? Ehemalige Nationalsozialisten und Zeitzeugen berichten über ihr Leben im Dritten Reich, Berlin, Bonn 1983

Strober, Gerald S., Nixon. An oral history of his presidency, New York 1994

Terkel, Studs, Der große Krach. Die Geschichte der amerikanischen Depression, Frankfurt/M. 1972

Wierling, Dorothee, Mädchen für alles: Arbeitsalltag und Lebensgeschichte städtischer Dienstmädchen um die Jahrhundertwende, Berlin 1987

Oral History in Schule und Geschichtsdidaktik

Ecker, Alois, „Forschendes Lernen". Zur Didaktik der „Oral History" in Schule und Erwachsenenbildung, in: Ehalt, Hubert Ch. (Hrsg.), Geschichte von unten. Fragestellungen, Methoden und Projekte einer Geschichte des Alltags, Wien u.a. 1984, S. 305-338

Heitzer, Horst W., Oral History, in: Schreiber, Waltraud (Hrsg.), Erste Begegnung mit Geschichte. Grundlagen historischen Lernens (Bayerische Studien zur Geschichtsdidaktik, Bd. 1), Neuried 1999, S. 459-476

Holl, Waltraud, Alte Menschen erzählen Kindern. Erfahrungen in Grundschulprojekten mit historischer Thematik, in: GWU, 1987, H. 9, S. 541-552

Jauer, Thomas, „Das Schlimmste waren da immer die vielen, die noch weg waren..." Oral History als Video-Projekt mit einer 10. Klasse, in: GWU, 46 (1995), S. 154-166

Lühe, Barbara von der, Das Wissen sichern ohne „Histotainment". Ein medienpädagogisches Projekt, 2002

Oral History. Themenheft Geschichte lernen, H. 76, Juli 2000

Schmidt, Wolf, Popanz Oral History. Oder: Fragen kann man doch mal!, in: Praxis Geschichte, 3 (1989), S. 26-29

Schneider, Gerhard, Über den Umgang mit Quellen im Geschichtsunterricht, in: GWU 45 (1994), S. 73-90

Siegfried, Detlev, Der Reiz des Unmittelbaren. Oral-History-Erfahrungen im Schülerwttbewerb Deutsche Geschichte, in: Bios, 8 (1995), S. 107-128

Vorländer, Herwart, Generationsbegegnung in der Oral History, in: GWU, 38 (1987), S. 587-596

Internetadressen

- Institut für Geschichte und Biographie an der Fernuniversität Hagen: http://www.fernuni-hagen.de/INST_GESCHUBIOG/start.html
- International Oral History Asociation: http://www.bcn.es/tjussana/ioha/
- Oral History Association (USA): http://omega.dickinson.edu/organisations/oha
- LeMO Kollektives Gedächtnis: http://www.dhm.de/lemo/forum/kollektives_Gedaechtnis.html

Andreas Urban

Geschichtsvermittlung im Museum

Zur Präsentation und Rezeption von Geschichte im Museum

„Museen dürfen nicht nur totes Material präsentieren. Mehr denn je ist man sich heute bewusst, dass Museumsinhalte durch Führungen, Vorträge, Publikationen und vor allem durch eine didaktisch reflektierte Form der Präsentation zu erschließen sind. (...) Museumspädagogik und Besucherbetreuung bedürfen eines weiteren Ausbaus. Gerade wenn neue Besucherschichten erschlossen werden sollen, muss in Rechnung gestellt werden, dass bei einem erheblichen Teil der Besucher ein großes Defizit an Kenntnissen besteht. Die Museen müssen daher ihre Aufgabe noch mehr als bisher in der Wissensvermittlung und in der Vermittlung sinnlicher Erfahrung sehen.“[1]

Zu den zentralen Aufgaben der Museen gehört neben dem Sammeln, Bewahren und Erforschen die Vermittlung des Vergangenheitsmaterials an ein Publikum, das hinsichtlich seiner Interessen, Vergangenheitsbedürfnisse, Vorkenntnisse und Kompetenzen zur Auseinandersetzung mit Geschichte höchst heterogen ist. Im „Schausaal von Vergangenheit und Ferne“[2], wie Ernst Bloch Aufbewahrungsstätten für entfunktionalisierte Geschichtsobjekte bezeichnet hat, wird den Rezipienten ein erhebliches Maß an historischer Einbildungskraft und Fähigkeit zur Rekontextualisierung abverlangt. Denn zum einen fehlt den aus ihren ursprünglichen Verwendungszusammenhängen herausgerissenen Gegenständen ihr historisches Umfeld, zum anderen sind sie in einem Gefüge einander zugeordnet, das nach museumswissenschaftlichen, für Nichteingeweihte kaum transparenten Ordnungskriterien strukturiert ist.[3] Der Kunstraum Geschichtsmuseum mit seinen faszinierenden, fremdartigen, ästhetisch ansprechenden oder auch alltäglich-banalen Sachzeugnissen macht folglich Strategien notwendig, die die durch die Exponate stimulierten Bilder und Vorstellungen mit Kenntnissen, Erkenntnissen und Einsichten verbinden. Voraussetzung dafür ist jedoch, dass die durch die visuelle, akustische oder taktile Auseinandersetzung mit den Exponaten beflügelte Imagination der Besucher mit mühseligen Entschlüsselungsakten, mit einer wie immer gearteten verstandesmäßigen Durchdringung der Geschichte verbunden wird. Die Förderung solcher Lernprozesse durch geeignete museumspädagogische Methoden ist insbesondere deshalb notwendig, da nur diejenigen, die bereits vor dem Betreten des Museums über „Kriterien zur Verarbeitung des Gesehenen“[4] verfügen, die Voraussetzungen für historisches Lernen besitzen.[5]

Museumspädagogische Konzepte zur Anleitung einer Auseinandersetzung mit den Sachzeugnissen sind auf das Ziel ausgerichtet, die Rezipienten von Geschichte als „erkennende und selbstständig kritisch urteilende Subjekte“[6] ernst zu nehmen. Dies unterstreicht die Bedeutung von Methoden, die eine aktive, interessengeleitete und selbsttätige Geschichtsaneignung fördern. Gerade in einer Zeit, in der die Lebenswelt – insbesondere junger Menschen – durch die Schnelllebigkeit des Konsums und des technischen Fortschritts geprägt ist, in der „kurzfristige und flüchtige Beziehungen zur materiellen und symbolischen Umwelt“[7] durch die Allgegenwart von Medien mit ständig wechselnden Reizen eine Abnahme der Erlebnistiefe nach sich ziehen, stoßen die Entschlüsselungsakte am Vergangenheitsmaterial bei den Museumsbesuchern auf Schwierigkeiten. Im Sinne eines historischen Lernens, das vergangene Lebensformen in den Verstehenshorizont rückt, spielt daher bei den musealen Vermittlungsformen der Prozess des „Bildens der Anschauung und die aus ihm hervorgehende gebildete Anschauung“[8] eine zentrale Rolle. Um bei der Auseinandersetzung mit der Sachüberlieferung Erkenntnis in Gang zu setzen, muss die Anschauung mit einem symbolischen oder begrifflichen Verständnis der Dinge verbunden werden. Die „Unmittelbarkeit sinnlicher Gegebenheit“[9], die äußere Erscheinung eines Gegenstandes, sagt über dessen historische Bedeutungen nichts aus. Es bedarf daher der Veranschaulichung durch geeignete Methoden, um diese Bedeutungen aufzudecken.

Ein weiteres didaktisches Prinzip musealer Geschichtsvermittlung ist die Förderung der Einsicht in die potentielle Gegenwärtigkeit der historischen Objekte. Durch das Zusammenwirken von Betrachtung und Deutung entstehen Bezüge zwischen der vergangenen und der gegenwärtigen Lebenswelt. Wie die Vergegenwärtigung besitzt die Sensibilisierung der Museumsbesucher für die Mehrdeutigkeit der Überlieferung eine große didaktische Relevanz. Denn aus unterschiedlichen Perspektiven betrachtet – aus der der Armen und der Reichen, der Frauen und der Männer, der Jungen und der Alten, der Opfer und der Täter, der Ansässigen und der Zuwandernden etc. – enthalten die historischen Objekte voneinander abweichende Bedeutungen. Ein zentrales Anliegen der Museumspädagogik besteht infolgedessen darin, den multiperspektivischen Blick und die Fähigkeit zum Fremdverstehen bei der Auseinandersetzung mit der Überlieferung zu fördern.

Die im Folgenden beschriebenen musealen Vermittlungsmethoden[10] variieren je nach Zielgruppe. Das Spektrum der Museumsbesucher reicht von Kindern, Schülern und Jugendlichen über Behinderte bis hin zu Erwachsenen und Senioren. Jede der genannten Gruppen hat besondere Erwartungen und Interessen und verfügt über spezifische Kompetenzen. Während bei Kindern der Wunsch nach sinnlichen Erfahrungsmöglichkeiten ausgeprägt ist, erwarten Erwachsene eher Anregungen zur selbstständigen geistigen Auseinandersetzung mit den Exponaten.[11] Eine bezüglich der quantitativen Resonanz und der Intensität museumspädagogischer Vermittlungsbemühungen wichtige Zielgruppe sind Schulklassen, denn die Einbindung des Museumsbesuchs dieser Gruppen in ein Gesamtkonzept organisierten historischen Lernens und der Charakter einer schulischen Pflichtveranstaltung für die Teilnehmer stellen besondere Anforderungen an die musealen Vermittlungskonzepte.[12] Von Bedeutung ist auch die Berücksichtigung der Herkunft der Besucher: Handelt es sich um Personen, die in dem Ort, der Region oder dem Land aufgewachsen sind, aus denen die Exponate stammen, sind die Rezeptionsvoraussetzungen andere als bei Personen, die von einer fremden Kultur geprägt sind. Für das Gelingen der Geschichtsvermittlung ist in jedem Fall ausschlaggebend, inwieweit sich die Methoden an den jeweiligen Kenntnissen, Interessen, Bedürfnissen und Fähigkeiten zur kognitiven und emotionalen Verarbeitung der Vergangenheitsmaterialien und ihrer historischen Kontexte orientieren.

Vermittlungsmethoden und Aneignungsformen im Geschichtsmuseum

Kommunikation über Geschichtszeugnisse

Seitdem Sammlungen für die Öffentlichkeit zugänglich gemacht wurden, zählt die Erläuterung der Exponate durch Experten zu den klassischen Methoden der musealen Geschichtsvermittlung. Die bis heute am häufigsten praktizierte Vermittlungsform stellt die *Führung* dar (Abb. 1), die insbesondere die museumspädagogische Arbeit mit Erwachsenen und Schülergruppen dominiert. Führungen sind in der Regel monologisch aufgebaut. Ein „Wissender" gibt an ein Publikum Informationen über die Herkunft, die materiellen Eigenschaften, die Bedeutungen und die historischen Zusammenhänge der Geschichtsobjekte weiter. Aus der Perspektive der Teilnehmer ist diese „elaborierte, bis zum äußersten ausgearbeitete Form des ursprünglichen Zeige-Gestus"[13] mit der reservierten Haltung der teilnehmenden Beobachtung verbunden.

Die passive Haltung der Geschichtsrezipienten und der Wunsch, Museumsbesucher in lebendige Gespräche über die ausgestellte Sachüberlieferung zu verwickeln, hat innerhalb der museumspädagogischen Theoriebildung Anlass zu Überlegungen für eine Weiterentwicklung dieser Vermittlungsmethode gegeben. Mit der didaktischen Neuorientierung der bis

Abb. 1: *Museumsführung: Zeigen, Erläutern, Deuten, Hinterfragen der dinglichen Überlieferung (Historisches Museum Hannover. Foto: Reinhard Gottschalk)*

dahin primär auf die Wissenschaft und einen elitären Kreis von Gebildeten ausgerichteten „Musentempel“[14] in Richtung auf einen dem Anspruch nach für die ganze Gesellschaft offenen Ort der historischen und ästhetischen Bildung und Kommunikation in den 1970er Jahren fand daher eine neue Variante der verbalen Geschichtsvermittlung in Museen stärker Beachtung: das vielerorts so genannte *Museumsgespräch*. Bei dieser Methode der Auseinandersetzung mit den Geschichtsobjekten steht die Bemühung im Vordergrund, die heterogenen Geschichtsinteressen und Fragen der Besucher, ihren Erfahrungs- und Kenntnisstand, stärker zu berücksichtigen, als es bei der monologisch angelegten Führung der Fall ist. Die Vergangenheitsbedürfnisse der Rezipienten stellen bei dieser kommunikativen Vermittlungsform den Ausgangspunkt dar, um das komplexe System von Konnotationen und Symbolbedeutungen in und hinter den Exponaten durch aktive Teilnahme gemeinsam zu entschlüsseln. Dies führt zwangsläufig – trotz der vorherigen Auswahl der erörterten Geschichtszeugnisse durch die Museumspädagogen[15] – zu offenen, a priori nicht planbaren Gesprächen.

Die Methode des Museumsgesprächs basiert auf dem intendierten Konzept der multiperspektivischen Geschichtsbetrachtung: Die heterogenen Sinndeutungen und Geschichtsphantasien der Teilnehmer fließen in die Kommunikation über die Sachüberlieferung ein. Die dabei artikulierten Erfahrungen und nicht selten subjektiv verzerrten Erinnerungen erfordern eine souveräne und kenntnisreiche Gesprächsführung. Denn die Gesprächsform setzt voraus, dass die Äußerungen der Teilnehmer, in denen sich nicht selten wenig reflektierte, manchmal naive Geschichtsbilder spiegeln, ernst genommen werden. Nur dann, wenn Freiräume für die manchmal auf den ersten Blick ganz abseitigen Interessen und Motive der Rezipienten vorhanden sind, können die Überlieferungsfragmente als wirkliche Anlässe für geschichtliches Verstehen fungieren. Nur unter der Bedingung einer Reflexion der persönlichen Wahrnehmungs- und Anschauungshorizonte ist eine gegenwartsbezogene, der „Dingnostalgie“[16] entgegenwirkende Rezeption der Sachzeugnisse möglich.

Beide auf der persönlichen Ansprache basierenden Formen der musealen Geschichtsvermittlung, die klassische Führung wie auch das Museumsgespräch, stellen Versuche dar, mittels „sprachlicher Kommentare, Argumentationen, eben Erzählungen“[17] die fragmentarisch überlieferten und präsentierten Geschichtsobjekte zu rekontextualisieren und in narrative Strukturen einzubinden. Da der Geschichtsrezipient „die Einzelheit nur von einem mehr oder weniger hypothetischen Ganzen her“[18] begreift und Ausstellungen diese Kontexte nur in Ansätzen oder gelegentlich (mit Vorsatz?) gar nicht herstellen, ist diese Museumskommunikation eine notwendige und – gemessen am Ziel eines reflektierten Geschichtsbewusstseins – sinnvolle Methode. Sie gibt Anregungen zu einem die Oberfläche durchdringenden Verständnis der historischen Dimension der Exponate und zur Deutung ihrer artifiziellen, für Laien zumeist nicht nachvollziehbaren Konfiguration in der Ausstellung.

Für die Museumspädagogen stellt sich bei den Führungen wie auch bei den Museumsgesprächen die Aufgabe einer den Vermittlungszielen angemessenen Auswahl der Sachzeugnisse, die zum Anlass für Erläuterungen oder Gespräche werden sollen. Denn bei der zumeist überwältigenden Fülle von Exponaten, mit denen die Besucher im Geschichtsmuseum konfrontiert sind, bedarf es einer sinnvollen didaktischen Struktur und Reduktion, um Bezüge zwischen den Überlieferungsfragmenten herzustellen und den Blick der zumeist mit dem Museum nicht vertrauten Besucher auf bestimmte Themenaspekte zu lenken. Eine Variante der persönlichen Ansprache von Museumsbesuchern sind museumspädagogische Betreuer, in einigen Häusern als „Ciceroni“ bezeichnet, die permanent in den Ausstellungsräumen für individuelle Dialoge, für Erläuterungen und Hintergrundgespräche zu den Exponaten und Ausstellungskonzeptionen oder einfach auch nur als Wegweiser zur Verfügung stehen. Aufgrund des hohen personellen Aufwands wird diese ausgesprochen besucherorientierte Form der persönlichen Betreuung des Museumspublikums allerdings selten praktiziert.

Im Sinne einer Erweiterung der Erfahrungsdimension über die visuelle und kognitive Auseinandersetzung mit den Geschichtsobjekten hinaus werden Führungen und Museumsgespräche gelegentlich mit *ergänzenden Medien* methodisch angereichert. Dazu zählen das „Begreifen“ von Gegenständen (von Einzelobjekten wie dem Helm einer Ritterrüstung oder einem alten Fahrrad bis hin zu funktionstüchtigen Maschinen), das Vorlesen von Auszügen aus literarischen Texten, Lebenserinnerungen, Verordnungen und Zeitungsberichten, das Vorspielen von Tondokumenten (beispielsweise einer 1943 im Rundfunk übertragenen Rede von Reichspropagandaminister Dr. Josef Goebbels als Ergänzung zu einem Volksempfänger VE 301 oder eines Rock'n'Roll-Klassikers zu einer Jukebox) und das Zeigen kurzer Filmsequenzen (etwa aus einem Film zum Wiederaufbau vor einer Inszenierung zur Zerstörung einer Großstadt im Zweiten Weltkrieg). Diese, die verbalen Erläuterungen ergänzenden Vergangenheitsmaterialien stellen Bezüge zu den Exponaten her, regen Geschichtsphantasien an und setzen bei den Museumsbesuchern Erinnerungen und Assoziationen frei. Auf diese Weise schaffen sie Bezüge zu den Bedeutungen der Sachzeugnisse und erleichtern das Kontextverstehen.

Als technische Variante der mündlich mitgeteilten Erläuterungen bieten Museen in jüngster Zeit immer häufiger so genannte *Audioguides* an (Abb. 2). Die Nutzer dieser technischen Hilfsmittel erhalten so – manchmal mit Musik und Tondokumenten angereicherte – Informationen zu Museumsdingen, wobei die Audioguides eine bestimmte Objektabfolge vorgeben oder den Besuchern die Freiheit der Wahl lassen können. Das Tempo und die Verweildauer vor den Exponaten bestimmen die Besucher dabei selbst. Bei dieser für Einzelbesucher gedachten Vermittlungsmethode eignen sich die Geschichtsrezipienten wie bei der Lektüre von Beschriftungstexten die Informationen individuell an, ohne dass sie von anderen Besuchern, wie es bei Gruppenrundgängen gelegentlich der Fall ist, abgelenkt oder in der Sicht beeinträchtigt werden. Möglichkeiten zur Interaktion, zur Beantwortung von Fragen, zur Mitteilung von Kommentaren und zum Austausch von Deutungen und Erfahrungen sind nur dann möglich, wenn für Einzel- und für Gruppenbesucher Gespräche mit Museumsmitarbeitern im Anschluss an den Ausstellungsrundgang angeboten werden. Unter der Voraussetzung einer solchen Kommunikationsmöglichkeit stellen Audioguides auch für Schülerinnen und Schüler im Rahmen des schulischen Geschichtslernens eine geeignete „Sehhilfe“ dar: Sie lenken das Sehen und ermöglichen ein anderes, wissendes Sehen. Darüberhinaus bieten sie die Chance für eine selbstbestimmte Auseinandersetzung mit den überlieferten Dingen und für eine intensive Reflektion ihrer kulturellen und persönlichen Bedeutungen.

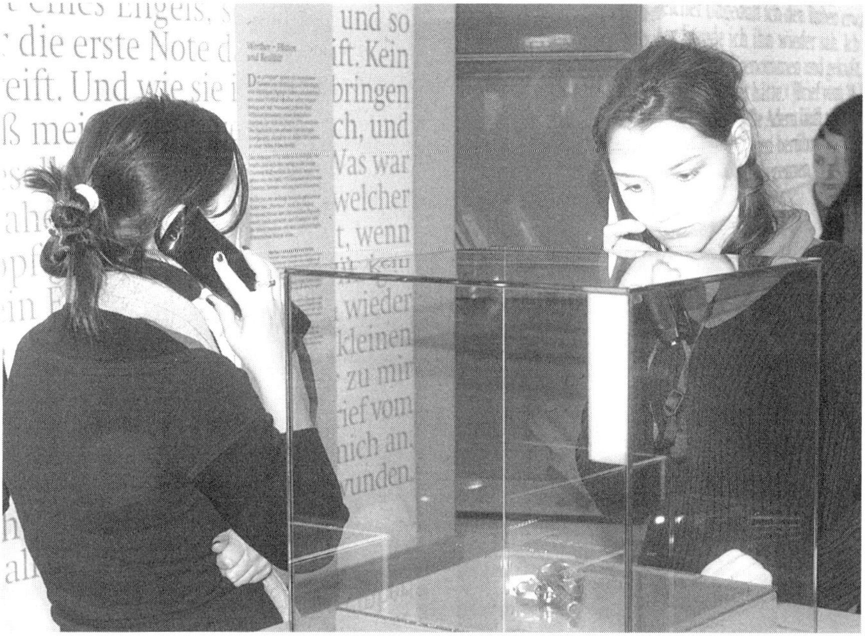

Abb. 2: *Mehr und anders Sehen durch Hören. Führung mit Audioguide (Historisches Museum Hannover. Foto: Reinhard Gottschalk)*

Ein individuelles Rezeptionsmuster bestimmt auch die Nutzung *elektronischer Informationssysteme.* Die in Museen eingesetzten Computer verfügen in der Regel über flexiblere und umfassendere Möglichkeiten zur aktiven Gestaltung, Bearbeitung und Manipulation der eingegebenen Daten durch die Museumsbesucher als die Audioguides. Im Idealfall können die Nutzer dieser technischen Medien ein breites Spektrum multimedialer Angebote individuell abrufen: Texte, Daten, Tondokumente und Musik, Bilder, Schaubilder und Filme lassen sich vielfältig kombinieren und ermöglichen variationsreiche Rekontextualisierungen der Exponate. Allerdings, so zeigen einige eher skeptisch stimmende Untersuchungsergebnisse zum Computereinsatz in Museen, wird das Potential der elektronischen Medien zur selbstbestimmten und flexiblen Befriedigung der Informationsbedürfnisse in der Praxis offenbar nur selten genutzt. Computer wecken zwar die Aufmerksamkeit der Museumsbesucher, lenken diese aber häufig nicht effektiv auf die Exponate.[19] Zudem überdeckt bei der Beschäftigung mit den neuen Medien im Museum „die Spielaktivität nicht selten den Lernvorgang, und vor allem jüngere Besucher verlieren leicht den Blick auf den Inhalt und konzentrieren sich stärker auf die Bedienung.“[20] Das Problem solcher medialen Verständnis- und Zugangshilfen für Einzelbesucher liegt also offensichtlich in der Tendenz zur Verselbstständigung des Mediums gegenüber den mit Hilfe des Mediums zu vermittelnden Inhalten und der Schwierigkeit, direkte Bezüge zu den Sachzeugnissen herzustellen.

Die Integration von Elementen des Theaters zur Vermittlung von Museumsexponaten hat in jüngster Zeit in der bundesrepublikanischen Museumsszene zunehmende Aufmerksamkeit gefunden. Nach dem Vorbild angloamerikanischer Museen (z.B. dem Museum of the Moving Image), in denen solche aufwendigen und personalintensiven Methoden der Geschichtsvermittlung seit längerem praktiziert werden, ist mit dem „*MuseumsTheater*“[21] (Abb. 3) die Hoffnung verbunden, komplexe historische Zusammenhänge für das Museumspublikum im Sinne einer „live interpretation“[22] erlebbarer zu präsentieren sowie Aussagen und Deutungen zu den Geschichtsobjekten zu akzentuieren. Für die Verfechter des Theaters als Vermittlungsinstanz zwischen Besucher und Exponat ist die Einbindung der Sammlungsgegenstände in „human stories“ von zentraler Bedeutung. Die Vergangenheitsmaterialien werden als Dokumente menschlicher Beziehungen spielerisch vorgestellt. Das Theaterspiel – sei es in der Gestalt einer (verkleideten) Person, die in die Rolle einer historischen Figur schlüpft und aus deren Perspektive Geschichte und Geschichten zu den Exponaten erzählt, sei es in der Form des szenischen Spiels von Schauspielern, die in den Ausstellungsräumen historische Situationen von realen oder fiktiven Personen vorspielen, oder sei es in der Form des Mit-Mach-Theaters, bei dem das Museumspublikum von Schauspielern in die Geschichten historischer Figuren verstrickt wird, in Entscheidungsprozesse eingreift oder historische Abläufe kommentiert – konfrontiert auf unterhaltsame Weise die Museumsbesucher der Gegenwart mit handelnden Personen der Vergangenheit. Im Idealfall führen die durch die Dialoge, Gesten und Aktionen der Schauspieler freigesetzten Emotionen bei den Besuchern dazu, dass ihr Blick auf die Exponate an Intensität

Abb. 3: *Museumstheater (Historisches Museum Hannover. Foto: Reinhard Gottschalk)*

gewinnt und um neue Dimensionen erweitert wird. Die Menschen, die die musealisierten Gegenstände verwendet haben, sollen mit Hilfe dieser populären Veranschaulichungsmethode in den Erfahrungshorizont der in der Jetztzeit Lebenden treten.

Problematisch wird das Theaterspiel im Museum immer dann, wenn es suggeriert, es könne Vergangenheit zurück holen, anstatt deutlich zu machen, dass es Deutungsmuster von dinglichen Überresten des Geschichtsprozesses mit Hilfe lebensnaher, emotionsgeladener Darstellungsformen zur Diskussion stellt. Im Brechtschen Sinne sollte das Museumstheater den Weg für die Einfühlung in die human stories der Vergangenheit bereiten und zugleich eine kritische, distanzierte Haltung bei der Betrachtung der Geschichtszeugnisse fördern.[23] Dieser Vorbehalt gilt jedoch grundsätzlich für alle Methoden der Veranschaulichung von Geschichte im Museum: Demonstrationen von Handwerkstechniken und der Funktionsweise von Arbeitsgeräten oder Maschinen, Lesungen zeitgenössischer Texte, Konzerte, Filmvorführungen in den Ausstellungsräumen, „sprechende Exponate" oder per Bildschirm und Lautsprecher dargebotene Spielhandlungen sind letztlich dem Ziel verpflichtet, historisches Verstehen durch die Einbeziehung zusätzlicher Vergangenheitsmaterialien und Präsentationsmethoden auf unterhaltsame und sinnfällige Weise zu erleichtern.

In jüngster Zeit kommt der kommunikative Charakter des Geschichtsmuseums bei *Zeitzeugengesprächen* vor und mit dem Publikum besonders zur Geltung. Manchmal stellt die „Erinnerungsveranlassungsleistung"[24] der Museumsobjekte den Ausgangspunkt und Anlass für diese öffentliche Form der oral history dar, gelegentlich ist das Museum auch lediglich „kommunikatives Forum"[25], ohne dass unmittelbare Bezüge zu Exponaten hergestellt werden. Bei diesen Gesprächen im Museum treffen Menschen mit unterschiedlichen Erfahrungen aufeinander, um ihre Geschichten zu erzählen und sich auszutauschen. In Anbetracht der perspektivischen Verengung der persönlichen Erinnerungen tragen solche Gespräche, die auch generations- und kulturübergreifend sein können, zur Reflexion lebensgeschichtlicher Erfahrungen bei. Wenn dabei die Beschränkung auf die nostalgische Versenkung in den Mikrokosmos der möglicherweise idealisierten Erinnerung aufgehoben wird, kann das Geschichtsmuseum dabei seiner Aufgabe als aufklärende, Toleranz vermittelnde Bildungseinrichtung gerecht werden. In jedem Fall bietet die – allerdings noch immer nicht selbstverständliche – Berücksichtigung von dinglichen Überresten aus der jüngeren und jüngsten Vergangenheit in Geschichtsmuseen solchen Gesprächen über Vergangenheit einen ausgezeichneten Rahmen, um Erinnerungen zu stimulieren und zu überdenken.

Textinformationen und Anleitungen zur selbsttätigen Erkundung von Geschichtsobjekten

Angebote in Textform für eine selbstbestimmte Auseinandersetzung mit der historischen Überlieferung stehen mittlerweile in nahezu allen Museen zur Verfügung. Die Variationsbreite dieser museumspädagogischen Materialien reicht von Katalogen und Ausstellungsbegleitheften, Informationsblättern zu einzelnen Exponaten oder Ausstellungsthemen bis hin zu Kinderführungsheften mit Bastelanleitungen, Suchspielen für Kindergruppen, Arbeitsblättern und Erkundungsbögen für Schulklassen. Während die an den Ergebnissen der museums- und geschichtswissenschaftlichen Forschung orientierten *Besucherinformationen* zumeist in der Form der nüchternen, von Fachterminologie geprägten Geschichtsdarstellung angeboten werden, fordern die an die Entdeckungslust appellierenden Arbeitsaufträge für jüngere Museumsbesucher zur aktiven, spielerischen Aneignung der Ausstellung heraus. Die Suchspiele setzen den didaktischen Akzent gezielt auf die Heranführung der Kinder an die Vielfältigkeit der Sachzeugnisse. Sie dienen daher insbesondere dem Kennenlernen einer Ausstellung und der räumlichen Orientierung. Arbeitsblätter bzw. Erkundungsbögen sind dagegen in der Regel stärker auf die Vermittlung von Geschichtsinhalten oder auf den Erwerb von Kenntnissen ausgerichtet.

Die auf der Textinformation bzw. -anweisung basierende museale Vermittlungsmethode wird in den einzelnen Museen mit unterschiedlicher didaktischer Schwerpunktsetzung praktiziert. Das Spektrum reicht von einer Schule des Sehens, bei der die *Arbeitsblätter bzw. Erkundungsbögen* (Abb. 4) zu einem „Dialog mit den Sachen“[26] animieren sollen und die Überraschung sowie das Abenteuer des Entdeckens im Vordergrund stehen, bis zur Erarbeitung von Geschichtswissen im engeren Sinn, das eine intensive Auseinandersetzung mit den Beschriftungen an den Geschichtszeugnissen verlangt. Wenn diese museale Vermittlungsform zu einer interessengeleiteten Deutung der Exponate motivieren und ein ruhiges, gezieltes Betrachten fördern soll, dann ist eine Übertragung des Leistungsprinzips der Schule auf das Museum dem Lernprozess allerdings abträglich. Um der persönlichkeitsspezifischen Dimension des Verstehens der Objekte gerecht zu werden, sollte „das Arbeitsblatt der Individualität seines Benutzers hinsichtlich Einstieg, Wahrnehmungsvorgang und -tempo sowie Vorkenntnisse und Denkwege Rechnung“[27] tragen und den Blick auf die mit der sinnlichen Qualität verbundenen Bedeutungsfelder der Gegenstände lenken. „Zwar sehen alle das Gleiche, doch jeder nimmt etwas anderes wahr. Und das Wahrgenommene betrifft als neuer, bedeutungsvoller Sinnträger zunächst nur ihn persönlich.“[28]

Auch bei dieser Vermittlungsform ist die äußere Erscheinung der Geschichtsobjekte der Ausgangspunkt für den Erwerb von historischen Kenntnissen und Einsichten. Dieses Ziel wird u.a. dadurch erreicht, dass Museumsexponate nach Kriterien wie Zeitepoche, Material, typische Merkmale und Funktion gesucht, identifiziert, beschrieben und mit anderen Gegenständen verglichen werden. Zudem ermöglicht die Gegenständlichkeit und Gestaltung der Exponate Rückschlüsse auf die Art ihrer Herstellung, ihre Funktions- und Verwendungsweise.[29] Um den Entdeckertrieb und somit die Motivation der Kinder und Jugendlichen zur Bearbeitung der Arbeitsblätter bzw. Erkundungsbögen zu steigern, werden häufig Elemente wie die Verrätselung von Suchhinweisen, die Verfremdung von Abbildungen der Exponate und Anreize zum Nachdenken berücksichtigt. Die mit dem Begriff der Museumsrallye umschriebenen Prinzipien von Schnelligkeit und Wettbewerb, die sich in der Praxis häufig beobachten lassen, stehen einer intensiven, persönlichkeitsspezifischen Auseinandersetzung mit den Exponaten eher entgegen.

Erkundungen von Geschichtsspuren sind nicht auf die Museumsräume beschränkt. Auch im Stadtraum außerhalb der Museen gibt es Überlieferungsreste, deren Betrachtung und Deutung eine sinnvolle Ergänzung zur Auseinandersetzung mit den musealisierten Sachzeugnissen darstellen kann. Die Einbeziehung historischer Gebäude, Denkmäler,

hmh...
Historisches Museum Hannover
MUSEUMSPÄDAGOGIK

Erkundungsbogen 2
4. - 7. Klasse

Die mittelalterliche Stadt Hannover

Im Mittelalter war Hannover ein kleines Städtchen. Um 1400 lebten dort nur etwa 4.000 Menschen. Heute sind es über 500.000. In der Abteilung Stadtgeschichte des Museums findest du einige Spuren, die die Menschen dieser Zeit hinterlassen haben. Allerdings sind diese Spuren oft undeutlich und können nur bei genauer Betrachtung entziffert werden. Auf den folgenden Seiten findest du einige Hinweise und Fragen, die dir dabei helfen sollen. Viel Spaß!

1 Gehe die Treppe von der Eingangshalle in die 1. Etage. In der Nähe des Treppenaufgangs findest du die folgende Stadtansicht von Hannover aus dem Jahr 1586.

Welche mittelalterlichen Bauwerke erkennst du?
Nehme den Stadtgrundriss Hannover um 1350 zu Hilfe!

....

....

Im Vordergrund siehst du hinter der Leine die Stadtmauer mit einem der drei Stadttore.

Wie heißt dieses Stadttor? ....

Die Stadttore waren für Hannoveraner und Fremde nach Einbruch der Dunkelheit verschlossen.
Vor wem wollten sich die Bürger schützen?

O feindliche Städte O Raubritter O wilde Tiere O Bauern des Umlands

O Soldaten des Herzogs O Pilger O umherziehende Musikanten

2 In der Vitrine neben dem Stadtplan siehst du Überreste der militärischen Schutzkleidung und Bewaffnung der Bürgerschaft. Jeder Bürger war verpflichtet, die Stadt zu bewachen und zu verteidigen und musste seine Ausrüstung selbst stellen. *Benenne die auf den folgenden Fotos abgebildeten Gegenstände!*

....

....

Schutzgebühr 0,50 DM

Abb. 4: *Eine Hilfe zum eindringlichen Sehen. Seite 1 eines Erkundungsbogens*

Straßen und Plätze im Umfeld des Museums trägt einerseits zur Erschließung der Lebenswelt von Museumsbesuchern im Nahraum und andererseits zur Erweiterung der in der Auseinandersetzung mit den musealisierten Sachzeugnissen erworbenen Geschichtserfahrung bei. In der museumspädagogischen Praxis haben solche Bezüge zum Umfeld des Museums in den letzten Jahren durch die Erarbeitung entsprechender Arbeitsblätter bzw. Erkundungsbögen sowie durch Führungsrundgänge mit Museumsmitarbeitern vom Museum aus in die nähere städtische oder dörfliche Umgebung an Bedeutung gewonnen.[30]

Materialien zur Vor- und Nachbereitung eines Museumsbesuchs

In einigen Museen stehen für organisierte Lerngruppen sogenannte *Museumskoffer* zur Verfügung. Sie enthalten Erläuterungen und Hintergrundinformationen zu Exponaten, Reproduktionen, Abbildungen, Musikbeispiele, Filme, Bastelanleitungen und methodische Anregungen zur Gestaltung des Museumsbesuchs wie Vorschläge für Ausstellungsrundgänge, Spielideen und Hinweise zu Möglichkeiten des zielgruppendifferenzierten historischen Lernens. Die Koffer können ausgeliehen werden, um die Lernenden vor dem Museumsbesuch im Klassenunterricht mit den museal präsentierten Vergangenheitsmaterialien und Themen vertraut zu machen oder um die beim Museumsbesuch gewonnenen Erfahrungen und Einsichten anschließend zu erörtern.

Wie die Museumskoffer sind auch die museumspädagogischen *Materialien in Text- und Bildform* als Ergänzung und Verständnishilfe zu den ausgestellten Geschichtsobjekten gedacht. Quellentexte, Abbildungen von Gemälden, Bildgrafik und Fotografien, Karten, Schaubilder etc. ermöglichen eine Betrachtung der dinglichen Überreste im Kontext erläuternder Vergangenheitsmaterialien. Bei den Museumskoffern wie bei den in Textform vorliegenden Materialien geht es darum, das historische Verstehen bei den Schülern durch den Erwerb von Vorkenntnissen und die Einordnung in umfassendere historische Zusammenhänge zu erleichtern. Der didaktische Wert dieser Materialien liegt insbesondere darin, dass sie Möglichkeiten zu einer sinnvollen Einbindung eines Museumsbesuchs mit einer Schulklasse in eine Unterrichtseinheit aufzeigen und das sinnliche Erkenntnispotential der Sachüberlieferung verdeutlichen.

Geschichtszeugnisse mit allen Sinnen erfahren

Im Sinne einer „unmittelbare(n) Begegnung mit den historischen Sachzeugnissen“[31] erwarten vor allem Kinder und Jugendliche, aber auch erwachsene Besucher im Museum Vermittlungsangebote, die über die visuelle Auseinandersetzung mit den Exponaten hinausgehen und praktisch-handelnde Aneignungsformen ermöglichen. Die Museumspädagogik hat sich insbesondere seit den 1980er Jahren darum bemüht, Aktionsformen zu entwickeln, bei denen mehrere Sinne angesprochen werden und die Besucher über die aktive Beschäftigung mit den Gegenständen Einsichten in historische Zusammenhänge gewinnen können. Peter Knoch hat eine solche auf dem Prinzip des Erfahrungslernens fundierte Vermittlungsmethode didaktisch begründet und sich dabei nicht zuletzt auf die museumspädagogische Praxis berufen: „Wir tun so, als ob (...) die historische Rekonstruktion und das Lernen von Geschichte ein Akt ausschließlich unseres Verstandes sei. In Wirklichkeit aber entstehen Lust, Interesse und langfristige Motivation im Umgang mit Geschichte nur dann, wenn sie in kreativen Prozessen gewonnen wurden. Kreatives Lernen aber (...) kommt nur als Zusammenspiel von Phantasie und Ratio zustande."[32]

In Anlehnung an das Prinzip der Handlungsorientierung, das eine Abwendung „weg von der abstrakten Begrifflichkeit, hin zur konkreten Anschauung und eigenen Erfahrung"[33] leitmotivisch proklamiert, macht diese Methode der musealen Geschichtsvermittlung die *praktische, sinnlich-konkrete Beschäftigung* mit dem reichen Schatz faszinierender, bedeutungstragender Gegenstände zum Ausgangspunkt der Erfahrung (Abb. 5). Gerade bei Kindern, deren Abstraktionsvermögen erst rudimentär ausgebildet ist und die sich die Welt vorwiegend mit konkreten Operationen (Jean Piaget) aneignen, ist es sinnvoll, solche handelnden Bezüge zu den Exponaten herzustellen, um erfahrungsnahe Vorstellungen von vergangenen Lebensformen zu vermitteln. Indem die Museumspädagogik im Rahmen von Kinderprogrammen, Kindergeburtstagen, Praxiswerkstätten für Kinder, Jugendliche und Erwachsene, Besucherfesten etc. Sachzeugnisse aus den Sammlungen oder in Einzelfällen auch aus der Ausstellung sowie Reproduktionen begreifbar macht, baut sie Sinnesbrücken zwischen der Gegenwart der Besucher und der Vergangenheit. Das Betasten mittelalterlicher Keramik, das Experimentieren mit Steinbohrmaschinen aus der Jungsteinzeit, das Verkleiden mit einer römischen Toga und das Anlegen einer Ritterrüstung, das Mahlen von Kaffee mit einer Handmühle, das Schreiben mit Gänsefedern auf selbstgeschöpftem Papier oder mit Griffeln auf Schiefertafeln, das Spiel mit dem Peitschenkreisel, das Waschen mit

Abb. 5: *Erfahrungen am eigenen Leib. Ein spätmittelalterlicher Mantelhelm (Historisches Museum Hannover. Foto: Reinhard Gottschalk)*

Waschbrettern, das Ausprobieren eines Laufrades oder das Kochen eines Gerichtes nach alten Rezepten mit alten Küchengeräten, um nur einige wenige Beispiele aus der Fülle der von Museumspädagogen praktizierten Aktionsformen zu nennen, ermöglichen ein historisches Lernen mit allen Sinnen und vermitteln „sachadäquate Erkenntnisprozesse"[34]. Die Form und das Material der Gegenstände, der Geruch, der Geschmack, das Geräusch und die körperliche Anstrengung bei ihrer Bedienung vermitteln intensive Eindrücke von alltäglichen Lebenszusammenhängen der Vergangenheit. Voraussetzung für historisches Verstehen ist allerdings immer das begleitende Gespräch und die gemeinsame Reflexion der an den Vergangenheitsmaterialien gewonnenen sinnlichen Erfahrungen.

Zu den zentralen Methoden der museumspädagogischen Praxis gehört seit langem auch die kreative Auseinandersetzung mit der Überlieferung. Die Geschichtsobjekte dienen dabei als Vorlagen für den Bau von Modellen (Häuser, Städte, Fahrzeuge etc.), das Zeichnen, die Herstellung von Montagen und Collagen und die Rekonstruktion von Gegenständen aus unterschiedlichen Materialien (Kleidung, Keramik, Masken etc.). Das kreative Gestalten, die Vergegenständlichung der Beobachtungen und sinnlichen Erfahrungen in konkreten Produkten, führt zu einer intensiven Beschäftigung mit den Exponaten und „dieses Konkretisieren regt das abstrakte und präzisierende Denken an".[35]

Spielen im Museum

Eine weitere Methode der praktisch-handelnden Auseinandersetzung mit den dinglichen Überresten ist das historische Spiel. Eine einfache Form der spielerischen Annäherung an die Vergangenheit stellen *Verkleidungsaktionen* dar (Abb. 6). Besucher, zumeist Kinder und Jugendliche, erhalten dabei die Möglichkeit, sich vor ausgestellter historischer Kleidung durch die Veränderung der eigenen äußeren Erscheinung in vergangene Zeiten einzufühlen. Nebenbei bekommen sie auf diese Weise auch eine konkrete Vorstellung von den Beschwerlichkeiten beim Ankleiden und Tragen der historischen Mode. Solche Verkleidungsaktionen erfordern noch keine Spielhandlungen im engeren Sinne, also Identifikationen der beteiligten Personen mit darzustellenden Figuren sowie das historische Thema vergegenwärtigende Worte, Gesten und Handlungen. Das Verkleiden bleibt noch eine im wahrsten Sinne oberflächliche Aktionsform.

Sogenannte *Standbilder*, bei denen auf Gemälden und in Skulpturen dargestellte Figuren und Szenen durch die Museumsbesucher körperlich nachgestellt werden, erleichtern eine Einfühlung in die Lebenssituationen, Mentalitäten und Einstellungen historischer Personen sowie eine Annährung an die Intentionen der Künstler. Auf diese Weise werden konkrete Anlässe geschaffen, um Aspekte der ästhetischen Gestaltung und der vergangenen Lebenszusammenhänge zu überdenken und zu erörtern.

Die wesentlich komplexere *Dramatisierung historischer Situationen*, deren Formenspektrum „vom abgelesenen Rollengespräch bis zum vollständigen historischen Schauspiel"[36] reicht, setzt wie beim handelnden Umgang mit Geschichtsobjekten die Verkleidung und den Umgang mit Requisiten voraus. Sie geht aber weit darüber hinaus, indem sie Ausschnitte der Geschichte mit Phantasie und Kreativität spielerisch ausgestaltet. Das Museum bildet bei dieser Methode der Annäherung an die Vergangenheit den Handlungs-

Abb. 6: *Rollen-Spiele. Kinder lieben Verkleidungsaktionen (Historisches Museum Hannover. Foto: Reinhard Gottschalk)*

rahmen. Die Exponate stellen den Anlass für Spielhandlungen dar und können aktiv in das Spiel einbezogen werden. Im Unterschied zum professionell inszenierten Museumstheater treten hier die Museumsbesucher selbst als Akteure auf. Es geht dabei folglich weniger um die passive Rezeption von Kontextgeschichten und Deutungsangeboten als um die aktive Aneignung der präsentierten Überlieferung durch die gedanklich-kreative Erprobung neuer Beziehungen.[37]

Das Spielen historischer Situationen und Ereignisse, mag es auch eher als kleine Improvisation gedacht sein, bedarf einer intensiven Vorbereitung. Insbesondere die vielfältigen Varianten der Dramatisierung setzen neben einigen historischen Grundkenntnissen über die Lebensweise der dargestellten Menschen, über Einzelheiten zu den nachgespielten Ereignissen und den gesellschaftlichen Strukturen des zu spielenden Sachverhalts auch ein Interesse der Akteure am Thema und ihre Kommunikationsbereitschaft voraus und erfordern ein Einfühlungsvermögen in die historischen Figuren.[38] Zudem müssen der verfügbare Zeitrahmen und die Räumlichkeiten eine Umsetzung des Geschichtsspiels ermöglichen. Der eher auf Einmaligkeit angelegte Museumsbesuch und häufig wechselnde Teilnehmer bei museumspädagogischen Veranstaltungen erschweren eine solche Vermittlungsmethode im Geschichtsmuseum. Aufgrund des hohen finanziellen und personellen

Aufwands zählt die historische Dramatisierung, deren exemplarische Bedeutung als Paradigma für eine kreative, erfahrungsnahe museale Geschichtsvermittlung unbestritten ist und die für die Teilnehmer hervorragende Möglichkeiten des Geschichtslernens bietet, eher zum museumspädagogischen Sonderfall (das Mittelalter-Ferienspiel in einer Zeltstadt, die Spielaktion für Schulklassen zum Leben von Kindern um 1900) als zur alltäglichen Praxis.

Geschichtsspiele im Museum sind letztlich wie alle Methoden der Annäherung an die dinglichen Überreste der Vergangenheit dem Ziel verpflichtet, im aufklärenden Sinn zu wirken. Neben der Begeisterung für die Fremdheit und Exotik vergangener Lebensformen, neben dem Vergnügen am Rollenwechsel und am phantasievollen Umgang mit den Geschichtsobjekten geht es auch beim Spiel im Museum um die Vermittlung von Kenntnissen, um die Aufdeckung und Brechung von Vorurteilen sowie um die Revision und reflektierte Erweiterung naiver, den historischen Erkenntnissen nicht entsprechender Geschichtsbilder. Der gegen das Spielen von Geschichte gerichtete Einwand, diese Methode vermittle ein idyllisierendes Bild der Vergangenheit, weil sie deren hässliche, harte, grausame Seiten mangels Rekonstruktionsmöglichkeiten ausblende, das Spiel für die Wirklichkeit nehme und gegenwärtige Erfahrungen ungebrochen auf die Vergangenheit projiziere, sollte auch in der museumspädagogischen Praxis den Anstoß zu einem behutsamen und überlegten Einsatz dieser Vermittlungsform geben.

Die humane Dimension des Geschichtsmuseums – ein Resümee

Museumsbesuche von Einzelbesuchern wie auch von Gruppen sind in der Regel durch eine kurze Dauer und durch Einmaligkeit gekennzeichnet. Die musealen Vermittlungsstrategien – unabhängig davon, ob eine personelle museumspädagogische Betreuung auf kommunikativer Basis bzw. durch die Anleitung zu einer handlungsorientierten oder kreativen Auseinandersetzung mit der materiellen Überlieferung erfolgt oder Materialien in Form von Texten oder audiovisuellen Medien zur selbständigen Beschäftigung mit der Ausstellung bereit gestellt werden – sind daher überwiegend auf diese Rahmenbedingungen der Geschichtsrezeption ausgerichtet. Finanziell, personell und zeitlich aufwändigere Methoden wie die Dramatisierung von Geschichte und komplexe kreative Gestaltungsaktionen sind zumeist auf Projekte beschränkt, die als Ausnahmen aus der alltäglichen museumspädagogischen Praxis eher paradigmatisch auf das Mögliche und Wünschbare verweisen.

Trotz der in der Regel kurzzeitigen und akzidentiellen Besucherkontakte mit den Überlieferungsfragmenten birgt das Geschichtsmuseum ein erhebliches Potential für historisches Lernen, für die Einbettung lebensgeschichtlicher Erinnerungen in multiperspektivisch differenzierte Geschichtszusammenhänge und für die Erweiterung ästhetischer Erfahrungen um historische Dimensionen. Die Authentizität und sinnliche Gegenwärtigkeit der Vergangenheitsmaterialien erleichtert die Sensibilisierung der Museumsbesucher für Fragen nach vergangenen menschlichen Lebensformen. Insbesondere durch den persönlichen Kontakt zwischen Museumsmitarbeitern und Besuchern, durch das Gespräch, kommt die humane Dimension des Geschichtsmuseums zur Geltung. Die Begegnungen von Menschen vor den Überlieferungsfragmenten, die von Erfahrungen, Kenntnissen, Interessen und Vergangenheitsbedürfnissen bestimmten Dialoge über die Geschichten

Abb. 7: *Erfahrungen am eigenen Leib: „Knochenschüttler" (Michaux-Rad) von 1870 zum Ausprobieren (Historisches Museum Hannover. Foto: Reinhard Gottschalk)*

der Objekte und der sich an ihnen kristallisierenden menschlichen Spuren, verdeutlichen am ehesten, dass das Museum ein Erinnerungsort ist, der von Menschen gestaltet und von menschlichen Interessen bestimmt wird, der vergangene Sichtweisen und Lebensverhältnisse dokumentiert und der sich an Menschen richtet, die aus der kulturellen Überlieferung subjektiv aufgeladene Bedeutungen entnehmen.

Anmerkungen

1 Sekretariat der Ständigen Konferenz der Kultusminister der Länder in der Bundesrepublik Deutschland (Hrsg.): Handreichung des Kulturausschusses der Kultusministerkonferenz zu den Aufgaben der Museen vom 27.6.1996.

2 Bloch, Ernst, Das Prinzip Hoffnung, 7. Aufl., Frankfurt/M. 1980, S. 445; Bloch bezieht diesen Begriff allerdings nicht auf Museen, sondern auf Antiquitätenläden.

3 Aspekte der Didaktik von Geschichtsausstellungen können in diesem Beitrag nicht weiter berücksichtigt werden, obgleich die Präsentationsformen die musealen Vermittlungsstrategien in großem Maße prägen. Gelegentlich gleichen Geschichtsausstellungen uninspirierten Ansammlungen von Artefakten, ohne dass eine Ausstellungsidee erkennbar ist. In solchen Ausstellungen wird viel gezeigt, aber wenig über den historischen Prozess des Werdens, Nutzens und Aussonderns der Dinge mitgeteilt. In einer so strukturierten Ausstellung muss die von Museumspädagogen angeleitete Auseinandersetzung mit Geschichte notwendigerweise anders aussehen als in einer Ausstellung, in der die Konfiguration der Exponate an reflektierten didaktischen Leitgedanken ausgerichtet ist.

Nicht selten stellt die Museumspädagogik jene Instanz dar, die die Vermittlungsdefizite der Ausstellung zu kompensieren hat. Ursache dafür ist häufig auch heute noch oder heute sogar wieder verstärkt ein Selbstverständnis der verantwortlichen Museumsmitarbeiter und eine Praxis in den Museen, bei der die Geschichtsvermittlung nicht im Zentrum der Museumsarbeit steht. „Bildungsaufgaben werden (...) nach wie vor eher additiv zu den bestehenden Institutionen wahrgenommen, ausgelagert oder einigen Ausstellungen übertragen." Rump, Hans-Uwe, Museumspädagogik zum Nutzen von Schule und Museum, in: Museumspädagogisches Zentrum München (Hrsg.), Museumspädagogik für die Schule. Grundlagen, Inhalte und Methoden, München 1998, S. 12-29, hier: S. 19; zu grundsätzlichen Fragen der Ausstellungsdidaktik von Geschichtsmuseen siehe Korff, Gottfried; Roth, Martin (Hrsg.), Das Historische Museum. Labor, Schaubühne, Identitätsfabrik, Frankfurt/M., New York 1990. Auch die in jüngster Zeit im deutschen Sprachraum intensiv diskutierten Kinder- und Jugendmuseen, die auf Grund ihrer Orientierung an der Zielgruppe der jungen Museumsbesucher den Aktions-, Mitmach- und Erlebnischarakter besonders betonen, können hier nur erwähnt werden. Im Zentrum der pädagogischen Arbeit dieser Einrichtungen, die Museen angegliedert sind (z.B. im Historischen Museum Frankfurt/M.) oder sich auf zeitlich begrenzte Ausstellungsprojekte beschränken, ohne – wie es der Museumsbegriff vorgibt – auf einer Sammlung fundiert zu sein, stehen die Prinzipien der Selbsttätigkeit, der Erkenntnis durch Erfahrung und der Wissensaneignung durch „Begreifen". Zum Stand der Diskussion über Kinder- und Jugendmuseen siehe Schreiber, Ursula, Kindermuseen in Deutschland. Grundlagen, Konzepte, Praxisformen, Unna 1998; Worm, Nel; Bundesverband der Jugendkunstschulen und Kulturpädagogischen Einrichtungen (Hrsg.), Kinder- und Jugendmuseum: eine neues Konzept in der Jugendhilfe?!, Unna 1998.

4 Treinen, Heiner, Strukturelle Konstanten in der Entwicklung des Museumswesens, in: Zacharias, Wolfgang (Hrsg.), Zeitphänomen Musealisierung, Essen 1990, S. 151-165, hier: S. 163.

5 Heinrich Roth hat in seinem häufig zitierten Aufsatz „Die ‚originale Begegnung' als methodisches Prinzip" (in: Pädagogische Psychologie des Lehrens und Lernens, 14. Aufl. Hannover 1973) auf die Bedeutung der „wirkliche(n) Begegnung mit dem Gegenstand" im Bildungsprozess des Kindes hingewiesen. Er hat damit dem historischen Lernen an authentischen Objekten den Weg bereitet.

6 Bergmann, Klaus, Von der Geschichtsdidaktik zur Geschichtsmethodik. Konservative Tendenzwende oder Notwendigkeit?, in: Geschichtsdidaktik 3 (1978), S. 111-116, hier: S. 115.

7 Hengst, Heinz, Geschwindigkeit und Vergänglichkeit. Zentrale Dimensionen des Kinderalltags als Ansatz für eine Neuorientierung der (Kinderkultur-)Forschung, in: Kinderkultur, Bremen 1987, S. 401-408, hier: S. 401.

8 Immanuel Kant, zit. nach Gadamer, Hans-Georg: Anschauung und Anschaulichkeit, in: neue hefte für philosophie, 1980, H. 18/19, S. 1-13, hier: S. 4.

9 Ebd.

10 Ich habe in diesem Beitrag bewusst darauf verzichtet, einzelne Beispiele museumspädagogischer Praxis detailliert vorzustellen. Die Museumspädagogik in der Bundesrepublik ist kreativ, lebendig und – was die didaktische Schwerpunktsetzung anbetrifft – heterogen. Einige Einrichtungen hervorzuheben, würde der Vielfalt des Angebotsspektrums nicht gerecht werden. Einen guten Überblick über die museumspädagogische Theoriebildung und eine Fülle von Projektbeispielen vermittelt die seit 1983 vom Bundesverband Museumspädagogik herausgegebene Zeitschrift Standbein – Spielbein. Museumspädagogik aktuell. Von den jüngeren Publikationen seien exemplarisch genannt Fast, Kirsten (Hrsg.), Handbuch museumspädagogischer Ansätze, Opladen 1995; Geschichte lernen, Themenheft: Geschichte im Museum, 14/1990; Museumspädagogischer Dienst Berlin (Hrsg.): Schule und Museum. Vom Nutzen des Museum für die Schule, Berlin 1998 sowie die in Anm. 3 zitierte Veröffentlichung des Museumspädagogischen Zentrums München.

11 S. von Freymann, Thelma, Die Führung als museumspädagogische Aufgabe, in: dies., Am Beispiel erklärt. Aufgaben und Wege der Museumspädagogik, Hildesheim, Zürich, New York 1988, S. 111-125, hier: S. 120.

12 Zum Verhältnis von Schule und Museum s. Schneider, Gerhard, Bemerkungen zum Historischen Museum als Lernort, in: Raisch, Herbert; Reese, Armin (Hrsg.), Historica Didactica. Geschichtsdidaktik heute, Idstein 1997, S. 185-206.

13 von Freymann, Thelma 1988, wie Anm. 11, hier S. 118.

14 Grundlegend für den Paradigmenwechsel in der Museumsdidaktik waren in den 1970er Jahren die Veröffentlichungen von Spickernagel, Ellen; Walbe, Brigitte (Hrsg.), Das Museum. Lernort contra Musentempel, Gießen 1976, Kuhn, Annette; Schneider, Gerhard (Hrsg.), Geschichte lernen im Museum, Düsseldorf 1978 und Hug, Wolfgang (Hrsg.), Das historische Museum im Geschichtsunterricht, Freiburg, Würzburg 1978; bezeichnend für die Neuorientierung in der noch jungen Fachdisziplin Museumspädagogik war die viel rezipierte Veröffentlichung von Weschenfelder, Klaus; Zacharias, Wolfgang, Handbuch Museumspädagogik. Orientierungen und Methoden für die Praxis, Düsseldorf 1981.

15 Mit der Bezeichnung Museumspädagoge sind hier nicht nur die im engeren Sinne als Pädagogen in den Museen Beschäftigten gemeint, sondern alle, die Geschichte im Museum bei Führungen oder anderen Veranstaltungen vermitteln, unabhängig davon, welche Funktion sie in den Einrichtungen ausüben.

16 Korff, Gottfried, Musealisierung total? Notizen zu einem Trend, der die Institution, nach der er benannt ist, hinter sich gelassen hat, in: Füßmann, Klaus; Grütter, Heinrich Theodor; Rüsen, Jörn (Hrsg.), Historische Faszination. Geschichtskultur heute, Köln, Weimar, Wien 1994, S. 129-144, hier: S. 137.

17 von Borries, Bodo, Präsentation und Rezeption von Geschichte im Museum, in: GWU 5/6 (1997), S. 337-342, hier: S. 340.

18 Wittram, Reinhard, zit. nach Korff, Gottfried; Roth, Martin, Einleitung, in: dies. (Hrsg.), Das historische Museum. Labor, Schaubühne, Identitätsfabrik, Frankfurt/M., New York 1990, S. 9-37, hier: S. 21.

19 Siehe Screven, Chandler G., Computer im Ausstellungswesen, in: Mediendämmerung. Die unaufhaltsame Computerisierung der Museen, Karlsruhe 1995, S. 9-21, hier: S. 11; siehe auch Standbein – Spielbein. Museumspädagogik aktuell 41/1995, Themenheft: Computer im Museum; darin unterscheiden sie sich grundsätzlich von den mobilen Audioguides, die unmittelbare Exponatbezüge herstellen, s. dazu: Akustische Führungen in Museen und Ausstellungen. Bericht zur Fachtagung im Filmmuseum Berlin 2001, Mitteilungen und Berichte aus dem Institut für Museumskunde, 2001.

20 Hubrath, Margarete, Neue Medien, in: in form 3 (1996), S. 16-21, hier: S. 17.

21 So lautete der Titel der gemeinsam vom Bundesverband Museumspädagogik und vom Bundesverband Theaterpädagogik veranstalteten Jahrestagung 2000 im Badischen Landesmuseum Karlsruhe, bei der u.a. Beispiele für Variationen des Theaterspiels im Museum aus den Niederlanden und Großbritannien vorgestellt wurden.

22 Ashmore, Andrew, Life Interpretations, in: Kindler, Gabriele (Hrsg.), Museumstheater. Theatrale Inszenierungen in der Ausstellungspraxis, Bielefeld 2001, S. 87-90.

23 S. dazu die Ausführungen zur Theorie des epischen Theaters in Bertolt Brecht: Über eine nicht aristotelische Dramatik, in: ders., Gesammelte Werke Bd. 15, Schriften zum Theater I, Frankfurt/M. 1967, S. 228 ff.

24 Korff, Gottfried; Roth, Martin, wie Anm. 18, hier: S. 16.

25 Klages, Rita, Die drei „Inters“: Interdisziplinarität, Interinstitutionalität, Interkulturalität. Die „neue Museologie“ in der intergenerativen Arbeit mit Zeitzeugen: Welche neuen Profile ergeben sich daraus für das Arbeitsfeld der Museumspädagogik?, in: Standbein – Spielbein. Museumspädagogik aktuell 57 (2000), S. 19-23, hier: S. 22.

26 Fina, Kurt, Inflation der Arbeitsblätter. Eine museumsdidaktische Besinnung, in: Museumskunde 47 (1982), S. 140-149, hier: S. 144; eine knappe Bestandsaufnahme und Bewertung museumspädagogischer Materialien aus der Sicht der Geschichtsdidaktik gibt Pandel, Hans-Jürgen, Geschichtskultur und Geschichtsdidaktik. Begleitmaterial für Besucher in historischen Museen, in: Standbein – Spielbein. Museumspädagogik aktuell 67 (2003), S. 16 f.

27 Fina 1982, wie Anm. 26, S. 141.

28 Ebda, S. 142; Werner Hilgers hat aus praktischer Erfahrung heraus eine in Museen häufig zu beobachtende Umgangsform mit Arbeitsblättern bzw. Erkundungsbögen, bei denen das Abschreiben von Beschriftungstexten gefordert wurde, beschrieben: „Die Suche und die Sucht, das Blatt voll zu schreiben, überlagert leicht das intensive Schauen und verführt zur Oberflächlichkeit, denn der erste Eindruck wird zu Papier gebracht, weiteres Hinsehen erübrigt sich, das gemeinsame Gespräch, das solche Arbeit sinnvoll macht, kommt vielfach zu kurz." Hilgers zit. nach Lehrbach, Heike, Schüler im Museum – Beobachtungen und Erfahrungen, in: Schule und Museum, 7 (1978), S. 18; Die für bestimmte Altersgruppen und Schultypen erstellten, standardisierten Arbeitsblätter bzw. Erkundungsbögen können einer solchen Individualisierungsforderung natürlich nur in begrenztem Maße gerecht werden. Sie geben ein Grundraster von Objektbezügen, Fragestellungen, Erläuterungen und Beobachtungshinweisen vor, das von den verantwortlichen Pädagogen der Lerngruppen auf das Leistungsniveau, die Fähigkeiten und Bedürfnisse ihrer Schüler zugeschnitten werden kann. So sind beispielsweise arbeitsteilige Bearbeitungen, Ergänzungen und Reduktionen der Bögen denkbar. Die Praxis zeigt jedoch, dass die vorgegebenen Arbeitsmaterialien zumeist in unveränderter Form eingesetzt werden.

29 Vgl. Rosenbaum, Margret, Arbeitsaufgaben für Museumsbesuche, in: Schule und Museum 5 (1977), S. 2-10, hier S. 3.

30 Vgl. die Beiträge von Kathrin Hollekamp, Gabriele Kindler und Günther Reb über Münchener Projekte zur Erkundung der Stadt und der Überreste von Römersiedlungen in der Landschaft auf der Grundlage eines Museumsbesuchs, in: Grundschule 5 (1986), S. 36-41.

31 Schneider, Gerhard 1997, wie Anm. 12, hier: S. 195; auch Gottfried Korff, Martin Roth sprechen vom „unmittelbaren Kontakt mit dem originalen Gegenstand, mit dem authentischen Objekt" und verweisen auf veränderte Erfahrungsweisen der Menschen in der Mediengesellschaft: „Museen sind (...) Orte einer authentischen Konträrfaszination in einer Welt, in der Medien ubiquitär, in der Second-Hand-Informationen und vermittelte Erfahrungen die Regel geworden sind" (Korff/Roth 1990, wie Anm. 18, hier: S. 15).

32 Knoch, Peter, Zur Didaktik historischer Ausstellungen. Fünf Thesen, in: Standbein – Spielbein. Museumspädagogik aktuell 25 (1989), S. 10-12, hier: S. 12.

33 Dehne, Brigitte; Schulz-Hageleit, Peter, „Handeln ist keine Einbahnstraße." Anregungen zur Belebung des Geschichtsunterrichts im Alltag, in: Geschichte lernen. Geschichtsunterricht heute, 9 (1989), S. 6-14, hier: S. 12.

34 Mayer, Ulrich, Handlungsorientierung als Prinzip und Methode historischen Lernens, in: Geschichte und historisches Lernen. Jochen Huhn zum 65. Geburtstag, Kassel 1995, S. 117-129, hier: S. 128.

35 Dehne, Brigitte; Schulz-Hageleit, Peter 1989, wie Anm. 32, hier: S. 8.

36 Dehne, Brigitte; Schulz-Hageleit, Peter 1989, wie Anm. 32, S. 12.

37 Siehe Schulz-Hageleit, Peter, Spielen im Geschichtsunterricht? Überlegungen zu einer umstrittenen Unterrichtsmethode, in: Geschichte lernen. Geschichtsunterricht heute 23 (1991), S. 11-20, hier: S. 11.

38 Siehe Dehne, Brigitte, „Wie komme ich zum Rollenspiel?" Ein Bericht aus der zweiten Lehrerausbildungsphase, in: Geschichte lernen. Geschichtsunterricht heute, 23 (1991), S. 62-65.

Ulrich Mayer

Historische Orte als Lernorte

Historisches Lernen kann in vielerlei Zusammenhängen und an vielerlei Orten erfolgen. Wenn die allgemeinste lexikalische Formulierung stimmt, dass Geschichte der Ablauf und der Zusammenhang alles an Zeit und Raum gebundenen menschlichen Tuns und Leidens ist, so ist es selbstverständlich, dass auch historische Stätten zum Gegenstand historischen Lernens werden können.

1. Was sind historische Orte?

Die neuere Diskussion um historisches Lernen an außerschulischen Lernorten begann Ende der 1970er Jahre mit den Vorschlägen Walter Zieglers (Ziegler 1977) und Bernd Heys (Hey 1978; Hey 1986) für neue unterrichtliche Konzeptionen der klassischen historischen Exkursion, zeitlich etwa parallel zu den Vorschlägen zu einer neuen Nutzung von Museen für das historische Lernen (Hug 1978; Kuhn/Schneider 1978). Auslösende Momente dürften Anregungen aus dem Ausland und von benachbarten Disziplinen wie Geographie, Biologie und Kunst gewesen sein (Hey 1997, 728 f.; Ernst 1973; Knirsch 1979), aber auch Impulse aus der lokalen und regionalen Jugendarbeit (Lecke 1983), die „neue Geschichtsbewegung", gekennzeichnet durch Geschichtswerkstätten und Oral History (Heer/Ullrich 1985; Frei 1984; Niethammer 1980) mit ihren Folgen für unterrichtliche Bemühungen um historische Spurensuche (Dittmer/Siegfried 1997), die Ansätze einer erneuerten Regionalgeschichte (Beeck 1973; Zang 1985) sowie die neuerlichen Bemühungen der Kulturanthropologie um das Phänomen der „Heimat" (Greverus 1979).

Allerdings hat es trotz des neuen Interesses der Geschichtsdidaktik an „Geschichte in der Öffentlichkeit" oder an „Geschichtskultur" längere Zeit außer einer Reihe von Praxisberichten kaum eine intensive geschichtsdidaktische Auseinandersetzung um historische Stätten als Lernorte gegeben (Bauer 1986; Böttger-Gable 1994; Goldmann 1982). Der wichtigste Autor blieb Bernd Hey, dem neue Impulse, wertvolle praktische Anregungen und organisatorische Hinweise zu Exkursionen, Stadterkundungen, historischen Lernpfaden, Geschichtsstraßen und freizeitpädagogischen Angeboten zu verdanken sind (Hey 1986; 1997).

Seit Mitte der 1990er Jahre gibt es eine gewisse Konjunktur zur Didaktik und Methodik des historischen Lernens an historischen Lernorten, oft unter dem Schlagwort der „Geschichte vor Ort" (Bickel 1994; Dittmer/Siegfried 1997; Garbe/Mayer 1994; Hey 1997; Münchenbach 1996; Schreiber 1998; Schreiber 1999; Staatsinstitut 1999).

Heys Vorschläge orientieren sich an der Vorstellung von Exkursion als „Organisationsform des historisch-politischen Unterrichts, die ein bestimmtes Thema durch die Arbeit an und mit (möglichst) originellen historischen Zeugnissen außerhalb der Schule erschließt" (Hey 1978, 17). Hey bestimmt die Lernorte formal nach dem Kriterium ihrer Lage außerhalb des Schulgebäudes und bezieht deshalb neben sog. historischen Stätten auch Museen und Archive mit ein. Auch die Handreichungen des bayerischen Staatsinstituts stellen unter dem Gesichtspunkt des Hinausgehens aus der Schule so unterschiedliche Zugänge wie archäologische Spurensuche, Betrachtung historischer Ensembles und Denkmäler, den Besuch von Archiven, historischen Ausstellungen und Heimatmuseen sowie die Befragung von Zeitzeugen (Oral History) vor (Staatsinstitut 1999).

Andere Autoren präzisieren demgegenüber historische Orte als Zeugnisse an ihrem originalen Ort (Goldmann 1982). Es geht um die Nutzung „geschichtlich aussagekräftiger Überreste an ihrem geschichtlichen Ort“ (Ziegler 1978, 109) bzw. der in einem ursprünglichen historischen Sinn- und Funktionszusammenhang stehenden Orte (Schreiber 1998, 215).

In diesem Sinne werden hier – von Mauerresten über Gebäude und Siedlungsensembles bis zum Landschaftsbild – als historische Orte alle Lokalitäten verstanden, an denen historische Ereignisse stattfanden, die die Rahmenbedingungen für historische Ereignisse und Prozesse bildeten, die als Folge solcher Entscheidungen und Strukturen entstanden oder die an Historisches am Ort erinnern sollen. Diese Vorstellung unterscheidet sich von dem jüngeren geschichtswissenschaftlichen Konzept, das „Deutsche Erinnerungsorte“ materiellen und immateriellen Charakters präsentiert und gemäß einem metaphorischen Verständnis von „Ort“ neben realen Stätten auch historische Personen, mythische Gestalten und Ereignisse sowie Institutionen und Begriffe einbezieht (François/Schulze 2001). Historische Orte unterscheiden sich als die in ihren ursprünglichen räumlichen Beziehungen verbliebenen „immobilen“ Realien zudem von den aus ihren früheren Bezügen getrennten „mobilen“ Sachquellen (➤ Sachüberreste und gegenständliche Unterrichtsmedien). Wegen ihrer je eigenen Strukturen und Möglichkeiten für historisches Lernen werden institutionalisierte Lernorte wie Museum und Archiv hier ausgeschlossen und in eigenen Artikeln (➤ Geschichtsvermittlung im Museum, ➤ Archivarbeit) behandelt.

Bei aller Spezifizierung auf die skizzierte konkrete Gegenständlichkeit gibt es eine Fülle dieser Art außerschulischer Lernorte. Historische Orte sind

- Orte, an denen sich sog. große Geschichte ereignete, so z.B. das Oktogon des Aachener Münsters, der Friedenssaal des Rathauses in Münster, die Reste des Reichsparteitagsgeländes in Nürnberg, der Römer in Frankfurt a.M.,
- die in der Fachliteratur traditionell so bezeichneten „historischen Stätten“, d.h. Orte, in denen sich Ergebnisse menschlichen Handeln in realen Zeugnissen manifestierten: Schlösser, Rathäuser, Kirchen, Bahnhöfe, Siedlungen wie die Quartiere der aus Polen ins Ruhrgebiet gekommenen Arbeiter,
- im Speziellen auch Orte, die für die lokale oder regionale geschichtliche Entwicklung Bedeutung haben wie etwa die Ruine der im Mittelalter für die Region bestimmenden Burg, industriearchäologische Überreste, das Gebäude, in dem im Frühjahr 1933 ein „wildes“ KZ eingerichtet wurde, die Reste eines KZ oder eines Außenlagers,
- Orte, an denen selbst keine wahrnehmbaren Überreste vorhanden sind, obwohl sich hier Geschichtliches ereignete, wie z.B. alte Straßenverläufe, Schlachtfelder, Ringstraßen im Verlauf alter Stadtbefestigungen, die Stelle der 1938 zerstörten Synagoge.

Die folgende Beispielsammlung (nach Münchenbach 1996, 320 ff.; Garbe/Mayer 1994, 8 ff.) gibt Anregungen zum Suchen und Auffinden der überall vorhandenen lokalen Orte, an denen Historisches sich ereignete oder niederschlug, bewahrt und konserviert wird, in Erinnerung gehalten und gedeutet wird.

Neolithikum	*Kelten und Römer*	
Wohnhöhlen	Limes	Römerstraßen
Abris (Felsüberhänge)	Kastelle	Wachttürme
Menhire (Hinkelsteine)	Gutshöfe	Oppida
Hügelgräber	Thermen	Wallanlagen
Ackerraine	Theater	Ringwälle
Schutzwälle	städtische Siedlungen	Schanzen

Frühes und hohes Mittelalter	
Burgen, Burgruinen, Fundamente	Brücken
Kirchen, Kirchenruinen	Marktplätze
Kapellen, Kapellenruinen	Eisenschmelzen
Klöster	Grenzwälle und -gräben
Dome	Ackerterrassen, Wölbäckerreste
Pfalzen	Handelstraßen
Stadtmauern	Tore, Türme

Spätes Mittelalter	
Kirchen	Dorfwüstungen
Rathäuser	Flurwüstungen
Marktplätze	Landhegen
Patrizierhäuser	Warttürme
Amtsgebäude	Handels- und Heerstraßen
Speicher	Hohlwege
Spitäler	Kreuzsteine
Gerichtsstätten und -lauben	Stadtbefestigungen
Brunnen	Beginenhäuser
Kräne in Häfen	„Gänge" (z.B. in Lübeck)

Frühe Neuzeit	
Schlösser, Residenzen	Eisenhütten
Festungen	Glashütten
Gutshöfe	Tagebaugruben und -halden
Kirchen	Manufakturen
Schlossgärten, Parks	Kasernen
Schanzen	Landhäuser, Stadtpalais
Friedhöfe (christlich, jüdisch)	Wallfahrtskirchen
Wasser- und Windmühlen	Bildstöcke
Grenzsteine	Pestsäulen
Denkmäler (Regenten)	

19. Jahrhundert
Industriebetriebe
Handwerksbetriebe
Hammerwerke
Bergwerke
Flusskanalisierungen
Kanäle
Schleusen
Hebewerke
Kriegerdenkmäler
Pumpwerke
industrielle Vorstädte
Entfestigungen und Stadterweiterungen
Bauten in historisierenden Stilen
Bahnhöfe
Eisenbahnen, aufgelassene Bahntrassen
Chausseen
Tunnels
Denkmäler (Militärs, „Geistesgrößen")

20. Jahrhundert
Konzentrationslager bzw. Außenlager
Talsperren
Kraftwerke
Autobahnen
Schulen, Kindergärten, Kinderkrippen
Produktionsstätten
typische NS- und SED-Bauten
Wohnsiedlungen aus unterschiedlichen politischen Systemen (Genossenschaften, Flüchtlingssiedlungen, Werkssiedlungen)
„Thingstätten"
Verwaltungsgebäude
Dämme, Deiche
Sportanlagen
Fabriken
Kaufhäuser
Bunker- und Stollenanlagen
ideologische begründete Straßenführung und -gestaltung

2. Das geschichtsdidaktische Potenzial historischer Orte

Das zentrale Potenzial historischer Orte liegt darin, dass die Lernenden im Aufspüren, Entdecken und bewussten Wahrnehmen von Spuren der Geschichte erleben und erkennen können, dass geschichtliche Entwicklungen auch durch räumliche Gegebenheiten beeinflusst werden und sich auf die räumlichen Verhältnisse auswirken. Darüber hinaus gibt es besondere geschichtsdidaktische Aspekte, die den Umgang mit historischen Orten zu einer unentbehrlichen Methode historischen Lernens machen.

2.1 Realität und Permanenz

Damit sind der Wirklichkeitscharakter und die Dauerhaftigkeit der historischen Überreste gemeint. Der historische Ort erlaubt echtes „Lernen mit allen Sinnen". Man kann ihn besehen, begehen, anfassen, im wörtlichen Sinne begreifen, betasten, beriechen, vermessen (Staatsinstitut 1999, 12; ➤ Sachüberreste und gegenständliche Unterrichtsmedien). Und schließlich gibt es außer der kognitiven Erfahrung des Realen, Nicht-Fiktionalen, des nicht Erfundenen oder Erdachten der Überreste aus früheren Zeiten noch ein emotionales Moment: Es handelt sich um Altes, manchmal auch ehrwürdig Altes, das einmal von wirklichen Menschen erdacht, hergestellt und genutzt wurde. Man kann sich Gebäude, Ensembles, Landschaftsbereiche, ja selbst Ruinen und Wüstungen als Orte des Lebens und Arbeitens von Menschen der Vergangenheit vorstellen (Münchenbach 1996, 315 f.).

Zudem sind die Objekte immer an ihrem Ort verblieben, über alle Stürme und Veränderungen hinweg, deren Spuren sich oft ausmachen lassen. Diese Permanenz des Zeugnisses am Ort hat einen unterrichtspraktischen Effekt: Es steht prinzipiell immer zur Verfügung und kann zu jeder Tageszeit, bei jedem Wetter, unter den Bedingungen jeder Jahreszeit wieder aufgesucht werden. Es macht schon einen Unterschied, ob man eine Burg- oder Kirchenruine im mittäglichen Sonnenschein oder frühmorgens im wabernden Nebel erkundet. Diese ganz unterschiedlichen situativen Stimmungen können in die Gesamterfassung des Objekts einbezogen werden.

2.2 Originalität, Anschaulichkeit und Imagination

Mit dem Wirklichkeitscharakter hängen weitere Besonderheiten des historischen Ortes zusammen, die über den nur vordergründig formalen Aspekt der lokalen Immobilität hinausreichen. Es geht um Originalität unter den Gesichtspunkten von Ursprünglichkeit und Unmittelbarkeit, um Anschaulichkeit sowie um Nutzung und Förderung der Vorstellungskraft.

Ein didaktisch schwerwiegender Unterschied besteht zwischen den immobilen Objekten vor Ort und den mobilen Sachquellen, die meist in Museen gesammelt, geordnet und präsentiert werden (➤ Sachüberreste und gegenständliche Unterrichtsmedien, Geschichtsvermittlung im Museum). Museale Exponate und auch anderweitig, etwa im familiären Umfeld aufbewahrte Sachquellen befinden sich in der Regel nicht mehr an ihrem ursprünglichen Ort und in ihren ursprünglichen Verwendungszusammenhängen. Deshalb bemühen sich museale Präsentationen, durch Erläuterungen und Inszenierungen wieder Zusammenhänge erkennen zu lassen. Die Museumsdidaktik spricht hier von der Re-Kontextualisierung. Im Gegensatz dazu sind die historischen Orte in der Regel nicht mit Erläuterungen versehen. Sie ermöglichen deshalb eine „unmittelbare Begegnung und Auseinandersetzung mit historischen Zeugnissen" (Goldmann 1982).

Freilich gibt es neben ausgesprochenen Vorzügen auch besondere Schwierigkeiten. Auf der einen Seite ermöglicht der unkommentierte originale Ort besondere Chancen unmittelbarer Zugangs- und Interpretationsweisen. Weil in der Regel keine Deutungen vorgegeben werden, kann der echte, begreifbare Gegenstand auf ganzheitliche und gleichzeitig differenzierte, individuell oder sozial je verschiedene Weise wahrgenommen und bewertet werden. Dies bedeutet letztlich eine Einlösung des geschichtsdidaktischen Prinzips der ➤ Multiperspektivität. Andererseits können die isolierten Zeugnisse nicht aus sich heraus Sinn und Bedeutung erzeugen. Insofern bedürfen auch sie einer Re-Kontextualisierung mit Hilfe weiterer Informationen, wenn sachangemessene Interpretation angestrebt wird.

Weitere Vorteile, liegen auf der Hand: Historische Stätten, die gut zugänglich sind, eine Zahl differenzierter Strukturmerkmale aufweisen und somit durch Lage und Beschaffenheit zu ➤ entdeckend-entdeckendem Lernen anregen, besitzen eine Anschaulichkeit hinsichtlich originaler Farbe, Form, Größe und Dreidimensionalität, die kein anderes Medium ersetzen kann (Goldmann 1982, 439). Weder Abbildung noch Film oder Modell – auch in der modernen Form des durch EDV gestalteten virtuellen Raums – kann diejenige „räumliche Erfahrung vermitteln, die man durch Begehen eines Gebäudes ... oder eines Geländes ... gewinnt", kann „die künstlerische und architektonische Wirkung oder die

Symbolhaftigkeit ... so veranschaulichen und erlebbar machen wie die reale Begegnung mit ihr." (Münchenbach 1996, 315). Historisches Lernen, Erkenntnis und Begriffsbildung erfolgen im Denkhandeln an der Wirklichkeit (Goldmann 1982, 439).

Darüber hinaus betrifft diese Auseinandersetzung mit der Wirklichkeit einen wichtigen Faktor im Prozess des historischen Lernens: die Imagination, und dies in doppelter Hinsicht. Zum einen nutzt die Begegnung vor Ort die von den Lernenden bereits mitgebrachte Vorstellungskraft, um durch Anschauung historischen Begriffen eine sinnliche Kraft zu geben. Andererseits kann die Anschaulichkeit des historischen Orts insgesamt das Vermögen fördern, sich über die Imagination realistische Vorstellungen von früheren Lebensumständen und damals handelnden Menschen zu machen (Henke-Bockschatz 2000).

2.3 Authentizität und Historizität

Infolge ihrer Originalität und Anschaulichkeit enthalten die immobilen realen Quellen einen hohen Grad dessen, was man historische Authentizität nennen kann. Die üblichen gedruckten schriftlichen Quellen, Bildquellen und auch bildliche Reproduktionen von gegenständlichen Quellen und historischen Stätten – das Faksimile ausgenommen – können nicht einmal den Anschein von Authentizität vermitteln. Diese Medien suggerieren durch ihre Form und Aufmachung letztlich eine Gleichzeitigkeit mit den Lernenden und ermöglichen weder kognitiv noch vor allem emotional einen Zugang zur ursprünglichen Situation oder eine Ahnung von der zeitlichen Distanz bzw. der Zeitdifferenz. Gerade in dieser Hinsicht sind jedoch die historischen Zeugnisse authentische Objekte, die Faszination und Neugier, ein Gespür für das Wesen geschichtlicher Überlieferung und Motivation für historische Fragestellungen sowie für den Charakter und die Arbeitsweise historischer Forschung und Rekonstruktion bewirken (Staatsinstitut 1999, 14 f.).

Da vor Ort in der Regel weder bildliche noch sprachliche Deutungen vorliegen, beinhaltet diese Art von Zeugnissen sozusagen die Qualität unbearbeiteten Quellenmaterials. Die Überreste sind meist nicht didaktisch-methodisch aufbereitet. Dies ermöglicht eigene Erkenntnisarbeit, wie sie an anderen Quellenarten nicht geleistet werden kann. Schulpädagogisch gesprochen, bereiten sich Lehrende und Lernende den Ort in seiner Bedeutung selbst auf. Da die sachlichen Relikte ihrem Wesen nach buchstäblich stumm sind, kommt es im historischen Lernen darauf an, diese verständlich zu machen. Die hieraus resultierende Mehrdeutigkeit entspricht ebenfalls den prinzipiellen geschichtsdidaktischen Merkmalen Rekonstruktivität und ➤ Multiperspektivität.

Kaum eine andere Art des historischen Lernens kann also die historische Authentizität so gut gewährleisten wie der Besuch historischer Orte. Weil es sich auch leicht organisieren lässt, sollten deshalb die Gelegenheiten des lokalen und regionalen Nahraums für das historische Lernen vor Ort genutzt werden. Darüber hinaus gibt es oft eine mit der räumlichen Nähe einhergehende psychische Affinität, die dem Objekt eine für Erkennen und Lernen förderliche Bedeutsamkeit verleiht. Manchmal sind es sogar enge soziale oder individuell emotionale Bindungen zu dem Lernort.

Es geht hier nicht um Heimatideologie oder Heimattümelei. Aber die Berücksichtigung oder die Schaffung emotionaler Beziehungen zum geografischen Nahraum kann auch die historische Dimension des engeren Lebensraumes einschließlich des eigenen Lebens bewusst machen (Münchenbach 1996, 318; Schreiber 1999, 595). Es spricht nichts dagegen, wenn in Rückwirkung die Aufarbeitung des authentischen Orts die emotionale Bindung zum Lebensraum stärkt. Noch erfreulicher ist es, wenn über das verstärkte Interesse am eigenen Nahraum die Bereitschaft zur Auseinandersetzung mit Geschichte allgemein erreicht werden kann.

Dazu kann am bekannten und räumlich nahen Beispiel besonders gut ein Begriff von geschichtlicher Veränderung gewonnen werden. Allgemeiner gesagt: Historische Orte vermitteln das Prinzip der Historizität. Wenn sich auch das Gebäude oder das Ensemble noch am originalen Ort befindet, so existiert es meist doch nicht mehr in der originalen Gestalt und Funktion. Oft ist der historische Ort nur noch als Ruine oder als gesicherte Ausgrabung erhalten. Häufig sind die Stätten durch Ergänzungen, Umbauten, Teilabrisse und Umnutzungen stark verändert worden und haben dadurch einen sehr komplexen Quellencharakter erhalten. Manche wurden restauriert, um ein bestimmtes Bild von Geschichte zu präsentieren. Andere sind als Denkmäler oder Gedenkstätten zu Orten der Erinnerung und der Geschichtsdeutung umgestaltet worden.

Mithin ist gegenüber einem laienhaften Verständnis, das im vorfindlichen Objekt den geschichtlichen Urzustand oder „Geschichte live" sehen möchte, gerade am historischen Zeugnis beispielhaft die Historizität als das Prinzip stetiger und grundsätzlicher Veränderung in der Zeit zu erkennen. Am räumlich nahezu authentischen Ort sind solche allgemeinen Erkenntnisse besonders augenscheinlich zu vermitteln.

2.4 Was kann man vor Ort an Historischem lernen?

Die Lernorte gehen gerade nicht in einer abgeschlossenen Realität auf, die nur für sich selbst steht. Selbstverständlich geht es um den Erwerb zutreffender, fachlich korrekter Einzelkenntnisse. Aber ihre Bedeutung und ihren Sinn erhalten sie erst, wenn die Stellung der Orte in den sozialen, politischen, ökonomischen, ökologischen, kulturellen oder religiösen Beziehungen und Prozessen deutlich wird. Die Begegnung mit dem real Feststellbaren zielt also die unter der Oberfläche des Begeh- und Erfahrbaren verborgenen Zusammenhänge und Entwicklungen an.

Und schließlich geht es nicht nur darum, Kenntnisse zu Daten, Ereignissen, Entwicklungen oder Strukturen an diesem Ort zu erhalten, sondern darum, am Ort als einem kleinen Ausschnitt heute noch sichtbarer Relikte vergangener Wirklichkeit elementare Einsichten in das Wesen historischer Erkenntnisse zu erreichen.

Mithin ermöglichen gerade historische Orte, dass „an einem aussagekräftigen Gegenstand wesentliche Merkmale der historischen Erkenntnisweise, allgemein oder weitgehend akzeptierte geschichtsdidaktische Standards und unterrichtspraktische Methodenentscheidungen aufeinander bezogen" (Mayer 1998, 97) und mit Interessen und Bedürfnissen der Lernenden für bedeutsames Lernen verbunden werden können.

So ergeben sich Ziele auf verschiedenen Ebenen und mit unterschiedlichen Reichweiten:

- *Anstoßen längerfristigen Interesses* für Geschichte
- *Sensibilisierung* für die bewusste Wahrnehmung historischer Überreste
- *Vermittlung von Vorstellungen* über historische Gegebenheiten
- *Vermittlung von Erkenntnissen* über historische Zusammenhänge
- *Anbahnung und Einübung* elementarer historischer Denk- und Arbeitsweisen
- *Verständnis* für die Einmaligkeit und Schutzwürdigkeit historischer Orte

Dabei ist zu bedenken, dass sich die geschichtsdidaktischen Grundgedanken und Ziele nicht unmittelbar methodisch umsetzen lassen. Die in der Praxis angewandten methodischen Akte dürfen aber den fachdidaktischen Zielen, Ansprüchen und Standards nicht widersprechen oder entgegenwirken.

3. Ein Exkurs: Die Legende von der „originalen Begegnung"

Mit dem Begriff des Lernens vor Ort haben sich in unserem Fach häufig Vorstellungen verbunden, die aus geschichtsdidaktischer Sicht sehr problematisch sind. An die Konzeption, „Geschichte vor Ort" aufzusuchen, wird – als Gegensatz zu dem als lebens- und wirklichkeitsfremd diskriminierten Schulunterricht – oft die Hoffnung geknüpft, auf diese Weise die Lebendigkeit, Ursprünglichkeit und Unmittelbarkeit der Geschichte selbst einfangen zu können (Staatsinstitut 1999, 14). Insbesondere in eher allgemeindidaktisch orientierten pädagogischen Zeitschriften sowie Materialsammlungen und Praxisanleitungen erwecken viele Autoren die Erwartung, die Realbegegnung mit historischen Zeugnissen gewährleiste die Begegnung mit der Geschichte selbst (Schreiber 1999, 594). Dieses Missverständnis korrespondiert häufig mit der unsachgemäßen Verwendung des Begriffs „originale Begegnung", den der Göttinger Pädagoge Heinrich Roth schon 1949 in die schulpädagogische Diskussion einbrachte. Roth meint damit gerade nicht die „Realbegegnung", sondern versteht darunter das von äußeren Anschauungen letztlich sogar unabhängige Prinzip, „das originale Kind, wie es von sich aus in die Welt hineinlebt, mit dem originalen Gegenstand, wie er seinem eigentlichen Wesen nach ist, so in Verbindung zu bringen, dass das Kind fragt, weil ihm der Gegenstand Fragen stellt, und der Gegenstand Fragen aufgibt, weil er eine Antwort für das Kind hat" (Roth 1965, 111).

In den letzten Jahrzehnten lässt sich bei fast allen geschichtsdidaktischen Autoren, die sich dazu äußern, die oberflächliche, wissenschaftlich nicht korrekte Rezeption dieses Begriffes feststellen. Es ist die Unsitte eingerissen, die „originale Begegnung" – immer unter ausdrücklicher Beziehung auf Roth – als die von diesem gar nicht so gemeinte „reale Begegnung", als Begegnung mit konkreten Objekten zu interpretieren.

Dabei kann bei sorgfältiger Lektüre das geschichtsdidaktische Potenzial des Prinzips auch für heute noch, nur in anderer Zielrichtung, gar nicht hoch genug veranschlagt werden: „In diesem methodischen Prinzip steckt der Kunstgriff, Kind und Gegenstand so aufeinander zu beziehen, dass sie einander nicht mehr loslassen, sondern ins Gespräch kommen und miteinander zu leben beginnen. Nur auf diese Weise entwickeln sich spontane Beziehungen zwischen beiden, und das hat eine Methode des Unterrichts zu leisten. Alle methodische Kunst liegt darin beschlossen, tote Sachverhalte in lebendige Handlungen rückzuverwandeln, aus denen sie entsprungen sind: Gegenstände in Erfindungen und Entdeckungen, Werke in Schöpfungen, Pläne in Sorgen, Verträge in Beschlüsse, Lösungen in Aufgaben, Phänomene in Urphänomene" (Roth 1965, 116).

Prinzipiell ist die Vorstellung irrig, es könne vor Ort eine „Begegnung mit Geschichte" geben. Diese resultiert aus einer vorschnellen Parallelisierung mit den Erkenntnismöglichkeiten der Exkursion in den Nachbardisziplinen Geografie, Sozialkunde und Biologie. In der Geografie leistet das Lernen vor Ort die unmittelbare Begegnung mit geografischen Erscheinungen selbst; nur die Begegnung am natürlichen Standort lässt viele biologische Phänomene und Zusammenhänge begreifen; sozialkundliche Exkursionen ermöglichen die direkte Konfrontation mit Problemen aus Politik und Gesellschaft. Im Gegensatz zu diesen Beispielen jedoch ist sogar an der anschaulichsten historischen Stätte die Sache selbst, nämlich die Geschichte als vergangenes Geschehen, nicht direkt zu erfahren. Bereits seit den Tagen der reformpädagogisch akzentuierten Geschichtsmethodiken gibt es Warnungen vor Verwechslung: „In Wirklichkeit anzuschauen sind in der Regel nur die Überreste historischer Gegenstände oder Zustände in der Heimat" (Tecklenburg 1921, 62) oder: „... alle sachlichen Überreste sind nur Relikte des geschichtlichen Gegenstandes. Er selbst, das Geschehen, ist für immer vorbei"(Glöckel 1973, 19).

In der Sprache der Zeit werden auch schulpädagogische Empfehlungen zur Aufarbeitung gegeben, nämlich die Überreste „sofort unterrichtlich zu behandeln" (Tecklenburg 1921, 62), durch die Lehrer „aus der Fülle der freien Beobachtungen das Wesentliche herauszuheben, bewusst zu machen und zu sichern" (Ebeling 1953, 55) oder die Realien zum „Ausgang für das abstrahierende und beziehende Denken" zu machen (Glöckel 1973, 218). Dabei ist noch zu präzisieren, dass durch Analyse und Deutung der Spuren der Geschichte allenfalls ein „Vorstellungsbild von der Vergangenheit" gewonnen werden kann (Staatsinstitut 1999, 14).

4. Zur Praxis des Umgangs mit historischen Orten

4.1 Funktionen

Betrachtet man die Rolle der Realbegegnung vor Ort im Lernprozess einer historischen Unterrichtseinheit, so gibt es in grober Gliederung drei Formen, die sich je nach Umfang und Intensität des Kontakts mit den historischen Objekten unterscheiden.

Einmaliger Besuch

Im Rahmen eines ein- oder mehrstündigen Unterrichtsgangs ergeben sich eher lockere Kontaktformen. Beim ungelenkten und vordergründig ungezielten Umherstreifen können Schülerinnen und Schüler selbstständig und auf ihre eigene Weise subjektive Erfahrungen machen, unterschiedlich intensive Beobachtungen treffen und für sich Fremdes oder Interessantes entdecken. Diese Art der Begegnung wird eher ein Sonderfall bleiben, falls sie ohne ausdrückliche Vorbereitung und Nacharbeit nur der Auflockerung und Abwechslung des Schulalltags dienen soll. Der Besuch kann aber auch dezidiert zur Klärung einer im Unterricht aufgetauchten Frage oder als Motivation zur Entdeckung von Fragestellungen und damit als Einstieg in ein Thema genutzt werden (➛ Einstiege). Der Besuch dient dann dazu, Beobachtungen und Erfahrungen zu sammeln sowie Anschauungen zu gewinnen, die die gemeinsame Ausgangsbasis für die weitere Untersuchung noch am außerschulischen Lernort oder im „normalen" Geschichtsunterricht bilden (Gautschi 2000, 75).

Gezielte „Exkursionen"

Im Rahmen ganztägiger Exkursionen, auch an Wandertagen, kann der Kontakt anhand vorbereitend entwickelter Fragestellungen und Erkundungsaufträge erfolgen. In dieser wohlüberlegten Form mit schulischer Vor- und Nachbereitung ist die historische Stätte nicht nur Auslöser oder Anlass, sondern Gegenstand historischen Lernens und damit ein wesentliches Element der Erarbeitungsphase (➛ Erarbeitung). Hier können sich beim zielgerichteten Erwerb von Informationen, bei der Aneignung, Einübung und Anwendung methodischen Könnens und bei der Abrundung der Kenntnisse durch konkrete Anschauung konzentrierte praktische und geistige Anstrengungen mit emotionalen Eindrücken verbinden.

Ebenso kann die Exkursion der Auswertung/Anwendung/Reflexion am Ende einer Unterrichtseinheit dienen (➛ Üben, Hausaufgaben, Wiederholen). Die Funktion des historischen Ortes besteht dann darin, etwa das Gelernte zu vertiefen oder zu differenzieren, erarbeitetes Allgemeines mit einem lokalen oder regionalen Beispiel zu vergleichen, gewonnene Erkenntnisse zu überprüfen, zu Erweiterungen und neuen Fragestellungen anzuregen (Staatsinstitut 1999, 17).

Mehrfacher Besuch

Insbesondere bei mehrtägigen Unternehmungen, etwa im Rahmen von Schullandheimaufenthalten, „Wanderwochen", Studienfahrten, in fachlich akzentuierten oder fachübergreifenden bzw. fächerverbindenden Projekten kann es notwendig werden, den außerschulischen Lernort mehrfach, mit ergänzenden oder vertiefenden Absichten, aufzusuchen und zu erkunden (➛ Projektarbeit). Je nach Zielen der Arbeit und den regionalen Gegebenheiten kann der Besuch der historischen Orte durch die Nutzung anderer Lernorte wie Museum oder Archiv ergänzt werden (➛ Geschichtsvermittlung im Museum, Archivarbeit).

4.2 Kompetenzen

Es besteht auch die Möglichkeit, zur Nutzung des geschichtsdidaktischen Potenzials der historischen Orte nach Idealtypen von Exkursionen zu unterscheiden. Die idealtypischen Formen folgen dem je eigenen Charakter der historischen Orte. In der Praxis können sich die Typen freilich vermengen (Schreiber 1998, 216; Schreiber 1999, 596).

Idealtypus „Erkundung"

Bei dieser Form (Schreiber 1998, 216-221) ist die Stätte am originalen Ort selbst der Lerngegenstand, an dem die Rekonstruktion von Geschichte geleistet werden soll. Erkundet werden können Gebäude, Ensembles, historische Landschaften „nach ihrer Funktion, nach ihren Entstehungszusammenhängen und ihrer Entstehungszeit, nach dem politischen, wirtschaftlichen, sozialen Umfeld, dem sie angehörten, nach dem Wandel ihrer Aussage bis zum Erinnerungswert heute. ... Die Erkundung kann einen thematischen Schwerpunkt haben, zu dem die jeweilige Stätte eine Aussage liefert, sie kann aber auch versuchen, eine historische Stätte möglichst total zu erschließen“ (Schreiber 1998, 216).

Zur Strukturierung eignet sich ein Katalog fachbezogener Kompetenzen, der dem jeweiligen Ort angepasst werden kann. Im Sinne von Lernprogression sollen die Schülerinnen und Schüler gefördert werden, mit zunehmendem Lernalter immer selbstständiger in der Erarbeitung vorzugehen (Schreiber 1998, 219):

- Historische Phänomene „in den Blick nehmen“. Dies bedeutet, vorgegebenen Fragestellungen folgen zu können, aber auch selbst weitere Aspekte erschließen zu lernen. Es geht um praktisches Tun: das Anschauen, Begehen, Begreifen, Erfahren mit allen Sinnen, aber auch um den Bezug zu früheren Erfahrungen und Erkenntnissen: Wiedererkennen, Vergleichen, Klassifizieren, Konfrontieren, Schlussfolgern. Ergebnis soll die Erfassung des Lerngegenstandes in seinen wesentlichen Zügen sein.
- Bindung von Geschichte an den Raum erkennen lernen. Diese Kompetenz ist durch topologische Fragen aufzubauen: Wo liegt der Ort? Warum gerade dort? Welche Konsequenzen ergeben sich aus der Lage für den Ort? Ist er Teil eines größeren Ensembles? Liegt ein Typus oder ein Sonderfall vor?
- Funktionen erschließen lernen: Welche Aufgabe hatte der Ort? Woraus können sie erschlossen werden? Wie können die Vermutungen überprüft werden? Benötigt man zusätzliche Informationen? Welche? Lassen sich neben der Funktionalität noch andere Intentionen erkennen?
- Gestaltung als Informationsquelle erkennen lernen: Wie wurde gebaut? Warum gerade so? Wer ließ für wen mit welchen Absichten bauen? Stilelemente als Signaturen der Zeit erkennen.
- Am konkreten Beispiel das Prinzip der Geschichtlichkeit erkennen lernen: Veränderungen in der Bausubstanz, Kontinuität und Wandel in der Funktion, Änderungen im Umfeld des Ortes mit Auswirkungen auf diesen. Das Phänomen der Musealisierung eines historischen Ortes.
- In historische Kontexte einordnen können: Was hat das von uns Erarbeitete für die Menschen damals bedeutet? Was erfahren wir über ihre Lebensumstände und Mentalitäten? Erhalten wir Hinweise auf kulturelle, wirtschaftliche, politische, gesellschaftliche, naturräumliche, klimatische, ökologische Rahmenbedingungen?
- Bewertungen beurteilen lernen: Hier geht es um den Erinnerungswert des historischen Ortes zu unterschiedlichen Zeiten. Vergleich der eigenen Rekonstruktion mit Darstellungen der Kommunalpolitik oder der Trägerorganisationen, in Informationsmaterial für Einheimische und Touristen. Befragung von anderen Besuchern. Beurteilung alter und neuer Reiseführer oder historiographischer Darstellungen.

Idealtypus „Rekonstruktion historischer Ereignisse an ihrem historischen Ort"

Bei dieser Art des Umgangs liegt das Augenmerk nicht primär auf dem realen historischen Ort, sondern auf der Rekonstruktion vergangener Ereignisse eben dort (Schreiber 1998, 221 f.).

Manche Autoren bezweifeln die Möglichkeit historischen Lernens an Orten historischen Geschehens, an denen heute keine Spuren der Geschichte mehr sichtbar sind (Staatsinstitut 1999, 12). Im Gegensatz hierzu ist jedoch gerade die Aufarbeitung des heute nicht mehr Sichtbaren mit Hilfe anderer, dort nicht selbst auffindlicher Quellen und Medien zu empfehlen. So kommt man auf die Spur des dort sozusagen verborgenen Geheimnisses.

Zur Erhellung eines historischen Phänomens wird die zugehörige historische Stätte aufgesucht. Die Rekonstruktion erfolgt durch Erzählung, Quellenbezug, anderweitige mediale Veranschaulichungen – am besten direkt vor Ort. Es geht dabei auch um die Erkenntnis, dass die Rekonstruktion des Vergangenen oft der Vernetzung unterschiedlicher Erkenntnisquellen bedarf. Auf diese Weise kommen hier selbst an oberflächlich unauffälligen Orten Emotionen ins Spiel. Ein Beispiel kann dies verdeutlichen (Mayer 2002, 35 f.):

> Im Zusammenhang eines Projekts zu einem spektakulären Postraub im hessischen „Hinterland" zu Beginn des 19. Jahrhunderts wird die Begegnung der Lernenden mit dem Ort des historischen Überfalls zur entsprechenden Tageszeit arrangiert. Im Rahmen einer Nachwanderung kommt die Lerngruppe im Morgengrauen an dem authentischen Hohlweg an. Beim Lagern und Warten am Wegesrand gibt es eine zugleich emotionale und distanzierende Annäherung ans Geschehen. Nicht: Wir sind die Leute von damals, aber: hier lagerten sie. Was mögen sie nach einem viel längeren Weg gefühlt, befürchtet, erhofft haben? Beim Zuhören des jetzt vorgetragenen Quellenberichts zum Überfall wird eine Vorstellung davon ermöglicht, wie das Geschehen genau an dieser Stelle damals gewesen sein könnte.

Weitere Beispiele sollen andeuten, dass an den originalen Schauplätzen auch ohne sichtbare Spuren des damaligen Geschehens mithilfe zusätzlicher Informationen die sogenannte „Aura des historischen Ortes" zur Geltung kommen kann.

> Hier gründete Bonifatius ein Kloster.
> Hier wurde ein „falscher" Kaiser verbrannt.
> Hier predigte Luther auf dem Weg zum Reichstag in Worms.
> Hier fand eine regionalhistorisch entscheidende Schlacht statt.
> Hier verlief eine wichtige prähistorische und mittelalterliche Handelsstraße.
> Hier war der erste bekannte Rastplatz der Hugenotten im Territorium.
> Hier wurde eine wichtige Erfindung gemacht.
> Hier stand eine Synagoge.
> Hier gab es 1923 eine lokale Revolte.
> Hier wurde auf der Durchreise der „Kartätschenprinz" 1849 mit Pferdeäpfeln beworfen.
> Hier wurde die erste Hakenkreuzfahne offiziell gehisst.
> Hier wurden Regimegegner zusammengetrieben.
> Hier wurde die erste Gas-Straßenlaterne installiert.
> Hier revoltierten und bewaffneten sich Bürger 1848 gegen den Landesherrn.
> Hier ...

Idealtypus „Hinterfragen gedeuteter Geschichte"

Historische Orte sind häufig Plätze gedeuteter Geschichte (Schreiber 1998, 222 f.). Dabei ist ein sehr weites Spektrum zu berücksichtigen. Explizite Deutungen von Geschichte gibt es bei Denkmälern oder Gedenkstätten am Ort des Geschehens, bei Verweisen auf den Ort in Literatur, Film und Bild, bei Gesprächen mit Zeitzeugen (➤ Oral History) vor Ort, bei allen Mythen, Legenden, Sagen, die sich um den historischen Ort ranken. Deutungen sind in all den Erscheinungen enthalten, die etwa in der öffentlichen Geschichtskultur verbreitet sind, seien es die kommerziellen „historischen Spectacula" vor Fachwerk- und Mauerkulissen, das Nachspielen historischer belegter „Szenen" an originaler Stätte oder reale Handlungen wie Hochzeiten oder Taufen in historischen Gewändern in möglichst authentischer historischer Umgebung. Hier geht es um komplexe Wechselbeziehungen zwischen historischen Orten und den ganz unterschiedlichen Deutungsmustern (Lundt 2003). Folgende Fragetypen können bei der Erschließung helfen:

Welche Zusammenhänge existieren zwischen den historischen Orten und den kollektiven Geschichtsbildern, ob national, lokal, regional, gesellschaftlich sektoral oder konfessionell geprägt?

Welche Rolle spielt die historische Stätte für das Zustandekommen oder Weiterwirken der unterschiedlichen Vorstellungen von einer für die jeweiligen Gruppen gemeinsamen, am Ende sogar verpflichtenden Geschichte?

Oder auch in der Gegenrichtung: Welche Auswirkungen haben die in bestimmten Erinnerungskulturen vorherrschenden Vorstellungen auf die Deutung der konkreten Orte? Wie manifestieren sich die Elemente einer behaupteten gemeinsamen Geschichte wiederum in den sichtbaren Relikten?

Wegen der wichtigen Rolle gedeuteter Geschichte in der öffentlichen Erinnerung sollen die Lernenden befähigt werden, Deutungen als solche zu erkennen, zu analysieren und mit kontrollierter Rekonstruktion zu vergleichen. „Den grundlegenden Unterschied erkennen Schüler am einfachsten, wenn sie mit der jeweiligen Deutung konfrontiert werden, nachdem sie zuvor selbst die Rekonstruktion mit Hilfe der vor Ort vorhandenen Überreste und anderer Quellen versucht haben." Ohne ihnen den Spaß am Faszinierenden, Mythischen und emotional Anrührenden nehmen zu wollen, sollte doch letztlich eine Fähigkeit zur Differenzierung zwischen fiktiven und realen Momenten angestrebt werden (Schreiber 1998, 222 f.).

4.3 Methoden

Auch Lehren und Lernen am historischen Ort beginnt mit einer gründlichen Vorbereitung (➤ Didaktische Analyse). Folgende Gesichtspunkte sind erfahrungsgemäß hilfreich für die Planung und Realisierung eines für alle Beteiligten erfolgreichen Unterrichts (Münchenbach 1996, 313; Staatsinstitut 1999, 18 f.; Burk, Claussen 1981, 27ff f.):

Checkliste zur Planung

1. **Inhaltliche Vorbereitung**
   - Auswahl eines günstig erreichbaren Lernorts aus den verschiedenen Möglichkeiten zu einem bestimmten Thema
   - Sammeln von Informationen zum Lernort
   - Vorabbesuch des historischen Ortes
   - Kontakt zu außerschulischen Experten
   - Feststellung des für die Lernenden notwendigen Vorwissens
   - Überlegungen zu den mit dem Lernort verbundenen besonderen Lernchancen
   - Einschätzung des Verhältnisses zwischen Aufwand an Zeit und Arbeit und dem erwarteten fachlichen und pädagogischen Gewinn
2. **Didaktische und methodische Vorbereitung**
   - Überprüfung des Verhältnisses zwischen inhaltlichem Potenzial des Ortes und den curricularen Vorgaben
   - Bestimmung von Lernzielen, Thema, Inhalten
   - Überlegungen zu handlungsorientiertem Vorgehen und zur Förderung bestimmter Kompetenzen
   - Bestimmung des didaktischen Orts der Exkursion im Rahmen der Struktur der Unterrichtseinheit
   - Überlegungen zur notwendigen Vor- und Nachbereitung im Unterricht
   - Überprüfung der zu erwartenden und zu aktualisierenden Vorkenntnisse und Fähigkeiten der Schülerinnen und Schüler
   - Überlegungen zum Wecken und Fördern von Interesse und Schüleraktivitäten
   - Erstellen von Arbeitsblättern/Beobachtungsaufträgen, wenn möglich unter Beteiligung der Schülerinnen und Schüler
3. **Organisatorische Vorbereitung**
   - Einholen der Genehmigung bei der Schulleitung
   - Information der Eltern zum Vorhaben, zur Zeitplanung und zu den Kosten
   - Absprache mit Kolleginnen und Kollegen, Auswahl der Begleitperson
   - Absprachen mit Experten, Besitzern oder Aufsichtspersonen
   - Wahl des Verkehrsmittels, Einholung von Angeboten
   - Regelung der Finanzierung (Fahrtkosten, Eintritt, evtl. Zuschüsse)
   - Absprachen über Bekleidung, Verpflegung, Arbeitsmittel
   - Mitnahme eines Mobiltelefons für Notfälle
   - Klärung des Ablaufs der Exkursion
   - Bereitstellung von Hilfsmitteln
   - Verständigung über Signale und Zeichen
4. **Erzieherische Vorbereitung**
   - Absprache mit der Lerngruppe/Klasse über Verhaltensregeln
   - Aufklärung über Konsequenzen bei Fehlverhalten
   - Hinweise zum selbstständigen Lernen
   - evtl. „Sorgenkinder“ berücksichtigen
   - Überlegungen zur Gruppenbildung
   - Verständigung über das Verhältnis von „Arbeitszeit“ und frei verfügbarer Zeit
5. **Literatur zur Vorbereitung**
   - lokale und regionale Reiseführer und Kunstführer
   - lokal- und regionalgeschichtliche Literatur
   - Schriftenreihen von Geschichtsvereinen
   - Literatur zu Gemeinde-, Stadt- und Vereinsjubiläen
   - Ausstellungskataloge
   - lokale und regionale Bildbände
   - Du Mont Kunst-Reiseführer
   - G. Dehio (Hrsg.), Handbuch der Deutschen Kunstdenkmäler, Regionalbände
   - Handbuch der historischen Stätten Deutschlands, Regionalbände
   - E. Keyser (Hrsg.), Deutsches Städtebuch
   - Römisch-Germanisches Zentralmuseum Mainz (Hrsg.), Führer zu vor- und frühgeschichtlichen Denkmälern
   - Veröffentlichungsreihen der Landesdenkmalämter, z.B. Landesamt für Denkmalpflege Hessen, Archäologische Denkmäler in Hessen

Der Lernprozess beim Umgang mit historischen Orten unterscheidet sich nicht grundsätzlich vom historischen Lernen in der Schule. Auf das Erkunden der vorfindlichen Zeugnisse folgen gemäß der Logik der historischen Erkenntnis Analyse, Kritik und Interpretation des vor Ort Wahrgenommenen (➛ Erarbeitung). Anschließend steht im Sinne der Aufarbeitung (➛ Verarbeitung, Dokumentation und Präsentation von Lernergebnissen) noch die plausible Darstellung der Ergebnisse für sich und für andere an. Somit ergibt sich ein Lernprozess im klassischen Aufbau (Tecklenburg 1921, Ebeling 1955) von drei Stufen:

- vielfältige Wahrnehmung des historischen Ortes;
- exemplarische Analyse der im Sichtbaren enthaltenen Bedeutung;
- adressatenbezogene Präsentation der Untersuchungsergebnisse.

In emotionaler Hinsicht handelt es sich um folgenden Dreischritt:

- Faszination zulassen und erwecken;
- Faszination relativieren und reflektieren;
- reflektierte Faszination anderen mitteilen.

Wahrnehmung und Erkundung

Eine wichtige Voraussetzung ist die quantitative Beschränkung bzw. die thematische Eingrenzung. „Es ist besser, weniger intensiv zu erkunden als einen eher flüchtigen Überblick zu vermitteln, auch wenn – aus der Sicht der Lehrkraft – auf Interessantes und Wichtiges verzichtet werden muss." (Münchenbach 1996, 316) Für eine konkrete, konzentrierte und intensive Erkundung eher abträglich ist die allseits beliebte Rallye (z.B. Böttger-Gable 1994), bei der oft der äußerliche kompetitive Aspekt einer möglichst geschwinden Lösung überwiegt.

Das Motto der reformpädagogisch akzentuierten Geschichtsmethodik lautete: „Freigabe der kindlichen Entdeckerlust" (Ebeling 1955, 55). In dieser Tradition gründet die verbreitete Warnung vor frontaler Wissensvermittlung durch die Lehrperson oder vorhandene Informationsmedien und die allgemeine Favorisierung der Vorteile eines intensiven ➛ forschend-entdeckenden Lernens, nämlich des Suchens und Herausfindens als Grundlage für dauerhaftes Lernen. In der neueren Lernforschung werden jedoch auch lehrerzentrierte bzw. instruktive Verfahren durchaus wieder positiv beurteilt. So sollte denn gemäss den verschiedenen Lernorten und den unterschiedlichen schulischen Voraussetzungen durchaus die „ganze Palette" gelenkter und eher offener Lehr- und Lernformen (➛ Einstiege) genutzt werden (Staatsinstitut 1999, 13). Sie reicht von rezeptiven Formen wie Führungen und Vorträgen über die bedachte Steigerung der Selbstständigkeit und Aktivität der Lernenden durch Arbeitsanweisungen, Beobachtungsaufträge und Erkundungsaufgaben bis hin zu selbsttätiger „Entdeckung", die natürlich – gemessen an wissenschaftlichen Standards – eine Nach-Entdeckung ist (Münchenbach 1996, 317).

Einige ertragreiche und erfolgversprechende Varianten aus den vielfältigen Möglichkeiten der ersten Begegnung mit dem historischen Ort lassen sich stichwortartig skizzieren (Gautschi 2000, 74; Mayer 1998, 100 ff.; Ebeling 1955, 55):

- Exkursion entlang „historischer Lernpfade“, die für schulische Zwecke oder mit didaktischer Absicht konzipiert wurden. Didaktisch gezielte Einbeziehung von Informationstafeln und Arbeitsblättern.
- Führung durch sachkundige Personen, die Expertenkenntnisse, eigene Erfahrungen, Sensibilität für die Exkursionsteilnehmer und interaktive Fähigkeiten einbringen.
- Erkundung in der Form gelenkten Entdeckenlassens, als sach- und zielbezogene Arrangements mit Hilfe von Beobachtungs- und Handlungsaufträgen. Einbeziehung möglichst vieler Zugangs- und Bearbeitungsweisen. Abdecken der Informationstafeln, um das Entdeckenkönnen nicht zu behindern.
- Kurzexkursionen zur Klärung einer im Unterricht aufgetretenen Frage.
- Formen freien Entdeckens und Sammelns. Dabei ist die Gefahr der Ausartung des Lernorts zu einer Art Abenteuerspielplatz zu bedenken.

Jede Begegnung vor Ort folgt den je spezifischen Gegebenheiten. Es gibt jedoch Aktionsformen, die sich gemäß theoretischer Begründung und unterrichtlicher Erfahrung durchgängig mit Sinn und Erfolg verwenden lassen. So eignen sich für die Phase der Erkundung besonders folgende Tätigkeiten:

ausmessen	zeigen	suchen
zeichnen	benennen	schätzen
berechnen	vormachen	skizzieren
fotografieren	erläutern	abschreiten
filmen	vortragen	fragen
beschreiben	berichten	raten

Karten, Lagepläne und Grundrisse erstellen

Aufarbeitung durch Analyse und Deutung

Das historische Lernen kann nicht bei der Feststellung des vorgefundenen Konkreten stehen bleiben und dieses möglicherweise im Charakter des unreflektiert Ehrwürdigen, Erbaulichen, Staunenswerten, Sensationellen, letztlich Isolierten belassen. Es geht darum, das am Ort Erkundete in zutreffende historische Zusammenhänge einzubinden, es zu kontextualisieren (Erarbeitung). Diese Kontextualisierung kann nicht aus den Erscheinungen der historischen Stätte selbst heraus geleistet werden; hierzu bedarf es weiterer Materialien, vor allem zusätzlicher zeitgenössischer Quellen, aber auch relevanter Darstellungen. Ein Beispiel kann dies verdeutlichen.

Eine 6. Klasse sollte am Beispiel der freigelegten Grundmauern einer mittelalterlichen Kirche, der im Wald erhaltenen Ackerterrassen einer ehemaligen Feldflur und der schwachen Reste von Häusern einer mittelalterlichen Dorfwüstung einen Einblick in einen kleinen Ausschnitt vergangener und heute noch relikthaft sichtbarer Wirklichkeit sowie elementare Einsichten in die Erarbeitung historischer Erkenntnisse erhalten. Ziel war es, historische Überreste im Gelände zu erkennen, zu untersuchen und in Ansätzen zu deuten und zu interpretieren. Über genaues Beobachten und Beschreiben, über Ausmessen, Skizzieren und Kartieren archäologischer Relikte, das Nachmessen der Wasserführung eines Baches, über die Präsentation von Bildquellen und Rekonstruktionszeichnungen durch den Lehrenden, über die Aktivierung von Vorkenntnissen und Alltagserfahrungen konnten ansatzweise die Deutung der sichtbaren Überreste, die Rekonstruktion der vergangenen Wirklichkeit und Einblicke in die Denk- und Arbeitsweise historischer Forschung erfahren werden.

Wie für die Erkundung, so gibt es auch für deren Aufarbeitung keine allein erfolgverspre chende Unterrichtsmethode. Es gilt der Grundsatz der Methodenvielfalt und des Methodenwechsels (Münchenbach 1996, 316 f.). Der geschilderte Unterricht vor Ort enthielt einige Merkmale, die sich für die methodische Aufarbeitung generalisieren lassen (Mayer 1998, 102; Staatsinstitut 1999, 19):

- Gewonnene Beobachtungen in ein Ergebnis für die gesamte Lerngruppe überführen: Gruppen- und Plenumsarbeit verbinden.
- Ablauf der Exkursion reflektieren. Besondere Erlebnisse besprechen.
- Schülerbeobachtungen und -erfahrungen aufarbeiten und weiter verarbeiten: Entdecktes mit fachlichen Informationen verbinden.
- Offene Frage ermitteln und Lösungsmöglichkeiten erörtern.
- Beobachtungen und Erkundungsergebnisse prüfen, ergänzen und erweitern: handelnden Umgang und kognitive Verarbeitung verbinden.
- Alltagserfahrungen und Vorwissen aufgreifen und neue Erfahrungen vermitteln.
- Zusätzliche Materialien und Informationen bereitstellen: Schriftquellen, Bildquellen, Rekonstruktionszeichnungen, Geschichtskarten und historische Karten, Lexika, verständliche wissenschaftliche Texte.
- Freiräume und Lehrerdarbietungen in Einklang bringen.
- Analytische Arbeit und spielerische Momente verbinden: z.B. Simulationsspiele vor Ort durchführen.

Ein wesentliches Moment, historische Rekonstruktionen zu leisten, besteht darin, Imaginationen zuzulassen und zu bewirken. Gerade in der Aufarbeitung der Zeugnisse vor Ort können einfache Hinweise dazu verhelfen, frühere Erkenntnisse oder Zustände gleichsam vor dem inneren Auge anschaulich werden lassen: Was müssen wir uns wegdenken, was müssen wir uns hinzudenken, um der vergangenen Wirklichkeit näher zu kommen?

Präsentation der Ergebnisse

Historisches Lernen kommt generell dann zu einem sinnvollen (vorläufigen) Ende, wenn die Lernenden das Erarbeitete für sich selbst und für andere auch einleuchtend darstellen können. Umso mehr gilt dies für die Erarbeitung der immobilen historischen Orte.

Bei ergebnispräsentationen ist auch auf ein angemessenes Verhältnis des zeitlichen/materiellen Aufwands zum Ziel zu achten. Es gibt bewährte Formen (Staatsinstitut 1999, 21 f.; Sauer 2001, 245 ff.):

- *Bericht:* Einzel-, Gruppen-, Gesamtbericht, evtl. als „Geschichtszeitung" klassenintern, für die Schulöffentlichkeit, Bericht für die Lokalpresse
- *Schautafel/Wandzeitung/Plakat:* „Steckbriefe" für die Objekte, Bildserien

- *Ausstellung:* für die Schulöffentlichkeit, für die weitere Öffentlichkeit; Einbeziehung von Vereinen, Behörden, Bankinstituten
- *Podiumsdiskussion* (etwa um Restaurierung, Umnutzung, Abriss): mit Zeitzeugen, Wissenschaftlern, Experten; schulöffentlich, für die weitere Öffentlichkeit
- *Teilnahme an Wettbewerben:* lokal, regional, überregional
- *Informationstafeln:* für einzelne historische Objekte, für einen Lernpfad
- *Führungsblätter:* zu den einzelnen Stätten, Zusammenarbeit mit lokalem Tourismusbüro
- *Stadtführer:* für Jugendliche, professionell für den Buchhandel
- *Internet-Präsentation*

Weiterführende Literatur

Bauer, Hans, Die historische Exkursion. Möglichkeiten eines handlungsorientierten Geschichtsunterrichts, in: Blätter für Lehrerfortbildung 38 (1986), S. 88-91

Beeck, Karl-Heinz (Hrsg.), Landesgeschichte im Unterricht, Ratingen 1973

Bickel, Wolfgang, Das Interesse am Ursprünglichen, in: Praxis Geschichte 8 (1994), H. 6, S. 12-14

Böttger-Gable, Barbara, Eine Stadtrallye durch das mittelalterliche Lübeck, in: Praxis Geschichte 8 (1994), H. 2, S. 50-52

Burk, Karlheinz; Claussen, Claus (Hrsg.), Lernorte außerhalb des Klassenzimmers I. Didaktische Grundlegung und Beispiele, Frankfurt/M. 1980

Burk, Karlheinz; Claussen, Claus (Hrsg.), Lernorte außerhalb des Klassenzimmers II. Methoden-Praxisberichte-Hintergründe, Frankfurt/M. 1981

Burk, Karlheinz; Kruse, K. (Hrsg.), Lernorte außerhalb des Klassenzimmers III. Wandertag – Klassenfahrt – Schullandheim, Frankfurt/M. 1983

Dehio, Georg (Hrsg.), Handbuch der Deutschen Kunstdenkmäler, Regionalbände, München, Berlin

Dittmer, Lothar; Siegfried, Detlef (Hrsg.), Spurensucher. Ein Praxisbuch für historische Projektarbeit, Weinheim, Basel 1997

Ebeling, Hans, Methodik des Geschichtsunterrichts, Hannover 1955 (4. Aufl., 1961)

Ebeling, Hans, Zur Didaktik und Methodik eines kind-, sach- und zeitgemäßen Geschichtsunterrichts, Hannover 1965

Ernst, Eugen, Lehrwanderungen im Erdkundeunterricht, Stuttgart 1973

François, Etienne; Schulze, Hagen (Hrsg.), Deutsche Erinnerungsorte, 3 Bde., München 2001

Frei, Albert G., Alltag – Region – Politik. Anmerkungen zu einer „neuen Geschichtsbewegung", in: Geschichtsdidaktik 9 (1984), S. 107-120

Glöckel, Hans, Geschichtsunterricht, Bad Heilbrunn 1973

Garbe, Dieter; Mayer, Ulrich, Geschichte vor Ort erleben. Außerschulische Lernorte mit historischem Bezug im Lahn-Dill-Gebiet, Fuldatal/Wetzlar 1994 (Ergebnisse Regionaler Lehrerfortbildung in Hessen)

Gautschi, Peter, Geschichte lehren. Lernwege und Lernsituationen für Jugendliche, 2. erw. Auflage, Buchs, Bern 2000

Goldmann, Eberhard, Die unmittelbare Begegnung und Auseinandersetzung mit historischen Zeugnissen im heimatlichen Raum, in: Blätter für Lehrerfortbildung 34 (1982), S. 438-443

Greverus, Ina-Maria, Auf der Suche nach der Heimat, München 1978

Handbuch der historischen Stätten Deutschlands, Regionalbände, Stuttgart

Heer, Hannes; Ullrich, Volker (Hrsg.), Geschichte entdecken. Erfahrungen und Projekte der neuen Geschichtsbewegung, Reinbek 1985

Henke-Bockschatz, Gerhard, Überlegungen zur Rolle der Imagination im Prozess des historischen Lernens, in: GWU 51 (2000), S. 418-429

Hey, Bernd, Archive und historische Stätten als außerschulische Lernorte. Zum Begriff der historischen Exkursion, in: GWU 31 (1980), S. 30-40

Hey, Bernd, Die historische Exkursion. Zur Didaktik und Methodik des Besuchs historischer Stätten, Museen und Archive, Stuttgart 1978

Hey, Bernd, Exkursionen, Lehrpfade, alternative Stadterkundungen, in: Bergmann, Klaus u.a. (Hrsg.), Handbuch der Geschichtsdidaktik, 5. überarb. Aufl., Seelze-Velber 1997, S. 727 731

Hey, Bernd, Das Museum draußen: Historische Lernpfade, Geschichtsstraßen und Lernlandschaften, in: Geschichtsdidaktik 11 (1986), S. 336-348

Hug, Wolfgang (Hrsg.), Das historische Museum im Geschichtsunterricht, Freiburg, Würzburg 1978

Keller, Wolfgang, Schülerexkursionen und ihre Auswertung im Unterricht, in: GWU 20 (1969), S. 554-565

Knirsch, Rudolf, Die Erkundungswanderung. Theorie und Praxis einer aktivierenden Lernform für Unterricht und Freizeit, Paderborn 1979

Kuhn, Annette; Schneider, Gerhard (Hrsg.), Geschichte lernen im Museum, Düsseldorf 1978

Lecke, Detlef (Hrsg.), Lebensorte als Lernorte: Handbuch Spurensicherung. Skizzen zum Leben, Arbeiten und Lernen in der Provinz, Reinheim 1983

Lundt, Bea (Hrsg.), Nordlichter. Geschichtsbewusstsein und Geschichtsmythen nördlich der Elbe, Köln 2003

Mayer, Ulrich, Historisches Lernen und Geschichtsmethodik. Über den Zusammenhang von historischen Erkenntniswegen, geschichtsdidaktischen Standards und methodischen Entscheidungen, in: Schönemann, Bernd u.a. (Hrsg.), Geschichtsbewußtsein und Methoden historischen Lernens, Weinheim 1998, S. 95-107

Mayer, Ulrich, Handlungsorientierter Geschichtsunterricht, in: Demantowsky, Marko, Schönemann, Bernd (Hrsg.), Neue geschichtsdidaktische Positionen, Bochum 2002, S. 27-37

Münchenbach, Siegfried, Geschichte vor Ort – Exkursion und Museum, in: Parigger, Harald (Hrsg.), Die Fundgrube für den Geschichts-Unterricht. Ein Nachschlagewerk für jeden Tag, Berlin 1996, S. 315-325

Niethammer, Lutz (Hrsg.), Lebenserfahrung und kollektives Gedächtnis. Die Praxis der Oral History, Frankfurt/M. 1980

Niemz, Günter (Hrsg.), Geographische Lehrwanderungen und Exkursionen in Hessen und Nachbarräumen, Frankfurt/M. 1993

Roth, Heinrich, Die „originale Begegnung“ als methodisches Prinzip, in: Ders., Pädagogische Psychologie des Lehrens und Lernens, 8. Aufl., Hannover 1965, S. 105-118 (zuerst als Aufsatz „Zum pädagogischen Problem der Methode“, in: Die Sammlung 4 [1949], 2. Heft)

Sauer, Michael, Geschichte unterrichten. Eine Einführung in die Didaktik und Methodik, 3. Aufl., Seelze-Velber 2004

Schreiber, Waltraud, Geschichte lernen an historischen Stätten: die historische Exkursion, in: Schreiber, Waltraud (Hrsg.), Erste Begegnungen mit Geschichte. Grundlagen historischen Lernens, Bd. 1, Neuried 1999, S. 589-606

Schreiber, Waltraud, Geschichte vor Ort. Versuch einer Typologie für historische Exkursionen, in: Schönemann, Bernd u.a. (Hrsg.), Geschichtsbewußtsein und Methoden historischen Lernens, Weinheim 1998, S. 213-225

Staatsinstitut für Schulpädagogik und Bildungsforschung München (Hrsg.), Geschichte vor Ort. Anregungen für den Unterricht an außerschulischen Lernorten, Donauwörth 1999

Stadtmüller, Winfried, Sachquellen, in: Schreiber, Waltraud (Hrsg.), Erste Begegnungen mit Geschichte. Grundlagen historischen Lernens, Bd. 1, Neuried 1999, S. 391-404

Tecklenburg, August, Bildender Geschichtsunterricht. Der Geschichtsunterricht in der Grundschule. Erster selbständiger Geschichtsunterricht auf heimatlicher Grundlage in Begründung und Beispiel, 2. Aufl., Hannover 1921 (1. Aufl. 1904)

Zang, Gert, Die unaufhaltsame Annäherung an das Einzelne. Reflexionen über den theoretischen und praktischen Nutzen der Regional- und Alltagsgeschichte, Konstanz 1985

Ziegler, Walter, Die historische Exkursion, in: Hasch, Rudolf (Hrsg.), Landesgeschichte und Exkursion im Geschichtsunterricht, Donauwörth 1977, S. 109-126

Hans-Jürgen Pandel

Erzählen

Erzählen ist eine kulturelle Universalie, ohne die keine Gesellschaft auskommt. Die Erzählung ist kulturkonstituierend. Im Laufe der historischen Entwicklung differenziert sie sich in faktuale und fiktionale Erzählungen aus. Das war eine überlebenswichtige Unterscheidung, denn Erzählungen über Jagdgründe und Feinde, die sich im nachhinein als fiktional herausstellten, konnten verheerende Folgen nach sich ziehen. Historiographie und Dichtung erfüllen beide im Traditionsbildungsprozess ihre besondere Funktion. Historiker erzählen auch, wenn sie sich dessen nicht bewusst sind oder den Erzählbegriff weit von sich weisen. Selbst die moderne Geschichtsschreibung, die voller diskursiver Elemente ist, erzählt. Erzählung ist eine typische Eigenart, wenn von Geschichte die Rede ist. Sie besteht darin, dass sie zeitdifferente Ereignisse in einen Sinnzusammenhang stellt. Nicht das Erheben von Tatbeständen der Vergangenheit ist die genuine Aufgabe des Historikers, sondern deren sinnbildende Verknüpfung. Es gibt nur wenige Texte in der Geschichtswissenschaft, die nicht erzählen. Dabei handelt es sich um geschichtstheoretische oder geschichtsphilosophische Erörterungen. Wenn von Erzählen in der Geschichtswissenschaft die Rede ist, ist nicht ein schöner, spannender, anschaulicher Text gemeint, sondern eine bestimmte Struktur ihrer Aussagen.

Erzählen bzw. Narrativität ist gegenwärtig neben ➤ Multiperspektivität und Gegenwartsbezug (➤ Gegenwarts- und Zukunftsbezug) zu einem wichtigen Prinzip der Geschichtsdidaktik geworden, da Erzählung der Grundbegriff des Historischen ist. Für die Geschichtsdidaktik und den Geschichtsunterricht bedeutet das vor allem dreierlei:

- Geschichte geht nicht in den Daten und Fakten auf, die viele Geschichtslehrer immer noch für das Herzstück des Geschichtsunterrichts halten. Dieser Anschauung liegt der vormoderne Begriff von Geschichte zugrunde, nämlich die prägenetische Chronik. Sie reiht Ereignisse unverbundenen aneinander.
- Bei aller Quellen- und Handlungsorientierung sowie bei allen methodischen Arrangements müssen Schülerinnen und Schüler in der Lage sein, einen Entwicklungsprozess (einen Forschritt, einen Niedergang etc.) im Zusammenhang darzustellen. Das ist es, was sinnbildendes Erzählen bedeutet.
- Wenn es dem Geschichtsunterricht gelingt, diese narrative Struktur (diese Erzählung im geschichtstheoretischen Sinne) auch noch anschaulich, spannend, detailreich und lebendig darzustellen, um so besser. Aber diese anschaungssättigenden und spannungsfördernden Elemente machen nicht das Wesen der historischen Erzählung aus. Die klassischen Erzählversuche der 20er Jahre des 19. Jahrhunderts (z.B. Scheiblhuber) und die neueren (z.B. Hering, Tocha, Hasberg) verwechselten Veranschaulichung mit der Struktur narrativer Aussagen.

1. Geschichtstheoretischer Ausgangspunkt

Erzählen ist ein besonderer Prozess der Sinnbildung, der sowohl auf der Ebene des Wortes, des Satzes und des Texte anzutreffen ist. Dieser Sinnbildungsprozess beruht darauf, dass mindestens zwei Ereignisse, die zu unterschiedlichen Zeitpunkten stattgefunden haben, sinnbildend verbunden werden (Danto 1974). Geschichtstheoretisch wird die narrative Struktur vor allem an Sätzen exemplifiziert:

(1) Am 23. Mai 1618 wurden die kaiserlichen Räte Martinez und Slavata von protestantischen Edelleuten aus dem Fenster des Prager Schlosses geworfen.

Dieses Ereignis ist als „Prager Fenstersturz" in die Geschichtswissenschaft eingegangen. Das Ereignis lässt sich exakt datieren. Der eigentliche Fenstersturz wird dabei nur einige Sekunden in Anspruch genommen haben. Sätze dieser Art sind Chroniksätze, beschreibende Sätze. Sie sind für den Historiker unverzichtbar, aber sie machen nicht die für die Geschichtswissenschaft eigentümlichen Aussagen aus. Es handelt sich hier nicht um eine historische Aussage, obwohl sie auf ein vergangenes Ereignis Bezug nimmt. Hier liegt das Missverständnis der meisten Geschichtslehrerinnen und Geschichtslehrer begründet, wenn sie solche Aussagen zum Herzstück ihres Geschichtsunterricht machen. Es handelt sich hier um eine beschreibende, keine erzählende Aussage. Solche Beschreibungen lassen sich auch anschaulich ausschmücken, sie machen dennoch nicht den Kern historischer Aussagen aus:

(1a) Am 23. Mai 1618 wurden die prächtig gekleideten kaiserlichen Räte Martinez und Slavata von wütenden protestantischen Edelleuten unter dem Beifall der Bürger Prags aus dem Fenster des Prager Schlosses geworfen und schlugen hart auf das Pflaster/landeten weich auf einem Misthaufen.

Auch in dieser Weise ausgeschmückt, wird der Satz nicht zu einer spezifischen historischen Aussage. Man handelt sich zudem weitere Probleme ein, denn in der Regel sind solche Ausschmückungen fiktiver Natur, da für sie meist keine Quellenbelege existieren.

Es kommt nicht auf das Ereignis selbst an, sondern um das Verhältnis zu dem (den) folgenden. Erst wenn dieses Ereignis des Prager Fenstersturz zu anderen, zeitlich späteren Ereignissen in Beziehung gesetzt wird, erhalten wir eine historische Aussage, einen narrativen Satz. Das geschieht mit folgender Aussage:

(2) Mit dem Prager Fenstersturz begann der Dreißigjährige Krieg.

Diese Aussage konnte frühestens im Jahre 1648, in Kenntnis des Westfälischen Friedens getroffen werden. Kein zeitgenössischer Chronist konnte, wenn er vor dem Fenster des Prager Schlosses Augenzeuge der Angelegenheit war, in seine Chronik schreiben:

(3) In diesem Moment ist der schreckliche Dreißigjährige Krieg ausgebrochen.

Das wäre nur möglich, wenn er Kenntnis von der Zukunft hätte. Chroniken[1] sind deshalb pränarrativ, denn „Ursache sein" ist keine Eigenschaft des Ereignisses selbst, sondern wird ihm retrospektiv durch die Geschichtswissenschaft zugeschrieben. Der zeitgenössische Chronist, mag er noch so zuverlässig sein, hat keine Kenntnis von der Zukunft. Erst von ihr her kann einem Ereignis das Prädikat „Ursache" zugesprochen werden. In diesem Sinne haben schon scharfsinnige Historiker des 19. Jahrhunderts wie Johann Gustav Droysen bemerkt, die wahre Geschichte stehe nicht in den Quellen.

Um erzählen zu können, benötigt man folglich (mindestens) zwei narrative Opponenten. So ist der Satz

(4) Am 10.11.1483 wurde Martin Luther geboren.

eine einfacher Ereignisaussage und kein erzählender Satz, da er sich nur auf einen Zeitpunkt bezieht. Dagegen ist der folgende Satz eine narrative Aussage:

(5) Am 10.11.1483 wurde der Reformator Martin Luther geboren.

Der Schreiber dieses Satzes benötigte über das Geburtsdatum hinaus mindestens die Kenntnis des „Thesenanschlages“ von 1517, der Luther die Eigenschaft „Reformator“ einbrachte.

So wie an diese Beispielsätze über den Dreißigjährigen Krieg und Luther die narrative Struktur aufgezeigt wurde, so gibt es auch unterhalb und oberhalb der Satzebene narrative Strukturen. Auch Wörter der Alltagssprache wie „Mutter“ oder der Historiographie („Reformation“) sind Mini-Erzählungen, da sie (mindestens) zwei Ereignisse in sich vereinen. Nicht jede Frau ist eine Mutter, sie kann es aber werden, wenn bestimmte zeitdifferente Ereignisse eintreten. Oberhalb der Satzebene drückt sich die narratio in den textualen Großformen Geschichtsschreibung, Schulbuch, Roman, Jugendbuch, Lebensgeschichte etc. aus. Diese Großformen bestehen aus ineinander gestaffelten narrativen Aussagen.

Zusammengefasst kann man die Minimalbedingungen der Narratio folgendermaßen definieren: Zwei zeitdifferente Ereignisse stellen narrative Opponenten dar (Abb. 1). Sie sinnbildend zu verbinden nennt man geschichtstheoretisch gesehen „Erzählen“. Da es sich um ein Strukturmoment handelt, soll es im Folgenden „Narratio“ genannt werden.

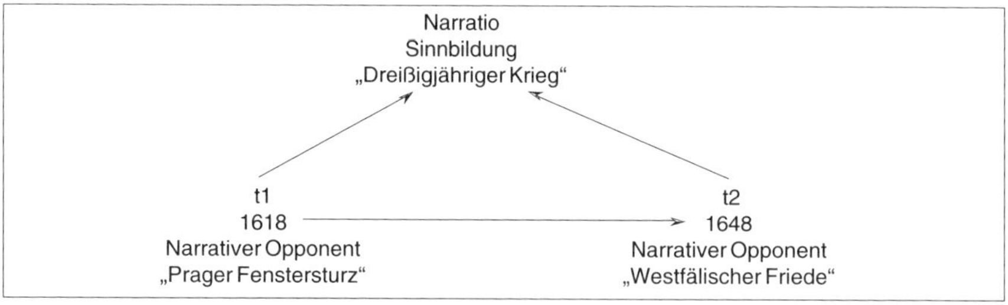

Abb. 1: *Schema der narrativen Struktur*

Ziel des Geschichtsunterricht ist es, dass Schülerinnen und Schüler lernen sollen, solche narrativen Sätze (bzw. textuale Großformen) zu bilden und zu verstehen sowie die unterschiedlichen narrativen Gattungen zu unterscheiden. Wir haben es in der Geschichte mit beschreibenden und erzählenden Sätzen zu tun. Wobei die beschreibenden Sätze zwar notwendig und unersetzlich sind, zur Geschichte, zur Narration werden sie aber erst, wenn sie auf solche späteren Ereignisse Bezug nehmen, die der zeitgenössische Chronikschreiber nicht kannte.

Von hier aus ist auch der quellenorientierte Geschichtsunterricht in genauerer Perspektive zu sehen. Aus einer Quelle allein, mag sie noch so wichtig sein, ist keine Geschichte zu entnehmen. Quellen, so die exakte Definition, entstehen zeitgleich, zumindestens zeitnah zu den von ihr berichteten Ereignissen. Wenn wir eine Quelle noch so intensiv untersuchen, noch so raffiniert interpretieren, noch so moderne Methoden (inhaltsanalytische oder dekonstruktivistische) anwenden, so erhalten wir dennoch keine historische, narrative Erkenntnis. Erst zeitdifferente Ereignisse, die von zeitdifferenten Quellen berichtet werden, erlauben es, historische Erkenntnis zu bilden.

2. Gattungen erzählender Darstellung

Beim Erzählen ist nach strukturalistischem Sprachgebrauch zwischen Oberflächen- und Tiefenstruktur zu unterscheiden. Die Narratio macht die Tiefenstruktur aus, die sich dann in den unterschiedlichen Oberflächenstrukturen, so unterschiedlich sie auch sein mögen, ausdrückt. Erzählen (korrekter: Narratio) ist also ein tiefenstruktureller Begriff. Narrationen sind Tiefenstrukturen, über denen sich unterschiedliche Oberflächenstrukturen (Historischer Roman, Geschichtserzählung, vergangene und gegenwärtige Historiographie) bilden. Das kann die anspruchvolle Geschichtsschreibung in der Tradition Leopold Rankes und Theodor Mommsens sein, aber auch die novellistische Geschichtserzählung, die mit vielen unhistorischen Fiktionen gespickt ist. Die Oberflächenstrukturen können auch aus der historischen Belletristik und sogar aus den spröden, menschenleeren Darstellungen der neueren Sozial- und Strukturgeschichte bestehen. Das Kriterium der empirischen Triftigkeit der Ereignisse trennt auf der Oberfläche faktuales vom fiktionalen Erzählen. Die Vernachlässigung der Differenz zwischen den verschiedenen Strukturebenen hat für nachhaltige Konfusion bei Geschichtsdidaktikern und Fachhistorikern gesorgt. Geschichtsdidaktiker wie Heringer und Tocha wähnten die novellistische Geschichtserzählung im Aufwind, als die geschichtstheoretische Diskussion um Narrativität aufkam und der Historiker Jürgen Kocka fragte polemisch „Zurück zur Erzählung?" und fürchtete, die Geschichtswissenschaft sei auf dem Weg in die Vergangenheit. Er wollte nicht wahrhaben, dass seine strukturgesättigte Sozialgeschichte ebenfalls aus Narrationen generiert wird, sonst wäre sie gar keine Geschichte. Auch erwähnt werden sollten jene Geschichtsdidaktiker, die in bloßer Kenntnis des Titels von Hayden Whites Aufsatzsammlung „Auch Klio dichtet" (White 1986) die Differenz zwischen Geschichtsschreibung und historischem Roman für nicht existent erklären. Es gibt ihn nämlich doch, den Unterschied zwischen den Schriften von Hans-Ulrich Wehler und Günter Grass!

Visualisiert muss man sich das Verhältnis von Oberflächen- und Tiefenstruktur folgendermaßen vorstellen (Abb. 2):

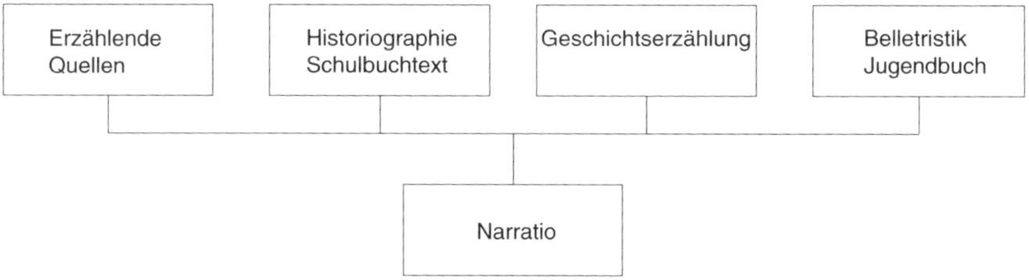

Abb. 2: *Verhältnis von Oberflächen- und Tiefenstruktur bei Erzählungen*

Wir hätten im Geschichtsunterricht keine so großen Probleme mit dem Erzählbegriff, wenn wir uns an die Gepflogenheiten der Geschichtswissenschaft halten würden, in der fiktionale Texte (Belletristik, Jugendbuch) nicht zugelassen sind (es sei denn, sie werden als Quellen ihrer Zeit genommen). So einfach kann es sich die Geschichtsdidaktik aber nicht machen. Sie hat es nicht nur mit den Ergebnissen der Geschichtswissenschaft zu tun, sondern muss darüber hinaus auch die Schülerinnen und Schüler befähigen, sich in der sie umgebenden Geschichtskultur zu orientieren, in der fiktionale Narrationen (Belletristik, Historienfilm) eine wichtige Rolle spielen. Geschichtsunterricht hat in alle Gattungen des Narrativen einzuüben, die sich mit Geschichte beschäftigen. Was aber Geschichtsunterricht nicht darf, ist die Gattungsunterschiede zwischen historischem und literarischem Erzählen verwischen. Eine Übersicht über die Gattungstypen soll die Unterschiede zeigen.

2.1 Historiographie und Schulbuchtext

Moderne Historiographie ist dadurch gekennzeichnet, dass es sich bei ihr um *diskursiv angereicherte Erzählungen* handelt. Narrative Passagen wechseln sich mit theoretischen ab. Es wird nicht nur erzählt, sondern im Text auch begründet, warum man so und nicht anders erzählt und welche Theorie man dem Erzählen zugrunde legt. Historiographie ist durch Theoriesprache angereichertes Erzählen. Das didaktische Problem ist hier die Mischung von narrativen und beschreibenden (bzw. systematischen) Textelementen.

Moderne Historiographie ist *diachron und synchron zugleich*. Sie bezieht sich auf verschiedene Zeitebenen. Neben die kurzen sind die Zeiten von langer Dauer getreten. Dadurch treten neben die individuellen auch die kollektiven Subjekte oder die Subjekte werden aus den Erzählungen ganz vertrieben. Damit ist nicht nur ein Verlust an konkret handelnden Subjekten verbunden, sondern das Erzählen verlässt auch den natürlichen Rhythmus der erlebbaren Ereigniszeit. Moderne Historiographie ist weiterhin durch eine hohe Anzahl historischer Begriffe gekennzeichnet, die entweder *narrative Begriffe* oder *Theorien* in sich verbergen. Narrative Begriffe beinhalten ganze Geschichten, die nicht ausgeführt, sondern beim Leser vorausgesetzt werden. So ist beispielsweise „Reformation" eine begrifflich verdichtete Superkurzgeschichte; diesen Begriff kann man nur dann sinnvoll als Subjekt einer Handlung („Die Reformation bewirkte ...") einsetzen, wenn man die in ihr verborgene Geschichte kennt. Die zweite Begriffsgruppe sind „Minitheorien" (z.B. „Nationalismus"). In der modernen Historiographie ist diese letzte Begriffsgruppe überproportional vertreten.

Ein Beispiel für moderne Historiographie ist der folgende Text, der die narrative Darstellung der Machtübergabe an die Nationalsozialisten unterbricht, um mit Max Webers Theorie weiterzufahren:

Beispiel:

> Mit taktischer Schläue beschränkte Hitler, bescheidene Ansprüche heuchelnd und seine Förderer in Sicherheit wiegend, die Anzahl der NSDAP-Vertreter auf drei Minister: auf Frick für das Innenministerium, Goebbels für das neue Ministerium für Volksaufklärung und Göring für das ebenfalls neugeschaffene Luftfahrtministerium. Die rechtskonservative Kabinettsmehrheit um v. Papen und

> Hugenberg gab sich daher der gefährlichen Illusion hin, dank ihrer politischen Erfahrung Hitler selber und die wenigen Neulinge um ihn herum zähmen zu können, während sie vor den Wagen des autoritären Machtkartells gespannt wurden.
>
> In diesem Sinne hat dann auch v. Papen die letzten Bedenken Hindenburgs überwunden, so daß der Reichspräsident am Mittag des 30. Januar, in der Abgeschiedenheit seiner Diensträume und fern von jedem öffentlichen Zeremoniell, Hitler die Amtsgewalt des deutschen Reichskanzlers übergab. Kein einziges Mitglied der neuen Reichsregierung dachte an ihre Bestätigung durch ein Vertrauensvotum des Reichstags. Hitler insistierte vielmehr auf der Linie der vorher getroffenen Absprachen schon am 31. Januar auf der Auflösung des Parlaments, und Hindenburg gab ohne Zaudern am 1. Februar seine Zustimmung. Für die Neuwahlen am 5. März konnte die NSDAP fünf Wochen für einen Wahlkampf in ihrem Stil, jetzt aber als Regierungspartei nutzen. (...)
>
> Alea iacta sunt – die Würfel des Verhängnisses waren am 30. Januar 1933 gefallen, als Hitler mit dem Reichskanzleramt die volle Regierungsgewalt übertragen wurde. An dieser Realgeschichte gibt es nichts zu rütteln. Dennoch muß auch an dieser Stelle die Frage aufgeworfen werden, ob es realistische Alternativen zu dieser Machtübertragung gab. (...) Denn will man nicht von vornherein der Macht derjenigen Ergebnisse erliegen, die aus dem historischen Prozeß siegreich hervorgegangen sind, und ihren Erfolg nur noch einmal als unabwendbar bestätigen, muß man die Analyse einer methodischen Kontrolle unterwerfen.
>
> Sie wird von der „Theorie der sogenannten ‚objektiven Möglichkeiten'", wie Max Weber sie vor nahezu 100 Jahren mit unübertroffener Klarheit entwickelt hat, angeleitet. Sie fragt zuerst einmal nach möglichst allen erkennbaren Entscheidungs- und Handlungsoptionen, die im Schoße der Geschichte zu einem bestimmten, dem interessierenden Zeitpunkt vorhanden waren. Danach gilt es herauszufinden, (...).
>
> (Wehler, Hans-Ulrich, Deutsche Gesellschaftsgeschichte, Bd. 4, München 2003, S. 585)

Im Vergleich zur Historiographie sind Geschichtsschulbücher adressatenspezifische Derivate von Historikertexten. Soweit die Theorie. Empirisch zeigt sich aber, dass sich zwischen Historiographie und Schulbuch ein Transformationsprozess und keineswegs eine bloße Herabsetzung der Schwierigkeitsgrade vollzieht. Das ist bisher nicht wahrgenommen worden. Empirisch lässt sich nämlich nachweisen, dass die meisten modernen Geschichtsschulbücher es nicht vermögen Geschichte zu erzählen und Sinn zu bilden. Sie sind thematisch diskontinuierliche Erzählungen, die keinen globalkohärenten Zusammenhang herstellen, der die einzelnen Sätze und Abschnitte übergreift. Sie zerfallen in kleine Einheiten, deren Zusammenhänge die Schülerinnen und Schüler nicht erkennen könnten bzw. die auch nicht vorhanden sind. Sie weisen im mikrostrukturellen Bereich Defizite an Kohärenz auf und im Makrobereich fehlt fast immer der globalkohärente Zusammenhang. Mit „Kohärenz" bezeichnet man den Zusammenhang, durch den aus einer Folge von Sätzen (bzw. Absätzen) ein erzählender Text wird. Die Faktoren, die dies bewerkstelligen, liegen auf unterschiedlichen Ebenen. Die *textsyntaktische* Kohärenz wird durch Prowörter (Pronomen, Prominaladverbien u.a.), rück- und vorwärts verweisende Ausdrücke hergestellt. Textsyntaktische Ereignisverkettung erfolgt additiv (und, oder), temporal (dann, bevor), kausal (weil deshalb), adversativ (aber, obwohl) und konditional (wenn/dann). *Textsemantische* Kohärenz ergibt sich vor allem aus Themaidentität, Referenzidentität, Relationen der Isotopie sowie Erzähltypen (bzw. Zeitverlaufsvorstellungen). Kurz: Moderne Schulbücher sind kein gutes Medium, um narrative Sinnbildungen zu zeigen.

Beispiel:

> Hitler wird Reichskanzler
> Seit der Kanzlerschaft Brünings 1930 hatte sich die Regierung nicht unmittelbar auf eine Partei oder Parteienkoalition gestützt. [...] Zwar gelangte am 30. Januar 1933 mit Hitler der „Führer“ der größten Wählerpartei an die Regierung, aber damit war nicht etwa eine Rückkehr zu einer Regierung, die vom Parlament getragen wurde, beabsichtigt, sondern das Gegenteil: Konservativen Politikern, Teilen der Großindustrie und der Reichswehr ging es jetzt um die endgültige Ablösung der Regierung von parlamentarischen Mehrheitsverhältnissen – und das bedeutete vor allem, auf die „Tolerierung“ der SPD nicht mehr angewiesen zu sein.
> *(Geschichtsbuch 4, Die Menschen und ihre Geschichte in Darstellungen und Dokumenten, Berlin 1988, S. 124)*
>
> Am Morgen des 30. Januar 1933 ahnte die Bevölkerung noch nicht, was diesmal im Reichspräsidentenpalais verhandelt wurde. Man erwartete nichts Neues, sondern wieder ein Beamtenkabinett. Da brachten die Mittagsnachrichten des Rundfunks die Nachricht, Hindenburg habe Hitler zum Reichskanzler ernannt. Die meisten waren erstaunt, denn die Abneigung des Reichspräsidenten gegenüber Hitler war bekannt. Bei den Nationalsozialisten löste die Nachricht höchste Aktivität aus. Josef Goebbels organisierte einen Fackelzug in Berlin, der von 19 Uhr bis ein Uhr nachts dauerte. Auch in vielen anderen Städten fanden solche Fackelzüge statt, an denen allerdings nur das „nationale Deutschland“ teilnahm. [...]
> *(Geschichte konkret 3 – Ein Lern- und Arbeitsbuch, Hannover 1998, S. 158)*

Das erste Beispiel zeigt Reflexionen in beschreibenden Sätzen über die Bedeutung des Ereignisses, während das zweite die Geschichte eines Tages vom Morgen bis ein Uhr nachts erzählt. Nacherzählungsfähig ist nur der zweite Text.

2.2 Erzählende Quellen

In der Quellentheorie gibt es seit Johann Gustav Droysen (1856) die Unterscheidung von Traditionsquellen und Überresten oder in der neueren Terminologie zwischen Monumenten und Dokumenten (Pandel 2003). Erzählende Quellen sind vorwiegend Traditionsquellen, die der Nachwelt etwas mitteilen wollen. Wir haben es hier mit Annalen oder mit Geschichtsschreibung der Vergangenheit zu tun. Sie sind in sich narrativ, weil sie ursprünglich Historiographie waren, die mit fortschreitender Zeit durch Veralten zur Quelle wurden. Es handelt sich um Geschichtsschreibung der Vergangenheit, die ihn ihrer Zeit als Historiographie vergangenes Geschehen gedeutet hat. Wolfgang Hug (Hug 1982) hat vor längerer Zeit einen vorzüglichen Überblick über die besondere Gruppe der erzählenden Quellen der Antike und des Mittelalters vorgelegt. Es sind Geschichtsgeschichten, Erzählgeschichten. Diese besonderen Gattungen sind (von uns heute aus betrachtet) zeitferne Quellen. Sie entstanden lange Jahre nach den Ereignissen, die sie erzählen (Beispiele sind Plutarch, Einhard etc.). Sie können gar nicht anders als Erzählen, da sie diese Ereignisse, die sie schilderten, retrospektiv betrachteten und somit Verläufe darstellten. Im Unterricht benutzen wir sie aber als Ereignisbeschreibungen. Das hat meist seinen Grund darin, dass sie nur als kurze Ausschnitte genutzt werden und man somit die narrativen Zusammenhänge meist nicht mehr erkennen kann. Die Schwierigkeiten der erzählenden Quellen für den heutigen Nutzer beruhen auf zeittypischen, heute meist für Laien unbekannten Begriffen (Liten, Wachszinser etc.). Eine weitere Schwierigkeit liegt in der Historizität der Begriffe, in der Begriffsgeschichte (Bürger, Arbeit, Nation etc.).

Bei der Quellenauswahl sollten wir darauf achten, dass wir in größerem Maße erzählende Quellen berücksichtigen. Das Übergewicht beschreibender und argumentierender Quellen sollten wir im Hinblick auf das Erkenntnisziel des Geschichtsunterrichts vor allem in Unter- und Mittelstufe aufgeben. Auf diese Weise lässt sich auch die Dichotomie von novellistischem und quellenorientiertem Geschichtsunterricht auflösen. Es gibt eine Vielzahl erzählender Quellen, die meist nicht in ihrem narrativen Charakter benutzt werden. Wir brauchen gar nicht die fiktionale Geschichtserzählung, wenn wir uns die Mühe machen würden, den Quellenbestand auf erzählende Quellen durchzusehen.

Beispiel:

Gutsherr und Leibeigene im Russland des 19. Jahrhunderts
Aus den „Erinnerungen eines Dorfgeistlichen" (um 1825):

Der Herr beschmutzte seine Hände nicht an den Schnauzen der Bauern. Wenn er auf dem Lande war, wo er sich häufig aufhielt, folgten ihm zwei Kutscher mit Knuten, wie seine Schatten. Wo er irgendeine Unordnung wahrnahm, mußten die Kutscher gleich mit den Knuten zuhauen. Einst kam er nach der Heumahd auf das Gut, ließ den Verwalter kommen und frug denselben: „Ist das Heu aufgenommen?" – „Jawohl, Herr." – „Ist das Heu gut?" – „Es ist schönes Heu." – „Grün?" – „Ja, grün." – „Gebt ihm die Knute!" Der Verwalter wurde ausgestreckt und erhielt von zwei Leuten Knutenhiebe; der Herr aber saß dabei und sprach: „Mähe das Gras nicht zu früh. Es wäre noch gewachsen; wir hätten mehr Heu, mehr. Haut ihm ordentlich auf, dem Halunken! Man rufe seinen Vater!" Es kam der Vater, ein Greis von 80 Jahren. „Gebt ihm die Knute!" Auch ihn legte man hin und hieb auf ihn ein. Der Herr redete weiter: „Lehre deinen Sohn! Das Gras wäre nach dem Regen noch gewachsen. Dir, Verwalter, werde ich morgen noch mehr geben lassen." Doch in der folgenden Nacht machte der Verwalter seinem Leben ein Ende, er erhängte sich in der Scheune.

(Gitermann, Valentin, Geschichte Russlands Bd. 3, Hamburg 1949, S. 553)

Warum brauchen wir bei solchen Quellen eigentlich noch die Geschichtserzählung?

2.3 Jugendbuch und Roman

Historische Jugendbücher (bzw. Romane) sind eine Mischform von Fiktion und Tatsachendarstellung. In ihnen verbinden sich historiographische und erzählästhetische Elemente. Der Widerspruch zwischen Ereignisbezug und erzählästhetischen Konstruktion macht ihre unterrichtliche Verwendung schwierig. Der Rückgriff auf die Ereignisse darf nicht zur Denunzierung der erzählästhetischen Konstruktion führen. Andererseits ist es ein Irrweg, zu Beginn des Geschichtsunterrichts in den unteren Klassen mit schriftstellerischen Texten anzufangen, um Erzählen einzuüben. Nach den bisherigen Untersuchungen entwickelt sich das Wissen um die Differenz von faktualen und fiktionalen Erzählungen zwischen dem 4. und 6. Lebensjahr. Erst in Kenntnis der narrativen historischen Kompetenz lassen sich die literarischen Formen in das historische Denken einreihen. Es geht eben nicht um die „schöne", sondern um die „wahre" Erzählung, wie es Droysen nannte; nicht um Ästhetik, sondern um Historiographie.

Die Forderung, Schülerinnen und Schüler literarische Texten auf empirische Triftigkeiten untersuchen zu lassen, ist unterrichtsfremd. Kein Schüler und keine Schülerin findet jene Quellen und historiographische Darstellungen, die den Jugendbuchautoren bei ihrem

Schreiben vorlagen. Der Sachverhalt ist um ein Vielfaches komplizierter. In den Jugendbüchern sind die „Helden" meist Kinder und Jugendliche, die der Phantasie des Autors entsprungen sind. Sie sind somit nicht personenauthentisch und kommen in keiner Quelle vor. Gleichwohl hat es diesen Hitlerjungen und dieses jüdische Mädchen als Typus gegeben. Sie sind somit typenauthentisch und geben einen Einblick in damalige Wirklichkeit. Problematisch ist dagegen die „pädagogische Absicht" mancher dieser Jugendbücher. So gibt es in deutschen Jugendbüchern eine Häufung von „Freundschaftsgeschichten" in denen ein Freund einem verfolgten Juden half. In DDR-Jugendbüchern häuften sich „Widerstandsgeschichten", in denen sich die Helden gegen den Faschismus wehrten. Diese Bücher geben etwas als Normalfall aus, was die Forschung als Ausnahme erkannt hat. Wie sollen Schülerinnen und Schüler das auf Triftigkeit untersuchen? Diese Bedenken sprechen aber nicht dagegen, Quellenlage und fiktionale Verarbeitung miteinander zu konfrontieren. So können Schülerinnen und Schüler sich zuerst mit dem folgenden Jugendbuchauszug beschäftigen, ehe ihnen die Bildquellen (Abb. 3) gezeigt werden. Selbstverständlich ist auch der umgekehrte Weg möglich. Schülerinnen und Schüler schreiben aufgrund der Bilder eine eigene Jugendbuchpassage, ehe sie sich mit dem Text von Yuri Suhl beschäftigen.

Beispiel:

Eine kleine Stadt in Polen im September 1939: Der Jude Mendel, ein alter, gläubiger Wasserträger, will sich durch die Deutschen nicht aus der Ruhe bringen lassen und geht, wie gewöhnlich, seiner Arbeit nach.

„Jude! Stehenbleiben!" brüllte einer der Soldaten ihn vom Panzer herab zu. Mendel ging weiter. Ein Hund bellt. Lass ihn bellen. Ein Soldat erschien in der Menge und versperrte ihm den Weg. „Wenn ein Deutscher dir etwas befiehlt, hast du zu gehorchen, du Schweinejude!" bellte der Soldat und schlug Mendel ins Gesicht. Mendel blieb bewegungslos stehen, fixierte den Soldaten mit den Augen, die rechte Hand umfaßte den Griff des Kanisters, als müßte er sie dort festhalten, damit sie nicht zurückschlug. Sollte er jetzt weitergehen oder warten. Warum sollte er diesem Antisemiten einen Vorwand geben, ihn wieder zu schlagen?

„Schneid ihm den Bart ab!" rief einer der Soldaten vom Panzer herab.

„Ja, ja!" riefen die anderen und deuteten auf ihre Kinnspitze.

Der Soldat, der Mendel gegenüberstand, nahm sein Bajonett aus der Scheide und griff mit der linken Hand nach Mendels Bart. Mit einem Kopfruck machte Mendel sich frei, ließ aber ein Büschel Haare in der Hand des Deutschen zurück. Er trat zur Seite, aber der Deutsche faßte ihn am Mantel und zog ihn zurück. „Nicht so schnell, Jude. Nicht, bevor du gestutzt worden bist." Er schnappte den Bart und hielt ihn fest. Gerade wollte er mit dem Bajonett schneiden, als ein Soldat vom Panzer herabrief: „Langsam, langsam." Der Soldat unten reagierte auf den Zuruf mit einem Zwinkern und Nicken und fing an, mit dem Bajonett langsam auf Mendels rötlichem Bart auf und ab zu fahren, als hielte er eine Säge. Die Fotoapparate klickten. [...]

Vielleicht ist es nur ein Spiel, das sie spielen? dachte Mendel. Wofür brauchen sie meinen Bart? Sie wollen nur noch mehr Fotos von einem Soldaten, der einem Juden den Bart abschneidet. Deshalb sind sie da oben so mit ihren Fotoapparaten beschäftigt. Na gut. Soll er mit seinem Bajonett herumfummeln. Sollen sie ihre Aufnahmen haben, wenn sie nur meinen Bart in Ruhe lassen. [...] Plötzlich hörte der Soldat auf, mit dem Bajonett nur herumzufuchteln, griff weiter oben, direkt unter dem Kinn, nach dem Bart und zog ihn so straff, daß selbst die stumpfe Klinge schnitt. „Nein! Nicht den Bart!" schrie Mendel auf. Er war ein Jude, und zu einem Juden gehörte sein Bart, genauso wie

Abb. 3: *Deutsche „Erinnerungsfotos". Links oben: Warschau 1939: Ein Deutscher schneidet einem Juden den Bart ab; links unten: Ein Angehöriger des Polizeibataillons 101 schneidet einem Juden den Bart ab (undatiert); rechts oben: Westliche Ukraine, Anfang Juli 1941; rechts unten: Sandomierz, Polen (undatiert). Aus: Daniel J. Goldhagen, Hitlers willige Vollstrecker. Berlin 1996, S. 122 und 292 (l.o. und l.u.); Hamburger Institut für Sozialforschung (Hrsg.), Vernichtungskrieg. Verbrechen der Wehrmacht 1941 bis 1944 (Katalog). Hamburg 1996, S. 186, Nr. 31, 35 (r.u. und r.o.)*

die Beachtung der Schabbatgebote[2] und der Besuch der Synagoge.[3] Ohne Bart zu sein, war unvorstellbar. Er faßte nach dem Handgelenk des Soldaten und drehte es mit solcher Kraft, daß das Bajonett aus der Hand fiel.

Ein Flüstern ging durch die Menge. Die Soldaten, die auf dem Panzer gehockt hatten, sprangen auf. Einer von ihnen legte den Fotoapparat weg und riß die Pistole hoch. Er zielte auf Mendel und feuerte. Einen Augenblick lang stand Mendel da, starrte den Soldaten an, der auf ihn geschossen hatte, und dachte, er würde sich dem Tod verweigern.

(Suhl, Yuri: David soll leben, Frankfurt/M. 1996, S. 10-15)

2.4 Geschichtserzählung

Dass die novellistischen Geschichtserzählung auch im Sinne der Narrativitätstheorie erzählt, ist niemals bestritten worden. Diese ad hoc entstandenen (oder von den Mühlstedts und Pariggers vorfabrizierten) Texte schmücken ohne literarischen Anspruch historische Personen, Ereignisse oder Situationen mit fiktionalen Mitteln aus. Dennoch handelt es sich bei ihr um eine Pseudogattung historischen Erzählens. Die verschiedenen Einwände (monologisierende Kommunikationsform, persuasive Methode, unhistorische Fiktionsbildung etc.) gegen die alte und neue Geschichtserzählung soll hier nicht wiederholt werden (Jung 1992). Die befürwortenden Argumente ihrer Verfechter sind längst widerlegt worden. Die neuen Vertreter der Geschichtserzählung dementieren sich ständig selbst und es ist schon verblüffend, mit welchem Dogmatismus sie an dem missverständlichen Scheiblhuberschen Begriff der Geschichtserzählung festhalten. Ihre Rettungsversuche sind kein Neuanfang, sondern eher eine Flucht. So greift Tocha auf die Poetik des literarischen Erzählens zurück und landet mit „Szenario" beim historischen Roman. Hasberg gibt bearbeitete Auszüge aus historischen Jugendbüchern als Geschichtserzählung aus. Warum diese Verschleierungen? Es wäre der didaktischen Diskussion mehr gedient, wenn die Autoren klipp und klar erklären würden, dass sie die Gattungen Roman und Jugendbuch meinen. Beides sind ehrenwerte Gattungen und des geschichtsdidaktischen Bemühens wert.

Unstrittig ist, dass Geschichtserzählungen Schülerinnen und Schülern Spaß machen, sie zum Sprechen animieren und sie für die Erzählzeit das Schwätzen einstellen lässt etc. Sie sind ohne Zweifel eine geniale Erfindung der Schulmeister in der Wende vom 19. zum 20. Jahrhundert. Die wiederholte Kritik an ihrem monologisierenden Charakter trifft genauso manchen Lehrervortrag und Frontalunterricht. Die Geschichtserzählung ist aus dem Bemühen um Motivation entstanden und verfolgt nicht die Absicht, historisches Lernen zu ermöglichen. Anders als beim Historikertext oder beim historischen Jugendbuch, die als Gattungen Ziel historischer Bildung sind, kann es keine Erziehung zur Geschichtserzählung geben. Die Gefahr dieser Pseudogattung liegt darin, dass sie an die Stelle historischer Erkenntnis treten und mit ihr verwechselt werden. Auf sie wird nicht hingeführt, damit Schülerinnen und Schüler im geschichtskulturellen Leben mit ihr umgehen können, denn Geschichtserzählungen sind keine Gattungen unserer Geschichtskultur. Man kann Schülerinnen und Schüler zu Fachbuch, historischem Roman, Jugendbuch hinführen, aber nicht zur Geschichtserzählung. Weder narrative noch Gattungskompetenz ist hier zu erwerben. Als Lehrbehelfe sind sie wie Baugerüste, die nach Ausführung des Gebäudes wieder entfernt werden.

Erzählen als geschichtsdidaktische Basiskategorie erhebt gegen die Geschichtserzählung zwei zentrale Einwände:

- Die Geschichtserzählung bildet imaginierte Welten und keine mit fiktionalen Elementen angereicherte faktuale Welt. Sie maßt sich Augenzeugenauthentizität an und dispensiert sich selbst vom Zwang historischer Genauigkeit.
- Die Geschichtserzählung kündigt die Korrelation zwischen Text und Verfasser auf. Erzählungen sind ohne Erzähler nicht denkbar. Da nach Interpretation, Adressaten, Motiven, Ideologie von Darstellungen gefragt werden soll, entzieht man den Schülerinnen und Schülern diese Möglichkeit. Bei jedem Text, der Historie repräsentiert, kann man nach Autorabsicht, Machart des Textes und seiner Ideologie fragen und darüber diskutieren. Das geht bei der Geschichtserzählung nicht. Soll die Lehrkraft fragen „Was habe ich mir bei diesem Text gedacht?", „Welche Ideologie steckt hinter meinen Ausführungen?", „Was will ich mit dem Text verschweigen?"

2.5 Visuelles Erzählen

Zu diesem Artikel wird das Prinzip des Erzählens an Texten exemplifiziert, da dieser Modus der Narratio der ursprüngliche ist. Er ging aus dem mündlichen Vortrag von Geschichte hervor. Bei schriftlosen Völkern wurde Geschichte mündlich tradiert (Mutwa 1983). Selbst Herodot, der Vater der Geschichts*schreibung*, hat sein Werk u.a. anlässlich der Olympischen Spiele mündlich vorgetragen. Dieser Modus des Erzählens ist nicht der einzige geblieben. Es kamen noch andere hinzu. Hier ist vor allem das visuelle Erzählen zu nennen (Pandel 1999 und Pandel, Bildinterpretation, in diesem Band). Wir verfügen über eine Vielzahl visueller Narrationen. Sie reichen vom mittelalterlichen Simultanbild (Kluckert 1994), den Bildzyklen (Jäger 1998), den historischen Comics (Schnackertz 1980) und schließlich bis zum modernen Historien- und Dokumentarfilm (Neubauer 1982). Sie alle folgen dem Grundmuster der Narratio und lassen sich ebenso über der Tiefenstruktur „Narratio" als Simultanbild, Bildzyklus (einschließlich moderne Fotoreportage) und Dokumentar- und Spielfilm systematisieren.

3. Genese narrativer historischer Kompetenz

Erzählen als eine alltagsweltliche Fähigkeit und Fertigkeit baut sich lebensgeschichtlich sehr früh auf, bereits im fünften Lebensjahr sind Kinder fähig zu erzählen und erzählte Geschichte zu verstehen (Elling 1987; Pandel 1994; Wolf 2001). Kinder können im Alter zwischen 5 und 10 Jahren erzählen. Diese Spannbreite hängt von der unterschiedlichen Definition ab, was die Forschung als Erzählen definiert. Manche legen die Wiedergabe einer einfachen Plotstruktur zugrunde, die anderen eine lineare Sequenzierung. Kinder können im Grundschulalter erzählen. Damit ist aber nicht gesagt, dass sie jenen Typus historischen Erzählens beherrschen, der traditionale von modernen Gesellschaften unterscheidet – oder anders ausgedrückt, dass sie naives vor kritischem Erzählen unterscheiden können. Auch die für historisches Denken fundamentale Unterscheidung zwischen wahren und ausgedachten Geschichten ist bereits vorhanden. Da die Erzählung hochgradig selektiv ist, wird zwischen wichtigen (die in die Geschichte eingehen) und unwichtigen Begebenheiten (die man nicht erzählen muss) unterschieden. Das weiß ein Kind intuitiv. Den Plot einer Geschichte wissen Kinder schon sehr früh zu erzählen. Was aber eine Geschichte im Sinne von Historie ausmacht, ist eine besondere Kontextualisierung der Personen und Handlungen in einer Zeit, die den Kindern nicht vertraut ist. Diese Menschen sahen anders aus, waren anders angezogen, hießen anders, wohnten anders, dachten anders. Dieses Bewusstsein für die Historizität der Personen und Ereignisse ist eine Funktion von Kognitionen. Früher hat man gemeint, das ginge aufgrund der Zeitkonzepte nicht, heute ist man eher der Meinung, es ist eine Problem des Historizitätsbewusstseins.

Die lebensweltliche Genese genuinen historischen Erzählens lässt sich gleichwohl unterstützen und anleiten. Dabei sind folgender vier Bereiche zu beachten:

- Temporalisieren: Eine temporale Ereignisfolge herstellen; Ereignisse in vorher und nachher einordnen. In der Erzählung wird die naturale Chronologie in eine narrative aufgelöst. Die Reihenfolge, in der die Ereignisse in der Erzählung erscheinen, ist selten die, in der sie sich tatsächlich ereigneten.
- Verknüpfen: Die Art und Weise des Verknüpfens (auf der Ebene der Sprache durch Konjunktionen ausgedrückt) ist die Basis für Sinnbildung. Textsyntaktische Ereignisverkettung erfolgt additiv (und, oder), temporal (dann, bevor), kausal (weil, deshalb), adversativ (aber, obwohl) und konditional (wenn/dann).
- Modalität: Unser Geschichtsunterricht gibt meist alles als faktisch aus. Historisches Erzählen bringt aber Triftigkeiten wie Triftigkeitsvorbehalte zum Ausdruck. Darauf verweisen die Ausdrücke gewiss, sicher, vermutlich, erwiesen, zweifelhaft.
- Modellierung: Sinnbildungsmuster kennen, z.B. Aufstiege (von Personen, Familien, Reichen, Kulturen), Untergang, Verfall, Fortschritte, Karriere.

4. Methodische Möglichkeiten des Erzählens

Die meisten Unterrichtsmethoden – darüber muss sich der gegenwärtige Geschichtsunterricht klar sein – zielen einseitig darauf ab, vertiefte Ereigniskenntnisse zu vermitteln, die kaum auf historische Zeit abzielen und bei denen nie narrative Opponenten auftauchen, die narrative Aussagen ermöglichen. Sie verfolgen nicht das Ziel des historischen Erzählens. Sehr viele seiner Maßnahmen sind darauf gerichtet, die Kenntnis von Ereignisqualitäten zu erhöhen. Rollenspiel z.B. vertieft zwar die Dialogfähigkeit der Schülerinnen und Schüler, ist aber keine Hilfe beim Aufbau von (historischer) narrativer Kompetenz. Handlungsorientierung beruht ebenfalls auf der Fähigkeit der Ereigniskenntnis. Es soll nicht gesagt sein, dass Rollenspiel, Simulationsspiel, Handlungsorientierung etc. unzulässige methodische Zugriffe sind. Man muss sich aber darüber im Klaren sein, dass sie nicht kompetenzfördernd für historisches Erzählen sind (➤ Rollenspiel, Handlungsorientierung, Simulation).

Wenn Geschichte ohne Erzählung nicht zu haben ist, ist die primäre Voraussetzung, dass wir die Texte, die wir den Schülerinnen und Schüler anbieten, auch narrative Texte sind. Der Großteil der Schulbücher bieten aber lediglich Zustandsbeschreibungen (vgl. S. 414).

Die einzelnen Textabschnitte besitzen keine kohärenten Zusammenhänge, sondern liefern lediglich isolierte Teilinformationen, die in keinem Erzählzusammenhang zueinander stehen. In vielen Schulbücher kann man die einzelnen Abschnitte eines Kapitels untereinander in der Reihenfolge verändern, ohne dass ein Sinnverlust eintritt, weil schließlich kein narrativer Sinn vorhanden ist. Das gleiche gilt für schriftliche und visuelle *Quellen*. Wir sollten davon wegkommen, Schülern lediglich nur eine einzelne Quelle oder nur ein einzelnes Bild zu zeigen. Eine einzelne Quelle (sofern sie nicht selbst eine Erzählung ist) bzw. ein einzelnes Bild bietet nur Ereignisbeschreibungen und keine Narrationen. Es fehlen ihnen die narrativen Opponenten. Erst wenn diese vorhanden sind, können Schülerinnen und Schüler narrative Synthesen entwickeln. Schülerinnen und Schüler brauchen Kenntnis von *Erzählplänen*: Aufstiege, Untergänge, Katastrophen, Fortschritte, Karrieren etc. Darauf hat Jörn Rüsen mit seinen Erzählplänen hingewiesen (Rüsen1982). Ob sich diese alle und die vier Typen subsumieren lassen, steht hier nicht zur Debatte. Solche Erzählpläne lassen sich auch an Sprache dingfest machen. Sämtliche *Arbeitsaufgaben* unserer Schulbücher sind auf Ereignisverständlichkeit und nicht auf Erzählfähigkeit gerichtet. Der Geschichtsunterricht sollte größere Einheiten in den Blick nehmen. Und die Schülerinnen und Schüler in die Lager versetzen, Geschichte über 100 Jahre hinweg zu erzählen. Von James Watt bis Werner von Siemens, von den napoleonischen Befreiungskriegen bis zur Nationalstaatsgründung:

Wenn man das Feld jener Erzählhandlungen überblickt (Pandel 1988), in denen wir von unserer Gegenwart aus Geschichte darstellen, so gibt es fünf Erzählhandlungen, die unterschiedliche methodische Zugänge aufzeigen.

- Erzählen im ursprünglichen Sinne erzeugt erzählbare Geschichten, indem es Kontingenzen verarbeitet und Sinn bildet. In dieser Erzählhandlung werden neue, bisher von der Forschung nicht dargestellte Sachverhalte erzählt (z.B. eine Lebensgeschichte einer bisher nicht bekannten Person).
- Nacherzählen bildet, aktualisiert und festigt Tradition und setzt sie fort. Hier werden die traditionellen, bekannten Sachverhalte erzählt, die in unseren Schulbüchern stehen (z.B. der Bauernkrieg).
- Umerzählen aktualisiert das kritische Potenzial der Geschichte und reagiert auf neue Orientierungsbedürfnisse. In dieser Erzählhandlung werden bekannte Sachverhalte neu erzählt (z.B. Wehlers neue Darstellung Hitlers als starker Diktator, der die bisherige These von Hitler als schwachem Diktator umerzählt).
- Metanarration prüft empirische und narrative Triftigkeiten und orientiert in den pluralen Sinnbildungsangeboten von Wissenschaft und Geschichtskultur. Diese Erzählhandlung findet in Rezensionen statt.
- Fiktionales Erzählen imaginiert Situationen, Handlungen und Personenkonstellationen. Diese Erzählhandlung hat ihren Stellenwert in der lebensweltlichen Alltagskultur.

Unterrichtsmethodisch können folgende Umgangsweisen mit Erzählungen durchgeführt werden:

Methodischer Umgang mit der Kulturtechnik Erzählen Methodische Förderung der Gattungs- und Narrationskompetenz		
Erzählhandlung	**Beschreibung**	**Methodik** Umgang – Produktion – Analyse
Erzählen (im ursprünglichen Sinne)	Erzählen im ursprünglichen Sinne erzeugt erst erzählbare Geschichten, indem es prägenetische Quellen zu einer Geschichte verarbeitet. In dieser Erzählhandlung entstehen neue Geschichte(n), die in einer Gesellschaft noch „unerhört" sind.	Aus zeitdifferenten Quellen eine Erzählung machen. Es muss temporalisiert und Kohärenzen gebildet werden.
Nacherzählen	Die Geschichte, die der Geschichtsunterricht darbietet, besteht aus Nacherzählungen. Die Geschichte des Bauernkrieges ist einmal geschrieben worden und seitdem wird sie immer wieder erzählt. Im Nacherzählen wird Tradition gebildet, gefestigt und fortgesetzt.	Geschichte eines Ereigniszusammenhanges schreiben („Bauernkrieg") und dabei innerhalb der Grenzen narrativer Toleranz bleiben. In der Oberstufe unter Einbeziehung von Theorien.
Umerzählen	Die Nacherzählungen bleiben im Laufe der Zeit nicht gleich, sondern werden durch Einbezug neuer Quellen, Theorien und Fragestellungen umgeschrieben. Umerzählen aktualisiert das kritische Potential der Geschichte und reagiert auf neue Orientierungsbedürfnisse.	Eine Erzählung nach neuen Gesichtspunkten, neuen Perspektiven umschreiben lassen. Zwei Erzählpassagen eines Ereignisses aus verschiedenen Zeiten vergleichen.
Rezensierendes Erzählen	Rezensionen prüfen Erzählungen (Erzählungen, Nach- und Umerzählungen) auf empirische Triftigkeit und narrative Plausibilität. Sie orientieren in den pluralen Sinnbildungsangeboten der Gegenwart.	Umgang mit Rezensionen lernen; zwei Rezensionen vergleichen; selbst eine Rezension schreiben.
Fiktionales Erzählen	Fiktionales Erzählen im historischem Roman und historischem Jugendbuch erzählt Geschichte unter Einbezug von Fiktionen. Sie füllen die semantischen Leerstellen der Quellen oder der Historiographie durch fingierte Personen, Ereignisse und Situationen. Ihre fingierten Personen sind meist nicht Personen- aber doch typenauthentisch.	Versuche im fiktionalen Schreiben machen lassen, arbeitsteilig fiktionale Erzählungen und historiographische zum gleichen Sachverhalt machen lassen und dann vergleichen.

Anmerkungen

1 Der Chronik-Begriff wird meist sehr unspezifisch gebraucht. Oft werden Chronik und Annalen wechselweise verwandt. Im Sinne des Wortes und in der ursprüngliche Verwendung sind Chroniken Register von Jahreszahlen mit entsprechenden Ereigniseinträgen. So beginnen beispielsweise die Annales Sangallenses Breves (MGH Bd.1 Scriptores, hrsg. von Heinrich Pertz, Hannover 1926):
708. hiems durus, et Cotafridus dux moritur.
710. Pipinus Alamanniam ingreditur.
714. Mors Pippini maiorumdomus.
715. Mors Tagoberti regis iunioris. ....

2 Schabbat als Grundfest des jüdischen Glaubens wird im Rhythmus von sieben Tagen gefeiert. Der heilige Ruhe- und Feiertag beginnt am Freitagabend mit der Segnung der Schabbatkerzen und endet am Samstagabend durch den festlichen Ausklang, die Hawdala. Jegliche Arbeit ist für diese Zeit untersagt. Ein Synagogenbesuch, festliche Gerichte und Segnungen bestimmen den Schabbat.

3 Jüdisches Gottes- und Versammlungshaus.

Weiterführende Literatur

Boucke, Dietrich u.a., Wie Kinder erzählen, München 1995
Danto, Arthur C., Analytische Philosophie der Geschichte, Frankfurt/M. 1974
Elling, Konrad (Hrsg.), Aspekte kindlichen Erzählens, Münster 1987
Fröhlich, Klaus, Narrativität im Geschichtsunterricht oder: Die Geschichtserzählung vom Kopf des Lehrers auf Schülerfüße gestellt, in: Blanke, Horst W. u.a. (Hrsg.), Dimensionen der Historik, Köln 1998, S. 165-178
Genette, Gérard, Die Erzählung, München 1994
Hasberg, Wolfgang, Klio im Geschichtsunterricht. Neue Perspektiven für die Erzählung im Geschichtsunterricht? in: GWU 48 (1997), S. 708-726
Hasberg, Wolfgang, Problemorientiertes Erzählen im Geschichtsunterricht, in: Uffelmann, Uwe (Hrsg.), Neue Beiträge zum Problemorientierten Geschichtsunterricht, Idstein 1999, S. 183-203
Hering, Jochen, Geschichte erfahrbar. Die Wiederentdeckung des erzählenden Geschichtsunterrichts, Dortmund 1985
Hug, Wolfgang, Erzählende Quellen. Grundmuster narrative Geschichtsschreibung in Antike und Mittelalter, in: Quandt, Siegfried; Süssmuth, Hans (Hrsg.), Historisches Erzählen, Göttingen 1982, S. 77-103
Jäger, Thomas, Die Bilderzählung. Narrative Strukturen in Zyklen des 18. und 19. Jahrhunderts von Tiepolo und Goya bis Rethel, Petersburg 1998
Jung, Michael, Die Geschichtserzählung in Geschichtsdidaktik und Geschichtsunterricht seit 1900 unter besonderer Berücksichtigung der Volksschule, in: Quandt, Siegfried; Süßmuth, Hans (Hrsg.), Historisches Erzählen, Göttingen 1982, S. 104-128
Karpf, Jutta, Strukturanalyse der mittelalterlichen Bilderzählung. Ein Beitrag zur kunsthistorischen Erzählforschung, Marburg 1994
Kluckert, Ehrenfried, Die Erzählformen des spätmittelalterlichen Simultanbildes, Diss. Tübingen 1994
Kocka, Jürgen, Zurück zur Erzählung? Plädoyer für historische Argumentation, in: Geschichte und Gesellschaft 10 (1984), S. 395-408
Martinez, Matias; Scheffel, Michael, Einführung in die Erzähltheorie, München 1999
Mutwa, Vusamazulu Credo, INDABA, ein Medizinmann der Bantu erzählt die Geschichte seines Volkes, München 1983
Neubauer, Franz, Historisches Erzählen im dokumentaristischen Fernsehspiel, in: Quandt, Siegfried; Süßmuth, Hans (Hrsg.), Historisches Erzählen, Göttingen 1982, S. 204-219
Pandel, Hans-Jürgen, Historisches Erzählen, in: Geschichte lernen, (1988), H. 2, S. 8-12
Pandel, Hans-Jürgen, Historische Narrativität und die Genese der Erzählkompetenz. Hypothesen und Ergebnisse einer Vorstudie, in: Süßmuth, Hans (Hrsg.), Geschichtsunterricht im vereinten Deutschland. Auf der Suche nach Neuorientierung. Teil I, Baden-Baden 1991, S. 169-180
Pandel, Hans-Jürgen, Zur Genese narrativer Kompetenz. Empirische Untersuchungen bei Kindern und Jugendlichen, in: Borries, Bodo von; Pandel, Hans-Jürgen (Hrsg.), Zur Genese historischer Denkformen, Pfaffenweiler 1994, S. 99-121
Pandel, Hans-Jürgen, Wer erzählt für wen Geschichte? Geschichten von Sklaven und Sklavenjägern, in: Baumgärtner, Ulrich; Schreiber, Waltraud (Hrsg.), Geschichtserzählung und Geschichtskultur. Zwei geschichtsdidaktische Leitbegriffe in der Diskussion, München 2001, S. 11-28
Pandel, Hans-Jürgen, Visuelles erzählen. Zur Didaktik von Bildgeschichten, in: ders.; Schneider, Gerhard (Hrsg.), Handbuch Medien im Geschichtsunterricht, Schwalbach/Ts. 1999, S. 387-404
Pandel, Hans-Jürgen, Quelleninterpretation. Die schriftliche Quelle im Geschichtsunterricht, 2. Aufl., Schwalbach/Ts. 2003
Rüsen, Jörn, Die vier Typen des historischen Erzählens, in: Koselleck, Reinhart u.a. (Hrsg.), Formen der Geschichtsschreibung, München 1982, S. 514-605

Rüsen, Jörn, Historische Sinnbildung durch Erzählen, in: Internationale Schulbuchforschung 18 (1996), S. 501-544
Schnackertz, Hermann Josef, Form und Funktion medialen Erzählens. Narrativität in Bildsequenz und Comicstrip, München 1980
Tocha, Michael, „Von Literaten lernen“: Zwei Modelle für die Geschichtserzählung, in: Informationen für den Geschichts- und Gemeinschaftskundelehrer, (2001), H. 61, S. 104-111
White, Hayden, Die Bedeutung der Form. Erzählstrukturen in der Geschichtsschreibung, Frankfurt/M. 1990
White, Hayden, Auch Klio dichtet oder Die Fiktion des Faktischen. Studien zur Tropologie des historischen Diskurses. Einführung von Reinhart Koselleck, Stuttgart 1986
Wolf, Dagmar, Zur Ontogenese narrativer Kompetenz, in: Rüsen, Jörn (Hrsg.), Geschichtsbewusstsein, Köln 2001, S. 137-175

Markus Bernhardt

Lernspiele

Die geschichtsdidaktische Literatur hat in den letzten Jahrzehnten verschiedene Gliederungssysteme von Spielformen hervorgebracht (Mayer 1997, 448), die zum Teil erheblich voneinander abweichen. Als eigenständige Kategorie taucht jedoch bei allen Autoren das Lernspiel auf. Offensichtlich fällt es dabei am leichtesten, eine treffende Definition zu finden. Dazu kommt, dass das Lernspiel in der europäischen Pädagogik gegenüber den anderen Spielformen die längste Tradition hat (Scheuerl 1994, 198-204).

Lernspiele umfassen Aktivitäten, die inhaltlich didaktisch konzipiert sind und die Regeln von Gesellschaftsspielen kopieren. Mit ihrer Hilfe soll das Lernen von Zeichen, Begriffen, Fakten sowie von deren regelhaften Ordnungsbeziehungen initiiert werden (Kube 1977, 41). Lernspiele können als „lernbetonte Spielmittel" bezeichnet werden, die „außer Spielaktivitäten sekundär die Verfolgung überprüfbarer Lernziele vorsehen." Diese Feststellung ist wichtig, da das Lernspiel innerhalb der reformpädagogischen Bewegung als eine Form der „Arbeitsmittel" aufgefasst wurde, was zu einer Vernachlässigung des Spielmoments geführt hat. Das Spielerische als solches muss aber im Vordergrund der Aktivität stehen, da man andernfalls gar nicht mehr von einem Spiel sprechen kann (Kluge 1981, 59). Der Spielansatz hebt diese Methode vom üblichen Unterricht ab. Hier sollen also Methodenwechsel und kindgemäßer Methodenansatz an sich Motivation und Lernerfolg beim Schüler bewirken.

Allerdings ist darauf hinzuweisen, dass nicht jedes Unterrichtsmaterial, auf dem sich ein paar Bildchen befinden, bereits ein Spiel ist. Viele Kopiervorlagen, die als Lernspiel konzipiert sind, empfinden Schüler schon als „normale" Arbeitsblätter, hervorgerufen durch den bisweilen inflationären Gebrauch solcher „Lernspiele" und ihre oft all zu durchsichtige Funktionalisierung für den fachlichen Lernprozess. Schüler haben meist ein sehr feines Gespür für eine versteckte Zweckbindung, so dass das „Spiel" sehr schnell seinen Charakter verliert.

An diesem Punkt setzt die wichtigste Kritik am Lernspiel an. Es ist nämlich zu fragen, ob die Funktionalisierung eines Spiels zu fachlichen Lernzwecken demselben nicht den Todesstoß versetzt. „Bei näherem Eingehen auf die Eigenheiten des Lehrspiels wird auffallen, daß es in den seltensten Fällen ein Spiel im eigentlichen Sinne des Wortes ist. Entlehnt ist allein die Form" (Scheuerl 1994, 58). In der Tat entzieht sich das Spiel wohl nicht dem Lernen an sich, aber einer Funktionalisierung für bestimmte Zwecke. Seine Zweckfreiheit ist geradezu konstitutiv.

Scheuerl hat die wichtigsten phänomenologischen Wesensmomente des Spiels zusammengestellt: Freiheit, Innere Unendlichkeit, Scheinhaftigkeit, Ambivalenz, Geschlossenheit, Gegenwärtigkeit. Man sollte sich vor diesem Hintergrund klar machen, dass Spielen im Geschichtsunterricht nicht Spielen im phänomenologischen Sinn ist. Denn das wichtigste Moment, die schon mehrfach angesprochenen Zweckfreiheit oder auch Offenheit des Spiels, widerstrebt einer Funktionalisierung durch Lernziele. Trotzdem ist es notwendig, so viele dieser Spielmomente wie möglich zu berücksichtigen. Denn diese rechtfertigen im Grunde den Einsatz der Methode: Spielen macht Spaß. Der Erfolg eines Spiels im Unterricht hängt davon ab, dass man eine Gratwanderung beherrscht. Nimmt nämlich das Spielerische überhand, gibt es keinen Lernerfolg. Dominiert hingegen die Zielorientierung des Lehrers, „spielen" die Schüler nicht mit. Dem Lehrer muss bei der Planung eines Spiels dieser Spagat immer bewusst sein.

Dass man sich beim Spielen die Neugier und Entdeckerfreude des Kindes zu Nutze machen kann, um fachliche Lernziele zu erreichen, wird durch die Kategorie des „explorativen Verhaltens" (Kluge 1981, 20-22) theoretisch begründet. Der Begriff beinhaltet etwa Folgendes: Wenn Wahrnehmungen nicht mit Bekanntem übereinstimmen, entstehe eine Spannung, die die Motivation zum Spiel hervorbringe. Das Spiel sei daher in den Informationsaustauschprozessen zwischen Organismus und Umwelt eingebunden (Calliess 1973, 237-241). Einige Computerspiele sind nach diesem Prinzip konstruiert. Der Held trifft im Laufe einer Geschichte auf verschiedene Schwierigkeiten, die erst nach einem Abgehen von gängigen Denk- und Handlungsgewohnheiten überwunden werden können. Dass dieses Prinzip auch für den Geschichtsunterricht zu nutzen ist, dürfte einleuchten. Beispielsweise kann man „beschädigte" Quellentexte wieder in ihren vermuteten Urzustand bringen lassen oder die Schüler vervollständigen „zerstörte" griechische Vasenbilder. Insgesamt sind hier die Möglichkeiten jedoch beschränkt, da die Anfertigung solcher Materialien zum Teil einen erheblichen Aufwand erfordert. Peter Knoch hat den eigenständigen Charakter dieser Form des Lernspiels für den Geschichtsunterricht hervorgehoben (Knoch 1990, 432 ff.).

All diese Dinge haben für den Geschichtsunterricht wichtige Konsequenzen. Zum einen sollte man sich hüten, bei Lernspielen von „Schülerprofis" zu großen Enthusiasmus zu erwarten. Wenn einmal das System eines Spiels durchschaut ist, tritt sehr schnell Langeweile auf. Man sollte sich vorher genau überlegen, ob nicht das notwendige Spannungsniveau bereits nach einigen Minuten verflogen ist. Zahlreiche Kreuzwort-, Lücken- und Silbenrätsel oder Brett- und Würfelspiele werden schnell langweilig, weil sie monoton, zu einfach oder auch zu schwer sind.

Aus dem Gesagten ergibt sich, dass unter den Begriff Lernspiel in der Geschichtsdidaktik zwei Spielformen subsumiert werden: Memorierspiele und explorative Spiele. Memorierspiele dienen dem Gedächtnistraining, dem Einprägen, Üben und Reproduzieren von Ereignissen, Personennamen, Jahreszahlen und historischen Begriffen (Fakten). Explorative Spiele sollen demgegenüber neues Wissen erschließen helfen (Knoch 1990, 428). Darunter fallen Puzzle, Original-und-Fälschung-Bilder, historische Stadtspiele und Museumsspiele wie etwa die Museumsrallye. Da die Ziele bei diesen Aktivitäten ebenfalls im Bereich der Kenntnisse liegen, sollte man das Trennende nicht zu sehr betonen, zumal die genannten Formen ebenso als Memorierspiele eingesetzt werden können. In der Regel geht es bei Lernspielen demnach nicht um kreatives Gestalten, sondern zum einen um eine Art experimentelle Tätigkeit (z.B. Rätsel) und zum anderen um die spielerische Festigung und Anwendung des Gelernten. Deshalb sind immer Überlegungen zur Zeitökonomie vonnöten. Es gibt Spiele, deren Aufwand in keinem Verhältnis zum Ertrag steht.

Damit Lernspiele erfolgreich verlaufen, müssen drei Mindeststandards erfüllt sein (Dehn, 518-520):

- Das Spiel sollte *Aufforderungscharakter* haben. Das heißt, alle Anforderungen (Ziele, Mittel usw.) des Spiels sollten aus ihm selbst hervorgehen und es sollte einen Übungsimpuls besitzen. Es dient so als *Selbstbildungsmittel* ohne größeres Zutun des Lehrers. Der Lehrer ist Spielleiter in dem vom Spiel vorgegebenen Rahmen.
- Das erfordert die Möglichkeit zur *Selbstkontrolle.* Lernspiele dürfen keine langatmigen Überprüfungsphasen unter Anleitung des Lehrers nach sich ziehen.
- Der wichtigste Grundsatz ist die *Verhältnismäßigkeit des Anspruchs.* Ist das Anspruchsniveau zu gering, fehlt dem Spiel der Anreiz, ist es zu hoch, hat das Spiel keinen Sinn.

Klaus Kube unterscheidet drei Formaltypen des Lernspiels (Kube 1977, 44):

- Über die Einhaltung der Spielregeln werden „regelhafte Ordnungskriterien" geübt oder gelernt. In den Spielregeln wird beispielweise – idealtypisch – abgebildet, wie eine Börse funktioniert. Die Schüler lernen im Spiel durch die Einhaltung der Spielregeln die Funktionsweise einer Börse.
- Aus dem intensiven Umgang mit den Spielmaterialien erwerben die Schüler Kenntnisse von Begriffen, Zeichen und Fakten. In einem Memory-Spiel prägt man sich Begriffe und Bilder ein, die zum Beispiel zur mittelalterlichen Geschichte gehören.
- Inhalte und Ordnungskriterien werden gleichzeitig erlernt, indem Daten, Fakten und Zeichen regelhaft in Beziehung zueinander gesetzt werden. Das ist eine Kombination aus den beiden zuvor genannten Formen des Lernspiels. Vorstellbar ist etwa ein Spiel zum Merkantilismus, in dem man neben seiner Funktionsweise (Spielregeln) gleichzeitig die dazugehörigen Begriffe (Spielmaterial) lernt.

Im Geschichtsunterricht wird die dargestellte formale Trennung so nicht leicht möglich sein, da „regelhafte Ordnungskriterien" den Verlauf von Geschichte gerade *nicht* bestimmen. Die Faktorenkombination aus einer unfähigen Regierung, einem desaströsen Staatshaushalt und einer wirtschaftlich ausgebeuteten und politisch weitgehend rechtlosen Bevölkerung führt schließlich nicht „regelhaft" in eine Revolution, sondern kann verschiedene Folgen auslösen: Reformen, Krieg, Bürgerkrieg, Putsch oder auch keine Reaktion. Das heißt, obwohl die historischen Entscheidungen gefallen sind und sich daraus auch kausale Beziehungen ableiten lassen, ist eine Übertragung des Musters nur ganz eingeschränkt möglich.

Ob Lernspiele kategoriales Wissen evozieren können, ist demnach stark zu bezweifeln. Regelhaft organisierte Lernspiele würden entweder, wenn sie streng an einer historischen Situation orientiert sind, gegen die „Offenheit" des Spiels verstoßen oder, wenn sie weitgehend offen konstruiert sind, simplifizierende oder verfälschende Erkenntnisse hervorrufen. Deshalb schmelzen die Möglichkeiten des Lernspiels im Geschichtsunterricht auf das Üben und Wiederholen und in begrenztem Maß auf das Kennenlernen von Fakten zusammen.

Um Lernspiele im Geschichtsunterricht sinnvoll einsetzen zu können, ist darauf zu achten, dass die Begriffe, Zeichen und Fakten, die in einem Lernspiel eingeübt werden sollen, in einem inneren Zusammenhang stehen und nicht beliebig kombiniert werden. So unterstützt man die Vernetzung des Gedächtnisses und vermeidet unergiebige gedankliche Sprünge. Methodisches Lernen, Faktenlernen und sinnstiftendes Lernen sollten im Spiel soweit wie möglich unter didaktischen Gesichtspunkten miteinander verknüpft werden.

Ein umfangreiches Faktenwissen ist gewiss kein Wert an sich, aber in Verbindung mit der Interpretations- und Deutungsarbeit eine grundlegende Voraussetzung für die in den Rahmenrichtlinien geforderte und vom Lehrer angestrebte Argumentations- und Kritikfähigkeit der Schüler. Historisches Wissen entsteht aus historischem Denken. Das hat wichtige Konsequenzen für Lernspiele. Man sollte sich davor hüten, den Schülern mithilfe von solchen Spielen einen Faktenkatalog einzutrichtern, der nicht durch die Thematik der vorangegangenen Unterrichtseinheit ausgewiesen ist. Andernfalls würde dies zu einer didaktisch nicht vertretbaren und sinnentleerten Faktenhuberei führen, solange deren Rechtfertigung nur darin besteht, dass dieses Wissen „wichtig“ sei oder zum „Pensum“ gehöre.

Es lässt sich allerdings darüber streiten, ob nicht die Kenntnis eines Kernbestands an Daten, Namen und Begriffen allein durch die Tradition des Fachs oder auch durch die öffentliche Geschichtskultur legitimiert ist (Rohlfes 1986, 121). Bei einem solchen Kernbestand würde gleichwohl die nationalstaatliche oder die europäische Perspektive das wichtigste Auswahlkriterium sein, was den inneren Zusammenhang eines Gesamtcurriculums allerdings heutzutage keineswegs rechtfertigen würde (Bergmann 2001, 33-55). Gleichwohl dürfte es problematisch sein, die Inhaltsauswahl von jeglicher traditionalen Bindung zu befreien (Borries 1995, 421-435), da individuelle historische Identität als Teil des Geschichtsbewusstseins auch auf der Teilhabe am „kollektiven Gedächtnis“ einer Gesellschaft beruht. Hier ist nicht der Ort, diesen Streit zu entscheiden, sondern festzustellen, dass die Festlegung von zu lernenden Fakten einer wohl begründeten Entscheidung durch den Lehrer bedarf. Insgesamt bietet es sich an, in diesem Zusammenhang eher pragmatisch als dogmatisch vorzugehen, ganz besonders weil einige Rahmenrichtlinien bestimmte Dinge zwingend vorschreiben.

Jedenfalls ist es auffällig, dass die Wiederholung und Festigung von Wissen kein Hauptverfahren des Geschichtsunterrichts, wie etwa die Quellenarbeit, ist. Bisweilen findet die Wiederholung zum Stundenbeginn einen didaktischen Ort (Schneider 1999, 28-35). Spiele können hier eine Alternative bieten und darüber hinaus dazu beitragen, überhaupt Interesse an den Inhalten des Unterrichts zu wecken. Auf der Suche nach solchen spielerischen Möglichkeiten sollte man sich nicht scheuen, bei beliebten Quiz-Spielen Anleihen zu nehmen. „Der Große Preis“, „Jeopardy“, „Millionenquiz“, „Wer wird Millionär?“ und wie die Sendungen alle heißen. Diese sind den Schülern meist bekannt und bei ihnen beliebt.

Es liegt jedoch eine gewisse Gefahr in der Konstruktion dieser Quiz-Spiele. Jeder kennt Beispiele von Leuten, die alle möglichen Details aus der Vergangenheit herbeten können, aber von einem Geschichtsbewusstsein weit entfernt sind. Es ist nicht von der Hand zu weisen, dass das Lernen von Daten, Ereignissen, Namen und Begriffen zu den elementaren Vorgängen des Unterrichts gehört, aber solche Kenntnisse müssen aus dem Unterrichtsprozess hervorgehen und dürfen nicht im Bedürfnis des Lehrers gründen, historisches Lernen durch einen doktrinären oder nicht reflektierten Faktenkatalog zu ersetzen. Befürchtungen dieser Art werden immer wieder geäußert (Dörr 1997, 287-289). Aber selbst wenn historisches Lernen in erster Linie durch die Vermittlung von Strukturen und Zusammenhängen befördert wird, darf man nicht übersehen, dass Einsichten und Erkenntnisse auch auf dem schlichten Wissen beruhen, dass etwa der Westfälische Frieden 1648 geschlossen wurde und nicht irgendwann.

„Für ein sicheres Beherrschen, Benennen und Zuordnen von Begriffen, Zeichen und Fakten scheint dabei zumindest in Teilbereichen ein (zunächst) isoliertes Erlernen, wie auch ein bewußtes Einprägen durch wiederholtes, sinnvolles Üben erforderlich zu sein" (Kube 1977, 39). Um es klar zu sagen: Der Bereich der elementaren Wissensvermittlung, der im Schulunterricht einen breiten Raum einnimmt, wird in der didaktischen Theorie seit langem nur stiefmütterlich behandelt. Das Handbuch der Geschichtsdidaktik widmet diesem Komplex nur knapp drei Seiten von 788. Vielmehr wird dem zweiten Schritt (Reflexion) in Verkennung des Raumes, der diesem in der Schulpraxis zur Verfügung steht, eine überragende Dimension zugewiesen (Kuss 1997, 546).

Zur Festigung von Kenntnissen kann man das Frage-Antwort-Schema der Quizsendungen auf unterrichtsrelevante Themen übertragen, wodurch man ohne sonderlich großen Aufwand eine motivierende Variante für Übungs- und Wiederholungsstunden erhält. Dass auch eine Vertretungsstunde mit einem solchen Quiz sinnvoll zu füllen ist, dürfte sich aus dem Gesagten von selbst ergeben. Während der Lehrer für den letztgenannten Fall, der ihn unerwartet mit einer ihm unbekannten Klasse konfrontieren kann, eine Variante zum Allgemeinwissen beziehungsweise Grundwissen des von ihm vertretenen Fachs parat haben sollte, kann er im eigenen Fachunterricht mittels des Spiels zielgerichtet das von ihm vermittelte Wissen abfragen und kontrollieren. Zudem erleichtert das wiederholte Auftauchen von Schlüsselbegriffen, bedeutenden Ereignissen, Personen, Grundproblemen und Konflikten, Wichtiges von Unwichtigem zu unterscheiden.

Neben den Quizformen bieten sich zahlreiche andere Spielvarianten an, die Schülern aus dem Bereich der Gesellschaftsspiele bekannt sind (z.B. Tabu, Stadt-Land-Fluss, Kreuzworträtsel). Diese müssen lediglich in die für den Geschichtsunterricht taugliche Form gegossen werden. Insgesamt sind die Lernspiele in sieben Gruppen eingeteilt, für die jeweils Beispiele beschrieben werden.

1. Quizspiele
2. Lügen-, Lückentexte
3. Rätselspiele
4. Abgewandelte Gesellschaftsspiele
5. Brett- und Kartenspiele
6. Kimspiele
7. Domino

1. Quizspiele

Das Große Wissensquiz

Die Schüler bilden zu diesem Quizspiel, das in unterschiedlichen Varianten bereits oft beschrieben wurde (Bernhardt 1996, 42-45), mehrere Gruppen. Jede Gruppe sollte aus maximal vier Schülern bestehen. Um den Leistungsaspekt nicht in den Vordergrund zu stellen, sollte man die Gruppen entweder selbst relativ homogen zusammensetzen oder den Zufall entscheiden lassen. So vermeidet man, dass die leistungsstärksten Schüler dominieren.

Zur Vorbereitung des Spiels wird die Tafel oder eine Folie in sieben Wissens-Spalten geteilt, die sieben Themenfeldern entsprechen, die aus dem behandelten Lehrgang beliebig wählbar sind. Jede Spalte besteht wiederum aus sieben Punktefeldern, die durch im Zwanzigerrhythmus aufsteigende Zahlenreihen gekennzeichnet werden, von 20 bis 140.

Hinter jedem Punktefeld verbirgt sich eine Frage zum jeweiligen Themenfeld, die zuvor auf einer Kopie der Tabelle notiert werden muss. Die Antworten hat man im Kopf oder schreibt sie auf die Rückseite (s.u.). In unserem Beispiel wurde das Thema Griechen und Römer gewählt. Der Schwierigkeitsgrad der Fragen sollte mit steigender Punktzahl ebenfalls größer werden, das gelingt jedoch nicht immer. Die zu erwartenden Antworten müssen natürlich vom Leistungsstand der einzelnen Lerngruppen abhängig gemacht werden. Prinzipiell ist aber der Komplexität der Lösungen keine Grenze, bestenfalls eine zeitliche, gesetzt.

Ganz wesentlich ist es, den spezifischen Spielcharakter zu wahren. Dazu sollte man die einzelnen Spalten mit Jokern, Doppeljokern oder Risiko-Fragen versehen. Die Gruppe, die auf ein Joker-Feld stößt, erhält die Punkte ohne Antwort. Bei Doppeljokern erhält sie die doppelte Punktzahl des Feldes. Risiko-Felder gestatten der Gruppe, eine bestimmte Punktzahl aus ihrem Konto zu setzen und diese entweder – bei richtiger Antwort – zu verdoppeln oder – bei falscher Antwort – zu verlieren. Erfahrungsgemäß sind Risiko-Felder jedoch nicht unbedingt nötig, da so das Wettkampf-Moment zu stark betont wird.

Mangels technischer Ausstattung muss man die TV-Version des Spiels dahingehend vereinfachen, dass die Gruppen der Reihe nach aufgerufen werden. Jede Gruppe hat dann die Möglichkeit, ein Feld zu wählen und die entsprechende Frage nach kurzer gemeinsamer Bedenkzeit zu beantworten. Bei richtiger Antwort erhält die Gruppe die Punkte, bei falscher Antwort kann die Frage an die anderen Gruppen „weitergegeben“ werden. Man kann dann Schüler aufrufen, die sich melden. Dabei sollte aber darauf geachtet werden, dass nicht immer dieselben Schüler die Antworten geben. Die gewählten Felder streicht man anschließend durch. Das Vorsagen durch Mitglieder anderer Gruppen vermeidet man, indem die Gruppe, die gerade das Antwortrecht hat, auch bei Vorsagen die entsprechenden Punkte bekommt.

Insgesamt bietet es sich an, das Spiel dadurch aufzulockern, indem man für besonders gelungene oder umfassende Antworten Zusatzpunkte vergibt oder die Punktzahl unter zwei Gruppen aufteilt, wenn sich beide an der Antwort beteiligt haben. Außerdem beseitigen eine gewisse Großzügigkeit in der Punkteverteilung und eher spaßhafte Fragen allzu große Wettkampfgelüste.

Fragen:

Daten	Sagen	Personen	Griechen	Römer	Quellen	A-Z
In welchem Jh. wurde Rom gegründet?	Wie hießen die sagenhaften Gründer Roms?	Wie hieß der erste römische Kaiser?	Wer hat als erster Grieche die Geschichte des Trojan. Krieges aufgeschrieben?	Was ist ein Plebejer?	Gab es in Rom schon Zeitungen?	Wo liegt Karthago?
Wann ungefähr wurde Rom Republik?	DOPPEL-JOKER	Unter welchem Politiker wurde die Demokratie in Athen vollendet?	Welche Regierungsform haben die Griechen erfunden?	DOPPEL-JOKER	Welche Wissenschaft sagt d. Ausgrabungen etwas über Vergangenheit aus?	Wodurch ist die Stadt Pompeji bekannt geworden?
Wann wurde Cäsar ermordet?	Welchem Gott waren die olympischen Spiele geweiht?	Welcher Makedonenkönig eroberte Gebiete bis Indien?	Wie hieß der Gegner Athens im Peloponnesischen Krieg?	Welche drei Staatsformen durchlief der Staat der Römer?	Was ist eine Urkunde?	Wie hieß der wichtigste Platz in Rom?
Wann eroberten die Osmanen das oströmische Reich?	Was war die Ursache des Trojanischen Krieges?	Wie heißt der Fischverkäufer bei Asterix?	Warum konnten die Griechen die Perser in einer Seeschlacht besiegen?	Welche Stände gab es in der römischen Republik?	JOKER	Nenne drei deutsche Städte, die von Römern gegründet wurden.
JOKER	Wie wurde der Trojanische Krieg beendet?	Über welchen Krieg hat Julius Cäsar ein Buch geschrieben?	Warum gründeten die Griechen Kolonien?	Wer stand an der Spitze der römischen Republik?	Warum können Bauwerke Geschichtsquellen sein?	Wie hieß der Anführer des Sklavenaufstandes im Jahre 73 v.Chr.?
In welchen Jhn. fanden die Punischen Kriege statt?	Wie hieß der „römische Odysseus“?	An welcher Stelle taucht Kaiser Augustus in der Bibel auf?	JOKER	Warum war der römische Diktator kein König?	Nenne 5 verschiedene Schriftstücke, aus denen wir etwas über d. Vergangenheit erfahren.	JOKER
In welchem Jahr begann die römische Kaiserzeit?	Auf welche Weise ist Minotaurus ums Leben gekommen?	JOKER	Warum lebten die Griechen nicht in einem Flächenstaat zusammen?	Warum wurden aus römischen Bauern Proletarier?	Was muss man berücksichtigen, wen man ein Tagebuch als Quelle benutzt?	Warum heißen die Minister in Hamburg und Bremen Senatoren?

Antworten:

Daten	Sagen	Personen	Griechen	Römer	Quellen	A-Z
Im 8. Jh. v. Chr.	Romulus und Remus	Augustus	Homer	Ein römischer Bauer/ Nichtadliger	Ja, die *acta diurna*	In Nordafrika
Um 500 v. Chr.	DOPPEL-JOKER	Perikles	Demokratie	DOPPEL-JOKER	Archäologie	Durch d. Ausbruch d. Vesuvs 79 n. Chr.
44 v. Chr.	Zeus	Alexander der Große	Sparta	Königtum, Republik, Prinzipat/Kaisertum	Ein amtliches Dokument mit Siegel	Forum Romanum
1453	Der Raub der Helena durch Paris	Verleihnix	Die Griechen besaßen wendigere und schnellere Boote	Bauern – Ritter – Patrizier	JOKER	Köln, Mainz, Regensburg

JOKER	Durch die List mit dem hölzernen Pferd	Über den gallischen Krieg (Über den Bürgerkrieg)	Erst entstanden Handelsniederlassungen, in die später Bauern aus überbevölkerten Regionen auswanderten	Zwei Konsuln	Man kann etwas über die technischen Fähigkeiten, das Alltagsleben, die Religion usw. erfahren	Spartacus
Im 3. und 2. Jh. v.Chr.	Äneas	In der Weihnachtsgeschichte d. Lukasevangeliums	JOKER	Er wurde für ein halbes Jahr gewählt	Inschriften, Urkunden, Tagebücher, Zeitungen, Memoiren	JOKER
31 v. Chr.	Theseus hat ihn mit einem Zauberschwert umgebracht	JOKER	Die griechische Landschaft ist durch hohe Gebirge, die Inseln sind durch das Meer in viele kleinere Gebiete aufgeteilt	Aufgrund der Heerespflicht konnten viele Bauern ihre Felder nicht mehr bestellen und verarmten	In Tagebüchern findet man die persönliche Ansicht des Verf. zu bestimmten Ereignissen	Hamburg und Bremen sind Stadtstaaten – wie Rom

Wer wird Millionär?

Seit einigen Jahren erfreut sich dieses aus den USA stammende Quizspiel großer Beliebtheit bei der Fernsehgemeinde. Die Regeln sind relativ einfach. Einer von zehn Kandidaten hat die Möglichkeit, mit der richtigen Beantwortung von 15 Quizfragen eine Million Euro zu gewinnen. Die Fernsehversion funktioniert folgendermaßen:

Das Spiel beginnt mit der Auswahlrunde: Im Studio sitzen zehn Kandidaten. Jeder Kandidat hat einen Bildschirm und eine Tastatur zur Beantwortung der Frage vor sich. Diese zehn Spieler werden von dem Moderator aufgefordert, vier Dinge oder Personen in eine bestimmte Reihenfolge zu bringen:

Beispiel: Ordnen Sie diese Sportarten nach der Größe der benutzten Bälle, beginnend mit dem kleinsten Ball:

A: Basketball
B: Golf
C: Fußball
D: Tennis
Antwort: *BDCA*

Der Kandidat, der als schnellster die Aufgabe richtig gelöst hat, erhält die Möglichkeit, um eine Million Euro zu spielen. Jetzt werden ihm bis zu 15 Fragen gestellt. Beantwortet der Kandidat alle Fragen richtig, gewinnt er die Million. Die Fragen werden nacheinander gestellt und zwar so lange, wie der Kandidat richtig antwortet oder bis er sich entschließt aufzuhören. Er kann jederzeit das Spiel beenden und den bis dahin gewonnen Geldbetrag mit nach Hause nehmen.

Der Kandidat sieht die Frage und vier mögliche Antworten auf seinem Bildschirm. Für die Antworten gibt es kein Zeitlimit. Im Spielverlauf hat der Kandidat die Möglichkeit, drei Joker einzusetzen. Jede dieser Hilfen darf nur einmal benutzt werden. Alle drei Joker können auch bei ein und derselben Frage benutzt werden.

Joker 1: 50:50 Chance. Zwei falsche Antworten werden gelöscht.

Joker 2: Der Kandidat darf jemanden telefonisch um Rat bitten.

Joker 3: Das Studiopublikum beantwortet die Frage per Abstimmung. Daraus entsteht eine prozentuale Übersicht, an der sich der Kandidat orientieren kann.

Das Spiel ist beendet, wenn der Kandidat dies wünscht, wenn er eine Frage falsch beantwortet oder wenn er eine Million Euro gewonnen hat.

Das Format sperrt sich gegen die unterrichtliche Verwendung, weil einige Bedingungen der Fernsehshow in der Schule nicht umgesetzt werden können oder auch nicht sollen. Besonders ungünstig ist die Tatsache, dass nur einer Kandidat sein kann. Wenn noch dazu kommt, dass die Herstellung der 15 Fragen mit je vier halbwegs plausiblen Antworten, die zudem noch einen ansteigenden Schwierigkeitsgrad aufweisen müssen, recht zeitaufwändig ist, wird man besser Varianten der Originalversion wählen.

Verzichten sollte man zunächst auf die Auswahlrunde, da alle Schüler an dem Spiel zu beteiligen sind. Dazu bieten sich zwei Wege. Zum einen kann man das Spiel, das man aus dem Internet herunterladen kann (Bergkemper 2002), im Computerraum der Schule durchführen, wenn es zuvor auf allen PCs installiert ist. Die Herausgeber bieten neben dem eigentlichen Programm zahlreiche Fragefolgen an, die sich auf das Fach Geschichte beziehen. Um eigene Fragenkataloge zu produzieren, muss man indessen über gewisse Programmierkenntnisse verfügen. Man kann dabei die vorhandenen Kataloge, die als TXT-Dateien aufgebaut sind, seinen eigenen Zwecken entsprechend variieren.

Die zweite Möglichkeit besteht darin, mithilfe derselben Internetadresse (s.u.) nur den Screenshot herunterzuladen, diesen auf eine Folie zu kopieren und damit das Spiel „von Hand" durchzuführen. Man kann dazu einen Schüler als Kandidaten auslosen, aber möglich ist es auch, Gruppen zu bilden, damit alle Schüler am Spiel – in diesem Fall ohne Joker – teilnehmen können. Die entsprechenden Fragen mit den vier dazu gehörigen Antworten hat man zuvor auf einen Zettel notiert. Das Spiel beginnt damit, dass die erste Frage und die vier Antwortmöglichkeiten mit einem wasserlöslichen Stift auf der Folie notiert werden. Der Schüler bleibt solange im Rennen, bis er eine Frage nicht richtig beantworten kann oder aussteigt. Als Preise kommen Gummibärchen oder ähnliches in Betracht.

Ereignis-Toto

Dieses Spiel (Heitmann 1991, 89 f.) ist an das Fußball-Toto angelehnt. Die Schüler, die zu zweit zusammenarbeiten, müssen zu den beiden Ereignissen, die hier aus dem Bereich der Frühen Neuzeit gewählt wurden, einen „Toto-Tipp" abgeben: Wenn sie der Meinung sind, das Ereignis a) sei früher gewesen, eine 1, bei b) eine 2. Meinen sie, die Ereignisse seien im gleichen Jahr gewesen, müssen sie eine 0 tippen. Der didaktische Hintergrund besteht darin, dass die Schüler über die Chronologie kommunizieren und unter Heranziehung weiterer Fakten ihre Tipps begründen müssen. Gewonnen hat das Team, das die meisten richtigen Tipps abgegeben hat.

Ereignis-Toto (Tippzettel)

Gib jeweils einen Tipp ab: 1 = Ereignis a) war früher, 2 = Ereignis b) war früher, 0 = beide Ereignisse waren im gleichen Jahr.

a) Vasco da Gama erreicht Indien auf dem Seeweg — Tipp:
b) Christoph Columbus „entdeckt" Amerika

a) Vertrag von Tordesillas zwischen Spanien und Portugal — Tipp:
b) Eroberung Konstantinopels durch die Osmanen

a) Eroberung des Inka-Reiches durch Pizarro — Tipp:
b) Untergang der spanischen Armada

a) Luthers Thesenveröffentlichung in Wittenberg — Tipp:
b) Tod Karls V.

a) Bauernkrieg — Tipp:
b) Augsburger Religionsfrieden

a) Prager Fenstersturz — Tipp:
b) Westfälischer Friede

a) Tod Ludwigs XIV. — Tipp:
b) Preußen wird Königreich

a) Regierungsantritt Friedrichs II. von Preußen — Tipp:
b) Regierungsantritt Maria Theresias von Österreich

Ergebnisse: 2, 2, 1, 1, 1, 1, 2, 0

Man kann dieses Spiel auch zum Methodentraining einsetzen, etwa beim Umgang mit dem dtv-Atlas zur Weltgeschichte. Jedes Schülerpaar erhält dann *vor* der unterrichtlichen Behandlung der Einheit eine Ausgabe des Atlas. Mithilfe des Registers machen sich die Schüler auf die Suche nach den Daten und geben den entsprechenden Tipp ab. Den Spielcharakter wahrt man etwa durch die Vorgabe eines Zeitlimits. Bei der Wahl der Ereignisse sollte der Lehrer darauf achten, dass diese einerseits im Register vorhanden sind und andererseits im folgenden Unterricht mit Inhalt gefüllt werden. Am Ende der Unterrichtseinheit kann das Spiel unter Umständen ohne Atlas wiederholt werden.

4. Lügen-, Lückentexte

Eine Reise in die deutsche Vergangenheit (Lügentext)*

„Beim Blick in die Tageszeitung fällt auf, dass sich Busreisen in ‚historische' Gegenden steigender Beliebtheit erfreuen. Das neugegründete Reiseunternehmen ‚Histourist' hat sich auf diese Sparte der Branche spezialisiert. Das Spitzenangebot des Veranstalters ist eine siebentätige ‚Reise in die deutsche Vergangenheit'. ‚Histourist' hat es allerdings versäumt, einen versierten Historiker mit der Ausarbeitung des Reiseprospekts zu beauftragen, so dass die jetzt vorliegende Ausgabe zahlreiche Fehler enthält."

Eine ähnliche Geschichte wie oben kann man den Schülern erzählen. Dass es nun deren Aufgabe ist, die Fehler herauszufinden, braucht vermutlich keiner Erwähnung mehr. Es sollte jedoch, bevor die Arbeitsblätter ausgeteilt werden, dafür gesorgt werden, dass sich wenn möglich Gruppen von drei bis vier Schülern zur Fehlersuche zusammenfinden. Die Arbeit in Gruppen ist hier in vielerlei Hinsicht die brauchbarste Unterrichtsform, da das Arbeitsblatt so aufgebaut ist, dass ganz unterschiedliche Interessen und Voraussetzungen der Schüler berücksichtigt sind. Darüber hinaus wäre es für einzelne Schüler frustrierend, wenn sie nur wenige Dinge herausfinden würden. Das Spiel eignet sich auch gut für eine Vertretungsstunde.

Wenn diese Dinge geregelt sind, werden die Arbeitsblätter ausgeteilt. Man sollte für die Bearbeitung ein Zeitlimit geben, damit anschließend für die Besprechung noch Zeit bleibt. Unter Umständen können historische Lexika oder Handbücher an die Schüler gruppenweise verteilt werden, um damit die Erfolgsaussichten bei der Fehlersuche zu vergrößern. Die Fehler der Reisewerbung sind mit laufender Nummerierung nach dem Text angegeben. Nach dem folgenden Beispiel lassen sich mit etwas Fantasie viele weitere Stationen beschreiben.

HISTOURIST-REISEN präsentiert:
Die REISE in die DEUTSCHE VERGANGENHEIT
Lassen Sie sich zu einer erlebnisreichen Reise in die deutsche Geschichte entführen, die Sie an viele historisch-bedeutsame Stätten führen wird. Wir werden in einem vollklimatisierten Großraumbus durch namhafte Orte reisen, die in der einen oder anderen Weise fest in der deutschen und europäischen Geschichte verankert sind. Lassen Sie dabei, unter unserer fachkundigen Führung, berühmte Persönlichkeiten und Ereignisse vor Ihrem geistigen Auge wiedererstehen, die die deutsche Geschichte mitgestaltet haben – mal negativ mal positiv. Lernen Sie nun unsere attraktive Reiseroute kennen.

1. Tag: Wir starten unsere Fahrt in Hamburg, dem größten Hafen der Welt, wo das imponierende Denkmal des ehemaligen Reichspräsidenten Otto von Bismarck zu bewundern ist. Noch am gleichen Tag wenden wir uns nach Süden. Auf dem Weg nach Braunschweig begeben wir uns gewissermaßen zurück ins Mittelalter. Auf der Bundesstraße 4 kommen wir durch die für die Hanse bedeutsame Salzstadt Lüneburg. Dort wurde das Salz gewonnen, mit dem die im Atlantik gefangenen Heringe konserviert wurden. Wir folgen dem Weg eines solchen Heringstransports und gelangen gegen Abend nach Braunschweig, das durch zahlreiche, obgleich im Krieg stark zerstörte Sehenswürdigkeiten noch heute den Hauch der größten deutschen mittelalterlichen Stadt zu vermitteln vermag. [...]

Fehler:
1. Tag: (1) Hamburg ist nicht der größte Hafen der Welt. (2) Bismarck war Reichskanzler und nicht -präsident. (3) Die Heringe wurden in der Ostsee gefangen und nicht im Atlantik. (4) Braunschweig war nicht die größte mittelalterliche deutsche Stadt.[...]

Ein Bericht aus dem alten Griechenland (Lückentext)

Mithilfe eines Lückentextes kann man zu wiederholende Begriffe auch in einen narrativen Zusammenhang bringen. Bei solchen Texten ist es jedoch entscheidend, den Schwierigkeitsgrad der jeweiligen Klasse anzupassen. Langweilig und sinnlos sind Lückentexte, die sich auch ohne Bezug zum vorangegangenen Unterricht lösen lassen. In dieser Variante werden Füllmöglichkeiten vorgegeben, von denen auch mehrere richtig sein können.

Die alten Griechen, die vor über *viertausend/zweitausend/tausend* Jahren lebten, haben unserer Gegenwart einige wichtige Dinge hinterlassen, von denen manche Leute gar nicht wissen, dass sie von den Griechen erfunden oder entdeckt wurden: die Schrift, das Alphabet, die Olympischen Spiele und die *Republik/Demokratie.* Ach ja, auch die Baukunst und das Theater stammen von ihnen. Dabei waren die Bedingungen, unter denen die alten Griechen siedelten, alles andere als leicht. Sie lebten auf der Balkanhalbinsel in Städten (Poleis). Jeweils *mehrere Städte/zwei Städte/eine Stadt* befand(en) sich in einem fruchtbaren Tal. In der Mitte der Stadt lag die Burg (Akropolis), auf der zum Beispiel *Wagenrennen/politische Versammlungen/Wochenmärkte/Gottesdienste* stattfanden. Weil in den Ebenen oft zu wenig Getreide angebaut werden konnte, wanderten nach *750/350* v. Chr. viele Griechen aus ihren Städten aus und gründeten rund um das *Mittelmeer/Rote Meer/Schwarze Meer* Kolonien. Oft hing die Auswanderung auch damit zusammen, dass in den Städten ein Tyrann herrschte, unter dem einige Griechen nicht leben wollten. Viele berühmte griechische Kolonien gab es zum Beispiel in Sizilien. Diese blieben meist in engem Kontakt zu ihren Mutterstädten.

Allen Griechen gemeinsam war der Glaube an *Apollo/Zeus/Poseidon,* den obersten Gott. In Delphi lag das Heiligtum von Apollo. Immer wenn die Griechen etwas unternehmen wollten, fragten sie das Orakel von Delphi um Rat. Der Clou dabei war, dass die Ratsuchenden eine zweideutige Antwort bekamen. Zu Ehren des Gottes Zeus fanden in Olympia alle *vier/zwei/fünf* Jahre Wettkämpfe statt, die in der ganzen alten Welt berühmt waren. Viele Wettkämpfe von damals gibt es auch noch heute bei den modernen Olympischen Spielen: *Schwimmen/Diskuswerfen/Laufen/Wagenrennen/Ringkampf/Marathonlauf.* Im Gegensatz zu heute waren die alten Spiele jedoch in erster Linie Gottesdienst. Während der Olympischen Spiele ruhten alle Waffen.

Die berühmtesten Stadtstaaten der Griechen waren Athen und Sparta. Die Polis Sparta lag *in der Nähe des Meeres/im Landesinneren* und beherbergte etwa 10000 Spartaner. Ihr Staat war militärisch organisiert. Die wenigen Spartaner beherrschten etwa 150 000 bis 200 000 *Metöken/Heloten,* die als Sklaven für sie arbeiten mussten. Die Spartaner befanden sich in ständiger Kriegsbereitschaft, weil sie immer *Angriffe vom Meer/Aufstände im Inneren* befürchteten. Kulturelle Leistungen brachten die Spartaner nicht hervor.

Ganz anders die Athener. In Athen herrschte zwar auch zunächst ein König, dieser wurde aber bald von einer Gruppe von Adligen vertrieben, die dann die Herrschaft ausübten. Diese Staatsform nennt man *Monarchie/Aristokratie/Demokratie.*

Die richtigen Begriffe lauten: zweitausend, Demokratie, eine Stadt, politische Versammlungen und Gottesdienste, 750, Mittelmeer und Schwarzes Meer, Zeus, vier, Diskuswerfen, Laufen und Ringkampf, im Landesinneren, Heloten, Aufstände im Inneren, Aristokratie.

3. Rätselspiele

Kreuzwort-, Silben-, Buchstabenrätsel

Nahezu unerschöpflich ist der Bestand an Kreuzworträtseln. Man findet sie in fast allen Arbeitsheften zu Schulbüchern, in speziellen Spielesammlungen (Potente 1997), auf CDs und auch im Internet (www.lehrerfreund.de). Häufig haben sie sogar schon Eingang in Schulbücher gefunden.

Kreuzworträtsel eignen sich dazu, am Ende einer Unterrichtseinheit wichtige Begriffe zusammenzufassen. Ähnliches gilt für Silben- und Buchstabenrätsel.

Initialenrätsel

Die Idee zu diesem Spiel stammt von Monika Streller (Streller 1996, 483). Gesucht werden die Namen von acht Personen der Europäischen Geschichte zwischen 1871 und 1945. Vorname und Familienname sind aus den Initialen zu schließen. Die Lebensdaten geben eine Hilfe. Auf das adlige „von“ wurde verzichtet.

1.	O. B. (1815-1898)	2.	A. H. (1889-1945)
3.	W. C. (1874-1965)	4.	F. E. (1871-1925)
5.	R. L (1870-1919)	6.	R. P. (1860-1934)
7.	P. H. (1847-1934)	8.	J. (W.) S. (1879-1953)

1. Otto von Bismarck; 2. Adolf Hitler; 3. Winston Churchill; 4. Friedrich Ebert; 5. Rosa Luxemburg; 6. Raymond Poincaré; 7. Paul von Hindenburg; 8. Jossif (Wissarionowitsch) Stalin

Dieses Rätsel kann relativ einfach an den jeweiligen Unterrichtsstoff angepasst werden. Sein didaktischer Gehalt ist indessen nicht sonderlich groß, leistet er doch in gewisser Weise einer Personalisierung von Geschichte Vorschub. Gleichwohl müssen die Schüler die vergangene Einheit gedanklich rekapitulieren und die Kenntnis der Namen nachweisen. Bei der Auswertung ist es deshalb sinnvoll, die Schüler nach Ereignissen zu fragen, die sie mit dem jeweiligen Namen verknüpfen. So vermeidet man ein reines Personenraten anhand der Initialen.

4. Abgewandelte Gesellschaftsspiele

Stadt, Land, Fluss

Eine für den Geschichtsunterricht taugliche Variante des beliebten Spiels bietet Friedhelm Heitmann (Heitmann 1991, 61 f.): das „Herrscher-Völker-Freiheitskämpfer-Spiel“. Die Schüler erhalten einen Spielplan, der in fünf Kategorien aufgeteilt ist.

Herrscher/ Politiker	Völker/ Stämme	Kritiker/ Reformer/ Revolutionäre	Forscher/ Erfinder	Historische/ politische Begriffe	Punkte

In jeder Spielrunde wird zunächst der Anfangsbuchstabe der einzutragenden Begriffe ermittelt. Ein Schüler beginnt das Alphabet mit einem lauten „A" und sagt es im Kopf weiter auf. Ein zweiter Schüler unterbricht ihn mit „Stopp!". Der erste Schüler verkündet laut, bei welchem Buchstaben er angelangt ist. Bei „N" beispielsweise müssen alle Begriffe der fünf Kategorien mit diesem Buchstaben beginnen: Nero, Numider, Novalis, Newton, Notstandsverordnung. Der erste Schüler, der alle Felder ausgefüllt hat, ruft „Stopp!". Daraufhin müssen alle anderen aufhören zu schreiben, auch wenn ihre Spielpläne noch Lücken aufweisen. Dann beginnt die Auswertung: Sollte ein Schüler als Einziger in einem Feld eine richtige Lösung haben, erhält er 20 Punkte. Gibt es mehrere unterschiedliche Lösungen, beispielsweise Nero, Napoleon und Noske, dürfen sich die Schüler 10 Punkte dafür notieren. Taucht Nero zwei- oder mehrfach auf, gibt es 5 Punkte. Nachdem die Punkte zusammengerechnet und eventuell strittige Begriffe geklärt sind – der Lehrer muss hier als Jury auftreten –, beginnt eine neue Runde. Gewonnen hat derjenige, der nach der abgemachten Rundenzahl die meisten Punkte aufweist.

Dieses Spiel macht sehr viel Spaß, der didaktische Hintergrund ist jedoch eher dürftig. In unteren Klassen kann man es kaum verwenden, da es die Schüler überfordert. Es hilft hier auch wenig, bei der Aufgabenstellung zwei oder drei Buchstaben zusammenzufassen. Relativ brauchbar ist es in Oberstufenkursen, allerdings stellt sich auch hier die Frage, was durch dieses Spiel eigentlich geübt werden soll. Ein Bezug zu einer konkreten Unterrichtseinheit lässt sich jedenfalls nicht herstellen. Trotz allem ist es durchaus als Motivationsschub für zwischendurch geeignet, etwa nach einer Klausur. Es kann vor allem unkompliziert eine Vertretungsstunde füllen.

Tabu

Ein weiteres Spiel mit Begriffen ist dem Gesellschaftsspiel „Tabu" entlehnt. Das Spielmaterial besteht aus beliebig vielen Karten, die für die entsprechende Unterrichtseinheit angefertigt werden müssen, und einer (Sand-) Uhr. Eine Karte enthält oben immer einen zu umschreibenden Begriff oder eine Person. Darunter stehen fünf so genannte Tabuwörter, die bei der Umschreibung nicht benutzt werden dürfen.

Es werden zwei Gruppen in der Klasse gebildet. Ein Gruppenmitglied muss seinem Team einen Begriff bzw. eine Person umschreiben, die auf der Karte steht, die es gezogen hat.

Karl Marx

Sozialismus
Engels
Manifest
Kapital
Proletarier

Abb. 1: *Eine Tabu-Karte*

Während die (Sand-) Uhr drei Minuten läuft, muss eine Gruppe versuchen, möglichst viele Karten zu erraten. Das gegnerische Team achtet derweil auf die Einhaltung der Spielregeln.

Dieses Spiel ist sehr empfehlenswert, obwohl die Anfertigung der Karten einigen Aufwand erfordert. In jedem Fall übt das Spiel die narrative Kompetenz der Schüler, da nur wörtliche Erklärungen erlaubt sind. Die Benutzung von Armen und Händen ist verboten. Wenn man die zur Erklärung nahe liegenden Begriffe nicht benutzen darf, muss man einige Fantasie aufwenden, um zu nachvollziehbaren Umschreibungen zu gelangen. Gleichwohl sollte man sich in vielen Fällen auf schülersprachliches Niveau einstellen und nicht allzu streng mit den unbefriedigenden sprachlichen Äußerungen umgehen. Unter Umständen kann man die Spielregeln dahingehend erschweren, dass nur vollständige Sätze erlaubt sind. Erfahrungsgemäß ist das Spiel jedoch sehr kommunikativ und macht großen Spaß.

Möglich ist es auch, Schüler selbst Tabu-Karten anfertigen zu lassen. Denn bei dieser Varianten müssen sich die Schüler damit auseinander setzen, welche Merkmale überhaupt einem bestimmten Begriff zuzuweisen sind. Man kann zu diesem Zweck die Klasse in Arbeitsgruppen aufteilen, die je verschiedene Karten zum Thema herstellen.

5. Brett- und Kartenspiele

Brettspiele

Brettspiele sind aufgrund der Beschränkung der Teilnehmerzahl für die Verwendung in großen Lerngruppen meistens nicht geeignet. Die Anfertigung von mehreren Kopien, die darüber hinaus zur Haltbarmachung auf dicke Pappe geklebt werden müssen, und die Versorgung der Gruppe mit ausreichend Würfeln und Spielfiguren lässt in der Regel von solchen Spielen Abstand nehmen. Brettspiele können sinnvoll im Rahmen eines Lernzirkels als Lernstation eingesetzt werden. Dabei entfällt das Problem, dass der Lehrer ein großes Materialreservoir anschaffen muss. Das Spiel wird an einem Gruppentisch oder als Wahlmöglichkeit angeboten.

Im Prinzip gibt es zwei Arten von Brettspielen: Wissensspiele und Simulationsspiele. Die einfachste Variante ist das Wissensspiel. Es dient zur Wiederholung und Festigung von Faktenwissen. Zu diesem Zweck werden auf einem Spielbrett Figuren meistens mit Würfeln vorwärts bewegt. Durch die richtige Beantwortung von Fragen zur Geschichte kann der Spieler allerlei Vorteile erlangen, die seiner Spielfigur einen Vorsprung einbringen.

Außer dem Zufall des Würfelns kann mit Ereigniskarten ein weiteres Glücksmoment ins Spiel gebracht werden, so dass der Wettkampfaspekt nicht überhand nimmt. Darüber hinaus besteht mit Ereigniskarten die Möglichkeit, neue Informationen zur Epoche, auf die sich das Brettspiel bezieht, zu geben. Beispielsweise kann in einem Mittelalterspiel der Text einer Ereigniskarte lauten: „Zur Weiterreise musst du das Schiff verlassen und dich auf die Straße begeben. Das dauert viel länger und ist viel gefährlicher. Der nächste Wurf vermindert sich um die Hälfte." So wird nebenbei auf ein Problem mittelalterlichen Reisens aufmerksam gemacht. Sieger des Spiels ist der Spieler mit der Figur, die als erste ins Ziel gelangt.

Vorlagen für Brettspiele gibt es so viele, dass hier auf ein Beispiel verzichtet werden kann. Zum Beispiel sind in den methodischen Zeitschriften „Praxis Geschichte" und „Geschichte lernen" immer wieder Brettspiele zu zahlreichen Themen zu finden.

Kartenspiele

Kartenspiele sind geradezu klassische Lernspiele, sie finden jedoch im Geschichtsunterricht eher selten Anwendung, weil sie didaktisch ineffizient sind. Bekannt ist zum Beispiel das Quartett. Ein Kartenspiel besteht aus mehreren Vierer-Kartengruppen, die durch ein gemeinsames Merkmal miteinander verbunden sind. Bei einem Quartett zur industriellen Revolution sind Kartengruppen zu Kraftmaschinen (Wasserkraft, Windkraft, Dampfmaschine, Elektromotor), Transport (Pferdewagen, Segelschiff, Eisenbahn, Dampfschiff), Nachrichtenübermittlung (Bote, Postkutsche, Telegraf, Telefon) und ähnlichem denkbar. Quartett wird in Gruppen bis zu vier Schülern gespielt. Die Aufgabe der Spieler besteht darin, die vier zusammengehörigen Karten durch Fragen an die anderen Mitspieler zu sammeln und die vollständigen Gruppen vor sich aufzudecken. Sieger des Spiels ist derjenige Schüler, der die meisten Quartette erwerben konnte.

Das Problem besteht darin, dass man solche Spiele selbst anfertigen muss. Ob Verlage Quartettspiele anbieten, konnte nicht ermittelt werden. Ein Quartett zum Thema „Erfindungen, Entdeckungen und Eroberungen" bietet als Kopiervorlage Hildegard Gramatzki (Gramatzki 1994, 27-38). Der Aufwand für die eigene Herstellung ist jedenfalls beträchtlich. Um einen didaktischen Nutzen aus dem Spiel zu ziehen, müssten die Karten über die Abbildung hinaus mit weiteren Informationen versehen werden. Angaben zur Leistungsfähigkeit von Transportmitteln geben beispielsweise darüber Auskunft, welch dramatischen Umschwung in Produktion und Versorgung die industrielle Revolution mit sich brachte. Im Ganzen dürfte jedoch der Aufwand kaum im rechten Verhältnis zum Nutzen eines Quartetts stehen, selbst wenn man nur ein Spiel etwa für die Freiarbeit anfertigt.

6. Kimspiele

Kimspiele sind Erkennungsspiele, die dem Training der fünf Sinne dienen (Bücken 1984). Das heißt, man muss in einem spielerischen Umfeld Gegenstände durch Sehen, Hören, Schmecken, Tasten und Riechen erkennen. Besonders in der Grundschulpädagogik kommen solche Spiele zum Einsatz. Es gibt zum Beispiel das Hör-Memory: In dieser Variante des klassischen Memorys sind kleine Filmdosen mit Materialien gefüllt, immer zwei mit den gleichen, beispielsweise Zucker. Durch Schütteln müssen die Pärchen herausgehört werden Kimspiele können im Unterricht als Konzentrations–, Beruhigungs- und Sammelübungen sowie als Merkhilfen angewandt werden.

Im Geschichtsunterricht beschränkt sich die Anwendung von Kim-Spielen wohl auf das Sehen. Die Schüler erhalten zum Beispiel den Auftrag, ein historisches Gemälde, eine Abbildung oder eine Collage konzentriert zu betrachten und sich alles genau einzuprägen. Nach einer gewissen Zeit, beispielshalber nach zwei Minuten, wird die Darstellung abgedeckt und die Schüler müssen aufschreiben, welche Gegenstände oder Details sie sich gemerkt haben. Man kann hier auch Mannschaften gegeneinander spielen lassen, um die Spannung beim Spiel zu steigern. Gewonnen hat die Mannschaft, die die meisten Begriffe erinnert hat. Das Spiel eignet sich, um über die genaue Beobachtung ins Gespräch über das Bild zu kommen. Hier zeigt sich unter Umständen, ob Schüler bestimmte historische Gegenstände erkennen und benennen können und ob sie dargestellte Zusammenhänge verstehen.

Eine andere Möglichkeit besteht darin, auf einem Tablett Kärtchen mit historischen Begriffen, Bildern und historische Gegenstände (Briefmarken, Münzen, Geldscheine, Miniaturnachbildungen) aus der vergangenen Unterrichtseinheit zu präsentieren. Nach drei Minuten wird das Tablett mit einem Handtuch abgedeckt und die Schüler müssen versuchen, die Wörter aufzuschreiben oder deren Bedeutung zu nennen.

Memory

Memory lässt sich auch im Geschichtsunterricht in der klassischen Varianten mit dem Aufdecken identischer Bilder spielen. Die Herstellung solcher Kärtchen ist allerdings recht aufwändig und bietet außer dem Wiedererkennungswert nicht viel. Es wäre deshalb sinnvoll, solch ein Memory *vor* der Behandlung des Themas zu spielen, um die Schüler mit optischen Eindrücken zum Inhalt der kommenden Einheit vertraut zu machen. Man wird jedoch mit einem einzigen Spiel bei einer großen Klasse nicht auskommen. Daher sollte man auf Varianten setzen. Zum Beispiel kann das Bilder-Memory eine Station eines Lernzirkels bilden. Eine andere Möglichkeit besteht darin, die Schüler in vier Gruppen aufzuteilen und die Gruppen jeweils ein Memory zur vergangenen Unterrichtseinheit herstellen zu lassen. Die Schüler haben dabei die Möglichkeit, selbst *Bedeutungen* innerhalb des Themas festzulegen. Daher sollten nicht nur – in der Regel kopierte – Bilder zugelassen werden, sondern auch Begriffe, Zitate oder Symbole, die die Schüler selbst gestalten können. Ebenfalls kann ein Kartenpaar aus einem Bild und der dazugehörigen Bezeichnung bestehen. Die fertigen Spiele können wechselseitig von den anderen Gruppen durchgespielt

Abb. 2: Memorykarten zu landwirtschaftlichen Geräten

werden. Man sollte Größe und Anzahl der Kärtchen vorgeben. Mehr als zwölf Paare sprengen sicher den zeitlichen Rahmen.

7. Domino

Domino, Trimino

Beim Dominospiel müssen bekanntlich die identische Hälften zweier Dominosteine aneinandergefügt werden, bis alle vorhandenen Steine aufgebraucht sind. Bei der Variante Trimino müssen immer drei Seiten von dreieckigen Steinen zusammenpassen, bis ein Sechseck entstanden ist.

Das folgende *Karikaturendomino* stammt von Holger Viereck (Viereck 1996, 483-489). Bei diesem Spiel werden einzelnen Schülergruppen aus sechs Spielern 16 Kärtchen mit je einer bekannten Karikatur sowie 16 Kärtchen mit zwei unterschiedlichen schriftlichen Erläuterungen, die zu je zwei Karikaturen passen. Eine Karikatur muss rechts und links von dem identischen dazugehörigen Text eingerahmt sein. Die Erläuterung auf der anderen Seite des Textkärtchens bildet die Brücke zur nächsten Karikatur, die dort angelegt werden muss. Jeder Schüler der Gruppe erhält zu Beginn vier bis sechs Karikaturen- bzw. Textkärtchen, die anderen bleiben verdeckt im Stock. Das Spiel beginnt mit dem Aufdecken eines Kärtchens aus dem Stock. Gespielt wird reihum. Immer wenn ein Spieler kein passendes Kärtchen legen kann, muss er eine Karte aus dem Stock ziehen. Diese kann, falls sie passt, direkt angelegt werden. Das Spiel ist beendet, wenn alle Karten in der Gruppe richtig gelegt sind. Um den spielerischen Charakter zu wahren, können einige Joker ins Spiel gebracht werden, die ersatzweise angelegt werden.

(anderer Text)	„Wie sollen wir uns da die Hand geben?„ Deutschland und England als zwei, mit Schiffen hochgerüstete Personen dargestellt. (Karikatur im „Sim- plizissimus„, 1912)		„Wie sollen wir uns da die Hand geben?„ Deutschland und England als zwei, mit Schiffen hochgerüstete Personen dargestellt. (Karikatur im „Sim plizissimus„, 1912)	(anderer Text)

Abb. 3: *Karikaturen-Domino*

Die Triminovorlage kann mehrfach kopiert werden. Thematisch bezieht sich die Vorlage auf das Mittelalter. Fertigt man sich eine leere Vorlage an, kann man selbst für alle möglichen Epochen ein Trimino entwerfen.

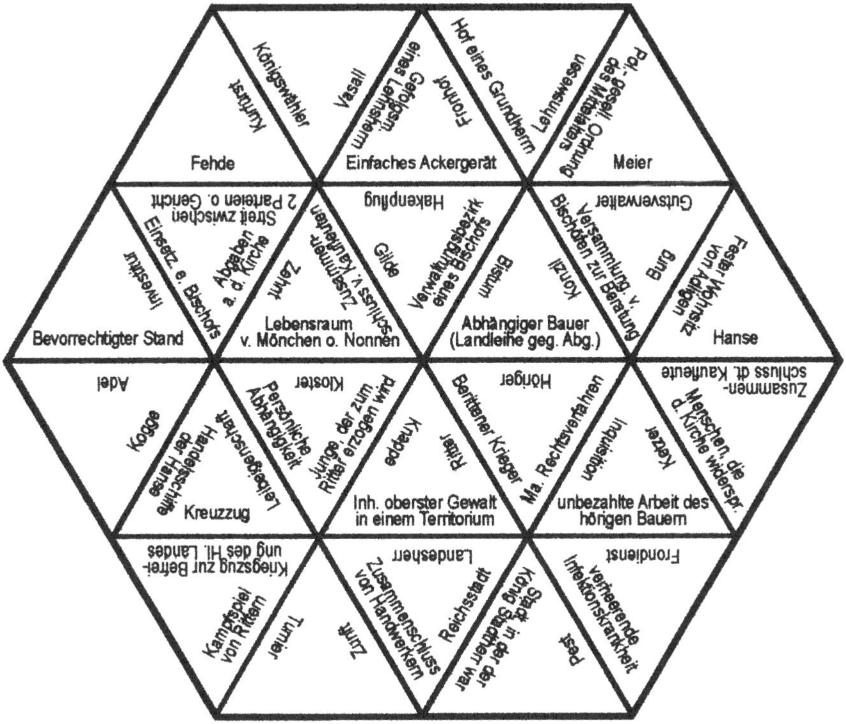

Abb. 4: *Trimino/Mittelalter*

Zeitleiste

Am Ende einer Unterrichtseinheit können wichtige Ereignisse der behandelten Epoche mit einer Zeitleiste wiederholt werden. Eine spielerische Möglichkeit dazu besteht darin, die Ereignisse von Schülern in die richtige Reihenfolge bringen zu lassen. Zu diesem Zweck muss man eine kopierfähige Vorlage in Tabellenform anfertigen und die Ereignisse in die Tabelle eintragen (s. u.). Das entstandene Blatt wird im Anschluss mehrfach kopiert und auseinander geschnitten. Die Schüler erhalten immer gruppenweise eine zerschnittene Zeitleiste mit der Aufforderung, die auf den Kärtchen genannten Ereignisse in der richtigen zeitlichen Reihenfolge aneinander zu legen. Die Bearbeitung in Gruppen ist besonders wichtig, da die Schüler sich auf diese Weise kommunikativ mit der vergangenen Unterrichtseinheit beschäftigen. Man kann auch die Benutzung von Hilfsmitteln zulassen.

Folgende Tabelle hat die deutsche Außenpolitik zwischen 1870 und 1919 zum Thema. Im Beispiel sind die entsprechenden Ereigniskarten in der richtigen Reihenfolge von links nach rechts angegeben. Zur Verdeutlichung finden sich in der darunter abgedruckten Tabelle die Jahreszahlen der jeweiligen Ereignisse.

Beispiel:

Deutsch-französischer Krieg	Drei-Kaiser-Abkommen	Krieg-in-Sicht-Krise	Kissinger Diktat	Berliner Kongress
Zweibund	Gründung deutscher „Schutzgebiete“	Rückversicherungsvertrag	Tod Wilhelms I.	Entlassung Bismarcks
Faschoda-Krise	1. Haager Friedenskonferenz	Entstehung der „Entente cordiale“	Erste Marokko-Krise	Zweite Marokko-Krise „Panther-Sprung“
Balkankriege	Sarajewo-Attentat	Juli-Krise	Deutsche Kriegserklärung an Russland	Englische Kriegserklärung an Deutschland
Schlacht von Verdun	„Kohlrübenwinter“	Kriegseintritt der USA	Beginn der Matrosenaufstände	Versailler Friedensvertrag

Jahreszahlen zu den genannten Ereignissen:

1870/71	1872	1875	1877	1878
1882	1884	1887	1888	1890
1898	1900	1904	1905/06	1911
1912/13	28. Juni 1914	Juli 1914	1. August 1914	4. August 1914
1915	1916/17	1917	Oktober 1918	28. Juni 1919

Anmerkung

* Aus Bernhardt 1996, S. 32 f.

Literatur

Bergkemper, A., [a.bergkemper@citywcb.de], Wer wird unser Millionär? (5.5.02). Online im Internet: URL: http://www.blume-programm.de/ab/boerse/b_177.htm#HEADING177-0 [Stand: 5.6.2002]
Bergmann, Klaus, Versuch über die Fragwürdigkeit des chronologischen Geschichtsunterrichts, in: Pandel, Hans-Jürgen, Schneider, Gerhard (Hrsg.), Wie weiter? Zur Zukunft des Geschichtsunterrichts, Schwalbach/Ts. 2001, S. 33-55
Bernhardt, Markus, Reisen in die Vergangenheit, in: Praxis Geschichte 9 (1996) H. 5, S. 32-33
Bernhardt, Markus, „Wie hieß der Vater der Dampfmaschine?" Ein Wissensquiz fürs Klassenzimmer, in: Praxis Schule 5-10 (1996) H. 4, S. 42-45
Borries, Bodo von, Inhalte oder Kategorien? Überlegungen zur kind-, sach-, zeit- und schulgerechten Themenauswahl für den Geschichtsunterricht, in: GWU 46 (1995), S. 421-435
Bücken, Hajo, Kimspiele. Spiele zum Sehen, Schmecken, Riechen, Tasten, Hören und Denken, München 1984
Calliess, Elke, Spielen in der Schule – motivationale Aspekte, in: Daublebsky, Benita, Spielen in der Schule, Stuttgart 1973
Dehn, Mechthild, Lernspiele, in: Enzyklopädie Erziehungswissenschaft, Bd. 4, S. 518-520
Dörr, Margarete, Historisches Wissen, in: Bergmann, Klaus, u.a. (Hrsg.), Handbuch der Geschichtsdidaktik, 5. Aufl., Seelze-Velber 1997, S. 287-289
Gramatzki, Hildegard, Unterrichtsideen. Spiele im Geschichtsunterricht der Sekundarstufe I. Spielformen, methodische Anregungen und Materialien zu ausgewählten Themen aus Antike, Mittelalter und Neuzeit, 2 Bde., Stuttgart, Dresden 1994
Heitmann, Friedhelm, Historix & Co. 30 Geschichtsspiele für die Klasse 6-13, Lichtenau 1991
Kluge, Norbert, Spielen und Erfahren. Der Zusammenhang von Spielerlebnis und Lernprozess, Bad Heilbrunn 1981
Knoch, Peter, Spielerisches Lernen und Lernspiele im Geschichtsunterricht, in: GEP 1 (1990) H. 5, S. 425-437
Kube, Klaus, Spieldidaktik, Düsseldorf 1977
Kuss, Horst, Geschichtsunterricht und Lehrplan, in: GWU 48 (1997) H. 9, S. 533-549
Mayer, Ulrich, Spiele im Geschichtsunterricht, in: Bergmann, Klaus u.a. (Hrsg.), Handbuch der Geschichtsdidaktik, 5. Aufl., Seelze-Velber 1997, S. 447-451
Potente, Dieter, Mitmach-Geschichte I-III, Lichtenau 1997
Rohlfes, Joachim, Geschichte und ihre Didaktik, Göttingen 1986
Scheuerl, Hans, Das Spiel. Untersuchungen über sein Wesen, seine pädagogischen Möglichkeiten und Grenzen, 12. Aufl., Weinheim, Berlin 1994
Schneider, Gerhard, Gelungene Einstiege. Voraussetzungen für erfolgreiche Geschichtsstunden, 2. Aufl., Schwalbach/Ts. 1999, S. 28-35
Streller, Monika, Geschichte in Rätseln: Ergänzungsrätsel: Persönlichkeiten des 20. Jahrhunderts, in: GEP 7 (1996) 9, S. 483
Viereck, Holger, Spiele im Geschichtsunterricht – Lernen mit Spannung und Spaß, in: GEP 7 (1996) H. 6, S. 483-489

Thomas Lange

Archivarbeit

1. Lernort Archiv

Der Lernort Archiv kann nur mit Beratung, Hilfe oder Zuarbeit durch das Archivpersonal genutzt werden. Während im Museum die Exponate schon auf das Publikum warten, ist der Besucher des Archivs darauf angewiesen, dass ihm im Lese- (oder Benutzer)saal einzelne Archivalien herausgesucht und präsentiert werden (➛ Geschichtsvermittlung im Museum). Anders auch als in Bibliotheken sammeln Archive, zumindest vom Ursprung her, ihre Bestände nicht primär für die Öffentlichkeit, sondern verwahren das Behörden- und Verwaltungsschriftgut zu rechtlichen Nachweiszwecken. Erst im Laufe einer langen historischen Entwicklung wurden Archive zum „Quellenreservoir der Historiker", wurde „Erfassung, Verwahrung und Erschließung" des Archivguts (Franz 1993, 1 f.) nicht mehr nur als juristische Sicherung, sondern als Dienstleistungsaufgabe verstanden. Schlüsseldatum für die Funktionsänderung der Archive ist der 25.6.1794, an dem in Paris gesetzlich das Zugangsrecht jedes Bürgers in die Archive garantiert wurde. Zielte diese revolutionäre Änderung der bis dahin „geheimen" Archive zunächst vor allem auf den juristischen Auskunftscharakter, so war damit doch das Prinzip der Öffentlichkeit der Archive eingeführt (Rehm 1998, Sp. 208 f.). An Schülerpublikum wendeten sich deutsche Archiven zwar schon zum Ende des 19. Jahrhunderts mit Ausstellungen (Richter 1986, 24 ff.), und erste Diskussionsansätze zum Lernort Archiv gab es in der Bundesrepublik in den 50er Jahren mit Verweisen auf das Vorbild des „service éducatif" (s. u.) in Frankreich (Herberhold 1956). All das blieb freilich aus zwei Gründen ohne große Folgewirkungen: Erstens wurde der Geschichtsunterricht in der Schule generell ohne jede Quellennutzung erteilt; zweitens war für die Archivare Öffentlichkeitsarbeit ein nicht unbedingt geliebtes Neuland, das zu betreten weder die Ausbildung noch der gesetzliche Auftrag der Archive ermunterte. Erst erneute und zahlreiche Interventionen von Archivaren in der politischen und pädagogischen Aufbruchsstimmung der 70er-Jahre haben hier einen Wandel vorbereitet. In einem wegweisenden Vortrag des nachmaligen Präsidenten des Bundesarchivs, Hans Booms, wurde sowohl das demokratische Rechenschaftsbewusstsein gegenüber der Öffentlichkeit wie auch die Verpflichtung zu aufklärender Bildungsarbeit betont (Booms 1970). Diese Anregungen auf der einen Seite, auf der anderen der Versuch, den in die Defensive (bis zur drohenden Abschaffung) geratenen Geschichtsunterricht durch konkret-regionalen Bezug wieder attraktiver zu machen, verstärkten die Bemühungen, den außerschulischen Lernort Archiv in den Unterricht einzubeziehen (Richter 1973; Wagner 1973; Behr 1974; Scheif/Schütz 1978). Gefördert wurde diese Entwicklung auch dadurch, dass sich außerhalb von Universitäten und Schulen nach anglo-amerikanischem, französischem und schwedischem

Vorbild die Bewegung der „Geschichtswerkstätten" entwickelte, die mit der Konzentration auf Alltags-, Geschlechter- und Arbeitergeschichte in lokalem Rahmen „von unten" Grenzziehungen „antiautoritär" aufbrechen wollte, plakativ formuliert in dem Motto „Grabe, wo du stehst!" (Heer/Ullrich 1985). Entscheidender für die Entwicklung in den Schulen wirkte aber der „Schülerwettbewerb Deutsche Geschichte um den Preis des Bundespräsidenten", der mit seinen seit 1973 ausgeschriebenen Wettbewerben Tausende von Schülerinnen und Schülern in zweijährigem Rhythmus zur Quellensuche in die Archive trieb (Borries 1990).

Nachdem einige Stadtarchive (Münster, Bochum, Ulm) erste Angebote für Schulen entwickelt und z. T. spezielles Personal eingestellt hatten (Münster; Frankfurt/M.), wurde dann in den 80er Jahre auch an staatlichen Archiven Personal für die Betreuung der neuen Benutzer geschaffen. In den Bundesländern Bremen, Hessen, Nordrhein-Westfalen waren es Lehrer, die mit unterschiedlichen Stundenzahlen an die Archive abgeordnet wurden, um die schulische Nachfrage zu befriedigen. Terminologische Differenzen um die Benennung dieses neuen Feldes der Arbeit im Archiv – zur Auswahl stehen: Archivpädagogik, Archivdidaktik, Historische Bildungsarbeit (Jakobi/Link 1988; Jakobi 1990, 1992; Lange 1993a) – können nicht darüber hinwegtäuschen, dass diese an schulische und außerschulische Zielgruppen sich richtende Öffentlichkeitsarbeit (trotz gelegentlich enger Auslegung, vgl. Taddey 1997) inzwischen auch in den Archiven dem Selbstverständnis der meisten Archivarinnen und Archivare entspricht (Specker 1987; Bräunche 1995; Schockenhoff 1996; Rehm 1998; Rehm 2000; Rohdenburg 2000). Allerdings scheitert der gute Wille vielfach an Personalknappheit, zumal mit den knapper werdenden Etats der Kultusministerien in der zweiten Hälfte der 90er Jahre oft auch die Anrechnungsstunden der abgeordneten Lehrer gekürzt oder sogar ganz gestrichen wurden (Bremerhaven).

Von der Seite engagierter Lehrerinnen und Lehrer wie auch von der Geschichtsdidaktik wird „Geschichtsunterricht im Archiv" oder forschendes Lernen mit Archivalien nicht nur akzeptiert, sondern auch ausdrücklich gefordert (s.u.: Ziele). War in den 70er Jahren der Archivbesuch noch als „Exkursion" etwas umständlich didaktisch gerechtfertigt worden (Hey 1978, 60-66), so gilt heute der „choc par les documents" nach einem griffigen Aufsatztitel (Würfel 1983) nicht nur als hervorragend geeignete Motivation, sondern ist vielfach praktizierte Unterrichtsrealität und Lehrerausbildung (Link 1987; Knoch 1989, 10-13; Lange 1993; Pandel 2000; Lange 1999a; Lipski 2002; Klose 2002).

Auf die für die deutsche Entwicklung vorbildlichen und speziell an Schulen gerichteten Dienstleistungsangebote („archivische Unterrichtsdienste", Richter 1986, 33) englischer, amerikanischer, niederländischer und französischer Archive kann hier nur pauschal verwiesen werden (Franz 1985, 1986; s. dazu auch das Protokoll der ersten europäischen Tagung für Archivpädagogik, die vom „Arbeitskreis Archivpädagogik und Historische Bildungsarbeit im Verband deutscher Archivarinnen und Archivare" vom 19. bis 21. Juni 2003 in Bocholt veranstaltet wurde: http://www.archivpaedagogen.de/europa/Protokoll.pdf). In Frankreich sind Lehrer flächendeckend mit einem Teil ihres Stundendeputats als Beauftragte des „service éducatif" an die staatlichen Archive (archives départementales) und an die Archives Nationales in Paris abgeordnet. Die Besonderheit ist dabei, dass primär die unteren Klassenstufen ab der Grundschule bis zur 10. Jahrgangsstufe angesprochen werden, denn in den Abschlussklassen lässt die übermäßige Konzentration auf das Zentralabitur keine Zeit (und keine inhaltliche Freiheit) mehr für Archivbesuche. Im Mittelpunkt des Archivbesuchs steht die Konfrontation mit der Original-Archivalie; ansonsten arbeiten die französischen Lehrerinnen und Lehrer bei Ausstellungen bzw. bei pädagogischen Begleitmaterialien dazu mit (s. exemplarisch im Anhang: Debilly 1994; Fouret 1994; Wallart/Fouret 1998 sowie Cheynet 1993).

2. Lernziele und Arbeitsformen

2.1. Allgemeine Ziele der Archivarbeit:

Das Ziel archivpädagogischer Arbeit ist es, Geschichte sinnlich und persönlich erfahrbar zu machen. Man könnte die Grundidee als „Achtung vor dem Einzelnen" (Zang 1985) beschreiben oder auch sagen: den geschichtlichen Vorgängen wird das „menschliche Maß" wiedergegeben durch das Wiedererkennen konkreter Namen und Orte bzw. durch die Möglichkeit der vergleichenden Identifikation mit der eigenen Lebenswelt. Der Zugang zu historischem Wissen ist dabei individuell, da im Unterschied zum Schulbuch Archivquellen vielleicht gleichartige, aber nie die gleichen Vorgänge dokumentieren. Sie sind unabgeschlossen, ermöglichen Auslegungen und fordern Phantasie, sie sind widersprüchlich, sie engen nicht von vornherein auf ein vorformuliertes Ziel ein, sie regen zum Austausch innerhalb der Lerngruppe an, sie können auch einen affektiven Charakter haben. (Schneider 1994, 78-83) Archive bieten Freiraum für Eigeninitiative und autonomes Lernen ohne fertig formulierte Fragestellungen und Impulse. (Pieper 2000) Archivarbeit hat immer einen detektivischen Charakter, der am besten in der Metapher von der „Spurensuche" beschrieben wird (Ginzburg 1988).

All das sind Momente ganz starker Motivation gerade auch für Schülergenerationen, bei denen das Schulbuch gegen außerschulische Medien (Film, Video, PC, CD-ROM) kaum noch konkurrieren kann. Denn die archivierten Original-Dokumente haben mehrere Dimensionen, die (auch noch so korrekt und schülerfreundlich) edierten Dokumenten in Schulbüchern und Quellensammlungen fehlen: Sie besitzen die Faszination sinnlich-greifbarer zeitlicher Fremdheit, die zudem oft verknüpft ist mit lebensweltlicher Nähe. Bringt das alte Papier (oder Pergament) doch Botschaften aus fernen Jahrhunderten über die engere Umgebung, schließt an wiedererkennbaren Landschafts-, Orts-, Straßen- oder Personennamen Wege in die eigenen Vorgeschichte auf. Das originale Zeugnis wirkt zugleich als detektivisch ausfindig gemachtes Indiz, hat Beweischarakter und belegt Nachprüfbarkeit jenseits der bloßen Beglaubigung durch den Lehrer (Link 1987, 103; Lange 1993, 15; Würfel 2000).

Die inhaltliche Anbindung der durchweg landesgeschichtlichen Archivquellen an die Lehrpläne kann hier nur angedeutet werden, da der Stellenwert der Landesgeschichte in den Lehrplänen der Bundesländer sehr unterschiedlich ist. (Hinrichs 1990; Kuss 2000, 395 ff., Klose 2002) In den letzten Jahrzehnten hat der regionale Ansatz eine neue Bedeutung gewonnen, was bei den Lehrern oft mit dem Interesse an der Aufarbeitung der lokalen NS-Geschichte zu tun hatte. Sein Stellenwert reicht vom rein illustrativen über exemplarisches, „ethnologisches" Lernen bis zum Erkennen des „Zusammenhangs von eigener Lebensgeschichte und allgemeiner Geschichte" (Kuss 2000, 404; vgl. auch Knoch/Leeb 1984; Leeb 1986; Schneider 1987; Lange 1996; Lange 1999b;) Manche Schulämter oder Lehrerfortbildungsinstitutionen werden in diesem Sinne von sich aus aktiv (vgl. die Arbeit der Arbeitskreise für Landeskunde und Landesgeschichte bei den Oberschulämtern in Baden-Württemberg sowie: Hahn 1985; Schulreport 1992; Both 1996; Kandler/Licht/Rettinger 1997).

2.2 Lernziele und Methoden der Schülerarbeit im Archiv:

1. Kennenlernen von Funktion, Aufgaben und Arbeitsweise von Archiven;
2. Nutzen der Informationsmöglichkeiten in Archiven;
3. forschendes Lernen: Lesen und Auswerten von archivalischen Quellen;
4. thematisch orientiertes, selbstorganisiertes Zusammenarbeiten (Teamarbeit);
5. (Schul-)öffentliches Präsentieren der Arbeits-Ergebnisse.

Im Einzelnen:

Zu 2.2.1: Kennenlernen von Funktion, Aufgaben und Arbeitsweise von Archiven und 2.2.2: Nutzen der Informationsmöglichkeiten in Archiven.

Das oft geforderte permanente selbstständige Lernen in der Informationsgesellschaft kann im „Informationssystem Archiv" eingeübt werden. Dabei ist nicht nur die Benutzung traditioneller archivischer Findmittel möglich, sondern zunehmend auch die von neuen informationstechnischen Geräten (Mikrofilm- oder Mikrofiche-Lesegreäte; archivinterne oder extern vernetzte Datenbanken), so dass auch Medienkompetenz gelernt werden kann. Führt das erste zugleich in die archivischen Klassifizierungsbegriffe wie die Behördenstruktur und -geschichte ein, so führt das zweite in die zielgerichteten Suchstrategien (retrieval) der modernen Datenverarbeitung. Archive sind so auch Beispiele für die Institutionen einer neuen pluralisierten Lernstruktur. Neben der Beratung durch Archivpersonal stellen manche Archive auch einführende Publikationen zur Verfügung. (Müller 1993; Post 1994; Beck/Henning 1994; Pieper 2000a; Archivsplitter 2001) Falls bei den Lehrerinnen und Lehrern noch keine eigenen Erfahrungen oder Kenntnisse über die Arbeit in Archiven vorhanden sind, sollten sie den Archivbesuch auf jeden Fall durch direkten Kontakt mit Archivarinnen und Archivaren oder Archivpädagogen vorbereiten (Umgang 1992, 210 ff.; Rohdenburg 1997).

Zu 2.2.3: Forschendes Lernen: Lesen und Auswerten von archivalischen Quellen

Die in der Schule eingeübten handwerklichen Techniken der Textanalyse (Unterstreichen, farbig markieren) müssen im Archiv natürlich entfallen. Auch wenn eine Vorauswahl an

Archivalien getroffen worden ist, so liegen diese oft in einem größeren Aktenbündel („Faszikel"; „Büschel"), das Blatt für Blatt umgewendet werden muss. Ganz wesentlich ist daher eine klare Fragestellung, die nach Möglichkeit natürlich auf das Material vorabgestimmt sein muss, um demotivierende Reaktionen („Da steht ja nichts drin!") zu vermeiden (zur Strukturierung solcher Fragen: Müller 1988 ff.; Würfel 2000). Die Mühsal (und Geduld) des Suchens und auch gelegentlichen Nicht-Findens bilden aber nicht nur „in nuce" die Struktur tatsächlicher Forschungsarbeit ab, sondern machen auch den rekonstruierenden Charakter von Geschichtsdarstellung und Geschichtsschreibung deutlich. Um den Prozesscharakter der Vorgänge verstehbar zu machen, müssen die Schüler auch angehalten werden, genaue Tages- und Monatsdaten aus den Dokumenten zu notieren. Außerdem ermöglichen kontroverse Unterlagen (z.B. in juristischen Akten oder in Gegenüberlieferungen verschiedener Herkunft, wie etwa Landtagsprotokolle, Presseberichte, biographische Zeugnisse), die Multiperspektivität historischer Erkenntnis zu vermitteln, also „Geschichte" als rekonstruierte bewusst zu machen. Das bedeutet, den Schülern durch Präsentation kontroverser Primärzeugnisse eine argumentativ vertretbare eigenständige Rekonstruktion vergangenen menschlichen Handelns und Leidens zu ermöglichen (Müller 1989).

Diese Arbeitsweise erscheint einfach und einleuchtend vor allem bei Dokumenten aus dem 20. Jahrhundert, die maschinenschriftlich vorliegen. Schon bei (mitunter wichtigen) handschriftlichen Notizen darauf oder gar bei allem vor dem Zeitalter der Schreibmaschinen Entstandenen tritt noch die zusätzliche Barriere der altdeutschen Schreibschrift auf. Sie kann natürlich nicht völlig, nicht mühelos und nicht in der professionellen Weise überwunden werden, wie sie den Anforderungen an den Archivarsberuf entspricht. Trotzdem sollte sie aber nicht als unüberwindbare Hürde gelten, die die meisten Archivalien von der Benutzung durch Schüler ausschließt (Fritz 1997, 452; dagegen Lange 1999a, 46 f.). Sicher kann man die Hilfe der Archivare hier nur begrenzt in Anspruch nehmen; aber auch wenn kein transkribierender Archivpädagoge zur Verfügung steht, kann man sich der Hilfsmittel bedienen, die vielfach an Archiven hausintern für Schülergruppen vorhanden sind oder sich mit anderen Hilfsmitteln vorbereiten (Süß 1992; Degreif 1993; Pieper 2000a; Würfel 2000). Natürlich ist die Einübung in das Lesen handschriftlicher Dokumente (und ich beziehe mich hier vor allem auf solche des 19. und 20. Jahrhunderts) mit mehr Zeitaufwand verbunden, kommt also eher für Projekttage oder -wochen in Frage. Wie verschiedene Erfahrungen zeigen, ist es aber auch ein lohnenswertes Unterfangen, da hier besonders die Entedeckerfreude und Entschlüsselungsmühen belohnt werden, wenn aus zunächst völlig unlesbaren „Krakeln" ein verständlicher Text entsteht. All diese Mühe setzt aber den Konsens darüber voraus, dass das aktive Einüben in geschichtliche Formen der Handschrift(en) ein lohnenswertes Lernziel bildet, mit dem Geschichtsbewusstsein über sinnliche Erfahrung gewonnen werden kann.

So wurden mit Schülern als Quellen benutzt: mittelalterliche Urkunden (Würfel 1994); Rechnungen aus dem 30jährigen Krieg (Bauer 1989), Leibeigenschaftsentlassungen, 18. Jahrhundert (Winter 1993); Kirchenbücher, 19. Jahrhundert (Kessel 1994); Abiturarbeiten 1914-1918 (Müller-Henning 1996); Heuerverträge, 19. Jahrhundert

(Kessel 1997), Feldpostbriefe 1914-1918 (Lange u.a. 2000). Bei der vielerorts betriebenen Erforschung der Schulgeschichte durch Schüler und Lehrer bilden in der Regel Handschriften aus den Schularchiven (die eine oft noch unerschlossene Quelle sind) kein absolutes Hindernis (Klein/Kosmala 1992; Liepach 1996; Lange 1996; Kößler/Steffens 1998). Als leichter einzubeziehende Dokumente sei auch auf die gedruckten Verordnungen verwiesen, die oft sehr aufschlussreich auch hinsichtlich sozialer Problematik sind (Jagdfrevel, Populierungspolitik nach dem 30jährigen Krieg, Armenordnungen, Kirchenordnungen etc.).

Hier wäre noch zu ergänzen, dass Archivdokumente natürlich für viele Themen des verstärkt eingeforderten „fächerübergreifenden Lernens" unendlich viel Material bieten, da ja nahezu alle Lebensbereiche in den gesammelten Akten und Unterlagen vertreten sind (Westphal 1993; Conrady 1999; Lange 1999c).

Zu 2.2.4: Thematisch orientiertes, selbstorganisiertes Zusammenarbeiten (Teamarbeit)

Die methodischen Grundsätze forschenden Lernens und kommunikativen Handelns finden im Archiv ideale Voraussetzungen, besonders in den Formen der projektorientierten Arbeit (➤ Forschend-entdeckendes Lernen, Projektarbeit). Individualisierung und Teamarbeit, aber auch fächerübergreifendes Lernen kann hier geübt werden. Inhaltliche Suchstrategien müssen entwickelt und mit einer eigenständigen Fragestellung verbunden werden. Der Arbeitsprozess in einer Gruppe muss organisiert werden, die Quelleninterpretation muss an eigener Wertorientierung gemessen, ein eigener Standpunkt gefunden werden.

Wenn man ein umfangreicheres Projekt plant und – noch ohne Archiverfahrung – sich nicht auf die Unterstützung durch einen Archivpädagogen verlassen kann (und leider gibt es sie erst an einer Minderzahl deutscher Archive), dann empfiehlt sich durchaus eine strategische Gesamtplanung. Da ein Archivbesuch in jedem Fall einen (vielleicht recht umständlichen und nicht jederzeit wiederholbaren) Lernortwechsel bedeutet, kann eine Planungsskizze hilfreich sein (vgl. „Checkliste" bei Rohdenburg 1997, 46). Denn ob man von einer allgemeinen Frage ausgeht („Welche Erfahrungen machten die Menschen in der Nazidiktatur?"; vgl. Lipski 1998), von einem konkreten Fall (dem Fund von Betriebsakten einer Ziegelei aus den 30er Jahren; vgl. Projektgruppe Tonwerk 1999; der Frage nach der Errichtung einer Wohnsiedlung, Ehnert 1993) oder einem aktuellen Anlass (etwa der Frage: „Welche Rolle spielten Asylanten oder Flüchtlinge früher?"; vgl. Rohdenburg 1993): es führt kein Weg daran vorbei, Informationen zum allgemeinen Zeithintergrund zur Verfügung zu stellen (allein um z.B. die Organisation der NS-Justiz oder die Dutzende von NS-typischen Abkürzungen zu entschlüsseln) oder eine exakt gegliederte Suchstrategie mit detaillierter Arbeitsteilung zu den verschiedenen Forschungsfeldern auszuarbeiten. Arbeitsplan und Frageraster sollten gemeinsam ausgearbeitet, zumindest gemeinsam besprochen werden (Kessel 1994, 207; Projektgruppe Tonwerk 1999, 6 ff.), was auch mit jüngeren Schülern praktiziert werden kann (Ehnert 1993, 85 ff.).

Zu 2.2.5: Arbeits-Ergebnisse (schul-)öffentlich präsentieren

Archivische Quellen können für die klassischen schulischen Textformen (Referate, Facharbeiten; vgl. Fritz 1997, 446 ff.; Klose 2003) individuell genutzt werden. Gemeinsame Dokumentationen, Wandzeitungen und Ausstellungen (Heß 1992; Köster 1993; Weinforth 1993; Rotermund 1993), auch gedruckte Darstellungen mit Schülern als Urheber sind keine Ausnahme mehr (Adamski 1986; Ernst/Westphal 1990) ebenso wenig wie CD-ROMs (Lange u.a. 2000). Archivische Dokumente bieten aber auch die Möglichkeit zur phantasieanregenden Vorstellbarkeit, zur Identifikation. So können in Vorform eines Rollenspiels – tatsächliche oder rekonstruierte – dialogische Situationen mit verteilten Rollen gelesen, d.h. Gespräche, Verhöre oder Debatten der Vergangenheit wiederbelebt werden (Lange 1989; Jüttner-Hötker 1995; Lange 1995, 416 f.). Mit Methoden der Gestaltpädagogik kann man auch identifizierendes Probehandeln arrangieren und so Stufen des Geschichtsbewusstseins über den Weg des einfühlenden Fremdverstehens aufschließen (Uffelmann 1990; 1996).

3. Angebote von Archiven

„... drücken können sich auch diese Kollegen nicht“ (Brück-Winkelmann 1998, 28). Das Bewusstsein, dass Archive, ob sie wollen oder nicht, Bildungsinstitutionen sind, und sich vor Anforderungen einer schulischen oder außerschulischen Öffentlichkeit nicht „drücken“ können oder wollen, trifft wohl heute auf die Mehrheit der Archivarinnen und Archivare zu. Falls nicht über die verschiedenen länderspezifischen Institutionen der Lehrerfortbildung ein Kontakt zu Stadt- oder Staatsarchiven (durch institutionalisierte Arbeitskreise, Fortbildungsseminare o. ä.) hergestellt wird, ist interessierten Lehrerinnen und Lehrern individuelle Kontaktaufnahme anzuraten und dazu zu ermutigen. Zum Standard-Programm fast aller Archive gehört die „Führung“, bei der an verschiedenen Stationen Arbeitsweise und Funktion des Archivs erläutert wird (vgl. Diederichs 1993). Fast alle Archive veranstalten auch Ausstellungen zu regionalhistorischen Themen, wobei in den letzten Jahren mit den zunehmenden technischen Möglichkeiten nicht nur einmalige Ausstellungen (mit vielen Originalen) im Archiv selbst, sondern auch Wanderausstellungen mit Reproduktionen üblich geworden sind (Franz 1987; Weinforth 1995). Auch in den Archiven gehört es zunehmend zum Repertoire, pädagogisches Begleitmaterial, z.B. in Form von Schülerfragebögen bereitzuhalten. Der „Archivobus“ nach französischem Vorbild, d.h. die permanent „wandernde“, besser: fahrende Ausstellung ist allerdings in Deutschland noch unbekannt.

Im Anhang werden die Archive aufgelistet, bei denen archivpädagogische Beratung institutionalisiert ist, was aber nicht von Anfragen an andere Archive abhalten sollte. Ein erster Kontakt kann auch oft über das Internet aufgenommen werden.

Links zu Archivadressen: http://www.uni-marburg.de/archivschule/fv6.html.

Bei vielen Archiven sind auch Publikationen mit regionalhistorischen Quellen erhältlich. Ebenfalls im Anhang wird eine (unvollständige) Übersicht gegeben.

Zitierte und weiterführende Literatur

Adamski, Peter (Hrsg.), Geschichtswerkstatt am Friedrichsgymnsium: Jüdische Schüler am Friedrichsgymnasium, Kassel 1986

Archivsplitter 22, Brücke zwischen gestern und morgen. Arbeit und Angebot des Staatsarchivs. Staatsarchiv Bremen, Mai 2001

Bauer, Hans, Schüler im Archiv. Schüler arbeiten mit originalen Schriftquellen ihres Heimatortes, in: Praxis Geschichte 3 (1989), S. 50-55

Beck, Friedrich; Henning, Eckart (Hrsg.), Die archivalischen Quellen. Eine Einführung in ihre Benutzung (Veröffentl. des Brandenburgischen Landeshauptarchivs, 29), Weimar 1994

Behr, Hans-Joachim, Möglichkeiten der Archivbenutzung für den Schulunterricht. Erfahrungen in norddeutschen Archiven, in: Der Archivar, 27 (1974), Sp. 333-346

Booms, Hans, Öffentlichkeitsarbeit der Archive – Voraussetzungen und Möglichkeiten, in: Der Archivar, 23 (1970), Sp. 25 f.

Borries, Bodo von, Deutsche Geschichte. Spuren suchen vor Ort im Schülerwettbewerb um den Preis des Bundespräsidenten, Frankfurt/M. 1990

Both, Siegfried, Das „Projekt Lernort Geschichte" („ProLoG") Wege zum entdeckenden Lernen an Themen der Landes- und Lokalgeschichte, in: Aus der Arbeit des Landesinstitutes (für Lehrerfortbildung, Lehrerweiterbildung und Unterrichtsforschung von Sachsen-Anhalt) (LISA). LISA Jahrbuch 1996, S. 24-26

Bräunche, Ernst Otto; Diefenbacher, Michael; Reyer, Herbert; Wisotzky, Klaus, Auf dem Weg ins Abseits? Zum Selbstverständnis archivarischer Tätigkeit, in: Der Archivar, 48 (1995), Sp. 433-446

Brück-Winkelmann, Heike, Archivpädagogik – oder werfen wir Perlen vor die Säue?, in: Archiv Nachrichten Niedersachsen, 2 (1998), S. 27-32

Cheynet, Pierre D., Les Archives et l'animation culturelle, in: Favier, Jean (Hrsg.), La pratique archivistique française. Paris: Archives Nationales 1993, S. 415-450

Conrady, Eike, Wie Lieder wirken, verführen und aufklären. Eine handlungsorientierte Analyse ausgewählter historisch-politischer Lieder der nationalsozialistischen Propaganda sowie eines ihrer Kritiker. Eine fächerverbindende Unterrichtseinheit im Rahmen des Geschichts- und Musikunterrichts der Gymnasialklasse 10c der Otto-Hahn-Schule Hanau. Pädagogische Prüfungsarbeit zum 2. Staatsexamen für das Lehramt an Gymnasien, Studienseminar Offenbach 1999

Degreif, Dieter, Schrift muß keine Schranke sein – Kleine Einführung in die Entwicklung und das Lesen alter Schriften, in: Lange 1993 (s.u.), S. 128-158

Diederichs, Urs Justus, Abschied vom Ärmelschoner – Entdeckungsreise durchs Stadtarchiv, in: Lange 1993, S. 28-40

Ehnert, Gudrun, Wie Magdeburger Schülerinnen und Schüler die Vorgeschichte ihrer Gegenwart erkunden und dabei lernen, mit Demokratie umzugehen. Eine 7. Klasse wird Preisträger beim Schülerwettbewerb „Deutsche Geschichte", in: Lange 1993 (s.u.), S. 83-93

Ernst, Reinhard; Westphal, Gudrun u.a., Die jüdischen Schülerinnen der Elisabethenschule 1878 bis 1938. Experiment. Zeitung der Elisabethenschule, Sonderheft, Marburg, November 1990

Franz, Eckhart G., Archive in der Schule, in: UNESCO-Kurier 26 (1985), Nr. 2, S. 28-31

Franz, Eckhart G., Archives and Education, UNESCO Paris 1986

Franz, Eckhart G., Archive im Dienst der Öffentlichkeit: Die Wanderausstellungen der Hessischen Staatsarchive, in: Miscellanea Carlos Wyffels, Archives et Bibliothèques de Belgique 47/1-2, Brüssel 1987/87, S. 173-184

Franz, Eckhart G., Einführung in die Archivkunde, 4. Aufl., Darmstadt 1993

Fritz, Gerhard, Archivnutzung im Geschichtsunterricht. Möglichkeiten und Grenzen, in: GWU 48 (1997), H. 7/8, S. 445-461

Ginzburg, Carlo, Spurensicherung. Der Jäger entziffert die Fährte, Sherlock Holmes nimmt die Lupe,

Freud liest Morelli – die Wissenschaft auf der Suche nach sich selbst, in: ders.: Spurensicherungen, München 1988, S. 78-125

Hahn, Roland, Heimatkunde/Landeskunde und der neue Forschungsansatz „Regionale Identität", in: Kultus und Unterricht, Amtsblatt des Ministeriums für Kultus und Sport in Baden-Württemberg 22 (1985), N 167-171

Heer, Hannes; Ullrich, Volker (Hrsg.), Geschichte entdecken. Erfahrungen und Projekte der neuen Geschichtsbewegung, Reinbek 1985

Herberhold, Franz, Der Service Éducatif in Frankreich – seine Möglichkeiten bei uns, in: GWU, 4 (1956), S. 280 ff.

Heß, Renate u.a., Juden-Deportationen aus Darmstadt 1942/43. Die damalige Liebig-Schule als Sammellager, Darmstadt 1992 (Hg. vom Magistrat der Stadt Darmstadt, auch als Wanderausstellung bei der Justus-Liebig-Schule, Darmstadt, entleihbar)

Hey, Bernd, Die historische Exkursion. Zur Didaktik und Methodik des Besuchs historischer Stätten, Museen und Archive, Stuttgart 1978

Hinrichs, Ernst (Hrsg.), Regionalität. Der „kleine Raum" als Problem der internationalen Schulbuchforschung, Frankfurt/M. 1990 (Studien zur internationalen Schulbuchforschung, Bd. 64)

Jakobi, Franz-Josef; Link, Roswitha, Konzeption und bisherige Praxis der „Historischen Bildungsarbeit" im Stadtarchiv Münster, in: Vom Geheimarchiv zur Stadtgeschichte für alle. Das Stadtarchiv Frankfurt als kulturelles Forum, Geschichtswerkstatt und Dokumentationszentrum. Beiträge zur Archivpädagogik und Öffentlichkeitsarbeit der Stadtarchive (Kleine Schriften des Frankfurter Stadtarchiv 3), Frankfurt/M. 1989, S. 33 ff.

Jakobi, Franz-Josef, Archive und Geschichtsbewußtsein. Zur didaktischen Dimension der Archivarbeit, in: Festschrift für K.E. Jeismann, hrsg. v. P. Leidinger und D. Metzler, Münster 1990, S. 680-704

Jakobi, Franz-Josef, Zur öffentlichen Funktion der Archive und zum beruflichen Selbstverständnis der Archivarinnen/Archivare. Ein nachträglicher Diskussionsbeitrag, in: Der Archivar, 45 (1992), Sp. 197-204

Jakobi, Franz-Joseph, Zur didaktischen Dimension der Archivarbeit, in: Schönemann, Bernd; Uffelmann, Uwe; Voit, Bernd (Hrsg.), Geschichtsbewußtsein und Methoden historischen Lernens, Weinheim 1998, S. 227-237

Jüttner-Hötker, Marion, Kinderarbeit im 19. Jahrhundert. Rollen-Podiumsdiskussion als Methode der Quellenarbeit, in: Geschichte lernen 46 (1995), S. 50-54

Kandler, Otto; Licht, Wolfgang; Rettinger, Elmar, Der Landkreis Mainz-Bingen. Region und Unterricht. Hrsg. vom Pädagogischen Zentrum Rheinland-Pfalz, Bad Kreuznach, und dem Institut für Geschichtliche Landeskunde an der Universität Mainz e.V. Bad Kreuznach 1997

Kessel, Jürgen, Kirchenbücher als historische Quelle, ein Werkstattbericht, in: Geschichte, Politik und ihre Didaktik, 22 (1994), H. 3/4, S. 206-213

Kessel, Jürgen, Geschichte und Region. Ein Versuch zum themenfreien 4. Semester in Niedersachsen, in: Geschichte, Politik und ihre Didaktik, 25 (1997), H. 3/4, S. 229-235

Klein, Ulrike; Kosmala, Beate; Schöll, Sophie; Dittmann, Anja (Hrsg. u. Bearb.); u. Mitarb. von Dette, Tobias; Kunitsch, Rouven; Lange, Thomas, Jüdische Schüler am Darmstädter Ludwigs-Georgs-Gymnasium in den zwanziger und dreißiger Jahren, Darmstadt: Verlag des Historischen Vereins für Hessen 1992

Klose, Dieter, Archive in den schulischen Curricula der Bundesrepublik Deutschland, in: Die Archive am Beginn des 3. Jahrtausends – Archivarbeit zwischen Rationalisierungsdruck und Serviceerwartungen. Referate des 71. Deutschen Archivtages 2000 in Nürnberg (Der Archivar, Beiband 6) Siegburg 2002, S. 393-402

Klose, Dieter, Facharbeiten der Sekundarstufe II im Archiv – Überlegungen zu einem Trendsetting nach 2 Jahren Facharbeiten in NRW (Vortrag auf der 4. Karlsruher Konferenz für Archivpädagogik, 14. März 2003) – http://www.archivpaedagogen.de/allgemei/Klose/Karlsruhe.pdf

Knoch, Peter; Leeb, Thomas (Hrsg.), Heimat oder Region? Grundzüge einer Didaktik der Regionalgeschichte, Frankfurt/M. 1984

Knoch, Peter, Geschichte vor Ort, in: Praxis Geschichte (1989), H. 3, S. 6-13

Küßler, Gottfried; Steffens, Guido; Stillemunkes, Christoph (Hrsg.), Spurensuche. Ein Reader zur Erforschung der Schulgeschichte während der NS-Zeit, Frankfurt/M. (Fritz Bauer Institut) 1998

Köster, Elisabeth, Die Ausstellung – eine Gestaltungsmöglichkeit für den Geschichts- und Politikunterricht, in: Geschichte, Politik und ihre Didaktik, (1993) H. 1/2, S. 82-85

Kuss, Horst, Landesgeschichte oder Regionalgeschichte? Über den Zusammenhang von geschichtswissenschaftlicher Theorie, geschichtsdidaktischer Konzeption und praktischer Anwendung im Unterricht, in: GWU, (2000), H. 7/8, S. 388-405

Lange, Thomas, Geschichte – zum Sprechen gebracht. Von den Methoden des pädagogischen Umgangs mit Archivalien, in: Der Archivar, 42 (1989), Sp. 493-499

Lange, Thomas, Pädagogik – im Archiv, für das Archiv, durch das Archiv, aus dem Archiv?, in: Der Archivar, 46 (1993), Sp. 159-163 (Lange 1993a)

Lange, Thomas (Hrsg.), Geschichte – selbst erforschen. Schülerarbeit im Archiv, Weinheim/Basel 1993

Lange, Thomas, Hexenverfolgung als Unterrichtsthema. Ein regionalgeschichtlicher Stoff im Wandel von kulturgeschichtlicher Aufklärung zum ethnologischen Lernen, in: GWU, 7/8 (1995), S. 401-420

Lange, Thomas, Lehrstücke aus dem Schularchiv. Schulgeschichte, Archivpädagogik und die deutsche Vergangenheit, in: Hessen in der Geschichte. Festschrift für Eckhardt G. Franz zum 65. Geburtstag, hrsg. von Christof Dipper in Zusammenarbeit mit A. Gerlich u.a., Darmstadt 1996, S. 612-634

Lange, Thomas, Zwischen Zimelien und Zensuren. Anmerkungen zu Gerhard Fritz „Archivnutzung im Geschichtsunterricht" (GWU 49/1997), in: GWU 1 (1999), S. 43-49 (1999a)

Lange, Thomas, Landesgeschichte in der Schule, in: Franz, Eckhart G.; Heidenreich, Bernd (Hrsg.), Die Hessen und ihre Geschichte. Wege-Weiser durch die hessische Landes- und Regionalgeschichte, Wiesbaden 1999, S. 133-141 (1999b)

Lange, Thomas, Strom in der Geschichte. Reflexion eines fächerübergreifenden Unterrichtsvorhabens in Geschichte und Physik, in: Geschichte lernen 68 (1999), S. 22-25 (1999c)

Lange, Thomas, zus. mit Klaus Fischer, Günter Laute, Bijan Rafiei, Patrick Schlicher, „... fand den Heldentod". Feldpostbriefe und Lebensläufe von im Ersten Weltkrieg 1914-1918 gefallenen Darmstädter Soldaten. Ein Datenbankprojekt von Schülern der Bertolt-Brecht-Schule in Zusammenarbeit mit dem Stadtarchiv und dem Hessischen Staatsarchiv in Darmstadt, Darmstadt: Bertolt-Brecht-Schule 2000 (CD-ROM)

Lange, Thomas; Lux, Thomas, Historisches Lernen im Archiv, Schwalbach/Ts. 2004

Leeb, Thomas, Vorbereitende Überlegungen zu einer Didaktik der Regionalität des Menschen. Selbstorganisierendes Lernen der Individuen im gesellschaftlichen Kontext, in: Uffelmann, Uwe (Hrsg.), Didaktik der Geschichte. Aus der Arbeit der Pädagogischen Hochschulen Baden Württembergs, Villingen-Schwenningen 1986, S. 121-139

Liepach, Martin, „Auf den Spuren jüdischen Lebens" – Erfahrungen eines Geschichtsprojekts, in: GWU 11 (1996), S. 673-689

Link, Roswitha, Geschichtsunterricht und Archiv. Möglichkeiten und Grenzen der Betreuung von Schülern bei der Arbeit mit Archivmaterialien, in: Geschichte, Politik und ihre Didaktik, Jg. 15 (1987), H. 1/2, S. 102-107

Link, Roswitha, Lernort Archiv, in: Schönemann, Bernd u.a. (Hrsg.), Geschichtsbewußtsein und Methoden historischen Lernens, Weinheim 1998, S. 238-245

Lipski, Stephan, Der „persönliche Fall". Abiturienten sichten Gestapoakten im Hauptstaatsarchiv, in: Geschichte, Politik und ihre Didaktik 16 (1998), H. 1/2, S. 101-106

Lipski, Stephan, Das Archiv als Lernort für den Geschichtsunterricht. Thesen zum Stellenwert von Archivarbeit für die Referendarausbildung, in: Geschichte, Politik und ihre Didaktik, (2002), H. 3/4, S. 234-236

Müller, Wolfgang, Lernort: Statsarchiv Detmold. Einführungsheft und Themenhefte (Veröffentlichungen der staatl. Archive des Landes Nordrhein – Westfalen. Reihe G: Lehr- und Arbeitsmaterialien), Detmold 1988 ff.

Müller, Wolfgang, Geschichtsunterricht im Archiv, in: Der Archivar, 42 (1989), Sp. 509-513

Müller, Wolfgang, „Akteneinsicht heißt – mehr Demokratie“, in: Emer, W.; Horst, U., Praxis eines demokratischen Geschichtsunterrichts. Perspektiven – Lernorte – Methoden (= (AMBOS) Arbeitsmaterialien aus dem Bielefelder Oberstufen-Kolleg, H. 40), Bielefeld 1995, S. 185-188 (Auch als Bd. 2 der Lehr- und Arbeitsmaterialien des Nordrhein-westfälischen Staatsarchivs Detmold. Detmold 1988)

Müller-Henning, Markus (Red.), Kriegsreifeprüfung. Kriegsalltag, Kriegswirklichkeit und Kriegsende im Urteil Wiesbadener Schüler 1914-1918, Hauptstaatsarchiv Wiesbaden 1996

Pandel, Hans-Jürgen, Textquellen im Unterricht. Zwischen Ärgernis und Erfordernis, in: Geschichte lernen (1995), H. 46, S. 14-21 (Basisbeitrag)

Pandel, Hans Jürgen, Quelleninterpretation. Die schriftliche Quelle im Geschichtsunterricht, Schwalbach/Ts. 2000

Pieper, Joachim, Die Archivpädagogik im Nordrhein-Westfälischen Hauptstaatsarchiv Düsseldorf zwischen Tradition, Kontinuität und Moderne, in: Der Archivar, 53, 2000, S. 304-314

Pieper, Joachim, Lernort Nordrhein-Westfälisches Hauptstaatsarchiv in Düsseldorf. Geschichte entdekken, erfahren und beurteilen. Eine Einführung in die Archivarbeit (Veröffentlichungen der staatlichen Archive des Landes Nordrhein-Westfalen, Reihe G: Lehr- und Arbeitsmaterialien, 6), Düsseldorf 2000 (Pieper 2000a)

Post, Bernhard, Jüdische Geschichte in Hessen erforschen. Ein Wegweiser zu Archiven, Forschungsstätten und Hilfsmitteln (Schriften der Kommission für die Geschichte der Juden in Hessen), Wiesbaden 1994

Projektgruppe Tonwerk der Geschwister-Scholl-Schule Bensheim, „Wer Vater und Mutter nicht ehrt, der muss ins Tonwerk“. Ein Heppenheimer Unternehmen und seine Zwangsarbeiter im Zweiten Weltkrieg, Hessisches Landesinstitut für Pädagogik: Wiesbaden 1999

Rehm, Clemens, Spielwiese oder Pflichtaufgabe? Archivische Öffentlichkeitsrabeit als Fachaufgabe, in: Der Archivar, 51 (1998), Sp. 205-218

Rehm, Clemens, „Nicht nur für Gymnasiasten“. Grundsatzüberlegungen zu Zielgruppen archivpädagogischer Arbeit. Vortrag auf der Tagung des Generallandesarchivs Karlsruhe am 17. März 2000 (http://www.lad-bw.de/fr-frag.htm)

Richter, Gregor, Zur Verwendung von archivalischen Quellen im Geschichtsunterricht, in: GWU, 24 (1973), S. 659-668

Richter, Gregor, Öffentlichkeitsarbeit, Bildungsaufgaben und Unterrichtsdienste der Archive, in: ders. (Hrsg.), Aus der Arbeit des Archivars. Festschrift für Eberhard Gönner. (Veröffentlichungen der staatlichen Archivverwaltung Baden-Württemberg, Bd. 44), Stuttgart 1986, S. 23-41

Rohdenburg, Günther, Rückblick von der Gegenwart oder: Wiederholt sich alles? Z.B. „Flüchtlinge, Asylanten, Vertriebene“. Der aktuelle Anlass als Auslöser für den Archivbesuch, in: Lange 1993 (s.o.), S. 41-54

Rohdenburg, Günther, Archiv. Verstaubt sind nur die Regale, in: Dittmer, Lothar; Siegfried, Detlef (Hrsg.), Spurensucher. Ein Praxisbuch für die historische Projektarbeit, Weinheim, Basel 1997, S. 36-49

Rohdenburg, Günther (Hrsg.), „Öffentlichkeit herstellen – Forschen erleichtern!“ 10 Jahre Archivpädagogik und historische Bildungsarbeit – Vorträge zur Didaktik, Hamburg 1998 (Zuerst: dass: Kleine Schriften des Staatsarchivs Bremen, H. 24. Bremen 1996)

Rohdenburg, Günther, „... sowohl historisch als auch pädagogisch, didaktisch und archivarisch qualifiziert...“ Zur Geschichte der „Archivpädagogen“ als Mitarbeiter der historischen Bildungsarbeit an Archiven, in: Der Archivar 53 (2000), S. 225-229

Rotermund, Gisela, Schubart in Ulm – Mittelstufenschüler gestalten eine Schulausstellung – Beispiel für handlungsorientierten Unterricht in Schule und Archiv, in: Lange 1993 (s.o.), S. 193-202

Scherf, Ferdinand; Schütz, Friedrich, Geschichtsunterricht und Archiv – Erfahrungen und Möglichkeiten. Veröffentlichungen aus rheinland-pfälzischen und saarländischen Archiven, Kleine Reihe, H. 14, Koblenz 1978

Schneider, Gerhard, Heimat und Region in Geschichtsdidaktik und Geschichtsunterricht, in: Hauptmeyer, C.-H. (Hrsg.), Landesgeschichte heute, Göttingen 1987, S. 97-123

Schneider, Gerhard, Über den Umgang mit Quellen im Geschichtsunterricht, in: GWU (1994), H. 2, S. 73-90

Schockenhoff, Volker, Historische Bildungsarbeit – Apercu oder „Archivische Kernaufgabe". Die gegenwärtige Diskussion um die zukünftige Rolle öffentlicher Archive, in: Rohdenburg 1998 (s.o.), S. 15-26

Schulreport. Tatsachen und Meinungen zur Bildungspolitik in Bayern, 3 (1992). Darin: Thomae, Gerd F., Schüler an den Quellen. Von der Zusammenarbeit mit dem Archiv, S. 28; Häusler, Lothar, Forschen für eine Facharbeit. Archivalien weisen den Weg, S. 29

Specker, Hans Eugen, Zusammenarbeit zwischen Archiv und Schule. Ein Erfahrungsbericht aus der Sicht der Kommunalarchive, in: Der Archivar 40 (1987), Sp. 397 ff.

Süß, Harald, Deutsche Schreibschrift. Lesen und Schreiben lernen. Lehrbuch, Augsburg 1992

Taddey, Gerhard, Öffentlichkeitsarbeit – eine Aufgabe der Staatsarchive?, in: Krimm, Konrad; John, Herwig (Hrsg.), Archiv und Öffentlichkeit. Aspekte einer Beziehung im Wandel. Zum 65. Geburtstag von Hansmartin Schwarzmaier, Stuttgart 1997, S. 267-274

Umgang mit Geschichte. Geschichte erforschen und darstellen – Geschichte erarbeiten und begreifen. Von B. Hey, U. Mayer u.a., Stuttgart 1992, S. 210 ff.

Uffelmann, Uwe; Andresen, Sabine, Schwierigkeiten der westdeutschen Demokratiegründung. Oder der Versuch, Geschichtsbewußtsein zum Gegenstand des problemorientierten Geschichtsunterrichts zu machen, in: GPD (1990), H. 1/2, S. 66-76

Uffelmann, Uwe, Gestaltpädagogik und problemorientierter Geschichtsunterricht, in: Brötel, Dieter; Pöschko, Hans H. (Hrsg.), Krisen und Geschichtsbewußtsein. Mentalitätsgeschichtliche und didaktische Beiträge, Weinheim 1996, S. 232-249

Wagner, Volker, Archivalienausstellung als Mittel historischer Bildungsarbeit. Didaktische Zielsetzungen und gestalterische Möglichkeiten, in: Der Archivar, Jg. 26 (1973), Sp. 639 ff.

Weinforth, Friedhelm, Mit „Flachware" die Vergangenheit plastisch werden lassen. Archivalienausstellungen für Schüler und von Schülern, in: Lange 1993 (s.o.), S. 218-229

Weinforth, Friedhelm, Mit Flachware auf archivpädagogischer Wanderschaft. Erfahrungen mit der Konzeption und Organisation archivischer Wanderausstellungen, in: Der Archivar 48 (1995), Sp. 445-460

Westphal, Gudrun, Das Archiv – Lernort nicht nur für den Geschichtsunterricht, in: Lange 1993 (s.o.), S. 230-240

Winter, Hans, Studienfahrt ins 18. Jahrhundert – Eine echte Alternative zum Klassenzimmer, in: Lange 1993 (s.o.), S. 115-127

Würfel, Maria, Choc par les documents – Archivalische Menschenrechte, in: GWU 34 (1983) H. 5, S. 271-297

Würfel, Maria, „Dokumente württembergischer Geschichte aus tausend Jahren". Ständige Ausstellung des Hauptstaatsarchivs Stuttgart. Handreichung für die Einbeziehung der Ausstellung in den Unterricht, in: Lehren und lernen, 20.10.1994, S. 1-97

Würfel, Maria, Erlebniswelt Archiv. Eine archivpädagogische Handreichung. Hrsg. von der Landesarchivdirektion Baden-Württemberg und dem Ministerium für Kultus, Jugend und Sport Baden-Württemberg, Stuttgart 2000

Zang, Gert, Die unaufhaltsame Annäherung an das Einzelne. Reflexionen über den theoretischen und praktischen Nutzen der Regional- und Alltagsgeschichte, Konstanz 1985

Anhang: Veröffentlichungen von Archivdokumenten

Die folgende Liste erhebt keinerlei Anspruch auf Vollständigkeit, weder was die genannten Archive, noch was deren Publikationen angeht. – Der aktuelle Stand der Literaturangaben zur Archivpädagogik ist zu ersehen auf der Homepage des Arbeitskreises der deutschen Archivpädagogen: http://www.archivpaedagogen.de. Dort auch seit 2000: Archiv – Bildung – Pädagogik: Mitteilungsblatt der MitarbeiterInnen der Historischen Bildungsarbeit und der ArchivpädagogInnen an Staats- und Kommunalarchiven der Bundesrepublik Deutschland. Hrsg. von Günther Rohdenburg, Staatsarchiv Bremen.

Einige Archive stellen Archivdokumente in digitaler Form ins Internet. Digitalisierte Dokumente für die Verwendung im Unterricht finden sich auf der homepage des Hessischen Staatsarchivs Darmstadt unter: http://www.stad.hessen.de/DigitalesArchiv/index.html sowie beim Hessischen Staatsarchiv Marburg unter: http://www.digam.net/.

Die Landesarchivdirektion Baden-Württemberg präsentiert außerdem auf ihrer homepage digitalisierte Archivdokumente: http://www.lad-bw.de/digpro/praes.htm. Themen: Zensur in der Revolutionszeit 1848/49. – Die Stiftungsurkunde für das Kloster Gottesaue von 1110 – Berufsverbot für jüdische Rechtsanwälte 1933. – Eine Augenscheinkarte aus dem Jahre 1575. – Große kurpfälzische Rheinstromkarte. – Habsburger Einkünfterodel, um 1291.

Manche Titel sind gar nicht im Einzelnen zu erfassen. So enthalten die von der Landesarchivdirektion Baden-Württemberg halbjährlich hrsg. „Archiv-Nachrichten" in jeder Nummer ein sorgfältig ediertes und ausführlich kommentiertes Archivdokument (z.B. in Nr. 14/1997 über oberschwäbische Hütekinder, also Kinderarbeit auf dem Land im 19. Jahrhundert).Stadtarchiv Bamberg: Darstellungen und Quellen zur Geschichte Bambergs. Themen: Absolutismus und Barock; Aspekte des Nationalsozialismus; Handwerker und ihre Organisationen; Die jüdische Minderheit; Armut, Krankheit und Not. Bezugsadresse: Stadtarchiv Bamberg, Untere Sandstr. 30a, 96049 Bamberg, Tel.: 0951-871371

Staatsarchiv Bremen: In der Reihe „Kleine Schriften" sind mehrere Hefte „Texte und Materialien zum historisch-politischen Unterricht" erschienen. Themen u.a.: Bremer Frauen in der Weimarer Republik; 180 Jahre Volkszählung in Bremen; Arbeitsamt Bremen in der Weltwirtschaftskrise der 20er und 30er Jahre, Wahlen 1848-1987; Kinder und Jugendliche 1950 bis 1960; Frauenerwerbsarbeit in Bremen 1871-1914 und 1919-1933. „Archivsplitter". Kleine Ergebnisse der Archivarbeit. Seit 1988 16 Hefte; Themen u.a.: Kriegsspielzeug; Rüstungsproduktion; Schulgeschichte; Bremer Stadtmusikanten; Sondergericht Bremen; Armut; Kriegsende 1945; Reichspogromnacht 1938, Flucht und Exil nach 1933; Bremen und Riga. Bezugsadresse: Staatsarchiv Bremen, Am Staatsarchiv 1, 28203 Bremen. Tel.: 0421-361 62228

Stadtarchiv Bremerhaven: Archivmaterialien für den Unterricht; 20 Hefte, Themen u.a.: Ende des 1. Weltkriegs; Wandel des Schiffbaus im 19. Jahrhundert; Die „Hunnenrede" von Kaiser Wilhelm II. in Bremerhaven am 27. Juli 1900; Auswanderer im 19. Jahrhundert; Wohnprobleme und Stadtsanierung; Hungerunruhen in Bremerhaven 1916. Bezugsadresse: Stadtarchiv Bremerhaven; Stadthaus 5, Hinrich-Schmalfeld-Str., 27576 Bremerhaven. Tel.: 0471-5902891.

Stadtarchiv Buxtehude: Quellen zur Geschichte der Stadt Buxtehude; Thema: Industrialisierung; Arbeiterbewegung. Bezugsadresse: Stadtarchiv Buxtehude, Stavenort 5, 21614 Buxtehude. Tel.: 04161-501359.

Staatsarchiv Darmstadt: Geschichte im Archiv. Darmstädter Archivdokumente für den Unterricht. Bisher 5 Mappen mit faksimilierten Dokumenten und Einführungstexten. Themen: Geschichte der Juden; Wirkungen der Französischen Revolution; Hexenprozesse; Jugend in Darmstadt in den zwanziger und dreißiger Jahren; Revolution 1848/49; Industrialisierung in Darmstadt und Südhessen.CD-ROM: „... fand den Heldentod." Briefe und Lebenszeugnisse Darmstädter Soldaten und ihrer Angehörigen. Ein Datenbankprojekt zum Ersten Weltkrieg von Schülern der Bertolt-Brecht-Schule, in Zusammenarbeit mit dem Stadtarchiv und dem Hessischen Staatsarchiv in Darmstadt. Bezugsadresse: Hessisches Staatsarchiv, Karolinenplatz 3, 64289 Darmstadt. Tel.: 06151-165900.

Staatsarchiv Detmold: Bisher 9 Themenhefte „Lernort Staatsarchiv“. Sie enthalten Hinweise auf archivische Quellen und thematisch gegliederte Aufgabenstellungen dazu. Themenschwerpunkte: Geschichte der Juden, Antisemitismus, Kaiserreich, Weimarer Republik, NS-Zeit, 2. Weltkrieg, Nachkriegszeit. Bezugsadresse: Staatsarchiv Detmold, Willi-Hofmann-Str. 2, 32756 Detmold. Tel.: 05231-766153.

Kommunalarchiv Herford: Archivpädagogische Materialien. Themen: Genisa. Das verborgene Erbe der deutschen Landjuden; Kriegsende und Befreiung; 150 Jahre Eisenbahn in der Region. CD-ROM: CULA-Arbeitsgruppe (Hrsg.): „Als die Amerikaner kamen...“ Kriegsende und Befreiung in einer deutschen Kleinstadt 1945, Herford 1996. Bezugsadresse: Kommunalarchiv Herford, Amtshausstr. 2, 32051 Herford. Tel.: 05221-132220. CULA- Arbeitsgruppe (Hrsg.): Living and Working Conditions in the Age of Industrialisation – Common European and Regional Perspectives, Herford 1997.

Bezugsadresse: CULA-Arbeitsgruppe, Wilhelm-Normann-Kollegschule, Hermannstr. 5, 32051 Herford

Staatsarchiv Marburg: Geschichte im Archiv. Das nördliche Hessen – Zeugnisse seiner Geschichte. Hrsg. von Hans-Peter Lachmann, Margret Lemberg und Fritz Wolff (Staatsarchiv Marburg), erschienen in der Außenstelle Marburg des Hessischen Instituts für Lehrerfortbildung. Bisher 6 Hefte: Mittelalter; Reformation; Absolutismus; Vormärz und Revolution von 1848; Kurhessen wird preußisch; Weimarer Republik und Nationalsozialismus. Bezugsadresse: Statsarchiv Marburg, Friedrichsplatz 15, 35037 Marburg.Tel.: 06421-92500

Stadtarchiv Münster: Geschichte original am Beispiel der Stadt Münster. Hrsg. von Hans Galen, Franz-Josef Jakobi u.a. Sammelmappen mit Texten und (faksimilierten) Materialien. Seit 1978 22 Mappen. Themen u.a.: Utopia 1534/35; Absolutismus; Juden in Münster; Die Hansestadt; Erster Weltkrieg und Revolution 1914-1919; Pest und Lepra. Das Stadtarchiv erinnert. Dokumentationen von Ausstellungen. Seit 1987 5 Hefte; Themen: Erste Kommunalwahl 1946; Judenpogrom 1938; Kaiserbesuch 1907; Stadtweiterungen und Eingemeindungen Münsters im 19. und 20. Jh.; Bürgerinitiativen zur Stadtgeschichte. Bezugsadresse: Stadtarchiv Münster, Hörsterstr. 28, 48143 Münster. Tel.: 0251-492-4703.

Stadtarchiv Ratingen: Schriftenreihe des Stadtarchivs Ratingen, Reihe C. Seit 1990 4 Hefte; Themen: Schulchroniken; Ratinger Frauen in der Kaiserzeit; Zaubereianklagen in Ratingen und Umgebung; Juden in Ratingen. Bezugsadresse: Stadtarchiv Ratingen, Mülheimer Str. 47, 40878 Ratingen. Tel.: 02102-98 2443.

Stadtarchiv Ravensburg: Quellen aus dem Stadtarchiv Ravensburg für den Geschichtsunterricht. Bisher 8 Hefte, Themen u.a.: Nachkriegszeit; Weimarer Republik; Reformation; Mittelalterliche Stadtgeschichte. Bezugsadresse: Stadtarchiv Ravensburg, Kuppelnaustr. 7, 88212 Ravensburg. Tel.: 0751-82201.

Historisches Zentrum Remscheid: Unterrichtsmaterialien aus dem Stadtarchiv; Themen u.a: Widerstand und Verfolgung 1933-1945; Juden in Remscheid; Kapp-Putsch 1920; Bezugsadresse: Historisches Zentrum Remscheid; Cleffstr. 2, 42855 Remscheid. Tel.: 02191-442382.

Stadtarchiv Ulm: Quellen zur Ulmer Stadtgeschichte. Die freie Reichsstadt Ulm in Mittelalter und Neuzeit; Ulm im Übergang vom Handwerk zur Industrie; Machtergreifung und Gleichschaltung; Ulm in der NS-Zeit. Bezugsadresse: Stadtarchiv Ulm; Schwörhaus, Winhof 12, 89073 Ulm. Tel.: 0731-1614201.

Hauptstaatsarchiv Wiesbaden: Ausstellungskataloge mit Materialien: Juden in Wiesbaden von der Jahrhundertwende bis zur „Reichskristallnacht“; Flüchtlinge und Vertrieben in Wiesbaden und Hessen; Auswandererschicksale aus drei Jahrhunderten; Revolution 1848. Dokumentation: Kriegsreifeprüfung. Kriegsalltag, Kriegswirklichkeit und Kriegsende im Urteil Wiesbadener Schüler 1914-1918. Bezugsadresse: Hessisches Hauptstaatsarchiv, Mosbacher St. 55, 65187 Wiesbaden. Tel.: 0611-881156.

Aus der Arbeit des französischen „service éducatif“:
Debilly, Isabelle (Red.): La Cire et le plomb. Les sceaux provencaux du moyen age. Marseille 1994. Hrsg.: Archives départementales des Bouches du Rhone (Marseille).
Fouret, Claude: Résider en Ville. les Villes du Nord de la France (16. – 18. Jh.)
Lille, Archives départementales du Nord 1994. Dazu: Receuil pédagogique (Arbeitsheft für Schüler) und 12 Dias.
Wallart, Claudine (mit Claude Fouret): Le Nord en Guerre 1914 – 1918. Lille: Archives du Nord 1998. Internet: http://www2.ac-lille.fr/patrimoine-caac/lenordenguerre/index.htm

4. Kooperationsformen

Waldemar Grosch

Klassenunterricht

Was ist „Klassenunterricht"?

Zu der oft synonymen Verwendung der Begriffe „Klassenunterricht" und „Frontalunterricht" ist eine Vorbemerkung angebracht:

- „Klassenunterricht" beschreibt zwar ganz neutral die Sozialstruktur, betrifft aber eigentlich nur den Schulunterricht im Klassenverband. Vergleichbare Formen an Hochschulen oder in der gymnasialen Oberstufe werden also nicht eingeschlossen. Genauer wäre eine – zugegeben recht sperrige – Bezeichnung wie „Unterricht im Plenum" oder „Unterricht mit der gesamten Lerngruppe",
- „Frontalunterricht" ist demgegenüber ein emotional stark aufgeladener Begriff; die Assoziationen zu „Konfrontation" und „Front" drängen sich unmittelbar auf und machen deutlich, dass es sich um eine grundsätzlich abgelehnte Unterrichtsform handelt. Wegen dieser diffamierenden Komponente sollte der Begriff nicht mehr verwendet werden.
- Ebenso ist es missverständlich, von „lehrerzentriertem Unterricht" zu sprechen: Dadurch entsteht der falsche Eindruck, dass die Schülerinnen und Schüler anders als im „schülerzentrierten Unterricht" eine untergeordnete Rolle spielen. Dabei ist doch gemeint, dass im Klassenunterricht die Vermittlungsprozesse in besonders ausgeprägter Weise über die Lehrperson laufen, sie sich aber selbstverständlich an die Lerngruppe richten und „der Lehrer" lediglich in einem technischem Sinne „im Zentrum" steht.

Merkmale des Klassenunterrichts

Wenn sich auch die gebräuchlichen Begriffe unterscheiden, so sind doch die Vorstellungen vom Ablauf des Klassenunterrichts recht einheitlich:

- Der Unterricht wird von der Lehrperson direkt organisiert und gesteuert, ist also eher asymmetrisch angelegt.
- Die Vermittlung der Unterrichtsinhalte erfolgt überwiegend in sprachlicher Form, wobei Medien unterschiedlicher Art integriert werden können.
- Dominierend ist die Kommunikation zwischen Lehrperson und Schülern, Gespräche zwischen Schülern werden dabei eher als störend empfunden.
- Deshalb liegt der Sprechanteil der Lehrperson regelmäßig deutlich höher als der aller Schüler zusammen (Spanhel 1971).

Nicht selten werden aber auch bereits bei der Beschreibung des Klassenunterrichts Wertungen vorgenommen: So laufe er fast immer lehrgangsmäßig ab, sei überwiegend thematisch organisiert und kognitiv strukturiert, im Ablauf stark ritualisiert, die Schülerinnen und Schüler seien meist an eine feste Sitzordnung an ihren Arbeitsplätzen gebunden und nach vorne, also zum Unterrichtenden und zur Tafel hin orientiert, der Medieneinsatz sei auf wenige typische Dinge reduziert (Tafel, Schulbuch, Arbeits- und Haushefte, Overhead-Transparente, Anschauungstafeln und ähnliche) (Ablaufbeschreibungen bei Meyer/Okoń1983, 31 ff.; Prange 1983, 108). Diese Merkmale mögen in einer großen, vielleicht überwiegenden Zahl vorkommen, doch sind sie sämtlich nicht zwingend und können deshalb nicht allein als konstitutiv für den Klassenunterricht angesehen werden.

Ist Klassenunterricht eine Sozialform?

Grundsätzlich lassen sich im Schulunterricht grob vier Sozialformen unterscheiden: Der Unterricht kann im Plenum, in Gruppen, in Zweierteams („Partnerarbeit") oder in Einzelarbeit ablaufen. In diesem Sinne gehört der Klassenunterricht zu den Sozialformen und wird auch in der Folge so bezeichnet.

Gleichzeitig ist dabei aber auch stets die Aktivität der Beteiligten im Blick: Mit dem Klassenunterricht verbindet man die überwiegende Aktivität der Lehrperson (Vortrag, Gesprächsleitung, Impuls), mit den Sozialformen der „Inneren Differenzierung" verschiebt sich der Blick auf die Schüler. Nun ist aber ein im Klassenunterricht „frontal" vorgetragenes Schülerreferat ebenso ein eindeutiges Beispiel für Schüleraktivität wie die Gesprächsbeteiligung oder auch nur das „aktive Zuhören". Insofern blendet die Definition des Klassenunterrichts als Sozialform wichtige Dimensionen aus: Er ist auch Aktions- und Kommunikationsform, Unterrichtsstil und Unterrichtsverfahren bzw. folgt in diesen Aspekten oft ganz eigenen Regeln.

Die Kritik am Klassenunterricht

Oft wird beklagt, dass der Klassenunterricht immer noch mehr als drei Viertel des gesamten schulischen Unterrichts ausmacht,[1] obwohl er doch in der Lehrerausbildung eher negativ dargestellt und folglich von Studenten und Referendaren meist abgelehnt wird. Diese Abwehrhaltung zeigt sich auch in der höchst spärlichen Beachtung durch die Wissenschaft: Während es zu Projektarbeit oder Gruppenunterricht unübersehbare Mengen an Literatur gibt, sind – abgesehen von den zahlreichen Ratgebern für die Unterrichtspraxis – in den letzten Jahren gerade einmal drei Monographien erschienen, die sich mit dieser häufigsten aller Sozialformen befassen (Wragge-Lange 1983; Meyer, Okoń 1983; Aschersleben 1985).

Die Ursache für diese Geringschätzung liegt in der von der Reformpädagogik seit etwa 1930 mit großer Entschiedenheit vorgetragenen grundsätzlichen Kritik am „Frontalunterricht", wie er in der Vergangenheit üblich war. Mit Hilfe dieser auch heute noch kostengünstigsten Unterrichtsweise (Gage/Berliner 1986, 460) wurden im niederen Schulwesen des 19. Jahrhunderts große Schülermassen durch eine einzige Lehrkraft gleichzeitig betreut. Die Durchsetzung der allgemeinen Schulpflicht wäre anders weder zu finanzieren noch zu organisieren gewesen, und insofern hat der vielgeschmähte Klassenunterricht in erheblichem Maße zur Bildung der Massen und so auch zu deren Emanzipation beigetragen. Mit dem Rückgang des kirchlichen Einflusses hatte die Schule aber neue Aufgaben zu übernehmen und der Jugend diejenigen Werte zu vermitteln, welche der Obrigkeitsstaat für wünschenswert hielt: ethisch-moralische Grundeinstellungen, Loyalität zum Monarchen, Ordnung und Disziplin, Untertanengeist und Patriotismus. Wilhelm II. formulierte es in seinem Schulerlass vom 1.5.1889 völlig offen: Schule (und besonders der Geschichtsunterricht) müsse nachweisen, „dass die Staatsgewalt allein dem Einzelnen seine Familie, seine Freiheit, seine Rechte schützen" könne, „dass die Lehren der Sozialdemokratie nicht nur den göttlichen Geboten und der christlichen Sittenlehre widersprechen, sondern in Wirklichkeit unausführbar und in ihren Konsequenzen dem Einzelnen und dem Ganzen gleich verderblich sind" und dass „Preußens Könige bemüht gewesen sind, in fortschreitender Entwickelung die Lebensbedingungen der Arbeiter zu heben" (zit. nach Michael/Schepp 1973, 409).

Damit war die Schwelle zur Indoktrination erreicht und überschritten, und als jene von „staatstragenden" Lehrerpersönlichkeiten unverhohlen, eben „frontal" eingeimpften Werte nach dem Ersten Weltkrieg nicht mehr konsensfähig waren, suchte man die Schuld auch bei der von ihnen so gut wie ausschließlich genutzten Sozialform.

Der Klassenunterricht erschien dadurch als das typische Mittel einer vordemokratischen Erziehung: Mit seiner Hilfe seien für die Schüler Passivität und kritiklose Anpassung zum selbstverständlichen Handlungsmuster geworden, da er von seinem ganzen Wesen her den Zielen der Emanzipation und Sozialisation widerspreche (Aschersleben 1999, 6; Meyer 1993, 188, dort auch eine Auflistung neuerer Kritik am Klassenunterricht).

Zwar wird inzwischen kaum noch behauptet, schulischer Unterricht habe nach wie vor auch in unserer Gesellschaft die Aufgabe, politisch zu manipulieren. Dem Klassenunterricht haftet aber immer noch das Odium der Verwerflichkeit an, er wird zum Sündenbock für das schlechte Abschneiden deutscher Schüler bei internationalen Leistungsvergleichen erklärt (obwohl er in dem deutlich erfolgreicheren Japan noch viel konsequenter praktiziert wird) oder sogar für die Gewalt an unseren Schulen verantwortlich gemacht, da er frustriere und aggressiv mache (Aschersleben 1999, 1). Dadurch ist für die Unterrichtswirklichkeit eine schwierige Situation entstanden: Während die Wissenschaft ihn kaum beachtet, wird der Klassenunterricht von den Praktikern in bedeutendem Umfang betrieben – ohne Unterstützung durch die Theorie, was zu einer „Verkümmerung der Methodenkultur" (Meyer 1993, 193) führt, und nicht selten mit dem schlechtem Gewissen, eine so oft kritisierte Sozialform dennoch anwenden zu müssen. Dabei ist die Gleichung „Offener Unterricht = gut, Klassenunterricht = schlecht" weder pädagogisch noch wissenschaftlich haltbar (Aschersleben 1999, VII).

Vor- und Nachteile des Klassenunterrichts

Die Rolle des Lehrers/der Lehrerin

Unter den schulischen Rahmenbedingungen ist die Lehrperson als Informationsquelle für Schülerinnen und Schüler ganz besonders geeignet. Lehrerinnen und Lehrer werden speziell auf diese Aufgabe hin ausgebildet und erhöhen ihre Kompetenz permanent durch praktische Erfahrung. Sie sind Spezialisten in vielerlei Hinsicht:

- fachwissenschaftlich: Die eigene akademische Ausbildung, zumindest in der Staatsexamensarbeit auch mit eigener Forschung verbunden, befähigt sie zu einer umfassenden Auseinandersetzung mit dem Stoff. Das im Studium erworbene Wissen wird durch permanente Weiterbildung und Aktualisierung ausgebaut, angepasst und verfügbar gehalten.
- fachdidaktisch: Ihre Fachkompetenz erlaubt es ihnen, den Stoff sinnvoll zu organisieren und zu entscheiden, wann beispielsweise eine Schwerpunktsetzung oder Reduktion angebracht ist.
- pädagogisch: Durch ihre pädagogische Ausbildung haben sie hohe Vermittlungskompetenz erworben und diese durch ihre Unterrichtserfahrung erweitert. Zusätzlich sind sie durch genaue Kenntnis der Lerngruppe in der Lage, auf deren Bedürfnisse, Leistungsfähigkeit und Interessen einzugehen und sich auf die konkrete Lernsituation einzustellen.
- diagnostisch: Ausgebildete Lehrerinnen und Lehrer können auf Lernschwierigkeiten unmittelbar reagieren, Hilfen für einzelne Schülerinnen und Schüler geben, den Schwierigkeitsgrad auch noch während des Unterrichts anpassen und so die Leistungshöhe steigern. Sie sind zudem besonders befähigt, individuelle Lernergebnisse und somit auch Schulleistungen zu bewerten.
- organisatorisch: Ihre eigene Unterrichtserfahrung befähigt sie, ein geeignetes Lernklima zu schaffen, also Vertrauen zu bilden, den Mut zur Beteiligung zu fördern und Störungen abzuwehren.
- menschlich und persönlich: Den Schülerinnen und Schülern sind sie in allen Fächern als Vermittler vertraut und werden deshalb auch in der Regel ohne lange Anlaufphasen akzeptiert. Ihr Fachwissen und ihr Erfahrungsvorsprung werden selbstverständlich vorausgesetzt, und durch ihr persönliches Vorbild können sie bleibende Eindrücke, prägende Lernerfahrungen und Inspiration vermitteln, die durch Anregungen aus der „peer group" weniger zu erwarten sind (Rohlfes 1986, 218) – wer sich vorwiegend mit annähernd niveaugleichen Altersgenossen auseinandersetzt, hat es schwerer, seinen Horizont zu erweitern. Allerdings ist der Vorwurf nicht von der Hand zu weisen, dass gerade eine charismatische Lehrerpersönlichkeit auch Indoktrination betreiben kann.

Die Rolle des Stoffs

Dass Klassenunterricht eine besonders effektive Form der Stoffvermittlung darstellt, hat man bereits im 19. Jahrhundert erkannt. Maßstäbe dafür sind zwar nur schwer zu gewinnen, zumal der Ertrag nicht nur des Geschichtsunterrichts wohl insgesamt hinter den Erwartungen zurückbleibt. Dabei darf nicht als Erfolgskriterium gelten, wie weit man „im Stoff gekommen" ist – ein in Lehrerkollegien allerdings häufig zu beobachtender Maßstab. Zudem ist die reine Stoffvermittlung nicht das Hauptziel des Geschichtsunterrichts, und das für die meist eher stofforientierten Leistungskontrollen kurzfristig angelerntc „Prüfungswissen" verblasst sehr schnell. Reines Faktenwissen bleibt ohne Funktion, wenn es nicht in Handlungskompetenzen mündet. Diese werden nicht nur dann geschult und angewendet, wenn Schülerinnen und Schüler frei und selbstbestimmt arbeiten, sondern auch – und vielleicht sogar in besonders gezielter Weise – im Gespräch mit der Lehrperson.

Die Rolle der Hierarchie

Schule ist eine von der Gesellschaft getragene und organisierte Einrichtung, die bestimmte Funktionen erfüllen soll. Dazu gehören auch die Erfüllung von Lehrplanvorgaben, die Leistungsbeurteilung, die Vergabe von Zugangsberechtigungen, und schließlich sogar ein Instrumentarium zur Disziplinierung von Schülerinnen und Schülern. Eine völlig herrschaftsfreie Schule muss unter diesen Rahmenbedingungen eine schwärmerische Illusion bleiben. Lehrerinnen und Lehrer treten ihren Schülerinnen und Schülern auch als mit Amtsautorität ausgestattete Staatsdiener gegenüber. Ob das Gefälle zwischen den „mächtigen Lehrern" und den „ohnmächtigen Schülern" tatsächlich stets als so präsent und negativ empfunden wird, sei dahingestellt. Im Zweifelsfall wird auch die gutwilligste Lehrperson nicht zögern, mit Machtmitteln ein Scheitern des Unterrichts zu verhindern. Dies ist von der gewählten Sozialform völlig unabhängig: Eine Gruppenarbeit kann abgebrochen, in einem Projekt disziplinarisch eingegriffen werden. Kritiker, die dem Klassenunterricht eine besondere Betonung der Hierarchie vorwerfen, stören sich vor allem an der offenkundigen „Inszenierung der schulischen Gewaltverhältnisse", die den Lehrer als „Herrn im Hause" zeigen (Meyer 1993, 190). Abgesehen davon, dass nicht jede Lehrperson aus Machtdemonstrationen Genuss oder Lust bezieht, handelt es sich hierbei um ein formales Argument: Auch durch einen unauffälligeren Umgang mit der Hierarchie wird diese nicht beseitigt, sondern allenfalls verdeckt. Schließlich beruht das Machtgefälle zwischen Ausbildern und Auszubildenden – eine alltägliche Selbstverständlichkeit, die außerhalb der Schule noch viel weitreichendere Formen anzunehmen pflegt – in entscheidendem Maße auch auf dem Kompetenzgefälle, das sich zwar durch effektiven Unterricht im Laufe der Zeit verringert, bei einer ausgebildeten und erfahrenen Lehrperson aber grundsätzlich gegeben sein sollte. Auch Klassenunterricht muss offen und demokratisch sein, und man muss nicht zum Despoten werden, um einen äußeren Ordnungsrahmen zu erhalten, der Schülerinnen und Schülern ein schnelleres und leichteres Lernen ermöglicht.

Relevanter sind zwei andere Kritikpunkte: Einerseits geht die disziplinierende Wirkung im Klassenunterricht von der Lehrperson aus, verlangt also von den Schülerinnen und Schülern nicht zwingend die Entwicklung von Einsicht oder Selbstdisziplin. Es ist jedoch auch vorstellbar, dass hier ein Prozess abläuft, der mit äußeren Einwirkungen beginnt und sich stufenweise bis zur Internalisierung von Verhalten entwickelt – was manche „Deformation", andere „Erziehung" nennen mögen.

Andererseits besteht tatsächlich die Gefahr, dass die im Klassenunterricht besonders gut kalkulierbaren Verhaltenserwartungen beider Seiten zu Ritualen gerinnen und Schülerinnen und Schüler Strategien entwickeln, um durch nur scheinbar konformes Verhalten Konflikte zu vermeiden (Jackson 1975, 28). So können sie Interesse und Verständnis vortäuschen und die Einschätzung der Lehrperson über den Erfolg des Unterrichts damit verfälschen – zumindest bis zur nächsten schriftlichen Überprüfung (Voigt 1984; Thiemann 1985, S. 65 ff.,;Bauersfeld/Voigt 1986).

Die Rolle der Schülerinnen und Schüler

Einzig im Klassenunterricht kann die Lehrperson jederzeit alle Schülerinnen und Schüler im Blick behalten und den Grad ihrer Mitarbeit abschätzen. Obwohl sie dabei einer großen Personengruppe gegenübersteht, fallen positive wie negative Verhaltensweisen unmittelbar auf und können manchmal durch bloßen Blickkontakt verstärkt, korrigiert oder bewertet werden. Aufmerksamen Unterrichtenden bleibt nicht verborgen, wenn das Arbeitstempo unangepasst ist, das Niveau dem Leistungsstand nicht entspricht oder die Motivation absinkt. Damit ist nicht bloß eine „oberflächliche Disziplinierung" (Meyer 1993, 190) gemeint; die Lehrperson verfügt über ein großes Repertoire an Steuerungsmöglichkeiten, welche nicht nur an den Symptomen laborieren, sondern den gesamten Unterrichtsprozess beeinflussen können.

Beteiligungschancen im Klassenunterricht

Wenn man unter „handlungsorientiertem Unterricht" (➤ Handlungsorientierung) lediglich Formen verstehen will, bei denen Schülerinnen und Schüler weitgehend selbständig und produktorientiert arbeiten, bietet der Klassenunterricht in der Tat ein eher eingeschränktes Spektrum an Möglichkeiten. Fasst man den Begriff jedoch weiter, ist ein gelungener Klassenunterricht – bei aller Asymmetrie – weit vom Zerrbild einer von jedem Schülerhandeln freien Veranstaltung entfernt.

- Aktives Zuhören/Zusehen: Jede darbietende Unterrichtsform setzt die Aufmerksamkeit der Lerngruppe voraus. Aufgabe der Schülerinnen und Schüler ist es aber nicht nur, einen Lehrervortrag nicht zu stören, sondern ihn zu verarbeiten. Wer jemals einer Vorlesung oder einem Vortrag zugehört hat, weiß, dass dabei zahlreiche Anforderungen gleichzeitig zu erfüllen sind: Der Inhalt muss erfasst, Unklarheiten oder Verständnisschwierigkeiten (Fremdworte, Fachausdrücke) müssen festgestellt und für spätere Rückfragen fixiert werden, die Struktur des Vortrages muss erkannt, die Argumentation nachvollzogen werden, abweichende eigene Vorkenntnisse oder Positionen müssen mit der vorgetragenen Darstellung verglichen und entweder korrigiert oder in einer anschließenden Aussprache diskutiert, tendenziöse oder dogmatische Aussagen bemerkt und beurteilt werden. Selbst in einer so „frontalen" Situation sind die Zuhörer also keineswegs passiv, auch wenn sie diesen Eindruck zunächst erwecken mögen. Die genannten Aufgaben sind eigentlich nur erfüllbar, wenn man während des Vortrages Notizen anfertigt, also gleichzeitig zuhört, mitdenkt und das Ergebnis dieser Tätigkeit schriftlich umsetzt. Dies müssen Schülerinnen und Schüler erst lernen und üben – Methoden und grundlegende Techniken müssen folglich Gegenstand des Unterrichts sein, damit nicht statt einer systematischen Auswertung eine bloße „Mitschrift“ angefertigt wird.

- Lehrerfragen: Nachdem Inhalte oder Probleme durch Vortrag oder Lektüre vermittelt wurden, werden sie im Unterricht „besprochen“. Dazu stellen Lehrerinnen und Lehrer Fragen, mit denen zunächst die Inhaltserfassung sichergestellt, dann aber auch eine Problematisierung oder ein Transfer vorgenommen werden soll. Jede der dabei als Impuls gedachten Fragen ist eine Herausforderung für *alle* Zuhörer: Sie müssen das Aufgenommene memorieren und neu organisieren, um eine Antwort formulieren zu können. Über die Qualität ihrer Äußerung erhalten sie sofort eine Rückmeldung in Form eines (manchmal auch nonverbalen) Kommentars durch die Lehrperson, und in einem strukturierten Unterricht dient die gelungene Schülerantwort als Ausgangsbasis für den nächsten Schritt. Bei ihrer Wortmeldung treten Schülerinnen und Schüler zwar zueinander in Konkurrenz, doch ist ihnen bewusst, dass es nicht nur auf Schnelligkeit oder Ansehen ankommt. Lehrer können viele Gründe (pädagogische, fachliche, organisatorische usw.) dafür haben, einen bestimmten Schüler zu Wort kommen zu lassen, ihn diesmal zu übergehen oder sogar jemanden aufzurufen, der sich überhaupt nicht gemeldet hat. Eine „Arbeit der Schüler gegeneinander“ (so Staeck 1995, 237) ist dies sicherlich nicht.
- Gespräch (➛ Gesprächsformen): Der Lehrervortrag ist nur ein und nicht einmal der häufigste Bestandteil des Klassenunterrichts: Als sein besonderes Kennzeichen gilt ja das Unterrichtsgespräch in seinen zahlreichen Ausformungen. Ein Gespräch findet nur statt, wenn sich mindestens zwei Personen daran beteiligen. Natürlich ist es möglich, dass es dabei bleibt und nur die „Leistungsträger“ einer Klasse zu Wort kommen. Gerade in der Einbindung weniger aktiver oder gehemmter Schülerinnen und Schüler besteht aber die Kunst der Gesprächsführung, die alle oder doch möglichst viele zur Beteiligung ermuntert. Während jüngere Klassen dabei relativ viele Lehrerimpulse benötigen, wird bei fortgeschrittenen daraus ein „Gespräch auf gleicher Augenhöhe“, das Schülerinnen und Schüler als Partner ernst nimmt und in dem die Lehrperson schließlich nur noch bei Bedarf aktiv werden muss. Bei einer Zeitzeugenbegegnung im Unterricht (➛ Zeitzeugenbefragung) sollte diese Ebene bereits erreicht sein.
- Schülerfragen: In fast jeder Phase des Klassenunterrichts – ausgenommen allenfalls während als ästhetisches Kunstwerk konzipierten Vorträgen oder Erzählungen – können Schülerinnen und Schüler selbst Fragen stellen. Selbst wenn diese „nur“ zur Beseitigung von Unklarheiten dienen sollen, sind sie Ausdruck einer unmittelbaren Aktivität und des individuellen Bemühens um Verständnis. Sicherlich setzt das Eingeständnis einer Wissenslücke ein entsprechendes Lernklima voraus, doch sollte man einen modernen Klassenunterricht nicht umstandslos mit der autoritären „Paukschule“ der Vergangenheit gleichsetzen!

Auf einer höheren Stufe können und sollen Schülerinnen und Schüler Zusammenhänge erkennen oder von sich aus einen Transfer vornehmen (➛ Transfer) – auch in Bereichen, die von der Lehrperson bei der Unterrichtsvorbereitung nicht geplant worden sind. Ein Beispiel: Beim Thema „Kolumbus" fragte ein Schüler, ob die Situation der „Entdeckten" nicht mit der vergleichbar ist, die in aktuellen Science-Fiction-Filmen die „Erdenbürger" einnehmen – ein origineller und durchaus weiterführender Ansatz: Warum haben die „Indianer" eigentlich keine Angst vor den technologisch so weit überlegenen Fremden? Warum sehen wir „Aliens" oft als Bedrohung?

Schließlich besteht dabei für die Schüler die Möglichkeit, in offeneren Gesprächssituationen auch „neben" dem Stoff zu fragen: Als Lehrer erhält man so Informationen über aktuelle Probleme oder Gegenstände im Schüler-Horizont (vielleicht eine Fernsehsendung, ein Computerspiel, einen Gedenktag oder einen spektakulären archäologischer Fund), die man auch ohne Vorbereitung spontan aufgreifen kann (und gelegentlich aus pädagogischen Gründen auch aufgreifen muss – man denke nur an rechtsradikale oder ausländerfeindliche Vorfälle auf dem Pausenhof). Dabei wird auf einen tatsächlichen „Bedarf" der Lerngruppe eingegangen, und es sind die Schülerinnen und Schüler, die auf diese Weise Unterrichtsinhalte vorschlagen. Verglichen mit der aufwendigen Projektarbeit kann so viel direkter und unmittelbarer auf die Schülerinteressen reagiert werden; eine Vertröstung auf die „Projektwoche" am Schuljahresende ist sicherlich der schlechtere Weg. Sicherlich besteht dabei die Gefahr des Abschweifens (Schüler haben ein feines Gespür für die „Lieblingsthemen" ihrer Lehrer und können solche Exkurse auch provozieren), doch wurzelt die abwehrende Aussage, die Frage gehöre „nicht zum Thema", in der stofforientierten Tradition der „alten" Unterrichtsweise. In einem problemorientierten Geschichtsunterricht verliert diese Sorge deutlich an Gewicht.

- Schülervortrag: Auch wenn die Lehrperson im Klassenunterricht meist den größten Redeanteil beansprucht, gibt es auch Formen, bei denen den Schülerinnen und Schülern ausgiebigst zu Wort kommen. Im Schülervortrag ersetzen sie sogar die Lehrperson und übernehmen für eine Phase deren Rolle.

  Die höchsten Ansprüche stellt dabei das intensiv vorbereitete Referat, das bei fortgeschrittenen Schülerinnen und Schülern bereits wissenschaftsförmig sein soll (und deshalb erhebliche Unterstützung durch die Lehrperson voraussetzt: Vorbesprechungen, Literaturempfehlungen, Medienauswahl, Korrektur), doch ist bereits die Vorstellung von Arbeitsergebnissen, ja sogar von Hausaufgaben eine Gelegenheit, die eigene Kreativität zu demonstrieren. Ein origineller Lösungsansatz, eine geschickte Formulierung, ein gelungenes Modell, eine besondere Fleißleistung sind Ausdruck gestalterischer Kompetenzen, die Kinder und Jugendliche meist gerne und mit Stolz darbieten. Dabei müssen sie sich auch der Kritik stellen: Nicht nur die Lehrperson, sondern auch die „peer group" kommentiert und bewertet das Ergebnis, die Qualität der Präsentation und den betriebenen Aufwand. Zwar wurzeln solche Arbeitsergebnisse meist in konkreten Aufgabenstellungen, die natürlich Freiräume einengen, aber auch ganz gezielt eröffnen können. Es kommt auch vor, dass Schülerinnen und Schüler Produkte in den Unterricht mitbringen, die sie unaufgefordert aus eigener Initiative erarbeitet oder hergestellt haben (die Beispiele stammen aus der unterrichtlichen Realität!): die aus Plastik-Mosaiksteinchen nachgebildete Totenmaske des Tut-anch-Amun (7. Klasse), ein mit Familienfotos und Reiseführertexten angereichertes Album über die im letzten Griechenlandurlaub besuchten Ausgrabungen (8. Klasse), eine detaillierte Zusammenstellung der technischen Daten der „Santa Maria" des Kolumbus (9. Klasse), die mit Hilfe der Großmutter transkribierten Feldpostbriefe des Großvaters (12. Klasse), die Rezension eines Computerspiels mit historischer Thematik (12. Klasse) usw. Solche besonderen Produkte führen oft von dem Stoff weg, der gerade „dran" wäre. Dennoch bereichern sie den Unterricht, motivieren und lockern auf, bieten die Möglichkeit der Reaktivierung bereits verblassenden Wissens und eröffnen Schülerinnen und Schülern die Gelegenheit, Interessenschwerpunkte zu bilden und andere daran teilhaben zu lassen. Dass eine solche außerordentliche Leistung gebührend gelobt, wenn nicht sogar mit einer Note honoriert werden sollte (manche der genannten Beispiele näherten sich dem Niveau einer Facharbeit an oder wären für den Schülerwettbewerb des Bundespräsidenten geeignet gewesen), versteht sich von selbst.

Die Transparenz des Klassenunterrichts

Schülerinnen und Schüler haben in Untersuchungen häufig erklärt, den Klassenunterricht als besonders „lehrreich" zu empfinden (Meyer 1993, 189). Zwar kann dies durchaus daran liegen, dass sie hierbei vor allem die Vorbereitung auf Leistungsmessungen im Blick haben, weiterreichende Handlungskompetenzen aber noch nicht abschätzen können. Es gibt jedoch auch Gründe, die in seiner besonderen Transparenz liegen.

Im Klassenunterricht plant und organisiert eine kompetente Lehrperson den an Lernzielen orientierten Unterricht nach sachlichen und didaktischen Kriterien. Folglich liegt ihm eine Struktur zugrunde, die eine innere Logik besitzt und auch für Schülerinnen und Schüler erkennbar wird bis hin zur Offenlegung der Lernziele. Die einzelnen Phasen sind aufeinander bezogen, kreisen um eine zentrale Problemstellung und führen zu einem Ergebnis (das durchaus auch darin bestehen kann, dass es keine letzte Antwort gibt). Damit wird Schülerinnen und Schülern ein Überblick über den Unterrichtsprozess gegeben, der in seiner Gliederung nachvollziehbar ist – sie wissen stets, „woran sie sind". Die oft kritisierten Rituale geben dabei Orientierungshilfen: klare Trennung der Phasen durch Medieneinsatz oder Methodenwechsel (Signale für Unterrichtsbeginn oder Wechsel der Arbeitsphase, Zeitvorgaben bei Aufgaben usw.), deutliche Anhaltspunkte für den jeweils erwarteten Grad der Schüleraktivität (still arbeiten, Gesprächsbeiträge, freie Diskussion usw.), eindeutige Regelungen für die Erhaltung der Arbeitsatmosphäre (Ruhe bei Einzelarbeit, Form der Wortmeldungen usw.). Zwar werden die Schülerinnen und Schüler dadurch eingeschränkt, doch behalten sie stets Eingriffs- und Gestaltungsmöglichkeiten; zudem schließt – es sei nochmals betont – der Klassenunterricht in einer Unterrichtsstunde nicht die Gruppenarbeit in der nächsten aus, in der dann bewusst Freiräume eröffnet werden. Es kann aber durchaus sinnvoll sein, bei der Behandlung eines bestimmten Themenkomplexes enger zu führen als bei einem anderen.

Auch in einer anderen Hinsicht ist der Klassenunterricht besonders transparent: Schülerinnen und Schüler erhalten vor allem im Unterrichtsgespräch sofort eine Rückmeldung über die Qualität ihres Beitrages, sie können sich untereinander vergleichen und eine Leistungsbeurteilung so besser nachvollziehen.

Schließlich muss noch auf die oft befürchtete Möglichkeit einer Indoktrination durch die Lehrperson im Klassenunterricht eingegangen werden. Sie besteht durchaus, aber sie kann in allen Sozialformen vorkommen: Auch im Gruppen- oder Projektunterricht kann durch geeignete Vorgaben, entsprechende Materialauswahl und geschickte Steuerung manipuliert werden, und es ist für Schülerinnen und Schüler dabei weitaus schwieriger, dies zu durchschauen. Dass auch Lehrerinnen und Lehrer bei aller Verpflichtung zur Neutralität ihre eigene Weltanschauung nicht völlig ausblenden können oder wollen, bemerkt die Lerngruppe im Klassenunterricht viel rascher als bei Formen, die als grundsätzlich demokratischer oder selbstbestimmter gelten. Hier kommen die Werturteile von einem konkreten Individuum, das für die Lerngruppe als Gesamtpersönlichkeit erkennbar ist, über dessen politische Orientierung man ebenso Bescheid weiß wie vielleicht über sein Engagement für eine Bürgerinitiative, dessen Kleidung ebenso Aufschluss über sein Selbstverständnis gibt wie beiläufige Äußerungen über Erscheinungsformen jugendlicher Kultur usw. Der Vergleich mit anderen Lehrerpersönlichkeiten in anderen Fächern oder Jahrgangsstufen, die man ja auch selbst im Unterricht kennenlernt, verschafft Schülerinnen und Schülern eine zusätzliche Kompetenz, die zwar in keinem Lehrplan gefordert wird, die aber sicher für das Alltagsleben von großer Bedeutung ist. Jugendliche verfügen neben der kritiklosen Übernahme auch noch über ein breites Repertoire von Reaktionsmöglichkeiten auf Indoktrination, das bis zu extrem entgegengesetzten Positionsbestimmungen reicht – eine Form der Emanzipation, die zwar nicht vom Unterrichtenden gewollt, aber dennoch induziert worden ist.

Einseitige Parteinahme des gesamten Systems Schule, wie sie in autoritären Herrschaftsformen gefordert und von der Reformpädagogik völlig zu recht als Gefahr angeprangert wurde, ist zudem nicht vergleichbar mit der einer einzelnen Lehrperson, deren negativer Einfluss in einer pluralistischen Schule durch andere Lehrerinnen und Lehrer entlarvt, relativiert und kompensiert wird. Gleichwohl steht fest, dass der Geschichtsunterricht hier in einer besonderen Verantwortung steht.

Lehrerinnen und Lehrern schätzen den Klassenunterricht oft sehr, weil nirgends sonst die Tätigkeit des „Lehrens“ so unmittelbar deutlich wird. Es vermittelt Befriedigung, Schülerinnen und Schüler mit methodischem Geschick und Einfühlungsvermögen zum Lernerfolg zu führen oder zu erleben, wie eine Klasse bei einer gelungenen Erzählung oder einer schlüssigen Argumentationsreihe wie gebannt „an den Lippen des Lehrers hängt“. Allerdings ist genau dies auch die größte Gefahr des Klassenunterrichts: Wenn „Lehren“ zu reinem „Belehren“ wird und man sich an der Macht erfreut, die man über die Zuhörer ausübt, hat man die Grenzlinie zur Demagogie überschritten. Statt die Schülerinnen und Schüler zum Selbstdenken anzuregen, weist man ihnen die Rolle kritikloser Bewunderer zu. Es ist zwar nicht verwerflich, sich über die eigene Wirkung auf die Zuhörerschaft zu freuen, doch ist die Verführung groß, solche Erfolgserlebnisse zu wiederholen und die eigentlichen Bedürfnisse der Lerngruppe darüber zu vernachlässigen. Emanzipation bedeutet stets auch, Loslassen zu können und keine Angst davor zuhaben, „seine“ Schülerinnen und Schüler freizugeben.

Erscheinungsformen des Klassenunterrichts

1. Lehrervortrag

Im Lehrervortrag will die Lehrperson ein zusammenhängendes Ganzes möglichst geordnet darbieten. Die Schülerinnen und Schüler hören zu, bleiben also rezeptiv; sie werden gegebenenfalls zu Aktivitäten (z.B. Zusammenfassungen, Fragen oder Ergänzungen) aufgefordert. Inhalt und Konzeption des Vortrags stammen vom Vortragenden, der folglich sein Wissen und seine Intentionen allein verantwortet – er hat (zumindest zunächst) ein Informations- und Meinungsmonopol – besonders im Fach Geschichte, wo Vorkenntnisse der Lerngruppe nicht vorausgesetzt werden können.

Es ist mehrfach vorgeschlagen worden, den Oberbegriff „Lehrervortrag" in seine Erscheinungsformen aufzugliedern (z.B. Schmid 1982, Quandt 1982, Rohlfes 1986 u.a.m.), wobei jedoch gerade im Geschichtsunterricht Mischungen häufig sein dürften.

a) Erzählen[2]

Die Geschichtserzählung ist als besonders anschauliche und konkrete Form stark in Verruf geraten (Jung 1980, 387), und das zurecht. Sie personifiziert, dramatisiert und verlebendigt historisches Geschehen zwar ähnlich wie die vertrauten modernen Massenmedien in intensiver Weise, bietet aber genau wie diese ein vereinfachtes und geschlossenes Geschichtsbild, das für die Zuhörer kaum hinterfragbar ist. Diese Kritik trifft aber nicht das Erzählen selbst (➛ Erzählen). Auch bei Schülerinnen und Schüler sind (gekonnte) Geschichtserzählungen beliebt: Es ist fesselnd und interessant zu hören, wie ein Steinzeitmensch sich das Feuer nutzbar machte, wie die Guillotine herniedersauste oder wie sich Kolumbus beim Aufbruch in die Ungewissheit fühlte. So können Betroffenheit und Anteilnahme erzeugt, Interesse geweckt und nebenher wichtige Sachinformationen vermittelt werden. Andererseits handelt es sich um eine bewusst komponierte Kunstform, die Geschichte auf überschaubare Grundlinien reduziert und dem dramatischen Effekt wie der Geschlossenheit der Erzählung zuliebe den Forschungsstand gerne nachrangig behandelt. Die Lücken in unserem Wissen müssen in der Erzählung interpoliert werden, ohne dass dies kenntlich gemacht werden kann. Gibt man als Erzähler eigene Erfahrungen preis, bietet man den Zuhörern Einblicke in die eigene Biographie und beglaubigt seine Aussage mit dem Gewicht seiner ganzen Persönlichkeit – dies ist besonders authentisch, duldet aber auch keine Zweifel. Zudem setzt eine gelungene Geschichtserzählung besondere Fähigkeiten voraus, die nicht so einfach „erlernt" werden können: Vermag sie die Zuhörer nicht zu fesseln, so wirkt nicht nur sie selbst, sondern auch der Erzähler lächerlich. Allerdings hat spätestens die US-Fernsehserie „Holocaust" demonstriert, dass gerade die Emotionalisierung eine intensivere Beschäftigung mit Geschichte bewirkte, als es der rationale Geschichtsunterricht vermocht hatte. Dennoch: Die Geschichtserzählung „vermag im besten Falle zu verzaubern, gefangenzunehmen; Geschichtsunterricht soll aufklären, Mythen zerstören" (Rohlfes 1986, 268). Macht man aber die Erzählung anschließend zum Unterrichtsgegenstand, problematisiert sie und untersucht sie auf ihre Triftigkeit und Perspektivität, ist ihr Einsatz nach wie vor bereichernd.

b) Informieren

Es ist eine Zeitverschwendung, chronologische Abläufe durch Schülerinnen und Schüler erarbeiten zu lassen – Fakten können ihnen einfach mitgeteilt und damit Freiräume für wichtigere Aufgaben gewonnen werden. Die Literatur unterscheidet zahlreiche Unterformen des informierenden Lehrervortrages, gegliedert nach dem Grad der Anschaulichkeit (Detailreichtum, Verallgemeinerung, Exemplarität, Illustration), dem Inhalt (Abläufe, Zustände, Strukturen), dem Umfang (kurze Erläuterungen, ausführliche Referate), dem Wissenstand der Zuhörer (Erklärung oder Erläuterung) oder nach der Absicht (Erläuterung, Analyse, Vorführung) (siehe z.B. Rohlfes 1986, 269-272). Gemeinsam ist ihnen, dass die Information als Grundlage des nächsten Arbeitsschritts dient: Alle Zuhörer sollen dafür auf das gleiche Wissensniveau gebracht werden. Deshalb enthalten sich diese informierenden Formen zwar nicht unbedingt jeder Personifikation oder Emotionalisierung, doch steht die Vermittlung von Kenntnissen deutlich im Vordergrund. Sinnvoll sind informierende Lehrervorträge beispielsweise bei der Überbrückung von (oft chronologischen) Lücken zwischen Themenblöcken („Was geschah in der Zwischenzeit?") oder bei der Schaffung von Voraussetzungen für problemorientiertes Arbeiten (Vorgeschichte einer historischen Situation: „Warum berief Ludwig XVI. die Generalstände ein?"; Vorgabe grundlegender Strukturen und Begriffe: „Was sind eigentlich die Generalstände?"; Einordnung in übergreifende Zusammenhänge: „Die Ideen der Aufklärung und die Entwicklung des Dritten Standes"). Erst danach setzt die eigentliche Arbeit am ausgewählten Problem ein.

c) Demonstrieren

Auch im Geschichtsunterricht ist es manchmal erforderlich, der Lerngruppe vorzumachen, wie man mit einer Sache fachgerecht umgeht. Häufig geht es dabei um methodische Fragen: Wie erschließt man eine Textquelle, einen Sachüberrest, ein Bild usw.? Grundlegend ist dabei, dass die Lerngruppe durch die Demonstration befähigt wird, die gleiche oder ähnliche Aufgabe anschließend selbst zu bewältigen. Folglich müssen die einzelnen Schritte jeweils erklärt und begründet werden, und da dies ohne Rückfragen beider Seiten kaum sinnvoll ist, gestaltet sich der Übergang zum Unterrichtsgespräch fließend. Grundsätzlich ist es auch möglich, eine Analyse in Form einer Demonstration vorzutragen: Es hat für die Zuhörer durchaus einen Reiz, dem scharfsinnigen Gedankengang eines Redners zu folgen. Im Unterricht dürfte die Analyse aber eher eine klassische Aufgabe für die gemeinsame Arbeit (z.B. im Gespräch) sein.

d) Argumentieren

Auf einer höheren Ebene informierend eignet sich die Argumentation besonders zur Darstellung von fachwissenschaftlichen Kontroversen. Ihr Zweck besteht darin, unterschiedliche Positionen vorzustellen, sie zu gewichten und gegeneinander abzuwägen. Bei den Zuhörern werden dabei Kenntnisse vorausgesetzt, also nicht erst vermittelt. Paradebeispiel für ein geeignetes Problem ist die Forschungsdiskussion um die Kriegsschuld 1914: Nachdem im Unterricht das Wissen über Abläufe und Motive der Mächte vermittelt und gefestigt wurde, könnte man die wichtigsten Thesen vortragen und so das Problem von möglichst vielen Seiten beleuchten. Das Fazit kann dann sowohl vom Vortragenden gezogen wie auch von den Zuhörern durch Diskussion individuell ermittelt werden. Parteinahme und Polemik wären bei einem solchen Vortrag völlig fehl am Platz – es geht um Multiperspektivität und Multikausalität (➛ Multiperspektivität), nicht um letztgültige Festlegungen. Eine begründete und ausgewogene persönliche Stellungnahme wird dadurch nicht ausgeschlossen; wahrscheinlich wird sie von Schülerinnen und Schülern sogar eingefordert.

2. Das Gespräch

Unterrichtsgespräche werden als geradezu konstitutiv für den Klassenunterricht angesehen. Die Bandbreite reicht dabei von Gesprächen zwischen der Lehrperson und ein, zwei Leistungsträgern bis hin zu lebhaften Diskussionen, in denen Lehrerin oder Lehrer nur noch die Moderation übernehmen oder sie sogar an Schüler abgeben. Damit sind die grundlegenden Probleme bereits genannt: Ein Gespräch auf hohe Ebene ist uneffektiv, wenn die Masse sich nicht daran beteiligen kann oder will; eine Diskussion aller ist wertlos, wenn sie nicht inhaltlich und argumentativ fundiert und strukturiert abläuft (➛ Gesprächsformen).

Die Geschichtsdidaktik hat vielfach versucht, Unterrichtsgespräche zu typologisieren (z.B. Hug 1977, 125-130; Strotzka 1983, 63 ff.). Besonders eingängig ist der Vorschlag von Wolfgang Hug, der sich auf drei Typen beschränkt: das Informationsgespräch, das Reflexionsgespräch und das Beurteilungsgespräch. Im Informationsgespräch soll ein Wissender den Unwissenderen Informationen vermitteln. Da dies meist nicht durch spontane neugierige Fragen aus der Lerngruppe geschieht, muss die Lehrperson ihrerseits Fragen stellen, deren Antworten sie ebenso kennen muss wie die Befragten, die sonst nur spekulieren könnten. Durch Fragen der Lehrperson kann aber neues Wissen kaum vermittelt werden – ein grundlegendes Problem, das nur durch geradezu kunstvolle Frageformulierungen aufgefangen werden kann, die zum Weiterdenken anreizen („Wenn nun aber die Forderungen des Dritten Standes nicht erfüllt werden – welche Möglichkeiten bleiben ihm dann noch?“). Im Reflexionsgespräch arbeitet man gemeinsam, z.B. an einer Quelle. Dabei gibt es ein vorher festgelegtes Ziel, das zu erreichen ist und auf das die Lerngruppe hingeführt werden soll, z.B. die Erkenntnis von Intention oder Wahrheitsgehalt der Quelle. Im Beurteilungsgespräch schließlich sollen fundierte Bewertungen vorgenommen werden, was Sachkenntnis und die Fähigkeit zur Argumentation voraussetzt. Kriterium für die Qualität eines Urteils ist dabei nicht die vertretene Position, sondern deren Begründung – es ist also nicht das Ziel, Konsens zu schaffen, sondern auch divergierende Auffassungen zu tolerieren.

Die Einteilung von Joachim Rohlfes ist mit Hugs Vorschlag kompatibel:

A) „Sokratische Methode“ oder katechetisches Lehrgespräch: Lehrgespräche laufen asymmetrisch ab: Die Lehrperson stellt eine Frage, die Lerngruppe reagiert darauf. Durch geschickte Frageformulierung und Aufgreifen der Schülerantworten bewegt sich das Gespräch in die vorgeplante Richtung, Abweichungen werden meist nicht zugelassen. Da die gesamte Lerngruppe in den gemeinsamen Denkprozess eingebunden wird, sind individuelle Lösungsansätze eher unerwünscht. Dabei lernen Schülerinnen und Schüler zunächst, welche Aspekte wichtig und weiterführend sind und welche rasch abgehandelt oder vernachlässigt werden können (Übungsorientierung). Zudem erwerben und festigen sie Wissen, das für die ganze Klasse wahrnehmbar von Gleichaltrigen mit deren eigenen Worten wiedergegeben wird. Die starke Lenkung in Lehrgespräch ist zugleich Vorteil und Nachteil: Das gewünschte Ergebnis kann rasch und zielstrebig erreicht werden, doch werden die Schülerinnen und Schüler dabei ununterbrochen geführt und erwerben eigene Problemlösungskompetenzen allenfalls am Rande. Lehrgespräche eignen sich folglich vor allem für die gemeinsame Sammlung von bereits vorhandenem Wissen, dessen Aktualisierung und Überprüfung, weniger für Analysen oder die Problematisierung. Obwohl inhaltlich leicht zu bewältigen, stellt ein solches Lehrgespräch hohe Anforderungen vor allem an die Fragetechnik der Unterrichtenden – kleinschrittige „W-Fragen" sind besonders unproduktiv.

B) „Gespräch der gleichen Ebene" (Fina 1981): Liegen bei allen Teilnehmern (einschließlich der Lehrperson) annähernd gleiche Voraussetzungen vor, kann ein Gespräch „der gleichen Ebene" stattfinden. Dies kann beispielsweise durch Lektüre eines Textes, ein Referat oder ein anderes Medium bewirkt werden, welches man gemeinsam analysiert. Solche Gespräche können in ihrem Ergebnis durchaus offen sein: Schülerinnen und Schüler können Aspekte beitragen, die in der Unterrichtsplanung überhaupt nicht vorhergesehen wurden. Dennoch entscheidet die Lehrperson, ob dieser Aspekt weiter- oder irreführend ist. Eine echte Symmetrie ist also nicht herstellbar; die Verantwortung für den Unterricht bleibt auch hier unteilbar – selbst wenn man sich in der Gruppe darüber verständigt, wie es weitergehen soll. Vorbedingungen sind zudem eine (langfristig zu schaffende) geeignete Gesprächsatmosphäre, Gesprächsdisziplin und Gesprächsregie (Form der Wortmeldungen, Reihenfolge, Umgang miteinander). Die Ergebnisse müssen gesichert werden, was durch ein Protokoll oder eine abschließende Zusammenfassung (mündlich, Tafelanschrieb, Hausaufgabe) geschehen kann.

C) Diskussion: Die Gesprächsform, die einer Problemorientierung am meisten entspricht, ist die Diskussion oder Debatte. Sie will bereits vorhandene Einsichten und Meinungen zueinander in Beziehung setzen, was natürlich nur fruchtbar sein kann, wenn es einen Dissens oder zumindest mehrere Möglichkeiten gibt. Man kann den Gesprächsteilnehmern auch Positionen zuweisen und sie so veranlassen, aus der (persönlich vielleicht abgelehnten) Perspektive einer historischen Gruppe oder Ideologie heraus zu argumentieren (z.B. im Rahmen einer Diskussion zwischen den in den französischen Generalständen 1789 vertretenen Interessengruppen). Diskussionen sind nicht ergebnisorientiert, ihre Bedeutung liegt im Prozess. Als Lehrperson kann man sich je nach Verlauf ganz zurücknehmen, Impulse geben, moderieren, die argumentationsschwächere Partei unterstützen oder sogar als „advocatus diaboli" eine Extremposition beziehen. Es ist jedoch offensichtlich, dass eine Lenkung hier fehl am Platz ist und Eingriffe im Idealfall auf ein Minimum beschränkt sein sollten. Die oben genannten Vorbedingungen gelten auch hier.

Die Bedeutung des Klassenunterrichts für das Fach Geschichte

Was für die ungebrochene Vorherrschaft des Klassenunterrichts in der Schule gilt, trifft auf den Geschichtsunterricht in noch gesteigerter Form zu (Pandel 1977). Die Gründe dafür liegen in der besonderen Struktur des Fachs.

Geschichte lässt sich kaum begreifen, indem man sie erfahrbar macht (durch Experiment oder Rekonstruktion) oder logisch nachdenkt, sondern durch Information mittels Quellenstudium oder Narratio. Der Informationserwerb aus Quellen oder Fachliteratur ist aber aufwendig und schwierig, wie jeder bestätigen kann, der sich im Studium mit der Geschichte näher befasst hat. Für Schülerinnen und Schüler muss die unübersehbare Informationsfülle gefiltert und aufbereitet werden, und wer wäre dafür geeigneter als die genau dafür ausgebildeten Lehrerinnen und Lehrer? Zumindest anfänglich benötigen Schülerinnen und Schüler Hilfen, um Wichtiges von Unwichtigem zu unterscheiden, und es ist illusorisch zu glauben, man könne ihnen Stoffauswahl und Relevanzentscheidungen sofort überlassen. Es ist ein Ziel des Geschichtsunterrichts, die dafür notwendigen Kompetenzen aufzubauen und zu üben, vorausgesetzt werden können sie nicht.

Da die Entscheidungen über Relevanz und Stoffauswahl bereits im Vorfeld einer jeden Geschichtsstunde gefallen sind, sollte man nicht die Illusion nähren, es sei in Wirklichkeit ganz anders. Man muss aber deutlich machen, wer die Entscheidungen gefällt hat und begründen, warum es so und nicht anders ist. Mit älteren Schülerinnen und Schülern kann man dies auch problematisieren und so gerade in den Klassenunterricht ein wichtiges ideologiekritisches Moment integrieren, das auch die Lehrperson in die Kritik einbezieht.

Die Fremdheit historischer Phänomene ist für Schülerinnen und Schüler oft ein bedeutendes Problem: Wenn sie die Zusammenhänge und Ursachen noch nicht abzuschätzen vermögen, neigen sie (wie alle Menschen) zur Argumentation aus ihrem eigenen Horizont heraus. Bei schwer verständlichen Quellen kann man beispielsweise zwischen zwei Vorgehensweisen wählen: Man kann die Schwierigkeiten durch Vereinfachung verringern, oder man kann die Fähigkeiten der Schülerinnen und Schüler schrittweise steigern, sie gemeinsam entwickeln und so den Erkenntnisprozess fördern. Wird nur aus dem Schülerhorizont heraus argumentiert, ist die Bildung und Verstärkung von Vorurteilen möglich („Früher waren die Leute dümmer!"). Folglich ist hier eine „Anleitung" und Korrektur besonders wichtig, und es ist fraglich, ob es didaktisch betrachtet immer günstiger ist, solche Vorurteile erst in einer offeneren Unterrichtsform – beispielsweise während einer Gruppenarbeit – zu tolerieren und später bei der gemeinsamen Auswertung im Plenum richtigzustellen, oder ob es nicht sinnvoller ist, sie im Gespräch sofort aufzugreifen.

Auch für Lehrerinnen und Lehrer ist es schwierig, bei komplexen historischen Vorgängen den „roten Faden" nicht aus den Augen zu verlieren. Für Schülerinnen und Schüler ist dies erst recht der Fall, weshalb ein strukturierter Klassenunterricht Orientierungshilfen bieten kann.

In der neueren Geschichtsdidaktik wird das eigene Forschen der Schülerinnen und Schüler völlig zu recht hervorgehoben – schließlich hat man diese Möglichkeit lange ignoriert. Wer es aber selbst im Unterricht erprobt hat, weiß um den hohen Aufwand, der dabei zu betreiben ist. Es wird sich also auch in Zukunft um wünschenswerte, jedoch seltene Ausnahmen im Unterrichtsalltag handeln. Im Normalfall wird das Material aufbereitet, vervielfältigt oder gleich aus dem Schulbuch entnommen. Damit entfällt die motivierende Wirkung des selbstbestimmten Aufspürens und Bearbeitens von bislang ungenutzten Informationen. Motivation wird im Fach Geschichte viel häufiger durch das Arrangement des Stoffs erzielt, also durch sinnfällige Gruppierung um ein Problem, durch Auswahl geeigneter Medien, durch den Rekurs auf Vorkenntnisse oder die konkreten Bedürfnisse der Lerngruppe. Dass der Lehrstoff, also das historische Phänomen an sich, bereits ausreichendes Motivationspotential in sich trägt, gilt für Schülerinnen und Schüler nur sehr eingeschränkt: Aufklärung und Gewaltenteilung, die Demokratie im antiken Griechenland und selbst der Aufstieg Napoleons bedeuten ihnen zunächst einmal wenig. Es kommt also entscheidend auf die Art der Vermittlung an, auf die Fähigkeit der Lehrerin oder des Lehrers, das Interesse zu wecken. Dies geschieht meist durch Konkretisierung, Personifizierung, Identifikationsangebote, durch die Erzeugung von Betroffenheit, Überraschung oder Mitleid. Dafür ist die Narratio (ob als Erzählung, als Quelle oder Medium) ein besonders geeigneter Weg, und der Klassenunterricht bietet sich dafür besonders an.

Es stellt sich zudem die Frage, ob die Lehrerrolle im Geschichtsunterricht sich nicht möglicherweise überhaupt von der in anderen Schulfächern unterscheidet. In Fächern mit kontinuierlich aufeinander aufbauenden Lerninhalten wie der Mathematik werden früher erworbene Fähigkeit immer wieder benötigt, also aktualisiert und geübt. Auch in den Sprachen werden sie permanent angewendet, so dass Mängel auch zu einem späteren Zeitpunkt noch erkannt und korrigiert werden können. Das gilt im Geschichtsunterricht eigentlich nur für den methodischen Bereich: Lücken aus der Beschäftigung mit der Antike müssen sich bei anderen Themen überhaupt nicht auswirken und werden auch kaum bemerkt – schließlich wurden ja auch schon ganze Epochen aus den Lehrplänen gestrichen. Da sich Geschichte durch logisches Denken oder Erfahrung kaum erschließen lässt (s.o.), werden Schüler im Geschichtsunterricht mit immer neuen Situationen konfrontiert, in denen sich Menschen mehr oder weniger frei für eine Lösungsmöglichkeit entschieden haben, die wir vielleicht ganz anders gewählt hätten. Insofern gibt es also „aufeinander aufbauende" Erkenntnisse nur eingeschränkt, denn dies würde eine Regelhaftigkeit historischer Prozesse voraussetzen. Die zu erwerbende „historische Urteilskraft" ist eine Chimäre – sonst würden Fachhistoriker nicht immer wieder zu überraschenden Neuinterpretationen lange bekannter Quellen kommen (man denke nur an die jüngst vorgenommene Neubewertung Caligulas). Natürlich wird die Einsicht in die Vorläufigkeit und Perspektivität historischer Aussagen, in den Konstruktcharakter von Geschichte überhaupt oder die Notwendigkeit von Quellen- und Medienkritik im Laufe der Zeit weiterentwickelt, doch rechtfertigen diese Ziele das Unterrichtsfach Geschichte kaum über den größten Teil der Schullaufbahn hinweg – dies könnte man konzentrierter und rascher vermitteln. Es geht also stets auch um den Erwerb von (historischem) Wissen, und gerade dies ist eine besondere Stärke des Klassenunterrichts. Damit passt er gut zu den traditionellen, von einem chronologischen Durchgang geprägten Lehrplänen, während die Auseinandersetzung mit anderen, nicht der Chronologie verpflichteten Inhalten wohl günstiger in anderen Unterrichtsformen erfolgt.

Ist Klassenunterricht heute noch akzeptabel?

Wägt man Unterrichtsformen der inneren Differenzierung und einen modernen Klassenunterricht gegeneinander ab, ergeben sich erkennbare Stärken und Schwächen beider.

Klassenunterricht	Innere Differenzierung
Zeit- und arbeitsökonomisch	Zeit- und arbeitsintensiv
Führt durch Steuerung zügig zum angestrebten Ergebnis	Ermöglicht selbstbestimmtes Tun und individuelle Anpassung von Arbeitstempo und Arbeitsrichtung
Lernen durch kompetente Vermittlung, auch um den Preis der Missachtung individueller Lösungsansätze – relativ frei von sachlichen Fehlern und Irrwegen – große Bedeutung des Lehrerhandelns mit Tendenz zur Dominanz	Lernen durch eigene Tätigkeit, auch um den Preis eines Irrwegs – relativ große Gefahr von Fehlern – große Bedeutung des Schülerhandelns mit möglicher Tendenz zur Bestätigung von Vorurteilen
Erwerb von transferfähigem Wissen und methodischen Fertigkeiten	Anwendung von transferfähigem Wissen und methodischen Fertigkeiten, Erwerb von Erfahrungswissen
Kommunkation überwiegend zwischen Wissenden (Lehrperson) und Unwissenderen (Lerngruppe): – Möglichkeit für Horizonterweiterung und prägende Lernerfahrungen – ständige Beurteilung der Schülerbeiträge	Kommunkation überwiegend zwischen Schülerinnen und Schülern, die auf vergleichbarem Niveau stehen – Möglichkeit zur stressarmen Erprobung eigener Ideen – kaum Horizonterweiterung
Guter Überblick über die Lerngruppe, erleichtert vergleichende Leistungsbeurteilung	Bewusster Verzicht auf permanente Kontrolle, um eine stressarme Atmosphäre zu erhalten
Vermittlung von Kenntnissen, Fertigkeiten, Kompetenzen	Anwendung von Kenntnisse, Fertigkeiten, Kompetenzen
Verarbeitung größerer Informationsmengen	Intensiver Umgang mit einem überschaubaren Themenfeld

Es ist leicht zu erkennen, dass keine der beiden Formen an sich besser oder schlechter ist als die andere, sondern sich lediglich für bestimmte Unterrichtsituationen besser oder schlechter eignet. Ein dogmatisches Entweder-Oder kann also nicht der richtige Weg sein – es kommt vielmehr auf eine sinnvolle Ergänzung beider Formen an. Wenn es um größere Informationsmengen geht, ein neues Thema eingeführt, ein Überblick oder eine Zusammenfassung gegeben oder bereits vorhandenes Wissen zum Gegenstand gemacht werden soll, ist der Klassenunterricht vorzuziehen. Wenn ein überschaubares Themenfeld, die Anwendung von Gelerntem, soziale Interaktion oder Problemlösungsfähigkeit im Vordergrund stehen, haben offenere Formen größere Vorteile. Sie basieren aber auf bereits erworbenen Kenntnissen und Fähigkeiten, welche am Besten durch guten Klassenunterricht geschaffen werden. Ein ausgewogener Wechsel zwischen beiden Formen verbindet die Vorteile beider und verringert ihre Nachteile, schafft und beansprucht unterschiedliche Kompetenzen, ist motivierend und räumt alle Befürchtungen aus, die mit einer einseitigen Bevorzugung „frontaler" Formen verbunden sein mögen.

Anmerkungen

1 Meyer 1993, 183; Hage u.a. (1985) sprechen von rund 75% des gesamten Unterrichts, Aschersleben 1999, 9 hält diesen Wert noch für zu niedrig und verweist auf die gymnasiale Oberstufe, in der er deutlich über 80% läge. Genaue Werte für den Geschichtsunterricht gibt Pandel 1997, 394.

2 Dazu grundlegend: Rüsen 1997.

Literatur

Aschersleben, Karl, Frontalunterricht – klassisch und modern. Eine Einführung, Neuwied, Kriftel 1999

Bauersfeld, Heinrich; Voigt, Jürgen, Den Schüler abholen, wo er steht! Inszenierung oder Verwirklichung eines didaktischen Prinzips?, in: Lernen – Ereignis und Routine. Jahresheft IV des Friedrich-Verlages, Seelze 1986, S. 18-20

Fina, Kurt, Geschichtsmethodik, 2. Aufl., München 1981

Gage, Nathaniel L.; Berliner, David C., Pädagogische Psychologie, Weinheim/München 4. Aufl. 1986

Hage, Klaus u.a., Das Methoden-Repertoire von Lehrern. Eine Untersuchung zum Schulalltag der Sekundarstufe I, Opladen 1985

Hug, Wolfgang, Geschichtsunterricht in der Praxis der Sekundarstufe I, Frankfurt 1977, hier S. 125-130

Jackson, Philip W., Einübung in eine bürokratische Gesellschaft. Zur Funktion der sozialen Vekehrsformen im Klassenzimmer, in: Zinnecker, Jürgen (Hrsg.), Der heimliche Lehrplan. Weinheim/Basel 1975, S. 19-34

Jung, Michael, Geschichtserzählung heute: Die Wiedergeburt einer untauglichen Methode, in: Gd 5 (1980), S. 383-391

Meyer, Ernst; Okoń, Wincenty, Frontalunterricht, Königstein/Ts. 1984

Meyer, Hilbert, UnterrichtsMethoden II: Praxisband, 5. Aufl., Frankfurt/M. 1993

Michael, Berthold; Schepp, Heinz-Hermann (Hrsg.), Politik und Schule von der Französischen Revolution bis zur Gegenwart. Eine Quellensammlung zum Verhältnis von Gesellschaft, Schule und Staat im 19. und 20. Jahrhundert, Band 1., Frankfurt/M. 1973

Pandel, Hans-Jürgen, Sozialformen, in: Bergmann, Klaus u. a. (Hrsg.), Handbuch der Geschichtsdidaktik, 5. Aufl., Seelze Velber 1997, S. 389-399

Prange, Klaus, Bauformen des Unterrichts, Bad Heilbrunn 1993

Quandt, Siegfried, Die historische Erzählung in der Perspektive prozeßorientierter Geschichtsdidaktik, in: Quandt, Siegfried; Süssmuth, Hans (Hrsg.), Historisches Erzählen, Göttingen 1982, S. 10-18

Rohlfes, Joachim, Geschichte und ihre Didaktik, Göttingen 1986

Schmid, Heinz Dieter, Zur Geschichtserzählung im Geschichtsunterricht der Sekundarstufe I, in: Quandt, Siegfried; Süssmuth, Hans (Hrsg.), Historisches Erzählen, Göttingen 1982, S. 59-64

Rüsen, Jörn, Historisches Erzählen, in: Bergmann, Klaus u.a. (Hrsg.), Handbuch der Geschichtsdidaktik, 5. Aufl., Seelze-Velber 1997, S. 57-63

Spanhel, Dieter, Die Sprache des Lehrers. Grundformen des didaktischen Sprechens, Düsseldorf 1971

Staeck, Lothar, Zeitgemäßer Biologieunterricht: Eine Didaktik, 5. Aufl. Berlin 1995

Strotzka, Heinz, Zur Praxis des Geschichtsunterrichts, Wien 1983, hier S. 63 ff.

Thiemann, Friedrich, Schulszenen. Vom Herrschen und Leiden, Frankfurt/M. 1985

Voigt, Jörg, Interaktionsmuster und Routinen im Mathematikunterricht. Theoretische Grundlagen und mikroethnographische Falluntersuchungen, Weinheim 1984

Wragge-Lange, Irmhild, Interaktionsmuster im Frontalunterricht. Drei Fallanalysen, Weinheim, Basel 1983

Hartmut Voit

Partnerarbeit

1. Vorbemerkung*

Der Psychologe Reinhard Tausch hat in einem berühmt gewordenen Vortrag, gehalten am 28. Januar 1966 im Auditorium maximum der Pädagogischen Hochschule Berlin, die sozialpsychologischen Vorgänge im Unterricht mit kritischen Bemerkungen kommentiert.[1] Ausgehend von der sein Forschungsinteresse konstituierenden Feststellung, dass die Schule – neben oder nach der Familie – „die am längsten andauernde und vermutlich bedeutsamste soziale Umgebung heranwachsender Menschen ist"[2], präsentierte der Referent einige relevante Untersuchungsergebnisse, die seine skeptische Einschätzung begründeten. Er konstatierte u.a. eine übermächtige Dominanz des Frontalunterrichts und damit zusammenhängend auf seiten der Schüler ein überwiegend rezeptives und reaktives Verhalten, eingeschränkte Interaktions- und Kommunikationsprozesse und ein stark lehrerzentriertes statt sachzentriertes Problemdenken. Die Frage nach den Auswirkungen auf das augenblickliche und spätere soziale und intellektuelle Verhalten der Schüler wurde von Tausch eindeutig negativ beantwortet. Etwa 20 Jahre danach begegnet uns eine ähnliche Kritik – ohne die Rigorosität der sechziger Jahre, aber in den Grundzügen unverändert. Die empirische Erhebung einer Gruppe von Erziehungswissenschaftlern der Fernuniversität Hagen zum Methodenrepertoire im Unterricht, veröffentlicht 1985, bringt als Ergebnis die Feststellung, dass im Schulalltag immer noch eine auffällige Ein- und Gleichförmigkeit methodischen Handelns besteht.[3] Die Studie spricht vor allem im Hinblick auf die nachgewiesene Vormachtstellung des Frontalunterrichts von „methodischer Monostruktur";[4] die unausgewogene Bevorzugung von Sozialformen und Handlungsmustern mit starker Lehrerlenkung stünde in deutlichem Widerspruch zur Vielfalt der in Theorie und Praxis bekannten Unterrichtsverfahren. Andere Autoren kommen über Schätzwerte zu ähnlichen Ergebnissen. Hans-Eberhard Nuhn bestätigt auch noch 1995 nach einer Lehrer- und Schülerbefragung das hohe Vorkommen des Klassen- oder Frontalunterrichts und geht dann in diesem Zusammenhang der Frage nach, „warum sich Lehrer bei der Verwendung von Partnerarbeit so sehr zurückhalten".[5] Die Klagen über eine zu geringe Methodenvielfalt im Unterricht sind jedenfalls notorisch. Bewegen sich erziehungswissenschaftlicher Anspruch und schulpraktisches Tun auseinander?

2. Definitionsprobleme

Die Partnerarbeit versteht sich, ähnlich wie die Gruppenarbeit, als alternative Sozialform sowohl zur Einzelarbeit als auch zum Frontalunterricht. Sie wird in der Regel dadurch bestimmt, dass zwei Schüler eine begrenzte Zeit sachbezogen und planvoll miteinander agieren. Es geht um die „Kooperation von zwei Lernenden im Unterricht", um Schülerarbeit zu zweien, um Zweierarbeit oder Paararbeit.[6] Die sich zumeist – nicht notwendig oder selbstverständlich – aus den beiden Tischnachbarn konstituierende Partnergruppe bildet vorübergehend eine Arbeitsgemeinschaft, um eine unterrichtliche Teilaufgabe selbstständig und selbsttätig zu lösen. Wesentliche Definitionskriterien einer solchen kleinsten Arbeitsgemeinschaft sind: die „prinzipielle statusmäßige Gleichstellung beider Teilnehmer", keine großen Leistungs-, Motivations- und Sozialunterschiede, ein „hoher, gleichmäßig verteilter Redeanteil" und „keine Beeinträchtigung der Kommunikation von außen durch einen Publikumseffekt".[7] Partnerarbeit ist unterrichtsorganisatorisch und zeitlich wenig aufwändig und von daher relativ einfach zu realisieren. Sie eignet sich grundsätzlich für alle Fächer und Altersstufen und bietet besondere Chancen in jeder Phase der Unterweisung – auch außerhalb des Lernorts Schule. Im Sinne eines übergeordneten Ziels liegt die Bedeutung der Partnerarbeit vor allem in dem Beitrag, den diese Sozialform zur Veränderung der rezeptiven Lernhaltung der Schüler leistet: Durch stärkere Beteiligung lässt sich eine dichtere Kommunikations- und Interaktionsstruktur erreichen und damit sowohl das soziale Verhalten als auch die kognitive Leistungsfähigkeit verbessern.

Mit dem Begriff der Partnerarbeit wird über die altershomogene Zweierarbeit hinaus auch die altersheterogene Kooperation bezeichnet. Partnerarbeit ist dann Bestandteil eines Helfersystems, des tutoriellen Lehrens und Lernens („Cross-Age-Helping"): Ein älterer Schüler, mit gewissen Lehrerfunktionen ausgestattet, unterrichtet als Tutor einen oder mehrere jüngere; Schüler helfen Schülern. Wichtiges Merkmal dieses partnerschaftlichen Ansatzes ist das Lernen durch Lehren: Dem Helfer wird häufig mehr geholfen als dem Betreuten. Diese traditionsreiche Form der Partnerarbeit trägt zu einem Wandel der schulischen Rollenverteilung bei und bietet „vor allem leistungsschwachen und unterprivilegierten Schülern ... eine Chance, ihr Schulschicksal zu brechen, die sie im herkömmlichen Unterricht meist nicht erhalten".[8] Altersheterogene Partnerarbeit bedarf freilich einer flexiblen Unterrichtsorganisation. Das gegenwärtige Schulsystem mit seiner altershomogenen Klassenbildung erscheint hier eher hinderlich. Es käme gleichwohl darauf an, Situationen zu schaffen, in denen Schüler verschiedenen Lebens- und Lernalters fachlich und sozial verantwortlich kooperieren. Wenn man Schüler „bei der Unterweisung ihrer Mitschüler mithelfen lässt, kann man zu dem notwendigen Gefühl beitragen, an etwas Bedeutsamem beteiligt zu sein – eine Erfahrung, die im Leben von Schulkindern meist fehlt".[9]

Der schulpädagogisch geläufige Begriff der Partnergruppe ist wissenschaftstheoretisch nicht unumstritten. Es bestehen Zweifel, ob diese kleinste Sozialverbindung überhaupt als Gruppe aufgefasst und bezeichnet werden kann. In der Tat kommen die soziologischen und pädagogischen Eigenschaften der Gruppe häufig erst bei drei oder mehr Teilnehmern voll zur Geltung. Paare und Gruppen zeigen in ihrem Sozialverhalten neben Gemeinsamkeiten einige wesentliche Unterschiede: „Der Raum für die Aktivität und Entwicklung des einzelnen ist beim Paar größer; demgegenüber sind die möglichen Vorteile der Arbeitsteilung und der ‚Addition der Kräfte' in der Gruppe größer. Die soziale Distanz ist in der Regel zwischen Partnern geringer, was die Zusammenarbeit fördern, aber auch lähmen kann ...;

andererseits ist in der Gruppe die Beziehungsstruktur komplexer, und es wächst die Gefahr, dass Konflikte die Gruppenarbeit belasten".[10] Die Unterschiede sind unübersehbar. Paargebilde und Gruppengebilde haben ihre je spezifischen Besonderheiten. Wenn man trotzdem im pädagogischen Bereich die Zweierbeziehung weiter mit dem Gruppenbegriff („Partnergruppe") belegt, so wohl deshalb, weil in Abgrenzung zur Individualarbeit und zur Arbeit des Klassenverbandes die relativ intensive Kooperation und Interaktion als hervorragendes gemeinsames Kennzeichen der Partnerarbeit wie der Gruppenarbeit angesehen werden kann. Damit ist gleichzeitig auch die Frage nach dem Eigenwert der Partnerarbeit wenigstens ansatzweise beantwortet: Es erscheint sinnvoll, die kooperative Arbeit zweier Schüler im Unterricht nicht nur (im Hinblick auf die vorhandenen Gemeinsamkeiten) als Vorstufe oder „allereinfachste Form der Grupppenarbeit"[11] zu definieren, sondern auch (im Hinblick auf die spezifischen Eigenschaften) als selbstständige Sozialform zu verstehen.

Der Begriff der Partnergruppe ist schließlich noch in einer anderen Hinsicht problematisch. Er transportiert eine Reihe normierender Vorstellungen, ist ideologisch besetzt. Partnergruppe und Partnerarbeit, eine in die Schulgeschichte weit zurückreichende Konstellation bzw. Form des Lehrens und Lernens, entstammen als Bezeichnungen der Partnerschaftsdiskussion der fünfziger Jahre und „implizieren primär Vorstellungen des Wohlverhaltens, der gegenseitigen Unterstützung bzw. Hilfestellung und scheinen Härte, wechselseitige Abgrenzung oder Auseinandersetzung auszuschließen".[12] Diese häufig mit dem Partnerbegriff sich verbindenden einseitig optimistischen Vorstellungen sind aber im pädagogischen Bereich weder realistisch noch wünschenswert. Eine Sozialform wird hier bereits vom Begrifflichen her mit bestimmten Erwartungen belastet, denen sie gar nicht gerecht werden kann und soll. Um dem zu begegnen, ließe sich etwa auf die in der Literatur gelegentlich benutzten und neutraleren Bezeichnungen wie Dyade, Paargruppe (Paararbeit) oder Zweiergruppe (Zweierarbeit) zurückgreifen. Im folgenden wird gleichwohl an der geläufigen Terminologie – Partnergruppe und Partnerarbeit – festgehalten: Es ist allerdings anzuerkennen und muss gewährleistet bleiben, dass die gemeinsame Arbeit zweier Schüler im Unterricht grundsätzlich sowohl von einem auf Wir-Gefühl, Zuneigung und Freundschaft gegründeten Gemeinschaftsbewusstsein als auch von einem Meinungsdifferenz, Kritik und Opposition einschließenden Aufgabenbewusstsein getragen wird.

3. Psychologische und pädagogische Voraussetzungen

3.1 Forschungsstand

Die kooperative Arbeit zweier Lernender ist unter historischem Aspekt keine moderne Sozialform. Sie taucht in der Geschichte der Schule bereits früh in ihren beiden Ausprägungen als altershomogene und altersheterogene Schülerarbeit auf – als gemeinsames Üben der Tischnachbarn und als Helfer- oder Tutorenprogramm. Im Zuge der reformpädagogischen Bewegung mit ihrer Betonung gruppenunterrichtlicher Verfahren erhält dann zu Beginn des 20. Jahrhunderts die Zweierarbeit besonderes Gewicht. Um die Mitte der fünfziger Jahre beginnt schließlich die eigentliche Erforschung und theoretische Begründung dieser Sozialform. Es ist zuerst Alfons Simon (1959)[13], der zusammen mit einer Gruppe von Lehrern in verschiedenen Schulen, Klassen und Fächern über mehrere Jahre hinweg erprobt, wie Kinder partnerschaftlich miteinander und voneinander lernen. Simons Untersuchung ist nicht frei von methodischen Mängeln und gelegentlich wohl auch von pädagogischen Wunschvorstellungen geleitet. Sie hat gleichwohl ihren besonderen Wert und provoziert in der Folgezeit weitere Forschungen auf dem Gebiet der altershomogenen Partnerarbeit (Coppes 1969; Hirzel 1969; Schell 1972).[14] Gegen Ende der sechziger Jahre – das traditionelle Schulsystem gerät massiv unter Druck, man sucht verstärkt nach Alternativen – wird auch die andere Form der Zweierarbeit, der Helferunterricht, vor allem von Erziehungswissenschaftlern in den Vereinigten Staaten wieder aufgegriffen, erprobt und propagiert. Klaus Feldmann (1980)[15] behandelt die Chancen und Probleme der altersheterogenen Partnerarbeit, des tutoriellen Lehrens und Lernens; er bezieht die Ergebnisse moderner amerikanischer und deutscher Projekte in seine Untersuchung mit ein. Trotz solcher Bemühungen um die wissenschaftliche Erhellung partnerschaftlicher Lernprozesse in der Schule bleibt der Forschungsstand insgesamt doch defizitär. Der relative Mangel an Untersuchungen (gemessen etwa an der Literatur zur Gruppenarbeit) erklärt sich evtl. aus einem Missverständnis. Die Tatsache, daß Partnerarbeit organisatorisch verhältnismäßig einfach zu handhaben ist, führt häufig zum unreflektierten Einsatz; man unterstellt der Zweiergruppe von vornherein und wie selbstverständlich auch eine psychologisch einfache und nicht weiter zu hinterfragende Beziehungsstruktur. Das Interaktionsgeschehen wird aber eben nicht nur von gleichberechtigter, ausgewogener und freundschaftlicher Partnerschaft, sondern auch von Emotion, Anpassung, Dominanz- oder Abhängigkeitsverhalten bestimmt. Hierzu bedarf es neuerer und genauerer Untersuchungen. Partnerarbeit bedeutet keinen pädagogischen Wert an sich. Es besteht bei unkritischer Anwendung dieser Sozialform eher die Gefahr, dass sich (ähnlich wie beim Gruppenunterricht) „fatale Kommunikations- und Sozialstrukturen etablieren, die zu den pädagogischen Zielvorstellungen des Lehrers in krassem Widerspruch stehen".[16]

3.2 Chancen

Der in den älteren Arbeiten von Simon, Coppes, Hirzel und Schell übereinstimmend behauptete hohe Beliebtheitsgrad partnerschaftlicher Kooperation bei Schülern beeinflusst offensichtlich kaum den quantitativen Einsatz dieser Sozialform im Unterricht. Neuere Untersuchungen zum Methodenrepertoire im Schulalltag konstatieren jedenfalls eine deutliche Bevorzugung von Unterrichtsverfahren mit starker Lehrerlenkung.[17] Unter den vier Sozialformen[18] rangiert die Partnerarbeit nach dem Frontalunterricht, der Einzelarbeit und der Gruppenarbeit mit auffälligem Abstand an letzter Stelle.[19] Dieser Befund bezieht sich zunächst und vor allem auf die altershomogene Partnerarbeit. Altersheterogene Kooperation als Helferunterricht findet mit Sicherheit noch seltener statt. In einem wenig flexiblen und streng nach Jahrgangsklassen ausgerichteten Schulsystem ist diese Form der Partnerarbeit eben nur schwer realisierbar. Man begibt sich damit freilich einer Chance: Der Geist des Helfens wird tendenziell zugunsten einer Wettbewerbsmentalität verdrängt. Im

Vergleich der verschiedenen Sozialformen ist die Überlegenheit einer einzelnen, etwa der Partnerarbeit, empirisch nicht nachzuweisen. Es gibt nicht die ideale Sozialform. Jede von ihnen besitzt spezifische Eigenschaften. Die jeweiligen Qualitäten wirken sich häufig gerade erst in Kombination bzw. im Wechsel mit denen der jeweils anderen Sozialform besonders positiv auf den Lernerfolg aus. Die Bedeutung der Partnerarbeit liegt zunächst – ähnlich wie bei der Gruppenarbeit – in der Chance einer Verbesserung der Kommunikation zwischen Schülern. Durch die kooperative Arbeit zweier Lernender wird die unterrichtsbezogene Interaktion verstärkt und damit im Idealfall die Voraussetzung geschaffen für die Verbesserung sowohl der kognitiven Leistungsfähigkeit als auch des sozialen Verhaltens: „Schüler haben den Wunsch, dem anderen zu helfen, ihre Meinung zu äußern und auf andere zu hören, dem Nachbarn Fragen zu stellen und Antworten zu geben, sich zu beraten und zu korrigieren; weil die Partnerarbeit nach ihrer Meinung solches Tätigwerden ermöglicht, ist sie bei den meisten Schülern beliebt.“[20] Versucht man das übergeordnete Ziel der Partnerarbeit, Steigerung der Lernleistung und der Soziabilität, zu konkretisieren und detaillierter nach den besonderen Möglichkeiten dieser Sozialform zu fragen, so ergibt sich im Hinblick vor allem auf die altershomogene Kooperation (die weniger praktizierte altersheterogene Variante wird im vorliegenden Beitrag nur beiläufig behandelt) etwa folgende Reihung positiver Merkmale:

- Partnerarbeit ist prinzipiell für alle Altersstufen, Fächer und Phasen des Unterrichts geeignet;
- Partnerarbeit ist unterrichtsorganisatorisch und zeitlich wenig aufwändig und deshalb relativ einfach zu realisieren;
- Partnerarbeit ist ein Mittel zur Belebung der Unterrichtsgestaltung.
  Der Wechsel von individueller und kooperativer Arbeit wirkt sich positiv auf die Lern-, Behaltens- und Transferleistungen der Schüler aus;
- Partnerarbeit hat einen ausgeprägten Wiederholungseffekt. Sie dient dadurch, dass die zu behandelnden Sachverhalte mehrfach erscheinen (Erarbeitung durch den einzelnen Schüler, Diskussion mit dem Partner, Einbringung ins Plenum), in besonderem Maße der Lernsicherung;
- Partnerarbeit trägt zur Aktivierung der Schüler bei und schafft eine dichte Kommunikations- und Interaktionsstruktur;
- Partnerarbeit verbessert die kognitive Leistungsfähigkeit durch Differenzierung und Individualisierung von Lernprozessen;
- Partnerarbeit bietet jedem einzelnen Schüler die Chance, Sachargumente und private Meinungen mit hohem Zeitanteil und ohne Beeinträchtigung von außen (Publikumseffekt) innerhalb der Gruppe auszutauschen. Das Mitteilungsbedürfnis gegenüber dem Partner wird befriedigt und pädagogisch genutzt;
- Partnerarbeit verpflichtet jeden einzelnen Schüler zu verstärkter Mitarbeit – „man ist mit dem Partner eigentlich bei jeder Aufgabe ‚dran'“[21];
- Partnerarbeit verschafft auch dem schwächeren Schüler das Gefühl, einen Beitrag geleistet zu haben, wenn er erlebt, dass das Arbeitsergebnis seiner Gruppe im Plenum gehört und gewürdigt wird;

- Partnerarbeit bedeutet für den Lehrer Gewinn an „Zeit". Er kann sich z.B. im Sinne einer individualisierenden Betreuung mit einzelnen Gruppen bzw. Schülern befassen;
- Partnerarbeit leistet einen Beitrag zur Überwindung der „sozialen Armut" in der Schule. Die kooperative Arbeit zweier Lernender dient dem Erwerb sozialer Kompetenz und verstärkt die Möglichkeit, Fachunterricht auch als „Sozialunterricht" zu gestalten;
- „Gleichaltrige haben häufig einen größeren Einfluß auf Kinder und Jugendliche als Erwachsene. Dies betrifft sowohl positives als auch negatives Verhalten. Folglich sollten Gleichaltrige bei Lernprozessen in Schulen häufiger in positiver Weise eingesetzt werden".[22]

3.3 Probleme

Die Aufzählung positiver Merkmale der Partnerarbeit ist durch den Hinweis auf einige Probleme zu ergänzen. Es besteht anders die Gefahr, dass die Zweckbestimmung dieser ergiebigen Sozialform durch unreflektierten Einsatz verfehlt oder gar ins Gegenteil verkehrt wird. Partnerarbeit ist relativ einfach zu organisieren, aber deshalb nicht von vornherein auch unproblematisch. Sozialformen, also auch die Partnerarbeit, „regeln die Beziehungs- und Kommunikationsstruktur des Unterrichts ... nicht total, sondern nur so weit, wie die soziale Form von den handelnden Lehrern und Schülern angenommen und ausgefüllt wird".[23] Es ist deshalb zunächst wichtig, dass der Lehrer die Partnerarbeit nicht unvorbereitet einführt. Ziele, Arbeitsweisen und Probleme sind im Unterricht gemeinsam zu erörtern. Die Schüler sollen den Sinn dieser Sozialform begreifen. Ein tieferes Verständnis lässt sich dann allerdings nur durch kontinuierliches Anwenden, Überprüfen und evtl. auch Korrigieren der gemeinsam aufgestellten Verhaltensregeln gewinnen. Zur Einübung gehört auch die Erarbeitung von Methoden, um auftretende Konflikte innerhalb der Partnergruppe zu erkennen, zu analysieren und zu begrenzen. Gradmesser für erfolgreiche Partnerarbeit ist grundsätzlich eben nicht nur der abfragbare Ertrag, wie er sich in den Gruppenberichten niederschlägt. Der Wert dieser Sozialform bemisst sich auch nach dem Gruppenverhalten, nach der Art, wie die Ergebnisse zustande kommen.[24] Die Tatsache, dass Partnerarbeit im Schulalltag häufig als verkappte Einzelarbeit begegnet, offenbart eine besondere Schwäche dieser Sozialform. Eine solche Gefahr der Verkümmerung der Interaktion besteht vor allem immer dann, wenn die Gruppenkommunikation zur Routine erstarrt, weil jeder der beiden Partner die Argumente und Handlungen des anderen bereits im voraus einzuschätzen vermag; wenn sich keine echten gruppendynamischen Prozesse ereignen, weil die beiden Partner unfähig oder unwillig sind zu kooperieren; wenn ein einzelner als „Hemmschuh" oder „Zerstörer" gemeinsame Arbeit in der Zweiergruppe blockiert. Partnerarbeit wird zur verkappten Einzelarbeit nicht selten aber auch durch das Verhalten des Lehrers, wenn dieser keine den partnerschaftlichen Diskurs provozierenden Aufgaben stellt oder den Gruppenbericht nicht als gemeinsame Leistung respektiert, sondern den Beitrag des einzelnen zu ermitteln versucht. Es bleibt als Ergebnis dieser Skizzierung einiger Probleme und Schwächen der Partnerarbeit die doppelte Feststellung: Partnerarbeit ist keine „einfache" Sozialform; ihre Zweckbestimmung wird nur durch reflektierten Einsatz erreicht.

3.4 Realisierung

Die kooperative Arbeit zweier Schüler bedeutet hinsichtlich des Zeitfaktors in der Regel kein besonderes Problem. Sie ist auf kürzere und kürzeste Phasen des Klassenunterrichts begrenzt (etwa 3-15 Minuten) und kann deshalb relativ einfach sowohl geplant als auch spontan in den Unterrichtsablauf integriert werden. Zweierarbeit kommt in der Tat verhältnismäßig schnell zum Abschluss: „Die Einfälle sind erschöpft, Diskussionen zu zweit enden rasch in Übereinstimmung oder in Kontroversen, eine Weiterentwicklung wird erst wieder in einer größeren bzw. anderen Gruppe möglich".[25] Diese Feststellung der kurzen Arbeitsphase trifft allerdings nicht zu auf eine den Klassenunterricht übergreifende Variante der Partnerarbeit: auf das Partnerreferat als Ergebnis einer intensiven Kooperation (z.B. Befragung im Rahmen zeitgeschichtlicher Erkundung). In diesem Fall ist ein erheblicher – häufig vielstündiger – Zeitaufwand erforderlich.

Die Konstituierung der Partnergruppe bedarf besonderer Überlegungen. Partnerarbeit bedeutet Zusammenarbeit zwischen zwei Lernenden – nicht notwendig und immer zwischen den beiden Tischnachbarn. Das Problem regelt sich also über die Sitzordnung nicht gleichsam von selbst. Bei der Zusammensetzung einer „funktionierenden" Partnergruppe ergeben sich vielmehr zwei grundsätzliche Perspektiven. Partnerschaftliche Kooperation setzt einerseits ein gewisses Maß an Übereinstimmung, Verlässlichkeit und Konstanz, an Sympathie- oder Freundschaftsbeziehungen voraus; Status, Motivation und Leistung altershomogener Partner dürfen, um Über- bzw. Unterordnungseffekte weitgehend auszuschließen, nicht zu stark differieren. Partnerschaftliche Kooperation sollte sich andererseits aber auch im Hinblick auf die „immer neu anzuwendende Fähigkeit der Empathie" in unterschiedlichen personalen Konstellationen bewähren[26]; allein auf Sympathie oder Freundschaft sich gründende Paarbeziehungen werden häufig mehr durch Emotion als durch sachbezogene Interaktion bestimmt und gefährden u. U. den Arbeitserfolg. Für die Zusammensetzung einer altershomogenen Partnergruppe, die ihren Auftrag gleichermaßen im sozialen wie im kognitiven Bereich erfüllen soll, ergibt sich daraus ein Doppeltes. Die Koppelung an den Banknachbarn, der sich über längere Zeit hinweg als verlässlicher und „gleichwertiger" Partner erwiesen hat, ist in der Regel pädagogisch sinnvoll. Neben dieser oft als selbstverständlich und ausschließlich angenommenen „Dauerpartnerschaft", die sich aus einer bewährten (kaum zufällig entstandenen) Sitzordnung ergibt, sollten aber im Wechsel kurzfristig immer wieder auch neue Partnerschaften zur Erledigung bestimmter Arbeiten gebildet werden. Dabei wäre dann nicht zuletzt auch an eine leistungsheterogene Zusammensetzung der Zweiergruppe im Sinne eines altershomogenen Helfersystems zu denken.

Die Durchführung der Partnerarbeit im Unterricht erfolgt überwiegend nach einem einheitlichen Grundmuster. Es lässt sich idealtypisch folgendes Verlaufsschema feststellen. Am Anfang der Kooperation steht der vom Lehrer erteilte – themengleiche oder themenverschiedene – Arbeitsauftrag. Dieser sollte einen möglichst intensiven Diskurs provozieren und Zusammenarbeit auch positiv erfahrbar machen. In Betracht kommen relativ abgegrenzte und abgrenzbare, gleichzeitig aber möglichst auch problemhaltige Themen, die den Schülern zur Bearbeitung innerhalb weniger Minuten zugemutet werden können. Bei

Einführung der Partnerarbeit und generell in den unteren Jahrgangsstufen erscheint es sinnvoll, die Aufgabenstellung von einem Schüler wiederholen und damit bestätigen zu lassen. Die Phase der eigentlichen Zweierarbeit wird dann bestimmt von der möglichst ungestörten Kooperation der Partner: Beide „sichten" zunächst in Einzelarbeit das vorgegebene Thema, erörtern anschließend den Auftrag im gemeinsamen Gespräch, verständigen sich über das weitere Vorgehen (z.B. Materialauswertung; Ergebnisfixierung) und bemühen sich dann um die Lösung des vorliegenden Problems. Am Ende dieser Arbeitsphase steht die Formulierung eines gemeinsamen Ergebnisses. Es wäre darauf zu achten, dass dabei gerade im soziokulturellen Fächerbereich ein möglicher inhaltlicher Dissens zwischen den Partnern auch klar zum Ausdruck kommt. Während die Schüler in Zweiergruppen miteinander arbeiten, hält sich der Lehrer zurück. Er beobachtet und hilft auf Wunsch; im übrigen respektiert er den „produktiven Arbeitslärm" im Vertrauen darauf, dass Schüler auch ohne direkte Aufsicht etwas Sinnvolles tun. Das Einbringen der Gruppenergebnisse ins Plenum gestaltet sich dann einigermaßen schwierig. Da es in einer Klasse viele Partnergruppen gibt, können aus Zeitgründen in der Regel nicht alle ihre Arbeitsresultate präsentieren. Wünschenswert wäre – vor allem in der Phase der Einübung dieser Sozialform – der Vortrag möglichst vieler (auch deckungsgleicher) Gruppenergebnisse; auf jeden Fall aber sollten alle Gruppen mit weiterführenden Gedanken zu Wort kommen, gelegentlich immer wieder auch Gruppen, die nach pädagogischen Gesichtspunkten ausgewählt werden. Auf das Einbringen der Ergebnisse folgen dann abschließend Zusammenfassung (evtl. mit Berichtigung und Ergänzung), Fixierung und Sicherung der Arbeitserträge: Plenumsdiskussion, Lehrerkommentar und Lehrerinformation, (schriftliche) Ergebnisformulierung und Integration des Ganzen in das übergeordnete Thema. Abweichend von diesem Grundmuster partnerschaftlicher Kooperation im Unterricht verläuft die unterrichtsübergreifende Variante. Die Phase der eigentlichen Zweierarbeit liegt hier im außerschulischen Bereich (z.B. Befragung von Zeugen der Zeitgeschichte; Vorbereitung einer Dokumentation auf der Grundlage originaler Materialien in Museum und Archiv). Das Einbringen dieser auf umfangreichen und zeitintensiven Vorarbeiten beruhenden Gruppenergebnisse in den Unterricht erfolgt dann zumeist in Form eines längeren, von Medien illustrierend begleiteten Partnerreferats.

Partnerarbeit lässt sich grundsätzlich auf jeder Stufe des Unterrichtsprozesses realisieren und ist für eine Vielzahl von Unterrichtsaufgaben geeignet. Der partnerschaftliche Ansatz begegnet gleichermaßen in der Phase der Motivation, der Erarbeitung, der Anwendung, der Vertiefung und der Wiederholung. Es geht dabei zum Teil um ganz verschiedene Unterrichtsaufgaben – sowohl um solche mit einfachem Trainingscharakter als auch um solche mit hohem Denkanspruch: Üben, Kontrollieren, Korrigieren, Sammeln, Beobachten, Befragen, Ordnen, Vergleichen, Vermuten, Überlegen, Analysieren, Interpretieren, Diskutieren und Referieren. Die kooperative Arbeit zweier Lernenden hat ihren Platz überall dort, „wo eine schwierige Frage durch Nachdenken, gemeinsame Denkarbeit gelöst werden soll: wo einer dem anderen beim Üben und Einprägen helfen kann; wo einer der beiden Hilfe braucht; beim Ausfeilen der Aufsätze und Niederschriften; wo zweien mehr einfällt als einem, also beim Wiederholen und Sammeln".[27]

4. Partnerarbeit im Geschichtsunterricht

4.1 Geschichtsdidaktische Überlegungen

Partnerarbeit ist auch im Bereich der historischen Unterweisung eine vernachlässigte Sozialform. Diese Feststellung bezieht sich sowohl auf den quantitativen Einsatz im Unterricht als auch auf die wissenschaftliche Behandlung in der Literatur. Nach den vorliegenden empirischen Untersuchungen zum Methodenrepertoire wird Geschichtsunterricht in der Bundesrepublik Deutschland ganz überwiegend als Frontalunterricht erteilt. Die Partnerarbeit rangiert auch beim historischen Lernen unter den vier „klassischen" Sozialformen mit Abstand an letzter Stelle.[28] Dem geringen Vorkommen im Geschichtsunterricht entspricht das mangelnde Interesse in der fachdidaktischen Literatur. Es existiert keine selbstständige Abhandlung über Partnerarbeit und historisches Lernen; vereinzelte Bemerkungen finden sich eher zufällig in geschichtsdidaktischen Lehrbüchern.

Keine Sozialform ist „durch ihre jeweilige Struktur in besonderer Weise für den Geschichtsunterricht disqualifiziert".[29] Positiv gewendet: Jede Sozialform leistet als gelungene Veranstaltung einen besonderen Beitrag zur historischen Unterweisung. Dies gilt auch für die Partnerarbeit. Als „kleine Form" entfaltet sie ihre Qualitäten recht eigentlich erst in Kombination bzw. im Wechsel mit anderen Sozialformen (und verstärkt umgekehrt wiederum deren Wirkung). Sie hat als eigenständige Sozialform aber auch ihren eigenen Wert. Die empirisch feststellbare Vernachlässigung der Partnerarbeit im Geschichtsunterricht, gemessen vor allem an der überragenden Stellung des Frontalunterrichts, bedeutet in jedem Fall einen Verlust. Man begibt sich ganz allgemein einer Chance, über die Verbesserung der Kommunikation zwischen Schülern die Rekonstruktion der Geschichte als diskursiv-argumentativen Lernprozess zu organisieren.

Moderner Geschichtsunterricht „muß so angelegt und vollzogen werden, daß die historische Deutung als Faktor der Identitätsbildung der Schüler diesen nicht einfach vorgegeben und von ihnen als vorgegebene nachvollzogen wird".[30] Schüler sollen Geschichte selbstständig, einsichtig und problemorientiert lernen. Gegenüber der ergebnisorientierten Konzeption eines traditionellen Geschichtsunterrichts, bestimmt ganz überwiegend durch rezeptive und reaktive Schüleraktivitäten, wird historisches Lehren und Lernen heute zunehmend auf der Grundlage einer kommunikativen Geschichtsdidaktik realisiert. Konstitutives Merkmal eines solchen Unterrichts ist die starke Verfahrens- und Erkenntnisorientierung. Geschichte wird nicht mehr nur linear vermittelt, vom Lehrer erzählt und als gültige Aussage den Schülern aufgenötigt. Kommunikativer Geschichtsunterricht bedeutet vielmehr, dass die Lernenden die Chance erhalten, in Abkehr von einem autorisierten und scheinbar objektiven Geschichtsbild die historische Erkenntnis- und Urteilsbildung weitgehend selbständig zu organisieren. Dazu bedarf es vielfältiger Schüleraktivitäten, vor allem der diskursiven Argumentation, in die auch die Subjektivität der Schüler Eingang finden muss. Die Rekonstruktion der Vergangenheit ist kommunikativ zu verhandeln. Es geht dabei immer um eine doppelte, um vertikale und horizontale Kommunikation. Schüler treten als lernende Subjekte ein in den Dialog sowohl mit historischen Personen und

Gruppen als auch mit Lehrern und Mitschülern. Die eine Interaktionsform bedient sich des kommunikativen Gehalts von geschichtlichen Medien, die andere des direkten Gesprächs mit dem Partner. Beide Formen zusammen ermöglichen dem Schüler erst eine argumentativ vertretbare historische Einsicht (einschließlich des Wissens um die Perspektivität jeder Erkenntnis). In dieser doppelten Interaktion liegt die besondere Chance für die Bildung historisch-politischer Identität.

Die kooperative Arbeit zweier Lernenden ist mit den Intentionen eines kommunikativen Geschichtsunterrichts ohne weiteres zu vereinbaren. Partnerarbeit bietet durch ihre Struktur eher günstige Voraussetzungen dafür, dass historisches Lernen in der beschriebenen diskursiv-argumentativen Weise verläuft. Der für kommunikativen Geschichtsunterricht wesentliche doppelte (vertikale und horizontale) Interaktionsprozess ist gewährleistet, wenn die beiden Mitglieder einer Partnergruppe im Dialog sowohl mit der Vergangenheit als auch mit dem Partner, anderen Partnergruppen und dem Lehrer sachgemäße und bedeutungsvolle historische Einsichten erarbeiten. Bei einem solchen „dialogischen" Verfahren setzt jeder Schüler seine eigene Deutung (in die immer auch seine lebensweltlich erworbene Erfahrung einfließt) der Konkurrenz anderer Deutungen aus. Durch den Druck des besseren Arguments entsteht nicht notwendig ein allgemeiner Konsens, wohl aber werden die einzelnen Deutungen korrigiert, komplettiert und rationalisiert. Das Problem der historischen Objektivität wird sichtbar. Die Schüler erleben „den Vorgang historischer Erkenntnis- und Urteilsbildung als Prozeß kritischer Kommunikation".[31] Partnerarbeit, so verstanden und realisiert, hat eine aufklärerische Tendenz. Die Aneignung von Geschichte erfolgt nicht über den Nachvollzug vorgegebener (potentiell ideologieträchtiger) Inhalte und Verhaltensmuster, sondern dadurch, dass jeder Schüler als Mitglied einer Partnergruppe selbstständig und gleichzeitig kooperativ und unter Anwendung elementarer historischer Arbeitsweisen begründete Vorstellungen über menschliche Vergangenheit entwickelt. „Das gemeinsame Nachdenken ist die spezifische Lernchance, die die Partnerarbeit bietet", sie lebt ähnlich wie die Gruppenarbeit „von der Rede und Gegenrede, die dazu verhilft, die Dinge von mehreren Seiten zu betrachten".[32] Es bleibt abschließend die einschränkende Feststellung, dass die kooperative Arbeit zweier Lernender im Kontext einer anderen geschichtsdidaktischen Konzeption auch anderen Zielvorstellungen dient. So werden etwa bei einer stärker ergebnisfixierten Auffassung von historischem Lernen im Rahmen der Zweierarbeit vor allem mechanische oder „geschlossene" Lernarten zur Anwendung gebracht: Wiederholen, Einprägen, Festigen usw. Partnerarbeit ist (wie andere Sozialformen auch) instrumentalisierbar – im Extremfall als Manipulationsinstrument zu missbrauchen.

4.2 Unterrichtspraktische Hinweise

Partnerarbeit hat ihren didaktischen Ort überall da, wo Lernen im Team ergiebiger ist als Einzel- oder Plenararbeit, wo es spezifische Gemeinschaftsaufgaben zu lösen gilt, wo es um „Initiative, Individualisierung, Interaktion, Hilfeleistung, Kontrolle und Korrektur, Ermutigung zum Fragen und zum Antworten" geht.[33] Die Nähe der Partnerarbeit zu Lernarten mit starkem kommunikativen Impuls ist unübersehbar. Zwar steht keine von ihnen dieser Sozialform allein zur Verfügung, wohl aber haben einige zu ihr eine besondere Affinität.

Erwähnenswert im Zusammenhang mit problemorientiertem Geschichtsunterricht erscheinen:

- der *Diskurs* (das historische Problemgespräch zwischen zwei Schülern, provoziert z.B. durch eine Fragestellung des Lehrers oder durch Einsatz von Medien, dient der Vorbereitung oder der Wiederbelebung einer Plenumsdiskussion),
- die *Kartenarbeit* (zwei Schüler erörtern an Hand einer Karte im Geschichtsatlas die räumliche Dimension historischen Geschehens),
- die *Schulbucharbeit* (Medien im Geschichtsbuch – Texte, Bilder, Diagramme usw. – werden in Partnerarbeit ausgewertet),
- die *Quellenarbeit* (zwei Schüler interpretieren historische Quellen verschiedener materialer Beschaffenheit; bei arbeitsteiliger Partnerarbeit lässt sich auch multiperspektivischer Quelleneinsatz realisieren),
- die *Exkursion* (beim Besuch historischer Stätten, Museen und Archive werden historische Quellen in Partnerarbeit erschlossen),
- das *Referat* (zwei Schüler behandeln im gemeinsamen Vortrag z.B. ein Thema der Zeitgeschichte; sie stützen sich u.a. auf selbst angefertigte Tonbandprotokolle mit Aussagen von Zeitzeugen) und
- das *Spiel* (spielerische Formen des historischen Lernens – Memorierspiele und szenische Spiele – lassen sich mit Partnerarbeit verbinden).

Zwei Beispiele:

Quellenarbeit: „Politische Reden der Jahre 1930-1932 aus deutschen Wochenschauen"; vier Filmdokumente (Institut für Film und Bild in Wissenschaft und Unterricht)

Der Film „Politische Reden" (16 mm, Lichtton, 9 Minuten, schwarz-weiß) präsentiert eine Sammlung von Tonfilmreden führender deutscher Politiker in der Zeit des Übergangs von der Weimarer Republik zum Nationalsozialismus. Vier „Tonfilmportraits" werden hier äußerlich unverbunden aneinandergereiht. Den inneren Zusammenhang liefert die große Krise der beginnenden dreißiger Jahre, mit der sich die vier Redner aus unterschiedlicher politischer Perspektive und mit unterschiedlichen (persönlichen und filmischen) Wirkungsmitteln auseinandersetzen. Der Film zeigt Ausschnitte aus einer Wahlrede Heinrich Brünings am 14. September 1930, aus einem Tonfilminterview mit Paul Löbe 1930/31, aus einer Ansprache Paul von Hindenburgs am 2. Oktober 1932 und aus einer Wahlrede Adolf Hitlers am 27. Juli 1932. Die in diesem Film vereinigten Reden sind kurz, bruchstückhaft und im Hinblick auf das politische Spektrum der Zeit nur bedingt repräsentativ. Sie werden ohne Sprechkommentar und ergänzendes Bildmaterial vorgestellt. Es handelt sich um Filmdokumente. Ihre besondere didaktische Qualität liegt vor allem in der puristischen Darstellung begründet: Der Einsatz als „Selbstläufer" verbietet sich von vornherein; die vier Filmquellen sind in hohem Maße diskussionsbedürftig. Anlass der Rede, Inhalt der Rede, Wirkungsmittel des Redners (Gestik, Mimik usw.) und Wirkungsmittel des Films (Kameraführung, Bildschnitt usw.) stehen im Mittelpunkt der Erörterung. Erst die vergleichende Zusammenschau von Sachaussage, Rednerstil und filmischen Mitteln ermöglicht eine ideologiekritische Bewertung und macht das Scheitern einer Demokratie audiovisuell erfahrbar.

Beim Einsatz des Films im Geschichtsunterricht lassen sich zwei wichtige Phasen der Interpretation mit Partnerarbeit verbinden. Voraussetzung dafür ist der doppelte Durchgang: Die in mediendidaktischer Hinsicht prinzipiell anzuratende zweifache Projektion der audiovisuellen Quelle. Die erste Präsentation der vier Filmdokumente erfolgt ohne Kommentar; sie wird von seiten des Lehrers lediglich durch die Mitteilung der nötigsten Grundinformationen vorbereitet. Es kommt bei dieser knappen Einführung darauf an, die Voraussetzungen für eine sinnvolle Interpretation zu schaffen, ohne durch inhaltliche Vorentscheidungen die Intentionen heuristischer Quellenarbeit zu denunzieren. Nach der Vorführung sollen die Schüler in freier Aussprache mit dem jeweiligen Partner während einiger Minuten die starken Eindrücke des Mediums artikulieren. „Die größten Spannungen werden auf diese Weise gelockert";[34] vorläufige Interpretationsansätze zeichnen sich ab. Auf das Partnergespräch folgt die Plenumsarbeit. Fragestellungen und erste Einsichten der Partnergruppen werden in den Klassenverband eingebracht, gesammelt und zu Problemkreisen geordnet. Vor dem Hintergrund dieser eher spontanen Kommunikation erhält dann die zweite Vorführung des Films ihre eigentliche Berechtigung. Der Weg geht von der Identifikation zur analytischen Distanz. Die dem Medium eigene intensive und suggestive Erlebnisqualität wird beim zweiten Durchgang im Prozess der kritischen Deutung „aufgehoben". Die Schüler erhalten ein Arbeitsblatt, auf dem sie während der Filmprojektion in Einzelarbeit erste, flüchtige Notierungen machen, die sie dann im Anschluss an die Vorführung – in etwa fünfminütiger Partnerarbeit – präzisieren, vervollständigen und evtl. korrigieren. Damit ist die zweite Phase der partnerschaftlichen Kooperation erreicht. Sachaussage, Rednerstil und filmische Mittel werden mit Hilfe des Arbeitsblattes vergleichend registriert. Die Deutungen möglichst vieler Zweiergruppen sind dann im Plenum vorzustellen und ausführlich zu erörtern. Der Lehrer sichert die in Kombination verschiedener Sozialformen (Einzelarbeit, Partnerarbeit, Plenumsarbeit) gewonnenen Ergebnisse und bringt zusätzliche Informationen. Es wird vor allem deutlich: Zwischen der Rede Hitlers und den Reden der drei anderen – durchaus unterschiedlich agierenden und argumentierenden – Politikern besteht ein unüberbrückbarer Gegensatz; Hitlers Rede dokumentiert „die weit fortgeschrittene Bereitschaft jener Zeit, den demokratischen Weg endgültig zu verlassen, wenn dem Redner eine Stelle wie ‚Wir sind intolerant! Ich habe mir ein Ziel gestellt, nämlich die dreißig Parteien aus Deutschland hinauszufegen!' Bravorufe und Händeklatschen einträgt. Daß und wie hier derartige Worte öffentlich vorgetragen werden und ein millionenfaches, wenn auch nicht das gesamte Volk erfassendes Echo finden konnten, stimmt tief nachdenklich und kennzeichnet die geistige und politische Situation der Zeit ..."[35]

Arbeitsblatt
„Politische Reden der Jahre 1930-1932 aus deutschen Wochenschauen“

	Anlass der Rede	Inhalt der Rede	Wirkungsmittel des Redners (Gestik, Mimik usw.)	Wirkungsmittel des Films (Kameraführung, Bildschnitt usw.)
Heinrich Brüning Reichskanzler (Zentrum)				
Paul Löbe Reichstagspräsident (SPD)				
Paul v. Hindenburg Reichspräsident				
Adolf Hitler Parteiführer (NSDAP)				

Referat: „Julius Streicher und sein ‚Stürmer'“

Der Name der Stadt Nürnberg ist besonders eng mit der nationalsozialistischen Rassenpolitik verknüpft. Verantwortlich dafür sind vor allem die 1935 während des Parteitages entstandenen „Nürnberger Gesetze“, die Juden in Deutschland offiziell zu Staatsbürgern und Menschen minderen Ranges degradierten. Verantwortlich – und lokal wirklich verantwortbar – ist aber auch eine unheilvolle Institution: Der Gauleiter von Franken, Julius Streicher, der mit seinem in Nürnberg gedruckten Wochenblatt „Der Stürmer“ schon frühzeitig die „Endlösung der Judenfrage“ atmosphärisch vorbereitete.

„Der Stürmer“, keine Parteizeitung, sondern Streichers persönliches Eigentum, erscheint zum ersten Mal 1923. Die Auflage beträgt 1933 etwa 20 000, 1938 knapp 500 000. Sondernummern haben manchmal eine Auflagenhöhe von zwei Millionen. Hauptthema ist ein fanatischer, niedrige Instinkte mobilisierender Antisemitismus: „Die Juden sind unser Unglück“ – so lautet das seit 1927 auf der Fußleiste jeder Ausgabe wiederkehrende Motto. „Der Stürmer“ fordert seine Leser in einer besonderen Rubrik zur Denunziation von „Judenfreunden“ auf. In „Stürmerkästen“, auf vielbesuchten Plätzen in allen Städten und Dörfern installiert, wird das Blatt ausgehängt und werden Menschen angeprangert, die sich nicht den Parolen des Antisemitismus beugen. Der Aufstand des Bösen ereignet sich überall in Deutschland, auch wenn die Rassengesetze „Nürnberger Gesetze“ sind und „Der Stürmer“ in Nürnberg erscheint.

Historisches Lernen an und mit diesem Thema eröffnet besondere Chancen. Das Feindbild „Jude“ bleibt nicht abstrakt, sondern wird in Bildern, Geschichten und biographischen Notizen konkret und sinnlich fassbar. Der Antisemitismus, z.B. der Vorwurf der „Rassenschande“, wird mit der Lebensgeschichte wirklicher Menschen am heimatlichen

Ort verknüpft. Methodisch bietet sich die unterrichtsübergreifende Partnerarbeit an. Zwei Schüler übernehmen gemeinsam ein Partnerreferat. In Zusammenarbeit mit dem Lehrer werden Vorüberlegungen angestellt und Vorentscheidungen getroffen: Integration in den Lehrgang, Quellen- und Literaturbeschaffung, Aufbau des Referats, Präsentationsformen, Ergebnissicherung usw. Die Partnergruppe hat für ihren Vortrag etwa 30 Minuten zur Verfügung; 15 Minuten sind dann für die abschließende Diskussion reserviert. Die Referenten tragen alternierend vor. Sie erläutern einleitend Themenstellung, Quellen- und Literaturlage und Vorgehensweise, geben anschließend eine kurze Streicher-Biographie und setzen sich dann mit Verlag, Wochenblatt und „Stürmerkasten" auseinander. Ergänzend werden wichtige Materialien (Quellen) auf Folie, Arbeitsblatt und Wandzeitung präsentiert. Die Stunde schließt mit der von den beiden Referenten geleiteten Plenumsdiskussion. Die zeitlich aufwändigeren Vorarbeiten für das Referat vollziehen sich freilich im außerschulischen Bereich. Die Partnergruppe erarbeitet sich an mehreren Nachmittagen die notwendige Quellen- und Literaturbasis (Archiv, Bibliothek, oral history). Im Umgang mit Zeitzeugen und historischen Materialien liegt – neben dem eigentlichen Referat – der wesentlich Ertrag für die beiden Lernenden.

Der Stürmer
Nürnberger Wochenblatt zum Kampfe um die Wahrheit
HERAUSGEBER: JULIUS STREICHER

Nummer 52		Nürnberg, im Dezember 1925		3. Jahr 1925

Entsetzliches Verbrechen
in der Folterkammer der Bauerngasse aufgedeckt
Auspeitschung und Schändung deutscher Mädchen und Frauen
Der Jude Schloß verhaftet

talmudisches Geheimnis.

Juden Louis Schloß.

„Jeder Zoll ein Jude."

Abb. 1: *Der Stürmer 3 (1925), Nr. 52; Titelblatt. Stadtarchiv Nürnberg*

Anmerkungen

* Der Beitrag wurde bereits 1997 unter dem Titel „,Dialogisches Nachdenken' über Geschichte: Die Partnerarbeit als vernachlässigte Sozialform historischen Lernens„ in der Festschrift für Uwe Uffelmann „Historia Didactica" veröffentlicht; er wird hier – geringfügig verändert und aktualisiert – noch einmal abgedruckt.

1 Tausch, Reinhard, Sozialpsychologische Vorgänge in der Schule. Vortrag vom 28. Januar 1966 in Berlin. Überarbeitetes Manuskript (gedruckt), 10 Seiten.

2 Ebd., S. 1.

3 Hage, Klaus u.a., Das Methoden-Repertoire von Lehrern, Opladen 1985. Meyer, Hilbert, Unterrichtsmethoden, Bd. 2., Frankfurt/M. 1987, S. 60 ff.

4 Hage u.a., S. 147.

5 Nuhn, Hans-Eberhard, Partnerarbeit als Sozialform des Unterrichts, Weinheim, Basel 1995, S. 8. H. Meyer, Unterrichtsmethoden 2, S. 62.

6 Steindorf, Gerhard, Grundbegriffe des Lehrens und Lernens, Bad Heilbrunn 1981, S. 162.

7 Pandel, Hans-Jürgen, Sozialformen, in: Bergmann, Klaus u.a. (Hrsg.), Handbuch der Geschichtsdidaktik, 5. Aufl. Seelze-Velber 1997, S. 389-399; hier S. 393.

8 Feldmann, Klaus, Schüler helfen Schülern, München u.a. 1980, S. 31.

9 Allen, Vernon L., Power to the pupil: Prozeß und Praxis schulischer Tutorenarbeit, in: Erziehungswissenschaft – Erziehungspraxis 3 (1987), H. 1, S. 5-11; hier S. 10.

10 Prior, Harm, Sozialformen des Unterrichts, in: Enzyklopädie Erziehungswissenschaft, Bd. 4, Stuttgart 1985, S. 153.

11 Simon, Alfons, Partnerschaft im Unterricht, 3. Aufl., München 1965, S. 35.

12 Franke, Peter, Methoden und Medien aus der Sicht sozialer und politischer Bildung im Unterricht der Grund- und Hauptschule, Donauwörth 1981, S. 84.

13 Simon, 1. Aufl., 1959.

14 Coppes, Karl Heinz, Partnerarbeit im Unterrichtsgeschehen der Grund- und Hauptschule, Weinheim u.a. 1969. Hirzel, Martin, Partnerarbeit im programmierten Unterricht, Stuttgart 1969. Schell, Christa, Partnerarbeit im Unterricht, München/Basel 1972.

15 Feldmann, vgl. Anm. 9.

16 Diegritz, Theodor; Rosenbusch, Heinz, Kommunikation zwischen Schülern, München u.a. 1977, S. 62.

17 Vgl. Anm. 3 u. 5.

18 Die Einteilung der Sozialformen in Frontalunterricht, Gruppenunterricht, Partnerarbeit und Einzelarbeit erfolgt nach H. Meyer 1, S. 138.

19 H. Meyer 2, S. 60 f.

20 Coppes, a.a.O., S. 238.

21 Simon, 3. Aufl, a.a., S. 40.

22 Feldmann 1980, S. 54 f.

23 H. Meyer 1, a.a.O., Bd., S. 138.

24 Diegritz; Rosenbusch, 1977, S. 254.

25 Franke 1981, S. 87.

26 Pandel, a.a.O, S. 394.

27 Simon, 3. Aufl., a.a.O., S. 73 f.

28 Zenner, Maria, Auszüge aus einer Untersuchung über Lehrereinstellungen zum Frontal- und Gruppenunterricht im Fach Geschichte, in: Fürnrohr, Walter; Kirchhoff, Hans Georg (Hrsg.), Ansätze empirischer Forschung im Bereich der Geschichtsdidaktik, Stuttgart 1976, S. 103-110. Hug, Wolfgang, Geschichtsunterricht in der Praxis der Sekundarstufe I, Frankfurt/M. u.a. 1977, S. 103. Pandel, S. 394.

29 Ebd., S. 392.

30 Rüsen, Jörn, Geschichtsdidaktische Konsequenzen aus einer erzähltheoretischen Historik, in: Quandt, Siegfried; Süssmuth, Hans (Hrsg.), Historisches Erzählen, Göttingen 1982, S. 161.
31 Hug 1977, S. 131.
32 Rohlfes, Joachim, Geschichte und ihre Didaktik, Göttingen 1986, S. 233 f.
33 Fina, Kurt, Das Gespräch im historisch-politischen Unterricht, München 1978, S. 33. Nuhn, S. 60 ff.
34 Simon, 3. Aufl, a.a.O., S. 95.
35 Beiheft zum Film „Politische Reden" (FT 521), S. 23.

Literatur

Allen, Vernon L., Power to the pupil: Prozeß und Praxis schulischer Tutorenarbeit, in: Erziehungswissenschaft – Erziehungspraxis 3 (1987), H. 1, S. 5-11

Burzer, Theodor, Partnerarbeit und innere Differenzierung, in: Drescher, Reinhold; Hurych, Friedrich, Innere Differenzierung, Regensburg 1976, S. 29-43

Coppes, Karl Heinz, Partnerarbeit im Unterrichtsgeschehen der Grund- und Hauptschule, Weinheim u.a. 1969

Diegritz, Theodor; Rosenbusch, Heinz S., Kommunikation zwischen Schülern, München u.a. 1977

Feldmann, Klaus, Schüler helfen Schülern, München u.a. 1980

Fina, Kurt, Das Gespräch im historisch-politischen Unterricht, München 1978

Franke, Peter, Methoden und Medien aus der Sicht sozialer und politischer Bildung im Unterricht der Grund- und Hauptschule, Donauwörth 1981

Greving, Johannes; Meyer, Hilbert; Paradies, Liane, Gruppenunterricht, Oldenburg 1993

Hage, Klaus u.a., Das Methoden-Repertoire von Lehrern, Opladen 1985

Hirzel, Martin, Partnerarbeit im programmierten Unterricht, Stuttgart 1969

Hug, Wolfgang, Geschichtsunterricht in der Praxis der Sekundarstufe I, Frankfurt/M. u.a. 1977

Meyer, Hilbert, Unterrichtsmethoden, 2 Bde., Frankfurt/M. 1987

Meyer, Karl, Partnerarbeit in der Schule von heute, in: Dietrich, Georg u.a., Kooperatives Lernen in der Schule, 2. Aufl., Donauwörth 1974, S. 94-116

Nuhn, Hans-Eberhard, Partnerarbeit als Sozialform des Unterrichts, Weinheim, Basel 1995

Oetinger, Friedrich, Partnerschaft. Die Aufgabe der politischen Erziehung, Stuttgart 1953

Pandel, Hans-Jürgen, Sozialformen, in: Bergmann, Klaus u.a. (Hrsg.), Handbuch der Geschichtsdidaktik, 5. Aufl., Seelze-Velber 1997, S. 389-399

Prior, Harm, Sozialformen des Unterrichts, in: Enzyklopädie Erziehungswissenschaft, Bd. 4, Stuttgart 1985, S. 143-159

Rohlfes, Joachim, Geschichte und ihre Didaktik, Göttingen 1986

Rüsen, Jörn, Geschichtsdidaktische Konsequenzen aus einer erzähltheoretischen Historik, in: Quandt, Siegfried; Süssmüth, Hans (Hrsg.), Historisches Erzählen, Göttingen 1982, S. 129-170

Sandner, Helge, Partnerarbeit im Unterricht, in: Neue Unterrichtspraxis 11 (1978), S. 409-412

Schell, Christa, Partnerarbeit im Unterricht, München u. Basel 1972

Simon, Alfons, Partnerschaft im Unterricht, 3. Aufl., München 1965

Steindorf, Gerhard, Grundbegriffe des Lehrens und Lernens, Bad Heilbrunn 1981

Tausch, Reinhard, Sozialpsychologische Vorgänge in der Schule. Vortrag vom 28. Januar 1966 in Berlin. Überarbeitetes Manuskript (gedruckt), 10 Seiten

Voit, Hartmut, „Dialogisches Nachdenken" über Geschichte: Die Partnerarbeit als vernachlässigte Sozialform historischen Lernens, in: Raisch, Herbert; Reese, Armin (Hrsg.), Historia Didactica. Geschichtsdidaktik heute, Idstein 1997, S. 277-290

Zenner, Maria, Auszüge aus einer Untersuchung über Lehrereinstellungen zum Frontal- und Gruppenunterricht im Fach Geschichte, in: Fürnrohr, Walter; Kirchhoff, Hans Georg (Hrsg.), Ansätze empirischer Forschung im Bereich der Geschichtsdidaktik, Stuttgart 1976, S. 103-110

Peter Adamski

Gruppenarbeit

Meinungen über Gruppenarbeit

Drei Äußerungen von Schülerinnen und Schülern:
„Wenn der Lehrer vorne an der Tafel steht, seine Sachen erklärt und die Schüler schreiben das Tafelbild ab, dann haben sie sich nicht damit auseinandergesetzt und vielleicht auch wenig kapiert. Außerdem ist ein solcher Unterricht auch langweilig."

„In der Gruppenarbeit kann man auch mal etwas Falsches sagen. Bei einem Lehrer traut man sich das nicht, dann sagt man lieber gar nichts. Man hat Angst, was der Lehrer für einen bleibenden Eindruck von einem hat, wenn man etwas Falsches sagt."

„Ich glaube nicht, dass man bei Gruppenarbeit mehr dazu lernt, wie wenn der Lehrer vorne erklärt. Man kann in der Gruppenarbeit gut Kenntnisse auffrischen, die man schon hat, aber nicht unbedingt Neues dazu lernen. Es dauert eine Weile, bis man mit der Gruppenarbeit anfängt. Man wird viel leichter abgelenkt." (zit. bei Konrad/Traub 2001, 48)
Diese Statements von Lernenden markieren recht genau die Pole, zwischen denen sich die Wertigkeit dieser Sozialform bewegt: Während sie bei den einen äußerst beliebt ist (gemeinsam mit anderen etwas erarbeiten, weniger stressige Atmosphäre, nicht ständig unter den kontrollierenden Augen der Lehrkraft), wird sie von anderen bestenfalls als zeitweilig notwendiges Übel ertragen, eigentlich aber abgelehnt (weil nichts dabei „rauskommt", nicht alle mitziehen, der Lärmpegel höher und störend ist). Eine mittlere Position ist eher selten.

Aus Sicht der Lehrkräfte überwiegen häufig die Vorbehalte, die ganz ähnlich klingen wie die einiger Schülerinnen und Schüler: Der Lernerfolg sei nicht besonders hoch, sie sei zu zeitaufwändig angesichts der zu erarbeitenden Inhalte, Disziplinprobleme verhinderten ein zielgerichtetes Arbeiten (Weidner 2003, 45). Wird sie dennoch eingesetzt, dann vor allem als methodische Abwechslung und bei Themenaspekten, die als nicht zentral erachtet werden.

Didaktisches Potenzial und Unterrichtsalltag

Aus der Perspektive der Allgemeinen Pädagogik und der Lerntheorie wird diese Sozialform hoch geschätzt, weil sie erhebliches didaktisches Potenzial enthält:

- Die Dichte der Interaktion ist im Regelfall erheblich höher als in einem frontalunterrichtlichen Verfahren, mehr Schülerinnen und Schüler nehmen die Gelegenheit wahr, sich in den gemeinsamen Arbeitsprozess einzugliedern, wiewohl Quantität noch nichts über die Qualität solcher Beiträge aussagen muss.
- Gruppenarbeit ermöglicht eine zunehmend symmetrische Kommunikation der Betei-

ligten, wobei nicht von Anfang an oder bei zu seltener Anwendung davon auszugehen ist, dass in solchen Kleingruppen dominante bzw. autoritäre Stile (von Einzelnen geprägt) abgebaut werden können (Daum u.a. 2002, 12).

- Kleingruppen sind ein unverzichtbares Übungsfeld für initiatives Handeln. Sie bilden ein überschaubares Beziehungsgefüge, gerade für solche Schülerinnen und Schüler, die sich, aus welchen Gründen auch immer, nicht oder nur in geringem Maße am Unterrichtsgeschehen beteiligen. Ängste zu versagen oder Fehler zu machen verschwinden zwar nicht automatisch durch die Sozialform allein, können aber abgebaut werden, weil das Geäußerte nicht nach außen dringt, nicht unterrichtsöffentlich wird. Hinzu kommt, dass die Lernenden sich in ihrer authentischen und spontanen Sprache äußern können, ohne sogleich sanktioniert zu werden (Nürnberger Projektgruppe 2001, 29).
- Kooperatives Arbeiten kann als Chance für innere Differenzierung und sinnvollen Umgang mit Heterogenität begriffen werden. Schülerinnen und Schüler haben unterschiedliche Lernvoraussetzungen, bevorzugen verschiedene Lernkanäle und Arbeitsstile, verfügen über spezifische Fähigkeiten: Lernen mit Kopf, Herz und Hand, bei jedem in der Akzentuierung anders gelagert, kann als Integration von Differenz begriffen werden, nicht als Trennung von höher- und minderwertigen Qualifikationen. Das Ergebnis/Produkt der Gruppenarbeit kommt nicht nur durch die hellen intellektuellen Köpfe zustande, sondern verlangt auch nach kreativen Ideengebern und fantasievollen Gestaltern, Fähigkeiten, die eher selten in einer Person vereinigt sind.
- Sie kann einen Beitrag leisten zu größerer Selbstständigkeit und Eigenverantwortlichkeit des Arbeitens, wobei der Grad der Autonomie natürlich dadurch eingeschränkt bleibt, dass im Regelfall sowohl die Einordnung von Gruppenarbeit in das Unterrichtskonzept als auch Aufgabenstellungen und Materialvorgaben Sache der Lehrkraft sind. Allerdings kommt es für die Gruppe darauf an, ihren Arbeitsprozess zu organisieren, inhaltliche Klärungsprozesse selbst zu leisten und für das Ergebnis gerade zu stehen.
- Sie leistet einen Beitrag zur Methoden- und Sozialkompetenz, in der aktuellen Diskussion zentrale Aspekte eines veränderten Verständnisses von Lehren und Lernen. Die Einzelnen wie die Gruppe sind darauf verpflichtet, sich mit den entsprechenden fachmethodischen Instrumentarien Sachverhalte zu erarbeiten und diese adäquat zu präsentieren.
- Zuletzt, aber sehr zentral und eher wenig als besondere Möglichkeit erkannt: Gruppenarbeit fordert mehr als andere Sozialformen geradezu dazu heraus, den eigenen Lernprozess zu reflektieren. Metakognitive Kompetenzen als wichtiger Bestandteil auf dem Wege zu einem aktiven, selbstgesteuerten Lernen (vgl. von Reeken 2003, 7) sind bei kooperativen Lernformen quasi ein „natürlicher" Schlüssel zur Verbesserung der Arbeit, keine – aus Sicht der Schülerinnen und Schüler – ihnen von außen aufgetragene Mühe.

Besonders die vier zuletzt vorgetragenen Überlegungen verdeutlichen, dass Gruppenarbeit mehr ist als eine Sozialform, die primär auf die Kommunikationsaspekte ausgerichtet ist, sondern eine Form des Arbeitens, die originär in die Diskussionen um eine „Neue Lernkultur" integriert ist. Lernen ist demnach ein aktiver Prozess der Hervorbringung/Konstruktion von Wissen, der von den Einzelnen ausgeht und sich in Kontexten ereignet, die anregend genug sind, um für sich und die anderen Lernpartner inhaltliche Probleme zu identifizieren und gemeinsam zu einer Lösung zu bringen. Austausch und Diskussion können sowohl das Verstehen als auch die Reflexion des Gegenstandes verbessern. Lernen schließt dabei affektive und emotionale Komponenten ein, die in kooperativen Aktivitäten ausgelebt und für tieferes Verständnis genutzt werden können. „Es spricht vieles dafür, dass die kognitiven Prozesse, die in Gruppenarbeit durch das Miteinander-Sprechen und das Erklären angeregt werden, das Behalten und eine tiefere Verarbeitung des Lernmaterials fördern" (Konrad/Traub 2001, 46).

Das didaktische Potenzial auszuschöpfen setzt allerdings den Abschied von einem bestimmten Verständnis von Gruppenarbeit voraus: „Gruppenunterricht ist darum nicht eine gelegentlich willkommene Sozialform, die vor allem der Abwechslung dient (‚Methodenwechsel'), sondern grundlegender Bestandteil eines Konzeptes zum sozialen Lernen (und zur Methodenkompetenz; P.A.)" (Gudjons 2002, 9). Dies setzt freilich voraus, dass eine Reihe von fachunspezifischen Sozialfertigkeiten und fachspezifischen Methodenkonzepten einzuüben sind, damit Gruppenarbeit gelingen kann.

Das pädagogische Gütesiegel bedeutet offenbar nicht, dass Gruppenarbeit in der Unterrichtspraxis besonders häufig anzutreffen wäre. Untersuchungen aus den 1980er-Jahren belegen, dass ihr Anteil in den Regelschulen zwischen 2 bis 11 Prozent an den Sozialformen ausmacht; 7 Prozent der Lehrkräfte geben an, sie regelmäßig, 26 Prozent sie häufiger einzusetzen, wobei eine Nachfrage aus dem Jahre 1999 auf eine Zunahme schließen lässt. (alle Zahlenangaben in: Nürnberger Projektgruppe 2001, 96). Andere Autoren beziffern den Anteil kooperativer Lernformen auf 4 bis 8 Prozent (Konrad/Traub 2001, 43).

Gruppenarbeit und Kooperatives Lernen

Gruppenarbeit und kooperatives Lernen sind nicht unbedingt gleichzusetzen. Gruppenarbeit lässt sich zunächst als Sozialform des Unterrichts beschreiben, die den Rahmen des traditionellen Frontal- bzw. Klassenunterrichts (fragend-entwickelndes Unterrichtsverfahren) zeitweilig (im Rahmen einer Einzel- oder Doppelstunde) oder über einen mehrere Stunden dauernden Unterrichtsprozess auflöst. Kleingruppen (drei bis fünf Schülerinnen und Schüler) bearbeiten in diesen Phasen eigenständig einen in der Regel von der Lehrkraft gestellten Arbeitsauftrag auf der Basis von wiederum im Regelfall durch die Lehrkraft ausgewählter Unterrichtsmaterialien. Solche Gruppenarbeiten können sich entweder auf aufgabenidentische Fragestellungen und Materialien beziehen (themengleiche Gruppenarbeit) oder auf aufgabenverschiedene (themendifferenzierte Gruppenarbeit). Die Arbeit der Gruppen besteht darin, die gestellten problemorientierten Aufgaben in einer innerhalb der Gruppen zu klärenden Form zu bearbeiten und anschließend ihre Lösungen im Klassenplenum zu präsentieren, woran sich in der Regel Gespräche, Diskussionen oder Rückfragen zum Arbeitsprozess anschließen.

Theorie und Praxis der Gruppenarbeit hat in den vergangenen zehn Jahren entscheidend neue Impulse durch die Rezeption des Konzepts „Cooperative Learning" erhalten, wie es an einigen Schulen in den USA und Kanada erfolgreich umgesetzt wird. Der entscheidende Unterschied besteht kurz gesagt darin, dass kooperatives Lernen immer Partner- oder

Gruppenarbeit meint, Gruppenarbeit aber nicht unbedingt kooperatives Lernen bedeuten muss. Worin ist die Spezifik dieses Ansatzes zu sehen? Die Autoren dieser „Schule" (vgl. für die Rezeption in der Bundesrepublik insbesondere: Konrad/Traub 2001; Sliwka 2002; Weidner 2003; Green/Green 2006) gehen davon aus, dass Kinder und Jugendliche angesichts des beschleunigten sozialen Wandels (Stichworte: Informationsgesellschaft, Risikogesellschaft) heute weniger authentische Primärerfahrungen machen und solche sozialen Kompetenzen entwickeln (können), die sie quasi sozialisationsbedingt für Gruppenarbeit prädisponieren: Der Verlust verbindlicher Ordnungen und Normen, Individualisierungsprozesse in einer offenen Gesellschaft bei gleichzeitigen Tendenzen in der Berufs- und Arbeitswelt, auf Teamfähigkeit setzende Arbeitskonzepte zu favorisieren, familiäre Umbrüche (Trennungserlebnisse, Ein-Kind-Familien bzw. allein erziehende Mütter oder Väter), die tendenziell zu Einschränkungen der Beziehungsfähigkeit führen, die Allgegenwärtigkeit der Medien, die einerseits die Möglichkeiten unmittelbarer Sinneserfahrungen reduziert, andererseits häufig schulisch vermitteltes Wissen konterkariert. Es überrascht wenig, dass schon die „erste" amerikanische Schulreformbewegung (paradigmatisch: John Dewey) von vergleichbaren Veränderungen der Lebenswelt um die Wende zum 20. Jahrhundert in den USA inspiriert wurde. „Die Massenproduktion führte zu höchster Arbeitsteilung und verschärftem Existenzkampf, den nur Menschen mit praktischem Sinn und produktiver Leitungsfähigkeit bestehen konnten. Mit der Arbeitsteilung, dem Verschwinden des Kleingewerbes und des Haushalts verwilderte und verarmte der Erfahrungskreis der Großstadtkinder, so dass die Kluft zwischen Erlebtem und Erlerntem stets größer wurde" (E. Meyer 1996, 261). Die Antwort auf diese Entwicklung war eine stärkere Verknüpfung von Schule und Lebenswelt, methodisch vor allem über den Projektunterricht realisiert.

Was folgt aus solchen Überlegungen für das Konzept kooperativen Lernens? Zunächst, dass kooperatives Lernen gelernt werden muss! Zu den Grundüberzeugungen gehört, dass alle Gruppenmitglieder in einem methodisch straff organisierten Prozess so miteinander und voneinander lernen, dass jeder sich einbringen kann und alle sowohl für den Prozess als auch für das Ergebnis Verantwortung tragen. Solche kooperativen Lehr-/Lernarrangements benötigen: „Spielraum für Entscheidungen, wechselseitige Verantwortlichkeit für das Lernen der Gruppenmitglieder, individuelle Verantwortung für Gruppenleistungen" (Huber 2000, 57). Insofern zeichnet sich kooperatives Lernen besonders dadurch aus, dass den „social skills" (der Entwicklung sozialer Kompetenzen, die sich an der Beherrschung sozialer Fertigkeiten festmachen lassen) mindestens eine genauso große Bedeutung zugewiesen wird wie den „academic skills" (den fachmethodischen Fertigkeiten), die in der Gruppenarbeit zur Anwendung kommen. „Insofern ist im Modell des Kooperativen Lernens *Sozialkompetenz* im Sinne von Team- und Gemeinschaftsfähigkeit nicht nur eine Voraussetzung für erfolgreichen Gruppenunterricht, die man mitunter im „Crash-Training" vor dem eigentlichen Gruppenunterricht zu erzeugen versucht (und als einmaligen Akt, als „Spielregeln" oder Verhaltensregeln für Gruppenunterricht auf einem Poster an die Wand heftet), sondern sie *wird zum sensibel geplanten, stetig und kontinuierlich vermittelten, gleichrangigen Lerninhalt*" (Weidner 2003, 29; Hervorhebungen im Original).

Im Unterschied zur herkömmlichen Gruppenarbeit vollzieht sich kooperatives Lernen in einem sehr viel stärker formalisierten, um nicht zu sagen – ritualisierten - Lehr-/Lernarrangement, das ein gezieltes Lehren und Strukturieren von Gruppenfähigkeit anstrebt.

Unabhängig davon, inwieweit Kooperatives Lernen nun als das non-plus-ultra von Gruppenarbeit akzeptiert wird, bleibt festzuhalten, dass hier ein reichhaltiges Methodenrepertoire entwickelt worden ist, das daraufhin überprüft werden kann, inwieweit es zur Bereicherung der fachspezifischen und -methodischen Profilierung von Gruppenarbeit genutzt werden kann. Dazu später mehr.

Gruppenarbeit und Unterrichtskonzepte

Gruppenarbeit lässt sich innerhalb unterschiedlicher Unterrichtskonzepte verwirklichen, bedeutet keinen grundsätzlichen Bruch mit dem konventionellen Frontalunterricht, sondern justiert seine didaktische Funktion neu (vgl. Gudjons 2003).

Gruppenarbeit in unserem Sinne ist zu verstehen als Synthese zwischen formellerem/lehrergesteuertem und offenerem/lernerorientiertem Unterricht, beschreibt also einen Weg, der sukzessive Schülerinnen und Schüler zu aktiver Lernenden macht. Allerdings gelingt dies nur, wenn auf Dauer und regelmäßig solche Lerngelegenheiten bereitgestellt werden, insgesamt der konventionelle Frontalunterricht als „Sender-Empfänger-Metapher" (Gudjons) deutlich zurück gedrängt wird. *Weinert* formuliert aus lernspychologischer Sicht: „In Schulklassen mit einer starken Wertigkeit von Leistung, einer großen Informationsdichte und einer geringen Strukturiertheit von Stoffvermittlung hat eine große Leistungsängstlichkeit besonders negative Effekte auf die Lernergebnisse der Schüler. (...) Aus solchen und anderen Befunden lässt sich ein Plädoyer für die Kombination unterschiedlicher sowohl lehrer- als auch schülerdominierter Unterrichtsformen ableiten" (Weinert 1996, 147; vgl. auch Gudjons 2004, 9). Auch empirische Untersuchungen unterstreichen, dass eine Kombination von direkter Instruktion, also lehrgangsförmigen Unterrichtsteilen, mit solchen, die Schüleraktivitäten sinnvoll situiert einbeziehen, gute Ergebnisse verspricht (H. Meyer 2004, 81). Für die Lehrkräfte setzt die gezieltere und häufigere Einbeziehung von Gruppenunterricht folglich nicht den abrupten Perspektivenwechsel vom Belehrer zum Berater voraus, der in der Hauptsache von Inhalt und Methoden her anregende Lernumgebungen bereit zu stellen hat, ansonsten als Mehr-, aber nicht Besserwisser sich auf Dauer zurücknimmt. Insofern ist kooperatives Arbeiten auch aus Sicht der Lehrerinnen und Lehrer ein niedrigschwelliger Weg zu einer veränderten Sicht von Lehren und Lernen, zu einer zeitweiligen Öffnung von Unterricht.

Ob Gruppenarbeit mehr als Methodenwechsel ist und mindestens Teile des didaktischen Potenzials entfalten kann, entscheidet sich an den zentralen, z.T. neuralgischen Punkten jeder Form kooperativen Lernens:

- an der Einbettung in die Inhalts- und Zielperspektiven des *Faches*. Welche genuin fachinhaltlichen und fachdidaktischen Funktionen kann Gruppenarbeit haben? Das muss nicht bedeuten, dass sie nur dann ihre Berechtigung hat, wohl aber, dass sie in solchen Fällen unbedingt sinnvoll ist;

- an den Aufgabenformaten und Unterrichtsmaterialien. Damit ist zunächst einmal gemeint, dass beides auf die Kleingruppen zugeschnitten sein muss, was die Verständlichkeit und klare Strukturierung der Aufgabenstellungen und das inhaltliche Niveau der zu behandelnden Materialien anbelangt. Mindestens genauso wichtig – wenngleich in der Praxis oft gar nicht einfach zu realisieren – ist die Formulierung von *Gruppen*aufträgen, die nur gemeinsam zu bearbeiten und zu lösen sind. Ansonsten käme es nämlich zu ganz unsinnigen Arbeitsteilungen,und das Gruppenergebnis wäre nichts anderes als die Addition von Einzelarbeiten: Der Erste liest den ersten Abschnitt des Textes, die Zweite den folgenden, die Dritte beschreibt ein Bild, der Vierte übt sich in einer Bildunterschrift und der Fünfte notiert die Ergebnisse auf dem Gruppenarbeitsblatt. Aufgabenformate sind entscheidend für sinnvolle und funktionierende Gruppenarbeit und beugen zudem dem „Trittbrettfahren" vor, das allerdings erheblich überbewertet wird (Nürnberger Projektgruppe 2001, 28);
- am Verhalten der Lehrkraft während Phasen kooperativen Lernens. Gruppenarbeit ist zuallererst Arbeit in *Gruppen*, die durch zu häufige Lehrerinterventionen erheblich gestört werden kann (Daun u.a. 2002, 13 f.; Ratzki 2002, 8). „Das größte Hindernis für erfolgreichen Gruppenunterricht ist die Belehrungs- und Kontrollsucht der Lehrerinnen und Lehrer. Sie wissen, dass sie den Schülern Freiräume lassen sollten, gehen aber doch immer wieder und viel zu schnell dazwischen" (H. Meyer 2004, 81). Mithin ist Selbstdisziplin gefordert, nur dann in Gruppenprozesse einzugreifen, wenn dies gewünscht wird, und in der Art, Wege zur Problemlösung anzubieten, nicht die Lösungen selbst. Eine Ausnahme bilden erhebliche Konflikte oder Disziplinprobleme in Kleingruppen;
- an der Auswertung von Gruppenarbeit. Da sie in ein Vorher und Nachher des Unterrichtsprozesses eingebettet ist, kann das Nachher nicht beginnen, wenn nicht die Verknüpfung mit der Ausgangssituation, die Besprechung der Arbeitsergebnisse und die Reflexion der Phase kooperativen Lernens geleistet wird. Zumal, wenn man bedenkt, dass oftmals erst in der Präsentation der Ergebnisse die fachspezifischen Gewinne deutlich werden, die den eigentlichen Lernerfolg ausmachen können.

Ein Teil dieser Problematik soll am Beispiel von Gruppenarbeiten im Geschichtsunterricht näher beleuchtet werden.

Gruppenarbeit im Geschichtsunterricht

Wie häufig wird Gruppenarbeit im Geschichtsunterricht eingesetzt? Die Frage ist kaum schlüssig zu beantworten, weil neuere empirische Untersuchungen nicht explizit danach gefragt haben oder lediglich auf Selbsteinschätzungen der Lehrkräfte beruhen (von Borries 1998, 1999; Pohl 1997). Hilfsweise können Ergebnisse zur Häufigkeit bestimmter Lernverfahren und Unterrichtsformen herangezogen werden. So sind Schüleraktivitäten, die zwischen Rollenspiel, Projektarbeit und Besichtigungen liegen, eher selten zu finden (von Borries 1999, 60), lediglich 5 Prozent der Befragten gaben an, solche Aktivitäten häufig oder sehr häufig erlebt zu haben (ebd., Anm. 120). Hinsichtlich der Unterrichtsformen wird dieser Trend zu einem stark lehrerzentrierten Konzept bestätigt (ebd., 66).

Die Dominanz lehrergesteuerter Unterrichtsmethoden ergibt sich auch daraus, dass wohl 80 Prozent des tagtäglichen Geschichtsunterrichts einem konventionellen Lehrstil folgt (Günther-Arndt 2003, 173). Nach Selbsteinschätzung von hessischen Lehrerinnen und Lehrern kommt bei 16 Prozent Gruppenarbeit nicht vor (Pohl 1997, 31), was aber keine Auskunft darüber gibt, ob bei den verbleibenden 84 Prozent kooperative Arbeitsprozesse häufig oder nur in Ausnahmefällen die Geschichtsstunden prägen. Letzteres ist die wahrscheinlichere Annahme, da insgesamt stark lehrerzentrierte Verfahren dominieren und auf Gruppenarbeit im Durchschnitt lediglich 10 Prozent der Aktivitäten entfallen (ebd., 32). Damit steht der Geschichtsunterricht nicht schlechter, aber auch nicht besser da als andere Fächer. Gruppenarbeit hat sicherlich dort einen höheren Stellenwert, wo Lehrkräfte Formen der Öffnung von Unterricht praktizieren, d.h. Geschichtsunterricht phasenweise handlungs- und produktionsorientiert gestalten (vgl. Binder 2003) oder mittels Stationen- und Wochenplanarbeit differenzieren und individualisieren (vgl. Strotzka/Windischbauer 1999).

Ebenso selten wie triftige Aussagen über die Häufigkeit sind solche über der Wirksamkeit kooperativen Lernens im Vergleich zu frontalunterrichtlichen Verfahren. Die bislang umfassendste empirische Studie, die sich genau diese Frage stellt, setzt den Lernerfolg von Gruppenarbeit sehr hoch an (Müller 1972). Bei regelmäßiger Praxis sei er deutlich höher als im Frontalunterricht (ebd., 71), was eine aktuelle fachübergreifende Studie bestätigt (Haag/Hoperdietzel 2000, 483); die Schüleraktivitäten seien sieben mal so groß (Müller 1972, 74) und die Kommunikation unter den Schülerinnen und Schülern sei besser strukturiert und wirksamer (ebd., 113). In Kleingruppen haken die Lernenden von sich aus nach, wenn sachliche oder begriffliche Unsicherheiten auftreten, anders als im Frontalunterricht, wo dies in der Regel die Lehrkraft macht. Subjektive und Alltagstheorien, Stereotypen und Vorurteile werden in Gruppen sehr viel deutlicher artikuliert als im Klassenplenum; Schülerinnen und Schülern gelingt es bei Gruppenarbeit sehr gut – auch bei anspruchsvollen Quellentexten – Perspektiven zu übernehmen (ebd., 121).

Dies sind durchaus ermutigende Ergebnisse, die allerdings mehr als 30 Jahre alt sind und zudem von Ansatz und Methode der Untersuchung grundsätzlich zu kritisieren sind (Günther-Arndt 1975, 34). Inwiefern Gruppenarbeit einen genuinen Stellenwert für historisches Denken und Lernen einnehmen kann und welches methodische Arrangement dazu notwendig ist, konnte (und wollte) diese Studie nicht – oder nur am Rande – ermitteln. Sucht man nach aktuelleren empirischen Ergebnissen, kann wiederum eher eine Hilfskonstruktion zu Rate gezogen werden, nämlich der Vergleich zwischen Frontal- und Offenem Unterricht. Einen solchen Ansatz verfolgt eine kleine Fallstudie, die für das Thema „Steinzeit" im Anfangsunterricht den Lernerfolg in zwei Parallelklassen untersucht (Schmidt 2003). Die eine hat sich die Inhalte auf konventionelle Weise angeeignet, die andere über die offenere Form des Stationen-Lernens, wobei kooperative Arbeitsformen an dieser Stelle nicht die entscheidende Rolle gespielt haben, wohl aber selbstständigere Schüleraktivitäten. Auffällig ist, dass Defizite offener Verfahren besonders auf der Ebene der Beherrschung von Fachbegriffen feststellbar sind, z.B. „neolithische Revolution". „Hieraus ist ersichtlich, dass frontal vermitteltes Wissen zumindest auf kurze Sicht bessere Ergebnisse hervorruft und somit hinsichtlich der Stoffvermittlung tatsächlich effektiver zu sein scheint. Damit ist jedoch noch nichts über die Langfristigkeit des Lernerfolgs ausgesagt" (ebd., 13). Es stellt sich allerdings die Frage, ob nicht das Vergleichsinstrumentarium *Test* – wenn auch mit offenen Aufgabenstellungen – genau dieses Ergebnis provoziert hat, weil hier bekanntermaßen lediglich Fakten-, Begriffs- und Zuordnungswissen abgefragt werden kann. Hätte nicht eine andere Form der Lernerfolgskontrolle – sei es eine kreative Schreibaufgabe, eine Präsentation o.ä. – ein durchaus anderes Ergebnis hervorbringen können (vgl. Vaupel 2001)? Ganz sicher kann daraus nicht geschlossen werden, dass in der Rangfolge von Unterrichtsmethoden solche den zweiten Platz belegen, die eine stärkere schüleraktivierende Rolle spielen (Günther-Arndt 2003, 175). Erst recht kann daraus nicht abgeleitet werden, offenere Lernformen eigneten sich eher für leistungsstarke, kleinschrittigere für leistungsschwache Lernende (vgl. die grundsätzlichen kritischen Anmerkungen bei Stern 2004 und Ratzki 2002).

Entscheidend ist wohl, wie solche offenen und kooperativen Arbeitsprozesse in das jeweilige Unterrichtskonzept eingebunden, auf die Lerngruppe zugeschnitten und in ihren Ergebnissen reflektiert werden. „Die Gefahr, den produktionsorientierten Geschichtsunterricht zu aktivistischer Beliebigkeit verkommen zu lassen, besteht nur dann, wenn nach der Ergebnispräsentation systematisierende und vertiefende Unterrichtssequenzen fehlen, die durchaus auch mit traditionellen Unterrichtsmethoden gestaltet werden können und sollen" (Binder 2003, 16). Auf der anderen Seite stehen Fragen zur Nachhaltigkeit von Fakten- und Begriffswissen über den Test hinaus sowie solche zur grundsätzlichen Problematik des Frontalunterrichts, die selten aufgeworfen werden: „Die Scheinaktivitäten eines fragend-entwickelnden Unterrichts täuschen mehr vor, als sie wirklich leisten können" (Strotzka/Windischbauer 1999, 8).

Kooperative Arbeitsformen und historisches Lernen: das fachdidaktische Potenzial

Inwiefern kann Gruppenarbeit im Geschichtsunterricht historisches Lernen fördern und zur Methodenkompetenz des Faches beitragen? Zunächst einmal steht außer Frage, dass kooperative Arbeitsformen – sinnvoll situiert und methodisch angemessen angeleitet – dazu beitragen, Teamfähigkeit/soziale Kompetenz zu entwickeln, eine der zentralen Schlüsselqualifikationen. Mittlerweile scheint sich ein Konsens heraus zu bilden, dass sich solche überfachlichen Qualifikationen dann günstiger entfalten lassen, wenn sie fachlich eingebunden sind. „Die pädagogisch-psychologische Forschung zeigt (...), dass es nicht ausreicht, fächerübergreifende ‚Schlüsselqualifikationen' als Allheilmittel bzw. als eigenständige Zieldimension schulischer Bildung auszuweisen. Auch wenn Komponenten wie Methoden-, Personal- und Sozialkompetenz bedeutsam sind, ersetzen sie jedoch nicht die starke fachliche Bindung von Kompetenz" (Klieme u.a. 2003, 61; Winter 2004, 12). Ein solcher fachorientierter Kompetenzansatz zwingt dazu, allgemeine Unterrichtsmethoden in sehr viel stärkerem Maße als zuvor daraufhin zu befragen, was sie für zentrale didaktische Ziele des Geschichtsunterrichts leisten können (Pandel 2005, 44). Für historisches Lernen lässt sich Methodenkompetenz in fünf Teilaspekte untergliedern:

- historisches Denken;
- Umgang mit historischen Zugängen, Kategorien und Begriffen;
- Beherrschung von Medien-Methoden-Konzepten;
- Organisation und Reflexion eigener historischer Lernprozesse;
- Präsentationskompetenz (Sauer 2002, 185).

Daran kann das fachdidaktische Potenzial von Gruppenarbeit gespiegelt werden.

Wolfgang Hug hat bereits 1977 den fachspezifischen Ertrag von Gruppenarbeit vor allem in der autonomen Erkenntnisbildung und der kommunikativen Erfahrung historischer Rekonstruktionsbedingungen gesehen. „Im Übrigen aber sind die Schüler darauf angewiesen, selbst zu denken, und zwar nicht, um den Gedanken des Lehrers nachzuvollziehen, sondern um einen eigenen Weg zu gehen, auf eigene Faust eine Erklärung zu versuchen, sich gleichsam ungeschützt und ohne Geländer zu einem Ergebnis vorzuwagen. Solche eigenständigen Denkvollzüge sind für die historische Erfahrung unentbehrlich, wenn sich geschichtliches Denken nicht darauf beschränken soll, dass man Sätze ins Gedächtnis übernimmt und dort stapelt wie Akten in einer Registratur" (Hug 1977, 131). Solche historischen Denkprozesse, die mit der Informationsaufnahme und -verarbeitung beginnen, zu einer Analyse und Urteilsbildung führen und in die Präsentation der Ergebnisse münden, vollziehen sich in einem Prozess diskursiven Aushandelns. Schülerinnen und Schüler können hierbei die Erfahrung machen, dass sie historische Ereignisse, Strukturen und Prozesse selektiv wahrnehmen, was dazu beitragen kann, für die Reflexion der fachdidaktisch zentralen Kategorie „Perspektivität" sensibilisiert zu werden. Damit ist das fachdidaktische Potenzial von Gruppenarbeit aber keinesfalls ausgeschöpft. Da die Überreste aus der Vergangenheit niemals eine vollständige Geschichte erzählen und häufig wichtige Verbindungslinien und Verknüpfungen zwischen den Materialien fehlen, kann gerade Gruppenarbeit imaginative Fähigkeiten freisetzen, weil u.U. die einzelnen Gruppenmitglieder auf der Basis ihrer eigenen lebensgeschichtlichen Vorstellungswelten und deren Projektionen auf Vergangenes über sehr unterschiedliche Geschichtsbilder verfügen, die untereinander kommuniziert werden können, was im traditionellen fragend-entwickelnden Unterricht eher selten geschieht. Hans-Jürgen Pandel verweist auf eine weitere fachdidaktische Funktion von Gruppenarbeit: „Wenn verschiedene Gruppen an den gleichen kontroversen Quellen arbeiten, (…) erzielen die Schüler im arbeitsgleichen Gruppenunterricht bei der Darstellung des historischen Sachverhalts keinen wortidentischen Text. Hier bietet sich die Möglichkeit, Konstruktionsgesichtspunkte der Darstellung (...) zu reflektieren" (Pandel 1997, 396). Darüber hinaus wird dadurch ermöglicht, Kontroversität und Pluralität als genuine Kategorien des wissenschaftlichen Diskurses einzuführen.

Historisches Denken einüben, mit Fachbegriffen und Kategorien umgehen lernen, fachspezifische Methoden anwenden können, um aus vorgefundenen Materialien (Quellen und Medien) Deutungen in einem kommunikativ-diskursiv angelegten Lernprozess zu gewinnen, auf diesen Feldern liegen große Möglichkeiten von Gruppenarbeit im Geschichtsunterricht, was u.U. auch dazu beitragen kann, die narrative Kompetenz von Schülerinnen und Schülern zu profilieren (Pandel 2005, 37).

Dies wird freilich nur gelingen, wenn mindestens drei Voraussetzungen erfüllt sind, die Gruppenarbeit eben als hochkomplexes Lehr-/Lernarrangement ausweisen:

- Inhalt und spezifische Thematik der Gruppenarbeit müssen sinnvoll in den Kontext einer Unterrichtseinheit einbezogen werden und für Schülerinnen und Schüler motivierende, beherrschbare und klar formulierte Arbeitsaufträge enthalten, die an den Lernvoraussetzungen der jeweiligen Lerngruppen anknüpfen.
- Die für den Lernprozess in Gruppen beschriebenen Potenziale historischen Denkens werden als solche, nämlich als Abstraktion vom Faktologischen, nur dann für die Lernenden transparent, wenn sie auf einer metakognitiven Ebene reflektiert werden.
- Diskursiv-kommunikatives Lernen, das Aushandeln von Bedeutungen und die historische Urteilsbildung bewähren sich erst in der kritischen Auseinandersetzung mit anderen. Insofern kommt der Präsentation der Ergebnisse – dem „Knackpunkt" der Gruppenarbeit (Heinz Dieter Schmid) – eine zentrale Bedeutung zu.

(Vgl. unterschiedliche Modelle zum Ablauf von Gruppenarbeiten bei: Hug 1977, 132; Schneider 1999, 29-43; Uffelmann 1999, 40.)

Gruppenarbeit im Geschichtsunterricht: Beispiele für die Unterrichtspraxis

Die nachfolgenden Beispiele sollen zeigen, dass gruppenunterrichtliche Verfahren in ganz unterschiedlichen Phasen einer Unterrichtseinheit sinnvoll platziert werden können:

- zur Ermittlung von Lernvoraussetzungen;
- zur Erarbeitung neuer Inhalte;
- zur Sicherung und Festigung von Ergebnissen.

Lernvoraussetzungen erfassen – historische Zugänge öffnen

Wir wissen wenig darüber, welches Vorwissen, welche Geschichtsbilder Schülerinnen und Schüler mitbringen und an historische Themen herantragen – jedenfalls, was die konkrete Lerngruppe anbelangt. Dabei wäre es wichtig, genau dies zu erkunden, zum einen, um Unterrichtsarrangements adressatenorientierter zu konzipieren, zum anderen, um Vorstellungen davon zu gewinnen, mit welchen Alltagsvorstellungen und subjektiven Theorien Lernende Geschichte begegnen. Sinnvoll sind solche Erkundungen immer dann, wenn man davon ausgehen kann, dass bereichsspezifisches Vorwissen zu vermuten ist. Also bei Themen und Inhalten, die aufgrund ihrer Faszination (altes Ägypten), ihrer geschichtskulturellen Präsenz (Mittelalterspektakel) oder ihrer Verankerung im kulturellen Gedächtnis (Nationalsozialismus) bei Lernenden in der ein oder anderen Weise verankert sind. Kooperative Arbeitsformen können einiges leisten, Vorwissen, Einstellungen, Stereotype zu erfassen. Einige Beispiele zu Verfahren des Brainstorming: Über Elemente der Moderationsmethode (Kartenabfrage und Cluster) kann in Kleingruppen erarbeitet werden, welches Vorwissen vorhanden ist. Durch das Verfahren sind die Schülerinnen und Schüler gehalten, präzise oder doch wenigstens knapp Stichworte/kurze Sätze etwa zu Teilaspekten ägyptischer Hochkultur zu formulieren und sich in der Gruppe für die wichtigsten und häufigsten zu entscheiden – die Zahl der zu beschriftenden Karten ist begrenzt. In der anschließenden Plenumsphase wird erkennbar, in welchen Bereichen besonders dichte Kenntnisse auftauchen und wo es Lücken gibt. Gemeinsam mit der Klasse oder durch eine Kleingruppe geleitet wird ein Cluster entwickelt, wodurch die Schülerinnen und Schüler das Thema zu strukturieren lernen. Am Ende existiert eine visualisierte Form der Lernausgangssituation für die betreffende Klasse, die zugleich die Basis für die spätere Lernkontrolle bildet: Was haben wir hinzu gelernt, was ist deutlicher geworden, wo mussten Korrekturen oder Modifikationen vorgenommen werden?

Ähnlich kann mit zwei anderen Methoden ein Brainstorming auf der Basis von Gruppenarbeit durchgeführt werden: Graffiti und Gruppen-Mind-Map. Beim Graffiti-Verfahren sind die Vorgaben der Lehrkraft strukturierter als bei der Moderation (vgl. Adamski 2004).

Schaubild 1

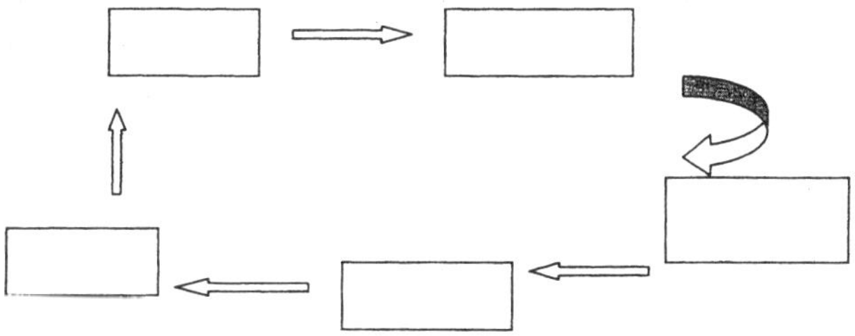

Statt „Was wisst ihr über das alte Ägypten" heißt es hier: „Was fällt euch zu Mumien, Pharao, Pyramiden etc. ein"? Die Einzelthemen werden an Kleingruppen verteilt, die auf einem großen Blatt ihre Ideen notieren; nach einer verabredeten Zeit wandert das Blatt an die nächste Gruppe weiter, die ergänzt, modifiziert oder gar korrigiert. Das Verfahren wird so lange fortgesetzt, bis die Ausgangsgruppen das nunmehr mit Notizen erheblich gefülltere Blatt wieder vor sich haben. Diese hat nunmehr die Aufgabe, eine Struktur/eine Systematik in die Notizen zu bringen, Fragliches zu kennzeichnen, vermutet Falsches durchzustreichen. Wiederum kann das angefertigte Cluster als Kontrolle für den weiteren Arbeits- und Lernprozess im Klassenraum aufgehängt werde. Das gilt genauso für die Gruppen-Mind-Map, wobei sich an den unterschiedlichen Produkten der einzelnen Gruppen einerseits differierendes Vorwissen abbildet, andererseits verschiedene Varianten der Gliederung des Themas (Haupt- und Nebenäste).

Allen diesen Verfahren ist gemeinsam, dass jede Schülerin und jeder Schüler die Möglichkeit erhält, im Austausch mit anderen Kenntnisse und Voreinstellungen einzubringen – oder doch erste Kenntnisse zu erhalten. Die Produkte spiegeln die Dichte, Breite und Tiefe der Zugänge zu dem speziellen historischen Inhalt.

Einen anderen Stellenwert haben Fantasiereisen als Einstieg in eine Unterrichtsreihe; sie sprechen imaginative Fähigkeiten als Ausgangspunkt für historisches Lernen an: Was sehe ich, was fühle ich, wenn ich eine altsteinzeitliche Höhle betrete und mit einer Taschenlampe ausleuchte? Was erlebe ich als Mitreisender bei den ersten Entdeckungsfahrten, auf welche Menschen treffe ich?

Es wurde bereits darauf hingewiesen, welche zentrale Rolle Arbeitsaufträge und Lehrerverhalten für das Gelingen von kooperativen Lernformen haben können. Bei der Fantasiereise kommt der Lehrkraft eine zentrale Bedeutung zu. In der Regel hat sie die Ausgangsgeschichte zu konstruieren oder eine geeignete zu finden, die die Fantasie der Lernenden anregt. Sie hat sich um eine entsprechende Lernumgebung zu kümmern (abgedunkelter Raum, Musik im Hintergrund). Der Arbeitsauftrag darf das Imaginierte nicht zu rasch in rationale Formen zwängen, sondern sollte es kreativ auflösen (Malen eines Gruppenbildes, kleine Erzählkreise etc.).

Bei den drei erstgenannten Methoden hat die Lehrkraft sich vor allem zurückzuhalten, nachdem ein klarer inhaltlicher Arbeitsauftrag formuliert wurde und das Arbeitsverfahren verständlich für alle geklärt worden ist (wie viele Karten beschrieben werden dürfen; an welchen Stellen des Graffiti-Blattes Notizen gemacht werden können, wo Platz für das Cluster bleibt; wie das exakte Thema für die Mind-Map lautet). Ansonsten werden keine Schüleräußerungen kommentiert, keine inhaltlichen Fragen beantwortet und keine Miene verzogen, wenn auf den Clustern bzw. den Zweigen der Mind-Map sachlich Falsches oder politisch Unkorrektes (z.B. bei einem Brainstorming zum Thema Nationalsozialismus) feststellbar ist: Es kommt ja darauf an, dass Lernende ihre Geschichtsbilder präsentieren, und der anschließende Unterricht – ob in konventioneller oder offenerer Form – soll den Lernprozess im Vergleich zur Ausgangssituation dokumentieren.

Themengleiche Gruppenarbeit

Es kann sinnvoll sein, in Kleingruppen zentrale Methoden des Faches (z.B. den Umgang mit schriftlichen und visuellen Quellen) nach einer ersten systematischen Einführung im Klassenverband zu üben und elementare Kenntnisse anwenden zu lassen. Etwa um zu überprüfen, inwiefern Check-Listen zur Beschreibung, Analyse und Interpretation von Karikaturen praxistauglich sind. Gerade bei solchen Übungs- und Anwendungsaufgaben, bei denen wichtig ist, dass jeder Einzelne wie die Kleingruppe mit neuen Verfahren umgehen kann, bietet sich die so genannte *Placemat*-Methode an. Jede Vierergruppe erhält einen großen Bogen Papier und zeichnet sich ihr Placemat auf.

In Einzelarbeit wird zunächst die Karikatur beschrieben und decodiert, möglicherweise findet jeder Schüler einen passenden Titel. Anschließend stellen sich die Lernenden ihre jeweiligen Ergebnisse und Ideen vor (das „Deckchen" rotiert in der Gruppe). In einem dritten Schritt verständigt sich die Gruppe auf einen gemeinsamen Text und einen Titel der Karikatur. Das Ergebnis wird in das freie mittlere Feld eingetragen und anschließend im Plenum vorgestellt.

Neben der Übung solcher Basisqualifikationen sind weiterreichende Funktionen denkbar. Perspektivität und Kontroversität können besonders gut in der Bearbeitung relativ

Schaubild 2

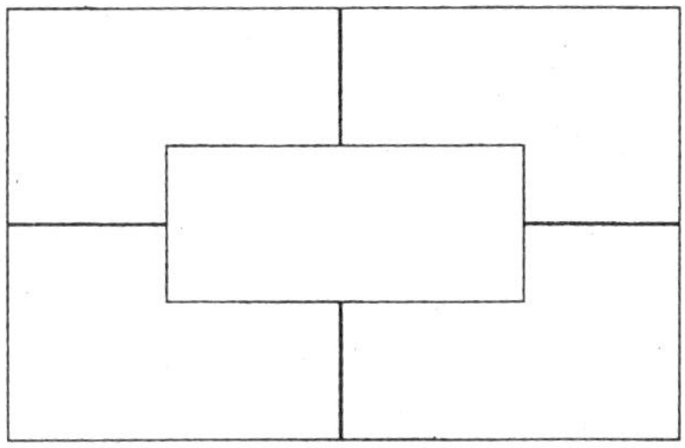

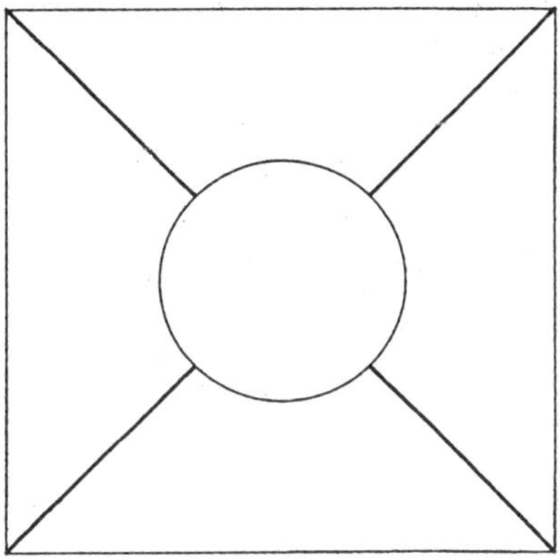

offener historischer Situationen erkannt werden. Die im konventionellen Unterricht erarbeiteten Hintergründe für die Reformen der Gracchen können in eine Gruppenarbeit münden, die als Grundlage das Reformprogramm des Tiberius Gracchus hat. Die Kleingruppen erhalten die Aufgabe, die Geschichte weiter zu schreiben, wobei sie Kenntnisse über Verfassungsanspruch und -wirklichkeit der res publica anwenden und sich in eine Entscheidungssituation hinein versetzen müssen. Die Gruppen werden vermutlich zu unterschiedlichen Ergebnissen kommen, die präsentiert, begründet und reflektiert werden, um schließlich mit dem realen Verlauf verglichen zu werden. Selbst wenn sie zu im Wesentlichen identischen Ergebnissen kämen (die Reformen konnten nicht durchgeführt werden), wäre die Auswertungsphase dazu geeignet, die je eigenen Konstruktionen am realhistorischen Geschehen kritisch zu reflektieren. Ähnlich ließe sich verfahren, wenn zur Deutschlandpolitik in den 1950er-Jahren die Stalin-Note von 1952 zum Anlass genommen würde, um die zeitgenössischen Perspektiven einer Wiedervereinigung zu problematisieren.

Gefühle und Wertorientierungen lassen sich für den Geschichtsunterricht gerade dort über kooperative Arbeitsformen erfahrbar machen und in eine darstellbare Form bringen, wenn an Inhalten gearbeitet wird, die einen hohen affektiven/emotionalen Gehalt haben und als Produkt einer Gruppenarbeit keine verschriftlichte oder visuell strenger normierte Form (etwa ein Strukturbild) vereinbart wird, sondern eine kreativere Form – etwa ein Standbild oder ein Rollenspiel. Die Lage der Bauern am Vorabend der Französischen Revolution, Kinderarbeit im 19. Jahrhundert oder Arbeitslosigkeit in der Weltwirtschaftskrise könnten Lerngegenstände sein, bei denen Kleingruppen in der Auswertung sehr unterschiedliche imaginative und kognitive Verarbeitungen präsentieren.

Themengleiche Gruppenarbeit muss folglich – wenn sie didaktisch und methodisch sinnvoll geplant ist – nicht die gerade von Schülerinnen und Schülern oft gemachte Befürchtung auslösen, dass die Präsentation langweilig wird und nichts Neues bringt. Gerade in ihr werden oftmals erst die wichtigen didaktischen Kategorien deutlich, wird das didaktische Anliegen transparent – wenn es denn reflektiert wird.

Um zwei weitere Möglichkeiten aufzuzeigen: Kleingruppen können Zeitleisten (etwa zur Frühindustrialisierung in Deutschland) erstellen, die eine maximal festgelegte Datenmenge enthalten dürfen und deren Schlüsselstellen besonders hervor gehoben werden sollen; oder statistisches Rohmaterial soll in eine Grafik oder ein Diagramm umgewandelt werden. Aufgaben für Schülerinnen und Schüler, in denen zu zeigen ist, inwiefern und wie sie in der Lage sind zu reduzieren, Schwerpunkte zu setzen, Entscheidendes herauszuarbeiten, präzise und gleichzeitig anschaulich zu formulieren – und gleichzeitig in der Präsentation zu erfahren, dass es unterschiedliche plausible Lösungen gibt.

Die Aufgabe der Lehrkräfte besteht darin, solche kooperativen Verfahren stimmig in das Unterrichtskonzept zu integrieren, genaue Aufgabenstellungen zu formulieren und – vor allem – in der Auswertung und Reflexion den didaktischen Ertrag zu fokussieren.

Gruppenpuzzle: Eine Verknüpfung von themengleicher und themenverschiedener Gruppenarbeit

Aus dem umfänglichen Methodenmanual des „Kooperativen Lernens" hat vermutlich das Gruppenpuzzle bislang die größte Verbreitung im Unterrichtsalltag gefunden. Angenommen, eine 10. Klasse bearbeitet das Thema „Widerstand gegen den Nationalsozialismus", wäre beispielsweise eine Aufteilung in 5 Teilaspekte möglich: Edelweißpiraten, der 20. Juli 1944, Weiße Rose, Swing-Jugend, Graf von Galen o.ä.

In einer ersten Arbeitsphase bilden die Schüler jeweils gleich große Arbeitsgruppen (Expertengruppen), die sich mit den Zielen, Motiven, Aktionen und dem Schicksal einer „Widerstandsgruppe" auseinandersetzen. Sie sind gehalten, dies sehr gründlich zu tun, weil die Expertengruppen in der zweiten Phase des Puzzles aufgelöst und neue Arbeitsgruppen (Stammgruppen) gebildet werden, in denen Experten aller Teilthemen sitzen. Für die Phase der Stammgruppen werden Schülerinnen und Schüler nunmehr zu Lehrenden, die die anderen Mitglieder über „ihre" Widerstandsgruppe informieren. Nach den fünf Referaten hat jede Stammgruppe einen Überblick über das Gesamtthema. Nicht nur bei dieser Form von Gruppenarbeit wird deutlich, welche Verantwortung die Lehrkraft für das Gelingen hat. Zunächst müssen Basismaterialien und Aufgabenstellungen für die Expertengruppen so angelegt sein, dass die Gruppen in etwa die gleiche Zeit für ihre Bewältigung benötigen und ähnliche Fragen und Probleme aufgeworfen werden – sonst können die Lernenden nicht vergleichen. Ein zweites gewichtiges Problem kommt hinzu: Damit die Stammgruppen sich nicht nur die verschiedenen Kurzreferate anhören, ggf. Rückfragen stellen, ansonsten aber die Ergebnisse nebeneinander stehen bleiben, bedarf es eines übergreifenden problemorientierten *Gruppenauftrags*. Dieser könnte hier z. B. lauten, ob in allen bearbeiteten Fällen von „Widerstand" gesprochen werden kann oder ob Differenzierungen – auch begrifflicher Art – vorzunehmen sind. Damit muss sich zunächst jede einzelne Stammgruppe auseinandersetzen und bei der Präsentation der Ergebnisse im Plenum wird sich herausstellen, dass nicht alle Stammgruppen zu demselben Ergebnis gekommen sind – ein für historisches Lernen fruchtbarer Ansatz zu einer Diskussion über „Widerstand gegen den Nationalsozialismus".

Das Gruppenpuzzle hat davon abgesehen einen unschätzbaren Wert bei der Lösung der oft leidigen Frage, wie Gruppen gebildet werden sollen (Zufall, Interesse, Freundeskreis).

Egal, wie zu Beginn die Gruppen gebildet werden, bedingt die *Unterrichtsmethode*, nicht die Entscheidung der Lehrkraft, dass Schülerinnen und Schüler in immer neuen Gruppenkonstellationen miteinander lernen (müssen).

Themenverschiedene Gruppenarbeit

Als Hauptschwierigkeit dieser Form wird häufig das Problem gesehen, Expertenwissen in das Wissen der gesamten Lerngruppe zu transformieren. Dies wird nie ganz gelingen, was ein solches arbeitsteiliges Verfahren aber nicht grundsätzlich in Frage stellt.

Welche thematischen und methodischen Zugänge sind besonders günstig, worin sind die besonderen fachdidaktischen Potenziale von solchen arbeitsteiligen kooperativen Prozessen zu sehen? Kleinere Längsschnitte sind hervorragend geeignet, um Schülerinnen und Schülern zu verdeutlichen, was unter Historizitätsbewusstsein verstanden wird. Wenn man Kleingruppen zu Kindheit und Jugend in verschiedenen Zeitepochen arbeiten lässt, werden sich in der Auswertungsphase ganz notwendig Dimensionen von Dauer und Wandel abbilden. Einsichtig ist an diesem Beispiel, dass es von den Materialvorgaben und den Arbeitsaufträgen der Lehrkraft abhängt, welche Ergebnisse erzielt werden. Sind die Vorgaben bezogen auf die bereit gestellten Materialien sowie die die zu untersuchenden Aspekte sehr eng gefasst (z.B. Schule, Freizeit, Eltern), kann die didaktische Perspektive deutlicher fokussiert werden. Andererseits ermöglicht eine selbstständigere Suche der Lernenden nach Materialien und eine eigenständigere Entscheidung über die zu thematisierenden Aspekte komplexere Zugänge zu der Problematik.

Auch Querschnitte sind äußerst sinnvoll für arbeitsteilige Gruppenarbeit, sofern sie sich auf einen gemeinsam zu untersuchenden Problembereich beziehen: Formen des Absolutismus in verschiedenen Staaten, Wege zum Nationalstaat, Imperialismus in seinen verschiedenen nationalen Ausprägungen könnten solche sinnvollen Arbeitsfelder sein, bei denen in der Präsentations- und Reflexionsphase Typisches und Besonderes herausgearbeitet werden kann. Andere Formen von Querschnitten (Alltag in Rom in seinen verschiedenen Facetten; Lebensformen im Mittelalter) scheinen in didaktischer Betrachtung weniger ergiebig.

Um multiperspektivische Sichtweisen zu erkennen und Kontroversität in der Beurteilung der Historie kennen zu lernen, scheinen arbeitsteilige kooperative Lernformen geradezu prädestiniert zu sein. Kleingruppen bearbeiten jeweils eine Perspektive auf den Bauernkrieg. Im Plenum wird sich abbilden, wie verschieden solche Sichtweisen ausfallen und wie notwendig die multiperspektivische Sichtweise ist, um zu einem differenzierten Urteil zu gelangen; mehr noch, wie schwierig/unmöglich sich die „objektive" Rekonstruktion des Vergangenen gestaltet. In Gruppen werden Historikerurteile zur „Kriegsschuldfrage" analysiert. Zum Abschluss einer Unterrichtsreihe ‚Erster Weltkrieg' können Schülerinnen und Schüler erkennen, wie kontrovers damals wie heute diese Frage diskutiert wird und dass die Pluralität von Auffassungen nicht aus Mangel an Wissen resultiert, sondern aus der unterschiedlichen Gewichtung solcher Wissensbestände.

Aber auch eine andere Form der „Perspektivität" lässt sich schlüssig abbilden, nämlich die von Bildern, besser von Fotos. Die Intentionen von Fotografen oder von Bearbeitern der Aufnahmen lässt sich dann leichter begreifen, wenn von einem Ereignis mehrere unterschiedliche Fotos existieren, beispielsweise vom „Kniefall“ Brandts in Warschau. Alle Gruppen erhalten identische Materialien zum historischen Kontext und zur Beschreibung, Analyse und Interpretation von Fotos – aber jeweils eine andere Aufnahme. In der Präsentation der Ergebnisse werden zunächst alle Aufnahmen einzeln, anschließend im Vergleich besprochen. Erst durch den Vergleich werden die Perspektiven und die Wirkung der Fotos wirklich deutlich, was durch die Aufgabenstellung für die abschließende Plenumsrunde in der Frage zugespitzt werden kann, welche dieser Aufnahmen die Lernenden aus welchen Gründen für eine Abbildung im Schulbuch auswählen würden.

Themengleiche wie themenverschiedene Gruppenarbeit sind auf vielfältige Weise geeignet, genuine fachdidaktische Zielsetzungen zu befördern, sofern ihre Möglichkeiten für historisches Lernen erkannt werden und sie didaktisch-methodisch so in das Unterrichtskonzept integriert werden, dass Methodenkompetenz gefördert wird.

Lernergebnisse festigen und präzisieren

Nicht selten machen Lehrerinnen und Lehrer, die häufiger kooperative Lernformen in ihr Unterrichtskonzept integrieren, die Erfahrung, dass die Lernergebnisse zwar von der Sache her korrekt ausfallen, es aber an der fachspezifisch präzisen Begrifflichkeit mangelt, weil die Lernenden historische Sachverhalte in ihrer Alltagssprache erklären. Selbst wenn Fachbegriffe in einem Lexikon nachgeschlagen werden, kann nicht mit Sicherheit davon ausgegangen werden, dass sie bei einem Transfer verinnerlicht sind. Die Unterschiede zwischen den Lebensverhältnissen in der Alt- und Jungsteinzeit können beispielsweise gut beschrieben und strukturell erfasst, die Ursachen für die Entwicklung sowie ihre Bedeutung zweifelsfrei erläutert werden, der Begriff ‚neolithische Revolution‘ bleibt aber weiterhin eher äußerlich (vgl. Schmidt 2003, 12).

Eine solche Verknüpfung und Präzisierung lässt sich in Auswertungsphasen durch die Lehrkräfte leisten, ist dort sozusagen ihr didaktischer Auftrag. Sie kann aber auch – vielleicht nachhaltiger – auf andere Weise erfolgen. Lernpartner oder Kleingruppen können am Ende einer Gruppenarbeitsphase oder am Ende einer Unterrichtseinheit selbst diese Verknüpfung und Präzisierung leisten: Wenn ihnen die Aufgabe gestellt wird, ein Rätsel (Kreuzwort- oder Silbenrätsel) zu entwerfen/auszuknobeln, das eine andere Gruppe anschließend zu lösen hat, sind sie gezwungen, sicherlich ebenso motiviert, Ereignisse, Strukturen und Begriffe zu erfragen, die den Kern der Unterrichtsreihe ausmachen. Indem sie dies tun, müssen sie selbst die Ergebnisse verdichten und über die Aufgaben/Fragen präzise benennen können. Dies bedeutet nichts anderes, als die Arbeit der vorangegangenen Stunden noch einmal zu reflektieren und spontane Sprache/Alltagsbegriffe in fachspezifische Bedeutungen zu transformieren.

Einen ähnlichen Effekt erzeugt die Aufgabenstellung, einen Test zu entwerfen. Ist z.B. in arbeitsteiliger Gruppenarbeit die Entwicklung der europäischen Einigung seit 1945 bearbeitet worden, können die Expertengruppen (Politik, Wirtschaft, Institutionen etc.) aus ihrem Arbeitsfeld Aufgabenformate entwickeln, die sehr vielfältiger Art sein können, also über die Möglichkeiten eines Rätsels hinaus reichen: Lückentexte, unvollendete Texte, ‚falsche‘ Schaubilder, die zu korrigieren, Zeitleisten, auf denen Ereignisse zu qualifizieren sind (z.B.

Integration versus zwischenstaatliche Zusammenarbeit). Damit sind hohe Anreize gegeben, das von ihnen Erarbeitete und Präsentierte erneut zu reflektieren, nämlich unter dem Gesichtspunkt, wie Zusammenhänge, Bedeutung von Ereignissen, Sachwissen über Strukturen sprachlich, begrifflich oder visuell so aufbereitet werden können, dass andere die Aufgabenstellung verstehen und die Fragen beantworten können. Dabei ist es unerheblich, ob ein solcher Test tatsächlich im Sinne einer notenmäßigen Beurteilung geschrieben wird – er sollte auf alle Fälle aber ausprobiert werden, weil die Lernenden natürlich ein Interesse daran haben, wie ihre Fragen „angekommen" sind. Ihre Leistung liegt woanders, nämlich in der Fähigkeit, ihre eigene Arbeit unter dem Gesichtspunkt Lernerfolgskontrolle zu verdichten und zu präzisieren – dieser Aspekt ist derjenige, der beurteilt/benotet werden sollte.

Gruppenarbeit als kooperative Lernform (also nicht nur als Sozialform), dies war der Ausgangspunkt, ist für historisches Lernen eine Methode, die auf unterschiedlichen Ebenen einen wichtigen Beitrag zur Methodenkompetenz leisten kann. Deutlich werden sollte allerdings, dass dies nur gelingt, wenn sie nicht nebenbei oder zur Abwechslung eingesetzt wird, sondern ihre didaktischen Potenziale durch ein bewusstes methodisches Arrangement ausgeschöpft werden.

Literatur

Adamski, Peter, Graffiti im Geschichtsunterricht. Eine kooperative Lernform für die Sekundarstufen I und II, in: RAAbits Geschichte, Mai 2004

Binder, Fred, Schüleraktivierende Unterrichtsformen und eigenverantwortliches Lernen im Geschichtsunterricht, in: Informationen für den Geschichts- und Gemeinschaftskundelehrer, H. 66, 2003, S. 15-22

Borries, Bodo von, Ziele, Formen Ergebnisse des Geschichtslernens Jugendlicher, in: Geschichte. Politik und ihre Didaktik, H. 1/2, 1998, S. 7-21

Borries, Bodo von, Jugend und Geschichte. Ein europäischer Kulturvergleich aus deutscher Sicht, Opladen 1999

Daun, Heinz-Dietrich u.a., Gruppenunterricht im Schulalltag. Ergebnisse eines Forschungsprojekts und praktische Konsequenzen, in: Pädagogik, H. 1, }2002, S. 11-14

Green, Norm/Green, Kathy, Kooperatives Lernen im Klassenraum und im Kollegium. Das Trainingsbuch, Seelze-Velber 2005

Günther-Arndt, Hilke, Methodik des Geschichtsunterrichts, in: Diess. (Hrsg.), Geschichtsdidaktik. Praxishandbuch für die Sekundarstufe I und II, Berlin 2003, S. 151-196

Günther-Arndt, Hilke, Empirische Forschung und Geschichtsdidaktik. Zu einigen neueren Veröffentlichungen, in: Aus Politik und Zeitgeschichte 8 (1975), H. 33, S. 25-37

Gudjons, Herbert, In Gruppen lernen – Warum nicht?, in: Pädagogik, H. 1, 2002, S. 6-10.

Gudjons, Herbert, Frontalunterricht – neu entdeckt. Integration in offenere Unterrichtsformen, Bad Heilbrunn 2003

Gudjons,Herbert, Unterrichtsmethoden im Wandel. Einführung in den Themenschwerpunkt, in: Pädagogik, H. 1, 2004, S. 7-10

Haag, Ludwig; Hopperdietzel, Hartmut, Gruppenunterricht – aber wie?, in: Die Deutsche Schule, H. 4, 2000, S. 481-490

Huber, G.L., Lernen in kooperativen Arrangements, in: Duit, R; v.Rhöneck, C. (Hrsg.): Ergebnisse fachdidaktischer und psychologischer Lehr-Lern-Forschung, Kiel 2000

Hug, Wolfgang, Geschichtsunterricht in der Praxis der Sekundarstufe I. Befragungen, Analysen und Perspektiven, Frankfurt/M 1977

Klieme, E. u.a.: Zur Entwicklung nationaler Bildungsstandards. Eine Expertise im Auftrag des Bundesministeriums für Bildung und Forschung, Frankfurt/M. 2003

Konrad, Klaus; Traub, Silke, Kooperatives Lernen. Theorie und Praxis in Schule, Hochschule und Erwachsenenbildung, Hohengehren 2001

Meyer, Ernst, Gruppenunterricht. Grundlegung und Beispiel. 9. Auflage des Klassikers der Gruppenpädagogik 1954. Neubearbeitung: Gerhard Meyer 1996, Hohengehren 1996

Meyer, Hilbert, Was ist guter Unterricht? Berlin 2004

Müller, Hans, Zur Effektivität des Geschichtsunterrichts. Schülerverhalten und allgemeiner Lernerfolg durch Gruppenunterricht, Stuttgart 1972

Nürnberger Projektgruppe, Erfolgreicher Gruppenunterricht. Praktische Anregungen für den Schulalltag, Stuttgart 2001

Pandel, Hans-Jürgen, Sozialformen, in: Klaus Bergmann u.a. (Hrsg.), Handbuch der Geschichtsdidaktik, 5., überarbeitete Auflage, Seelze-Velber 1997, S. 389-399

Pandel, Hans-Jürgen, Geschichtsunterricht nach PISA. Kompetenzen, Bildungsstandards und Kerncurricula, Schwalbach/Ts. 2005

Pohl, Kurt, Lehrerinnen und Lehrer zum Geschichtsunterricht: Aus einer hessischen Studie, in: Geschichte. Politik und ihre Didaktik, H.1/2, 1997, S. 24-33

Ratzki, Anne, Gruppenunterricht und der Umgang mit Heterogenität, in: Lernende Schule, H.18, 2002, S. 4-8

Reeken, Dietmar von, Methoden im Sachunterricht, in: Ders. (Hrsg.), Handbuch Methoden im Sachunterricht, Hohengehren 2003, S. 3-11

Sauer, Michael, Methodenkompetenz als Schlüsselqualifikation. Eine neue Grundlegung des Geschichtsunterrichts?, in: Geschichte. Politik und ihre Didaktik, H. 3/4, 2002, S. 183-191

Schmidt, Anja, Frontalunterricht und offener Unterricht im Vergleich, in: GWU H.1, 2003, S. 4-18

Schneider, Gerhard, Die Arbeit mit Quellen, in: Pandel, Hans-Jürgen; Schneider, Gerhard (Hrsg.), Medien im Geschichtsunterricht, Schwalbach/Ts. 1999, S. 15-44

Sliwka, Anne, Wie kooperatives Lernen gelingt. Strukturierte Methoden zum Lernen in Gruppen, in: Praxis Schule 5-10, H. 6, 2002, S. 22-35

Stern, Elsbeth, Schubladendenken, Intelligenz und Lerntypen. Zum Umgang mit unterschiedlichen Lernvoraussetzungen, in: Becker, Gerold u.a. (Hrsg.), Heterogenität. Unterschiede nutzen – Gemeinsamkeiten stärken, Friedrich Jahresheft XXII 2004, S. 36-39.

Strotzka, Heinz; Windischbauer, Elfriede, Offenes Lernen im Geschichtsunterricht für die Sekundarstufe I, Wien 1999

Uffelmann, Uwe, Problemorientierter Geschichtsunterricht, in: Ders. (Hrsg.), Neue Beiträge zum Problemorientierten Geschichtsunterricht, Idstein 1999, S. 35-40

Vaupel, Dieter, Lernergebnisse im offenen Unterricht. Beispiel: Wochenplanarbeit, in: Pädagogik, H. 10, 2001, S. 25-29

Weidner, Margit, Kooperatives Lernen im Unterricht. Das Arbeitsbuch, Seelze-Velber 2003

Weinert, Franz E., Der gute Lehrer, die gute Lehrerin im Spiegel der Wissenschaft, in: Beiträge zur Lehrerbildung, H. 14, 1996, S. 147 ff.

Winter, Felix, Leistungsbewertung. Eine neue Lernkultur braucht einen anderen Umgang mit den Schülerleistungen, Hohengehren 2004

Peter Gautschi

Lernen an Stationen

Schülerinnen und Schüler können selbstständig Geschichte lernen. Sie tun dies beispielsweise, wenn sie zu einem ausgewählten Thema verschiedene Stationen zur Auswahl haben. Eine solche Arbeitsform macht es möglich, dass sich die Lernenden zur selben Zeit und allenfalls im gleichen Raum mit (1.) unterschiedlichen Lerninhalten (2.) auf einem ihnen angepassten Niveau (3.) mit den von ihnen bevorzugten Medien (4.) in der gewählten Sozialform und (5.) in individuellem Lerntempo befassen.

Bild 1 zeigt 13-Jährige beim Geschichtslernen in einer sogenannten Lernwerkstatt. Marielle im Vordergrund liest einen Text über das Marktleben in einer mittelalterlichen Stadt. Sie wird ein Plakat gestalten. Die Vierergruppe mit Mädchen in der Mitte des Bildes beschäftigt sich mit einem Würfelspiel zu Benedikt. Zwei Knaben rechts am Fenster navigieren in der CD-ROM „Stadt im Mittelalter" und entwickeln ein Protokoll zu ihren Lernwegen. Eine Gruppe in der hinteren Schulzimmerecke informiert sich mit Video über Frauenleben im Mittelalter.

Abb. 1: *Lernen an Stationen. Foto: Stephanie Tremp*

Solches Geschichtslernen an Stationen ist für viele Schülerinnen und Schüler eine willkommene methodische Abwechslung zum gängigen Klassenunterricht. Diese Arbeitsform erfordert allerdings von Lehrpersonen einen zusätzlichen Arbeitsaufwand und ein differenziertes Rollenverständnis. Sie müssen vor Beginn des Unterrichts die Lerngelegenheiten sachgerecht vorbereiten und attraktiv darstellen. Sie müssen während des Unterrichts die Schülerinnen und Schüler in ihrem Lernen individuell begleiten und beraten. Und sie müssen nach dem Unterricht die anfallenden Arbeiten der Schülerinnen und Schüler korrigieren, kontrollieren oder beurteilen.

Nicht alle Inhalte können Thema vom Stationenlernen werden. Viele Inhalte entziehen sich im Geschichtsunterricht dieser Arbeitsform, weil sie sich nicht gut sequenzieren lassen oder weil die Reihenfolge der Bearbeitung von einzelnen Aspekten nicht beliebig ist. Oft versteht man im Geschichtsunterricht etwas erst, wenn man auch die Vorgeschichte kennt. Die Möglichkeit einer freien Stationenwahl aber bricht eine Entwicklungsreihe radikal auf. Wenn jedoch die beiden Grundvoraussetzungen „beliebige Reihenfolge" und „sinnvolle Teilsequenzen" gegeben sind und wenn zu einem bestimmten Inhalt genügend Material vorhanden ist, dann lohnt es sich zu prüfen, ob nicht Lernen an Stationen inszeniert werden soll.

Diese Arbeitsform ist günstig am Anfang des schulischen Geschichtsunterrichts, weil die Lehrperson so besser mit dem unterschiedlichen Vorwissen umgehen kann (Römer, Mittelalter, Entdeckungen). Auch bei Inhalten, die bei den Schülerinnen und Schülern auf ganz unterschiedliches Interesse stossen, bewährt sich Lernen an Stationen (Weltkriege, Zeitgeschichte, Industrialisierung und Soziale Frage).

Natürlich ist auch die Arbeitsform „Lernen an Stationen" nicht ein Garant für guten Geschichtsunterricht. Sie kann aber einen grossen Beitrag zu abwechslungsreichem historischen Lernen leisten.

Im Folgenden ist das Lernen an Stationen in sieben Kapiteln thematisiert:

1. Hintergründe
2. Erscheinungsformen
3. Didaktische Prinzipien
4. Vorbereitung
5. Durchführung
6. Beurteilung und Evaluation
7. Qualitätskriterien

1. Hintergründe

Lernen an Stationen ist nichts Neues. Schon im Mittelalter wurden solche Formen des Lehrens und Lernens praktiziert, etwa die Handwerk-Stätten oder die Dekurien (vgl. dazu Pallasch, Wiechmann, 2001). Eine deutliche Nähe zum Lernen an Stationen hatten auch die Ansätze der Architektenausbildung im 16. Jahrhundert (vgl. dazu Knoll 1996). Die Reformpädagogik im ausgehenden 19. und beginnenden 20. Jahrhundert hat dem Lernen an Stationen in schulischen Zusammenhängen den ersten Impuls verliehen. Das Lernen an

Stationen oder in Ateliers bildet sowohl bei Maria Montessori in der Vorschule als auch bei Célestin Freinet eine zentrale Arbeitsform innerhalb des Schulraums. Hier lernen die Jugendlichen wesentliche gesellschaftliche Handlungsfelder erfahrungsorientiert zu erkunden und zu gestalten (vgl. dazu Wiechmann, Lange 1998). Aber außer in den Freinet-Schulen vermochte sich das Konzept des Lernens an Stationen nicht durchzusetzen.

Erst gesellschaftliche Entwicklungen in der zweiten Hälfte des 20. Jahrhunderts haben dem Lernen an Stationen Schub gegeben. So erklärt beispielsweise Heinz Vettiger den Erfolg des Lernens an Stationen mit der zunehmenden Bedeutung der Dienstleistungen und mit der Ausweitung des Konsumangebotes: „Die Lernenden sehen sich einem Angebot von Lernaufgaben gegenüber, das mit demjenigen eines modernen Dienstleistungsbetriebes im Konsumbereich verglichen werden kann. Weil sie nicht alles ‚haben', nicht alles bearbeiten können, müssen sie – abgesehen von allfälligen, obligatorisch erklärten Inhalten – aus diesem Angebot auswählen. (...) Für die Lehrpersonen heisst das: Sie erbringen mit der Werkstatt eine Dienstleistung in Form einer Fülle verschiedener Lernaufgaben, die von den Lernenden – abgesehen von den Pflichtaufgaben – frei genutzt werden kann." (Vettiger, 1998 S. 279)

Die theoretische Abstützung und Begründung erfuhr das Lernen an Stationen durch die „kognitive Wende" in der Lernpsychologie ab etwa 1960. Der sogenannte Konstruktivismus grenzte sich ab vom Lernen als Verhaltensübernahme und von Auswendiglernen und forderte neu und verstärkt ein Lernen als individuelles, in sozialen Kontexten stattfindendes Konstruieren und Rekonstruieren von inneren Welten. Die Hintergründe solcher Postulate sind vielfältig. Es sind zum einen philosophische Überlegungen, etwa dass Realität an sich nicht erreichbar ist. Es sind dann Erkenntnisse aus der Neurobiologie, etwa dass die Außenwelt nicht einfach durch die Sinnesorgane ins Gehirn transportiert wird, dass vielmehr unser Gehirn selber ein Sinnesorgan ist, das Leerstellen ergänzt. Es sind weiter systemtheoretische Überlegungen, etwa dass Systeme füreinander intransparent sind. Systeme erkennen andere Systeme einzig an den Reaktionen anderer Systeme auf eigene Aktionen. Schließlich basiert der Konstruktivismus auf kognitionspsychologischen Lernkonzepten, die eine möglichst geringe Außendetermination und zugleich eine möglichst hohe Lerneraktivität fordern. Der Gedanke der Selbststeuerung des Lernens wurde zentral wichtig.

Daraus ergeben sich folgende Kernanliegen für das Lernen von Schülerinnen und Schülern (vgl. dazu Terhart 1999, 638 ff.): Lernende

- studieren ein komplexes Problem,
- sind eigenaktiv,
- lernen in Gemeinschaft,
- betrachten Fehler als Chancen,
- können ihren Interessen gemäß lernen,
- denken und handeln,
- erkennen Fortschritte unmittelbar,
- steuern und reflektieren ihr Lernen selber.

Lernen, so gesehen, ist also „ein subjektiver Prozess des mentalen Aufbaus von Strukturen (im individuellen Gehirn), der zwar mit Lernangeboten angeregt werden kann. Wissensinhalte und Informationen lassen sich jedoch nicht ‚vermitteln‘ (im Sinne von Beibringen und Übertragen): Die kulturellen Bedeutungen und Lerninhalte müssen von den Lernenden auf der Grundlage ihres Vorwissens, ihrer Sprache und Lernstrategien anhand der dargebotenen Signale und Zeichen ‚konstruiert‘ werden.“ (Gasser 2001, 172) Da Lernen ein derart hochgradig individueller Prozess zu sein scheint, ist es notwendig, dass Lernende ihr eigenes Lernen selber bewusst steuern, damit sie in der Lage sind, sich selbst konkrete Ziele zu setzen, ihr Anspruchsniveau zu definieren und Erwartungen zu formulieren. Erfolgreiche Lernerinnen und Lerner setzen sich also selbst aktiv mit dem „Wie“ des Lernens auseinander. Und da die Kompetenz, selbst erfolgreich zu lernen, in der heutigen Welt zweifellos eine Schlüsselqualifikation ist, bedeutet dies für Lehrerinnen und Lehrer, dass sie den Schülerinnen und Schülern diesen Spielraum zur eigenaktiven Gestaltung des Lernprozesses öffnen müssen. Ob und wie die Lernenden den zur Verfügung gestellten Spielraum nutzen, entzieht sich letztlich der Verfügungsgewalt der Lehrpersonen. Jede und jeder ist für sein Lernen selbst verantwortlich. Keine Lehrperson kann den Schülerinnen und Schülern den Konstruktionsprozess abnehmen. Aber Lehrerinnen und Lehrer können anregen, verlangen, motivieren, fordern, anleiten, begleiten, Wissen zur Verfügung stellen, klären.

Nicht alle Schülerinnen und Schüler können gleich gut mit diesem Frei- und Spielraum umgehen. Nicht alle Jugendlichen lernen gleich gut an Stationen. Untersuchungen belegen, dass oftmals schwächere Schülerinnen und Schüler überfordert sind (vgl. dazu Gruehn 1995 und Weinert 1997). Wer nicht über ein positives Selbstkonzept und über ein grundlegendes Vorwissen verfügt, kommt in Lernwerkstätten häufig nicht zurecht. Weiter ist es auch in einer Lernwerkstatt unabdingbar, dass sich die Lernenden für die Sache interessieren und ihr Aufmerksamkeit schenken. Gerade weil disziplinierende Faktoren wie eine strenge Sitzordnung oder klare Gesprächsregeln fehlen, ist das Ablenkungspotential gross, sofern nicht das Thema selber fesselt oder die Lernenden über eine große Arbeitsdisziplin verfügen. Auch bereits ausgebildete sachbezogene Primärstrategien erleichtern das Lernen an Stationen. Wer beispielsweise mit Quellen umgehen oder Bilder interpretieren kann, lernt leichter und wirksamer. Die wichtigste Fähigkeit von Jugendlichen für das Lernen an Stationen ist, dass sie ihr Lernen selbst steuern können. Solch selbstgesteuertes Lernen kann direkt oder indirekt gefördert werden. Direkte Förderstrategien sind z.B. Kognitives Modellieren, Informiertes Training oder Strategielernen. Indirekte Förderansätze bedingen Lernumgebungen, welche selbstgesteuertes Lernen anregen und fördern. So ist selbstgesteuertes Lernen Jugendlicher zugleich Voraussetzung und Resultat vom Lernen an Stationen.

Von Schülerinnen und Schülern selbst gesteuertes Lernen verändert augenfällig das Erscheinungsbild von Unterricht: Während auf älteren Fotografien die Lehrer als Dirigenten, Fachwissenschaftler, Darsteller oder Instruktoren erscheinen, ist die Lehrerin auf neueren Bildern Coach oder Managerin und manchmal sogar überhaupt nicht mehr zu sehen (vgl. Abb. 1). Wenn diese Veränderungen als „kopernikanische Wende“ interpretiert werden, schüren sie Ängste und provozieren Widerstand. Dabei ist es viel hilfreicher aufzuzeigen, dass es nicht darum geht, die Lehrerrolle radikal neu zu definieren, sondern darum, eine neue Balance zu finden im wichtigsten Aufgabengebiet von Lehrpersonen, dem

Unterrichten. Unterricht braucht auch heute Lehrerinnen und Lehrer, die sowohl viel von der Sache und dem Fach verstehen als auch in der Lage sind, Lernprozesse günstig zu begleiten und das Geschehen im Klassenzimmer wirksam zu managen.

Konstruktivistischer Unterricht scheint nur möglich, wenn Lernende Wahlmöglichkeiten haben. Deshalb läuft Konstruktivismus früher oder später auf das Postulat der Binnendifferenzierung hinaus. Schülerinnen und Schüler sollen in kreativen Freiräumen selbstbestimmt Geschichte lernen (vgl. dazu Völkel 2002, 93 ff.). Wer die Anliegen des Konstruktivismus umsetzen will, der kann nicht mit allen Schülerinnen und Schülern zur gleichen Zeit dasselbe machen. Binnendifferenzierter Unterricht erfordert von Lehrpersonen, dass sie vor Beginn des Unterrichts die Inhalte in Ruhe studieren und zu Themen aufarbeiten. Dies entlastet sie in der Durchführung des Unterrichtes weitgehend von der Sachdimension. Sie haben mehr Zeit für die Prozessbegleitung und Lernberatung. Dafür liegt der hohe Anspruch beim binnendifferenzierenden Unterricht darin, einerseits stärker auf die einzelnen Jugendlichen einzugehen, sie bewusster als Individuen wahrzunehmen, und andererseits für die einzelnen Schülerinnen und Schüler je angepasste Lernwege und Lernsituationen anzubieten. Das kann mit Lernen an Stationen gelingen.

2. Erscheinungsformen

Lernen an Stationen hat gegen Ende des 20. Jahrhunderts vielerorts den Schulalltag belebt. Innovative Lehrpersonen haben eine Vielzahl von Erscheinungsformen entwickelt. Dieser erfreuliche Umstand hatte auch seine Kehrseiten. Oftmals haben Lehrerinnen und Lehrer die Arbeitsform zu schnell und zu unreflektiert übernommen. Mitunter war die Abwechslung wichtiger als die Wirksamkeit, und so geriet das Lernen an Stationen vielerorts zum leeren Aktionismus. Auch ging gelegentlich der eigentliche Sinn – Ermöglichung von selbstständigen Rekonstruktionen in einem binnendifferenziertem Unterricht – verloren. Zudem entwickelten sich in der Schule unzählige Formen und Varianten des Lernens an Stationen, so dass ein professioneller Dialog zu dieser Arbeitsform wegen des mangelnden gemeinsamen Vokabulars stark beeinträchtigt war. Lernen an Stationen wird verschieden bezeichnet und tritt in unterschiedlichen Formen auf: „Zirkeltraining", „Lernzirkel", „Lernstatt", „Lernwerkstatt", „Werkstatt", „Zukunftswerkstatt", „Erarbeitungswerkstatt", „Übungswerkstatt", „Lernzone", „Lernstraße", „Lernladen", „Puzzle" usw.

Man kann Lernen an Stationen nach den didaktischen Funktionen, dem zu erarbeitenden Produkt und dem Ziel unterscheiden. Hier gibt es die vier Formen „Klassische Werkstatt", „Zukunftswerkstatt", „Lernstatt" und „Lernwerkstatt".

Bei der klassischen Variante, hervorgegangen aus amerikanischen Workshops, erstellen die Schülerinnen und Schüler ein Werk (eine Sonnenuhr, ein Spinnrad, ein Buch, Pergament). Sie vollziehen an verschiedenen Stationen – hier als individuelle Arbeitsplätze verstanden – der Reihe nach unterschiedliche Tätigkeiten. Zuerst bereiten sie am Schneidetisch den Karton für die Sonnenuhr vor, dann fräsen sie den Holzstab auf die richtige Länge usw. Ziel der klassischen Werkstatt ist es, dass Lernende ein Produkt selbst herstellen.

Die „Zukunftswerkstatt" ist ein Problemlöseverfahren. Dabei sucht eine Lerngruppe zu einem bestimmten Thema oder zu einem Problem an verschiedensten Stationen – hier als Arbeitsphase in einer Gruppe verstanden – zukunftsgerichtete Lösungen. Die Zukunftswerkstatt ist ein Verfahren, das der Zukunftsforscher Robert Jungk schon in den 60er Jahren entwickelt hat. Sein Ziel war es, Kritikfähigkeit, Fantasie und kreatives Handeln bei möglichst vielen Menschen auszubilden und weiterzuentwickeln. Er wollte allen zeigen, dass mehr in ihnen steckt, als sie wissen. Die Durchführung einer Zukunftswerkstatt ist ein zieloffenes Unternehmen. Für Lehrperson bedeutet dies immer ein gewisses Risiko. Zwar sind Stationen vorgegeben, etwa dass die Lernenden zuerst kritisieren dürfen, was ihnen nicht gefällt, dann reflektieren sollen, wie die kritisierten Phänomene entstanden sind, danach fantasieren können, was sie sich erträumen, schließlich einen Projektplan entwikkeln, um die ersten Verwirklichungsschritte einzuleiten und immer wieder den Lernprozess betrachten, um den je eigenen Lerngewinn festzuhalten. Aber wohin der Lernweg mit der Zukunftswerkstatt genau führt, kann die Lehrperson weder wissen noch steuern. Oft kritisieren Lernende Aspekte, die einem als Lehrperson unbestritten und selbstverständlich erschienen. Und oft kommen in der Fantasie- und der Realisierungsphase Vorschläge, die sich für die weitere Auseinandersetzung als höchst anregend und zukunftsfähig erweisen. Genau das ist auch der Vorzug der Zukunftswerkstatt. Weil das Vorgehen in jeder Phase rational-analytische mit intuitiv-emotionalen Aspekten verknüpft, werden Lösungen entwickelt, die gelegentlich mithelfen, den bei Jugendlichen wieder vermehrt zu beobachtenden Zukunftspessimismus zu überwinden.

Bei der „Lernstatt" erarbeiten Teilnehmende im Gespräch entlang verschiedener Stationen – hier als Sequenz der Plenumsarbeit verstanden – Lösungen zur Frage oder zum Problem einer Teilnehmerin, eines Teilnehmers der Gruppe. Die methodische Weiterentwicklung dieser Arbeitsform wird als „Intervision" bezeichnet. Die Teilnehmenden erhoffen sich durch die Mitarbeit in einer Lernstatt einen Erkenntnisgewinn hinsichtlich des eigenen Handlens und größere Handlungssicherheit.

Die „Lernwerkstatt" schließlich hat ihren Namen aufgrund des Umstandes bekommen, dass man als Besucher und Beobachterin des Unterrichts den Eindruck bekommen kann, man befinde sich in einer Werkstatt: hier eine Kleingruppe, die ein Video anschaut, da zwei Schüler, die einen Text verfassen, dort drei, die malen, basteln, lesen usw. Die Lernenden wechseln nach bestimmten Zeitintervallen ihre Stationen. Wer an ein Zirkel-Training in der Turnhalle denkt, hat die richtige Vorstellung vom äußeren Erscheinungsbild einer Lernwerkstatt. Die Lernwerkstatt zielt also auf individuellen thematischen Lernzuwachs und setzt von den genannten Formen das Lernen an Stationen am sichtbarsten um (vgl. dazu Abb. 1). Lernwerkstätten selber können wiederum nach verschiedensten Gesichtspunkten unterschieden werden. Wenn Lernwerkstätten nach dem Umfang des Materialangebots, nach Art der intendierten Lernprozesse, nach Standort und Einsatzfeld unterschieden werden, ergeben sich vier Formen:

1.) Themenmobil: In einem Themenmobil, häufig ein umgebauter Schulbus oder Reisecar, gibt es so viele Lernmedien und -materialien, dass in aller Regel spezielle Animatorinnen, Animatoren angestellt sind, welche die Lernprozesse einleiten und begleiten. Themenmobile eignen sich wegen ihres großen Anregungspotentiales zum Gestalten von ganzen Projektwochen. Als stationäre Variante der Themenmobile existieren Fachstellen (Gesundheitserziehung, Umwelterziehung, Jugendliteratur, Kulturmobil).

2.) Mobile Lernwerkstatt: Mobile Lernwerkstätten sind große Kästen auf Rollen mit einem großen Materialangebot zu einem bestimmten Lernfeld. Mit Hilfe mobiler Lernwerkstätten arrangieren Lehrpersonen ausgewählte Lernumgebungen und begleiten längerfristige Lernprozesse. Sinnvollerweise bauen mehrere Lehrpersonen eines Schulhauses gemeinsam eine mobile Lernwerkstatt, damit sie das Material abwechslungsweise und ohne großen Aufwand in ihr Zimmer holen können. Als stationäre Variante gibt es in einzelnen Schulhäusern speziell eingerichtete Werkstattzimmer, wo Lehrpersonen mit ihren Klasse hingehen können.

3.) Unterrichtskoffer: Unterrichtskoffer verfügen über eine überschaubare Materialsammlung zu einem bestimmten Thema: Es gibt den Römerkoffer, den Koffer zu den Weltreligionen, zu Tourismus, Brot usw. Viele Museen bieten zu ihren Ausstellungen solche Koffer für den Unterricht an. Meist sind keine Lernaufgaben vorgegeben, sondern die Lehrpersonen sollen diese selber auf ihre Klasse zuschneiden. Koffer sind in der Regel ausleihbar und schnell einsatzbereit. Oft wird der Inhalt von Koffern in einer kleinen Ausstellung im Schulhaus präsentiert, zum Beispiel in einer Koje.

4.) Mappe, Buch, Broschüre: Schließlich existieren viele Lernwerkstätten in Form von Mappen, Büchern, Broschüren oder auch im Internet. Hier liegt der Hauptakzent meist auf den Lernaufgaben, und oft fehlt das Material und muss separat aus andern Büchern herauskopiert werden. Solche Lernwerkstätten sind flexibel und schnell einsetzbar.

Wenn Lernwerkstätten nach der Artikulation des Lernprozesses unterschieden werden, ergeben sich mindestens drei Formen: Einstiegswerkstatt: Zu Beginn eines neuen Themas werden verschiedene Stationen angeboten, um eine erste Begegnung mit dem Thema herbeizuführen und um bei den Lernenden Fragen auszulösen (➤ Einstiege).

Erfahrungs- oder Erarbeitungswerkstatt: Nach einem Einstieg im Plenum wird das Thema umfassend, aber aufgeteilt auf unterschiedliche Stationen dargeboten, entweder mit einer stärkeren Gewichtung des Erlebens, Erkundens und emotionalen Erfahrens oder mit einer Akzentuierung auf dem geleiteten Entdecken und auf der intellektuellen ➤ Erarbeitung.

Übungs- oder Repetitionswerkstatt: Hier werden am Schluss einer Unterrichtssequenz an verschiedenen Stationen vielfältige Materialien dargeboten, damit die Schülerinnen und Schüler verschiedene Fähigkeiten und Fertigkeiten (Umgang mit Quellen o.a.) festigen oder ausdifferenzieren können (➤ Wiederholen).

3. Didaktische Prinzipien

Mit dem Lernen an Stationen werden eine ganze Reihe von didaktischen Prinzipien umgesetzt. Zum Ersten wird die innere Differenzierung exemplarisch verwirklicht: Schülerinnen und Schüler können innerhalb des Werkstatt-Themas den Lerninhalt bis zu einem gewissen Grade selber wählen. Natürlich ist es denkbar und gerade in Geschichte oft auch günstig, einzelne Themen für obligatorisch zu erklären. Aber ein Überangebot an Stationen ermöglicht eine Schwerpunktlegung durch die Lernenden. Zudem können die gleichen Themenbereiche in einem Werkstattbereich mit unterschiedlichem Schwierigkeitsgrad und in unterschiedlichem Lerntempo bearbeitet werden. Eine gute Werkstatt variiert Medien und Zugangskanäle, um auf verschiedenen Eingangskanälen die Werkstatt-Teilnehmerinnen und -Teilnehmer mit ihren verschiedenen Lernstilen adäquat ansprechen zu können. Schliesslich können die Schülerinnen und Schüler die einzelnen Lernstationen allein oder in Gruppen absolvieren.

Zum Zweiten beabsichtigen Lehrpersonen, die eine Lernwerkstatt durchführen, dass Schülerinnen und Schüler eigenaktiv lernen. Deshalb erfolgen günstigerweise alle Planungsüberlegungen aus der Perspektive der Lernenden: Was lernen und tun die Schülerinnen und Schüler während ihrer Arbeit an einer Station? lautet die zentrale Frage bei der Entwicklung einer Lernwerkstatt, und nicht: Was lehre ich als Lehrerin, als Lehrer? Das führt die Lehrpersonen zu einem neuen Rollenverständnis: Sie begleiten primär den Lernprozess und vermitteln nicht in erster Linie Wissen durch direkte Instruktion.

Zum Dritten zeigt eine Lernwerkstatt exemplarische Aspekte eines Themas. Keine Lernwerkstatt wird den Anspruch erfüllen können, ein ganzes Thema abzudecken. Die Lernwerkstatt fördert bei allen Beteiligten vielmehr die Gewissheit, dass die Lernenden fähig werden, die Lücken selber zu bearbeiten.

Zum Vierten bieten gerade Lernwerkstätten große Chancen, sowohl multiperspektivisches Lernen in Geschichte (➤ Multiperspektivität) als auch fächerverbindendes beziehungsweise pluridisziplinäres Lernen bei einem ausgewählten Inhalt zu ermöglichen. Da die Konzepte von Lernwerkstätten von Themen oder Problemen ausgehen, liegt es auf der Hand, dass nicht eine einzige Disziplin diese umreißen kann. Je nach Herkunft, Standort und Perspektive ergeben sich verschiedene Blickwinkel.

Zum Fünften eröffnet eine Lernwerkstatt Entscheidungsspielräume für die Mitbestimmung der Schülerinnen und Schüler: Sie bietet Perspektiven für selbstverantwortetes Weiterlernen an und zeigt dazu die Möglichkeiten auf. Werkstatt-Teilnehmerinnen und -Teilnehmer können selber planerisch tätig sein und zu bestimmten Themen neue Aufträge entwickeln oder auch selber neue Themen aufarbeiten. Werkstatt-Teilnehmerinnen und -Teilnehmer können auch teilhaben am Entscheidungsprozess über das, was als Fortschritt anerkannt wird. Je nach Entwicklungsstand der Lernenden können diese selber entscheiden, wann eine Station genügend gut und vertieft behandelt ist.

Zum Sechsten ist die Transparenz in einer Lernwerkstatt hoch: Von Anfang an haben die Lernenden Einsicht in die Ziele der ganzen Lerneinheit. Es gibt auch keine isolierten Aufgabenstellungen.

4. Vorbereitung

Eine Lernwerkstatt vorzubereiten erfordert viel Zeit. Man reduziert den Arbeitsaufwand dann, wenn man im Team vorgeht. Eine Lernwerkstatt eignet sich ausgezeichnet, um sie gemeinsam mit Kolleginnen und Kollegen zu entwickeln, weil das gewählte Thema in verschiedene Teilthemen aufgeteilt werden muss. So liegt die Arbeitsteilung auf der Hand.

In einer ersten Phase wird ein Inhalt zu einem Thema verdichtet und das Thema selber in verschiedene Teile gegliedert. Die Gliederung kann nach sachlichen oder lernprozessualen Gesichtspunkten geschehen. Das Thema „Leben im Mittelalter“ lässt sich beispielsweise in die Aspekte Kloster, Adel, Stadt, Dorf oder in die Lernprozesse Anregung, Methodenschulung, Wissen, Ausweitung aufteilen. Zu jedem Teil gibt es verschiedene Stationen. Als Resultat der ersten Phase liegt ein provisorischer Arbeitspass vor (vgl. Abb. 2). Er dient in

ARBEITSPASS

Name: ____________________

WERKSTATT **„Leben im Mittelalter“** 	PFLICHTTHEMA G	ERWEITERUNGSTHEMA E	VERTRETUNGSTHEMA V
I Kloster			
1.1.) Leben im Kloster	0		
1.2.) Bedeutung des Klosters		0	
1.3.) Schreibstube			0
1.4.) Spiel um Benedikt			0
1.5.) Bruder Feuer			0
II Adel			
2.1.) Die Ständepyramide	0		
2.2.) Kleidung und Mode im Mittelalter		0	
2.3.) Der Werdegang zum Ritter		0	
2.4.) Die Burg		0	
2.5.) Die Waffen des Ritters			0
III Stadt			
3.1.) Stadtluft macht frei	0		
3.2.) Die Stadtanlage		0	
3.3.) Auf dem Markt		0	
3.4.) „Ehret das Handwerk“		0	
3.5.) Frauenleben – Kinderleben			0
3.6.) Wie die Stadt regiert wurde			0
IV Dorf			
4.1.) Bäuerliches Arbeiten	0		
4.2.) Von freien und unfreien Bauern im Mittelalter		0	
4.3.) Wie Bauern wohnten: Unsere Gegend im Mittelalter			0
4.4.) Landwirtschaft im Museum			0
4.5.) Bilder von Bauern im Mittelalter			0
V Baustile			
5.1.) Romanik	0		
5.2.) Gotik		0	
5.3.) Der Bau einer Kirche			0

Abb. 2: *Arbeitspass als Inhaltsverzeichnis und Kompass für das Lernen*

der Vorbereitungsphase der Lehrperson als Inhaltsverzeichnis und in der Durchführungsphase den Lernenden als Kompass durchs Thema und den Lernprozess.

In einer zweiten Phase wird ein detaillierteres Konzept der Lernwerkstatt entwickelt: Welchen Umfang soll die Lernwerkstatt etwa haben? Wie lange kann eine bestimmte Klasse mit der Lernwerkstatt arbeiten? Wie lange dauert die Auseinandersetzung mit einer Station? Geschieht die Beurteilung des Lernerfolges summativ oder formativ, kriterienorientiert oder gruppenorientiert, in Noten oder Worten, durch die Lehrenden oder Lernenden? Wie sollen die Lernaufgaben bezüglich des Layouts aussehen? Muss die Lernwerkstatt in kurzer Zeit aufgestellt und wieder weggeräumt werden oder kann sie längere Zeit stehen bleiben? Welche Medien können angeboten und verwendet werden? Als Resultat dieser zweiten Vorbereitungsphase liegt eine Musterlernaufgabe vor, die als Vorlage für die Entwicklung der weiteren Lernaufgaben dient (vgl. Abb. 3).

In einer dritten Phase wird über Wochen oder Monate Material gesammelt. Manchmal stößt man zufällig auf gute Unterlagen, oft muss man gezielt recherchieren. Als Resultat dieser Phase liegt ein Überangebot an Material bereit, das anschließend auf die verschiedenen Stationen verteilt wird.

In einer vierten Phase wird nun eine Station nach der andern fertiggestellt. Dies bedeutet, dass Lehrpersonen erstens die Lernaufgaben entwickeln und zweitens das Material, welches die Lernenden zur Erledigung der Lernaufgaben benötigen, bereitstellen und aufbereiten. Zudem müssen die Lehrenden klären, ob sie Lösungen zu den Aufgaben entwickeln wollen, ob sie Selbst- oder Fremdkontrollen vorschlagen sollen, ob es sich um eine obligatorische oder fakultative Station handelt, ob es eher eine schwierige oder leichte Lernaufgabe ist und wie lange die Lernenden durchschnittlich zur Bearbeitung der Station brauchen werden.

Lernaufgaben zu formulieren ist die größte Herausforderung beim Entwickeln von Lernwerkstätten. Lernaufgaben sind die zentralen Bausteine beim Lernen an Stationen. Diese schriftlich abgefassten Aufträge leiten die Schülerinnen und Schüler zum Arbeiten an. Lernaufgaben ermöglichen es den Lernenden, sich allein beziehungsweise ohne direkte Führung der Lehrperson einen neuen Sachverhalt, eine neue Fertigkeit oder Haltung anzueignen. Dabei sollen die Schülerinnen und Schüler methodisch bewusst vorgehen und die Aufgabe nicht durch blindes Versuchen lösen können. Eine Lernaufgabe enthält genaue Hinweise zum Vorgehen, zur Sozialform, zu der zur Verfügung stehenden Zeit und eventuell auch zu notwendigen Hilfsmitteln. Weiter muss klar sein, wann die Lernaufgabe erfolgreich bearbeitet ist. Gute Lernaufgaben können von der Mehrheit der Schülerinnen und Schüler gelöst werden.

Lernaufgaben verlangen von den Schülerinnen und Schülern zielführende Leistungen. Die ausgelösten Tätigkeiten müssen zu einem beobachtbaren Ergebnis führen. Nur so haben Lehrende und Lernende die Möglichkeit, den Lernfortschritt zu überprüfen. Gute Lernaufgaben zeichnen sich zudem dadurch aus, dass sie von einfacheren zu komplexeren Lerntätigkeiten anleiten. In der kognitiven Dimension rufen sie beispielsweise zuerst Kenntnisse ab. Sie regen danach an, die verankerten Kenntnisse auf Neues zu übertragen. Anspruchsvollere Lernaufgaben verlangen zudem analytische Fähigkeiten und schliesslich auch Urteilskompetenz.

Lernwerkstatt 'Völkermord' Themenbereich 3 'Jüdinnen und Juden'

3.4 Bild zur Lage im Ghetto

Auftrag:

- Du hast vom Schicksal der Juden in Deutschland in der Zwischenkriegszeit gehört und erfahren, wie der Zweite Weltkrieg ausgebrochen ist. Nun lernst du einen neuen Aspekt des Themas kennen, indem du in Partnerarbeit ein Bild betrachtest.

Ziele:

- Du weißt, dass Menschen während des Zweiten Weltkriegs in Ghettos eingesperrt wurden.
- Du kannst ein Bild beschreiben und kennst wichtige Vorgehensschritte im Umgang mit Bildern.

Material:

- Bild von Lea Grundig „Die Lage im Ghetto" aus: aktuell 4/89: Bilder in Geschichte, Geschichte in Bildern. St. Gallen: Kantonaler Lehrmittelverlag. S. 17

Vorgehen:

1.) Beobachtungen und Empfindungen
- Welche Gegenstände und Personen siehst du?
- Ist das Bild gegliedert?
- Was fühlst du beim Anblick des Bildes?

2.) Vermutungen bzw. Wissen zur Vergangenheit
- Was könnte das Bild darstellen?
- Was erfährst du dank dem Bild über die Vergangenheit?

3.) Aussagen über das Bild selber
- Welcher Bildtyp liegt vor?
- Welchem Zweck dient das Bild?

4.) Fragen
- Was möchtest du auf Grund des Bildes über die Vergangenheit wissen?
- Was möchtest du zum Bild selber wissen?

Hinweise:

Die Schritte 1-4 im Abschnitt „Vorgehen" kannst du bei allen Bildern anwenden. Für den Umgang mit Geschichte ist es günstig, wenn du die Fragen auswendig kannst.

Abb. 3: *Lernaufgabe. Bild: Lea Grundig, in: Gautschi, Peter: Geschichte lehren. Lernwege und Lernsituationen für Jugendliche. Buchs 2000, S. 12*

Lernaufgaben und Lernwerkstätten sind nicht für einen einmaligen Einsatz gedacht. Deshalb lohnt es sich, das Material entsprechend zu wählen. Für die Lernaufgaben eignet sich festes Papier oder Karton. Vielleicht überzieht man die Aufgaben auch mit Plastikfolie oder steckt sie in ein Plastikmäppchen. Es ist praktisch, wenn sich die Werkstatt in Schachteln oder Plastikboxen verstauen und transportieren lässt.

5. Durchführung

Das Lernen mit der Lernwerkstatt vollzieht sich in verschiedenen Phasen. Die Phasen sind nachfolgend anhand des Themas „Industrialisierung und Soziale Frage" erklärt.

In der Anfangsphase (Werkstatt-Vernissage) bekommen die Lernenden in der Regel im Plenum einen Überblick über das Thema. Ein Spinnrad, eine Mind Map zur Geschichte des 19. Jahrhunderts und Filmausschnitte wecken ihr Interesse. Die Schülerinnen und Schüler sollen in dieser Phase auch die Organisation des Lernens begreifen.

In einer nächsten Kurzphase planen die Lernenden ihre Lernschritte anhand des Arbeitspasses und unter Berücksichtigung der allenfalls vorgegebenen obligatorischen Stationen. Vielleicht helfen Kurzbeschreibungen der einzelnen Posten bei der Entscheidungsfindung. Oft sind es auch Sympathien zu Kolleginnen und Kollegen, welche die Stationenauswahl beeinflussen. Schülerinnen und Schüler wählen das, was ihre Freundinnen und Freunde wählen. Die einen wollen sich intensiver mit dem Verkehr beschäftigen, andere interessiert die Kinderarbeit oder Beispiele von Frauenschicksalen. Es ist günstig, nicht gleich zu Beginn die gesamte Arbeit verplanen zu lassen. Oft erweist es sich als geschickt, in einem ersten Durchgang alle Stationen unter den Schülerinnen und Schülern aufzuteilen und diese dann im Klassenverband berichten zu lassen, was sie wo gelernt haben.

Erst dann beginnt die eigentliche Arbeit an den Themen. Wichtig ist eine sinnvolle Abwechslung zwischen gemeinsamem und individuellem Lernen. Diese Lernphasen sollen nicht zu kurz sein, damit auch tatsächlich eine Begegnung von Lernenden mit dem Lerninhalt möglich wird. Die Lehrperson begleitet während dieser Phase das Lernen an den Stationen. Die Vermittlung soll so gut geplant sein, dass sich die Lehrperson von dieser Aufgabe jetzt entlastet fühlen kann. Sie beobachtet die Lernfortschritte und gibt gerade soviel Hilfestellung wie nötig. Mit ihren Interventionen hilft sie auch mit, das Lernverhalten und das Gruppenverhalten zu verbessern. Sie steht als *Troubleshooter* zur Verfügung und greift dann ein, wenn der Lernprozess stockt.

Von Zeit zu Zeit erfolgt eine Plenumsrunde, wo die Schülerinnen und Schüler über den Lerninhalt und die Organisation sowie über das Lernen selber sprechen. Diejenigen, die sich zum Beispiel mit der Entwicklung der Eisenbahn beschäftigen, werden bei einem aktuellen Anlass berichten, wieso der Bau neuer Strecken heute politisch so heikel ist. Es gibt die verschiedensten Möglichkeiten, wie Zwischenauswertungen gemacht werden sollen und wie sinnvoll sie sind. Der Wechsel zwischen Plenumsrunde und Stationenarbeit wiederholt sich mehrfach, je nach Anlage und zur Verfügung stehender Zeit.

Am Schluss inszeniert die Lehrperson vielleicht eine Finissage, um das Lernen sicht- und erlebbar abzuschließen. Dazu eignen sich verschiedenste Vorgehensweisen, etwa die Fotolanguage. Dabei wählen die Schülerinnen und Schüler ein Bild aus, um zu erklären, was sie jetzt am Schluss des Unterrichts zum Thema „Industrialisierung" am meisten bewegt.

6. Beurteilung und Evaluation

Während und nach dem Lernen an Stationen soll einerseits der Lerngewinn der Schülerinnen und Schüler beurteilt und andererseits die Güte des Lernarrangements evaluiert werden.

Besonders anspruchsvoll ist beim Lernen an Stationen die summative, also zusammenfassende und abschließende, Beurteilung des Lernerfolgs der Schülerinnen und Schüler. Wie bei jeder Beurteilung stellt sich die Frage, wann welche Daten wie gewonnen werden. Als Daten für eine Beurteilung im Geschichtsunterricht eignen sich mündliche Äußerungen und schriftliche Unterlagen von Schülerinnen und Schülern oder Beobachtungsnotizen von Lehrpersonen. Alle drei Möglichkeiten haben ihre spezifischen Vorzüge und Nachteile. Am verbreitetsten sind im Geschichtsunterricht Beurteilungen auf Grund von schriftlichen Unterlagen, weil hier die Gütekriterien am ehesten umgesetzt werden können. Gerade beim Lernen an Stationen haben Lehrpersonen Zeit, das Lernen der Schülerinnen und Schüler zu beobachten und zu protokollieren oder mündliche Prüfungen durchzuführen, sei es zu einer ausgewählten Station nach Wahl der Lernenden oder sei es zu einem vorgegebenen Themenbereich.

Zu schriftlichen Daten können Lehrpersonen während der unterschiedlichsten Phasen des Lernens an Stationen kommen. Eine Möglichkeit besteht darin, am Schluss der Werkstattsequenz eine Prüfung zu den obligatorischen Stationen durchzuführen. Gut und mit wenig Arbeitsaufwand kommen Lehrpersonen auch zu Daten, wenn sie ebenfalls am Schluss der Arbeit zu allen angebotenen Stationen je eine oder zwei Fragen anbieten und die Schülerinnen und Schüler selber auswählen müssen, welche zehn Fragen sie beantworten wollen. Weiter ist denkbar, während des Lernens an Stationen ein Zeitfenster zu reservieren, während dessen alle Schülerinnen und Schüler eine ihnen noch unbekannte Station einzeln bearbeiten und dazu Fragen beantworten. Dann lösen alle Lernenden die gleichen Aufgaben – und müssen und können sich erst noch nicht vorbereiten, weil sie den Lerninhalt vor dieser Prüfung nicht kennen. Natürlich ist auch denkbar, für alle Lernenden je nach von ihnen absolvierten Stationen eine individuell zugeschnittene Prüfung zusammenzustellen. Neben all diesen Formen, mit deren Hilfe die Lehrperson die Datenproduktion steuert, können auch Beurteilungen von Produkten erfolgen, welche die Lernenden eigenständig entwikkeln. Das kann eine abschliessende Dokumentation des eigenen Lernprozesses in Form eines Portfolios sein oder ein Ordner mit allen Dokumentationen der einzelnen Stationen oder sogar eine selber entwickelte neue Station für die Lernwerkstatt.

Da sich eine Lernwerkstatt mehrfach einsetzen lässt, findet gegen Ende des Lernens an Stationen eine Evaluationsphase statt, wo die Lernenden ihre Erfahrungen spiegeln und damit zur Verbesserung des Arrangements beitragen. Diese Rückmeldung kann in Form eines Gespräches mit den Lernenden stattfinden oder mit einem Fragebogen zu einzelnen Stationen, Themenbereichen usw. Natürlich wird auch die Analyse der durchgeführten Beurteilungen Hinweise zur allfälligen Überarbeitung der einzelnen Stationen liefern.

Entweder entscheiden die Lernenden, wozu genau sie ein Feedback geben wollen, oder die Lehrperson schlägt ausgewählte Aspekte vor. Dabei kann sie sich an den Gütekriterien des Stationenlernens orientieren.

7. Qualitätskriterien

Um die Qualität einer Lernwerkstatt zu beurteilen, sind fünf Dimensionen zu berücksichtigen:

- Inhalte
- Lernende
- Lernprozesse
- Darstellung und Gestaltung
- Lehrende

Da Lernwerkstätten ein Überangebot an Material bieten, sind die inhaltlichen Anforderungen groß. Wenn dieselben Phänomene nicht aus unterschiedlichen, z.T. divergierenden Blickwickeln betrachtet werden, wenn es in einer Lernwerkstatt nicht sich widersprechendes Material gibt, und wenn sich keine Multiperspektivität, Kontroversität und dialogische Darstellungen finden, dann wurde die Chance der Arbeitsform nicht genutzt. Dass Dargestelltes dem aktuellen Stand des Wissen entsprechen soll und dass Zeitpunkte, Zeitdauer und Orte genau bezeichnet werden müssen, gehört auch beim Lernen an Stationen zu den grundlegenden inhaltlichen Qualitätskriterien. Da beim Lernen an Stationen oft dem Wie mehr Beachtung geschenkt wird als dem Was, muss von Beginn her darauf geachtet werden, dass Inhalte und Themen kompatibel sind mit akzeptierten Begründungsmustern, zum Beispiel mit den sogenannten Schlüsselproblemen von Wolfgang Klafki (vgl. dazu Klafki 1991). Wer sich daran orientiert, wird bei einer guten Lernwerkstatt erwarten, dass an einzelnen Stationen unverzichtbare Werte wie Frieden, Freiheit in Gemeinschaft, Toleranz, Gerechtigkeit, Solidarität, Gleichberechtigung der Geschlechter und Verantwortung für die Umwelt angesprochen sind, dass an anderen Stationen die Bedingtheit der Handlungsspielräume der Individuen und Institutionen deutlich wird, und dass wieder an anderen Stationen gegenwartsrelevante und zukunftsbedeutsame Inhalte thematisiert werden.

Lernwerkstätten bieten Jugendlichen die Chance, dass einzelne Stationen sie in ihrer Lebenswelt, bei ihren Grundfragen und mit ihrem Wissen abholen. Es müssen sich Stationen finden, an denen Jugendliche Stellung nehmen können zu ihren grundlegenden und offenen Fragen und wo sie eingeladen sind, ihr Vorwissen explizit zu machen sowie ihre Vorstellungen und Gefühle auszudrücken. Wie bei allen Lehrunterlagen soll auch beim Lernen an Stationen auf eine schülergerechte Sprache, auf klare Satzstruktur und auf einfache Begriffe geachtet werden. Die Schülerinnen und Schüler sollen sich mit Vergangenheit, Gegenwart und Zukunft beschäftigen und nicht durch sprachliche Schwierigkeiten davon abgehalten werden.

Besonders anspruchsvoll ist es für Lehrpersonen, beim „Lernen an Stationen" Jugendlichen einen vollständigen Lernprozess zu ermöglichen, weil alle auf eigenen Lernwegen arbeiten. Zu oft verführt das tolle Lernangebot zum unverbindlichen Nippen und Zappen. Um dies zu vermeiden ist es sinnvoll, größere Lernwerkstätten nicht nur thematisch sondern auch lernprozessual zu gliedern. An Einstiegsstationen werden Jugendliche zum Beispiel mit Karikaturen, Bildern oder mit zentralen Lebensfragen angeregt. An Verankerungsstationen bekommen die Schülerinnen und Schüler dann die Möglichkeit, beispielsweise mit Quellen, einem Autorentext oder einem Dokumentarfilm Wissen und Können zu erarbeiten. An Erweiterungsstationen steht den Lernenden schließlich ein zusätzliches Angebot zur interessegeleiteten Vertiefung zur Verfügung. Lernwerkstätten können zudem einen Lernprozess von Jugendlichen dann günstig unterstützen, wenn die Stationen in den einzelnen Teilen vom Leichteren zum Schwereren gestuft sind, wenn Schülerinnen und Schüler explizite und an sie gerichtete Zielformulierungen finden, wenn sie Lernfortschritte in den drei Lernzieldimensionen des Wissens, Könnens und Wollens erreichen können, wenn sie durch kluge Impulse angeregt werden, über ihr Lernen nachzudenken, ihr Lernen zu dokumentieren und ihr Lernen mit andern zu besprechen und wenn ihnen klar ist, wann das Lernen an der ausgewählten Station erfolgreich und richtig abgeschlossen ist.

Folgende sechs Aspekte sind gemäß neueren Forschungsresultaten entscheidend, ob Lernprozesse gelingen und wirksam werden (vgl. dazu Weinert, zusammengefasst in Rüesch 1999):

- Klarheit und Strukturiertheit des Unterrichts. Für Lernen an Stationen bedeutet dies, dass das Materialangebot klar strukturiert und in Bereiche aufgeteilt ist. Lernende können sich leicht einen Überblick verschaffen. Gute Lernwerkstätten verfügen über einen einprägsamen Advance Organizer.
- Adaption des Unterrichts an die individuellen Voraussetzungen der Schülerinnen und Schüler (bezüglich Lerntempo und Anforderungsgrad). Es soll deshalb in einer Lernwerkstatt unterschiedlich lange und unterschiedlich schwierige Aufgaben geben.
- Optimale Ausnutzung der Unterrichtszeit durch Arbeiten am Lernstoff *(time on task).* Die Lernenden werden durch die Aufgabe angeleitet, sich mit Vergangenheit, Gegenwart und Zukunft auseinanderzusetzen. Das Verstehen der Aufgabe oder das Suchen von Material dürfen nicht die Hauptttätigkeiten sein.
- Regelmäßige Überprüfung der Lernfortschritte und deren Rückmeldung an die Schülerinnen und Schüler. Auch bei Lernen an Stationen sollen Lernende eine Rückmeldung zu ihrem Lernfortschritt bekommen – als summative oder formative Beurteilung.
- Formen kooperativen Lernens in Verbindung mit direkter Instruktion. Auch beim Lernen an Stationen wird die Wirksamkeit der Lernprozesse verbessert, wenn Formen direkter Instruktion vorkommen. Die Lehrperson darf sich nicht nur auf die Lernbegleitung beschränken.
- Anregende Lernaufgaben unterschiedlichen Schwierigkeitsgrades. Lernen an Stationen ist nur dann wirksam, wenn Lernende etwas Neues lernen, wenn sie dies auf eigenen Wegen tun können, wenn der Lernerfolg überprüfbar ist und wenn 80% einer Lerngruppe die Aufgabe lösen können. Auch in Lernwerkstätten sollen die Lernprozesse bedeutsam und angenehm sein.

Zur Annehmlichkeit und auch zur Wirksamkeit des Lernens trägt wesentlich die Verständlichkeit bei. Einfachheit, Ordnung, Prägnanz und Klarheit erreichen Lehrpersonen vor allem durch klug konzipierte Lernaufgaben, die attraktiv und anschaulich gestaltet sind. Je stärker zudem die Lernaufgaben mit dem beiliegenden Material korrespondieren, je deutlicher eine Kommunikation zwischen den Text- und Materialbausteinen einer Station und zwischen den Stationen erkennbar bist, desto eher akzeptieren Schülerinnen und Schüler die Lernwerkstatt als sinnvolles Ganzes und weisen sie nicht als chaotischen Steinbruch zurück.

So wie das Lernen an Stationen nicht für alle Schülerinnen und Schüler die beste Arbeitsform ist, so ist sie es auch nicht für alle Lehrende. Wer aber gerne organisiert, wer ein strukturiertes Durcheinander als Anregungspotential annehmen kann, wer überzeugt ist, dass es den optimalen Lernweg für alle Schülerinnen und Schüler nicht gibt, wer mit Unsicherheiten umgehen kann, wer sich zurücknehmen und nicht immer nur darbieten will, wer überzeugt ist, dass Jugendliche immer schon ein Vorwissen mitbringen, wer an ein Lernen in Freiheit glaubt, der wird Lernen an Stationen als gelungene Arbeitsform erleben und nicht mehr im Lehrrepertoire missen wollen.

Jede schulische Inszenierung hängt wesentlich von der Überzeugungskraft der Lehrperson ab. Rainer Bromme hat dargelegt, dass aus unterrichtspraktischen Gründen Lehrpersonen von ihrer Wirkung überzeugt sein und sich für den entscheidenden Faktor des Schülerlernens halten sollen (Bromme 1997). Das stimmt auch für die Lernwerkstatt. Allerdings wird bei dieser Arbeitsform für jede Lehrperson auch evident, wie relativ gering der Anteil der Lehrpersonen ist am Zustandekommen der Lernleistungen von Schülerinnen und Schüler. Lehrpersonen können und sollen nicht bei allen Schülerinnen und Schülern sein, wenn diese an Stationen lernen, sie können und sollen nicht gleichzeitig alle coachen, unterstützen, begleiten. Dieser Widerspruch für Lehrpersonen, zugleich von der eigenen Wirkung überzeugt sein zu müssen und gleichzeitig zu wissen, dass die Selbstständigkeit der Schülerinnen und Schüler die wichtigste Voraussetzung und der wichtigste Garant erfolgreichen Lernens ist, kann bei der Inszenierung von Stationenlernen zu einem Rollenkonflikt führen, der schwer auszuhalten ist. Aber bekanntlich erhöht sich mit einer großen Herausforderung oft auch die Attraktivität. So ist denn Lernen an Stationen für Lehrende und Lernende zugleich eine anspruchsvolle und bereichernde Arbeitsform.

Literatur

Bauer, Roland, Schülergerechtes Arbeiten in der Sekundarstufe I: Lernen an Stationen, Berlin 1997

Beck, Erwin u.a., Eigenständig lernende Schülerinnen und Schüler, in: Beck, Erwin u.a. (Hrsg.), Eigenständig lernen, St. Gallen 1995, S. 15-59

Bergmann, Klaus, Multiperspektivität. Geschichte selber denken, Schwalbach/Ts. 2000

Blöing, Peter, Antikes Griechenland – ein wenig gegen den Strich gebürstet: Bericht aus einer Lernwerkstatt, in Bergmann, Klaus; Rohrbach, Rita (Hrsg.), Kinder entdecken Geschichte, Schwalbach/Ts. 2001, S. 198-222

Bolliger, Markus, Werkstattunterricht in Geschichte. Von der Theorie zur Praxis, in: gh 15 (1996), H. 6, S. 302-315
Bromme, Rainer, Kompetenzen, Funktionen und unterrichtliches Handeln des Lehrers, in: Weinert, Franz E. (Hrsg.), Psychologie des Unterrichts und der Schule, Göttingen, Bern, Toronto, Seattle 1997. Bd. 3 der Enzyklopädie der Psychologie. Hrsg. Von Birbaumer, Niels u.a., S. 177-204
Gasser, Peter, Lehrbuch Didaktik, Bern 2001
Gruehn, Sabine, Vereinbarkeit kognitiver und nichtkognitiver Ziele im Unterricht, in: Zeitschrift für Pädagogik 41 (1995), H. 4, S. 530-546
Gautschi, Peter, Geschichte lehren. Lernwege und Lernsituationen für Jugendliche, 2. Aufl., Buchs 2000
Gautschi, Peter, Lernumgebungen zur Ausdifferenzierung des Geschichtsbewusstseins, in: Schönemann, Bernd; Voit, Hartmut (Hrsg.), Prinzipien und Praxis des historischen Lernens in den Schulstufen, Weinheim 2002
Gautschi, Peter, Wissenschaftler, Manager oder Coach? Veränderung der Lehrerrolle im binnendifferenzierten Unterricht, in: Ahlring, Ingrid (Hrsg.), Differenzieren und individualisieren. Praxis Schule extra, Braunschweig 2002, S. 30-37
Günther-Arndt, Hilke (Hrsg.), Geschichtsdidaktik. Praxishandbuch für die Sekundarstufe I und II, Berlin 2003
Hegele, Irmintraut, Lernziel: Stationenarbeit. Eine neue Form des offenen Unterrichts, 4. Aufl., Weinheim, Basel 1999
Klafki, Wolfgang, Neue Studien zur Bildungstheorie und Didaktik, 2. Aufl., Weinheim, Basel 1991
Mandl, Heinz; Reinmann-Rothmeier, Gabi, Unterrichten und Lernumgebungen gestalten, München 1995
Michalik, Kerstin, Ägypten an Stationen. Selbstständiges Lernen im Anfangsunterricht, in: Geschichte lernen 14 (2001), H. 82, S. 36-45
Pallasch, W.; Wiechmann, J., Lernen in – mit – durch Werkstätten: die Entwicklung einer Idee, in: Praxis Schule 5 -10/12 (2001), H. 3, S. 6-8
Rohrbach, Rita, Lernen im Geschichtsraum – Ein Überblick zu Lehr- und Lernwegen zu Beginn des Historischen Lernens, in: Bergmann, Klaus; Rohrbach, Rita (Hrsg.), Kinder entdecken Geschichte, Schwalbach/Ts. 2001, S. 71-116
Rüesch, Peter, Gute Schulen im multikulturellen Umfeld, Zürich 1999
Sauer, Michael, Geschichte unterrichten. Eine Einführung in die Didaktik und Methodik, Seelze-Velber 2001
Strotzka, Heinz; Windischbauer, Elfriede, Offenes Lernen im Geschichtsunterricht für die Sekundarstufe I unter besonderer Berücksichtigung der Integration und des Interkulturellen Lernens, Wien 1999
Terhart, Ewald, Konstruktivismus und Unterricht, in: Zeitschrift für Pädagogik 45 (1999), H. 5, S. 629-647
Vettiger, Heinz (Hrsg.), Unterricht planen, durchführen, auswerten, Hannover 1998
Völkel, Bärbel, Wie kann man Geschichte lehren? Die Bedeutung des Konstruktivismus für die Geschichtsdidaktik, Schwalbach/Ts. 2002
Weinert, Franz E., „Der gute Lehrer", „die gute Lehrerin" im Spiegel der Wissenschaft, in: Beiträge zur Lehrerbildung 14 (1996), H. 22, S. 141-151
Weinert, Franz E. (Hrsg.), Psychologie des Unterrichts und der Schule. Serie Pädagogische Psychologie, Band 3, Göttingen
Wiechmann, Jürgen; Lange, K.; Freinet, Célestin, Die Kernideen, in: Wiechmann, Jürgen (Hrsg.), Mitreißende Schulen, Braunschweig 1998, S. 54-64

Hartmann Wunderer

Kursunterricht

Durchforstet man die Pläne der einzelnen Bundesländer über die Ziele des Geschichtsunterrichts in der gymnasialen Oberstufe, findet man fast gleichlautende Postulate: Der Unterricht soll die Allgemeinbildung fördern und die Schülerinnen und Schüler zum Studium bzw. zur Berufsausbildung qualifizieren (Sekretariat Kultusminister 1995, 78 f.). Welchen spezifischen Beitrag der Geschichtsunterricht zu diesen Zielen und Qualifikationen zu leisten vermag, bleibt dabei aber eher sehr allgemein. Der gesellschaftliche Gebrauchs- und Tauschwert allein von historischen Kenntnissen ist jedenfalls denkbar gering, denn historische Grundinformationen lassen sich auch auf vielfältige und einfache Weise allerorten mühelos abrufen. Nicht zuletzt Multimedia hat das traditionelle Memorierwissen dramatisch entwertet.

Geschichtsunterricht in der Sekundarstufe II: Einführungs- und Qualifikationsphase

Während der Geschichtsunterricht in der Sekundarstufe I in der Regel grob chronologisch angelegt ist und ein breites, einführendes Überblickswissen über alle wichtigen historischen Epochen vermitteln will, erfolgt er in der gymnasialen Oberstufe in thematisch orientierten Kursen. In der Einführungsphase der Jahrgangsstufe 11 wird in der Regel eine breite kompensatorische Orientierung über historische Themen und Arbeitsformen beabsichtigt, die die unterschiedlichen Wissens- und Lernvoraussetzungen der Schülerinnen und Schüler ausgleichen soll. Die Anlage der Einführungsphase wird gelegentlich als Fehlkonstruktion kritisiert, denn man kann nicht ein Schuljahr lang methodisch und inhaltlich auf eine Qualifikationsphase vorbereiten, die nicht deutlich länger als die Einführungsphase dauert und in ihren letzten Monaten bereits durch die Vorbereitung auf die Prüfung geprägt ist. Zumal die Leistungen in der Einführungsphase nicht in die Gesamtqualifikation des Abiturs eingehen, interpretieren manche Schülerinnen und Schüler diese als verlorene oder überflüssige „Parkzeit“ ohne lebensweltliche Attraktivität, die mit dem Lernen von fragwürdigem Überblickswissen gefüllt wird, während erst in der Qualifikationsphase jede einzelne Lernleistung im Hinblick auf die Gesamtqualifikation belohnt oder bestraft wird. Sinnvoll wäre es, diese Einführungsphase durch vielfältige Formen des selbstständigen und eigenverantwortlichen Arbeitens und Lernens an exemplarischen Beispielen zu gestalten, die nicht an einen überfrachteten Stoffkatalog gebunden sind, und das wissenschaftspropädeutische Lernen mit der Lebensweltorientierung zu verknüpfen.

In der Kursphase der Jahrgangsstufen 12 und 13 soll hingegen eine differenzierte Auseinandersetzung mit ausgewählten Inhalten, Themen und historischen Methoden erfolgen. Dabei können die Lernenden unter einem begrenzten Angebot von thematisch unterschiedlich akzentuierten Kursen auswählen. In diesen Kursen sollten die Schülerinnen und Schüler laut staatlicher Lehrplanvorgaben an der inhaltlichen und methodischen Planung und Durchführung des Unterrichts beteiligt werden, das dürfte jedoch die meisten Schülerinnen und Schüler überfordern.

Inwieweit diese Intentionen der kultusministeriell verordneten Rahmenpläne den schulischen Realitäten und Möglichkeiten entsprechen, soll hier unerörtert bleiben. Ferner fordern viele Lehrpläne für die Sekundarstufe II die „Öffnung des Unterrichts", also die Einbeziehung außerschulischer Lernorte wie Museen oder Archive, Stadtteile oder Denkmäler usw. sowie die forcierte Umsetzung des fächerübergreifenden Unterrichts zumal im Rahmen von Geschichts-Leistungskursen. – Kursthemen orientieren sich nicht mehr an der klassischen historischen Chronologie, sondern an – weitgehend gegenwartsbezogenen – wissenschaftlich und ansatzweise auch didaktisch begründeten Themen- oder Fragestellungen. Die gegenwartsbezogenen Themen sollen insbesondere im letzten Kurshalbjahr vor dem Abitur behandelt werden. – Kurse dienen insofern dem wissenschaftspropädeutischen Auftrag der Sekundarstufe II, als hier relevante historische Methoden systematisch berücksichtigt und fächerübergreifende Fragestellungen bearbeitet werden sollen.

Zur Problematik von Basis- und Orientierungswissen

Während das Methodenlernen mittlerweile zunehmend anerkannt und betont wird, besteht beträchtliche Unklarheit bei der Frage, was zu dem vielbeschworenen historischen Orientierungswissen zählen sollte. Muss man die Daten der drei Punischen Kriege gespeichert haben, die Regierungszeiten der Ottonen im Hochmittelalter, muss man die einzelnen Schritte hin zur deutschen Einigung im 19. Jahrhundert, die Details der Außenpolitik Stresemanns oder gar die der chinesischen Revolutionen im 20. Jahrhundert parat haben? Viele Historiker und Geschichtslehrer verfügen selbstverständlich über dieses „Grundwissen", weil sie ständig damit zu tun haben und es durch ihren Unterricht regelmäßig wieder „auffrischen", aber gehört es auch zur Allgemeinbildung? Die Frage, was zu einem historischen Basiswissen zählen sollte, ist letztlich nicht verbindlich beantwortbar. Die Klärung dieses Problems hängt vielmehr unmittelbar von spezifischen politisch-ideologischen Vorgaben und entsprechenden wissenschaftstheoretischen Prämissen ab und ist daher in demokratisch und pluralistisch verfassten Gesellschaften nicht autoritativ entscheidbar (v. Borries 1996).

Methodische Qualifikationen

Dem Geschichtsunterricht in der Sekundarstufe II kann und darf es jedoch ohnedies nicht mehr allein um den Erwerb von mehr oder minder differenzierten historischen Sachkenntnissen, geschweige denn um „Daten und Fakten" (vgl. hierzu Lorenz 1997, 17 ff.) gehen, sondern um die Ausbildung von Qualifikationen zur kritischen Auseinandersetzung mit Geschichte und der gegenwärtigen Geschichtskultur (Rüsen 1994; Bock/Wolfrum 1999) sowie mit dem Erwerb von historischen Kompetenzen. Versteht man darunter nicht einfach die Verfügung über fachunspezifische Arbeitstechniken (Bibliographieren, Exzerpieren etc.) oder historische Grundinformationen, also über ein historisches Orientierungs- und Basiswissen, sondern methodische Qualifikationen, werden die staatlichen Vorgaben allerdings erheblich vager und unspezifischer. Welche methodischen Kompetenzen sollte nun der Unterricht in der Sekundarstufe II vermitteln, die der Allgemeinbildung und der Studierfähigkeit dienen?

Exkurs: Unklare und überspitzte fachliche und methodische Anforderungen

Wie auch bei anderen Unterrichtsfächern weichen im Geschichtsunterricht die hohen, elaborierten fachdidaktischen Ansprüche an den Unterricht in der Sekundarstufe II eklatant von dem faktischen Ertrag des Unterrichts ab. Betrachtet man etwa bei Abiturarbeiten das verfügbare Wissen bei den allermeisten Schülerinnen und Schülern und deren Fähigkeiten zur kritischen Methodenreflexion mit den Ansprüchen der didaktischen Diskussion, öffnen sich Abgründe. Ein „Grundwissen" zu den verschiedenen historischen Epochen ist in der Regel lückenhaft vorhanden. Die Fähigkeit etwa zur reflektierten Auseinandersetzung mit verschiedenen Quellengattungen ist hingegen wenig ausgeprägt. Geschichtstheoretische Basisqualifikationen oder Einsichten haben nur ganz wenige Schülerinnen und Schüler erworben und sie können diese kaum verbal entfalten oder begründen. Vor allem die hochdifferenzierten Unterrichtspläne, wie etwa die von Nordrhein-Westfalen, entwickeln zwar eine ausgefeilte fachdidaktische Konzeption, die jedoch die konkreten, unterrichtspraktisch-umsetzbaren Möglichkeiten wenig bedenken (mehr dazu unten). Möglicherweise haben die Kommissionen, die derartige Modelle entwickelten, bislang wenig Interesse an der Klärung der Frage gezeigt, wie ihre elaborierten Ansprüche auch unterrichtspraktisch realisiert werden oder werden können und welche „Erträge" sie tatsächlich zeitigen. Dieses alltägliche Auseinanderfallen von hohen, wenn nicht gar überzogenen kultusministeriell abgesegneten didaktischen Reflexionen und Forderungen einerseits und konkreten Lernmöglichkeiten in der Sekundarstufe II andererseits kennzeichnet die gegenwärtige Situation, wenn nicht gar das Elend des Geschichtsunterrichts in der gymnasialen Oberstufe. Bei den hochfliegenden didaktischen Erwartungen werden einerseits die tatsächlichen fachlichen Qualifikationen der Lehrerinnen und Lehrer zu optimistisch eingeschätzt und andererseits damit das durchaus lebendige Interesse an Geschichte und das historische Orientierungsbedürfnis bei sehr vielen Schülerinnen und Schülern verfehlt.

Fachdidaktische Defizite

Das angedeutete Problem liegt indes nicht allein im mutmaßlichen Unvermögen zur „didaktischen Elementarisierung" oder im Profilierungsdruck bei den zuständigen Kommissionen begründet, sondern auch in der dramatischen Entwicklung der fachdidaktischen und geschichtstheoretischen Diskussionen der letzten Jahrzehnte. Diese Diskussionen produzierten schier ungeduldig neue Erwartungen an die schulische (und universitäre) Umsetzung und bedachten dabei wenig die in den Kollegien verfügbaren fachlichen, didaktischen und geschichtstheoretischen Orientierungen und Qualifikationen. Nur ein Beispiel: Welcher Kollege/welche Kollegin ist aus eigener Forschungspraxis heraus in der Lage, sich auch nur ansatzweise mit der komplexen geschichtstheoretischen Problematik von Alltagsgeschichte (vgl. hierzu Niethammer 1980; Schulze 1994) auseinanderzusetzen? Allenfalls nur wenige. Denn der „Alltag" gilt zwar allgemein als „grau", stellt aber wegen seiner vielfältigen Schattierungen die geschichtstheoretisch anspruchvollste Form der (Re)konstruktion von Geschichte dar, denn der Alltag wird von komplexen Strukturen geprägt, nicht eben einfach nur von Arbeit und Armut. Der NRW-Plan für die Sekundarstufe II formuliert die Auseinandersetzung mit dem Alltag aber gar als Anspruch an die Schülerinnen und Schüler (Richtlinien und Lehrpläne für die Sekundarstufe II – Gymnasium/Gesamtschule in Nordrhein-Westfalen. Geschichte, S. 71). Dabei wird – wenn überhaupt – nur wenig Sinnvolles, allenfalls reichlich Oberflächliches herauskommen! Die Auseinandersetzung mit Geschichtsmethodik und -theorie setzt in der Regel eigene Forschungspraxis und deren kritische Reflexion voraus, sonst bleibt diese eher abstrakt und folgenlos. Aber welcher Kollege, welche Kollegin kann diese Voraussetzung durch eigene kontinuierliche historische Forschungen tatsächlich erfüllen? Ein vielleicht einmaliges und möglicherweise auch verdienstvolles Projekt von Lehrerinnen und Lehrern zur Schulgeschichte, zur Geschichte etwa der Sinti und Roma oder der Juden „vor Ort" kann dieses methodische Defizit nicht beheben. Geschichtstheoretische und methodische Reflexionen ohne eigene Praxis bleiben aber für die Schülerinnen und Schüler ein wenig ergiebiges Trockenschwimmen.

Tatsächlich sind, das sollte die fachdidaktische Diskussion endlich ernsthaft zur Kenntnis nehmen, geschichtsdidaktische und vor allem geschichtstheoretische Fragestellungen nicht nur den allermeisten Schülerinnen und Schülern, sondern auch vielen jüngeren und auch den älteren Kolleginnen und Kollegen, mehr oder minder „böhmische Dörfer". „Geschichte" erschöpft sich für viele immer noch mehr oder minder in dem Lernen von reproduzierbaren historischen „Wissen", das aber schnell wieder vergessen wird, erst recht aber die „abgehobenen" theoretischen Reflexionen, wenn diese nicht mit eigener Forschungspraxis einhergehen oder aus dieser resultieren. Dieser bitteren Realität und Kalamität stellen sich weder die allermeisten neueren, am „grünen Tisch" entstandenen universitären geschichtsdidaktischen Diskussionen und Modelle und auch nicht die kultusministeriellen Rahmenpläne für die Sekundarstufe II. Allenfalls die Bundesländer mit dem fachdidaktisch antiquierten Zentralabitur huldigen noch dem wissenschaftstheoretisch längst obsoleten Mythos, dass es „die" Geschichte gäbe, deren „Grundzüge" die Schülerinnen und Schüler lernen und bei Klausuren und beim Abitur reproduzieren sollen. Aber auch dieses durch das Zentralabitur erzwungene Lernwissen hat, wenn es nicht regelmäßig benötigt und damit aufgefrischt wird, bekanntlich nur eine sehr geringe Halbwertzeit.

Objektivistisches Missverständnis

Auch die neueren Unterrichtswerke für die Sekundarstufe II leisten tendenziell dem „objektivistischem Missverständnis", dass es „eine" oder „die" Geschichte gäbe, Vorschub, indem sie in den Autorentexten die „gültige" Version von Geschichte reproduzieren und nur mit einigen Quellen und Materialien zur Auseinandersetzung mit kontroversen Einschätzungen von Detailperspektiven einladen. Gleichwohl vermitteln sie immer noch implizit den Mythos von „der" Geschichte. Mit der Beachtung des Prinzips der Kontroversität von Geschichtsdeutung durch die heute Lernenden ist sicherlich einiges gewonnen, aber damit sind die Schülerinnen und Schüler vom Verständnis von Geschichtstheorien und der Einsicht in den Konstruktivitätscharakter von Geschichte noch weit entfernt. Aber gerade dann, wenn wir den Schülerinnen und Schülern vermitteln wollen, was denn „Geschichte" ist, müssen wir sie auf dieses Grundproblem zurückverweisen. Das verkompliziert erheblich die Antwort auf die hilflose, aber oft gestellte Schülerfrage, was sie denn nun für die Klausur oder das Abitur lernen sollen, wenn es „die" Geschichte nicht gibt.

Geschichtsunterricht und wissenschaftspropädeutische Qualifikationen

Mittlerweile setzt sich in der fachdidaktischen Diskussion und in einigen Lehrplänen immer stärker die Vorstellung durch, dass historisches Lernen und Wissen besonders die Ausbildung eines reflektierten Geschichtsbewusstseins meint. In der Profilierung eines Geschichtsbewusstseins liegt auch und gerade der spezifische Beitrag, den der Geschichtsunterricht in der Sekundarstufe II zur Studierfähigkeit leisten kann, nicht nur für ein Geschichtsstudium, sondern allgemein als wissenschaftspropädeutische Qualifikation, zumal die dabei erworbenen Fähigkeiten und Einsichten vor allem auf andere geisteswissenschaftliche Disziplinen übertragen werden können. Betrachten wir hierzu einige Aspekte von *Geschichtsbewusstsein* etwas näher:

- Der Begriff Geschichtsbewusstsein zielt darauf, was in einer Gesellschaft an Wissen und Vorstellungen über die eigene Vergangenheit und Gegenwart sowie über die anderer sozialer und oder nationaler Gruppen überliefert und in der Gegenwart politisch wirksam ist.
- Diese Erinnerungen sollten auf ihre früheren und gegenwärtigen ideologischen Implikationen hin befragt werden. Solche Erinnerungen und Geschichtsdeutungen verdichten sich in Geschichtsbildern, deren Genese und Funktion kritisch analysiert werden muss.
- Diese – nicht selten stereotypen – Geschichtsbilder filtern die Wahrnehmung von Geschichte und damit auch von Gegenwart und Zukunft. Die Untersuchung derartiger „Filter" profiliert und differenziert somit spezifische Wahrnehmungs- und Deutungsmuster der eigenen und fremden Lebensverhältnisse.
- Geschichtsbilder gehen nicht selten mit bestimmten Vorstellungen vom Geschichtsverlauf, also mit populären und verbreiteten „Geschichtstheorien" einher, oft z.B. mit

organologischen Vorstellungen wie „Wachstum“, „Reife“, „Blüte einer Kultur“, „Niedergang“, „Zerfall“ etc. einer Kultur, Gesellschaften, von Staaten.

Solche Vorstellungswelten, Geschichtsbilder und Mythen sind indes nicht nur im Alltag wirksam, in der politischen Diskussion und in den Medien, sondern auch in den Nachbarwissenschaften, die sich der Geschichtswissenschaft als Hilfswissenschaft bedienen. Damit kommen wir zu weiteren wichtigen wissenschaftspropädeutischen Leistungen des Geschichtsunterrichts: Der Geschichtsunterricht sollte die weit verbreitete Text-, Bild- und Buchgläubigkeit aufbrechen. Zu historischen Einsichten gelangt man im wesentlichen durch die Interpretation von zumeist schriftlichen Quellen. Hier sind jedoch elementare Probleme der Hermeneutik berührt, mit denen sich auch andere sozial- und geisteswissenschaftliche Disziplinen befassen müssen (Pandel 2000). Der Geschichtsunterricht kann und soll zu einer grundsätzlich kritisch-reflektierten Distanz zu allen Text- und Bildmedien auffordern, etwa auch gegenüber vermeintlich „authentischen“ Fotografien (vgl. Sauer 2000; Wunderer 2000).

Die schulische Auseinandersetzung mit derartigen Problemen impliziert (neben der Profilierung eines reflektieren Geschichtsbewusstseins) eine Auseinandersetzung und historische Verortung mit grundlegenden wissenschaftstheoretischen Fragen: Wie gelangt man zu methodisch „gesicherten“ Aussagen, welche Reichweite und möglicherweise praktisch-politische Folgen haben bestimmte Aussagen, gibt es einen Zusammenhang von Sprache, Begriffen und Erkenntnis u.v.a.m. (vgl. Lorenz 1997). Bereits diese wenigen Hinweise demonstrieren, dass es zwischen dem historischen Denken viele Berührungs- und Anknüpfungspunkte zu den anderen Sozialwissenschaften, aber auch zu den Geistes- und vor allem den Sprachwissenschaften gibt.

Probleme der Sequenzbildung: Historische Längs- und Querschnitte und andere historische Untersuchungsverfahren

Das traditionelle Konzept allein eines „zweiten Durchgangs durch die Geschichte“ oder des *genetisch-chronologischen Verfahrens* ist also geschichtstheoretisch und geschichtsdidaktisch nicht mehr haltbar. Daher entwickelten die einzelnen Bundesländer Modelle eines reduzierten Durchgangs durch die Geschichte, die sich bisweilen an einer „relativen Chronologie“ orientieren. Und gerade die Epochen bzw. Themen, die dabei gekürzt oder gar gestrichen wurden, z.B. in der Antike oder im Mittelalter, geben Anlass für unendliche Klagen. Sicher: Der Vorzug dieses Verfahrens könnte theoretisch darin bestehen, die für die Analyse von historischen Prozessen notwendige Informationsbasis zu schaffen, Entwicklungslinien und historische Zusammenhänge durchsichtig zu machen. Auf der anderen Seite liegt hier die Gefahr besonders nahe, einem vermeintlichen Determinismus zu erliegen, denn die genetisch-chronologische Untersuchung suggeriert eine eindimensionale Logik der historischen Entwicklung, die sich bei näherer Betrachtung nicht selten als eine eindimensionale, spezifische Konstruktion durch einen Historiker erweist, der aber auch ganz andere historische Entwicklungslogiken entgegengestellt werden könnten. (Daniel 1997)

Die meisten neueren Lehrpläne operieren mit verschiedenen Modellen der Sequenzbildung, deren Ausgestaltung teilweise in die Hände, die Selbstverantwortung der schulischen Fachkonferenzen gelegt wird, die die staatlichen Rahmenvorgaben konkretisieren und ausfüllen sollen und dabei die systematische Erweiterung und Progression der thematischen Schwerpunkte und des Methodenlernens im Blick haben müssen. Dabei sollen die Schülerinnen und Schüler zum Beginn der Jahrgangsstufe 12 „gleiche Lernvoraussetzungen" erworben haben. Solche steilen Postulate lassen sich freilich leichter formulieren als realisieren. Ihre Umsetzung würde indes ziemlich rigide Vorgaben für den Unterricht in der Jahrgangsstufe 11 voraussetzen. Derartige staatliche Vorgaben erinnern jedoch ein wenig an die Quadratur des Kreises, denn das Versprechen von schulischer Selbstveranwortung bei inhaltlichen Festlegungen wird mit Auflagen verknüpft, die strenggenommen kaum einlösbar sind. Hierzu nur ein banales Beispiel, das man unmittelbar nachvollziehen kann: „Die Schülerinnen und Schüler müssen [nach der 11. Jahrgangsstufe] die Ergebnisse der Quellenanalyse und -interpretation sachgerecht und sprachlich korrekt darstellen können" (Richtlinien und Lehrpläne NRW, 75). Solche Aussagen operieren implizit mit wissenschaftstheoretischen Annahmen, die man als überzogen bezeichnen kann, denn sie unterstellen, dass es „die" sachgerechte Analyse und Interpretation von historischen Quellen gibt oder geben könnte, die mehr oder minder selbstständig von den Schülerinnen und Schülern geleistet werden kann. Quellen, die ich in der 60er-Jahren als Schüler im Rahmen eines durchaus soliden Geschichtsunterricht gelesen habe, wurden in meinem Studium ganz anders als in der Schule gedeutet; heute lese ich solche Texte wieder unter ganz anderen Vorzeichen und mit völlig anderen Ergebnissen... Eine „sachgerechte" Quellenanalyse wird damit noch nicht zu einem Mythos, wohl aber zu einem Unternehmen mit komplizierten methodischen Fallstricken (Pandel 2000 und vor allem Daniel 1997).

Beispiele für andere Formen der Sequenzbildung

Am verbreitesten sind wohl *historische Längsschnitte*, die sich mit der Entwicklung historisch übergreifender Themen oder Problemstellungen befassen (etwa der Geschichte der Arbeit, der Umwelt, der Geschlechterbeziehungen etc.). Längsschnitte ermöglichen eine Untersuchung der Dauer und des Wandels, sozialer und politischer Problemkontinuitäten und Brüche historischer Institutionen (etwa der Familie), mit ihnen lässt sich am ehesten ein Gegenwartsbezug herstellen. Das Problem bzw. die Gefahr von Längsschnitten besteht indes darin, dass man die ausgewählten Phänomene von ihren spezifisch historischen Rahmenbedingungen herauslöst und damit ihre spezifische *Historizität* verfehlt.

Beim *historischen Querschnitt* (z.B. „Reformationszeit" oder „Jahrhundertwende") werden gleichzeitig existierende historische Phänomene in den Blick genommen, wobei der historische Raum sehr begrenzt oder auch sehr weit sein kann. Mit Querschnitten lässt sich am Besten die „Gleichzeitigkeit des Ungleichzeitigen" erkennen, Interdependenzen zwischen verschiedenen Bereichen wie Kultur, Ökonomie, Politik, Mentalitäten etc. erkunden. Bei Querschnitten geraten jedoch notgedrungen Aspekte der Prozesshaftigkeit und der Veränderung historischer Phänomene weniger in den Blick.

Mit Längs- und Querschnitten durch die Geschichte ist indes nicht der Königsweg für einen zeitgemäßen Geschichtsunterricht gefunden, sondern es wurde ein neues Konstrukt von Geschichte geschaffen, das der kritischen Reflexion bedarf. Die pragmatisch denkenden Apologeten von Längsschnitten müssen daher auch die Grenzen dieses Verfahrens deutlich akzentuieren. Dies illustriert bereits ein kurzer Blick etwa auf die oben genannten Längsschnittthemen ebenso wie auf die Geschichte abstrakterer Gebilde wie die Geschichte der Nation, der Revolutionen oder des Staates. Ohne eine Reihe von in historische Längsschnitte eingelagerte Querschnitte, die ein Beziehungsgeflecht zwischen verschiedenen historisch relevanten Einzelaspekten herstellen und damit die zentralen Aspekte des Längsschnitts historisch verorten – sind Längsschnitte ahistorisch, denn die Entwicklung und Veränderung etwa der Geschlechterverhältnisse vom 18. bis ins 20. Jahrhundert ist nicht aus sich selbst heraus begründbar (Bock).

Die *Einzelfalluntersuchung* erlaubt in besonders hohem Maße selbstständige historische Recherchen durch die Schülerinnen und Schüler, man denke etwa an Themen wie die Revolution 1848 vor Ort, an die Novemberrevolution, die „Machtergreifung" oder die Nachkriegszeit in XY. Solche in der Regel lokal- oder regionalgeschichtliche Falluntersuchungen ermöglichen ein hohes Maß an Konkretheit, Anschaulichkeit und Genauigkeit. Allerdings müssen die untersuchten Einzelphänomene in größere räumliche und zeitliche Prozesse eingebettet werden, um die historisch relevante Frage der Repräsentativität der lokalen Vorgänge diskutieren zu können. Bei diesem Verfahren sind auch unterschiedliche Unterrichtsformen naheliegend (➛ Projektarbeit, ➛ Gruppenarbeit, ➛ Archivarbeit, ➛ Zeitzeugenbefragung); ebenso sind hier vielfältigere und kreativere Formen der Ergebnispräsentation als bei anderen Untersuchungsverfahren möglich. Allerdings ist bei Einzelfalluntersuchungen der Recherche- und Arbeitsaufwand für den Lehrer und die Schüler erheblich höher als bei anderen Unterrichtsverfahren, aber dafür möglicherweise wesentlich lohnender. Der Lerneffekt dürfte jedenfalls angesichts der erforderlichen selbstständigen Schülerarbeit in der Regel deutlich ergiebiger sein als bei traditionellen Verfahren.

Erwähnt seien noch die *Strukturanalyse*, bei denen historische Theorien und Modelle auf ein historisches Ereignis oder einen Prozess bezogen werden. Unter wissenschaftspropädeutischen Gesichtspunkten mag dieses Verfahren besonders lohnend sein, allerdings wird dabei eine selbstständige Schülerrecherche kaum möglich und der Grad der Anschaulichkeit sehr gering sein. Bei manchen Themen ist auch das *biographische Verfahren* sinnvoll und lohnend, man denke z.B. an den Widerstand im „Dritten Reich" oder an geschlechtergeschichtliche Fragestellungen. Und schließlich gibt es noch das Verfahren des *historischen Vergleichs*, bei dem nach strukturellen Analogien und Differenzen gefragt wird (➛ Der Vergleich). Hier müssen Vergleichskriterien entwickelt und diskutiert, vergleichbare Strukturen und Probleme idenfiziert werden. Hier bieten sich z.B. Einzelaspekte und Parallelen, aber auch fundamentale Differenzen zwischen der NS-Diktatur und der Geschichte der DDR an. Historische Vergleiche fördern ohne Zweifel das historische Urteilsvermögen, sind aber wie historische Strukturanalysen in der Regel wenig anschaulich und konkret.

Beispielsequenz

Besonders komplex und für viele Lernende und Lehrende zunächst sehr verwirrend ist der Oberstufenplan für Nordrhein-Westfalen, bei dem verschiedene historische *Dimensionen* (Politik-, Wirtschafts-, Sozial-, Kultur- und Zivilisations-, Umwelt- und Geschlechtergeschichte), *Methoden* (gegenwartsgenetische, diachrone, synchrone Untersuchung, Einzelfalluntersuchung und perspektivisch-ideologiekritische Untersuchung), „*Zeitfelder*" (Alte Geschichte, Mittelalter und Frühe Neuzeit, 19. Jahrhundert, 20. Jahrhundert und Zeitgeschichte) sowie „*Handlungs- und Kulturräume*" (Orts- und Regionalgeschichte, deutsche, europäische und außereuropäische Geschichte) berücksichtigt werden müssen. Erheblich reduzierter sind demgegenüber etwa die Pläne von Niedersachsen oder Hessen, erst recht die von Bundesländern mit dem Zentralabitur, die weitgehend noch traditionelle Stoffpläne präsentieren.

Ein hier nur verkürzt zitiertes Beispiel einer Sequenzbildung des NRW-Plans sieht folgende Themen vor (Richtlinien und Lehrpläne NRW, S. 79 ff):

Kurs 11/1: Die Menschen- und Bürgerrechte – eine universale Norm für Männer und Frauen? Dimensionen: geschlechter-, politik- und wirtschaftsgeschichtliche; Methoden: diachrone Untersuchung; Handlungs- und Kulturräume: alle Bereiche möglich.

Kurs 11/2: 1900: Jahrhundertwende = Zeitenwende? Der Durchbruch der Moderne 1880-1930. Alle Dimensionen; Methode: synchrone Untersuchung; Zeitfelder: 19. und 20. Jahrhundert; Handlungs- und Kulturräume: deutsche und europäische Geschichte, Orts- und Regionalgeschichte möglich.

Kurs 12/1: Der christlich-europäische Westen und der Islam – Kampf der Kulturen? Dimensionen: besonders kultur- und politikgeschichtliche; Methoden: diachrone Untersuchung, synchroner Vergleich, Fallanalyse; Zeitfelder: Mittelalter und Frühe Neuzeit; Handlungs- und Kulturräume: deutsche, europäische und außereuropäische Geschichte.

Kurs 12/2: Einheit oder Teilung Europas? Zur Bedeutung von Revolutionen für Europa 1789-1989. Dimensionen: politik–, sozial- und geschlechtergeschichtliche; Methoden: diachrone und perspektivisch-ideologiekritische Untersuchung; Zeitfelder: 19. und 20. Jahrhundert; Handlungs- und Kulturräume: deutsche und europäische Geschichte, Orts- und Regionalgeschichte möglich.

Kurs 13/1: Vergangenheit, die nicht vergeht – Nationalsozialismus und Zweiter Weltkrieg. Dimensionen: besonders politik- und sozialgeschichtliche; Methoden: gegenwartsgenetische Untersuchung, Fallanalyse möglich; Zeitfeld: 20. Jahrhundert; Handlungs- und Kulturräume: deutsche und europäische Geschichte, Lokal- und Regionalgeschichte möglich.

Kurs 13/2: Gründungsmythen – die Erfindung der Nation aus der Geschichte. Dimensionen: kultur- und politikgeschichtlich; Methoden: perspektivisch-ideologiekritische Untersuchung, Fallanalyse; Zeitfelder: alle; Kultur und Handlungsräume: deutsche und europäische Geschichte.

Grund- und Leistungskurse

Grund- und Leistungskurse verfolgen beide das Ziel der Studierfähigkeit. Sie unterscheiden sich in der Regel nicht durch die in ihnen behandelten Fragestellungen und Unterrichtsthemen, sondern durch den zeitlichen Umfang und die Intensität der Durchdringung der historischen Gegenstände, der Chancen der Schülerinnen und Schüler, eigenständige Aktivitäten zu entfalten und vor allem hinsichtlich der Methodenreflexion. In Grundkursen wird es eher darum gehen, historische Themen, Probleme und Zusammenhänge an ausgewählten Beispielen in exemplarischer Weise zu thematisieren. Leistungskurse bieten im Gegensatz zu Grundkursen die Chance, sich eingehender mit historischen Theorien und Modellen (z.B. Modernisierungstheorien) auseinanderzusetzen. In Leistungskursen wird es eher möglich sein, die oben dargelegten Erkenntnisprobleme historischer Forschung stärker zu thematisieren und Methodenprobleme eingehender zu erörtern. Gerade die Relativität oder die Standortgebundenheit historischer Erkenntnisse kann in Leistungskursen zumindest ansatzweise reflektiert werden. – Leistungskurse ermöglichen schließlich eine größere Vielfalt der selbstständigen Interpretation sprachlicher und nichtsprachlicher Quellen. Gerade das „Durchspielen" verschiedener Deutungen etwa von Bildern, Karikaturen, das dem oft beschworenen „visuellen Analphabetismus" entgegenwirken kann, ist äußerst zeitintensiv, noch mehr das von Filmen, ebenfalls die häufig empfohlene praktische Auseinandersetzung mit Oral History (➛ Zeitzeugenbefragung). Solche methodischen Arbeitsformen sind nur sehr selten in Grundkursen zu leisten, sie können allenfalls in Leistungskursen realisiert werden, aber auch hier nur in exemplarischer Weise.

Kursbände für den Unterricht in der Sekundarstufe II

Für die Lehrpläne der Bundesländer, die noch ein Zentralabitur und damit den traditionellen zweiten „Durchgang durch die Geschichte" kennen (wobei sich dieser „Durchgang" zwangsläufig fast ausschließlich auf die konventionelle politische Ereignisgeschichte bezieht), gibt es einige Lehrwerke, die die traditionelle politische Ereignisgeschichte präsentieren: „Geschichte und Geschehen" (Klett); „Epochen und Strukturen" (Diesterweg); „Buchners Kolleg Geschichte" (Buchner); „Kursbuch Geschichte" (Cornelsen); mit Einschränkungen auch das recht anspruchsvolle „Geschichtsbuch Oberstufe" (Cornelsen). Schwieriger sieht es für einen Unterricht aus, der nicht mehr dem Anachronismus eines primär ereignisgeschichtlich orientierten zweiten Durchgangs huldigt, vielmehr auch wissenschaftstheoretische und methodische Probleme an exemplarischen historischen Fragestellungen behandeln will. Für einen solchen Unterricht eignen sich die genannten Werke wenig. Sie können eher als Nachschlage- oder Nachlesewerk für den Hintergrund der jeweiligen Kursthemen dienen, kaum aber als ausschließliches oder hinreichend einsetzbares Unterrichtsmedium. Diese teuren Bände bieten mit ihren historisch übergreifenden Darstellungen und Materialien zu wenig für spezielle Kursthemen und oft nur sehr pauschale Anregungen und Materialien für methodische und geschichtstheoretische Reflexionen.

Einige Schulbuchverlage bereiten derzeit Kursbände und Materialien vor, die den gegenwärtigen didaktischen Ansprüchen durch eine Verbindung von „Grundinformationen“ mit relevanten Kursthemen und Methodenkapiteln zu entsprechen suchen. Das bei Cornelsen erschienene Bändchen „Methodenarbeit im Geschichtsunterricht“ enthält wohl einige elementare Grundinformationen, die aber nur begrenzt einen Transfer auf andere Materialien oder Themen erlauben und kaum wissenschaftstheoretische Reflexionen, geschweige denn Materialien, mit denen man einen Kurs, in dem es zentral um Probleme historischer Erkenntnis geht, gestalten könnte. Bei der Analyse von Filmen zu historischen Themen helfen z.B. allein die „technischen“ Hinweise zu Aspekten der Kameraführung und -bewegung, Einstellungsgrößen wie Totale, Halbtotale, Schnittstellen, zum Musikeinsatz etc. kaum weiter. Aspekte des ideologischen Gebrauchs von Geschichte und der Geschichtskultur können mit derartigen eher technischen Analysemethoden allenfalls nur oberflächlich erfasst werden. Der berühmte Film „Schindlers Liste“ lässt sich eben nicht einfach nur mit der Technik der Kameraführung erfassen und kritisch analysieren (so die Anregungen in dem Band: „Methodenarbeit im Geschichtsunterricht“, S. 100), so sinnvoll durchaus der Blick auf solche Aspekte erscheint.

Ausgewählte Kursbände für den Unterricht

Buchners Kolleg Geschichte: Von der Französischen Revolution bis zum Nationalsozialismus, 1992; Vom Zweiten Weltkrieg bis zur Gegenwart, 1995 (Buchners Verlag)

Epochen und Strukturen. Grundzüge einer Universalgeschichte für die Oberstufe, 2 Bde. 1994/96 (Diesterweg)

Geschichte und Geschehen. Oberstufe, 2 Bde. 1995 (Klett)

Geschichtsbuch Oberstufe: Bd. 1: Von der Antike bis zum Ende des 19. Jahrhunderts, 1995; Bd. 2: Das 20. Jahrhundert, 1996 (Cornelsen)

Methodenarbeit im Geschichtsunterricht, 1998 (Cornelsen)

Thema Geschichte. Geschichtliche Reihe für die Sekundarstufe II (Schroedel)

Manche Schulbuchverlage bieten ferner Kurshefte oder „Stundentafeln“ zu zahlreichen historischen Themen an, die hier nicht im Einzelnen aufgelistet werden sollen. Hingewiesen sei lediglich auf zwei Unternehmungen bzw. Periodika:

„Geschichte aus erster Hand“ (Wochenschau-Verlag). In dieser Reihe erscheinen regelmäßig Hefte mit historischen Längs- und Querschnitten (etwa zum Thema Migration, Arbeitslosigkeit, 1848/49, Frauen in Deutschland u.a.)

„Unterrichts-Konzepte Geschichte“ (Stark-Verlag).

Literatur

Bock, Gisela, Frauen in der europäischen Geschichte. Vom Mittelalter bis zur Gegenwart, München 2000

Bock, Petra; Wolfrum, Edgar (Hrsg.), Umkämpfte Vergangenheit. Geschichtsbilder, Erinnerung und Vergangenheitspolitik im internationalen Vergleich, Göttingen 1999

Borries, Bodo von, Geschichtslernen und Geschichtsbewusstsein. Empirische Erkundungen zu Erwerb und Gebrauch von Historie, Stuttgart 1988

Borries, Bodo von, Geschichtsunterricht in der Gymnasialen Oberstufe. Realisierung, Systematik, Exemplarik, Ergebnissicherung, in: Zeitschrift für Pädagogik 42 (1996), H. 4, S. 519-539

Daniel, Ute, Clio unter Kulturschock. Zu den aktuellen Debatten der Geschichtswissenschaft, in: GWU 48 (1997), S. 195-219 und S. 259-278

Evans, Richard J., Fakten und Fiktionen. Über die Grundlagen historischer Erkenntnis, Frankfurt/M., New York 1998

Lorenz, Chris, Konstruktion der Vergangenheit. Eine Einführung in die Geschichtstheorie, Köln 1997

Niethammer, Lutz, Anmerkungen zur Alltagsgeschichte, in: Geschichtsdidaktik 5 (1980), S. 231-242

Pandel, Hans-Jürgen, Quelleninterpretation. Die schriftliche Quelle im Geschichtsunterricht, Schwalbach/Ts. 2000

Richtlinien und Lehrpläne für die Sekundarstufe II – Gymnasium/Gesamtschule in Nordrhein-Westfalen, hrsg. vom Ministerium für Schule und Weiterbildung, Wissenschaft und Forschung des Landes Nordrhein-Westfalen, Frechen 1999

Rüsen, Jörn, Was ist Geschichtskultur? Überlegungen zu einer neuen Art, über Geschichte nachzudenken, in: Füßmann, Klaus; Grütter, Heinrich Theodor; Rüsen, Jörn (Hrsg.), Historische Faszination. Geschichtskultur heute, Köln, Weimar, Wien 1994, S. 3-26

Sauer, Michael, Bilder im Geschichtsunterricht. Typen, Interpretationsmethoden, Unterrichtsverfahren, Seelze-Velber 2000

Schulze, Winfried (Hrsg.), Sozialgeschichte, Alltagsgeschichte, Mikro-Historie, Göttingen 1994

Sekretariat der Ständigen Konferenz der Kultusminister in der Bundesrepublik Deutschland (Hrsg.), Weiterentwicklung der Prinzipien der gymnasialen Oberstufe und des Abiturs. Abschlussbericht der von der Kultusministerkonferenz eingerichteten Expertenkommission, Bonn 1995

White, Hayden, Auch Klio dichtet oder Die Fiktion des Faktischen. Studien zur Tropologie des historischen Diskurses, Stuttgart 1986

Wunderer, Hartmann, Geschichtsunterricht in der Sekundarstufe II, Schwalbach/Ts. 2000

Wunderer, Hartmann, Abbildungen der Welt? Zur Problematik von Fotografien im Geschichtsunterricht, in: Geschichte, Politik und ihre Didaktik 28 (2000), S. 47-56

Wolfgang Emer

Projektarbeit

1. Definition und pädagogischer Ort

Unter Projektarbeit (PA) wird im allgemeinen eine Lernform verstanden, bei der ein (selbstgesuchtes und -gestelltes) Problem aus der gesellschaftlichen Praxis bzw. der Erfahrung der Beteiligten durch fächerübergreifende Anwendung von Wissen(schaft) eigenständig und praktisch auch über den Kontext der Schule hinaus bearbeitet und in einem Produkt konkretisiert wird. Dieses greift durch seinen „Gebrauchs- und Mitteilungswert" (Duncker/Götz 1988, 139) verändernd in eine soziale Wirklichkeit ein.

Dieses „learning by doing" der „denkenden Erfahrung" (Dewey 1916, zit. nach Speth 1997, 22 ff.) gehört nach Klafki (1985, 223 f.) zu den vier Grundformen des Lernens. Während „Lehrgang" und „Trainingskurs" ihre lange Tradition haben, gewinnen fächerübergreifendes Lernen und Projektarbeit erst im 20. Jahrhundert Konturen und Raum im schulischen Lernen. Das hat sicher mit dem historischen sozioökonomischen Kontext zu tun, in dem PA dem Prozess zunehmender Arbeitsteilung industrieller Produktion und der Dequalifizierung und Entmündigung der Arbeitskraft selbstbestimmte, kollektive und ganzheitliche Arbeit entgegenstellen will (Boldt 1980, 60). Neben diesen emanzipatorischen gibt es aber von Beginn an auch sozialtechnologische Intentionen, die mit PA auf Flexibilität und Erfordernisse moderner kooperativer Produktionstechnik abzielen (Emer/Horst/Ohly 1994, 3 f.).

Seit Dewey und Kilpatrick um 1900 und der fortschrittlichen Reformpädagogik der 20er Jahre (z.B. F. Karsen, A. Reichwein) ist PA in die pädagogische Diskussion eines zeitgemäßen Unterrichts in einer und für eine demokratische Gesellschaft getreten, auch wenn sie vielleicht ältere Wurzeln hat (Knoll 1984 u. 1991). In dieser Absicht rezipiert und breiter umgesetzt wurde sie in Deutschland erst allmählich seit den 70er Jahren, u.a. infolge der durch Rezession und Regierungswechsel ausgelösten Bildungs- und Studentenbewegung (Emer/Horst/Ohly 1994; Hahne/Schäfer 1997).

Es wurde zunehmend deutlich, dass Projektarbeit als „Königsdisziplin des selbstbestimmten Lernens" (Bönsch 1990, 359) für eine demokratische moderne Gesellschaft unentbehrlich ist, weil sie durch ihre vom Lehrgang unterschiedenen Prinzipien „Vorbereitung für das soziale Leben" ist (Dewey 1909, zit. nach Suin de Boutemard 1975, 248), u.a. durch Einübung von Schlüsselqualifikationen (z.B. planen, entscheiden, vernetzt denken, im Team arbeiten), durch entdeckendes Lernen und Handlungsorientierung (➛ Forschend-entdeckendes Lernen, ➛ Handlungsorientierung), durch demokratische Mitgestaltung und -bestimmung, Eingreifen in soziale Kontexte bis hin zum politischen und kulturellen Handeln und Verändern. Projektarbeit fordert von ihren Teilnehmern mehr Selbständigkeit und verantwortliches Handeln als andere Lernformen, bei denen die

Lehrperson und vorgegebene Lernziele den Gang der Arbeit bestimmen. Bei der PA sind das im Projekt bearbeitete Problem und seine Erfordernisse richtungsweisend und die Gruppe, nicht der einzelne, entscheidende Handlungsträger.

2. Projektarbeit in der Geschichtsdidaktik

Die Geschichtsdidaktik hat erst verspätet und mit Zögern auf diese neue Grundform des Lernens reagiert. Rohlfes stellt 1971, in seinen „Umrissen einer Didaktik der Geschichte", noch keinerlei Bezug zu den Möglichkeiten des Projekts im Geschichtsunterricht her. 1976 taucht erstmals in der renommierten Geschichtslehrerzeitschrift „Geschichte in Wissenschaft und Unterricht" (GWU) eine konkrete Projektbeschreibung für Geschichte auf: Fürnrohr/Stumpf (1976, 409 ff.) mit einem Unterrichtsprojekt zur Revolution 1848/9 in Nürnberg.

In Fürnrohrs zwei Jahre später erscheinender „Geschichtsdidaktik" werden der PA erst ganze zwei Seiten gewidmet (Fürnrohr 1978, 106-108). Mit der Gleichsetzung von Vorhaben und Projekt wird zudem an einen unscharfen Projektbegriff angeknüpft, der sich von Teilen der deutschen Reformpädagogik und ihrer unpolitischen Wiederaufnahme in den 50er Jahren herleitet und die sozialreformerischen und demokratischen Implikationen der Projekttheorie z.B. von John Dewey weitgehend unberücksichtigt lässt. Deutlich zeigt sich das auch daran, dass Fürnrohr keinerlei pädagogische Literatur heranzieht und reflektiert.

Von 1978 bis 1989 werden in der GWU insgesamt ganze fünf durchgeführte Projekte beschrieben. Auch auf den Konferenzen für Geschichtsdidaktik bleiben Projekte am Rand oder werden gar nicht thematisiert. Noch 1980 konstatiert Hug, dass die Innovationen des Geschichtsunterrichts wie z.B. „Entdeckendes Lernen, Planspiel, Projektarbeit in der Literatur häufiger als in der Praxis" zu finden seien (Hug 1980, 101).

Die umfassende, 1986 erscheinende Geschichtsdidaktik von Rohlfes kommt in den achtziger Jahren nicht mehr umhin der Projektarbeit im Geschichtsunterricht Raum zu geben: knapp vier Seiten bei einem über 400 Seiten starken Werk. Rohlfes rezipiert die Projektdiskussion nur über Karl Frey, der einen weitläufigen, z.T. unscharfen Projektbegriff vertritt. So definiert Rohlfes Projekte als „Vorhaben", die nicht routinemäßig abgewickelt werden können. Begriffe wie „Schülerinteressen", „Mitbestimmung" etc. fallen in diesem Zusammenhang nicht, ja Projekte müssten – in Abgrenzung zu Hug – nicht so „lebens- und aktualitätsbezogen" sein.

Die erste didaktische Reflexion zu Projekten im Geschichtsunterricht liefert Peter Knoch (1987, 527 ff.) in seinem erst 1987 in der GWU erschienenen Aufsatz. Er führt den Lehrer gut in die Problematik ein, stellt aber den Zusammenhang mit der allgemeinen Pädagogik des Projektlernens und der Dewey-Rezeption nur am Rande her.

In der in den 70er-Jahren entstandenen, sich kritisch verstehenden Gruppe von Geschichtsdidaktikern um Bergmann, Kuhn, Schneider u.a. findet Projektarbeit mehr Beachtung: so im „Handbuch der Geschichtsdidaktik" (1980, 2. Aufl.) und in einigen Projektbeispielen der von dieser Gruppe herausgegebenen Zeitschrift „Geschichtsdidaktik" mit ihrem programmatischen Untertitel „Probleme – Projekte – Perspektiven". Aber auch hier finden konkrete Projekte noch vergleichsweise wenig Eingang, ein ausführlicher didaktischer Basisartikel dazu fehlt. Die Zeitschrift wird 1987 durch eine praxisnähere mit dem Titel „Geschichte lernen" abgelöst. Hier finden sich eine größere Anzahl von Beschreibungen oder Hinweisen auf Projekte (z.B. Bartels/Bloss 1997; Emer 1996), aber erst für 1993 gibt es eine Rubrik Projekte im Register. Außer dem Basisartikel zur Handlungsorientierung als einem methodischen Grundpfeiler von PA (Dehne/Schulz-Hageleit 1988) fehlen weitere didaktische Reflexionen zur PA. Ähnliches ist in der Zeitschrift „Praxis Geschichte" zu beobachten. Auf geschichtsdidaktischen Tagungen scheint PA bis auf wenige Ausnahmen kaum Thema gewesen zu sein. In Arbeitsgruppen thematisiert wird sie z.B. auf den Tagungen zum „Demokratischen Geschichtsunterricht" (Clausnitzer 1991 und Emer/Horst 1995), weil PA dort als notwendiger Bestandteil eines solchen Unterrichts gefordert wird (Clausnitzer 1991, 17).

Entscheidende Impulse für die Projektarbeit in der Schule sind von außen gekommen. Drei Tendenzen lassen sich ausmachen: Geschichtswerkstätten, Community Education, Schülerwettbewerb. Die Arbeit der Geschichtswerkstätten steht in der Tradition der aktuell eingreifenden selbstbestimmten Geschichtsarbeit vor Ort, der Grabe-wo-du-stehst-Bewegung eines Sven Lindqvist (1989). Die Geschichtswerkstätten haben manchen Geschichtslehrer angeregt und vereinzelt zu Kooperationen mit Schülerprojekten geführt.

Einen weiteren Anteil an der Förderung von Projektarbeit hat die in den 80er-Jahren sich wiederbelebende didaktische Diskussion um „Regionales Lernen". Sie hat sich, unterstützt von der „Community Education"-Bewegung, konkretisiert in der Forderung nach Öffnung von Schule. In NRW hat sie zu dem Konzept „Gestaltung des Schullebens und Öffnung von Schule" (GÖS) geführt, das Schulen anregt, außerschulische Lernorte einzubeziehen und selbst offener Ort gesellschaftlichen Lebens zu werden (Landesinstitut 1989). Heute wird diese Arbeit durch Regionalberater intensiviert.

Diese Impulse und Perspektiven haben sich besonders in dem von Bundespräsident Heinemann 1973 ins Leben gerufenen Schülerwettbewerb der Körberstiftung niedergeschlagen. Er verstand und versteht sich in der Tradition Heinemanns als eine Initiative „zur Förderung eines demokratischen Geschichtsbewußtseins". 1984/85 nahmen daran z.B. bereits fast 4.000 Schüler teil. In den folgenden Zweijahresrhythmen hat sich die Teilnehmerzahl noch stark vergrößert. 1997 waren es insgesamt 80.000 TeilnehmerInnen mit 16.000 Beiträgen (Dittmer/Siegfried 1997, 7). Besonders die Themen zum Nationalsozialismus, zu Denkmal, Fremden und zur Umweltgeschichte haben im Sinne der PA zu eingreifendem Handeln mit z.T. spektakulären Ergebnissen geführt. Entsprechend dazu erweiterte sich die Tätigkeit der Körber-Stiftung, die mit Tutoreninformation und -schulung, mit Seminaren und vielerlei Serviceleistungen die PA entscheidend gefördert hat. 1997 veröffentlichten die Mitarbeiter Dittmer und Siegfried in diesem Rahmen die didaktische Handreichung „Spurensucher", die die Erfahrungen des Wettbewerbs als „denkende Erfahrung" im Sinne Deweys für die PA zugänglich macht.

So steht die Projektarbeit im neuen Jahrtausend als ansehnliches trojanisches Pferd vor den bröckelnden Mauern des historischen Lehrgangs durch dessen Ritzen PA schon vielfach eingedrungen ist. Verstärkt wird diese Position noch durch die zunehmende Verankerung der PA in Lehrplänen und Richtlinien und es steht zu hoffen, dass es zur fruchtbaren Begegnung und gegenseitiger Ergänzung von PA und Lehrgang kommt. Überlegungen dazu sind zuletzt auf der Tagung des Historischen Seminars und des Instituts „Historiker in der Praxis (HIP)“ in Kiel (Hill/Pohl 2002) zu PA in Geschichte gemacht worden.

3. Merkmale und Formen

Es wird vieles als Projekt bezeichnet, was keines ist. Der Begriff Projekt bzw. Projektarbeit wird vielfältig, oft uneindeutig und inflationär gebraucht. Die Geschichtsdidaktik hat dazu bisher ebenfalls wenig Klärendes beigetragen. Deshalb wird hier versucht, aus der sozialreformerischen Tradition Deweys, die besonders von den Pädagogen Bastian/Gudjons 1988, Duncker/Götz 1988 und Hänsel 1988 aufgegriffen und weiterentwickelt wurde, gewonnene und in der Praxis erprobte Merkmale von Projektarbeit (vgl. Emer/Lenzen 1997, 216 f.) vorzustellen. Sie stecken das Handlungsfeld von Projektarbeit ab und konstituieren ein Projekt.

Im Gegensatz zum Lehrgang hat das Projekt andere Ausgangspunkte, Arbeitsformen und Zielpunkte, die man in sieben Kriterien verdeutlichen kann. Sie sind an Deweys und Kilpatricks Projektbegriff orientiert, der nicht von einem zu lernenden Stoff, sondern von einer realen Situation ausgeht, in der ein Problem erkannt wird, das einer Lösung näher gebracht werden soll. Dies geschieht planmäßig, zielgerichtet und handlungsorientiert (Hänsel 1997, 73 ff.).

Zwei Ausgangspunkte:

1) Gesellschaftsbezug: Das Projekt soll an reale, möglichst relevante gesellschaftliche Probleme und Bedürfnisse anknüpfen.
2) Lebenspraxisbezug: Das Projekt soll an den lebensweltlichen Interessen der Schüler orientiert sein.

Drei Arbeitsformen sind für die PA konstitutiv:

3) Selbstbestimmtes Lernen: Mitbestimmung bei der Planung und Durchführung des Projekts sind notwendig. Lehrer- und Schülerrollen verändern sich, die Projektgruppe wird entscheidend für den Lernprozess.
4) Ganzheitliches Lernen: Die Kopfarbeit soll durch Herz und Hand ergänzt werden. Kreatives, rezeptives, entdeckendes und produktives Handeln sind zu verbinden.
5) Fächerübergreifendes Arbeiten: Das Projekt soll Probleme, Methoden und Inhalte verschiedener Fächer integrieren.

Zwei Zielhorizonte sind für die PA relevant:

6) Produktorientierung: Oft wird im Unterricht für die Note oder das Zertifikat gearbeitet, die Produktorientierung kann dies aufheben. Dies gelingt insbesondere dann, wenn das Produkt einen „Gebrauchs- und Mitteilungswert“ (Duncker/Götz 1988, 139) für andere außerhalb der Projektgruppe gewinnt.
7) Kommunikative Vermittlung: Zu einem Projekt gehört die Vermittlung nach außen im Rahmen der Schulöffentlichkeit oder noch effektiver im Rahmen der außerschulischen

Öffentlichkeit. Durch die Kommunikation mit einer spezifischen Öffentlichkeit in der Umwelt gewinnt das Projekt größeren Ernstcharakter.

Diese Gesamtheit der Merkmale kann freilich aus zeitlichen und didaktischen Gründen nicht immer umfassend und vollständig im schulischen Kontext angewendet werden. Deshalb sind verschiedene Stufen und Formen der Projektarbeit denkbar.

Außerdem ist es wichtig, dass Projektarbeit durch „Etüden" (Duncker 1996) in den anderen Grundformen des Lernens vorbereitet und unterstützt wird. Dazu gehören z.B. Gruppenarbeit, Organisieren, Informationserarbeitung, Präsentation, sich öffentlich verhalten.

Die Formen projektorientierten Arbeitens beginnen also in gewisser Weise bei den Etüden, gehen über projektorientierte Phasen im Lehrgang zu Miniprojekten und Fachtagen bis hin zum geblockten Projektunterricht in Form von Projektwochen (s. Schema). Jede Schule könnte hier im Rahmen des Schulprogramms eine eigene Projektkultur entwickeln (vgl. z.B. IGS Flensburg, Hamburger Schulen und LS/OS in Bielefeld, S. 55).

Formen der Projektarbeit

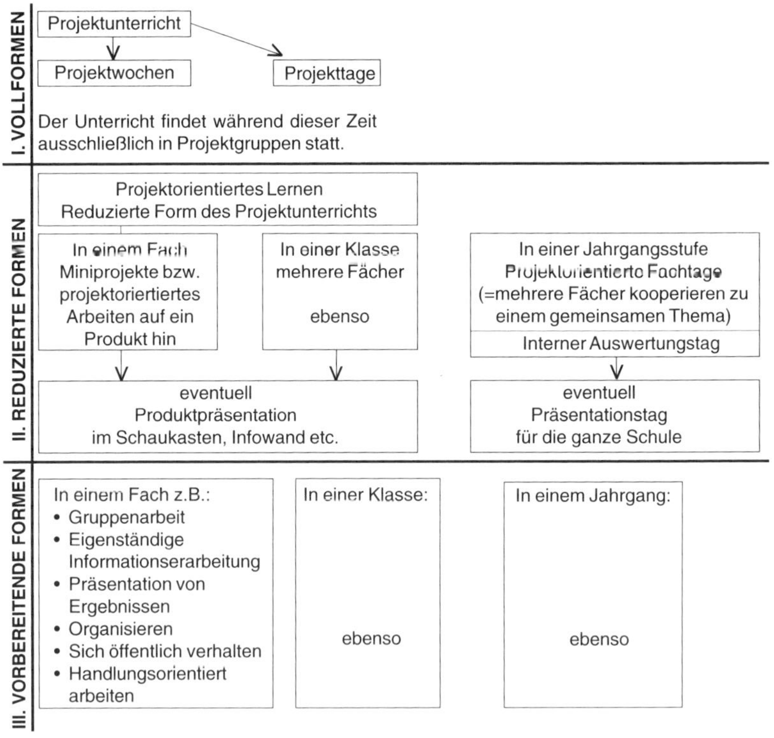

Abb. 1: *Formen der Projektarbeit (© Emer/Lenzen 2002)*

4. Phasen und Methodik

Projektarbeit verläuft anders als normaler Unterricht, bei dem die Rollen klar zwischen Lehrer (Vermittler) und Schülern (Lernende) festgelegt sind.

Beim Projekt kommt es entscheidend auf einen *Rollenwechsel* (Duncker 1989) bei beiden an: Der Lehrer steuert nicht mehr alles, ist nicht Experte in allem, auch Schüler übernehmen Experten-, Planungs-, Leitungs- und Vermittlungsfunktionen, damit Kooperation im Kontext der Projektgruppe auf ein Produktziel hin entstehen kann.

Die Projektarbeit verläuft dann in der Regel in *fünf Phasen*, für die nicht eine Projektmethode, sondern je nach Projekt unterschiedliche Methoden des handlungsorientierenden und entdeckenden (Schmid/Vorbach 1978) Lernens notwendig werden. Im folgenden sollen die fünf Phasen und dazu notwendige methodische Schritte im Überblick (Emer/Lenzen 1997, 220 ff.) dargestellt werden:

4.1

Phasen	*Methodische Schritte*
1. Initiierungsphase	a) Thema finden und Problem herausarbeiten b) Rollen und Ziele reflektieren c) Initiatoren finden d) Initialimpulse überlegen
2. Planungsphase	a) Ziele, Themenstellung und -aspekte präzisieren b) Produkt und Adressaten festlegen c) Arbeitsmethoden und -orte bestimmen d) Rollen bestimmen und übernehmen e) Zeit- und Materialplan anlegen f) Projektplan erstellen
3. Durchführungsphase	a) Material beschaffen und erkunden b) auswerten und bearbeiten c) das Produkt erstellen d) koordinieren und reflektieren
4. Präsentationsphase	a) das Produkt präsentieren b) für das Produkt werben c) das Produkt kommunikativ vermitteln
5. Auswertungsphase	a) das Produkt bewerten b) die Wirkung beurteilen c) Prozess und Teilnehmerleistungen bewerten

In diesen Phasen können vielfältige Kompetenzen erworben werden, die nicht abfragbar sind wie Vokabeln und Mathematikregeln, aber für das spätere Studium und Berufsleben wichtig sein können: z.B. Planungs-, Entscheidungs-, Rollen-, Problemlöse-, Forschungs-, Konfliktlösungs- und Organisationskompetenzen.

4.2 Wann gelingt ein Projekt?

Worauf muss geachtet werden, wenn ein Projekt gelingen soll? Hier können nur einige Merkpunkte angesprochen werden, eine Erfolgsgarantie kann nicht gegeben werden. Dazu gibt es zu viele Bedingungsfaktoren wie z.B. Gruppe, Situation, Problem, Produkt, Öffentlichkeit. Sie alle enthalten Chancen und Risiken und machen den Reiz der Projektarbeit aus.

Thema finden: Das Thema sollte kein totes Buchthema sein, sondern ein Problem aus der Realität der Region oder gesellschaftlich kontroverse Themen zum Ausgangspunkt und Bezug zu eigenen (Lebens)interessen haben, z.B. ein Projekt zu Fremdarbeitern in der NS-Zeit am Ort.

Gruppe: Projekt ist keine Einzelleistung, die funktionsfähige Gruppe ist der Handlungsrahmen. Sie muss hergestellt und gepflegt werden.

Rollenwechsel: Bleiben die traditionellen Rollen fixiert und übernehmen Schüler keine Verantwortung und neue Rollen (s.o.), geben Lehrer ihre dominante Leitungsrolle nicht auf (ihre Planungskompetenzen sollen sie allerdings einbringen), dann wird die Projektarbeit zäh und schwierig, droht zu scheitern. Lehrer müssen also Schüler in Bibliothek, Archiv, bei Zeitzeugen forschen lassen, sie mit anderen Experten (wie Archivpädagogen, Bibliothekaren, Journalisten) zusammenbringen und Verantwortung übertragen.

Planung: Mit allen Teilnehmern planen und entscheiden, am Anfang auch einen Projektvertrag zwischen Lehrern und Schülern vereinbaren, der die Rollen, Verantwortung, Ziele und Zuständigkeiten regelt.

Projekt verankern: Projekte gewinnen durch Öffnung der Schule, d.h. durch Kontakte zu außerschulischen Lernorten, Personen, Gruppen oder Institutionen, die mit dem zu untersuchenden Problem zu tun haben, Informationen und Material liefern, Gespräche bieten können. Dazu gehören neben den klassischen historischen Orten wie Bibliothek, Archiv, Museum auch gesellschaftliche Gruppen, Medien, Zeitzeugen, Schauplätze und historische Orte und Gegenstände. Die Projektarbeit wird dadurch ernsthafter.

Produkt: Es sollte sorgfältig überlegt werden, vor allem sollte es kein reines „Pappenobjekt" sein, für das sich keiner richtig interessiert. Der Mitteilungs- und Gebrauchswert des Produkts muss deshalb im Hinblick auf die (außerschulischen) Adressaten (s.o. Projekt verankern) bestimmt werden. Wer interessiert sich warum dafür? Was bewirkt und verändert es?

Spaß und Frust: Ein Projekt muß Spaß machen, aber man muss wissen, dass er nicht immer da ist, sondern dass es eine Lust-Frust-Kurve geben wird, die es durch Nachdenken, Ansprechen und Konflikte lösen zielorientiert weiterzuentwickeln gilt.

Eine ausgezeichnete detaillierte Hilfe, angewandt auf einzelne Arbeitsschritte speziell für Geschichtsprojekte, bieten Dittmer/Siegfried (1997).

4.3 Wie Projektarbeit bewerten?

In der Projektarbeit wird anders und anderes als im Lehrgang gelernt (s. Kriterien). Neben der sachlichen Leistung sind es hauptsächlich Schlüsselqualifikationen, praktische Handlungsorientierung, demokratisches Handeln und Prozesswissen, die eingeübt und teilweise erworben werden (Emer/Horst 2002). Dies ist schwer zu quantifizieren (Kratz 1995, 34), es sollte deshalb eher durch qualitatives Feed-back bewertet werden. Verfahren hierzu sind noch in der Erprobung, wie z.B. der Projektbericht, ein „Arbeitsbericht" des Schülers, der auch benotet werden kann (Goetsch 1990, 257 ff.); der „Reflexionsbogen" des Schülers, den der Lehrer auf der Rückseite kommentiert sowie ein „Zertifikat für Projektarbeit", das besondere Projektkompetenzen einzelner Schüler bescheinigt (Emer 2000, 57 und Emer/Horst 2002). Eine erweiterte Projektpraxis muss hier noch den von Dewey und Kilpatrick als konstitutiv benannten Bereich des „Judging" (Emer/Horst/Ohly 1994, 3) erproben und weiterentwickeln.

5. Spezifik und Probleme von Geschichtsprojekten

Projekten steht auf Schüler- wie auf Lehrerseite eine Reihe von Problemen gegenüber, die PA erschweren oder scheitern lassen können. Sie sind durch gesellschaftliche Rahmenbedingungen, das System Schule, die Lebenswelt der Schüler und die Sache selbst bedingt (Knoch 1987). Die gesellschaftlichen Rahmenbedingungen können fördernd oder erschwerend Projekte beeinflussen: Gibt es kooperationsbereite außerschulische Lernorte (z.B. Archiv, Museum), gesprächsbereite Personen (Zeitzeugen), zugängliche Institutionen (z.B. Ämter, Firmen), finanzielle Mittel und eine interessierte Öffentlichkeit?

Das System Schule mit seinen Problemen, den eingefahrenen Zeitrhythmen, dem Lehrplan mit seinem Stoffdruck, dem Zwang, Leistungen benoten zu müssen, den Aufsichtsproblemen bei außerschulischen Aktivitäten, den „Schülertätigkeiten" (Borries 1997, 245), den fixierten Rollen und Unterrichtsabläufen, der Angst vor der Mehrarbeit in Projekten usw. kann PA erheblich erschweren, Schüler sogar überfordern, die mit freien und selbstbestimmten Unterrichtsformen wie PA nicht vertraut sind. Hier muß ein Lernweg einkalkuliert werden.

Die Lebenswelt der SchülerInnen und die historischen Welten sind oft konträre einander fremde Bereiche und erschweren den Zugang zur Vergangenheit. Historische Kenntnisse sind oft begrenzt und müssen erst im Projekt noch erworben werden. PA bietet aber durch die Hineinnahme lebensweltlicher Kontexte, Deutungsmuster, Bezüge und Fähigkeiten, die Möglichkeit, diesen Gegensatz zu überbrücken (Knoch 1987, 534) und ist darauf angewiesen, dass dies gelingt, damit SchülerInnen die Beschäftigung mit einem historischen Thema zu ihrem Anliegen machen. Dann kann PA ihre Vorzüge entfalten: höhere Motivation und Ernsthaftigkeit, problem- und handlungsorientiertes Lernen, das zu besseren Lerneffekten und mehr Selbständigkeit führen kann.

Schließlich ist die Sache selbst, die Vergangenheit, ein Problem für PA. Geschichte ist nicht als solche vorhanden wie ein Teich, den man untersucht. Sie ist nur durch zum Teil sprödes Material wie Texte, Überreste, Befragung von Zeitzeugen erreichbar und muss erst rekonstruiert werden. Das ist ein oft mühsamer Prozeß, der hermeneutischer und analytischer Verfahren (Modelle, Methoden, Begriffe) und manchmal erheblicher Vorarbeit der LehrerInnen (Machbarkeit, Materialsondierung, Archivtermine etc.) bedarf. Diese Verfahren sind auf den verschiedenen Schulstufen in unterschiedlicher Ausprägung möglich und vorhanden, zum Teil müssen sie (wie z.B. oral history, ➛ Zeitzeugenbefragung) mit in das Projekt übend einbezogen werden. Projekte bewegen sich oft im Nahbereich und der Mikrogeschichte. Diese mit makrogeschichtlichen Bereichen zu verknüpfen ist notwendig, aber nicht leicht zu realisieren. Bei all diesen Schwierigkeiten ist es umso wichtiger, die lebensweltlichen Interessen und Zugänge der Schüler ernst zu nehmen und ein klares Projektziel (welches Produkt für wen?) vor Augen zu haben, um zwischen all diesen Klippen hindurch zu gelangen.

6. Themenspektrum und Produktformen

Nicht alle historischen Themen eignen sich für Projekte. In dem gewählten Thema müssen handlungsorientierende Elemente und/oder lebensweltliche Bezüge möglich sein. Weltgeschichtliche Sujets eignen sich dann, wenn jeweils ein neuer Akzent gesetzt, fachübergreifend und gestalterisch (z.B. dramatisierend, visualisierend, auditiv gestaltend) gearbeitet wird. So wird z.B. die Französische Revolution (Bartels/Bloss 1997, 44 ff.) oder fächerübergreifend die Renaissance (Ilsemann 1994, 377 ff.) neu „entdeckt", um nur zwei Beispiele zu nennen.

Besser geeignet für historische PA, weil sie größeren Spielraum für Entdeckung und eigenständiges Forschen gewährt, ist das regionalgeschichtliche Projekt (Emer/Horst 1997, 47 ff.).

Im folgenden sind dazu einige Kategorien und zugehörige Beispiele aus der Praxis am Oberstufen-Kolleg zur orientierenden Themenfindung zusammengestellt:

Die regionalgeschichtlichen Themen können sich orientieren an:

Ereignissen	Personen	Strukturen	Konflikten	Kulturen
z.B. 1793 Gesmold: „Der Sturm auf dem Bastillenturm"	H. Wessel, Bielefelds „bestem Sohn" (Denkmal 1939)	Humanitäre Hilfe im Nationalsozialismus	Kinder und Krieg	50er Jahre in Bielefeld
1968 Streit um die Benennung der Kunsthalle nach einem NS-Mann aus dem Hause Oetker	Arminius (Hermannsdenkmal)	Stadtbild im Faschismus (Stadtrundgang)	Machtergreifung/ Theater „Bielefeld 1933"	Kino in Bielefeld

Im Folgenden soll ein Beispiel kurz skizziert werden:

Der Horst-Wessel-Kult in Bielefeld im Nationalsozialismus

Bielefeld hat als Geburtsstadt Wessels zwei Denkmale erbaut und zahlreiche Veranstaltungen und Inszenierungen organisiert. Der Kult und die Denkmäler sind verschwunden, ihre Geschichte ist ziemlich unbekannt geblieben. Eine kleine Projektgruppe nahm im Rahmen des Projektunterrichts am Bundeswettbewerb Geschichte Denkmal 1994/1995 teil. Sie fand im Stadtarchiv Bild- und Textmaterial und konnte dies durch Zeitzeugen, die über die örtliche Presse gesucht wurden, ergänzen. Daraus entstand eine illustrierte Dokumentation und für die schulinterne Öffentlichkeit zusätzlich eine Diaschau und eine kleine Ausstellung. Ein weiteres Produkt der Gruppe war schließlich die Pressearbeit nach außen. Vier lokale Zeitungen interessierten sich für das Thema. Mit ihrer Dokumentation gewann die Gruppe schließlich einen Preis im Schülerwettbewerb (Emer 1996, 39 ff.).

Von der Vielfalt der Themen und historischen Realitäten her gibt es auch eine große Bandbreite der Produktformen. Man könnte sie in fünf Typengruppen einteilen, die jeweils wieder vielfältige Unterformen aufweisen:

- Aktions- und Kooperationsprodukte (von der Podiumsdiskussion zur Mitarbeit in einer außerschulischen Gruppe);
- Vorführungs- und Veranstaltungsprodukte (von der Ton-Dia-Schau, Videofilm bis zur Theateraufführung);
- Dokumentationsprodukte (z.B. Broschüre, Gutachten, Lesebuch);
- Ausstellungsprodukte (von der Stellwand bis zur verleihbaren Ausstellung);
- Gestaltungsprodukte (z.B. Änderung eines Straßennamens, Bau eines Denkmals).

In der schulischen Realität hat ein Projektausschuss aber immer wieder anzurennen gegen die Windmühlen der unspezifischen Produktformen, die keine Produktkompetenz vermitteln: schlecht gemachte Stellwände ohne Gebrauchswert, Broschüren ohne Adressaten, einmalige Aufführungen ohne entsprechendes Setting (z.B. Einladungsplakat, hergerichteter Raum, günstige Zeit).

7. Bedingungen historischer Projektarbeit

1) *Der subjektive Faktor Lehrerinnen und Lehrer:* Sie sollten durch Schulverwaltung, Vorgesetzte und Eltern zu Projekten ermutigt werden. Denn Projektarbeit erfordert Mut zum Experiment und in den meisten Fällen bedeutet sie Mehrarbeit. Die Lehrerrolle verändert sich, da in Projekten weniger die Kontrollaufgaben als die Partnerfunktion im Vordergrund stehen: Der Mut zum Loslassen und zur Förderung der Selbsttätigkeit der Schüler führt dabei oft zu erstaunlichen Entwicklungen, die auch den anderen Unterricht beleben.
2) *Die Schülerinnen und Schüler:* Projektarbeit ist auch für sie ungewohnt und schwierig. Sie sollten daher im regulären Unterricht selbständiges und eigenverantwortliches Lernen in wachsendem Maße üben können. Etüden sind also notwendig.
3) *Benotung und Bewertung:* Projektartiges Arbeiten und Projekte sind sicherlich schwieriger als andere Schülerleistungen zu bewerten. Aber wenn anfangs zusammen mit den Schülerinnen und Schülern Art und Umfang der Aufgaben geklärt werden, kann auf dieser Basis auch eine Bewertung mündlicher, schriftlicher, organisatorischer u.a. Leistungen geschehen. Dazu ist auch über neue Formen der Leistungsbewertung wie „Projektbericht", „Reflexionsbogen", „Zertifikat" u.a. auch als Teile eines Leistungs-Portfolios nachzudenken (Emer/Horst 2002).
4) *Die Lehrpläne:* Sie sollten Spielräume für forschendes Lernen, Projekte, Entscheidungen der Schule zulassen. Der Entwurf des Lehrplans Geschichte/Sek. I für Schleswig-Holstein enthält dazu ermutigende Formulierungen: So ist von Projekten, außerschulischen Lernorten und Gestaltungsspielräumen die Rede. Offen bleibt allerdings, wie dies mit der vorgegebenen Stofffülle zu vereinbaren ist.
5) *Die Zeit im Lehrgang:* Die Fachkonferenzen müssen die Möglichkeit erhalten, im Stoffplan Freiräume zu schaffen für Schülerinteressen und für projektorientierte Arbeits

formen auch im Lehrgang; dies könnten kleine Recherchen, Stadtgänge, gespielte Geschichte und vieles andere sein.

6) *Raum für Projektunterricht:* An jeder Schule sollte es institutionalisierte Formen des Projektunterrichts geben, also z.B. projektorientierte Exkursionen und Studienfahrten statt der üblichen Klassenfahrten ohne eigentliches inhaltliches Ziel sowie Projekttage oder -wochen, Fachtage etc. Zu dieser Institutionalisierung gehört auch, dass es – wie die Fachkonferenzen – einen Projektausschuss, möglichst mit einem eigenen Projektraum gibt, der die kontinuierliche Projektarbeit an der Schule anregt und koordiniert.
7) *Kontakte und Kooperationen:* Die Geschichtslehrerinnen und -lehrer sollten sich, wie Marc Bloch es einmal für die Historiker gefordert hat, von der „appréhension du vivant" (1967, 13), der besorgten Wahrnehmung des Gegenwärtigen, anregen lassen und Kontakte zu außerschulischen Einrichtungen und Personen knüpfen. Dies gelingt umso besser, wenn es z.B. kooperative Museen, Archive, Bibliotheken etc. und eine Art städtisches „Projektbüro" wie z.B. in Münster, Nürnberg und Hamburg gibt oder gab (Emer/Lenzen 2002, 82 ff.).

Historische Projekte benötigen insgesamt Engagement und Aufmerksamkeit der Geschichtslehrerinnen und -lehrer, auch damit sich der Geschichtsunterricht wieder stärker „im sozialen Leben" bewegt und „denkende Erfahrung" (Dewey) für sich erwirbt.

8. Sach- und Literaturhinweise

8.1 Institutionen mit Informationen bzw. Hilfen zur (historischen) Projektarbeit

Die folgende Liste erhebt keinen Anspruch auf Vollständigkeit.

Körber-Stiftung: Schüler Wettbewerb Deutsche Geschichte um den Preis des Bundespräsidenten, Kurt-A.-Körber-Chaussee 10, 21033 Hamburg, Tel.: 040/72502439 und www.geschichtswettbewerb.de
Was?: Informationen zum Thema des Wettbewerbs; Publikationen

Verein für Projektdidaktik e.V. (z. Hd. Karlheinz Goetsch), Bahrenfelder Str. 98, 22765 Hamburg, Tel.: 040/3900434
e-mail: karlheinz-Goetsch@magicvillage.de und www.projektdidaktik.de
Was?: Informationen, Publikationen auf Anfrage, Vermittlung von Lehrerfortbildung, didaktische Hilfen

IFL Hamburg (Institut für Lehrerfortbildung) c/o Wolfgang Steiner, Projektpädagogik, Hartsprung 23, 22529 Hamburg, Tel.: 040/4212-2679
Was?: Publikationen, Zeitschrift „Hamburg macht Schule", Projektberatung

IGS Flensburg: Konzept Projekt-Lernen, Elbestr. 20, 24943 Flensburg, Tel.: 0461/852009
Was?: Konzept zum Projekt-Lernen, Publikationen, Hospitation

Laborschule Bielefeld (Primarstufe und Sekundarstufe I), Universitätsstr. 23, 33615 Bielefeld, Tel.: 0521/106-2877
Was?: Hospitationen mittwochs, Publikation: Reihe Impuls; Lehrerfortbildung

Oberstufen-Kolleg des Landes NRW an der Universität Bielefeld (AG Projektarbeit), Universitätsstr. 23, 33615 Bielefeld, Tel.: 0521/106-2856
Was?: Hospitationen, Publikationen: z.B. Reihe AMBOS, Lehrerfortbildung

Bildungswerk Umbruch, Braunschweiger Str. 22, 44145 Dortmund, Tel.: 0231/8633476; www.umbruch-bildungswerk.de
Was?: Lehrerfortbildung zu Projektarbeit, Publikationen und Video „Projektlernen"

8.2 Projektbeispiele und -hinweise nach historischen Epochen

Im Folgenden soll eine kleine Auswahl publizierter Projektberichte besonders nach Epochen gegliedert gegeben werden, um die eigene Praxis anzuregen. Lokalhistorische Projektthemen sind von der Körber-Stiftung gesammelt und werden in deren Katalogen, die alle zwei Jahre erscheinen, kurz präsentiert. Beispiel: Schülerwettbewerb Deutsche Geschichte um den Preis des Bundespräsidenten (Hrsg.): Denkmal – Mahnung – Ärgernis. Katalog der preisgekrönten Arbeiten Band 10 – Wettbewerb 1992/3, Hamburg 1996.

Steinzeit

Goetze-Emer, Brigitte; Husemann, Gudrun, Hintergestern und Vorvorgestern – Zurück in die Steinzeit, in: Bergmann, Klaus/Rohrbach, Rita (Hrsg.), Kinder entdecken Geschichte. Schwalbach/Ts. 2001, S. 179-197

Kohnen, Matthias; Roentgen, Gabriele, Die Steinzeit erkunden. Ein Projekt zu zwei Jugendromanen, in: Geschichte lernen, (1999), H. 71, S. 27-32

Meyer, Andreas, „Die mussten ganz schön schuften". Ein Aktionstag zum Thema Jungsteinzeit, in: Geschichte lernen, (1989), H. 9, S. 38-42

Antike

Dziak-Mahler, Myrle, Eintauchen ins alte Rom. „SPQR" – ein Krimi als Ausgangspunkt historischer Untersuchung, in: Geschichte lernen, (1999), H. 71, S. 62-65

Huber, Heide, Ab ovo ad malum: Vom Ei zum Apfel. Kleines Römermenü nach dem Kochbuch des Apicius, in: Geschichte lernen, (1996), H. 53, S. 43

Thurn, Susanne, Kinder erzählen vom alten Ägyypten, in: Geschichte lernen, (1988), H. 2, S. 16-19

Weddigen, Klaus, Ein Projekt: Römische Straße, in: Geschichte lernen, H. 45, S. 45 f.

Mittelalter

Focke, Harald, Das Schiff im Schlick. Forschung am Beispiel der Bremer Hansekogge von 1380, in: Geschichte lernen, (1996), H. 53, S. 54-49

Goetze-Emer, Brigitte; Deterding, Rita, Eine Reise ins Mittelalter. Unterrichtsprojekt für Kinder zwischen 5 bis 8 Jahren, in: Grundschule 5 (1988), S. 9-12

Prasse, Willm, Die Forscherreise ins Mittelalter. Ein Projekt am Osnabrücker Museum Natur und Umwelt, in: Geschichte lernen, (1990), H. 14, S. 30-35

Frühe Neuzeit

Hering, Jochen, Ein Puppenspiel zum Bauernkrieg, in: Geschichte lernen, H. 23, 1991, S. 40-45

Ilsemann, Cornelia von u.a., Renaissance. Fächerübergreifende Arbeit in der Sekundarstufe II (Fachtage), in: Pädagogik, (1989), H. 7/8, S. 18-21

18./19. Jahrhundert

Bartels/Bloss zur Französischen Revolution (s.u. 8.3)

Fürnrohr/Stumpf (s.u. 8.3) zu 1848 in Nürnberg

Hammer, Wolfgang, Es lebe die Revolution. Projektunterricht zur Französischen Revolution, in: Pädagogik 1989, H. 7/8, S. 22-24

Seeger, Michael, Patriote français. Eine historische Zeitung zur Französischen Revolution, in: Geschichte lernen, (1997), H. 60, S. 48-51

Wunderer, Hartmann, „Auch wir waren einmal Fremde". Ein Projekt zum Thema Migration in und nach Deutschland, in: Geschichte lernen, (1993), H. 33, S. 24-26

20. Jahrhundert

Emer, Wolfgang; Rosinski, Rosa; Werner, Jörg, Spurensuche – Jugend- und Schulsozialisation im Dritten Reich am lokalen Beispiel, in: Mickel, Wolfgang W.; Zitzlaff, Dietrich (Hrsg.), Methodenvielfalt im politischen Unterricht, Hannover 1993, S. 250-263

Emer, Wolfgang, Ein verschwundener Gedenktag. Der Horst-Wessel-Kult in Bielefeld (s.u. 8.3)

Horst, Uwe, Die Entwicklung des Interviewleitfadens. Das Projekt „Jugend und Nachkriegszeit", in: Geschichte lernen, (2000), H. 76, S. 38-43
Pütz, Hans-George, Sie blieben Fremde... ZwangsarbeiterInnen, Displaced Persons und Heimatlose AusländerInnen in Bielefeld und Umgebung, in: Hänsel 1997, S. 138-154
Radtke, Gerhard, „Als unsere Eltern Jugendliche waren". Die Sechziger Jahre im Projekt, in: Geschichte lernen, (1993), H. 35, S. 45-49
Rohrbach, Rita, „Hitler tötete alle armen und ungehorsamen Leute". Ein Erfahrungsbericht über ein Projekt zum Mythos Hitler in der Grundschule, in: Geschichte lernen, (1996), H. 52, S. 20-26
Venhaus, Jürgen, Kinder und Krieg, in: Geschichte lernen, (1989), H. 8, S. 16-23
Venhaus, Jürgen; Venhaus, Ruth, Ein Denkmal für Deserteure?, in: Geschichte lernen, (1989), H. 8, S. 34-38
Weggel, Renate, „Also ganz ohne Tannenbaum ging es nicht". Erfahrungen mit Zeitzeugen in einem Projekt, in: Geschichte lernen, (2000), H. 76, S. 34-37
Wunderer, Hartmann, Wenn Schüler forschen: Beobachtungen und Anmerkungen zu einem oral-history-Projekt, in: Geschichtsdidaktik, (1983), H. 1, S. 73-81

Literatur

Bartels, Hildegard; Bloss, Claus, „Nicht wie im normalen Unterricht", Erfahrungen in einem Projekt zur Französischen Revolution, in: Geschichte lernen, (1997), H. 60, S. 44 ff.
Bastian, Johannes; Gudjons, Herbert (Hrsg.), Das Projektbuch. Theorie – Praxisbeispiele – Erfahrungen. 2. Aufl., Hamburg 1988
dies. (Hrsg.), Das Projektbuch II. Über die Projektwoche hinaus. Projektlernen im Fachunterricht, Hamburg 1990
dies. u.a. (Hrsg.), Theorie des Projektunterrichts, Hamburg 1997
Bergmann, Klaus u.a. (Hrsg.), Handbuch der Geschichtsdidaktik, 2. Aufl., Düsseldorf 1980
Bloch, Marc, Apologie pour l'histoire ou métier d'historien, 6. Aufl., Paris 1967
Bönisch, Manfred, Wochenplanarbeit – eine Form des offenen Unterrichts, in: Die deutsche Schule, (1990), H. 3, S. 358-367
Boldt, Werner, Projektarbeit, in: Bergmann, K. u.a. (Hrsg.), 1980, S. 59-62
Borries, Bodo von, Historische Projektarbeit. „Größenwahn„ oder „Königsweg", in: Dittmer/Siegfried 1997 (s.u.), S. 243-252
Clausnitzer, Heidi (Hrsg.), Demokratischer Geschichtsunterricht – eine uneingelöste Forderung? Bielefeld 1991 (Arbeitsmaterialien am Bielefelder Oberstufen-Kolleg = AMBOS 30)
Dehne, Brigitte; Schulz-Hageleit, Peter, Handeln ist keine Einbahnstraße, in: Geschichte lernen, (1989), H. 9, S. 6-14
Dewey, John; Kilpatrick, William H., Der Projektplan. Grundlegung und Praxis, Weimar 1935
Dittmer, Lothar; Siegfried, Detlef (Hrsg.), Spurensucher. Ein Praxisbuch für historische Projektarbeit, Weinheim/Basel 1997
Duncker, Ludwig; Götz, Bernd, Projektunterricht als Beitrag zur inneren Schulreform. 2. Aufl., Langenau-Ulm 1988
Duncker, Ludwig, Projektlernen kultivieren. Eine schultheoretische Ortsbestimmung, in: Pädagogik, (1989), H. 7/8, S. 54-59
Duncker, Ludwig, Projekte im Sachunterricht: Didaktische Etüden für Schüler und Lehrer, in: Duncker, Ludwig/Popp, Wolfgang (Hrsg.), Kind und Sache, 2. Aufl., Weinheim und München 1996, S. 145-160
Emer, Wolfgang; Horst, Uwe; Ohly, Karl-Peter (Hrsg.), „Wie im richtigen Leben..." Projektunterricht für die Sekundarstufe II, 2. Aufl., Bielefeld 1994 (AMBOS 29)
Emer, Wolfgang; Horst, Uwe (Hrsg.), Praxis eines demokratischen Geschichtsunterrichts, Perspektiven Lernorte – Methoden, Bielefeld 1995 (AMBOS 40)
Emer, Wolfgang; Horst, Uwe, Zukunftsweisende Perspektiven regionaler Projektarbeit für einen demo

kratischen Geschichtsunterricht, in: Pohl, Karl Heinrich (Hrsg.), Regionalgeschichte heute. Bielefeld 1997, S. 47-59
Emer, Wolfgang, Ein verschwundener Gedenktag. Der Horst-Wessel-Kult in Bielefeld, in: Geschichte lernen, (1996), H. 49, S. 39-43
Emer, Wolfgang; Venhaus, Jürgen, Projekte und projektorientiertes Lernen im Geschichtsunterricht am Beispiel Schüler und 2. Weltkrieg, in: Clausnitzer 1991 (s.o.), S. 96-130
Emer, Wolfgang; Lenzen, Klaus-Dieter, Methoden des Projektunterrichts, in: Bastian u.a. 1997 (s.o.), S. 213-230
Emer, Wolfgang; Lenzen, Klaus-Dieter, Projektunterricht gestalten – Schule verändern (Basiswissen Pädagogik; 6), Hohengehren 2002 (mit ausführlicher Bibliographie)
Emer, Wolfgang; Horst, Uwe, Wie wir gearbeitet und was wir erreicht haben – Projektarbeit reflektieren und zertifizieren, in: F. Winter u.a. (Hrsg.), Leistung sehen, fördern, werten, Hohengehren 2002, S. 195-201
Frey, Karl, Die Projektmethode, 3. Aufl., Weinheim 1990
Fürnohr, Walter, Ansätze einer problemorientierten Geschichtsdidaktik, Bamberg 1978
ders.; Stumpf, Peter, Ein Unterrichtsprojekt mit entdeckendem Lernen in der Hauptschule: Die Revolutionen 1848/49 in Nürnberg, in: GWU 27 (1976), S. 409-419
Goetsch, Karl-Heinz, Projektunterricht bewerten, in: Bastian/Gudjons 1990 (s.o.), S. 257-265
Goetze-Emer, Brigitte u.a. (Hrsg.), Projektunterricht in altersgemischten Lerngruppen. Hohengehren 2000
Hänsel, Dagmar (Hrsg.), Das Projektbuch Grundschule, 4. Aufl., Weinheim/Basel 1992
dies. (Hrsg.), Handbuch Projektunterricht, Weinheim/Basel 1997
dies.; Müller, Hans (Hrsg.), Das Projektbuch Sekundarstufe, Weinheim/Basel 1988
Hahne, Klaus; Schäfer, Ulrich, Geschichte des Projektunterrichts in Deutschland nach 1945, in: Bastian u.a. 1997 (s.o.), S. 89-107
Heer, Hannes; Ullrich, Volker (Hrsg.), Geschichte entdecken. Erfahrungen und Projekte der neuen Geschichtsbewegung, Reinbek 1985
Hill, Thomas; Pohl, Karl Heinrich, Projekte in Schule und Hochschule. Das Beispiel Geschichte, Bielefeld 2002
Hug, Wolfgang, Geschichtsunterricht in der Praxis der Sekundarstufe I, 2. Aufl., Frankfurt/M. 1980
Ilsemann, Cornelia von u.a., Einladung in die Renaissance – Fachtage in Jahrgang 11, in: Emer; Horst; Ohly 1994 (s.o.), S. 377-386
Klafki, Wolfgang, Neue Studien zur Bildungstheorie und Didaktik, Weinheim/Basel 1985
Knoch, Peter, Der schwierige Umgang mit Projekten, in: GWU 38 (1987), H. 9, S. 527-540
Knoll Michael, Paradoxien der Projektpädagogik. Zur Geschichte und Rezeption der Projektmethode in den USA und Deutschland, in: Zeitschrift für Pädagogik, (1984), H. 5, S. 663-674
Knoll, Michael, Die Projektmethode in der Pädagogik von 1700 bis 1940, Kiel 1991
Kratz, Hans, Verantwortung für den eigenen Lernprozess übernehmen. Projektunterricht in der gymnasialen Oberstufe, in: Pädagogik, (1995), 7/8, S. 30-34
Lindqvist, Sven, Grabe wo du stehst. Handbuch zur Erforschung der eigenen Geschichte, Bonn 1989
Rohlfes, Joachim, Umrisse einer Didaktik der Geschichte, Göttingen 1991
ders., Geschichte und ihre Didaktik, Göttingen 1986
Schmid, Hans Dieter; Vorbach, K., Entdeckendes Lernen im Geschichtsunterricht der Sekundarstufe I, in: Geschichtsdidaktik, (1978), H. 3, S. 119-125
Schülerwettbewerb Deutsche Geschichte (Hrsg.), Forschendes Lernen im Geschichtsunterricht, Stuttgart 1992
Sliwka, Anne, Lernen und Arbeiten in der offenen Gesellschaft. Die Wiederentdeckung der Projektarbeit, in: Lernwelten 1, 1999, S. 3-9
Speth, Martin, John Dewey und der Projektgedanke, in: Bastian u.a. 1997 (s.o.), S. 19-37
Suin de Boutemard, Bernhard, 75 Jahre Projektunterricht, in: Redaktion be (Hrsg.), Projektorientierter Unterricht 1976, S. 58-64
ders., Schule, Projektunterricht und soziale Handlungsperformanz, München 1975

5. Unterrichtsplanung

Franziska Conrad/Elisabeth Ott

Für Wolfgang Klafki

Didaktische Analyse

1. Zur Entwicklung des didaktischen Planungsmodells von Wolfgang Klafki

Die Begründung, warum bestimmte historische Themen im Unterricht behandelt werden, andere dagegen nicht oder selten, erschöpft sich häufig mit dem Verweis auf vorgegebene Lehrpläne, auf eingeführte Lehrbücher und die (nicht) zur Verfügung stehende Zeit. Die Forderung nach Überprüfung und Vergleichbarkeit des im Unterricht vermittelten und durch Lernkontrollen, Klassenarbeiten oder Klausuren festgestellten und benoteten historischen Wissens erhöht die Anpassung an Richtlinien, die ihrerseits – je nach Bundesland verschieden – immer detaillierter Inhalte und Ziele festschreiben. Wen wundert's, dass die Einsicht in die Notwendigkeit einer sachanalytischen und lerngruppenbezogenen Begründung von Unterrichtsgegenständen schwindet und das Interesse bei der Unterrichtsplanung und -vorbereitung sich in erheblichem Maße auf Fragen der methodischen Umsetzung konzentriert?

Die Frage nach der Auswahl geschichtlicher Inhalte und ihrer Begründung berührt zentrale Elemente des didaktischen Planungsmodells von Wolfgang Klafki, das er seit 1958 entwickelt und in der Auseinandersetzung mit anderen „Schulen" mehrfach modifiziert hat[1]. Die selbst nach fast einem halben Jahrhundert erstaunliche Zeitgemäßheit und Praktikabilität seines Ansatzes liegt in mehreren Prämissen begründet: 1) in der Auffassung, dass die Vermittlung einer zeitgemäßen Allgemeinbildung an junge Menschen die allererste Aufgabe der Lehrerinnen und Lehrer ist und die einzelnen Unterrichtsfächer dazu ihren je spezifischen Beitrag zu leisten haben; 2) dem „Primat der Inhalte" vor den Methoden und 3) in dem konsequent pädagogischen Zugang, der neben die Analyse der Unterrichtsinhalte stets die Frage nach deren Bedeutsamkeit für bestimmte Schülerinnen und Schüler stellt.

In dem Aufsatz „Didaktische Analyse als Kern der Unterrichtsvorbereitung" von 1958 stellt Wolfgang Klafki fünf Grundfragen, deren Beantwortung den „Bildungsgehalt" des Stoffes sowie die unterrichtliche Umsetzung klären soll[2].

„I. Welchen größeren bzw. welchen allgemeinen Sinn- oder Sachzusammenhang vertritt und erschließt dieser Inhalt? (...)“ **> Exemplarische Bedeutung des Themas**

„II. Welche Bedeutung hat der betreffende Inhalt bzw. die an diesem Thema zu gewinnende Erfahrung, Erkenntnis, Fähigkeit oder Fertigkeit bereits im geistigen Leben der Kinder meiner Klasse, welche Bedeutung sollte er – vom pädagogischen Gesichtspunkt aus gesehen – darin haben?“
> Gegenwartsbedeutung des Inhalts für die Schülerinnen und Schüler

„III. Worin liegt die Bedeutung des Themas für die Zukunft der Kinder?“
> Zukunftsbedeutung des Inhalts für die Schülerinnen und Schüler

„IV. Welches ist die Struktur des (durch die Fragen I und II und III in die spezifisch pädagogische Sicht gerückten) Inhaltes?“
> Struktur des Inhaltes

„V. Welches sind die besonderen Fälle, Phänomene, Situationen, Versuche, in oder an denen die Struktur des jeweiligen Inhaltes den Kindern dieser Bildungsstufe, dieser Klasse interessant, fragwürdig, zugänglich, begreiflich, ‚anschaulich‘ werden kann?“
> unterrichtlicher Zugang

Das Modell der Didaktischen Analyse wurde von Klafki seit Ende der 70er-Jahre verändert und erweitert zu einem „Perspektivenschema zur Unterrichtsplanung“[3]. In ihm werden die fünf Grundfragen zwar beibehalten, aber anders strukturiert und erweitert. Ein Unterrichtsentwurf, der sich an diesem Perspektivenschema orientiert, ist wie folgt aufgebaut: Nach einer Bedingungsanalyse (Lerngruppe, institutionelle Rahmenbedingungen, mögliche Schwierigkeiten usw.) wird das Thema begründet (Gegenwarts- und Zukunftsbedeutung, Exemplarität), danach inhaltlich strukturiert (Perspektivik, größerer Zusammenhang, Voraussetzungen, Schichtungen des Inhaltes). In diesen Planungsschritt fallen auch Überlegungen zur Lernergebniskontrolle. Die nächsten Schritte beschäftigen sich mit dem unterrichtlichen Zugang (Wahl der Medien, erwartete Schwierigkeiten etc.), danach werden methodische Fragen im engeren Sinne erörtert.

Rohlfes kritisierte in seiner Auseinandersetzung mit dem Konzept der Didaktischen Analyse (besonders in deren Fassung von 1958) zweierlei[4]: 1) Die fünf Grundfragen beziehen sich auf einen Unterrichtsgegenstand, der als gegeben hingestellt werde; Klafki klammere damit „einen wesentlichen Teil der didaktischen Reflexion und Entscheidungsfindung im vorhinein aus“. Dieser Kritikpunkt trifft insofern zu, als dass das Planungsmodell Klafkis in seiner ursprünglichen Fassung dazu genutzt wurde, den Bildungsgehalt traditionell vorgegebener Stoffe zu analysieren. Spätestens seit 1985 hat Klafki aus seiner Einsicht in die Grenzen des klassischen Bildungsbegriffs Folgerungen gezogen und wendet sich von der kanonisierten Festlegung auf bestimmter Bildungsinhalte ab. Stattdessen schlägt er die Konzentration auf „epochaltypische Schlüsselprobleme“ vor, um die Heranwachsenden zu eigener reflektierter Urteilsbildung, Entscheidungs- und Handlungsfähigkeit in unserer globalisierten Risikogesellschaft zu befähigen. Dieses Konzept der Orientierung an epochaltypischen Schlüsselproblemen gibt u.E. gleichermaßen Hilfestellung bei Auswahl und Bestimmung des historisch-politischen Bildungsgehaltes des Unterrichtsgegenstandes. 2) In vielen Fällen sei es unmöglich, das Wesentliche eines Gegenstandes zu ermitteln; das liege nicht in der Sache als solcher, sondern in der unterrichtlichen Funktion, ein Vorwurf, der nicht zutrifft, weil gerade Klafki die Intentionalität der Vermittlung von

Inhalten betont. Auf die anderen Fragen geht Rohlfes überwiegend beispielhaft erläuternd ein.

Seit 1984 entwickelte Klafki ein Allgemeinbildungskonzept, das Bildung in drei Bedeutungen fasst: allgemeine Bildung, Bildung für alle und „Bildung im Medium des Allgemeinen", und das die „Konzentration auf epochaltypische Schlüsselprobleme" der Gegenwart fordert[5]. Gerade dieses Auswahlkriterium präzisierte Bergmann in seinen letzten Veröffentlichungen für den Geschichtsunterricht und rückte zurecht, dass damit nicht die Instrumentalisierung der „Geschichte als Steinbruch" gemeint ist und sie nicht in den Dienst unmittelbaren gesellschaftlichen Handelns genommen wird[6]. Die Orientierung an den zu ermittelnden „Großen Fragen der Gegenwart" trifft nach Bergmann sinnträchtig eher für einen nicht-chronologischen Geschichtsunterricht zu, wohingegen ein Unterricht nach Lehrplanvorgaben historische Inhalte nach ihrer Erarbeitung auch auf gegenwartsrelevante Aspekte hin zu befragen hat[7].

Im Folgenden werden diese allgemeindidaktischen Aspekte auf historisches Lernen im Geschichtsunterricht bezogen und an einem Unterrichtsbeispiel konkretisiert, dabei unterschiedliche Anforderungsebenen für Lerngruppen der Sekundarstufe I und II berücksichtigend (vgl. 2). Der letzte Abschnitt beschäftigt sich mit der didaktischen Rekonstruktion, die, kurz gefasst, einen historischen Stoff durch didaktische Entscheidungen zu einem Unterrichtsthema macht (vgl. 3).

2. Didaktische Analyse im Geschichtsunterricht – ein Beispiel

2.1 Zum Bildungswert des historischen Inhalts

Gemäß dem „Perspektivenschema zur Unterrichtsplanung" steht am Anfang eine genaue Analyse wichtiger den Unterricht bedingender Faktoren, besonders der Lerngruppe, des/der Lehrenden sowie der unterrichtsrelevanten institutionellen Bedingungen. Diese Bedingungsanalyse muss eine spezifisch gegebene Lernsituation in Augenschein nehmen und aus ihr müssen konkrete Lehr- und Lernziele ermittelt werden, was in diesem Beitrag folgerichtig nicht geleistet werden kann. Wir werden auf allgemeinere Lernvoraussetzungen (Lerngruppen in der Sekundarstufe I und II) im Zusammenhang mit Vorschlägen zur methodischen Erschließung eingehen (vgl. 2.2).

Ziele des Geschichtsunterrichts:

- Erklärung gegenwärtiger Strukturen und Prozesse;
- historische Betrachtung gegenwärtiger und zukunftsbedeutsamer Schlüsselprobleme;
- Verstehen des „Fremden" und Auseinandersetzung mit dem historisch Anderen;
- Hilfe bei der Identitätsfindung;
- Teilnahme an „Geschichtskultur";
- Einübung in fachspezifische Methoden.

Die aufgeführten Ziele des Geschichtsunterrichts geben Kriterien zur Auswahl von Unterrichtsinhalten vor. Die Überprüfung von Inhalten auf ihren historisch-politischen Bildungsgehalt soll am Beispiel des Themas „Europäische Aufklärung – Modernisierung des Denkens" beispielhaft erfolgen. Wie Hans-Jürgen Pandel dargestellt hat, wird die Behandlung der Epoche „Aufklärung" häufig auf politische Aufklärung verkürzt und dient der „Legitimierung heutiger Verfassungsinstitutionen"[8]. Ziel muss aber sein, den Lernenden die Gegenwarts- und Zukunftsrelevanz des Projekts „Aufklärung" im umfassenden Sinne nahe zu bringen und die reflektierte Identifikation der Schülerinnen und Schüler mit den Idealen der Aufklärung wie Autonomie durch Vernunftgebrauch, Gleichheit und Würde der Menschen, Toleranz, Kosmopolitismus zu initiieren, „da sich mit vernünftigen Gründen keine Alternative zur Vernunft entwickeln lässt."[9]

Nach der Beschäftigung mit den Ergebnissen der Fachwissenschaft zum Gegenstand „Aufklärung" (Sachanalyse) kann die Frage der didaktischen Eignung des historischen Gegenstandes folgende Ergebnisse bringen:

- Durch die Beschäftigung mit den Ideen der europäischen Aufklärung und deren Rezeption erfahren die Lernenden, wie modernes, vernunftgelenktes Denken in Konkurrenz zum traditionalen, auf Autorität und Glauben gestützten Denken tritt, wie es die (bürgerliche) Öffentlichkeit prägt und somit ein Wesensmerkmal der Moderne darstellt. Sie können erkennen, warum das Bürgertum auf der Grundlage der Gedanken der Aufklärer Kritik am Absolutismus übt (Erklärung gegenwärtiger Strukturen und Prozesse).
- Trotz des natur- und vernunftrechtlichen Gleichheitspostulats vertreten Aufklärer die Ansicht, dass Frauen gegenüber Männern von minderer Vernunft und von minderem Recht seien. Sie entwickeln ein angeblich natürliches Rollenbild von Mann und Frau, das unterschiedliche Rechte und Pflichten für beide Geschlechter festschreibt und das bis in die Gegenwart die Ungleichheit der Frauen legitimiert (historische Betrachtung gegenwärtiger und zukunftsbedeutsamer Schlüsselprobleme).
- Auf Grund der Beschäftigung mit diesen „Inkonsequenzen" in der Haltung der Aufklärer, der „halbierten Aufklärung", aber auch mit der Haltung der traditionell denkenden Schichten in der bäuerlichen Gesellschaft sowie von Frauen, die die Auffassung von der Polarisierung der Geschlechtercharaktere übernehmen, müssen sich die Lernenden mit der Frage auseinandersetzen, warum sich das scheinbar selbstverständliche moderne Denken, die universell gültigen Ideale nicht überall durchsetzen. Sie müssen zu verstehen und zu erklären versuchen, woraus die Reserviertheit der verschiedenen gesellschaftlichen Gruppen gegenüber der konsequenten Aufklärung resultiert, aus welchen Interessen heraus diese sich gegen die Fortsetzung des Projekts „Aufklärung" wenden. Gleichzeitig können Schülerinnen und Schüler in der Auseinandersetzung mit der „halbierten Moderne" darüber nachdenken, wie die Fortsetzung der Aufklärung in Richtung einer reflexiven Moderne[10] heute aussehen müsste (Verstehen des „Fremden" und Auseinandersetzung mit dem historisch Anderen).
- Denken und Haltung von Aufklärern, die sich gegen Vorurteile und Aberglauben zur Wehr setzen, und Rebellen gegen den Absolutismus, aber auch von Frauen, die sich

gegen die vorherrschende Rollenzuweisung wehren, bieten für Schülerinnen und Schüler Identifikationsmöglichkeiten mit deren Kampf für Vernunft, Freiheit, Selbstverwirklichung und Gerechtigkeit. Sie erkennen, dass ihre eigenen Entfaltungsmöglichkeiten Ergebnis des Engagements ihrer Vorfahren für humane Werte und bessere Lebensverhältnisse sind (Hilfe bei der Identitätsfindung).

- Die Einsicht in die Ambivalenzen der Aufklärung – die Verdrängung des Gefühls, die Reduzierung der Vernunft auf den zweckrational kalkulierenden Verstand – kann den Schülerinnen und Schülern helfen, gegenwärtige Kritik an der Aufklärung nachzuvollziehen, aber auch deren Geltungsanspruch zu verteidigen gegen postmoderne Beliebigkeit, Irrationalismus und Fundamentalismus („‚Identitätsreflexion' als Analyse von Geschichtskultur und Geschichtspolitik"[11]).
- Durch Beschäftigung mit Schriften der Aufklärer lernen die Schülerinnen und Schüler Methoden der Textanalyse, -interpretation und -kritik; durch Umgang mit kontroversen Positionen, z.B. zur „Judenfrage" oder „Frauenfrage", erfahren sie, dass Quellen perspektivisch zu deuten sind. Die Auseinandersetzung mit gegenwärtigen Kontroversen um Aufklärung zeigt, dass Geschichte „gegenwärtiges Denken über vergangenes menschliches Handeln und Leiden der Gegenwart"[12] ist (Einübung in fachspezifische Methoden).

2.2 Die Lerngruppe als Bedingungsfaktor der Unterrichtsplanung

Erscheint auf Grund solcher Überlegungen die didaktische Eignung des Stoffes in hohem Maße gegeben und sind erste Einsichten in die Intentionen des Unterrichts gewonnen, so können konkrete Lehr- und Lernziele nur in engem Zusammenhang mit der jeweiligen Lerngruppe ermittelt werden. Eine Analyse der Lerngruppe ist daher unbedingt erforderlich, um die Bedingungsfaktoren des Unterrichts zu erkennen. Diese geben keine zwingenden didaktisch-methodischen Entscheidungen vor, müssen aber bei der Unterrichtsplanung bedacht werden, um die im historischen Inhalt liegenden Bildungsmöglichkeiten schülerorientiert zu erarbeiten. Alter, Sozialisationshintergrund, Lebenserfahrung und Reifegrad der Schülerinnen und Schüler können z.B. das Nachdenken über bestimmte Fragestellungen erschweren oder befördern; die im Unterricht intendierte Horizonterweiterung wird nur dann gelingen, wenn didaktische und methodische Entscheidungen diesen Bedingungen Rechnung tragen. Gilt die Berücksichtigung dieser Lernausgangslage für Unterrichtsplanung allgemein, so spielt für die Planung von Geschichtsunterricht die Einsicht in das Geschichtsbewusstsein der Lernenden, in vorhandene „Geschichtsgeschichten"[13], Geschichtsbilder und Mythen eine große Rolle. Ob bei der Behandlung des Themas „Aufklärung" Schülerinnen und Schüler der Sekundarstufe II mit pointiert esoterischer Lebensphilosophie oder solche, die dezidiert für das „anything-goes-Beliebigkeitsmotto" plädieren, ob strenggläubige oder weniger strenggläubige muslimische Schülerinnen in der Lerngruppe mitarbeiten oder sogar von Einfluss auf die Meinungsbildung in der Gruppe sind – all dies sollte bei der didaktisch-methodischen Planung des Unterrichts berücksichtigt werden. Eventuell böte sich als didaktische Konsequenz die deutliche Herausarbeitung aufklärerischer Vorstellungen von der glücksbringenden und völkerverbindenden Kraft der Vernunft an; im zweiten Schritt könnte die Untersuchung von Konsequenzen dieser

Ansichten im politischen, gesellschaftlichen, wirtschaftlichen und kulturellen Leben erfolgen, um einerseits die Einsicht in die Ambivalenzen und Halbheiten des Aufklärungsprozesses herauszuarbeiten und andererseits die Frage aufzuwerfen, ob wir heute auf das Erbe der Aufklärung verzichten können.

Methodisch bietet sich in einer weltanschaulich stark gemischten Gruppe als Ergebnissicherung oder Erarbeitung die Simulation eines Salons des 18. Jahrhunderts an, in dem Anhänger und Gegner der Aufklärung bzw. Mittlerfiguren wie die aufgeklärten Absolutisten den Diskurs über ihre Position miteinander führen. Die Bewertung des Aufklärungsprozesses kann in Form einer Podiumsdiskussion über Aufklärung und die Konsequenzen heute erfolgen. Der Förderung des Verständnisses für die jeweils andere Position tut es gut, wenn die Rollen so verteilt sind, dass die Schülerinnen und Schüler Perspektivenwechsel vollziehen müssen.

Eine ganz andere Lernausgangslage stellt eine Klasse 8 dar, in der die Schülerinnen und Schüler die Merkmale aufklärerischen Denkens im Vergleich zum mittelalterlichen Denken erst einmal verstehen und deren Modernität erfassen müssen. Hier bietet sich der Einstieg über ein Fallbeispiel, z.B. der Umgang mit Krankheiten im Mittelalter und in der Zeit der Aufklärung an, um dann über sorgfältig gesichtete, dem Niveau der Klasse angepasste Quellen[14] auf Inhalte und Folgen des neuen Denkens zu sprechen zu kommen. Auf der Grundlage von Zeitungslektüre und Nachrichtensendungen können die Schülerinnen und Schüler in einem weiteren Schritt Belege dafür suchen, ob die Aufklärung sich in Politik und Leben durchgesetzt hat oder nicht. Zum Abschluss könnten die Fragen diskutiert werden, warum sich die Ideen der Aufklärer bis jetzt nicht haben gänzlich durchsetzen lassen und inwieweit dies wünschenswert wäre.

In beiden Jahrgangsstufen bietet sich auch an, Rollenbiographien von Aufklärern und aufgeklärten Frauen schreiben zu lassen und in der Klasse Rollenbefragungen und Diskussionen durchzuführen. Dadurch erarbeiten sich die Lernenden die Positionen der Aufklärung selbstständig und haben die Möglichkeit, sich mit Haltung und Wertvorstellungen der historischen Akteure zu identifizieren, aber auch diskursiv auseinanderzusetzen. Ob man diese Methode wählt, wie weit man Anforderungen an die Selbstständigkeit der Lernenden in der Frage der Materialrecherche und -bearbeitung stellt, wann und wem man welche Hilfestellung gibt, ist wiederum abhängig von der Einschätzung der jeweiligen Lerngruppe durch die planende und unterrichtende Lehrkraft.

Die Einschätzung der Lernausgangslage kann auch dazu führen, auf bereits vorhandenes Wissen der Schülerinnen und Schüler aus anderen Fächern zurückzugreifen, z.B. auf die bei der Behandlung der Epoche Aufklärung erworbenen Kenntnisse aus dem Deutschunterricht. Möglich wäre auch, Fragestellungen für den Literatur-, Ethik-, Philosophie-, naturwissenschaftlichen oder Kunstunterricht herauszuarbeiten, wenn Aussicht besteht, dass diese Fragen im jeweiligen Fachunterricht bearbeitet werden können. Neben diesen fächerverbindenden Planungsansätzen bietet sich natürlich beim Thema „Aufklärung" die fachübergreifende Planung in Kooperation mit Lehrerinnen und Lehrern der Fächer Deutsch, Englisch, Französisch, Naturwissenschaften, Kunst, Religion, Philosophie usw. an. In einem literarischen Salon könnten Diskurse der Zeit nachgespielt werden.

Bei diesen Überlegungen zur Bedeutung der Lerngruppe als Bedingungsfaktor von Unterrichtsplanung wird deutlich, wie eng didaktische und methodische Entscheidungen bei der konkreten Unterrichtsplanung miteinander verbunden sind. Diesen Entscheidungen vorgelagert sind jedoch Überlegungen zum Bildungsgehalt der durch den Lehrplan vorgegebenen historischen Inhalte, wie in 2.1 dargestellt. Sie bilden die Grundlage, auf der dann die didaktisch-methodische Feinplanung erfolgt. Die beim Nachdenken über den historisch-politischen Bildungswert des Stoffes resultierenden Ziele sind der Rahmen für die didaktische Detailplanung und regulieren die Zweckmäßigkeit unterrichtsmethodischer Entscheidungen.[15] In diesem Sinne spricht Wolfgang Klafki vom „Primat der Didaktik".

Unterrichtsbeispiel „Europäische Aufklärung" – didaktische Analyse

Entscheidungsfeld	Klasse 8	Klasse 11
didaktische Intentionen	– Grundgedanken d. Aufklärung anhand von Quellen erarbeiten – Unterschiede zwischen aufklärerischem und mittelalterlichem Denken erfassen – das Wirken von Aufklärern in ihrer Zeit am Bsp. verdeutlichen – die Folgen der Aufklärung in Politik und Leben der Menschen beispielhaft aufzeigen (z.B. Erziehung) – überprüfen, inwieweit der Geltungsanspruch der Aufklärung heute realisiert ist	– vertieft in die Gedankenwelt der Aufklärung eindringen – die Folgen der Aufklärung auf den Gebieten Politik, Gesellschaft, Wirtschaft, Kultur erarbeiten und an den Ansprüchen der Aufklärer messen – Ambivalenzen der Aufklärung erfassen (z.B. Rollenbild der Frau, Erziehungskonzepte zwischen dem Ziel der Mündigkeit und dem Ziel der effektiven Disziplinierung des Untertanen, Widersprüche im aufgeklärten Absolutismus) – Stellung beziehen zu gegenwärtigen aufklärungskritischen Positionen
Inhalte	– Vernunft, Kritik, Zweckmäßigkeit, Toleranz, Fortschritt, Glück als Grundgedanken – das Beispiel Voltaire oder Lessing oder Louise Gottsched etc. – Erziehungsvorstellungen am Beispiel Rousseaus und Basedows	– Vernunft als Weg zur Selbstbestimmung des Individuums, Forderung des freien Diskurses, Kritik am Absolutismus auf der Grundlage natur- und vernunftrechtlicher Argumentation, Glück als Ergebnis d. Fortschreitens d. Aufklärungsprozesses – Reformen des aufgeklärten Absolutismus in Bildung, Justiz, Landwirtschaft, die Entstehung bürgerlicher Öffentlichkeit in Salons, Lesegesellschaften, Presse – die Situation von Frauen zwischen Anpassung und Anspruch auf Emanzipation im aufklärerischen Sinne – Auseinandersetzung mit der Aufklärungskritik von Adorno/Horkheimer, Grass
Medien	kurze Textauszüge aus den Schriften der Aufklärer aus Schulbüchern der Sek.I; Texte aus: Praxis Geschichte 5/1999; zu Voltaire: Spurensuche Geschichte, Bd. 2, Stuttgart, Düsseldorf, Berlin, Leipzig 1995, S. 107 ff.	Textauszüge aus den Schriften der Aufklärer aus Schulbüchern der Sek.II; geeignet für Geschichte und fächerübergreifendes Arbeiten mit Deutsch: Balg, Bernd; Schardt, Friedel, Traum oder Albtraum?, Leipzig, Stuttgart, Düsseldorf 2002; van Dülmen, Andrea (Hrsg.), Frauenleben im 18. Jahrhundert, München 1992 u.a.; Sekundärliteratur: z.B.: im Hof,

		Ulrich, Das Europa der Aufklärung, München 1993; Porter, Roy, Kleine Geschichte der Aufklärung, Berlin 1991; Schneiders, Werner, Das Zeitalter der Aufklärung, Berlin 2001; Rudolf Vierhaus, Was war Aufklärung?, Göttingen 1995.
Unterrichtsmethoden	– Definition von Schüsselbegriffen auf Grund der Texte – Rollenbiographien und -befragung, Rollenspiele – Zeitungsrecherchen	– systematische Textarbeit; Herausarbeitung von Schlüsselbegriffen, Argumentation, Intention – Arbeit mit Sekundärliteratur zu den Folgen der Aufklärung – Rollenbiographie, Rollenspiel: Salon in der Aufklärung, Podiumsdiskussion: Aufklärung heute

3. Didaktische Rekonstruktion

Ging es in den bisherigen Ausführungen um grundlegende Aspekte des didaktischen Zugangs zu geschichtlichen Sachverhalten und deren Eignung für historisches Lernen, so soll abschließend der Frage nachgegangen werden, nach welchen Grundsätzen denn aus der Fülle wissenschaftlicher Aspekte unterrichtsrelevante Fakten und Problemstellungen adressatengerecht auszuwählen sind, wie also aus einem historischen Forschungsgegenstand ein geschichtliches Unterrichtsthema wird, das neben wissenschaftspropädeutischen auch lebensweltlichen Ansprüchen genügt. Dieses Problem bereitet gerade Berufseinsteigern einiges Kopfzerbrechen, geht es doch um die inhaltliche Auswahl aus den zahlreichen Ergebnissen, die die Forschung über einen Gegenstand bereitstellt und die diesen historisch differenziert erklären. Die Bedenken, ob nicht Schülerinnen und Schüler so manches Mal verkürztes und oberflächliches Wissen vermittelt bekommen, gehören zu den immer wiederkehrenden Fragen jedes lesenden Geschichtslehrers.

Der Vorgang der Auswahl wird häufig als „didaktische Reduktion“ bezeichnet, was suggeriert, dass es vor allem um das Weglassen von Aspekten gehe, das Unterrichtsthema gleichsam das verkleinerte, verkürzte Abbild des wissenschaftlichen Sachverhaltes sei. Nun ist zwar der quantitative Gesichtspunkt, der die gesamte Unterrichtsplanung begleitet, von nicht zu unterschätzender Bedeutung – jeder Unterrichtende weiß, wovon hier die Rede ist. Dennoch kennzeichnet er den Prozess nicht umfassend genug.

Hier wird davon ausgegangen, dass im Unterricht Geschichte auf der Grundlage von Quellen, an ausgewählten Themen für Kinder und Jugendliche rekonstruiert wird. Rüsen stellt für die Geschichtsdidaktik fest, dass sie „die Erkenntnisse der Geschichtswissenschaft (im Lichte ihrer Reflektiertheit durch die Historik) bewußt und kontrolliert in die Lebenswelt zurückvermittelt, in der sie verwurzelt sind.“[16] Für den schulischen Lern- und Vermittlungsprozess bedeutet in diesem Sinn der Schülerbezug, dass sich der Geschichtsunterricht den Gegenständen mit schülerangemessenen Fragestellungen und Intentionen nähert und das mit durchaus weitreichenden Konsequenzen, z.B. hinsichtlich des Umfangs der Kenntnisse, des Schwierigkeitsgrads des Materials und der Differenziertheit der historischen Erschließung.

3.1 Prinzipien

Die im Folgenden kurz skizzierten Prinzipien, die die historische Thematik strukturieren, ergeben sich aus dem Ansatz der didaktischen Analyse nach Klafki.

1. Wie oben bereits erwähnt, muss *durch Verringerung* der Aspekte das Thema für die Schüler und Schülerinnen *überschaubar* werden bzw. bleiben. Zum einen sind für die Auswahl die Lehrpläne verbindliche Filter, zum anderen bieten Schulbücher, Fachzeitschriften etc. den Lehrerinnen und Lehrern Hilfen und Anhaltspunkte.

2. *Durch Vereinfachung* der Problemstellungen soll den Schülerinnen und Schülern ermöglicht werden, *das Exemplarische* herauszuarbeiten, aus dem sie allgemeine Erkenntnisse gewinnen können. Der Schwierigkeitsgrad des Themas und des Materials muss das Leistungsvermögen der Lerngruppe berücksichtigen. Das bezieht die psychologischen Lernvoraussetzungen (z.B. Ich-Bezug, konkrete/abstrakte Denkoperationen) ebenso ein wie die Stufen historischen Bewusstseins[17], Motivation und situative Lernbedingungen, eben all jene Faktoren, die in einer Bedingungsanalyse als für den Lernprozess bedeutsam erkannt werden (vgl. 2.2).

3. *Durch Verdichtung* des Stoffes sollen Schülerinnen und Schüler *Wesentliches* erkennen können. Sie zielt besonders auf die zu entwickelnde Fähigkeit der Lernenden, Einzelphänomene in ihren geschichtlichen Kontext einzuordnen. Diese stellt eine sehr komplexe Denkleistung dar, die stark vom Alter und dem Reflexionsvermögen der Kinder und Jugendlichen abhängt. Sie betrifft die Entwicklung von Geschichtsbewusstsein (vgl. 3.2.2) und umfasst das Spektrum von einer moralischen Beurteilung, die ihre Maßstäbe aus gegenwärtigen Normvorstellungen bezieht und diese bruchlos auf Vergangenheit überträgt, bis hin zu einer analytischen Erfassung strukturell historischer Spezifika und einem reflektierten Gegenwartsbezug. Diese Ausprägung von Geschichtsbewusstsein wird nur selten im Geschichtsunterricht erreicht, u.a. auch weil sie über Lebenserfahrungen vermittelt wird, über die Schülerinnen und Schüler nicht verfügen können. Eine Verdichtung des Stoffes wird im Unterricht durch Fokussierung auf Problemstellungen erzielt, die z.B. eine länger wirkende historische Struktur oder ein die Situation besonders prägendes Merkmal erkennbar werden lassen.

3.2 Historisches Beispiel: „Sklaven in der Polis Athen"

Die Grundsätze einer didaktischen Rekonstruktion sollen im Folgenden an dem Unterrichtsthema „Sklaven in der Polis Athen" für eine Klasse 6 beispielhaft erläutert werden. Das Thema gehört in dieser Klasse, z.T. auch in der Jahrgangsstufe 11 zu den obligatorischen Schwerpunkten und wird zumeist im Zusammenhang mit der Bevölkerungsstruktur in Athen, den Merkmalen der athenischen Demokratie sowie den minderen Rechten von Frauen und Metöken behandelt, womit bereits ein wesentliches Statusmerkmal – die Abgrenzung zu den Bürgern der Polis – benannt ist.

Die folgenden Ausführungen beschäftigen sich mit dem historischen Gegenstand im Sinne einer Sachanalyse für den Unterricht. Als Teil der didaktischen Analyse berücksichtigt sie also aus der eingesehenen Literatur zum Thema „Sklaven in der Polis Athen" besonders die unterrichtsrelevanten Aspekte. Da der Gegenstand für beide Altersstufen der gleiche ist, unterscheiden sich die Sachanalysen diesbezüglich kaum voneinander. Unterschiedlich hingegen sind die Wege der Erarbeitung (Zugänge, Medien und Methoden).

3.2.1 Der historische Gegenstand

Sklaverei gab es im Altertum schon in den altorientalischen Kulturen, in Ägypten etwa seit 2.300 v. Chr., in größerem Umfang in Griechenland seit dem 6. und im Römischen Reich seit dem 4. Jahrhundert.

Die *Zahl der Sklaven* in Attika ist nicht eindeutig für einzelne Phasen bestimmbar. Nach Bleicken betrug sie für die Mitte des 5. Jahrhunderts bei einer Gesamtbevölkerung von ca. 250.000 Menschen schätzungsweise 80.000 bis 120.000, wobei je nach wirtschaftlicher und politischer Lage erhebliche Schwankungen berücksichtigt werden müssen. Bei etwa 100.000 bis 120.000 (maximal 150.000) Bürgern und ca. 25.000 bis 35.000 Metöken[18] stellten Sklaven immerhin ein Drittel (oder darüber) der Gesamtbevölkerung dar. Dieser Anteil wirft ein Licht auf ihre wirtschaftliche Bedeutung.

Der *Einsatz von Sklaven* erfolgte im Bergbau, Handwerk, in der Landwirtschaft, der Familie, der politischen Administration. Die Größe des Sklavenbesitzes war sehr unterschiedlich; 1.000, 600, 300 Sklaven als Eigentum eines Besitzers sind die höchsten überlieferten Zahlen,[19] wenngleich auch die Ausnahmen. Z.B. beutete Kallias, der reichste Athener Bürger in der Mitte des 5. Jahrhunderts, seine Bergwerke mit Hunderten von Sklaven aus.[20] So vielseitig und verstreut ihr Einsatz, so uneinheitlich war ihre persönliche Lage, soziale Stellung und ihr Lebensstandard, eine Tatsache, die mit das Ausbleiben von Sklavenaufständen erklären dürfte.

Die *Arbeit in den Bergwerken* in der Gegend um Laureion (Silber, Zink, Blei) gehörte zu den schwersten und gefährlichsten Tätigkeiten; nicht von ungefähr betreffen die o.a. Zahlen die Vermietung von Sklaven für diese Bergwerksarbeit. Die Stollen waren so eng, dass die Sklaven z.T. liegend arbeiten mussten. Der hohe Ausbeutungsgrad dieser Minen, der den umfänglichen und harten Arbeitseinsatz von Sklaven erklärt, hing mit ihrer Bedeutung für die Finanzierung des Gemeinwesens zusammen, z.B. des Flottenbaus ab 483 v. Chr., der nicht zuletzt durch die Ausbeutung neu entdeckter Silberadern ermöglicht wurde.

Der Umfang der *Sklavenarbeit im Handwerk und Handel* korrespondierte stark mit der wirtschaftlichen Entwicklung. Zahlreiche Sklaven arbeiteten selbstständig, lieferten ihren Verdienst (vollständig oder prozentual) an ihre Eigentümer ab; beschränkte Geschäftsfähigkeit für Sklaven ist bezeugt. Andere Sklaven, die auch von ihren Herren an Handwerker vermietet wurden, arbeiteten für Lohn. In diesen Sektoren verwischten sich wegen des gemeinsamen Arbeitens in Betrieben oder auf Baustellen (z.B. beim Bau der Propyläen und des Erechtheions, bei dem für gleiche Arbeit der gleiche Lohn an Bürger, Metöken und Sklaven gezahlt wurde) und der großen Freizügigkeit, die Sklaven zugebilligt wurde, stark die Unterschiede zu den Freien. Äußerlich z.B. sichtbar, dass – bei Fehlen einer gesetzlichen Kleidervorschrift für Sklaven – das schafwollene Gewand für Sklaven auch von armen Freien getragen wurde.[21]

Der Einsatz von *Sklaven in der Landwirtschaft* war wegen des vorherrschenden kleinbäuerlichen Besitzes eingeschränkt, häufig und vielseitig dagegen die Arbeit der *Sklaven im Haushalt* (Lehrer, Erzieher, Köche, Verwalter, Diener usw.). Sie waren auf Dauer Mitglieder der Familie, die mit einer Zeremonie in diese aufgenommen wurden, bildeten das dienende Element im *oikos*, wurden ernährt, beherbergt und leisteten mit ihrer Arbeit ihren Beitrag zum Familienunterhalt; sie waren zur Teilnahme an kultischen Feiern verpflichtet.[22] Die Lage der Haussklaven galt als gut, weil ihre Arbeit unmittelbar dem Wohlergehen der Familie diente und sie deshalb geschätzt wurden, auch weil sie die größten Aussichten auf Freilassung hatten.

Das Spektrum des Einsatzes der *Staatssklaven* in Athen ist beachtlich. Sie nahmen die Aufgaben von Amtsdienern, Polizisten, Bauarbeitern an Wegen und öffentlichen Bauten, Münzprägern, Folterknechten, Henkern und Wärtern von Gefängnissen wahr. Bleicken erwähnt eine 450 v. Chr. eingerichtete Polizeieinheit von 300 skythischen Sklaven, die auch mit der Peitsche auf Befehl von Beamten und Offizieren in der Volksversammlung für Ruhe und Ordnung zu sorgen hatte.[23]

So sehr sich – wie oben erwähnt – im Einzelnen die Lebenslagen von Sklaven denen der Freien annähern konnten, durch ihren *Rechtsstatus* blieben sie klar von den Bürgern getrennt. Sklaven waren persönlich unfrei, besaßen damit keine Verfügungsrechte über die eigene Person, waren Eigentum ihrer Herren, deren „beseelter Besitz" (Aristoteles) und deshalb keine Rechtssubjekte.

Dass sie sich gemäß ihrer Rechtsstellung nicht vom Hausvieh unterschieden, zeigt sich in der Tatsache, dass das dienende Element im *oikos* sowohl ein Ochse als auch ein Sklave sein konnte, und in einem Gesetz, das vorsah, Schäden am Eigentum, die von Sklaven verursacht wurden, genau so zu behandeln wie solche, die von Zugtieren, Hunden oder Pferden angerichtet wurden. Die Rechtlosigkeit (Eigentum eines anderen Menschen, Person als Ware), die die rechtliche Stellung der Sklaven in der athenischen Gesellschaft bestimmte, ist die zwingende Voraussetzung für die Unterscheidung zwischen Bürger und Sklave. So legitimierte Aristoteles die Sklaverei mit der Definition: „Wer nämlich von Natur aus nicht sich selbst gehört, sondern als Mensch eben einem anderen, der ist von Natur aus ein Sklave."[24]

Dieser besaß keinerlei politische Mitspracherechte; sein Erscheinen vor der Volksversammlung oder dem Rat wurde mit Strafe belegt; er war nicht wehrfähig (Ausnahmen sind bezeugt, z.B. am Ende des Peloponnesischen Krieges); er konnte vor Gericht nur dann als Zeuge aussagen, wenn das Geständnis unter Folter zustande gekommen war. Immerhin wurde die Tötung eines Sklaven nur als Totschlag (mit Verbannung), nicht als Mord geahndet und er konnte vor den Grausamkeiten seines Herrn in Heiligtümer und an Altäre fliehen.

Als Folge ihrer Rechtsstellung ergibt sich der Ausschluss der Sklaven von politischer Teilhabe jedweder Art, ein bedeutsamer und folgenreicher Unterschied zum Bürger. Die strikte Trennung – ähnlich wie die zwischen den Aufgaben und Rechten von Männern und Frauen – war neben der wirtschaftlichen Bedeutung der Sklaven von Wichtigkeit, „weil ihre Existenz, ihr grundsätzlich anderer Status auf die Bedeutung der Freiheit und den Zusammenhalt derer, die daran teilhatten, hinwirkte".[25] Diese Abgrenzung förderte noch die Identifikation der Bürger mit ihrer Polis. Die selbstverständliche Bereitschaft zur politischen Mitwirkung setzte eine gemeinsame, überwiegend akzeptierte Vorstellung von Polis voraus, in der die Bürger in ihren verschiedenen Ämtern und Aufgaben das Wohl des Gemeinwesens, nicht ihre privaten Interessen in den Vordergrund stellten, dass sie „als Bürger, als Beamte, nicht aufgrund der Interessen ihrer Häuser, Berufe, Werkstätten" an sich dachten.[26]

Gerade diese Auffassung von Politik ist heutigen Schülern und Schülerinnen schwer vermittelbar; sie gehört jedoch zu den historischen Besonderheiten und Grundlagen, ohne die die athenische Demokratie nicht zu jener Bedeutung und jenen beeindruckenden Leistungen fähig gewesen wäre, die wir noch heute bewundern.

3.2.2 Schülerbezug (Klasse 6)

Das Thema wird bei einem chronologisch vorgehenden Geschichtsunterricht im Anfangsunterricht (5. bis 7., meistens 6. Klasse) behandelt, in dem die Schülerinnen und Schüler systematisch in das neue Fach eingeführt werden müssen. Es eignet sich gut, um einem *Ziel historischen Lernens*, nämlich „*Verstehen des ‚Fremden' und Auseinandersetzung mit dem historisch Anderen*" (vgl. 2.1) ein Stückchen näher zu kommen. Das geschichtlich Spezifische besteht in dem antiken Institut „Sklaverei", das einen Bevölkerungsteil in völliger Rechtlosigkeit hält, die die Einwohner in Freie und Sklaven trennt, obwohl gemäß ihrer Arbeit oder Äußerem diese Abgrenzung nicht ohne Weiteres erkennbar war (vgl. 3.2.1). Neben den Tätigkeitsbereichen der Sklaven sind damit bereits wesentliche Inhalte des Unterrichtsthemas bestimmt.

Das Thema berührt wichtige Dimensionen von *Geschichtsbewusstsein*:[27] Zum einen das *Zeitbewusstsein*, nämlich einen (weit zurückliegenden) Zeitraum zu erfassen und sich mit ihm beispielhaft auseinander zu setzen, sodass das Wissen um früher und der Vergleich mit heute eine weitere Konkretion erfährt. Hinsichtlich der historischen Zeit bleibt das 5. Jhd. der zeitliche Ankerpunkt, andere Daten spielen hier auch wegen der unsicheren Überlieferungen keine Rolle.

Zum anderen vermittelt das Wissen um das historisch Andere – Sklaven wie in der Antike gibt es bei uns nicht mehr – die Erkenntnis, dass sich Lebenslagen, Abhängigkeitsverhältnisse, soziale Stellungen von Menschen in Gesellschaften verändern, dass es verschiedene Formen von sozialer Ungleichheit gibt, die Gemeinschaften kennzeichnen (*Historizitätsbewusstsein*).

Eine dritte Dimension, die des *moralischen Bewusstseins*, wird erfahrungsgemäß eine bedeutende Rolle spielen, da Schülerinnen und Schüler dieses Alters häufig empört über die Rechtlosigkeit der Sklaven sind. Die pauschalen Zuordnungen richtig – falsch, gut – böse können dahingehend differenziert werden, dass mit dem Kenntniserwerb über die verschiedenen beruflichen Tätigkeiten, die unterschiedlichen Lebensstandards das Bild vom elend darbenden, ständig misshandelten, Hunger leidenden Sklaven (erheblich) relativiert wird.

Doch bei aller historischen Spezifik und Bedenken vor unhistorischen Vergleichen sollten die Lernenden zu einem moralisch begründeten Urteil über die antike Sklaverei ermuntert werden. Für elf-/zwölfjährige Schülerinnen und Schüler ist es bedeutsam, sich auf der Grundlage gegenwärtiger Normen klar gegenüber historischen Einstellungen bzw. Strukturen abzugrenzen und zu positionieren (*Identitätsbewusstsein*). Die Bedeutung des Faktors politische Partizipation (vgl. 3.2.1) wird selbst nach Behandlung der athenischen Verfassungen von Kindern dieses Alters wohl nur eingeschränkt verstanden werden können.

Der *thematische Zugang* ist in dieser Altersstufe neben Bildern durch erzählende Texte angemessen zu leisten. Da uns schriftliche Quellen dieser Art nicht zur Verfügung stehen, eignen sich fiktive Erzählungen, die an Beispielen das Leben von Sklaven durch ihren personalen Bezug und den Handlungszusammmenhang veranschaulichen.[28] Lohnend sind sie auch deshalb, weil sie den Denkstrukturen (nach Piaget: konkret-operationale Phase) und einer Ebene von Geschichtsbewusstsein (nach Noack: konkret-narrativ) entgegenkommt, die Kinder in diesem Alter erreicht haben dürften.[29] Geeignete Erzählungen sind z.B.: „Sostratos. Ein Bürger Athens in der Mitte des 5. Jahrhunderts v. Chr."[30] oder die Schilderung der Sklavin Philomene.[31] Beide Erzählungen berichten aspektreich vom Alltag der Sklaven in Athen. An Bildern eignen sich Vasenmalereien oder Tontafeln, die in vielen Geschichtsbüchern abgebildet sind. Die fehlende Eindeutigkeit, ob es bei der Darstellung um Sklaven- oder Arbeit von Freien handelt, sollte genutzt werden, die Gemeinsamkeiten in den Tätigkeiten hervorzuheben und nicht die körperliche Arbeit, sondern die Abhängigkeitsverhältnisse, in denen die Sklaven standen, als abgrenzendes Merkmal hervorzuheben (vgl. 3.2.1).

Bei der Textarbeit ist darauf zu achten, dass die Arbeitsaufträge kleinschrittig gegliedert und sprachlich einfach formuliert sind; Schülerinnen und Schüler sollten die Tätigkeiten vollständig aufzählen, sie verschiedenen Tätigkeitsfeldern zuordnen und daraus Rückschlüsse auf die wirtschaftliche Bedeutung der Sklavenarbeit ziehen. Ein weiterführender Gesichtspunkt ist die unterschiedliche Schwere und Qualifikation der Arbeit. Z.B. verweist die Arbeit in der Tongrube (korinthische Tafel, 6. Jhd. v. Chr., die in vielen Schulbüchern abgebildet ist) auf eine differenzierte Arbeitsteilung bei der Tongewinnung, aber auch auf die körperlich schwere Tätigkeit, die den Arbeitenden große Anstrengungen abverlangte. Diese Belastungen können die Lernenden vergleichen mit der Arbeit von Skythos und Hermione, den Haussklaven von Sostratos, um Einblicke in die Differenziertheit der sozialen Lagen zu gewinnen.

Erst nach dieser genauen Erarbeitung von Informationen und auf der Grundlage dieses Wissenstandes ist es möglich zu problematisieren, dass ohne die Arbeit der Sklaven sich die Bürger Athens nicht so intensiv um ihr Gemeinwesen hätten kümmern können. Als Ergebnissicherungen könnten von den Schülerinnen und Schülern z.B. fiktive Briefe verfasst werden, in denen ein Sklave seinen Herrn um die Freilassung bittet oder sich über sein Leben als Haus- oder Bergwerkssklave Gedanken macht. Ergiebig können auch Gegenüberstellungen sein, warum die Schülerinnen und Schüler heute eine Versklavung von Menschen ablehnen.

Abschließend seien die Grundsätze didaktischer Rekonstruktion am Beispiel „Sklaven in der Polis Athen" für eine Klasse 6 noch einmal zusammengefasst:

1) *Verringert* wird der Unterrichtsstoff durch Schwerpunktsetzung bei den Tätigkeitsbereichen (besonders Haussklaven, Bergwerkssklaven, andere Arbeiten werden erwähnt),

durch das Weglassen philosophischer Erklärungen der Sklaverei (Aristoteles), durch die zeitliche Einengung.

2) *Vereinfacht* wird die Problemstellung insofern, als dass die Arbeit und die rechtliche Stellung der Sklaven am Beispiel fiktiver Personen anschaulich erzählt wird. Da diese Beispiele historisch relevante Merkmale beinhalten, können sie verallgemeinert werden.

3) *Verdichtet* wird der Stoff dadurch, dass der Blick der Schülerinnen und Schüler konzentriert auf die geschichtlich bedeutsamen Merkmale der Sklaverei gelenkt wird.

Anmerkungen

1 Vgl. Klafki, Wolfgang, Didaktische Analyse als Kern der Unterrichtsvorbereitung, in: Die Deutsche Schule 50 (1958), H. 10, S. 450-471, zitiert nach: Roth, H.; Blumenthal, A. (Hrsg.), Auswahl. Grundlegende Aufsätze aus der Zeitschrift Die Deutsche Schule, Hannover 1962, S. 5-34. Der erweiterte Ansatz (Allgemeinbildungsbegriff, epochaltypische Schlüsselprobleme, Unterrichtsplanung und Unterrichtsanalyse im Sinne kritisch-konstruktiver Didaktik) findet sich in: Klafki, Wolfgang, Neue Studien zur Bildungstheorie und Didaktik. Zeitgemäße Allgemeinbildung und kritisch-konstruktive Didaktik, 4. durchges. Aufl. Weinheim, Basel 1994 (1. Aufl. 1985). Einen guten Überblick über die Entwicklung des Klafkischen Unterrichtsmodells mit umfangreicher Literatur bei: Peterßen, Wilhelm H., Handbuch Unterrichtsplanung. Grundfragen, Modelle, Stufen, Dimensionen, 8. überarb. u. erw. Aufl. München 1998 (1. Aufl. 1982), S. 47-81.

2 Vgl. Klafki, Didaktische Analyse, S. 15-22.

3 Vgl. Klafki, Wolfgang, Zur Unterrichtsplanung im Sinne kritisch-konstruktiver Didaktik, in: ders., Neue Studien, S. 251-284.

4 Vgl. im Folgenden: Rohlfes, Joachim, Geschichte und ihre Didaktik, Göttingen 1986, S. 251-257.

5 Klafki, Wolfgang, Grundzüge eines neuen Allgemeinbildungskonzepts. Im Zentrum: Epochaltypische Schlüsselprobleme, in: ders., Neue Studien, S. 56.

6 Bergmann, Klaus, Geschichte als Steinbruch? Anmerkungen zum Gegenwartsbezug im Geschichtsunterricht, in: Zeitschrift für Geschichtsdidaktik, Jahresband 2002, S. 138-150; vgl. auch: ders., Der Gegenwartsbezug im Geschichtsunterricht, Schwalbach/Ts. 2002

7 Bergmann, Geschichte als Steinbruch, S. 146 f.

8 Pandel, Hans-Jürgen, Aufklärung – Epoche und Projekt, in: Geschichte Lernen 15 (2002), H. 90, S. 16.

9 Ebd.

10 Vgl. Beck, Ulrich, Risikogesellschaft. Auf dem Weg in eine andere Moderne, Frankfurt/M. 1986.

11 Borries, Bodo v., Geschichtsdidaktik am Ende des 20. Jahrhunderts, in: Pandel, Hans-Jürgen; Schneider, Gerhard (Hrsg.), Wie weiter? Zur Zukunft des Geschichtsunterrichts, Schwalbach/Ts. 2002, S. 29.

12 Bergmann, Klaus, Geschichtsdidaktik. Beiträge zu einer Theorie historischen Lernens, Schwalbach/Ts. 1998, S. 27.

13 Vgl. Knigge, Volkhard, Zur Kritik kritischer Geschichtsdidaktik. Normative End-Stellung des Subjekts und Verkennung trivialen Geschichtsbewusstseins, in: Geschichtsdidaktik 12 (1987), H. 3, S. 253-266.

14 Vgl. Praxis Geschichte 12 (1999), H. 5 Aufklärung; Geschichte Lernen 15 (2002), H. 90 Aufklärung.

15 Vgl. Jank, Werner; Meyer, Hilbert, Didaktische Modelle, 5. korr. Aufl. Frankfurt/M. 1996 (1. Aufl. 1991), S. 196.

16 Rüsen, Jörn, Geschichte als Wissenschaft, in: Bergmann, Klaus u.a. (Hrsg.), Handbuch Geschichtsdidaktik, S. 109.

17 Vgl. Sauer, Michael, Geschichte unterrichten. Eine Einführung in die Didaktik und Methodik, Seelze-Velber 2001, S. 24 f.

18 Bleicken, Jochen, Die athenische Demokratie, Paderborn/München, Wien, Zürich 1985, S. 54 f.
19 Vgl. Lotze, Detlef, Griechische Geschichte. Von den Anfängen bis zum Hellenismus, München 1995, S. 61.
20 Vgl. Meier, Christian, Athen. Ein Neubeginn der Weltgeschichte, durchges. u. erw. Aufl., München 1995 (1. Aufl. 1993), S. 397.
21 Vgl. Bleicken, athenische Demokratie, S. 59.
22 Vgl. Worm, Heinz-Lothar, Familie und Familienrecht im klassischen Athen, in: Geschichte Lernen 3 (1990), H. 16, S. 46.
23 Vgl. Bleicken, athenische Demokratie, S. 59.
24 Zitiert nach: Schwarz, Franz F. (Hrsg.), Aristoteles, Politik, in: Buchners Kolleg Geschichte, Von der attischen Demokratie bis zum aufgeklärten Absolutismus, Bamberg 1990, S. 46.
25 Meier, Athen, S. 141.
26 Ebd., S. 493.
27 Vgl. Bergmann, Klaus; Thurn, Susanne, Beginn des Geschichtsunterrichts, in: Geschichte Lernen 11 (1998), H. 62, S. 21.
28 Zur didaktischen Problematik vgl. Rohlfes, Joachim, Geschichtserzählung, in: GWU 48 (1997), H. 12, S. 736-743.
29 Vgl. Sauer, Geschichte unterrichten, S. 23 f.
30 Walter, Uwe, Sostratos. Ein Bürger Athens in der Mitte des 5. Jahrhunderts v. Chr., in: Geschichte Lernen 13 (2000), H. 75, S. 20-23; beachtenswert auch der Basisbeitrag des Autors in dem Heft.
31 Habermaier, Volker, Metöken, Sklaven, Frauen. Athener minderen Rechts, in: Geschichte Lernen 13 (2000), H. 75, S. 45-49, bes. 48.

Literatur

Balg, Bernd; Schardt, Friedel, Traum oder Albtraum?, Leipzig, Stuttgart/Düsseldorf 2002
Beck, Ulrich, Risikogesellschaft. Auf dem Weg in eine andere Moderne, Frankfurt/M. 1986
Bergmann, Klaus, Der Gegenwartsbezug im Geschichtsunterricht, Schwalbach/Ts. 2002
Bergmann, Klaus, Geschichte als Steinbruch? Anmerkungen zum Gegenwartsbezug im Geschichtsunterricht, in: Zeitschrift für Geschichtsdidaktik, Jahresband 2002, S. 138-150
Bergmann, Klaus, Geschichtsdidaktik. Beiträge zu einer Theorie historischen Lernens, Schwalbach/Ts. 1998
Bergmann, Klaus; Fröhlich, Klaus; Kuhn, Annette; Rüsen, Jörn; Schneider, Gerhard (Hrsg.), Handbuch Geschichtsdidaktik, 5. überarb. Aufl., Seelze-Velber 1997
Bergmann, Klaus; Thurn, Susanne, Beginn des Geschichtsunterrichts, in: Geschichte Lernen 11 (1998), H. 62, S. 18-25
Bleicken, Jochen, Die athenische Demokratie, Paderborn/München/Wien/Zürich 1985
Borries, Bodo von, Geschichtsdidaktik am Ende des 20. Jahrhunderts, in: Pandel, Hans-Jürgen; Schneider, Gerhard (Hrsg.), Wie weiter? Zur Zukunft des Geschichtsunterrichts, Schwalbach/Ts. 2002, S. 7-32
Dülmen, Andrea van (Hrsg.), Frauenleben im 18. Jahrhundert, München 1992
Geschichte Lernen 3 (1990), H. 16 Alltag im antiken Athen
Geschichte Lernen 15 (2002), H. 90 Aufklärung
Geschichte Lernen 13 (2000), H. 75 Polis
Günther-Arndt, Hilke (Hrsg.), Geschichtsdidaktik. Praxishandbuch für die Sekundarstufe I und II, Berlin 2003
Habermaier, Volker, Metöken, Sklaven, Frauen. Athener minderen Rechts, in: Geschichte Lernen 13 (2000), H. 75, S. 45-49
im Hof, Ulrich, Das Europa der Aufklärung, München 1993
Jank, Werner; Meyer, Hilbert, Didaktische Modelle, 5. korr. Aufl., Frankfurt/M. 1996 (1. Aufl. 1991)
Klafki, Wolfgang, Didaktische Analyse als Kern der Unterrichtsvorbereitung, in: Die Deutsche Schule 50

(1958), H. 10, S. 450-471; nachgedruckt in: Roth, H.; Blumenthal, A. (Hrsg.), Auswahl. Grundlegende Aufsätze aus der Zeitschrift Die Deutsche Schule, Hannover 1962, S. 5-34

Klafki, Wolfgang, Grundzüge eines neuen Allgemeinbildungskonzepts. Im Zentrum: Epochaltypische Schlüsselprobleme, in: ders., Neue Studien zur Bildungstheorie und Didaktik. Zeitgemäße Allgemeinbildung und kritisch-konstruktive Didaktik, 4. durchges. Aufl., Weinheim, Basel 1994 (1. Aufl. 1985), S. 43-81

Klafki, Wolfgang, Zur Unterrichtsplanung im Sinne kritisch-konstruktiver Didaktik, in: ders., Neue Studien zur Bildungstheorie und Didaktik. Zeitgemäße Allgemeinbildung und kritisch-konstruktive Didaktik, 4. durchges. Aufl., Weinheim, Basel 1994 (1. Aufl. 1985), S. 251-284

Knigge, Volkhard, Zur Kritik kritischer Geschichtsdidaktik. Normative End-Stellung des Subjekts und Verkennung trivialen Geschichtsbewusstseins, in: Geschichtsdidaktik 12 (1987), H. 3, S. 253-266

Lotze, Detlef, Griechische Geschichte. Von den Anfängen bis zum Hellenismus, München 1995

Meier, Christian, Athen. Ein Neubeginn der Weltgeschichte, durchges. u. erw. Aufl., München 1995 (1. Aufl. 1993)

Pandel, Hans-Jürgen, Aufklärung – Epoche und Projekt, in: Geschichte Lernen 15 (2002), H. 90, S. 16-23

Peterßen, Wilhelm H., Handbuch Unterrichtsplanung. Grundfragen, Modelle, Stufen, Dimensionen, 8. überarb. u. erw. Aufl., München 1998 (1. Aufl. 1982)

Porter, Roy, Kleine Geschichte der Aufklärung, Berlin 1991

Praxis Geschichte 12 (1999), H. 5 Aufklärung

Rohlfes, Joachim, Geschichte und ihre Didaktik, Göttingen 1986

Rohlfes, Joachim, Geschichtserzählung, in: GWU 48 (1997), H. 12, S. 736-743

Rüsen, Jörn, Geschichte als Wissenschaft, in: Bergmann, Klaus u.a. (Hrsg.), Handbuch Geschichtsdidaktik, Seelze-Velber 1997, S. 99-110

Sauer, Michael, Geschichte unterrichten. Eine Einführung in die Didaktik und Methodik, Seelze-Velber 2001

Schneiders, Werner, Das Zeitalter der Aufklärung, Berlin 2001

Schwarz, Franz F. (Hrsg.), Aristoteles, Politik (Auszug), in: Buchners Kolleg Geschichte, Von der attischen Demokratie bis zum aufgeklärten Absolutismus, Bamberg 1990, S. 46

Vierhaus, Rudolf, Was war Aufklärung?, Göttingen 1995

Walter, Uwe, Sostratos. Ein Bürger Athens in der Mitte des 5. Jahrhunderts v. Chr., in: Geschichte Lernen 13 (2000), H. 75, S. 20-23; vgl. auch den Basisbeitrag des Autors in diesem Heft

Worm, Heinz-Lothar, Familie und Familienrecht im klassischen Athen, in: Geschichte Lernen 3 (1990), H. 16, S. 45-48

Hans-Jürgen Pandel

Artikulationsformen

Artikulationsformen sind methodische Mittel, einen Sachverhalt für andere verstehbar und verständlich zu machen. Jeder Unterricht steht vor dem Problem, einen Inhalt, ein Thema etc. so in einzelne Teile zu zerlegen, zu gliedern, aufzubereiten, dass ein anderer, der keine oder kaum Vorkenntnisse besitzt, ihn verstehen und nachvollziehen kann. Es geht also um Verstehbarkeit und Verständlichkeit. Dazu wird der Ablauf des Unterrichts in Abschnitte gegliedert, die in einer bestimmten Weise aufeinander aufbauen. In den Methodiken werden für diesen Sachverhalt verschiedene Begriffe gebraucht: Unterrichtsphasen, Unterrichtsstufen, Unterrichtsetappen, Unterrichtssequenzen, Formalstufen, Normalstufen, Lehrstufen, Lehrschritte, Arbeitsstufen, Lernphasen etc. Im folgenden wird der Begriff Artikulationsstufen verwandt. Der Begriff Artikulation stammt aus Wilhelm von Humboldts Sprachtheorie und verweist auf die der Schrift vorausgehende Rede. Im Begriff Stufe liegt der Begriff der Progression, des Fortschreitens, die vom Nichtwissen zum Wissen, von Unklarheit zur Klarheit, vom Unverständnis zur Verständnis reicht.

Artikulationsformen dienen dazu, folgende vier miteinander verbundene Probleme zu lösen:

- Ein Sachverhalt (Kreuzzüge, Ausbruch des Ersten Weltkrieges etc.) muss in inhaltliche Teile, Elemente zerlegt werden, da er als Ganzes nicht auf einmal und unmittelbar von den Lernenden angeeignet werden kann. Hier sind Stufen und ihre Anzahl festzulegen.
- Die Elemente eines Sachverhaltes werden nach einer bestimmten Logik der Erkenntnisweise angeordnet. Sie stehen nicht additiv und beziehungslos nebeneinander, sondern folgen einer Denklogik (Ursache und Folgen, Ereignis und Struktur, Teil und Ganzes, Chronologie und Systematik etc.). Allerdings gibt es in der Geschichte keinen zwingenden, naturgesetzlichen Zusammenhang von Ereignissen und Erzählung, sondern er wird durch bestimmte Weisen des Denkens hergestellt. Hier wird die Abfolge festgelegt.
- Ein Lernprozess muss aber auch so gegliedert werden, dass Interesse, Aufmerksamkeit, womöglich Spannung über den ganzen Lernprozess erhalten bleibt. Das verlangt eine bestimmte Abwechslung von Medien und Verfahrensweisen (Kommunikations- und Kooperationsformen). Für eine „gute" Unterrichtsstunde ist eine gewisse „Dramaturgie" unentbehrlich. Hier müssen psychologische Gegebenheiten berücksichtigt werden.
- Der Sachverhalt muss in einem bestimmten zeitlichen Rahmen vermittelt werden, der in einem ökonomischen Verhältnis von Aufwand und Wirkung steht. Jeder Unterricht besitzt ein bestimmtes Zeitbudget. Im deutschen Schulsystem ist es die 45-Minuten-Stunde; nur im begrenzten Maße haben wir es mit einer Doppelstunde von 90 Minuten zu tun. Ein zu lehrender Sachverhalt muss in zeitliche Sequenzen zerlegt und deren Länge so bestimmt werden, dass er in 45 Minuten erreicht wird.

Artikulation bedeutet dreifache Gliederung. Auf der ersten Ebene wird ein Thema so gegliedert werden, dass es verstanden werden kann. Es muss aufgefasst, der geistigen Fassungskraft gemäß aufbereitet sein (Verständlichkeit). Die zweite Gliederungsstufe ist die der Bedeutung. Es muss so gegliedert werden, dass der Sinn des Themas erkannt werden kann, indem ein schrittweiser Bedeutungszuwachs erfolgt. Es muss so gegliedert und strukturiert werden, dass die Lernenden freiwillig und gern zuhören. Die dritte Gliederungsebene ist die der Zeit. Es muss so gegliedert werden, dass das Verstehen und die Bedeutung in einer angemessenen Frist vermittelt werden. Der Erkenntnisgewinn muss sich innerhalb einer zeitlichen Einheit einstellen. Ein zu kurzer Zeitraum kann einen bestimmten Gedanken nicht entfalten; bei einem zu langen bleibt die Motivation auf der Strecke. Wenn ein Unterrichtsprozess gegliedert ist, muss der Unterricht auch so durchgeführt werden, dass die einzelnen Gliederungsstufen über Gliederungssingnale erkennbar werden. Schülerinnen und Schüler müssen wissen, in welcher Phase der Erarbeitung sie sich befinden. Gliederungssingnale müssen an den Gelenken der einzelnen Glieder erkennbar sein.

Artikulation ist eine durch Planung in der Abfolge festgelegte Sequenz allgemeindidaktischer und geschichtsdidaktischer Funktionen. Sie sind Ausdruck einer Kombination von zeitlichem Ablauf mit einer bestimmten Erkenntnislogik. Artikulation als „Prozess geistiger Aneignung" gehört „an die Spitze methodischer Erwägungen" (Blankertz 1969, 101). Artikulationsformen versuchen, die fachspezifische Logik eines Erkenntnisprozesses in einen zeitlichen Ablauf zu bringen. Insofern sind solche Schemata Ausdruck einer Chrono-Logik. Es ist verblüffend, dass sich die Geschichtsdidaktik nach der Umorientierung in den 70er Jahren des 20. Jahrhunderts fast gar nicht um die Artikulation gekümmert hat. Und wenn Blankertz Recht hat, hat die Geschichtsdidaktik ein zentrales methodisches Element sträflich vernachlässigt.

1. Geschichte der Artikulationsformen

Artikulationsformen besitzen eine lange Tradition. Sie gehen auf Friedrich Herbart (1776-1841) zurück. Er leitete sie aus der Psychologie seiner Zeit, der Seelenlehre, ab. Jedes Lernen sei der psychologischen Gesetzmäßigkeit von „Apperzeption" und „Abstraktion" unterworfen. Nach Herbarts Tod wurde auf seinen Grundlagen von Tuiscon Ziller (1817-1882) und Wilhelm Rein (1847-1929) die berühmte und berüchtigte „Formalstufentheorie" entwickelt. Diese beiden „Herbartianer" entwickelten aus diesem psychologischen Grundsatz formale Stufen, denen *jeder* Unterricht ungeachtet seines Inhaltes folgen musste. Sie galten insofern als „formal", als sie noch keine Inhalte enthalten sollten. Systematisiert enthält diese Theorie folgende Stufen:

1. *Analyse:* Durch eine Vorbesprechung das neue Pensum einleiten und vorbereiten
2. *Synthese:* Das Neue selbst darbieten
3. *Assoziation:* Dasselbe unter sich und mit Älterem zu verknüpfen
4. *System:* Die begrifflichen Resultate abzuleiten und in systematischer Form zusammenzustellen
5. *Anwendung:* Das erlangte Wissen durch Anwendung in den Gebrauch überzuführen[1]

Diese Formalstufen waren zum einen eine Hilfe, zum anderen erstarrten sie zu einem fruchtlosen Dogmatismus, der die Besonderheit der einzelnen Fächer eliminiert.

Eine Gegenbewegung kam erst in der Arbeitsschulbewegung auf. Hier sind Hugo Gaudig (1860-1923) und Otto Scheibner (1877-1961) zu nennen. Ihr Schema war ebenfalls fachneutral.

1. Erarbeiten
1.1 Suchen
1.2 Finden
2. Anwenden
2.1 Gestalten
2.2 Behalten

Die Geschichtsdidaktik der 60er-Jahre des 20. Jahrhunderts (Döhn, Metzger) wollte weder den Formalstufen der Herbartianer noch Gaudigs Arbeitsschule folgen. Sie hielt die Herbartschen Stufen zu einseitig verstandesmäßig ausgerichtet. „Der Geschichtsunterricht will nicht nur den Geist, den Verstand des Schülers ansprechen, sondern auch sein Gemüt und seine Seele. Er will ein Erlebnis vermitteln und eine Erschütterung, ein Betroffensein, ein Ergriffensein herbeiführen" (Döhn 1967, 100). In jeder Stunde „müssen ... drei Bereiche durchschritten werden" (Döhn 1967, 100):

1. Vergegenwärtigung
2. Distanzierung
3. Situationsanalyse

In der Gegenwart wird kaum auf die Artikulationsstufen eingegangen. Das Problem, was denn guten Geschichtsunterricht ausmacht, ist weitgehend kein Thema der Geschichtsdidaktik. Diese Formalstufen waren alles andere als formal. Herbart, Gaudig, Döhn u. a. haben übersehen, dass die Form selbst einen Inhalt, nämlich einen psychologischen, darstellt. Darüber hinaus verändert die Form den Inhalt. Oft verformt sie ihn so, dass er gar nicht mehr als spezifischer Inhalt eines Faches erkannt wird. Er verhindert, dass Schülerinnen und Schüler die besondere Form historischen Denkens lernen.

Die Artikulationsformen der 70er-Jahre sind die Stufen der sogenannten „Berliner Schule", die in der Praxis der Referendarausbildung genauso die Verformung des historischen Inhalts bewirken wie die Herbartstufen im 19. Jahrhundert. Ihr motivationstötender Dogmatismus ist heute noch anzutreffen. So soll es unter Fachseminarleitern noch solche geben, die ihren Referendaren ein motivationstötendes Schema vorgeben, das verlangt, jede Stunde mit fünf Minuten Wiederholung zu beginnen.

2. Fachspezifisch oder fachübergreifend

Die entscheidende Frage, die erstaunlich gering diskutiert worden ist, ist die, ob es für alle Unterrichtsprozesse, gleich um welcher Inhalt und welches Fach es sich handelt, ein gemeinsames Modell geben kann.

(1) Die Frage nach einem *allgemein gültigen* Modell setzt an dem Begriff des Lernens ein. In allen Fächern, in allen Situationen wird gelernt, insofern ist versucht worden, ein für alle Lernprozesse gültiges Modell zu finden. Wiederhold hat 46 solcher Schemata aus dem Bereich der allgemeinen Pädagogik und Lernpsychologie zusammengestellt (Wiederhold

1981, 407 und 407 b). Zwei Sachverhalte haben die Suche nach fachübergreifenden Modellen begünstigt. Diese Schemata hatten ihren Stellenwert in der Volksschule und gehörten zum Handwerkszeug des seminaristisch ausgebildeten Schulmeisters. Dessen Unterrichtssituation war ein fachlich wenig differenzierter Unterricht, der als Elementarunterricht die Besonderheiten von Fächern vernachlässigen musste. Auf der anderen Seiten dominierten im Gymnasien die dem Universitätsunterricht abgeschauten philologischen Methoden. Da die Naturwissenschaften mit ihren anderen Denkweisen schulgeschichtlich relativ spät in den Unterricht kamen, zweifelte das Gymnasium kaum an der Allgemeingültigkeit der philologischen Methode.

Das Problem der im historisch-politischen Unterricht gebräuchlichen Artikulationsform liegt in ihrer fachdidaktischen Abstinenz. Sie gehen meist von lernpsychologischen und/oder von allgemeindidaktischen Stufenfolgen aus. Dieses allgemeine Merkmal der Theorie der Artikulationsstufen zeigt die Herkunft dieser Konzepte aus der Volksschulpädagogik des frühen 19. Jahrhunderts an. Die Theorie der allgemeindidaktischen Artikulationsstufen hat den Allfachlehrer zur Voraussetzung, der alle Unterrichtsfächer erteilt und diese dann auch in der gleichen Art und Weise vermittelt. Wenn man auch ein allgemeindidaktisches oder psychologisches Artikulationsschema benutzt, und dagegen soll ja auch gar nichts eingewandt werden, ist die Arbeit des Geschichtsdidaktikers noch längst nicht beendet. Er muss erst jetzt die Logik der historischen Erkenntnis, die Chronologik des historischen Erkennens und Aneignens, als Schritte in dieses allgemeindidaktische oder lernpsychologische Schema einbringen. Kritik an der Verwendung der allgemeinen Schemata ist, dass sie die Verwendung spezifischer geschichtsdidaktischer Schritte überflüssig erscheinen lassen. Ein nach einem solchen Schema gelungener Unterricht garantiert noch lange nicht gelungenen Geschichtsunterricht.

Beispiele solcher fachneutraler Artikulationen sind die beiden folgenden, die von zwei ausgewiesenen Geschichtsdidaktikern stammen:

> (1) Einstieg (2) Problemaufriss/Sachklärung (3) Erarbeitung der kognitiven Voraussetzungen (4) Vertiefung und Erweiterung (5) Transfer/ Problematisierung (Niemetz 1984, 204).

> (1) Bezugsrahmen (2) Fragen (3) Methodenfindung (4) Erarbeitung (5) Ergebnisse (Huhn 1994, S. 75 ff.).

(2) Der andere Ansatz geht davon aus, dass der Sachverhalt, der disziplinäre Gegenstand unterschiedliche Aneignungs- und Lernprozesse erfordert. Es wird folglich nach fachspezifischen Schemata gesucht. Es ist nicht ganz von der Hand zu weisen, dass Unterrichtsgegenstände wie „Primzahlen“ und „Kreuzzüge“ unterschiedliche Aneignungs- und Vermittlungsstrategien erfordern. Die psychologische Diskussion über bereichsspezifisches Wissen hat die Annahme eines allgemeingültigen Aneignungsprozesses, der sich zu allen Wissensbereichen neutral verhält, zweifelhaft gemacht. In der Geschichtsdidaktik sind solche Modelle fast gar nicht diskutiert worden. Studenten und Lehramtsreferendare übernehmen modifizierte Modelle aus der allgemeinen Schulpädagogik oder schauen sich deren Derivate in den Praktika von den Mentoren ab. Die erste Unterrichtsphase ist meist nicht der von Schneider geforderte Einstieg (➤ Einstiege), sondern die Wiederholung der letzten Stunde.

Für die geringe Elaboriertheit der Geschichtsdidaktik auf dem Gebiet der geschichtsdidaktischen Pragmatik ist es bezeichnend, dass auch Vertreter der Geschichtsdidaktik allgemeindidaktische Modelle übernommen haben, ohne zu prüfen, ob nicht mit diesen Modellen spezifisch historische Denkprozesse ausgeklammert werden. So sind folgende Modelle vorgeschlagen worden: Stufe der Motivation, der Schwierigkeiten, der Lösung, des Behaltens und Einübens, der Integration (Rohlfes) oder auch: Erschließung, Erarbeitung, Festigung (Hug). Dagegen hat die Didaktik des politischen Unterrichts schon sehr früh eigene Versuche einer fachspezifischen Artikulationsfolge zu entwickeln versucht: Untersuchung, Planung, Theoriebildung, Darstellung und Konsequenz (Christian) oder: Planung des Vorgehens/ Arbeitsplanung, Struktur des Lernprozesses, Lernkontrolle (Giesecke).

(3) Der erste spezifische geschichtsdidaktische Entwurf stammt von Annette Kuhn (Kuhn 1977). Sie entwickelt ein Drei-Phasen-Modell. In den Schritten einer Auseinandersetzung vergangenen Geschehens liegt eine spezifische Abfolge. Eine solche Logik der historischen Erkenntnis muss ein geschichtsdidaktisches Artikulationsschema herausarbeiten. Bei Kuhn ist der Gedanke einer Konfrontation von Vergangenheit und Gegenwart grundlegend für ihr Artikulationsmodell. Zweifellos ist damit ein wichtiges Element historischer Erkenntnisgewinnung benannt. Dieses Modell wird aber dennoch der Logik der historischen Erkenntnis und der Struktur des historischen Wissens nicht ganz gerecht. Als Endprodukt dieser Stufenfolge stehen wertende Aussagen aber nicht narrative Erklärungen, die Antwort auf historische Fragen sind.

(1) Hypothesenbildung (2) Historische Aufklärung (3) Überprüfen der Hypothesen anhand der historisch-politischen Erkenntnisse (Kuhn 1977)

(1) Motivationsanalyse (2) Distanzierung, kritische Klärung vorhandener Identifikationen (3) Problempräzisierung (4) Strukturanalyse des zeitgeschichtlichen Hintergrundes (5) Identifikation und Wertung (6) Lösungsstrategien (Süssmuth 1980, 188)

Beim Vergleich fällt auf, dass die Modelle der 70er-Jahre (Kuhn, Süssmuth u. a) explizit von der Gegenwart ausgehen, das heißt, den Gegenwartsbezug zum konstitutiven Ausgangspunkt des Lernprozesses machen.

Die beiden neuesten Artikulationsformen sind die von Huhn (Huhn 1994) und Sauer (Sauer 2003). Jochen Huhn entwirft ein Modell, das nahe an der historischen Erkenntnis entlang entwickelt wurde. Er nennt es „Verlaufsskizze wissenschaftlicher Erkenntnis". Es enthält aber noch zu viele allgemeine, fachneutrale Schritte, obwohl es sein Anspruch ist, ein fachspezifisches Modell zu entwickeln. Sauer teilt ein in: Historische Frage – Untersuchung – Erklärung (Sauer 2003, 80). Von den allgemeindidaktischen Formen unterscheidet sich sein Modell aber nur dadurch, dass er die historische Frage zum Ausgangspunkt macht.

(4) Neben den allgemeinen didaktischen Funktionen (Motivation, Problemeinführung, Faktenvermittlung, Arbeitsanleitung, Lernwegkontrolle-Lernwegsteuerung etc.) gibt es noch eine weitere Ebene der Artikulation. Zusätzlich zu diesen allgemeindidaktischen gibt es geschichtsdidaktische Funktionen: historisches Fragen, narratives Erklären, argumentative Verwendung von Geschichte, narrative Rekonstruktionen etc. Die Artiku-

lation von Unterricht hat deshalb immer zwei Aspekte: Einen allgemeindidaktischen und einen geschichtsdidaktischen. Beide Aspekte lassen sich zwar nicht trennen, sind aber deswegen keineswegs identisch. In der Abfolge didaktischer Funktionen müssen die Abfolgeschritte der Logik der historischen Erkenntnis eingebettet werden. Die didaktische Funktion der Motivation (z.B.) kann sich nicht indifferent gegenüber der Logik der historischen Erkenntnis verhalten. So muss die didaktische Funktion, Motivation zu erzeugen, das Ziel haben, den Prozess der historischen Erkenntnis *in Gang* zu bringen und nicht etwa nur für das Endergebnis des Erkenntnisprozesses zu motivieren.

3. Geschichtsdidaktische Artikulation

Ein geschichtsdidaktisches Artikulationsschema könnte die vier folgenden aus der geschichtstheoretischen Literatur bekannten Schritte enthalten: die historische Frage, die Heuristik, die Darstellung und die narrative Erklärung.

1. *Historische Frage:* Der erste Schritt im historischen Erkenntnisprozess ist die historische Frage. Die Bedeutung der fragenden Aktivität für den Erkenntnisprozess ist bisher noch viel zu wenig herausgearbeitet worden. „(E)ine Logik, die allein die Antworten betrachtet und die Fragen vernachlässigt, (ist) eine falsche Logik ...“.[2]

Auf dieser Stufe des Erkenntnisprozesses erfolgt die Umsetzung eines gegenwärtigen Problems (eines gesellschaftlichen, eines individuellen-lebensgeschichtlichen) in eine historische Frage: Warum gab es zwei deutsche Staaten? Macht Technik arbeitslos? Warum werden Mädchen anders behandelt als Jungen? Die historische Frage erfüllt lerntheoretisch gesehen die Rolle der Motivation (Einstimmung etc.) und stellt den Initial- und Eröffnungsimpuls dar. Die historische Frage kann nicht spontan beantwortet werden, sondern in einem längeren Suchprozess mit Hilfe von bekannten und sicher handhabbaren Methoden. Die historische Frage unterscheidet sich von umgangssprachlichen Fragen dadurch, dass sie historische Kategorien enthält:

- Wie ist es zur Arbeitslosigkeit gekommen? (Gewordenheit)
- Was hat sich am Ende der „goldenen Zwanziger“ verändert, so dass eine Wirtschaftskrise entstehen konnte? (Veränderbarkeit)
- Wie wählten die Arbeitslosen? (Zukunftsperspektive)
- Lässt sich die ökonomische Entwicklung erklären? (Erklärbarkeit)
- Was waren die Motive der Handelnden? (Verstehbarkeit)
- Wer hätte das verhindern können? (Mitverantwortlichkeit)

Geschichte wird durch die historische Frage zu einer Denk-Geschichte.

2. *Heuristik:* Die historische Frage als Ausgangspunkt des historischen Erkenntnisprozesses impliziert aber auch eine Reihe anderer Fragen: Wie ist die Frage zu beantworten? Wie ist die Aporie zu überwinden? Welche Mittel brauche ich, um sie zu beantworten? Was soll eigentlich als Antwort gelten? Dieser Schritt soll als Heuristik bezeichnet werden. Hier erfolgt die Umsetzung der historischen Frage in eine *methodische Leitfrage:* Wo finde ich

Quellen (im weitesten Sinne) zur Beantwortung der Frage (heuristisch)? Wie können die Quellen bearbeitet werden (methodisch)? Hier ist aber nicht nur die Reflexion auf das Material gemeint (wo finde ich welche Quellen?), sondern auch: Was soll eigentlich herausgefunden werden? Es handelt sich hier um ein Planungsgespräch, wie man das, wonach man fragt, erfahren kann. In den Begriffen der allgemeinen Didaktik handelt es sich hier um Lernwegplanung. Auf dieser Stufe hat auch Annette Kuhns Hypothesenbildung ihren Platz, also erst auf dieser zweiten und nicht auf der ersten Stufe.

Die Heuristik ist auch der theoretische Ort, an dem der Schüler die Differenz von Quelle und Darstellung erkennen muss. Woher wissen wir, wie die Menschen in der Steinzeit lebten (Funktion der Sachquelle), woher und wie können wir etwas über die alten Germanen in Erfahrung bringen? Kann man noch jemand befragen, der Zeuge des Ereignisses X war?

In der Heuristik entwickeln die Schüler mit Hilfe des Lehrers die methodischen Schritte, mit denen sie einen historischen Sachverhalt darstellen und kritisieren wollen. Die Heuristik ist die Disposition des Lernweges, der zur Beantwortung der Frage führen soll.

3. *Darstellung:* Auf dieser Stufe steht die Geschichtsdarstellung im Mittelpunkt. Die Darstellung ist die nach-forschende Rekonstruktion vergangenen Geschehens aus den Quellen und seine kategoriengeleitete Geschichts-Darstellung durch Text, Bildsequenz, Spiel etc. Wenn in dieser Phase auch die historische Darstellung in ihren unterschiedlichen Formen im Mittelpunkt steht, so heißt das noch nicht, dass die Untersuchungsrichtung immer von den Quellen zur Darstellung geht. Auch der umgekehrte Weg kann auf der Stufe der Darstellung erfolgen. Es kann auch von einer fertigen Darstellung ausgegangen werden, die als Schulbuchtext, Lehrervortrag, Film (z.B. Holocaust) etc. vorliegt. Liegt eine fertige Darstellung vor, so geht es um die nachprüfende Untersuchung, aus welchen Quellen diese Darstellung aufgebaut ist.

Woher weiß der Schulbuchverfasser, der Filmemacher, der Lehrer, das was er erzählt? Aus welchen Quellen ist die Darstellung aufgebaut? Kann man vielleicht aus den gleichen Quellen nach anderen Prinzipien auch eine andere Geschichte erzählen? Der Begriff Darstellung wird hier im weiten Sinne genommen, es kann sich durchaus auch um eine in mehreren Sätzen komprimierte Darstellung vergangenen Geschehens handeln, wie sie in der Tagespolitik üblich sind. Hier setzt dann das Nach-Prüfen an. Woher wollen Politiker wissen, dass der Pazifismus Auschwitz ermöglicht hat? Woher, dass die enttäuschten Sozialisten Hitler gewählt haben? Woher wissen die Mitarbeiter eines Kulturamtes, dass die Frauen im Mittelalter rechtlos waren?

Allgemeindidaktisch gesehen ist dies die Phase der Problemlösung, der Erarbeitung. Es stehen demnach zwei Wege offen, die die Nach-Forschung gehen kann:

- Rekonstruktion: Aus Quellen eine Darstellung aufbauen.
- Dekonstruktion: Eine Darstellung nach den zugrundeliegenden Quellen untersuchen.

Es handelt sich hier um die Schritte, die Historiker vornehmen. Der erste Schritt ist die Operation der Geschichtsschreibung, der zweite ist die Überprüfung, ob eine Geschichtsschreibung eines anderen nach den Regeln der Kunst plausibel, nachvollziehbar, schlüssig vollzogen worden ist.

Es ist in der Geschichtsdidaktik in hohem Maße problematisch, die Begriffe Rekonstruktion und Dekonstruktion zu gebrauchen, da sie auf philosophisch- theoretische Grundsatzdebatten verweisen. Diese widerstreitenden Begriffe sind Teil einer Debatte, die klären will, ob Geschichtsschreibung ein bloß literarisches Unternehmen ist. Ihre Vertreter behaupten, Geschichte sei nur ein Text, der lediglich auf andere Texte verweise und nicht auf eine ihnen vorausliegende Wirklichkeit (Konstruktion). Die schwächere Variante dieser These geht von einem vorhanden, wenn auch unvollständigen und zerrissenen Zusammenhang aus, der wiederhergestellt werde (Rekonstruktion). Der Begriff Dekonstruktion verweist auf den Poststrukturalismus, ein Verfahren, das die hermeneutische Interpretation außer Kraft setzen will. In der Geschichtsdidaktik meinen die beiden Begriffe etwas sehr Schlichtes. Es handelt sich um einfache unterrichtsmethodische Zugangsweisen ohne anspruchvollen theoretischen Hintergrund: Aus den Quellen eine Geschichte machen (narrativieren) und einen Fachtext auf die zugrundeliegenden Quellen befragen (analysieren).

Beide Sichtweisen sind auf Sinnbildung bezogen. Rekonstruktion verweist auf einen produktiven Sinnbildungsprozess. Schülerinnen und Schüler müssen selbst sinnproduktiv tätig sein, sie müssen aus einzelnen Teilen einen sinnvollen Zusammenhang herstellen. Dabei sind sie nicht völlig frei, Sinn zu bilden, sondern sind an gewisse Vorgaben der Quellen gebunden, die bei bestimmten Sinnbildungen ihr Veto einlegen. Die konstruktive Tätigkeit findet an den Quellen ihre Grenzen, insofern ist Geschichtsschreibung nur bedingt Konstruktion – eben Rekonstruktion. Eine zweiter Grund, warum man in der Geschichtsdidaktik eher von Rekonstruktion als Konstruktion reden sollte, ist die didaktische Aufgabe. Die sinnbildende Tätigkeit der Schülerinnen und Schüler ist nicht wissenschaftliche produktive Tätigkeit, sondern forscht nach, was die Geschichtswissenschaft bereits erforscht hat. Sie bleibt in deren Erkenntnisrahmen. Es wäre vermessen, wollte man im Geschichtsunterricht die gleiche wissenschaftliche- kreative Leistung erwarten wie in der Geschichtswissenschaft.

Dekonstruktion meint lediglich, eine vollzogene Geschichtsschreibung (sei es ein Stück klassischer Historiographie, ein Historienfilm, ein Roman oder Jugendbuch etc.) nach den dort angewandten Sinnbildungskonzepten zu untersuchen. Dekonstruktion hat ihren besonderen Stellenwert in der Analyse von geschichtskultureller Produktion. In dem Spielfilm „Spartakus“ wird beispielsweise das Ende des Helden durch einen Kreuzestod dargestellt. Indem Schülerinnen und Schüler das Filmende mit den vorhandenen Quellen (Plutarch, Florus etc.) über den Spartakusaufstand vergleichen, finden sie, dass die Quellen sich einig sind, dass Spartakus kämpfend in der Schlacht starb. Man muss wohl davon ausgehen, dass Howard Fast, der das Drehbuch zum Film schrieb, vermutlich kaum einen mangelhaften Geschichtsunterricht genossen hat und deshalb nicht wusste, wie Spartakus starb. Warum hat der Film die Ereignisse anders sinnbildend verbunden? Was ist der Sinn dieser Veränderung? Der Film sollte das Erlösermotiv deutlich machen.

In dieser Phase der geschichtsdidaktischen Kommunikation lassen sich die genetische, die untersuchende und die diskursive Darstellung unterscheiden. Droysen erwähnt allerdings noch eine vierte Darstellungsweise: die didaktische Darstellung. Diese Darstellung wird hier nicht mit einbezogen, da die gesamte geschichtsdidaktische Kommunikation bei

Droysen als didaktische Darstellung angesehen wird. Die einzelnen Phasen von der historischen Frage über die Heuristik bis zur narrativen Erklärung sind nur Untergliederungen der didaktischen Darstellung. Sie nimmt die Genese, die Untersuchung und die Diskussion in ihren Dienst, lagert sie gleichsam in sich ein und benutzt sie zur historischen Bildung, zur Entwicklung der narrativen Kompetenz und zur Identitätsentwicklung. Die einzelnen Darstellungsweisen leisten dabei unterschiedliches.

4. *Narrative Erklärung:* Eine historische Erklärung nimmt die Form einer „Geschichte" an. Sie hat eine erzählende Struktur. Wir sprechen deshalb von narrativer Erklärung. Die Beantwortung der historischen Frage durch die Darstellung wird narrative Erklärung genannt. In diesem Schritt muss auch geprüft werden, ob das, was in der Phase der „Darstellung" erarbeitet wurde, eine Antwort auf die historische Frage ist. Darüber hinaus muss in dieser Phase die Inhaltlichkeit, die Intentionalität transparent werden. Es ist die Auseinandersetzung mit den Geltungsansprüchen der Darstellung: Ist Faschismus wieder möglich? Kann man den technischen Fortschritt „verbieten"? Die historische Erklärung enthält anders als die nomologische oder die probalistische Erklärung keine Prognose, keine Voraussage für ein künftiges Ereignis. Wenn man aus gegenwärtigen Interessen das Wählerverhalten von Arbeitslosen erklärt haben möchte, so muss auf die Frage, „Wie wählten die Arbeitslosen"? eine narrative Erklärung des Wählerverhaltens der Arbeitslosen in der Weimarer Republik erfolgen. Dass diese Erklärung des Wählerverhaltens als sekundäre Erfahrung in die Reflexion gegenwärtiger Probleme eingebracht werden kann und muss, steht außer Frage. Damit ist aber auch noch keine Prognose zu verbinden, dass bürgerliche Arbeitslose und arbeitslose Arbeiter weiterhin so wählen werden wie sie in der Weimarer Republik gewählt haben.

Zeitbedarf	**Artikulationsstufen**	**Dimensionen**
	1. *Historische Frage:* Umsetzen eines Problems in eine historische Frage: Warum gab es zwei deutsche Staaten? Macht Technik arbeitslos? Warum werden Mädchen anders behandelt als Jungen? Warum bewerten zwei zeitgenössische Historiker Brünings Wirtschaftspolitik so unterschiedlich? Die historische Frage erfüllt lerntheoretisch gesehen die Rolle der Motivation, der Einstimmung etc. Dafür steht der Begriff des Einstieges.	
	2. *Heuristik:* Umsetzen der historischen Frage in methodische Leitfragen: Was könnte als Antwort zu erwarten sein (Hypothesenbildung)? Wo finde ich Quellen (im weitesten Sinne) zur Beantwortung meiner Frage (Heuristik im engeren Sinne)? Wie können die Quellen bearbeitet werden (Methode)? Es handelt sich um ein Planungsgespräch, wie man das, wonach man fragt, erfahrbar machen kann.	
	3. *Darstellung:* Die methodenorientierte Rekonstruktion vergangenen Geschehens aus den Quellen und seine kategoriengeleitete Geschichts-Darstellung durch Text, Bild, Spiel etc. Aber auch:	

	Untersuchung einer fertigen Darstellung nach den zugrundeliegenden Quellen und Darstellungsprinzipien, die allerdings wieder auf eine eigene Rekonstruktion der Schülerinnen und Schüler hinauslaufen muss. Allgemeindidaktisch gesehen ist dies die Phase der Problemlösung, der Erarbeitung.	
	4. *Narrative Erklärung:* Die Beantwortung der historischen Frage durch die Darstellung. Prüfung, ob die in der Darstellung gefundene Antwort die historische Frage erklärt. Auseinandersetzung mit den Geltungsansprüchen der Darstellung.	

Die Artikulation kann sowohl von Schülerinnen und Schülern als auch von den Lehrkräften her entworfen werden. Wenn sie sich in der Logik der historischen Erkenntnis auskennen, werden sie das auch können. Nach Quellen suchen, nach Perspektiven fragen. Im Projektunterricht (auch beim Geschichtswettbewerb um den Preis des Bundespräsidenten der Körber-Stiftung) gehört die von Schülern vorgenommene Artikulation zur Selbstverständlichkeit.

4. Planungsdimensionen

Die Stufen einer Artikulation beziehen sich nicht ausschließlich auf die inhaltliche Thematik. Die Thematik „Hitler wird Reichskanzler" lässt sich beispielsweise folgendermaßen in Teilschritte gliedern.

- Die Präsidialkabinette Papen und Schleicher scheitern an fehlender parlamentarischer Mehrheit.
- Papen als Vertreter konservativer Kreise verhandelt mit Hitler.
- Im Umkreis Hindenburgs will niemand die SPD einbeziehen und damit zu demokratisch-parlamentarischen Verhältnissen zurückkehren
- Hindenburg ernennt Hitler.

Damit hat man einzelne Stufen gewonnen, die aber allein vom „Stoff", dem Ablauf der Ereignisse, bestimmt sind. Damit muss man nicht unbedingt der naturalen Chronologie folgen, sondern vom Endergebnis der Ernennung Hitlers ausgehen und dann fragen, wie es dazu kam. Es handelt sich dabei lediglich um die Gliederung eines Lehrervortrages. Guten Unterricht kann man damit nicht machen.

Man kann auch von dem Strukturmoment Medium ausgehen und nach diesem Gesichtspunkt einen Prozessverlauf planen. Man fängt dann zum Beispiel mit einem *Bild* an, nimmt dann das *Buch* vor und zuletzt wird das Ergebnis an der *Tafel* festgehalten.

Natürlich ist ein einziger Gesichtspunkt wie Thema oder Medium dem komplexen Prozess Unterricht nicht angemessen. In diesem Beispiel bleibt unberücksichtigt, in welcher Arbeitsform welche Ziele an welchen Problemen verhandelt und kommuniziert werden, was der Lehrer sagen und tun will, was von den Schülern erwartet wird, mit welchen Sprech- und Handlungsakten das Kommunikationsziel erreicht werden soll etc. Der alleinige Gesichtspunkt „Stoff" oder „Medium" ist also für die Planung unzureichend.

Um Unterricht in Phasen zu gliedern, muss man berücksichtigen, dass er nicht nur aus einem Thema, sondern aus mehreren Strukturmomenten besteht. In jeder dieser Stufen haben wir es mit sechs Strukturmomenten (Pandel 1997) zu tun: Inhalten, Thematik, Zielen, Kognitionen, Kommunikation und Kooperations- und Präsentationsformen. So müssen in jeder dieser Stufen Überlegungen angestellt werden, welche Strukturmomente in welcher Kombination vorkommen. In jeder dieser Stufen haben wir es mit Inhalten/ Themen, Zielen, Kooperations- und Kommunikationsformen und Medien zu tun. Denkbar sind folgende Dimensionen:

	Teilziele	Teilthemen	Erkenntnis-weisen	Medien	Methoden	Sozialisations-vorgaben
Stufe 1						
Stufe 2						
Stufe 3						
Stufe 4						
etc.						

Die Artikulationsformen zeichnen sich dadurch aus, dass sich im Verlauf des Unterrichtsprozesses die einzelnen Strukturmomente entweder einzeln, zu zweit oder gar allesamt umstrukturieren. Es muss auf jeder Stufe für jeden Zeitabschnitt überlegt werden, welches Teilthema an welchem Medium mit welcher Methode unter Berücksichtigung welcher Sozialisationsvorgaben (Geschichtsbewusstsein und Geschichtskultur) bearbeitet wird. Selbstverständlich wird nicht jedes Strukturmoment in jedem Schritt geändert, sondern kann über mehrere Stufen gleich bleiben. Wenn das Medium nicht ausgetauscht wird, sollte aber auf den Methodenwechsel Wert gelegt werden. Bei dieser Umstrukturierung bzw. im Austausch der einzelnen Dimensionen stellt sich ein grundsätzliches Problem. Es taucht bei einem Austausch einer einzelnen Dimension weniger stark auf, am stärksten macht es sich aber dort bemerkbar, wo alle Dimensionen umstrukturiert werden. Trotz der Umstrukturierung, die die Funktion einer Atempause, eines erneuten Motivationsschubes hat, darf aus diesen bemerkbaren Einschnitten kein Bruch entstehen. Die von der Thematik getragene Intentionalität muss durch alle Phasen hindurch, wenn auch in anderer Form (in anderer Perspektive, in anderen Medien, in neuer Erkenntnisweise) erhalten bleiben. Dem Schüler muss bewusst bleiben, dass es sich um den gleichen Problemzusammenhang, um die Beantwortung der Ausgangsfrage handelt auch wenn die Form der Beantwortung, die Perspektive, die Erkenntnisweise wechselt. Ein solcher Gesichtspunkt, um einen Planungsprozess in seiner zeitlichen Erstreckung zu planen und zu strukturieren, wird im folgenden *Planungsdimension* genannt.

Planungsdimensionen zerlegen die zu planende Kommunikation in ihrer zeitlichen

Ausdehnung in mehrere *synchrone* Gesichtspunkte planerischer Aufmerksamkeit. Für jeden Zeitpunkt des Kommunikationsprozesses müssen mehrere Dimensionen gleichzeitig bedacht und in ihrem synchronen Zusammenhang geplant werden. Formal gesehen sind diese Dimensionen *Spalten der Aufmerksamkeit*, die den Planenden anhalten, bestimmte Aspekte zu beachten. Die Planungsdimensionen eines Schemas reduzieren den kommunikativen Lernprozess auf einige wenige Dimensionen. Das schließt allerdings die Gefahr ein, irrelevante oder nebensächliche Dimensionen zu betonen.

Neben der notwendigen Einbeziehung von Zeit als Planungsdimension kann theoretisch jedes Strukturmoment (Thema, Inhalt, Methoden, Medien etc.) eine eigene Planungsdimension abgeben. Das zeigt sich an den verschiedenen publizierten Modellen. Es gibt wohl kein Strukturmoment, das nicht schon einmal zu einer Dimension gemacht worden wäre. Alle diese Strukturmomente gleichermaßen bei der Artikulation zu berücksichtigen wäre zu komplex. Es wäre von der Systematik und nicht von den Schülerinnen und Schüler gedacht. Unter den möglichen Strukturmomenten werden einige mit einem besonderen Wertakzent besetzt und zur Planungsdimension erhoben. Jede Artikulationsform lenkt die Aufmerksamkeit auf andere Dimensionen und verknüpft andere Planungsmomente miteinander. Die formale Voraussetzung für die Möglichkeit, unterschiedliche Planungsschemata zu entwickeln, besteht in der Komplexität der Kommunikation. Alle Momente in gleicher Weise zu berücksichtigen, würde nicht nur eine unpraktikable Planung ergeben, sondern ein solches Planungsschema müsste versuchen, die Kommunikation vollständig zu determinieren und zum Ritual machen. Deshalb beruht jedes Planungsschema auf einer wertenden Auswahl aus demjenigen Moment, die den kommunikativen Lernprozess bestimmt.

4.1 Struktur und Konstruktion

Ein solches Planungsschema, das bestimmte Strukturmomente auswählt und zu Planungsdimensionen erhebt, ist das Schema von Annette Kuhn, das die Strukturmomente, Thema, Medium, Kommunikationsform, Ziele etc. betont:

Situationsanalyse/ historische Thematik	Medien	Unterrichtsform	Hypothesen / Lernziele

Ein anderer Ansatz geht von den Teilnehmern am Unterricht aus. Dieses Modell legt den Schwerpunkt auf das *Verhalten* der einzelnen Kommunikationsteilnehmer zu Planungsdimensionen. Das hat zuerst die lerntheoretische Didaktik von Paul Heimann versucht. Bei ihm werden u. a. neben der Zeit das Lehrerverhalten und das Schülerverhalten zur Planungsdimension:

Zeit	Erwartetes Schülerverhalten	Geplantes Lehrerverhalten	Didaktisch-methodischer Kommentar

Die Verlegenheitsspalte „Didaktisch-methodischer Kommentar" kann hier bei der weiteren Erörterung unberücksichtigt bleiben. In ihr wird lediglich versucht, nachträglich einer unplausiblen Planung dennoch den Anschein von Durchdachtheit zu geben.

Dieses Schema beginnt bewusst (wenn man einmal die Zeit unberücksichtigt lässt) mit der Spalte „erwartetes Schülerverhalten". „Es ist keine formale Spielerei, wenn hier im Gegensatz zu dem üblichen Brauch empfohlen wird, die Spalten der Verlaufsplanung mit dem Schülerverhalten beginnen zu lassen. Schließlich ist, sofern Lehren Lernenmachen bedeutet, das Schülerverhalten die Hauptsache in einer Unterrichtsstunde, das, was gut abgeschätzt werden muss, das, was durch Lehrverhalten gefördert werden soll".[3]

Allerdings liegt hier bei Schulz ein Widerspruch vor. Es ist zweifellos richtig (wenn man einmal das Verhaltenskonzept akzeptiert), dass im Unterricht das Schülerverhalten das Wichtigste ist. Andererseits geht Schulz entgegen seiner Aussagen doch von dem Lehrerverhalten aus. Die zeitliche und logische Priorität liegt auch bei Schulz im Lehrerverhalten. Das kommt in seiner eigenen Terminologie zum Ausdruck: Der Lehrer „schätzt ab", „macht Lernen". Natürlich muss der Lehrer sein Verhalten an dem Schülerverhalten ausrichten. Aber an den Antizipationen und nicht an dem realen Verhalten. Das reale Verhalten wird erst beim Handeln offensichtlich. Bei der Planung spielt nur die Antizipation des Lehrers, seine Vermutungen eine Rolle. Vermutungen anstellen ist hier eine Handlung des Lehrers.

An dem Planungsschema von Annette Kuhn und Heimann/Otto/Schulz sind zwei unterschiedliche Typen deutlich geworden. Es handelt sich bei ihnen um die zwei planerischen Grundmuster: das strukturorientierte und das handlungsorientierte Muster.

Das erste Modell benutzt die Strukturmomente als Planungsdimensionen indem es einzelne Strukturmomente heraushebt und zu Dimensionen macht. Dabei können auch mehrere Strukturmomente zu einer Dimension gebündelt werden („Medien/Sozialformen"). Das Modell der Berliner Schule geht von dem Verhalten der am Unterricht Beteiligten aus, indem es deren Verhaltensweisen zu Planungsdimensionen erhebt. Das verhaltensorientierte Modell hat gegenüber dem strukturorientierten einen wichtigen Vorteil: Es ist stärker auf die Akteure des Unterrichts bezogen. Sein Nachteil liegt darin, dass es den Planungsprozess entpersonalisiert, Unterricht als mehrseitig verknüpftes Netz von Strukturmomenten macht und dabei den Bezug zu den Handelnden des Unterrichts verliert.

Wenn auch das Modell von Heimann u. a. einem kommunikationsorientierten Unterricht weiter als das strukturorientierte entgegenkommt, so hat es doch einen gravierenden Mangel: Es ist auf das *Verhalten* der Akteure bezogen. Eine Planung, die von Verhaltensweisen ausgeht, nimmt keine symmetrische Struktur an. Eine solche Konzeption sucht nach geeigneten Mitteln, um das Verhalten des anderen zu beeinflussen. Es ist auf Einflussnahme, nicht auf Einverständnis bezogen. Es ist auf solche Techniken gerichtet, die in dem anderen ein gewünschtes Verhalten zur Vergangenheit erzeugen: es ist strategisch, nicht verständigungsorientiert. Der Planungsgrundsatz „symmetrische Beziehungen" lässt sich in diesem Modell nicht verwirklichen.

4.2 Dimensionen und Fachspezifik

Aus der Perspektive der Geschichtsdidaktik ist noch auf einen anderen kritischen Punkt der hier vorgestellten Planungsmodelle hinzuweisen. Das struktur- und das verhaltensorientierte Modell orientiert sich nicht an der Geschichtsdidaktik. Beide Modelle, einschließlich der

Kompromissformen aus beiden, sind in der Pädagogik (im weitesten Sinne) entstanden. Sie entstammen der allgemeinen Didaktik, der erziehungswissenschaftlichen Didaktik und der Schulpädagogik. Allein das Schema von Annette Kuhn will fachspezifisch sein.[4] Es ist allerdings in den *Dimensionen* ein rein strukturorientiertes Modell der allgemeinen Didaktik.

Ein Überblick über die zur Zeit gebräuchlichen Planungsschemata zeigt, dass neben den beiden Grundmustern auch Mischformen aus den beiden Grundmustern auftreten:

- Zeit – Artikulationsstufe – Sozialform – Medien – Begründungen (Schulz 1980, 18)
- Zeitbedarf – Lehr-Lernziele – Lernhilfen u. Lernkontrollen – Planungsvarianten (Schulz 1980, 167)
- Zeit – Lernziele – Lernschritte – Medien/Sozialformen (Meyer 1980, 111)
- Zeit – Lernziele – Lehrerverhalten – Schülerverhalten – didaktischer Kommentar (Hagmüller 1980, 140)
- Unterrichtsschritte – Lernziele und Lerninhalte – Schüleraktivität – Lehreraktivität (Projektgruppe 1977, 123)
- Zeit – Inhalt/Teilziele – Lehr- und Schüleraktivität – Alternativen – Bemerkungen (Beckmann/Biller 1978, 75)
- Zeit – Lehr-Lern-Aktivitäten – Mittel – Kommentar (Peterßen 2003, 63)

In der allgemeinen Didaktik, vor allem in der schulpraktischen Literatur, wird vorwiegend davon ausgegangen, dass die Planungsdimensionen inhaltsleer und fachneutral sind, so dass in jedem Schema jeder fachdidaktische Lernprozess organisiert werden kann. Dass in der Unterrichtspraxis so vorgegangen wird, steht außer Frage. Ob dabei aber nicht an den geschichtsdidaktischen Inhalten und den historischen Denk- und Erkenntnisweisen Verkürzungen auftreten, ist bisher nicht näher untersucht worden. Die Annahme nämlich, dass diese Schemata inhaltsleer und fachneutral sind, lässt sich nicht halten. Das Schema sagt uns nämlich, welche Handlungen, Elemente, Sprechakte in das Schema einzubringen sind. Es ist also bezüglich der Handlungen nicht leer. Es ist somit auch nicht inhaltsleer, es nimmt Partei *für* bestimmte Handlungen und damit gegen andere. Es ist sicher für die einzelnen Fachdidaktiken bedenkenswert, ob nicht fachspezifische Planungsschemata[5] entwickelt werden müssen, um die planerische Aufmerksamkeit näher an den zu planenden fachdidaktischen Sachverhalt heranzubringen.

Es ist mehr als zweifelhaft, dass diese allgemeindidaktischen Planungsschemata den spezifischen Problemen des Geschichtsunterrichts gerecht werden können. Es muss vielmehr überlegt werden, wie ein geschichtsdidaktisches Planungsschema aussehen könnte.

Wenn wir Geschichtsunterricht als Kommunikation bezeichnen, so müssen auch die Kommunikationsteilnehmer in den Planungsprozess einbezogen werden. Das schließt ein entpersönlichtes Schema, das nur die Strukturmomente enthält, aus. Wenn Planung heißt, einen Kommunikationsprozess gedanklich vorwegzunehmen, so ist es wichtiger, die Strategien und die Art und Weise, wie die Kommunikationsteilnehmer mit den einzelnen Strukturmomenten umgehen, auszumachen. Kommunikation ist ein Prozess, bei dem Sprech- und Handlungsakte an den Erwartungen des Kommunikationsgegenübers ausgerichtet werden. Verfehlt man die Erwartungen der anderen völlig, so führt das zum Kommunikationsbruch (Unterrichtsstörungen, Unaufmerksamkeit, Leistungsverweigerung etc.). Kommunikationsabbruch erfolgt aber auch dann, wenn ein Kommunikationsteilnehmer keine Intention einbringt. Kommunikation wird nämlich auch dort verfehlt, wenn es zum Einschwenken auf die Einstellung eines strategisch Handelnden kommt.

Eine Kommunikation hat nicht nur einen Beziehungsaspekt, wie die Kommunikationsteilnehmer ihrer Beziehungen zueinander gestalten, sondern auch einen thematisch-inhaltlichen Aspekt. Die unterrichtliche Kommunikation findet somit auf zwei Ebenen statt. Geschichtsunterricht ist eine Kommunikation, in der historische Erzählungen verhandelt werden. Da historische Erzählungen perspektivische Konstruktionen sind, die durch ihre Perspektivität bestimmte Identifikationsmöglichkeiten eröffnen oder verschließen, so muss ein kommunikativ aufgefasster Geschichtsunterricht, der Identitätsbildungsprozesse anleiten will, die Perspektiven der historischen Akteure mit denen der Kommunikationsteilnehmer vermitteln. Aus diesem Ansatz ergeben sich somit drei Planungsdimensionen: Sprech- und Handlungsakte der Lehrer, Sprech- und Handlungsakte der Schüler (beide Dimensionen sind durch die wechselnden Erwartungen miteinander verflochten) und sprachlich repräsentierte Perspektiven der historischen Akteure:

Geplante Sprech- und Handlungsakte des Lehrers	**Erwartete Sprech- und Handlungsakte der Schüler**	**Perspektiven der Darstellung interpretativer Rekonstruktion**
An welcher Antizipation eines erwarteten Schülerverhaltens richtet sich die Handlungs- und Argumentationsweise des Lehrers aus? Welche Kommunikations- und Kooperationsformen schlägt der Lehrer vor, welche Medien bringt er ein?	Welche Chancen haben die Schüler, das Lehrerverhalten zu bestimmen? Welche Erwartungshaltung haben die Schüler vom Lehrerverhalten? Auch die Schüler erwarten ein bestimmtes Lehrerverhalten. In welcher Kooperationsform arbeiten die Schüler und in welcher Kommunikationsform arbeiten sie an welchen Medien? Welche Erkenntnisweisen (interpretieren, quantifizieren etc.) setzen die Schüler zur Erkenntnisgewinnung ein?	Aus welcher Perspektive wird der historische Sachverhalt in welchem Medium dargestellt? Aus welchen Perspektiven lässt sich der Sachverhalt noch darstellen? Werden die Schüler aufgefordert, den Sachverhalt aus unterschiedlichen Perspektiven zu schildern und zu beurteilen?

Dieses Modell zieht die Konsequenz aus der Tatsache, dass Geschichtsunterricht Kommunikation ist, in der alle Teilnehmer die gleiche Chance haben sollten, ihre Sichtweisen einzubringen. Zweitens ziehen diese Dimensionen die Konsequenz aus einer anderen Tatsache. Geschichte ist eine konstruktive Angelegenheit. Wie die Debatten um die Gesamtdarstellungen es Dritten Reiches zeigen (Evans, Burleiht, Wehler, Thamer etc.) haben wir es mit höchst unterschiedlichen Darstellungen zu tun, die sich alle auf den gleichen Ereigniskomplex beziehen. Oder besser: Dieser Sachverhalt entsteht erst aus den unterschiedlichen Perspektiven der Historiker, wie aus den unterschiedlichen Perspektiven

Artikulationsstufen	**Zeitbedarf**	**Geplante Sprech- und Handlungsakte des Lehrers und der Lehrerin**	**Erwartete Sprech- und Handlungsakte der Schüler und Schülerinnen**	**Perspektiven der Darstellung und der interpretativen Rekonstruktion**
Historische Frage (In der historischen Frage wird Geschichte zu einer Denk-Geschichte)		Bild, Film, Dia zeigen; Kassette bzw. CD vorspielen; Erzählung, Zitat, Zeitungsbericht vorlesen; Tafeltext, Lehrdiagramm, Tabelle anschreiben; Lehrgespräch beginnen; Problemstellung suchen lassen; auffordern, Fragestellungen zu formulieren	anschauen, betrachten, zuhören, sich erinnern, sich äußern; mitdenken, Fragen stellen; Probleme benennen; Behauptungen aufstellen; Ausgangsfrage formulieren	Feststellen von Perspektiven (in den eingesetzten Medien); das eigene Interesse formulieren
Heuristik (Suche nach Materialien und Methoden zur Beantwortung der historischen Frage)		Bitten, Vorschläge zur Beantwortung zu machen; Auskunft über Chancen der Beantwortung geben; auf Quellengruppen aufmerksam machen, ihre Schwierigkeiten darlegen	Vorschläge machen; Vermutungen oder Hypothesen formulieren; Arbeitsplan aufstellen; Aussagen über Arbeits- und Sozialformen machen; Vorschläge für methodisches Vorgehen machen; Strategie für sinnvolle Suche entwickeln; Medienvorschläge machen	Welche Perspektive wird durch welches Material bearbeitet? Für welche Perspektive liegt kein Material vor? Warum?
Darstellung (Rekonstruktion eines vergangenen Geschehens und Darlegung in einer erzählenden Darstellung)		Quellen, Bilder, Karten, Tonband, Gegenstände zur Rekonstruktion bereitstellen; Auf Perspektive und Umkehrperspektive aufmerksam machen (Reziprozität der Perspektiven)	1. Nacherzählen, d.h. Reformulierung des erzählten Geschehens nach d. Muster d. Ausgangserzählung. Kondensieren: Reformulierung d. erz. Geschehens in geraffter Form od. Explizieren, d.h. reformulieren d. erzählten Geschichte in geraffter Form 2. Erzählen (i. ursprüngl. Sinne), aus erlebten, erfahrenen, gelesenen, den Quellen entnommenen Ereignissen einen erzählten Zusammenhang, eine Geschichte herstellen. 3. Umerzählen. Stellungnehmen zu einer erzählten Geschichte, sie bewerten und nach eigenen Prinzipien umerzählen, d.h. neu erzählen. 4. Metanarration: Textbeschreibung und Textbewertung, bewertende Stellungnahme zu einer erzählten Geschichte.	Aus welcher Perspektive wird der historische Sachverhalt dargestellt? Wie verhalten sich die Perspektiven zueinander? Wechsel der Perspektiven bei der Darstellung; Perspektiven werden durch Perspektivenwechsel zur Umkehrperspektive; Perspektivenwechsel ist ein *Umkehrerzählen*, eine produktive Veränderung erzählter Geschichte aufgrund von neuen Quellen oder anderen Normen (Änderung in der empirischen oder normativen Triftigkeit)
Narrative Erklärung (Feststellen, ob das, was in der „Darstellung" erarbeitet worden ist, eine Antwort auf die historische Frage ist)		Gespräch leiten; Gesprächsleitung abgeben; andere Problemstellung, andere Aufgabe, anderen Fragenkomplex, Transfer verlangen	vergleichen, analysieren; Darstellung mit der Ausgangsfrage vergleichen; Ergebnisse diskutieren; Ergebnisse vergleichen; Antwort auf die historische Frage geben; Überlegen, Lösung suchen, Lösung erarbeiten	Beziehen der unterschiedlichen Perspektiven auf den eigenen Standpunkt

der Beteiligten, den Tätern, Opfern und Zuschauern. Geschichte ist ein komplexes Gebilde aus Autorenperspektive und Teilnehmerperspektive. Wer so tut, als gäbe es historische Ereigniszusammenhänge unabhängig von den Perspektiven der späteren Betrachter, verfehlt Geschichte. Es gibt keine privilegierten Perspektiven. Jeder Unterrichtsteilnehmer hat die Pflicht, die Perspektive offenzulegen aus der er einen Sachverhalt darstellt. Die Berücksichtigung dieser Dimensionen verhindert zumindestens Hypostasierungen wie „Der Weltkrieg" brach aus oder die „Reformation schuf". Der Krieg ist kein Vulkan und die Reformation keine Person.

5. Verknüpfung: Stufen und Dimensionen

Die Verknüpfung der Artikulationsform mit den Dimensionen ergibt das Planungsraster auf S. 592.

Anmerkungen

1 Zusammenstellung nach Adl-Amini 1979, S. 117.
2 Collingwood, R. G., Denken. Eine historische Autobiographie, Rastatt 1955, S. 32.
3 Schulz, Wolfgang, Unterricht, in: Dohmen, Günther und Maurer, Friedemann (Hrsg.), Unterricht. Aufbau und Kritik, München 1968, S. 67.
4 Da Annette Kuhn einen genuinen Denkschritt der Geschichtsdidaktik aufnimmt, ist in diesem Schema die Möglichkeit größer, zielgerichtete historische Lernprozesse zu planen. Für den Lehrer bringt das allerdings Schwierigkeiten mit sich, wenn er dann ein spezifisches Verlaufsschema auf ein anderes (wenn er eine Stunde in einem anderen Fach plant) „umschalten" muss. Zu diesem Problem vgl. Kap. 9.2.
5 Neben den Planungs- auch die Artikulationsformen. Vgl. dazu Kap. 9.2

Weiterführende Literatur

Adl-Amini, Bijan u.a. (Hrsg.), Didaktik der Unterrichtspraxis, Bern 1979
Beckmann, Hans-Karl; Biller, Karlheinz (Hrsg.), Unterrichtsvorbereitung. Probleme und Materialien, Braunschweig 1978
Blankertz, Herwig, Theorien und Modelle der Didaktik, 2. Aufl., München 1969, S. 101
Christian, Wolfgang, Kriterien der Unterrichtsprozeßplanung des politischen Unterrichts, in: Erziehung und Klassenkampf Nr. 5/6 (1972), S. 119-126
Dichanz, Horst; Mohrmann, Karin, Unterrichtsvorbereitung. Probleme, Beispiele, Vorbereitungshilfen, 3. Aufl., Stuttgart 1979, S. 82-103
Dietrich, J., Verlaufsformen des Unterrichts, in: WPB 31 (1979), S. 431-433
Döhn, Hans, Der geschichtliche Unterricht in Volks- und Hauptschulen, Hannover 1967, S. 95 ff.
Gibas, Heinz, Unterrichtsplanung im Sinne kritisch-kommunikativer Didaktik – Entwurf einer Planungsmatrix, in: Twellmann, Walter (Hrsg.), Handbuch Schule und Unterricht, Bd. 4.2, Düsseldorf 1981, S. 788-804
Hagemüller, Peter, Einführung in die Unterrichtsvorbereitung, Düsseldorf 1980, S. 139 u. S. 140
Heimann, Paul; Otto, Gunter; Schulz, Wolfgang (Hrsg.), Unterricht, Analyse und Planung (1965), 8. Aufl., Hannover 1977
Himmerich, Wilhelm, Didaktik als Erziehungswissenschaft, Frankfurt/M. 1970, S. 82 ff.
Huhn, Jochen, Geschichtsdidaktik, Köln 1994, S. 75 ff.
Huppertz, Barbara Ann; Häfner, Peter, Ein synthetisches Artikulationsschema von Unterricht – ein Vorschlag zur Strukturierung der Methodik, in: Realschule (1982), H. 2, S. 566-575

Kuhn, Annette, Die englische Revolution, München 1976
Kuhn, Annette, Unterrichtsplanung, in: Bergmann, Klaus u. a. (Hrsg.): Handbuch der Geschichtsdidaktik, 5. Aufl, Seelze 1977, S. 457-463
Kuhn, Annette; Rothe, Valentine, Geschichtsdidaktisches Grundwissen, München 1980
Metzger, Stephan, Die Unterrichtsstunde, Donauwörth 1970
Metzger, Stephan, Die Strukturelemente der Geschichtsstunde, in: Pädagogische Welt 24 (1970) S. 730-739
Meyer, Hilbert, Leitfaden zur Unterrichtsvorbereitung, Königstein/Ts. 1980, S. 105, 111 u. 243 f.
Niemetz, Gerold, Unterrichtsplanung/-vorbereitung/Unterrichtsentwurf, in: ders. (Hrsg.), Lexikon für den Geschichtsunterricht, Freiburg 1984, S. 201-205
Peterßen, Wilhelm H., Handbuch Unterrichtsplanung. Grundfragen, Modelle, Stufen, Dimensionen, München 1982
Pandel, Hans-Jürgen, Geschichte im Unterricht, in: Bergmann, Klaus u.a. (Hrsg.), Handbuch Geschichtsdidaktik, 5. Aufl., Seelze 1997, S. 379-385
Peterßen, Wilhelm H., Lehraufgabe Unterrichtsplanung, München 2003
Sauer, Michael, Geschichtsunterricht. Eine Einführung in die Didaktik und Methodik, Seelze 2003
Schulz, Wolfgang, Unterrichtsplanung, München 1980
Süssmuth, Hans, Geschichtsdidaktik, Göttingen 1980
Trabant, Jürgen, Artikulationen. Historische Anthropologie der Sprache, Frankfurt/M. 1998
Vogel, Alfred, Artikulation des Unterrichts, 6. Aufl., Ravensburg 1979
Walter, Hellmuth und Edelmann, Inge: Pragmatische Unterrichtsplanung. Theorie und Praxis psychologischer Unterrichtsvorbereitung, Braunschweig 1979, S. 36-42
Wiederhold, Karl A.: Die Artikulation des Unterrichts, in: Twellmann in Handbuch Schule und Unterricht, Bd. 4.1., S. 406-427

Gerhard Schneider

Einstiege[1]

Als Unterrichtseinstieg bezeichnet man jenes didaktisch reflektierte Verfahren von meist kurzer Dauer, mit dem man eine Unterrichtsstunde bzw. eine Unterrichtseinheit oder ein Projekt beginnt. Überlegungen zu dieser Unterrichtsphase müssen sich auch auf den allgemein als schwierig erachteten Übergang zur Arbeitsphase, also zum Kern des Unterrichtsgeschehens, beziehen. Es gilt als unbestritten, dass sich schon in der Einstiegsphase entscheidet, ob eine Unterrichtsstunde „läuft" oder scheitert. Umso erstaunlicher ist es, dass sich über diese wichtige Unterrichtsphase in der allgemeinen schulpädagogischen Literatur wenig, in der neueren geschichtsdidaktischen Literatur fast gar nichts findet,[2] was den Unterrichtenden bei der Planung des Unterrichts hilfreich sein könnte.

1. Die Einstiegsphase – eine wichtige Unterrichtssituation

Keine praktizierende Lehrerin, kein praktizierender Lehrer wird bestreiten, dass der Einstieg in eine Unterrichtsstunde eine Herausforderung an die Unterrichtenden darstellt. Einstiege sollen Motivations- und Aktivierungsfunktion haben und, indem sie Spannung, Staunen und Neugier, ggf. auch Widerspruch erzeugen, die Beschäftigung mit dem anstehenden Stundenthema ankurbeln; sie sollen möglichst zugleich auch noch den Anschluss an die letzte Geschichtsstunde herstellen und auf geeignete Art und Weise den Übergang zur Arbeitsphase herstellen – eine Kombination von Zielen, deren Realisierung man zwar anstreben sollte, die sich aber oft nur schwer verwirklichen lassen. Umso mehr erstaunt es, wenn in einem verbreiteten Buch für die Unterrichtspraxis[3] angeraten wird, der Unterrichtende möge in der Einstiegsphase auf alle Motivationskünste verzichten, um stattdessen auf dem Weg des ausschließlich informierenden Einstiegs sofort „zur Sache" zu kommen. Da der eigentliche Unterrichtsstoff aber nur in den wenigsten Fällen die Schülerinnen und Schüler wirklich packt, bedarf es zunächst geeigneter Verfahren und Materialien, damit diese überhaupt für den Lerngegenstand gewonnen werden, indem sie erkennen: der Unterrichtsgegenstand geht mich etwas an. Ein gelungener Einstieg kann zu diesen Zielen beitragen. Der Vorwurf, manche Lehrerinnen und Lehrer würden es mit ihren Einstiegen geradezu darauf anlegen, die Schüler zu verblüffen, zu verunsichern, sie mit Ungewöhnlichem und Außergewöhnlichem zu konfrontieren, sie gar hinter's Licht zu führen, mag in wenigen Fällen zutreffend sein. Als allgemeiner Vorwurf trifft diese Kritik nicht zu. Wenn man sich als Lehrerin oder Lehrer eingehende Gedanken macht, wie man eine Unterrichtsstunde so beginnt, dass sich möglichst eine große Zahl der Schülerinnen und Schüler für das Thema erwärmen kann, dann hat dies nichts mit einer „Gag-Didaktik" zu tun, es geht auch nicht um einen „prunkvollen Motivationszauber am Stundenbeginn", oder wie immer die Vorwürfe sonst noch lauten mögen. Vielmehr geht es darum, strikt auf das anstehende

Unterrichtsthema bezogene, gleichwohl anregende und interessante Materialien zu präsentieren oder Verfahren anzuwenden, die die Schülerinnen und Schüler dazu veranlassen, sich mit einem Unterrichtsgegenstand zu beschäftigen, sie zur Mit- und Weiterarbeit zu animieren und sie vielleicht sogar in die Lage zu versetzen, sinnvolle Arbeitshypothesen zu entwickeln. Es handelt sich also nicht um Effekthascherei, wenn Lehrerinnen und Lehrer sich um immer wieder andere, dem Unterrichtsziel direkt verbundene, dabei anregende und interessante Unterrichtseinstiege bemühen. Wenn es stimmt, dass menschliches Handeln (also auch das von Schülern) von Anziehungs- und Anreizkräften von außen bzw. von inneren Antrieben beeinflusst ist, wenn es also Schub- und Zugfaktoren für die Motivation und einen natürlichen Drang gibt, (historische) Zusammenhänge erkennen und begreifen zu wollen, dann müssen in der Einstiegsphase solche Materialien zum Einsatz kommen, die genau auf die Aktivierung dieser Voraussetzungen für das Lernen abzielen.

Überlegungen zur Einstiegsphase erschöpfen sich allerdings nicht darin, mit Hilfe von möglichst spannendem Material und über ein anregendes Verfahren den Schülerinnen und Schülern die Bedeutsamkeit eines Unterrichtsgegenstandes für sie selbst und für die Bewältigung ihrer Gegenwart und Zukunft zu vermitteln, um sie auf diese Weise anzuregen, sich damit zumindest eine Unterrichtsstunde lang mit möglichst großem Gewinn, aber auch mit Lust und Freude zu beschäftigen. Die Planung des Einstiegs umfasst auch Überlegungen zum Übergang von dieser Phase in die Arbeitsphase. Dass es zwischen Einstiegsphase und Arbeitsphase nicht selten zu einem Bruch kommt, ist den Unterrichtenden bekannt; selbst auch Schüler bemerken dies gelegentlich: Da beginnt der Unterrichtende seine Stunde mit großem Elan; es gelingt ihm, unter der Verwendung von attraktivem Material einen Großteil der Klasse für das Thema zu interessieren. Dann endet die Einstiegsphase – und der Lehrer eröffnet die Arbeitsphase ganz traditionell mit der Verteilung einer Quelle. „Wir lesen jetzt die Quelle und versuchen dann zunächst die folgende Frage zu beantworten..." Ein enttäuschtes Aufstöhnen der Schüler ist die Folge. Was kann man hier tun? Ein Rezept gibt es nicht. Zunächst ist schon viel gewonnen, wenn die Unterrichtenden sich bewusst sind, dass der Übergang von der Einstiegsphase zur Arbeitsphase ein Problem darstellt und dass es besonderer Überlegungen bedarf, um einen allzu großen Bruch zwischen beiden Unterrichtsphasen zu vermeiden. Nach meiner Erfahrung gelingt der Übergang besser, wenn zu Beginn der Arbeitsphase Bildmedien Verwendung finden. Beginnt man eine Unterrichtsstunde zum „Krisenjahr 1923" mit dem Austeilen von Inflationsgeld oder mit einer Reihe von Briefmarken, die das gewaltige Ansteigen der Inflation bzw. des Postkartenportos zwischen 1920 und November 1923 sichtbar machen, dann könnte eine kurzer Ausschnitt aus einem zeitgenössischen Filmdokument zur Inflation sich anschließen: Man sieht Menschen, wie sie ihr Wochengehalt mit Hilfe einer Schubkarre nach Hause fahren. Die Frage, die die Arbeitsphase einleitet, könnte dann lauten: Wie wirkte sich die Inflation auf die Lebensverhältnisse der Menschen aus? Was konnte die Bevölkerung mit einer derartigen Papiergeldmasse überhaupt anfangen? Da vergleichbare Filmdokumente aber nur für Themen etwa der letzten hundert Jahre zur Verfügung stehen, muss für die ältere Zeit auf andere Bildmedien zurückgegriffen werden.

2. Einstiegstypen

Mit der nachstehenden Grafik wird auf vier Einstiegstypen hingewiesen. Bei diesen Typen handelt es sich nicht um „reine" Typen, denn die Typen berühren sich in mehrfacher Hinsicht. So soll sicher jeder Typ das Schülerinteresse wecken. Die Grafik will nur einen sehr formalistischen Überblick über verschiedene Einstiegsfiguren geben; im übrigen werden die Typen hier unterschieden nach den hauptsächlichsten Zielen, die mit ihrer Hilfe in der Einstiegsphase angestrebt werden.

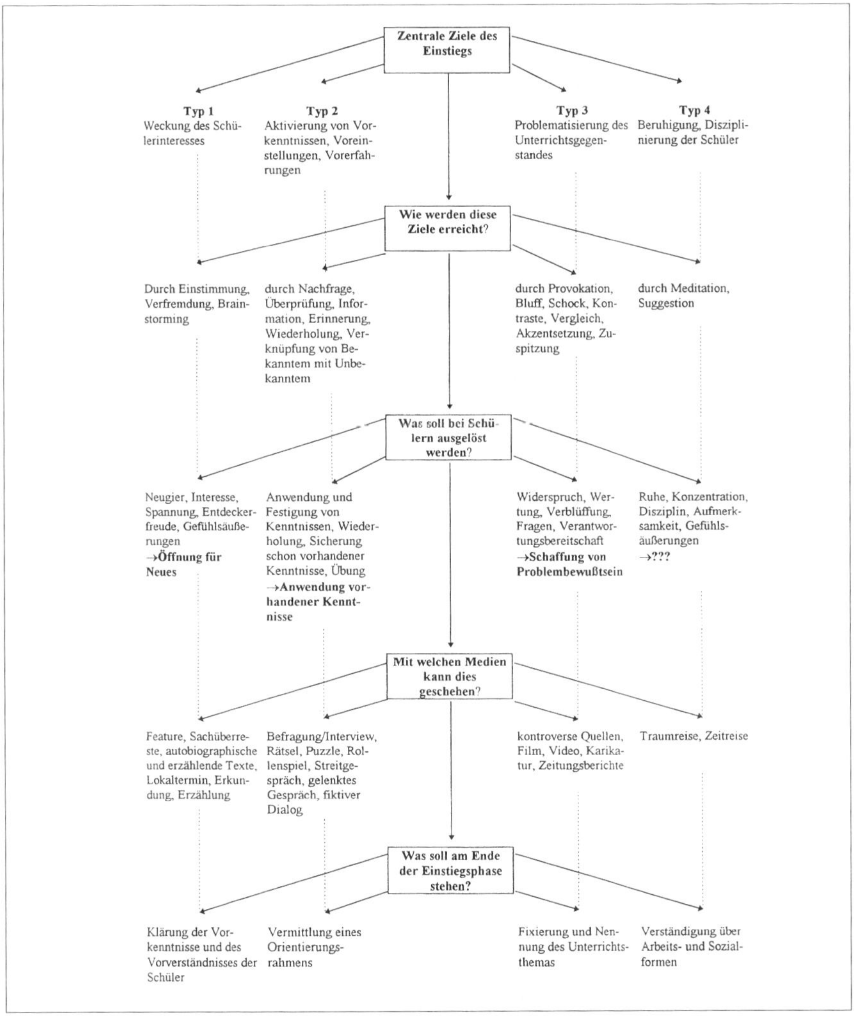

Es handelt sich also bei den genannten vier Typen um

- Repetitive, eher konventionelle Einstiege,
- animative, sinnlich-anschauliche Einstiege,
- problematisierende Einstiege
- und sedative, disziplinierende Einstiege.

Schüleraktive, d.h. von Schülern selbst verantwortete, handelnd-erschließende Einstiege sollten in noch stärkerem Maße, als dies bisher schon geschieht, praktiziert werden. Eine solche Form stellt die Internetrecherche dar (s. S. 616), die hier als noch nicht sehr häufig praktizierte Sonderform den genannten Typen angefügt wird.

3. Beispiele[4]

3.1 Repetitive Einstiege

3.1.1 Einstieg zur Festigung des Gelernten

Diese Einstiegsvariante war im traditionellen Geschichtsunterricht die gängigste Form, eine Geschichtsstunde zu beginnen. Auch heute ist sie noch sehr verbreitet. Da diese Form des Einstiegs nicht notwendig langweilig oder gedankenlos sein muss, hat sie auch heute noch ihre Berechtigung. Dies gilt vor allem dann, wenn anspruchsvollere Varianten dieses Verfahrens gewählt werden und der Lehrer/die Lehrerin sich nicht darauf beschränkt, die Stunde mit der gedankenlosen Frage zu beginnen: „Wer kann nochmals zusammenfassen, was wir in der letzten Stunde gemacht haben?" Für den seltenen Fall, dass sich im Laufe des Schuljahrs eine Wiederholungs- und Vertiefungsstunde realisieren lässt, muss gerade für eine solche Stunde der Einstig besonders gut überlegt werden. Jedenfalls sollte man sie nicht damit beginnen, dass man den Schülern eröffnet: „Wir machen heute eine Wiederholungsstunde." Dies würde sogleich jegliche Motivation der Schüler abtöten, weil diese auf keinen Fall das noch einmal behandeln wollen, was sie – wie sie glauben – schon zur Genüge kennen. Man beginne eine solche Stunde vielmehr mit einem Medium, was nicht bereits vorher schon im Unterricht benutzt worden war, für die Schüler also neu ist, gleichwohl auf andere Weise den Unterricht der letzten Wochen zusammenfasst. Bei der Interpretation dieses Mediums kann ich erkennen, ob die Schüler überhaupt etwas bzw. was sie behalten haben. Um möglichst schnell ins Zentrum des Unterrichtsgeschehens zu kommen, sollte man bei der Medienwahl auf Textquellen verzichten. Eine Grafik oder ein Bild (ggf. auch ein zeitgenössisches Gemälde) führen schneller zum Ziel. Die Grafik „Deutsche Überseeauswanderung 1830-1914" (Abb. 1) kann als Einstiegsmedium in eine Wiederholungsstunde zum 19. Jahrhundert herangezogen werden. Wenn die Schüler in der Lage sind, die Ausschläge der Kurve zu erläutern, wenn sie also die politischen, wirtschaftlichen und sozialen Ursachen der Zu- bzw. Abnahme der Überseeauswanderung nennen können, wird der Unterrichtende Aufschlüsse darüber erhalten, was die Schüler im Unterricht der letzten Monate gelernt haben.

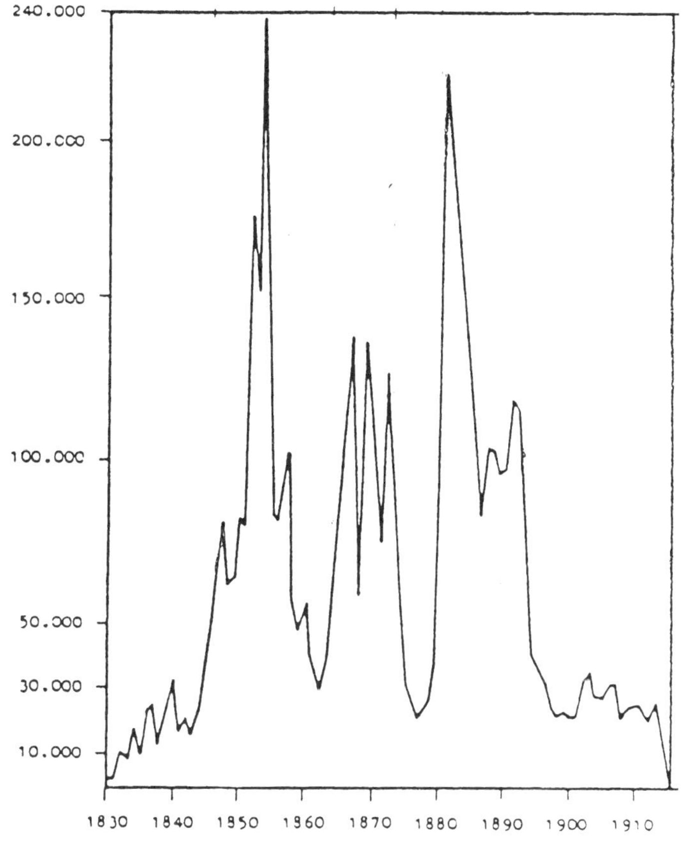

Abb. 1: *Deutsche Überseeauswanderung 1830-1914*

3.1.2 Einstieg als Reflexion des Unterrichtsgeschehens

Bei diesem Einstieg handelt es sich nicht um eine speziell den Geschichtsunterricht betreffende Variante, vielmehr um eine Form des Einstiegs, die in jedem Unterrichtsfach sinnvoll sein kann. Hier geht es darum, mit den Schülern etwa nach Abschluss einer Unterrichtseinheit oder am Ende eines Schul(halb)jahres auf inhaltliche Wünsche der Schüler oder auf ihre etwaigen Vorliebe für bestimmte Unterrichtsverfahren und Unterrichtsmedien einzugehen, auf Sachverhalte also, die im Fortgang des Unterrichts zu kurz gekommen waren. Derartige Überlegungen könnten sich nicht nur segensreich auf Inhalt und Durchführung des Unterrichts auswirken, sie würden sicherlich auch die Atmosphäre im Unterricht und die Beziehung zwischen Lernenden und Unterrichtenden verbessern.

3.2 Problematisierende Einstiege

3.2.1 Kontroversen

Mit Hilfe möglichst kurzer, kontroverser Quellen, die unterschiedliche Standpunkte, Behauptungen, Vermutungen, Sichtweisen oder Entscheidungsmöglichkeiten dokumentieren oder auf bestehende oder sich anbahnende Interessenkonflikte schließen lassen, sollen die Schüler zu Fragen und Behauptungen provoziert oder zur Formulierung – auch gewagter – Hypothesen veranlasst werden. Aus diesen ganz unterschiedlichen Sichtweisen der Schüler soll Motivation erwachsen, sich eingehender mit dem anstehenden historischen Sachverhalt zu beschäftigen, um herauszufinden, wessen Annahme und warum die richtige ist bzw. welche Entscheidung tatsächlich getroffen wurde. Derartige Verfahren eignen sich vor allem bei der Behandlung von historischen Sachverhalten, die auch heute noch in der Forschung oder in der öffentlichen Akzeptanz umstritten sind; z.B.: Die Französische Revolution als Ganzes bzw. vor allem die Bedeutung der Terreur, ferner die Schuld am Ausbruch des Ersten Weltkriegs, die Einschätzung des Kriegsendes 1945 als Zusammenbruch oder Befreiung. Auch die Behandlung des Themas Antisemitismus kann dadurch eingeleitet werden, dass man Äußerungen über die angebliche deutsch-jüdische Symbiose im 19. und frühen 20. Jahrhundert und etwa auch die Behauptung Goldhagens über den eliminatorischen und gleichsam genetisch verankerten deutschen Antisemitismus in kurzen Äußerungen gegenüberstellt.

3.2.2 Diachrone Vergleiche

Diachrone Vergleiche, also die Gegenüberstellung von mindestens zwei Bildern, Karten oder Texten, die auf einen früheren und späteren Zustand verweisen oder zwei zeitlich auseinanderliegende Sachverhalte vorstellen, die in einem ursächlichen Zusammenhang miteinander stehen, sind ein dankbares, meist gut gelingendes Einstiegsverfahren. Damit werden Schüler zu spontanen, oft moralisch bewertenden Äußerungen veranlasst. Bekannt sind den Schülern derartige Gegenüberstellungen bereits seit der Grundschulzeit, wenn etwa im Sachunterricht mit Wandbilderfolgen gearbeitet wird, auf denen die allmähliche Zerstörung eines gewachsenen Stadtbildes oder einer Landschaft zu sehen ist („Alle Jahre wieder saust der Preßlufthammer nieder oder Die Veränderung der Landschaft" bzw. „Hier fällt ein Haus, dort steht ein Kran, und ewig droht der Baggerzahn oder Die Veränderung der Stadt"). Landkartenvergleiche (z.B.: Deutsches Reich vor 1914 und nach dem Inkrafttreten des Versailler Vertrags; europäischer Kolonialbesitz in Afrika um 1870 und um 1914) und Stadtansichten aus verschiedenen Jahrhunderten eröffnen Fragen nach den Ursachen für die eingetretenen Veränderungen.

3.2.3 Synchrone Vergleiche

Synchrone Vergleiche zielen darauf ab, in der Vergangenheit gleichzeitig aufgetretene bzw. abgelaufene, aber voneinander sich erkennbar unterscheidende Erscheinungen miteinander in Beziehung zu setzen. Dadurch sollen Schülerinnen und Schüler, ohne dass es hierzu der Aufforderung seitens der Unterrichtenden bedürfte, zu Fragen nach den Ursachen für die dargestellten Unterschiede veranlasst werden. Zum Beispiel: Bilder von der Wohnsituation der kleinen und der feinen Leute im Kaiserreich ermöglichen einen Einstieg in den Themenkomplex „Soziale Frage" im Kaiserreich. Eine Statistik über die Menschenverluste im Deutsch-Französischen Krieg von 1870-71, von 1914-18 und von 1939-45 zeigen nicht nur das ungeheure Anwachsen der Kriegsopfer; sie lassen auch Vermutungen über die Veränderung der Kriegstechnik zu und führen zu Fragen nach der neuen Qualität der Kriege von 1914 ff. und von 1939 ff.

3.2.4 Provokation

Bei dieser Einstiegsfigur handelt es sich um ein nicht ganz unumstrittenes Verfahren. Manche sehen in der Provokation ein Verfahren, Schüler bewusst in die Irre zu führen, sie zu einer unbedachten Äußerung zu verleiten, sie gar vorzuführen, sodass sie sich nach Abschluß der Stunde möglicherweise hinters Licht geführt fühlen könnten. Dergleichen ist keinesfalls beabsichtigt; vielmehr ist darauf zu achten, dass sich solche Empfindungen bei Schülern nicht einstellen. Ggf. muss jenen Schülerinnen und Schülern, die durch eine Provokation in der Einstiegsphase zu falschen Schlussfolgerungen gelangt waren, bestätigend zu verstehen gegeben werden, dass ihre (Vor-)Annahme zwar nicht zutreffend gewesen ist, diese dennoch aufgrund der durch die Provokation nahe gelegten Schlussfolgerung einiges an Plausibilität für sich hatte. Trotz dieser Gefahren kann es für den Unterrichtsverlauf produktiv sein, Schüler mit historischem Material zu provozieren. Dabei ist es immer besser, wenn die Provokation durch das ausgewählte historische Material selbst ausgelöst wird und nicht etwa durch eine provozierende Äußerung des Lehrers. Da historisches Material, das als Provokation aufgefasst wird, bei Schülern zu ganz unterschiedlichen Reaktionen führen kann, ist zu erwarten, dass hieraus sehr schnell ein produktives Streitgespräch entsteht, das dann den Ausgangspunkt zu einer intensiveren Beschäftigung mit dem Sachverhalt dient. Bestenfalls gelangen jene Schülerinnen und Schüler, die durch die Provokation auf eine falsche Fährte geraten waren, selbst zu der Einsicht, warum sie zu einer falschen Vorannahme verleitet wurden.

Beispiele:

Im *Ersten Weltkrieg* waren Karikaturen und Bildpostkarten in allen miteinander im Krieg befindlichen Staaten Mittel der Propaganda und der psychologischen Kriegführung. Auf vielen dieser Karikaturen und Postkarten finden sich teilweise böswillige Überzeichnungen des Feindes. In immer wieder neuen Varianten wird von der deutschen Kriegspropaganda vor allem gegenüber „den Russen" die kulturelle Überlegenheit der Deutschen herausgestellt. Es gehöre gleichsam zum russischen Nationalcharakter zu saufen, schmutzig und verlaust zu sein und sich der Knute zu bedienen. Auf anderen Postkarten werden in teilweise gehässiger und herabwürdigender Form scheinbar typische Verhaltensweisen der Franzosen dargestellt. Betrachtet man französische oder englische Kriegspostkarten, auf denen vergleichbare Überzeichnungen zu finden sind, dann könnte man geradezu von einer Internationale des Hasses sprechen. Es lassen sich auch zahlreiche Schriftquellen ähnlichen Charakters finden. Da werden Taten verrohter deutscher Soldaten als scheinbar typisch

Abb. 2: *Deutsche Kriegspostkarte 1914-1918*

Abb. 3: *Deutsche Kriegspostkarte 1914-1918* Abb. 4: *Deutsche Kriegspostkarte 1914-1918*

Abb. 5: *Französische Kriegspostkarte 1914-1918*

Abb. 6: *Französische Kriegspostkarte 1914-1918: „Haut les mains!"*

Abb. 7: *Englische Kriegspostkarte 1914-1918: „The Triumph of ‚Culture'"*

deutsche Charaktereigenschaften geschildert; über die gesamte Dauer des Krieges werden deutsche Greueltaten kolportiert; deutsche Soldaten hätten im überfallenen Belgien mit dem Bajonett Säuglinge erstochen und einer um Verschonung bittenden Frau die Hände abgeschlagen (Abb. 2-7)[5]. Die Provokation dieser Bilder und Texte besteht darin, dass man als Mensch des 21. Jahrhunderts derartige Überzeichnungen heute nicht nur als degoutant, sondern auch als Mittel zur Aufrechterhaltung eines aggressiven Feindbildes begreift. Mancher Schüler mag heute in der antideutschen Kriegspropaganda der Ententemächte überdies einen ungerechtfertigten Vorwurf erblicken, der ihn zum Widerspruch reizt und ihn veranlasst herausfinden zu wollen, wie es zu einem derart von Hass geprägten Feindbild kommen konnte.

In der gymnasialen Oberstufe könnten in einem Kurs zum *Nationalsozialismus* die Thesen von Daniel Goldhagen als Einstieg in eine mehrstündige Beschäftigung mit dem Thema „Holocaust" oder – grundsätzlicher noch – mit dem Thema „Antisemitismus" dienen. In seinem 1996 erschienenen Buch hat Goldhagen den Blick auf die Intentionen, Einstellungen und Handlungsmotive der Täter gelenkt, auf – wie es im Titel des Buches heißt – „Hitlers willige Vollstrecker".[6] Es ging ihm in seinem Buch nicht nur um die Schreibtischtäter, die im Zentrum der Macht saßen und den Vernichtungsapparat organisierten, sondern um die Täter auf der unteren Ebene, die den „oben" geplanten Völkermord in die Tat umsetzten und selbst zu Mördern wurden. Goldhagen sah bei ihnen einen starken ideologischen Impuls am Werk: Sie seien von einem „eliminatorischen Antisemitismus" besessen gewesen und angetrieben worden. Dieser Vorwurf eines gleichsam genetisch verankerten, auf Vernichtung der Juden abzielenden Antisemitismus ist eine starke Provokation und könnte am Anfang einer Beschäftigung mit dem genannten Sachverhalt stehen.

3.2.5 Anknüpfung an aktuelle Kontroversen in der Gesellschaft

Wo immer es sich anbietet, ist ein solcher Einstieg zu favorisieren. Er erfüllt nicht nur den Zweck, dass Schüler sich mit aktuellen politischen Gegebenheiten beschäftigen; sie erkennen auch, dass der Geschichtsunterricht durchaus von praktischem Nutzen in der Alltagswelt sein kann. Schändungen von jüdischen Friedhöfen, Anschläge auf Synagogen, rechtsradikale Gewalttaten, der Streit über die Wehrmachtsausstellung, die Goldhagen-Kontroverse, aber auch der Streit um die Gestaltung eines historischen Festzugs aus Anlass des Jubiläums der Heimatstadt, der Streit um die Beseitigung eines historischen Bauwerks oder eines Denkmals können Ausgangspunkt für bestimmte Unterrichtsvorhaben sein. Leitfragen der Einstiegsphase könnten jeweils sein: Was finden manche – meist eine Minderheit oder eine Einzelperson – anstößig, was andere als richtig, konsensfähig oder als nicht mehr relevant, weil lange zurückliegend? Welche in der Vergangenheit liegenden Wurzeln verbergen sich hinter der aktuellen Kontroverse? Welcher historischen Argumente bedient man sich in dem betreffenden Fall? Welche Funktion bzw. welches Gewicht hat das historische Argument?

3.3 Animative Einstiege

3.3.1 Weckung der Neugier

Natürlich wird auch mit den bisher vorgestellten Einstiegsvarianten angestrebt, die Schüler auf einen neuen Unterrichtsgegenstand neugierig zu machen. Wenn hier animative Einstiege gesondert herausgestellt werden, so geschieht dies deshalb, weil es in manchen Stunden sinnvoll sein kann, den Neugieraspekt ganz bewusst ins Zentrum des Einstiegs zu stellen. Die Schüler sollen neugierig sein, wie eine bestimmte Geschichte, ein angebahnter Konflikt sich weiterentwickelt bzw. geendet haben könnten. Zu diesem Zweck ist es z.B. denkbar, in der Einstiegsphase eine Erzählung, einen Zeitungsbericht, einen autobiographischen Text bis zu einer Stelle lesen zu lassen oder vorzulesen, an der sich die Geschichte zuspitzt, zu einer Entscheidung drängt oder eine Lösung als bevorstehend erkennen lässt. Hier wird die Lektüre unterbrochen und die Frage gestellt, wie die Geschichte wohl weitergegangen sein dürfte, welche Entscheidung getroffen oder wie der Konflikt gelöst wurde. Die Schüler werden also zu Spekulationen über den Fort- und Ausgang der Geschichte aufgefordert. Danach werden diese Spekulationen mit dem tatsächlichen Ausgang der Geschichte konfrontiert. Aus dem Spannungsverhältnis zwischen vermutetem und tatsächlichen Ablauf soll bei den Schülern das Interesse erwachsen, herausfinden zu wollen, warum das geschilderte Ereignis so wie im Text geschildert abgelaufen ist und nicht so, wie sie vermutet haben.

Beispiele:

Nach *Kriegsende 1945* und in den Jahren danach erschienen zahlreiche autobiographische Texte, in denen Zeitgenossen sich Gedanken machten, wie es wohl mit Deutschland, mit ihnen selbst weitergehen würde.[7] In diesem Fall sind die Spekulationen der Zeitgenossen über ihre Zukunft bereits Bestandteil der Quelle selbst und müssen nicht von den Schülern in die Diskussion erst eingebracht werden. Die Neugier der Zeitgenossen hinsichtlich dessen, was die Zukunft ihnen und ihrem Land bringen würde, hatte oft depressive Züge. Perspektivlosigkeit, ein Gefühl von Verlassenheit, auch Scham und Trauer prägten solche Überlegungen, und nur selten traf man auf Menschen, die mit Optimismus in die Zukunft blickten. Umso erstaunlicher war dann die tatsächliche Entwicklung. Die Schüler können versuchen, sich in die Lage der meist perspektivlosen, verzweifelten Zeitgenossen zu versetzen und im weiteren Verlauf zu ermessen versuchen, wie dann die eingetretene Entwicklung auf sie wirkte, wie sie sie verarbeiteten, welchen persönlichen Anteil sie sich an dieser Entwicklung zuschrieben usw. Der nachstehende Text wurde im August 1945 geschrieben:

> Es ist wie ein Erwachen aus einem bösen Traum. Betäubt stehen wir vor den Ereignissen, die über uns niedergebrochen sind. Von einem Schmerz befallen, der schon brennt, aber noch nicht wirklich begreifen kann. [...]
>
> Die Ahnung von der Einmaligkeit, der Unwiederbringlichkeit des Verlorenen ist jäh und scharf. Unser Bruder und Freund, unser Sohn oder Mann oder Vater ist gegangen und nicht wiedergekommen. Unsere Frau, unsere Kinder sind in Kellern verschüttet worden. Unsere Häuser sind zerstört, die Stätte unseres Wirkens ist dahin, die Straßen und Städte unserer Vorfahren nur noch Erinnerung.

Seit dem Dreißigjährigen Krieg, seit dem Schwarzen Tod ist kein solches Unheil durch die deutschen Lande gegangen.
Bedrückender, aufwühlender, würgender noch wirkt das Bewusstsein, für diese Lawine von Blut und Elend, die über uns und über Europa niedergegangen ist, verantwortlich gemacht zu werden. Als Ausgangspunkt der Katastrophe zu gelten, die mit ihren Ausmaßen ohne Vergleich in der Geschichte steht. Von Abscheu und Verachtung umgeben zu sein.
Zu Recht oder zu Unrecht?
Hat unser Dasein noch einen Sinn, oder sind wir jetzt am Ende? Bleibt uns, die uns der Feuerstoß, der Flammenwerfer, der Phosphor, der Hunger und die Seuche verschont haben, jetzt nur noch ein stilles Erlöschen? Sollten wir unsern Kindern wünschen, dass sie nie geboren wären?
An diesen Fragen muß jeder zerbrechen, der keine Antwort auf sie findet. Sie gehen bis in die Tiefe unserer Seele, und nichts wäre folgenschwerer, als ihnen ausweichen zu wollen.
In dieser Lage, die uns zwischen Leben und Tod gestellt hat, wird der größte Mut von uns gefordert, der von uns gefordert werden kann, *der Mut zur Wahrheit.* Zur eindeutigen, klaren, harten Wahrheit, von der wir Menschen nicht immer wissen, wohin sie uns führt, aber welche die einzige Richtschnur menschlichen Lebens bilden kann, das wert sein will, gelebt zu werden. [...]

Aus: F. A. Kramer: Vor den Ruinen Deutschlands. Ein Aufruf zur geschichtlichen Selbstbesinnung, Koblenz o.J., S. 5 f.

Der Text verlangt von den Schülern ein hohes Maß an Einfühlungsvermögen. Das ernsthafte Bemühen des Autors, das seit 1939 bzw. seit 1933 Geschehene aufzuarbeiten und trotz aller Verzweiflung und Scham Lehren aus der Vergangenheit für die Zukunft zu ziehen, kann zu Fragen führen, mit welchen Konsequenzen der Sieger die Zeitgenossen des Jahres 1945 glaubten rechnen zu müssen, welche Konsequenzen sie eigentlich für sich persönlich gezogen haben könnten und was wohl aus den unter dem Eindruck der Niederlage gefassten Vorsätzen wurde.

Eine Stunde zum Thema *„Frühe Hochkulturen: Beispiel Ägypten“*, in der es vor allem darauf ankommen soll, den Schülern Kenntnisse darüber zu vermitteln, was eigentlich eine frühe Hochkultur ausmacht, könnte mit einer Art Experiment begonnen werden. Hierzu bedarf es zunächst ein paar Erläuterungen: Papier als Beschreibstoff, wohl bald nach Christi Geburt in China erfunden, lässt sich in Europa (Spanien) erst im 12. Jahrhundert nachweisen und verbreitet sich dann allmählich über den ganzen Kontinent. In Deutschland ist Papier seit den ersten Jahren des 14. Jahrhundert nachweisbar. Sehr viel älter als Papier ist Papyrus in Rollen–, Blatt- und später auch in Buchform. Eine frühe Beschreibung dieses Beschreibstoffes findet sich in Plinius‘ d. Ä. (1. Jh. n. Chr.) „Naturalis historia“: Das entrindete Stengelmark der Papyrusstaude wird in ganz dünne Streifen geschnitten und zu zwei Schichten so übereinander gepresst, dass die Markfibern beider Schichten senkrecht zueinander verlaufen. Der stärkehaltige Zellsaft bewirkt, dass die Doppelschichten fest miteinander verkleben. Diese Schichten werden geglättet, getrocknet und poliert und können dann in beliebiger Anzahl aneinandergeleimt und zusammengerollt werden. Papyri sind seit dem Beginn des 3. Jahrtausends v. Chr. nachweisbar.

Eine Stunde über Ägypten als frühe Hochkultur könnte damit beginnen, dass der Lehrer/ die Lehrerin zu Beginn der Stunde – ohne vorherige Erläuterung – mehrere lange Triebe einer Papyruspflanze – man kann sie in Blumengeschäften als Topfpflanze kaufen – in etwa 10 cm lange Stücke zerteilt. Nach dieser stummen Prozedur erhält jeder Schüler/jede

Schülerin ein solches Stück. Sie werden aufgefordert, diese Papyrusstücke mit Hilfe eines Messers[8] der Länge nach zu zerteilen. Man entdeckt sogleich die leicht klebrigen Fasern der Pflanze. Mit der Frage nach dem Ergebnis dieser Pflanzensektion setzt die Unterrichtsarbeit ein: Beschreibe, was du siehst! Welche Konsistenz hat das Innere der Pflanze? Wie fühlt es sich an? Um welche Pflanze könnte es sich hier handeln? Zu welchem Produkt könnte das Innere der Pflanze weiter verarbeitet werden? Bleibt eine Antwort aus, wird den Schülern mitgeteilt, dass sie soeben den Trieb einer Papyrusstaude seziert haben und dass aus dem Mark der Pflanze bereits vor etwa viertausend Jahren ein Beschreibstoff hergestellt wurde. Eine Überleitung zur Arbeitsphase wird mit den Fragen herzustellen versucht, ab wann ein Staat Bedarf für einen Beschreibstoff hat und welchen Nutzen er daraus bezog, über einen Beschreibstoff zu verfügen. Gleichzeitig werden ein paar (möglichst farbige) Folien auf den Projektor gelegt, die den Schülern altägyptische Papyri zeigen.[9] Ziel bereits der Einstiegsphase ist es, den Schülern eine Vorstellung davon zu vermitteln, dass Schriftlichkeit (und damit das Vorhandensein eines Beschreibstoffes, der leicht zu verbreiten und zu transportieren ist) die Voraussetzung für eine zuverlässig funktionierende staatliche Verwaltung darstellt. In diesem Zusammenhang kann dann auch die Hieroglyphenschrift thematisiert werden. Das Vorhandensein einer Verwaltung und einer Schrift sind zwei Merkmale einer Hochkultur.

Dieser Einstieg lebt zunächst von der Verblüffung, die das ungewöhnliche Medium (Papyruspflanze) bei den Schülern auslöst. Ferner wird das Interesse der Schüler – wir befinden uns mit diesem Thema in der 6. Klasse – dadurch angefacht, dass sie selbst etwas tun können, indem sie gleichsam experimentell vorgehen. Zugleich soll mit diesem Einstieg den Schülern eine Vorstellung davon vermittelt werden, dass die Entwicklung dieses Beschreibstoffes eine kulturelle Höchstleistung darstellte und dass diese Leistung zusammen mit anderen Leistungen eine Voraussetzung dafür gewesen ist, dass sich in Ägypten eine Hochkultur ausbilden konnte.

Wenn im Geschichtsunterricht *die Hanse* und *der spätmittelalterliche Fernhandel* behandelt werden sollen oder wenn man im Rahmen einer Unterrichtseinheit über die mittelalterliche Stadt, auf deren Sozialstruktur und hier besonders auf die Fernhandelskaufleute, die sog. Pfeffersäcke, zu sprechen kommt, könnte folgender Einstieg gewählt werden: Auf dem Tisch vor der Klasse stehen mehrere Tütchen oder kleine Schalen mit eigenartig duftenden, teilweise pulverartigen Produkten. Pfeffer, Vanille, Zimt, Ingwer, Safran, Muskat, Kardamon, Curry usw.[10] Einige Schüler werden nach vorne gerufen und aufgefordert, diese Stoffe hinsichtlich ihres Aussehens, ihrer Farbe und hinsichtlich ihres Geruchs zu beschreiben. Folgende Fragen könnten sich anschließen: Um was handelt es sich hier? Aus welchen Teilen der Welt stammen wohl diese Stoffe? Wie kamen sie zu uns? Seit wann kennt man sie in Europa? Welchen Wert mögen sie früher gehabt haben usw. Nicht auf jede Frage werden die Schüler sogleich Antworten finden, was dann den Ausgangspunkt für eine intensivere Beschäftigung mit dem Stundenthema sein könnte.

Ziel des Einstiegs soll es sein, die Schülerinnen und Schülern mit heute nicht sehr wertvollen, früher aber äußerst teuren Produkten zu konfrontieren; sie sollen Überlegungen anstellen, warum diese Edel- und Luxusprodukte früher so rar und teuer waren, wie die

Nachfrage nach ihnen entstand, wer sich diese Produkte leisten konnte und auf welchen Wegen sie nach Mitteleuropa kamen.

Unterrichtseinheiten zu den Themen *„Europäisierung der Erde“* oder *„Beginn der Weltwirtschaft“* könnten damit begonnen werden, dass die Schüler zu Beginn des Unterrichts auf einem Tisch mehrere Früchte von Kulturpflanzen (bzw. die daraus gewonnenen Produkte) vorfinden: Mais, Kartoffeln, Tomaten, Paprika, Kürbis, Ananas, Erdnüsse, Sonnenblumen, Kakao, Tabak, (Rohr-)Zucker, eine Flasche Cola. Mit der Frage nach der Gemeinsamkeit dieser Früchte bzw. Produkte wird der Blick auf den amerikanischen Kontinent gelenkt. Im weiteren Verlauf der Einstiegsphase stellen die Schülerinnen und Schüler Überlegungen an, wie die Europäer an diese Produkte kamen und welche Bedeutung und Folgen diese Produkte für Europa hatten. Die Fragen, was denn die Europäer im Austausch mit diesen Produkten lieferten oder wie sich der Warenaustausch überhaupt bzw. die Bezahlung der „Kolonialwaren“ vollzogen, leitet man zum Thema „Dreieckshandel“ über.

Eine Unterrichtsstunde über die *Christenverfolgung im spätrömischen Kaiserreich* kann man damit beginnen, dass man Dias oder von Fotografien hergestellte Folien zeigt, auf denen das Heck bestimmter Autos zu sehen ist (Abb. 8). Es ist auch denkbar, mehrere Fotos von Autohecks als Collage auf eine Folie zu bringen. Man fragt die Schülerinnen und Schüler, was ihnen daran auffällt. Auf allen diesen Autos befindet sich nämlich ein nicht zu übersehender Aufkleber mit einem graphisch vereinfachten Fischsymbol. Was mag dieses Symbol bedeuten? Da die Schüler dies wohl nicht wissen, löst man das Rätsel mit Hilfe einer Folie, die man aus der nachstehenden Abbildung anfertigt (Abb. 9). Der Fisch findet sich als Dekoration innerhalb von Decken- und Fußbodenornamenten, an Wänden antiker Katakomben und an anderen Orten.[11] Das Akrostichon ICHTHYS gilt als Geheimzeichen der frühen Christen. Ist die Bedeutung des Symbols erklärt, wird man anschließend, um zum Kern der Unterrichtsstunde zu gelangen, die Frage stellen: Warum haben sich die Christen dieses Geheimzeichens bedient?

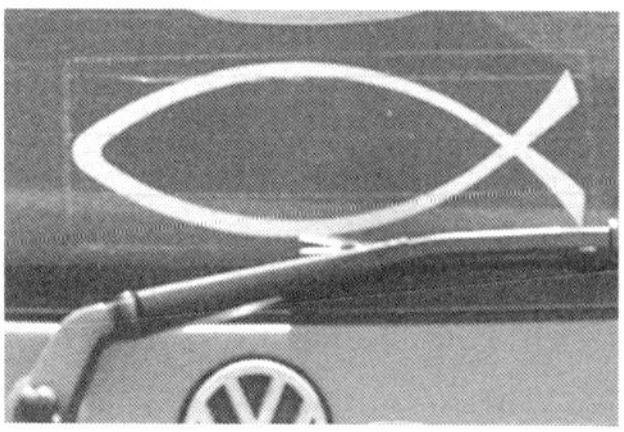

Abb. 8: *Aufkleber auf deutschen Autos im Jahr 2004.*

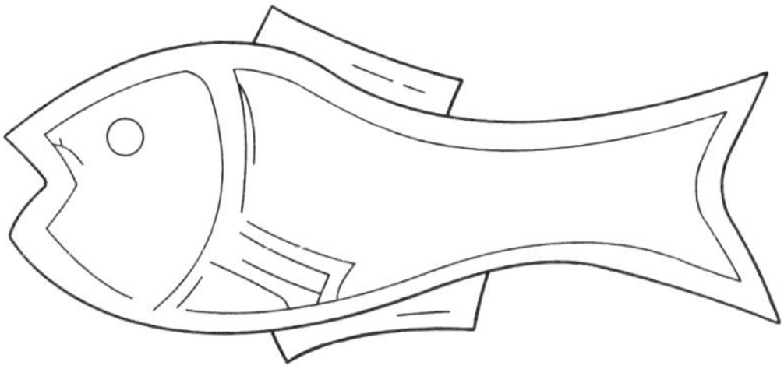

(griech. = Fisch) **I CH TH Y S**

I (Jesus) **CH** (Christós) **TH** (Theou) **Y** (Hyios) **S** (Soteer)

Abb. 9: *Antikes Symbol und Geheimzeichen*

3.3.2 Brainstorming als Einstieg

Gelegentlich kann es sinnvoll sein, Schüler aufzufordern, für ein bestimmtes Unterrichtsvorhaben selbst geeignetes Unterrichtsmaterial mitzubringen. In vielen Familien sind noch Inflationsgeld, alte Aufsatz- oder Zeugnishefte, Familienbibeln mit persönlichen Eintragungen über besondere Naturphänomene oder besondere Familienereignisse, Kladden, die Aufschluss über Ausgaben für die Haushaltung bieten, vorhanden; manche Personen besitzen noch ihren Flüchtlingsausweis; nur in den seltensten Fällen wurde die Feldpost des gefallenen Großvaters weggeworfen; von manchen spektakulären Ereignissen in der Gemeinde wurden Zeitungsausschnitte, Fotographien usw. aufbewahrt; mancher Sachüberrest aus der vorindustriellen Lebenswelt ist in den Familien verfügbar (Dreschflegel, Waschbrett, Petroleum-Lampe, Bügeleisen usw.). Zu entsprechenden Unterrichtsvorhaben bringt jeder Schüler das in den Unterricht mit, was in irgendeinem Bezug zum Thema steht. Der Lehrer/die Lehrerin ergänzt diese Objekte durch Objekte aus seiner privaten Sammlung oder er/sie legt Sachbücher, Bildkataloge etc. aus, in denen derartige Objekte abgebildet sind. Die Reizwirkung des authentischen Gegenstandes, die Aura, die manche der so liebevoll über Generationen hinweg aufbewahrten Objekte haben, die „Anmutungsqualität" solcher Relikte, die nicht der Hochkultur entstammen, sollte man sich in der Einstiegsphase zunutze machen. Folgende Fragen könnten zur Unterrichtsarbeit hinführen: Welche Bedeutung hatten die Objekte in der Vergangenheit? Warum wurden sie aufgehoben? Welche Bedeutung haben sie für die Menschen heute? Was ist heute an ihre Stelle getreten?

3.3.3 Ein Feature als Einstieg

Hier wird im allgemeinen schon durch das außergewöhnliche Arrangement der Hardware (Kassettenrecorder, Overheadprojektor, Diaprojektor, Laptop) bei den Schülern eine gewisse Neugier ausgelöst. Ohne jede Vorrede beginnt die Stunde damit, dass den Schülern in recht schneller Abfolge Bildquellen (mit Hilfe von Folien oder als Powerpoint-Präsentation) gezeigt werden, die auf vielfältige Weise auf das in dieser Stunde anstehende Thema hinweisen, während gleichzeitig Musik zu hören ist, die jener Zeit entstammt, über die unterrichtet werden soll. Ein solcher Impuls garantiert Aufmerksamkeit. Die Vielfalt der visuellen und akustischen Eindrücke weckt das Interesse der Schüler, enthält Überraschungselemente und vermittelt zugleich wichtige Informationen, auf die dann im Verlauf des Unterrichts zurückgegriffen werden kann. Zugleich vermitteln Bild und Ton einen Eindruck vom „Geist" der vergangenen Zeit. Ein solcher Einstieg verknüpft also animierende und informierende Elemente, weckt Erwartungen, ohne schon gleich Probleme aufzuwerfen.

Ein solches Verfahren empfiehlt sich etwa bei der Behandlung des Themas *„Die Goldenen Zwanziger Jahre"*. Ein Medley, zusammengesetzt aus Musikstücken der Comedian Harmonists („Veronika, der Lenz ist da", „Wochenend' und Sonnenschein"), Liedvorträge von Marlene Dietrich (Lieder von Friedrich Holländer), Tanzmusik (Charleston, Jitterbug, Black Bottom, Shimmy, Swing), Jazzstücke verschiedener Interpreten, aber auch Liedvorträge von Arbeiterchören (Stücke von Hanns Eisler), ggf. auch Operettenauszüge etwa aus „Im weißen Rössl am Wolfgang-See" von Ralph Benatzky (1930) oder aus dem „Vetter aus Dingsda" von Eduard Künnecke (1921), werden abgespielt, während geeignetes Bildmaterial aus den Jahren 1924 ff. aufgelegt wird. Als wahre Fundgruben für diesen Zweck erweisen sich verschiedene Ausstellungskataloge wie „Die Zwanziger Jahre in München" (1979) oder „Weimarer Republik" (hrsg. v. Kunstamt Kreuzberg, 1977), aber auch Geschichtslehrbücher und Beiträge in den Zeitschriften Geschichte lernen (Heft 19/1991) und Praxis Geschichte (Heft 6/1988). Etwa 25 Bilder sollten ausgewählt und jeweils 10 Sekunden gezeigt werden. Die Abbildungen sollen möglichst allen Bereichen des täglichen Lebens entstammen (Politik, Wirtschaft, Kultur, Freizeit, Arbeitswelt). Heutige Schüler sind mit einer derartigen Präsentationsweise gut vertraut, knüpft sie doch an assoziative Formen der Wahrnehmung an, die wie – etwa Video-Clips – die Schüler tagtäglich konsumieren. Im Anschluss daran werden die Schüler nach ihren Eindrücken gefragt. Daraus ergibt sich für sie nicht nur das Thema der Stunde; auch Schwerpunktsetzungen oder Themen der nachfolgenden Gruppenarbeit können sich auf die Weise zwanglos ergeben.

Eine Variante dieser Art Feature lässt sich für das Thema *„Ritter und Burgen"* entwickeln. Hier wird die Kombination aus Bild und Musik durch die Einflechtung von zum Thema passenden Redewendungen ergänzt. Aus der Kreisbildstelle werden Dias beschafft, auf denen Gesamt- und Teilansichten verschiedener Burgen sowie Reproduktionen zeitgenössischer Ritterdarstellungen zu sehen sind. Die den gezeigten Dias unterlegte Musik stammt von der Gruppe „Ougenweide". Nach jeweils drei Dias wird die Bildpräsentation kurz unterbrochen und der Ton der Musik etwas zurückgenommen. In diese Pause spricht der Lehrer/die Lehrerin jeweils folgende Redewendungen: „Etwas im Schilde führen"; „Fest im Sattel sitzen"; „Jemanden aus dem Sattel heben"; „Sich aufs hohe Ross setzen"; „Ross und Reiter nennen"; „Sich aus dem Staub machen", „Für jemanden eine Lanze brechen", „Jemanden in die Schranken weisen". Es empfiehlt sich, diese Wendungen vor Stundenbeginn an die Tafel zu schreiben, die Tafel aber zugeklappt zu halten, bis das Feature beendet ist. Danach klappt man die Tafel auf, damit die Schüler diese Redewendungen noch einmal lesen können. Im weiteren Verlauf der Stunde wird dann auf sie Bezug genommen, denn die meisten Schüler werden die eine oder andere dieser Redewendungen zwar kennen, nichts aber über ihre Herkunft wissen.

Bei der Beschäftigung mit dem *Alltag in der NS-Zeit oder im Zweiten Weltkrieg* können zu Beginn der Stunde verschiedene zeitgenössische Lieder (Schlager) angespielt werden. Hierbei kommt es weniger auf die Melodie als vielmehr auf den Text an. Diese Texte sollen hinsichtlich ihrer möglichen und wahrscheinlich auch „von oben" intendierten Wirkung auf die Bevölkerung untersucht werden. Dabei muss auf die Entstehungszeit der Lieder geachtet werden. Daher kann es sinnvoll sein, nach Ende der Einstiegsphase die Texte der Lieder zu verteilen. Folgende Lieder sind gemeint:

1. *„Ein neuer Frühling wird in die Heimat kommen"*. Dieses Lied entstand im Jahr 1932. Es drückt die Sehnsucht der Menschen nach Überwindung der schwierigen Lebensumstände am Ende der Weimarer Zeit aus. Liest man den Text des Liedes heute, könnte man meinen, hier seien Nationalsozialisten am Werk gewesen und hätten versucht, die Menschen in ihrem Sinne zu beeinflussen.

Ein neuer Frühling wird in die Heimat kommen,
Schöner noch wie's einmal war.
Ein neuer Frühling wird in die Heimat kommen,
Alles wird so wunderbar.
Und man wird das Lied der Arbeit singen,
Gerade so wie's einmal war.
Es geht im Schritt und Tritt
Auch das Herz wieder mit,
Und dann fängt ein neuer Frühling an.

Arbeit und Zufriedenheit und inn'rer Sonnenschein,
Das muß sein.
Du und ich, wir alle brauchen wieder neuen Mut,
Dann wird's gut.
Uns're Heimat muß und bleibt besteh'n
Und wird wieder schön.

Ein neuer Frühling...

Auch die grauen Wintertage gehen mal vorbei,
Dann ist's Mai.
Und das große Wunder, das die Sonne wieder schafft,
Gibt uns Kraft.
Unter die Vergangenheit ein Strich,
Jeder hofft wie ich:

Ein neuer Frühling...

2. *„Das kann doch einen Seemann nicht erschüttern"*. Dieses Lied, gesungen von Heinz Rühmann, wurde 1939 für den Film „Paradies der Junggesellen" geschrieben. Es passt so recht in die Zeit seiner Entstehung und scheint ahnungsvoll das vorauszusagen, was dann schon bald auch eintreten wird: Unter Bombardements und Granatbeschuss wird die Erde beben, und vielen mochte es scheinen, als wolle sich die Welt aus den Angeln heben. Nachstehend abgedruckt ist nur der Refrain.

Das kann doch einen Seemann nicht erschüttern,
Keine Angst, keine Angst, Rosmarie!
Wir lassen uns das Leben nicht verbittern,
Keine Angst, keine Angst, Rosmarie!
Und wenn die ganze Erde bebt
Und die Welt sich aus den Angeln hebt:
Das kann doch einen Seemann nicht erschüttern,
Keine Angst, keine Angst, Rosmarie.

3. *„Davon geht die Welt nicht unter"*. Dieses Walzerlied aus dem Ufa-Film „Die große Liebe", gesungen von Zarah Leander, erschien 1942, also bereits mitten im Krieg. Es enthält eine Trost spendende Verheißung auf eine bessere Zukunft, die zu diesem Zeitpunkt, da es an der Front und in der Heimat schon „mal drüber und mal drunter" ging, manchem Zeitgenossen in ziemlich trübem („grau") Licht erschien. Auch hier wird nur der Refrain wiedergegeben.

Davon geht die Welt nicht unter,
Sieht man sie manchmal auch grau.
Einmal wird sie wieder bunter,
Einmal wird sie himmelblau.
Geht's mal drüber und mal drunter,
Wenn uns der Schädel auch raucht,
Davon geht die Welt nicht unter,
Sie wird ja noch gebraucht!
Davon geht die Welt nicht unter,
Sie wird ja noch gebraucht.

4. *„Ich weiß, es wird einmal ein Wunder gescheh'n"*. Dieses Lied entstammt ebenfalls dem Film „Die große Liebe" (1942). Mit Fortgang des Krieges und ersten Rückschlägen im Osten schien dieser Liedtitel wie maßgeschneidert. Zwar handelt es sich bei diesem Lied um ein Liebeslied, man konnte es aber ohne große Anstrengungen auch auf die aktuelle Kriegssituation beziehen. Denn für viele Zeitgenossen war zu diesem Zeitpunkt klar, dass ein Wunder geschehen müsse, um den Krieg siegreich beenden zu können.

Ich weiß, es wird einmal ein Wunder gescheh'n,
Und dann werden tausend Märchen wahr.
Ich weiß, so schnell kann keine Liebe vergeh'n,
Die so groß ist und wunderbar.
...
Wenn ich ohne Hoffnung leben müsste,
Wenn ich glauben müsste, dass mich niemand liebt,
Dass es nie für mich ein Glück mehr gibt,
Ach, das wär' schwer.
...

5. *„Es geht alles vorüber"*. Dieses Lied stammt ebenfalls aus dem Jahr 1942. Es thematisiert bereits ausdrücklich den Krieg, betont vordergründig zwar den Trennungsschmerz des Soldaten an der Front, der vorüber gehen wird, kann aber (und wurde) auch so verstanden, dass der nunmehr schon drei Jahre währende Krieg ebenfalls einmal vorüber gehen wird. Ein glücklicher Kriegsausgang schien zum Zeitpunkt der Entstehung des Liedes vielen Menschen in Deutschland bereits zweifelhaft zu sein. Der dem Refrain eigene Sarkasmus entsprach dieser verbreiteten Stimmung. Der Volksmund hat den Refrain dieses Liedes in vielen Varianten umgedichtet. Die verbreitetste war wohl: Es geht alles vorüber, Es geht alles vorbei, Erst geht der Führer, Dann geht die Partei...

Auf Posten in einsamer Nacht
Da steht ein Soldat und hält Wacht,
Träumt von Hanne und dem Glück,
Das zuhause blieb zurück.
Die Wolken am Himmel zieh'n
Ja alle zur Heimat dahin,
Und sein Herz, das denkt ganz still für sich:
Dahin ziehe einmal auch ich.
Es geht alles vorüber,
Es geht alles vorbei;
Auf jeden Dezember
Folgt wieder ein Mai.
Es geht alles vorüber,
Es geht alles vorbei;
Doch zwei, die sich lieben,
Die bleiben sich treu.

Mit der Frage, welche Wirkung diese Lieder in ihrer Entstehungszeit gehabt könnten oder sollten, könnte die Arbeit an den Texten eingeleitet werden. Natürlich müssten auch Überlegungen angestellt werden, ob der vermutete Subtext der Lieder tatsächlich auch den

Intentionen der Liedermacher entsprach. Als Übergang zur Arbeitsphase könnte dann gefragt werden, wie denn die politische Lage im Jahr 1932/33 bzw. die Kriegssituation ab 1942 aussah, als die zitierten Lieder erschienen und in welcher Stimmung sich die Bevölkerung in der Endphase der Weimarer Republik bzw. zum Zeitpunkt, da ihre Wohnorte bereits bombardiert worden waren oder doch täglich mit Bombardements rechnen mussten, befand.

Ein vergleichbares Feature kann zum Thema *„Die fünfziger Jahre"* präsentiert werden.[12] Hier werden Ausschnitte aus Liedern von Freddy Quinn, Peter Kraus, Bill Haley, Vicco Torriani u.a. zu einem Medley zusammengeschnitten. Beim Abspielen der Liedkassette werden Abbildungen auf den Overhead-Projektor gelegt, die folgenden Bereichen des Alltagslebens entstammen: Politik (z.B. Plakate aus den Wahlkämpfen zu den Bundestagswahlen 1953 und 1957), kulturelles Leben (z.B. Filmplakate), Freizeit und Sport, Reisen, Mode, Konsum u.a. Wie Versuche mit diesem Feature gezeigt haben, amüsieren sich die Schülerinnen und Schüler sehr beim Betrachten der Abbildungen. Mit spontanen Meinungsäußerungen kann daher gerechnet werden. Diese sollten an der Tafel gesammelt und nach übergreifenden Gesichtspunkten geordnet werden. Entsprechend der auf diese Weise ermittelten übergreifenden Gesichtspunkte könnte im Anschluss Gruppenarbeit organisiert werden.

3.4. Sedative Einstiege

Lehrerinnen und Lehrer wissen, dass es Unterrichtsstunden gibt, in denen mit den Schülern wenig anzufangen ist. Kein noch so Aufmerksamkeit verheißendes Unterrichtsmaterial verschafft auch nur halbwegs das, was man in jeder Stunde anstrebt: die Schüler zu einer „disziplinierten Arbeitshaltung"[13] zu bringen. Nach der Großen Pause, bevor in einem anderen Fach eine Klassenarbeit geschrieben wird, oder nach einer Stunde, in der die (schlechten) Ergebnisse einer Klassenarbeit verkündet wurden, oder an Tagen, an denen außerschulische Konflikte, in die (einige) Schüler der Klasse involviert sind, die Stimmung in der Klasse beeinträchtigen, ist es oft fast unmöglich, „normal" zu unterrichten. Was kann man tun?

3.4.1 Die Phantasiereise

Die Phantasiereise hat sich in den genannten Spannungssituationen als probates Mittel erwiesen, doch noch halbwegs „normal" zu unterrichten. Die Phantasiereise ist eine einseitige, weil nur von den Schülern geforderte Stille-Übung, mit der auf dem Weg der Meditation und Selbstbesinnung alle Einflüsse ausgeschaltet werden sollen, die das Zuhören und das Sich-Konzentrieren der Schüler beeinträchtigen könnten. Zugleich soll mit Hilfe der Phantasiereise das Imaginationsvermögen und die Neugier der Schüler angeregt werden.[14]

Eine Phantasiereise beginnt damit, dass der Lehrer/die Lehrerin die Schüler zu entspanntem Sitzen oder gar Liegen, zum Schließen der Augen, zum allmählichen Ruhigwerden, zum langsamen, regelmäßigen Atmen usw. auffordert. Bereits diese Ankündigung (wie dann auch die ganze Phantasiereise) wird von einschmeichelnder, fast möchte man sagen:

sphärischer Musik untermalt. Kern der Phantasiereise ist eine Geschichtserzählung, die vom Lehrer/der Lehrerin in kurzen Abschnitten vorgetragen wird. Die zuhörenden Schüler sind dem Erzählenden vollständig ausgeliefert. Die Erzählung führt die Schüler in eine vergangene Welt und lässt sie ein Ereignis miterleben, das später im Zentrum des Unterrichtsgeschehens stehen wird. Ist die Erzählung beendet, führt der Erzähler die Schüler wieder langsam in die Gegenwart zurück.

> Ein Beispiel: Setz Dich bequem hin – sprich nicht mehr – alle Geräusche um Dich herum stören Dich nicht – schließe Deine Augen – atme tief und ruhig – folge mir jetzt in eine Zeit, die viele Jahrhunderte zurückliegt. – – Es ist früh am Morgen. – Du stehst vor einem alten Stadttor, das in die hohe und dicke Stadtmauer eingelassen ist – Viele Menschen strömen in die Stadt – Fuhrwerke, die mit Säcken voll Getreide beladen sind, versperren den Durchgang – Eine Frau transportiert Eier in einer Kiepe – Eine andere hat Hühner in einem geflochtenen Käfig dabei – Ein Mann in einer groben Leinenjacke schiebt eine Karre vor sich her – Er hatte Äpfel und Birnen in großen Körben geladen – Auf einem anderen Wagen stehen mehrere Fässer – Es riecht nach Fisch – Aus einer Gruppe grellbunt gekleideter Leute ruft einer: Kommt zum Marktplatz, dort könnt ihr was erleben! – Einer von ihnen jongliert im Gehen mit drei Bällen – Wo streben all die Menschen hin? – - Langsam kehren wir wieder in die Gegenwart zurück – Du streckst Dich – Atme tief durch – Du öffnest Deine Augen wieder – Du blickst Dich um und bist wieder in Deiner Klasse angekommen.

Diese Phantasiereise könnte als Einstieg in eine Stunde zum Thema *„Markt in einer mittelalterlichen Stadt"* dienen. Das Stundenthema haben die Schüler längst erkannt. Die Arbeit könnte damit beginnen, dass der Lehrer/die Lehrerin nach den Produkten fragt, die in die Stadt geliefert werden bzw. welche Waren offensichtlich nicht in die Stadt geliefert werden (dürfen).

3.4.2 Spielerische Einstiegsformen

Derartige Einstiegsformen sind bei jüngeren Schülern sehr beliebt. Manche Spielformen, wie sie heute täglich im Fernsehen vorgeführt werden, lassen sich auch im Geschichtsunterricht verwenden. Auch Rätsel und Puzzle können in der Einstiegsphase verwendet werden. Man muss aber wissen, dass man damit nur selten bereits bis zum eigentlichen Stundenthema vordringt. Immerhin kann ein Kreuzworträtsel aber, mit dem die Schüler das anstehende Stundenthema herausfinden können, etwas zur Wiederholung des bereits durchgenommenen Stoffes beitragen.[15]

Ebenfalls mit dem Ziel, die Schülerinnen und Schüler das Stundenthema selbst herausfinden zu lassen, wird folgendes Verfahren vorgeschlagen: Der Lehrer/die Lehrerin bereitet zu Hause eine Collage zum Stundenthema *„Das Ende der deutschen Teilung 1989"* vor: Auf ein Blatt werden mehrere Abbildungen zum genannten Thema aufgeklebt (s. Abb. 10). Davon wird eine Folie hergestellt. Am oberen Rand der Folie werden so viele Papierstreifen angeklebt, dass die Abbildung auf der Folie vollständig abgedeckt ist. Die auf diese Weise abgedeckte Folie wird auf den Overhead-Projektor gelegt. Nacheinander kommen Schüler nach vorne und decken einen Streifen nach dem anderen in willkürlicher Reihenfolge auf, bis jemand das Stundenthema errät. Ein solches Einstiegsverfahren kann zu fast jedem Stundenthema entwickelt werden. Die zur Collage zusammengefügten Abbildungen können im weiteren Unterricht als Quellen verwendet werden.

Abb. 10: *Collage zur Wiedervereinigung: Trabbi in der Mülltonne; Plakat „Wir sind ein Volk" vom Herbst 1989; Karikatur zur Flüchtlingsbewegung; Die Bevölkerung „erobert" die Mauer*

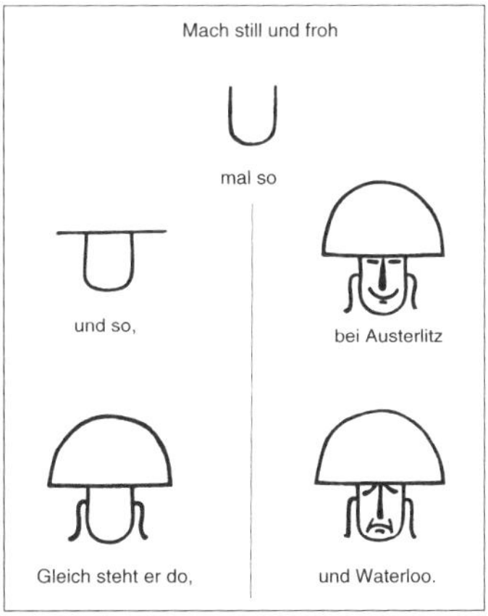

Abb. 11: *Napoleon nach Austerlitz (1805) und Waterloo (1815)*

Will man am Ende einer Unterrichtseinheit zur Französischen Revolution und ihren Folgen (bis zum Wiener Kongress) auch eine Unterrichtsstunde der Person widmen, die dieser Zeit ihren Stempel aufgedrückt hat, dann könnte diese Stunde mit einer Zeichnung Wilhelm Buschs beginnen (s. Abb. 11). Die Schüler werden sicherlich schnell erraten, wen die Karikatur darstellt, nachdem sie in den vorausgegangenen Stunden wiederholt von *Napoleon* gehört und auch Abbildungen von ihm gesehen haben. Mit Bezug auf diese Zeichnung kann der Lehrer/die Lehrerin überdies feststellen, was die Schülerinnen und Schüler aus der sich dem Ende zuneigenden Unterrichtseinheit behalten haben: Warum freut sich Napoleon nach Austerlitz und warum ist er nach Waterloo traurig?

3.5 Die Nutzung der neuen Medien: Internetrecherche als Einstieg[16]

Mit dem Internet steht Lehrern wie Schülern eine fast unendliche Informationsfülle zur Verfügung. Um sie im (Geschichts-)Unterricht zu nutzen, fehlt es bisher noch an brauchbaren Vorschlägen. Mit Hilfe von Volltextsuchmaschinen (z.B. Altavista, Lycos), so genannten Katalogen (z.B. www.web.de; www.geschi.de) und Metasuchmaschinen (z.B. www.metacrawler.de, www.copernic.de) können Web-Seiten aufgesucht werden, die bei bestimmten Unterrichtsvorhaben hilfreich sein können. Ist das Ergebnis solcher Recherchen zu unspezifisch, können andere, speziellere Dienste in Anspruch genommen werden. Die Suchdienste großer Tages- und Wochenzeitungen, ferner Suchdienste wie www.klug-suchen.de, die Bildungsserver (www.dbs.schule.de) oder solche, die Unterrichtsmaterialien bereit stellen (www.zum.de; www.dhm.de/lemo/), leisten gute Dienste.
Der Vorteil einer Internetrecherche besteht darin, dass Schülerinnen und Schüler sich auf eigene Faust Informationen zu einem Unterrichtsgegenstand beschaffen können. Natürlich ist eine Internetrecherche zu zeitraubend, als dass sie für eine Einzelstunde in Frage käme. Als Einstieg in eine mehrstündige Unterrichtseinheit, in einen Kurs oder in ein Projekt, dann also, wenn mehr Zeit zur Verfügung steht, sollte die Recherche im Internet aber doch häufiger, als dies bisher geschieht, genutzt werden.

4. Schluss

Mit diesem Artikel sollten Möglichkeiten aufgezeigt werden, wie man die Einstiegsphase abwechslungsreich gestalten kann. Damit verbunden ist die Absicht, Lehrerinnen und Lehrer zu veranlassen, sich eingehender, als sie dies bisher vielleicht taten, mit dieser Phase der Geschichtsstunde zu befassen. So wie der Köder dem Fisch und nicht dem Angler schmecken muss, so soll der Einstieg die Schülerinnen und Schüler für den anstehenden Lerngegenstand interessieren. Gelingt dies, wird sich sogleich auch eine produktive Arbeitsatmosphäre einstellen. Wer keine ernsthaften Überlegungen zum Einstieg anstellt, erschwert sich das Unterrichten über Gebühr. Und das kostet dann Kraft und Nerven. Und wer will das schon?!

Anmerkungen

1 Ich fasse zusammen und ergänze hier Überlegungen, die ich ausführlicher in meinem Büchlein „Gelungene Einstiege“ (4. Aufl., Schwalbach/Ts. 2004) dargestellt habe. Einige der hier abgedruckten Beispiele sind bislang nicht publiziert worden.

2 Allgemeine Literatur: Grell, Jochen, Techniken des Lehrerverhaltens, 4. Aufl., Weinheim/Basel 1975, S. 9-17 (Neudruck 2001); Grell, Jochen und Monika, Unterrichtsrezepte, Weinheim/Basel 1979 (u.ö.); Themenheft: „Unterrichtseinstiege“ (=Pädagogik, Heft 10/1992); Greving, Johannes; Paradies, Liane, Unterrichts-Einstiege. Ein Studien- und Praxis-Buch, Berlin 1996. – Ein Blick in die didaktische Literatur anderer Fächer: Schmidt, Alois, Der Erdkundeunterricht, 3. Aufl., Bad Heilbrunn 1970, S. 155-164; Stein, Christoph, Der Einstieg im Geographie-Unterricht. Ansätze zu einer Typologie der Einstiegsformen, in: Praxis Geographie 11 (1981), S. 298-304; in diesem Heft finden sich weitere Praxisbeispiele, die für den Geschichtsunterricht adaptiert werden können. – Geschichtsdidaktische Literatur: Beilner, Helmut, Geschichte in der Sekundarstufe I. Ziele, Inhalte, Methoden und Unterrichtsmodelle, Donauwörth 1976, S. 72-74; Hug, Wolfgang, Geschichtsunterricht in der Praxis der Sekundarstufe I, Frankfurt/M. usw. 1977, S. 107-109; Glöckel, Hans, Geschichtsunterricht, 2. Aufl., Bad Heilbrunn 1979, S. 244 ff.; Lipski, Stephan, Wider den stereotypen Einstieg, in: Geschichtsdidaktik 6 (1981), S. 397-407; ders.: 1848/49 – Zwei Einstiege, in: Geschichte, Politik und ihre Didaktik 29 (2001), S. 111-114; Schneider: Einstiege (wie Anm. 1).

3 Grell, Jochen und Monika, Unterrichtsrezepte, Weinheim 1990, S. 154.

4 Ein Teil der nachfolgenden Beispiele ist in meinem Büchlein „Gelungene Einstiege“ ausführlicher präsentiert.

5 S. zu diesen Abbildungen: Topitsch, Klaus, Die Greuelpropaganda in der Karikatur, in: Bildpropaganda im Ersten Weltkrieg, hrsg. v. Raoul Zühlke, Hamburg 2000, S. 49-91; verbreitet war der Vorwurf, deutsche Soldaten hätten bei der Besetzung Belgiens einem Kind die Hände abgehackt. Daraus resultierte dann noch im Laufe des Krieges das Gerücht, das sei übliche deutsche Praxis gewesen; hierzu: Kaplan, Ines, „Die abgehackte Hand“. In Beitrag zur Ikonographie der französischen Hetzkarikatur als Teil der antideutschen Propaganda während des Ersten Weltkriegs, in: ebd., S. 93-122. Man geht heute davon aus, dass es einen solchen Fall nicht gegeben hat; s. hierzu: Horne, John, Les mains coupées: „Atrocitiès allemandes“ et opinion française en 1914, in: Guerre et culture 1914-1918, hrsg. v. Jean-Jacques Becker u.a., Paris 1994, S. 133-146; er spricht von der „légende des mains coupées“ (S. 140), meint aber angesichts der protokollierten Zeugenaussagen: „Il faudrait au moins garder à l'esprit ... la possibilité que ces dépositions se réfèrent à des incidents réels“ (S. 142). Bereits während des Ersten Weltkriegs wurde von deutscher Seite versucht, die Feindpropaganda zurückzuweisen: F. Avenarius: Das Bild als Verleumder, München 1915. Vgl.jetzt auch John Horne; Alan Kramer, Deutsche Kriegsgreuel 1914: Die umstrittene Wahrheit, Hamburg 2004.

6 Goldhagen, Daniel Jonah, Hitlers willige Vollstrecker. Ganz gewöhnliche Deutsche und der Holocaust, Berlin 1996.

7 Mehrere solche Texte unterschiedlichen Schwierigkeitsgrades sind abgedruckt in: Bergmann, Klaus; Schneider, Gerhard (Hrsg.), 1945 – Ein Lesebuch, Hannover 1985, S. 97 f., S. 218-232.

8 Der Unterrichtende muss so viele Messer mitbringen, dass je zwei Schüler an einem Papyrusstück arbeiten können. – Als ich diesen Einstieg ausprobieren ließ, hatte ich vergessen, eine ausreichende Zahl Messer mitzubringen. Die Schüler halfen sich mit unterschiedlichem „Werkzeug“. Dabei zeigte sich, dass einige Schüler verbotenerweise feststehende Messer mit sich führten, und dies in einer 6. Klasse Hauptschule!

9 Wir konnten bei unserem Unterrichtsversuch einige echte (moderne), farbige Papyri vorzeigen, wie man sie im Pavillon Ägyptens auf der Weltausstellung in Hannover im Jahr 2000 für wenig Geld kaufen konnte.

10 Je nach Thema der Stunde könnten einige Produkte weggelassen, andere hinzugefügt werden.

11 S. Lexikon der Antike (Taschenbuchausgabe), Kulturgeschichte, Bd. 1, München 1971, S. 163.

12 Das Beispiel ist näher ausgeführt in der 4. Aufl. meiner „Gelungenen Einstiege“ (2004).
13 Meyer, Hilbert, UnterrichtsMethoden II: Praxisband, 6. Aufl. , Frankfurt/M. 1994, S. 133.
14 S. meine Kritik an der Phantasiereise als Unterrichtsmittel in: Gelungene Einstiege (wie Anm. 1), S. 134 f.
15 Beispiele in: Gelungene Einstiege (wie Anm. 1), S. 127.
16 Diese Einstiegsvariante ist ausführlich in der 4. Auflage der „Gelungenen Einstiege“ dargestellt.

Weiterführende Literatur

Siehe die Angaben in den Anmerkungen 1 und 2.

Bildnachweise

Abb. 1: Aus: Bade, Klaus J., Die deutsche überseeische Massenauswanderung im 19. und frühen 20. Jahrhundert: Bestimmungsfaktoren und Entwicklungsbedingungen, in: Ders., Auswanderer-Wanderarbeiter-Gastarbeiter, Bd. 1, 2. Aufl., Ostfildern, 1985, S. 264 (leicht modifiziert)

Abb. 2: Aus: Weigel, Hans; Lukan, Walter; Peyfuss, Max Demeter, Jeder Schuss ein Russ, jeder Stoß ein Franzos. Literarische und graphische Kriegspropaganda in Deutschland und Österreich 1914-1918, Wien 1983, S. 59

Abb. 3: Privatbesitz

Abb. 4: Privatbesitz – Mit „Pan Nikolaus Wudki“ ist Zar Nikolaus II. gemeint, der vom 1. November 1894 bis zum 15. März 1917 regierte und am 16. Juli 1918 ermordet wurde.

Abb. 5: Privatbesitz

Abb. 6: Aus: A la Baïonette v. 11.11.1915; dort folgende Bildunterschrift: (Der deutsche Soldat ruft)„Tirez-pas, camerade! Nous sommes soldats comme vous!“; zit. nach: Kaplan, Ines, „Die abgehackte Hand“ – Ein Beitrag zur Ikonographie der französischen Hetzkarikatur als Teil der antideutschen Propaganda während des Ersten Weltkriegs, in: Bildpropaganda im Ersten Weltkrieg, hrsg. v. Raoul Zühlke, Hamburg 2000, S. 120

Abb. 7: Aus: The Punch v. 23.8.1914; zit. nach: Topitsch, Klaus, Die Greuelpropaganda in der Karikatur, in: Bildpropaganda im Ersten Weltkrieg, a.a.O., S. 54

Abb. 8. Privatbesitz

Abb. 9: Nach: Petri, Dieter; Thierfelder, Jörg, Frühchristliche Gemeinde in Rom, in: Praxis Geschichte 3/99, S. 44; vgl. auch die Wiedergabe eines spätantiken Fischsymbols In: ANNO 1, Ausgabe Niedersachsen, Braunschweig 1997, S. 126; Geschichte und Geschehen G1 (Niedersachsen), Stuttgart, Düsseldorf, Leipzig 1997, S. 121; DER SPIEGEL 17/2000, S. 127 (Grabinschrift in San Sebastiano).

Abb. 10: Trabbi in der Mülltonne (© dpa, Kneffel); Plakat „Wir sind ein Volk“ vom Herbst 1989 (© Deutsches Historisches Museum Berlin); Karikatur zur Flüchtlingsbewegung, erschienen im September 1989 in der „tageszeitung“; aus: Geschichtsbuch, Neue Folge, Bd. 4, Berlin 1997, S. 217 (dort im Abbildungsnachweis nicht aufgeführt); Die Bevölkerung „erobert“ die Mauer, aus: Geschichtsbuch a.a.O., S. 218 (© Paul Glaser)

Abb. 11: Wilhelm Busch: Anleitung zu historischen Porträts, in: Das Goldene Wilhelm-Busch-Album, Teil I, Hannover 1966, S. 211

Markus Bernhardt

Erarbeitung

1. Die Erarbeitungsphase in der theoretischen Reflexion

Ganz allgemein ist zu sagen, dass in der Erarbeitungsphase etwas gelernt wird. Oder, auf den Geschichtsunterricht bezogen, in der Erarbeitungsphase findet historisches Lernen statt. Das klingt einfach, ist aber in Theorie und Praxis mit mehreren Problemen verbunden. Für längst nicht alle hat die geschichtsdidaktische Forschung eine Lösung gefunden.

Die Gegenständlichkeit von Geschichte:

- Geschichte ist kein Gegenstand, den man wie ein dingliches Objekt physikalisch ausmessen, chemisch untersuchen oder eindeutig abbilden kann. Der Gegenstand des Geschichtsunterrichts ist vielmehr a priori gar nicht vorhanden, sondern entsteht erst im Laufe der Planung oder des Unterrichtsprozesses. Die häufig behauptete „objektive" Sachstruktur der historischen Gegenstände ist eine Fiktion. Ganz im Gegenteil erarbeitet sich jede Generation ihre je eigene historische „Wirklichkeit".

Ziele historischen Lernens:

- Die Analyse der gängigen geschichtsdidaktischen Modelle deutet darauf hin, dass sie den soziokulturellen Faktoren von Lehren und Lernen eine größere Aufmerksamkeit schenken als den internen Bedingungen des Lerners. Lernziele beziehen sich daher häufig auf schwer operationalisierbare Kultur-, Bildungs- oder Verhaltensnormen.
- Der Zusammenhang verschiedener Arten historischen Wissens (bereichsspezifisches, strategisches und metakognitives Wissen) ist empirisch nur in Ansätzen erforscht. Die Formulierung von Lernzielen, die im Unterricht „erarbeitet" werden können, bleibt damit im Aufgabenkreis des Normativen.

Der Prozess historischen Lernens:

- Der Prozess des historischen Lernens ist bis jetzt durchaus systematisch, aber kaum empirisch erforscht. Die geschichtsdidaktischen Großtheorien „narrative Sinnbildung durch Zeiterfahrung" (Rüsen) und „Ausdifferenzierung des Geschichtsbewusstseins" (Jeismann) eignen sich als Orientierungsgrößen, erweisen sich aber für die tägliche Unterrichtsarbeit als zu sperrig. Es fehlt an empirischen Arbeiten darüber, was im alltäglichen Geschichtsunterricht stattfindet. Die angloamerikanische Geschichtsdidaktik hat zwar einige Elemente des historischen Lernprozesses erforscht, sie lassen aber noch kein zusammenhängendes Ganzes erkennen.
- Die gängigen geschichtsdidaktischen Unterrichtsmodelle kennen zwar seit langem die Autonomie des Lerners, aber der Vorstellung vom Lernprozess liegt zumeist eine allgemeindidaktische Stufentheorie zugrunde, die einer vermeintlich objektiven Sachstruktur folgt, die „in die Köpfe der Schüler" zu implementieren ist. Eine solche Möglichkeit ist umstritten (Völkel 2002, 90-96).

- Die Rezeption des Paradigmenwechsels in der psychologischen Lerntheorie vom Reiz-Reaktions-Mechanismus des behavioristischen „black-box"-Schülers zum kognitiv-konstruktivistischen Modell des Lernens als aktive, idiosynkratische Informationsverarbeitung des Individuums steckt in der Geschichtsdidaktik noch in den Anfängen.

Eine Darstellung der Erarbeitungsphase im Geschichtsunterricht hätte demnach zu klären: Was ist der Gegenstand der Erarbeitung, welche Ziele werden mit seiner Erarbeitung verfolgt und auf welche Weise sollen diese Ziele verwirklicht werden?

1.1 Der Gegenstand der Erarbeitung

In der 2003 erschienenen „Geschichtsdidaktik" konstatiert Bernd Schönemann die „Absage an ein objektivistisches Geschichtsverständnis" (Schönemann 2003, 12). Die Vergangenheit sei vergangen, erst in der erinnernden Rekonstruktion kehre sie – in der Gegenwart – als Geschichte wieder: Geschichte als retrospektives Konstrukt statt als vorgegebenes Lehrgebäude. Der Geschichtsunterricht hat demnach selbst bei der üblichen Themenvorgabe durch die Richtlinien nicht etwas ein für alle Mal Gültiges zu erfassen, sondern beschäftigt sich mit etwas Dynamischen: mit der Bedeutung eines geschichtlichen Sachverhalts im jeweiligen Hier und Heute. Dabei geht es nicht um die Verkürzung der Geschichte auf eine Vorgeschichte der Gegenwart, sondern um einen Problembezug, der auch in der Geschichtsforschung weitgehend unumstritten ist. „Nicht auf Gegenstände, sondern auf Probleme also ist die Historie als Wissenschaft bezogen. Nicht Gegenstände, sondern Probleme bestimmen ihre Wissenschaftlichkeit" (Goertz 1995, 91). In Anlehnung an diese Feststellung von Hans-Jürgen Goertz lässt sich auch für den Geschichtsunterricht sagen, dass nicht der Gegenstand die Grundlage einer Unterrichtseinheit oder einer Unterrichtsstunde bestimmt, sondern das in ihm zu behandelnde Problem. Mit wenig Überspitzung kann man behaupten, der Gegenstand werde während des Unterrichts erst geschaffen.

Zentrale Bedeutung für die Erarbeitungsphase hat deshalb die Problematisierung (Uffelmann 1990), die Fragestellung (Knoch 1990) oder die Hypothesenbildung (Kuhn 1997). Ließe man beispielsweise den Verlauf des Bauernkriegs 1525 ohne eine Problematisierungsfrage erarbeiten, würde man einen Gegenstand von uferloser Irrelevanz oder von apodiktischer Willkür produzieren. In der Fragestellung äußert sich demgegenüber ein Erkenntnisinteresse, das die Spitze einer begrifflichen Pyramide bildet, die erst durch diese besondere Frage an die Geschichte entsteht. Auf dieses Erkenntnisinteresse hin wird während der Erarbeitung ein Begriffssystem organisiert (Aebli 1983, 316 f.), dessen Ausgestaltung den eigentlichen Gegenstand der Erarbeitungsphase bildet. Umstritten ist allerdings, ob man diesen Gegenstand den Schülern instruktiv vermitteln kann oder ob er von ihnen im Sinne konstruktivistischen Denkens eigenständig aufgebaut werden muss.

1.2 Ziele der Erarbeitung

Das Erkenntnisinteresse, das sich in der Problematisierung einer geschichtlichen Erscheinung artikuliert, unterliegt in der Geschichtsdidaktik normativen Ansprüchen: Was soll mit der Erarbeitung dieses oder jenes Problems bei den Schülern erreicht werden? Während die Geschichtswissenschaft die Relevanz ihres Problems mit Bezug auf die Paradigmen der *scientific community* legitimiert, ist die Geschichtsdidaktik auf das Leben in der Gesellschaft bezogen: Welchen Nutzen besitzt das zu Erarbeitende für den Schüler? Naturgemäß fallen die Antworten auf diese Frage unterschiedlich aus. Joachim Rohlfes hat die geschichtsdidaktischen Antworten je nachdem, welchen Schwerpunkt sie setzen, in unterrichtsbezogen, bildungsorientiert, wissenschaftsgeleitet und gesellschaftszugewandt unterteilt (Rohlfes 1986, 178). Hier ist nicht der Ort, dies zu vertiefen. Denn jenseits der Vorstellung davon, welche Rolle das Gelernte im Leben des Schülers spielen sollte, liegen doch allen geschichtsdidaktischen Positionen ähnliche Auffassungen der Funktion der Erarbeitungsphase zugrunde, nämlich dass dort das zuvor formulierte Problem in der Auseinandersetzung mit den Unterrichtsmaterialien einer Lösung entgegengeführt werden solle. Weitgehende Einigkeit besteht auch darin, dass man diesen Vorgang als historisches Lernen bezeichnen kann.

Ohne auf die Kultur-, Bildungs- und Verhaltensnormen Bezug zu nehmen, geht es in der Erarbeitungsphase um einen rationalen Prozess, der historisches Lernen bewirkt, indem er

1. Vorurteile und Stereotypen bekämpft,
2. die Gegenwart als historisch Gewordenes darstellt und
3. die Vergangenheit sowohl als kohärent zur Gegenwart als auch different von ihr („Alteritätserfahrung“) erkennt.

1.3 Der Prozess des historischen Lernens

Die Frage, was man unter historischem Lernen versteht, besteht aus zwei Teilen. Zum einen aus der Frage, was das Historische am historischen Lernen ist, und zum anderen, was unter Lernen zu verstehen ist. Die geschichtsdidaktische Diskussion wendet sich überwiegend der ersten Frage zu. Auf Erkenntnisse der Lehr-, Lernforschung wird selten Bezug genommen, als ob es lediglich darum ginge, die historische Dimension von etwas ganz Geläufigem zu bestimmen. In der – keineswegs häufigen – geschichtsdidaktischen Literatur, die sich mit Unterrichtsplanung beschäftigt, wird zwar der Erarbeitungsphase innerhalb des dreistufigen Schemas (Einstieg – Erarbeitung – Ergebnissicherung) zum historischen Lernen („Grundmuster des erarbeitenden Geschichtsunterricht“: Günther-Arndt 2003, 178) in der Regel die wichtigste Funktion zugewiesen („Phase der historischen Aufklärung“). Aber der Schüler selbst rangiert dort zumeist nur als Objekt von vielerlei Unterrichtsmethoden (Kuhn 1997, S. 457-463), ohne dass man erfährt, was in den Köpfen der Schüler während der Erarbeitung vorgeht.

1.3.1 Historisches Lernen in der geschichtsdidaktischen Diskussion

Die Explikation des Begriffs „Historisches Lernen“ ist eine Domäne der theoretischen Diskussion, dessen zentrale Größe der Begriff „Geschichtsbewusstsein“ bildet. Dabei handelt es sich um ein artifizielles Konstrukt, das auf den epistemologischen Zusammenhang von „Vergangenheitsdeutung, Gegenwartsverständnis und Zukunftsperspektive“ abzielt (Jeismann 1988, 1-24), also auf die Erkenntnis, dass eine um so tiefere Deutung der Vergangenheit sowohl den Umfang des Gegenwartsverständnisses als auch das Ausmaß der Zukunftsperspektive des Individuums positiv beeinflussen soll. Ohne die normative

Bedeutung dieses Konstrukts als Richtgröße für den Geschichtsunterricht schmälern zu wollen, ist zu kritisieren, dass es für die Ableitung von Handlungsmaximen dafür, was täglich im Unterricht erarbeitet werden soll, ungeeignet ist. Jeismanns „unterrichtspraktische“ Erweiterung in die drei Bearbeitungsprozesse „Sachanalyse – Sachurteil – Historische Wertung“ sagt ebenfalls nicht mehr über den konkreten Vorgang der Erarbeitung aus.

Hans-Jürgen Pandel hat 1987 den Versuch unternommen, Geschichtsbewusstsein als Ziel historischen Lernens durch die Bildung von sieben Unterkategorien für „Empirie und Pragmatik“ handhabbar zu machen (Pandel 1987). Die Differenzierung des Geschichtsbewusstseins in Unterkategorien hat zum besseren Verständnis dessen beigetragen, was Schüler beim historischen Lernen bewältigen müssen. Pandels Vorschlag stellt aber „mehr eine Chiffre für ein globales didaktisches Strukturierungskonzept“ (Rohlfes über Jeismann; zitiert nach Schönemann 2003, 15) als ein Muster dar, nach dem man Lernprozesse organisieren könnte. Es werden keine Gütekriterien genannt, mit denen man zum Beispiel ein entwickeltes „Historizitätsbewusstsein“ von einem unentwickelten unterscheiden könnte.

Jörn Rüsen (Rüsen 1994) geht in seiner Theorie vom historischen Lernen davon aus, dass historisches Wissen im Unterschied zu anderen Wissensformen in einer narrativen Struktur verfasst ist. Demnach gebe es eine spezifische Sprachhandlung, die im Medium der Erinnerung an die Vergangenheit aktuelle Zeiterfahrungen verarbeitet. Diesen Prozess nennt er „Historisches Erzählen“. Er beschreibt ihn als einen kommunikativen Akt von Sinnbildung über Zeiterfahrung. Die individuelle Sinnbildungsleistung des Geschichtsbewusstseins lasse sich auch als Lernprozess darstellen. Aus lebenspraktischen Orientierungsbedürfnissen des Individuums ergäben sich Sinnvermutungen an die Vergangenheit. In diese werde die Erfahrung der Vergangenheit eingearbeitet und dadurch als bedeutungsvoll qualifiziert. Die als bedeutungsvoll erschlossene Vergangenheit werde zu kommunikationsfähigen Geschichten gestaltet, die bestimmten Erzählmustern folgten.

Aus unterrichtspraktischer Sicht zu befürworten ist Rüsens Konzept des historischen Erzählens in dem Sinne, dass die Erzählmöglichkeiten von Schülern im Unterricht grundsätzlich hoch sein sollten. Denn die narrative Struktur historischen Wissens manifestiert sich erst in einem Redebeitrag oder einer schriftlichen Ausarbeitung. Sie wird schwerlich ohne eine solche Leistung im Gedächtnis gespeichert. Wir wollen das nicht verabsolutieren, aber Texte bilden die wichtigste Repräsentation von historischem Wissen (Pandel 2001). Abgesehen davon ist die Theorie Rüsens mit der Unterrichtswirklichkeit wenig kompatibel.

1.3.2 Lernen als Begriff der Unterrichtspsychologie

Um eine detailliertere Vorstellung vom historischen Lernen, also davon, was in der Erarbeitungsphase stattfindet, zu entwickeln, scheint die Rezeption von neueren lernpsychologischen Auffassungen unabdingbar zu sein. Die Unterrichtsforschung unterscheidet zwei Positionen zum Lernen, eine kognitivistisch und eine konstruktivistisch geprägte Auffassung. Etwas überspitzt lässt sich formulieren, die erste orientiert sich am Gegenstand, die zweite am Schüler.

1.3.2.1 Lernen in einer gegenstandszentrierten Lernumgebung

„Alle Anstrengung konzentrieren sich im Rahmen [der kognitivistischen Auffassung vom Lehren und Lernen] auf die Optimierung der *Instruktion* und auf die Frage, wie Unterricht geplant, organisiert und gesteuert werden muss, damit Lernende die präsentierten Wissensinhalte in ihrer Systematik verstehen und sich diese Inhalte entsprechend dieser Struktur zu eigen machen. Der Lernerfolg kann im Sinne vorher definierter Lehr-Lernziele relativ eindeutig bestimmt und gemessen werden“ (Reinmann-Rothmeier/Mandl 2001, 606 f.). Unterricht dieser Art (Formalstufentheorie) liegt die Überzeugung zugrunde, dass man einen komplexen Gegenstand in kleine, logisch aufeinander bezogene Einheiten untergliedern kann, die nach einem gewissen universell gültigen Ablaufschema gelernt werden können (➛ Artikulationsformen).

Dieses Konzept wird häufig kritisiert wegen der Zurückdrängung der Lernenden in die Rolle von Rezipienten. Entscheidender scheint mir das Problem, dass das systematisch und nach sachlogischen Kriterien aufbereitete Wissen mit den komplexen und wenig strukturierten Anforderungen des Alltags häufig nur wenig gemein hat. Man spricht in diesem Zusammenhang von der Erzeugung von „trägem Wissen“, welches in Alltagssituationen kaum zur Anwendung kommt (Reinmann-Rothmeier/Mandl 2001, 613), weil es die Schüler nur unzureichend mit ihren vorhandenen Wissensbeständen verknüpfen.

Gleichwohl stellt die Konzentration auf die Sachstruktur und der Ablauf nach bestimmten Unterrichtsphasen im Geschichtsunterricht den Regelfall dar. Dessen ungeachtet galt der Geschichtsdidaktik dieses Konzept lange Zeit als eine Art „Schmuddelkind“, über das man nicht gerne redete. Man findet in der Literatur selten Hinweise zur stundenbasierten und gegenstandszentrierten Unterrichtsorganisation (Dörr 1995, 98; Günther-Arndt 2003, 176-180). Man hat sich damit jedoch der schlichten Tatsache entzogen, dass zum Beispiel das gesamte Prüfungs- und Beförderungswesen für Geschichtslehrer auf solchen Konzepten beruht. Dadurch ist die paradoxe Situation entstanden, dass die auf die Fachdidaktik bezogenen Geschichtslehrer von dieser keine Hilfe erhielten. Dem hier verwendeten Begriff Erarbeitungs*phase* liegt daher die Auffassung zugrunde, dass die einzelne Geschichtsstunde weiterhin der Regelfall bleiben wird, für deren Planung und Durchführung es praktikabler und effektiver Vorschläge bedarf.

1.3.2.2 Lernen als Konstruktionsleistung des Individuums

„Wissen wird nicht länger als eine Abbildung dessen betrachtet, was von außen gegeben wird; es ist eine persönliche Konstruktion, mit der das Individuum eine Bedeutung erzeugt, indem es Teile des Wissens und der Erfahrung mit irgendwelchen organisierten Schemata verbindet“ (Resnick 1985, zit. nach Seel 2000, S. 48). Diese „Kernaussage des kognitiven Konstruktivismus“ umfasst große Teile dessen, was innerhalb dieser Konzeption unter Lernen verstanden wird.

Bis heute finden sich allerdings in der geschichtsdidaktischen Literatur Vorstellungen vom Schülergehirn als *tabula rasa*, auf der man eine „objektive“ Sachstruktur eingravieren, vermeintliche „Leerstellen“ passgenau auffüllen oder „falsche“ Auffassungen korrigieren könnte. Bevor man mit Schülern über einen historischen Sachverhalt nachdenken könne, müsse dieser „erst mal in ihre Köpfe“ (Zwölfer 2003, 198). Diese Ansicht gilt der konstruktivistischen Auffassung als überholt. Stattdessen sieht man Lernen in Anlehnung an das Computermodell als Informationsverarbeitung des Individuums. Dessen mentale Voraussetzungen besitzen die entscheidende Funktion für die Güte dieser Verarbeitung. Was ein Schüler zum Beispiel von einem Quellentext wahrnimmt, hängt im wesentlichen vom Inhalt seines Gedächtnisses ab, wo die Informationsverarbeitung stattfindet (Seel 2000, 38-43).

Man stellt sich diesen Prozess etwa folgendermaßen vor. Nachdem zum Beispiel Informationen eines Textes vom Subjekt in ein mentales Format codiert sind, kommt es zur Interaktion dieser mentalen Repräsentation mit den eigenen Wissensbeständen, indem ein Abgleichungsprozess (Elaboration) stattfindet. Dabei verfolgt das verarbeitende System eine Strategie, so schnell und so plausibel wie möglich, ein vorläufiges *mentales Modell* zu konstruieren, in das die einzelnen Informationen des Textes möglichst widerspruchsfrei zu den eigenen Wissensbeständen einzuordnen sind (Weidenmann 1988, 20-26). Phänomenologisch zeigt sich diese Verarbeitung in Ideen, Assoziationen und Vorstellungen oder in der Aktivierung von episodischen Erfahrungen, von sprachlichem oder historischem (Regel-)Wissen (Genauer dazu: Günther-Arndt 2003, 23-47). Das mentale Modell muss allerdings – das ist der entscheidende Punkt – nur *subjektiv stimmig* sein. Das bedeutet nicht, dass es auch „objektiv“ oder intersubjektiv *richtig* ist.

Darüber hinaus hat die angloamerikanische Forschung gezeigt, dass der Verarbeitungsprozess von Informationen aus einem Text entweder auf einem oberflächlichen oder einem „tieferen“ Niveau verläuft. Oberflächliche Verarbeitung führt zu einem schwach ausgebildeten mentalen Modell mit wenig Verknüpfungen zum eigenen Gedächtnis. Tiefere Verarbeitung hingegen aktiviert mehr Bezugsinformationen und die mentale Repräsentation wird ausführlicher entwickelt (Voss/Wiley 2000, 378).

Das hat wichtige Konsequenzen für die Erarbeitungsphase. Mit wenig Überspitzung lässt sich feststellen, dass ein Schüler einen Text, ein Bild, einen Wortbeitrag oder welche Information auch immer so versteht, wie er sie verstehen will (oder kann), ohne dass man diesen individuellen Prozess von außen planvoll organisieren könnte. Deshalb sind nach konstruktivistisch geprägter Auffassung Planungsschemata kritisch zu betrachten, die eine „Sachstruktur“ eins zu eins „in die Köpfe der Schüler“ übertragen möchten oder die suggerieren, man könnte in der Unterrichtsplanung gewissermaßen die Denkhandlungen der Schüler vorstrukturieren, die diese dann nur noch nachvollziehen müssen. Bestenfalls entstehe dabei „träges Wissen“, das situationsverhaftet und unverknüpft mit eigenen Wissensbeständen und damit praktisch nutzlos ist (Günter-Arndt 2003, 40). Stattdessen seien Lernsituationen zu gestalten (Gautschi 2000, 7 f.), die für möglichst optimale Bedingungen sorgen, historisches Lernen als individuelle Konstruktion zu unterstützen.

An dieser Auffassung vom Lernen ist zu kritisieren, dass sich bei einer Konzentration auf den Lernweg die Sache aufzulösen droht und dass dadurch die Gefahr theoretischer Beliebigkeit und praktischer Ineffektivität heraufbeschworen wird. In der Praxis wird zudem häufig der Aufwand unterschätzt, eine effiziente Lernumgebung zu gestalten, so dass die Lernenden durch fehlende Unterstützung entweder ihre Arbeitsrichtung verlieren oder am Anspruch des Materials scheitern können. Auch aus Sicht einer Kosten-Nutzen-Analyse lässt sich Kritik äußern, da das Verfahren in der Regel sehr zeitaufwändig ist.

1.4 Zusammenfassung

Im Bezug auf die unter 1.1-1.3 formulierten Fragen (Was ist der Gegenstand der Erarbeitung, welche Ziele werden mit seiner Erarbeitung verfolgt und auf welche Weise sollen diese Ziele verwirklicht werden?) lassen sich folgende Ergebnisse formulieren:

- Zentrale Bedeutung für die Erarbeitung eines historischen Sachverhalts hat die Problematisierung (Fragestellung, Hypothesenbildung). Sie erlaubt als erkenntnisleitendes Prinzip den strukturierten Aufbau eines historischen Gegenstandes durch historisches Lernen.
- Jenseits der Ausrichtung an Kultur-, Bildungs- und Verhaltensnormen zielt der Prozess des historischen Lernens auf den Aufbau von historischem Wissen durch rationale Aufklärung.
- Historisches Wissen ist in narrativer Struktur verfasst. Die Gestaltung einer kommunikationsfähigen Erzählung kann man als eine erkenntnisgeleitete Konstruktion von historischem Wissen bezeichnen. Die sprachlichen und schriftlichen Äußerungen von Schülern sollten daher einen fundamentalen Anteil an der Unterrichtszeit besitzen.
- Schüler müssen sich historisches Wissen selbst „erarbeiten", indem sie mentale Repräsentationen davon konstruieren. Lehrer können diesen Prozess unterstützen, indem sie für die Bedingungen sorgen, in denen er möglichst optimal ablaufen kann.

Daraus ergibt sich folgende *Definition*: Die Erarbeitungsphase umfasst das vom Lehrenden und von den Lernenden geschaffene methodische Arrangement (*Kommunikations- und Kooperationsformen*), durch das historisches Lernen im Sinne von rationaler Aufklärung ermöglicht wird. Historisches Lernen geschieht innerhalb dieses Arrangements durch fachimmanente Arbeitsweisen (*Methoden historischen Denkens*), indem nach bestimmten normativen Vorgaben (*geschichtsdidaktische Prinzipien*) ein Sinnzusammenhang und/oder ein Ursachenzusammenhang zwischen Vergangenheit und Gegenwart hergestellt wird.

2. Die Erarbeitungsphase in der Praxis

Zahlreiche Erarbeitungstechniken werden in Kap. 2 „Methoden historischen Denkens" erläutert. Diese Dinge sollen nicht im Einzelnen wiederholt werden. Hier geht es um allgemeine Elemente der Gestaltung, die für alle Lernsituationen gelten. Grundsätzlich muss man gemäß der obigen Einteilung zwischen einem gegenstandszentrierten (Instruktion) und dem projektorientierten (Konstruktion) Unterrichtsmodell unterscheiden. Von dieser Vorentscheidung hängen die Aufgaben des Lehrers, die Form der Schülertätigkeit und das Arrangement der Kommunikation ab. Folgende Tabelle zeigt die Erarbeitungsmodelle in ihrer jeweils extremen Variante.

Erarbeitungsphase	◄Instruktion (gegenstandszentriert)	Konstruktion (projektorientiert) ►
Unterrichtsstil	eng, geführt, angeleitet, vorstrukturiert	offen, autonom, werkstattartig
Planungsaufgabe	Gründliche Sachanalyse, geeignetes Lernmaterial zusammenstellen, eine gegenstandszentrierte Struktur entwickeln, Übergänge analysieren, geeignete Instruktionen formulieren	Gründliche Sachanalyse, geeignetes Lern- und Arbeitsmaterial zusammenstellen, geeignete Recherchemöglichkeiten erkunden, „handwerkliche" Möglichkeiten im Klassenraum schaffen (Lexika, Handbücher u.ä.)
Lehrerfunktionen	Lenken, Hinführen, Durchschaubar machen	Moderieren, Beraten, Unterstützen
Schülertätigkeit	Zuhören, Nachvollziehen, Mitdenken, Schlussfolgern	Planen, Recherchieren, Reflektieren, Schlussfolgern, Produzieren,
Kommunikationsformen	Lehrer-Schüler-Gespräch, Frage-Antwort-Stil	Planungsgespräch, Diskussion, Ergebnisvortrag

Abb. 1: *Grundlinien gegenstandszentrierten und projektorientierten Unterrichts*

Obwohl die didaktische Überlegenheit der offenen Unterrichtsform häufig behauptet wird, findet in den Schulen in der Regel gegenstandszentrierter Unterricht in Einzelstunden statt. Vor dem Hintergrund dieser doppelten Realität scheint es sinnvoll, eine vermittelnde Position einzunehmen. Da Lernen sowohl der Eigeninitiative und des Interesses der Lernenden bedarf als auch der Orientierung, Anleitung und Hilfe durch den Lehrenden, scheint es nutzlos, Instruktion oder Konstruktion nach dem Alles-oder-Nichts-Prinzip durchsetzen zu wollen. Zudem sprechen Ergebnisse empirischer Untersuchungen für eine Kombination der beiden Prinzipien (Reinmann-Rothmeier/Mandl 2001, 628-639).

Hilke Günther-Arndt identifiziert ein drittes Lehr-, Lernkonzept, das gleichsam in der Mitte stehend verschiedene Vorteile der beiden Extreme vereint: den aufgabenbasierten Geschichtsunterricht. Dieser Unterricht kennt drei Grundmuster, das Stationenlernen, die (Wochen-)Planarbeit und das Leitprogramm. Der Kern dieser Grundmuster besteht darin, dass Gegenstand und Ziele durch Instruktionen des Lehrers vorgegeben sind, aber der Lernprozess selbst weitgehend individualisiert ist (Günther-Arndt 2003, 180-188). Hier wird gleichwohl die Auffassung vertreten, dass bereits der gegenstandszentrierte Unterricht möglichst viele Elemente des individualisierten Lernens aufweisen sollte.

2.1 Gestaltung von Lernumgebungen

Gemäß der Ausführungen zur Gegenständlichkeit von Geschichte (Kap. 1.1) muss die Erarbeitung grundsätzlich einer Problemorientierung unterliegen. Dabei ist auf die Möglichkeit zur Alteritätserfahrung zu achten, die nur dann gemacht werden kann, wenn Epochen in ihrem Eigenwert erkannt werden. Nicht: „Warum war die mittelalterliche Landwirtschaft so rückständig?" Sondern: „Aus welchen Gründen brachte die mittelalterliche Gesellschaft gerade dieses – uns heute rückständig scheinende – landwirtschaftliche System hervor?" Neben diesem Grundsatz sind weitere Leitlinien zu beachten (Reinmann-Rothmeier/Mandl 2001, 627 f.):

- *Situiert und anhand authentischer Probleme lernen*: Der Umgang mit realistischen Problemen in authentischen Situationen lässt sich im Geschichtsunterricht mit dem *Produkt* der Erarbeitung erreichen: „Stellt ein Plakat für eine Ausstellung über mittelalterliche Bauern her!" „Schreibt eine Stellungnahme für die Zeitung, ob man ein Bild Friedrichs des Großen an prominenter Stelle in der Schule aufhängen sollte!" „Zeichnet eine möglichst einfache Übersichtsskizze über die außenpolitische Situation des Deutschen Reiches 1904 für eine Website!" „Formuliert Interview-Fragen, die man Martin Luther in einer modernen Talkshow stellen könnte?"

- *In multiplen Kontexten lernen*: Neu erworbene methodische Fertigkeiten (Inhaltsangabe, Finden von Schlüsselbegriffen, Aufbau einer Argumentation, Referat, Bildbeschreibung u.ä.) sind nicht nur in der spezifischen Situation, sondern in verschiedenen weiteren Kontexten anzuwenden. Das ist im Geschichtsunterricht häufig schwierig und bezieht sich zumeist auf Methodisches (➤ Transfer). Man sollte es sich aber zur Regel machen, auf Anwendungssituationen zum Beispiel in anderen Fächern hinzuweisen.
- *Unter multiplen Perspektiven lernen*: ➤ Multiperspektivität gehört zu den geschichtsdidaktischen Prinzipien. Neben der Benutzung von Materialien aus verschiedenen Blickwinkeln kann Multiperspektivität auch hergestellt werden, wenn man ein und dieselbe Quelle aus der Sicht verschiedener Beteiligter erzählen lässt. Beispiel: Textgrundlage: „Der Überfall auf einen Bauernhof im Dreißigjährigen Krieg" (H. J. Ch. v. Grimmelshausen: Der abenteuerliche Simplicissimus, München 1956, 16 ff.). Aufgabe: „Schildert den Vorfall als eine Zeugenaussage für eine Gerichtsverhandlung aus der Sicht a) eines beteiligten Soldaten, b) des Anführers der Soldaten, c) des kleinen Jungen." Man muss freilich deutlich machen, dass es solche Gerichtsprozesse nicht gegeben hat.
- *In einem sozialen Kontext lernen*: Kooperatives Lernen und Problemlösen in Gruppen sichert eine angehende „Enkulturation" im Lernprozess (Erwerb von Normen für das Sozialverhalten, Gebrauch von Zeichensystemen, „Kulturtechniken" und fachimmanenten Arbeitstechniken). Neben gelegentlichen Phasen der Partner- oder Gruppenarbeit sollte pro Klasse einmal im Halbjahr eine längere arbeitsteilige Gruppenarbeitsphase an geeigneter Stelle durchgeführt werden. Häufig bieten sich diese Phasen für synchrone oder diachrone Vergleiche an, nachdem zuvor soziale, politische, wirtschaftliche und kulturelle Grundlinien der Unterrichtseinheit erarbeitet wurden. Beispiele: „Lebensbedingungen von Kindern aus Familien in der Klassengesellschaft des Deutschen Kaiserreichs". „Männliche und weibliche Arbeitswelten in der Weimarer Republik". „Die Schulen unserer Stadt vom Mittelalter bis zur Gegenwart". „Pax Romana – Die ‚Befriedung' der Provinzen aus römischer und nichtrömischer Sicht". „Afrikanische Gesellschaften vor der Ankunft der Europäer". „Erster Weltkrieg: Die ‚Kriegsschuldfrage' aus der Sicht der beteiligten Mächte".
- *Mit instruktionaler Unterstützung lernen*: Lehrende müssen Lernende anleiten und besonders bei Problemen gezielt unterstützen. Das heißt, das zum Verstehen von komplexen Zusammenhängen benötigte Wissen muss bereitgestellt und erworben werden. Statt eines unerquicklichen Lehrer-Schüler-Gesprächs, während dessen der Lehrer im Nebel nach dem „Vorwissen" der Schüler herumstochert, sollte dieser die begrifflichen oder prozeduralen Schwierigkeiten, die bei der eigentlichen Bearbeitung vermutlich entstehen, entweder selbst deutlich machen durch *Erklären, Demonstrieren, Visualisieren, Vormachen, Zeigen, Skizzieren, Inszenieren* und ähnliches. Oder die

Ausstattung des Klassenraums sollte so beschaffen sein, dass sich die Schüler die notwendigen Informationen durch Lexika, Handbücher und einen Internet-Anschluss selbst verschaffen können.

- *In narrativen Situationen lernen*: Geschichte ist narrativ strukturiert. Wenn sich Schüler solche Strukturen zu eigen machen sollen, müssen sie Gelegenheit haben, diese aufzubauen. Narrative Kausalbezüge herstellen zu können, scheint ein wichtiger Indikator für das „echte" Verstehen von Texten zu sein. Dafür gibt es empirische Belege (Voss/Wiley 1997, 81). Der Lehrer sollte demzufolge darauf achten, dass die Schüler nicht zu Ein-Wort- oder zu Nebensatz-Antwortern degenerieren (L.: „Das Grundgesetz der Bundesrepublik wurde durch den...?" Sch.: „Parlamentarischen Rat." L.: „...geschaffen". L.: „Welchen Nutzen zog Hitler aus dem Ermächtigungsgesetz?" Sch.: „Dass er unbeschränkt regieren konnte!"). Dies trägt nur zum Aufbau von „trägem Wissen" bei und nicht zur Verknüpfung mit den eigenen Wissensbeständen. Stattdessen ist dafür zu sorgen, dass Schüler möglichst kleine Statements abgeben, die einem festen Muster folgen: Behauptung – Begründung – Bewertung (L.: „Welcher Meinung seid ihr, wie groß der Nutzen des Ermächtigungsgesetzes für Hitler war?" Sch.: „Ich bin der Meinung, der Nutzen war riesig. Er konnte nun ohne Zustimmung des Reichstags einfach selbst Gesetze erlassen. Niemand durfte da mitreden. Dadurch war er praktisch Alleinherrscher."). Unter Umständen kann man als Hilfe in der Klasse ein Plakat aufhängen.

Kleine Argumentationshilfe

3-B-Formel

B haupten

B gründen

B werten

Abb. 2: *Beispiel für ein Plakat*

2.2 Durcharbeiten statt Bearbeiten

Historisches Wissen ist systemhaft, seine Teile sind in vielfältiger Weise miteinander verknüpft, das Insgesamt an Wissen kann als System von verknüpften Aussagen dargestellt werden (Aebli 1983, 313). Innerhalb dieses Systems von Sachbeziehungen können verschiedene begriffliche Hierarchien erzeugt werden, deren Spitze die eingangs formulierte Problematisierung bildet. Während der Erarbeitungsphase müssen die Schüler dieses Begriffssystem „durcharbeiten" (ebd., 318), um es sich verfügbar zu machen. Der günstigste Fall dafür besteht dann, wenn Schüler zur Bewältigung einer konkreten Aufgabe einen Handlungsplan entwerfen müssen.

Beispiel: „In dem gegebenen Text wird der Sturm auf die Bastille (14. Juli 1789) von einem Augenzeugen beschrieben. Entwerft ein Hintergrundbild für eine Nachrichtensendung, auf dem das Wesentliche abgebildet ist!" Bei der Lösung dieses Problems müssen die Schüler den Vorgang auf wesentliche Elemente reduzieren und durchdenken, wie sie diese visuell verdeutlichen sollen. Bei der vorliegenden Skizze (s. Abb. 3) hat eine Schülerin sieben Elemente aus dem Text abstrahiert: Überschrift (Worum geht es?), Datumsangabe (Wann fand es statt?), „Seine“ (Symbol für Paris), Bastille (Befestigte Anlage), Hôtel des Invalides (Wohn- und Pflegestätte für Kriegsversehrte), Pfeil (Dynamik der Aufständischen), Versailles (Aufenthaltsort des Königs). Gemäß der damaligen Lage spricht die Schülerin von „Unruhen“ und nicht von Revolution (Historizitätsbewusstsein). Sie hält die Aktion der Aufständischen seit dem Augenblick für wesentlich („roter“ Pfeil), als diese sich im Hôtel des Invalides (die Bedeutung des Gebäudes musste recherchiert werden) mit Waffen versorgt hatten und damit zur Bastille zogen. Die Einflusslosigkeit des Königs auf das Geschehen wird angedeutet, weil er am 14. Juli im etwa 30 Kilometer entfernten Versailles weilte.

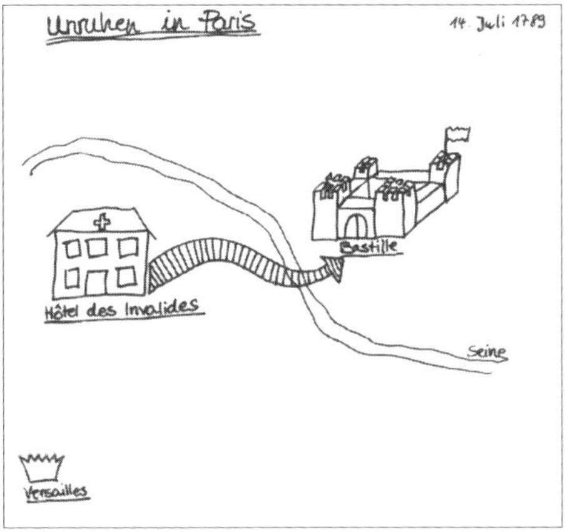

Abb. 3: *„Studiobild“ einer Schülerin zum 14. Juli 1789*

Das Ziel des Durcharbeitens dieser Art ist ein vertieftes Verständnis des Textes. Die Schülerin hat die Hauptelemente aus dem Text abstrahiert und ihre Beziehungen in einem anderen Medium dargestellt, wobei sie die Textelemente in Symbole „übersetzte“. Man kann der Meinung sein, die Skizzierung eines Textinhalts erfordere keinen derartigen Aufwand, das könne man einfach erfragen. Dagegen lässt sich einwenden, dass richtige Antworten auf gezielte Fragen erwiesenermaßen nicht beweisen, dass der Text verstanden worden ist. „Statt dessen zeigen [die Antworten] oft nur, dass Schüler Strategien erlernt haben, die ihnen erlauben, richtige Antworten ohne echtes Verständnis zu geben“ (Kintsch 1996, 511 f.).

Zwei amerikanische Psychologen haben nachgewiesen, dass Schüler gern die sogenannte „Kopieren-und-Auslassen“-Strategie anwenden, um Texte zusammenzufassen: „Jede Idee in einem Text wird einzeln danach bewertet, wie wichtig sie sein könnte, und demnach entweder kopiert oder weggelassen; dadurch ergibt sich eine annehmbare Zusammenfassung, ohne dass der Schüler sich anstrengen musste, die Hauptideen des Textes zu abstrahieren" (ebd., 518). Es ist daher ungemein wichtig, über Strategien zu verfügen, die Schüler dazu bringen, einen Text zu verstehen, statt oberflächliche Antworten zu geben. James F. Voss und Jennifer Wiley unterscheiden zwischen Lernen und Verstehen. Verstehen sei nur möglich, wenn eine intensive Informationsverarbeitung stattgefunden hat, etwa durch die selbstständige Organisation von Aussagen in einer argumentativen Erörterung (Voss/Wiley 2000, 386-388). Empirisch zu überprüfen wäre die Annahme, dass die Organisation von Wissen in einer Collage oder einem Bild einen ähnlichen Effekt haben.

Aufgaben sollten demzufolge so gestaltet sein, dass sie den Schülern ein „Durcharbeiten" ermöglichen. Am günstigsten ist das Durcharbeiten eines *Handlungsplans*, der – wie oben beschrieben – zu einem *Handlungsprodukt* führen soll. Die gedanklichen Aktivitäten dabei sind (Aebli 1983, 320 f.):

- denkbare Variationen gedanklich durchspielen,
- ein mögliches Ergebnis, den Aufwand und den Ertrag abschätzen,
- Schwierigkeiten antizipieren,
- Reflexionspausen einlegen, gedanklich voraus- und zurückblicken.

2.3 Überlegte Instruktionen

Das Problem der Handlungsplanung im Geschichtsunterricht liegt unter anderem darin, dass der stundenbasierte Unterricht handlungsorientierte Phasen nur selten zulässt, da sie mehr Zeit erfordern als das darbietende Vorgehen. Beim stundenbasierten Unterricht, der eine Erarbeitung einer vorgegebenen Sachstruktur verfolgt, gilt es, durch überlegte Instruktionen die Schüler zum *Durcharbeiten eines Begriffssystems* zu bringen, indem sie dazu angehalten werden, argumentative Strukturen aufzubauen. Man sollte daher folgende Instruktionen vermeiden, da sie die Schüler nur zu oberflächlichen Antworten animieren: „Fasse den Text zusammen!" (Gefahr der „Kopieren-und-Auslassen"-Strategie); „Beschreibe, was auf dem Bild zu sehen ist!" (Banal und unspezifisch); „Was meint Plutarch mit dem Ausdruck ‚erster Gesetzesantrag Caesars'?" (Unauthentische Frage, weil sie von jemandem gestellt wurde, der die Antwort offensichtlich besser kennt); „Beschreibt das Aussehen des Demosthenes!" (Was soll das?); „Sucht nach ähnlichen Beispielen heute!" (Unspezifischer Gegenwartsbezug); „Inwiefern spiegelt sich im Kölner Dombau die politische Entwicklung Deutschlands im 19. Jahrhundert?" (Viel zu komplexe Frage).

Statt dessen sollten die Instruktionen möglichst viele Knoten des vorhandenen Begriffsnetzes der Schüler aktivieren.

- *Klären und Erklären*: „Erklärt einem Amerikaner, was eine Ritterburg ist!"; „Wie würdest Du Deinem kleinen Bruder erklären, was Imperialismus ist?" (Dient der Strukturierung eines Begriffsnetzes).
- *Voraussehen weiterer Entwicklungen*: „Mit der Zustimmung zum Ermächtigungsgesetz sollte der Reichstag seiner völligen Entmachtung zustimmen. Wie wird die Zentrumspartei auf diese Herausforderung reagieren?" (Das Abwägen bringt die Schüler mit der Erkenntnis in Berührung, dass Geschichte keinem Determinismus unterliegt, sondern Alternativen möglich waren).

- *Stellung beziehen lassen*: „Beurteilt aus der Sicht eines französischen (englischen, amerikanischen, deutschen) Politikers die Ergebnisse des Versailler Vertrags!" (Eine Handlung ist nicht gut oder schlecht, sondern unter dem einen Blickwinkel erscheint sie so, unter einen anderen anders. Beweglichkeit innerhalb des Begriffssystems wird durch Differenzierung geübt).
- *Dialogisieren und Dramatisieren*: „Was könnten die Leute, die auf dem Foto abgebildet sind, gerade denken?" (Dient der Übernahme von fremden Perspektiven.)

Abb. 4: *Carl Peters in einer Rikscha in Deutsch-Ostafrika (1906)*

- *Verunsichern*: Die Schüler lesen aus einer Autobiographie über eine harmonische Kindheit auf dem Lande (Borries 1994, 12 ff.). Auf die Frage des Lehrers, welchen Beruf der Schreiber später wohl ausgeübt hat, einigt man sich auf Tierpfleger. Die Biographie stammt von Rudolf Höß, dem Kommandanten von Auschwitz. (Stellt vorhandene Begriffssysteme in Frage. Die daraus abgeleiteten Regeln und Normen müssen neu justiert werden).
- *Vom allgemeinen Problem zur Konkretisierung und umgekehrt*: „Waren die Swing-Jugendlichen Widerstandskämpfer?" (Dient der Abstrahierung von Merkmalen aus einem Leitbegriff [hier: Widerstandskämpfer], die zu einem konkreten Beispiel geordnet werden müssen); „Die Eigenschaften der Regierungssysteme Friedrichs II. und Ludwigs XIV. stehen an der Tafel. Das System Ludwigs haben wir mit „Absolutismus" bezeichnet. Wie würdet ihr das System Friedrichs nennen?" (Aus einem konkreten Beispiel [hier: Regierungssystem Friedrichs II.] müssen Merkmale abstrahiert werden, die einen neuen allgemeinen Begriff ergeben [hier: Aufgeklärter Absolutismus]).

3. Fazit

Die Erarbeitungsphase im modernen Geschichtsunterricht lässt sich nicht formal als Teil eines starren Stufenprinzips im Sinne Tuiskon Zillers beschreiben, sondern nur qualitativ als Phase des historischen Lernens oder der Organisation von historischem Wissen zu „stimmigen“ Repräsentationen davon. Der Ablauf der Erarbeitung hängt von dem zuvor gewählten Lehr-, Lernkonzept ab (gegenstandszentrierter, aufgabenbasierter oder projektorientierter Unterricht). Es lassen sich aber gemeinsame Merkmale identifizieren, die historisches Lernen positiv beeinflussen. Ausgangspunkt der Erarbeitung muss ein (Schlüssel-)Problem sein. Dem sollte nicht (nur) kleinschrittiges Nacheinander von Beschreiben, Analysieren und Bewerten folgen, weil dieses Vorgehen von der Annahme ausgeht, alle Schüler könnten zu jedem Zeitpunkt des Unterrichts die gleichen Verstehensleistungen vollbringen. Statt dessen sollte den Schülern so oft wie möglich Gelegenheit gegeben werden, Handlungspläne durchzuarbeiten, argumentative Strukturen aufzubauen oder narrative Strukturen in andere Formate zu übertragen. Auf diese Weise sollte es möglich sein, Schüler zu einer größer werdenden Selbstständigkeit im Umgang mit Geschichte zu führen.

Literatur

Aebli, Hans, Zwölf Grundformen des Lehrens. Eine Allgemeine Didaktik auf psychologischer Grundlage. Medien und Inhalte didaktischer Kommunikation, der Lernzyklus, Stuttgart 1983

Borries, Bodo v., „Wer sich des Vergangenen nicht erinnert, ist verurteilt, es noch einmal zu erleben.“ Zu Möglichkeiten und Grenzen historischen Lernens, Hannover 1994 (Schriftenreihe der Niedersächsischen Landeszentrale für politische Bildung, Folge 11)

Dörr, Margarete, Unterrichtsplanung, in: GWU 46 (1995), H. 1, S. 96-100

Gautschi, Peter, Geschichte lehren. Lernwege und Lernsituationen für Jugendliche, 2. Aufl., Bern 2000

Goertz, Hans-Jürgen, Umgang mit Geschichte. Eine Einführung in die Geschichtstheorie, Reinbek 1995

Günther-Arndt, Hilke, Historisches Lernen und Wissenserwerb, in: dies. (Hrsg.), Geschichtsdidaktik. Praxisbuch für die Sekundarstufe I und II, Berlin 2003, S. 23-47

Jeismann, Karl-Ernst, Geschichtsbewusstsein als zentrale Kategorie der Geschichtsdidaktik, in: Schneider, Gerhard (Hrsg.), Geschichtsbewusstsein und historisch-politisches Lernen, Pfaffenweiler 1988 (Jahrbuch für Geschichtsdidaktik, Bd.1), S. 1-24

Kintsch, Walter, Lernen aus Texten, in: Hoffmann, Joachim; ders. (Hrsg.), Lernen, Göttingen, Bern, Toronto, Seattle 1996, S. 503-528 (Enzyklopädie der Psychologie, Themenbereich C: Theorie und Forschung; Ser. 2: Kognition; Bd. 7)

Knoch, Peter, Entdeckendes Lernen im Geschichtsunterricht, in: Geschichte, Erziehung, Politik 1991, H. 6, S. 518-528

Kuhn, Anette, Unterrichtsplanung, in: Bergmann, Klaus u.a. (Hrsg.), Handbuch der Geschichtsdidaktik, 5. Aufl., Seelze-Velber 1997, S. 457-463

Pandel, Hans-Jürgen, Dimensionen des Geschichtsbewußtseins. Ein Versuch, seine Struktur für Empirie und Pragmatik diskutierbar zu machen, in: Geschichtsdidaktik 12 (1987), S. 130-142

Pandel, Hans-Jürgen, Wer erzählt für wen Geschichte? Geschichten von Sklaven und Sklavenhändlern, in: Baumgärtner, Ulrich; Schreiber, Waltraud (Hrsg.), Geschichts-Erzählung und Geschichts-Kultur. Zwei geschichtsdidaktische Leitbegriffe in der Diskussion, München 2001, S. 11-28

Reinmann-Rothmeier, Gabi; Mandl, Heinz, Unterrichten und Lernumgebungen gestalten, in: Krapp,

Andreas; Weidenmann, Bernd (Hrsg.), Pädagogische Psychologie. Ein Lehrbuch, 4. vollst. überarb. Aufl., München 2001, S. 601-646

Rohlfes, Joachim, Geschichte und ihre Didaktik, Göttingen 1986

Rüsen, Jörn, Historisches Lernen – Grundriss einer Theorie, in: Ders., Historisches Lernen, Köln, Weimar, Wien 1994

Schönemann, Bernd, Geschichtsdidaktik, Geschichtskultur, Geschichtswissenschaft, in: Günther-Arndt, Hilke (Hrsg.), Geschichtsdidaktik. Praxisbuch für die Sekundarstufe I und II, Berlin 2003, S. 11-22

Seel, Norbert M., Psychologie des Lernens. Lehrbuch für Pädagogen und Psychologen, München, Basel 2000

Uffelmann, Uwe u.a. (Hrsg.), Problemorientierter Geschichtsunterricht. Grundlegung und Konkretion, Villingen-Schwenningen 1990

Völkel, Bärbel, Wie kann man Geschichte lehren? Die Bedeutung des Konstruktivismus für die Geschichtsdidaktik, Schwalbach/Ts. 2002

Voss, James F.; Wiley, Jennifer, Geschichtsverständnis. Wie Lernen im Fach Geschichte verbessert werden kann, in: Gruber, Hans; Renkl, Alexander (Hrsg.), Wege zum Können. Determinanten des Kompetenzerwerbs, Bern, Göttingen, Toronto, Seattle 1997, S. 74-90

Voss, James F.; Wiley, Jennifer, A Case Study of Developing Historical Understanding via Instruction. The Importance of Integrating Text Components and Constructing Arguments, in: Stearns, Peter N.; Seixas, Peter; Wineburg, Sam (Ed.), Knowing, Teaching and Learning History. National and International Perspectives, New York, London 2000, S. 375-389

Weidenmann, Bernd, Psychische Prozesse beim Verstehen von Bildern, Bern, Stuttgart, Toronto 1988

Zwölfer, Norbert, Die Vorbereitung einer Geschichtsstunde, in: Günther-Arndt, Hilke (Hrsg.), Geschichtsdidaktik. Praxisbuch für die Sekundarstufe I und II, Berlin 2003, S. 197-205

Michael Sauer

Verarbeitung, Dokumentation und Präsentation von Lernergebnissen

Geschichte ist schon seit langem keine Auswendiglernfach mehr. Die Lernsätze, die früher unter der Überschrift „Wir merken uns“ u.ä. am Ende der Kapitel zu finden waren, sind längst aus den Schulbüchern verschwunden. Die Abkehr von solchen rein stofflichen, vorgegebenen Mustern hat freilich oft genug zum Verzicht auf jede Form von Ergebnissicherung, Wiederholung und Nacharbeit geführt. Eine „Kultur der Verarbeitung“ gibt es im Fach Geschichte nicht. Dabei ist sie ein wesentlicher Bestandteil der im Moment so viel beschworenen Qualitätsentwicklung und Qualitätssicherung im Bereich von Schule und Unterricht. Dass man auf Dauer darauf nicht verzichten kann, zeigt sich unter anderem darin, dass die neuen Schulbücher entsprechende Tipps und Anregungen aufzunehmen beginnen – keine Merksätze, sondern spielerische Übungen oder Hinweise zum Selbstlernen.

Das Wiederholen, Festhalten und „Umwälzen“ neuerworbener Kenntnisse und Einsichten ist eine elementare Voraussetzung für den langfristigen Erfolg von Unterricht. Selbstständige Ausarbeitungen der Schülerinnen und Schüler sind dafür von besonderer Bedeutung. Um welche Form es sich auch immer handelt: Es geht darum, dass Schülerinnen und Schüler das im Unterricht, in Arbeitsgruppen oder Projekten Erarbeitete noch einmal selbstständig durchdenken, neu strukturieren und in eine eigenständige Form bringen, es auf diese Weise aufs Neue reflektieren und sich aneignen. Dazu gehören auch Haus- und Facharbeiten (➤ Üben, Hausaufgaben, Wiederholen). Aber es muss sich keineswegs nur um schriftliche Formen der Bearbeitung handeln; gerade visuelle Formen wie eine Strukturskizze oder eine Zeitleiste sind von besonderem Reiz. Auch hier spielt meist Text eine Rolle; aber er steht innerhalb eines weiteren Gestaltungskontextes und muss funktional auf ihn ausgerichtet sein. Wesentlich ist, dass das Gelernte in eine neue, andersartige, eben optisch bestimmte Gestalt gebracht, gleichsam übersetzt werden muss. Inhaltliches Verständnis und kreative Tätigkeit gehen Hand in Hand und beflügeln sich wechselseitig. Gerade die ästhetische Gestaltung kann Schülerinnen und Schüler in besonderer Weise motivieren und befriedigen. Und schließlich ist bei visuellen Verarbeitungsformen oft gemeinschaftliches Arbeiten gefragt. Wer in der Gruppe ein historisches Modell erstellen will, muss gemeinsam planen, organisieren und handeln.

Abgesehen von der Verarbeitung und „Umwälzung“ des Gelernten selber geht es aber auch um Dokumentation und Präsentation. Dokumentation bedeutet, dass das Gelernte den Schülerinnen und Schülern für spätere Nutzung, für einzelne Rückgriffe oder für weiträumigere Wiederholungen zur Verfügung steht. Präsentation bedeutet, dass Schülerinnen und Schüler andere über ihre Arbeit informieren: die Lehrkraft, die Klasse, vielleicht sogar die Schulöffentlichkeit oder die Eltern. Das hängt auch von der Reichweite der jeweiligen Präsentationsform ab: Die Strukturskizze etwa ist am ehesten für den eigenen Geschichtshefter gedacht; die Zeitleiste schmückt die Wand des Klassenraumes; die Ausstellung wendet sich an die Schul-, die Internetpräsentation sogar an eine weitere Öffentlichkeit. Indem Schülerinnen und Schüler die Ergebnisse ihrer Arbeit dokumentieren, nehmen sie selber sie wichtig; indem sie Arbeitsergebnisse präsentieren, schaffen sie die Voraussetzung dafür, das auch andere sie wichtig nehmen können. Aus der Perspektive der Lehrkraft können entsprechende Ausarbeitungen auch als Leistungsnachweise fungieren.

Solche Erarbeitungen können zu ganz unterschiedlichen Gelegenheiten stattfinden. Eintragungen in den Geschichtshefter sollten zum Standard bei den Hausaufgaben gehören. Eine Collage kann man mit vertretbarem Zeitaufwand im Unterricht selber anfertigen. Zeitaufwändige Unternehmen wie ein Modell oder eine Ausstellung sprengen in der Regel den üblichen Rahmen des Unterrichts und lassen sich nur in Projektform oder innerhalb einer Arbeitsgemeinschaft umsetzen, die dann oft von vornherein auf die jeweilige Verarbeitungsform hin konzipiert sein wird.

1. Geschichtsmappe, Geschichtshefter, Geschichtsordner

Im Geschichtsunterricht wird meist nicht nur mit dem Geschichtsbuch, sondern oft mit vielen zusätzlichen Materialien gearbeitet. Arbeitsblätter, Informationsmaterialien, Kopien von Quellentexten, Lückentexte oder Rätsel sollten nicht verknittert die Schultaschen verstopfen, sondern ordentlich und systematisch abgelegt werden. Dazu dienen die Geschichtsmappe, der Geschichtshefter oder -ordner. Vor allem aber ist dort Platz für Ausarbeitungen der Schülerinnen und Schüler (soweit sie sich von der Form her unterbringen lassen). Das können zum Beispiel Texte sein, die bei der handlungsorientierten Beschäftigung mit Quellen entstanden sind, oder kurze Zusammenfassungen eigener Recherchen. Am wichtigsten aber sind Aufzeichnungen über die Unterrichtsstunden, die die Schülerinnen und Schüler möglichst selbstständig vornehmen sollten: knappe Inhaltsnotizen, längere Protokolle, aber auch Strukturskizzen (Genaueres dazu weiter unten). Wichtig ist, dass die Schülerinnen und Schüler etwas zu Papier bringen, was der Sache gerecht wird und für sie selber später noch verständlich ist.

Bei der Führung einer Geschichtsmappe ist es mit wahllosem Abheften einzelner Blätter nicht getan; es kommt auf Übersichtlichkeit und Systematik an. Einzelne Kapitel oder thematische Einheiten sollten erkennbar sein; dazu kann man sie mit besonderen Deckblättern (Pappe, Farbe) versehen. Wenn eine Einheit abgeschlossen ist, kann man dort ein Inhaltsverzeichnis eintragen. Alle Blätter sollten eine Überschrift erhalten und datiert werden, damit man sich thematisch und zeitlich orientieren kann. Durch Unterstreichen oder Anmarkern lässt sich Wichtiges hervorheben und besser einprägen. Alle Blätter, die von der Lehrkraft ausgeteilten wie die selbsterstellten, sollten einen Rand haben, der ausreichend Raum für Anmerkungen oder Bearbeitungen bietet. Selbstgeschriebene Texte können mit dem Computer, aber natürlich auch handschriftlich verfasst werden – allerdings lesbar. Auch künstlerische Ausgestaltungen und Verzierungen sind möglich, sie sollten allerdings nicht die Funktionalität beeinträchtigen. Wichtig ist, dass die Lehrkraft die Geschichtsmappe in regelmäßigen Abständen durchsieht – nicht allein, um sie zu kontrollieren, sondern auch um zu dokumentieren, dass sie die Anstrengungen der Schülerinnen und Schüler ernst nimmt.

2. Portfolio und Projekttagebuch

Eine besondere Form der „Sammelmappe" ist das Portfolio. Das Verfahren ist vor allem im angelsächsischen Bereich und in der Schweiz verbreitet, in deutsche Schulen findet es erst allmählich Eingang. Schülerinnen und Schüler sammeln in einer Mappe oder in einem Ordner Eigenproduktionen unterschiedlicher Art. Gegebenenfalls kommentieren sie ihre Arbeiten: was sie sich vorgenommen haben, was sie erreicht haben, was ihnen die Arbeit bedeutet und warum sie diese für das Portfolio ausgewählt haben. Schülerinnen und Schüler dokumentieren und präsentieren also nicht nur ihre Arbeitsergebnisse, sondern reflektieren auch den eigenen Arbeitsgang und die eigene Lernentwicklung. Dieses Verfahren ist besonders ertragreich bei offenen Unterrichtsformen, die individuelle Wahlmöglichkeiten bei den Themen, bei den Bearbeitungsformen und beim Arbeitstempo bieten. Im Rahmen eines Projekts können Schülerinnen und Schüler auch gemeinsam ein Projekt(tage)buch erstellen, bei dem Beschreibung und Reflexion des eigenen Vorgehens einen noch größeren Stellenwert haben. Das Portfolio vermittelt auch der Lehrkraft ein genaueres Bild von den Anstrengungen und Leistungen einer Schülerin oder eines Schülers; es bildet die Grundlage für Rückmeldungen und Hilfe, Anerkennung und Bewertung. Und schließlich ist es auch ein Produkt, das man nach außen hin vorzeigen kann. Mehr noch als die „klassische" Geschichtsmappe ist das Portfolio also ein Instrument, mit dessen Hilfe sich Lernprozesse intensivieren, optimieren und reflektieren lassen.

In diese Richtung gehen auch jene Projektarbeiten und -berichte, wie sie immer wieder Tausende von Schülerinnen und Schülern im Rahmen des „Schülerwettbewerbs Geschichte" der Körber-Stiftung veranstalten und erstellen. Auch hier geht es darum, die eigene, ohnehin weitgehend eigenständige Arbeit am Schluss noch einmal für sich selbst und für andere plausibel zu beschreiben, sowohl von den inhaltlichen Ergebnissen wie vom „Forschungsprozess" her (➤ Forschend-entdeckendes Lernen).

3. Stundenaufzeichnung und Protokoll

Unterrichtsstunden zu protokollieren ist eine anspruchsvolle und aufwändige Angelegenheit. Schwierig sind vor allem Verlaufsprotokolle: Ein komplexer, in der Regel nicht unbedingt geradliniger Gesprächsverlauf muss in sachlich adäquater und stringenter Form wiedergegeben werden. Wichtiges muss von Unwichtigem geschieden werden, persönliche Wertungen gilt es zu vermeiden. Der Vorzug dieser Protokollform liegt darin, dass sie auch eine methodische Reflexion des Geschehens ermöglichst. Das Ergebnisprotokoll ist demgegenüber einfacher und knapper. Beide Formen kommen aber eher für höhere Klassenstufen infrage und zählen schon zum Bereich der wissenschaftspropädeutischen Leistungen

(➛ Wissenschaftspropädeutisches Arbeiten). Und auch hier wird man sicherlich nur wenige ausgewählte Stunden protokollieren – etwa solche, in denen es um weitläufige Überblicke und zusammenfassende Interpretationen, um Kontroversen oder Diskussionen geht. Protokolle werden von einzelnen Schülerinnen und Schülern oder von einer kleinen Gruppe verfasst und in der ganzen Klasse besprochen und ggf. korrigiert. Sie sind also eine von allen Beteiligten autorisierte, gleichsam offizielle Form der Aufzeichnung. Dass dabei auch bestimmte formale Standards (Kopf mit Datum, Thema, Name des Protokollanten, Gliederung) eingehalten werden müssen, versteht sich von selbst.

Etwas anderes als das offizielle Protokoll ist die individuelle Stundenmitschrift – oder besser Stundenaufzeichnung. Denn es geht eben nicht darum, während des Unterrichts ständig mitzuschreiben, sondern in knapper und pointierter Form das Wichtigste festzuhalten. Das kann nach einzelnen Abschnitten, am Ende der Stunde oder zuhause geschehen. Ziel ist nicht Vollständigkeit, sondern Prägnanz und Verständlichkeit. Deswegen sind auch Stichworte oder eine Skizze dafür oft schon ausreichend. Sie sollten allerdings auch formal nicht den Charakter des Vor- und Beiläufigen, sondern des Verbindlichen haben. Vorgaben der Lehrkraft – das Diktat einer kurzen Stundenzusammenfassung oder ein Tafelbild – sind gut und nützlich, können aber eigene Aufzeichnungen der Schülerinnen und Schüler nicht ersetzen. Wie schwierig eine sinnvolle Form von Aufzeichnungen zu erlernen ist, sieht man daran, dass auch Studierende oft noch endlose Vorlesungsmitschriften fabrizieren, die ihren eigentlichen Zweck – die strukturierte und übersichtliche Information – verfehlen. Beides, Protokoll und Stundenaufzeichnung, ist ein wichtiges Mittel von Qualitätsentwicklung und -sicherung – inhaltlich wie methodisch.

4. Schaubild und Strukturskizze

Beide Begriffe werden parallel verwendet und lassen sich nur schwer auseinander halten. Will man eine Unterscheidung vornehmen, ist es am ehesten sinnvoll, unter einer Strukturskizze eine rein grafisch-begriffliche Darstellung zu verstehen, während beim Schaubild auch bildhafte Elemente hinzutreten. Die Übergänge sind freilich fließend, und deshalb sollte man ruhig von einem Doppelbegriff mit einer Bedeutung ausgehen.

Strukturskizzen stellen historische Verhältnisse in abstrakter und verallgemeinerter Form dar. Ihr Zweck sind Zusammenfassung, Konzentration und Reduktion. Sie sollen Beziehungen, Zuordnungen, Hierarchien, Voraussetzungen und Folgen begrifflich verdichtet vor Augen führen. Die bekanntesten Beispiele aus dem Schulbuch sind die Verfassungs- und Gesellschaftsschemata, von Solon über die Lehenspyramide bis zur Weimarer Republik.

Die Strukturskizzen in den Schulbüchern werden den Schülerinnen und Schülern fertig präsentiert. Deren Aufgabe ist, sie zu „lesen", also in Aussagen über die dargestellten Verhältnisse umzusetzen. Diese Kompetenz darf nicht unterschätzt werden – sie wird, soweit man hinter die Klassentüren sehen kann, nur relativ selten ausdrücklich geübt. Dabei wird sie oft benötigt, denn auch im Alltag werden die Schülerinnen und Schüler häufig mit einer solchen Art der Darstellung konfrontiert.

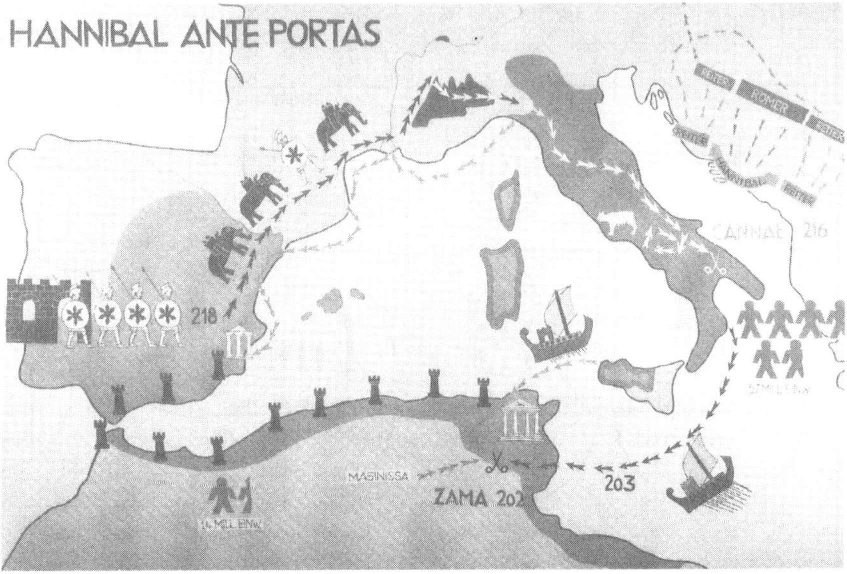

Abb. 1: *Schaubild (Bildkarte) zu Hannibals Feldzug gegen Rom aus dem Unterricht von Dietger Feiks und Werner Hoffmann (aus: Geschichte lernen, 1997, H. 59, S. 38).*

Freilich geht es hierbei nur um eine rezeptive Aktivität. Das gilt auch für das herkömmliche Tafelbild. In der Regel wird es von der Lehrkraft vorbereitet und dann fertig an der Tafel oder mit Hilfe einer Folie präsentiert. Die wichtigsten inhaltlichen Ergebnisse des Unterrichtes werden zusammengefasst und festgehalten. Die Schülerinnen und Schüler zeichnen die Skizze ab; ob sie das Dargestellte dabei noch einmal rekapitulieren, ist fraglich.

Deshalb ist es interessanter und ergiebiger, wenn Schülerinnen und Schüler selber eine Skizze zu dem entwerfen, was im Unterricht verhandelt wurde. Dafür müssen sie die Sachverhalte, um die es geht, wirklich verstanden haben; sie müssen sie so durchdenken, dass sie sie in sinnvoller Weise strukturieren können. Sie müssen Wichtiges hervorheben und Unwichtiges weglassen, mit Hilfe geeigneter Begriffe Abstraktionen vornehmen und Beziehungen zwischen einzelnen Elementen symbolisch korrekt bezeichnen. Es geht dabei nicht nur um eine kognitive Herausforderung, sondern auch um eine ästhetische: Die grafische Gestaltung muss funktional und ansprechend zugleich sein. Das alles erfordert eine intensive Beschäftigung mit der Sache. Was Schülerinnen und Schüler sich einmal in dieser Form erarbeitet und zu eigen gemacht haben, werden sie weitaus besser behalten als bei einer vorgefertigten Strukturskizze. Allerdings ist es – wie bei allen solchen Erarbeitungen – notwendig, das Ergebnis zu überprüfen und zu besprechen.

Ein Mittelding zwischen einer vorgefertigten und einer selbsterstellten Strukturskizze ist das „Halbfertigprodukt“: Die Lehrkraft kann eine Struktur präsentieren, in die dann (ggf.

auch vorgegebene) Begriffe eingefügt werden müssen (oder teilweise auch schon eingefügt sind); sie kann umgekehrt Begriffe vorgeben, die dann von den Schülerinnen und Schülern in eine sinnvolle Struktur zu bringen sind.

5. Collage

Auch bei der Collage geht es um die nachträgliche Verarbeitung und Zusammenfassung behandelter Themen. Ziel ist aber gerade nicht Abstraktion und Systematisierung. Zur Geltung kommen statt dessen subjektive Sichtweisen und Deutungen der Vergangenheit. Eine Collage ist ein Zeitpanorama, das die persönliche Ansicht von einer historischen Situation oder einer Epoche widerspiegelt und in einem Bild verdichtet. Vorbild und Beispiel dafür können die Collagen und Montagen der Dadaisten aus den 1920er-Jahren sein. Dabei lässt sich am besten mit Bildern arbeiten, die aber auch mit anderen Elementen (Schrift, Symbole, Grafik) kombiniert werden können.

Bei der Erstellung einer Collage können Schülerinnen und Schüler auf die Materialien in ihren Schulbüchern oder in Bildbänden zurückgreifen. Kopien der ausgewählten Motive werden auf ein großformatiges Blatt oder auf ein Stück Tapete aufgeklebt. Die Schülerinnen und Schüler entscheiden selber, welche Themen, Ereignisse und Personen sie berücksichtigen, wie sie die Materialien anordnen oder gewichten. Zu den Bildern können Zeichnungen, Zitate, Begriffe, Jahreszahlen, Fragen und Kommentare hinzugefügt werden.

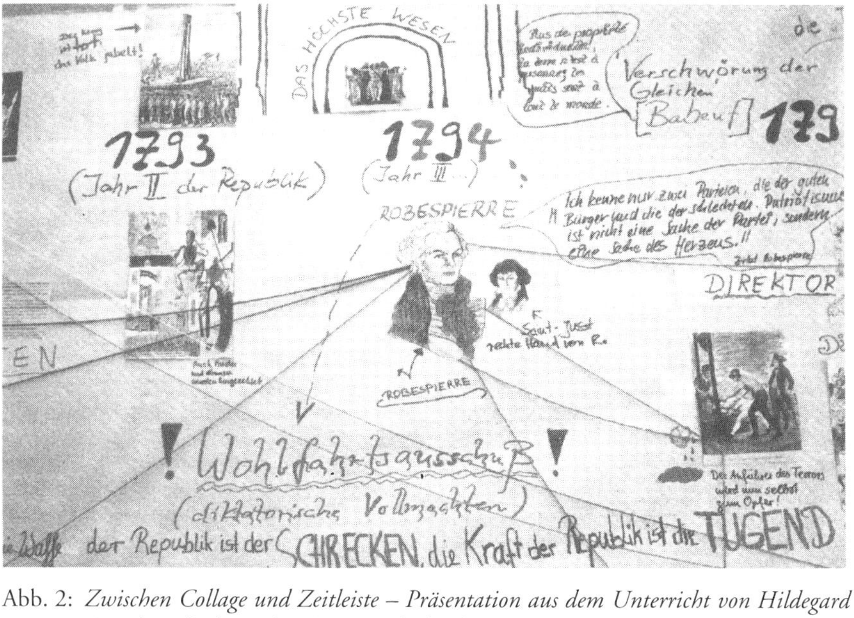

Abb. 2: *Zwischen Collage und Zeitleiste – Präsentation aus dem Unterricht von Hildegard Bartels und Claus Bloss (aus: Geschichte lernen, 1997, H. 60, S. 47).*

Eine Collage kann in Einzel- oder in Gruppenarbeit erstellt werden. Gruppenarbeit setzt Austausch und Verständigung über die Auswahl und Gestaltung der Materialien voraus. Bei der Einzelarbeit beginnt das Gespräch über die Bilder erst nach der Fertigstellung. Durch Vergleich, Nachfrage und Begründung kommen die „Geschichtsbilder“, die unter der Hand in der Collage ihren Niederschlag gefunden haben, ggf. überhaupt erst zum Vorschein und werden diskutierbar. Das Erstellen einer Collage ist also ein kreativer Prozess, der zu viel Engagement, Vergnügen, aber auch Erkenntnis führen kann.

6. Zeitleiste

Der übergreifende Sinn einer Zeitleiste liegt darin, Schülerinnen und Schülern einige für den Geschichtsunterricht grundlegende Haltungen und Fähigkeiten zu vermitteln: ein Bewusstsein von langfristigen historischen Zeitverhältnissen und Zeitabläufen; die Fähigkeit, einzelne geschichtliche Vorgänge zeitlich einzuordnen; ein allgemeines chronologisches Orientierungswissen. Je stärker heute mit thematischer Schwerpunktsetzung und „Inselbildung“ einerseits, mit exemplarischem Methodenlernen andererseits gearbeitet wird, desto wichtiger werden diese allgemeinen Orientierungsfunktionen. Die Zeitleiste erfüllt sie auch deswegen besonders gut, weil sie an der Wand des Klassen- oder Geschichtsraumes hängt und deshalb ständig präsent ist.

Vorgefertigte, käufliche Zeitleisten lassen sich dafür sinnvoll einsetzen. Aber wie bei der Strukturskizze ist die eigenständige Verfertigung einer Zeitleiste bei weitem vorzuziehen. Auch die Kombination von beidem ist möglich: Eine käufliche Überblickszeitleiste wird durch eine selbstverfertigte Epochen- oder Themenzeitleiste ergänzt und vertieft. Generell lassen sich drei Arten von selbstverfertigten Zeitleisten unterscheiden: Die *Überblickszeitleiste* kann zu Beginn des Geschichtsunterrichts eine globale Orientierung über die Erd- oder Menschheitsgeschichte vermitteln. Dafür reicht eine reine Zahlenleiste mit Markierungen in großen Schritten aus. Die *unterrichtsbegleitende Zeitleiste* wird parallel zum chronologischen Durchgang in der Sekundarstufe I entwickelt. *Spezielle Zeitleisten* behandeln einzelne Abschnitte oder Aspekte der Geschichte. Das können (wie schon erwähnt) einzelne Epochen oder noch kürzere Zeiten sein, in denen Geschichte sich in besonderer Weise ereignishaft verdichtet (z.B. die Revolution 1848/49, das Krisenjahr 1923). Es lässt sich aber auch eine thematische Zeitleiste erstellen, z.B. zur Entwicklung von Naturwissenschaften und Technik im Zuge der Industrialisierung (Erfindungen und Entdeckungen).

Von den technischen Überlegungen, die bei der Anlage einer Zeitleiste angestellt werden müssen, soll hier nicht weiter die Rede sein (vgl. dazu Sauer 1999). Unter dem Aspekt der Verarbeitung von Unterrichtsergebnissen ist die unterrichtsbegleitende Zeitleiste von besonderem Interesse. Sie wird von der Klasse parallel zum Fortschreiten des Unterrichts weiter geführt und fasst jeweils die Unterrichtsarbeit zusammen. Die Auswahl der Ereignisse, Begriffe und Personen, der Bilder und sonstigen Darstellungen wird in der Klasse gemeinsam besprochen. Die Texte werden einzeln oder in kleinen Gruppen verfasst und können wechselweise korrigiert und redigiert werden. Dabei kommt es sehr auf Kürze und Prägnanz an, denn auf der Zeitleiste steht nicht viel Raum zur Verfügung. Die

Zeitleiste ist also eine ideale Form, um Unterrichtsergebnisse selbstständig zu rekapitulieren und festzuhalten, sie verbindet inhaltliche Ausarbeitung mit ästhetischer Gestaltung. Sie ermöglicht Information und Rückbezug auf einen Blick. Und als Wandschmuck trägt sie zur individuellen Ausgestaltung und Verschönerung des Klassenraums bei. In jedem Fall ist sie ein Gemeinschaftsprodukt, das nach innen hin einen gewissen Grad von Verbindlichkeit hat und nach außen hin als Ausweis gemeinsamer Anstrengungen und Ergebnisse dienen kann.

7. Historische Zeitung

Ähnlich wie bei der Zeitleiste sind auch bei der historischen Zeitung inhaltliches Lernen, eigenes Formulieren und kreatives Gestalten miteinander verknüpft. Allerdings handelt es sich bei der Zeitleiste um eine rückblickende, gleichsam lexikalische Darstellung. Die Geschichtszeitung dagegen ist eine historische Simulation. Schülerinnen und Schüler können sich in eine historische Situation zurückversetzen und als Zeitgenossen über die Ereignisse berichten, die sich gleichsam vor ihren Augen abspielen. Dramatische Situationen und Umbruchzeiten wie die Französische Revolution, 1848/49 oder 1918/19 eignen sich dafür besonders gut, denn es gab Tag für Tag Neues und Bedeutsames zu berichten. Und Zeitungen haben dabei oft tatsächlich eine wichtige Rolle gespielt. So lassen sich sogar historische Zeitschriften als Vorbilder für die eigene Zeitung nehmen. In diesem Falle ist dann auch die politische Ausrichtung der Zeitung und damit die Perspektive, aus der die Zeitereignisse dargestellt werden, vorab festgelegt. Für frühere Zeiten scheidet dieses Verfahren natürlich aus.

Die Klasse insgesamt oder einzelne Gruppen bilden eine Zeitungsredaktion. Eine große Redaktion kann man ggf. in Ressorts unterteilen. Ansonsten arbeiten mehrere Redaktionen parallel an ein und derselben oder mehreren verschiedenen Zeitungen. Repräsentieren diese verschiedene politische Richtungen, kommt auch eine multiperspektivische Betrachtungsweise ins Spiel. Die Redaktion(en) berichtet (oder berichten) je nach Zeitsituation über wenige ausgewählte Ereignisse oder über einen längeren Zeitraum; entsprechend wird dann auch der Erscheinungstermin gewählt. Für ihre Arbeit müssen sie sich zunächst genau über das Thema informieren und geeignetes Material suchen, das eine „zeitgenössische" Sicht überhaupt erst möglich macht. Sie müssen dann passende journalistische Texte verfassen. Den sprachlichen Duktus der Zeit genau zu treffen, ist kaum möglich, zumal wenn die Szenerie nicht in Deutschland spielt. Aber die Texte sollten auch nicht zu stark gegenwartsorientiert und damit hoffnungslos anachronistisch sein. Die verschiedensten journalistischen Formen können vorkommen: Leitartikel, Bericht, Kommentar, Interview. Die Texte müssen sorgfältig nach Inhalt und Form redigiert werden. Sich an den Längenvorgaben des Layouts orientieren zu müssen, ist eine gute Übung.

Eine schwierige Aufgabe ist die grafische Gestaltung. Im Idealfall kann sie am Computer stattfinden – das setzt freilich einige Vorkenntnisse (am besten DTP-Programme) voraus und kann sehr zeitaufwändig werden. Die einfachere Variante ist die Gestaltung eines Klebeumbruchs, bei dem einzelne Textspalten (und Bilder) in ein Grundlayout eingeklebt werden. Für dieses Grundlayout sollte man eine heutige Zeitung als Vorbild nehmen. Viele Einzelheiten müssen geklärt werden: welche Schriftarten und Schriftgrößen für Text, Überschriften und Bildlegenden? Bilder müssen eingescannt werden. Texte müssen dann gleich in passender Form erfasst werden.

Eine historische Zeitung zu erstellen, ist ein technisch anspruchsvolles Vorhaben, das sich am ehesten in einem Projekt oder Kurs umsetzen lässt. Bei der Gestaltung sollte man sich nicht zu viel vornehmen, sonst droht das ganze Unternehmen daran zu scheitern. Letztlich hat die gestalterische Umsetzung ja nur dienende Funktion. Der Aufwand kann sich aber lohnen: durch starke Motivation, einen hohen Lerneffekt und die Befriedigung durch ein besonderes, vorzeigbares Produkt.

8. Geschichtsbuch

Ähnlich wie eine historische Zeitung können Schülerinnen und Schüler auch Schulbuchseiten selber gestalten. Allerdings ist der Ausgangspunkt ein anderer: Es geht nicht um die Übernahme einer zeitgenössischen Darstellungsperspektive, sondern um eine rückblickende Darstellung, also um „Geschichtsschreibung". Insofern ist die Nähe zur Zeitleiste größer. Selbst gemachte Geschichtsbuch-Seiten können einen Gegenentwurf zum „offiziellen" Geschichtsbuch bilden. Sie können aber auch ein Thema behandeln, das dort nicht vorkommt und das anhand anderer Materialien besprochen worden ist.

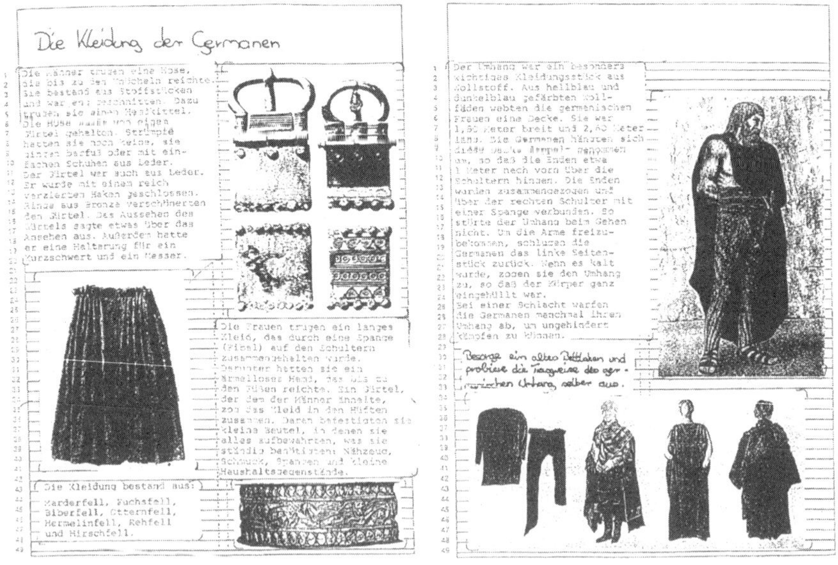

Die Kleidung der Germanen

Die Männer trugen eine Hose, die bis zu den Knöcheln reichte. Sie bestand aus Stoffstücken und war eng geschnitten. Dazu trugen sie einen Hemdkittel. Die Hose wurde von einem Gürtel gehalten. Strümpfe hatten sie noch keine, sie gingen barfuß oder mit einfachen Schuhen aus Leder. Der Gürtel war auch aus Leder. Er wurde mit einem reich verzierten Haken geschlossen. Ringe aus Bronze verschönerten den Gürtel. Das Aussehen des Gürtels sagte etwas über das Ansehen aus. Außerdem hatte er eine Halterung für ein Kurzschwert und ein Messer.

Die Frauen trugen ein langes Kleid, das durch eine Spange (Fibel) auf den Schultern zusammengehalten wurde. Darunter hatten sie ein ärmelloses Hemd, das bis zu den Füßen reichte. Ein Gürtel, der dem der Männer ähnelte, zog das Kleid in den Hüften zusammen. Daran befestigten sie kleine Beutel, in denen sie alles aufbewahrten, was sie ständig benötigten: Nähzeug, Schmuck, Spangen und kleine Haushaltsgegenstände.

Die Kleidung bestand aus:
Marderfell, Fuchsfell, Biberfell, Otternfell, Hermelinfell, Rehfell und Hirschfell.

Der Umhang war ein besonders wichtiges Kleidungsstück aus Wollstoff. Aus hellblau und dunkelblau gefärbten Wollfäden webten die germanischen Frauen eine Decke. Sie war 1,60 Meter breit und 2,60 Meter lang. Die Germanen hängten sich diese [illegible] um, so daß die Enden etwa 1 Meter nach vorn über die Schultern hingen. Die Enden wurden zusammengezogen und über der rechten Schulter mit einer Spange verbunden. So störte der Umhang beim Gehen nicht. Um die Arme freizubekommen, schlugen die Germanen das linke Seitenstück zurück. Wenn es kalt wurde, zogen sie den Umhang zu, so daß der Körper ganz eingehüllt war. Bei einer Schlacht warfen die Germanen manchmal ihren Umhang ab, um ungehindert kämpfen zu können.

Besorge ein altes Bettlaken und probiere die Tragweise des germanischen Umhang selber aus.

Abb. 3: *Ein selbst erstelltes Schulbuchkapitel aus dem Unterricht von Brigitte Dannhauser (aus: Geschichte lernen, 1992, H. 30, S. 15).*

Auch beim selbst gemachten Schulbuch geht es darum, Gelerntes in eine neue, verständliche und präsentable Darstellungsform zu bringen. Dabei gilt es, die Besonderheiten von Schulbüchern zu berücksichtigen: Es müssen nicht nur Autorentexte geschrieben, sondern auch Quellen zusammengestellt und Bilder gesucht werden. All dies ist eine lehrreiche Erfahrung und eine gute Übung im Recherchieren, Schreiben, Redigieren und Gestalten. Wie bei der historischen Zeitung ist die Gestaltung am Computer die „professionelle" Variante, aber auch der Klebeumbruch ist möglich. Ein nicht zu unterschätzender Gesichtspunkt bei einem solchen Vorhaben: Schülerinnen und Schüler lernen durch eigenes Handeln die Probleme kennen, mit denen es die „echten" Schulbuchmacher zu tun haben. Und zugleich nehmen sie ihre gedruckten Bücher nicht mehr als gegeben und unveränderbar, sondern eben als „gemacht" wahr.

9. Modell

Modelle sind leider – wie die Zeitleiste auch – im heutigen Geschichtsunterricht ziemlich aus der Mode gekommen (vgl. zu früher Ebeling 1964, 34-75). Modelle sind verkleinerte Nachbauten historischer Objekte, die in einer überschaubaren, oft auf wesentliche Gesichtspunkte reduzierten Form veranschaulicht werden. Dabei kann es sich um ein bestimmtes Objekt, z.B. ein Gebäude, oder um einen Typus handeln. Das Gebäude kann noch heute existieren, es kann aber auch völlig oder in Teilen zerstört sein; das Modell ist dann eine Rekonstruktion. Modelle können einzelne technische Geräte (eine Steinzeitaxt), ein größeres Objekt (Haus, Burg, Schiff) oder ein ganzes Ensemble (Stadt, Hafen) zum Gegenstand der Darstellung machen.

Der Sinn des Modellbaues für den Unterricht liegt in verschiedenen Gesichtspunkten: Es handelt sich um einen komplexen Planungs- und Produktionsprozess. Bei der notwendigen Recherche erfahren die Schülerinnen und Schüler viel über das Objekt, seine historische Funktion und Bedeutung. Was im Unterricht über eine Thema besprochen wurde, lässt sich in der Herstellung eines Modells anschaulich machen und gleichsam symbolhaft bündeln, vor allem dann, wenn die Schülerinnen und Schüler das Modell durch einen Kommentar oder durch Geschichten und Spielszenen in einen erzählerischen Kontext einbetten. Umgekehrt lässt sich an einem Modell auch manches direkt lernen. Das gilt vor allem für Funktionsmodelle: Wer mit einem Holzbogen wie in der Jungsteinzeit Feuer macht, vollzieht technische Problemlösungen von damals nach, erhält einen Eindruck von der Mühseligkeit der alltäglichen Existenzsicherung und kann insgesamt historische Lebensverhältnisse besser nachvollziehen. Die Gestaltung hat beim Modell einen besonders hohen Stellenwert – Schülerinnen und Schüler, die einem textlich und begrifflich orientierten Geschichtsunterricht wenig abgewinnen können, werden motiviert und kommen zum Zuge. Und natürlich ist die Erstellung eines Modells für alle Beteiligten ein Erfolgserlebnis – ein Ergebnis zum Vorzeigen und ein Schmuckobjekt für den Klassenraum.

Modelle erfordern viel Zeit und Arbeit. Deshalb sollte man sich nicht zu viel vornehmen: also nicht gleich die mittelalterliche Stadt, sondern ein Haus oder einige Häuser. In der Regel reichen die wenigen Geschichtsstunden zum Bau eines Modells nicht aus. Möglich und wünschenswert ist eine Zusammenarbeit mit dem Kunst- oder Werkunterricht. Der eigentliche Bau erfordert Vorbereitung. Die Schülerinnen und Schüler müssen sich über den Gegenstand, den sie nachbauen wollen, möglichst genau informieren. Sie können sich dabei auf Bilder, Pläne, Rekonstruktionszeichnungen und Beschreibungen stützen. Besonders anspruchsvoll ist es, ein (in der Nähe) existierendes Gebäude selber zu untersuchen (Fotos, Skizzen, Vermessung). Dann geht es um die Wahl des richtigen Maßstabs: Ein zu großes Modell ist unhandlich und erfordert zu viel Raum und Material. Ein zu kleines wird zu unanschaulich und lässt sich nicht mehr gut bearbeiten. Entsprechend dem gewählten Maßstab sollte eine Entwurfsskizze gezeichnet werden. Für den Bau selber kommen viele Materialien infrage: Ein Hausmodell etwa braucht eine Grundplatte aus Sperrholz oder Karton, dann kann mit Pappe, Holz, Styropor oder Gips gearbeitet werden. Für Mauernachbildungen und Bewuchs kann man auf Angebote aus dem Eisenbahnmodellbau zurückgreifen. Die Arbeit lässt sich auf unterschiedliche Art organisieren. Mehrere Schülerinnen und Schüler können unmittelbar gemeinsam an einem Objekt bauen, jede oder jeder kann einen Teil zu einem größeren Ganzen beisteuern (ein Haus zu einem Mittelalter-Ensemble), oder eine Gruppe bastelt arbeitsteilig im „Fließband-Verfahren" (Zeichnen, Ausschneiden, Kleben).

Beim fertigen Modell kommt es nicht auf künstlerische Perfektion an – es soll nicht mit dem Profi-Stadtmodell im Heimatmuseum konkurrieren. Zum Vorschein kommen sollte

Abb. 4: *Das Modell eines Dorfes aus dem Dreißigjährigen Krieg, erstellt im Unterricht von Helmut Papenberg (aus: Geschichte lernen, H. 65 (1998), S. 20)*

das, was zu zeigen man sich vorgenommen hat. Ratsam ist eine entsprechende Beschreibung des Objekts selber und des Bauvorgangs – auch das ist eine Form der Lernreflexion.

10. Unterrichtspräsentation

Die klassische Form, in der Schülerinnen und Schüler im Unterricht selbsterarbeitete Inhalte und Ergebnisse präsentieren, ist das Referat. In Öffentlichkeit und Wissenschaft („Poster-Session") – allerdings weniger in den Geisteswissenschaften – werden freilich immer stärker freiere, medial unterstützte Formen der Präsentation bevorzugt. Sie können auch in der Schule Anwendung finden. Als visuelle Grundlage eignen sich Schemazeichnungen, Strukturskizzen oder auch ausgewählte Abbildungen, die auf Plakaten/Postern oder sogar mit dem Beamer (ev. erstellt mit Powerpoint) präsentiert werden. Der mündliche Vortrag stützt sich auf diese Darstellung; er ist möglichst knapp, klar strukturiert und wird frei gehalten. Adressatenorientierung steht hier noch stärker im Vordergrund, als dies ohnehin beim Referat der Fall sein sollte. Wenn Darbietungen dieser Art erprobt und eingeübt werden, erhalten Schülerinnen und Schüler eine Methodenqualifikation über den Unterricht hinaus.

11. Ausstellung

Mit Hilfe einer Ausstellung lassen sich die Ergebnisse der gemeinsamen Arbeit einer weiteren Schulöffentlichkeit vor Augen führen. In gestaltungsorientierten Fächern wie Kunst oder Werken ist das ganz üblich. Der eigentliche didaktische Sinn einer Ausstellung liegt in der gemeinsamen Planung und Herstellung eines adressatenorientierten Produkts. Schülerinnen und Schüler müssen sich darüber klar werden, was an ihrem Thema für andere interessant und bedeutsam ist. Sie müssen überlegen, welche Exponate sie zeigen wollen. Das hängt natürlich davon ab, was in welcher Form bearbeitet worden ist. Prinzipiell kommt vieles infrage: historische Dokumente (Objekte, Bilder, Texte), eigene Kommentare, Fotos, Zeichnungen, Modelle. Dreidimensionale Objekte sind meist interessanter als die so genannte „Flachware". Man kommt dann allerdings nicht mit Postern oder Schautafeln aus, sondern benötigt Vitrinen (➛ Sachüberreste und gegenständliche Unterrichtsmedien).

Eine Ausstellung braucht eine klare Struktur. Geklärt werden muss, welche „Kapitel" es geben soll und wie sie zueinander in Beziehung gesetzt werden sollen. Eine Schautafel benötigt ein sinnvolles Layout: Es muss einen Blickfang und eine Überschrift geben, die ins Auge springt. Die Einzelelemente müssen ausgewählt, platziert und kommentiert werden. Eigene Texte müssen nach Inhalt und Form stimmen. Bei allem sollte man möglichst sauber arbeiten.

Eine Besonderheit dieser Verarbeitungsform liegt darin, dass sie sich ausdrücklich an andere wendet. Die Schülerinnen und Schüler müssen also Vorkenntnisse, Interessen und Verständnishorizont ihrer Adressaten berücksichtigen. Das ist noch ein Schritt mehr, als das Gelernte nur für sich selber zusammenzufassen; es muss mit Blick auf die anderen gleichsam noch ein zweites Mal geistig „umgewälzt" werden. Natürlich bietet sich ein solches Vorhaben vor allem dann an, wenn es der Schulöffentlichkeit etwas Besonderes mitzuteilen gibt. Hat die Klasse das Thema Nationalsozialismus anhand des Schulbuches erarbeitet, wird sich eine Ausstellung nicht lohnen. Hat sie sich in einem Projekt mit dem Einsatz von Zwangsarbeitern im Heimatort beschäftigt, ist das gewiss eine Ausstellung wert. In diesem Fall kann man sogar gemeinsam in der Klasse einen kleinen Ausstellungskatalog erstellen. Wiederum geht es darum, Texte zu formulieren, Fotos und Zeichnungen anzufertigen, ein Layout zu entwerfen.

12. Internet-Präsentation

Von der Ausstellung unterscheidet sich die Internet-Präsentation durch das besondere Medium und die größere Reichweite; sie nimmt eine weitere Öffentlichkeit als die der eigenen Schule in den Blick. Bei den Voraussetzungen und Arbeitsverfahren stimmt vieles überein: Eine Präsentation lohnt sich dann, wenn man etwas Besonderes mitzuteilen hat; Bilder, Texte usw. müssen sorgsam zusammengestellt und verfasst werden, immer mit Blick auf die Adressaten.

Ganz anders jedoch sind die technischen Bedingungen der Präsentation. Allerdings müssen auch hier Inhalt und Form in einem funktionalen Verhältnis zueinander stehen. Die Seiten sollen übersichtlich und leserfreundlich sein. Zu viel grafischer Aufwand lenkt vom Wesentlichen ab; ellenlange Texte, bei denen man ständig scrollen muss, will niemand auf dem Bildschirm lesen. Um ein Gefühl für eine gelungene Internet-Präsentation zu erhalten, ist es sinnvoll, sich professionelle Geschichtsseiten unter diesem Aspekt anzusehen. Ein

Abb. 5: *Von Schülerinnen und Schülern erstellte Internet-Seite aus dem Unterricht von Katja Schuster (aus: Geschichte lernen, 1998, H. 89, S. 57).*

besonderer Vorzug einer „Ausstellung" im Internet liegt in den Kommunikationsmöglichkeiten, die sie eröffnet. Dafür muss die Präsentation allerdings auffindbar sein, am besten über eine der gängigen Link-Listen oder einen Bildungsserver. Besucher können dann unmittelbar Rückmeldung geben (wenn man nicht vergessen hat, seine E-Mail-Adresse anzugeben). Mit dem, der Ähnliches gearbeitet hat, kann man sich leicht austauschen.

Der hauptsächliche Aufwand dieser Präsentationsform liegt in der technischen Umsetzung. In der Regel benötigt man dafür einige Spezialisten, entweder in der Klasse oder im Kurs selber oder außerhalb (Informatik-Lehrkraft oder -Kurs). Dass sich die Schülerinnen und Schüler oder die Lehrkraft für eine Geschichtspräsentation eigens in den Umgang mit HTML oder HTML-Editoren einarbeiten, wäre ein nicht zu vertretender Aufwand und würde das Medium wichtiger als den Inhalt machen. Wo freilich besonders günstige Voraussetzungen gegeben sind, kann diese Ausstellungsvariante eine besonders motivierende Form der Verarbeitung darstellen.

Literatur

Insgesamt:

Geschichte lernen (2003), H. 96: Leistungen dokumentieren und bewerten; darin der gleichnamige Basisartikel von Peter Adamski (S. 10-17)

Lernbox Geschichte. Das Methodenbuch, Seelze 2000

Sauer, Michael, Geschichte unterrichten. Eine Einführung in die Didaktik und Methodik, Seelze 2001, S. 245-272

Zu 2. Portfolio und Projekttagebuch:

Adamski, Peter, Portfolio im Geschichtsunterricht. Leistungen dokumentieren – Lernen reflektieren, in: GWU 54 (2003), H. 1, S. 32-50

Adamski, Peter, Portfolio für den Anfangsunterricht Geschichte, in: Geschichte lernen (2003), H. 97, S. 29-33

Brunner, Ilse; Schmiedinger, Elfriede, Leistungsbeurteilung in der Praxis. Der Einsatz von Portfolios im Unterricht der Sekundarstufe I, Linz 2001

Nádas, Elke; Nietzschmann, Renate, Erfahrungen mit Lerntagebüchern. Ein Instrument der gegenseitigen Rückmeldung und Bewertung?, in: Pädagogik 53 (2001), H. 5, S. 25-28

Schwarz, Johanna, Die eigenen Stärken veröffentlichen. Portfolios als Lernstrategie und alternative Leistungsbeurteilung, in: Qualität entwickeln: evaluieren. Friedrich Jahresheft XIX, Seelze 1996, S. 24-27

Suschnig, Hanna-Maria, Betreuung von Schülerinnen und Schülern bei der Portfolio-Arbeit im Geschichtsunterricht, Klagenfurt 1999

Winter, Felix, Ein Instrument mit vielen Möglichkeiten – Leistungsbewertung anhand von Portfolios, in: Winter, Felix; von der Groeben, Annemarie; Lenzen, Klaus-Dieter (Hrsg.), Leistung sehen, fördern, werten. Neue Wege für die Schule, Bad Heilbrunn 2002, S. 175-183

Zu 4. Schaubild und Strukturskizze:

Bühs, Roland; Weißer, Christoph, Tafelbilder im Geschichtsunterricht, in: Geschichte lernen (1992), H. 68, S. 50-53. Wiederabdruck in: Geschichte lernen Sammelband: Geschichte lehren und lernen, Seelze 1997, S. 24-27

Dörr, Margarete, Tafelarbeit, in: Pandel, Hans-Jürgen/Schneider, Gerhard (Hrsg.), Handbuch Medien im Geschichtsunterricht, Schwalbach/Ts. 1999, S. 87-145

Engelhardt, Werner, Tafelbilder Geschichte, 3 Bde., München 1995

Fink, Hans Georg u.a., Geschichte – anschaulich. Tafelbilder für die 6. Jahrgangsstufe, München 1998

Kohler, Ewald; Schuster, Jürgen, Tafelbilder für den Geschichtsunterricht, 2 Teile, 5. bzw. 6. neubearb. Aufl., Donauwörth 1994

Osburg, Florian, Tafelskizzen für den Geschichtsunterricht, Frankfurt/M. 1994

Sauer, Michael, Vom Lern- zum Denkfach. Historisches Wissen strukturieren statt Daten pauken, in: Üben und Wiederholen. Sinn schaffen – Können entwickeln. Friedrich Jahresheft 2000, Seelze 2000, S. 88-90

Zu 5. Collage:

Sauer, Michael, „Schnitt mit dem Küchenmesser". Fotomontage als Zeitpanorama, in: Geschichte lernen (1991), H. 19, S. 44-49. Wiederabdruck in: Geschichte lernen Sammelband: Geschichte lehren und lernen, Seelze 1997, S. 77-81

Zu 6. Zeitleiste:

Sauer, Michael, Die Zeitleiste, in: Pandel, Hans-Jürgen; Schneider, Gerhard (Hrsg.), Handbuch Medien im Geschichtsunterricht, Schwalbach/Ts. 1999, S. 197-208

Sauer, Michael; Garbe, Antje, Geschichte lernen – Zeitleisten. 5 Teile: 500 v. Chr. bis in die Gegenwart, Seelze 1995

Turk, Margareta, Zeitleiste und Geschichtsfries, in: Schreiber, Waltraud (Hrsg.), Erste Begegnungen mit Geschichte. Grundlagen historischen Lernens, Bd. 1, Neuried 1999, S. 607-622

Zu 7. Historische Zeitung:

Hantsche, Irmgard, Zwischen Quelle und Fiktion: Aktualisierung von Geschichte in „historischen Zeitungen", in: Henke-Bockschatz, Gerhard (Hrsg.), Geschichte und historisches Lernen. Jochen Huhn zum 65. Geburtstag, Kassel 1995, S. 71-85

Radtke, Gerhard, „Neues von damals ...". Das Projekt Geschichtszeitung 1945 –1949, in: Geschichte lernen (1993), H. 35, S. 22-25. Wiederabdruck in: Geschichte lernen Sammelband: Geschichte lehren und lernen, Seelze 1997, S. 82-85

Seeger, Michael, Patriote française. Eine historische Zeitschrift zur französischen Revolution, in: Geschichte lernen (1997), H. 60, S. 52-56

Zu 8. Geschichtsbuch:

Dannhauser, Brigitte, Schülerinnen und Schüler gestalten ein eigenes Schulbuchkapitel, in: Geschichte lernen (1992), H. 30, S. 14-17. Wiederabdruck in: Geschichte lernen Sammelband: Geschichte lehren und lernen, Seelze 1997, S. 68-70

Zu 9. Modell:

Ebeling, Hans, Zur Didaktik und Methodik eines kind-, sach- und zeitgemäßen Geschichtsunterrichts, 2. verb. Aufl., Hannover 1966, S. 136-141

Ebeling, Hans; Kühl, Hanns, Praxis des Geschichtsunterrichts 1. Unterrichtsbeispiele zur Vorarbeit in der ersten und zweiten Bildungsstufe (1.-6. Schuljahr), Hannover 1964, S. 65-75

El Darwich, Renate, Modelle, in: Pandel, Hans-Jürgen; Schneider, Gerhard (Hrsg.), Handbuch Medien im Geschichtsunterricht, Schwalbach/Ts. 1999, S. 580-590

Papenberg, Helmut, Ein Dorf im Krieg. Modellbau im Geschichtsunterricht, in: Geschichte lernen H. 65 (1998), S. 19-21

Plieninger, Konrad, „Mit Kopf und Hand" – „Praktisches" historisches Lernen. Schüler bauen Modelle im Geschichtsunterricht, in: GWU 37 (1986), H. 10, S. 619-636

Weddigen, Klaus, Ein Projekt: Römische Straße, in: Geschichte lernen (1995), H. 45, S. 54 f.

Zu 10: Unterrichtspräsentation

Kossik, Holger, Präsentationen statt Klausuren. Erfahrungsbericht aus der Sekundarstufe II, in: Pädagogik 51 (1999), H. 6, S. 43-47

Rüdebusch, Eckhard, Präsentationen als Klausurersatz. Ein Unterrichtsprojekt zum 9. November in der deutschen Geschichte, in: Geschichte lernen (2003), H. 97, S. 39-44

Zu 12. Internet-Präsentation (technische Gestaltung)

Jenks, Stuart; Tiedemann, Paul, Internet für Historiker. Eine praxisorientierte Einführung, 2., überarb. u. erw. Aufl., Darmstadt 2000, S. 159-175

Saling, Christian, Historische Internetseiten – ein Leitfaden für Anfänger, in: Geschichte lernen (2002), H. 89 S. 51-55

Gerhard Schneider

Transfer

Was Transfer ist, liest sich in einem Theoriebeitrag so: „In der psychologischen Lernforschung wird von Transfer gesprochen, wenn das Lernen einer Lernaufgabe A das Lernen einer Aufgabe B – oder allgemeiner: die Bearbeitung eines Problems B – beeinflußt. Ältere deutsche Begriffe für dieses Phänomen sind ‚Lernübertragung' oder ‚Mitübung'".[1] Andere Definitionen sind weniger formalistisch: „Transfer ist Lernübertragung, das Verfügbarmachen von Kenntnissen, Einsichten, Fähigkeiten, die in einem konkreten Lernzusammenhang A erworben wurden, für weitere Lernzusammenhänge B, C, D usw."[2] Liest man diese Begriffserklärungen, hat es den Anschein, als sei mit „Transfer" ausschließlich eine Art Formalakt gemeint, bei dem es darum geht, etwas früher Gelerntes auf später im Geschichtsunterricht behandelte Inhalte zu übertragen. Der Inhalt des Gelernten erscheint hierbei fast nebensächlich, die formale Fähigkeit des Reaktivierens geeigneter Wissensbestände hingegen scheint vorrangiges Lernziel zu sein. Das ist aber sicherlich nicht gemeint, und die genannten Autoren wissen dies auch. Aber das fast vollständige Fehlen praktischer Beispiele, wie etwa die zu transferierenden Kenntnisse usw. aussehen könnten und wie dieses Transferieren zu geschehen habe, macht es schwer, sich ein genaues Bild von dem immer wieder geforderten Transfer zu machen.[3]

Selbst bei solchen Autoren, die sehr genaue Vorstellungen von Unterricht haben, bleiben die konkreten Beispiele für Transfers recht allgemein.Bei Wolfgang Hug, der Transfer als „Vollzug von Analogieleistungen" versteht, sollen Schüler demnach „zur Festigung einer Information oder Erkenntnis diese auf analoge Fälle anwenden" können, also „Hitlers Machtergreifung z.B. mit derjenigen der italienienischen Faschisten vergleichen, und dabei Gelerntes reproduzieren und in Beziehung zu einem anderen Lernobjekt bringen. Sie können auch bei der Erläuterungen von Begriffen oder systematischen Zusammenhängen Beispiele suchen und dabei die Analogie zwischen Begriff bzw. Prinzip und konkretem Fall aufzeigen." Zum Methodentransfer schreibt Hug weiter: „Wenn Schüler z.B. eine mittelalterliche Miniatur untersucht und interpretiert haben, können sie die gleichen Fragen, Beobachtungsaspekte und Analyseschritte auf andere Beispiele der Buchmalerei des Mittelalters anwenden und das Gelernte in der Übertragung festigen."[4] Bei Joachim Rohlfes finden sich ebenfalls ein paar praktische Beispiele; so könnte „die Proklamation des uneingeschränkten U-Boot-Krieges 1917 als Markstein auf dem Weg der USA in den Ersten Weltkrieg" angesehen, „die Reichsverfassung von 1849 innerhalb der Geschichte der Menschenrechtskodifizierungen" herangezogen und schließlich „die Pariser Kommune als Verwirklichung des Rätegedankens" betrachtet werden.[5] An anderer Stelle nennt Rohlfes ein Beispiel für Methodentransfer: „Wer eine Thukydides-Stelle ideologiekritisch untersucht hat, muß dies auch in bezug auf einen Ranke-Text können; wer sich mit dem

Westfälischen Frieden beschäftigt hat, soll in der Lage sein, das dabei erworbene Wissen etwa für eine Betrachtung des Wiener Kongresses zu aktivieren."[6]

Darüber hinaus ist dem Thema „Transfer" in unterrichtspraktischen Schriften zum Geschichtsunterricht bisher nur wenig Beachtung geschenkt worden. Selbst dort, wo es nahe gelegen hätte, auf Transfermöglichkeiten hinzuweisen, nämlich in den unterrichtspraktischen Zeitschriften „Geschichte lernen", „Praxis Geschichte" und „Geschichte betrifft uns", sucht man Hinweise auf Transfers meist vergeblich. Jedenfalls habe ich bislang in keiner unterrichtspraktischen Schrift gelesen, worin das Transferwissen bestehen könnte, das – sagen wir einmal – am Unterrichtsgegenstand „Der Dreißigjährige Krieg" gewonnen werden soll und wie dieses Transferwissen an späterer Stelle des Geschichtsunterrichts sinnvoll Verwendung finden könnte. Das mag damit zusammenhängen, dass das reine Faktenwissen sich ja nicht leicht übertragen lässt. Wenn im Geschichtsunterricht nicht kategoriale Erkenntnisse gewonnen werden, wenn nicht Strukturen sichtbar gemacht werden und diese zum gesicherten Wissensbestand der Schüler geworden sind, wenn nicht zu transferierende Details in „sinnhafte Komplexe"[7] eingebunden und gespeichert sind, wird sich ein Transfer nur schwerlich herstellen lassen. Ein Transfer ist nur dann möglich, wenn bei zwei unterschiedlichen Unterrichtsinhalten ähnliche Strukturen und Relationen enthalten sind. „Nicht Einzelelemente, sondern die Struktur eines Problems wird in einer neuen Aufgabensituation wiedererkannt ... Strukturen (Ordnungen, Relationen, Regeln usw.) müssen aber zuvor aus Einzelfällen abstrahiert werden, um für künftige Probleme verfügbar zu sein."[8]

Dass Überlegungen zur Gestaltung des Transfers im Geschichtsunterricht kaum angestellt wurden, hängt auch damit zusammen, dass man dem Transfer in aller Regel nur ganz wenig Zeit meist am Ende einer Unterrichtsstunde zumisst. Oft wird in Artikulationssschemata gar von einer Transferphase (o.ä.) gesprochen, so als verfügten die Unterrichtenden im Unterrichtsverlauf tatsächlich über genügend Zeit, um Überlegungen anzustellen, welche spätere „Verwertung" oder „Anwendung" auch außerhalb der Schule der behandelnden Geschichtsstoff nahe legt. Dabei sollte man dem Transfer des Gelernten gerade deshalb besonders große Bedeutung beimessen, weil sich hier erweist, welche Bedeutung die Unterrichtsinhalte für die Schüler im weiteren Fortgang des Geschichtsunterrichts und im politischen und gesellschaftlichen Alltag haben können.

Der Transfer zwischen dem einmal Gelernten und dem später hinzukommenden Stoff oder gar das schnelle Erfassen einer Situation außerhalb der Schule, in der das im Unterricht Gelernte angewendet bzw. verwendet werden kann, verläuft sicherlich komplizierter, als wir uns dies gemeinhin vorstellen. Tatsächlich wissen wir fast gar nichts über das, was von Schülern aus dem im Geschichtsunterricht Gelernten in ihrer Lebenswelt genutzt und benutzt wird und wie sie dies tun. Von einem gelungenen Transfer ist zu sprechen, wenn historische Kenntnisse und Erkenntnisse nicht nur in neuen Lernsituationen abgerufen werden, sondern auch im Alltagsleben der Schüler (und späteren Erwachsenen) eine Rolle spielen. Transfer, so wie ich ihn verstehe, hat also immer auch etwas mit Gegenwartsbezug zu tun (➤ Gegenwarts- und Zukunftsbezug).

In vielen Fällen ist es so, dass die Unterrichtenden erst dann, wenn sie einen Überblick über den gesamten Unterrichtsstoff haben, entscheiden können, was als transferierbares Wissen anzusehen ist und was nicht. Wenn man der Überzeugung ist, dass der Geschichtsunterricht auch Wissen bereitstellen sollte, um zum Beispiel bei einer vor allem im Ausland noch heute verbreiteten Gleichsetzung von Preußentum und Militarismus geeignete Argumente zur Bekräftigung oder Infragestellung dieser Behauptung zur Hand zu haben, dann muss man dieses Ziel schon dann im Auge haben, wenn etwa die Aufklärung in Deutschland, die Preußischen Reformen der Jahre nach 1806, die Gesellschaft des deutschen Kaiserreichs, der deutsche (militärische) Widerstand gegen Hitler usw. im Unterricht behandelt werden. Wie schwierig dies sein kann, zeigt das weiter unten ausführlicher behandelte Beispiel „Germanen". Als Unterrichtender möchte ich im Unterricht über die Germanen solche transferfähigen Kenntnisse herausarbeiten, auf die Schuljahre später, wenn die völkische Ideologie der Nazis und der damit zusammenhängende Germanenkult verhandelt werden, zurückgegriffen werden kann. Nun ergibt sich aber dadurch eine gewisse Schwierigkeit, dass die Schülerinnen und Schüler, wenn die Germanen im Geschichtsunterricht „dran" sind, (je nach Bundesland verschieden) erst die 6. oder 7. Klasse besuchen. Hier wird es aufgrund des Alters der Kinder (12 bis 13 Jahre) schwer sein, bereits solche strukturellen Einsichten zu erarbeiten und zu festigen, auf die dann, wenn im 9. bzw. 10. Schuljahr der Nationalsozialismus behandelt wird, zurückgegriffen werden kann.

Transfer funktioniert nur dann (und dies gilt grundsätzlich für alle Unterrichtsfächer, denn er ist keine ausschließlich dem Geschichtsunterricht vorbehaltene Operation), wenn er regelmäßig im Unterricht geübt wird, Schülerinnen und Schüler also wissen, dass sie bei der Behandlung neuer Unterrichtsinhalte früher erworbene Kenntnisse und Fertigkeiten aktivieren sollen.

Ein besonders ergiebiges Unterfangen ist der Transfer im Rahmen des entdeckenden und forschenden Lernen. Dort ist er geradezu genuiner Bestandteil der Lernkonzeption, indem von einer Frage oder Hypothese ausgegangen wird, deren Beantwortung bzw. Bestätigung oder Zurückweisung sodann in einem meist auch an außerschulischen Lernorten betriebenen Explorations- oder Erkundungsvorhaben (=Arbeitsphase) gesucht wird. Der Transfer integriert das Gelernte sodann in das Alltagswissen der Schülerinnen und Schüler und macht es abrufbar in alltäglichen Lebens- und Arbeitszusammenhängen. Im Transfer des Gelernten in die Lebenswelt der Schüler weitet sich deren politisches Bewusstsein; er ermöglicht ihnen Einsichten, die ihnen nicht möglich gewesen wären, hätten sie sich nicht den historischen Sachverhalt in einem Explorationsprozess weitgehend selbstständig erschlossen. Zugleich fördert der Transfer die Fähigkeit, das, was gelernt wurde, bei der Behandlung neuer Unterrichtsgegenstände anzuwenden; er sorgt damit für ein erweitertes Verständnis historischer Sachverhalte.

1. Methodentransfer

Transferleistungen werden nicht nur auf dem Feld historischen Wissens, sondern auch auf dem Feld der Lern- und Sozialformen sowie der Unterrichtsmethoden erbracht. Das heißt konkret: Methodische Fähigkeiten, also einmal eingeübte Praktiken des Gruppenunterrichts, der Partnerarbeit, der Quelleninterpretation, des Rollenspiels, der Ideologiekritik, des Lesens einer Grafik oder einer historischen Karte usw. können bei der Behandlung jedes neuen Unterrichtsinhaltes meist ohne Probleme abgerufen werden. Die Schüler wissen, um ein Beispiel zu nennen, worauf es bei der Interpretation einer Quelle ankommt und auf welche Art und Weise die Quelleninterpretation am besten abzulaufen hat.[9] Dabei sollte allerdings darauf geachtet werden, dass die schon vorhandenen methodischen Fertigkeiten der Schülerinnen und Schüler durch deren neuerlichen Gebrauch nicht nur wieder in Erinnerung gerufen und damit gefestigt, sondern ggf. auch modifiziert und erweitert werden.

Beispiel: Quelleninterpretation

a) Textquellen

Bei der Interpretation historischer Textquellen werden sich bereits schon beim ersten Versuch einer solchen Interpretation ganz bestimmte Fragen ergeben, die bei jeder nachfolgenden Quelleninterpretation in identischer oder doch annähernd identischer Form immer wieder gestellt werden. Solche Fragenkataloge sind transferierbar. Es ist denkbar, sie im Klassenzimmer als Wandzeitung aufzuhängen und dort für einige Monate hängen zu lassen.

„1. Paraphrase: Was ist aus der Quelle zu erfahren? (Inhaltsangabe)
Aus welchen Teilen besteht sie? (Gliederung)
Was ist ihr Thema? (Überschrift)

Inhaltsanalyse: Was ist der Kern des Textes?
Was wird im Text behauptet oder widerlegt?
Welche Teilaspekte sind behandelt?

Begriffsanalyse: Welche Begriffe kommen mehrfach vor?
Welches sind die Schlüsselbegriffe?
Welchen Sinn gibt der Text diesen Begriffen?

Sachkritik: Enthält der Quellentext in sich Widersprüche?
Was konnte der Verfasser der Quelle wissen, was nicht?
Inwieweit ist der Text glaubwürdig?

Ideologiekritik: Wann, von wem und für wen ist der Text verfaßt worden?
Welchem Zweck sollte er (vermutlich) dienen?
Welchen Standort nimmt der Verfasser ein?“[10]

Natürlich wird man nicht bei der ersten Begegnung mit Textquellen versuchen, sogleich all diese Fragen abzuarbeiten. Vielmehr wird es zunächst darum gehen, einige Grundfragen an eine einfache Quelle zu richten, um so überhaupt einen Zugang zu ihr zu gewinnen. Erst nach und nach sollen die Schüler merken, dass man die in einer Quelle enthaltenen Informationen um so intensiver und umfassender ausschöpfen kann, je mehr Fragen man an eine Quelle zu stellen weiß. Bereits schon beim ersten Versuch einer Quelleninterpretation sollen die Schüler darauf hingewiesen werden, dass man Hilfsmittel wie Lexika und Sachwörterbücher heranziehen kann, um sich Informationen über Personen, Orte und Begriffe zu verschaffen, die in der betreffenden Quelle erwähnt werden. Später kann auf die sog. Sekundärliteratur aufmerksam gemacht werden, die den Schülern als ein weiteres wichtiges Hilfsmittel zur Vertiefung der Interpretation nahe gebracht wird.

Die nachstehende Tabelle kann bereits schon in der Grundschule eingesetzt werden (Abb. 1). An ihr können Grundkenntnisse der Quelleninterpretation gewonnen werden. Da es sich hier um eine faksimilierte Quelle handelt, die Quelle also in ihrem originalen Erscheinungsbild präsentiert wird, müssen die Schülerinnen und Schüler zunächst das Lesen der für sie ungewöhnlichen Schrift erlernen. Diese Fertigkeit sollte ein für allemal eingeübt werden, um sie bei späteren Interpretationen und bei der Lektüre älterer Bücher, die noch in dieser Schrift gedruckt sind, aktivieren zu können.

Klassen:	Knaben: I.	Knaben: II.	Mädchen: I.	Mädchen: II.
Lehrgegenstände.	Stundenzahl.			
Religion	6	6	6	4
Lesen	4	10	4	8
Deutsche Sprache und Rechtschreiben	6	—	2	—
Schönschreiben	4	4	4	2
Rechnen	4	4	4	3
Formenlehre	2	—	—	—
Welt- und Vaterlandskunde	4	—	2	—
Gesang	2	2	2	1
Weibliche Handarbeiten	—	—	8	8

Abb. 1: *Wochen-Lektionsplan für eine vierklassige Kommunal-Armenschule in Berlin 1827. Aus: Hilfe Schule: Ein Bilder-Lese-Buch über Schule und Alltag. Von der Armenschule zur Gesamtschule, 1827 bis heute, hrsg. v. einer Arbeitsgruppe Pädagogisches Museum, Berlin 1981, S. 30*

Erläuterungen:

- Die römischen Zahlen I. und II. unter den Wörtern „Knaben“ und „Mädchen“ zeigen an, dass die Klassen 1 bis 4 (= I.) und 5 bis 8 (= II.) jeweils gemeinsam unterrichten wurden.

- Die Dauer einer Unterrichtsstunde betrug damals 60 Minuten.
- Es wurde an sechs Tagen in der Woche unterrichtet.

Gegenüber der vorstehenden Quelle hat die nachfolgende einen komplizierteren Aufbau (Abb. 2). Es ist ganz bewusst ein vergleichbarer Inhalt (=Stundentafel) gewählt worden, damit es den Schülern leichter fällt, an dieser etwas komplexeren Quelle ihre vorher erworbenen Kenntnisse anzuwenden und zu vertiefen.

A. Beispiel eines Lektionsplanes für ungeteilte Schulen.
(Die mit halbfetter Schrift gesetzten Lektionen sind unmittelbar.)[1]

Stunden.[2]	Montag.	Dienstag.	Mittwoch.	Donnerstag.	Freitag.	Sonnabend.
1.	I. **Gesch. d. R. G.**[3] II. } III. } Schriftliche Uebung.	I. **Religionsl.** II. } III. } Schriftliche Uebung.	I. **Bibellesen.** II. } III. } Zeichnen	I. **Gesch. d. R. G.** II. } III. } Schriftliche Uebung.	I. **Religionsl.** II. } III. } Schriftliche Uebung.	I. **Bibellesen.** II. } III. } Zeichnen.
2.	I. Schriftl. Ueb. II. } ½ **Bibl. Gesch.** III. } ½ **Lesen u. Sch.**	I. Schriftl. Ueb. II. } ½ **Bibl. Gesch.** III. } ½ **Lesen u. Sch.**	I. Schriftl. Ueb. II. } ½ **Anschauung** III. } ½ **Lesen u. Sch.**	I. Schriftl. Ueb. II. } ½ **Bibl. Gesch.** III. } ½ **Lesen u. Sch.**	I. Schriftl. Ueb. II. } ½ **Bibl. Gesch.** III. } ½ **Lesen u. Sch.**	I. Schriftl. Ueb. II. } ½ **Anschauung** III. } ½ **Lesen u. Sch**
3.	I. } II. } III. } Rechnen.	I. } II. } III. } Rechnen.	I. } II. } III. } Rechnen.	I. } II. } III. } Rechnen.	I. **Lesen u. Spr.** II. } III. } Schriftliche Uebung.	I. } II. } III. } Gesang.
4	I. **Lesen u. Spr.** II. } III. } Schriftliche Uebung.	I. **Weltkunde.**[5] II. } III. } Schriftliche Uebung.	Handarbeiten.[8]	I. **Lesen u. Spr.** II. } III. } Schriftliche Uebung.	I. Zeichnen. II. **Lesen u. Spr.** III. Schriftl. Ueb.	Handarbeiten
5.	I. Zeichnen. II. } ½ **Anschauung**[4] III. } ½ **Lesen u. Sch.**	I. Schriftl. Ueb. II. } III. } **Sprüche und Lieder.**[6]		I. Schriftl. Ueb. II. } ½ **Anschauung** III. } ½ **Lesen u. Sch.**	I. } II. } III. } Rechnen.	
6.	I. Schriftl. Ueb. II. **Lesen u. Spr.** III. Schriftl. Ueb.	I. } II. } III. } Turnen.[7]		I. **Weltkunde.** II. } III. } Schriftliche Uebung.	I. } II. } III. } Turnen.	

Unmittelbar heißt, dass von drei Gruppen in einem Klassenzimmer (z. B. Gruppe I = 1.–3. Schuljahr, Gruppe II = 4.–6. Schuljahr, Gruppe III = 7.–8. Schuljahr) jeweils eine direkt vom Lehrer unterrichtet wurde. Die beiden anderen Gruppen wurden dann mit schriftlichen Aufgaben still beschäftigt.

Stunden zu je 60 Minuten: 1–3 vormittags, 4–6 nachmittags

Geschichte des Reiches Gottes = Biblische Geschichte sowie Kirchen- und allgemeine Geschichte

vorbereitender Sprach- und Weltkundeunterricht

5 Grundkenntnisse in Geschichte, Geographie, Biologie, Physik Chemie und Technologie

6 Bibelsprüche und Kirchenlieder

7 Turnen für Jungen

8 Handarbeiten für Mädchen

Abb. 2: *Aus den Grundlinien für die Lehrpläne der evangelischen Volksschulen des Herzogtums Oldenburg vom 20. Juni 1859 (gültig bis 1905). Aus: Sammlungen der Gesetze, Verordnungen und Bekanntmachungen etc., welche das evangelische Volksschulwesen des Herzogtums Oldenburg betreffen, hrsg. v. F. Lahrssen, 5. Aufl., Oldenburg 1901, S. 99; zit. nach Geschichtsbuch 3, Neue Ausgabe, hrsg. v. Hilke Günther-Arndt und Jürgen Kocka, Berlin 1997, S. 104*

b) Bildquellen

Auch für die Interpretation von Bildern (➤ Bildinterpretation), die mehr sind als bloße Illustrationen, lässt sich ein transferierbarer Fragenkatalog erstellen. Wie im Falle der Textquellen empfiehlt es sich auch hier, bereits beim ersten Interpretieren von Bildern damit zu beginnen und mit dem Fortgang des Unterrichts diesen zu ergänzen oder zu modifizieren. Zwei Beispiele für solche Kataloge werden hier vorgestellt, wobei der bzw. die Unterrichtende entscheiden muss, welcher Katalog bevorzugt wird bzw. der jeweiligen Lerngruppe zuzutrauen ist. Diese Kataloge haben hier jedenfalls nicht die Funktion einer Vorschrift; es kann sich als sinnvoll erweisen, wenn sie in den einzelnen Klassen nach den je eigenen Bedürfnissen und Notwendigkeiten modifiziert oder miteinander kombiniert werden. Möglicherweise kann auch so verfahren werden, dass die frühen Versuche einer Bildinterpretation nach dem etwas einfacheren ersten Beispiel unternommen werden, in den höheren Klassen dann auf das anspruchsvollere zweite Beispiel übergegangen wird. In modifizierter Form können diese Fragenkataloge auch auf die Interpretation von Denkmälern angewendet werden.

„*I. Betrachtung und Beschreibung*

Fragen zum Bildinhalt

- Welches Thema bzw. welchen Inhalt hat der Künstler gewählt?
- Welche Gegenstände oder Einzelthemen sind dargestellt?
- Wie sind diese Gegenstände oder Szenen angeordnet? Was steht im Mittelpunkt, was am Rand, was im Vorder–, Mittel- oder Hintergrund?
- Welche Stimmung vermittelt das Bild?
- Lässt sich der Standpunkt des Künstlers aus dem Bild erschließen? Welche Perspektive hat er gewählt?
- Wie groß ist seine Nähe oder Distanz zu dem Bild?

Fragen zur Form des Bildes

- Wie ist das Bild aufgebaut?
- Welcher Ausschnitt bzw. welcher Raum ist auf dem Bild dargestellt?
- Welche Linien oder Flächen werden besonders betont?
- Wie wird die Farbe in dem Bild verwendet?

Fragen zum Bild als Gegenstand

- Welches Format hat das Original?
- Welches Material (z.B. Holz, Leinwand, Papier) und welche künstlerische Technik (z.B. Ölmalerei, Holzschnitt, Fresko) wurden verwendet?
- Für welchen Ort war das Bild ursprünglich bestimmt (z.B. Kirche, Schloss, Rathaus, Buch-, Zeitschriftenillustration)?“[11]

Um zu zeigen, dass die Grundlagen der Bildinterpretation bereits in der Grundschule gelegt werden können, werden hier zwei Abbildungen vorgelegt, die im Sachunterricht der Grundschule (3./4.Klasse) bei der Beschäftigung mit dem Thema „Schule früher und heute“ eingesetzt wurden (Abb. 3, 4).[12]

Indem die Schülerinnen und Schüler bei der Interpretation der Abbildungen damit beginnen, zunächst das zu beschreiben, was sie sehen, um dann auch nach dem Symbolgehalt der Bilder zu fragen (Was bedeutet die Rute? Welche Bewandtnis hat es mit dem Eselskopf?), stellen sie fest, dass es vordergründige und hintergründige Bildinformationen

Abb. 3: *Holzschnitt aus: Rodericus Zamorensis, Spiegel des menschlichen Lebens. Augsburg, Bäumler, 1479.*

Abb. 4: *Holzschnitt von 1592 aus der Sammlung W.L. Schreiber, Potsdam. Beide Abb. aus: Emil Reicke, Magister und Scholaren. Illustrierte Geschichte des Unterrichtswesens. Düsseldorf, Köln 1971 (Nachdruck der Ausgabe Leipzig 1901), S. 50 bzw. 56.*

gibt, also solche Informationen, die verschlüsselt sind, und solche, die man auf den ersten Blick versteht. Darüber hinaus lernen sie schon hier, zwei Bilder miteinander zu vergleichen und dabei festzustellen, dass das zweite Bild zunächst unbeantwortet gebliebene Aussagen des ersten Bildes erklären kann: Das zweite Bild macht nämlich deutlich, wozu der Lehrer in der Vergangenheit die Rute verwendete. Andererseits werden sie sich beim Bildvergleich fragen, warum auf dem ersten Bild nur ganz wenige Schüler zu sehen sind, während das zweite Bild den Eindruck eines total überfüllten Klassenzimmers vermittelt. Dabei – und auch dies ist eine transferfähige Erkenntnis! – stoßen sie auf das der Bildunterschrift beigegebene Entstehungsdatum der Bilder. Sie stellen fest, dass zwischen beiden Abbildungen mehr als hundert Jahre liegen. Sollte die geringe Schülerzahl auf dem ersten Bild vielleicht darin eine Erklärung finden, dass es noch keine Schulpflicht gab, dass zu diesem Zeitpunkt möglicherweise auch noch keine Notwendigkeit bestand, in die Schule zu gehen, weil die Berufe, die für die Schüler eines Städtchens zugänglich waren, noch keine Schulkenntnisse erforderlich machten? Zugleich lernen die Schüler bereits hier, auf die fremdartige Form der Darstellung zu achten, auch wenn sie noch nicht wissen können, dass es sich hier um einen Holzschnitt handelt. Ferner erkennen sie bei dieser Bildinterpretation bereits auch schon die Grenzen ihres Interpretationsvermögens: Warum ist auf dem ersten Bild ein Mensch (Schüler?) mit Eselskopf zu sehen? Sie stellen also fest, dass man bei Bildinterpretationen genau wie bei Textinterpretationen darauf angewiesen sein kann, zusätzliche Informationsquellen zu nutzen. In diesem Fall werden wohl weniger Lexika und Sachwörterbücher hilfreich sein als vielleicht ein Blick in die Sekundärliteratur, falls nicht der Lehrer mit Hilfe eines Hinweises auf die umgangssprachliche Wendung: So ein dummer Esel! die Schüler zu der Vermutung führt, hier könnte ein Schüler, der nichts gewusst oder seine Aufgaben nicht sorgfältig gemacht hat, mit der Eselskappe gebrandmarkt worden sein. Ein Sprichwort aus dem 17. Jahrhundert lautet übrigens: „Wer faul zur Arbeit ist, ist einem Esel gleich, der aber Tugend liebt, der wird an Ehren reich.“[13] Schließlich wird man bei dem zweiten Bild den Fortgang systematischer Bildbetrachtung einüben können. Das Bild enthält viele Details, die sich nur denjenigen Schülern erschließen, die die einzelnen Szenen nacheinander beschreiben und interpretieren. Als transferfähige Erkenntnis ergibt sich daraus, dass es bei Bildbeschreibungen sinnvoll sein kann, systematisch zu verfahren und z.B. zunächst den Hintergrund und dann den Vordergrund zu betrachten oder – wie es sich bei der Betrachtung des zweiten Bildes empfiehlt – nacheinander auf die drei Gruppen einzugehen, die hier deutlich voneinander abgehoben sind, um dann die Prügelszene im Vordergrund links genauer zu betrachten. Bei dieser Vorgehensweise stoßen sie dann sicherlich auch auf die für sie überraschende Entdeckung, dass in ein und demselben Klassenzimmer mehrere Lehrer[14] gleichzeitig unterrichten. Dies lässt Rückschlüsse auf die Größe des Schulhauses zu – eine weitere transferfähige Erkenntnis, dass nämlich zur Interpretation von Texten und Bildern auch das Formulieren von Vermutungen und Wahrscheinlichkeiten gehört. Mit dieser Entdeckung des gleichzeitigen Unterrichts mehrerer Schülergruppen in einem Raum schafft man im übrigen eine Basis dafür, dass es später bei der Behandlung der Lebensverhältnisse im 19. Jahrhundert (und hier speziell des Schulwesens) zu verstehen leichter fällt, was eine ein-, zwei- oder dreiklassige Volksschule eigentlich bedeutet, nämlich die gleichzeitige Unterrichtung aller Schüler einer Gemeinde vom 1. bis zum 8. Schuljahr in einem Klassenzimmer (einklassig) oder deren Aufteilung in zwei (1.-4. Schuljahr; 5.-8. Schuljahr) oder entsprechend in drei Altersgruppen (1.-3. Schuljahr; 4.-6. Schuljahr; 7.-8. Schuljahr).

Nachstehendes Bildinterpretationsschema stammt von dem Kunsthistoriker Erwin Panofsky (1892-1968)[15]. Dieses Modell betont weniger das Nacheinander einer Folge von Interpretationsschritten, als vielmehr die Verzahnung wichtiger Aspekte der Bilderarbeitung in einer Arbeitsphase.

Vorikonographische Bildbetrachtung
Schülerreaktionen: Artikulation des „ersten Eindrucks“; spontane Äußerungen der Zustimmung oder der Ablehnung; vorläufige Äußerungen über den Bildsinn und den möglichen Erklärungsbeitrag des Bildes für den historischen Unterrichtsgegenstand. Diese Artikulationen sind aufschlussreich für die Einstellung des Betrachters, seine Gestimmtheit bzw. Vorurteile.

Systematische Befragung des Bildes
1. Erschließung des Bildinhalts: Was wird dargestellt?
2. Erschließung der ikonographischen Struktur des Bildes: Mit welchen bildlichen Mitteln wird ein historischer Sachverhalt vermittelt oder eine Aussage propagiert? Wie wird dargestellt (verwendete Farben, Symbole, Komposition)?

Ikonologische Interpretation
- Inwieweit oder aufgrund welcher Anhaltspunkte ist der Gehalt des Bildes als Ausdruck von Gedanken- und Empfindungskomplexen einer bestimmten Gesellschaftsschicht oder -klasse zu interpretieren?
- Welche Absichten verfolgen der Autor, der Veranlasser oder Auftraggeber des Bildes?
- Wie wurde das Bild von Zeitgenossen oder nachfolgenden Generationen genutzt?
- Welche Bedeutung hatte das auf dem Bild dargestellte Thema zur Zeit der Entstehung des Bildes?

2. Ereignisbezogene Transfers

2.1 Germanen

Es wäre sicherlich lohnend, einmal herauszufinden, welche Vorstellungen von „den Germanen“ heute noch immer in den Köpfen der Menschen herumgeistern. Mit dem, was als wissenschaftlich gesichert gilt, hat dies meist nur wenig zu tun. Arminius bzw. Hermann der Cherusker gilt manchen als unmittelbarer Vorfahre der Deutschen, der Germanien oder gar Deutschland befreite. Das im 19. Jahrhundert von Ernst (von) Bandel geschaffene Hermannsdenkmal bei Detmold im Teutoburgerwald bringt dieses damals verbreitete Geschichtsbild zum Ausdruck. Zwar tritt heute diese Botschaft des Hermannsdenkmals hinter dessen Bedeutung als touristische Attraktion zurück, aber antirömische Affekte bestimmen nach wie vor das gängige Germanenbild. Der Germanenkult der Nationalsozialisten lebte von solchen Vorstellungen, steigerte diese noch und integrierte sie in die eigene Ideologie und das völkische Geschichtsbild. Dabei ist nach wie vor strittig, wer „die" Germanen eigentlich gewesen sind und ob man nicht besser von verschiedenen germanischen Stämmen sprechen sollte.

- (Beispiel für einen Transfer über Fächergrenzen hinweg:) Im Deutschunterricht wird man etwa bei der Behandlung von Heinrich v. Kleists politischem Schauspiel „Die Hermannsschlacht" (1808) mit Gewinn auf Transferwissen aus dem frühen Geschichtsunterricht zurückgreifen. Dieses Tendenzstück nutzt die Kenntnis der Zuschauer über des Arminius Schlacht gegen die römischen Legionen des Varus, die deshalb siegreich verlief, weil es Arminius gelang, die Germanen gegen den Feind zu einen. Die Analogie ist offensichtlich: So wie Arminius als Führer der Germanen die Römer schlug, so seien die Deutschen jetzt zur Einheit aufgerufen, um Napoleon, den Eroberer und Unterdrükker der Deutschen, zu bekämpfen und zu besiegen. Septimius Nerva, der sich den Germanen gefangen gibt, wird erschlagen – ein Fingerzeig, wie mit gefangenen Franzosen und deren Verbündeten zu verfahren sei: „Nehmt eine Keule doppelten Gewichts!"
- Es ist sinnvoll, im Unterricht über die Germanen solche Kenntnisse zu vermitteln, die es den Schülern (und späteren Erwachsenen) ermöglichen, in der Öffentlichkeit gängigen Germanenmythen angemessen begegnen zu können.[16] Hierzu bedarf es einer mit Fortgang des Geschichtsunterrichts immer differenzierteren „Anreicherung" des Transferwissens. Konkret bedeutet dies, dass etwa im Zusammenhang mit der Behandlung des Humanismus auf Ulrich von Huttens mit antirömischen Affekten durchsetzte Schrift „Arminius" (um 1520) eingegangen wird. Wenn dann im nächsten Schuljahr die seit den Befreiungskriegen (1813-15) und dann besonders im Vormärz einsetzende Diskussion um einen deutschen Nationalstaat durchgenommen wird, kann man auf Hermann/Arminius eingehen, der für manche Zeitgenossen der Wegweiser zur nationalen Einheit angesichts der nicht überwundenen partikularen Zersplitterung gewesen ist.
- Bei der Behandlung des deutschen Kaiserreichs, den Formen seiner Selbstdarstellung und seiner öffentlichen Inszenierung kann man auch auf das im Jahr 1875 eingeweihte Hermannsdenkmal eingehen, das uns Hermann/Arminius nun nicht mehr als Gestalt zeigt, die die Zeitgenossen zur endlichen Verwirklichung der nationalen Einheit mahnt. Er wird vielmehr zum Symbol neu gewonnener nationaler Größe, der auch die Monumentalität des Denkmals (Gesamthöhe 55 m) Ausdruck verleiht. Hermann erhebt sein Schwert nach Westen, wo nun der neue Feind Deutschlands steht.
- In der 9. Klasse wird man darauf zurückkommen und auf die Selbststilisierung Hitlers als modernen Führer aller Germanen hinweisen, dessen Ziel die Vereinigung der nordischen (germanischen) Völker sei. Bei der Verwirklichung dieses Zieles werden (auch gewaltsame) Annexionen nicht ausgeschlossen. Hitler versteht sich als direkter Nachfolger des Arminius. Die Deutschen seien in zeitloser Blutsgemeinschaft mit den Germanen verbunden.

2.2 Preußen

Die nachfolgende Auflistung soll die bis auf den heutigen Tag unübersehbare Aktualität Preußens zeigen. Gleichzeitig können diese Inhaltsaspekte, die sich leicht vermehren ließen, verdeutlichen, in welchen Kontexten es sinnvoll und hilfreich sein kann, auf Transferwissen aus der Geschichte Preußens zurückgreifen zu können.

- Im Jahr 2001 hat man in Deutschland – allerdings weniger intensiv, als manche befürchteten – der Erhebung Preußens zum Königtum vor 300 Jahren am 18. Januar 1701 gedacht. Auch unter dem Gesichtspunkt, dass zum Verständnis historischer Jubiläen entsprechende Kenntnisse aus der Geschichte beitragen können, dürfte es sinnvoll sein, bei verschiedenen Unterrichtsthemen, die Preußen betreffen, transferfähige Kenntnisse zu erarbeiten. Diese Kenntnisse sollen dazu verhelfen, „das geschichtliche Phänomen Preußen aus der Sphäre emotionaler Verherrlichung ebenso herauszulösen wie aus unkritischer Abneigung.“[18]
- Da immer wieder Preußenfilme aus der NS-Zeit[19] im Fernsehen wiederholt werden, ist es auch in dieser Hinsicht sinnvoll, wenn im Unterricht Kenntnisse angeeignet werden, die zur Einschätzung des Inhalts dieser Filme, ihres ideologischen Hintergrundes und ihrer Zielsetzung beitragen. Schülerinnen und Schüler (und diese später auch als Erwachsene) sollten wissen, warum die NS-Propaganda den „Führer“ zum Vollender der glorreichen preußischen Vergangenheit stilisierten und dass mit den nationalsozialistischen Preußenfilmen das Ziel verfolgt wurde, die Bevölkerung zu der Überzeugung zu bringen, dass das geistige Fundament Preußens nunmehr Eingang in die NS-Ideologie gefunden habe. Dass dieses so vermittelte Preußenbild mit der tatsächlichen Entwicklung Preußens nur wenig zu tun hatte, sollte dann eine nicht unwichtige Erkenntnis der Betrachter sein.
- Preußen sei – so das Gesetz Nr. 46 des Alliierten Kontrollrats vom 25. Februar 1947, mit dem Preußen als Staat aufgelöst wurde – „seit jeher Träger des Militarismus und der Reaktion in Deutschland“[20] gewesen. Dass diese Sicht der Dinge einseitig ist, dürfte jedem historisch halbwegs informierten Menschen klar sein. Dennoch bedarf es fundierter Argumente, um den antipreußischen Affekt vieler Menschen gerade im Ausland begegnen zu können. Natürlich wird niemand bestreiten, dass sich in Preußen spätestens seit dem 18. Jahrhundert eine militärische Tradition ausgebildet hat, dass ferner das Militär in der preußischen Gesellschaft eine große, wenn nicht gar dominierende Rolle spielte, dass der Militarismus als positiv besetzter Wert an sich galt und dass die Reichsgründung von 1871 nicht zuletzt nach drei siegreich geführten Kriegen endlich verwirklicht werden konnte. Auch die Weltmachtpolitik, die zu betreiben Kaiser Wilhelm II. sich ab den 1890er Jahren anschickte („Platz an der Sonne“) und die den Ausbau des militärischen Potentials (Flottenrüstung ab 1898) und der Industrie zur Voraussetzung hatte, ließ Deutschland, das man im Ausland vielfach mit Preußen gleichsetzte, als rücksichtslosen Kriegstreiber dastehen.
- Bei der Behandlung der Gesellschaft des Kaiserreichs ist auf die große Bedeutung des Militärs im Staat und im gesellschaftlichen Leben hinzuweisen. Ferner wird man zum

Beweis für die bewunderte Position des Offiziers in der Gesellschaft das Bestreben weiter bürgerlicher Kreise herausarbeiten, den eigenen Kindern jene höhere Schulbildung zu verschaffen, welche die durch nichts zu ersetzende Voraussetzung für den Einjährig-freiwilligendienst (und damit für den Aufstieg zum Reserveleutnant) war.

- Bei der Behandlung des Imperialismus in seiner deutschen Ausprägung wird man auf jene Auswüchse deutscher Kolonialpolitik eingehen müssen, die in den Augen mancher deutschen und ausländischen Zeitgenossen als Ausdruck eines negativen Preußentums angesehen wurden. In diesem Kontext kann auch auf die Flottenpolitik und auf die beiden Marokkokrisen 1905 und 1911 eingegangen werden, die eine Verhärtung der Beziehungen zu England und zu Frankreich zur Folge hatten und das Deutsche Reich in den Augen des Auslands als kriegslüstern erscheinen ließen.
- Wird im Unterricht die sog. Machtergreifung der Nationalsozialisten behandelt, sollte man auf eine Interpretation des sog. „Tages von Potsdam" zur feierlichen Eröffnung des neuen Reichstags am 21. März 1933 nicht verzichten. Reichspräsident von Hindenburg in der Uniform des kaiserlichen Generalfeldmarschalls und Reichskanzler Hitler im schwarzen Cut beschworen in der Potsdamer Garnisonkirche, der Begräbniskirche König Friedrich Willlhelms I. und Friedrichs des Großen, den „Geist Preußens". Trotz allen Terrors gegen die Linksparteien hatten die Reichstagswahlen vom 5. März 1933 den Nazis noch nicht die erhoffte absolute Mehrheit gebracht. Um auch die noch nicht gewonnenen konservativen und liberalen Wähler ins eigene Lager zu ziehen, wurde von den Nazis der „Tag von Potsdam" inszeniert, um damit deutlich zu machen, dass man trotz der immer wieder lautstark propagierten „nationalen Revolution" beabsichtigte, zu den alten Werten der Zeit vor der Abdankung des Kaisers zurückzukehren.

Neben diesem Negativbild Preußens dürfen die positiven Seiten des Preußentums aber nicht unterschlagen werden.

- So war Preußen Zufluchtsort österreichischer und französischer Glaubensflüchtlinge und ein Hort religiöser Toleranz. Der Große Kurfürst Friedrich Wilhelm I. gewährte 1685 den von Ludwig XIV. aus Frankreich vertriebenen Hugenotten Aufnahme in Preußen. Im Jahr 1732 siedelten sich die sog. Salzburger Exulanten in Ostpreußen an. Religiöse Toleranz hat König Friedrich II. mehrfach persönlich proklamiert; sie hat später auch Eingang in das Allgemeine Landrecht für die Preußischen Staaten (1794) gefunden.
- König Friedrich II. („der Große") stand als aufgeklärter Fürst mit führenden (auch kritischen) Geistern Europas in persönlichem Kontakt. So weilte etwa Voltaire von 1750 bis 1753 als Gast Friedrichs II. in Schloß Sanssouci (Potsdam). Der preußische Staat sollte nach seinem Willen nach den Prinzipien der Vernunft, Toleranz und Recht-staatlichkeit regiert werden.
- In dem Philosophen Imanuel Kant (1724-1804), Professor an der Universität Königsberg von 1770 bis 1796, brachte Preußen einen der führenden Vertreter der europäischen Aufklärung hervor.
- Das preußische Bildungswesen, wie es von Humboldt und Süvern zu Beginn des 19. Jahrhunderts entworfen wurde und wie es von Preußen aus auf ganz Deutschland

ausstrahlte, hat sicherlich dazu beigetragen, dass Deutschland in der zweiten Hälfte des 19. Jahrhunderts und zu Beginn des 20. Jahrhunderts in mehreren Wissenschaften weltweit führend gewesen ist.

- Nach dem Untergang des deutschen Kaiserreichs 1918 entwickelte sich der Freistaat Preußen zu einem stabilen Staatswesen und war in der Endphase der Weimarer Republik sogar das letzte Bollwerk der Demokratie.
- Ein Großteil der Verschwörer des 20. Juli 1944 waren Offiziere, die sich in zahlreichen Äußerungen aus der Zeit des Widerstands und nach ihrer Verhaftung sowie noch unmittelbar vor ihrer Hinrichtung zu Werten bekannten, die sie selbst als aus dem Preußentum herrührend bezeichneten.

Bei jedem der angesprochenen Kapitel der preußisch-deutschen Geschichte lassen sich transferfähige Erkenntnisse über das, was man als Preußentum bezeichnet, erarbeiten. Jedes Kapitel trägt so zur Ausweitung und Differenzierung dieser Erkenntnisse bei. Wird im 9. (Hauptschule) bzw. 10. Schuljahr (Realschule, Gymnasium) auf die Auflösung Preußens hingewiesen und gefragt, warum die Siegermächte noch zwei Jahre nach dem Krieg die Auflösung eines Staates beschlossen, der faktisch schon zu bestehen aufgehört hatte, dann wird man all die als transferfähig erachteten Teilerkenntnisse früherer unterrichtlicher Beschäftigung mit dem Thema Preußentum mit heranziehen können.

2.3 Deutsche und Polen

Die 1000jährige deutsch-polnische Beziehungsgeschichte ist ähnlich durch Kriege und, daraus resultierend, durch Vorurteile und Feindbilder belastet wie die deutsch-französische Geschichte.[21] Natürlich gab es auch längere Phasen des friedlichen Zusammenlebens, des kulturellen Austausches und der für beide Seiten profitablen Wirtschaftsbeziehungen. Die Ereignisse der letzten beiden Jahrhunderte überlagern aber im kollektiven Gedächtnis beider Nationen die Tatsache, dass nicht alles, was zwischen beiden Nationen geschah, kriegerischer Natur gewesen ist.[22]

Sicher ließe sich schon bei der Behandlung der Christianisierung Polens in der 2. Hälfte des 10. Jahrhunderts und der Erhebung Gnesens zum Erzbistum im Jahr 1000 mit der deutsch-polnischen Geschichte beginnen, doch werden diese Ereignisse heute im Geschichtsunterricht kaum noch behandelt. Auch die deutsche Ostsiedlung und der Deutsche Orden, deren Bedeutung und Leistung von Polen und Deutschen sehr unterschiedlich eingeschätzt werden, sind nicht für jedes Geschichtslehrbuch relevante Unterrichtsgegenstände.[23] Interessanterweise ist Polen dann wieder ein wichtiger Unterrichtsgegenstand, als es im Jahr 1795 als selbstständiger Staat aufgehört hatte zu existieren. Zwar werden im Geschichtsunterricht heute weder die in Deutschland verbreiteten Bekundungen der Solidarität mit den polnischen Aufständischen des Jahres 1830 behandelt, noch wird man auf die Äußerungen der Sympathie für Polen in der Frankfurter Paulskirche 1848 bzw. auf die dort ebenfalls zu hörenden gegenteiligen Töne zu sprechen kommen. Erst beim Unterricht über die zentrifugalen Kräfte des Kaiserreichs wird auf die polnische Bevölkerung im damaligen Königreich Preußen bzw. im Deutschen Reich eingegangen, ferner auf die Germanisierungspolitik, den Schul- und Sprachenstreit im Rahmen der

Behandlung des Kulturkampfes. Nach Ende des Ersten Weltkriegs sollte sich zeigen, dass all die deutschen Bemühungen um eine allmähliche Liquidierung nationalpolnischer Identität gescheitert waren. Polen erstand nun wieder als Republik, ohne dass indes diese Staatswiedergründung und der territoriale Zuschnitt Polens von den Deutschen wirklich akzeptiert worden wären. Eine Revision der deutsch-polnischen Grenze, wie sie nach 1918 geschaffen worden war, blieb Ziel deutscher Politik. Es entsprach zudem einem verbreiteten deutschen Vorurteil, dass die Polen zu einer erfolgreichen Staatsgründung überhaupt nicht in der Lage seien. Die Nazis schürten derartige Vorstellungen und propagierten unter der deutschen Bevölkerung – auch unter den Deutschen in Polen – ein Gefühl rassischer Überlegenheit. Im deutsch-sowjetischen Nichtangriffspakt vom 23. August 1939 wurde die Aufteilung Polens zwischen Deutschland und der Sowjetunion beschlossen und nach der Niederlage Polens auch vollzogen. Im Zweiten Weltkrieg, von dem Polen wie wohl kein zweites Land betroffen wurde, verlor Polen rund ein Fünftel seiner Bevölkerung; das waren etwa sechs Millionen Menschen. Auf polnischem Gebiet vollzog sich auch der Holocaust der polnisch-jüdischen Bevölkerung und der von Deutschen dorthin deportierten Juden aus Deutschland und anderen europäischen Ländern. Nach dem Krieg wurden etwa sieben Millionen Deutsche aus den ehemaligen deutschen Ostgebieten vertrieben oder waren bereits zuvor von dort aus auf die Flucht gegangen. Dabei kam es zu zahlreichen gewaltsamen Übergriffen, für die Polen verantwortlich ist.

Dass eine derartige gemeinsame Vergangenheit es den nachgeborenen Generationen nicht leicht macht, die bestehenden Gräben zwischen beiden Völkern zuzuschütten und zu einer vorurteilsfreien, die Rechte des anderen respektierenden Beziehung zu gelangen, liegt auf der Hand. Insofern verwundert es nicht, dass es nach 1945 lange Zeit keine Anzeichen für eine wirkliche Verbesserung der Beziehungen gab, obwohl die Charta der Vertriebenen (1950) und der Dialog zwischen deutschen und polnischen Bischöfen in den 1960er Jahren, dann vor allem der deutsch-polnische Vertrag von 1971 und der berühmte Kniefall Willy Brandts in Warschau deutlich machten, dass die deutsch-polnischen Beziehungen auf ein neues Fundament gestellt werden sollten. Dass es nicht schnell zu einer Normalisierung der Beziehungen oder gar zu einer Aussöhnung kam, hing natürlich auch damit zusammen, dass in der Zeit des Kalten Krieges die Sowjetunion kein Interesse hatte, die Verständigung zwischen (West-)Deutschen und Polen zu fördern.

Was ist nun aus der langen deutsch-polnischen Beziehungsgeschichte als transferfähiges Wissen zu betrachten? Dieses festzustellen ist wichtig, weil solches Wissen dazu beitragen könnte, die in der deutschen Bevölkerung noch immer bestehende Vorurteile abzubauen bzw. das verbreitete, meist falsche Polenbild zu revidieren. Hier seien einige Stichwörter genannt, die das deutsche Polenbild kennzeichnen:

- „polnische Wirtschaft" (Euphemismus für Durcheinander, mangelnde Effizienz, Sauberkeit und Ordnung)
- „Polenmärkte" (billige Waren, möglicherweise auch verschobene Produkte, die von Polen zeitweise in verschiedenen deutschen Großstädten feilgeboten wurden)
- (übertriebene) katholische Frömmigkeit (hierfür steht auch der aus Polen stammende Papst Johannes Paul II.)

- polnische Saisonarbeiter (sie gelten als fleißig und zuverlässig und sind bereit, vor allem in der Landwirtschaft beim Spargelstechen und bei der Obsternte für einen geringeren Lohn zu arbeiten, als dies deutsche Arbeiter tun würden)
- polnische Schwarzarbeiter (arbeiten für Löhne, die weit unter hier üblichen Tarifen liegen)
- Autodiebstähle von Polen (Vorurteil, das zeitweise auch von Harald Schmidt in seiner Show mit entsprechenden Sprüchen bedient wurde)
- polnische Höflichkeit (man macht sich gerne lustig über die in Polen noch immer gepflegte Praxis des Handkusses)

Dieses Polenbild ist sehr stark geprägt von der Überzeugung der Deutschen, den Polen kulturell überlegen zu sein. Diese Überzeugung wird bereits von der missionarischen und zivilisatorischen Leistung des Deutschen Ordens im Mittelalter hergeleitet. Er habe Polens Christianisierung vorangetrieben und der Wirtschaftsentwicklung starke Impulse verliehen. Für viele Polen hingegen wird der Deutsche Orden nach wie vor mit einer brutalen Machtpolitik und mit der deutschen Expansion nach Osten gleichgesetzt. Um die Vorstellung nicht weniger Deutschen von der eigenen kulturellen Überlegenheit zurecht zu rücken, könnte etwa bei der Behandlung der polnischen Aufstände gegen die russische Oberherrschaft in der ersten Hälfte des 19. Jahrhunderts auf die entstehende polnische Nationalliteratur hingewiesen werden. Adam Mickiewicz (1798-1859) mit seinem Nationalepos „Pan Tadeusz" (1834, dt. 1836) und Henryk Sienkiewicz (1846-1916) mit seinen historischen Romanen, darunter den Christenverfolgungsroman „Quo vadis?" (1894-96; dt. 1898), wurden auch in Deutschland gelesen. Sienkiewicz erhielt 1905 den Nobelpreis für Literatur. Aus Polen stammt der bedeutende Musiker Chopin; die ebenfalls aus Polen stammende Chemikerin und Physikerin Marie Curie (1867-1934) erhielt für ihre bedeutenden Leistungen auf diesen Gebieten 1903 und 1911 zweimal den Nobelpreis.

Das noch heute verbreitete deutsche Polenbild dürfte seine Prägung wesentlich in den Jahren nach 1871 erfahren haben. Man wird daher beim Unterricht über das Deutsche Kaiserreich (und hier vor allem bei der Behandlung des Kulturkampfes) jene Aspekte herausarbeiten, die für die Entstehung dieses vorurteilsbehafteten Polenbildes mit verantwortlich gewesen sind. Die deutsch-polnische Beziehungsgeschichte wird in dieser Zeit als ein Jahrhunderte langes Nebeneinander zweier rivalisierender Nationen gesehen. Um seiner nationalen Selbstbehauptung willen seien die Deutschen immer wieder genötigt gewesen, sich gegen die Polen und das Slaventum zu behaupten. Der deutsche Orden habe als erster diesen Kampf geführt. Dieser und die deutsche „Ostkolonisation" hätten in Polen als Kulturbringer gewirkt, was jetzt auch als Begründung für Herrschaftsansprüche gesehen wurde. Es entsteht in dieser Zeit ein Feindbild, in dem die rassisch-völkische und kulturelle Überlegenheit der Deutschen stark dominiert. Wenn der Deutsche Orden im Kaiserreich ein derartiges Gewicht bei der Ausbildung unseres nationalen Geschichtsbildes sowie unseres Feindbildes von „den Polen" hatte, dann ist nicht zu verstehen, warum dieser Sachverhalt im Geschichtsunterricht heute nicht mehr behandelt wird, zumal der Deutsche Orden auch in der polnischen Literatur jener Zeit eine nicht unbedeutende Rolle spielte. Die Schlacht bei Tannenberg (oder, wie die Polen sagen: bei Grunwald) im Jahr

1410, in der der Deutsche Orden eine vernichtende Niederlage gegen das vereinigten polnisch-litauische Heer unter König Wladislaw Jagiello erlitt, ist für das Selbstverständnis der Polen bis heute von großer Bedeutung. Das Plakat aus dem Jahr 1945 (Abb. 5) stellt den Sieg des Jahres 1945 in die Tradition des polnischen Sieges gegen den Deutschen Orden im Jahr 1410. Welches Trauma diese Schlacht noch 500 Jahre später darstellte, zeigt die Tatsache, dass die Schlacht vom 26. bis 30. August 1914 in Ostpreußen zwischen deutschen Truppen unter Hindenburg und russischen Truppen unter Samsonow auf Vorschlag Hindenburgs als Schlacht bei Tannenberg in die Geschichtsbücher einging, obwohl sie viel berechtigter Schlacht bei Ortelsburg, Allenstein oder Neidenburg gehießen hätte. Offensichtlich sollte mit dem Sieg vom August 1914 die Schmach des Jahres 1410 getilgt werden.

Auf dieses Transferwissen müsssten zurückgegriffen werden können, wenn im 9. Schuljahr die nationalsozialistische Polenpolitik zur Behandlung ansteht. Nicht nur, dass der umstandslosen Aufteilung Polens zwischen Deutschland und der Sowjetunion die verbreitete Vorstellung entspricht, die Polen seien zu einer Staatsbildung auf Dauer gar nicht fähig; auch in der Heranziehung von ca. 1,7 Millionen Polinnen und Polen zur Zwangsarbeit in der deutschen Kriegswirtschaft und in der Subsumierung der Polen unter das rassistische Etikett „slawische Untermenschen" ist der alte Gedanke präsent, die Polen seien gegenüber den Deutschen kulturell weit unterlegen und rassisch minderwertig. In den Augen der Polen stand der Überfall auf ihr Land am 1. September 1939 in der Kontinuität deutscher Aggressionen und deutscher Expansion seit dem Mittelalter. An die Stelle der Germanisierungspolitik im Kaiserreich trat jetzt nach der Besetzung Polens der Ausschluss der polnischen Bevölkerung von jeglicher höheren Bildung und die weitgehende Vernichtung der intellektuellen Führungsschicht.

Die Kenntnis dieser Maßnahmen sowie die „Behandlung" der Polen durch die deutsche Besatzung in den Jahren 1939 bis 1944/45 sind als Transferwissen in Anwendung zu bringen, wenn auf das Thema „Flucht und Vertreibung" der deutschen Bevölkerung aus den deutschen Ostgebieten und aus ihren Wohnstätten auf polnischem Gebiet eingegangen wird. Diese Vertreibungen unter oft menschenunwürdigen Begleitumständen stellten zweifellos ein schweres Verbrechen dar, zumal in nicht wenigen Fällen von Polen „alte Rechnungen" beglichen wurden; man wird diese Verbrechen, die oft aus aufgestauten Rachegefühlen resultierten, in etwas milderem Licht sehen, waren sie doch eine Folge der den Schülern bekannten zahllosen Verbrechen der deutschen Seite. Schließlich wird dieses Transferwissen aktiviert werden können, wenn im Unterricht der Frage nachgegangen wird, warum die deutsch-polnische Aussöhnung beiderseits von staatlicher Seite so lange nicht intensiv betrieben wurde. Die Deutschen wollten nicht akzeptieren, dass sie kollektiv für die NS-Verbrechen verantwortlich und haftbar gemacht wurden. Überdies wollten die Vertriebenen ihr Recht auf Heimat nicht aufgeben. Von polnischer Seite wurde der wirtschaftlich wieder mächtige deutsche Nachbar als nach wie vor unberechenbar und gefährlich eingeschätzt. Zudem wurde befürchtet, Deutschland könnte die Grenzfrage als noch offen ansehen und eine Revision der Oder-Neiße-Linie als Grenze anstreben.

Abb. 5: *Aus: Habt Ihr vergessen? Plakate gegen Gewalt, Diktatur und Krieg aus dem Polnischen Plakatmuseum Warschau, hrsg. v. der Katholischen Akademie Hamburg und der Kulturbehörde Hamburg, Hamburg 1983, S. 49, Tafel Nr. 17*

3. Transfer begrifflich-kategorialen Wissens

Besonders gut für Transfers bieten sich solche historischen Sachverhalte an, die nicht ereignisbezogen sind, sondern Phänomene umschreiben, die in nahezu allen im Geschichtsunterricht zu behandelnden Unterrichtseinheiten wiederkehren. Hierzu zählen etwa Herrschaft, Arbeit, Alltag, Konflikte.

Viel schwieriger und gelegentlich gar problematisch ist der Transfer begrifflich-kategorialen Wissens. Auf die Problematik hat Rohlfes hingewiesen: „Die an der attischen Demokratie des Perikles gewonnene Vorstellung eines demokratischen Staatswesens kann auch auf die römische Republik, das England des 17. Jahrhunderts, die Weimarer Republik angewandt werden, allerdings mit so erheblichen Einschränkungen und Modifikationen, dass das Maß des jeweils Gleichen kaum das des Ungleichen übertrifft. Unverändert bleibt bei solcher Übertragung so etwas wie ein gemeinsamer Begriffskern, eine Art Grundschema. Worin dieses tertium comparationis besteht, lässt sich konkret schwer ausdrücken und wird erst bei gehöriger Abstraktion greifbar. In der Schule kann man dergleichen wohl kaum erörtern. Doch können die Schüler an Beispielen sehen, wie weit solche Transfers tragen und wo ihre Grenzen liegen: Man denke an Erörterungen etwa darüber, ob und inwiefern der

Begriff ‚Staat' auf mittelalterliche Herrschaft Anwendung finden kann oder ob es angebracht ist, von einem ‚römischen Imperialismus' zu sprechen."[24] Wie problematisch kurzschlüssige Transfers sein können, zeigt auch die beliebte Praxis, etwa den Stadtrat einer mittelalterlichen Stadt mit dem ebenso genannten Gremium einer modernen Stadt in Beziehung zu setzen, so als sei letzteres aus ersterem herausgewachsen. Dies ist aber so nicht richtig, weil der Stadtrat einer mittelalterlichen Stadt keinesfalls ein die gesamte Bevölkerung der Stadt repräsentierendes Organ gewesen ist. Nur in der sehr allgemeinen Form, dass der Stadtrat der mittelalterlichen Stadt ein kommunales Organ gewesen ist, in dem politische, wirtschaftliche, juristische u.a. Entscheidungen zum Besten der Stadt getroffen wurden, lässt sich hier ein Transfer vornehmen.

3.1 Arbeit

Arbeit ist zu allen Zeiten ein wesentlicher Bestandteil menschlicher Existenz gewesen. Sie dient der Sicherstellung des Lebensunterhaltes und zugleich der Herstellung von Tausch- und Gebrauchswerten. Es gibt unterschiedliche Formen von Arbeit: Arbeit zur Subsistenzsicherung; freie Arbeit oder erzwungene, abhängige, anderen erbrachte Arbeit; wertvolle bzw. gut bezahlte oder gewürdigte Arbeit und schlecht bezahlte, weniger angesehene, verachtete Arbeit; Arbeit von Kindern, Frauen und Männern; selbstbestimmte, befriedigende Arbeit und entfremdete Arbeit; Konflikte im Zusammenhang mit der Arbeit: Streik, Aussperrung, Recht auf Arbeit, Pflicht zur Arbeit; Arbeit, Feierabend, Freizeit, Fest; Erziehung zur Arbeit usw. Die hier genannten Aspekte zielen in erster Linie auf die Arbeit im primären und sekundären Sektor (Landwirtschaft und Handwerk/Industrie). Daneben sind aber auch die geistige Arbeit und die Arbeit im Dienstleistungssektor zu berücksichtigen.

Es versteht sich von selbst, dass nicht alle Aspekte von Arbeit gleich umfangreich im Geschichtsunterricht behandelt werden können. Dies hängt auch damit zusammen, dass es ein systematisches Thema „Arbeit" im Geschichtsunterricht bislang nicht gibt.[25] Aber schon mit der beginnenden Arbeitsteilung im Zuge der neolithischen Revolution und der damit verbundenen erhöhten Produktivität wird ein Aspekt von Arbeit angesprochen, der mit Fortgang des Unterrichts immer weitere Vertiefungen erfährt. Es handelt sich beim Thema „Arbeit" also um ein Strukturphänomen, dessen transferfähigen Gehalte sich von ersten bescheidenen Aspekten bei der genannten Behandlung der neolithischen Revolution an ausweiten und immer weiter differenzieren.

Die Hochkulturen des Altertums verachteten die körperliche Arbeit oder betrachteten sie als Fluch. Arbeit war Sache der unteren Schichten, vor allem der Unfreien und Sklaven. Diese Einstellung zur Arbeit änderte sich unter dem Einfluss christlicher Denker des Frühmittelalters. Wird im Geschichtsunterricht die Entstehung der Klöster im 6. Jahrhundert behandelt, so könnte hier gezeigt werden, wie sich dieser Bewusstseinswandel niederschlug: Die Klöster waren Zentren der Arbeit, die Arbeit selbst gottgefälliges Tun, wobei die körperliche Arbeit in den Klöstern meist von Laienbrüdern (sie haben zwar die Profess abgelegt, aber keine Weihen erhalten), die geistige und künstlerische Arbeit (Herstellen von Abschriften und Übersetzungen, Anlage von Annalen und Chroniken, Buchmalereien usw.) hingegen von Mönchen erbracht wurde. Aus der Beschäftigung mit der mittelalterlichen Grundherrschaft könnte als transferfähige Erkenntnis die Unterscheidung von „freier und unfreier Arbeit" gewonnen werden. Systematisch gesehen geht es hier um die Organisation der Arbeit und um die Arbeitsbedingungen. Diese Gesichtspunkte werden auch bei der Beschäftigung mit später vermittelten Unterrichtsinhalten immer wieder angesprochen. Im Rahmen der Unterrichtseinheit „Stadt im Mittelalter" (und hier bei der Beschäftigung mit den Zünften) wird man den bereits transferierten Wissensbeständen den jetzt neuen Aspekt Arbeitsverständnis oder Arbeitsethos hinzufügen und darauf verweisen, dass bzw. wie Arbeit das Selbstverständnis des städtischen „ehrbaren" Handwerkers bestimmte. Ferner tritt hier der Gesichtspunkt „Absatz- und Profitorientierung" als Element und Ziel städtischen Arbeitens hinzu. Auch auf Arbeitskämpfe als ein immer wiederkehrendes Phänomen am Arbeitsplatz, charakterisiert als mehr oder weniger gewaltsame Auseinandersetzung zwischen „Arbeitgebern" (Meistern) und „Arbeitnehmern" (Gesellen), wird man hier hinweisen und diesen Gesichtspunkt als wichtiges Transferwissen festhalten. Bedeutsam für das spätere Verständnis von Arbeit ist die jetzt einsetzende Spezialisierung der Handwerker und die damit einher gehende Berufsteilung und Arbeitszerlegung. Mit der Reformation wird ein neuer Aspekt des komplexen Phänomens Arbeit sichtbar: (Körperliche) Arbeit sei den Menschen von Gott als Buße nach dem Sündenfall auferlegt worden. Indem die Menschen sie ergeben annehmen und sich als arbeitsam erweisen, haben sie die Möglichkeit, zu Gott zurückzukehren. Müßiggang sei der Anfang allen Übels. Luther bezeichnete es als Bedürfnis, dass die Bettelei in der ganzen Christenheit abgeschafft würde.[26] Ein besonderes Arbeitsethos entwickelte sich unter den Calvinisten: Der aus rastloser Arbeit resultierende Erfolg im Berufsleben gilt als Anzeichen dafür, dass Gott einen zur Seligkeit und nicht zur ewigen Verdammnis auserkoren habe. Um sich dieser Gunst des Erwählten auch weiterhin sicher zu sein, werden gewaltige Anstrengungen unternommen. Die Arbeit wird zum alles beherrschenden Inhalt, ja, zum Selbstzweck des Lebens. Das Ausruhen auf dem Besitz und der Genuss des Reichtums gelten als sittlich verwerflich.

Arbeit, ehedem verachtet, wandelte sich im 17./18. Jahrhundert jetzt zu einer beglückenden Tätigkeit der Menschen. Sie sei Quelle allen Reichtums und ermögliche die Befriedigung ständig wachsender Bedürfnisse. Arbeit ist nicht mehr nur die manuelle und körperliche Tätigkeit; alle Tätigkeiten, die erwerbsorientiert sind, versteht man jetzt als Arbeit. Mit dem Siegeszug der Industrialisierung und der Entwicklung der kapitalistischen Produktionsweise vollzieht sich die Trennung von Erwerbstätigkeiten, die im allgemeinen außerhalb der Wohnung geleistet werden, und der nicht entlohnten Hausarbeit, die meist Frauen oblag. In den Fabriken musste sich der Arbeiter jetzt den oft lebenszerstörerischen Bedingungen der industriellen Produktion unterwerfen. Wie bereits zuvor, jetzt aber noch nachdrücklicher wird Arbeit wesentlich bestimmt durch den technologischen Standard, also durch die Entwicklung der Arbeitsmittel. Dabei zeigt sich, dass der technische Fortschritt keineswegs zwangsläufig eine Verbesserung der Arbeitsbedingungen zur Folge hatte. Auch die Annahme, dass durch die Reduzierung der körperlichen Arbeit und nach Übernahme besonders schwerer Arbeiten durch Maschinen und Automaten die den Arbeitern abverlangte Arbeitsleistung geringer und leichter zu erbringen sei, ist nicht zutreffend. Die Anforderungen an die Konzentration und an die Leistungsfähigkeit der Menschen, überhaupt die besonderen nervlichen und organischen Belastungen durch oft monotone Arbeitsprozesse sind seit der Industriellen Revolution noch angestiegen. Vielfach müssen die Menschen entfremdete Arbeit verrichten.

Man entdeckt also einen elementaren Unterschied zwischen vorindustrieller und industrieller Lebens- und Arbeitswelt, wird auf die Aspekte von Frauenarbeit und Kinderarbeit in der Industrie zu sprechen kommen, ferner auf die Entstehung der Arbeiterbewegung, auf die Forderungen der Arbeiter und ihre Kampfformen und auf die schließlich Platz greifenden sozialen Errungenschaften, die allmählich zu einer Humanisierung der Arbeitswelt führen. Heute scheint uns, wie dies schon Hannah Arendt vor Jahrzehnten prognostizierte, die Arbeit auszugehen, ohne dass wir uns der „höheren und sinnvolleren Tätigkeiten" erinnerten, „um derentwillen die Befreiung sich lohnen würde."[27]

3.2 Krieg und Kriegserfahrung

Kriege sind bis auf unsere Tage ein beherrschendes Phänomen der Menschheitsgeschichte. Friedensforscher haben festgestellt, dass es seit dem Ende des Zweiten Weltkriegs, von dem die Parole „Nie wieder Krieg!" ausgegangen war, bereits wieder annähernd 200 bewaffnete Auseinandersetzungen in der Welt gegeben hat. Zum Zeitpunkt, da ich diese Zeilen schreibe, werden gerade drei große Kriege geführt: im Nahen Osten zwischen Israel und den Palästinensern, ferner in Afghanistan und im Irak.

Niemand wird heute die Geschichte im Geschichtsunterricht in erster Linie als Kriegsgeschichte vermitteln wollen. Dennoch: Eine Reihe von Kriegen hat die Weltgeschichte so sehr mitbestimmt, dass sie im Geschichtsunterricht behandelt, ja, teilweise sogar ausführlich behandelt werden müssen. Ein verbreitetes Geschichtslehrbuch[28] widmet folgenden Kriegen, von den Zeiten der Griechen bis in die Gegenwart vorwärtsschreitend, jeweils ein eigenes Kapitel:

> Die Perserkriege, der Feldzug Alexanders des Großen gegen die Perser, die drei Punischen Kriege zwischen Römern und Karthagern, der Krieg um das Erbe Caesars, Kampf zwischen Römern und Juden im 1. und 2. Jh. n.Chr., Kriege der Völkerwanderungszeit (Goten, Hunnen, Römer, Franken usw.), Kriege im Zuge der Ausbreitung des Islam, die Kreuzzüge, innerstädtische Kämpfe zwischen Patriziern und Handwerkern im Mittelalter, Krieg der Türken gegen das oströmische Reich und die Eroberung Konstantinopels, Ketzerverfolgung durch die Kirche, die Eroberung Mittel- und Südamerikas durch die Spanier, der Bauernkrieg, die französischen Religionskriege 1562-1598, Niederländischer Freiheitskrieg gegen Spanien, der Dreißigjährige Krieg, das Heerwesen zur Zeit Ludwigs XIV., das preußische Heerwesen im 18. Jh., der Siebenjährige Krieg in Europa und in Nordamerika, der Unabhängigkeitskrieg in Nordamerika, die Revolutionskriege ab 1792, Napoleonischen Kriege und der Befreiungskrieg, die Revolution von 1848 und ihre militärische Niederlage 1849, der „Nationalkrieg" Italiens (Sardinien-Piemont im Bündnis mit Frankreich gegen Österreich), der Deutsch-Dänische Krieg 1864, der Preußisch-Österreichische Krieg 1866, der Deutsch-Französische Krieg 1870/71, kriegerische Auseinandersetzung um die und in den Kolonien, Aufstand und Vernichtung der Hereros und Namas in Deutsch-Südwest-Afrika, Balkankriege 1912 und 1913, der Erste Weltkrieg, Bürgerkrieg in Rußland 1919-1921, Putsche und bürgerkriegsähnliche Zustände in Deutschland 1918/19-1923, der Zweite Weltkrieg, der Kalte Krieg, Palästinakrieg 1948/49 und spätere Kriege im Rahmen des Nahost-Konflikts, der Korea-Krieg, Aufstand in Ungarn 1956, die

Kuba-Krise 1962, Unterdrückung des Prager Frühlings 1968, Krieg in Jugoslawien ab 1991, der Golf-Krieg 1991, „Kriege und Spannungen in der Welt 1994/95“[29].

Weniger ausführlich, gelegentlich auch nur beiläufig werden in dem genannten Geschichtslehrbuch folgende weitere Kriege erwähnt:

Der Peloponnesische Krieg, Krieg der Kelten gegen die Römer 387 v. Chr., Krieg in Nordafrika 111 v. Chr., Krieg der Römer gegen die Kimbern und Teutonen seit 113 v. Chr., Kriege Caesars in Gallien, Bürgerkrieg zur Zeit Caesars, Schlacht im Teutoburger Wald 9 n. Chr., Krieg zwischen Konstantin d.Gr. und Maxentius (312), Normannen- und Ungarneinfälle (9. und 10. Jh.), Kämpfe zwischen Staufern und Welfen, Krieg der Hanse gegen Dänemark, Zurückschlagung der Türken in der ersten Hälfte des 16. Jh.s, Französisch-Habsburgische Kriege in den Jahren zwischen 1521 und 1556, der Spanische Erbfolgekrieg 1701-1713/14, der Nordische Krieg 1700-1721, die beiden Schlesischen Kriege 1740-1742 und 1744-45, Bürgerkrieg in Polen 1768-1772, Krimkrieg 1853-56, „Boxer“-Aufstand in China 1900, Japans Krieg gegen China 1894/95 und gegen Rußland 1904/05, Suez-Krieg 1956, Kriege im Kontext der Auflösung der Kolonialreiche, der Vietnam-Krieg.

Diese Auflistung mag auf den ersten Blick überraschen. Wahrscheinlich lässt sich in den Geschichtslehrbüchern kein anderes Phänomen finden, das ähnlich häufig erwähnt wird wie die Kriege. Dass selbst in einem entschieden sozialgeschichtlich orientierten Schulbuch, das überdies umfangreiche Kapitel zur Alltagsgeschichte, zur Frauengeschichte, zur Kulturgeschichte enthält, fast 100 Kriege, kriegerische Auseinandersetzungen, dazu Kapitel zu Heeresreformen, zur Militarisierung des Bewusstsein u.ä. mehr oder weniger ausführlich dargestellt werden, macht deutlich, welches Gewicht Kriege im Verlauf der Menschheitsgeschichte gehabt haben. Die Unterschiedlichkeit der oben aufgeführten Kriege macht zugleich auch die Schwierigkeiten deutlich, brauchbares Transferwissen zu entwickeln: Krieg ist offensichtlich nicht gleich Krieg; sie haben unterschiedliche Ursachen, erfahren unterschiedliche Begründungen, nehmen einen unterschiedlichen Verlauf, sind also von unterschiedlich langer Dauer und Intensität und haben unterschiedliche Konsequenzen – um nur einige Aspekte zu erwähnen, welche die Unterschiedlichkeit der Kriege deutlich machen. Kriege können Verteidigungs- bzw. Angriffskriege sein; man spricht von Raubkriegen, von Kriegen als Bestrafungsaktionen, von Revolutionskriegen, von Glaubenskriegen, Religionskriegen, Bürgerkriegen usw. Wo liegen da jene Wissensbestände, die als transferfähig und -nötig angesehen werden können?

Die Häufigkeit, mit der das Thema Krieg im Unterricht verhandelt wird, lässt diesen Unterrichtsgegenstand am besten geeignet erscheinen, um Transferwissen immer wieder aufs Neue anzuwenden und dieses mit jedem neuen Krieg, der im Unterricht Erwähnung findet, und unter zunehmend komplexeren Zusammenhängen um entsprechende Aspekte anzureichern. Die einmal gewonnenen Einsichten und Kenntnisse über „Krieg“ sollen die Schülerinnen und Schüler dann auf andere Kriege anwenden können. Die ersten Kriege, welche die Schülerinnen und Schüler im Geschichtsunterricht ausführlicher kennen lernen, sind die Perserkriege. Hier lässt sich als transferfähiges Wissen v.a. festhalten:

- Das Ziel des Perserkönigs Xerxes, ganz Griechenland unterwerfen zu wollen, führt zu der transferfähigen Erkenntnis: Kriege werden geführt, um die Hegemonie über einen anderen Staat oder über mehrere Staaten zu erringen.

- Die Verteidigung der Thermopylen durch ein kleines griechisches Heer gegen eine persische Übermacht sowie der Sieg der attischen Flotte gegen die großen persischen Schiffe bei Salamis (480 v.Chr.) machen deutlich, dass bei geschickter Strategie und Taktik auch zahlenmäßig schwächere Heere und Flotten den Sieg über stärkere Kräfte des Feindes erringen können.
- Die besitzlosen, aber freien Theten, die zur sozialen Unterschicht in Athen zählten und politisch einflusslos waren, weil ihnen alle Ämter verschlossen blieben, hatten in der Seeschlacht bei Salamis die griechischen Schiffe gerudert und damit wesentlich zum Erfolg in der Schlacht beigetragen. Sie forderten im Bewusstsein ihres militärischen Verdienstes politische Mitsprache in Athen. Als Transferwissen sollte festgehalten werden, dass Kriege soziale und politische Veränderungen nicht nur bei den Verlierern, sondern auch bei den Gewinnern nach sich ziehen können und dass jene, die die Hauptlast des Krieges oder einen besonderen Beitrag zum Sieg leisteten, hierfür nach dem Krieg bzw. Sieg politische, wirtschaftliche oder soziale Kompensationen verlangten.
- Bereits in den Perserkriegen kommt es zu einer Überhöhung des Soldatentodes. Herodot überliefert uns das Distichon des Simonides zu Ehren des bei den Thermopylen gefallenen Spartaners Leonidas, das Cicero über vier Jahrhunderte später in folgende Form brachte: „Dic, hospes, Spartae, nos te hic vidisse iacentes, /Dum sanctis patriae legibus obsequimur.“ Die deutsche Übersetzung schuf Schiller: „Wanderer, kommst du nach Sparta, /verkündige dorten, du habest/Uns hier liegen gesehn, wie das Gesetz es befahl.“

Es ist an dieser Stelle nicht möglich, an den weiteren im Unterricht zu behandelnden Kriegen zu zeigen, wie sich das Transferwissen von Krieg zu Krieg erweitert und wie es immer differenzierter wird. Andere Kriegsziele und Kriegslegitimationen, Formen der Kriegspropaganda und der öffentlichen Meinungsbildung, Kriegsfinanzierung, Auswirkung von Kriegserziehung, Einbeziehung der Zivilbevölkerung in den Krieg, Veränderung der Kriegsstrategie und der Waffensysteme, Möglichkeit der Kriegsvermeidung, um nur einige Aspekte zu nennen, sind Gesichtspunkte, die bei der Betrachtung späterer Kriege zu der ursprünglichen Vorstellung vom Wesen des Krieges hinzukommen werden. Sie modifizieren und verfeinern in den Köpfen der Schülerinnen und Schüler nach und nach das Bild vom Krieg.

Mit einigen wenigen Hinweisen soll gezeigt werden, wo und wie das am Beispiel der Perserkriege entwickelte Transferwissen später aktiviert werden kann. Dass der Krieg einen gewaltsamen Einbruch in das friedliche Zusammenleben der Menschen darstellt, lässt sich an jedem Krieg nachweisen. Weniger eindeutig läßt sich jedoch gelegentlich feststellen, wer in einem Krieg der Angreifer ist, wer ihn möglicherweise provoziert hat und wer den Krieg zur Verteidigung der Freiheit, des Vaterlandes, bestimmter Ideale usw. aufnimmt. Nicht erst von dem Zeitpunkt an, da kriegskritische oder gar pazifistische Strömungen aufkamen, war es für die Kriegsparteien wichtig, der eigenen Bevölkerung gegenüber, gegenüber dem Feind oder gegenüber der übrigen nicht am Krieg beteiligten Welt eine Rechtfertigung des Krieges zu liefern. Auch die Tatsache, dass in einem Krieg Menschen von Menschen getötet werden und dieses Töten sogar erwünscht und legitimiert ist, bedarf einer Begründung, ist doch für die Dauer des Krieges das allgemeine Sittengesetz des „Du sollst nicht töten!" außer Kraft gesetzt. Hehre Ideale haben dies besorgt. Der Tod für's Vaterland wurde als der bessere Tod deklariert. Schon im Altertum hieß es: Dulce et decorum est pro patria mori (Horaz, Oden III., 2, 13). Im 19. und noch im 20. Jahrhundert galt das „Opfer auf dem Altar des Vaterlandes" als höchstes Gut. Im Mittelalter musste der Krieg mit den christlichen Geboten – dem Tötungsverbot, dem Gebot zur Nächstenliebe und zur Gewaltlosigkeit – in Einklang gebracht werden. Im Konstrukt des „bellum iustum", des gerechten Krieges, fand man den Schlüssel, um auch die Gläubigen in Kriege schicken zu können.

So, wie die Überhöhung des Krieges bereits in den Perserkriegen anklingt, wenn von den heiligen Gesetzen des Vaterlandes gesprochen wird, denen Leonidas und seine Mitstreiter treu Folge geleistet haben, so finden wir damals in dem Anspruch der Theten nach politischen Rechten eine Forderung, die sich als politische Folge- bzw. Begleiterscheinung von Kriegen auch später immer wieder nachweisen lässt. Als bei Beginn des Ersten Weltkriegs die seitens der Regierung befürchtete Opposition der Sozialdemokratie gegen den Krieg ausblieb, deren Mitglieder und Anhänger in ihrer Mehrheit fast über die gesamte Kriegsdauer hinweg treu ihren Dienst taten, da war klar, dass eine weitere Benachteiligung der unteren Volksklassen etwa durch ein Dreiklassenwahlrecht nach dem Krieg nicht mehr möglich sein würde. Schon in seiner Osterbotschaft vom 7. 4. 1917 stellte Kaiser Wilhelm II. die Abschaffung des Dreiklassenwahlrechts in Aussicht. Nachdem das jüdische Volk im Zweiten Weltkrieg nur knapp der vollständigen Ausrottung in Mittel- und Osteuropa entgangen war, schien es nach Ende des Kriegs sittlich kaum noch zu rechtfertigen, den Juden das Recht zu verwehren, einen eigenen Staat zu schaffen.

4. Schlussbemerkung

Der Transfer erschöpft sich m.E. nicht darin, die bei der Beschäftigung mit einem Unterrichtsinhalt erworbenen Kenntnissen und Fertigkeiten auf andere, im Unterricht später verhandelte Gegenstände anzuwenden oder durch Wiederanwendung von bereits erworbenem Wissen und methodischen Fertigkeiten zu deren Festigung und ggf. Vertiefung beizutragen. Transfer wird nie um seiner selbst willen betrieben; vielmehr geht es darum, jedem Unterrichtsinhalt solche Wissensbestände und Fertigkeiten abzugewinnen, die für die Gegenwart der Schüler und für sie als spätere Erwachsene in weitestem Sinne nutzbringend sind. Wenn Lernen für Gegenwart und Zukunft also überhaupt als Transferleistung verstanden wird, dann müsste von der Gegenwart aus gefragt werden, welche Unterrichtsinhalte überhaupt Transferwissen vermitteln können. Und dies hätte dann weitreichende Konsequenzen für ein modernes Geschichtscurriculum, das den Schülerinnen und Schüler gegenwarts- und zukunftrelevantes Wissen verheißt!

Anmerkungen

1 Krieger, Rainer, Transfer, in: Handbuch der Geschichtsdidaktik, hrsg. v. Bergmann, Klaus, u.a., 5. Aufl., Seelze 1997, S. 472.
2 Rohlfes, Joachim, Geschichte und ihre Didaktik, Göttingen 1986, S. 150.
3 Rohlfes (wie Anm. 2), S. 231.
4 Hug, Wolfgang, Geschichtsunterricht in der Praxis der Sekundarstufe I. Befragungen, Analysen und Perspektiven, Frankfurt/M. usw. 1977, S. 117.
5 Rohlfes (wie Anm. 2), S. 231.
6 Ebd., S. 359.
7 Krieger (wie Anm. 1), S. 473.
8 Ebd.
9 Vgl. hierzu das Rohlfes-Zitat, oben Anm. 6.
10 Hug (wie Anm. 4), S. 150; weitere Beispiele für geeignete Interpretationsschritte finden sich bei Schneider, Gerhard, Die Arbeit mit schriftlichen Quellen, in: Handbuch Medien im Geschichtsunterricht, 2. Aufl., Schwalbach/Ts. 2001, S. 23 ff., 26; ferner: Pandel, Hans-Jürgen, Quelleninterpretation. Die schriftliche Quelle im Geschichtsunterricht, 2. Aufl., Schwalbach/Ts. 2003, S. 174 ff.; Themenheft „Arbeit mit Textquellen" (=Geschichte lernen, H. 46/1995).
11 Staatsinstitut für Schulpädagogik und Bildungsforschung, Abt. Gymnasien, München (Hrsg.), Geschichtsbilder. Historisches Lernen mit Bildern und Karikaturen. Handreichung für den Geschichtsunterricht am Gymnasium, Donauwörth 2001, S. 17.
12 Schmid, Hans-Dieter, Andere Zeiten, andere Sitten: Schule früher und heute (= Sachunterricht – Sozialwissenschaftlicher Bereich, H. 3), München 1976; die dort auf S. 19 abgedruckten Abbildungen stammen aus Reicke, Emil, Magister und Scholaren. Illustrierte Geschichte des Unterrichtswesens, Düsseldorf, Köln 1971 (Nachdruck der Ausgabe Leipzig 1901), S. 50 und 56.
13 Überschrift über ein „Sporrbild eines Esels zur Abschreckung für faule Kinder" (Flugblatt, 17. Jh.), in: Reicke (wie Anm. 12), S. 49.
14 Vermutlich sind es vier: ein Lehrer vorne rechts mit der Rute; der zweite Lehrer links züchtigt einen Schüler; im Hintergrund in der Mitte unterhalb des schmalen Fensters ist ein weiterer Lehrer zu erkennen; und schließlich wird wohl auch jene Person, die am rechten Bildrand schreibend an einem Tisch sitzt, ein Lehrer sein.
15 Es wird hier in Anlehnung an den Aufsatz von Bergmann, Klaus; Schneider, Gerhard, Das Bild, in: Handbuch Medien im Geschichtsunterricht, hrsg. v. Hans-Jürgen Pandel und Gerhard Schneider, 2. Aufl., Schwalbach/Ts. 2001, S. 250 f., zitiert; dort S. 249 f. weitere Beispiele für Bildinterpretationsschemata; vgl. ferner: Sauer, Michael, Bilder im Geschichtsunterricht, Seelze-Velber 2000, S. 16.
16 In der Vergangenheit wurden diese Geschichtsmythen durch entsprechende Bilder, die im Geschichtsunterricht eingesetzt wurden, durchaus verfestigt; s. hierzu Müller, Walter, Schulwandbilder als Spiegel des „Zeitgeistes". „Germanisches Gehöft" 1889, 1935, 1952, in: Geschichte lernen, (1988), H. 5, S. 18-24; Ferner: Wunderer, Hartmann, Geschichtsunterricht in der Sekundarstufe II. Zweiter Durchgang oder Förderung der Studierfähigkeit?, in: Wie weiter? Zur Zukunft des Geschichtsunterrichts, hrsg. v. Pandel, Hans-Jürgen, und Schneider, Gerhard, Schwalbach/Ts. 2001, S. 98-112, v.a. S. 107-111.
17 Zit. nach Ehrlich, Ernst Ludwig, Geschichte der Juden in Deutschland, Düsseldorf o.J. (ca. 1956 u.ö.), S. 77; dort auch S. 78 ff. die entsprechenden Quellen zu den nachfolgenden Angaben.
18 So der damalige Regierende Bürgermeister von Berlin, Richard von Weizsäcker, in seinem Geleitwort zur Preußen-Ausstellung des Jahres 1981; s. Preußen. Versuch einer Bilanz, Bd. 1: Ausstellungsführer, hrsg. v. Korff, Gottfried, Reinbek 1981, S. 5.
19 Vgl. Kahlenberg, Friedrich P., Preußen als Filmsujet in der Propagandasprache der NS-Zeit, in: Preußen im Film. Eine Retrospektive der Stiftung Deutsche Kinemathek, hrsg. v. Axel Marquardt und Heinz Rathsack (= Preußen. Versuch einer Bilanz, Bd. 5), Reinbek 1981, S. 135-163; Gaedke, Dieter,

„An dem Sieg zu zweifeln, das ist Hochverrat!" Zur Propaganda im nationalsozialistischen Spielfilm, In Praxis Geschichte, (1992), H. 6, S. 27-31 (zum Film „Der große König", 1942).

20 Hohlfeld, Johannes (Hrsg.), Dokumente der deutschen Politik, Bd. 6, Berlin 1952, S. 218.

21 Vgl. jetzt auch Pleitner, Berit, Die „vernünftige" Nation. Zur Funktion von Stereotypen über Polen und Franzosen im deutschen nationalen Diskurs 1850 bis 1871, Frankfurt/M. usw. 2001.

22 Vgl. in diesem Zusammenhang auch die Bemühungen der deutsch-polnischen Schulbuchkonferenzen, über eine Revision der Schulbuchinhalte bereits bei Schülern ein zutreffenderes Bild der deutsch-polnischen Geschichte zu vermitteln.

23 „Polen", „deutsche Ostsiedlung", „Deutscher Orden" tauchen im Index des in Deutschland wohl verbreitetsten Geschichtslehrbuchs für Gymnasien überhaupt nicht auf; die Deutsche Ostsiedlung ist hinter dem lapidaren Satz „Gleichzeitig drangen Siedler nach Osten vor" in dem Kapitel „Bevölkerungswachstum und Landesausbau" versteckt (Geschichtsbuch 1. Neue Ausgabe, Berlin: Cornelsen 1997, S. 114). Auch in „Wir machen Geschichte", Bd. 1, Frankfurt/M.: Diesterweg 1997, wird das Stichwort „Polen" im Index nicht aufgeführt. Erwähnt werden aber knapp die Ostsiedlung (S. 208) und die Vertreibung der Juden nach 1348 (S. 312). Etwas ausführlicher: Das waren Zeiten 1, Bamberg: Buchner 1997; hier finden sich Informationen über die Ostsiedlung auf einer Seite (S. 150); ferner wird Polen hier im Zusammenhang mit der Hanse (S. 173) und mit der Vertreibung der Juden in Folge der Pest (S. 215) erwähnt. Allein Anno 1 (Ausgabe Niedersachsen), Braunschweig: Westermann 1997, erwähnt die Beziehungen Kaiser Ottos III. zu dem Polenherzog Boleslaw (S. 180), behandelt ausführlich die Ostsiedlung (S. 280 ff.) und den Deutschen Ritterorden (S. 283) und enthält ein eigenes Kapitel „Die Entwicklung Polens" (S. 284 f.).

24 Rohlfes (wie Anm. 2), S. 231.

25 S. aber meinen Vorschlag in: Für's Leben lernen? Bemerkungen zum Geschichtsunterricht an Hauptschulen, in: Wie weiter? Zur Zukunft des Geschichtsunterrichts, hrsg. v. Pandel, Hans-Jürgen, und Schneider, Gerhard, Schwalbach/Ts. 2001, S. 68-97; ferner: Schneider, Gerhard, Ein alternatives Curriculum für den Geschichtsunterricht in der Hauptschule, in: GWU 51 (2000), 406-417. Vgl. auch das Themenheft „Arbeit" (= Geschichte lernen, H. 13/1990) und das Themenheft „Arbeit im Wandel" (Wochenschau Sek. I, Nr. 6/2001). S. jetzt auch: Sich regen bringt Segen? Arbeit in der Geschichte (Unterrichtsideen III), hrsg. v. Geschichtswettbewerb des Bundespräsidenten, Hamburg 2004 (Begleitheft zum Schülerwettbewerb 2004/05).

26 S. hierzu die Quellen in dem Aufsatz von Brückmann, Asmut, Die Reformation und die Anfänge der neuzeitlichen Sozialfürsorge. Armut und Bettelei, Almosen und Fürsorge zu Beginn der frühen Neuzeit, in: Praxis Geschichte, (1990), H. 3, S. 30.

27 Arendt, Hannah, Vita activa oder Vom Tätigen Leben, Stuttgart 1960, S. 11 f., zit. nach Bergmann, Klaus, Arbeit, in: Geschichte lernen, (1990), H. 13, S. 16.

28 Geschichtsbuch. Die Menschen und ihre Geschichte in Darstellungen und Dokumenten (Neue Ausgabe, 4 Bde., Berlin: Cornelsen 1997). Weitere Kapitel behandeln Heeresreformen, bürgerkriegsähnliche Auseinandersetzungen, Fehdewesen, militärische Erziehung etwa bei den Rittern u.ä., die hier nicht aufgeführt werden.

29 Unter dieser Bezeichnung wird im Geschichtsbuch 4, Neue Ausgabe, Berlin 1997, S. 237, eine Weltkarte abgedruckt, auf der zehn Staaten gekennzeichnet sind, in denen aktuell Krieg geführt wird (Mexiko, Ecuador, Peru, Sierra Leone, Algerien, Ägypten, Sudan, Ruanda, Bosnien, Tschetschenien); ferner wird auf zahlreiche Spannungsgebiete hingewiesen. Grundlage der Karte ist der Jahresbericht des Internationalen Instituts für strategische Studien.

Weiterführende Literatur

Außer dem oben, Anm. 1, genannten Artikel von Rainer Krieger gibt es keine geschichtsdidaktische Spezialliteratur zu diesem Aspekt. Der Sachverhalt wird allerdings implizit unter ➤ Gegenwarts- und Zukunftsbezug angesprochen (s. die dort zitierte Literatur).

Hartmann Wunderer

Tests und Klausuren

Die Leistungsbeurteilung, in welcher Form und auf welche Weise auch immer sie vorgenommen wird, gehört zu den umstrittensten und vielleicht auch fragwürdigsten pädagogischen Handlungen. In der gymnasialen Oberstufe erfolgt die Leistungsbewertung mittels einer Skala von 15 Punkten. Allerdings können die damit verbundenen feineren Differenzierungsmöglichkeiten nicht darüber hinwegtäuschen, dass Leistungsbeurteilung und Notengebung hochgradig willkürlich erfolgt, wie zahlreiche Studien belegen (vgl. z.B. Ingenkamp 1971, Schröter 1977, Becker/Hentig 1983). Umgekehrt stellt die Leistungsbeurteilung ein zentrales, aber kaum kontrollierbares Machtinstrument des Lehrers dar und für die Schüler einen langandauernden Initiationsritus (Gudjons 1996, Otto 1996).

Die Leistungsfeststellung, so fordern kultusministerielle Vorgaben, soll sich auf die Beobachtungen im Unterricht und auf die mündlichen, schriftlichen sowie praktischen Leistungsnachweise und Leistungskontrollen stützen. Die Leistungsbewertung soll sich nicht auf isolierte Einzelleistungen, sondern auf die gesamte Lernentwicklung beziehen und dabei die fachlichen Fähigkeiten, Kenntnisse und Fertigkeiten sowie die Leistungsbereitschaft umfassen. Leistungsbewertung soll ein „pädagogischer Prozess" sein, der im Dienste der individuellen Leistungserziehung steht und sich nicht nur auf das Ergebnis punktueller Leistungsfeststellungen stützt. So oder ähnlich lauten die entsprechenden Vorschriften in staatlichen Verordnungen, die sich wiederum auf Vereinbarungen der Konferenz der Kultusminister beziehen (vgl. z.B. Amtsblatt 8/93 des Hessischen Kultusministerium, 677). Auf die Problematik derartiger Vorgaben und Vorstellungen, die die Möglichkeit einer „objektiven" Leistungsbewertung implizieren, wird hier nur kurz eingegangen, zumal die Forderung nach einer Veränderung von Leistungsbewertung oder gar der Abschaffung von Zensuren politisch derzeit chancenlos ist.

Zur Problematik von Leistungsbewertung

Aus der Problematik oder Unmöglichkeit einer „objektiven" Leistungsbewertung die grundsätzliche Forderung nach Abschaffung von Leistungsbewertung und entsprechenden Qualifikationsnachweisen abzuleiten, hieße indes, das Kind mit dem Bade auszuschütten. Denn die Leistungsbewertung wird nicht nur von staatlichen und gesellschaftlichen Institutionen gefordert, sondern auch von den Eltern wie von den meisten Lernenden selbst, die durchaus eine Leistung erbringen möchten und sie im Rahmen des bestehenden Schulsystems angemessen gewürdigt wissen wollen. Immerhin gehen die Punkte, die in den Jahrgangsstufen 12 und 13 erworben werden, in die abschließende Gesamtqualifikation ein. Leistungen, Wissens- und Qualifikationserwerb zählen dabei oft weniger wegen ihres sozialen Gebrauchswerts, sondern vor allem wegen ihres Tauschwerts beim Hochschulzugang bzw. auf dem Arbeits- und Ausbildungsmarkt. Und schließlich: Die Lehrenden erhalten durch die Lernerfolgskontrollen Aufschluss darüber, wie weit die im Unterricht angestrebten Lernziele erreicht wurden. Sie erhalten eine Rückmeldung darüber, wie angemessen, verfehlt, realistisch oder verstiegen ihre Leistungsanforderungen waren und ob sich ihr Unterrichtskonzept als tauglich erwies (Rohlfes, 186). Zensuren können motivieren, aber auch demotivieren, hier ist die pädagogische Verantwortung besonders gefragt. Ihre prognostische Funktion gilt indes eher als fragwürdig. Die Schullaufbahn vieler begutachteter Kinder verlief völlig anders, als es die Pädagogen voraussagten.

Wie kann man unter diesen Bedingungen die Leistungsbeurteilung für die Schüler einigermaßen gerecht und transparent gestalten? Der Lehrer sollte sich grundsätzlich nicht auf das verbreitete, aber unwürdige Spiel des „Verhandelns" von Noten einlassen, sondern seine Noten begründen. Er sollte aber durchaus das *offene* Gespräch mit der Lerngruppe darüber suchen, welche „realistischen" Lernvoraussetzungen er anbot, welche die Lerngruppe durch ihr Unterrichtsverhalten schuf. Dabei sollte erörtert werden, ob und inwiefern der Erwartungshorizont der Klausur oder des Tests eher eine Unter- oder Überforderung darstellte, welche Formen des *Lernens* die Lerngruppe und der Lehrer erwarten. Denn das fleißige und gewissenhafte Reproduzieren etwa von historischen Daten und Fakten bei Erfolgskontrollen mag vielleicht den einen Lehrer beeindrucken, den anderen eher enttäuschen, der vielleicht eine kritische Auseinandersetzung mit vorherrschenden Geschichtskonstruktionen favorisiert und damit stärker honoriert als solide Faktenkenntnisse, die aber nur reproduktive Leistungen darstellen. Bei der Vorbereitung von Tests und Klausuren sollte daher der Status und Stellenwert von entsprechenden Unterrrichtsbeiträgen der Schülerinnen und Schüler gemeinsam erörtert und diskutiert werden (siehe unten den Abschnitt „Anforderungsbereiche"). Der Stellenwert von solidem Reproduktionswissen, interpretatorischen Fantasien und Leistungen und von gelungenen Problemlösungen, also von Transferleistungen, sollte mit der Lerngruppe besprochen und geklärt werden (➤ Transfer). Und schließlich sollte der Lehrer im Unterricht unterschiedliche Arbeitsweisen praktizieren. Denn beim dominierenden lehrerzentrierten Unterrichtsgespräch können sich manche Schülerinnen und Schüler kaum entfalten, während sie bei anderen Unterrichtsformen – etwa Rollenspielen oder Projekten – durchaus respektable kreative Leistungen erbringen (➤ Rollenspiel, ➤ Projektarbeit). Die Leistungsbewertung bei Projektarbeit könnte z.B. Aspekte der Arbeitsorganisation und der Materialbeschaffung berücksichtigen, die Rolle bei der Gruppenarbeit, ferner Inhalt, Struktur und Thesenblatt des Referats bewerten und die gewählte Präsentationsform, etwa eingesetzte Medien.

Die Messung von Schülerleistungen hängt also maßgeblich davon ab, was man als Leistung definiert. Werden andere Unterrichtsformen angeboten oder andere Formen des Unterrichtsbeteiligung gefordert und gefördert, werden damit auch erweiterte Grundlagen für eine Leistungsbewertung jenseits der traditionellen, aber fragwürdigen „mündlichen Mitarbeit" geschaffen.

Ein immer wiederkehrendes Problem stellt dabei – zumal im Geschichtsunterricht – der politisch-ideologische „Standpunkt" und die wissenschaftstheoretische Orientierung des

Lehrers dar. Die staatlichen Richtlinien geben über wissenschaftstheoretische Grundsatzentscheidungen, die jedem Geschichtsunterricht bewusst oder unbewusst zugrundeliegen, keine objektivierbare Handhabe. Staatliche Lehrpläne können keine definitiven wissenschaftstheoretischen Entscheidungen geben, denn diese würden zwangsläufig einen totalitären Charakter tragen. Über wissenschaftstheoretische Grundpositionen muss vielmehr in einer offenen, pluralen Gesellschaft gestritten, aber über sie kann nicht für alle verbindlich entschieden werden (v. Borries 1996, Wunderer 1999). Was heißt dies konkret?

Was meint historisches Lernen? Kontroverse wissenschaftstheoretische Grundpositionen

Historisches Lernen meint nicht das Akkumulieren von historischen Daten und Fakten, sondern die Ausbildung eines besonderen Denkstils, der durch das *Historizitätsbewusstsein* als wesentlicher Teil eines reflektierten Geschichtsbewusstseins geprägt ist. Zentral für historisches Denken ist die Auseinandersetzung mit der Historischen Methode, die sich mit Wahrheits- und Geltungsansprüchen auseinandersetzt. Dazu gehört auch die Auseinandersetzung mit Geschichtsbildern, Mythen und Legenden, die häufig auch das gegenwärtige Geschichtsbewusstsein durchdringen. Eine wesentliche Einsicht wird dabei sein, dass es nicht „die" Geschichte gibt, sondern konkurrierende Geschichtsbilder und Rekonstruktionen von Geschichte.

Ein Beispiel: Die Auseinandersetzung darüber, wie es zum Ersten Weltkrieg oder zur nationalsozialistischen „Machtergreifung" kam, kann auf denkbar unterschiedlichste Weise erfolgen und zu völlig unterschiedlichen Ergebnissen gelangen. Selbst eine detaillierte Rekonstruktion des chronologischen ereignisgeschichtlichen Ablaufs steht vor dem Problem, wie sie Einzelereignisse gewichtet und einordnet. Setzt man sich im Unterricht gar kritisch mit den Erklärungen auseinander, die das Schulbuch oder das Kursmaterial anbietet, werden manche („naive") Schülerinnen oder Schüler fragen, was sie denn nun eigentlich für die Klausur (oder das Abitur) lernen sollen, auf was sie sich „wirklich verlassen" können. Dies Frage ist prinzipiell nicht beantwortbar, es sei denn, der Geschichtsunterricht will ein „geschlossenes" oder ein autoritäres Geschichtsbild vermitteln, nicht aber ein lebendiges Geschichtsbewusstsein fördern. Diesem Problem unterliegt daher auch die Leistungsbewertung und der Lehrer sollte dieses Problem in einer Weise dar- und offenlegen, die für die Lerngruppe nachvollziehbar ist. Erst auf dieser Basis verliert Leistungsbewertung ein wenig ihren willkürlichen oder machtgeprägten Charakter.

Zur Rolle von Tests und Klausuren innerhalb der Leistungsbewertung

Für die Leistungsbewertung haben Tests und Klausuren eine herausragende Bedeutung, je nach Bundesland und Jahrgangsstufe fließen sie mit 30-50% in die Gesamtbewertung ein. Der Rest setzt sich zusammen aus der mündlichen Mitarbeit, aus Protokollen, Kurzreferaten, Hausaufgaben, Beteiligungen bei Gruppenarbeiten oder Projekten, aus besonderen Beiträgen im Rahmen des alltäglichen Unterrichts. Vor allem für „stillere" oder im Unterricht zurückhaltende Schülerinnen und Schüler sind Klausuren besonders wichtig, denn sie erlauben einen Einblick in das Wissen und Reflexionsvermögen, das lebhaftere Schülerinnen und Schüler auf andere Weise unter Beweis stellen. Das unterschiedliche „Temperament" sollte bei der Leistungsbewertung berücksichtigt und mit der Lerngruppe thematisiert werden. Bei zurückhaltenderen Schülerinnen und Schülern werte ich bei der Feststellung der Gesamtleistung Klausuren stärker, bei regen Schülerinnen und Schülern, die ihr Vermögen regelmäßig demonstrieren, sollte daher das Schwergewicht auf den mündlichen Leistungen liegen. Es wäre m.E. nicht nachvollziehbar und völlig ungerecht, einem Schüler, der im Unterricht keinen Ton von sich gibt, in der Klausur aber vielleicht souveräne 15 Punkte erreicht, bei der Gesamtbewertung für die mündliche Leistung 0 Punkte und damit als Gesamtwertung nur 7,5 Punkte zu erteilen, denn immerhin hat dieser Schüler bei der Klausur sein Wissen und sein Problemlösungsvermögen eindrucksvoll unter Beweis gestellt und ist offenbar dem Unterricht – freilich ohne eigene Beiträge – dennoch sehr aktiv gefolgt und hat durch intensive häusliche Arbeit beachtliche Leistungen erbracht. Hier werden manche Kollegen vehement widersprechen, eine „objektive" Leistungsbewertung scheint gerade in solchen Fällen kaum möglich. Aber die alltägliche Beobachtung, dass bei der Leistungsbewertung völlig unterschiedliche Positionen konkurrieren, spricht eher dafür, bei der Gewichtung von mündlichen und schriftlichen Leistungen flexibel und nicht schülerfern schematisch, also nicht nur rein arithmetisch zu verfahren.

Anforderungsbereiche

Die kultusministeriellen „Fachspezifischen Prüfungsanforderungen" unterscheiden bei der schriftlichen Abiturprüfung zwischen drei Anforderungsbereichen. Die Schülerinnen und Schüler sollen nach Maßgabe der in der Schule zu vermittelnden Kenntnisse und Fähigkeiten „Sachverhalte aus einem abgegrenzten Gebiet in gelerntem Zusammenhang wiedergeben sowie gelernte und geübte Arbeitstechniken in einem begrenzten Gebiet und in wiederholendem Zusammenhang anwenden und darstellen können" (Verordnung über die Bildungsgänge und die Abiturprüfung in der gymnasialen Oberstufe und dem Beruflichen Gymnasium. Vom 19. September 1998, Hessisches Kultusministerium Amtsblatt 11/98, 783). Dieser „Anforderungsbereich I" bezieht sich auf die *Reproduktion* gelernter Kenntnisse und Fähigkeiten. Er meint – auf das Fach Geschichte bezogen – die Verfügung über historisches Orientierungswissen sowie die Anwendung von geübten Arbeitstechniken. Die zitierte Verordnung fährt fort: „Sie sollen bekannte Sachverhalte selbstständig erklären, bearbeiten und ordnen und das Gelernte selbständig übertragen und anwenden können." Dieser Anforderungsbereich II fragt also nach *Transferleistungen.* Es geht um die selbständige Übertragung des Orientierungswissens und der im Unterricht geübten Arbeitstechniken auf neue Sachverhalte, etwa auf eine den Schülerinnen und Schülern nicht bekannte Quelle oder ein historisches Problem, das nicht detailliert im Unterricht besprochen wurde, aber das Thema muss mittels der erworbenen Kenntnisse und Fähigkeiten lösbar sein.

Anforderungsbereich III, das selbständige problemlösende Denken, fordert gemäß der Verordnung die Kompetenz, „komplexe Sachverhalte zu bearbeiten, und dabei unter Anwendung und Einschätzung von sach- und fachadäquaten Methoden und Arbeitstechniken zu Begründungen, Folgerungen, Deutungen und Wertungen" fähig zu sein. Es geht dabei um das Ausmaß der Selbstständigkeit beim Lösen von Fragen, die neue Aspekte behandeln, um eigenständige Stellungnahmen in Form von Sach- und Werturteilen. Im Vordergrund steht nicht die schlichte Einordnung einer Quelle in einen historischen Kontext, sondern die kritische Reflexion des methodischen Verfahrens und die Diskussion historischer Sachverhalte, es geht etwa um die (problematischen oder widersprüchlichen) Folgen bestimmter Handlungen, des Handelns spezifischer sozialer Gruppen, die Ausbildung von Mentalitäten u.ä.m., kurz um die diskursive Seite von Geschichtsdarstellung.

Die Verordnung betont aber auch, dass sich die drei Anforderungsbereiche nicht scharf voneinander trennen lassen und die Zuordnung von Klausuraufgaben zu den Anforderungsbereichen abhängig ist vom vorangegangenen Unterricht. Bei der Quellenauswahl und der Konzipierung von Klausuren, nicht nur beim Abitur, sollte darauf geachtet werden, dass alle drei Anforderungsbereiche berücksichtigt sind, wobei dem Anforderungsbereich II ein etwas größerer Raum oder ein größeres Gewicht beigemessen werden soll.

Zur Struktur von Tests und Klausuren

Grundlage von Tests oder Klausuren sind in der Regel schriftliche historische Quellen (➤ Quelleninterpretation). Hier waltet oft eine merkwürdige Fantasielosigkeit und Eintönigkeit vor, denn Quellen können auch nichtschriftliche Medien sein, z.B. Bilder, Karikaturen, zeitgenössische Tondokumente oder Filmsequenzen, Statistiken u.ä.m. Die Interpretation derartiger Materialien dürfte in den meisten Fällen erheblich komplexer sein als die von schriftlichen Quellen. Bei der Quellenarbeit sollten die Schülerinnen und Schüler nicht dem objektivistischen Missverständnis aufsitzen, demzufolge historische Quellen der Faktenermittlung oder der Klärung historischer Sachverhalte dienen. Quellen sind nie eindeutig, sondern antworten auf unterschiedliche Fragen sehr unterschiedlich. Die Schülerinnen und Schüler sollten mindestens bei Textwiedergaben den Konjunktiv bzw. die indirekte Rede benutzen, die bereits eine gewisse Distanz zum historischen Material schaffen.

Wie könnten die Aufgabenstellungen strukturiert sein? Grundsätzlich gilt, dass vor allem bei Leistungskursen die Aufgabenstellungen nicht zu eng oder kleinschrittig formuliert sein dürfen, sie sollten vielmehr den Schülerinnen und Schülern einen individuellen Gestaltungsraum eröffnen. Tests und Klausuren setzen ein einigermaßen verlässliches Orientierungswissen voraus, was war vorher, was nachher, Test und Klausuren sollten daher dieses Basis- oder Orientierungwissen nicht simpel abfragen, sondern dazu auffordern, es sinnvoll im Kontext übergreifender Problemfragen anzuwenden oder einzusetzen. Die erste Frage wird in der Regel zunächst auf den historischen Kontext abzielen, also auf eine Darstellung der konkreten Ereignisse, auf die Voraussetzungen oder Problemzusammenhänge von kontroversen politischen Entscheidungen. Die zweite Klausurfrage könnte zur Klärung der Frage auffordern, welche Stellungnahme das ausgewählte historische Material zu einem Thema oder historischen Prozess enthält oder favorisiert und wie diese Position implizit und/oder explizit begründet wird. Eine weitere Fragestellung sollte zur Diskussion des Problems auffordern, welche historischen Folgen mit den jeweiligen in der ausgewählten Quelle vorgeschlagenen Entscheidungen verbunden waren, welche Probleme damit geschaffen, welche Alternativen damit eröffnet oder verschüttet wurden u.ä.m. Denn Geschichte ist keine Einbahnstraße, die sich zwangsläufig, deterministisch oder gar teleologisch einem Ziel nähert, sondern ein offener Prozess. Schließlich könnte eine vierte Frage darauf zielen, zu erörtern, welche Bedeutung eine früher getroffene politische Entscheidung oder etwa das Handeln oder die Mentalitäten von spezifischen sozialen Gruppen für aktuelle Verhältnisse oder Strukturen hat. Denn gegenwärtige Entscheidungen werden häufig mit „historischen Erfahrungen" begründet, Geschichte dient dann unterschwellig als Argument für die Legitimierung und Durchsetzung gegenwärtiger Interessen.

Dabei könnte die ideologische Funktion von Geschichte identifiziert und erörtert werden (➤ Ideologiekritik). Kaum etwas ist reizvoller und produktiver im Geschichtsunterricht in der gymnasialen Oberstufe als die Entlarvung von historischen Mythen, vor allem dann, wenn diese noch in Unterrichtswerken präsent sind. Jedes Geschichtsbewusstsein – auch das des Lehrers – ist durchdrungen von vielfältigen und machtvollen Mythen. Es zeugt aber von der Souveränität eines Lehrers, wenn er sich von Lernenden überzeugen lassen kann, dass auch er historischen Mythen aufgesessen ist. Die geringe Kränkung darüber wird durch die Freude mühelos aufgewogen, dass die Lerngruppe und er gemeinsam etwas „durchschaut" haben, worauf noch viele andere autoritätshörig fixiert sind.

Ein Beispiel, die Reformation in Deutschland. Welchen Beitrag leistete sie zur Festigung der frühmodernen fürstlichen Autorität, zur Herausbildung des absolutistischen modernen Staates:

Erstes Klausurbeispiel: Vorstellungen Luthers über das Verhältnis von Kirchengemeinde und Obrigkeit (Jahrgangsstufe 11, ca. 90 Minuten Arbeitszeit)

Materialgrundlage: Texte zu Luthers Vorstellungen zur Freiheit der christlichen Gemeinde und zur Rolle der Obrigkeit

1. 1523: Dass eine christliche Versammlung oder Gemeinde Recht und Macht habe, über alle Lehre zu urteilen und Lehrer... ein- und abzusetzen. – Wenn es sich darum handelt, über Lehrer zu urteilen ... Seelsorger ein- und abzusetzen, so darf man sich nicht kehren an Gesetz ... altes Herkommen..., gleichviel, ob es von Papst oder Kaiser, von Fürsten oder Bischöfen so festgesetzt worden ist... Nun aber ist zu unseren Zeiten der Fall der Notlage gegeben und es gibt keinen Bischof, der evangelische Prediger beschaffen würde. Deshalb muss man einen evangelischen Prediger von der Gemeinde aus berufen.

2. 1525: Luther an seinen Landesherrn: Die Pfarreien liegen überall elend; da gibt niemand, da bezahlt niemand. So achtet der gemeine Mann weder Predigt noch Pfarrer. Wenn hier nicht eine tapfere Ordnung und staatliche Erhaltung der Pfarrer und Predigtstühle vorgenommen wird, gibt es in kurzer Zeit weder Pfarrhöfe, noch Schulen, noch Schüler, und so wird das Wort Gottes zugrunde

gehen... Eure kurfürstliche Gnaden wird wohl Mittel vorfinden. Es sind Klöster, Stifte, Kirchengüter und dergleichen Dinge genug vorhanden, wenn nur Eure ... Gnaden Befehle erteilt, diese zu besichtigen, zu berechnen und zu ordnen.

3. 1529: Aus einer evangelischen Visitationsordnung (Visitation meint die obrigkeitliche Überwachung und Überprüfung der Pfarrer und Gemeinden): Kurfürstlicher Gnaden und Begehr ist auch, dass ein jeder Prediger seine Lehre dahin richten soll, dass es Gott gefällig, seinem Wort gemäss (sei) und die Untertanen in untertänigen Gehorsam bringe... Man soll auch aufrührerische und ärgerliche Schriften ... und Schandlieder zu drucken, zu kaufen und verkaufen mit Ernst hindern, wehren und strafen (Zit. nach: Fragen an die Geschichte. Geschichtliches Arbeitsbuch für die Sekundarstufe I. Hrsg. von Heinz Dieter Schmid. Bd. 2: Die europäische Christenheit, Frankfurt/M. 1977, S. 210 f.).

Aufgaben:

1. Stellen Sie dar, wie Luther zwischen 1523 und 1529 über Rechte und Freiheit der Prediger und der Gemeinden urteilt. Vergleichen Sie dabei auch, wie sich zwischen 1523 und 1529 Luthers Vorstellungen über die Beziehung zwischen Gemeinde und Obrigkeit verschoben haben.

2. Was bedeutet dieser Vorstellungswandel über das Verhältnis von Staat und Kirche für den Landesherrn, was für die Evangelische Kirche? Versuchen Sie eine eigene Bewertung dieses Wandels.

Bewertungsprobleme

Grundsätzlich muss überlegt werden, ob es eine Übereinstimmung zwischen dem gibt, was gemessen werden soll und dem, was gemessen wird *(Validität);* weiterhin muss die Leistungsbewertung „objektiv" *(Objektivität)* erfolgen, also unabhängig sein von den emotionalen Beziehungen, die zwischen dem Lehrer und dem Schüler/der Schülerin bestehen; und schließlich soll die Bewertung dem Kriterium der *Reliabilität* entsprechen: Gibt das Messergebnis den Ausprägungsgrad der Leistung wieder oder ist es durch Messfehler verfälscht? Bei diesen drei allgemeinen Prinzipien gibt es in der allgemein- und fachdidaktischen Diskussion keinen Dissens, wohl aber erhebliche Zweifel über ihre Einlösbarkeit in der schulischen Praxis.

Der erfahrene Lehrer kennt das Problem: Liest er eine Arbeit zum zweiten Mal, kommt er nicht selten zu einer Bewertung, die von der ursprünglichen abweicht. Er findet weitere Schwachstellen der Arbeit oder stößt auf gelungene oder überraschende Formulierungen, die ihm bei der ersten Durchsicht entgangen sind, zumal er bei der ersten Lektüre möglicherweise durch orthografische, syntaktische, logische u.a. Defizite „abgelenkt" war oder sich vielleicht wunderte, dass die Arbeit so wenig seinen Erwartungen entsprach. Dabei kommt es oft vor, dass er durch die Korrektur etwa von syntaktischen Holprigkeiten oder unübersichtliche hypotaktische Konstruktionen die vom Schüler beabsichtigen Pointen übersehen hatte. Sehr gewissenhafte Lehrer unterziehen daher eine Arbeit einer zweiten Durchsicht, ein sehr diszipliniertes und zeitaufwendiges Verfahren, das aber manchen Klausuren gerechter wird, anderen hingegen zum Nachteil gereicht. Sprachlich sehr schwache Arbeiten sollte man auf jeden Fall zweimal lesen.

Ein weiteres Problem stellt der oft beobachtbare Sachverhalt dar, dass man bei der Erstkorrektur vor allem den eigenen Erwartungshorizont vor Augen hat und alternative Lösungsmöglichkeiten eher negativ oder skeptisch wahrnimmt. Hinzu kommt das sehr weit verbreitete Phänomen, dass Lehrer die Arbeiten von „guten" Schülerinnen oder Schülern wohlwollender lesen (Halo-Effekt) und sich über deren sprachliche und orthografische Defizite weniger ärgern und leichter hinwegsehen als über die bei Klausuren von Schülerinnen und Schülern, bei denen man ohnedies wenig erwartet und bei denen die Darstellungsprobleme scheinbar stärker ins Auge springen. Hinter den sprachlichen Problemen bleiben dann die inhaltlichen Stärken oder Leistungen verborgen. Eine „objektive" Leistungsbewertung ist gerade bei solchen sprachlich schwächeren Arbeiten besonders schwierig, zumal Sachdarstellung und historische Argumentation angesichts der sprachlichen Defizite schier zwangsläufig weniger überzeugend erscheinen.

Zu diesen eher allgemeindidaktischen Problemen kommen noch fachspezifische hinzu: Inwiefern entspricht die Darstellung in der Klausur dem eigenen wissenschaftstheoretischem „Standpunkt"? Manche Schülerinnen und Schüler ziehen zur Vorbereitung Materialien oder Nachschlagewerke heran, denen der Lehrer vielleicht eher mit Skepsis, wenn nicht gar mit Ablehnung begegnet. Die Schülerinnen und Schüler sind dann erstaunt oder verärgert darüber, dass das, was sie fleißig gelernt haben, vom Lehrer kaum anerkannt wird, weil sie vielleicht ihr Wissen nicht genau auf die Problemstellung bezogen haben.

Entscheidend sollte daher bei der Bewertung sein, inwieweit die Argumentation einigermaßen plausibel im Rahmen des von den Schülerinnen und Schüler „naiv" gewählten wissenschaftstheoretischen Zugriffs ist, zumal es nicht „die" Geschichte gibt, sondern völlig unterschiedliche Weisen der Rekonstruktion von Geschichte. Gute und vor allem sehr gute Arbeiten sollten sich dadurch auszeichnen, dass in ihnen die Problematik des gewählten Ansatzes zumindest implizit durchschimmert, sie also eine gewisse intellektuelle Distanz zur eigenen Darstellung einnehmen.

Sehr schwierig stellt sich die Bewertung dann dar, wenn die Schülerinnen und Schüler zur Klausurvorbereitung Materialien heranziehen, die dem Lehrer problematisch, fachlich überholt oder gar „falsch" erscheinen, obwohl sie vielleicht von großen Schulbuchverlagen publiziert wurden, die den Nimbus des Seriösen reklamieren und etwa behaupten, „objektives" Abiturwissen in lexikalischer Form zu präsentieren. Aber Papier ist geduldig. Hier müsste – wie bereits oben erwähnt – mit der Lerngruppe erörtert werden, dass die Tatsache, dass selbst ein Lehrwerk, das den Segen einer kultusministeriellen Genehmigung hat, noch lange nicht dem aktuellen Stand der wissenschaftlichen Diskussion entsprechen muss, sondern vielleicht eher den Vorlieben zufälliger beratender Personen.

Gerade bei solchen Konflikten sollte das offene Gespräch mit den Schülerinnen und Schülern und gemeinsame Lösungen gesucht werden. Die scheinbar so simplen Kategorien „richtig" und „falsch" können sich im Konfliktfall als sehr vertrackt erweisen. Hier sollte der Lehrer bereit sein, über seinen Schatten zu springen und umgekehrt bei den Schülerinnen und Schülern ein Interesse für wissenschaftstheoretische Reflexionen schaffen. Es gibt nicht „die" Geschichte und daher auch nicht „die" Geschichtsdarstellung, weder bei wissenschaftlichen Darstellungen noch bei Tests bzw. Klausuren.

Zweites Klausurbeispiel: Eingabe führender deutscher Industrieller an den Reichspräsidenten Hindenburg, 19. November 1932

„Ew. Exzellenz, Hochzuverehrender Herr Reichspräsident!
Gleich Eurer Exzellenz durchdrungen von heißer Liebe zum deutschen Volk und Vaterland, haben die Unterzeichneten die grundsätzliche Wandlung, die Eure Exzellenz in der Führung der Staatsgeschäfte angebahnt haben, mit Hoffnung begrüßt. Mit Eurer Exzellenz bejahen wir die Notwendigkeit einer vom parlamentarischen Parteiwesen unabhängigeren Regierung, wie sie in dem von Eurer Exzellenz formulierten Gedanken eines Präsidialkabinetts zum Ausdruck kommt.

Der Ausgang der Reichstagswahl vom 6. November d.J. hat gezeigt, daß das derzeitige Kabinett, dessen aufrechten Willen niemand im deutschen Volk bezweifelt, für den von ihm eingeschlagenen Weg keine ausreichende Stütze im deutschen Volke gefunden hat, daß aber das von Eurer Exzellenz gezeigte Ziel eine volle Mehrheit im deutschen Volke besitzt, wenn man – wie es geschehen muß – von der staatsverneinenden kommunistischen Partei absieht. Gegen das bisherige parlamentarische Parteiregime sind nicht nur die Deutschnationale Volkspartei und die ihr nahestehenden kleineren Gruppen, sondern auch die nationalsozialistische Deutsche Arbeiterpartei grundsätzlich eingestellt und haben damit das Ziel Eurer Exzellenz bejaht. Wir halten dieses Ergebnis für außerordentlich erfreulich und können uns nicht vorstellen, daß die Verwirklichung des Zieles nunmehr an der Beibehaltung einer unwirksamen Methode scheitern sollte. (...)

Wir erachten es deshalb für unsere Gewissenspflicht, Eure Exzellenz ehrerbietigst zu bitten, daß zur Erreichung des von uns allen unterstützten Zieles Eurer Exzellenz die Umgestaltung des Reichskabinetts in einer Weise erfolgen möge, die die größtmögliche Volkskraft hinter das Kabinett bringt.

Wir bekennen uns frei von jeder engen parteipolitischen Einstellung. Wir erkennen in der nationalen Bewegung, die durch unser Volk geht, den verheißungsvollen Beginn einer Zeit, die durch Überwindung des Klassengegensatzes die unerläßliche Grundlage für einen Wiederaufstieg der deutschen Wirtschaft erst schafft. Wir wissen, daß dieser Aufstieg noch viele Opfer erfordert. Wir glauben, daß diese Opfer nur dann willig gebracht werden können, wenn die größte Gruppe dieser nationalen Bewegung führend an der Regierung beteiligt wird.

Die Übertragung der verantwortlichen Leitung eines mit den besten sachlichen und persönlichen Kräften ausgestatteten Präsidialkabinetts an den Führer der größten nationalen Gruppe wird die Schlacken und Fehler, die jeder Massenbewegung notgedrungen anhaften, ausmerzen und Millionen Menschen, die heute abseits stehen, zu bejahender Kraft mitreissen.

In vollem Vertrauen zu Eurer Exzellenz Weisheit und Eurer Exzellenz Gefühl der Volksverbundenheit begrüßen wir Euer Exzellenz

mit größter Ehrerbietung
Kurt Freiherr von Schröder-Köln“

(Gleichlautende Schreiben schickten Dr. Hjalmar Schacht, Fritz Thyssen und einige weitere einflußreiche Industrielle, Großagrarier und Bankiers. Zit. nach: Eberhard Czichon, Wer verhalf Hitler zur Macht? Zum Anteil der deutschen Industrie an der Zerstörung der Weimarer Republik, Köln 1967, S. 69 f.)

Aufgaben:

1. Skizzieren Sie bitte den historischen Kontext dieses Schreibens.
2. Welche Botschaft wollen die Autoren dieses Schreibens dem Reichspräsidenten vermitteln und wie argumentieren sie dabei? Bedenken Sie dabei auch die politischen und ökonomischen Interessen der Autoren.
3. Diskutieren Sie, welche Rolle eine derartige Intervention beim Reichspräsidenten für die Machtübertragung an den Nationalsozialismus hatte.

Erwartungshorizont, Anforderungsbereiche und Gewichtung der einzelnen Fragestellungen dieser Klausur:

Die Formulierung eines Erwartungshorizontes hängt natürlich maßgeblich von den Voraussetzungen ab, die im Unterricht geschaffen wurden. Wurden die Phasen der Machtübertragung an Hitler und den Nationalsozialismus eingehend besprochen, wird man erwarten dürfen, dass die Schülerinnen und Schüler das politische Gewicht dieser Industrielleneingabe erheblich relativieren; fehlen differenzierendere Vorkenntnisse, könnte man angesichts dieses Schreibens zu der Auffassung gelangen, dass das „Großkapital" maßgeblich an der Machtübertragung beteiligt war. Nur sehr wenige sehr gute Schülerinnen und Schüler werden kritische Fragen an den realhistorischen Stellenwert einer solchen Intervention stellen, ohne diese freilich klären zu können. Die folgenden Bemerkungen sind also entsprechend den im Unterricht geschaffenen Lernvoraussetzungen zu relativieren.

Anforderungsbereiche: Aufgabe 1: überwiegend Anforderungsbereich I; Aufgabe 2: Anforderungsbereich II; Aufgabe 3: Anforderungsbereich II/III. Man könnte bei der Bewertung die einzelnen Aufgaben folgendermaßen gewichten: 30% – 30% – 40%.

Beispiel für die Formulierung eines Erwartungshorizonts: Zu 1: Erwartet wird eine Skizze der ökonomischen Rahmenbedingungen in der Weltwirtschaftskrise (wachsende Massenarbeitslosigkeit, ökonomisch und politisch fatale Deflationspolitik Brünings, Unruhe bei allen sozialen Gruppen) und die Zuspitzung der politischen Krise angesichts der Reichstagswahlen (Straßenterror der Parteiarmeen, hilflose Tolerierungspolitik der SPD, dramatischer Anstieg der NSDAP-Wählerschaft, in erheblich geringerem Maße der der KPD; Rechtsruck der Zentrumspartei, Präsidialregierungen; missbräuchliche Anwendung des Art. 48 durch den Reichspräsidenten; Ressentiments Hindenburgs gegenüber dem NS und der Person Hitlers). Zu 2: Erwartet wird eine Deutung der relevanten Textpassagen: Fast unmissverständlich fordern die Unterzeichner die Fortführung der „antiparlamentarischen" Präsidialkabinette, nun aber unter der Führung Hitlers, was die „größtmöglichste Volkskraft hinter das Kabinett bringt". Die „Überwindung des Klassengegensatzes" – gemeint ist jedoch die Unterdrückung von SPD, KPD und Gewerkschaften – würde zu einem „Wiederaufstieg der deutschen Wirtschaft" führen, die Lohn(neben)kosten senken, kurz: die positiven Ergebnisse der Novemberrevolution für die Arbeiterbewegung rückgängig machen. Die Hereinnahme Hitlers in ein Präsidialkabinett würde auch zu einer „Zähmung" der aggressiven militanten SA führen, also die „Schlacken und Fehler" dieser Massenbewegung „ausmerzen". Die Sprengung der Fesseln des Versailler Vertrags könnte der Rüstungsindustrie Auftrieb verschaffen, der politische Widerstand gegen eine weitere Entmachtung der Arbeiterbewegung könnte gebrochen werden. Zu 3: Hier könnte erwartet werden, dass der Prozess der Machtübergabe an den NS nicht „monokausal" mit dem sozialen, ökonomischen und politischen Interesse einer bestimmten sozialen Gruppe erklärt werden kann. Hier könnte die fatale Rolle Hindenburgs thematisiert werden (den allerdings diese Industrielleneingabe zu diesem Zeitpunkt kaum beeindruckte), wichtig wäre der Hinweis auf den Charakter des NS als Massenbewegung, die alle sozialen Schichten umfasste, und schließlich könnten Aspekte aufgelistet werden, die die mangelnde Akzeptanz der Weimarer Demokratie in weiten Teilen der Bevölkerung erklären: Die Nichtakzeptanz der Kriegsniederlage, die vehemente Ablehnung des Versailler Vertrags, gegen den besonders die NSDAP agitierte, das Trauma der Kriegs- und Nachkriegsinflation, die fatale Spaltung der Arbeiterbewegung, die Hilflosigkeit der parlamentarischen und außerparlamentarischen Regierungen gegenüber den Folgen der Weltwirtschaftskrise, aber auch die Tradition des Antibolschewismus und besonders des Antisemitismus, generell: die geringe Verankerung der Demokratie in den Herzen und Seelen der Menschen. Von sehr guten Schülerinnen und Schülern darf erwartet werden, dass sie kritische Fragen an das politische Gewicht eines vereinzelten Schrittes von Industriellen stellen und dabei auf die Komplexität des politischen Prozesses der Machtübergabe an den NS eingehen.

Aufgabensammlungen

Der STARK Verlag (Postfach 1852, 85318 Freising) hat die von den Kultusministerien zentral gestellten Abituraufgaben für die Gymnasien, Beruflichen Gymnasien und Fachoberschulen gesammelt und mit vollständigen Lösungen versehen. Lehrerinnen und Lehrer können diese als Loseblattsammlung abonnieren, die jährlich zu Beginn des Schuljahres ergänzt und zugesandt wird. Daneben können Schüler die Prüfungsaufgaben im Buchhandel erwerben. Folgende Loseblattsammlungen stehen für Lehrer zur Verfügung:

Geschichte-LK Bayern ab 1994; Geschichte-gk Bayern ab 1994; Geschichte-LK Baden-Württemberg ab 1987; Geschichte-GK Baden-Württemberg ab 1990; Geschichte-LK Sachsen ab 1994; Geschichte-GK Sachsen ab 1994; Geschichte-LK Thüringen ab 1996.

Materialien zum Kursunterricht Geschichte. Beispiele für Kursarbeiten in der Sekundarstufe II. Hg. von Hermann Wilmes, Köln 1997

Wilms, Eberhard und Gunhild: Von der Französischen Revolution bis zur Weimarer Republik. 17 Aufgaben mit Lösungshilfen, Ernst Klett Verlag Stuttgart; Dresden 3. Aufl. 1992

Literatur

Becker, Hellmut; Hentig, Hartmut von (Hrsg.), Zensuren. Lüge – Notwendigkeit – Alternativen, Frankfurt/M., Berlin, Wien 1983

Borries, Bodo von, Geschichtsunterricht in der Gymnasialen Oberstufe. Realisierung, Systematik, Exemplarik, Ergebnissicherung, in: Zeitschrift für Pädagogik 42 (1996), Nr. 4, S. 519-539

Gudjons, Herbert, Das Unbewußte und die Macht in Prüfungen. Vom Initiationsritus zur geheimen Disziplinierung, in: Prüfen und Beurteilen. Zwischen Fördern und Zensieren (= Friedrich Jahresheft XIV 1996), S. 115

Ingenkamp, Karlheinz (Hrsg.), Die Fragwürdigkeit der Zensurengebung. Texte und Untersuchungsberichte, Weinheim, Basel 1971

Jürgens, Eiko, Leistung und Beurteilung in der Schule. Eine Einführung in Leistungs- und Bewertungsfragen, 4. Aufl., Sankt Augustin 1998

Langhammer, Ralf, „Mündliche Noten„ im Geschichts- und Politikunterricht. Erhebungs- und Bewertungsvorschläge, in: Geschichte, Politik und ihre Didaktik Heft, (1998) H. 1, S. 38-50

Otto, Gunter, Der Prüfer – auch ein Prüfling. Prüfungen werden inszeniert, in: Prüfen und Beurteilen. Zwischen Fördern und Zensieren (= Friedrich Jahresheft XIV 1996), S. 108 f.

Pädagogik (1995), H. 3: Leistung beurteilen. Neue Ideen für alte Probleme

Rohlfes, Joachim, Lernerfolgskontrolle, in: GWU 53 (2002), S. 184-196

Sacher, Werner, Prüfen – Beurteilen – Benoten. Grundlagen, Hilfen und Denkanstöße für alle Schularten, 2. Aufl., Bad Heilbrunn 1996

Schröter, Gottfried, Zensurengebung. Allgemeine und fachspezifische Probleme, Kastellaun 1977

Wunderer, Hartmann, „Nichts veraltet heute schneller als das Wissen". Probleme und Profile des Geschichtsunterrichts in der gymnasialen Oberstufe, in: Geschichte Lernen, (1999) H. 68, S. 9-16

Waldemar Grosch

Üben, Hausaufgaben, Wiederholen

Üben – Hausaufgaben – Wiederholen: Das scheint mehr der überkommenen Paukschule als modernem kreativem und selbstständigem Lernen zu entsprechen. Der schlechte Ruf kommt nicht von ungefähr: Noch bis weit in das 20. Jahrhundert hinein hielten Pädagogen an der Auffassung fest, man müsse etwas erst sicher im Gedächtnis verankern, bevor man es fruchtbar machen könne. Die Einsicht käme dann nach dem Üben fast von alleine. So wurde beispielsweise im Religionsunterricht lange darauf bestanden, zuerst den Katechismus zu pauken und sich erst dann um das Verständnis zu bemühen – eine Stufe, die viele Schülerinnen und Schüler aber nie erreichten (Vandré 1973, 48). Der Unterricht gliederte sich folglich in drei Schritte: das faktenorientierte Durchnehmen des Stoffes, das Auswendiglernen als Hausaufgabe und die Wiederholung durch ritualisierte Abfrage in der Folgestunde. Die Reformpädagogik hat sich entschieden gegen diesen einsichtsfreien Gedächtnisdrill gewandt und ihn überwunden, doch dabei ungewollt die Auffassung gefördert, dass durch Üben Kreativität und Freiheit grundsätzlich eher eingeschränkt würden.

Dennoch wurden Nutzen und Notwendigkeit des Übens nie bestritten, und manche beklagen, dass es inzwischen im Unterricht generell vernachlässigt werde. In der Lehrerausbildung gehe man auf Techniken und Methoden gar nicht mehr ein, weshalb hilflose Unterrichtende die Übungsphasen generell in die Hausaufgaben abschöben. Sicher ist diese Kritik überzogen, aber nicht völlig falsch.

Was haben nun Üben, Wiederholen und Hausaufgaben miteinander zu tun? Gemeinsam haben sie, dass es überwiegend nicht um „Neues“, sondern eher um die Anwendung von bereits Bekanntem geht. „Üben“ ist dabei der übergeordnete Begriff; es geschieht auch durch Wiederholung, und die Hausaufgaben sind dafür ein möglicher Ort. In der praktischen Umsetzung gibt es zahlreiche Gemeinsamkeiten und Überschneidungen, weshalb im Folgenden zunächst unter „Üben“ die grundsätzlichen Überlegungen angestellt und die Wiederholung als eine mögliche Vorgehensweise behandelt werden, während die Hausaufgaben als eine (nicht ausschließlich übungsorientierte) konkrete Form der Anwendung am Schluss stehen.

Üben

Es dürfte unumstritten sein, dass zu einem vollständigen Lernprozess auch das Üben gehört. Üben dient der Festigung, Sicherung und Konsolidierung von Lernergebnissen und macht sie so sicher verfügbar (Helmke u.a. 1987, 247). Letztlich geht es um lebenslanges Lernen, das außerhalb und nach der Schule selbstverantwortlich und selbstgesteuert stattfinden soll und hohe lerntechnische und lernmethodische Kompetenz voraussetzt. Das Lernen von Inhalten und Methoden oder Techniken greift dabei ineinander (Sandfuchs 2000, 38).

Im Sport und im Instrumentalunterricht steht außer Frage, dass endloses Wiederholen immer gleicher Dinge einen positiven Effekt hat: Abläufe werden automatisiert, so dass sie jederzeit sicher abrufbar sind. Andererseits macht das Abarbeiten zahloser Rechenaufgaben nicht unbedingt einen guten Mathematiker. Entscheidend ist also weniger die Häufigkeit als vielmehr Qualität des Übens. Allgemeine Kriterien dafür haben Menzel (2000) und Rampillon (2000) aufgeführt:

- *Sinn:* Wer üben soll, muss die Relevanz seines Tuns einsehen können. Dazu gehört auch, dass man genau weiß, was und warum man etwas üben soll. Ungenaue Vorgaben und Übungsaufträge („Bereitet den Text nach") führen zu Desorientierung und Unlust und gefährden den Übungserfolg.
- *Vorkenntnisse:* Üben setzt vorhandenes Können voraus, das selbständig angewendet werden kann. Dieses muss im Unterricht ebenso erworben werden wie die methodischen Voraussetzungen: Auch das Üben muss geübt werden. Mangelnde Kenntnisse schleifen leicht Fehler und Vorurteile ein. Je sicherer das Vorwissen, um so größer der Lernerfolg.
- *Motivation:* Für Schülerinnen und Schüler ist Üben oft eine lästige Pflicht, der sie sich nur gezwungenermaßen unterwerfen und die unangenehm, ja sogar schmerzlich sein kann. Aus Einsicht übt nur, wer eine besondere Motivation dazu hat: die Unzufriedenheit mit dem eigenen Können und die Erwartung, dieses so zu verbessern. Bleiben Erfolgserlebnisse aber aus, ist der Effekt der Übung also nicht wahrnehmbar, sinkt die Motivation rasch wieder ab. Mit dem bewussten Üben ist folglich eine ständige Selbstevaluation verbunden. Leider stellt sich ein Erfolg aber oft erst nach einiger Zeit ein, und es wird stets andere geben, die schnellere oder größere Fortschritte machen als man selbst. Andauernder Misserfolg wirkt aber belastend und kann die Persönlichkeitsentwicklung negativ beeinflussen. Erfolgserlebnisse stellen sich ein, wenn man durch Übung etwas „kann" – und dies auch beweisen kann.

  Die Motivation kann durch eine geeignete Lernumgebung gefördert werden; Üben geschieht nicht nur frontal oder in der Isolation, sondern kann auch in Gruppen (➛ Gruppenarbeit), in spielerischen Formen (➛ Lernspiele) oder bei der Freiarbeit (➛ Lernen an Stationen) erfolgen.
- *Ort:* Üben ist Bestandteil des Unterrichts, doch ist es ein wichtiges Ziel, Schülerinnen und Schüler auch zu selbständigem Üben außerhalb der Schule zu befähigen. Eine konzentrierte, auf individuelle Bedürfnisse gerichtete Übung außerhalb des Unterrichts ist besonders effektiv und findet deshalb überwiegend (aber nicht nur!) in den Hausaufgaben statt.
- *Verantwortlichkeit:* Häusliches Üben ist eigenverantwortliche Selbsttätigkeit, die Konzentration sowie auch prozedurales Wissen und Können erfordert, aber auch gleichzeitig verbessert. Zwar geben Lehrer und Eltern einen Rahmen vor, doch Üben muss jeder selbst. In das Belieben der Schülerinnen und Schüler sollte man es dennoch nicht stellen; es ist wie jede andere Phase des Unterrichts zu planen und didaktisch zu begründen.

- *Individualität:* Wenn Üben lernergerecht sein soll, muss es sich an den individuellen Bedürfnissen oder Defiziten orientieren. Etwas immer wieder zu üben, obwohl man es bereits beherrscht, ist zumindest unökonomisch und demotivierend. Andererseits erfordert es hohen Aufwand, für jeden Lernenden eigene Übungsprogramme zu entwickeln. Kompromisse sind dabei unvermeidlich.
- *Qualifizierte Rückmeldung („Kontrolle"):* Wenn eine Übung nicht begleitet wird, können falsche Abläufe zur Routine werden. Eine Supervision ist also nötig; sie kann durch die Lehrperson, Selbstkontrolle (durch Schlüsselwörter, Codes o.ä.), Mitschüler (in Partnerarbeit), in gewissem Umfang auch durch Eltern oder Nachhilfelehrer erfolgen. Die „Kontrolle" ist dabei gleichzeitig Erfolgsbestätigung und trägt entscheidend zur Motivation bei: Man will ja auch zeigen, dass man durch Übung zum Könner geworden ist.
- *Zeit:* Üben geschieht besser häufig in kleinen Einheiten als selten in größeren. Im Unterricht sind regelmäßige 10-Minuten-Übungen deshalb effektiver als eine ab und zu eingeschobene ganze Übungsstunde. Ab einem bestimmten Leistungsniveau ist eine Steigerung durch Übung nur noch in geringem Maße möglich, doch nimmt es wieder ab, wenn nicht weiter geübt wird – es muss über das Zielniveau hinaus geübt werden, damit das Niveau auch auf längere Zeit erhalten bleibt.

Üben im Geschichtsunterricht?

In den meisten Schulfächern gibt es keinen Zweifel darüber, was geübt werden soll: Vokabeln und Grammatik, Regeln und naturwissenschaftliche Gesetze, die Anwendung von Lösungswegen in der Mathematik, Sprachpraxis usw. In einem Fach, in dem es aber weniger um Fakten als um die Entwicklung eines Geschichtsbewusstseins, die Bildung „historischer Identität", um Alteritätserfahrung und Relativierung der so selbstverständlich erscheinenden Gegenwart, um Perspektivenwechsel und Fremdverstehen geht, ist gar nicht so eindeutig, was eigentlich geübt werden soll und geübt werden kann. Natürlich spielt die Ebene der Kenntnisse auch in einem modernen Geschichtsunterricht eine bedeutende Rolle – ohne Fakten- und Überblickswissen würde er zu einem recht beliebigen Austausch von Vorurteilen degenerieren. Einstellungen und Bereitschaften hingegen können, ja dürfen nicht „geübt"werden. In der Unterrichtspraxis hat dies nicht selten zur Folge, dass „Übung" sich nur auf den Bereich der Fakten beschränkt. Analog zu Vokabeln werden Geschichtszahlen oder Schulbuchdarstellungen „gelernt" und durch wiederholte Abfrage verfügbar gehalten. Dies ist jedenfalls zu wenig.

Deshalb wird häufig gefordert, der Geschichtsunterricht solle „Methodentraining" betreiben. Dabei ist jedoch auf die begriffliche Schärfe zu achten: Natürlich gehört es zu den methodischen Fertigkeiten, einen Text durch Unterstreichungen und Randbemerkungen zu gliedern oder ein Instrumentarium zur Entschlüsselung einer Kartenlegende zu entwickeln. Hier ist aber viel mehr gemeint: Die eigentliche „Methode", von der die Rede sein muss, ist der Umgang mit historischen Phänomenen schlechthin. In diesem Sinne ist der gesamte Geschichtsunterricht „übend", da es ja heute nicht mehr um das Pauken von Fakten geht, sondern um die Entwicklung von Geschichtsbewusstsein – der jeweils behandelte

Stoff erfüllt dabei eine Funktion und ist nur in geringerem Maße Selbstzweck. Wenn also zu üben wäre, wie man sich historischen Phänomenen annähert, wie man mit ihnen umgeht und wie man sie sich nutzbar macht, dann geschieht dies in einem quellengestützten und problemorientierten Geschichtsunterricht permanent. Damit ist die Einübung von Arbeitstechniken natürlich nicht überflüssig geworden, sie wird aber funktionalisiert.

1. Üben von Arbeitstechniken

Arbeitstechniken dienen im Geschichtsunterricht

- *zur Informationsgewinnung* durch
  - Lesen und Verstehen (Anstreichungen, Hervorhebungen, „Lesen mit dem Bleistift", Gliederung, Exzerpt, bibliographischer Nachweis usw.)
  - Beschreiben und Analysieren von Bildern, Filmen, Tonaufnahmen usw.
  - Entschlüsseln von Karten, Tabellen, Statistiken, Diagrammen, Karikaturen usw.
  - Nachschlagen in Enzyklopädien, Lexika, Fachliteratur, Bibliotheken, Internet usw.
  - Beschaffen und Auswählen von Material (Quellensammlungen, Zeitzeugenbefragung, Fachliteratur, Internet usw.)
- *zur Informationsverarbeitung* durch
  - Festhalten (Mitschriften, Notizen, Gedankenstützen, Protokolle, Formulierung eigener Texte usw.)
  - Gespräche führen (Gesprächsregeln, Gesprächsstrategien, Argumentationsformen usw.)
  - Ordnen, Strukturieren, Organisieren, Hierarchisieren (Gliederungen, Zeitleisten, Chronologien, Strukturskizzen, Diagramme usw.) als Hefteintrag oder an der Tafel
  - Reduzieren, Abstrahieren, Generalisieren, Elementarisieren (Schaubilder, Strukturskizzen)
  - Planen (Mind Map, Arbeits-/Projektplanung)
- *zur Darstellung* durch
  - Berichten (Referat, Präsentation)
  - Verfassen eigener Texte (argumentierend, kreativ, zusammenfassend usw.)
  - Visualisieren (Anfertigen von Tabellen, Skizzen, Karten, Bildkarten, Modellen, Filmen, Fotografien, Plakaten, Wandzeitungen, Poster, Collagen usw.)
  - Protokollieren (Führung von Arbeits-/Berichtsmappen, Portfolios usw.)

Bei dem Einüben dieser Arbeitstechniken ist der Begriff „Methodentraining" durchaus angebracht: Sie müssen beherrscht werden, und zwar routinemäßig. Das beginnt bei der sicheren Kenntnis des ABC, damit man sich zügig in einem Lexikon zurechtfinden kann, und endet bei der Gestaltung einer PowerPoint-Präsentation noch lange nicht. Die „Automatisierung" von Arbeitsabläufen soll ihre korrekte und schnelle Ausführung sicherstellen, damit man sich nicht auf sie, sondern auf die wesentlicheren Aufgaben konzentrierten kann. Das Üben von Teilabläufen ist nur sinnvoll, wenn sie erkennbar in das gesamte Vorgehen eingeordnet werden können. Auf Anfängerniveau ist es zwar nicht unbedingt notwendig, dass man jeden Schritt im Detail versteht, doch soll zur Beherrschung einer Arbeitstechnik auch die Fähigkeit zur Methodenkritik und zur Entwicklung individueller Strategien hinzukommen. Folglich muss sie nicht nur vorgemacht, erklärt, durch Anwendung trainiert, korrigiert und verbessert, sondern auch begründet und reflektiert werden. Auch solche Techniken sind Gegenstand des Unterrichts! (Renkl 2000)

Allerdings steht bei den genannten „Arbeitstechniken" die formale Seite im Vordergrund: Zur Herstellung einer Wandzeitung über den Widerstand gegen den Nationalsozialismus muss man aber nicht nur mit den Stilmitteln, wie Schriftgröße oder Farbgebung vertraut sein, sondern auch den Inhalt sinnvoll organisieren können. Dazu müssen Kenntnisse vorhanden sein, eine Reduktion vorgenommen und eine Struktur entwickelt werden, und damit sind Grundfragen des Fachs Geschichte berührt, die weit über den Begriff „Arbeitstechnik" hinausgehen.

Dennoch gibt es auch fachspezifische Instrumentarien, die sicher beherrscht werden müssen. An erster Stelle steht hier der Umgang mit Quellen (➛ Quelleninterpretation), die geradezu routinemäßig nach Provenienz, Perspektive, Aussageabsicht, Adressat, Gattung, Überlieferung usw. befragt werden sollen. Mit dem Abarbeiten eines Schemas allein ist es aber nicht getan, und die eigentliche Interpretation ist bereits ein Prozess, bei dem es um das Entwickeln von Fragen, das Herstellen von Verknüpfungen und das Erkennen von Strukturen geht.

In neueren Schulbüchern (➛ Umgang mit dem Schulbuch) dienen eigene Kapitel dazu, fachspezifische Methoden zu erklären und ihre Anwendung zu üben – zur Interpretation eines Bildes (➛ Bildinterpretation) benötigt man ein anderes Instrumentarium als zur Erschließung eines Sachüberrests (➛ Sachüberreste und gegenständliche Unterrichtsmedien); dies muss an geeigneten Beispielen wiederholt trainiert werden.

2. Üben der Reproduktion von Kenntnissen und Fertigkeiten

In dem bekannten Stufenmodell des Deutschen Bildungsrats (1970, bes. 78 ff.; s.a. Peterssen 2000, 30) werden vier Kompetenzstufen beschrieben, die Ziele allen schulischen Lernens seien:

- Reproduktionsfähigkeit als Mindestqualifikation,
- Reorganisationsfähigkeit, die eine Wiedergabe in einem neuem Zusammenhang verlangt,
- Transferfähigkeit, mit der Gelerntes „auf neue ähnliche Aufgaben" übertragen werden kann,
- Problemlösungsfähigkeit als Höchstqualifikation, die eine Übertragung auf bisher unbekannte, völlig neue Probleme ermöglicht.

Während zur Erlangung einer Reproduktionsfähigkeit stereotype Wiederholungen ausreichen können, setzen die höheren Stufen einen eher handlungsorientierten Lernweg voraus. Für die Aufgabenverteilung zwischen Schule und Elternhaus bedeutet dies, dass – auch wenn die Verantwortung für Übungen grundsätzlich bei den Lehrern liegt – vor allem die beiden unteren Stufen durchaus „delegiert" werden können. Dabei dürfen Eltern oder häusliche Betreuer nicht als „Hilfslehrer" oder „Lückenbüßer" fungieren, sondern müssen als didaktische Partner ernstgenommen und über Ziel, Ablauf und Ergebnis einer Übung informiert werden.

Das „Einprägen" einzelne Wissenselemente hat, es sei nochmals betont, im Geschichtsunterricht jedoch an Bedeutung verloren. Rein repetitive Übungsformen sind folglich selten geworden, auch wenn man die Bedeutung inhaltlicher Kenntnisse nicht zu gering einschätzen sollte.

Will (oder soll) man Fakten lernen, ist es hilfreich, sich auf die inzwischen schon klassischen Verfahren für ein Gedächtnistraining zu beziehen.

- Zunächst ist die reine Repetition zu nennen („Repetitio est mater studiorum"), die verbal durch Wiederholung oder Zusammenfassung erfolgen kann, welche Lehrer oder besser noch Schüler vornehmen. Eine Wiederholung stellt es schon dar, wenn man nach einer richtigen Schülerantwort auch noch andere Aussagen abfragt („Meinst Du das auch?" „Hältst Du das für richtig, was X gesagt hat?"). Auch eine bloße Redundanz (vielleicht nur mit anderen Worten, vielleicht aber auch anders akzentuiert), hat eine einprägende – weil wiederholende – Wirkung. Eine Wiederholung kann auch im Nachbereiten bestehen (Nachlesen im Schulbuch, Zusammenfassung in einer Hausaufgabe), oder im Rückgriff zu Beginn der nächsten Unterrichtsstunde. Der Eintrag ins Heft hat übrigens wie das Stundenprotokoll gleich zwei wichtige Funktionen: Man muss das Erarbeitete noch einmal durchdenken, ordnen und neu formulieren und schafft damit gleichzeitig eine Unterlage für künftige Wiederholungen (zumindest mit Blick auf die nächste Lernkontrolle).
- Für das gezielte Einprägen hat es sich bewährt, bewusst Verknüpfungen zu suchen, die auch außerhalb des eigentlichen Kontextes liegen können (man merkt sich z.B. einen Namen durch Assoziation: „Metternich wie Meerrettich") oder „Eselsbrücken" zu schaffen. Gereimte und rhythmische Merkverse wie „3-3-3 – bei Issos Keilerei" kann man fast nicht mehr vergessen, wenn man sie einmal gehört hat (bekannt ist auch „7-5-3 – Rom kroch aus dem Ei"), und die ersten ökumenischen Konzilien behält man am besten mit „NiKoEphChalKoKoNi".
- Solche Übungseffekte lassen sich auch auf spielerische Art erzielen, durch Memorierspiele („Memory", Domino, Puzzle), durch Wissenspiele mit Quizcharakter oder durch Spiele im Kreis, die sämtlich auch Wettkampfcharakter annehmen können.
- Außerdem sei noch daran erinnert, dass auch Tests, Prüfungen oder selbst das „Abhören" eine wiederholende, also festigende bzw. übende Seite haben und vielleicht nicht ausschließlich unter dem Aspekt der Benotung gesehen werden sollten – es gibt schließlich ja auch (unbenotete) „Übungsdiktate".
- Klassisches Einprägen: Nackte Geschichtszahlen auswendig zu lernen ist ungefähr so motivierend, als handele es sich um Vokabeln einer unbekannten Sprache. Sinn ergeben sie nur, wenn man sie in einen Kontext bringt, z.B. eine chronologische Abfolge (von-bis, Etappen einer Entwicklung), sie als Zäsuren hervorhebt oder sie mit Bekanntem direkt verknüpft. Es ist schwierig, Zahlen zueinander in Beziehung zu setzen: Auch im Deutsch- oder Kunstunterricht werden Epochen behandelt, doch schaffen es selbst Geschichtsstudenten oft nicht, die dabei erlernten Chronologien miteinander zu verknüpfen und anzugeben, welche im Geschichtsunterricht behandelten Phänomene parallel zur Zeit der Gotik oder des Sturm und Drang stattfanden. Bereits hier ist also

„vernetztes Denken" erforderlich, und wer wollte bestreiten, dass es wichtiger ist, um die Zeitgenossenschaft Goethes und Napoleons zu wissen, als deren Lebensdaten herbeten zu können?

3. Üben zur Reorganisation von Kenntnissen

Der Übergang von der reinen Reproduktion zur Reorganisation ist fließend: Jede Veränderung des Lernstoffes, sei sie auch nur zur Vermeidung von Monotonie gedacht, verlangt schon eine eigenständige Verarbeitung. Selbst die Abfrage reinen Faktenwissens mit Hilfe eines einfachen Kreuzworträtsels stellt das Gelernte in einem neuen Zusammenhang. Schülerinnen und Schüler überschreiten schon dabei die Stufe der bloßen Wiedergabe, und der Schritt zur nächsthöheren Stufe des Transfers bahnt sich bereits an. Gängige Verfahren, mit denen die Fähigkeit zur Reorganisation geübt werden können, sind bereits unter den Arbeitstechniken genannt.

4. Üben zur Steigerung von Transferleistungen und Problemlösungsfähigkeit

Die Beherrschung von Techniken und die Verfügbarkeit von Kenntnissen sind eine Voraussetzung für das eigentliche Ziel des Geschichtsunterrichts: Die Ausbildung der Fähigkeit zur Lösung historischer Problemstellungen, also zur Entwicklung und Anwendung von Strategien und Heuristiken. Auch diese wird durch Übung ausgebildet und verbessert, doch ist dies anspruchsvoll und langwierig. Sporadische Interventionen seitens der Lehrperson („Ich zeige euch mal, wie das geht!") sind uneffektiv, und positive Effekte zeigen sich erst mittelfristig. Renkl (2000) hat dazu Vorschläge aus kognitionspsychologischer Perspektive gemacht.

- *Strategietraining:* Entwicklung und Einsatz von Lösungsstrategien müssen permanent im regulären Geschichtsunterricht geübt werden, und zwar nicht abstrakt, sondern am konkreten Beispiel (im authentischen Kontext). Dies muss reflektiert geschehen: Es muss allen klar sein, weshalb eine bestimmte Strategie verfolgt wird ist und wo deren Grenzen und Schwierigkeiten liegen. Gefördert werden kann dies durch Problematisierung der Lösungsstrategie selbst, durch Kontroll- und Selbstreflexionsphasen (durch die man Nutzen und Grenzen erkennen kann), durch Demonstration der Unzulänglichkeit einer bisherigen Strategie (beabsichtigtes Scheitern als Ausgangspunkt für die Entwicklung neuer Wege) oder durch „kognitives Modellieren", bei dem die Lehrperson laut denkend ein Modell anwendet und es mit Hilfe der Schüler modifiziert.
- *Lösungsbeispiele:* Eine neu erworbene Strategie ist zunächst nur auf gleiche oder ähnliche Aufgaben anwendbar; ihre Übertragung auf einen neuen Kontext setzt schon beträchtliche Sicherheit und Erfahrung voraus und muss deshalb zunächst bewusst vom Lehrer induziert werden. Die Konfrontation mit immer den gleichen, allenfalls leicht variierten Problemen bewirkt zwar Routine, erweckt aber leicht den Eindruck, es gebe in der Geschichte „den" richtigen Lösungsweg. Deshalb kann es bei Übungen vorteilhaft sein, die Lösung eines Problems (die ja wahrscheinlich analog zu einem bereits behandelten ausfallen soll) vorab zu nennen und so ein Lösungs*beispiel* anzubieten. Schülerinnen und

Schüler sollen ihre Energie nicht darauf verwenden, die Lösung zu finden (oder zu erraten), sondern das Problem zu verstehen und exemplarisch in einem Abstraktionsprozess Lösungsstrategien nachzuvollziehen bzw. selbst zu entwickeln. Ein solches Lösungsbeispiel besteht aus drei Teilen: der Problemstellung, der Angabe von Lösungsschritten und der Lösung. Die Anforderungen an die Schüler liegen im mittleren Teil: Die Lösungsschritte, anfänglich weitgehend vorgegeben und erläutert, sollen mit steigendem Schwierigkeitsgrad schließlich selbstständig erkannt und vollzogen werden. Ein Beispiel: Auf einem Arbeitsblatt sind Problemstellung („Warum haben sich erst einzelne Kaufleute und dann Städte zur Hanse zusammengeschlossen?") und differenzierte Antwort vorgegeben. Dazu werden Quellen, Darstellungen, Karten, Abbildungen u.a. abgedruckt, die als Belege für diese Antwort herangezogen werden können. Arbeitsfragen helfen bei der Erschließung.

Dabei muss aber deutlich werden, dass es sich um eine mögliche, nicht um die einzig richtige Lösung des Problems handelt, und selbstverständlich müssen die Grundsätze der Multiperspektivität und Multikausalität gewahrt bleiben (➛ Multiperspektivität). Andererseits handelt es sich ja um eine Übung, bei der exemplarisch vorgegangen wird und es nicht darum geht, ein bereits feststehendes Urteil aus den Quellen heraus zu bestätigen.

– *Strukturbetonte Aufgaben:* Um die Struktur eines Problemzusammenhangs zu erkennen, muss man seine wesentlichen Aspekte herausarbeiten. Deshalb empfiehlt es sich, zur Übung Beispiele heranzuziehen, die zwar variierende äußerliche Merkmale, aber eine vergleichbare Struktur aufweisen (Beispiele: Revolutionen im 18. und 19. Jahrhundert, Imperialismus in seinen spezifischen Ausprägungen usw.). Beim Vergleich dieser Beispiele übt man, relevante und irrelevante Elemente zu unterscheiden und trainiert so die Fähigkeit, einen bestimmten Problemtyp auch in anderer Einbettung zu lösen. Lernende lassen sich gerne von vordergründig ähnlichen Oberflächenmerkmalen in die Irre leiten, weshalb man ab einem bestimmten Niveau auch Aufgaben stellen sollte, die sich auf den ersten Blick ähneln, deren Struktur aber voneinander abweicht (Beispiel: antike Sklaverei/mittelalterliche Leibeigenschaft/Industrieproletariat).
– *Reflexion:* Die Abstraktion von Schemata muss bewusst erfolgen – sie ist nicht automatisierbar wie ein motorischer Vorgang. Gerade bei Anfängern sind deshalb Reflexionsphasen wichtig, die aber angestoßen und angeleitet werden müssen. Die könnte durch einen expliziten Vergleich geschehen, bei dem man Merkmale, Lösungswege und Strukturen thematisiert.

4. Kreatives Üben/Üben der Kreativität

Durch Übung können nicht nur methodische oder kognitive Prozesse verbessert werden, sondern auch kreative: Auch Künstler steigern ihre Ausdrucksmöglichkeiten durch ständige Anwendung. Ebenso kann man im Geschichtsunterricht die Interpretation eines Textes üben oder sogar übend schöpferisch tätig sein. Naheliegendes Beispiel ist das kreative Schreiben, bei dem man sich in eine historische Situation versetzt und einen Text aus dem Blickwinkel einer (fiktiven) Person heraus verfasst. Ähnlich ist es mit der Gestaltung von

Plakaten, auf denen z.B. die Positionen der Parteien in der Weimarer Republik „auf den Punkt gebracht“ werden soll, oder bei dem Neu- oder Umtexten eines politischen Liedes, das dann auch wirklich gesungen werden kann.

Besonders fruchtbar ist es, wenn man Schülerinnen und Schüler an der Gestaltung von Unterrichtsmaterialien beteiligt. Beherrschen sie den fachlichen Teil, können sie beispielsweise Aufgaben für andere selbst entwickeln. So könnten sie Tafelbilder, Strukturskizzen oder Arbeitsblätter entwerfen, die auf dem vergangenen Unterricht beruhen, sich aber an eine künftige Lerngruppe wenden. Dabei wenden sie – sinnvollerweise in Gruppenarbeit – das Gelernte zwanglos an, organisieren es neu und fügen es gestaltend zu einem Produkt zusammen – sie üben also anwendungsorientiert. Ebenso können Spiele entwickelt werden (➛ Lernspiele): Ratespiele mit Quizfragen, Zeichenspiele, Pantominen, Puzzles oder sogar Brettspiele, die nach Art des „Mensch ärgere dich nicht“ durch einen historischen Prozess führen und bei denen „Ereigniskarten“ mit durch Quellen belegbaren Impulsen eingespielt werden. In Freiarbeitsphasen sind solche Spiele dann auch tatsächlich einsetzbar. Vielleicht könnte man sogar einen Test vorbereiten, für den jede Gruppe einen Fragekomplex formuliert, der aber anschließend von allen zu lösen wäre.

Schließlich gehört auch die Vorbereitung von Simulations-, Plan- und Rollenspielen (➛ Simulation, ➛ Rollenspiel) in diesen Bereich: die Schülerinnen und Schüler gestalten eine Situation kreativ aus, untermauern dies aber durch Recherche und Quelleninterpretation. Dass es sich dabei um eine Übung handelt, dürfte ihnen kaum bewusst werden.

Hausaufgaben

Hausaufgaben – niemand liebt sie. Dass Schülerinnen und Schüler sie nicht schätzen, bedarf keines eigenen Nachweises, doch gilt dies auch für die Unterrichtenden und erst recht für die Geschichtsdidaktik. In Finas Geschichtsmethodik (1973) werden sie immerhin noch auf zweieinhalb Seiten behandelt, während sie weder bei Rohlfes (1986) noch bei Sauer als eigenes Stichwort vorkommen – obwohl letzterer ihre Vernachlässigung im Geschichtsunterricht sogar ausdrücklich beklagt (2001, 134). Sollte Neills Diktum von den Hausaufgaben als ein „schändlicher Brauch“ (1970, 338) immer noch Gültigkeit besitzen?

Eine Stichprobe scheint dies zu bestätigen: In zufällig ausgewählten Schülerheften dominieren Mitschriften aus dem Unterricht. Tafelbilder, Schemata und Arbeitsblätter werden mehr oder weniger akribisch übernommen, die Früchte häuslicher Arbeit wirken demgegenüber sehr knapp, oft lieblos und wenig ergiebig. Schriftliche Hausaufgaben scheinen sparsam angeordnet und ausgeführt zu werden, sie gehen selten über die Arbeitsfragen im Schulbuch hinaus oder erschöpfen sich in der Reinzeichnung von Lehnspyramiden und Verfassungsstrukturskizzen. Mündliche Hausaufgaben bestehen in der Regel aus der wiederholenden oder vorbereitenden Schulbuchlektüre oder – *horribile dictu* – im Auswendiglernen von Fakten, chronologischen Abläufen und nackten Geschichtszahlen.

Wenn sie doch niemand will – warum gibt man dennoch Hausaufgaben? Unausgesprochen gilt für das Nebenfach Geschichte Ähnliches wie für den Religions- und Ethikunterricht: Das Fach will ernstgenommen werden und darf sich deshalb formal nicht zu sehr von den „Kernfächern“ absetzen. Auch zur Disziplinierung werden Hausaufgaben eingesetzt: Die unruhige Klasse wird bestraft, die kooperative mit mehr Freizeit belohnt. Dass Hausaufgaben aber vor allem wichtige didaktische und methodische Funktionen haben, wird dabei manchmal in den Hintergrund geschoben.

Im Fach Geschichte kommen zudem noch weitere Schwierigkeiten hinzu:

- Obwohl das Faktenwissen nicht im Vordergrund stehen soll, spielt es in Hausaufgaben oft eine überproportionale Rolle, da es für alle Beteiligten gut handhabbar ist.
- Hilfsmittel stehen in sehr uneinheitlichem Umfang zur Verfügung: In manchen Familien sind Aufgaben wie „Schlagt im Lexikon nach“ oder „Informiert euch im Internet“ schlicht nicht möglich. Sicher vorhanden ist lediglich das (in Ländern mit Lehrmittelfreiheit allerdings nur jeweils aktuelle) Schulbuch, alles andere muss gestellt, also von der Lehrperson vorbereitet werden.
- Aus den gleichen Gründen ist die häusliche Vorbereitung auf den Unterricht eingeschränkt: Eine echte Materialbeschaffung (Informationssammlung, Suche nach Sachüberresten) ist nur selten möglich, und die Zeitzeugenbefragung (➛ Zeitzeugenbefragung) lässt sich nur auf wenige Themen anwenden. Bei Familien mit Migrationshintergrund ist eine Aufgabe wie „Fragt eure Großeltern, wie sie das Kriegsende 1945 erlebt haben“ oft nicht zu lösen. Während es in anderen Fächern Schülerinnen und Schülern grundsätzlich möglich ist, einen Gegenstand vorbereitend selbst zu erschließen, scheitert dies bei historischen Themen in der Regel an der noch mangelnden Fachkompetenz – ausgenommen die vorbereitende Lektüre im didaktisch bereits aufbereiteten Schulbuch und das Referat bzw. die Facharbeit, die aber beide umfangreiche Hilfestellungen und entwickelte Kompetenzen voraussetzen.
- Kreative Formen sind motivierend, aber oft nicht unproblematisch. Der phantasievoll ausgeschmückte (fingierte) Brief eines Kindes, das sich mit viel Einfühlungsvermögen, aber eher geringen Kenntnissen in die Zeit der NS-Judenverfolgung hinein versetzt, ist nur schwer in den Unterricht integrierbar, schafft aber häufig zusätzlichen Gesprächs- und Informationsbedarf.
- Erkundungs- und Forschungsaufträge (Burg, Stadtbild, Archiv usw.) (➛ Historische Orte als Lernorte, ➛ Archivarbeit) sind außerordentlich aufwendig, anspruchsvoll und oft nicht zwingend bis gekünstelt. Sie bedürfen umfangreicher Anleitung und Hilfestellung und sind deshalb wohl nicht allen Schülerinnen und Schülern zumutbar.
- Die in einem Nebenfach zur Verfügung stehende Unterrichtszeit lässt für die Auswertung von Hausaufgaben oder Hausaufgaben-Training nur sehr wenig Spielraum.

Dennoch sollte man nicht resignieren und sich auf das bloße Einprägen des Gelernten beschränken, denn Hausaufgaben – ob mündlich oder schriftlich – dienen zur Festigung, Vertiefung und Erweiterung des im Unterricht behandelten Stoffs, wobei die Grenzen zwischen diesen Funktionen fließend sind.

Kriterien für sinnvolle Hausaufgaben:

- Sie sind durch den Unterricht (und damit die Lernziele) begründet, werden also nicht „aus Prinzip“ oder gar als Strafe gestellt.
- sie sind in Umfang und Schwierigkeitsgrad angemessen – sowohl an das Alter und das

Leistungsvermögen wie auch an den Stundenplan und die Arbeitsbelastung durch andere Fächer. Fachegoismen können sich für die Schülerinnen und Schüler sehr ungünstig auswirken!

- Sie beachten die individuellen Lernvoraussetzungen, wobei dies, wie oben schon beim „Üben" festgestellt, nicht so einfach ist. Soll man sich an den leistungsschwächsten Schülern orientieren, den Schwierigkeitsgrad reduzieren und damit die stärkeren unterfordern? Soll man sie differenziert stellen – ein Pflichtprogramm für alle, eine zusätzliche Kür für wenige, die sich dann eher bestraft fühlen? 50 Prozent der Hausaufgaben werden aber einfach aus den Lehrbüchern entnommen, sind also nicht einmal lerngruppenspezifisch (Becker/Kohler 1992, 50).
- Sie sind Gegenstand des Unterrichts, werden also in diesen integriert und (trotz des hohen Zeitaufwandes) immer ausgewertet (dazu unten mehr).

Typen von Hausaufgaben

1. Hausaufgaben zur Festigung

Unter dem Aspekt des Einprägens und Wiederholens kommt der häuslichen Selbsttätigkeit eine große Bedeutung zu. Reproduktive Hausaufgaben dienen dazu, den Stoff der vergangenen Stunde(n) noch einmal durchzugehen. Nach der unterrichtsimmanenten Ergebnissicherung und Wiederholung erfolgt nun in gewissem zeitlichen Abstand eine erneute Speicherung und Reproduktion, die in der nächsten Schulstunde nochmals aufgegriffen und damit fester im Gedächtnis verankert werden kann.

Üblicherweise bieten moderne Schulbücher Anregungen für solche Aufgaben. Zum Thema „Hanse" bspw. heißt es in „Wir machen Geschichte" (Bd. 3, 12): „Stellt fest, in welchen Ländern die Hansestädte heute liegen". Gefordert ist eine Auflistung der modernen Staaten, die mit Hilfe eines Atlas schnell angefertigt werden kann. Damit wird die im Unterricht erworbene Erkenntnis, dass die Hanse sich über weite Teile Nordeuropas ausbreitete und dabei politische Grenzen überschritt, nochmals gefestigt. Die Übertragung von Informationen aus der im Schulbuch enthaltenen Geschichtskarte auf die Gegenwart ist bereits ein weiterführender Transfer – die politischen Grenzen haben sich verändert, die Städtenamen manchmal ebenfalls. Gleichzeitig wird aber auch die Benutzung von Nachschlagewerken (hier einem modernen Atlas) geübt und die geographische Orientierungsfähigkeit geschult. Der bescheidene schriftliche Ertrag setzt also eine recht weitgehende Beschäftigung mit der Aufgabe voraus.

2. Hausaufgaben zur Vertiefung und Erweiterung

In der knappen Unterrichtszeit können nur einige wenige, in der Regel von der Lehrperson bestimmte Aspekte eines historischen Sachverhaltes behandelt werden. Auch wenn es nicht Sinn der Hausaufgabe sein kann, Defizite des Unterrichts aufzuarbeiten, sind doch Vertiefungen des Stoffs möglich. Es ist ein typischer Anfängerfehler, zentrale Unterrichtsinhalte in die Hausaufgabe zu verlagern, doch kann man – durchaus mit Blick auf die Neigungen der Schülerinnen und Schüler – interessanten Bereichen so größere Aufmerksamkeit schenken. Zwei Beispiele:

- In der Sekundarstufe I wird bei der Behandlung des Rittertums auch die Bedeutung von

Wappen angesprochen. Eine vertiefende Hausaufgabe könnte lauten: „Auch Dein Wohnort hat ein Wappen. Zeichne es auf und lasse Dir erklären, was die einzelnen Symbole bedeuten."

– In der Sekundarstufe II wird bei der Behandlung des Zweiten Weltkrieges kurz erwähnt, dass es in den besetzten Ländern neben dem Widerstand auch Kollaboration gegeben habe, an die man sich dort aber bis heute nur ungern erinnere. Eine nähere Beschäftigung mit dieser Frage ist im Unterricht zwar nicht vorgesehen, doch stößt sie bei einzelnen Schülerinnen und Schülern auf besonderes Interesse. Eine erweiternde Hausaufgabe könnte lauten: „Untersuchen Sie die Internet-Präsentation der Botschaft Frankreichs (Belgiens, der Niederlande usw.) auf Informationen über die Zeit der deutschen Okkupation. Sichten Sie diese kritisch und berichten Sie über Schwerpunkte, Tendenzen und Auslassungen." Diese anspruchsvolle Aufgabe lässt sich voraussichtlich nicht bis zur nächsten Unterrichtsstunde bewältigen; sie ist aufwendig und sollte deshalb nicht verpflichtend sein.

Typen von Hausaufgaben im Geschichtsunterricht

- *Unmittelbar auf den Unterricht bezogene Hausaufgaben* sollen den Ertrag der vergangenen Stunde aufgreifen oder die folgende Stunde vorbereiten.
  - *Nachbereitende Hausaufgaben*
    - Repetieren: wiederholende Lektüre der im Unterricht behandelten Schulbuchpassagen, des Hefteintrages oder Arbeitsblatts.
    - Lernen: Aneignung des Stoffs durch Einprägen (auswendig lernen, verfügbar machen und halten).
    - Organisieren: graphische Umsetzung in ein Schaubild (Strukturen, Zusammenhänge, Abläufe – analog zum Tafelbild), eine Tabelle (Wahlergebnisse, Bevölkerungszahlen), eine Karte (Synthese von Einzelkarten), Zusammenfassung, Gliederung, Strukturierung.
  - *Vorbereitende Hausaufgaben:*
    - Antizipierendes Lesen („Vor-Lesen"): vorbereitende Lektüre eines Schulbuchtextes, einer Quelle, eines Arbeitsblatts, meist eher kenntnisorientiert; eine Besprechung (Begriffserklärung, Strukturierung, Problematisierung) ist zwingend.
    - Beschaffung von Material (Quellen, Medien, Informationen, Meinungsäußerungen), die in der folgenden Stunde bearbeitet werden sollen, wobei hier schon der Übergang zum forschenden und entdeckenden Lernen erfolgt.
- *Nicht unmittelbar auf den Unterricht bezogene Hausaufgaben*
  - *Vertiefende oder erweiternde Hausaufgaben:* zusätzliche Lektüre: Lese- und Literaturempfehlungen, Bibliotheken (in der Klasse, der Schule, der Stadt, der benachbarten Universität), zur Verfügung gestellte Jugend(sach-)bücher, Artikel in Fachzeitschriften; in diesem Zusammenhang gehören auch entsprechende Fernsehsendungen oder Kinofilme, die Bezug zum Thema haben, aber nicht im Unterricht bearbeitet werden können.
  - *Kreative Formen:*
    - Geschichtsaufsatz, „kreatives Schreiben", Sich Hineinversetzen (Brief, politisches Plakat, Aufruf usw.).

- Gemälde, Zeichnung, Karikatur: manche historischen Vorgänge oder Situationen lassen sich in ein Bild umsetzen, wobei gerade jüngere Schüler mit viel Engagement wesentliche Merkmale eines Sachverhaltes herausarbeiten können (sich selbst in der Pose eines absolutistischen Herrschers malen, eine Straßenszene in einer mittelalterlichen Stadt skizzieren, das Verhältnis zwischen Herren und Sklaven überzeichnend karikieren usw.).
- Präsentation: Wandzeitung, Plakat usw.; Informationen oder Thesen werden auf großformatigen Blättern so aufbereitet, dass sie im Unterricht gemeinsam genutzt werden können. Inzwischen sind auch Computerpräsentationen (Microsoft Powerpoint, Corel Presentations o.ä.) für viele Schülerinnen und Schülern handhabbar, doch sollte dabei auch deren formale Gestaltung besprochen werden. Für die Arbeit in Kleingruppen eignet sich auch das Portfolio.
- Modellbau: Ausschneidebogen („Kleiderpuppe"), Papierbastelbogen (Limesturm u. ä.), Rekonstruktion (eines zerbrochenen Gefäßes), Prinzip- oder Typenmodell (Burg, Schiff usw., oft aus dem Spielwarenhandel oder von Spezialfirmen für Unterrichtsmittel). Zwar spricht dies jüngere Schülerinnen und Schüler besonders an, doch lassen sich auch ältere für entsprechend aufwändigere Modelle – vielleicht sogar im Rahmen einer Facharbeit – begeistern (frühe Navigationsinstrumente, Rekonstruktionen von vorgeschichtlichen Hausformen, von Kleidung, überhaupt der gesamte Bereich der experimentellen Archäologie). Solche Modellbauaufgaben sind sehr zeitaufwendig und verselbstständigen sich leicht; manchmal sind Schüler kaum zu bremsen. Die fertigen Modelle sollten unbedingt im Unterricht funktionalisiert werden (die Türme also zu einem Limesabschnitt zusammengestellt und dabei besprochen werden, welche Funktion sie überhaupt erfüllen konnten).

– *Entdeckende und forschende Hausaufgaben* („Suchen Sie nach Spuren jüdischen Lebens in Ihrem Wohnort"; „Welche Straßennamen weisen noch auf mittelalterliche Gewerbe hin"): Sie sind schwierig und aufwendig und werden sich nur selten und oft nur ansatzweise verwirklichen lassen. Eine Hausaufgabe, die einen Archivbesuch erfordert, ist unrealistisch und dürfte auch im betroffenen Archiv nicht auf Gegenliebe stoßen.
  - Erkundung von Orten wie Museen, Bauwerken, Räumen oder Denkmälern („Seht einmal nach, was auf dem Denkmal steht");
  - Zeitzeugenbefragung, vor allem von Familienmitgliedern. Sie eignet sich aber nur für wenige Themen und muss den sozialen Kontext beachten. („Fragt eure Eltern nach ihren Erfahrungen oder Eindrücken").
  - Quellensuche (Zeitung, Dokumente und Sachüberreste aus Familienbesitz, mit den genannten Einschränkungen eventuell auch im Archiv). Dabei muss für Schülerinnen und Schüler eine reale Chance bestehen, solche Quellen auch auffinden zu können. Mit Einschränkungen und klaren Vorgaben ist eine Quellensuche auch im Internet möglich.
  - Erprobung und Experiment, was aber wohl nur bei eher technischen Vorgängen und Problemstellungen sinnvoll und möglich ist („Versuche, mit Hilfe von Feuerstein und Stahl ein Feuer anzuzünden"; „Belade einen Rucksack mit dem

Gewicht, das einer Ritterrüstung entspricht"; „Wiege die auf einer Lebensmittelkarte angegebene Ration ab und erprobe im Selbstversuch, ob die Menge Deinen Bedürfnissen entspricht").

- *Problemorientierte Hausaufgaben* sind anspruchsvoll und setzten bereits Kenntnisse und entwickelte Lösungsstrategien voraus. Sie können sich auf eine konkrete Unterrichtsstunde beziehen, aber auch auf eigenständiges Forschen und wissenschaftsförmiges Arbeiten zielen. Anregungen dazu wurden bereits oben („Üben") gegeben.
- *Methodisch übende Hausaufgaben*, die meist mit den oben genannten „Arbeitstechniken" zusammenhängen.
  - Beachtung von Formalia (Nachweispflicht, Überschrift, Unterstreichungen usw.), die aber immanent bei jeder schriftlichen Aufgabe eine Rolle spielen.
  - Reinzeichnung (Schaubilder, Übernahme von Skizzen aus dem Schulbuch oder von der Tafel).
  - Quelleninterpretation, die im Unterricht vorbereitet und geübt werden muss.
  - Nutzung technischer Hilfsmittel (Fotokopierer, Schreibsysteme und Textverarbeitungsprogramme, Internet, E-Mail, Overheadfolie usw.).
  - Nachschlagen (in Lexika, Fachliteratur, Internet usw.), wobei das Ziel in der selbständigen und unaufgeforderten Nutzung besteht, die bei der Vorbereitung von Referaten und Facharbeiten schon routiniert ablaufen soll.

Wie werden Hausaufgaben kontrolliert?

Hausaufgaben müssen kontrolliert werden, da Schülerinnen und Schüler sie sonst leicht für wenig relevant halten und zunehmend ignorieren. Außerdem brauchen sie Erfolgserlebnisse und sind nicht zufrieden, wenn die Resultate ihrer Bemühungen nicht angemessen gewürdigt werden. Feiks/Rothermel (1983, 310 ff.) schlagen folgende Kontrollmöglichkeiten vor:

- *Durch Augenschein:* Schülerinnen und Schüler legen ihre schriftlichen Aufgaben vor sich auf ihren Tisch, die Lehrperson geht durch die Bankreihen und zeichnet ab. Abgesehen vom Zeitaufwand und dem Herrschaftsgestus bleibt diese Kontrolle rein formal: Geprüft werden kann nur, ob die Aufgabe (oder vielleicht nur irgendein Text?) im Heft steht. Eine inhaltliche Auseinandersetzung erfolgt höchstens ausnahmsweise.
- *Durch Vortrag:* Stichprobenartig werden einzelne Ergebnisse in der Klasse vorgetragen. Neben dem auch hier hohen Zeitaufwand stellt die Auswahl ein weiteres Problem dar: Bevorzugt man leistungsstarke Schülerinnen und Schüler, um die erwünschte Lösung zu erhalten (und riskiert dabei, dass alle anderen sich bereits bei der Erledigung der Hausaufgabe auf diese verlassen), oder lässt man leistungsschwächere zu Wort kommen (und demotiviert sie vielleicht durch die damit verbundene Bloßstellung)? Beim „Abhören" mündlicher Aufgaben verstärkt sich der Druck noch weiter.
- *Durch Einsammeln:* Die Hausaufgaben werden abgegeben und von der Lehrperson in Ruhe kontrolliert. Nur so kann sichergestellt werden, dass tatsächlich jede Schülerarbeit gewürdigt und gegebenenfalls korrigiert werden kann. Allerdings entspricht der Aufwand für die Korrektur dem einer Klassenarbeit und wird wohl entsprechend selten betrieben.
- *Durch Test:* Zentrale Aspekte der Hausaufgabe werden durch eine „Hausaufgabenüber-

prüfung" (manchmal verniedlichend „HÜP" genannt) abgeprüft. Neben der disziplinierende Wirkung steht die Notenfindung häufig im Vordergrund; Schülerinnen und Schüler entwickeln zudem rasch ein Gespür für die Frequenz solcher Tests – sie können sich wochenlang zurücklehnen, wenn sie einen überstanden haben.

Soll man auf Hausaufgaben verzichten?

Gegen Hausaufgaben wurden schon häufig ganz grundsätzliche Bedenken vorgetragen. Auch wenn einige davon deutlich von dem romantischen Idealbild einer herrschaftsfreien Schule beeinflusst sind, haben sie doch ihre Berechtigung und schärfen den Blick für mögliche Fehlformen. Folgende Kritikpunkte sind bedenkenswert:

- *in zeitlicher Hinsicht:* Hausaufgaben können Schülerinnen und Schüler zeitlich stark belasten. Sie müssen jedenfalls einen relevanten Teil ihrer Freizeit für deren Erledigung aufbringen, besonders wenn ihnen Aufgaben ohne Augenmaß gestellt werden. Für den Umfang der Hausaufgaben gibt es zwar seit dem 19. Jahrhundert zahlreiche Erlasse, aber keine empirisch abgesicherten und deshalb allgemein verbindlichen Maßstäbe (was auch wenig praxisorientiert wäre); meist sollen sie lediglich „angemessen" sein;
- *in psychischer Hinsicht:* Gerade auf leistungsschwächere Schülerinnen und Schüler können Hausaufgaben einen permanenten psychischen Druck ausüben, der sich bis zu Versagensängsten steigern kann. Die leistungsschwächsten Schüler einer Klasse benötigen bis zu sechsmal mehr Zeit für die Bewältigung einer Hausaufgabe als die stärksten! (Eigler/Krumm 1972, 48);
- *in sozialer Hinsicht:* Hausaufgaben werden üblicherweise in Einzelarbeit erledigt, ein Austausch mit anderen ist schon aus organisatorischen Gründen (Fahrschüler!) oft nicht angestrebt. Eine Kooperation erfolgt dann nur unmittelbar vor der Unterrichtsstunde: Beim Abschreiben der (vergessenen?) Aufgaben – eigentlich ein Betrug, der zwar alltäglich ist, aber dennoch ein sehr unerwünschtes Verhalten eintrainiert. Dabei gehören Lügen gegenüber der Lehrperson, die Stabilisierung von Macht- und Sympathieverhältnissen innerhalb der Klasse (wer erlaubt wem das Abschreiben?) und schließlich Sanktionsspiralen bei Versäumnissen zum Standardrepertoire;
- *in pädagogischer Hinsicht:* Umfangreiche Hausaufgaben gelten gelegentlich als Qualitätsmerkmal – es soll sogar Konkurrenzsituationen innerhalb von Kollegien geben, bei denen die in Klassenbüchern offengelegten Aufgaben miteinander verglichen werden;
- *in diagnostischer Hinsicht:* das Ausmaß häuslicher Hilfe ist bei Hausaufgaben kaum abzuschätzen. Zudem wirkt sich das soziale Umfeld dabei stark aus: Dienen Eltern, ältere Geschwister oder bezahlte Nachhilfekräfte als Hilfslehrer oder stehen sie aus finanziellen Gründen bzw. wegen Berufstätigkeit nicht zur Verfügung? Verfügt die Familie über zusätzliche Informationsquellen (Bibliothek, Nachschlagewerke), ist sie eher „bildungsfern" oder stammt sie aus einem anderen Kulturkreis, dem die in Geschichtsunterricht dominierende nationale oder mitteleuropäische Sichtweise überhaupt fremd ist? Manche Schüler verfügen nicht einmal über einen geeigneten häuslichen Arbeitsplatz, andere werden bei den Hausaufgaben professionell betreut und können dabei sogar in Gruppen arbeiten.

Dennoch überwiegen die Chancen, die mit Hausaufgaben verbunden sind:

- Sie eröffnen die Möglichkeit zu eigenverantwortlichem Arbeiten;
- sie schulen die Fähigkeit zum selbstständigen Auffinden des Lernweges und trainieren Lern- und Arbeitstechniken;
- sie nutzen und schaffen in der Halbtagsschule zusätzliche Lernzeit;
- sie können (wenigstens teilweise) Defizite des Unterrichts kompensieren (Stundenausfall, im Unterricht nur kurz oder am Rande behandelte Aspekte); vorbereitende Hausaufgaben binden Schülerinnen und Schüler zudem in die Unterrichtsplanung ein
- sie erhöhen das Leistungsvermögen durch Vertiefung und Festigung des behandelten Stoffs;
- sie fördern das Konzentrationsvermögen und die vielgeschmähten „Sekundärtugenden" (Fleiß, Ordnung, Pünktlichkeit, Genauigkeit);
- sie haben eine wichtige Berichtsfunktion für die Eltern, sowohl bezogen auf den Leistungsstand ihrer Kinder wie auch auf den Unterricht selbst und evaluieren damit auch die Tätigkeit der Lehrperson.

Literatur

Bauer, Volker u.a., Methodenarbeit im Geschichtsunterricht, Berlin 1998

Becker, Georg E.; Britta Kohler, Hausaufgaben. Kritisch sehen und die Praxis sinnvoll gestalten, 2. Aufl., Weinheim, Basel 1992

Bönsch, Manfred, Üben und Wiederholen im Unterricht, München 1988

Deutscher Bildungsrat (Hrsg.), Strukturplan für das Bildungswesen, Stuttgart 1970

Ebeling, Hans, Zur Didaktik und Methodik eines kind-, sach- und zeitgemäßen Geschichtsunterrichts, 2. Aufl., Hannover u.a.. 1966

Eigler, Gunther; Volker Krumm, Zur Problematik der Hausaufgaben, Weinheim 1972

Feiks, Dietger; Gerhard Rothermel (Hrsg.), Erfolgskontrolle bei Hausaufgaben, in: Die Realschule 91 (1983), H. 6, S. 305-312

Fina, Kurt, Geschichtsmethodik. Die Praxis des Lehrens und Lernens, 2. Aufl., München 1973

Helmke, Andreas; Schrader, Friedrich Wilhelm; Weinrich, Franz E., Zur Rolle der Übung für den Lernerfolg. Ergebnisse der Münchener Studie, in: Blätter für Lehrerfortbildung 39 (1987), S. 247-252

Hey, Bernd u.a., Umgang mit Geschichte. Geschichte erforschen und darstellen – Geschichte erarbeiten und begreifen, Stuttgart u.a. 1992

Marienfeld, Wolfgang; Osterwald, Wilfried, Die Geschichte im Unterricht, Düsseldorf 1966

Meier, Richard u.a. (Hrsg.), Üben und Wiederholen, Seelze 2000 (Friedrich Jahresheft XVIII).

Meier, Richard, Zehn Grundsätze zur Aufgabe Üben, in: Meier, R. u.a. (s.o.), S. 14-15

Menzel, Wolfgang, Kein reines Vergnügen. Grundprinzipien des Übens, in: Meier, R. u.a. (s.o.), S. 10-13

Neill, Alexander Sutherland, Theorie und Praxis der antiautoritären Erziehung, Reinbek 1970

Peterssen, Wilhelm H., Miteinander arbeiten. Üben in Elternhaus und Schule, in: Meier, R. u.a., S. 30-33

Rampillon, Ute, Zehn Maximen zum Üben, in: Meier, R. u.a. (s.o.), S. 30

Renkl, Alexander, Automatisierung allein reicht nicht. Üben aus kognitionspsychologischer Perspektive, in: Meier, R. u.a. (s.o.), S. 16-19

Rohlfes, Joachim, Geschichte und ihre Didaktik, Göttingen 1986

Sandfuchs, Uwe, Das Nachschlagen üben. Selbständiges Lernen durch Einübung in Lern- und Arbeitstechniken, in: Meier, R. u.a. (s.o.), S. 38-43

Sauer, Michael, Vom Lern- zum Denkfach. Historisches Wissen strukturieren statt Daten pauken, in: Meier, R. u.a. (s.o.), S. 88-90

Sauer, Michael, Geschichte unterrichten. Eine Einführung in die Didaktik und Methodik, Seelze-Velber 2001

Vandré, Rudolf, Schule, Lehrer und Unterricht im 19. Jahrhundert. Zur Geschichte des Religionsunterrichts, Göttingen 1973

Autorinnen und Autoren

Peter Adamski, Dr.
Oberstudienrat i.H. am Seminar für Didaktik der Geschichte der Universität Frankfurt/M.

Michele Barricelli, Dr.
Professor für Didaktik der Geschichte an der Freien Universität Berlin

Klaus Bergmann, Dr. (1938-2002)
Professor für Didaktik der Geschichte an der Universität Gießen

Markus Bernhardt, Dr., geb. 1959
Wissenschaftlicher Assistent für Geschichtsdidaktik an der Universität Kassel

Christina Böttcher, Dr., geb. 1945
Wissenschaftliche Mitarbeiterin am Institut für Didaktik der Geschichte der Universität Halle/Wittenberg

Gerhard Henke-Bockschatz, Dr., geb. 1954
Professor für Didaktik der Geschichte an der Universität Frankfurt/Main.

Bodo von Borries, Dr., geb. 1943
Professor für Erziehungswissenschaften (Schwerpunkt Geschichtsdidaktik) an der Universität Hamburg

Franziska Conrad, Dr., geb. 1953
Fachleiterin für Geschichte am Studienseminar für Gymnasien/Wiesbaden

Wolfgang Emer, geb. 1945
Akademischer Oberrat am Oberstufen-Kolleg an der Universität Bielefeld

Peter Gautschi, geb. 1959
Ausbildungsleiter und Professor für Didaktik der Geschichte an der Pädagogischen Hochschule Aargau/Schweiz

Waldemar Grosch, Dr., geb. 1958
Professor für Geschichte und ihre Didaktik an der Pädagogischen Hochschule Weingarten

Thomas Lange, Dr., geb. 1943
Oberstudienrat an der Bertolt-Brecht-Schule (Gymnasiale Oberstufenschule), Darmstadt; Archivpädagoge am Hessischen Staatsarchiv Darmstadt

Ulrich Mayer, Dr., geb. 1941
Professor für Didaktik der Geschichte an der Universität Kassel

Klaus-Ulrich Meier, geb. 1950
Hauptschullehrer, Ausbildungsleiter für Geschichte und Sozialkunde am Studienseminar Grund-, Haupt- und Realschulen Fulda

Bernhard Müller, geb. 1940
Fachleiter für Geschichte am Seminar für Didaktik und Lehrerbildung Heilbronn (bis 2003)

Elisabeth Ott, Dr., geb. 1949
Fachleiterin für Geschichte am Studienseminar für Gymnasien/Fulda

Hans-Jürgen Pandel, Dr., geb. 1940
Professor für Didaktik der Geschichte an der Universität Halle/Wittenberg

Michael Riekenberg, Dr., geb. 1953
Professor für Vergleichende Geschichtswissenschaft/Ibero-Amerikanische Geschichte an der Universität Leipzig

Michael Sauer, Dr., geb. 1955
Professor für Didaktik der Geschichte an der Universität Göttingen

Gerhard Schneider, Dr., geb. 1943
Professor für Geschichte und ihre Didaktik an der Pädagogischen Hochschule Freiburg

Renate Teepe, geb. 1957
Fachleiterin für das Fach Geschichte am Studienseminar Sekundarstufe I Bielefeld

Andreas Urban, Dr., geb. 1959
Abteilung Bildung und Kommunikation, Historisches Museum Hannover

Hartmut Voit, Dr., geb. 1944
Professor für Neuere und Neueste Geschichte und Didaktik der Geschichte an der TU Dresden

Bärbel Völkel, Dr., geb. 1960
Lehrkraft für besondere Aufgaben in der Abteilung Geschichte und ihre Didaktik an der Universität zu Köln

Birgit Wenzel, Dr., geb. 1956
Lehrerin und Fachseminarleiterin für Geschichte und Sozialkunde in Berlin

Hartmann Wunderer, Dr., geb. 1950
Lehrer an einer Wiesbadener Gesamtschule

WOCHEN SCHAU VERLAG
GESCHICHTE

Thema Geschichte

Hans-Jürgen Pandel,
Gerhard Schneider (Hrsg.)

Handbuch Medien im Geschichtsunterricht

Das Handbuch Medien im Geschichtsunterricht konkretisiert theoriebewusst und praxisrelevant Prinzipien, die die geschichtsdidaktische Diskussion herausgearbeitet hat. In ihm sind die wichtigsten Medien des Geschichtsunterrichts mit einem eigenen Beitrag vertreten.

Inhalt

Einführung

Schriftliche Medien
Schriftliche Quellen, Schulbuch, historisches Jugendbuch

Graphische Medien
Tafel- und Folienarbeit, Diagramm, Karte, Zeitleiste

Visuelle Medien
Bild, Karikaturen, Plakat, Comics, Filme, Bildgeschichten

Akustische Medien
Musik, Oral History, Tondokumente, Hörspiel

Gegenständliche Medien
Gegenständliche Quellen, Kriegerdenkmäler, Modelle, Computereinsatz, Spielzeug

unter Mitarbeit von:
Ursula A. J. Becher | Klaus Bergmann | Lars Beutel | Christina Böttcher | Margarete Dörr | Waldemar Grosch | Uwe Kaminsky | Dietmar Klenke | Ulrich Mayer | Hans-Jürgen Pandel | Josef Rave | Dietmar von Reeken | Michael Sauer | Gerhard Schneider | Wulfhild Sydow | Renate Teepe (Renate El Darwich) | Hartmann Wunderer

ISBN 978-3-89974665-5,
5. erw. Aufl. 2010, 704 S.,
€ 39,80

INFOSERVICE: Neuheiten für Ihr Fachgebiet unter **www.wochenschau-verlag.de** | Jetzt anmelden!

Adolf-Damaschke-Str. 10, 65824 Schwalbach/Ts., Tel.: 06196/86065, Fax: 06196/86060, info@wochenschau-verlag.de